국제관계의 이해

10판 증보판

10판 증보판

International Relations

국제관계의 이해

조슈아 골드스타인·존 피브하우스 지음 　 김연각 옮김

인간사랑

International Relations, 2013–2014 Update, 10th edition by Joshua S. Goldstein and Jon C. Pevehouse

차례

역자 서문

이 책은 Joshua S. Goldstein and Jon C. Pevehouse, International Relations, 10th edition, 2013–2014 update(Boston: Pearson, 2014)을 완역한 역서이다. 원서가 처음 발간된 것이 1992년이니, 이 책은 20년이 넘는 오랜 세월 동안 판을 거듭하면서 내용이 더 충실해지고 새로운 데이터로 거듭 갱신되어 오늘에 이르렀다. 역자는 2002년에 이 책의 4판을 번역한 바 있는데, 그 당시만 해도 아주 좋은 교재였지만 지금에 이르러 더욱 좋은 교재로 발전하였다.

원서의 장점은 한두 가지가 아니라서 일일이 언급하기 어려울 정도이지만, 역자가 2002년에 역서를 낼 때 그 서문에서 지적한 가치판단 문제는 여기서 특별히 언급해야 할 것 같다. 당시 역자는 저자가 객관성이나 공정성 면에서 대단히 고심하였지만 문제가 전혀 없는 것은 아니라고 지적하였는데, 이번 판에서는 그런 문제가 크게 개선되었다. 특히 남북격차를 다루는 12장에서 마르크스주의 이론을 과감하게 수용, 소개하고 있으며 후기에 해당하는 14장에서는 학생 각자의 실천을 강조하고 있다. 그러나 문제가 전혀 없지는 않다는 14년 전 역자의 지적은 아직도 어느 정도 유효하지 않나 싶다. 그리고 이 문제는 독자들이 알아서 판단하고 받아들여야 할 문제라는 그 당시 역자의 지적 역시 아직도 유효하지 않나 싶다. 그때나 지금이나 역자는 원문의 자구 하나 하나에 충실한 완역을 하면서 역자의 가치관이 조금이라도 개입되지 않도록 애썼기 때문이다.

평생을 사회과학 전문서적 출판에 남다른 애정과 의지를 가진 도서출판 인간사랑 여국동 사장님께 경의와 사의를 표하며, 교정과 편집에 노고를 아끼지 않은 편집진에게 깊이 감사드린다.

머리말

우리는 날이 갈수록 더욱 서로 연결되고 있는 세계에 살고 있다. 한편으로 이 연결은 우리의 일상적 삶에 큰 이익을 가져다준다. 전 세계 모든 지역과 동시에 의사소통을 하고 문화와 신념을 교류할 수 있다는 점, 지진으로 피해를 본 사람들을 전 세계 자선단체 네트워크를 통하여 직접 도울 수 있다는 점, 10여 개 국가들이 더 나은 제품을 만들기 위해 각기 특화된 기술로 생산한 부품들이 한 곳에 모이고 그곳에서 완성된 제품을 우리가 살 수 있다는 점 등이 그것이다. 이런 예는 상호 연결된 세계가 가져다주는 이익 가운데 일부일 뿐이다. 그러나 다른 한편으로 이 연결은 기존 문제들을 더 악화시킬 수도 있다. 테러 단체들이 장거리 통신망을 활용하여 공격을 할 수 있다. 글로벌 비즈니스가 우리 자연환경에 과도한 악영향을 줄 수도 있다. 그리고 아직도 수백만의 사람들이 부유한 나라 시민들이 누리는 글로벌 네트워크의 혜택을 거의 누리지 못한 채 살고 있다.

전 세계적 연결이 더 활발해지고 그것이 우리 일상생활에 이런저런 영향을 미치지만, 아직도 많은 학생들은 빈곤의 정도라든가, 개발도상 지역에 대한 선진국들의 원조 수준이라든가, 지난 20년간 전쟁 빈도가 줄어드는 추세 등과 같은 국제관계의 기본적 사실들에 대하여 충분한 정보를 갖지 못한 채 대학생활을 시작하고 있다. 국제문제에 관한 입문서로 좋은 교재가 있다면 그런 대학생들에게 큰 도움이 될 수 있을 것이다. 우리 저자들은 시의성 있고 정확하고 시각적 설득력도 있고 또 지적(知的)인 자극을 줄 수 있는 교재를 만들기 위해 열심히 노력해 왔다. 우리는 이 교재가 신세대 젊은이들이 지식과 비판적 사고를 계발하는 데 도움이 되기를 바라며 그리하여 이 세계질서의 변화 속에서 자기 목소리를 내고 또 자신의 자리를 차지하는 데 도움이 되기를 바란다.

　국제관계는 중요한 연구 분야일 뿐만 아니라 매력적인 분야기기도 하다. 복잡다단한 국제관계 — 정치 경제 및 문화적 제 관계 — 는 해결해야 할 재미있는 수수께끼를 던져주고 있다. 이 수수께끼는 지적 도전일 뿐만 아니라 정서적으로도 풍부한 내용을 담고 있다. 즉 전쟁과 평화, 집단 간 갈등과 공동체, 통합과 분열, 인간과 환경, 빈곤과 개발 등의 거대 주제들이 등장하는 전 인류적 화두를 포함하고 있다.

2013-2014년 개정 10판 추가 내용

2013-2014년 개정 10판은 국제체계의 역사적 변화가 일어나고 있는 이 시대에 뒤쳐지지 않기 위해 책 전체에 걸쳐서 중요한 부분을 많이 수정했다. 책 곳곳에 시리아 내전이나 유럽의 새로운 경기침체 같은 새로운 사태 전개를 설명하면서 사진 자료도 같이 실었다.

국제안보 문제를 다루는 부분에서 10판은 빠른 속도로 변모하고 있는 세계 도처의 전쟁 양상에 특별한 주의를 기울였다. 시리아 내전이 악화되어 2013년 초를 기준으로 7만 명 이상의 사망자를 냈으며, 민주 콩고에서 폭력사태가 재발하는가 하면 이스라엘-팔레스타인 분쟁이 악화되었으며, 이란과 북한의 핵개발 프로그램이 서방 강대국들과의 관계에서 파국을 향해 치달았으며, 동중국해와 남중국해에서 섬을 둘러싼 영토분쟁이 폭력사태로 번질 위험이 커졌다. 이와 함께 아프가니스탄에서 북대서양조약기구(NATO)의 군사작전이 축소되었으며, 프랑스가 말리공화국 북부지방에서 이슬람주의자들을 축출하였고 아프리카연합(African Union) 역시 소말리아 대부분 지역에서 이슬람주의자들을 축출하였으며, 미국의 국방예산이 급감하였다. 지속적인 민주주의 확산으로 이집트에서 이슬람주의자 대통령이 선출되었고 버마에 문민정부가 들어섰다. 플레임 바이러스(Flame virus)나 무인기 공격 같은 사이버 전쟁도 국제안보 상황의 변화에 기여해 왔으며, 이 문제도 이번 판에서 다루었다.

국제정치경제 분야를 보면, 몇몇 국가들이 2008년의 금융위기에서 벗어났지만 유럽연합(EU)은 그리스, 스페인, 포르투갈 등의 외채 위기가 대규모 거리시위, 구제금융, 긴축예산 등으로 이어지면서 또 다른 경기침체에 빠졌다. 처음 10년간 성공적 실험이었던 유로화가 흔들리기 시작했고 유럽연합의 확장도 제동이 걸렸다. 그런 한편으로, 장거리통신은 계속 세계경제에 혁명적 변화를 가져와 세계적으로 60억 명이 휴대전화를 사용하고 있다. 세계 도처의 무장단체들과 정부들은 트위터를 통해 자기 목소리를 내고 있지만 중국 사람들은 정부의 통제를 우회하기 위해 트위터와 비슷한 미니 블로그를 사용하여 자기 목소리를 내고 있다. 그러나 새로운 인터넷 조약을 만들 목적으로 두바이에서 개최된 국제회의에서 인터넷 규제에 대한 심각한 견해 차이가 드러났다. 보건 분야에서는 홍역 퇴치, 임산부 사망률 감소, 안전한 음용수 제공 등에서 엄청난 발전이 이루어졌다. 이제 극단적인 빈곤 상태에서 사는 사람들의 비율이 급속히 줄어들고 있다. 그러나 지구온난화의 위협은 이런 긍정적 추세에 어두운 그림자를 드리우고 있다. 기상이변, 홍수, 가뭄 같은 엄중한 경고 신호가 거듭되고 있지만 아직 국제사회는 (남아프리카공화국에서 열린 또 다른 대규모 국제회의에서 드러났듯이) 온난화 문제에 제대로 대처할 능력이 없음을 보여주고 있다. 이번 판은 사건이 많았던 지난 1년간의 모든 중요한 사태 진전을 포함하고 있다.

이번 판은 이전 판의 이론 관련 장들을 대부분 그대로 유지하고 있다. 즉 2장은 현실주의 이론을 다루며, 3장은 그 대안 이론으로서 자유주의 이론 및 사회적 이론 등을 다룬다. 4장은 외교정책을 다루면서 (전통적으로 미국 정치학자들이나 비교정치학자들이 중시하는 영역인) 국내정치가 어떻게 국제관계에 긍정적 혹은 부정적인 영향을 주는가 하는 문제를 포함하고 있다.

우리는 도표와 통계수치를 최신 데이터로 업데이트했다. 몇 가지 예를 들면 GDP, 군사력, 이민과 난민, 부채, 송금, 대외원조, 에이즈(HIV/AIDS) 감염, 국제연합(UN) 평화유지 활동 등에 관한 데이터를 새로운 데이터로 갱신하였다.

또한 우리는 사진 자료도 꽤 많이 바꾸었다. 2012년과 2013년에 나온 수십 장의 새로운 사진을 활용하여 본문에 나오는 핵심 개념들을 보강하는 한편으로 현재 일어나고 있는 사건들에 대해 시각적으로 주의를 끌고자 하였다.

마지막으로 이번 판에는 이전 판에서 처음 도입한 "집합재 찾기"라는 제목의 새로운 박스 글을 포함하고 있다. 이 박스 글은 이 책의 일관된 문제인 집합재(collective goods) 문제에 초점을 맞춘 것이다. 모든 장에서 국가들이 성취하고자 하는 집합재의 예를 제시할 것이다. 다음으로 1장에서 제시하는 세 가지 핵심 원칙인 우세(dominance), 상호주의(reciprocity), 정체성(identity) 을 각국이 어떻게 적용하여 집합재를 공급하고자 하는지를 박스 글에서 탐구할 것이다. 우리는 학생들이 이러한 사례들을 토대로 삼아 집합재 문제와 이 문제의 해결을 위한 세 가지 접근방법에 대하여 깊이 고찰할 수 있기를 바란다.

책의 구성

이 책의 목표는 국제관계에 관한 지식의 현재 상태를 포괄적이고 쉬운 방식으로 보여주는 데 있다. 즉 논리적 순서에 따라 다양한 연구자 집단들을 소개함으로써 이 주제에 관한 하나의 지도를 제공하는 데 있다. 이 지도는 국제안보와 국제정치경제라고 하는 두 개의 하위분야로 구성된다. 이 두 하위분야는, 비록 이 책에서는 별도로 다루고 있지만, 사실 개념적으로 통합되어 있고 또 여러 가지 방식으로 중첩되어 있다. 세 가지 핵심 원칙인 우세, 상호주의, 정체성 원칙은 어떠한 방식으로 이론적 모델들이 국제안보 및 국제정치경제의 경계선을 넘나들면서 여러 주제들에 적용되는지를 보여줌으로써 이 책의 통일성을 기하고 있다.

이 책의 전체 구조를 보면, 우선 국제안보 분야의 중요한 주제들을 다루고 이어서 국제정치경제 분야의 중요한 주제들을 다루는 식으로 이루어져 있다. 1장은 국제관계 분야 연구 상황을 소개하고, 집합재 문제와 우세, 상호주의, 정체성이라는 세 가지 핵심 원칙에 대하여 설명하고, 국제관계의 지리 역사적 배경을 간략히 제시한다. 역사적 배경 부분에서는 최근 추세, 특히 세계화 추세를 20세기 전반에 걸쳐서 진화해 온 국제체계라는 맥락 속에서 다룬다. 세계화는 상이한 행위자들, 특히 지구 남반구에 사는 행위자들이 겪고 있는 국제관계의 현실이 매우 다양하다는 사실을 보여주기도 한다. 2장과 3장은 현실주의, 자유주의 이론, 사회적 이론(구성주의, 포스트모더니즘, 마르크스주의 이론), 평화연구, 성 이론 등 국제관계의 다양한 이론적 접근들을 다룬다.

4장은 외교정책의 형성과 집행을 다루는데, 여기에는 외교정책의 형성 및 집행에 관여하는 주요 기구들에 대한 논의도 포함된다. 5장은 종족분쟁, 종교분쟁, 영토분쟁, 경제분쟁 등 국제분쟁의 주요 원인들을 소개한다. 이러한 분쟁들이 폭력 행사로 이어지는 조건과 방식은 군사력과 테러리즘을 다루는 6장에서 논의한다. 7 장은 어떻게 UN 같은 국제기구와 국제법이 안보관계에 중요한 영향력을 행사하는 실체로 성장해 왔는지를 다루며, 또 어떻게 인권이 더욱 중요하게 등장했는지를 다룬다. 국제기구에 대한 연구는 국제안보 관련 주제들과 국제정치경제 관련 주제들을 연결해 주는 교량 역할을 하기도 한다.

이어지는 나머지 장들은 국제정치경제 연구의 구성부분이 되는 다양한 주제들을 다룬다. 미시경제 원칙과 국가경제부터 무역과 금융, 국제통합, 환경, 그리고 발전 문제에 초점을 맞추어 남북관계 등을 살핀다. 8장은 정치경제학의 이론적 개념들을 소개하면서 국제안보 관련 이론들이 국제정치경제의 문제 영역에서 어떻게 번역되는지를 보여준다. 또한 국제정치경제의 가장 중요한 주제인 무역에 대하여 논의한다. 9장은 세계화 시대 글로벌 금융의 정치학과 다국적기업 활동을 다룬다. 10장은 국제통합, 장거리통신, 문화교류 등의 주제를 지역 수준(유럽연합의 경우)과 지구 수준에서 탐구한다. 11장은 어떻게 환경 정치와 인구 증가가 지역 및 지구 수준에서 국제 거래와 상호의존을 확대발전시키는지를 보여준다. 12장은 남반구의 빈곤에 특별한 주의를 기울이면서 지구적 남북관계에 초점을 맞춘다. 13장은 국제 비즈니스, 부채, 대외원조 등의 맥락에서 경제 발전을 위한 대안들을 검토한다. 후기(後記)에 해당하는 14장은 이 책의 핵심 주제들을 다시 제시하면서 미래에 대한 비판적 사고를 권장하고 있다.

교과교육 관련 고려사항

지식이 잠정적이고 또 경험 세계에서의 변화가 이론의 범위를 쉽게 벗어날 수 있는 국제관계론 같은 과목에서 비판적 사고는 학생들이 반드시 가져야 할 핵심 기술 가운데 하나이다. 본문 중 많은 부분에서 결론을 내리지 않고 열어두고 있는 데, 이는 학생 스스로 주어진 이슈에 대해 논리적 추론을 하게끔 만들기 위한 것이다. 그리고 각 장 끝에 있는 비판적 사고 관련 질문들 외에 논쟁을 위한 또 다른 박스 글이 있는데, 이는 더 깊이 있고 집중적인 비판적 사고를 유도하기 위한 것이다.

앞에서 언급한 바와 같이, "집합재 찾기" 박스 글은 이 책 전체를 구성하는 핵심 개념인 집합재 문제에 초점을 맞춘 것이다. 각 장의 박스 글은 국가들이 집합 재를 만들기 위해 상대방의 협력을 얻고자 노력할 때 부딪히는 문제들에 대한 논 의를 담고 있다. 각각의 사례에서 우리는 핵심 원칙들(우세, 상호주의, 정체성) 가운데 하나 혹은 그 이상의 원칙이 집합재 공급에 성공적으로 사용되는지 여부를 집중 조명할 것이다.

각 장에 들어있는 한 쪽짜리 "정책적 시각"이란 글은 학생들이 한 국가의 최 고 지도자로서 정책결정자의 시각을 한번 가져보게끔 하려는 의도이다. 이 글은 정 치적 의사결정 과정에서 흔히 나타나는 득실관계(trade-off)를 보여주고 국제정치와 국내정치의 상호연결을 잘 보여주지만 동시에 국제관계 이론과 실제의 정책 문제를 접목해 보도록 유도한다.

"쟁점 토론하기" 박스 글은 논란이 되고 있는 주제에 대하여 학생들이 깊이 생각해 보는 데 도움이 될 것이다. 각 장에서 선정된 주제는 그 장에서 논의된 중요 개념에 관한 것이다. 이를 통하여 그 장의 전체 주제를 더욱 강조하는 한편으로 특정 주제를 더 깊이 이해할 수 있을 것이다.

마지막으로 책 앞부분에 있는 "국제관계에서의 취업 전망"이란 글은 학생들이 이 분야 취업 가능성에 대하여 고려할 때 도움이 될 것이다. 정부 및 외교계, 국제 비즈니스, 비정부기구(NGO), 교육 및 연구 등 분야별로 취업 전망을 소개하고 있는 이 글은 "이 과목 수강이 내 일자리를 찾는 데 무슨 도움이 될까?"라는 질문에 대한 우리의 답변이다. 또한 추가적인 공부를 위한 참고서적과 웹 사이트를 포함하고 있다.

많은 사람들이 특히 추상적인 개념에 접할 때 그것이 사진과 연결되어 있으면 더 쉽게 정보를 얻는다. 그래서 이 책은 중요한 논점을 알기 쉽게 보여주기 위하여 컬러 사진을 광범하게 활용하였다. 사진 아래 있는 간략한 캡션(caption)은 본문 중 해당 부분에 대한 이해를 돕고 그 부분과 현장의 실제 모습을 연결시켜 준다. 이번 판에는 2012년과 2013년 사진이 다수 포함되어 있다.

학생들의 학습 스타일은 다양하다. 시각 자료에 민감한 학생들은 사진뿐만 아니라 컬러 사진이나 도표가 대단히 유익하다고 느낄 것이다. 또한 수치 데이터 역시 비판적 사고를 고무할 것이다. 지구적 수준에서 간략하게, 또 적절하게 제시된 기초 데이터로 학생 자신이 다양한 정책과 이론들에 함축된 의미를 판단하고 추론할 수 있을 것이다. 본문에서는 전체 그림을 보여주는 지구적 수준의 데이터를 사용하며, 무엇이 중요한가를 강조하기 위해 끝자리 숫자를 잘라낸 수치들을 사용하며, 필요한 경우 정보를 그래픽으로 전달하고 있다.

국제관계는 광범한 주제라서 다양한 방식으로 연구할 수 있는 주제이다. 이번 판에서 보완된 이 책의 각주는 여러 주제들에 대한 추가적인 읽을거리를 제시하고 있다. 이 책의 각주는 달리 적시하지 않는 한 전통적인 방식의 각주가 아니다. 또한 각주 부분의 공간을 절약하기 위하여 출판사 소재지를 생략하였으며, 주요 대학이나 주(state)의 이름만 적고 그 출판부는 적지 않았다. 물론 이런 방식은 정확한 학술논문이 요구하는 방식이 아니다.

조슈아 골드스타인

존 피브하우스

내 정치학연구실(MyPoliSciLab)

내 정치학연구실은 국제관계 강의를 위한 최첨단 양방향 강의실이다. 전통적인 강의실을 보완하는 한편으로 온라인 강의로서 완벽한 기능을 갖도록 설계하였다. 모든 교수와 학생의 요구 사항을 충족하기 위해 풍부한 자료를 제공하고 있다. 특히 자랑할 만한 것은 다음과 같다.

 - 학기 전, 도중, 학기 후에 학생들과 만나는 데 필요한 모든 도구들. 과제 달력과 등급 기록부가 있어 학생들에게 마감 기한까지 특정 활동을 하도록 과제를 부과할 수 있고 학기 중 학생들의 학습 진도를 측정할 수 있다.

 - **피어슨 전자책**(Pearson Etext)이 있어 학생들이 언제 어디서건, 그리고 온라인으로 청취하는 것을 포함해서 학생 각자가 원하는 방법으로 교재에 접근할 수 있다.

 - 모든 학생들을 위한 **개인별 학습계획**은 블룸 분류법(Bloom's Taxonomy)에 의거하여 학습활동을 비교적 단순한 사고를 요하는 활동(예컨대 외우거나 이해하는 것)부터 시작해서 더 복잡한 비판적 사고(예컨대 적용하거나 분석하는 것)에 이르기까지 다양한 활동들을 계층화하여 제시하고 있다. 이와 같이 계층화된 계획은 학생들의 더 나은 비판적 사고 기술 습득을 촉진할 것이며 강의 중이나 강의 후 더 큰 성취를 이루는 데 도움이 될 것이다.

내 정치학연구실의 새 메뉴

본문의 주제와 관련 있는 모의실험(simulation)을 해 볼 수 있는 메뉴를 추가하여 학생들이 국제관계와 정책결정의 개념 및 동학(dynamics)에 익숙해질 수 있도록 하였다.

보충 자료

피어슨은 강사와 학생들에게 이 책의 교수와 학습을 더 효과적이고 재미있게 해 줄 자료들을 기꺼이 제공하고 있다. 강사들에게 개별 교재의 보충 자료를 쉽게 내려 받을 수 있게 허용해 주는 온라인 허브인 강의자료센터(Instructor Resource Center, IRC)에서 이 책의 보충 자료를 구할 수 있다. IRC 홈페이지 초기화면 www.pearsonhighered.com/irc에 가서 등록하면 자료를 얻을 수 있다.

강의안/문제은행(Instructor's Manual/Test Bank): 여기에는 장별 요약, 학습목표, 강의개요, 선다형 문제, 정오 문제, 주관식 문제 등의 자료가 있다. IRC에서만 구할 수 있다.

피어슨 내 시험(Pearson MyTest): 이 강력한 평가 프로그램은 강의안/문제은행의 모든 항목을 포함하고 있다. 시험 문제를 쉽게 만들고 가공하고 저장하고 인쇄할 수 있다. 채점은 언제 어디서건 할 수 있다. 더 자세한 사항을 알려면 www.pearsontest.com을 방문하거나 피어슨 사 담당자와 접촉하면 된다.

파워포인트 자료: 강의 개요에 맞게 만들어진 이 멀티미디어 자료 역시 각 장의 사진, 도표, 표 등을 포함하고 있다. 역시 IRC에서만 구할 수 있다.

감사의 말씀

많은 학자, 동료교수, 친구들이 10판까지 나온 이 책의 모든 판본에 큰 영향을 준 아이디어를 제공했다. 이 책은 몇 해 전에 흥정과 제어수단 개념이 국제관계 이론을 그 4개 분석 수준을 초월하여 통합해 줄 수 있는 개념으로 사용될 수 있다는 점을 일깨워 준 고 노스(Robert C. North)에게 매우 특별한 빚을 지고 있다. 군사 관련 데이터를 지원해 준 고 포스버그(Randall Forsberg)에게 감사한다. 이런저런 제안을 해 준 동료교수들, 그리고 국제정치 강의에 참가한 학생들에게도 감사의 뜻을 전한다. 각주, 용어 풀이와 관련하여 쿠퍼(Louis Cooper)와 하워드(Peter Howard), 초기 판본들의 "쟁점 토론하기" 박스 부분에 도움을 준 후세인(Mir Zohair Husain), 데이터 수집과 참고문헌 부분과 관련하여 존슨(Tana Johnson), 배뷸러스(Felicity Vabulas), 듀펙(Stephanie Dufek), 지머맨(Ben Zimmerman) 그리고 브래거(Roberta Braga)에게 감사한다. 마지막으로 여러 해 동안 우리를 지원해 준 동료교수들, 선생님들, 그리고 친구 거너(Deborah Gerner)의 도움에 사의를 표한다.

아래 분들은 서평을 통해 많은 조언을 주신 분들이다. 런던 킹스 칼리지 애덤스(Catharine Adams), 몬태너대 애덤스(Karen Adams), 미네소타 주립대 바우먼(Philip Baumann), 멤피스대 블랜턴(Robert G. Blanton), 마운트 알로이시오대 브레킨리즈(Robert E. Breckinridge), 미시시피 주립대 캐버노(Jeff Cavanaugh), 브리검 영대 챔피언(Brian Champion), 미시간 주립대 클라인(Gregory A. Cline), 샌디에이고 시립대 클라워스(Myles Clowers), 노스캐롤라이나대 콤스(Cynthia Combs), 보스턴대 코건(Michael Corgan), 플로리다대 다니에리(Paul D'Anieri), 노트르담대 데이비스(Patricia Davis), 콜비대 드솜버

(Eizabeth DeSombre), 마이애미대 드레이어(June Teufel Dreyer), 조지 주립대 엘로위츠(Larry Elowitz), 마이애미 데이드 커뮤니티 컬리지 에머슨(George Emerson), 위스콘신대 에버링검(Mark Everingham), 레이크 포레스트대 갤러웨이(Jonathan Galloway), 로드아일랜드대 지네스트(Marc Genest), 캔자스대 거너(Deborah J. Gerner), 캘리포니아대 골드먼(Emily O. Goldman), 캘리포니아 주립대 골리치(Vicki Golich), 아메리카대 국제학부 그레그(Robert Gregg), 휴스턴대 히르치(Wolfgang Hirczy), 성 요셉대 핫슨(Piper Hodson), 미주리대 후크(Steven W. Hook), 오하이오 주립대 호프(Ted Hopf), 사우스 앨러배머대 후세인(Mir Zohail Husain), 레스브리지대 이치카와(Akira Ichikawa), 헨더슨 주립대 제임스(W. Martin James), 아이오와 주립대 캘버러(Matthias Kaelberer), 올드 도미니언대 카프(Aaron Karp), 메릴랜드대 카우프먼(Joyce Kaufman), 워싱턴대 키일러(John Keeler), 센트럴 아칸사스대 켈리(Michael Kelley), 오레곤대 크레이머(Jane K. Kramer), 조지타운대 래건(Mark Lagon), 글렌데일 커뮤니티 컬리지 램킨(William Lamkin), 웨이크 포레스트대 리(Wei-Chin Lee), 컴버랜즈대 레스킨(Christopher Leskin), 존스홉킨스대 말린-베네트(Renee Marlin-Bennett), 노스 텍사스대 미어닉(James Meernick), 켄터키대 밍스트(Karen Mingst), 루이스클라크 주립대 무어(Richard Moore), 노스캐롤라이나대 모슬리(Layns Mosley), 센트럴 아칸사스대 물렌바흐(Mark Mullenbach), 그로스먼트대 마이어스(Todd Myers), 리치먼드대 아웃랜드(John W. Outland), 스티븐스 기술연구소 프리스코(Slavatore Prisco), 네브라스카대 랩킨(David Rapkin), 룻거스대 로즈(Edward Rhodes), 파이크스 피크 커뮤니티 컬리지 릴리(Leonard Riley), 사우스캐롤라이나대 루벤저(Trevor Rubenzer), 퍼듀대 러프(Richard Rupp), 센트럴플로리다대 새드리(Houman Sadri), 보스턴대 쇼클리(Henry Schockley), 그랜드래피즈 커뮤니티 컬리지 클레어(Keith St. Clair), 와바쉬 대 바스케스(Paul Vasquez), 플로리다 국제대 비커리(Paul Vicary), 아리조나 대 보글리(Thomas J. Vogly), 미국대학문제연구소 윌스포드(David Wilsford) 등이다. 물론 오탈자는 우리 저자들의 책임이다.

학생들에게 주는 글

학자들이 연구하는 주제들은 다양한 지점과 지형이 있는 풍경화와 같다. 이 교재는 국제관계의 주요 주제, 논쟁, 문제영역으로 가는 길잡이 역할을 할 수 있는 지도와 같다. 학자들은 자기 주제에 관하여 얘기할 때 전문용어를 사용한다. 이 책은 그런 전문용어를 번역해 주는 용어집, 따라서 학자들이 국제관계에 관하여 얘기할 때 사용하는 용어와 개념들을 설명해 주는 용어집이다. 그러나 국제관계는 수많은 언어와 목소리로 가득 차 있다. 대통령이나 교수들의 목소리, 무역상이나 페미니스트들의 목소리 등등. 이 책은 이런 목소리 가운데 일부를 번역하여 국제관계의 전체적 윤곽을 파악하고 여러 다양한 주제들에 대한 현재의 지식을 파악하는 데 도움을 주고자 한다. 이번 판에서 우리 저자들은 국제관계에 대한 기본적인 이해를 넘어 심층적인 이해에 도움이 되도록 복잡한 주제를 간명하고 깔끔하게 정리하려고 특별히 애를 썼다.

지도와 용어해설을 담은 이 책을 손에 들었으니, 이제 여러분은 매력적인 세계를 탐구할 준비가 되었다. 지난 몇 년간 국제정치에서 큰 변화가 많았는데, 그로 인하여 우리가 책을 쓰는 것은 우리 저자들에게 흥미로운 일이었다. 이제 여러분들 스스로 이 분야를 탐구할 차례이다.

골드스타인
피브하우스

고유명사 표기에 관하여

국제관계에서 명칭 문제는 정치적으로 민감한 문제이다. 특정 영토나 사건에 대하여 행위자에 따라 서로 다른 이름으로 부를 수 있기 때문이다. 이 책이 그 문제를 해결해 줄 수는 없다. 다만 일관성을 유지하기 위해 이 책은 다음과 같은 명명 관례를 채택하였다. 대영왕국(England, Scotland, Wales)과 북아일랜드(Northern Ireland)는 합쳐서 간단히 영국으로 한다. 버마는 군사정부 이후 미얀마로 변경되었지만 그대로 버마라고 한다. 보스니아 헤르체고비나는 줄여서 보스니아로 한다(헤르체고비나 사람들에게는 미안하지만). 과거 유고슬라비아의 일부였던 마케도니아공화국은 마케도니아로 한다. 중화인민공화국은 중국이라 한다. (과거 벨기에 콩고, 자이레로 불리던) 콩고민주공화국은 민주콩고라 한다. 코트디부아르는 아이보리코스트라 한다. 기타 국가 명칭에서는 "공화국" 같은 말은 빼고 통상적인 용례를 따라 부른다. 동해라고도 불리는 곳은 일본해라 하고 아라비아해라고도 불리는 곳은 페르시아만이라 한다. 1990년에 이라크가 쿠웨이트를 침략 정복하자 1991년에 미국이 주도한 다국적군이 이를 격퇴하고 쿠웨이트를 수복한 사건은 걸프전이라고 부른다. 2003년 이후 미국이 이라크에서 치른 전쟁은 이라크전쟁으로 부른다. 1980년대 이란과 이라크 간의 전쟁은 이란-이라크전쟁으로 부른다.

국제관계 분야 취업 전망

정부 및 외교계 일자리

요약: 정부 및 외교계 일자리는 팀플레이를 통하여 정책에 영향을 미칠 기회를 제공해 주지만 거대한 관료기구에 적응할 수 있는 인내심이 필요하다.

비용과 편익 정부 및 정부 간 기구(intergovernmental Organization, IGO)는 국제관계에서 핵심 역할을 수행하면서 국제관계에 관심을 갖고 훈련 받은 수백만의 인력을 고용하고 있다.

정부 내 직무와 IGO 내 직무에 차이가 있지만 비슷한 점도 매우 많다. 양쪽 모두 상하 위계질서가 뚜렷한 조직으로 경쟁적이고 고도로 규제된 근무 환경을 가지고 있다. 미국 국무부나 UN이나 마찬가지로 신규 진입과 승진은 시험, 업적 평가, 재직 기간 등 관련 법규에 따라 이루어진다.

또 다른 유사점은 이러저러한 정책 방향으로 휘둘릴 위험에 직면한다는 점이다. 정부는 각기 다른 정책 의견을 가진 대중의 여론, 유권자, 이익집단 등의 경쟁적 압력을 받는다. IGO 역시 (NGO 같은) 이익집단에 대처해야 하지만, IGO의 유권자는 많은 사례에서 서로 의견 불일치를 보이는 국가들이다.

정부나 IGO 직원들은 정책에 영향을 주는 결정을 내리는 일에 보람을 느낄 수 있다. 또한 양쪽의 근무 환경이 국제관계에 깊은 관심을 가진 직원들에게 매력적일 수 있다. 그 근무 환경의 결과로 만들어지는 계약관계의 네트워크는 직업상의 보상과 지적 보상을 가져다 줄 수도 있다. 끝으로 정부나 IGO 직원의 업무 중에는 외국 출장이나 해외 거주도 포함되는데, 많은 사람들이 이를 선호하고 있다.

그러나 승진은 느리거나 아예 안 될 수도 있다. 보통 석·박사 학위 소지자나 기술적 전문성을 가진 사람들만이 신입 직원 이상의 직급으로 승진할 수 있다. 승진하는 데 몇 년이 걸릴 수 있고 그 과정에서 원래 자신의 관심 분야와 한참 동떨어진 부서에서 근무해야 할지도 모른다. 이에 더하여, 정부나 IGO는 공식적인 법규와 절차를 가진 관료기구로서 엄청난 인내심을 요구한다. 종종 직원들은 창의적이고 파격적인 사고가 보상을 받지 못한다고 좌절감을 느끼기도 한다.

연마해야 할 기술 정부나 IGO에서 일자리를 얻을 때 핵심적인 관건은 그 문 안으로 두 발을 들여놓는 것이다. 유연한 자세를 가져야 하며 자신의 관심 분야와 정확히 일치하지 않는 자리라 하더라도 들어갈 수만 있으면 그 자리를 잡아야 한다. 예를 들어 국무부는 국제관계를 다루는 미국 정부의 여러 부서들 중 하나일 뿐이다. 외교 분야에서 일한 다고 해서 반드시 외교관이 되어야 한다고 가정하지 마라.

외국어 훈련 역시 중요하다. 특히 다수의 현장 사무소를 가진 거대한 IGO에서 일자리를 얻으려면 외국어가 더욱 중요하다. 부서 안에서 일을 잘하고 조직 내외에 인맥을 만드는 능력도 중요한 자산이다. 의사소통의 맥을 강화할 수 있는 사람은 조직 내 여러 부서들로부터 지지를 얻을 수 있다.

마지막으로, 분석과 글쓰기에 탁월한 능력을 가진다는 것이 대단히 중요하다. 정부나 IGO는 매일 막대한 분량의 정보를 다룬다. 정보를 분석하고 (수학적 분석이나 컴퓨터 분석을 포함해서) 그 결과를 분명하고 간략하게 쓰는 능력을 가졌다면 크게 인정받을 것이다.

참고 자료

Shawn Dorman. *Inside a U.S, Embassy: How the Foreign Service Works for America*. 2nd ed. Washington, D.C.: American Foreign Service Assoc., 2003.

Linda Fasulo. *An Insider's Guide to the UN*. New Haven: Yale University Press, 2005.

http://jobs.un.org

http://careers.state.org

http://jobsearch.usajobs.opm.gov/a9st00.aspx

국제 비즈니스 분야 일자리

요약: 국제 비즈니스 분야의 일자리는 외국어와 문화에 능통한 사람들에게 많은 보수와 재미있는 일을 할 기회를 제공하지만 장시간의 격무를 요구하기도 한다.

비용과 편익 세계화의 속도가 빨라지고 범위가 넓어짐에 따라 국제적인 기업에서 일자를 찾을 기회도 크게 늘고 있다. 대기업의 경우 국내기업과 세계기업의 경계선이 사라진 기업이 많다. 이러한 새로운 환경이 구직자들에게 기회와 유혹이 되고 있다.

국제 비즈니스의 일자리는 많은 이점(利點)을 준다. 공무원이나 NGO 직원들에 비해 훨씬 많은 보수와 값비싼 여행 기회, 전 세계 인맥을 구축할 기회를 얻을 수 있다. 외국에 기반을 둔 기업에서 일한다는 것은 외국에 가서 자리 잡고 그곳 문화에 젖어 산다는 것을 뜻한다.

그러나 그런 일자리를 선택하는 데는 상당한 비용도 따른다. 많은 경우 연장 근무를 하거나 녹초가 되도록 여행에 시달리거나 자주 이사하는 것을 각오해야 한다. 다른 직장의 경우도 비슷하지만, 승급이나 승진이 세계 경기 순환 같은 외부 환경에 따라 안 될 수도 있다. 그리고 이 직업은 특히 가족들에게 어려움을 줄 수 있다.

국제 비즈니스계의 취업 기회는 다양한 사업 분야에서 주어진다. 최근 들어 금융, 마케팅(pr), 판매, 통신/전산 분야가 엄청난 성장세를 보이고 있다. 이 분야의 일자리를 대별하면 세 가지 범주로 나눌 수 있다. (1) 국내에 있지만 해외 기업들과 거래를 많이 하는 기업, (2) 해외 기업 밑에서 사업하는 국내 기업, (3) 해외 기업 혹은 국내 기업 밑에서 사업하는 해외 기업.

연마해야 할 기술 국제 비즈니스계에 취업하려면 두 종류의 기술을 익혀야 한다. 하나는 국제 관계, 다른 하나는 업무 수행에 관한 것이다. 전통적인 MBA(경영학석사) 학위 취득과 경영대 교육 프로그램 이수가 세 가지 범주 일자리 모두에 도움이 될 것이다. 그러나 해외 기업의 고용자들은 추가로 경제학, 정치학, 정보통신학 등에 일정한 소양을 갖춘 사람을 찾기도 한다. 이처럼 전통적인 경영학 기술뿐만 아니라 언어와 문화적 기술도 중요하다. 해외유학 경험이나 해외근무 경험이 있다면 그것이 낯선 문화에 잘 적응하고 또 정상적으로 활동할 수 있는 능력이 있음을 보여주는 데 도움이 될 것이다. 분석 능력과 글쓰기 능력 역시 고용자들이 크게 중시하는 능력이다.

사전 조사 역시 이 분야 취업에 도움이 된다.

종종 고용자들은 특정 산업 부문이나 회사에 대한 지식을 요구하기도 한다. 그런 지식을 가진 사람이라면 자신의 언어 문화적 기술을 최대한 활용할 수 있을 것으로 보기 때문이다. 물론 국제 비즈니스가 아닌 비즈니스 분야에서의 경력이 손해가 되지는 않지만, 한 국가에서의 사업 관행, 관례, 모델이 다른 국가에서는 적용되지 않는다는 점에 유념해야 한다. 실용적인 경영학 지식과 결합된 이종 문화 간 적응 기술은 업계 수준에서 전 지구적 영역 수준으로 나아가려는 기업의 욕구를 실현하는 데 도움이 될 것이라는 점에서 높이 평가된다.

참고 자료

Edward J. Halloran. *Careers in International Business.* 2nd ed. NY: McGraw-Hill, 2003.

Deborah Penrith, ed. *The Directory of Jobs and Careers Abroad.* 12th ed. Oxford, UK: Vacation Work Publication, 2005.

http://www.rileyguide.com/internat.html

http://www.jobsabroad.com/search.cfm

http://www.transitionsabroad.com/listings/work/careers/index.shtml

비정부기구 일자리

요약: NGO의 일자리는 어떤 대의명분을 위해 기꺼이 일하려는 사람들에게 개인적 보상을 주는 경험이지만, 보수가 적고 취업하기가 어렵다.

비용과 편익 현재 3만 개에 가까운 NGO가 있고 그 숫자도 매일 늘어나고 있다. 수천 명의 사람들이 이 기구에서 일하는 데 관심을 가지고 있다. 모든 NGO가 서로 다르지만, 많은 NGO가 복합적인 기능을 수행하고 있다. 개발도상국에서 다양한 이슈와 관련하여 활동하고, 국내외에서 대중운동을 이끌고, 정부의 정책을 바꾸기 위해 정부를 상대로 로비 활동을 벌이고, 문제 해결을 위한 계획을 설계하고 그 실행을 위한 기금 조성을 시도하기도 한다.

NGO에서 일하는 것은 많은 이점이 있다. NGO 직원은 동일한 이슈에 대하여, 예를 들어 환경 개선, 인권 보호, 경제개발 촉진, 보건 향상 등과 같은 이슈에 대하여 함께 걱정하는 사람들 속에서 일하는 경우가 많다. 이러한 동지애 정신은 사기를 북돋워 주고 보상을 줄 수 있다.

NGO에서 일하는 것은 개인적으로는 대단히 큰 보상을 받지만 재정적으로는 거의 보상 받지 못한다. 대부분의 NGO는 비영리 단체로서 장시간 일하는 직원들에게 보잘 것 없는 보수를 지급한다. 더욱이 비교적 규모가 작은 다수의 NGO는 정부, 싱크탱크, 민간 재단이나 개인들로부터 기금을 얻으려고 항상 분투해야 하는 처지에 있다.

NGO의 수가 많고 보수가 적고 또 장시간 근무를 해야 함에도 불구하고 NGO에서 자리를 얻는 것은 어려울 수 있다. 하나의 방법은 자신을 특화하는 것이다. 즉 자신의 관심 분야를 인권이나 환경처럼 구체적인 분야로 좁히거나 관심 지역을 좁히는 것이다. 그리고 국내 근무를 원하는지 해외 근무를 원하는지도 생각해 보라. 해외 일자리가 더 큰 보상을 줄 수 있지만 공급보다 수요가 항상 많다.

연마해야 할 기술 일반적으로 NGO는 스스로 알아서 일을 할 줄 아는 사람들을 찾는다. 대부분의 NGO는 직원을 훈련할 시간 여유도 없고 자원도 부족하다. (컴퓨터 기술 같은) 기본적인 사무 기술은 필수지만 그날그날 생기는 다양한 업무를 다룰 줄 알아야 한다. 업무 내용에는 그 어떠한 것도 포함될 수 있다. 글쓰기와 의사소통 기술은 기본이다. 특히 기금 조성이 업무의 일부일 때 더욱 중요한 기술이다. 그리고 많은 NGO가 해외에 현장 사무소를 두고 있거나 현장 사무소와 협력하고 있기 때문에 외국어 기술 역시 중요하다.

 NGO가 취업 희망자에게 정식 채용 이전 일정 기간 훈련을 위한 자원봉사를 요구하는 경우도 종종 있다. 기업이 일정한 대가를 지불하고서 자기 직원을 특정 NGO나 자원봉사 단체에 파견하여 근무케 하는 경우도 늘고 있다. 자원봉사로 들어가더라도 그것은 나중에 정식 직원으로 채용되었을 때 일을 더 능률적으로 하기 위한, 자신의 기술을 개발하고 그 단체의 업무 수행 과정에 익숙해 질 수 있는 수습 기간을 갖는 것이라 할 수 있다.

 마지막으로, 워싱턴 D. C.처럼 NGO가 밀집해 있는 도시의 경우 개인의 인맥이 좋은 기회를 얻는 데 큰 역할을 할 수 있다. 직원들은 한 단체에서 다른 단체로 이직하는 경우가 많다. 그렇기 때문에 많은 사람들은 자신의 주된 관심 분야와 동떨어진 일자리도 자원하거나 수용한다. 이렇게 하는 것이 나중에 더 나은 경력으로 발전해 나가는 데 도움이 되기 때문이다.

참고 자료

Sherry Mueller, Careers in Nonprofit and Educational Organizations. In *Careers in International Affairs*. 7th ed. Washington, D.C.: Georgetown School of Foreign Service, 2003.

Richard M. King. *From Making a Profit to Making a Difference: How to Launch Your New Career in Nonprofits*. River Forest, IL: Planning/Communications, 2000.

http://www.ngo.org/links/index.htm

http://www.idealist.org

http://www.wango.org/resources.aspx?section=ngo-dir

교육 및 연구 분야 일자리

요약: 이 분야의 일자리는 자유롭게 자신의 이상을 추구하고 동료들과 함께 일할 수 있게 해주지만 학교에서 몇 년 동안의 교육을 요구한다.

비용과 편익 사람들은 다양한 경로를 거쳐 국제관계를 가르치고 연구하는 데 관심을 가지게 된다. 아마 여러분의 교수나 강사도 어떻게 국제관계에 관심을 가지게 되었는지에 대한 자신만의 특별한 일화가 있을지 모른다.

교육 위주의 기관에서건 광범한 연구를 수행하는 종합대학에서건, 교육 및 연구에 종사하는 직업의 이점 가운데 하나는 지적 자유이다. 이 분야 종사자는 흥미롭고 끊임없이 변화하는 여러 주제들에 접근하는 일에 평생을 바칠 수 있다. 이 과정에서 현장조사를 위하여 외국으로 여행할 수도 있고 유사한 주제에 관심을 가진 수백 명의 동료들과 인맥관계를 구축할 수도 있다.

싱크탱크 같은 연구 기관에서 일할 경우에는 다음 두 가지 점에서 학교에서 일할 경우와 다르다. 첫째, 연구과제의 선정에 더 많은 지시가 있을 수 있다. 둘째, 교육 업무가 거의 없거나 아예 없을 수도 있다. 그래도 국제관계에 관심을 가진 연구자들의 연구 결과는 정책결정자를 포함하는 광범한 독자들에게 널리 전파될 수 있다.

대학 이상 수준에서 국제관계를 가르치거나 싱크탱크 혹은 정부기관을 위해 연구하는 자리를 얻으려면 보통 석·박사 학위가 필요하다. 대부분 석사면 가능하지만 박사를 요구하는 경우도 있다. 국제관계 전공으로 석사과정은 보통 1~2년, 박사과정은 최소한 5년이 걸린다. 학생들은 학부를 마친 다음 대학원으로 진학하기 전에 몇 년간 자기 관심 분야를 개발하기 위해 해외여행을 하거나 실무 경험을 쌓기도 한다. 물론 개인적인 목표나 직업적인 목표를 달성할 수 있을 것 같은 일자리를 찾았기 때문에 진학을 포기하고 학교로 돌아가지 않는 학생들도 많다.

마지막으로, 석·박사 학위과정을 마치려면 자기 규제를 철저히 해야 한다. 과정 이수는 학위과정의 일부일 뿐이고 학위논문도 써야 한다. 학위논문을 쓰기 위해서는 스스로 정한 일정표에 맞추어서 작업해야 한다. 또한 (조교나 연구보조원 같은) 다른 업무도 병행해야 하는 경우가 많으므로 이런 업무와 조화를 이룰 수 있어야 하는데, 흔히 그런 병행 업무가 논문 쓰는 일을 망치기도 한다. 따라서 과정은 이수했지만 논문을 완성하지 못하거나 여러 해 걸려서 완성하는 학생들도 많다.

연마해야 할 기술 대학에서 가르칠 목적이든 응용 연구 기관에 종사할 목적이든 학위과정을 밟는 학생들이라면 반드시 개발해야 할 중요한 기술이 세 가지 있다. 첫째로 가장 중요한 것이 비판적 사고이다. 학자나 연구자들은 주어진 문제의 답으로 여러 개의 대안들이 존재한다는 점을 반드시 고려해야 하며, 여러 대안들의 타당성이나 중요성을 평가하는 능력을 갖추어야 한다. 둘째는 글쓰기이다. 학위논문을 쓰기 이전, 도중, 이후를 가릴 것 없이 글쓰기 기술은 학자나 연구자가 갖추어야 할 핵심 기술이다. 마지막으로, 주제를 분석할 때 사용하는 도구 상자로서 일련의 응용 기술을 개발할 필요가 있다. 이 도구 상자의 내용물로 우선 해외에 나가 현장조사를 할 때 필요한 외국어가 있다. 계량 분석을 쉽게 하기 위한 통계 기법이나 데이터 처리 기술도 포함될 수 있다. 또한 게임이론 모델들을 활용하기 위한 수학 실력도 포함될 수 있다. 이 중에서 어떤 도구를 더 중시할지는 각자가 판단할 문제이지만, 대학의 일원이든 민간 혹은 정부 연구기관의 일원이든 간에 특별한 기술을 가지고 있다면 연구 주제의 해답을 찾는 일에 도움이 될 것이다.

참고 자료

The Chronicle of Higher Education(weekly). Online at chronicle.com/

American Political Science Assoc. *Earning a PhD in Political Science*. 4th ed. Washington, D.C.: 2004.

Earnest J. Wilson. Is there Really a Scholar‑Practioner Gap? An Institutional Anaysis. *PS: Political Science and Politics*, January 2007.

http://www.apsanet.org

http://www.apsia.org

http://www.isa.net.org

세계 각국과 영토

1
Chapter

국제관계의 세계화

1. 세계화, 국제관계, 그리고 일상생활

국제관계는 전 세계 모든 사람들과 문화와 관련된다는 점에서 매력적인 주제이다. 사람들 간의, 그리고 문화집단들 상호간의 작용-반작용 관계는 그 범위가 넓고 복잡하기 때문에 이 관계를 완전히 이해하는 일은 도전할만한 가치가 있다. 항상 무언가 배워야 할 것이 생긴다. 이 책은 긴 이야기의 출발점일 뿐이다.

국제관계라는 분야는 좁게 정의하면 정부 간의 관계에 관한 것이다. 그러나 이 관계를 별도로 이해하면 안 된다. 정부 간의 관계는 (국제기구, 다국적기업, 개인 등과 같은) 다른 행위자들과 밀접하게 연결되어 있으며, (경제, 문화, 국내 정치 등을 포함하는) 다른 사회적 구조나 과정과 연결되어 있고, 지리 및 역사의 영향과 연결되어 있다. 이렇게 연결된 모든 요인들이 함께 작용하여 오늘날 가장 중요한 경향인 세계화에 동력을 제공하고 있다.

최근에 일어난 두 가지 매우 중요한 사건이 세계화의 정도를 잘 보여주고 있다. 2011-2012년 동안 몇몇 국가에서 정부를 전복시킨 이른바 아랍의 봄 시위를 주도한 청년들은 혁명을 계획하고 조정하기 위해 페이스북(Facebook)과 휴대전화를 활용하였다. 그리고 미국의 주택담보대출 시장 붕괴로 촉발된 2008-2009년의 세계 경기침체는 빠른 속도로 다른 국가들로 번졌다. 금융시장이 고도로 세계화되었기 때문에 전 세계 파급효과가 쉽게 발생하였고, 그 충격이 아직도 남아 있다. 통신기술의 확산과 시장의 통합이라는 두 가지 세계화의 징표가 우리 일상생활에 충격을 주는 사건들을 추동한 것이다.

우리의 일상에 영향을 주는 것은 그런 대형 사건만이 아니다. 학생들의 졸업후 취업 전망도 세계경제와 국가 간 경제 경쟁 여하에 따라 달라진다. 또한 학생들이 취업할 직장도 과거 어느 때보다 더 국제 여행, 영업, 통신을 필요로 한다. 그리고 세계 무역체계의 규칙은 전자제품, 옷, 휘발유처럼 학생들이 매일 사용하는 상품에도 영향을 미친다.

세계화는 우리 일상에 매우 긍정적인 영향을 주기도 한다. 기술이 발전함에 따라 세계는 해마다 작아지고 있다. 통신 및 교통수단의 발달로 보통 사람들이 다른 나라 사람들, 제품, 사상과 접촉할 기회가 계속 늘어난다. 세계화가 우리를 국제화하고 있는 중이다.

세계화와 국제관계가 우리 일상생활에 영향을 주지만, 시민 개개인이 세계에 영향을 주는 측면도 있다. 흔히 국제관계는 대통령, 장군, 외교관 등 소수 사람들이 거행하는, 우리 일상과는 동떨어지고 추상적인 의전행사 같은 것으로 묘사된다. 물론 지도자들이 국제문제에서 큰 역할을 수행하지만 다른 많은 사람들 역시 참여한다. 대학생이나 일반 시민들도 선거일에 투표하거나 정치운동에 참여하거나 수입상품이나 용역을 구매하거나 뉴스를 시청할 때 어김없이 국제관계에 참여하고 있는 것이다. 우리가 일상생활에서 어떤 선택을 하면 궁극적으로 그것은 우리가 몸담고 사는 이 세계에 무언가 영향을 주는 것이다. 그런 선택을 통하여 모든 개인들이 국제관계에 비록 작지만 독특한 기여를 하게 된다.

이 책의 목적은 국제관계라는 학문 분야를 소개하고, 국제관계에 관한 기존의 지식과 이론을 정리하고, 또 국제관계를 논의할 때 정치학자들이 사용하는 핵심 개념들을 전수하는 것이다. 이번 장은 연구 분야로서 국제관계를 정의하고, 주요 행위자를 소개하고, 국제관계의 배경이 되는 세계화의 지리적 역사적 측면을 검토하고 있다.

(1) 핵심 원칙

국제관계라는 분야는 이 세계의 복잡다단함을 반영하고 있는데, 이 분야 학자들은 이러한 복잡다단함을 묘사하고 설명하기 위해 다양한 이론, 개념, 그리고 현학적인 전문용어를 사용한다. 그러나 이 복잡다단함의 저변에는 몇 가지 원칙이 있어서 그것이 국제관계의 모습을 형성해 준다. 이 책 2, 3, 4장에서 다양한 이론과 접근방법을 자세히 다루겠지만, 여기서는 가능하면 현학적인 전문용어를 사용하지 않고 가장 핵심적인 아이디어를 소개할 것이다.

국제관계는 다음과 같은 핵심 문제를 중심으로 전개된다. 즉 어떻게 둘 이상의 국가로 구성된 국가 집단이 각기 자국의 이익을 희생해 가면서 **집합적인 이익**을 달성할 수 있을까? 예를 들어 모든 국가가 지구온난화를 정지시키면 이익을 얻게 되지만, 그 일은 많은 국가가 함께 행동할 때만 달성 가능하다. 그렇지만 국가경제가 굴러가려면 화석연료를 계속 태우는 것이 각국의 개별적 이익이다. 이와 비슷한 예로, 군사동맹에 가입한 회원국들은 동맹의 강력한 힘에서 이익을 얻지만 개별 회원국의 입장에서 보면 병력이든 돈이든 기여하는 몫을 최소화 하는 것이 이익이 된다. 개별 국가는 어떤 영토를 군사적으로 점령하거나 무역협정을 위반하거나 평화유지군 파견 혹은 예방접종 확대 같은 국제적 노력에 기여하기를 거부함으로써 단기적 이익을 늘릴 수 있다. 그러나 만일 모든 국가가 그런 식으로 행동한다면 안보 및 무역 문제에 대한 협력에서 발생하는 이익이 사라져 버리고, 혼돈과 사악함으로 가득 찬 환경이 조성되어 결국 모든 국가가 더 큰 손해를 보는 상황이 될 것이다.

한 집단의 공통 이익과 그 구성원 각자의 상충하는 개별 이익 간의 관계에 관한 이 같은 문제는 맥락에 따라 이름이 다양하다. 즉 "집단행동"(collective action), "무임승차"(free riding), "비용분담"(burden sharing), "공유지의 비극"(tragedy of the commons), "죄수의 고민"(prisoner's dilemma) 등의 다양한 이름이 있다. 우리 저자들은 이런 것들을 일반화하여 **집합재 문제**(the collective goods problem)[1]라 부를 것이다. 이 문제는 참가자 각자의 기여 여부와 관계없이 모든 참가자에게 이득이 되는 것을 어떻게 만드는가의 문제이다.

일반적으로 집합재는 대규모 집단보다 소규모 집단에서 더 쉽게 공급된다. 소집단의 경우 한 참가자의 속임수(혹은 무임승차)가 숨겨지기 어렵고, 집합재 총량에 더 큰 타격을 줄 수 있고, 그에 대한 처벌도 더 쉽게 이루어질 수 있기 때문이다. 이와 같은 소집단의 장점이 국제안보 분야에서 강대국 체계의 중요성을 설명하고 경제 분야에서 20개 선진국 집단(Group of Twenty, G20)의 중요성을 설명하는 데 도움을 줄 것이다.[2]

집합재 문제는 모든 집단과 사회에서 발생하지만, 국제관계에서 특히 더 심각하다. 왜냐하면 참가국이 주권을 보유하고 있는 상태에서 각국에게 집합재 공급에 필요한 조치를 강제할 수 있는 세계정부 같은 중앙 권위체가 존재하지 않기 때문이다. 이와 대조적으로, 개별 국가 안에서 이루어지는 국내정치의 경우 개인들이 세금을 납부하거나 자동차나 공장에 공기정화 장치를 부착하는 것처럼 개인의 자기이익(self interest)에는 반하지만 집합재 공급에는 유리한 기여를 하도록 정부가 개인들을 강제할 수 있다. 만일 개인들이 이에 응하지 않으면 정부는 그런 개인을 처벌할 수 있다. 이런 해결책이 결코 완벽하지 않지만(위반자나 범죄자가 체포되지 않거나 정부가 권력을 남용하는 경우도 있다), 대개 사회가 굴러가는 데 충분한 정도의 효력은 발휘하고 있다.

우리가 말하는 우세, 상호주의, 정체성이라는 세 가지 기본 원칙이 집합재 문제라고 하는 중요한 문제의 해결책, 즉 중앙 권위체 없이 개인들을 집합재 공급에 협력하게 만드는 해결책을 마련해줄 수 있다(〈표 1.1〉 참조). 이 세 가지 원칙은 사회과학 전 분야에 걸친 근본적인 원칙으로 정치학은 물론이고 동물사회학, 아동발달학, 사회심리학, 인류학, 경제학 등과 같은 분과학문에서도 통용된다. 세 원칙을 각각 설명하기 위하여 우리는 이 원칙들을 소규모 인간관계나 국제관계 사례에 적용해 볼 것이다.

1 　역주: 집합재 문제와 함께 공공재(public goods) 문제라는 용어도 흔히 사용된다. 집합재와 공공재가 완전히 같은 말은 아니지만 이 책에서 사용하는 집합재 문제와 다른 책에서 자주 접하는 공공재 문제는 완전히 같은 뜻이다. Olson, Mancur, *The Logic of Collective Action*, Harvard, 1971 [1965].

2 　2009년의 G20 회의에서 주요 선진국 지도자들은 지구적 금융 문제를 조정하는 핵심 집단으로서 G20이 G8을 대체하게 될 것이라 발표하였다.

우세(dominance) 이 원칙은 그 안에서 상층부가 하층부를 통제하는 일종의 힘의 계층구조를 구축함으로써, 약간은 정부와 비슷하지만 실질적인 정부는 존재하지 않는 구조를 구축함으로써, 집합재 문제를 해결해준다. 이 집단의 구성원들은 희소 자원을 차지하기 위해 지속적으로 싸우는 대신에 "지위 계층구조" 내의 자리를 놓고 가끔 싸우는 것은 허용된다. 누가 자원을 차지하는가에 대한 갈등 같은 사회적 갈등은 자동적으로 상층 행위자들에게 유리한 쪽으로 해결된다. 우세한 지위를 차지하려는 다툼이 있기 때문에 집단의 규칙은 구성원들에게 아주 큰 손해가 되지 않게 만들어진다. 복종과 지배의 상징적 행동들이 기존의 지위 계층구조를 보강해준다. 지위 계층구조의 정상 자리에 앉으려면 힘에만 의존할 수 없다. 물론 힘이 도움이 되겠지만, 정상에 오른 사람은 힘보다는 집단 내 유력한 구성원들과의 동맹관계를 형성하거나 유지하는 능력이 가장 뛰어난 사람일 수 있다. 우세는 복잡한 현상이며 노골적인 힘의 문제에 국한되지 않는다.

국제관계에서 **우세** 원칙은 단 몇 개의 국가가 모든 국가에 적용되는 규칙을 좌지우지하는 강대국 체계의 기초가 되고 있다. 가끔 이른바 **패권국가**(hegemon) 혹은 초강대국이 우세 국가로서 강대국들의 머리 위에 군림한다. 세계 5대 군사강국이 거부권을 행사하고 있는 UN안전보장이사회가 그런 우세 원칙을 반영하고 있다.

이 원칙에 따른 집합재 문제 해결의 장점은 정부처럼 구성원들에게 집합재에 기여할 것을 강제한다는 점이다. 또한 집단 내부의 갈등을 최소화할 수 있다. 그러나 단점도 있다. 그런 식으로 얻어지는 안정은 지위 계층구조의 하층부 구성원들에 대한 지속적인 억압과 그들의 반감을 대가로 한 것이다. 또한 계층구조 내 위치를 놓고 벌어지는 갈등이 집단의 안정성과 번영을 해치는 경우도 종종 있을 수 있다. 특히 정상의 위치에 대한 도전이 심각한 싸움으로 비화할 경우에 더욱 그렇다. 국제관계의 경우 강대국 체계와 초강대국의 패권적 지위가 수십 년간 상대적 평화와 안정을 가져올 수 있지만, 그것이 무너지면 강대국 간의 값비싼 전쟁을 낳을 수도 있다.

상호주의(reciprocity) 이 원칙은 집단에 기여하는 행동을 보상하고 집단을 희생시키면서 자기이익을 추구하는 행동을 처벌함으로써 집합재 문제를 해결해준다.

상호주의는 이해하기 쉽고 또 중앙 권위체 없이도 "강제"될 수 있는 것이기 때문에 개인들을 집합재에 기여하도록 만드는 하나의 강력한 방법이다.

그러나 상호주의는 (내 등을 긁어주면 나도 상대방의 등을 긁어주겠다는 식으로) 긍정적으로 작용할 수도 (눈에는 눈, 이에는 이 식으로) 부정적으로 작용할 수도 있다. 집합재 문제의 해결책으로서 상호주의의 한 가지 단점은 양측이 각기 상대측의 행동을 부정적인 행동이라고 판단하여 처벌에 나서면 쉽게 관계 악화의 나선형 하강 곡선을 탈 수 있다는 점이다. 심리학적으로 볼 때 대다수 사람들은 자신의 선의를 과대평가하고 적이나 경쟁자의 행동 가치를 과소평가한다. 갈등이 티격태격(tit-for-tat) 식으로 확대 발전하는 것을 피하려면 어느 일방이 올바른 관계발전을 위하여 반드시 관대하게 행동해야만 한다.

국제관계에서 **상호주의**는 국제규범(습관, 기대치)과 대부분의 기구의 기초가 되고 있다. 세계무역기구(World Trade Organization, WTO) 협정 같은 세계의 중요한 협정 대다수가 상호주의를 협력의 기초로 명시적으로 인정하고 있다. 예를 들어 한 국가가 상대국의 상품에 대하여 국내시장을 개방하면 그 상대국도 이에 상응하는 개방 조치를 취한다. 부정적인 측면을 보자면, 상호주의는 양측이 각기 상대측의 군비증강에 대응하는 조치를 취할 때 군비경쟁을 부채질할 수 있다. 그러나 양측이 각기 상대측의 행동을 전쟁 위험에서 한발 물러나는 행동으로 여겨 이에 대응하는 조치를 취할 때 상호주의는 군비통제 협정이나 단계적 갈등해결 조치를 가능케 해줄 수 있다.

정체성(identity) 집합재 문제 해결을 위한 세 번째 방법은 공동체 구성원으로서 참가자들이 갖는 정체성과 관련이 있다. 우세와 상호주의 원칙은 (자신이 취할 수 있는 것을 취함으로써, 혹은 상호 이익이 되는 해결책을 통하여) 개인이 자기이익을 달성한다는 발상에 근거를 두고 작동하는 원칙이지만, **정체성** 원칙은 자기이익에 의존하지 않는다. 어떤 정체성 집단의 구성원들은 자신의 이익을 희생하면서까지 다른 구성원들의 이익에 신경 쓴다. 이 원칙의 뿌리는 가족, 대가족, 친족집단에서 찾을 수 있다. 그러나 이 원칙이 가까운 가족에만 국한되는 것은 아니고, 자신이 그 구성원이라 느끼는 모든 정체성 공동체에 일반적으로 적용될 수 있다. 가족 구성원들이 서로 보살피듯이 종족집단, 동성(同性)집단, 민족, 혹은 세계 과학자집단 등의 구성원들도 그렇게 할 수 있다. 이 모든 집단들의 구성원들은 자신에게 최상의 개인적 이익이 되지 않는 방식의 집합재 문제 해결방식이라도 기꺼이 받아들일 것이다. 말하자면 "가족 모두"에게 이익이 될 것이기 때문이다. 미국의 부유한 대학에서 은퇴하는 생물학자는 자신이 사용하던 실험 장비들을 어느 가난한 국가의 생물학자에게 기부할 수 있다. 과학자로서 정체성을 공유하고 있기 때문에 그렇다. 유럽에 사는 유태인은 유태인 정체성을 공유하고 있기 때문에 이스라엘에 돈을 기부할 수 있으며, 인도에서 캐나다로 건너 가 훈련을 받은 컴퓨터 과학자는 자신이 사랑하는 공동체를 돕기 위해서 보수는 더 적지만 인도로 돌아가 일자리를 구할 수 있다. 수백만 명이 인류공동체의 일원이라는 정체성을 공유하기 때문에 쓰나미, 지진, 태풍 등 재해를 구호하기 위한 국제 구호기금 조성에 기여한다.

국제관계에서도 정체성 공동체는 개발원조, 세계 보건 향상, UN 평화유지 활동 등에 누가 기여해야 할 것인가의 문제를 포함한 복잡한 집합재 문제를 극복하는 데 중요한 역할을 하고 있다. 스칸디나비아 제국이 비교적 많은 개발 원조를 한다거나 캐나다가 평화유지 활동에 적극 참여하는 것은 자기이익 개념으로 설명할 수 없으며, 그보다는 이 국가들이 스스로 규정한 국제 공동체 일원으로서의 정체성에서 나온 것이다. (우세나 상호주의 원칙이 당면 문제를 좌지우지 하는) 군사력과 외교 분야에서도 전통과 기대치를 공유하는 군사 전문가들과 외교관들 사이에 정체성의 공유가 작용하여 그것이 갈등의 날카로움을 무디게 만들 수 있다. 이례적으로 강한 결속력을 가진 미-영동맹의 예에서 잘 나타나듯이, 군사동맹 역시 정체성의 정치와 적나라한 자기이익, 이 양자를 결합해낸다. 미-영동맹의 강한 결속력은 공유 이익만으로는 제대로 설명할 수 없고 공유 정체성까지 고려해야 제대로 설명할 수 있다.

NGO와 테러단체 같은 비국가 행위자도 정체성의 정치를 크게 활용하고 있다. 페미니즘 운동 단체, 교회, 이슬람 "성전" 단체(jihadists), 다국적기업 등과 같은 비국가 행위자의 역할이 커지면서 근년에 들어 국제관계에서 정체성 원칙이 더욱 중요해지고 있다.

일상생활의 예 세 가지 핵심 원칙을 요약 정리해 보기 위해 다음 상황을 가정하자. 여러분에게 친한 친구 두 사람이 있는데, 그 두 사람은 연애관계에 있는 남녀이다. 두 사람은 서로 사랑하고 함께 있는 것을 즐긴다. 그런데 이 두 사람이 문제가 있어 여러분에게 도움을 청한다. 둘이 함께 외출할 때 남자는 오페라에 가고 여자는 권투 경기장에 가고 싶어 한다.[3] 국제관계와 관련된 훈련을 받았다면 곧바로 이 문제를 집합재 문제로 인식할 수 있다. 이 경우 공유 이익은 함께 시간을 보내는 것이고 갈등하는 개인의 이익은 오페라 관람과 권투 관람이다. (말할 필요도 없이, 국가의 행동은 개인의 행동보다 훨씬 더 복잡하다는 점은 잘 알려져 있지만 이 문제는 여기서는 접어두자.) 또한 세 가지 원칙 모두를 고려하면서 이 문제에 접근할 수 있다.

첫째, "전통적으로 남자가 바지를 입고 있을 때 관계가 가장 원활해진다. 수천 년 동안 남자가 결정하고 여자가 이에 따랐다. 나는 여러분들에게도 그렇게 오페라 정기권 티켓을 구입하라고 제안한다"라고 말할 수 있다. 이것은 우세 원칙에 따른 해결책이다. 만일 여자가 오페라나 권투보다 자기가 정말 사랑하는 사람과 함께 시간을 보내는 것을 더 중시한다면, 이런 해결책은 매우 안정적인 해결책이 될 수 있다. 이 해결책은 모든 미래의 갈등을 해소해 주는 단순한 해결책이다. 어느 일방에게는 모든 것을, 다른 일방에게는 원하는 것 중 일부(사랑, 함께 지내기, 안정적 관계)만 주는 해결책이다. 그래도 이 해결책은 어디 갈 것인가를 놓고 밤새 논쟁을 벌이는 것에 비하면 두 사람 모두에게 더 나은 해결책이다. 반면에 이 해결책은 여자에게 결과의 불평등성에 대한 영원한 불만을 안겨줄 수도 있다. 시간이 지나면서 여자는 존중 받고 싶은 바람과 권투에 대한 미련 때문에 남자에 대한 사랑이 식고 있음을 느낄지 모른다. 심지어 자신과 권투 둘 다를 좋아하는 다른 남자를 만날지도 모른다.

둘째, "이봐! 만날 다툴 것이 아니라 타협해서 한번은 권투 한번은 오페라를 보러 가면 되지 않을까?"라고 말할 수 있을 것이다. 이것은 상호주의 방식의 해결책이다. 여러분은 그 커플이 이 간단해 보이는 해결책의 이행을 위한 협정, 회계 규칙, 공유 기대치 등을 만드는 데 도움을 줄 수 있을 것이다. 예를 들어 그 커플은 금요일 밤에 오페라에 가고 토요일 밤에 권투장에 갈 수 있을 것이다. 그런데 오페라 시즌이 권투 시즌보다 짧다면 어떻게 하나? 이 경우 오페라 시즌 중에는 오페라에

---

3 이 시나리오는 게임이론의 예인 "남녀 간의 다툼"에서 취한 것이다.

더 자주 가고 오페라 시즌이 끝난 후에는 권투장에 더 자주 가면 될 것이다. 어느 금요일 밤에 두 사람 중 한 사람이 도시를 벗어나 타지에 나가 있다면 어떻게 해야 하나? 그래도 오페라에 간 날로 계산해야 하나, 아니면 나중에 하루 더 오페라에 가는 날로 적립해야 하나? 아니면 시내에 남아 있는 한 사람만이 혼자 외출해야 하나? 남자는 권투를 혐오하는 데 비해 여자는 오페라를 약간 싫어하는 정도라면? 두 사람 간의 행-불행의 형평을 기하기 위하여 오페라 2회 관람 당 권투 1회 관람으로 일정표를 짜야 하나? 상호주의 해결책은 분명히 매우 복잡해질 수 있으며(그 예로 8장 세계 무역규칙 참조), 의무가 제대로 이행되는지 여부와 속임수가 발생하지 않는지 여부를 확인하기 위한 항시적인 감시가 있어야만 하는 해결책이다. 아마 두 친구는 누가 누구에게 오페라 관람이나 권투 관람을 빚졌는지를 추적하고 따지느라 성가시다고 생각하게 될 것이다.

셋째, "오페라나 권투를 왜 따지는가? 두 사람이 서로 사랑하고 함께 시간을 보내고 싶어 한다는 것이 중요하다. 표면적인 문제는 다 무시하고 두 사람을 함께 묶는 핵심 감정을 더욱 굳게 하면 된다. 그러므로 어디를 가거나 무엇을 보거나 문제가 되지 않는다"라고 말할 수 있을 것이다. 이것은 정체성 원칙에 따른 해결책일

집합재 찾기

소개

국제관계에서 국가들이 어떻게 행동하는가를 설명할 때 핵심적인 개념 가운데 하나가 "집합재 문제"이다. 이 문제는 집단이 어떤 가치를 만들어냈을 때 둘 이상의 구성원들이 그 가치로부터 나오는 이익을 공유하지만 그 가치를 만드는 과정에서는 구성원들의 가치가 충돌하는 경우에 발생하는 문제이다. 예를 들어 세계 각국은 지구온난화를 방지함으로써 공동의 이익을 얻을 수 있지만 자국 경제를 운영하기 위해 화석연료를 태워서 개별적인 이익을 얻는다. 만일 집단 구성원 가운데 극히 일부가 집합재에 기여하지 않는다면, 그런 구성원은 다른 모든 구성원들이 만든 집합재에 "무임승차"할 수 있다. 그러나 너무 많은 구성원들이 무임승차하려 들면 집합재 공급 자체가 불가능해진다. 예를 들어 너무 많은 국가들이 화석연료를 태운다면 전 세계가 지구온난화의 피해를 보게 된다.

국내사회에서는 정부가 사회 구성원들에게 세금을 부과하는 방법으로 공동의 목표에 기여하도록 강제함으로써 집합

것이다. 이런 접근방법은 친구들의 갈등을 쉽게 해소해주고 두 사람을 훨씬 더 행복하게 해 줄 것이다. 시간이 지남에 따라 원래 좋아하지 않던 것을 자주 접하다 보니 연인이 좋아하는 것을 나도 좋아할 수 있다. 이런 경우라면 정체성의 변화가 이루어진 것이다. 반대로, 오페라든 권투든 자신이 좋아하는 것을 연인과 함께 볼 때 사랑이라는 감정에서 오는 행복감이 더 커질 수 있기 때문에 시간이 지나면 자기이익이 몰래 개입할 수도 있다. 실제로 어느 한 쪽은 표면적 갈등을 덮어두고자 애쓰는 연인의 성실성을 교묘하게 이용할 수 있다. 예를 들어 여자가 "우리가 함께 있는데 문제 될 것이 뭐 있겠어요?"하고 말하면서, "아, 그런데 오늘 밤에 멋진 권투 시합이 있어요"라고 말할지 모른다. 이와 같은 정체성 원칙은 장기간보다 단기간에 더 큰 힘을 발휘하는 것 같다. 예컨대 조국을 지키기 위해 자원입대한 병사는 전선에서 몇 달 혹은 몇 년을 보낸 후에 자신이 누군가에게 이용당한다는 느낌을 가질 수 있으며, 쓰나미 희생자를 돕기 위해 한번 성금을 낸 미국의 대학생이 매년 발생하는 말라리아 희생자를 위한 성금을 계속 내는 것은 원치 않을 수 있다.

재 문제를 해결한다. 국제사회에는 그렇게 하는 세계정부가 존재하지 않는다. 우세, 상호주의, 정체성이라는 세 가지 원칙은 집합재 문제에 대한 상이한 해결책을 제시한다. 이 세 가지 원칙은 국제관계를 형성하는 다양한 행동과 그 결과의 저변을 관통하는 원칙이다.

이 책의 각 장을 보면 집합재 찾기라는 제목의 박스 글이 있는데, 이는 각 장의 핵심 주제와 세 가지 원칙을 결합해서 생각하도록 도움을 주기 위한 것이다. 각 장의 박스 글은 국가들이 하나 혹은 그 이상의 원칙을 사용하여 어떻게 국제관계의 중요한 문제를 다루는지에 대하여 논의할 것이다. 예를 들어 집단학살 방지(7장), 세계 무역 진흥(8장), 지구온난화 감속(11장) 등의 문제를 다룬다.

〈표 1.1〉 집합재 문제 해결을 위한 핵심 원칙

원칙	장점	단점
(↓↑) 우세	질서, 안정, 예측가능성	억압, 반감
(⇄) 상호주의	상호협력 동기유발	나선형 하강, 복잡한 계산
(✳) 정체성	집단을 위한 희생	외부집단 악마화 이익의 재정의

국제관계에서의 예 핵 확산 문제를 생각해 보자. 모든 국가가 평화와 안정이라는 집합재에 공통의 이익을 가지고 있다. 이 집합재는 더 많은 국가들이 더 많은 핵무기를 제조하는 세계에서는 얻기 어려운 재화이다. 국가 안에서 어떤 개인이 위험한 무기를 가지고 있다면 정부가 나서서 모두의 안전을 위해 그 무기를 제거할 수 있다. 그러나 국가들로 이루어지는 국제사회에는 그 일을 맡을 중앙 권위체가 존재하지 않는다. 2006년에 북한은 최초의 핵폭발 실험을 했고, 이란은 핵무기 제조에 사용될 수 있는 우라늄 농축을 계속하고 있다. 둘 다 UN 결의에 위배된다.

핵 확산 문제에 대한 하나의 접근방법은 몇 안 되는 강대국들의 핵무기 보유를 합법화하는 것이다. 핵무기를 가장 많이 가진 "5강"은 UN안보리에서 거부권을 가지고 있다. 또한 기존 핵 강대국들은 핵확산금지조약(Non-Proliferation Treaty, NPT)이나 대량살상무기확산방지구상(Proliferation Security Initiative) 같은 합의를 통하여 핵무기의 독점적 보유를 적극적으로 유지하는 한편으로 약소국들의 핵무기 보유를 금지하려고 노력한다. 이것은 우세 원칙에 따른 접근방법이다. 2003년 당시 미국은 이라크의 사담 후세인이 십년 전에 그랬듯이 핵무기 개발계획을 추진하고 있을지 모른다고 생각하여 이라크를 침공하여 후세인 정부를 무너뜨렸다. 이와 비슷하게 1982년에 이라크가 핵폭탄 개발을 시작했을 때 이스라엘이 전투기를 보내 이라크 핵시설을 폭격하여 이라크의 핵개발 계획을 몇 년 지연시킨 적이 있다. 이와 같은 우세 원칙에 따른 해결책의 단점은 약소국들의 반감을 만들어낸다는 점이다. 약소국들은 다른 국가들이 새로운 핵무기 제조를 자제하면 기존 핵강대국들은 기보유한 핵폭탄을 제거해야 한다는 NPT의 실행된 적이 없는 조항을 지적한다. 그리고 약소국들은 도대체 무엇이 이스라엘에게 다른 국가를 폭격할 권리를 부여했고, 미국에게 다른 국가를 침략할 권리를 주었는지 묻는다. 약소국들은 강대국들의 "2중 잣대"에 대하여 말하고 있다.

상호주의는 확산 방지를 위해 다른 방식을 제시한다. 약소국들이 비핵 상태로 남는 것에 동의하는 대가로 기존 핵강대국들이 핵무기를 제거하는 의무를 진다는 내용이 담긴 NPT 관련 조항의 기초가 바로 상호주의이다. 또한 과거 냉전시대에는 초강대국들의 핵무기 증강을 관리하기 위해 자주 사용되었고 지금은 상호 무기 감축을 관리하기 위해 사용되는 각종 군비통제 협정들의 기초 역시 상호주의이다. 억지(deterrence) 역시 상호주의에 의존하고 있다. 2006년에 미국은 북한의 폭탄 수출(북한의 단기적 자기이익이 되는 행동)에 대하여 경고하면서 만일 어떤 국가가 북한산 폭탄을 미국을 대상으로 사용한다면 미국은 북한에 대하여 보복조치를 취하겠다고 위협하였다. 그리고 리비아가 2003년에 핵무기 계획을 포기했을 때 국제사회는 그 대가로 경제제재 해제를 포함한 다양한 보상을 리비아에 제공하였다.

정체성 원칙은 비록 뉴스 가치는 적을지 모르지만 핵 확산 문제 해결책으로서 상호주의 못지않게 효과적이라는 사실이 입증되었다. 핵무기 제조를 위한 기술 능력을 갖춘 많은 국가들이 핵무기를 제조하지 않기로 선택했다. 이 국가들은 핵무기 제조가 바람직하지 않고, 자국 이익에 부합하지 않는 것으로 여기면서 국가 정체성을 정립하였다. 스웨덴 같은 일부 국가들은 전쟁에 참가하지 않기로 결정하였다. 독일 같은 국가들은 다른 국가의 핵 "우산" 아래 들어가기 위해 동맹에 가담하였고 따라서 독자적으로 핵무기를 가질 필요가 없다. 남아프리카공화국은 비밀리에 핵무기를 개발하였지만 소수 백인정부의 임기가 만료되기 전에, 새로 들어설 다수 흑인정부의 손에 핵무기를 넘겨주지 않으려고 핵무기 계획을 스스로 중단했다. 어느 누구도 남아공 정부에게 그리 하라고 강요하지(우세 원칙이 그러듯이) 않았으며, 남아공 정부가 (상호주의 원칙에서 말하는) 보상이나 처벌 때문에 그리 한 것도 아니다. 오히려 남아공의 정체성 자체가 바뀌었다. 이와 유사하게, 1945년에 도시 두 개가 핵폭탄에 의해 완전히 초토화된 것을 위시해 과거 군국주의의 비참한 경험이 있는 일본은 핵무기 제조기술과 플루토늄을 충분히 보유하고 있지만 수세대가 지난 지금도 핵무기를 원치 않는 국가로서 자기 정체성을 계속 유지하고 있다.

집합재 문제는 사회과학자, 특히 국제관계 학자들에게 대단히 매력적인 문제이다. 쉬운 해결책이 없다는 이유, 정확히 바로 그 이유 때문에 그렇다. 다음 장들에서 우리는 어떤 방식으로 이 세 가지 핵심 원칙이 국제관계의 전 범위에 걸쳐 발생하는 다양한 집합재 문제에 대한 국제사회의 대응을 만들어내는지를 보여줄 것이다.

(2) 연구 분야로서 국제관계

국제관계는 어느 정도 실천적 학문 분야이다. 대학이나 연구기관에 종사하는 학자들과 정부에서 일하는 정책결정자 공동체 사이에 긴밀한 연계가 존재한다. 특히 미국의 경우에 더 그러하다. 어떤 교수들은 정부에 들어가 일하기도 하며(예를 들어 콘돌리자 라이스 교수는 부시 대통령 시절인 2001년에 국가안보 보좌관이 되었고 2005년에는 국무장관이 되었다), 일부 교수들은 신문 칼럼이나 TV 인터뷰를 통하여 자신들의 외교정책 관련 견해를 공론화한다. 정부의 외교정책에 영향을 주는 행위는 학자들에게는 자신들의 아이디어를 실제로 검증해보는 실험실을 갖는 것 같은 의미를 지닌다. 외교관, 관료, 정치인들은 국제관계 학자들이 생산하는 지식으로부터 이득을 취할 수 있다.[4]

국제관계 분야에서 이론 논쟁은 필수적이지만 미결 과제로 남는 경우가 많다.[5] 세계정치가 어떻게 작동하는지를 더 잘 이해하는 것은 지금 대학생인 미래 세대 국제관계 학자들의 몫인지 모른다. 이 책의 목적은 이 분과학문의 성과를 과장하지 않고 있는 그대로 지식의 현 상태를 간명하게 보여주는 것(lay out)이다.

정치학의 일부로서 국제관계는 **국제정치**, 즉 외국의 행위자들, 특히 외국 정부에 대한 정부의 결정을 다루는 분야이다.[6] 그러나 국제관계는 어느 정도 학제적

---

4 Walt. Stephen M. The Relationship between Theory and Policy in International Relations, *Annual Review of Political Science* 8, 2005: 23–48.

5 Art. Robert J., and Robert Jervis, eds. *International Politics: Enduring Concepts and Contemporary Issues.* 8th ed. Longman, 2006. Dougherty, James E., Jr., and Robert L. Pfaltzgraff. *Contending Theories of International Relations: A Comparative Survey.* 5th ed. Longman 2001. Doyle, Michael W. *Way of War and Peace: Realism, Liberalism, and Socialism.* Norton, 1997.

6 Carlsnaes, Walter, Thomas Risse, and Beth Simmons, eds. *Handbook of International Relations.* Sage, 2002. Waever, Ole. The Sociology of a Not So International Discipline: American and European Developments in International Relations. *International Organization* 52(4), 1998: 687–727.

(學際的, interdisciplinary) 성격도 지닌다. 국제정치학을 경제학, 역사학, 사회학 등 다른 분과학문들과 연결하고 있기 때문이다. 일부 대학에서는 국제관계 학과를 두고 별도의 학위를 수여하기도 한다. 그러나 대부분의 대학에서 국제관계는 예를 들면 경제 관계의 **정치**, 환경 관리의 **정치**에 초점을 맞추는 정치학과 강의를 통해 가르친다. 외국의 국내정치는 비록 국제관계와 겹치는 부분이 많지만 일반적으로 비교정치학의 일부이다.

국가 간의 정치적 관계는 외교, 전쟁, 무역관계, 동맹, 문화교류, 국제기구 가입 등과 같은 다양한 활동을 포괄한다. 이런 부분들 중 어느 한 부분에서의 특별한 활동이 학자나 정책결정자들의 주의를 집중시킬 경우가 있는데 그런 활동의 영역을 **문제영역**(issue area)이라 부르기도 한다. 예컨대 세계무역, 환경, 그리고 아랍−이스라엘 갈등 같은 특정 갈등이 문제영역이 될 수 있다. 문제영역 안에서든 그 범위를 벗어나는 다양한 문제에서든, 국제관계에서 한 국가의 정책결정자들은 협력적 방식이나 갈등적 방식으로 행동할 수 있다. 즉 타국에 대하여 우호적인 행동을 할 수도 있고 적대적 행동을 할 수도 있다. 흔히 국제관계 학자들은 국제관계를 **갈등과 협력**의 관계라는 차원에서 바라본다.

국제관계라는 분야의 범위는 그 하위분야들로서 정의할 수도 있다. 어떤 학자들은 이 책의 장들(예컨대 국제법이나 국제 발전) 같은 주제를 하위분야로 간주하지만, 이 책에서 우리는 두 개의 거시적 주제군을 하위분야로 설정한다. 전통적으로 국제관계 연구는 전쟁과 평화문제에 초점을 맞추었는데 이 문제가 **국제안보**라는 하위분야를 구성한다. 군대와 외교관을 이동시키고, 조약이나 동맹관계를 솜씨 좋게 요리하고, 군사력을 개발하고 배치하는 등의 활동이 과거, 특히 1950년대와 1960년대 국제관계 연구를 지배했던 주제들이며 현재도 이 분야에서 핵심적 지위를 계속 유지하고 있다. 냉전 이후 지역갈등과 종족 간 폭력이 더 많은 주목을 받고 있지만, 한편으로 학제적인 평화연구자들과 페미니즘 학자들은 "안보" 개념의 확대를 추구해 왔다.[7]

---

7 Neack, Laura. *Elusive Security: State First, People Last.* Rowman & Littlefield, 2007. Booth, Ken, ed. *Critical Security Studies and World Politics.* Rienner, 2005. Buzan, Barry, Ole Waever, and Jaap de Wilde. *Security: A New Framework for Analysis.* Rienner, 1997.

국제관계의 두 번째 하위분야인 **국제정치경제**는 국가 간 무역 및 금융 관계에 관한 것으로 국가들이 국제 경제 및 금융 거래의 흐름을 규제하는 기구를 만들고 유지하기 위하여 정치적으로 어떻게 협력해 왔는가에 초점을 맞춘다. 과거 이런 주제들은 부국들 간의 관계에 초점을 맞추었지만, 세계화의 확대와 WTO 같은 다자간 국제기구의 발전으로 인하여 이제 국제정치경제 학자들은 개발도상국에도 초점을 맞추고 있다. 나아가서 학자들은 경제적 종속, 부채, 대외원조, 기술이전 등과 같은 주제를 포함하는, (흔히 남북관계라 불리는) 선진국과 개발도상국 간의 관계에도 더 많은 주의를 기울이고 있다. 또한 국제 환경관리 문제와 지구적 장거리통신 문제들도 새로운 주요 문제로 등장하고 있다. 이에 따라 국제정치경제 하위분야의 범위가 계속 확대되고 있다.[8]

국제안보 문제(책 전반부에서 논의된)를 이해하는 데 도움을 주는 원칙과 이론들은 국제정치경제(책 후반부에서 논의된)를 이해하는 데 도움을 준다. 안보문제에서 경제가 중요하고 그 역의 경우도 마찬가지다.

이론적 지식의 축적은 먼저 일반화가 이루어지고 다음에 그것에 대한 검증이 이루어지는 일종의 순환과정이 반복됨으로써 이루어진다. 수수께끼 문제가 주어지면 이론은 그것이 더 일반적인 어떤 원칙의 일례라는 식으로(비록 완벽하지는 못하더라도) 설명을 할 수 있다. 또한 이론은 논리적으로 어떤 결과가 발생할 것으로 예측할 수도 있으며 그 예측은 경험적으로 검증될 수 있다. 하나의 변수만 제외하고 다른 모든 변수를 통제할 수 있는 실험실 과학은 이론적 예측을 효과적으로 검증할 수 있다. 그러나 국제관계는 많은 변수들이 동시에 작용하기 때문에 그런 사치를 누릴 수 없다. 그렇기 때문에 국제관계에서 일어나는 사건들에 대하여 비판적으로 사고하는 것, 그리고 무엇이 가장 좋은 설명인지를 결정하기 전에 상이한 이론적 설명들을 검토하는 것이 대단히 중요하다.

---

8 Cohen, Benjamin J. *International Political Economic Order*. Princeton, 2001. Keohane, Robert O., and Joseph S. Nye, Jr. *Power and Interdependence*. 3rd ed. Longman, 2001.

▌정책적 시각

소개

외교정책 결정자들은 매일 다양한 문제들에 직면한다. 이런 문제들을 해결하기 위해서는 어려운 결정과 선택을 해야만 한다. 각 장에 있는 이 "정책적 시각"이라는 박스 글은 여러분이 (예컨대 영국 수상 같은) 정책결정자의 자리에서 그의 시각으로 국제관계의 중요한 이슈에 대해서 선택할 것을 요구할 것이다.

박스 안의 글은 4개 부분으로 이루어진다. 첫 번째는 "배경"으로서 지도자가 직면한 정치적 문제에 관한 정보를 제공해준다. 이 배경 정보는 사실적인 것으로서 정책결정자가 직면한 실제 상황을 반영한 것이다.

두 번째는 "국내 고려사항"으로서 주어진 상황이 정부 내에서, 그리고 사회 내에서 전개되는 국내정치에 어떠한 의미를 갖는지 보여준다. 일반 시민들의 삶은 어떠한 영향을 받을까?

세 번째는 "시나리오"로서 지도자가 직면하게 될 새로운 문제 혹은 위기를 제시한다. 물론 이 위기는 가상의 위기지만 충분히 가능성 있는 위기이며 지도자나 국가에게 어려운 결정을 요구하는 위기이다.

네 번째는 "정책 선택"으로, 시나리오에 대응하는 선택을 요구한다. 결정을 내릴 때는 주어진 선택지들 중에서 득실(得失) 관계를 잘 따져봐야 한다. 저 정책이 아닌 이 정책을 선택할 때 거기에 따르는 위험과 보상은 무엇일까? 제약 요인이 있지만 그 범위 안에서 문제를 효과적으로 해결할 수 있는 대안이 존재하는가? 단기적으로는 더 많은 비용이 들지만 장기적으로 더 적은 비용이 드는 대안이 있는가? 동료, 대중, 외국 지도자들을 상대로 결정한 바를 고수할 수 있는가? 이런 선택이 일반 시민들의 삶과 여러분의 정치적 생존에 어떤 영향을 미칠까?

정책결정자가 직면하는 모든 문제들을 검토한 다음, 그런 결정에 이르게 된 과정과 논리에 대하여 재검토한다. 어떤 요인이 중요한 요인이었는가? 왜 그런가? 국내 요인과 국제 요인 가운데 어느 것이 더 중요한 요인이었는가? 이런 제약 요인은 능력(예컨대 돈이나 군사력 같은) 탓인가? 국제법이나 국제규범 등도 결정에 영향을 주었는가? 혹시 시간 부족이라는 요인이 결정에 영향을 주지 않았는가?

이제 "정답"이 없는 경우가 흔하다는 사실을 알 것이다. 때로는 두 가지 좋은 선택지 가운데 하나를 선택하는 것이 어렵다. 또 어떤 때는 가장 덜 나쁜 선택지를 선택해야만 한다.

2. 행위자와 영향을 주는 요소들

국제관계에서 가장 중요한 행위자는 세계 각국의 정부이다. 전통적으로 국제관계 학자들은 정부가 다른 정부에 대하여 내리는 결정과 취하는 행동을 연구해왔다. 국제무대를 채우고 있는 크고 작은 수많은 행위자들은 각국 정부의 결정과 긴밀하게 얽혀 있는 상태에서 활동한다. 이 행위자들에는 개인으로서 지도자와 시민, 외무부 내의 여러 부서, 다국적기업과 테러단체 등이 포함된다. 그러나 국제관계에서 가장 중요한 행위자는 바로 국가이다.

(1) 국가 행위자

국가란 정부에 의해 통제되고 그 안에 주민들이 거주하는 영토적 실체이다. 세계 각국의 위치는 이 책 앞부분, 취업 전망 다음 부분에 제시되어 있다. 이보다 훨씬 더 자세한 지역별 지도 역시 거기에 있다.

정부는 그 영토 안에서 법을 제정하고 집행하고 세금을 징수하는 등의 권한을 포함한 지고무상의 권위, 즉 주권을 갖는다. 주권은 외교관계를 통하여 다른 국가의 승인을 받으며 보통 UN 회원국 자격을 가짐으로써 승인을 받는다. 국가 안에 거주하는 대중이 정치생활이나 사회생활에 참여할 수 있는 제도를 만들 때 그 대중은 **시민사회**를 구성한다. 대중의 전부나 일부가 어떤 집단 정체성을 가질 때 그 대중은 스스로 민족이라 받아들인다("민족주의"에 대해서는 5장 해당부분 참조). 정부가 대중의 통제를 받을 때 민주주의라 불린다. 정치생활에서, 그리고 약간은 국제관계 학자들 사이에서도 국가, 민족, 나라 등의 용어가 정부를 지칭하는 것으로 부정확하게 사용된다.

아주 예외가 없지는 않지만, 각국에는 전 국토를 통치하는 정부가 자리 잡은 수도가 있으며 국가의 이름으로 행동하는 개인이 있다. 이 개인을 우리는 간단히 "국가지도자"라 부르기로 한다. 국가지도자는 **정부수반**일 수도(수상처럼) **국가원수**일 수도 있다(대통령이나 왕처럼). 미국 같은 국가에서는 정부수반과 국가원수가 동일인이다. 대통령이나 왕, 심지어 수상까지 상징적인 자리에 불과한 국가도 있다. 어떻든 가장 힘 있는 정치적 인물이 우리가 말하는 국가지도자이며, 민주적으로 선출되었건 독재자이건 관계없이 바로 이들이 국제관계에서 가장 중요한 개인 행위자들이다. 국가행위자에는 국가지도자 뿐만 아니라 국가의 이름으로 행동하는 외무부 같은 관료기구도 있다. (미국의 경우 외교를 담당하는 부서를 국무부라 하지만 다른 국가들의 경우 보통 외무부라 한다.)

국제체계란 국가들 간의 관계 세트를 가리키는 것으로서, 이 세트는 모종의 상호작용 규칙과 유형에 따라 구조화되어 있다. 그 규칙은 명시적인 것도 있고 묵시적인 것도 있다. 그 규칙에는 누구를 이 체계의 구성원으로 간주할 것인가, 구성원들의 권리와 의무는 무엇인가, 국가들 사이에서 보통 어떤 종류의 행동과 반응이 이루어지는가에 관한 규칙이 포함된다.

현대 국제체계는 불과 500년 전에 만들어진 것이다. 그 이전에는 도시국가, 제국, 봉건영지 등과 같은 더 혼합되고 중첩되는 정치단위들이 있었다. 지난 200년 동안에 민족(언어와 문화를 포함한 민족적 정체성에 대하여 공감을 가진 사람들의 집단)이 저마다 국가를 가져야 한다는 사상이 확산되었다. 이리하여 만들어진 국가를 **민족국가**라 부르는데, 오늘날 큰 국가들은 대부분 민족국가이다. 그러나 제2차 세계대전 이후 아시아와 아프리카 대부분 지역에서 탈식민지화가 이루어져 많은 신생국들이 등장하였는데, 이들 중 일부는 민족국가가 결코 아니다. 오늘날 갈등과 분쟁의 주요 원인 가운데 하나가 민족 경계선과 국경선의 불일치이다. 사람들은 자신이 그 일원이라 여기고 일체감을 느끼는 민족을 현 정부가 대변하지 않고 있다고 생각할 때 그들 자신의 국가를 만들고, 자신의 영토와 내부 문제에 대한 주권을 획득하기 위하여 투쟁에 나설 수 있다. 이처럼 국가 내부에서 벌어지는 민족주의 운동은 현 국제체계를 해치는 몇 가지 경향 가운데 하나일 뿐이다. 그런 경향으로서 경제과정의 세계화, 장거리통신의 발전, 탄도미사일의 확산 등이 있다.

구식민지가 독립하고, 더 최근의 일로 (소련, 유고슬라비아, 체코슬로바키아 등) 규모가 큰 다민족 국가들이 소국으로 해체됨에 따라 국가의 수가 늘었다. 현재 국가의 정확한 총수는 준국가적 정치단위들을 포함시킬지 여부에 따라 달라진다. 또한 정치단위들이 분리되거나 합병되고 있어서 총수 자체가 계속 변하고 있다. 2013년 현재 UN 회원국 수는 193개국이다.

각국의 인구 규모는 천차만별이다. 10억이 넘는 중국과 인도 같은 국가도 있고 32,000명에 불과한 산마리노 같은 초소국도 있다. 근래 몇 십 년 동안 소국들이 많이 생겨 대다수 국가의 인구가 1,000만 명 미만이고 그 나머지 국가의 절반 이상이 각각 1,000만–5,000만 명 정도이다. 그러나 8,000만 명 이상의 인구를 가진 17개국의 인구를 합치면 세계 인구의 2/3 정도 된다.

또한 연간 경제활동 총량, 즉 **국내총생산**(Gross Domestic Product, GDP)[9] 규모 면에서도 국가별 차이는 엄청나게 크다. 15조 달러의 미국 경제가 있는가 하면 3,600만 달러의 투발루 같은 소국 경제도 있다. 세계 인구도 그렇지만 세계 경제도 몇몇 강대국에 편중되어 있다. 〈그림 1.1〉은 인구와 경제 규모 상위 15개국을 열거하고 있다. 이 모든 국가들이 세계무대에서 중요한 행위자이지만 가운데 겹치는 부분에 있는 인구 및 경제 대국 9개국은 더욱 중요한 행위자이다.

이 국가들 가운데 몇몇 국가는 엄청난 군사력과 경제력을 가지고 있어 강대국이라 불린다. 강대국에 대한 더 자세한 논의는 2장에서 다룬다. 가장 힘 있는 강대국, 진짜로 전 지구적 영향력을 가진 강대국을 **초강대국**이라 부른다. 이 용어는 과거 냉전 시절 미국과 소련을 가리켰지만, 지금은 미국만 가리키고 있다.

공식적으로 국가로 승인 받지는 않았지만 종종 국가나 나라로 불리는 정치적 실체들이 일부 있다. 그런 실체 중에서 대만이 가장 중요하다. 대만은 실제 독립적으로 활동하고 있지만 중국이 자국령이라 주장하고 있으며(외부 강대국들은 공식적으로 이를 인정하고 있다) UN 회원국이 아니다. 공식적인 식민지와 속령도 아직 남아 있지만 앞으로 그 지위가 바뀔지 모른다. 그런 실체로 푸에르토리코(미국), 버뮤다(영국), 마르티니크(프랑스), 프랑스령 가이아나, 네덜란드령 앤틸리스, 포클랜드(영국), 괌

---

9 GDP란 한 국가가 생산한 상품과 서비스의 총량이다. 국민총생산(GNP)와 매우 유사하다. 화폐, 경제제도, 발전 수준 등이 상이한 국가들의 GDP 수치를 비교하는 것은 어렵다. 특히 자본주의 경제와 사회주위 경제, 부국과 빈국을 비교하기 더욱 어렵다. 이 책에서 사용한 GDP 데이터는 대부분 세계은행 데이터이다. GDP 수치는 시기상 차이와 국가별 차이를 감안하여 "구매력평가" 기준으로 조정한 수치이다. Summers, Robert, and Alan Heston. The Penn World Table(Mark 5): An Expanded Set of International Comparison, 1950–1988. *Quarterly Journal of Economics* 106(2), 1991: 327–68 참조. GDP와 인구 데이터는 달리 언급하지 않는 한 2008년 데이터이다.

(미국) 등이 있다. 영국령이던 홍콩은 1997년에 중국으로 반환되었지만 중국의 이른
바 "일국양제론"(一國兩制論)에 의거하여 어느 정도 독립적인 정체성을 유지하고 있
다. 로마 안에 있는 바티칸의 지위는 팔레스타인의 경우처럼 애매모호하다. 팔레스
타인은 2012년 바티칸과 함께 UN 비회원참관국(nonmember observer state) 지위를 얻었
다. 이런 영토적 실체들을 다 합치면 세계적으로 약 200개의 국가 및 준국가 행위
자가 있다. 이밖에 쿠르디스탄(이라크), 압카지아(조지아), 소말리랜드(소말리아) 등과 같
은, 국가가 될 수도 있을 실체들은 자기 거주지역에 대한 완전한 통제권을 가지고
있는지 모르지만 국제적으로 승인 받지는 못하고 있다.

〈그림 1.1〉 큰 국가들, 2011 – 2012

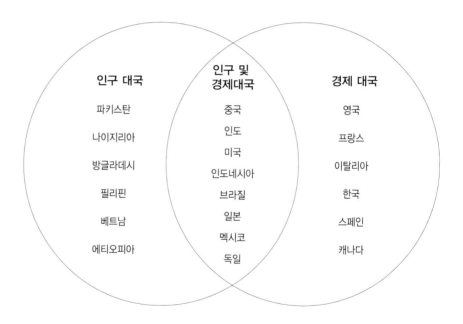

주: 왼쪽 줄과 가운데 줄의 순서는 인구 순, 오른쪽 줄의 순서는 GDP 순이다. GDP는 구매력평가 기준으로 계
　산했다.
출처: Central Intelligence Agency. *World Fact Book*. GDP for 2011, population 2012.

(2) 비국가 행위자(Nonstate actors)

　　각국 정부가 국제관계에서 가장 중요한 행위자라 해도 각국 정부는 다양한

비국가 행위자들의 영향을 크게 받고 있다(《표 1.2》참조). 이런 행위자 중에서 국경선을 넘나들며 활동하는 행위자를 **초국가적 행위자**라 부른다.

첫째, 흔히 국가는 각국 정부로 구성되는 **정부간기구**(intergovernmental organization, IGO)를 통해서, 그 안이나 맥락 안에서 이런저런 행동을 한다. IGO는 매우 다양한 기능을 수행하며 그 규모 역시 몇 개 국가로 구성된 것부터 UN 회원국 수와 맞먹는 규모에 이르기까지 다양하다. 석유수출국기구(OPEC), 세계무역기구(WTO), 북대서양조약기구(NATO) 같은 군사동맹, 아프리카연합(African Union, AU) 같은 정치적 집단 등이 모두 IGO이다.

또 다른 형태의 초국가적 행위자로 **비정부기구**(nongovernmental organization, NGO)가 있다. NGO는 민간 기구지만 규모와 자원 면에서 큰 기구도 있다. UN이나 기타 공론장에서 NGO가 비록 국가와 대등하지는 않지만 국가와 마찬가지로 합법적 행위자로 인정받는 사례가 점차 늘고 있다. 정치적 목적을 가진 NGO도 있고, 인도적, 경제적 혹은 기술적 목적을 가진 NGO도 있다. 간혹 NGO들이 초국가적 연대 네트워크를 통하여 공동 활동을 펴기도 한다.[10] NGO의 활동양상에 일정한 패턴은 없다. IGO와 NGO를 함께 묶어 국제기구(International Organization, IO)라 한다.[11] 현재 25,000개 이상의 NGO와 5,000개의 IGO가 있는 것으로 알려지고 있다. 국제기구에 대한 더 자세한 논의는 7장과 10장에서 다룬다.

다국적기업(Multinational Corporation, MNC)이란 여러 국가에서 활동하는 기업이다. 전 세계를 대상으로 사업을 하는 대기업의 이익은 어느 한 국가의 이익과 부합하지 않는다. 통제하는 자원의 크기와 국제 활동 전개의 효율성 면에서 다국적기업이 많은 소국가들을 능가한다. 다국적기업은 1세기 전 미국의 "연합청과회사"가 중앙아메리카의 이른바 "바나나공화국"(banana republic)들에서 그랬듯이 자사에 우호적인 현지 정부를 후원하거나 심지어 세울 수도 있다. 그러나 다국적기업은 외국인 투자와 세금수입이 절실히 필요한 빈국에게 투자와 세금수입을 제공하기도 한다.

---

10 Keck, Margaret E., and Karthryn Sikkink. *Activists Beyond Borders: Advocacy Networks in International Politics.* Cornell, 1998. Batliwala, Srilatha, and L. David Brown. *Transnational Civil Society: An Introduction.* Kumarian, 2006.

11 Armstrong, David, Lorna Lloyd, and John Redmond. *International Organization in World Politics.* Palgrave, 2003.

또한 다국적기업은 보호, 잘 정비된 시장, 안정적 정치 환경 등을 국가에 의존하고 있다. 국제적 행위자로서 다국적기업에 대한 더 자세한 논의는 9장과 13장에서 다룬다.

기타 다양한 비국가 행위자들이 국가, 국제기구, 다국적기업 등과 상호작용하면서 활동하고 있다. 예를 들어 2001년 9월 11일 이후 테러리스트들의 공격을 보면, 기술이 테러리스트들에게 더 큰 힘을 가져다주었음이 분명하다. 마치 그린피스가 세계 구석구석을 다니면서 거기서 펼친 환경보호 활동상을 비디오로 촬영하여 바로 그 자리에서 전 세계로 쏘아 보낼 수 있듯이, 알카에다(al Qaeda)도 세계 어느 곳에 있는 도시든 자살폭격대를 보낼 수 있으며, 인터넷과 글로벌 은행 서비스를 통하여 작전과 자금조달을 조정할 수 있고, 자신들의 주장을 담은 비디오테이프를 지구의 모든 시청자들에게 보낼 수 있다. "글로벌 파병능력"(global reach)이란 말은 한때 강대국 고유의 능력이었으나, 지금은 좋은 일인지 나쁜 일인지 모르지만 많은 행위자들의 능력이 되었다.

〈표 1.2〉 비국가 행위자의 유형

유형	누가?	예
IGO(정부간기구)	각국 정부	UN, NATO, 아랍연맹
NGO(비정부기구)	개인 혹은 집단	국제사면위원회, 라이온스클럽, 적십자사
MNC(다국적기업)	여러 국가에서 사업	엑손모바일, 도요타, 월마트
기타	개인, 도시, 유권자	가수 보노, 쿠르드족, 알카에다

출처: IGO and NGO. Copyrighted by Joshua S. Goldstein and Jon C. Pevehouse, Published by Pearson Education, Upper Saddle River, NJ.

비국가 행위자 중에는 **국내 행위자**(substate actors)도 있다. 이는 한 국가 안에 존재하지만 그 국가의 외교정책에 영향을 주거나 국제적으로 활동하는 행위자를 가리킨다. 예컨대 미국의 오하이오 주는 전적으로 미국의 일부지만 국제무역부라는 부서를 운영하면서 수출과 외국인투자 촉진 활동을 하고 있다. 벨기에, 일본, 중국, 캐나다, 이스라엘, 인도, 호주, 멕시코 등에 이 부서의 출장소가 있다. 이밖에 기업, 소비자, 노동자, 투자자 등 국내 경제행위자들의 활동은 국제정치적 사건들의 배경이 되고 각국 정부가 그 안에서 활동할 수밖에 없는 경제활동의 맥락을 만드는 데 기여하고 있다.

세계화가 진행되고 있고 국내 행위자들과 초국가적 행위자들이 활동하는 이 세계에서, 여전히 국가는 중요하다. 그러나 기업, 집단, 개인들이 더욱 더 직접적으로 국경 너머 행위자들과 거래함에 따라, 그리고 세계경제가 전 지구적으로 통합되어감에 따라 국가의 역할은 조금씩 뒷전으로 밀려나고 있다. 오늘날에는 과거 어느 때보다 더 국제관계의 범위가 정부 간 상호작용을 넘어서 확대되고 있다.

국가 행위자와 비국가 행위자 모두가 현재 진행 중인 정보기술 혁명의 영향을 크게 받고 있다. 이 새로운 정보 집약 세계는 국제관계의 모습을 크게 바꾸어 놓을 것이 틀림없다. 기술 변화가 행위자들의 상대적 능력과 심지어 선호에도 극적인 영향을 주고 있다. 과거에 없었던 일로, 장거리통신과 전산화로 경제, 정치, 문화가 전 지구적 차원에서 전개될 수 있다. 정보기술이 국제관계의 여러 측면에 미치는 영향은 이 책의 모든 장에 나올 것이다.

(3) 분석의 수준

국제관계에 관여하는 행위자가 다양하기 때문에 경쟁적인 수많은 설명과 이론들이 그만큼 더 복잡해졌다. 국제관계 학자들은 영향력, 행위자, 과정의 복잡성을 몇 개의 분석수준으로 분류하여 정리한다(〈표 1.3〉 참조). 국제관계에서 분석수준이란 "왜"라는 질문에 대한 설명을 찾기 위하여 유사한 행위자 및 과정을 하나의 세트로 묶은, 국제관계에 관한 시각(視角)을 가리킨다. 지금까지 국제관계 학자들은 다양한 분석수준을 제시해 왔지만 대다수 학자들은 3개의 분석수준으로 구분한다(간혹 그 중간에 하위수준을 두기도 한다).[12]

개인 수준은 개별 인간의 인식, 선택, 행동을 분석하는 수준이다. 위대한 지도자들은 역사의 경로에 영향을 준다. 물론 시민, 사상가, 군인, 유권자 개개인도 그

---

12 Singer, J. David. The Level-of-Analysis Problem in International Relations. *World Politics* 14(1), 1961: 77-92. Waltz, Kenneth. *Man, the State, and War: A Theoretical Analysis.* Rev. ed. Columbia, 2001.

럴 수 있지만. 사람들이 말하기를 레닌이 없었다면 소련도 없었을 것이라 한다. 또 근소한 표차로 승부가 갈린 1960년 미국 대통령선거에서 닉슨 후보에게 표를 준 대학생의 수가 조금만 더 많았더라면 쿠바 미사일 위기의 결말이 달라졌을 것이라 고들 한다. 외교정책 결정과정을 연구할 때 학자들은 결정과정에 작용하는 개인의 심리적 요인을 중시하기 때문에 개인 수준의 설명을 특히 중시한다(자세한 논의는 3장 참조).

국내(혹은 국가 혹은 사회) 수준은 국제무대에서 국가가 취하는 행동에 영향을 주는 국내 개인들의 집합체를 분석하는 수준이다. 그러한 집합체로서 이익집단, 정치단체, 정부 부서 등이 있다. 이 집단들은 서로 다른 사회, 국가에서 각기 다른 방식으로 활동하며, 국제적 효과 면에서도 차이가 난다. 예를 들어 민주국가냐 독재국가냐에 따라 이들의 활동 방식이 달라질 수 있으며, 민주국가의 경우 선거가 있는 해에는 다른 때와 다른 방식으로 활동할 수도 있다. 국가 안에서 끓고 있는 종족분쟁과 민족주의 문제를 둘러싼 정치가 국제관계에서 점점 더 중요한 역할을 하고 있다. 정부 안에서도 외교정책 관련 부서들이 정책결정을 둘러싸고 관료주의적 다툼을 벌이는 때가 많다.

국가 간(혹은 국제 혹은 체계) 수준은 국제체계가 결과에 미치는 영향을 분석하는 수준이다. 따라서 이 분석수준은 국가 간 상호작용에만 초점을 맞추며 국가의 내부 구성이 어떻게 되어 있는가, 국가지도자가 누구인가라는 문제에는 관심을 기울이지 않는다. 이 수준은 국제체계 내 각국의 상대적 힘의 크기 및 국가 간 상호작용(예컨대 무역)에 주목한다. 전통적으로 이 수준이 가장 중요한 분석수준이다.

이 세 가지 수준 외에 네 번째 수준으로 지구 수준을 추가할 수 있다. 이 수준은 국가 간 상호작용을 초월하는 지구적 경향과 힘이라는 차원에서 국제관계를 분석하는 수준이다.[13] 인간기술(human technology)의 진화, 어떤 신념의 범세계적 확산, 인간과 자연환경의 관계 변화 등은 지구적 수준에서 전개되는 과정으로서 국제관계에 영향을 미친다. 또한 이 수준은 범세계적 과학, 기술, 및 사업 공동체들을 통한 초국가적 통합 현상을 연구하는 학자들이 중시하는 분석수준이다(더 자세한 내

---

13 North, Robert C. *War, Peace, Survival: Global Politics and Conceptual Synthesis,* Westview, 1990. Dower, Nigel. *An Introduction to Global Citizenship.* Edinburgh, 2003.

용은 10장 참조). 그리고 역사적인 유럽 제국주의, 즉 유럽의 라틴아메리카, 아시아, 아프리카 정복(12장 제국주의의 역사, 1500–2000 참조)의 후과(後果)가 아직도 남아 있어서 광범한 지구적 영향을 미치고 있다.

각각의 분석수준은 국제적 사건에 대해 상이한 설명을 제시한다. 예를 들어 2003년에 미국이 주도한 이라크전쟁에 대하여 각기 다른 설명을 할 수 있다. 개인 수준에서 보면, 이 전쟁은 모든 적들을 격퇴할 수 있다고 생각한 사담 후세인의 도박 탓으로 돌리거나, 아니면 위험인물로 단정한 사담을 제거하고 싶은 부시 대통령의 욕구 탓으로 돌릴 수 있다. 국내 수준에서 보면, 사담이 9·11 이후 미국의 안보를 위협하는 존재라는 점을 부시 행정부와 미국사람들에게 확신시킨 막강한 신보수파(neoconservative) 탓으로 돌릴 수 있다. 국가 간 수준에서 보자면, 이 전쟁은 미국 국력의 압도적 우세 탓으로 돌릴 수 있다. 즉 이라크를 군사적으로 지원할 국가가 전혀 없는 상황이었기 때문에 세계 최고 군사강국인 미국은 대규모 군사적 반격을 받을 위험을 전혀 느끼지 않고 자유롭게 이라크를 공격할 수 있었다는 식의 설명이다. 마지막으로 지구 수준에서 보면, 이 전쟁은 테러에 대한 전 세계적 공포, 혹은 이슬람과 서방 간의 충돌에 대한 전 세계적 공포 탓으로 돌릴 수 있다.

국제관계 학자들은 대개 한 가지 분석수준에 초점을 맞추지만 다른 분석수준도 동시에 고려한다. 주어진 "왜"라는 질문에 대한 분석수준으로서 한 가지만 옳다고 여기는 것은 잘못이다. 복수의 분석수준은 어떤 사건을 설명할 때 다양한 설명과 접근방법을 고려해야 한다는 점을 우리에게 일깨워 준다. 또한 복수의 분석수준은 학자나 학생들에게 사건의 직접적이고 표피적인 측면을 뛰어넘어 더 멀리 있는 원인들이 어떠한 영향을 미쳤는지를 탐구하도록 시야를 넓혀야 한다는 점을 일깨워 준다. 높은 분석수준에서의 변화가 낮은 분석수준에서의 변화보다 더 느리게 이루어지는 경향이 있다는 점에 주목할 필요가 있다. 예를 들어 개인들은 자주 취임하고 퇴임하지만 국제체계의 구조는 거의 변하지 않는다.

〈표 1.3〉 분석수준과 영향력 요소

국제관계의 전개에 영향을 주는 요소들은 많다. 분석주준은 이 많은 요소들을 분류하고 또 그렇게 함으로써 국제적 사건에 대한 다양한 설명을 찾기 위한 틀이 된다. 예를 들면 아래와 같다

지구 수준		
남북격차	종교적 근본주의	정보혁명

세계의 각 지역	테러리즘	지구적 장거리통신
유럽제국주의	세계 환경	범세계적 과학 및
규범	기술변화	사업 공동체
국가 간 수준		
힘	전쟁	외교
힘의 균형	조약	정상회의
동맹 결성 및	무역협정	흥정
해체	IGO	상호주의
국내 수준		
민족주의	독재	양성(兩性, gender)
종족분쟁	국내 제휴관계	경제영역 및 업계
정부형태	정당과 선거	군산복합체
민주주의	여론	외교정책 부서
개인 수준		
위대한 지도자	인지 및 결정의 심리	시민참여(투표,
미친 지도자	학습	반란, 참전 등)
위기시 결정	암살, 역사의 우연성	

(4) 세계화

세계화는 확대된 국제무역, 장거리통신, 금융 조정, 다국적기업, 과학기술 협력, 새로운 형태와 규모의 문화교류, 이민과 난민 유입, 부국과 빈국의 관계 등 수많은 추세를 포괄하고 있다. 확실히 세계화는 매우 중요하지만, 이 용어의 정의는 다소 모호하며 또 어느 하나의 이론만으로 제대로 설명되는 것도 아니다. 한 가지 인기 있는 정의는 "현 시기 사회적 삶의 모든 측면에서 상호연결이 확대, 심화, 가속화되는 것"이라는 정의이다.[14] 그러나 이 용어의 정의와 관련하여 적어도 다음 세 가지 개념화가 경쟁을 벌이고 있다.[15]

---

14 Held, David, Anthony McGrew, David Goldblatt, and Honathan Perraton. *Global Transformations: Politics, Economics and Culture.* Stanford, 1999: 2. Held, David, and Anthony McGrew. *Globalization/Anti‐Globalization: Beyond the Great Divide.* Polity, 2007.

15 Friedman, Thomas L. *The World Is Flat.* Farrar, Straus, and Giroux, 2007. Stiglitz, Joseph E. *Globalization and Its Discontents.* Norton, 2002. Drezner, Daniel W. *All Politics Is Global.* Princeton, 2008. Rudra, Nita. *Globalizatioin and the Race to the Bottom in Developing Coun-*

첫 번째 견해는 세계화를 자유주의 경제학 원칙의 결실로 보는 것이다. 이 견해에 따르면, 세계시장이 성장과 번영을 가져다주었다(모든 국가가 아니라 세계시장과 가장 많이 통합된 국가들에게). 이런 경제적 과정에서 전통적인 경제단위로서 국가는 시대에 뒤떨어질 수밖에 없었다. 이리하여 국가는 국제통화기금(IMF)이나 유럽연합(EU) 같은 초국가적 기구들에 대한 권위를, 그리고 다국적기업이나 NGO 같은 국제적 행위자들에 대한 권위를 잃어가고 있다. 기술관료와 엘리트, 그리고 자유민주국가에서 교육 받은 시민들의 가치관이 이제 세계적 가치관이 되고 있으며, 지금 등장하고 있는 세계문화를 반영하고 있다. 역사가 오래된 남북격차 문제는 이제 덜 중요한 문제로 간주된다. 남반구 국가들이나 지역이 얼마나 세계시장에 통합되어 있는지에 따라 각기 다양한 방향으로 나아가고 있기 때문이다.

두 번째 시각은 세계화에 대한 첫 번째 견해에 대해 회의적이다. 이 회의론자들은 현재 선진국들의 경제가 제1차 세계대전 이전 시기(영국 패권이 공통의 기대치와 제도를 제공해 주었던 시기)에 비해 결코 더 많이 통합되어 있는 것이 아니라는 점을 지적한다. 또한 회의론자들은 남북격차 같은 지역적 지리적 구분이 단일 세계시장에 가려져서 눈에 띄지 않는다고 의심하고 있다. 그들이 볼 때 남북격차는 세계화와 더불어 오히려 더 확대되고 있다. 그리고 국가 간 경제통합이 단일 세계자유무역지대로 나아가는 것이 아니라 아메리카, 유럽, 아시아에 각각 상호 경쟁적인 지역 블록을 형성하는 쪽으로 나아간다고 본다. 세계문화 같은 것이 등장하고 있다는 주장에 대해서는 소련 같은 큰 정치단위가 언어, 종교, 기타 문화적 요인에 따라 작은 단위들로 조각났다는 사실을 들어 반박한다.

세 번째 학파는 회의론자들에 비해 세계화를 더 중요하게 보지만 자유주의 경제학 신봉자들에 비해서는 더 불확실하다고 본다.[16] 이 "변형론자들"(transformationalists)은 국가의 주권이 EU, WTO, 기타 새로운 기구들에 의해 침식당해 왔고 그래서 이제 주권은 국가가 가진 절대적인 흥정(bargaining) 수단이 아니라 다양한

---

tries: Who Really Gets Hurt? Cambridge, 2008. Kapstein, Ethan B. *Economic Justice in an Unfair World: Toward a Normal Playing Field.* Princeton, 2007. Cusimano, Maryann K. *Beyond Sovereignty: Issues for a Global Agenda.* Palgrave, 1999.

16 Rosenau, James N. *Distant Proximities: Dynamics Beyond Globalization.* Princeton, 2003.

흥정 수단들 가운데 하나일 뿐이라고 본다. 흥정 자체가 점점 더 비국가 행위자들을 포괄하는 방향으로 발전해 왔다. 이런 식으로 세계화는 권위를 분산시킨다. 국가주권은 세계화에 의해 강화되거나 약화되기보다 새로운 도구들이 등장하는 새로운 맥락에서 작동되는 것으로 변형되었다고 본다.

학자들은 세계화의 개념화 문제를 놓고 논쟁을 벌이지만, 일반 대중의 논쟁 초점은 세계적으로 활동하는 거대 기업의 권력 증대, 세계시장에 동참함으로써 발생하는 (실업이나 환경 악화 같은) 마땅찮은 비용, 빈부격차의 확대, 그리고 자국 정부가 WTO나 IMF 같은 국제기구에 참가함으로써 그런 부작용을 만드는 데 공모했다는 점 등에 맞추어져 있다.[17] 최근 자유무역 확대 정책이 반세계화 시위대의 가장 중요한 표적이다. 길거리 시위대는 관련 국제회의가 열릴 예정인 도시를 점거하여 농성을 벌인 바 있다. 시애틀(1999), 워싱턴(2000, IMF 및 세계은행 회의), 퀘벡(2001, 미주 자유무역협정 체결을 위한 정상회의), 제네바(2001, G8 회의) 등지에서 그런 일이 있었다. 제네바 시위에서는 경찰과 충돌하여 한 명의 사망자를 냈다. 2001년의 카타르 WTO 회의는 시위대가 접근하지 못하여 예정대로 개최되었다. 2003년에 멕시코 칸쿤에서 개최된 WTO 회의 당시에는 회의에 반대하고 그 참가 경제 지도자들에 반대하는 시위대 수천 명이 가두행진을 했지만 회의 장소 가까이 접근할 수 없었다. 2005년에 홍콩에서 개최된 WTO 회의의 경우 시위대가 회의장 부근 도로를 봉쇄하고 회의 방해를 위해 홍콩만을 수영으로 건너가려고 시도하기도 했다.

학자들이 세계화의 개념화에 대하여 견해 차이를 보이듯이, 시위자들도 시위 목표와 전술에 대해 견해 차이를 보인다. 북반구의 노동조합원들은 세계화가 일자리를 남으로 쓸어가 버리는 것을 중단시키고 싶어 한다. 반면에 남반구 빈국의 노동자들은 (국내 다른 일자리에 비해 상대적으로) 더 나은 임금과 근무조건으로 나아가기 위한 첫걸음으로 그런 일자리를 절실히 원할지도 모른다. 다른 한편으로, 과격한 무정부주의자들은 무역 관련 안건의 수정을 요구하면서 환경운동가들이 받고 있는 언론의 관심에 편승하고자 한다. 이처럼 세계화나 그 반대운동이나 양쪽 모두

---

17 Broad, Robin. *Citizen Backlash to Economic Globalization*. Rowman & Littlefield, 2002. Milani, Brian. *Designing the Green Economy: The Post-Industrial Alternative to Corporate Globalization*. Rowman & Littlefield, 2000.

단순하지 않다.

다음 장들에서 보겠지만, 세계화는 국제안보와 국제정치경제 양쪽 모두를 변화시키고 있다. 그러나 국제안보 분야보다 국제정치경제 분야에서 일으키는 변화가 더 빠르고 크다. 이어지는 장들은 세계화의 영향을 받는 다양한 주제들을 다룰 것이다. 4장은 어떻게 비국가 행위자가 국가의 외교정책에 영향을 주는가를 보여줄 것이다. 7장은 세계화가 진행됨에 따라 더 중요해지고 있는 국제기구, 국제법, 인권 문제 등을 다룬다. 8−9장은 세계화의 영향이 가장 두드러지게 나타나는 무역, 금융, 비즈니스 등에서의 경제적 세계화를 다룬다. 10장은 세계화의 정보기술 측면을 살펴볼 것이다. 오늘날의 세계는 새로운 방식으로 유선으로 연결되어 있다. 11장은 지구 환경을 논의하고 세계화를 통한 상호작용의 증대가 자연환경에 미치는 영향을 검토할 것이다. 12−13장은 세계화 개념의 중심 내용인 남북격차 문제를 다룰 것이다.

이 장의 나머지 부분은 이어지는 장들의 문제영역을 설정해 주는, 세계화의 두 가지 맥락에 관한 것이다. 하나는 세계의 주요 지역들 상호간의 관계, 특히 남북관계에 관한 것이다. 다른 하나는 지난 1세기 동안 이루어진 국제체계의 진화에 관한 것이다.

3. 세계 지리

지구적 분석수준에서 얻은 통찰력을 활용하기 위하여 이 책은 세계를 9개의 지역(world region)으로 나눈다. 각 지역은 포함하는 국가 수나 문화, 지리적 특성, 언어 등에서 서로 다르다. 그러나 각 지역은 지구의 일부를 이루면서 전체 지구를 크게 구획하고 있다.

북쪽의 산업화된 부국과 남쪽의 빈국 간의 **남북격차**가 지구 수준의 분석에서 가장 중요한 요소이다. 이 책에서 우리는 지역을 구분할 때 (예외는 있지만) 부국과 빈국을 같은 지역으로 묶지 않았다. 북에 속하는 국가는 서방국가(부유한 북아메리카, 유럽 국가와 일본), 소련과 독립국가연합(Commonwealth of Independent States, CIS, 발트해 연안

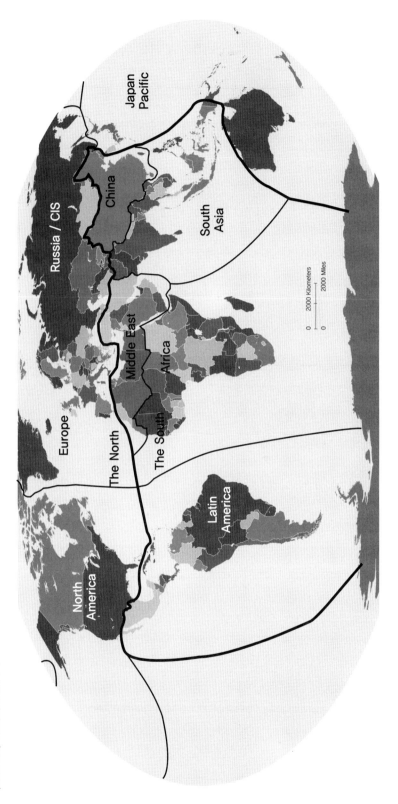

〈그림 1.2〉 세계의 9개 지역

국을 제외한 구소련 공화국들의 느슨한 연합)을 포함한 구 동방국가 등이다.[18] 남에 속하는 국가는 라틴아메리카, 아프리카, 중동, 대부분의 아시아지역 국가이다. 남반구는 종 종 제3세계(3이라는 숫자는 서방과 동방에 이어 세 번째라는 의미)로 불리기도 한다. 제2세계 가 붕괴되었지만 이 용어는 여전히 널리 사용된다. 남반구 국가들은 북의 "선진국" (developed country)과 대비되는 "개발도상국"(developing country) 혹은 "미개발국"(less-developed country, LDC)으로 불리기도 한다. 전 세계 9개 지역은 〈그림 1.2〉와 같다.

지리적으로 연결되어 있는 지역들을 구분하기 위해 소득수준 외의 기준도 사용하였다. 비슷한 경제수준, 문화, 언어를 가진 국가들은 가능하면 같은 지역으로 묶었다. 과거 제국이나 무역지대처럼 역사적으로 상호관계를 가진 국가들 역시 같은 지역으로 묶었다. 마지막으로, 한국과 북한, 중국과 대만처럼 미래에 통일될지 모르는 국가들도 같은 지역으로 묶었다. 물론 완벽한 지역 구분은 있을 수 없다. 이 구분에서 터키의 경우는 두 개 지역에 소속되어 있다.

이상의 지역 구분은 통상적으로 사용하는 지리적 이름과 대체로 일치하지만, 주석을 몇 개 추가하는 편이 나을 듯 하다. 동아시아는 중국, 일본, 한국을 가리킨다. 동남아시아는 버마에서 인도네시아를 거쳐 필리핀에 이르는 지역을 가리킨다. 러시아는 국토의 반 이상(시베리아)이 아시아에 있지만 유럽국가로 간주된다. 통상 태평양연안은 동아시아, 동남아시아, 시베리아, 남북아메리카의 서부 해안 일대를 가리킨다.[19] 남아시아는 매우 드물게 동남아시아 일부를 포함한다. 좁은 의미의 중동은 북아프리카와 터키를 포함하지 않는다. 발칸국가란 동남유럽의 슬로베니아, 루마니아, 그리스를 말한다.

〈표 1.4〉는 세계 각국의 GDP를 지역별로 묶어서 보여준다. 〈표 1.5〉는 각 지역의 인구와 경제규모(GDP)를 세계 전체와 대비해서 보여준다. 이 표를 보면 북반구의 1인당 소득수준이 남반구에 비해 5배 이상 높다. 북반구는 세계 인구의 불과

---

18 "서방"이니 "중동"이니 하는 지리적 용어는 유럽 중심적인 용어이다. 예를 들어 한국의 관점에 서 보면 중국과 소련이 서방이고 일본과 미국이 동방이다. 세계 지리에 대해서는 Kidron, Michael, Ronald Segal, and Angela Wilson. *The State of World Atlas*. 5th ed. Penguin, 1995; Boyd, Andrew, and Joshua Comenetz. *An Atlas of World Affairs*. McGraw-Hill, 2007 참조.

19 Ikenberry, G. John, and Michael Mastanduno. *International Relations Theory and the Asia-Pacific*. Columbia, 2003. Pempel, T. J. *Remapping East Asia*. Cornell, 2005.

20%를 차지하지만 세계 상품 및 서비스의 55%를 차지하고 있다. 남반구에 사는 80%
의 사람들은 상품 및 서비스의 45%만 차지한다.

북반구에 속하는 러시아와 CIS는 1990년대 불황을 겪은 탓에 다른 북반구
국가들에 비해 소득수준이 뒤떨어져 있다. 라틴아메리카와 (더 최근의 일로서) 중국
은 아직도 극빈국인 아프리카와 남아시아 국가들에 비해 높은 소득수준을 달성하
였다. 소득수준이 높은 지역이라 해도 그 안에서 소득이 매우 불평등하게 분배되
어 많은 사람들이 극빈 상태에 있다. 세계 인구의 절반 이상이 인구밀도가 높고 (가
난한) 남아시아와 중국에 살고 있다는 점도 기억하라. 국제관계 학자들은 이처럼 커
다란 남북격차에 대한 단일한 설명을 제시하지 못하고 있다(12장 참조).

〈표 1.4〉 국가 및 준국가의 2011년도 GDP 추정치(2012년 기준 10억 미국 달러)

북아메리카

미국	15,000	캐나다	1,400	바하마	10

유럽

독일a	3,300	노르웨이	300	라트비아	30
영국a	2,400	포르투갈a	200	보스니아	30
프랑스a	2,300	덴마크a	200	알바니아	30
이탈리아a	1,900	핀란드a	200	에스토니아a	30
스페인a	1,400	헝가리a	200	사이프러스a	20
폴란드a	800	아일랜드a	800	마케도니아a	20
네덜란드a	700	슬로바키아a	100	아이슬란드	10
벨기에a	400	불가리아a	100	몰타	10
오스트리아a	300	세르비아	80	몬테네그로	7
그리스a	300	크로아티아	80	리히텐슈타인	4
스웨덴a	400	리투아니아a	60	안도라	4
스위스	300	슬로베니아a	60	모나코	1
루마니아a	300	룩셈부르크	40	산마리노	1
체코a	300				

일본/태평양

일본	4,500	피지	4	나우루	0
한국	1,600	괌/마리아나스b	3	마샬군도	0
호주	900	솔로몬군도	1	팔라우	0
뉴질랜드	100	사모아	1	키리바티	0
북한	40	바누아투	1	투발로	0
파푸아뉴기니	20	통가	1	미크로네시아	0

러시아/CIS

러시아	2,400	투르크메니스탄	50	타지키스탄	20

우크라이나	300	아르메니아	20	키르기스스탄	10
카자흐스탄	200	조지아	20	몰도바	10
벨라루스	100	몽고	10		
아제르바이잔	100				
우즈베키스탄	90				
중국					
중국	11,000	홍콩b	400	마카오b	30
대만	900				
중동					
터키	1,000	모로코/서사하라	200	오만	80
이란	900	카타르	200	예멘	60
사우디아라비아	700	쿠웨이트	100	레바논	60
이집트	500	이라크	100	리비아	50
아랍에미리트	400	시리아	100	요르단	40
알제리	300	튀니지	100	바레인	30
이스라엘/팔레스타인	200				
라틴아메리카					
브라질	2,300	파나마	60	수리남	5
멕시코	1,700	볼리비아	50	가이아나	5
아르헨티나	700	우루과이	50	벨리즈	3
콜롬비아	500	엘살바도르	40	버진군도b	2
베네수엘라	400	파라과이	40	프랑스가이아나b	2
칠레	300	온두라스	30	세인트루시아	2
페루	300	트리니다드토바고	30	안티과바르부다	2
쿠바	100	자메이카	20	그레나다	2
에콰도르	100	니카라과	20	세인트빈센트그레너딘	1
도미니카공화국	100	아이티	10	세인트키츠네비스	1
과테말라	70	마르티니크b	7	도미니카	1
푸에르토리코b	60	바르바도스	7		
코스타리카	60	버뮤다b	5		
남아시아					
인도	4,500	방글라데시	300	브루나이	20
인도네시아	1,100	싱가포르	300	라오스	20
태국	600	스리랑카	100	부탄	4
파키스탄	500	버마	70	몰디브	3
말레이시아	500	네팔	40	동티모르	2
필리핀	400	캄보디아	30		
베트남	300	아프가니스탄	30		
아프리카					
남아공	600	모리셔스	20	소말리아	6
나이지리아	400	가봉	20	시에라리온	5
앙골라	100	부르키나파소	20	짐바브웨	5

수단	90	잠비아	20	부룬디	5
에티오피아	90	차드	20	중앙아프리카	4
케냐	70	말리	20	레소토	4
탄자니아	60	콩고공화국	20	에리테아	3
카메룬	50	남수단	20	레위니옹b	3
우간다	50	니제르	10	감비아	3
가나	50	르완다	10	카보베르데	2
아이보리코스트	40	나미비아	10	지부티	2
보츠와나	30	베닌	10	세이셸	2
적도기니	30	기니	10	라이베리아	2
민주콩고	20	말라위	10	기니비소	2
모잠비크	20	모리타니	8	코모로군도	1
세네갈	20	스와질란드	7	상투메프린시페	0
마다가스카르	20	토고	7		

a: EU 회원국
b: UN 비회원국
주: 원래부터 GDP는 정확하지 않다. 특히 러시아, CSI, 중국, 그리고 비시장 경제나 전환기 경제인 국가의 추정치는 그대로 믿을만한 것이 못
되며 따라서 조심스럽게 사용해야 한다. 소수점 이하 수치는 반올림하였다.
출처: 세계은행 데이터에 근거하여 저자들이 추정. 수치는 구매력평가 기준 수치. 각주 9 참조.

〈표 1.5〉 지역별 인구 소득 비교, 2011

지역	인구(백만)	GDP(조 달러)	1인당 GDP(달러)
북반구			
북아메리카	350	16	45,000
유럽	530	17	31,000
일본/태평양	240	7	29,000
러시아/CSI	280	3	10,700
남반구			
중국	1,400	12	8,000
중동	480	5	10,000
라틴아메리카	600	7	11,000
남아시아	2,250	9	4,000
아프리카	870	2	2,300
북반구 전체	1,400(20%)	43(55%)	30,500
남반구 전체	5,600(80%)	35(45%)	6,200
세계 전체	7,000	78	11,100

주: GDP 수치는 구매력평가 기준으로 조정되었다. 2011년 GDP 추정치(2012년 달러)는 〈표 1.4〉에서 취했다.
러시아, CSI, 중국의 수치는 매우 조심스럽게 취급해야 한다.

4. 국제체계의 변천

국제관계의 구조와 원칙들은 역사 발전과정에서 만들어졌다. 우리는 여기서 강대국체계(2장), 제국주의(12장), 민족주의(5장) 등과 같은 이 책의 주요 주제들을 염두에 두고서 역사를 재검토할 것이다. 즉 20세기의 중요한 사건들, 특히 1990년대 이후 탈냉전시대에 초점을 맞추어 간략히 역사를 재검토할 것이다.

(1) 양차 세계대전, 1900-1950

제1차 세계대전(1914-1918)과 제2차 세계대전(1939-1945)은 20세기의 10년을 차지하고 있을 뿐이다(《그림 1.3》 참조). 그러나 이 두 전쟁이 20세기 전체의 성격을 규정한다.[20] 그 이후 이와 같은 전쟁이 전혀 없었으며, 아직도 양차 대전은 우리가 살고 있는 이 세계의 핵심적 준거점이 되고 있다. 양차 대전은 거의 모든 국가가 국제체계의 미래를 걸고 벌인 전면전에 참전한 전 세계 전쟁이요 패권을 위한 전쟁이었다.[21] 역사상 이와 비슷한 전쟁으로는 아마 30년전쟁과 나폴레옹전쟁 정도를 꼽을 수 있을 것이다.

많은 사람들은 제1차 세계대전이 비극적인 전쟁의 불합리성을 상징하는 것으로 본다. 국제관계 학자들은 이 끔찍한 전쟁이 불필요했고 심지어 우발적인 사고처럼 보이기도 한다는 점에서 이 전쟁에 큰 관심을 보인다. 당시 강대국들은 1세기정도 비교적 평화로운 시기를 마감하고 정당한 이유도 없이 전쟁으로 나아갔다. 심지어 대중들 사이에는 전쟁을 통하여 유럽이 한 단계 더 발전하고 활력을 다시 얻

---

20 Ferguson, Niall. *The War of the World: Twentieth Century Conflict and Descent of the West*. Penguin, 2006.

21 Dockrill, Michael. *Atlas of Twentieth Century World History*. HarperCollins, 1991. Ferguson, Niall. *The Pity of War: Examining World War I*. Basic Books, 1999. Keegan, John, ed. *The Times Atlas of the Second World War*. HarperCollins, 1989. Weinberg, Gerhard L. *A World at Arms: A Global History of World War II*. Cambridge, 1994.

〈그림 1.3〉 양차 세계대전, 1900–1950

분야	1900	1910	1920	1930	1940	1950
유럽	동맹계획의 발전 / 발칸위기	1차대전 / 사라예보	미국참전	이태리 에티오피아 침공 / 뮌헨협정	2차대전 / 미국참전 / D-Day	
독일	영국과 해군 군비경쟁		패전 / 바이마르공화국 / 하이퍼인플레	히틀러 집권 / 폴란드 침공 / 오스트리아, 체코 점령 / 재무장	홀로코스트 / 유럽점령 / D-Day / 패전 / 전략적 폭격	
러시아			러시아혁명 / (내전) / 소련등장	히틀러와 조약 / (산업화)	독일 침공 / 승전	
아시아	미국의 필리핀점령		일본 중립	일본의 만주 점령 / 일본이 중국 침공	진주만, 일본의 동남아 점령 / 도서전투 / 미국에 점령 / 히로시마	
국제 규범 및 법	헤이그평화회담		베르사유 조약 / 국제연맹 / 워싱턴 해군조약	미국 고립 / 일본의 국제연맹 탈퇴	→ 국제연맹	뉘른베르크 재판 / 국제연합
기술	구축함	진지전 / 화학무기 / 잠수함		기동장갑차	공중전 / 레이더 / 핵무기	

출처: 미국 국무부

는다는 생각도 있었다. 젊은이들은 전쟁터에서 영광스러운 모험에 참가함으로써 남자다움을 과시할 수 있다는 생각도 가졌다. 이런 생각은 엄청난 고통과 전쟁의 명백한 무모함으로 금방 산산조각 나고 말았지만.

제1차 세계대전 이전의 큰 전쟁으로 보불전쟁(the Franco-Prussian War)이 있었는데, 이 전쟁에서 독일은 철도를 이용하여 병력을 전선으로 이동시키면서 신속한 공세를 폈다. 보불전쟁은 빨리 끝났으며 또 결정적인 승자(독일)가 있는 전쟁으로 끝났다. 사람들은 다시 전쟁이 일어난다면 이런 패턴에 따라 전쟁이 진행될 것으로 예상했다. 모든 강대국들이 철도를 이용한 신속한 공격과 조기 승리를 위한 계획을 세웠다. 이런 태도를 공격 숭배라 부른다. 당시 사람들은 먼저 공격하는 쪽이 이긴다고 생각했다. 이런 원칙 하에서는 한 국가가 전쟁을 위해 동원을 하면 그 적국도 어쩔 수 없이 동원에 나서게 된다. 이런 상황에서 1914년 사라예보에서 세르비아의 한 민족주의자가 오스트리아의 페르디난트 대공을 암살하자, 이 작은 위기가 확대되고 또 동원 계획에 따라 전 유럽이 전면전을 벌이게 된 것이다.[22]

예상과 달리 전쟁은 짧지도 않았고 결정적인 결과를 낳지도 않았으며, 결코 영광스럽지 않았다. 전쟁은 고정된 전선을 따라 구축된 진지에서 벌이는 지루한 진지전의 수렁에 빠졌다. 예를 들면 1917년의 벨기에의 파스샹달 전투(the Battle of Pass-chendaele)에서 영국군은 3개월 동안 11마일에 달하는 전선 1야드 당 5톤의 포탄을 퍼부었으며 지상 공격 실패로 병력 40만을 잃었다. 전쟁의 참혹함은 화학무기 사용으로 더 악화되었으며 영국과 독일 양측이 모두 항복을 얻기 위해 상대방 국민들을 기아에 몰아넣으려 노력했기 때문에 더욱 악화되었다.

첫 번째로 무너진 나라가 러시아였다. 1917년에 국내에서 혁명이 일어나 러시아가 전쟁에서 물러나고 소련이 건국되었다. 그러나 같은 해 미국이 참전하여 반독일 전선에 가담함으로써 전세가 급속도로 바뀌었다. 결국 독일은 1919년의 베르사유 조약으로 일부 영토를 포기하고 배상금을 지불하고 장차 군비 규모를 제한하고 전쟁을 일으킨 죄를 인정해야 했다. 베르사유 조약의 이 같은 가혹한 조항들에 대

---

22 Van Evera, Stephen. The Cult of the Offensive and the Origins of the First World War. *International Security* 9(1), 1984: 58-107. Snyder, Jack L. *The Ideology of the Offensive: Military Decision Making and the Disasters of 1914.* Cornell, 1984.

한 독일 사람들의 반감이 1930년대 히틀러 집권에 도움이 되었다. 제1차 세계대전
이 끝난 후 미국의 윌슨 대통령은 UN의 전신인 **국제연맹**(the League of Nations) 창설
을 주도했다. 그러나 미국 상원이 미국의 국제연맹 가입을 비준하지 않았으며, 국제
연맹도 힘을 발휘할 수 없었다. 제1차 세계대전 이후 제2차 세계대전까지의 기간
동안 미국은 고립주의 노선을 취했고 영국의 국력이 쇠퇴하였으며 러시아는 혁명
으로 인하여 힘을 쓰지 못하게 되었는데, 이런 상황이 세계 정치에 힘의 공백을 만
들었다.

　1930년대에 독일과 일본이 이 힘의 공백에 뛰어들어 공격적인 팽창주의 길
을 걸었는데, 이것이 결국 제2차 세계대전으로 이어졌다. 일본은 1895년에 중국을,
1905년에 러시아를 격파한 다음 대만과 한국을 이미 점령하고 있었다. 또 일본은
제1차 세계대전 중에 아시아에 있는 독일 식민지 일부를 획득했다. 1931년에는 만
주를 점령하여 괴뢰정부를 세웠다. 1937년에는 본격적으로 중국을 침략하여 잔혹
한 점령에 나섰다. 당시 일본의 잔혹성은 지금도 중일관계의 걸림돌이 되고 있다.

　다른 한편, 1930년대 유럽에서는 히틀러 치하의 나치독일이 재무장하였고 스
페인 내전에 개입하여 파시스트 승리를 도왔으며 인접국들의 영토 일부를 탈취하
였다. 이 탈취의 명분은 게르만족이 거주하는 땅은 독일 본토와 통합되어야 한다
는 것이었다. 히틀러는 이탈리아와 스페인 파시스트 정권의 침략행위에 대하여 국
제사회와 국제연맹이 나약한 반응을 보이자 이에 고무되어 더 대담해졌다. 독일의
야망을 누그러뜨리려는 유화정책으로서, 1938년에 영국과 프랑스는 체코슬로바키
아 영토 일부(Sudetenland)를 독일이 점령할 수 있도록 허용하는 내용의 **뮌헨협정**에
동의했다. 이때부터 유화정책은 국제관계에서 부정적인 의미를 갖게 되었다. 뮌헨협
정이 히틀러의 정복전을 부추기는 결과만 낳은 것으로 보였기 때문이다.

　1939년에 독일이 폴란드를 침공하자 영국과 프랑스가 대독전에 참전하였다.
히틀러는 최대의 숙적인 소련의 스탈린과 불가침조약을 맺고 전군을 프랑스 전선
에 투입하여 재빨리 프랑스 대부분 지역을 점령하였다. 그리고 나서 히틀러는 스탈
린을 배신하여 1941년에 소련을 침공하였다. 이 공격이 결국 장기전의 늪이 되었고
몇 해 뒤 철수하게 되었다. 그러나 소련은 독일 주력군의 공격을 받아 엄청난 인명
손실을 당했다. 제2차 세계대전 기간 중 사망자 수가 6,000만 정도인데 이중 대다
수가 소련 사람들이었다. 아직도 이 끔찍한 악몽이 러시아와 동유럽 사람들의 국제

관계관 형성에 큰 영향을 미친 기억으로 남아 있다.

1942년에 미국이 독일에 대항하여 제2차 세계대전에 참전하였다. 미국 경제가 연합군을 위하여 결정적으로 중요한 무기와 보급품을 생산했다. 미국은 영국과 함께 드레스덴 등 독일 도시들에 대한 전략적 폭격에 결정적 역할을 했다. 1945년 2월에 있었던 드레스덴 폭격으로 민간인 10만 명이 죽었다. 1944년 6월 6일(D-Day) 영국해협을 건넌 영미군은 서부전선에서 독일을 압박하였고, 소련군은 동부전선에서 독일을 압박하였다. 폐허가 된 독일은 결국 항복하여 연합군에 의해 점령되었다. 나치독일과 동맹국들은 전성기에 영국과 러시아 일부를 제외한 전 유럽을 점령하였었다.

유럽에서 전쟁이 진행 중인 동안 일본은 동남아시아 지역에서 미국과 동맹국들을 상대로 싸웠다. 1930년대 일본의 팽창주의는 팽창으로 풀고자 했던 해외 자원에 대한 의존 문제를 더욱 심화시켰을 뿐이다. 미국이 일본의 팽창에 대한 제재조치로 대일 석유 금수조치를 취했기 때문이다. 그러자 일본은 1941년에 하와이 진주만을 기습 공격하여 미 해군 대부분을 격파하고 (미국 대신 석유를 공급해 줄 수 있는 인도네시아를 포함한) 원하던 영토를 획득하였다. 그러나 그 이후 몇 년간 미국은 새로 방대한 군사력을 건설하고 태평양의 여러 섬들을 탈환해 나갔다. 일본 도시들에 대한 미국의 전략적 폭격은 1945년 8월 히로시마와 나가사키 두 도시에 핵무기를 사용하면서 절정을 이루었다. 이 사건은 전쟁에서 핵무기를 사용한 역사상 유일한 사례로 일본의 신속한 항복을 촉발하였다.

양차 세계대전의 교훈은 모순적인 것 같다. 많은 사람들은 히틀러를 달래기 위한 1938년 뮌헨협정의 실패로부터 전쟁 준비태세를 갖춘 강경한 외교정책만이 침략을 억지하고 전쟁을 예방할 수 있다고 결론 내렸다. 그러나 1914년에 유럽을 전쟁의 재앙으로 몰고 간 것은 분명히 바로 그러한 강경책이었다. 이 전쟁은 좀 더 유화적인 정책을 통하여 피할 수도 있었던 전쟁인 것처럼 보인다. 때에 따라 강경책이 최선책일 수도 유화책이 최선책일 수도 있는데, 아직 국제관계 학자들은 어떤 정책을 선택할 것인가에 대한 통일된 공식을 발견하지 못하고 있다(전쟁의 원인에 대한 자세한 논의는 5장 참조).

(2) 냉전, 1945-1990

제2차 세계대전 이후 미국과 소련이 초강대국이 되었다(〈그림 1.4〉 참조).[23] 양국은 각기 이념적 사명(자본주의적 민주주의와 공산주의), 동맹과 피후견국(client state)의 연결망, 치명적 핵무기 등을 갖추었다. 유럽은 한편으로 미국과 NATO 동맹국들의 대규모 군사력, 다른 한편으로 소련과 바르샤바조약기구(Warsaw Pact) 동맹국들의 대규모 군사력이 포진함으로써 분할되었다. 독일은 영토가 분할되어 국토의 3/4과 수도인 베를린의 3/4을 미국, 영국, 프랑스가 점령했다. 서베를린을 둘러싼 나머지 부분은 소련에 의해 점령되었다. 1947-1948년과 1961년에 "베를린 위기"가 발생하여 무력 대치 상황이 빚어졌지만 전쟁으로 이어지지는 않았다. 1961년에 동독이 동서 베를린을 가르는 베를린장벽을 세웠는데 윈스턴 처칠이 "철의 장막"으로 이름붙인 이 장벽은 서유럽 분단을 상징하는 것이었다.

냉전기간 내내 비록 동서간 적대감이 있었지만 비교적 안정적인 관계의 틀이 만들어졌고 분쟁이 강대국 간 전면전으로 발전한 적은 한 번도 없었다. 독일 패전이 임박한 시점인 1945년에 얄타에서 열린 미-소-영 회담에서 서방측은 소련군의 동유럽 주둔을 기정사실로 인정하고 그 지역을 소련 영향권으로 인정하였다. 소련 진영이 IMF 같은 서방 경제기구에 가입하지는 않았지만 주요 국가 모두 UN에 가입하였다. (단명한 국제연맹과는 달리) UN은 우여곡절이 없지는 않았지만 냉전기간 내내 전 세계 거의 모든 국가를 회원국으로 유지하면서 기본 구조와 규칙을 고수할 수 있었다.

냉전기간 서방이 가장 우려했던 것은 직접 침공에 의해서건 아니면 전쟁에 시달리고 빈곤에 시달리는 서유럽 국가들에서 공산주의자들의 집권을 통해서건 소련이 서유럽을 장악하지 않을까 하는 문제였다. 그렇게 된다면 유라시아 대륙(유

---

23 Gaddis, John Lewis. *We Now Know: Rethinking Cold War History.* Oxford, 1997. Zubok, Vladislav, and Constantine Pleshakov. *Inside the Kremlin's Cold War: From Stalin to Khrushchev.* Harvard, 1996. Garthoff, Raymond. *Detente and Confrontation: American-Soviet Relations From Nixon to Reagan.* Brookings, 1985. Larson, Deborah Welch. *Anatomy of Mistrust: U. S.-Soviet Relations During the Cold War.* Cornell, 1997. Trachtenberg, Marc. *A Constructed Peace: The Making of the European Settlement, 1945-1963.* Princeton, 1999.

〈그림 1.4〉 냉전, 1945–1990

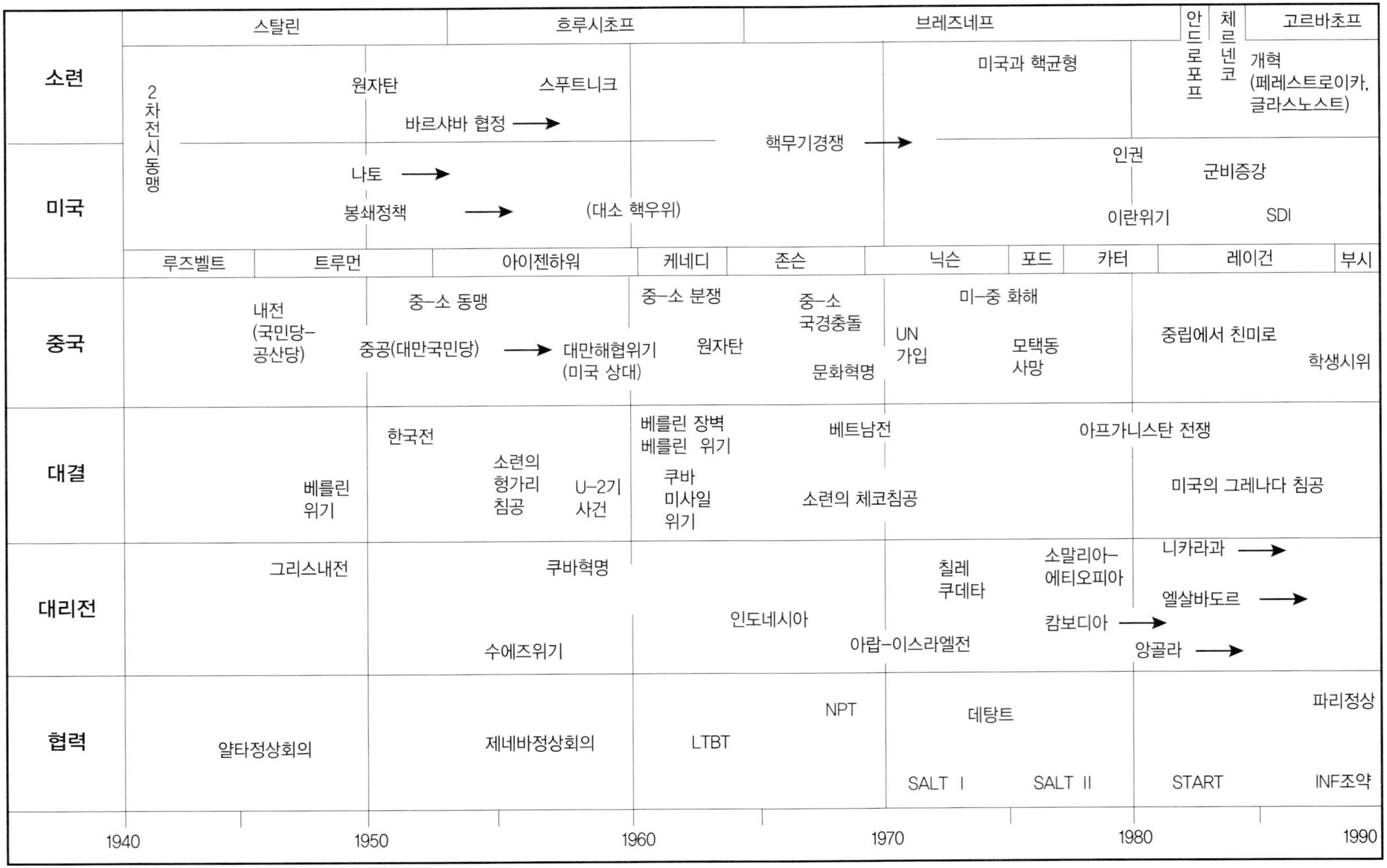

소련 지도자: 스탈린 · 흐루시초프 · 브레즈네프 · 안드로포프·체르넨코 · 고르바초프

미국 대통령: 루즈벨트 · 트루먼 · 아이젠하워 · 케네디 · 존슨 · 닉슨 · 포드 · 카터 · 레이건 · 부시

연대: 1940 — 1950 — 1960 — 1970 — 1980 — 1990

구분	주요 사건
소련	2차 전시동맹 · 원자탄 · 바르샤바 협정 · 스푸트니크 · 핵무기 경쟁 · 미국과 핵균형 · 군비증강 · 개혁(페레스트로이카, 글라스노스트)
미국	봉쇄정책 · 나토 · (대소 핵우위) · 인권 · 이란위기 · SDI
중국	내전(국민당-공산당) · 중·소 동맹 · 중공(대만국민당) · 대만해협위기(미국 상대) · 중·소 분쟁 · 원자탄 · 중·소 국경충돌 · 문화혁명 · UN 가입 · 미·중 화해
대결	그리스내전 · 베를린 위기 · 한국전 · 소련의 헝가리 침공 · 쿠바혁명 · 수에즈위기 · 베를린 정책 베를린 위기 · U-2기 사건 · 쿠바 미사일 위기 · 베트남전 · 소련의 체코침공 · 모택동 사망 · 아프가니스탄 전쟁 · 미국의 그레나다 침공 · 중립에서 친미로 · 학생시위
대리전	인도네시아 · 아랍-이스라엘전 · 이란-이스라엘전 · 칠레 쿠데타 · 소말리아-에티오피아 · 캄보디아 · 니카라과 · 엘살바도르 · 앙골라
협력	얄타정상회의 · 제네바정상회의 · LTBT · NPT · SALT I · 데탕트 · SALT II · START · 파리정상 · INF조약

출처: Gaddis, John Lewis. *We Now Know: Rethinking Cold War History*. Oxford, 1997. Zubok, Vladislav, and Constantine Pleshakov. *Inside the Kremlin's Cold War: From Stalin to Khrushchev*. Harvard, 1996. Garthoff, Raymond. *Detente and Confrontation: American – Soviet Relations from Nixon to Reagan*. Brookings, 1985. Larson, Deborah Welch. *Anatomy of Mistrust: U.S. – Soviet Relations During the Cold War*. Cornell, 1997. Trachtenberg, Marc. *A Constructed Peace: The Making of the European Settlement, 1945-1963*. Princeton, 1999.

럽에서 시베리아까지)의 전체 산업 기반이 한 국가의 통제 하에 들어가게 되는 것이었다. 미국이 NATO 창설과 함께 마셜 플랜(Marshall Plan)을 통하여 유럽의 경제 부흥을 위한 재정 원조를 제공한 것은 바로 이러한 공포에 대처하는 조치였다. 전 세계 군비의 절반이 유럽의 대치상태에 투입되었다. 또한 초강대국 간 핵무기 경쟁에도 막대한 비용이 투입되었으며 그리하여 두 초강대국은 각각 수만 개의 핵무기를 제조하였다.

미국은 1940년대 말에 이른바 **봉쇄**(containment) 정책을 채택하여 전 세계적으로 군사, 정치, 이념, 경제 등 여러 차원에서 동시에 소련의 영향력 확장을 막고자 했다. 즉 세계 전역에 걸쳐 군 기지와 동맹 네트워크를 형성하였으며, 이후 수십 년간 대외 원조 및 기술 이전부터 군사적 개입 및 외교적 교섭에 이르기까지 사실상 미국 외교정책 전부가 소련 봉쇄라는 목적을 위한 것이었다.

1949년의 **중국 공산주의혁명**으로 중-소동맹이 등장하게 되었다. 그러나 1960년대 들어 중국은 소련의 대미 **평화공존** 정책에 반대하였고 이로 인해 **중소 분쟁**을 겪으면서 자주성을 크게 강조했다.[24] 1960년대 말에는 두 초강대국에 반대하는 젊은 급진주의자들이 중국을 지도하면서 혼란스럽고 파괴적인 **문화혁명**을 이끌었다. 그러나 1970년대 들어 중국 지도자들은 소련의 힘에 위협을 느껴 미국과의 관계 개선에 나섰으며, 1972년 닉슨 당시 미국 대통령의 중국 방문이라는 극적 사건을 연출했다. 이 방문은 1979년 미중관계 정상화로 이어졌다. 대체로 중국은 냉전시기에 그때그때 더 위협적이라 느끼는 초강대국에 대항하는 균형자 역할을 하고자 노력했다.

1950년에는 한국전쟁이 발발하여 북한 공산군이 미국의 동맹국인 남한의 거의 전 지역을 점령하였다. 미국과 동맹국들은 (당시 소련이 항의 표시로 UN안보리 회의장에서 퇴장함으로써 UN의 권위를 가지고) 반격에 나서 거의 북한 전 지역을 점령하였다. 이에 중국이 대규모 "의용군"(義勇軍)을 파병하여 북한을 도왔고, 이리하여 전쟁은 원래의 국경선 근처에서 장기전으로 진행되다가 1953년 휴전협정 체결로 종결되었다. 이 전쟁은 공산주의에 대한 미국의 태도를 더욱 강경하게 만들었으며 그 이후 동

---

24 Zhang, Shu. *Economic Cold War: America's Embargo Against China and the Sino-Soviet Alliance, 1949-1963*. Stanford, 2002.

서관계, 특히 1950년대 미중관계에 부정적 영향을 미쳤다.

　　1953년의 스탈린 사망으로 냉전이 일시적으로 해빙된 적이 있었다. 이리하여 1955년 제네바에서 최초로 두 초강대국 간 **정상회의**가 열렸다. 양국관계의 해빙으로 양국은 독일처럼 4개 지역으로 분할되었던 오스트리아를 복원하는 데 합의하기도 했다. 그러나 소련은 1956년에 헝가리에서 발생한 대중봉기를 진압하기 위해 탱크부대를 보냈으며(1968년에 체코슬로바키아에 대해서도 같은 행동을 되풀이했다), 1957년에는 미사일 계획의 일부로 인공위성 스푸트니크(Sputnik)를 우주 궤도에 올림으로써 미국을 경악케 했다. 1960년에는 소련 상공을 비행하던 미군 정찰기(U-2)를 소련이 격추한 사건이 발생하였는데, 이 때문에 양국 지도자 흐루시초프와 아이젠하워 사이에 예정되어 있던 정상회의가 취소되었다. 한편, 쿠바에서는 1959년에 카스트로의 공산주의혁명이 일어났는데 미국은 이 혁명을 막으려고 1961년에 픽스만(Bay of Pigs) 침공 작전을 벌였으나 실패하고 말았다.

　　미소간의 적대관계는 1962년 **쿠바 미사일 위기** 때 최고조에 달했다. 당시 소련은 쿠바에 중거리 핵미사일을 배치하였다. 소련의 의도는 전략핵무기에서의 대미 열세를 완화하고, 소련과의 국경선 부근 터키 영토에 배치된 미국 미사일에 대응하고, 또 미국의 또 다른 쿠바 침공을 억지하려는 것이었다. 그러나 미국 지도자들은 쿠바에 배치된 미사일이 위협적이고 도발적인 것으로 간주하였다. 여러 해 지나서 공개된 역사적 문건들을 보면, 당시 핵전쟁이 일어날 가능성이 꽤 높았던 것으로 드러났다. 미국 정책결정자들 가운데 일부는 소련 미사일이 쿠바에 실전 배치되기 전에 군사 공격을 하자고 주장하였다. 실제로 그 당시 이미 일부 미사일이 실전 배치된 상태였고 현지 지휘관들은 미국이 침공할 경우 발사해도 좋다는 허가를 받은 상태였다.[25] 그러나 케네디 대통령은 미사일 철거를 압박하기 위해 군사적 공격 대신 해상봉쇄를 선택하였다. 결국 소련이 후퇴하여 미사일을 철거하였고 미국은 쿠바를 침공하지 않겠다고 약속하였다. 그러나 양측 지도자들은 핵전쟁 가능성에 충격을 받았다. 이리하여 양측은 1963년에 대기권 핵실험을 금하는 부분핵실험금지

25　May, Earnest, and Philip Zelikow, eds. *The Kennedy Tapes: Inside the White House during the Cuban Missile Crisis.* Harvard, 1997. Munton, Don, and David A. Welch. *The Cuban Missile Crisis: A Concise History.* Oxford, 2006.

조약(Limited Test Ban Treaty)을 체결하였고 문화교류, 우주탐사, 항공, 기타 분야에서 협력을 시작하였다.

두 초강대국은 종종 남반구 국가들에 대한 영향력 경쟁을 벌였다. 어떤 국가에서 내전이 발생했을 때 어느 한쪽에 무기와 고문을 제공해주는 식의 **대리전**(proxy war)을 치르기도 하였다. 남반구 국가와 협력관계를 맺는 것이 원칙 없이 이루어진 경우가 많다. 예를 들어, 1970년대에 미국은 에티오피아 정부를 지원하고 소련은 그 경쟁자인 인접국 소말리아를 지원했었는데, 에티오피아에서 혁명이 일어나 새로 들어선 정부가 소련의 지원을 받으려 하자 미국은 소말리아를 지원하는 쪽으로 방향을 바꾸었다.

냉전시기 미국 정책의 한 가지 결함은 모든 지역분쟁을 동서관계 렌즈로 보는 것이었다. 공산주의에 지나치게 신경 쓴 나머지 미국은 많은 빈국들의 인기 없는 친서방 정권을 지원하였다. 그 최악의 사례가 1960년대 베트남전쟁이었다. 베트남전쟁은 미국 시민들을 분열시켰으며 결과적으로 공산주의자들의 점령을 막지도 못했다. 1975년의 남부 베트남 함락은 중동지역에서의 좌절과 겹쳐져 미국의 약세를 보여주는 신호인 것처럼 보였다. 중동지역에서는 1973년에 아랍진영이 미국에 대한 석유 금수조치를 취한 바 있고, 1979년에는 미국의 지원을 받던 이란 국왕이 이슬람 근본주의자들에 의해 축출되었다.

이처럼 미국의 약세가 명백하던 시기인 1979년에 소련이 아프가니스탄을 침공하였다. 그러나 미국이 베트남에서 그랬듯이 소련도 상대편 초강대국의 지원을 받는 반군을 진압하지 못했다. 소련은 10년 가까이 전쟁을 치렀지만 결국 철군하였는데, 이 전쟁이 소련을 크게 약화시켰다. 한편, 레이건 대통령은 미국 군사력을 기록적으로 증강하였으며, 아프가니스탄은 물론 니카라과, 앙골라 등 소련 동맹국 내 반란세력을 지원하였고 캄보디아의 분파도 지원하였다. 1985년에 개혁가 고르바초프가 소련의 새로운 지도자로 집권한 이후 양국관계가 조금씩 개선되었다. 그러나 특히 아프가니스탄과 앙골라 같은 남반구 국가들은 (냉전 시기 유입된 무기를 사용하면서) 세기가 바뀌어도 계속 잔혹한 내전의 고통을 겪어야 했다.

돌이켜 보면, 두 초강대국 모두 소련의 힘을 과장했다. 핵무기경쟁 초기 몇 년간 미국의 군사 우세, 특히 핵무기 분야의 우세는 절대적이었다. 소련은 오랜 세월이 걸려서야 원자탄에서 수소탄과 다탄두 미사일에 이르기까지 겨우 미국을 따라

잡을 수 있었다. 1970년대에 이르러 소련은 미국과의 전략적 대등(strategic parity), 즉 핵전쟁 시 어느 쪽도 파멸을 피할 수 없는 상황에 도달했다. 그러나 이 군사적 대등을 얻는 대가로 소련은 부, 기술, 인프라, 시민과 노동자의 성취동기 등 거의 모든 면에서 서방에 비해 한참 뒤처질 수밖에 없었다.

1989년 6월에 중국의 수도 베이징의 천안문광장에서 대규모 민주화 시위가 있었는데, 이 시위는 공산정부에 의해 폭력적으로 진압되었다. 수백 명이 길거리에서 사살되었다. 그해 말 소련의 방관과 더불어 대규모 시위의 압력으로 동유럽 국가들이 하나씩 잇달아 공산정부를 교체했다. 1989년 말의 베를린 장벽 철거는 냉전시대 유럽의 분할이 끝났음을 상징적으로 보여주는 사건이었다. 공식적으로 1990년에 독일이 통일되었다. 당시 소련 지도자 고르바초프는 자신의 페레스트로이카(perestroika, 경제개혁) 정책과 글라스노스트(glasnost, 정치토론의 개방) 정책에 의거하여 소련 사회를 재편하는 데 집중하기 위해 그와 같은 외부 세력의 상실을 용인했다. 중국은 공산주의적이고 권위주의적인 정부를 유지하였지만 경제를 자유화하였으며 군사적 분쟁을 회피해 왔다. 냉전시대와는 달리 이제 중국은 미국 및 러시아 양국 모두와 가까운 유대관계를 맺고 있으며, 세계 자유무역 체계에 합류하고 있다.

학자들은 왜 냉전이 끝났는가 하는 중요한 문제에 대하여 합의를 보지 못하고 있다.[26] 한 가지 견해에 따르면, 레이건 대통령 시절 미국의 군사력 증강이 소련을 파산으로 몰았다고 한다. 소련이 군비경쟁에서 뒤지지 않으려 애썼기 때문이었다. 또 다른 견해에 따르면, 소련이 이미 수십 년 동안 국내 경제의 침체를 겪어 왔고 외부 압력과 거의 무관한 내부의 약점 때문에 안에서부터 무너졌다고 한다. 사실 일부 학자들은 소련이 자국민들로 하여금 정부의 정통성을 인정하게끔 만드는 데 도움이 된 외부의 적으로서 미국이 존재하지 않았더라면 훨씬 더 전에 붕괴되었을 것으로 보고 있다.

---

26 Herrmann, Richard K., and R. Ned Lebow. *Ending the Cold War: Interpretations, Causation, and the Study of International Relations.* Palgrave, 2004. Brooks, Stephen G., and William C. Wohlforth. Clarifying the End of the Cold War Debate. *Cold War History* 7(3), 2007: 447−54.

(3) 탈냉전시대, 1990 – 현재

탈냉전시대의 시작은 아직 소련해체가 완료되기 전에 총성과 함께 시작되었다. 1990년에 냉전 종식으로 중동 지역에 힘의 진공이 생긴 것으로 믿었을 이라크가 인접국인 쿠웨이트를 점령하여 중동 석유에 대한 통제권을 장악하려 하였다. 서방 강대국들은 새 시대에 처벌 받지 않은 침략 행위가 나쁜 선례로 남아서는 안 된다는 생각과 세계경제를 위한 에너지 공급에 대한 직접적 위협이라는 생각에서 이 사건에 충격을 받았다. 미국은 이라크에 반격을 가하기 위하여 세계 주요 국가들과 연합 세력을 만들었다(반대하는 국가는 거의 없었다). 미국이 주도한 이 연합 세력은 UN을 거쳐 이라크에 대한 단계적 제재조치를 취했다.

이라크가 UN이 통보한 날짜까지 쿠웨이트에서 철군하지 않자 미국과 동맹국들은 걸프전을 통해 이라크 군을 쉽게 격파하고 쿠웨이트에서 축출했다. 그러나 연합군은 이라크를 점령하거나 그 정부를 넘어뜨리지 않았다. 전쟁 비용은 연합에 참가한 국가들 사이에 분담되었는데, 영국과 프랑스는 군대를 파견하고 일본과 독일은 상당한 금액을 냈다. 이 같은 모자돌리기 식 비용조달 방식은 혁신적이었고 꽤 효과적이었다.[27]

소련의 붕괴가 완료된 것은 걸프전이 끝난 지 몇 달이 지나서였다.[28] 소련을 구성하는 15개 공화국(러시아도 그 중 하나)이 주권국가임을 선언하면서 약해진 중앙 정부로부터 권력을 뺏기 시작했다. 이 과정은 민족자결 문제부터 재산 재분배 문제에 이르기까지 많은 복잡한 문제를 야기하였다. 러시아와 다른 공화국들은 1990년대 내내 비록 정치적 민주주의는 유지했지만 경제와 재정 붕괴, 인플레이션, 부패, 전쟁, 군사력 약화 등에 맞서 힘든 싸움을 치러야 했다. 1991년에 소련 군부가 쿠데타를 일으켰다가 실패한 일이 있었는데, 이 쿠데타에 대한 반대 운동에서 옐친 러시아 대통령이 큰 활약을 한 바 있었지만, 이 쿠데타가 소련의 붕괴를 가속시켰다.[29] 얼마 가지 않아 자본주의와 민주주의가 구소련 공화국들의 경제 및 정치 제

---

27 Friedman, Lawrence, and Efraim Karsh. *The Gulf Conflict: 1990 – 1991.* Princeton, 1993.

28 Fukuyama, Francis. *The End of History and the Last Man.* Free Press, 1992.

29 McFaul, Michael. *Russia's Unfinished Revolution: Political Change From Gorbachev to Putin.*

도로 채택되었다. 각 공화국들은 주권국가가 되었으며 독립국가연합(CIS)을 결성하였다. 구소련 공화국 가운데 3개 발트 소국과 조지아만 CIS에 가입하지 않았다.

1990년대 이래 러시아 및 구소련 공화국들과 서방의 관계는 들쭉날쭉한 상태를 보여 왔다. 서방국가들은 각기 자국의 경제문제와 러시아에게 필요한 것은 외부 지원이 아니라 내부 개혁이라는 인식 때문에 러시아의 힘겨운 경제 전환과정을 돕기 위한 지원을 일부만 제공했다. 러시아가 1995년과 1999년에 체첸 지방의 분리 독립 운동을 잔혹하게 진압했을 때 서방은 팽창주의적이고 공격적인 러시아 민족주의에 대한 두려움을 느꼈다. 러시아 지도자들은 NATO가 동유럽으로 팽창함으로써 러시아 국경 근처에 위협적인 서방 군사력이 배치된 데 대하여 두려움을 느꼈다. 한편, 일본과 러시아는 오랫동안 끌어 온, 대체로 상징적인 수준의 영토분쟁을 해결하지 못했다.[30]

이런 문제들이 있지만 대체로 세계의 강대국들은 냉전 이후 협력관계를 증진해 왔다. 러시아는 소련의 후계자로 인정받아 UN안보리 상임이사국 지위를 유지했다. 러시아와 미국은 1990년대에 핵무기 대폭 감축에 합의하였고 이를 이행하였다.

1991년 걸프전 직후 유고슬라비아가 해체되어 몇 개 공화국이 독립을 선언하였다. 크로아티아와 보스니아에 소수민족으로 살던 세르비아계 사람들이 영토를 장악하여 "대 세르비아"를 만들었다. 그들은 구 유고의 군대를 통제하는 세르비아 공화국의 지원을 받아 순수한 세르비아 국가 건설을 위해 비 세르비아계 보스니아인과 크로아티아인 수십만을 죽이고 수백만을 추방하였다.

국제사회는 크로아티아와 보스니아의 독립을 승인하고 UN 회원국으로 받아들이면서 그 영토 보전과 주민 보호를 위한 수십 개 항목의 안보리 결의안을 통과시켰다. 그러나 걸프전 때와 달리 강대국들은 보스니아 보호를 위한 비용을 지불하려는 의지를 보이지 않았다. 그 대신 강대국들은 평화유지군이나 중재자 같은 중립적 역할을 수행하면서 분쟁을 억제하려고 노력하였다.[31] 1995년에 세르비아군이 보

Cornell, 2001.

30 Ikenberry, G. John. *After Victory*. Princeton, 2000.

31 Gow, James. *Triumph of the Lack of Will: International Diplomacy and the Yugoslav War*. Co-

스니아 동부 지방에 UN이 설정한 "안전지대"를 침범하여 여자들을 추방하고 남자 수천 명을 학살하였다. NATO군의 2주간 공습(처음이자 마지막 군사 개입)이 있었고 지상에서 크로아티아군에게 손실을 입은 세르비아군은 마침내 교섭에 임했다. (UN 협상가들이 기초한) 휴전조약은 공식적으로는 보스니아 영토 보전을 규정하였지만 영토 절반 정도에서 세르비아군이 자율적으로 활동할 수 있는 권리를 인정하였으며, 또한 휴전 유지를 위해 6만의 중무장한 군대(대부분이 NATO군)를 배치한다는 내용도 포함하고 있었다. 한편, 세르비아의 독재자 밀로셰비치는 전쟁범죄 혐의로 구 유고슬라비아 문제를 다루는 UN 특별재판소에 기소되었으며, 2001년에 법정으로 인도되어 장기간의 재판이 끝날 무렵인 2006년에 사망하였다.

1999년에 세르비아군이 주민 대다수가 알바니아계인 코소보 지방에서 "종족 청소"를 자행했을 때 서방 강대국들은 그 이전 보스니아 위기 시 우유부단한 태도를 보였던 것과는 달리 단호한 행동을 보였다. NATO는 10주에 걸쳐 공습을 가했다. 러시아와 중국은 NATO가 UN의 승인을 받지 않고 이런 행동을 했으며 세르비아 내정에 간섭했다고 비난했다. (국제사회와 UN은 보스니아와 달리 코소보는 세르비아의 일부라고 간주했다) 결국 세르비아군은 코소보에서 철수했으며 그 이후 NATO가 이 지역을 통제해 왔다.[32] 2008년에 UN안보리가 아직도 코소보의 지위 문제에 대한 결론을 내리지 못한 상태에서 코소보가 독립을 선언하였고, 세르비아와 동맹국들이 이에 항의하였다. 2010년에 국제사법재판소가 코소보의 독립선언을 합법적인 것으로 판정하였지만, 코소보의 실질적 지위는 여전히 분쟁 대상이다.

1990년 이후 그 밖의 서방의 군사적 개입 결정은 별 효과가 없었다. 소말리아의 경우 미국이 주도한 연합군이 파벌 간 전투를 중단시키기 위해 수만의 병력을 파견하였고 굶주리는 주민들을 위한 구호물자를 제공하였다. 그러나 연합군이 전투 상황에 휘말려들어 사상자가 발생하자 미국은 갑자기 군대를 철수시켰다.[33]

---

lumbia, 1997. Rieff, David. *Slaughterhouse: Bosnia and the Failure of the West.* Simon & Schuster, 1995. Malcolm, Noel. *Bosnia: A Short History.* New York University, 1994.

32 Bacevich, Andrew J., and Eliot A. Cohen. *War Over Kosovo.* Columbia, 2002. Mertus, Julie A. *Kosovo: How Myths and Trusts Start a War.* California, 1999. Vickers, Miranda. *Between Serb and Albanian: A History of Kosovo.* Columbia, 1998.

33 Clarke, Walter S., and Jeffrey I. Herbst, eds. *Learning From Somalia: The Lessons of Armed Hu-*

1994년에 르완다에서 몇 주 만에 민간인 50만 명 이상이 대량학살 당하였지만, 국제사회는 이 사건을 사실상 무시하였다. 소말리아와 보스니아에서의 실패로 망신당한 강대국들은 이 사건에 대해서 자국의 사활적 이익이 걸려 있지 않은 사건으로 여겼다. 1997년에는 르완다 분쟁이 인접국 자이레(현 콩고민주공화국)로 파급되어 반군이 부패한 독재정권을 무너뜨렸다. 다른 인접국들도 전투 상황에 휘말려 민간인 수백만 명이 기아와 질병으로 죽어가는 데도 불구하고 국제사회는 방관했다. 미국은 아이티에 군사적으로 개입하여 선출된 대통령을 복귀시켰지만, 아이티는 여전히 빈곤의 늪에서 빠져나오지 못하고 있다.

2001년 들어 지구온난화 문제와 국제형사재판소 문제 등 몇 가지 이슈를 놓고서 미국과 중국 및 유럽과의 관계에 새로운 틈새가 생겼다. 이런 현상은 세계 문제에서 미국이 차지하고 있는 우월한 지위가 흔들리는 조짐으로 해석되기도 했다. 중국과 러시아는 2001년에 우호조약을 체결하였고, 유럽 국가들은 미국을 두 개의 중요한 UN 위원회에서 배제하기 위한 표결에 협력했다.

이런 분열의 모습은 같은 해 9월 11일 미국이 테러공격을 받자 수그러들었다. 이 공격으로 뉴욕의 세계무역센터가 완전히 파괴되고 워싱턴의 국방부 건물 일부가 파괴되어 미국 시민과 약 60개국의 시민 수천 명이 사망하였다. 이 사건은 미국에 대한 국제사회의 지지를 이끌어내는 역할을 했다. 수많은 국가들이 미국 지지 대열에 동참했다. 부시 대통령은 "테러와의 전쟁"을 선포하였는데, 이 전쟁은 이후 수 년 동안 몇 개 대륙에 걸쳐 수행되었으며 재래식 수단과 비재래식 수단을 모두 사용했다. 2001년 말에 미군과 영국군은 아프가니스탄의 일부 동맹세력과 함께 (오사마 빈 라덴이 이끄는) 알카에다 조직에게 기지를 제공한 탈레반(Taliban) 정부를 축출하였다.

그러나 2003년 초 미국과 영국이 이라크의 사담 후세인을 무력으로 축출하기 위한 연합군을 결성하고자 했을 때 또 다시 강대국 관계의 분열상이 드러났다. (러시아와 중국은 물론이고) 프랑스와 독일이 전 세계 수백만의 항의자들과 함께 이 전쟁에 적극 반대하였다. 이런 다툼은 그 후 몇 년 간 NATO 동맹의 결속을 해쳤으

---

manitarian Intervention. Westview, 1997. Rutherford, Kenneth R. *Humanitarianism Under Fire: The U.S. and UN intervention in Somalia*, Kamurian, 2008.

며, 또한 UN안보리의 전쟁 승인을 얻지 못한 채 미국이 주도하는 연합군이 이라크를 침공함에 따라 UN의 역할도 약화시켰다.

침공 자체는 신속하고 결정적이었다. 첨단기술로 무장한 25만의 미군은 3주만에 이라크군을 제압했다. 많은 이라크 사람들이 2001년 말에 아프가니스탄 사람들이 그랬듯이 독재정권의 종식을 환영하였지만, 이 전쟁은 특히 이슬람 국가들의 반미감정에 불을 지폈다. 미군의 점령이 몇 년간 지속되자 이라크 반군이 힘을 얻게 되었으며, 미국의 국내 여론도 장기전에 반대하는 쪽으로 선회하였다. 2007년에 미군이 증강되고 해외 이슬람 급진파에게 신물이 난 수니파 집단들의 무장이 이루어진 이후 이라크 내 폭력이 수그러졌다.[34] 폭력 사태가 완전히 사라지지는 않았지만, 2009−2011년에 미군은 철수했다. 이 전쟁으로 사망한 이라크인의 수는 적게는 수만, 많게는 60만 이상으로 추산된다. 2010년에 선거가 비교적 평화롭게 치러졌지만 이라크는 종족 경계선을 따라 분열되어 있다.

아프가니스탄에서는 파키스탄에 거점을 둔 탈레반이 반란 활동을 펼침에 따라 전투 상황이 2007년부터 악화되었다. 부정선거 시비, 부패, NATO군에 대한 아프가니스탄 정부군 "내부자"의 공격 등이 NATO군의 활동을 어렵게 하였다. NATO는 2009년에 수만 명 규모의 병력을 파병하였지만, 곧바로 2014년까지 철군을 종료한다는 계획을 실행에 옮기기 시작했다. 아프가니스탄 개입의 한 가지 목표는 2011년에 미군 특수부대가 파키스탄에서 오사마 빈 라덴을 사살함으로써 달성되었다. 미국이 무인기를 이용하여 파키스탄이나 기타 지역에 있는 전투요원을 공격한 것은 알카에다를 약화시켰지만 골치 아픈 법적·정치적 문제를 일으켰다.

한편, 북한과 이란의 핵무기 프로그램이 경종을 울렸다. 북한은 6개 정도의 핵폭탄을 제조한 것으로 보이며, 그 중 3개를 2006년, 2009년, 2013년에 각각 실험했다. 2012년에는 북한이 UN안보리의 금지 조치를 위반하여 신형 장거리미사일 실험 발사에 성공했다. 이란은 2004년부터 핵무기 제조에 사용될 수 있는 우라늄

---

34 Woodward, Bob. *State of Denial: Bush at War, Part III.* Simon & Schuster, 2006. Gordon, Michael R., and Gen. Bernard E. Trainor. *Cobra II: The Inside Story of the Invasion and Occupation of Iraq.* Pantheon, 2006. Ricks, Thomas E. *The Gamble: General David Patraeus and the American Military Adventure in Iraq, 2006−2008.* Penguin, 2009.

농축을 보류한다는 데 합의했다가 합의를 깨는 일을 되풀이했다. 이에 대한 대응으로 UN안보리는 이란의 농축 계획 중단을 요구하면서 일련의 제재조치를 결의하였다. 2010년에 농축 프로그램의 핵심 부분인 이란의 원심분리기가 이상하게도 스스로 망가졌는데, 수사 결과 분명히 이스라엘과 미국의 국방 과학자들이 만든 정교한 스턱스넷 바이러스(Stuxnet computer virus)가 원인으로 밝혀졌다. 이 사건으로 이란의 계획은 1년 이상 지연되었다.

2011~2012년 아랍의 봄이라 불리는 대중운동이 튀니지와 이집트의 비폭력 시위로 시작되었다. 이 시위로 두 나라 독재정권이 무너지고 자유선거가 실시되었다. 이집트에서는 오랫동안 금지 대상이었던 무슬림형제단(Muslim Brotherhood)의 지도자가 대통령으로 선출되었다. 리비아와 시리아에서는 시위대에 대한 폭력 진압이 폭력적 대중봉기를 야기하였다. 결국 리비아에서는 유혈사태 끝에 독재자가 축출되었는데, 여기에는 NATO의 공중지원도 있었다. 시리아에서는 분열된 국제사회가 효과적으로 대처하지 못한 가운데 내전이 장기화되고 고통이 가중되고 있다. 예멘에서도 나름의 혁명이 있었다. 평화시위, 폭력진압, 종족갈등, 정치적 타협 등이 한데 어우러져 과도정부의 수립이라는 결과를 낳았다. 멀리 떨어진 버마에서는 장기간 집권해 온 군사정권이 마침내 민주화의 길로 나아가기로 동의하였다.

탈냉전시대는 세계 도처에서, 특히 르완다, 시리아, 심지어 뉴욕에서까지 야만적 전쟁이 터졌기 때문에 분쟁이 잦은 시기인 것처럼 보일 수 있다. 그러나 **지금까지 탈냉전시대는 냉전시대보다 평화롭다.** 새로운 전쟁의 시작보다 오래된 전쟁이 끝난 경우가 더 많다.[35] 라틴아메리카와 러시아/CIS 지역 내 전쟁이 거의 사라져 이 지역도 북아메리카, 유럽, 일본/태평양, 중국에 걸쳐 이미 만들어진 평화지대에 합류하게 되었다.

아프리카, 중동, 남아시아를 잇는 상습 분쟁지역에서도 전투가 줄어들고 있다. 중앙아메리카의 여러 분쟁과 스리랑카의 내전이 끝났듯이, 1990년대 이후 남아프리카공화국, 모잠비크, 앙골라, 남부 수단, 에티오피아-에리트레아 등의 오랫동안의 끔찍한 전쟁도 끝났다. 서아프리카, 르완다, 인도네시아 등의 전쟁도 시들해졌다.

---

35 Human Security Center. *Human Security Report 2005: War and Peace in the 21st Century.* Oxford, 2006.

냉전 이후의 세계 질서는 광포한 침략과 전쟁으로 인한 통제 불능의 상태로 치닫지 않았다.

그러나 이스라엘–팔레스타인 분쟁은 1990년대에 평화 전망이 밝은 듯이 보였지만 2000년의 협상이 실패함으로써 더 악화되었다. 2006년의 팔레스타인 선거에서 여러 번 이스라엘을 무력으로 공격한 바 있는 하마스(Hamas) 당이 승리하자 지속 가능한 평화 전망이 흐려졌다. 같은 해 이스라엘은 남부 레바논의 헤즈볼라(Hezbollah) 게릴라와 짧지만 강도 높은 전쟁을 치렀으며, 2009년부터 2012년까지 이스라엘과 하마스 간의 폭력적 충돌도 계속되었다. 2012년의 충돌 당시 이스라엘은 "철제 지붕"(iron dome)이라 불리는 새로운 미사일 방어시스템을 배치하였다.[36]

국제 경제관계 면에서 탈냉전시대는 세계화의 시대이다. 특히 놀라운 경제성장을 이룬 일부 아시아 국가들에서 새로운 경제성장의 중심축이 등장하고 있다. 세계화는 그 악영향을 받는 사람들과 외국의 영향으로 정체성을 위협 받는다고 생각하는 사람들 사이에서 반발을 불러일으키고 있다. 가끔 폭력적 성향을 보이기도 하는 민족주의, 종족분쟁, 종교분쟁 등이 다시 활기를 띠게 된 것은 부분적으로 세계화에 대한 반발에서 기인한 것이다. 자본가 주도의 세계화에 반대하는 운동은 물론이고.

세계화가 속도를 더하면서 환경 악화나 질병 같은 문제에 대한 초국가적 우려도 더욱 커지고 있다. 2005년에 미국 뉴올리언스를 강타한 허리케인 카트리나의 재난이나 극지방의 얼음이 녹는 속도가 빨라지고 있는 것이 잘 보여주듯, 지구온난화는 이미 심각한 위험이 되었다. 2008–2009년에는 바이러스성 조류독감(H1N1)이 전 세계에 퍼져 검역과 새로운 백신을 통한 바이러스 통제가 시급한 과제로 떠올랐다. 2010년 멕시코만과 중국에서 일어난 석유 대량 유출사고는 오염과 환경 문제에 대한 국제적 관심을 다시 고조시켰다. 특히 천연자원을 놓고서 전 세계에 경쟁이 벌어지고 있기 때문에 이 문제는 매우 심각한 문제이다.

21세기 들어 중국이 세계정치에서 더욱 중심 국가가 되고 있다. 그 규모와 급속한 경제성장으로 중국은 떠오르는 강국이 되고 있다. 일부 학자들은 이런 상황

36 Booth, Ken, and Tim Dunne, eds. *Worlds in Collision: Terror and the Future of Global Order.* Palgrave, 2002.

을 1세기 전 독일의 부상과 견주고 있다. 역사적으로 볼 때 힘 관계의 변동이 국제체계의 불안정성을 낳는다. 중국은 민주국가가 아닌 유일한 강대국이다. 인권문제에 대한 중국의 좋지 않은 기록은 서방 정부와 NGO로부터 자주 공격 받아 왔다.

중국은 UN안보리에서 거부권을 가지고 있으며(행사하는 일은 거의 없지만), 신뢰할만한 수준의 핵무기를 보유하고 있다. 중국은 몇몇 지역수준의 분쟁지대와 접해 있으며, 미사일과 핵무기의 전 세계 확산에 영향을 주고 있다. 또한 중국은 자원이 풍부한 남중국해에서 영토분쟁을 벌이고 있으며, 동중국해의 몇 개 섬을 놓고 일본과 영토분쟁을 벌이고 있다. 그러나 지난 25년 간 중국은 한 번도 군사 교전을 벌이지 않았다. 1997년에 영국으로부터 홍콩을 반환 받은 중국은 값진 자산을 획득한 셈이었다. 또한 언젠가 대만도 홍콩처럼 "일국양제론" 방식으로 통합할 수 있다는 희망을 품게 되었다. 중국은 남반구 국가 중 유일한 강대국이다. 그 인구 규모와 낮은 단계에서 출발한 급속한 산업화를 감안하면 중국은 지구온난화 같은 지구적 환경 문제가 장차 어떤 추세를 보일지에 큰 영향을 주는 주요 변수이다. 이상의 모든 점들은 중국이 앞으로 수십 년 동안 중요한 행위자가 되리라는 사실을 보여준다.

앞으로 국제체계가 중국의 국력신장과 역사적 중요성에 걸맞은 지위와 명예를 중국에게 부여할지, 그리고 중국이 그 대가로 국제법과 국제규범을 준수할지는 더 두고 봐야 한다. 공산주의 이념이 퇴조함에 따라 중국 젊은이들 사이에 민족주의 물결이 고조되고 있는 상황과 관련하여, 중국 지도부가 민족주의를 권장할지 자제시킬지도 역시 더 두고 봐야 할 문제이다.

탈냉전시대로 이행하는 과정은 좋든 나쁘든 변화와 가능성으로 가득 찬 요란스러운 과정이었다. 그러나 학자들이 오랜 기간 이해하고자 애써 온 국제관계의 기본적 규칙 및 원칙들은 앞으로도 계속 적용될 것이다. 비록 그 맥락이나 결과가 과거와 다를지 모르지만. 그런 규칙 및 원칙 가운데 가장 핵심적인 것이 바로 힘이라는 개념이다. 이제 그 주제로 옮겨갈 것이다.

1장 복습

요약

■ 국제관계는 우리 일상생활에 큰 영향을 준다. 우리는 모두 국제관계에 참여하고 있다.

■ 연구 분야로서 국제관계는 정치학의 한 분야로서 주로 국제안보나 국제정치경제에서 발생하는 사건의 정치적 결과를 다루는 분야이다.

■ 국제적인 사건과 결과를 설명할 때 이론이 기술적(記述的)인 해설을 보충해준다. 학자들이 어떤 한 종류의 이론이나 방법에 합의하고 있는 것은 아니지만, 세 가지 핵심적 원칙이 국제관계에서 발생하는 집합재 문제에 대한 다양한 해결책을 형성해준다.

■ 국가가 국제관계의 가장 중요한 행위자이다. 국제체계는 다양한 크기의 약 200개 독립 영토국가들의 주권에 기반하고 있다.

■ 정부간기구(IGO), 비정부기구(NGO), 다국적기업(MNC) 등과 같은 비국가 행위자들이 국제관계에 미치는 영향력이 커지고 있다.

■ 개인, 국내, 국제, 지구 등 4개의 분석수준은 국제관계에서 발생하는 사건에 대한 복합적인 설명을 동시에 제시해준다.

■ 세계화는 학자에 따라 그 개념 정의가 달라질 수 있지만, 일반적으로 전 세계적 상호연결의 범위, 속도, 강도가 커지거나 높아지는 과정을 가리킨다. 이 과정은 국가의 힘을 약화하거나 강화하거나 변형시킬 수 있다. 반세계화 운동은 기업의 힘이 커지는 것에 반대하지만 그 내부에 목표나 전술에 대한 합의가 이루어져 있지 않다.

■ 제1, 2차 세계대전은 20세기를 지배하다시피 했다. 그러나 양차 대전은 강경한 외교정책과 유화적 외교정책 중 어느 것이 더 효과적인지에 대해 모순되는 교훈을 주고 있다.

■ 제2차 세계대전 이후 근 50년간 세계 정치는 냉전이라는 동서간의 경쟁을 중심

으로 전개되었다. 이 양극적 대립관계는 안정을 가져오고 핵전쟁을 포함한 강대국 간 전쟁을 피하게 해주었지만 남반구 국가들을 대리전으로 내몰기도 하였다.

■ 탈냉전시대는 새로운 종족분쟁과 지역분쟁이 발생하였지만 평화와 강대국 간 협력의 가능성을 품고 있다.

■ 미국이 이라크에서 벌인 군사작전은 독재자를 축출하였지만 강대국 관계의 분열을 초래하고 전 세계적으로 반미감정을 고조시켰으며 또 여러 해 동안 이라크 내 반란과 분파적 폭력 사태로 이어졌다.

■ NATO가 아프가니스탄에서 탈레반의 영향력을 제거하기 위해 벌인 군사작전은 2014년에 끝나기로 되어 있다. 2011년에 미군 특수부대가 파키스탄에 있는 오사마 빈 라덴을 사살하였다. 또한 미국은 파키스탄에 있는 다른 전투요원들을 무인기로 공격하였다.

■ 2011-2013년 아랍의 봄이라 불리는 대중봉기가 튀니지, 이집트, 리비아, 예멘의 정부를 전복하였으며 시리아에서는 잔혹한 내전을 촉발하였다.

핵심 용어

국제관계, 집합재 문제, 우세, 상호주의, 정체성, 문제영역, 갈등과 협력, 국제안보, 국제정치경제, 국가, 국제체계, 민족국가, 국내총생산(GDP), 비국가 행위자, 정부간기구(IGO), 비정부기구(NGO), 세계화, 남북격차, 국제연맹, 뮌헨협정, 냉전, 봉쇄, 중소분쟁, 정상회의, 쿠바 미사일 위기, 대리전.

비판적으로 생각하기

1. 현재 흥미로운 국제적 사건이 벌어지고 있는 지역을 하나 골라 보자. 그 사건을 4개 분석수준 각각에서 설명할 수 있는가? 상이한 수준의 분석이 그 사건의 서로 다른 측면들에 대한 통찰력을 제공해주는가?

2. 냉전은 오래 전에 끝났지만 그 영향은 아직도 남아있다. 냉전 경험이 여전히 국가의 외교정책 형성에 영향을 미치는 사례를 세 가지 들어 보자.

3. 국제경제가 어떤 식으로 우리 일상생활에 영향을 주는가? 모든 곳에 사는 모든 사람들에게 영향을 주는가? 세계화 같은 경제적 과정이 주는 영향이 지역에 따라 크거나 작아질 수 있는가?

4. 제1, 2차 세계대전의 모순적인 교훈과 관련하여, 오늘날의 세계에서 유화정책(혹은 타협정책)이 최선의 행동 경로인 상황을 상상해 볼 수 있는가? 아니면 강경한 봉쇄가 최선의 상황인가? 왜 그러한가?

5. 무엇이 21세기의 특징이 되리라고 예상하는가? 평화인가 전쟁인가? 질서인가 무질서인가? 왜 그렇게 예상하는가? 지금 세계에서 일어나고 있는 사건들 가운데 예상이 맞는지를 가려주는 단서는 무엇일까?

쟁점 토론하기

세계화가 국가의 힘을 약화하는가?

개요

300년 이상의 세월 동안 민족국가가 세계의 조직 원리로 가장 중요했다. 국가의 정부가 전쟁을 수행하고 시민을 보호하고 세금을 징수하고 일상생활에 필요한 서비스(교통체계 운영부터 쓰레기 수거까지)를 제공한다. 국가가 핵심 조직 원리라는 생각은 수백 년 전부터 있었다. 토마스 홉스 같은 정치철학자는 정부를 자연 상태(사람들이 "더럽고, 야만적이고, 짧은" 삶을 사는 상태)로부터, 그리고 다른 인간집단으로부터 개인을 보호해주는 존재로 보았다.

민족국가는 발생지가 유럽이다. 식민지가 되기 전에 아프리카, 아시아, 라틴아메리카 대부분 지역은 다른 방식으로 조직되어 있었다. 즉 가족이나 씨족 같은 집단 단위로 조직되어 있었다. 그러나 유럽인들이 세계 도처로 나가 식민화하고 새로운 땅에 정착하면서 민족국가라는 개념을 도입했다. 비교적 짧은 기간이 지나자 세계는 상호작용하는 국가들의 세트로 조직되었다. 국가가 개인들에게 서비스를 제공하는 한편으로 다른 국가와 다투거나 협력하는 가장 중요한 행위자가 되었다.

그러나 세계화 시대에 들어 국가의 힘은 도전 받고 있다. 세계화와 더불어 기술, 비국가 행위자, 유동적인 국경선, 정부간기구 등이 중요해졌다. 이제 이런 것들이 국경 안에서, 그리고 국경을 가로질러서 벌어지고 있는 일에 대한 국가의 통제 능력을 갉아먹고 있다. 지금 우리는 국제관계의 조직 원리로서 민족국가의 종말을 보고 있는 것일까?

주장 1: 국가의 힘은 약화되고 있다.

이제 비국가 행위자가 국가만큼 중요한 행위자이다. NGO나 다국적기업이나 비국가 행위자들이 세계정치에서 점점 더 중요한 역할을 수행한다. NGO들은 정부에 압력을 가해 인권 관행을 바꾸도록 하며, 다국적기업들은 국가를 강요하여 자기 사업에 유리하게 법을 바꾸며, 테러단체들은 국가의 안보를 해친다. 국가의 힘에 대한 이러한 도전은 지난 10년간 거셌고, 또 세계화가 시민들 간의 거리를 더욱 좁혀줄 것이므로 앞으로도 계속 거세질 것이다.

국가는 더 이상 핵심적 경제행위자가 아니다. 미국이나 일본 같은 경제대국을 제외한 수많은 민족국가들보다 다국적기업과 민간 투자자들이 더 많은 자원과 자본을 통제하고 있다. 여기에 세계은행, WTO, IMF 등과 같은 막강한 정부간기구들을 추가하면 국가는 글로벌 경제 게임에 참가하는 플레이어 중 하나일 뿐이다.

민족주의의 경쟁자들이 많이 등장하였다. 과거에는 민족주의가 국가를 떠받치는 강력한 힘이었지만 지금은 다른 많은 사상이 등장하여 민족주의에 도전하고 있다. 종교는 국가에 대한 충성을 다른 무엇에 대한 충성으로 바꾸어 놓았으며, 강력한 종족적 유대 역시 국가에 대한 충성에 도전한다. 민족국가가 아닌 다른 어떤 것을 충성의 1차적 대상으로 삼는 사람의 수가 늘어난다면 국가의 힘은 계속 약화될 것이다.

주장 2: 국가의 힘이 하향세이기는 하지만 고갈된 것은 아니다.

국가는 항상 도전 받아 왔지만 항상 도전을 견뎌냈다. 국가는 수세기 동안 위협을 받아 왔다. 역사적으로 국가는 해적 같은 비국가 행위자의 위협이든, 노예제도 반대운동 단체 같은 NGO의 위협이든, 영국 동인도회사 같은 다국적기업의 위협이든 모두 이겨내고 국제관계의 중심적인 힘으로 등장하였다. 국가의 대체물이 성공적으로 등장한 것은 결코 아니다.

아직도 국가는 다른 행위자 손에 넘길 수 없는 기능을 수행하고 있다. 비국가 행위자의 부상에도 불구하고 세금을 징수하고 법을 만들고 외부 위협으로부터 시민을 보호하는 것 같은 기능은 항상 국가의 몫이다. 국가가 이런 의무를 이행할 때 늘 다른 행위자의 도움이 필요하지만, 다른 행위자가 이런 의무를 직접 이행하는 것은 불가능하다.

민족주의는 미래에도 강력한 이념적 힘으로 남을 것이다. 민족주의의 대안이 존재하지만 민족주의만큼 광범하게 수용된 것은 하나도 없다. 개인들은 여전히 국가에 대한 강한 충성심을 가지고 있다. 독립국가의 지위를 얻고자 애쓰는 분리주의자 집단의 숫자를 보라. 국가가 뚜렷한 이점을 가지고 있지 않다면 왜 그 사람들이 국가 지위를 얻으려고 그토록 애를 쓸까?

질문

- 세계화가 국가의 힘에 도전하는 데 어떻게 작용하였는가? 달리 말하면, 어떤 도전이 세계화에서 나온 것인가? 그리고 어떤 도전이 종교처럼 세계화에 역행할 수도 있는 힘에서 나온 것인가?
- 민족국가의 대안은 무엇인가? 정치를 조직하는 더 자연스러운 방법이 있는가? 국가보다 작은 대안들(종족집단, 부족, 지역)과 더 큰 대안들(EU 같은 다국 연합체, 세계정부)에 대하여 생각해 보라.
- 어느 면에서 EU는 더 큰 정치단위로 발전해온 자연스러운 진화의 산물로 볼 수 있다. 수세기 전에 유럽은 많은 도시국가들로 이루어졌다. 그 이후 이보다 조금 큰 왕국으로, 그 다음에 더 큰 공국으로, 그 다음에 민족국가로, 그리고 현재는 연합으로 발전해 왔다. 이와 같은 진화가 라틴아메리카나 아프리카 같은 다른 지역에서도 일어나리라 예상할 수 있을까?

✤ 참고문헌

Zakaria, Fareed. *The Post American World*. Norton, 2008.

Cameron, David. *Globalization and Self-Determination: Is the Nation-State Under Seige?* Routledge, 2006.

Bhagwati, Jagdish. *In Defense of Globalization.* Oxford, 2007.

Stiglitz, Joseph E. *Globalization and Its Discontents.* Norton, 2003.

2 Chapter

현실주의 이론

1. 현실주의

매우 다양한 형태로 이루어지는 국제적 상호작용을 설명해주는 단 하나의 이론은 없지만, 국제관계 연구에서 지금까지 핵심적인 위치를 차지해 온 하나의 이론적 접근방법은 있다. 그것은 바로 현실주의인데, 이를 어떤 학자들은 옹호하고 또 다른 학자들은 맹렬히 반대하지만 대다수 학자들은 항상 염두에 두고 있다.

현실주의(realism) 혹은 정치적 현실주의란 국제관계를 힘의 견지에서 설명하는 사조(思潮)이다. 한 국가가 다른 국가에 힘을 사용하는 것을 **현실정치**(realpolitik) 혹은 힘의 정치(power politics)라 부르기도 한다.

현대 현실주의 이론은 현실주의자들이 **이상주의**(물론 이상주의자들은 자신들의 접근방법이 비현실적이라 생각하지 않지만)라 이름 붙인 자유주의 전통에 대한 반작용으로서 발전해 왔다. 이상주의는 국제적 사건에 영향을 미치는 요소로서 힘보다는 국제법, 도덕성, 국제기구 등을 강조한다.[1] 이상주의자들은 인간의 본성이 기본적으

---

1   Nardin, Terry, and David R. Mapel, eds. *Traditions of International Ethics.* Cambridge, 1992.
    Long, David, and Peter Wilson, eds. *Thinkers of the Twenty Years' Crisis: Inter–War Idealism*

로 선하다고 생각한다. 또 국제체계는 공통의 문제를 극복하기 위한 상호협력의 가능성을 가진 국가들의 공동체에 기반을 둔 체계라고 본다(3장 참조). 이들의 관점에서 국제관계의 원칙들은 도덕성에서 나온 것이어야 한다. 이들이 가장 활기를 보인 시기는 제1차 세계대전과 제2차 세계대전 사이 시기였다. 이 시기는 제1차 세계대전의 쓰라린 기억이 생생하던 시기였기 때문이다. 당시 미국 대통령 윌슨을 위시한 이상주의자들은 국제사회를 위한 공식적 기초로서 국제연맹이 평화를 지켜줄 것이라는 희망을 가졌다.

그런 희망은 1930년대 독일, 이탈리아, 일본의 침략행위를 저지하는 데 국제연맹이 철저히 무능하다는 사실이 밝혀지면서 산산이 부서지고 말았다. 제2차 세계대전 이후 현실주의자들은 이상주의자들이 세계가 **실제로 어떠한지**(really is)에 관심을 두지 않고 세계가 어떠해야 **하는지**(ought to be)에만 지나친 관심을 둔다고 비판해 왔다. 제2차 세계대전의 경험 덕분에 새롭게 각성한 현실주의자들은 희망적 사고(wishful thinking)에 빠지지 않고 힘의 정치의 원칙들을 설명하는 일에 착수하였다. 이 현실주의는 냉전시기 미국의 봉쇄정책에 이론적 기초를 제공하였으며, 또한 서방이 1938년의 뮌헨협정을 통하여 히틀러를 회유하려고 한 것처럼 소련과 중국을 회유하려 해서는 안 된다는 미국 정책결정자들의 결의에도 이론적 기초를 제공하였다.

현실주의 전통의 뿌리는 매우 깊다. 2,000년 전에 살았던 중국의 전략가 손자(孫子)는 전쟁이 처음으로 힘을 행사하는 체계적 도구가 되었던 시대(전국시대)에 국가가 살아남는 방법을 지도자들에게 조언했다. 그는 군대가 있는 위험한 인접국들 앞에서 국가지도자가 도덕적 사고를 하는 것은 별로 유익하지 못하다고 주장하였으며, 국가이익을 증진시키고 생존을 보장하기 위하여 힘을 사용하는 방법을 지도자들에게 제시하였다.[2]

대략 비슷한 시기에 살았던 그리스의 투키디데스는 펠로폰네소스 전쟁(기원전 431~404)에 관한 책을 쓰면서 당시 그리스 도시국가들 간의 상대적 힘의 크기에 초점을 맞추었다. 이 책에서 그는 "강자는 힘이 있으면 할 수 있는 일을 했을 뿐이

Reassessed. Oxford, 1995.

2 Sun Tzu. *The Art of War*. Translated by Samuel B. Griffith. Oxford, 1963.

고 약자는 받아들여야만 하는 것을 받아들였다"라고 썼다.[3] 이보다 한참 후 르네상스 시기(1500년 무렵) 이탈리아 사람인 마키아벨리는 군주가 권좌에 남아있으려면 대중이나 군사동맹을 조종하는 일을 포함한 권모술수에 능해야 한다고 주장하였다. 오늘날 마키아벨리 식이란 말은 지나치게 책략적인 힘의 행사 방식을 뜻하는 말이다.[4]

17세기 영국 철학자 홉스는 정부가 존재하지 않고 사람들이 제각기 자기이익을 추구하는, 모두가 자유로운 상태에 대하여 논한 바 있다. 그는 이 상태를 "자연상태" 혹은 "전쟁상태"라 불렀는데, 오늘날 표현으로 법의 지배와 대조되는 "정글의 법칙"의 지배 상태라 할 수 있을 것이다. 이런 상태를 개선하기 위해 강력한 군주제(이를 리바이어던[Leviathan]이라 불렀다)를 옹호하였다. 특히 국내 사회에서 우세원칙에 입각한 집합재 문제 해결 방식을 옹호하였다. 현실주의자들은 이와 같은 역사적 인물들에서 힘의 정치의 중요성이 시간과 공간을 초월한다는 사실을 입증해주는 증거를 찾는다.

제2차 세계대전 후 모겐소 같은 학자는 국제정치가 (정책결정자의 심리적 동기가 아닌) 힘의 차원에서 정의되는 국가이익에 기반을 둔 객관적이고 보편적인 법칙의 지배를 받는다고 주장하였다. 그는 (보편적 도덕성인) "신을 자기편으로 가진" 국가는 있을 수 없으며, 모든 국가가 그 행동의 기반을 신중성과 실제성에 두어야 한다고 주장하였다. 베트남전쟁 당시인 1965년에 그는 공산화된 베트남이 미국의 국가이익에 해가 되지 않는다고 주장하면서 미국의 베트남전쟁 참전에 반대하였다.

이와 유사한 일로, 미국의 이라크 침공 전인 2002년에 국제관계 학자 33명이 뉴욕타임스에 "이라크와 전쟁하는 것이 미국의 국가이익이 아니다"는 내용을 담은 광고를 낸 바 있는데 여기에 주도적인 현실주의자들도 다수 동참하였다.[5] 이와 같이 현실주의자들이 항상 군사력 사용을 선호하진 않는다. 물론 경우에 따라 군사

---

3   Thucydides. *History of the Peloponnessian War.* Translated by R. Warner. Penguin, 1972, p. 402.

4   Machiavelli, Niccolo. *The Prince, and the Discourses.* Translated by Luigi Ricci. Revised by E. R. P. Vincent. NY: Modern Library, 1950. Meinecke, Friedrich. *Machiavellism: The Doctrine of Raison d'Etat and Its Place in Modern History.* Translated by D. Scott. Yale, 1957.

5   Morgenthaw, Hans. We Are Deluding Ourselves in Vietnam. *New York Times Magazine*, April 18, 1965. Advertisement, *New York Times*, September 26, 2002.

력 사용의 필요성을 인정하지만. 국제관계 학자들이 낸 광고의 표적은 부시 행정부 내 정책결정자 집단이었다. 이들은 신보수파(neoconservatives)로 알려진 사람들로서 중동 민주화 같은 야심차고 도덕주의적인 목표를 달성하기 위하여 미국의 힘, 특히 군사력을 더욱 적극적으로 사용해야 한다고 주장하는 사람들이다.

이처럼 현실주의의 기초는 우세 원칙이다. 상호주의와 정체성에 기반을 둔 대안들에 대해서는 3장에서 다룬다. 〈그림 2.1〉은 2장과 3장에서 다루는 국제관계 연구의 다양한 이론적 접근방법을 보여준다.

〈그림 2.1〉국제관계 이론

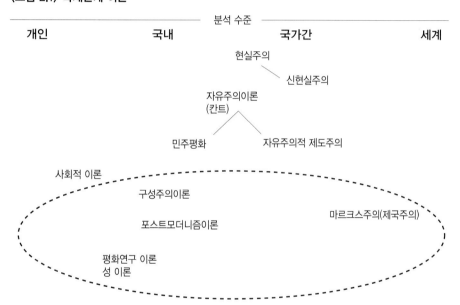

현실주의자들은 정치적 힘을 도덕성, 이념, 기타 사회적 경제적 요소들과 분리된, 그런 것들 위에 있는 것으로 취급하는 경향이 있다. 현실주의자들이 볼 때 이념은 별로 중요하지 않으며, 국가가 자신의 행동을 정당화할 때 사용할 수 있는 종교나 기타 문화적 요소들도 역시 별로 중요하지 않다. 현실주의자들은 서로 다른 종교, 이념, 경제제도를 가진 국가들이라 하더라도 국력과 관련된 행동을 할 때는 매우 비슷하게 행동한다고 본다.[6] 따라서 이들은 중앙 권위체 없이 주권국가들로 구성된 국제체계에서 각자의 이익을 합리적으로 추구하는 자율적 행위자로 활동하는 국가들의 선택이라는 차원에서 국제관계를 설명하는 것이 (유일하지는 않지만) 최

선의 설명이라고 본다.[7]

〈표 2.1〉은 현실주의적 가정과 이상주의적 가정의 주요 차이점을 요약해서 보여준다.

〈표 2.1〉 현실주의와 이상주의 가정

이슈	현실주의	이상주의
인간본성	이기심	이타심
가장 중요한 행위자	국가	국가, 개인을 포함한 기타
국가행동의 원인	자기이익의 합리적 추구	결정자의 심리적 동기
국제체계의 성격	무정부	공동체

2. 힘

힘은 국제관계의 핵심 개념 가운데 하나로서, 현실주의자들에게는 가장 핵심적인 개념이지만, 정의하거나 측정하기가 대단히 어려운 개념이다.[8]

---

6 Morgenthaw, Hans J., and Kenneth W. Thompson. *Politics among Nations: The Struggle for the Power and Peace.* 6th ed. Knopf, 1985. Carr, Edgar Hallett. *The Twenty Years' Crisis, 1919–1939: An Introduction to the Study of International Relations.* Macmillan, 1974[1939]. Aaron, Raymond. *Peace and War: A Theory of International Relations.* Translated by R. Howard and A. B. Fox. Doubleday, 1966.

7 Waltz, Kenneth. *Theory of International Politics.* Addison–Wesley, 1979.

8 Barnett, Michael, and Raymond Duvall. Power in International Politics. *International Organization* 59(1), 2005: 1–37. Baldwin, David. Power in International Relations. In Carlsnaes, Walter, Thomas Risse, and Beth Simmons, eds. *Handbook of International Relations.* Sage, 2002, pp. 177–91.

(1) 힘의 정의

흔히 **힘**(power)이란 다른 행위자가 하지 않았을 행동을 하게끔 만드는 능력(혹은 했을 행동을 하지 못하게 만드는 능력)으로 정의된다. 이를 약간 바꾼 정의도 있다. 즉 다른 행위자가 나에게 미치는 영향보다 더 큰 영향을 내가 다른 행위자에게 미칠 때 나는 힘 있는 사람이라고 말할 수 있다. 이런 식의 정의는 힘을 영향력으로 취급하고 있다. 자기 마음대로 행동할 수 있는 사람은 힘 있는 사람이 분명하다.

이 정의에서 한 가지 문제점은 힘을 가진 행위자가 존재하지 않는 상태에서 다른 행위자가 무슨 행동을 할지를 거의 알 수 없다는 데 있다. 여기에 순환논리의 위험이 있다. 즉 힘이 영향력을 설명해주는 데 영향력이 힘의 크기를 말해준다는 식이다.

힘은 영향력 그 자체가 아니고 타인에게 영향력을 행사할 수 있는 능력 혹은 그렇게 할 수 있는 잠재력이다. 많은 국제관계 학자들은 그 잠재력이 국가 크기, 소득수준, 군사력 같은 국가의 구체적 특성이나 소유물에 기반을 둔다고 믿는다. 이것이 **역량**(capability)으로서의 힘이다. 역량은 영향력보다 측정하기 쉽고 순환논리의 위험도 적다.

그러나 한 국가가 다른 국가에 미치는 영향을 설명하기 위해 역량을 측정하는 것은 간단치 않다. 다양한 종류의 잠재력을 종합해야 하기 때문이다. 국가들이 보유하고 있는 인구, 영토, 군사력 등의 크기는 서로 다르다. 단일 **지표**로서 한 국가의 힘을 가장 잘 보여주는 지표는 GDP일지도 모른다. GDP는 크기, 기술수준, 부의 정도 등을 종합한 지표이기 때문이다. 그러나 GDP도 기껏해야 하나의 개략적 지표일 뿐이다. 또한 경제학자들 사이에 GDP를 측정하는 방법에 대한 합의가 있는 것도 아니다. 이 책에서 사용한 방법은 국가 간 가격격차를 감안하여 조정한 수치인데, 이와 다른 방법으로 계산하면 북반구 국가들의 GDP 추정치는 이 책의 수치보다 50% 높게 나오고 중국을 포함한 남반구 국가들의 GDP는 50% 낮게 나온다. 그러므로 GDP는 물질적 역량에 대한 추정치로서 유용한 지표이지만 정확한 지표는 아니다.

그리고 힘은 비물질적 요소에도 의존한다. 한 국가의 역량은 그 국가의 정치 지도자들이 효과적이고 전략적으로 국가의 역량을 동원하고 배치할 수 있을 때만 다른 국가에 영향을 미치는 잠재력이 될 수 있다. 여기에는 국민적 의지, 외교기술, 정부에 대한 대중의 지지(정통성) 등이 작용한다. 어떤 학자들은 사상의 힘, 즉 심리적 과정을 이용하여 역량의 영향력을 극대화하는 능력을 강조한다. 종교, 이념, 특히 민족주의를 이용하여 국내 역량을 결집하는 것도 그런 과정에 포함된다. 그리고 행동 규칙을 제정하여 다른 국가가 자국의 이익을 정의하는 방식을 바꾸도록 만듦으로써 국제적 영향력을 얻을 수도 있다. 한 국가의 가치관이 다른 국가들에 널리 확산되어 있다면 그 국가는 쉽게 다른 국가들에게 영향을 줄 수 있다. 이를 가리켜 부드러운 힘(soft power)이라 한다.[9] 예를 들어 미국은 많은 국가들에게 영향을 줌으로써 자유시장 및 자유무역이라고 하는 미국식 가치관을 받아들이게 하였다.

부드러운 힘이라는 개념이 잘 보여주듯, 우세가 힘을 행사하는 유일한 방법은 아니다. 또 다른 핵심 원칙인 상호주의와 (부드러운 힘에 해당하는) 정체성도 효과적인 방법이다. 예를 들어 아버지가 어린 자식을 데리고 슈퍼마켓에 갔는데 아이가 계속 울어대는 상황이 벌어졌다. 이때 아버지는 울음을 멈추게 하기 위해 때리겠다고 겁을 주거나 진짜로 때릴 수도 있다(우세). 울음을 그치면 그에 대한 보상으로 사탕을 사주겠다고 약속할 수도 있다(상호주의). 아니면 "착한 애가 되어야지"라든가 "너 아빠 돕고 싶지?"라고 말할 수도 있다(정체성). 현실주의자들은 우세 접근방법을 강조하지만 종종 국가들이 다른 방법으로 국가이익을 달성하기도 한다는 점을 인정한다. 나아가 현실주의자들은 힘이 사건의 결과에 대한 일반적 이해만 제공해 주리라는 점 역시 인정한다. 현실 세계에서 나타나는 결과는 우연이나 운 같은 다른 많은 요소들의 영향도 받는다.

힘은 상대적 개념이기 때문에 한 국가는 상대 국가의 힘과 비교되는 힘만을 가질 수 있다. 상대적 힘이란 두 국가가 서로 상대방에게 대항할 때 사용할 수 있는 힘의 비율이다. 현실주의자들이 볼 때, 한 국가의 역량이 절대 규모 면에서 증가하거나 감소하는 것은 중요하지 않으며 오직 경쟁 국가의 역량에 비해 뒤처지느냐 앞서느냐가 중요하다.

9 Nye, Joseph S., Jr. *Bound to Lead: The Changing Nature of American Power.* Basic Books, 1990.

⑵ 힘의 측정

힘의 논리는 전쟁에서 더 힘 있는 국가가 대개 이긴다는 사실을 시사한다. 그러므로 적대하고 있는 두 국가의 상대적 힘의 추정치는 전쟁 결과를 설명할 수 있어야 한다. 여기에는 무엇보다도 특히 각국의 상대적인 군사적 역량과 정부에 대한 대중의 지지 같은 요소들을 반드시 반영해야 한다. 그러나 가장 중요한 것이 각국 경제의 총체적 규모, 즉 인구 규모와 1인당 소득 모두를 반영하는 GDP이다. 아주 건강한 경제를 가진 국가는 대규모 군대를 보유할 수 있고 (소비재 공급을 통하여) 대중의 지지를 얻을 수 있으며 심지어 동맹국을 살 수도 있다.

예를 들어, 2011년에 독재자 가다피에 맞서 싸운 리비아 혁명가들에게는 열정과 결의가 있었지만 중무기로 무장한 정부와 싸워 이길 수 없었다. 정부가 탱크부대를 동원하여 반군을 진압하려 했을 때 미국과 NATO 동맹국들이 공습에 나섬으로써 전세를 결정적으로 바꾸어놓았다. 반군이 득세하기 시작하여 몇 달 후 승리를 선언하였다. 힘의 불균형이 너무나 명백했다. GDP 면에서 NATO가 리비아를 300:1로 앞서 있었고, 기술적인 면에서도 NATO군이 압도적으로 앞서 있었다. 더욱이 NATO는 UN안전보장이사회가 마련해 준 정통성도 가지고 있었다. 결국 가다피가 사망하고 그 지지자들이 축출되었지만 NATO군의 인명피해는 전혀 없었다.

이 일방적 전쟁의 결정적 결과에도 불구하고 힘의 행사에는 의도치 않은 결과로서 항상 위험이 수반된다. 전에 가다피가 억눌렀던 이슬람 무장단체 하나가 2012년에 주 리비아 미국 영사관을 공격하여 미국 대사를 살해하였다. 그런가 하면, 과거 가다피를 위해 싸웠던 종족의 무장세력과 이슬람 무장세력이 다량의 무기를 탈취하여 사막을 건너 말리 북부지방으로 들어가 말리 영토의 절반 정도를 점령하였다. 이에 프랑스는 2013년 초에 이들을 격퇴하기 위하여 말리에 군사적으로 개입할 수밖에 없었다. 이슬람 무장세력은 다시 알제리로 건너가 한 가스 시설에서 수백 명의 외국인을 인질로 잡았으며 알제리군이 공격해 오자 인질 중 수십 명을 살해하였다. 이처럼 GDP 격차는 한 국가를 전쟁에서 이기도록 할 수는 있지만 전쟁 이후 상황 변화에 따라 발생하는 수많은 복잡한 요인들과 우발적 사고들을 모두 제거해주지 않는다.

(3) 힘의 구성요소

국가의 힘은 여러 성분들의 혼합물이다. 국가가 장기적으로 끌어다 쓸 수 있는 요소로 GDP, 인구, 영토, 지리, 천연자원 등이 있다. 이런 요소들은 그 변화 속도가 매우 느리다. 이에 비해 다소 무형적인 장기적 힘의 자원으로 정치문화, 애국심, 국민의 교육수준, 과학기술 기반의 힘 등이 있다. 공약의 신뢰성(약속을 지킨다는 명성) 역시 국가의 장기적 힘의 기반이다. 또한 다른 국가의 사고방식에 지속적으로 영향을 주는 문화와 가치관의 힘(사상의 힘)도 장기적 힘의 기반이다.

장기적 힘의 자원이 중요하다는 사실은 1941년에 일본이 진주만의 미국 함대를 기습 공격하여 태평양 지역 미 해군을 궤멸시키다시피 한 사건 이후에 일어난 상황이 잘 보여주고 있다. 단기적으로는 일본이 우월한 군사력을 갖게 되어 동남아 지역에서 미군을 몰아내고 그 지역을 점령할 수 있었다. 장기적으로는 미국이 경제적 잠재력에서 나오는 힘의 자원을 더 많이 가지고 있었기 때문에 그 이후 몇 년간 군사력을 강화하여 점차 일본의 군사력을 따라잡고 마침내 능가하게 되었다.

단기적으로 영향력을 행사할 수 있게 해주는 요소들도 있다. 군사력은 그런 역량 가운데 하나인데 아마도 가장 중요한 것이라 할 수 있다. 단기적인 군사적 대치상황에서는 양측의 경제나 천연자원의 규모보다 군사력의 규모, 구성, 준비태세 등이 더 중요하다. 또 다른 역량으로 무기를 빨리 생산할 수 있는 방위산업의 능력이 있다. 관료기구의 질 역시 힘의 요소이다. 국가가 정보를 수집하고 국제무역을 관리하고 국제회의에 참가하는 등의 활동을 할 때 관료기구의 역할이 중요하기 때문이다. 이런 것들보다 좀 더 무형적인 것으로서, 단기적으로 국가가 유권자들과 동맹국들의 지지를 받고 정통성을 인정받고 있다면 영향력을 얻는 데 이를 사용할 수 있을 것이다. 지도자에 대한 군대와 정치인들의 충성 역시 그런 자원 가운데 하나이다.

행위자가 사용할 수 있는 자원에는 늘 한계가 있기 때문에 가용한 역량을 선택할 때 항상 득실(得失) 관계가 발생하기 마련이다. 예컨대 군사력을 증강하려면 대외원조에 사용해야 할 자원을 그리로 돌려야 한다. 또는 소비재 공급을 통하여 대중의 충성심을 얻으려 하면 군사력 증강에 들어갈 자원이 줄게 된다. 힘의 한 요소를 다른 요소로 전환할 수 있다면 그 요소는 전용성(轉用性, fungible)이 있다고 말한다. 일반적으로 가장 전용성 있는 역량은 다른 역량을 사들일 수 있는 돈이다.

현실주의자들은 군사력을 단기적 국력의 가장 중요한 요소로 여기고 경제력, 외교적 수완, 도덕적 정당성 같은 다른 요소들은 군사력으로 전용되는 한도에서만 중요한 요소로 여기는 경향이 있다. 그러나 전쟁의 성격이 어떠한가에 따라 군사력이 힘의 여러 요소들 가운데 단지 하나일 수도 있다. 로버트 게이츠(Robert Gates)는 현직 미국 국방장관으로서 외교와 경제원조 예산을 "대폭 증액"해 달라고 요청한 사람이다. 그는 국방비를 엄청나게 많이 쓰고 있음에도 불구하고 비대칭전(asymmetric warfare, 예컨대 테러단체와 국가 간 전투 같은 것)의 시대에 "국력의 다른 요소들"은 아주 뒤처져 있다고 지적하고, 이 비대칭전의 시대에 들어 분쟁은 단순한 군사적 분쟁이 아니라 "그 성격 면에서 기본적으로 정치적 분쟁"이 되었다고 주장하였다. 이어서 미군 군악대 대원의 수가 외교관보다 많다는 점을 지적하였다. 2009년에 이 미군 최고지휘관은 최근 들어 미국 지도자들이 "외교정책 공구 박스에서 군사적 망치를 꽤나 자주 꺼내들었지만" "외교정책 목표를 달성하는 데 군대가 반드시 최선의 선택은 아니다"라고 덧붙였다.[10] 이러한 인식과 맥을 같이 해서 9·11 공격 이래 미국의 대외원조 액수가 급격히 늘어났다(국방비와 마찬가지로).

도덕성은 힘의 사용 의지를 강화해주고 또 동맹국들의 지지를 이끌어냄으로써 힘에 보탬이 될 수 있다. 오래 전부터 국가들은 아무리 공격적인 행동이라도 말로는 평화적 의도니 방어적 의도니 하는 식의 미사여구로 그런 행동을 치장해 왔다. 예를 들어 1989년 미국의 파나마 침공은 "정당한 대의 작전"으로 명명되었다. 물론 국가가 도덕적 수사(修辭)로 자기이익을 위장하는 일을 너무 자주 하면 그 국가의 국민들 사이에서도 신뢰성을 잃게 될 것이다.

지리를 힘의 요소로 사용할 때 이를 **지정학**(地政學, geopolitics)이라 부른다. 지정학은 흔히 군대의 병참 문제와 결부된다. 부동산의 경우와 마찬가지로 지정학에서도 가장 중요한 고려사항이 세 가지 있다. 첫째도 위치, 둘째도 위치, 셋째도 위치이다. 한 국가가 경쟁국이나 전략적 무역 루트 가까운 곳에 동맹국이나 기지를 얻는

---

10 Sanger, David. A Handpicked Team for a Sweeping Shift in Foreign Policy. *New York Times,* December 1, 2008. Shanker, Thom. Top Officer Urges Limit on Mission of Military. *New York Times,* January 13, 2009: A9.

다거나 천연자원을 통제함으로써 군사적 역량을 강화하는 데 지리를 이용할 수 있다면 그만큼 그 국가의 힘은 증가한다. 오늘날 송유관이 지나가는 루트, 특히 중앙아시아의 송유관 루트에 대한 통제권이 중요한 지정학적 이슈이다. 또한 군사전략가들은 대륙빙붕(continental ice shelf)이 녹아 새로운 군사목적 항로가 열렸다는 점에 주목하여 이것이 러시아와 미국 사이에 새로운 지정학적 이슈가 되고 있다고 본다.

3. 국제체계

무엇이 국가로 간주되는가, 그리고 국가들은 서로 어떻게 대해야 하는가를 규정하는 "게임의 규칙"이 이미 정립되어 있다. 국가들은 이 규칙의 테두리 안에서 상호작용한다. 이 규칙의 총합이 국제체계를 형성한다.[11]

(1) 무정부와 주권

현실주의자들은 국제체계가 **무정부**(anarchy) 상태로 존재한다고 믿는다. 이 말은 완전한 혼돈 혹은 구조와 규칙의 완전 부재가 아니라 규칙을 집행하는 중앙정부의 부재를 뜻한다.[12] 국내 사회에서는 정부가 계약이행을 강제하고, 시민들의 규칙위반을 억지하고, 합법적으로 독점하고 있는 폭력을 사용하여 법을 집행한다. 민주국가나 독재국가 모두 그 정부가 법 집행을 강제한다. 현실주의자들은 국제무대

---

11 Dehio, Ludwig. *The Precarious Balance: Four Centuries of the European Power Struggle.* Translated by Charles Fullman. Vintage Books, 1962 [from the German version of 1948]. Luard, Evan. *Conflict and Peace in the Modern International System: A Study of the Principles of International Order.* Macmillan, 1988. Wight, Martin. *Systems of States.* Leicester, 1977.

12 Bull, Hedley. *The Anarchical Society: A Study of Order in World Politics.* Columbia, 2002 [1977]. Taylor, Michael. *Anarchy and Cooperation.* Wiley, 1976. Starr, Harvey. *Anarchy, Order, and Integration: How to Manage Interdependence?* Michigan, 1997.

에는 규칙을 집행하고 행동규범 준수를 보장하는 그런 중앙 권위체가 존재하지 않는다고 주장한다. 그렇기 때문에 국제관계에서 집합재 문제가 매우 어려운 문제가 된다. 한 국가의 힘은 오로지 다른 국가의 힘에 의해서만 견제된다. 따라서 각국은 **자력구제**(self-help)에 의존할 수밖에 없다. 이 자력구제를 보강하기 위해 동맹을 활용하며 가끔은 국제규범의 구속력도 이용한다.

어떤 사람들은 오로지 세계정부만이 이 문제를 해결할 수 있다고 생각한다. 또 다른 사람들은 국제기구와 협정을 통하여 세계정부만은 못하지만 적절한 질서를 만들 수 있다고 생각한다(7장 참조). 그러나 대부분의 현실주의자들은 국제관계가 무정부 상태에서 벗어날 수 없으며 계속 위험한 상태에 머물 것이라 생각한다.[13] 현실주의자들은 이런 무정부적 세계에서 외교정책의 큰 덕목으로서 신중성을 강조한다. 국가가 주의를 기울여야 할 것은 타국의 의도가 아니라 자국의 역량이다.

무정부 상태임에도 불구하고 국제관계는 혼돈과는 거리가 멀다. 대체로 국가 간 상호작용이 행동의 **규범**(norms), 즉 어떤 행동이 적절한 행동인지에 관한 공통의 기대치 범위 안에서 이루어지기 때문이다.[14] 규범은 시간이 지나면 서서히 바뀐다. 그러나 국제체계의 가장 기본적인 규범은 지난 몇 세기 동안 거의 바뀌지 않았다.

전통적으로 가장 중요한 규범인 **주권**은 정부가 그 영토 안에서 무슨 일이든 할 수 있는 권리를 원칙상 갖는다는 뜻이다. 국가는 독립적이고 자율적이며 그 어떤 상급 권위에 대해서도 책임지지 않는다. 힘의 크기 면에서는 그렇지 않지만, 원칙상 모든 국가가 대등한 지위를 갖는다. 또한 주권은 타국의 내정에 간섭해서는 안 된다는 의미도 가지고 있다. 무역, 동맹, 전쟁 등과 관련하여 국가들은 다른 국가에 영향을 주고자 애쓰지만 타국의 국내정치나 정책결정과정에 개입해서는 안 된다. 어떤 국가들은 다른 국가들이 집단학살이라 부르는 행동을 포함해서 자국민을 어떤 식으로 다루어도 그것은 다 주권에 해당하는 권리이므로 타국이 이에 간섭해서는 안 된다고 주장한다. 이런 주장은 많은 논란을 불러일으키는 주장이다.

합의를 깨는 국가를 처벌하는 "세계경찰"이 없기 때문에 국제적 합의를 강제 집행하는 것은 어렵다. 그 예로, 1990년대에 북한은 자국 핵시설에 대한 외부 사찰

---

13 Mearsheimer, John J. *The Tragedy of Great Power Politics.* Norton, 2001.

14 Franck, Thomas M. *The Power of Legitimacy among Nations.* Oxford, 1990.

을 더 이상 허용하지 않겠다고 발표하였는데 이는 핵확산금지조약(NPT) 위반이었다. 당시 국제사회는 핵물질 제조 중단을 설득하기 위해 북한에게 긍정적 인센티브와 위협이라는 수단을 함께 사용하였다. 그러나 북한은 2002년에 NPT를 탈퇴하고 6개 정도의 핵폭탄을 제조하여 그 중 한 개를 2006년에 실험했다(세계적으로 10년 이내 최초의 핵실험). 2008년에 미국과 핵무기 제조를 중단한다는 합의에 도달했지만, "주권 침해 행위"라는 주장을 내세워 핵시설에 대한 현장 사찰을 허용하지 않았다.[15] 이런 사례는 주권에 기반을 둔 국제체계에서 국제규범을 집행하는 것이 얼마나 어려운가를 잘 보여준다.

오늘날 대다수 국가들은 국내문제에 대한 외국의 간섭을 차단하는 일에 날이 갈수록 더 큰 어려움을 느끼고 있다. 인권이나 민족자결 같은 "국내" 문제가 더욱 더 국제사회의 관심사가 되고 있기 때문이다. 예를 들어 부정선거를 막기 위한 국제 감시단의 활동이 늘고 있고 종족분쟁이 집단학살로 이어지는 것을 막기 위한 국제기구의 활동도 늘고 있다.[16] 또한 세계 경제시장의 통합과 (인터넷 같은) 장거리통신수단의 발달로 어떤 사상이 국경을 넘어 다른 국가로 침투하는 것이 과거 어느 때보다 쉬워졌다.[17]

국가는 영토를 기반으로 하고 있다. 승인을 받은 모든 국가의 영토를 보전해야 한다는 것은 국제관계의 중요한 원칙 가운데 하나이다. 오늘날 많은 국가의 국경선이 과거 전쟁의 산물이거나(승전국이 패전국의 영토를 취했을 경우) 식민 종주국들이 자의적으로 그은 것이다.

국제체계의 영토적 성격은 오래전 농경사회가 부의 창조를 위해 농업에 의존하던 시대에 형성되었다. 토지보다 무역과 기술이 더 많은 부를 창조하는 오늘날의 세계에서 영토의 중요성은 떨어진 듯하다. 각국의 정보기반 경제가 국경선을 가로질러 즉각적으로 연결되어 있는 이 시대에 국가가 단단한 조개껍질 같은 것으로 보호되고 있다는 생각은 시대에 뒤진 것으로 보인다. 앞으로 몇 년이 더 지나면 정

---

15 *BBC News Online.* North Korea Rejects Nuclear Sampling. November 2, 2008.

16 Alvarez, R. Michael, Thad E. Hall, and Susan D. Hyde. *Election Fraud: Detecting and Deterring Electoral Manipulation.* Brookings, 2008.

17 Krasner, Stephen D. *Sovereignty: Organized Hypocrisy.* Princeton, 1999.

보기술 혁명이 영토국가 개념에 극적인 영향을 미칠지도 모른다.

국가들은 상호작용을 용이하게 만들기 위하여 외교규범을 발전시켜 왔다. 대사관은 주재국이 아닌 본국의 영토로 간주된다. 예를 들어 2012-2013년에 영국 주재 에콰도르 대사관이 스웨덴으로 강제송환 명령이 떨어진 위키리크스(Wikileaks) 설립자를 보호하고 있을 때 영국 경찰이 대사관에 들어가 그를 체포하지 않았다. 그렇게 했다면 에콰도르 영토를 침범한 것이 된다. 그러나 1979년에 이란 대학생들이 주 이란 미국대사관을 점거하여 미국 외교관 다수를 444일 동안 인질로 억류한 사건도 있었다. 이 사건으로 이후 미-이란 관계에 많은 어려움을 겪었다.

국가 간 스파이 활동은 외교규범이 용인하고 있다. 상대국의 스파이 활동을 막고 못 막고 하는 문제는 각국이 책임져야 할 문제이다. 2002년에 중국은 미국 텍사스에서 수리를 받은 국가주석 전용 보잉767기에 정교한 도청장치가 숨겨져 있는 것을 발견했다. 그래도 중국은 이를 문제 삼지 않았으며(이 비행기는 사용되지 않았다), 그 다음 달 미중정상회담도 예정대로 개최되었다. 탈냉전시대에 와서도 스파이 활동은 계속되고 있고 심지어 우방 간에도 마찬가지이다.

현실주의자들은 국제관계의 규칙이 종종 **안보 딜레마**(security dilemma)를 낳는다는 사실을 인정한다. 안보 딜레마란 자국의 안보를 위해 한 행동(예를 들어 더 많은 군사력 배치 같은)이 타국의 안보를 해치는 상황을 가리킨다.[18] 그 타국이 대응 조치로 역시 더 많은 군사력을 배치한다면 첫 번째 국가의 안보가 위협 받는다. 쌍방이 더 위협적인 무기에 많은 돈을 쏟아 붓지만 그렇다고 궁극적인 안보를 얻지도 못하는, 그런 군비경쟁의 주된 원인이 바로 이 안보 딜레마이다.

안보 딜레마는 국제체계의 무정부적 성격이 낳은 부정적인 결과 가운데 하나이다. 세계정부가 있어서 군비증강을 꾀하는 반칙 행위자를 처벌할 수 있다면 개별 국가가 그런 위험에 대처할 필요는 없을 것이다. 그러나 자력구제에 의존할 수밖에 없는 상황이라면 각국은 최악의 경우에 대비해야만 한다. 자유주의자들은 제도의 개발을 통하여 안보 딜레마를 해결할 수 있다고 생각하지만 현실주의자들은 해결

---

18 Herz, John. Idealist Internationalism and the Security Dilemma. *World Politics* 2(2), 1950: 157-80. Jervis, Robert. Cooperation under the Security Dilemma. *World Politics* 30(2), 1978: 167-214.

불가능하다고 보는 경향이 있다(3장 및 7장 참조).

나중에 더 자세히 살펴보겠지만, 기술과 규범의 변화가 영토보전과 국가 자율성 같은 전통적 원칙들을 갉아먹고 있다. 일부 국제관계 학자들은 어떤 국가들은 더 큰 단위로 통합되고 일부 국가들은 더 작은 단위로 쪼개짐에 따라 세계 정치의 주된 행위자로서 국가의 위상이 크게 떨어졌다고 본다.[19] 그런가 하면, 현재의 국제체계가 그 구조나 국가라는 구성단위 면에서 상당히 내구성 있는 체계라고 보는 학자들도 있다.[20] 내구성이 가장 강한 측면 가운데 하나가 힘의 균형이다.

(2) 힘의 균형

무정부 상태의 국제체계에서 한 국가의 힘을 견제하는 가장 믿을 만한 제동장치는 다른 국가의 힘이다. **힘의 균형**(balance of power)이라는 용어는 일반적으로 한 국가 혹은 국가군의 힘을 사용하여 다른 국가 혹은 국가군의 힘과 균형을 맞춘다는 개념을 가리킨다. 이 개념은 국가 간 혹은 동맹 간 힘의 비율이 비교적 대등한 경우만을 지칭할 수도 있고 대등하지 않은 모든 경우를 지칭할 수도 있는 개념이다. 그래서 대안으로서, 한 국가가 전 지역을 정복하는 일을 막기 위해 지역 국가들이 수시로 연합을 만들어 국가의 힘을 상쇄시켜 온 실제의 역사적 과정으로 정의할 수도 있다.[21]

힘의 균형 이론은 국제체계에서 그와 같은 상쇄 현상이 정규적으로 발생하며 또 그것이 국제체계의 안정성을 유지해준다고 주장한다. 국제체계의 안정성이란, 국

---

19 Aydinli, Ersel, and James N. Rosenau, eds. *Globalization, Security, and the Nation State: Paradigms in Transition.* SUNY, 2005. Rosenau, James N. *Distant Proximities: Dynamics beyond Globalization.* Princeton, 2003.

20 Weiss, Linda. *The Myth of the Powerless State.* Cornell, 1998.

21 Gulick, Edward V. *Europe's Classical Balance of Power.* Cornell, 1955. Niou, Emerson M. S., Peter C. Ordeshook, and Gregory F. Rose. *The Balance of Power: Stability and Instability in International Systems.* Cambridge, 1989. Vasquez, John, and Colin Elman, eds. *Realism and the Balance of Power: A New Debate.* Prentice Hall, 2002.

가주권이 붕괴되어 단일의 세계정부로 통합되는 일이 일어나지 않는 것처럼, 체계의 규칙과 원칙이 그대로 유지되는 것을 뜻한다. 그러나 이 안정성이 평화를 뜻하는 것은 아니다. 오히려 힘의 관계를 조정하기 위한 전쟁을 계속함으로써 안정성이 유지되기도 한다.

힘의 균형에서는 동맹이 핵심 역할을 한다. 경쟁국에 대항하기 위해 자국의 역량을 증강하는 이유도 힘의 균형을 잡기 위해서지만, 위협적인 국가에 대항하는 동맹을 결성하는 것이 더 빠르고 값싸고 효과적인 경우가 많다. 냉전시대에 미국은 소련의 영토적 팽창을 막기 위해 군사 및 정치 동맹으로 소련을 포위하였다. 가끔 어느 한 국가가 그때그때 가장 강력한 국가 혹은 동맹을 견제하기 위해 편을 바꿔가면서 의도적으로 균형자(지역 혹은 세계 수준에서)가 되기도 한다. 영국이 유럽에서 여러 세기 동안 이런 역할을 수행하였고, 냉전시대에는 중국이 그런 역할을 수행하였다.

그러나 국가들이 항상 최강자에 대항하는 편에 서지는 않는다. 가끔 약소국들은 가장 강력한 국가의 악대차에 올라타기도 한다. 이를 악대차편승(Bandwagoning)이라 하는데 균형잡기(balancing)의 반대말이다. 예를 들어 제2차 세계대전 이후 미국을 견제하기 위한 광범한 동맹이 등장하지 않았고 주요 국가 대부분이 미국진영에 가담하였다. 국가들은 힘 자체보다 위협을 더 중시하여 위협에 대한 균형잡기를 추구할 수 있다. 과거 미국의 힘이 소련보다 우위에 있었지만, 유럽과 일본(나중에는 중국까지)에게 미국의 힘은 소련의 힘보다 덜 위협적인 것이었다.[22] 또한 약소국들은 경쟁관계에 있는 강대국들 사이에 끼어들어 그 경쟁관계를 이용하여 이득을 취하고자 행동함으로써 힘의 균형에 미묘한 변화를 줄 수 있다. 예컨대 냉전시대 쿠바는 미-소 경쟁에 끼어들어 소련으로부터 막대한 원조를 얻어냈다. 반면에 국내 사정 때문에 위협에 대한 균형잡기에 나서지 못하는 약소국도 있다.[23]

힘의 균형 이론은 미국 우세의 탈냉전시대에 들어 러시아, 중국, 심지어 유럽이 미국의 힘을 견제하기 위해 더 긴밀한 관계를 형성할 것이라는 예측을 내놓을

---

22 Walt, Stephen M. *The Origins of Alliances.* Cornell, 1987.

23 Schweller, Randall L. *Unanswered Threats: Political Constraints on the Balance of Power.* Princeton, 2006.

수도 있다. 실제로 중소관계는 무기거래, 국경지대 비무장화 같은 분야에서 크게 개선되었다. 프랑스 지도자들은 미국을 "극초강대국"(hyperpower)이라 비난하기도 한다. 그러나 아프가니스탄과 이라크에서 미국의 힘이 하락세를 보이는 듯하고 미국 경제도 약해짐에 따라, 그리고 중국의 힘이 상승세를 보이면서 최근 많은 국가들이 미국보다 중국을 견제하려고 한다. 예컨대 일본은 부상하는 중국의 힘에 대응하기 위해 2012–2013년에 과거 적국이었던 한국 및 필리핀과 군사협정을 체결하고 미국과의 유대관계를 재확인하였다.

세계 여론 역시 힘의 균형에 변동을 일으킬 수 있다. 이라크전이 시작된 2003년에 이슬람 국가들에서 반미감정이 광범하게 확산되었다. 전 세계 무슬림의 절반이 살고 있는 인도네시아, 파키스탄, 터키, 나이지리아 등에서 주민 70% 이상이 자국에 위협이 될 수 있는 국가로 미국을 꼽았으며, 러시아에서도 71%가 같은 반응을 보였다. 44개국 38,000명을 대상으로 실시된 여론조사를 보면, 미국에 대한 지지율이 2002년에서 2003년 사이에 크게 떨어졌다. 〈그림 2.2〉에서 보듯이 전 세계적으로 2007년까지 미국에 대한 우호적 견해가 계속 감소했다. 미국이 전쟁에서 출구를 찾고 또 세계 도처에서 강압적인 힘의 사용을 자제함에 따라 2008년부터 지지율이 상승세로 돌아섰다. 이와 같은 여론 동향은 각국 정부가 세계무대에서

〈그림 2.2〉 9개국의 대미 인식, 2000 – 2012(여론조사에서 긍정적 견해를 보인 응답자 %)

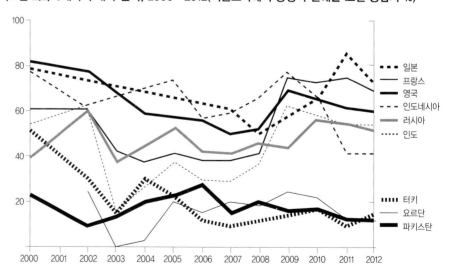

출처: Pew Global Attitudes Project를 인용한 *New York Times* 기사. 2000년 데이터는 미국 국무부 여론조사 결과.

미국과 협력할 것인지 여부를 결정할 때 많건 적건 영향을 준다.[24]

(3) 강대국과 중간강국

세계에서 가장 강력한 국가가 국제적 사건에 가장 큰 영향을 미친다. 따라서 국제관계 학자들이 가장 큰 관심을 보이는 국가가 바로 이런 국가이다. 어떤 방법으로 힘의 크기를 평가하든 관계없이, 몇몇 국가가 전 세계 힘의 자원 대부분을 보유하고 있다. 이런 국가를 강대국이라 부른다. 그리고 기껏해야 몇 십 개 국가가 국경선 너머까지 영향을 미칠 수 있다. 이런 국가를 중간강국이라 부른다.

확실한 구분선은 없지만 일반적으로 **강대국** 수는 7개 정도로 보고 있다. 지난 20세기까지 강대국 클럽은 유럽의 독차지였다. 강대국의 지위는 19세기 유럽협조동맹(Concert of Europe)이나 현재 UN안보리의 경우처럼 국제사회에서 공식적으로 인정을 받기도 한다. 일반적으로 강대국은 다른 강대국에 의해서만 군사적 패배를 당할 수 있는 국가로 정의된다. 또한 강대국은 자국 영토를 벗어나 전 세계 수준에서 국가이익을 추구하기 때문에 글로벌한 시각을 갖는 경향이 있다.

일반적으로 강대국은 막강한 군사력과(그것을 뒷받침하는 막강한 경제력은 물론) 기타 힘의 자원들을 가지고 있다. 강한 경제는 많은 인구, 풍부한 천연자원, 앞선 기술, 교육수준이 높은 노동력의 결합으로 만들어진다. 국가의 힘은 이 같은 저변에 깔린 요소들에 의해 만들어지기 때문에 강대국 클럽의 회원 구성 변동은 매우 느리게 진행된다. 심지어 큰 전쟁에서 패하더라도 강대국이 지위를 잃는 일은 드물다. 국가의 규모나 거시경제 잠재력의 변화가 느리기 때문이다. 그래서 제2차 세계대전에서 참패했던 독일과 일본이 지금도 강대국이며, 소련 이전의 러시아든 소련이든 지금의 러시아든 그 나라는 강대국으로 평가된다.[25]

---

24 Walt, Stephen M. *Taming American Power: The Global Response to U.S. Primacy.* Norton, 2005. Sweig, Julia E. *Friendly Fire: Losing Friends and Making Enemies in the Anti-American Century.* Public Affairs, 2006. Katzenstein, Peter J., and Robert O. Keohane, eds. *Anti-Americanisms in World Politics.* Cornell, 2008.

25 Levy, Jack S. *War in the Modern Great Power System, 1495-1975.* Kentucky, 1983.

오늘날에는 어떤 국가가 강대국인가? 강대국의 정의는 다양하지만 미국, 중국, 러시아, 일본, 독일, 프랑스, 영국 등 7개국이 강대국 기준에 부합하는 것 같다. 이 국가들이 전 세계 GDP의 절반 이상을 차지하며 군사비의 2/3를 사용한다(《그림 2.3》 참조). 이 중 5개국은 UN안보리 상임이사국이며, 공개적으로 대규모 핵무기를 보유하고 있는 핵클럽 회원이기도 하다.

〈그림 2.3〉 세계 GDP 및 군사비에서 강대국이 차지하는 비중, 2011

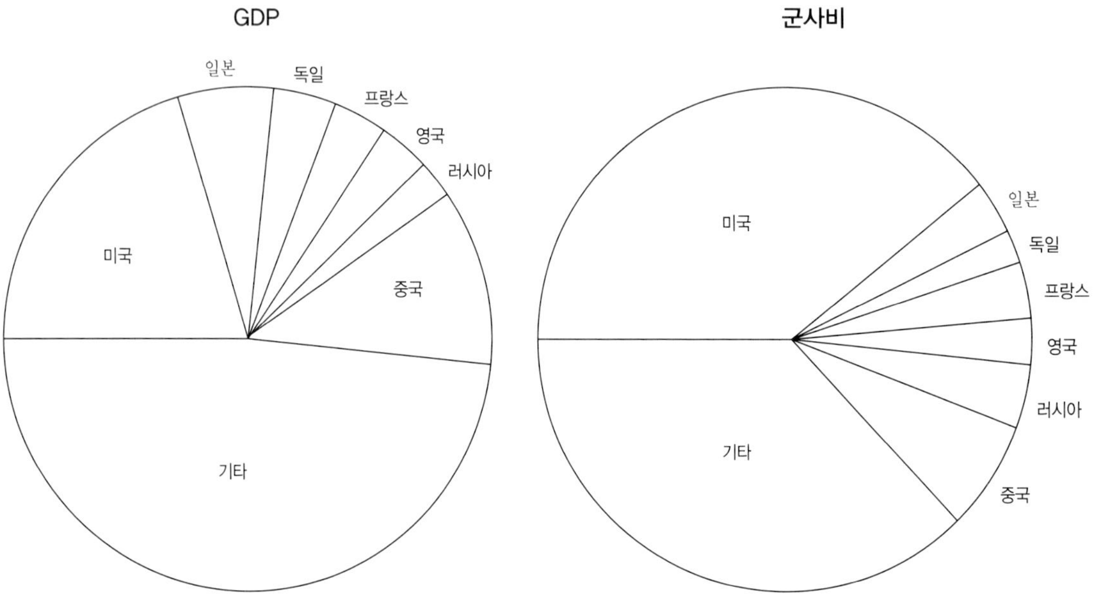

주: GDP는 구매력 기준으로 환산한 것이다. 중국의 GDP는 다른 방식으로 측정하면 이 수치의 절반 정도로 낮아진다.
출처: World Bank Development Indicators, 2009; SIPRI Yearbook, 2009.

이 목록에서 특히 미국과 중국이 중요하다. 미국은 세계무대에서 지도력을 발휘하는 역사적 역할(특히 제2차 세계대전 동안과 그 이후)을 해 왔고, 압도적 군사력 덕분에 세계 유일의 초강대국으로 볼 수 있다. 중국은 세계 최다 인구를 보유하고 있고 급속한 경제성장(30년 이상 연간 8-10% 성장)을 보이고 있으며, 신뢰할 만한 핵무기를 포함한 대규모 군대, 현대화중인 군대를 보유하고 있다. 실제로 2008년 미국 국가정보위원회 장기기획보고서는 중국이 앞으로 20년 동안 세계에 심대한 영향, 아마도 다른 어느 국가보다 더 막강한 영향을 줄 것으로 전망하였다.[26] 일본과 독일은 경제 강국이지만 제2차 세계대전 이후 국제안보문제에서는 제한된 역할만 수행해 왔다. 그러나 양국은 강력한 대규모 군사력을 보유하고 있으며, 평화유지 활동 등을 위해 해외 파병도 재개하고 있다. 러시아, 프랑스, 영국은 제2차 세계대전 승전국으로서 그 이후 군사강국으로 활약해 왔다. 과거 제국주의 전성기의 위상에는 못 미치지만 아직도 이 국가들은 강대국의 요건을 충분히 갖추고 있다.

세계문제에 미치는 영향력 면에서 **중간강국**의 위치는 강대국 다음이다. 이 중 어떤 국가는 규모는 크지만 산업화가 덜 되었고, 또 어떤 국가는 전문화되어 있지만 규모가 작다. 어떤 국가는 지역 내 우세를 차지하고자 애쓰고 있고 또 다른 국가는 지역 내에서 이미 상당한 영향력이 있다.

중간강국의 목록(모든 사람들이 동의하지는 않지만)에는 캐나다, 이탈리아, 스페인, 네덜란드, 폴란드, 우크라이나, 한국, 호주 등 중간 규모의 북반구 국가들을 넣을 수 있다. 또한 인도, 인도네시아, 브라질, 아르헨티나, 멕시코, 나이지리아, 남아프리카, 이스라엘, 터키, 이란, 파키스탄 등 크고 영향력 있는 남반구 국가들도 넣을 수 있다. 국제관계에서 이 중간강국들은 강대국만큼 주목 받지는 못하고 있다.[27]

(4) 힘의 분포

각국의 힘은 상대국의 힘에 의해 상쇄되기 때문에 일부 현실주의자들은 국제체계의 가장 중요한 특징을 국가들 간의 힘의 분포 상태에서 찾아야 한다고 본다. 힘의 분포라는 개념은 세계 모든 국가들에 적용될 수도 있고 특정 지역 국가들에 적용될 수도 있는 개념이지만, 주로 강대국체계에 적용된다.

구조적 현실주의라고도 불리는 **신현실주의**(neorealism)는 현실주의의 1990년대식 변용이라 할 수 있다. 신현실주의란 국제적 사건의 유형을 설명할 때 개별 국가의

26 Shane, Scott. Global Forecast by American Intelligence Expects al Qaeda's Appeal to Falter. *New York Times,* November 21, 2008: A1. Rosecrance, Richard. Power and International Relations: The Rise of China and Its Effects. *International Studies Perspectives* 7 (1), 2006: 31–35.

27 Cohen, Stephen P. *India: Emerging Power.* Brookings, 2001.

내부 사정 차원이 아니라 국제체계의 구조(국제적 힘의 분포) 차원에서 설명하는 것을 말한다.[28] 전통적 현실주의와 비교하면, 신현실주의는 사건 설명을 위한 일반 법칙을 제시한다는 점에서 보다 "과학적"이지만 지리, 정치적 의지, 외교 등과 같은 다양한 요소들을 활용해서 설명하는 전통적 현실주의의 풍부함을 잃어버렸다.[29] 최근 들어 신고전현실주의(neoclassical realism) 학자들이 이 잃어버린 요소들을 회복하고자 애쓰고 있다.[30]

국제적인 힘의 분포에서 극(polarity)이란 체계 내 독립적 힘의 중심을 가리키는 개념이다. 극은 그 안에 속하는 모든 국가들과 동맹의 힘 전체를 포괄한다. 〈그림 2.4〉는 강대국 간 가상의 힘의 분포 상태를 도식화한 것이다.

보통 **다극체계란** 서로 동맹으로 묶이지 않은 5~6개 힘의 중심을 가진 체계를 말한다. 이 체계에서 각국은 독자적으로 참가하며 비교적 대등한 위상을 가진다. 전형적인 다극적 힘의 균형 체계를 보면, 체계 자체는 안정적이었지만 힘의 관계를 조정하기 위한 전쟁은 자주 일어났다.

3개 힘의 중심으로 이루어지는 **삼극체계**는 아주 드물다. 1국에 대항하는 2국동맹이 만들어지는 경향이 있기 때문이다. 1960년대와 1970년대에 등장한 미-소-중 "전략적 삼각관계"가 삼극체계의 특징을 조금 보였다. 일부 학자들은 앞으로 북아메리카, 유럽, 동아시아를 극으로 하는 삼극체계의 세계가 등장할 가능성을 제시하기도 한다. 양극체계는 압도적인 두 국가 혹은 동맹 진영으로 이루어지는 체계이다. 양극체계가 평화를 가져올지 전쟁을 가져올지에 대해서는 학자들의 견해가 엇갈리고 있다. 미-소 대립은 강대국관계의 안정과 평화를 가져온 것 같지만, 제1차 세계대전 이전 유럽의 양대 진영관계는 그렇지 못했다. 마지막으로 단 하나의 힘의 중심에 모든 국가들이 배열되어 있는 단극체계가 있다. 이 상황을 패권이라 부르는데 나중에 더 자세히 다룰 것이다.

---

28 Waltz, *Theory of International Politics* (각주 7 참조).

29 Keohane, Robert O., ed. *Neorealism and Its Critics.* Columbia, 1986. Buzan, Barry, Charles Jones, and Richard Little. *The Logic of Anarchy: Neorealism to Structural Realism.* Columbia, 1993.

30 Vasquez, John A. *The Power of Power Politics: From Classical Realism to Neotraditionalism.* Cambridge, 1999.

어느 국가도 쉽게 다른 국가를 이길 수 없는, 비교적 대등한 힘의 분포(다극) 가 평화 유지에 가장 유리하다는 주장이 있을 수 있다. 그러나 그 주장을 뒷받침하는 경험적 증거는 별로 없다. 사실 그 반대의 주장, 즉 패권 상태(단극)이 가장 평화 유지에 유리하고 그 다음이 양극체계라는 주장이 더 많은 지지를 받고 있다.

〈그림 2.4〉 국제체계 내 힘의 분포

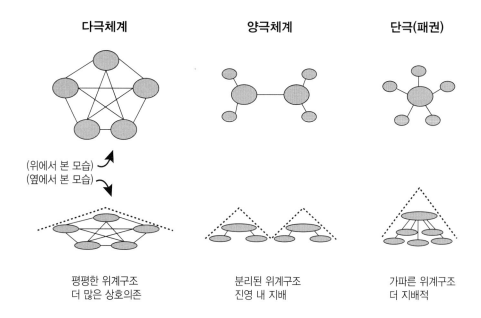

다극체계	**양극체계**	**단극(패권)**
(위에서 본 모습)		
(옆에서 본 모습)		
평평한 위계구조 더 많은 상호의존	분리된 위계구조 진영 내 지배	가파른 위계구조 더 지배적

힘의 전이 이론(power transition theory)은 떠오르는 새로운 강국이 지위 서열에서 최상위를 차지하고 있는 기존 최강국을 능가하는(혹은 엇비슷한) 힘을 가지고 최강국에게 도전할 때 대규모 전쟁이 발생한다고 주장한다.[31] 이 경우 힘이 비교적 대등하게 분포되며, 바로 이때 대규모 전쟁의 위험이 가장 크다고 한다. 기존 규칙 하에서 불만 없이 잘 지내는 현상유지(status quo) 세력은 기존 규칙을 그대로 유지하고자 하며, 기존 규칙에 의해 발목 잡혀있다고 느끼는 도전자는 기존 규칙을 바꾸려 할 것이다. 이런 상황에서 도전자가 정상 자리에 앉아 있는 국가를 끌어내리기 위한 전

---

31 Organski, A. F. K. *World Politics*. Knopf, 1958. Kugler, Jacek, and Douglas Lemke, eds. *Parity and War: Evaluations and Extensions of the War Ledger*. Michigan, 1996.

쟁을 시작하지 않으면, 정상에 있는 국가가 선수를 쳐서 도전자가 너무 큰 위협이 되기 전에 도전자의 상승세를 차단하기 위한 "예방" 전쟁을 일으킬지 모른다.[32]

신흥 강국의 지위(서열구조 내의 공식 위치)가 실제의 힘보다 낮다면 신흥 강국은 상대적 박탈감을 느낄 수 있다. 즉 자국의 지위가 비록 절대적 기준에서는 상승하고 있다 해도 다른 국가에 비해, 혹은 자국이 기대하는 수준에 비해 불만스러운 지위에 머물러 있다고 느낄 수 있다. 예컨대 19세기 독일은 신흥 강국으로서 강대국의 힘을 가지고 있었지만 남아있는 식민지도 없고 기타 강대국 지위에 걸맞은 것들이 없었다. 이것이 양차 세계대전에 하나의 원인으로 작용했을 수 있다.

장차 미국과 중국 사이에도 이와 비슷한 상황이 빚어질 수 있다. 중국은 국제 규칙과 규범이 미국의 이익에 부합하게 만들어졌다고 느껴서 규칙과 규범을 더욱 무시하려들지 모른다. 미국 쪽에서도 성장하고 있는 중국의 경제력과 군사력이 미국에 도전하기 위해 사용될지 모른다고 우려할 수 있다. 2010년의 미군 전략검토 자료를 보면 중국의 "장기적 의도"에 의문을 제기하고 장차 힘의 전이에 관한 새로운 질문들을 제기하고 있다(이 장 말미의 "쟁점 토론하기" 참조).

결국 힘의 전이 이론에 따르면, 한 국가가 정상의 위치를 굳건히 지키고 다른 국가들의 서열은 명료하게 규정되어 있으면서 각국의 실제 힘의 크기에 상응하는 것일 때 강대국들 사이의 평화가 가능해진다.

(5) 패권

패권(hegemony)이란 국제체계에서 한 국가가 압도적 힘의 우위를 점하면서 국제 정치 경제 관계를 규제하는 규칙과 절차를 혼자 좌지우지할 수 있는 상태를 말한다.[33] 이런 국가를 **패권국가**(hegemon)라 부른다(보통 패권은 세계적 지배를 뜻하지만 경우

---

32 Levy, Jack S. Declining Power and the Preventive Motivation for War. *World Politics* 40 (1), 1987: 82–107.

33 Kapstein, Ethan B., and Michael Mastanduno. *Unipolar Politics*. Columbia, 1999. Rupert, Mark. *Producing Hegemony: The Politics of Mass Production and American Global Power*. Cambridge, 1995. Nye, Joseph S. *Paradox of American Power: Why the World's Only Superpower*

에 따라 지역적 지배를 뜻하기도 한다). 이탈리아의 마르크스주의 이론가 그람시는 헤게모니(역주 참조)라는 용어를 다른 뜻으로 사용하였다. 그가 말하는 헤게모니란 통치자가 모종의 사상을 이용하여 피치자들이 통치자의 정통성에 동의하도록 만들어 폭력을 사용하지 않고도 피치자들이 순응하게 만드는 것을 지칭한다.[34] 국제관계에서도 이와 유사한 의미의 헤게모니를 말할 수 있다. 즉 민주주의나 자본주의 같은 사상의 헤게모니나 미국 문화의 세계적 지배 등을 말할 수도 있다.

대다수 패권에 관한 연구들은 두 가지 사례를 꼽는다. 19세기 영국과 제2차 세계대전 이후 미국이 그것이다. 영국의 패권은 나폴레옹전쟁에서 숙적 프랑스를 격파한 이후에 성립되었다. "영국이 파도를 지배한다"라는 말이 있듯이 영국은 세계무역과 해상권을 확실히 장악하였다. 미국의 패권은 독일과 일본을 패퇴시킨 이후에 (그리고 이 과정에서 소련, 프랑스, 영국, 중국 등이 쇠약해지면서) 성립되었다. 1940년대 말 당시 미국의 GDP는 전 세계 GDP의 절반을 넘었고, 미국 선박들은 전 세계 해운 물량의 대부분을 운송하였으며, 미국 군대는 어느 국가나 국가군의 군대도 손쉽게 격파할 수 있었으며, 오직 미국만이 핵무기를 보유하고 있었다. 또한 미국 산업의 기술과 생산성, 미국 시민들의 생활수준 역시 세계 최고였다.

큰 전쟁의 결과로 나타난 극단적인 힘의 불균형이 서서히 축소됨에 따라 패권이 쇠퇴할 수 있다. 특히 패권국가가 많은 비용이 드는 대외 군사개입 같은 것을 지나치게 많이 벌여 놓았을 때 그런 일이 생긴다. 국제관계 학자들은 미국 패권의 쇠퇴가 진행되었다면 얼마나 많이 또는 빨리 진행되어 왔는지, 그리고 미국 패권의 쇠퇴로 인하여 국제적 불안정이 야기될 것인지 등에 대하여 일치된 견해를 가지고 있지 않다.[35]

Can't Go It Alone. Oxford, 2002.

34 역주: 그람시의 용어로 hegemony를 말할 때는 대개 우리말로 번역하지 않고 "헤게모니"라고 한다. 패권이라 번역하면 그람시의 원래 의도에서 멀어질 수 있기 때문이다. Gramsci, Antonio. *The Modern Prince and Other Writings.* International Publishers, 1959. Gill, Stephen, ed. *Gramsci, Historical Materialism and International Relations.* Cambridge, 1993. Cox, Robert W. *Production, Power, and World Order: Social Forces in the Making of History.* Columbia, 1987.

35 Kennedy, Paul. *The Rise and Fall of the Great Powers: Economic Change and Military Conflict from 1500–2000.* Random House, 1987. Posen, Barry R. Command of the Commons: The Military Foundations of U.S. Hegemony. *International Security* 28(1), 2003: 5–46. Ikenberry,

패권안정이론(hegemonic stability theory)은 패권이 무정부성을 완화하고, 침략을 억지하고, 자유무역을 촉진하고, 세계 표준화폐 역할을 하는 경화를 제공하는 등 중앙정부와 비슷하게 국제체계에 질서를 부여한다고 주장한다. 패권국가는 중간강국이나 소국 상호간의 분쟁 해결에 도움을 주거나 최소한 제어할 수 있다.[36] 한 국가의 힘이 전 세계를 지배한다면 그 국가는 일방적으로 규칙과 규범을 집행할 수 있으며 집합재 문제를 피할 수 있다. 패권국가의 경우 전 세계 자유무역을 유지하고 세계경제의 성장을 촉진할 수 있다.

이 이론에 따르면, 제2차 세계대전 이후 몇 십 년간의 평화와 번영은 미국 패권 덕분이다. 미국이 강대국 간의 전쟁을 막는 안보 장치와 함께 안정적이고 비교적 자유로운 국제무역을 지지하는 세계적 경제관계의 틀을 만들고 유지해 왔다고 보기 때문이다. 반면에, 1930년대의 대공황과 제2차 세계대전의 발발은 당시 국제체계에서 생긴 힘의 공백 탓이라 한다. 당시 영국은 더 이상 패권국가로서 기능할 수 없었고 미국은 그 역할을 맡으려 하지 않았다고 주장한다.[37]

왜 패권국가가 공통의 이익이 되는 국제경제의 규칙들을 집행하려고 할까? 패권안정이론에 따르면, 패권국가는 세계 최대의 무역국이기 때문에 통합된 세계시장(여기서도 패권국가의 지배 가능성이 크다)을 만드는 데 본연의 이익을 가진다고 한다. 즉 생산성과 기술 측면에서 가장 앞선 국가인 패권국가가 외국과의 경쟁을 두려워할 이유가 없으며, 두려워할 것이라고는 자국의 우수한 상품이 외국 상품과 경쟁할 기회를 갖지 못하는 것뿐이다. 그래서 패권국가가 자유무역을 실현하고 자유무역에 필요한 정치적 안정을 이룩하기 위해 힘을 사용한다는 것이다. 결국 패권국가는 자유무역을 위한 안정된 정치적 장치를 제공할 수 있는 능력과 동기를 모두 가지고

G. John, ed. *America Unrivaled: The Future of the Balance of Power.* Cornell, 2002.

36　Keohane, Robert O. The Theory of Hegemonic Stability and Change in International Economic Regimes, 1967–1977. In Holsti, Ole R., R. M. Siverson, and A. L. George, eds. *Change in the International System.* Westview, 1980.

37　Kindleberger, Charles P. *The World in Depression, 1929–1939.* California, 1973. Lake, David A. *Power, Protection, and Free Trade: International Sources of U.S. Commercial Strategy, 1887–1939.* Cornell, 1988.

있다고 한다. 그러나 모든 국제관계 학자들이 이 이론에 동의하지는 않는다.[38]

물론 힘이 약한 국가들의 관점에서 볼 때 패권은 주권침해이며 패권이 만든 질서는 부당하고 불법적인 것일 수 있다. 예를 들어 중국은 미국의 힘이 전성기였던 1949년부터 20년간 미국이 부과한 경제제재로 고통을 겪었다. 그 당시 이미 중국은 미군 기지와 미국이 주도하는 적대적 동맹들에 의해 포위되어 있었다. 오늘날까지 중국 지도자들은 패권이란 말을 욕설로 사용한다. 그들이 패권안정이론에 수긍할리 없다.

미국 내에도 미국의 패권에 대한 상반되는 시각이 있다. 역사적으로 미국의 외교정책은 **국제주의**와 **고립주의**를 오갔다.[39] 미국의 건국은 유럽에 기반을 둔 국제체계로부터의 이탈에 의해 이루어진 것이며, 19세기 미국의 성장은 북아메리카 내에서의 산업화와 팽창에 의한 것이었다. 미국은 필리핀과 푸에르토리코 같은 해외 식민지를 얻었지만 제국주의 국가의 역할을 즐기지는 않았다. 제1차 세계대전에는 3년 동안이나 관여하지 않았으며, 그 직후 창설된 국제연맹에도 가입하지 않았다. 이 같은 미국의 고립주의는 1930년대 말에 이르러 절정을 이루었다. 당시 실시된 여론조사를 보면, 미국 국민의 95%가 유럽에서 일어날지 모르는 전쟁에 미국이 참전하는 것을 반대하였으며, 70%가 국제연맹 가입이나 침략 방지를 위한 타국과의 연합에 반대하였다.[40]

반면에 루스벨트 대통령이나 윌슨 대통령 같은 국제주의자들은 세계문제에서 미국이 지도력을 발휘하고 적극적으로 활동하는 것을 선호하였다. 이러한 입장은 고립주의가 제2차 세계대전을 방지하거나 그 전쟁에 휘말려 들어가는 것을 피하지 못함으로써 더 힘을 얻은 것 같다. 제2차 세계대전 이후 미국 지도자들은 소련(나중에 중국까지 포함해서) 공산주의의 위협을 두려워하여 냉전기간 미국의 강력한 국제주의를 지지하도록 여론을 몰아갔다. 이리하여 미국은 적극적이고 세계적인 초강대

---

38 Snidal, Duncan. The Limits of Hegemonic Stability Theory. *International Organization* 39(4), 1985: 579–614. Gruber, Lloyd. *Ruling the World: Power Politics and the Rise of Supernational Institutions.* Princeton, 2000.

39 Zakaria, Fareed. *From Wealth to Power: The Unusual Origins of America's World Role.* Princeton, 1998.

40 Free, Lloyd A., and Hadley Cantril. *The Political Beliefs of Americans.* Rutgers, 1967.

국이 되었다. 탈냉전시대에 미국의 국제주의는 비용 문제 때문에, 그리고 세계화와 자유무역이 낳은 부작용으로 새로운 고립주의 진영이 등장함에 따라 수그러들었다.[41] 그러나 2001년 9·11 테러공격으로 미국의 개입주의에 대한 대중의 지지가 되살아났다. 과거에는 먼 곳의 분쟁에 개입한다는 인식이 있었지만 지금은 멀다는 개념이 사라졌다. 그러나 최근 들어 이라크전 반대, 아프가니스탄 분쟁의 장기화, 국내 경제의 침체 등으로 인하여 새로운 고립주의 경향이 힘을 얻고 있다.

미국의 국제 개입에 대한 상반되는 시각의 다른 일면은 일방주의(unilateralism)와 다자주의(multilateralism)이다. 국제기구를 통하여 이루어지는 다자주의적 접근은 미국의 힘을 보강해주고 비용을 절감해주지만 행동의 자유를 제한한다. 예를 들어 UN은 항상 미국이 원하는 대로 움직이지는 않는다. 여론조사를 보면 미국 시민 대부분이 1기 부시행정부가 그랬듯이 UN과 기타 다자간 기구를 통해서 활동하는 것에 찬성한다.[42] 그러나 1990년 이래 미국 의회의 의원들과 2기 부시행정부는 일방주의 접근을 더 선호하여 UN과 다자간 기구에 대하여 회의적이었다.[43]

1990년대에 미국은 UN에 납부해야 할 분담금을 10억 달러 이상 미납하였다. 또한 2001년 이후 지구온난화 방지 조약, 인종차별 관련 국제회의, 국제형사재판소 등과 같은 국제적 노력에 참가하는 것을 거부하였다. 2003년에 미국이 주도한 이라크와의 전쟁은 동참한 동맹국 수도 적고 UN의 승인도 받지 못한 채 치른 전쟁으로서 미국 일방주의의 절정으로 기록된다. 그 이후 NATO 동맹은 아프가니스탄에서의 작전, 2011년 리비아 공습으로 다시 존재감을 보였으며, 미납 분담금도 납부했다.

41 Haass, Richard N. *The Reluctant Sheriff: The United States after the Cold War.* Brookings, 1997. Lieber, Robert J. *Eagle Rules? Foreign Policy and American Primacy in the 21st Century.* Prentice Hall, 2002.

42 Kull, Steven, and I. M. Destler. *Misreading the Public: The Myth of a New Isolationism.* Brookings, 1999.

43 Ferguson, Niall. *Colossus: The Price of America's Empire.* Penguin, 2004. Daalder, Ivo H., and James M. Lindsay. *America Unbound: The Bush Revolution in Foreign Policy.* Wiley, 2005.

⑹ 강대국체계, 1500 – 2000

힘의 균형, 힘의 전이, 패권 등과 같은 개념들이 역사적으로 어떻게 작동되어 왔는가를 보여주기 위해 여기서 우리는 현대 국제체계의 기원을 간략히 살펴볼 것이다. 강대국, 주권, 힘의 균형, 패권시대 등을 감안하여 흔히 현대 강대국체계의 출발을 1648년의 **웨스트팔리아조약**으로 보는 경우가 있다. 이 조약에서 오늘날의 국제체계에도 적용되는 독립 주권국가에 관한 원칙들이 정립되었기 때문이다. 그러나 국제관계의 규칙들의 기원은 웨스트팔리아조약에 있지 않다. 16세기 유럽에서 이미 국제관계가 형태를 갖추었기 때문이다〈그림 2.5〉 참조). 이 체계의 가장 핵심적인 특징은 하나의 국가 또는 국가연합이 다른 국가와 힘의 균형을 이루고, 그렇게 함으로써 어느 한 국가가 작은 정치단위들을 집어삼켜서 세계 제국으로 발전하지 못하도록 하는 능력을 가졌다는 점이다.

이와 같은 힘의 균형체계에서는 강력한 군사력과 세계적 이해관계와 야심을 가진, 그러면서 서로 긴밀한 상호작용 관계를 가진 소수의 강대국들이 특히 중요하다. 이런 강대국체계는 1500년 무렵부터 존재해 왔다. 이 체계의 구성 국가가 바뀌는 일은 있었지만 체계의 구조와 규칙들은 오랜 기간 비교적 안정적으로 유지되어 왔다. 이 체계의 구조는 6개 혹은 6개 남짓 되는 강대국들 간의 힘의 균형이다. 이 강대국들은 동맹을 결성하거나 해체하고, 전쟁을 감행하기도 하고 평화를 이룩하기도 하면서 어느 한 국가도 다른 국가를 정복하지 못하도록 노력하였다.

16세기 유럽에서 가장 강대한 국가는 영국, 프랑스, 오스트리아-헝가리, 스페인이었다. 오토만제국(터키)은 수시로 유럽 강대국들, 특히 오스트리아-헝가리와 싸웠다. 과거 오토만제국(이슬람)과 오스트리아-헝가리(기독교) 사이의 역사적 분쟁이 오늘날 구 유고슬라비아(구 오토만제국의 변방) 지역 종족분쟁의 한 원천이 되고 있다.

유럽 안에서는 오스트리아-헝가리와 스페인이 합스부르크 왕가의 통제 하에 동맹관계에 있었다. 합스부르크 왕가는 네덜란드도 속령으로 소유하고 있었다. 1618-1648년의 30년전쟁에서 합스부르크 왕가의 국가들(가톨릭)은 프랑스, 영국, 스웨덴, 그리고 새로 독립한 네덜란드 등 북부 유럽의 프로테스탄트 국가들에게 패했다.[44] 그 이후 1648년의 웨스트팔리아조약은 국제체계를 규정하는 기본 규칙, 즉 국제체계의 평등하고 독립적인 구성원으로서 국가의 주권과 영토보전이라고 하는 규칙을 정립하였다. 그 이후 전쟁에서 패한 국가들은 일부 영토를 빼앗길지는 몰라도 일반적으로 승전국에 합병되지 않고 독립국의 지위를 계속 인정받게 되었다.

18세기에 들어 영국의 힘이 산업화에 힘입어 강해졌으며, 영국의 가장 강력한 경쟁자는 프랑스였다. 스웨덴, 네덜란드, 오토만제국은 국력이 쇠퇴하였다. 이에 비해 러시아, 그리고 더 나중의 일이지만 프러시아(현대 독일의 선두주자)가 주요 행위자로 등장하였다. 프랑스대혁명에 뒤이은 **나폴레옹전쟁**(1803-1815)에서 프랑스가 영국, 네덜란드, 오스트리아-헝가리, 스페인, 러시아, 프러시아 연합군에 패했다. 이 전쟁을 마감하는 비엔나회의(1815)는 프랑스혁명과 나폴레옹제국의 도전에 대한 반작용으로서 국가주권의 원칙을 다시 강조하였다.[44] 이후 수십 년간 유럽을 지배했던 유럽협조(European Concert) 체계에서 5개 강대국들은 전쟁 방지 관련 주요 문제들에서 협력하고자 노력하였고 일정한 성과를 거두기도 했다. 이것은 오늘날 UN안보리의 원조라 할 수 있다. 이 기간 동안 영국은 어느 한 국가가 유럽 최강국이 되면 이에 대항하는 동맹에 가담하는 방식으로 균형자 역할을 수행하였다.

20세기에 접어들면서 3개의 신흥 강국이 무대에 등장하였다. 미국(세계 최대의 경제대국이 된), 일본, 이탈리아가 그들이다. 이제 강대국체계는 유럽만의 것이 아니라 세계화 되었다. 강대국들은 산업화를 계속하였으며 활동 범위를 전 세계로 확장하면서 군사력을 강화해 나갔다. 프러시아가 전쟁에서 오스트리아와 프랑스를 패퇴시키자, 더 큰 독일이 탄생하여 영국의 지위를 위협하였다.[45] 제1차 세계대전(1914-1918)에서 독일, 오스트리아-헝가리, 오토만제국이 영국, 프랑스, 러시아, 이탈리아, 미국 등의 연합군에게 패했다. 20년간의 짧은 평화가 지난 후 독일, 이탈리아, 일본은 제2차 세계대전(1941-1945)에서 미국, 영국, 프랑스, 러시아(소련), 중국의 연합군에게 패했다. 제2차 세계대전의 5개 승전국들이 바로 오늘날 UN안보리 상임이사국이 되었다.

제2차 세계대전 이후 과거 독일과의 전쟁에서 동맹국이었던 미국과 소련은 40년간의 냉전시대에 서로 적대국으로 지냈다. 유럽은 적대 진영으로 분열되었으며, 독일은 2개 국가로 분단되었다. 세계의 나머지 지역들은 양대 진영이 동맹국이

---

44 Kissinger, Henry A. *A World Restored*. Houghton Miffl in, 1973 [1957].

45 Langer, William L. *European Alliances and Alignments, 1871-1890*. Knopf, 1931.

〈그림 2.5〉 강대국체계, 1500 – 2000

	1500	1600	1700	1800	1900	2000
전쟁	스페인의 포르투갈 점령	30년 전쟁	스페인 계승전쟁	7년 전쟁 / 나폴레옹 전쟁	보불전쟁	1차대전 / 2차대전 / 냉전
주요 동맹	스페인 무적함대 / 터키(무슬림) 대 유럽(기독교)	합스부르크(오스트리아-스페인) 대 프랑스, 영국, 네덜란드, 스웨덴	프랑스 대 영국, 스페인	프랑스 대 영국, 네덜란드	독일(과 일본) 대 영국, 프랑스, 러시아, 미국, 중국	러시아 대 미국과 서유럽, 일본
규칙과 규범	주권국가 (프랑스, 오스트리아)	네덜란드 독립 / 웨스트팔리아 조약 1648 / 그로티우스의 국제법	유트레히트 조약 1713	비엔나 회의 1815 / 유럽협조 동맹 / 칸트의 평화론	국제연맹 제네바 협약 / 공산주의	UN 안보리 / 인권
신흥 강대국	영국, 프랑스	네덜란드	러시아 / 네덜란드 패권	프러시아 → 미국, 독일, 일본, 이탈리아	영국 패권	미국 패권 / 중국
몰락한 강대국	베니스		스페인 / 네덜란드 / 스웨덴 / 오토만제국		영국, 프랑스, 오스트리아, 이탈리아	러시아

나 영향력을 얻기 위해 각축하는 경쟁의 장이 되었다. 이 때 양 진영은 지역 또는 국내 분쟁에서 어느 한편을 지원하는 방법을 사용하기도 하였다. 소련이 붕괴된 1990년 무렵에 이르러 냉전이 종식되자 19세기 유럽협조의 경우와 유사한 강대국들 간의 협력적 국제체계가 다시 등장했다.

4. 동맹

동맹이란 국가들이 어떤 목적을 달성하기 위해 각자의 행동을 조정하기 위해 만든 국가들의 연합체이다. 대부분의 동맹은 공통의 위협 및 이와 연관된 국제안보 문제 등을 명시한 조약을 통하여 공식적 형태를 취하며, 특정 사안에 국한되지 않고 비교적 장기간 유지된다. 이라크전을 위해 미국 주도로 만든 것과 같은 비교적 짧은 기간 유지되는 결합은 **연합군**(coalition)이라 부른다. 그러나 동맹이든 연합군이든 이 용어들은 다소 모호하다. 공식적인 동맹관계에 있는 두 국가가 서로 적이 될 수도 있기 때문이다. 1960년대 소련과 중국이 그런 관계였고, 오늘날 NATO 회원국 중 그리스와 터키가 그런 관계이다. 그리고 두 국가가 공식 조약 없이 사실상 동맹관계를 만들 수도 있다.

(1) 동맹의 목적

일반적으로 동맹의 목적은 회원국들이 힘을 합쳐 그 힘을 보강하려는 것이다. 약소국들에게는 동맹이 가장 중요한 힘의 요소일 수 있으며, 강대국들에게는 동맹이 어떻게 이루어져 있느냐가 국제체계에서의 힘의 분포 상태를 결정하는 것이다. 힘의 구성요소들 가운데서 동맹만큼 빨리, 그리고 결정적으로 변화하는 것은 없다. 대부분의 동맹은 인지된 위협에 대처하기 위해 결성된다. 한 국가의 힘이 커져서 경쟁국에 위협이 된다면 위협을 느낀 국가가 상대방의 힘을 제한하기 위해 동맹을 만들 수 있다. 1990년 이라크의 쿠웨이트 침공 당시, 1940년대에 히틀러가 나치독일을 이끌던 시기, 그리고 1800년대에 나폴레옹이 프랑스를 이끌던 시기에 그런 일이 일어났다.

현실주의자들은 동맹의 유동성을 강조한다. 동맹은 연애결혼이 아니라 편의에 따른 동거이다. 동맹은 국가이익에 기반을 둔 것이며, 따라서 국가이익이 변하면 동맹관계도 변할 수 있다. 동맹의 유동성은 힘의 균형 과정이 효과적으로 작동하는 데 도움을 준다. 그러나 동맹을 깨는 것은 간단하지 않고 비용이 많이 든다. 동맹을 깨는 국가의 신용은 추락할 것이며, 이로 인하여 장차 다른 동맹을 만드는 일이 더 어려워질 수 있다. 그래서 국가들은 단기적 이익에 반해도 동맹조약을 준수하는 경우가 많다. 그러나 국제관계의 무정부적 성격 때문에 친구에게 등을 돌리는 일은 항상 가능하다. 1848년에 영국 정치인 팔머스턴 경(Lord Palmerston)은 의회 연설에서 이렇게 말한 바 있다. "우리에게 영원한 동맹도 영원한 적도 없다. 영원한 것은 우리 이익이며, 그 이익을 추구하는 것이 우리 의무이다."[46] 현실주의자들은 이 말에 동의할 것이다.

동맹의 유동성을 보여주는 사례는 많다. 반공주의자인 닉슨이 1972년에 모택동과 손을 잡았다. 스탈린은 파시스트 히틀러와 불가침조약을 체결하였고 그 후 히틀러에 대항하기 위해 서방 자본주의와 협력했다. 미국은 1980년대에는 소련군에 대항하기 위해 아프가니스탄의 이슬람 전사들을 지원하였지만 2001년에는 바로 그 이슬람 전사들을 공격하였다. 국제관계에서 이런 식의 편 가르기는 흔한 일이다. 이런 사실에 대하여 많은 사람들이 놀랄지 모르지만 현실주의자들은 놀라지 않는다.

동맹의 유동성은 안보 딜레마를 더욱 심화시킨다. 국가 수가 둘밖에 없다면 양측의 전력을 비슷하게 만들어 방어에는 충분하지만 공격을 위해서는 충분치 않은 상태로 만드는 것이 가능하다. 그러나 국가 수가 하나 더 늘어나 어느 쪽과도 자유로이 동맹을 결성할 수 있는 상황이 된다면, 이제 각국은 다른 두 국가가 동맹을 결성할 경우에 대비한 방어력을 갖추어야만 한다. 이렇게 되면 위협이 더욱 커지고 안보 딜레마도 더욱 피하기 어렵게 된다.

---

46 1848년 3월 1일 하원 연설.

　　동맹의 결속력이란 회원국들이 단결 정도를 말한다. 회원국들의 국익이 일치할 때, 그리고 동맹 내에서의 협력이 제도화되거나 습관화될 때 결속이 강해지는 경향이 있다. 상이한 이해관계를 가진 국가들이 공동의 적에 대항하기 위한 동맹을 결성하는 경우 위협이 사라지면 동맹도 해체될 수 있다. 제2차 세계대전 이후 미-소동맹에 이런 일이 일어났다. 냉전시대 NATO처럼 동맹의 결속력이 강한 경우에도 동맹의 **비용분담** 문제를 놓고 갈등이 빚어질 수 있다.[47]

　　강대국이 약소국과 동맹을 맺을 때 (혹은 보다 덜 공식적인 안보 공약을 제공할 때) 이 약소국을 피후견국(client state)이라 한다. 이 피후견국에 대한 공격을 억지하기 위해 강대국이 위협을 사용할 때 이를 가리켜 **확장된 억지**(extended deterrence)라 한다. 예컨대 미국은 소련이 서유럽을 공격하면 소련 본토를 공격하겠다고 위협하였다. 강대국들은 각자의 피후견국들이 서로 전쟁을 벌일 때 별로 중요하지도 않은 지역적 문제를 놓고서 본의 아니게 전쟁에 끌려들어갈 위험에 처해 있다. 강대국의 입장에서 볼 때 피후견국 보호에 나서지 않으면 다른 피후견국들로부터 신뢰를 잃고, 보호에 나서면 값비싼 전쟁을 치러야 할 형편이다.[48] 예컨대 소련은 1950년대에는 중국에 대한 공약이, 1960년대에는 쿠바에 대한 공약이, 1970년대에는 시리아와 이집트에 대한 공약이 미국과의 끔찍한 전쟁으로 이어질 가능성에 대하여 우려하였다.

(2) NATO

　　현재 국제안보 상황을 지배하는 중요한 공식적 동맹은 두 가지이다. 하나는 서유럽과 북아메리카를 포괄하는 강력한 동맹인 **북대서양조약기구**(North Atlantic Treaty Organization, NATO)이다. 다른 하나는 미-일동맹이다. 28개 NATO 회원국이

---

47 Martin, Pierre, and Mark R. Brawley, eds. *Alliance Politics, Kosovo, and NATO's War: Allied Force or Forced Allies?* Palgrave, 2000.

48 Snyder, Glenn H. *Alliance Politics.* Cornell, 1997. Leeds, Brett Ashley. Do Alliances Deter Aggression? The Influence of Military Alliances on the Initiation of Militarized Interstate Disputes. *American Journal of Political Science* 47 (3), 2003: 427–40. Menon, Rajan. *The End of Alliances.* Oxford, 2008.

세계 전체 GDP의 절반 가까이 차지하고 있다. 미국, 캐나다, 영국, 프랑스, 독일, 이탈리아, 벨기에, 네덜란드, 룩셈부르크, 덴마크, 노르웨이, 아이슬란드, 스페인, 포르투갈, 그리스, 터키, 폴란드, 체코, 헝가리, 리투아니아, 에스토니아, 라트비아, 슬로베니아, 슬로바키아, 불가리아, 루마니아, 알바니아, 크로아티아 등 28개국이 회원국이다. 회원국들이 파견한 장교들은 벨기에의 브뤼셀에 있는 본부에서 각종 계획을 협의하고 정기적으로 야전훈련을 주관한다. **동맹최고사령관**은 항상 미군 장성이 맡는다. 회원 각국이 자국 부대를 파견하기 때문에 동맹군 내에는 서로 다른 문화, 언어, 장비가 혼재한다.

　　NATO는 유럽 내 소련 세력에 대항하기 위하여 1949년에 창설되었다. 냉전시기 그 상대였던 소련 주도의 **바르샤바조약**은 1955년에 창설되었으나 1991년에 해체되었다. 냉전시대에 미국은 신예 항공기와 탱크 등의 장비를 갖춘 30만 규모의 군대를 유럽에 배치해 두었다. 냉전이 끝난 후 미군의 규모는 약 10만으로 줄었다. 그러나 NATO는 그대로 유지되고 있다. 회원국들이 NATO의 임무가 불확실함에도 불구하고 여전히 안정유지에 필요하다고 생각하기 때문이다.[49] 조약 내용 가운데 핵심 조항인 제5조는 회원국이 공격을 받으면 모든 회원국이 방어에 나설 것을 요구하고 있다. 원래 이 조항은 소련이 유럽을 공격할 때 미국이 유럽 방어에 나서는 것을 상정한 조항이지만, 이 조항이 처음으로 적용된 것은 9·11 테러공격 이후 유럽이 미국 방어에 동참했을 때였다.

　　NATO가 처음으로 실제 군사력을 사용한 것은 1994년 보스니아에서였는데, 그 임무는 현지에서 활동 중인 UN평화유지군을 지원하는 것이었다. "2중 열쇠"라는 절차를 통하여 현지 NATO군의 활동은 UN 통제 하에 두었다. UN은 NATO군이 보스니아 민간인 보호를 위하여 세르비아를 공격하면 이에 대한 보복이 가볍게 무장한 평화유지군에게 가해질 것을 우려하였다. 이 결과 NATO는 위협을 가하면서 이를 뒷받침하기 위한 상징적 수준의 공습을 가했는데 UN이 불안을 느끼면서 이마저도 중단하였고, 이로 인하여 NATO의 신뢰성에 손상을 입혔다. 그 후 발칸 지역에서 벌인 NATO의 활동(1999년 코소보를 위한 공습과 2001년 마케도니아에서의

49　Goldgeier, James M. *Not Whether But When: The Decision to Enlarge NATO.* Brookings, 1999.

평화유지활동)은 동맹의 결속이라는 측면에서 별 무리 없이 이루어졌다.

　　2011년 NATO군의 리비아 개입도 효과적이었다. NATO군의 공습이 리비아 내전의 전세를 바꾸어 반군이 독재정권을 전복하였기 때문이다. NATO는 UN안보리와 아랍연맹이 비행금지구역 설정을 지지하였고 투입된 공군기 대부분이 유럽 국가들의 공군기였다는 점에서 이 작전을 대성공으로 평가하였다.

　　현재 많은 회원국에서 파견된 NATO군이 아프가니스탄에서 탈레반과 싸우고 있다. 국제안보지원군으로 알려진 다국적군은 2006년 이래 NATO 지휘 하에서 활동해 왔다. 10만 이상의 병력이 국제안보지원군에서 복무중인데, 그 대부분이 NATO 회원국 병력이다. 비회원국인 파병 국가로는 호주, 뉴질랜드, 요르단 등이 있다. 이 다국적군은 2014년까지 완전 철수할 예정이다.

　　유럽연합(EU)은 NATO와 별개로 독자적인 신속배치군을 창설하였다. 1999년 코소보 사태 당시 투입된 전력의 대부분이 미군이었음에 반하여 유럽은 군사적 약세만 드러낸 꼴이 되었다는 인식이 있었고, 이런 인식이 유럽의 독자적 신속배치군 창설 결정의 배경이 되었다. 유로군단(Eurocorps)라 불리는 이 부대는 대체로 NATO와 협력관계에 있지만 유럽의 대미 독자성을 키우는 데도 기여하고 있다. 2003년에 EU가 민주콩고에 평화유지군을 파견하였는데, 이것은 NATO와 별개로 벌인 유로군단 최초의 군사작전이었다. 2004년에는 NATO군과 미군이 보스니아에서 9년간의 활동을 끝내고 철수하면서 현지 평화유지활동을 EU에 넘겼다(마케도니아에서 그랬듯이). 그러나 바로 이웃한 코소보에는 미군을 포함한 NATO군이 아직 남아 있다.

　　현재 NATO가 직면하고 있는 가장 큰 문제는 과거 동서냉전이 그어놓은 선을 넘어 동쪽으로 확장하는 문제이다(《그림 2.6》 참조). 과거 소련진영에 속했던 폴란드, 체코, 헝가리가 1999년에 NATO에 가입했다. 2004년에는 에스토니아, 라트비아, 루마니아, 불가리아가 가입했다. 다시 2009년에 알바니아와 크로아티아가 가입하여 회원국이 총 28개국으로 늘어났다. 이 신입 회원국들의 군대를 NATO와 호환가능하게 만드는 것이 큰 과제인데, 이를 위해서는 회원국들이 더 많은 군사비를 지출해야 한다. 이 같은 NATO의 확장을 정당화하는 논리는 두 가지이다. 하나는 NATO 확장이 새로운 민주주의를 공고히 한다는 것이고 다른 하나는 장차 있을지 모르는 러시아의 침공을 막는다는 것이다. 그러나 2003년의 이라크전은 NATO를 빗겨 가면서 분열시켰다. 당시 오랜 회원국 프랑스와 독일이 강력하게 전쟁에 반대하였고, 터키는 이라크로 가는 미 지상군의 자국 통과를 허락하지 않았다. 동시에 미국 지도자들은 독일 주둔 미군을 감축하는 한편으로 일부 군 시설(과 자금)을 루마니아 같은 동유럽의 신입 회원국으로 이전하였다. 루마니아의 경우 비용이 적게 들고 중동과 더 가깝다.

〈그림 2.6〉 NATO의 확장

주: 지도상 모든 국가가 NATO 평화프로그램 회원국임.

러시아 지도자들은 NATO가 동유럽으로 확장해 들어오는 것에 대하여 공격적이고 러시아를 노린 것이라고 비판한다. 이들은 NATO의 확장을 러시아에 더 접근해서 유럽 지도에 새로운 경계선을 긋는 일로 본다. 이런 두려움이 러시아의 민족주의 및 반서방 정치세력의 힘을 키우고 있다. 이 문제를 완화하기 위해 NATO는 일종의 상징적 회원제도, 즉 평화를 위한 동반자(Partnership for Peace)를 만들었다. 여기에는 러시아를 포함해서 거의 모든 동유럽 국가와 구소련 공화국들이 참가하였다. 그러나 1999년에 NATO가 세르비아를 폭격하는 사건이 일어나자 NATO의 동진에 대한 러시아의 우려가 다시 커졌다. 또한 NATO가 우크라이나 및 조지아와 협력관계를 구축하였는데 이 협력관계 역시 러시아의 두려움을 키웠을 것이다.[51] 조지아는 2008년에 러시아와 짧은 기간 전쟁을 벌인 적이 있다. NATO 확장에 대응하여 소련은 미국 외교정책에 비판적인 베네수엘라와 중국 같은 국가들과의 군사협력 확대를 시도해 왔다. 중국과는 지금까지 수십 차례 합동군사훈련을 실시하

집합재 찾기

아프가니스탄 내 NATO군
집합재: 탈레반 격퇴

배경: 2001년 테러공격 이후 NATO 회원국들은 알카에다 군대와 그 후원자인 아프가니스탄의 탈레반 군대와 싸우는 일을 지원하겠다고 약속하였다. 많은 국가들이 국제안보지원군이라는 다국적군을 결성하였다. 이 다국적군의 대부분은 현지의 NATO군이다. 현재 다국적군은 갓 태어난 아프가니스탄 정부를 보호하고, 아프가니스탄의 새 군대를 훈련하고, 탈레반의 재집권을 막기 위한 정치적 제도를 마련하고 있는 중이다.

아프가니스탄에서 승리하기에 충분한 군사력을 확보하는 것이 집합재이다. NATO 회원국들에게는 군대와 장비를 제공하는 것이 의무가 아닌 선택 사항이다. 누가 얼마의 군대를 파견하느냐에 관계없이, 알카에다를 격파함으로써 생기는 이득은 모두에게 골고루 돌아간다. 그러나 너무 많은 국가들이 지나치게 인색할 정도로 소규모 군대를 파견한다면 전체 다국적군의 전력이 너무 약해서 소기의 목적을 달성할 수 없게 된다.

도전: 근 10년의 세월이 흘렀지만 아프가니스탄에서의 전쟁은 아직도 진행 중이다. 이 전쟁은 다국적군에 참가한 거의 모든 국가에서 정치적 논란의 대상이 되었다. 친 탈레반 군은 계속 광범한 공격을 감행하고 있으며 다국적군이 이룩한 것들을 위협하고 있다.

지금까지 NATO 회원국들은 파병에 인색했다. 부시 행

였다.

(3) 기타 동맹

　　두 번째로 중요한 동맹이 2국 동맹인 **미-일안보조약**이다. 이 조약에 의거하여 미국은 (무기, 장비, 병참지원 등을 갖춘) 35,000에 가까운 병력을 일본에 주둔시키고 있다. 일본 측은 주일 미군의 유지에 드는 비용의 절반 정도인 연간 수십억 달러를 미국에 제공하고 있다. 이 동맹은 일본에 대한 소련의 잠재적 위협에 대처하기 위해

50　Moens, Alexander, Lenard J. Cohen, and Allen G. Sens, eds. *NATO and European Security: Alliance Politics from the End of the Cold War to the Age of Terrorism.* Praeger, 2003.

정부와 오바마 행정부는 동맹국들에게 더 많은 군대와 자금을 요청했지만 결과는 별로 달라지지 않았다. 2010년의 대폭증강 당시에도 미국은 병력 30,000명을 증파했지만 NATO 회원국들은 10,000명만 보냈다. 동맹국들은 이 전쟁의 인기 하락, 세계적 경제침체로 인한 예산 압박, 그리고 불투명한 승전 전망 등의 한계에 직면하고 있다. 네덜란드 정부는 2010년 아프가니스탄에 자국 병력을 계속 주둔시키려 애쓰다가 그로 인하여 정권을 잃어버렸다.

　　해결책: 이론상 NATO는 상호주의에 입각해서 움직인다. 모든 회원국들은 집합재에 평등하게 기여한다. 또한 회원국들은 폭력적인 종교 테러리스트들과 싸우는 서방 민주국가로서의 정체성을 공유하고 있다. 그러나 막대한 예산이 들어가고 연일 국기로 덮인 관이 귀국하는 상황에서 상호주의나 정체성이 중요하다고 생각하고 있을 회원국은 많지 않을 것이다.

　　이런 경우 집합재 문제의 해결책은 우세 국가가 집합재를 공급하는 것이다. 사실상 NATO가 평등한 회원들로 구성된 클럽인 것은 아니다. 한 회원국이 나머지 회원국 전체를 합친 것보다 더 강한 군사력을 가지고 있다. 지위 서열의 정상에 앉아있다는 것은 아래 사람들에게 명령을 내리는 것만을 의미하지는 않는다. 정상을 차지할 능력이 가장 큰 사람은 제휴관계를 잘 만들고 자신의 힘과 부를 잘 사용하여 아래 사람들을 충성하게 만들 줄 아는 사람인 경우가 많다.

한국전쟁 중인 1961년에 창설되었다.

미-일동맹은 그 뿌리가 제2차 세계대전 이후 미군의 일본 점령에 있기 때문에 매우 비대칭적인 동맹이다. 미국은 일본이 공격 받을 때 일본을 지키겠다는 공약을 가지고 있지만 일본은 미국에 대하여 그러한 의무를 지지 않는다. 또 미국은 일본에 군대를 주둔시키고 있지만 일본의 경우는 그렇지 않다. 또 미국은 다른 몇 개의 동맹에 동시에 가입했지만 일본은 미국과의 동맹이 유일한 동맹이다. 그리고 이 동맹의 전체 군사력 가운데 미국 측이 차지하는 비율이 NATO의 경우에 비해 훨씬 높다.

일본 헌법(제2차 세계대전 이후 맥아더 장군이 작성한 것)은 전쟁을 할 권리와 군대를 보유할 권리를 인정하지 않고 있다. 그러나 이 조항에 대한 해석은 날이 갈수록 금지를 완화하는 방향으로 이루어져 왔다. 현재 일본은 국토방위를 위해서는 충분히 강력하나 침략을 위해서는 충분치 못한 자위대(自衛隊)라는 군대를 보유하고 있다. 자위대는 세계적 기준에서 막강한 군대지만 일본의 경제력에 비추어 보면 아주 작은 군대이다. 제2차 세계대전 당시 핵무기에 의한 참변을 겪은 일본의 여론이 일반적으로 군국주의를 거부하며 특히 핵무기 개발을 가로막고 있다. 그러나 일본 지도자들 가운데 일부는 일본의 공식적 안보 역할이 경제력에 상응하는 수준으로 확대되어야 한다고 믿고 있다. 2001년에 아프가니스탄, 2004년에 이라크에 일본군이 참가하였다(전투임무는 아니지만). 또한 일본은 UN안보리 상임이사국 자리를 원하고 있다. UN측에서는 평화유지활동에 본격 참여하라고 일본을 압박하고 있다.

미국 측으로서는 미-일동맹을 아시아 지역에서 미국의 힘을 행사하기 위한 일종의 기지로 활용해 왔다. 특히 한국전(1950-1953)과 베트남전(1965-1975) 기간에 일본은 가장 중요한 전초기지였다. 미군이 계속 일본에(유럽의 경우도 마찬가지지만) 주둔하는 것은 미국이 아시아의 안보문제에 계속 개입하겠다는 의지를 상징적으로 보여주는 것이다.

그러나 지난 10년 동안에 주일 미군의 규모는 약간 줄었다. 고비용, 위협 감소라는 요인 외에 중동지역에 대한 미국의 관심이 커진 데 따른 것이다. 2010년에는 당시 일본 수상 하토야마가 사임함에 따라 미-일동맹이 일본에서 큰 정치적 쟁점이 되기도 했다. 당시 하토야마는 미-일조약의 일부 내용에 대하여 미국과 재협상을 벌여 미국의 양보를 얻어내겠다는 약속을 어겨 사임하였기 때문이다.

미-일조약 외에 미국은 호주, 한국 등과 군사동맹 관계를 유지하고 있다. 한-미동맹은 한국전쟁 중에 체결된 것인데, 이 조약에 의거하여 25,000명 규모의 미군이 한국에 주둔하고 있다. 미국이 긴밀한 군사적 협력관계를 유지하고 있는 이스라엘 같은 국가와의 관계는 사실상(de facto) 동맹관계라 할 수 있다.

한편, 발트 국가(에스토니아, 라트비아, 리투아니아)를 제외한 11개 구소련 공화국이 **독립국가연합**(Commonwealth of Independent States, CIS)을 결성하였다. 소련의 공식 후계자인 러시아가 주도적이고 우크라이나는 두 번째 대국이다. 군사적 협의가 CIS를 통해 이루지기도 하지만, 통합군 창설이라는 당초 계획은 성공하지 못했다. 큰 회원국 중에서 카자흐스탄과 벨라루스가 러시아와 가장 긴밀한 관계를 유지하고 있으며, 우크라이나는 가장 독자성을 보이고 있다(CIS협정을 공식적으로 비준하지도 않았다). 2009년에 조지아가 CIS에서 탈퇴했는데, 그 전년에 있었던 러시아와의 군사적 충돌의 결과였다.

(4) 지역적 제휴관계

지금까지 살펴본 동맹과 지역적 국제기구와 달리, 대부분의 국제적 제휴관계(alignment)는 동맹으로 공식화되지 않은 관계이다. 강대국들 간에 긴밀한 관계가 있어 왔지만, 중국과 러시아는 약간의 독자성을 보였다.

냉전시대에 남반구의 많은 국가들이 미-소 경쟁관계와 거리를 둔 **비동맹운동**에 동참하였다. 인도와 유고슬라비아가 주도한 이 운동은 명백히 어느 한 초강대국의 피후견국인 쿠바 같은 국가가 참여함으로써 어려움을 겪기도 했다.

20세기가 지나면서 53개 회원국을 가진 아프리카통일기구(Organization of African Unity)라는 실권이 별로 없는 국제기구가 대륙 의회, 중앙은행, 법원을 갖춘 더 강력한 기구인 아프리카연합(African Union, AU)으로 탈바꿈했다. 아프리카연합이 처음 실험대에 오른 것은 2004년 수단에서 대량학살 문제가 터졌을 때이다. 당시 아프리카연합은 이 문제에 대처하기 위해 3,000명의 병력을 파견하였다(UN평화유지군 병력 수에 비해 훨씬 작은 규모임). UN평화유지군도 이보다 훨씬 더 많은 병력이 파견되었다. 또한 2012년에 아프리카연합은 주로 우간다군으로 편성된 군대를 소말리아에 파견하여 소말리아 내 이슬람 무장세력을 축출하였다.

아시아에서는 중국이 (소련과 제휴한) 인도에 맞서고 있는 파키스탄과 오랫동안 느슨한 동맹관계를 맺고 있다. 미국은 파키스탄 편에 서는 경향을 보이지만 냉전이 끝난 이후 미-인도관계와 미-중관계도 개선되었다.[51] 또한 중국은 북한과 느슨한 동맹관계를 가지고 있는데, 중국은 한국을 견제하는 존재로서 북한의 가치를 평가한다. 그러나 중국은 북한 정치 경제의 안정성에 대한 불안감을 떨치지 못하고 있다.

아시아 국가로서 미국의 오랜 우방으로 일본, 한국, 필리핀(2002년부터 합동 테러 진압작전을 펼치는), 대만(1970년대 이래 비공식적으로만 교류), 싱가포르, 태국 등이 있다.

중동에서는 아랍-이스라엘 분쟁이 지난 수십 년간 전체 아랍 국가들을 반 이스라엘 전선에 묶어세웠지만, 이 제휴관계는 이집트가 1978년, 요르단이 1994년에 이스라엘과 평화협정을 체결하면서 붕괴되었다. 이스라엘과 팔레스타인 간의 평화 교섭이 시간을 오래 끌면서 전진과 후퇴를 반복함에 따라 아랍 국가 간의 연대와 반 이스라엘 활동의 정도도 수시로 바뀌었다. 2006년에 이스라엘이 남부 레바논에서 헤즈볼라 게릴라와 한 달 정도 교전하고, 2008년과 2012년에 가자 지구에서 하마스 전투원들과 교전했을 때 아랍-이스라엘 관계가 매우 악화되었다. 한편, 이스라엘과 터키는 긴밀한 군사적 협력관계를 구축하였는데, 이로써 이스라엘의 전력은 그만큼 강화되었다. 그러나 2009년에 배를 타고 가자 봉쇄를 돌파하려던 터키 시위대를 이스라엘이 살해한 사건이 발생하여 양국관계가 악화되었다. 2011-2013년, 아랍의 봄 사태가 이 지역 전체를 불안으로 몰아가면서 이스라엘-팔레스타인 관계도 냉각되었다. 현재 중동 지역 갈등의 가장 중요한 측면은 시리아 내전 사태가 잘 보여주듯이 시아파(Shi'ite)와 수니파(Sunni) 간의 대립이다. 시아파의 중심 거점은 이란이고 수니파의 중심 거점은 사우디아라비아이다.[52]

미국은 (1978년 이후) 이집트와 긴밀한 관계를 유지하고 있고, 터키(NATO 회원국), 쿠웨이트, 사우디아라비아, 모로코 등과도 긴밀하게 협력하고 있다. 미-이란관

51 Hemmer, Christopher, and Peter Katzenstein. Why Is There No NATO in Asia? Collective Identity, Regionalism, and the Origins of Multilateralism. *International Organization* 56 (3), 2002: 575-607.

52 Fawcett, Louise, ed. *International Relations of the Middle East.* Oxford, 2004. Telhami, Shibley. *The Stakes: America and the Middle East.* Westview, 2002.

계는 1979년 혁명 이래 30년간 냉랭한 관계를 유지해 왔다. 그런데 약간 이상한 일이지만, 시아파 인구가 다수인 이란이 미국의 후원을 받는 이라크 신정부와 긴밀한 관계를 맺고 있다. 이라크의 시아파가 신정부를 지배하고 있기 때문이다. 미국과 이라크의 관계는 2003년 전쟁 이전에는 적대적이었다. 그 전쟁 이후 이 지역의 반미 감정이 더 강해졌다. 미국과 리비아의 관계 역시 2003년 협정 이전 수십 년간 적대적이었지만, 2011년에 미국이 지원한 혁명이 성공한 이후 매우 우호적인 관계로 바뀌었다.

앞으로 몇 년 동안에 어떠한 새로운 국제적 제휴관계가 등장할지는 알 수 없다. 동맹의 유동성을 감안할 때, 새로운 제휴관계의 등장 가능성은 학자들이나 정책결정자들이 쉽게 예상할 수 없는 와일드카드라 할 수 있다. 현재로서는, 군사동맹이건 무역관계건, 국제적 제휴관계는 미국을 중심으로 편성되고 있다(〈그림 2.7〉 참조). 중국, 러시아, 프랑스 같은 독자성을 지향하는 국가들이 미국 패권을 견제하고 있지만, 미국에 도전하는 응집력 있는 공식적인 제휴관계가 등장하는 징후는 거의 없다.

〈그림 2.7〉 강대국 및 중간 강국 상호간 제휴관계

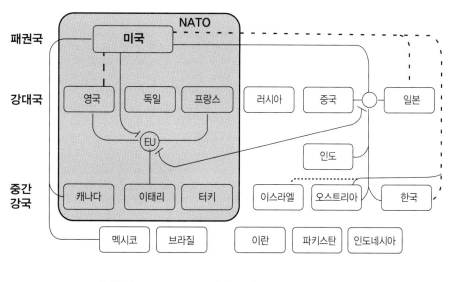

출처: U. S. Department of Defense.

5. 전략

행위자들은 다른 행위자와 흥정(bargaining)을 벌일 때 좋은 결과를 얻기 위해 **전략**(strategy)을 사용한다.[53] 흥정이란 일종의 상호작용 과정, 자신의 이익을 추구하면서도 상대의 이익을 고려해야 하는 과정이다.[54]

(1) 치국책

현실주의자들은 **치국책**(治國策, statecraft), 즉 국사(國事)를 관리하고 또 주권국가들로 이루어진 힘의 정치 세계에서 효과적으로 운신하는 기술을 중시한다. 힘의 전략이란 행위자가 목표 달성을 위하여 힘을 개발하고 배치하는 데 사용하는 계획이다.

전략의 핵심 내용 가운데 하나는 한정된 자원을 가지고서 국제적 영향력을 극대화하기 위하여 어떤 종류의 역량을 개발할 것인지를 선택하는 것이다. 이를 위해서는 예측 능력이 필요하다. 왜냐하면 어떤 상황에 대처하기 위해서는 그 상황이 발생하기 몇 년 전에 그 상황을 관리하는 데 필요한 역량을 개발해야 하기 때문이다. 그러나 선택한 역량이 단기적으로는 전용이 불가능할 수도 있다. 이런 딜레마가운데 가장 중요한 딜레마는 평화 시에 어떤 종류의 상비군을 어느 정도 규모로 유지해야 하는가의 문제이다. 전쟁이 일어나도 조기에 패전하지 않을 정도는 되어야 하지만 국가경제에 지나친 부담을 주면 안 된다.

---

53 North, Robert C. *War, Peace, Survival: Global Politics and Conceptual Synthesis.* Westview, 1990.

54 Snyder, Glenn H., and Paul Diesing. *Conflict among Nations: Bargaining, Decision Making, and System Structure in International Crises.* Princeton, 1977. Starkey, Brigid, Mark A. Boyer, and Jonathan Wilkenfeld. *Negotiating a Complex World: An Introduction to International Negotiation.* 2nd ed. Rowman & Littlefield, 2005. Telhami, Shibley. *Power and Leadership in International Bargaining: The Path to the Camp David Accords.* Columbia, 1990.

▌ 정책적 시각

인도 수상 싱(Manmohan Singh)의 입장에서

문제: 현재 공공연히 경쟁을 벌이고 있는 경쟁자들을 상대로 어떻게 유동적인 안보환경에 잘 대처할 수 있을까?

배경: 민주국가 중 최대 인구를 가진 당신네 나라는 국내외의 많은 도전에 직면하고 있다. 특히 지난 50년 기간에 가장 큰 인접국인 중국 및 파키스탄과 전쟁을 치르기도 했다. 이 두 나라와 인도 모두 핵무기를 보유하고 있다. 지금까지 중국과 파키스탄은 미사일 같은 첨단기술 무기의 거래를 포함하여 서로 협력해 왔다.

파키스탄과 대체로 적대적인 관계가 만들어진 것은 카시미르 지역에 대한 영토분쟁 탓이다. 카시미르 지역 절반 이상의 영토에 대하여 양국이 영유권을 주장하지만 현재 인도가 그 지역을 통제하고 있다. 그 지역은 양측 정부뿐만 아니라 국민들도 탐내는 지역이다. 그동안 양국 간에 협력이 없었던 것은 아니지만, 아직도 이 문제를 둘러싼 긴장은 높은 수준이다. 2008년에 뭄바이에서 테러 사건이 일어나자 인도 국민들은 파키스탄을 비난하였다. 파키스탄이 이슬람 무장단체들에게 거점을 제공하기 때문이다.

중국과의 적대관계는 근년에 많이 완화되었지만 여전히 중국은 이 지역에서 가장 큰 경쟁자이며 양국 간 영토분쟁도 아직 해결되지 않았다. 인도와 마찬가지로, 중국 역시 군사 및 경제 대국이며 이 지역 내에서 강력한 지도력을 행사하려고 시도한다. 당신은 최근에 중국과의 유대관계를 증진시켰고, 2008년 초에는 직접 중국을 방문하여 무역 및 군사협력 문제를 논의하였다. 2007년 12월에는 세계 최대 규모의 양국 육군이 합동훈련을 실시하기도 했다.

국내 고려사항: 인도 내에서는 파키스탄이나 중국 모두 동맹을 맺을 상대로서 인기가 없다. 인도 국민들은 아직도 1962년의 중-인 전쟁에서 패한 사실에 분개하고 있으며 그 전쟁을 낳은 접경지역 영토에 대해서도 분개하고 있다. 그러나 힌두교도가 다수인 인도 국민들은 이슬람 국가인 파키

스탄이 끊임없이 카시미르를 장악하고자 시도하는 것에 대해서도 분개하고 있다. 당신 보좌관들도 중국이 파키스탄에 대량의 무기를 판매하고 군사 지원을 제공해 주는 등 여전히 파키스탄과 좋은 관계를 유지하고 있다는 사실을 상기시킨다. 실제로 주요 야당들은 수상이 파키스탄과 중국 양국에 대해서 너무 "부드럽다"고 비판한다. 만일 대중이 이 문제에 대한 외교정책에 반발한다면 그것은 쉽게 확산되어 새로운 선거를 실시하자는 요구로 발전할 수 있으며, 그리하여 선거가 실시되면 정권을 내놓아야 할지 모른다.

시나리오: 가상의 상황으로서, 파키스탄 정부가 심각한 불안정 상태에 있다. 이슬람 무장세력이 정부를 전복하고 그리하여 파키스탄의 핵무기를 장악하는 사태가 임박했다.

또한 이슬람 무장세력이 무기와 정보 제공 등 공개적인 지원을 약속하면서 카시미르 지역 무슬림에게 인도 통치에 반대하는 봉기를 일으키라고 촉구하고 있다. 인도 정부의 정보기관도 현 파키스탄 정부의 붕괴를 예상하고 있다.

정책 선택: 파키스탄 정정(政情) 불안에 대처하기 위해 중국과 더 긴밀한 관계 쪽으로 나갈 것인가? 중국과 파키스탄 간의 긴밀한 관계를 감안할 때, 인도-파키스탄 분쟁에서 중국이 인도를 지지하리라고 믿는가? 파키스탄과 교전 상황이 발생할 때 중국에게 중재를 요청하겠는가? 아니면 지금처럼 인도에 대한 중국의 의도를 신뢰하지 않고 최대한 독자적으로 움직이는 노선을 계속 유지할 것인가?

그리고 전략은 국가가 그 힘을 사용하고자 할 때를 대비한 정책을 형성해 준다. 국가나 지도자의 의지는 예측하기 어렵다. 지도자가 어떤 사안에 대하여 싸우겠다는 의도를 분명히 밝혔다 해도 그것은 그냥 공갈(bluffing)일 수도 있다.

최근 몇 년간 중국이 취한 전략적 행동을 보면 전력(戰力)의 합리적 배치로서의 전략이 어떤 것인지 잘 드러난다. 중국 외교정책의 핵심 목표 가운데 하나는 중국 영토의 일부라 여기는 대만(UN도 이를 인정하며 미국도 적어도 원칙상으로는 이를 인정)의 독립을 막는 것이다. 대만 정부는 중국내전에서 공산당에 패한 국민당이 피난처로 대만에 자리 잡고 거기서 1949년에 전체 중국을 대표하는 정부로 세운 것이다. 그러나 나중에 국제사회는 베이징 정부를 "중국"으로 인정하였다. 그 이후 대만은 대다수 대만 사람들이 원하는 대로 독자성을 확보하려고 더욱 노력해 왔다. 이에 대해 중국은, 비록 대만을 침공하여 점령할 만한 군사력을 갖추지 못했을는지는 모르지만, 대만이 독립을 선언하면 전쟁을 하겠다는 의지를 거듭 밝혀 왔다. 중국의 입장에서도 그런 전쟁은 불합리한 전쟁일 수 있지만, 지금까지 그런 협박이 대만의 공식적인 독립선언을 억지해 왔다. 전쟁이 일어나면 중국이 패전할는지도 모르지만 전쟁이 대만에게 막대한 피해를 주게 된다는 점은 분명하다. 1996년에 중국이 대만 근처에서 미사일 발사를 포함한 전쟁 연습을 한 적이 있는데, 당시 미국은 그 훈련이 너무 지나치다는 경고를 보내기 위해 항공모함 두 척을 파견하였다.

대만은 독립선언을 함으로써 전쟁 위험을 무릅쓰는 대신 국제 영향력 확보를 위해 외교에 주력하고 있다. 즉 미국 의회를 상대로 로비활동을 벌이고, UN과 기타 국제기구 가입권을 요구하고, 대만 정부를 승인하는 국가들(2011년 현재 세계 각지의 작고 가난한 국가 23개국)에 원조를 제공하고 있다.

중국도 이런 움직임에 대한 반격으로 외교를 활용해 왔다. 중국은 대만을 승인한 국가와 외교관계를 단절하고 대만 독립 쪽으로 향한 모든 움직임에 대하여 제재를 가한다. 대만을 승인한 국가의 절반이 카리브해 및 중앙아메리카 국가들인데, 이 지역이 영향력 경쟁의 장으로 되고 있다. 중국은 다양한 긍정적 제어수단(leverage)과 부정적 제어수단을 동원하여 대만과 이 지역 국가들의 관계를 방해해 왔다. 예를 들어 파나마의 경우, 대만이 관계개선을 위해 적극 나서서 컨테이너항에 투자를 제공하고 파나마 노동자를 대만에서 고용하겠다고 제안하는 등 애를 많이 썼다. 그러자 파나마운하(1999년에 소유권이 미국에서 파나마로 이전) 최대 고객 중 하나인 중국이 파나마의 홍콩 진출을 제한하고 파나마 선적으로 되어 있는 중국 화물선들을 바하마 선적으로 이적하겠다는 등의 위협을 암암리에 해 왔다. (바하마는 홍콩의 재벌기업이 바하마의 컨테이너항에 투자한다고 약속하자 1997년에 대만과의 외교관계를 단절하였다.) 이와 비슷하게, 2003년 말에 태평양의 소국 키리바티가 원조를 얻기 위해 대만을 승인하자 중국은 키리바티와의 관계를 단절하고 현지에 설치한 자국 위성추적 기지를 철거해버렸다. 위성추적 기지는 중국의 군사정찰과 우주계획에서 매우 중요한 역할을 하는 것인데(최근 중국은 최초의 유인우주선을 발사하였다), 그런 기지를 철거한다는 것은 중국이 다른 중요한 국가 목표를 희생하고라도 대만 문제에 우선권을 둔다는 굳은 의지를 보여준 것이다.

지금까지 중국이 UN안보리에서 거부권을 행사한 것이 일곱 번인데 그중 두 번이 대만을 승인한 국가들에 평화유지군을 파견하는 안건을 가로막은 것이다. 두 번의 거부권 행사는 중국이 스스로 판단하여 자국의 대만 관련 이익에 위협이 된다면 안보리에서 악당 노릇도 마다하지 않으려 한다는 사실을 잘 보여준다. 마케도니아가 1999년에 대만을 승인한 적이 있는데(10억 달러 원조를 받는 대가로), 이 때문에 중국이 UN안보리에서 마케도니아 평화유지군 파견안에 거부권을 행사하였다. 당시에는 인접한 코소보 지역의 정세가 극도로 불안하여 마케도니아 파병이 시급한 상황이었다. (2001년에 이르러 마케도니아는 중국을 승인하는 쪽으로 선회하였다.) 이와 대조적으로, 대만 문제에 지장이 없을 때 중국은 세계질서 문제에 협력한다. 예컨대 1991년 당시 걸프전에 반대했음에도 불구하고 이 안건에 대한 안보리 표결에서 거부권을 행사하지 않았다.

이와 같은 중국의 전략은 자국의 가장 중요한 국제적 이슈에 대한 영향력을 확보하기 위하여 매우 일관되게 미사일, 외교, 재벌기업 등 다양한 역량을 동원한다. 이처럼 전략이 중국의 힘을 더 증폭해 주고 있다.[55]

억지(deterrence) 전략이란 상대방이 어떤 부정적인 행동(특히 자국이나 동맹국을 공격하는 행동)을 하면 처벌하겠다는 위협을 가하는 것을 말한다. 그런데 억지가 먹혀들었다고 해도 그 효과가 눈에 띄지는 않는다. 상대방이 공격하지 않고 그냥 가만히 있었기 때문이다.[56]

일반적으로, 억지를 옹호하는 사람들은 갈등 상황에서 어느 일방이 약할 때 갈등이 전쟁으로 비화할 가능성이 크다고 생각한다. 이렇게 보면, 약한 쪽이 군사력을 증강하면 강한 쪽은 군사적 수단이 성공을 거둘 수 없을 것이라 판단하고 갈등이 전쟁으로 비화할 가능성이 낮아지게 된다. 억지가 실패했을 때 사용할 수 있

---

55 Rohter, Larry. Taiwan and Beijing Duel for Recognition in Central America. *New York Times,* August 5, 1997: A7. Zhao, Quansheng. *Interpreting Chinese Foreign Policy: The Micro-Macro Linkage Approach.* Oxford, 1996. Swaine, Michael, and Ashley Tellis. *Interpreting China's Grand Strategy: Past, Present, and Future.* Rand, 2000.

56 Zagare, Frank C. *Perfect Deterrence.* Cambridge, 2000. Goldstein, Avery. *Deterrence and Security in the 21st Century.* Stanford, 2000. Morgan, Patrick. *Deterrence Now.* Cambridge, 2003. Huth, Paul K. *Extended Deterrence and the Prevention of War.* Yale, 1988. Jervis, Robert, Richard Ned Lebow, and Janice Gross Stein. *Psychology and Deterrence.* Johns Hopkins, 1985. George, Alexander L., and Richard Smoke. *Deterrence in American Foreign Policy: Theory and Practice.* Columbia, 1974.

는 전략으로 **강요**(compellence) 전략이 있다. 이는 상대방이 (어떤 행동을 하지 못하도록 하는 것이 아니라) 어떤 행동을 하도록 힘으로 위협을 가하는 것이다.[57] 일반적으로, 다른 국가로 하여금 행동 경로를 변경하게 만드는 것(강요의 목적)이 변경하지 못하게 하는 것(억지의 목적)보다 더 어렵다.

상대방의 순응을 강요하기 위한 전략의 하나로 단계적 확대(escalation)라는 것이 사용되기도 한다. 이것은 상대방의 어떤 행동을 유도하기 위하여 단계별로 강도를 높여가면서 일련의 연쇄적인 제재를 가하는 것이다. 이론적으로 보면 낮은 강도의 제재가 힘을 사용하겠다는 의지에 대한 상대방의 신뢰를 쉽게 얻는다. 상대방이 응하지 않으면 더 높은 단계의 조치를 취해야 하는데, 여기에 드는 비용은 더 많아진다. 더 높은 단계의 조치는 상대방으로 하여금 단계적으로 확대되는 제재로 인한 손실이 순응으로 인한 손실보다 더 크다고 판단하게 할 만큼 강해야만 한다. 그러나 단계적 확대 전략이 위험할 수도 있다. 냉전시대에 많은 국제관계 학자들은 두 초강대국 모두 이 전략을 채택하면 재래식 전쟁이 핵전쟁으로 이어질 수 있다는 점을 우려하였다.

군비경쟁(arms race)이란 대치중인 둘 혹은 그 이상의 국가가 각기 상대방의 조치에 대응하기 위해 자국의 군사력을 증강하는 상호주의 과정을 말한다. 각국은 위협에 대처하지 않을 수 없기 때문에 상응하는 대응조치를 취할 것이며, 이것은 곧 쌍방의 끝없는 무기생산으로 이어질 수 있다. 쌍방이 위협을 단계적으로 확대해 나가면 이로 인해 신뢰감이 계속 떨어지고 협력관계가 더욱 어려워지며, 또한 양국 관계의 위기(혹은 우발적 사고)가 어느 일방으로 하여금 선제공격을 당하느니 선제공격을 가하는 것이 낫다고 판단하도록 만들 수 있다. 미-소간의 핵무기경쟁은 이와 같은 군비경쟁의 과정을 생생하게 보여주고 있다. 이러한 경쟁의 결과 양측은 각각 수만 개의 핵무기를 보유하게 되었다.[58]

---

57 Schelling, Thomas C. *The Strategy of Conflict.* Harvard, 1960. Art, Robert J., and Patrick M. Cronin, eds. *The United States and Coercive Diplomacy.* U.S. Institute of Peace, 2003.

58 Isard, Walter, and Charles H. Anderton. Arms Race Models: A Survey and Synthesis. *Conflict Management and Peace Science* 8, 1985: 27–98. Glaser, Charles. When Are Arms Races Dangerous? Rational versus Suboptimal Arming. *International Security* 28(4), 2004: 44–84.

(2) 국제관계에서의 합리성

　　대다수 현실주의자들(또한 현실주의자 아닌 많은 사람들)은 치국책을 펼치면서 힘을 행사하는 행위자가 타국에 영향을 미치기 위해 행동할 때 **합리적 행위자**(rational actors)로 행동한다고 가정한다.[59] 이 견해는 국제관계와 관련해 두 가지 의미를 갖는다.

　　첫째, 합리성 가정은 국가와 기타 국제 행위자가 각자의 이익을 확인할 수 있고 또 다양한 이익에 우선순위를 매길 수 있다는 의미를 갖는다. 이리하여 국가의 행동은 이익의 증진을 추구한다. 많은 현실주의자들은 힘을 행사하는 행위자(통상 국가)가 자신의 행동에 대하여 일관성 있게 "사고"할 수 있고 선택을 할 수 있는 하나의 단일한 실체라 가정한다. 이 가정을 단일 행위자(unitary actor) 가정이라 하며, 때로는 강한 지도자 가정이라고도 한다. 이 가정은 단순화이다. 특정 정치인, 정당, 경제 부문, 국내 지역 등의 이해관계가 서로 충돌하는 경우가 많기 때문이다. 그래도 현실주의자들은 힘의 행사가 **국가이익**(national interest), 즉 국가 자체의 이익을 증진하기 위해서라고 가정한다.

　　그러나 국가이익이란 무엇인가? 정부 특정 부처의 이익인가? 국내 특정 집단의 이익인가? 타국과의 분쟁에서 이기는 것인가(5장 참조)? 상호 이익을 위해 국제사회와 협력하는 것인가(7장 참조)? 간단명료한 답은 있을 수 없다. 일부 현실주의자들은 간단히 국가이익을 물질적 힘의 극대화로 정의하는데, 논쟁적인 정의이다.[60] 다른 학자들은 국제관계에서의 힘을 경제학에서의 돈(보편적 척도)으로 비유한다. 기업들이 시장에서 돈을 벌기 위해 경쟁하듯, 국가들은 국제체계에서 힘을 얻기 위해 경쟁한다는 식이다.[61]

---

59 Brown, Michael E., Owen R. Cote, Sean M. Lynn-Jones, and Steven E. Miller, eds. *Rational Choice and Security Studies*. MIT, 2000. Lake, David A., and Robert Powell, eds. *Strategic Choice and International Relations*. Princeton, 1999. Fearon, James. Rationalist Explanations for War. *International Organization* 49(3), 1995: 379-414. Friedman, Jeffrey, ed. *The Rational Choice Controversy: Economic Models of Politics Reconsidered*. Yale, 1996.

60 Waltz, *Theory of International Politics* (각주 7 참조).

61 Morgenthau and Thompson, *Politics among Nations* (각주 6 참조). Mearsheimer, *The Tragedy of*

둘째, 합리성 가정은 행위자들이 **비용−편익분석**(cost−benefit analysis), 즉 어떤 행동을 했을 때 거기에 드는 비용과 그 행동의 결과로 나올 편익의 계산을 할 수 있다는 의미를 갖는다. 힘을 사용하는 데 비용이 들기 때문에 그에 상응하는 이득이 반드시 생겨야 한다. 그런데 힘을 측정할 때 그렇듯이 이 계산을 할 때도 상이한 차원의 것들을 합산해야 한다. 예를 들어 국가는 패전이 예상되는 전쟁을 시작하지는 않을 것이다. 패전 비용을 능가하는 국내외에서의 정치적 이득이 보장되지 않는 한에서 그렇다는 뜻이다. 그러나 무형의 정치적 이득과 유형의 패전 비용을 비교하는 것은 쉽지 않다. 심지어 승전한다 해도 그것이 비용보다 더 큰 이득이 안 될 수 있다. 또한 합리적 행위자라도 비용과 편익 계산을 틀릴 수 있다(틀린 계산을 한다고 비합리적이라는 뜻은 아니다). 특히 잘못된 정보를 사용할 때 그렇다. 마지막으로 인간의 행동과 운은 예측이 불가능하다.

합리성과 행위자에 대한 이런 가정들은 단순화로서 모든 국제관계 학자들이 인정하는 것은 아니다. 그러나 현실주의자들은 이 같은 단순화가 다양한 행위자들의 일반적 행동방식을 설명할 수 있게 해준다는 점에서 유용하다고 생각한다.

(3) 죄수의 고민

게임이론은 흥정의 결과를 예측하는 것과 관련된 수학의 일종이다. 게임이란 둘 또는 그 이상의 행위자가 여러 대안 행동 가운데 하나의 행동을 (한번 혹은 반복적으로) 선택하는 상황을 말한다. 각각의 행위자가 취하는 행동은 그것에 해당하는 결과물(효용)을 각 행위자에게 가져다준다. 결과물은 돈처럼 유형인 경우도 있고 가치관처럼 무형인 경우도 있다. 게임이론은 행위자의 선호와 그가 선택할 수 있는 행동이 무엇인가를 우리가 알고 있을 때 그 결과가 무엇인지(즉 어떤 행동을 취할 것인지) 추론하는 데 목적을 두고 있다. 게임이론은 종종 **형식모델**(formal model)이라 불리기도 한다.

Great Power Politics (각주 13 참조).

　　게임이론이 국제관계 연구에서 널리 사용되기 시작한 것은 1950년대와 1960년대였다. 당시 학자들은 미-소간의 우발적 핵전쟁 가능성을 게임이론으로 설명하고자 노력하였다. 이 경우 행동이란 핵무기 사용 결정을 뜻하며 결과물이란 전쟁 발발을 의미한다. 최근에는 게임이론이 국제관계 연구에서 더욱 널리 사용되고 있다. 게임이론은 특히 합리성에 대한 가정을 받아들이는 현실주의자들 사이에서 성행하고 있다. 게임 상황을 분석하기 위하여 학자들은 각각의 행위자가 결과물의 극대화를 위하여 합리적으로 행동을 결정한다고 가정한다.

　　게임의 종류에 따라 상황도 달라지는데, 게임의 종류는 참가자 수와 결과물들의 구조에 의해 결정된다. 기본적으로 **제로섬 게임**(zero-sum game)과 **논제로섬 게임**(non-zero-sum game)으로 구분한다. 전자는 한 행위자의 이득이 글자 그대로 다른 행위자의 손실과 똑같은 경우를 말한다. 후자는 두 행위자가 동시에 이득(또는 손실)을 볼 수 있는 경우를 말한다. 전자의 경우 행위자들의 이해관계가 완전히 상반되기 때문에 행위자들 사이의 타협이나 협력의 여지가 전혀 없다. 이에 반하여 후자의 경우 각 행위자는 상대방에 비해 더 큰 이득을 얻고자 술수를 부리겠지만 전체 결과물의 극대화를 위하여 서로 협력할 여지가 있다.[62]

　　죄수의 고민(Prisoner's Dilemma)이라고 하는 게임은 국제관계에서 자주 나타나는 집합재 문제와 비슷한 것이다. 죄수의 고민 상황은 합리적 행위자가 다른 선택을 했더라면 모든 참가자들에게 더 나은 결과가 나왔을 텐데 그런 선택이 아닌 행동을 선택하는 상황을 가리킨다. 참가자들은 더 나은 결과를 얻을 수 있지만 합리적인 개별 행위자로서 그런 결과를 얻을 수 없다. 이런 일이 어떻게 가능할까?

　　원래의 이야기는 따로따로 감옥에 갇힌 두 죄수를 검사가 심문하는 상황에 관한 것이다. 이 이야기에서 검사는 이들이 은행 강도짓을 저질렀음을 알고 있지만, 이들이 자백하지 않는 한 불법무기소지라는 증거만 확보하고 있다. 이에 검사는 두 죄수를 따로 불러서 다음과 같이 말한다. 만일 본인은 자백하고 친구는 자백하지

62　O'Neill, Barry. A Survey of Game Theory Models on Peace and War. In Aumann, R., and S. Hart, eds. *Handbook of Game Theory*. Vol. 2. North-Holland, 1994. Powell, Robert. *In the Shadow of Power: States and Strategies in International Politics*. Princeton, 1999. Morrow, James D. *Game Theory for Political Scientists*. Princeton, 1995.

않으면 본인은 석방될 것이고, 반대로 본인이 자백하지 않고 친구가 자백하면 본인은 은행 강도죄로 장기간 복역할 (친구는 석방되고) 것이다. 그리고 둘 다 자백한다면 정상을 참작해 형기를 약간 줄여 주겠다고 말한다. 그런데 둘 다 자백하지 않으면 불법무기소지죄로 기소되어 단기간의 형기를 살게 된다. 이 이야기에서는 두 죄수 모두가 나중에 출옥한 후에 보복을 하지 않고, 목전의 결과만이 문제되고, 자기 혼자의 이익만을 고려한다는 점 등이 전제되어 있다.

이 게임에서 해결책은 단 하나이다. 즉 둘 다 자백하는 것이다. 각자는 다음과 같이 생각할 것이다. 만일 친구가 자백한다면 나도 자백해야 한다. 자백을 하면 형기를 약간이라도 줄일 수 있기 때문이다. 그리고 친구가 자백하지 않더라도 나는 자백해야 한다. 자백을 하면 단기간의 복역도 하지 않고 석방될 수 있기 때문이다. 물론 이런 생각은 둘 다 할 것이다. 이러한 상황에서 고민거리는 둘이 서로 협력함으로써 (즉 자백하지 않음으로써) 단기간 복역에 그칠 수 있음에도 불구하고 각자가 따로따로 합리적인 선택을 함으로써 그보다 훨씬 더 긴 형기를 살아야 하는 것으로 결말을 보게 된다는 점이다.

죄수의 고민 같은 상황은 실제로 국제관계에서 자주 생긴다. 좋은 예가 군비경쟁이다. 인도와 파키스탄은 핵무기를 보유할 것인지 말 것인지를 놓고 결정해야 하는 상황에 처했는데, 이 상황을 예로 들어보자. 양쪽 모두 핵무기 보유 능력을 가지고 있고, 또한 엄격한 사찰 절차를 갖춘 군비통제 협정을 체결하지 않는 한 상대방이 비밀리에 핵을 보유하는 것을 알 수 없는 상황이다. 이 상황에서 양측은 모든 가능한 결과들에 우선순위를 매겨야 한다(이를 선호 순위평가라고 한다). 이 작업은 결코 간단치 않다. 만일 어느 일방이 상대방의 가치 순위평가를 잘못 판단하면 엉뚱한 결론을 도출할 수도 있다.

이 상황에서 가능한 결과들에 대한 선호는 다음과 같이 고려해 볼 수 있을 것이다. 최선의 결과는 자기만 핵무기를 갖고 상대방은 갖지 않는 것이다(핵보유에 따르는 비용은 핵을 제어수단으로 사용할 때 얻게 되는 효과에 비해 적을 것이다). 차선의 결과는 양쪽 모두 핵을 보유하지 않는 것이다(제어수단도 없지만 비용도 안 든다). 다음으로 바람직한 결과는 양쪽 모두 핵을 보유하는 것이다(제어수단을 얻지도 못한 채 비용만 든다). 최악의 결과는 자기는 핵을 갖지 않고 상대방만 핵을 갖는 것이다(이때 핵 공갈에 시달릴 수 있다).

이 게임은 〈그림 2-8〉과 같은 결과행렬(payoff matrix)로 표시될 수 있다. 이 표에서 각 칸의 첫 번째 숫자는 인도, 두 번째 숫자는 파키스탄의 결과 값이다. 알기 쉽도록 최대치 4, 최소치 1로 표시하였다. 관례에 따라서 핵무기 보유 자제를 협력이라 하고, 핵무기 보유를 고수하는 것을 협력 거부라 하였다. 이 상황에서의 고민은 앞서 살펴본 죄수의 고민 게임과 유사하다. 즉 양쪽의 지도자들은 다음과 같이 생각할 것이다. "만일 저들이 핵보유로 나간다면 우리도 반드시 그렇게 해야 한다. 저들이 그렇게 하지 않는다고 우리도 가만히 있다는 것은 미친 짓이다." 이 모델은 인도와 파키스탄이 핵보유를 않는 편이 모두에게 더 나은데도 불구하고 어쩔 수 없이 핵무기경쟁으로 나아갈 것임을 예고해 준다.

1998년에 인도가 무기 디자인 검증을 위해 지하 핵폭발실험을 하자 파키스탄도 곧바로 똑 같은 패를 내놓았다. 2002년에는 전쟁 직전 상황까지 갔는데, 전쟁이 일어났더라면 최소 1,200만 명이 목숨을 잃었을 것으로 추산되었다. 비용이 많이 들고 위험한 군비경쟁이 계속되었고, 그리하여 양측이 각각 수십 개의 핵미사일을 보유하게 되었으며 그 경쟁은 지금도 계속 진행 중이다. 군비경쟁을 중단하면 집합재로서 양쪽 다 이득을 보지만 강력한 중앙 권위체가 없는 국제관계에서 그런 잠재적 이득의 실현은 허락되지 않는다. 이 사례는 왜 현실주의자들이 죄수의 고민 게임의 핵심 과제인 집합재 문제의 협력적 해결에 대하여 비판적인지 잘 보여준다.

〈그림 2.8〉 인도 - 파키스탄간의 죄수의 고민 게임 결과

		파키스탄	
		협력	협력 거부
인도	협력	3.3	1.4
	협력 거부	4.1	2.2

주: 첫 번째 숫자는 인도의 결과 값, 두 번째 숫자는 파키스탄의 결과 값. 4는 최대치, 1은 최소치를 의미.

국제관계 학자들은 죄수의 고민 외에 다른 게임들도 활용한다. 예컨대 **겁쟁이 게임**(Chicken Game)이라는 것이 있다. 이 게임은 십대 소년 둘이 각기 자동차를 타고 서로 마주보고 달리는 상황의 게임이다. 이 때 먼저 핸들을 꺾는 쪽이 겁쟁이가 된다. 양측은 각각 다음과 같이 생각할 것이다. "저 친구가 핸들을 꺾지 않으면 내가 꺾어야 해. 그런데 저 친구가 꺾는다면 나는 꺾지 말아야지." 이 게임에서는 (핸들을 뽑아 창밖으로 던져버리거나 수건으로 양쪽 눈을 가리고 운전석에 앉는다거나 하는) 핸들을 꺾지 않겠다는 단호한 의지를 먼저 보이는 편이 이기게 된다. 이와 비슷하게, 1962년 쿠바 미사일 위기 당시, 일부 학자들의 주장에 의하면, 케네디 대통령은 흐루시초프 수상이 후퇴하여 쿠바로부터 미사일을 철거하지 않는다면 핵전쟁의 위험도 감수하겠다는 식의 단호한 태도를 보임으로써 게임에서 이겼다. (그러나 다른 설명도 있다.)

겁쟁이 게임 상황은 억지 개념에 대한 보충설명이 될 수 있다. 억지는 상대방에게 그러지 않았으면 했을 행동을 하지 않게끔 납득시키는 것이다. 한 운전자가 방향을 바꾸지 않겠다는 결의를 보이는 겁쟁이 게임 상황처럼, 한 국가의 지도자가 상대방에게 자신(혹은 동맹국)을 공격하면 강경하게 대응하겠다는 점을 납득시키려고 시도할 수 있다. 그러나 양쪽 다 방향을 바꾸지 않으면 끔찍한 재난을 감수해야 하기 때문에, 상대방이 방향 전환을 하지 않는다면 나도 충돌(전쟁)의 위험을 감수하겠다는 점을 상대방에게 납득시키는 일은 쉽지 않다.[63] 게임이론에서는 상호의존적 결정도 다루는데, 이것은 각 참가자에게 돌아가는 결과가 상대방의 행동에 따라 달라지는 상황에 관한 것이다.

이번 장에서는 현실주의자들의 관심사, 즉 국가이익, 국가 간 힘의 분포, 흥정, 동맹 등에 초점을 맞추었다. 국가는 상호작용하는 개인을 분석할 때처럼 단일 행위자로 취급되었다. 국가지도자들의 행동은 확인 가능한 이익을 일관된 흥정 전략에 따라 추구함으로써 힘을 극대화하려는 행동으로 취급되었다. 그러나 현실주의가 국제관계의 주요 이슈들을 다루는 유일한 분석틀은 아니다. 3장에서는 우세 원칙보다 상호주의 및 정체성 원칙에 의거하여 국제관계 이슈들을 비판적으로 재검토한다.

---

63 Goldstein, Joshua S. Dilemmas: Crossing the Road to Cooperation. In Zartman, I. William, and Saadia Touval, eds. *International Cooperation: The Extents and Limits of Multilateralism.* Cambridge, 2010.

2장 복습

요약

■ 현실주의는 국제관계를 힘의 견지에서 설명한다.

■ 현실주의와 자유주의는 인간본성, 국제질서, 평화전망 등에 대한 가정이 서로 다르다.

■ 힘은 영향력 혹은 영향력을 만들 수 있는 역량으로 정의될 수 있다.

■ 국력의 지표로서 가장 중요한 단일 지표가 GDP이다.

■ 단기 전력은 유형무형의 장기적 자원에서 나온다.

■ 현실주의자는 군사력을 가장 중요한 전력으로 본다.

■ 국제관계의 무정부성 즉 세계정부의 부재는 각국이 저마다 국가이익을 추구하는 독자적 주권국가라는 사실을 뜻한다.

■ 전통적으로 국제체제는 국가의 주권, 국내문제를 통제할 권리, 국제적으로 승인된 국경선을 존중할 의무 등을 강조한다.

■ 7개 강대국이 세계 GDP의 절반을 차지하고 있고, 군사력과 기타 힘의 자원 대부분을 차지하고 있다.

■ 힘의 전이 이론에 따르면, 국제체계에서 상대적 힘의 분포가 바뀔 때 전쟁이 일어날 가능성이 높다고 한다.

■ 국제체계 내에서 한 국가의 힘이 압도적으로 우세한 상황을 가리키는 패권은 국제관계의 안정과 평화에 도움이 되지만 문제점도 있다.

■ 강대국체계는 7개 정도의 국가로 구성되어 있다(국가의 흥망성쇠에 따라 구성원이 달라질 수 있다).

■ 국가들은 상대국이나 상대 동맹에 비해 더 큰 힘을 갖기 위해 동맹을 결성한다.

■ 동맹관계는 급격히 바뀔 수 있으며 그 결과 힘의 관계가 크게 달라질 수 있다.

■ NATO와 미-일동맹 같은 주요 동맹은 변화하는 세계질서 속에서 역할이 불확실해지고 있다.

- 국제문제는 국가들이 결과에 영향을 주기 위한 제어수단으로 힘을 사용하면서 벌이는 흥정 같은 상호작용이라 할 수 있다. 그러나 흥정의 결과는 전략이나 운의 영향도 받는다.
- 합리적 행위자 이론은 국가를 자기 이익 극대화를 위해 행동하는 개인처럼 취급한다. 이런 식의 단순화는 논란의 대상이지만, 현실주의자들은 이 단순화를 통하여 간명하고 일반적인 설명 모델을 개발한다.
- 게임이론은 흥정 상황을 단순화한 모델에서 통찰력을 끌어낸다. 죄수의 고민 게임은 어려운 집합재 문제의 핵심을 잘 보여준다.

핵심 용어

현실주의, 이상주의, 힘, 지정학, 무정부, 규범, 주권, 안보 딜레마, 힘의 균형, 강대국, 중간강국, 신현실주의, 다극체계, 힘의 전이 이론, 패권, 패권안정이론, 동맹의 결속력, 비용분담, 북대서양조약기구(NATO), 바르샤바조약, 미-일안보조약, 비동맹운동, 억지, 강요, 군비경쟁, 합리적 행위자, 국가이익, 비용-편익분석, 게임이론, 제로섬 게임, 죄수의 고민

비판적으로 생각하기

1. 〈표 1.4〉에서 제시된 국가별 GDP를 참조하여, 먼저 한 국가를 골라서 그 국가가 공격적인 국가라고 가정하고, 이 국가에 대항할 충분한 힘을 가진 동맹을 만들기 위해 어떤 국가들이 동맹에 가담하면 좋을지 생각해 보자.

2. 최근에 일어난 국제적 사건 가운데 하나를 골라 사건 당사자들이 제어수단으로 사용한 힘의 자원들을 열거해 보자. 어떤 것이 효과적이었고 비효과적이었는가? 그 이유는?

3. 현대 국제체계는 부의 창조를 주로 농지에 의존했던 농업사회 시기에 만들어진 것이다. 이제 대부분의 부가 농업에서 창조되지 않으므로 영토국가로서 국가의

성격이 시대에 맞지 않게 되었을까? 영토의 경제적 가치가 줄었다는 사실이 국가 간 상호작용 방식에 어떠한 변화를 줄 수 있을까?

4. 자신이 아프리카의 한 약소국 지도자라 가정하고, 현재 그 약소국이 이해관계가 엇갈리는 어떤 이슈를 놓고 강대국과 흥정을 벌이는 상황이 되었다고 가정해 보자. 흥정의 결과를 유리하게 만들기 위해 어떤 제어수단과 전략을 사용해야 할까?

5. 현 국제관계에서 제로섬 게임 식 분쟁 사례가 있는가? 논제로섬 게임 식 분쟁 사례는 어떤 것인가?

쟁점 토론하기

미국과 중국이 평화공존 할 수 있을까?

개요

이번 장에서 보았듯이, 현실주의자들은 힘의 균형이라는 개념을 중시한다. 이 개념은 국가들이 동맹을 결성하여 한 국가가 지나치게 지배적인 위치에 서지 못하도록 한다는 의미를 담고 있다. 그러나 현 국제체계에서 미국은 군사력과 경제력 면에서 압도적으로 우위에 있다. 어떤 학자들은 중국이 장차 미국의 지도적 지위에 도전할 것이라고 주장한다.

역사적으로 중국과 미국의 관계는 순탄치 못했다. 관계 정상화 이후의 냉전기간에 양국은 소련이라는 공통의 적에 대항하기 위해 협력했다. 냉전이 끝난 후에는 중국이 경제와 군사 양면에서 크게 성장하여 소련 붕괴로 생긴 힘의 공백을 메우면서 미-중 협력관계도 많이 달라졌다.

중국이 아직은 경제와 군사 면에서 미국에 뒤져 있지만 현재의 성장세가 계속된다면 경제력 면에서 미국을 앞지를 것이다. 그때가 되면 군사적으로 미국을 따라잡는 것도 그리 오래 걸리지 않을 것이다. 이런 변화를 힘의 전이라 부른다. 강대국들 사이에 이런 전이가 평화롭게 이루어질 수도 있지만(미국이 영국을 대신한 과정처럼), 그렇지 못할 수도 있다(독일이 양차 세계대전을 치르면서 영국을 대신하려고 했던 것처럼). 중국이 미국에 도전할 만큼 성장한다면 장차 두 강대국 사이에 무슨 일이 벌어질까? 평화관계일까 적대관계일까?

주장 1: 미국과 중국의 평화공존은 어려울 것이다.

중국의 동맹국들과 미국과의 관계가 미-중관계에 갈등을 만들고 있다. 지난 5년 동안 북한, 이란, 수단과 중국의 협력관계가 강화되어 왔다. 미국은 이 국가들을 적대국이라 보지만 중국은 경제적·전략적 이유에서 이 국가들을 환대해 왔다. 미국 편에서도 비록 공식적 동맹은 아니지만 대만에 우호적인데, 중국은 대만을 반란지역으로 간주하기 때문에 이 문제 역시 미-중관계에 갈등을 만든다.

중국은 이미 미국과의 갈등에서 이익을 얻고 있다. 중국은 대미 수출상품의 가격을 낮은 선에서 유지하기 위해 자국 통화의 가치 상승을 억누르고 있다. 이런 정책에 대한 잦은 항의에도 불구하고 중국은 자국 통화의 평가절상을 계속 거부하고 있는데, 이로 인하여 미국 국내제조업이 피해를 보고 있다.

이미 중국은 세계 초강대국으로서 미국과의 경쟁을 시도하고 있다. 중국은 (미국이 제재를 가하고 있는 국가도 포함하여) 아프리카 국가들에 대한 원조를 확대해 왔다. 전세계 무기 판매도 늘려 왔다. 또한 중국은 베네수엘라와 이란 같은 미국과 적대관계에 있는 국가들을 환대하고 있다. 이 모든 것들은 중국이 세계적 초강대국으로서 미국과의 경쟁을 시도하고 있다는 사실을 보여준다.

주장 2: 미국과 중국의 평화공존은 가능하다.

양국은 다수의 중요한 이슈에서 합의를 보고 있다. 테러와 핵확산 같은 이슈에서 중국은 미국과 같은 시각을 가지고 있다. 냉전시대 미-소관계에 그런 여지가 있었듯이, 미-중관계도 전략적으로 중요한 이슈에 대한 합의의 여지가 있으며, 그렇기 때문에 두 강대국 간 협력도 가능하다. 더욱이 평화적으로 중국의 국력을 키운다는 소위 중국 화평굴기(和平崛起) 전략이 지난 30년간 미국과의 직접적 갈등을 방지해 왔다.

핵억지가 안정적 관계를 유지해줄 것이다. 양국은 상대방의 공격을 억지할 수 있는 대규모의 신뢰할 만한 핵전력을 보유하고 있다. 이런 상황이 (냉전시대에 있었던) 대리전까지 없애지는 못하겠지만 양국관계를 평화적이고 안정적인 상태로 유지시켜 줄 것이다.

경제적 상호의존이 평화관계를 유지시켜 줄 것이다. 양국은 경제적으로 서로 의존하고 있다. 미국은 중국에서 수입하는 값싼 상품에 의존하고 중국은 수출주도 성장전략을 위해 미국 시장에 의존하고 있다. 이 같은 상호의존이 양국관계를 원만하게 유지시켜 줄 것이다. 적대관계로 돌아서면 그런 무역관계가 위협 받게 될 것이기 때문이다.

질문

■ 미-중국간 갈등은 불가피한가? 만일 중국이 민주화된다면 그 갈등이 심화될까 약화될까?

■ 장차 갈등이 발생한다면 그 갈등을 줄일 방법이 있을까? 아니면 그 갈등이 강대국 간에 벌어지는 세계정치의 일부분에 불과할까? (UN 같은) 국제기구가 강대국 간 갈등의 가능성을 줄이는 데 도움이 될까?

■ 대만이 미-중 사이의 마찰을 빚는 중요한 요인 가운데 하나이다. 미국은 비록 공식적으로 대만을 승인하지는 않았지만 대만과 우호조약을 체결한 상태이다. 미국이 대만에 대한 공약을 준수하기 위해 중국과의 관계를 위험하게 만드는 모험을 감행할까? 중국이 미국에게 대만이냐 긴장완화냐 둘 중 하나의 선택을 강요한다면 미국은 어느 쪽을 선택해야 할까?

참고문헌

Kynge, James. *China Shakes the World: A Titan's Rise and Troubled Future and the Challenge for America.* Houghton Mifflin, 2007.

Mearsheimer, John J. *The Tragedy of Great Power Politics.* Norton, 2003.

Shirk, Susan L. *China: Fragile Superpower.* Oxford, 2008.

Bergsten, C. Fred, Charles Freeman, Nicholas R. Lardy, and Derek J. Mitchell. *China's Rise: Challenges and Opportunities.* Peterson Institute, 2008.

3
Chapter

자유주의 이론과
사회적 이론

1. 전쟁의 퇴조

최근에 전쟁의 빈도와 규모가 줄어드는 경향이 아주 뚜렷해졌다.[1] 미국인들의 눈에는 세계가 전보다 더 전쟁과 폭력이 잦은 세계로 보일지 모른다. 이 나라가 베트남전 이후 가장 규모가 큰 전쟁을 치르고 있기 때문이다. 그러나 세계 전체로 보면 현 시기는 전쟁 가능성이 아주 적은 시기이다.

먼저 장기적 추세를 살펴보자. 20세기 전반기에 있었던 양차 세계대전은 수천만 명의 목숨을 앗아갔고 대륙 전체를 파괴하였다. 20세기 후반 냉전시대에는 대리전이 수백만의 목숨을 앗아갔고 또 전 세계가 인류 전멸을 초래할 수 있는 핵전쟁 공포에 시달려야 했다. 21세기 초인 현재는 아프가니스탄과 시리아에서 벌어지고 있는 전쟁이 수만 명, 심지어 수십만 명의 목숨을 앗아가고 있다. 그러나 우리는 테러공격이 한 도시를 파괴할 수 있을지는 모르지만 지구상의 모든 생명을 파괴할 수 있다고 두려워하지는 않는다. 세대가 바뀔수록 이 세계는 수천만 명에서 수백

---

1   Human Security Centre. *Human Security Report 2009: Shrinking Costs of War.* Human Security Centre, 2009.

만, 수십만 명이 죽는 쪽으로 변해 왔다. 수십만이라 해도 역시 엄청난 숫자이며 그런 전쟁의 충격은 일대 재난임에 틀림없다. 가장 중요한 것은 우리가 이러한 추세를 이해하고 또 계속 이어갈 수 있다면 비록 국지전이나 테러공격이 수천 명의 목숨을 앗아가는 일은 계속된다 하더라도 대규모 전쟁은 사라질 것이다.

탈냉전시대의 정세는 더 작은 전쟁으로 가는 이 같은 장기적 추세를 계속 이어가고 있다. 1990년대 말과 21세기 초에 앙골라, 북아일랜드, 과테말라, 남부 수단 등지에서 장기간 끌어 오던 전쟁이 끝났다(1990년대 초에 남아프리카와 모잠비크의 전쟁이 끝난 것처럼). 냉전 후에 발발한 보스니아, 코소보, 알제리, 르완다, 부룬디, 우간다에서의 전쟁도 끝났다. 이 같은 전쟁 퇴조 추세는 최근에도 계속되고 있다. 리비아와 아이보리코스트는 시에라리온의 전례(2003년에 민주선거 실시)에 따라 권력분점형 정부를 출범시키고 국제 평화유지군을 받아들였다. 에이레 공화군은 2005년에 영구 무장해제를 마쳤다. 인도와 파키스탄은 10년래 처음으로 휴전 상태로 들어갔다. 또한 버마 정부도 최대 반군 민병대와 휴전에 들어갔다.

현재 가장 심각한 분쟁은 전면전이 아닌 소규모 충돌 수준의 것들이다. (대포, 탱크, 항공기 등) 중무장한 군대끼리 전투가 벌어진 마지막 전쟁이 2003년 이라크전과 2008년 러시아-조지아 전쟁인데, 둘 다 단기간에 일방적 승리로 끝났다. 가장 오래 끌었던 국가 간 전쟁인 에티오피아-에리트레아 전쟁도 2000년에 끝났고, 강대국 간의 전쟁은 이미 50년 전에 끝났다.

2012년 현재 세계에서 가장 파괴적인 전쟁은 시리아 내전으로, 반군과 이를 잔혹하게 진압하는 정부군 간의 교전으로 지난 2년간 6만 명의 사망자를 냈다. 아프가니스탄에서는 장기간 끌어온 전쟁이 아직도 계속되고 있고, 민주콩고에서도 불안정 지역인 동부지역에서 전투가 재발하였다. 아프리카연합군은 소말리아에서 이슬람 무장세력을 축출하기 위해 싸웠고 2013년 초 프랑스군도 말리에서 같은 일을 하기 위해 싸웠다. 역사적 기준에서 볼 때 이런 것들은 작은 전쟁이다.

포격, 자동차 폭탄, 공습을 포함한 모든 종류의 전쟁으로 사망하는 사람들의 숫자는(질병으로 인한 간접 사망은 제외하고) 지난 60년 동안 매우 현저하게 감소했다. 〈그림 3.1〉은 제2차 세계대전 이후 전쟁 관련 사망자 수의 감소 추세를 보여준다. 연도별로 증감의 차이가 있지만 지난 수십 년간 일관된 추세는 전체적인 전쟁 감소 추세를 반영하여 지속적인 하향세를 보이고 있다.

〈그림 3.1〉 전사자 수, 1946 – 2011

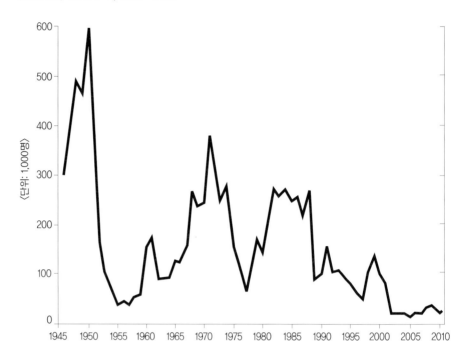

2. 자유주의 이론

현실주의가 집합재 문제에 대한 우세 원칙 위주의 해결책을 제시한다면 이번 장에 나오는 몇 가지 대안 이론들은 주로 상호주의와 정체성 원칙 위주의 해결책을 제시한다. 이 이론들은 다른 공통점도 있지만 무엇보다도 평화전망에 대하여 현실주의보다 더 낙관적이라는 공통점이 있다.

대체로 현실주의자들은 힘의 정치 같은 법칙을 시간이 지나도 불변하는 법칙으로 여기지만, 자유주의자들은 국제관계의 규칙이 시간이 지나면서 서서히 더욱 평화지향적으로 진화한다고 본다. 이 진화는 주로 국제기구 창설과 상호협력 증진(상호주의)의 결과이고 부차적으로 규범과 여론 변화(정체성)의 결과라고 본다. 3장과 4장에 나오는 이론들은 우리가 운명적으로 반복되는 전쟁에 시달릴 수밖에 없는 세계에 사는 것이 아니라 더 평화로운 세계를 만들 수 있다는 주장을 담고 있다.

그리고 3장에서 소개하는 자유주의 이론은 국내정치와 외교정책 결정과정을 다루면서 현실주의와 달리 국가의 행동을 설명할 때 국내수준 및 개인수준의 분석에 중점을 두고 있다.

(1) 칸트와 평화

자유주의 국제관계이론은 어떻게 평화와 협력이 가능한지를 설명하고자 한다. 이 문제에 대하여 독일 철학자 칸트는 200년 전에 다음과 같은 세 가지 답을 했다.[2] 첫째, 국가들은 상호주의 원칙에 입각하여 협력을 쉽게 해주는 국제기구와 규칙, 특히 오늘날 UN과 비슷한 세계적 연합체를 만들 수 있다는 것이다. 이 대답은 나중에 살펴볼 현대 자유주의적 제도주의의 기초가 된다.

칸트의 두 번째 답은 더 낮은 분석수준에 답으로서 평화는 정부의 내적 성격에서 나온다는 것이다. 그는 군주를 견제할 수 있는 입법부를 가진 공화국이 군주국보다 더 평화적일 수 있다고 본다. 이 답은 한 국가의 시민은 다른 국가에서도 똑같이 존중 받아야 한다는 그의 주장과 마찬가지로 상호주의 원칙에 부합한다. 또한 정체성 원칙에 입각해 있다. 이번 장 후반부에서 다룰 사회적 이론들처럼 칸트의 대답은 국가의 선호(選好)가 국내의 사회적 상호작용에 의해 만들어진다는 점을 설명해준다. 이 대답을 약간 바꾸면 민주국가들끼리 서로 싸우지 않는다는 명제가 되는데, 이 명제는 오늘날 민주적 평화이론의 기초이다. 이번 장 후반부에서 이 문제를 다룬다. (칸트 자신은 민주주의를 불신하였다. 민주주의가 합리성에 기반을 둔 정책보다 우민지배에 더 가까운 것으로 보았기 때문이다. 그의 이런 견해는 프랑스혁명에서 영향을 받은 것이다.)

칸트의 세 번째 답은 무역이 평화를 증진시킨다는 것인데, 이는 무역이 부, 협력, 세계적 복지 등을 증진시킨다는 가정을 기초로 하고 있다. 이 모든 것들이 장기적으로 분쟁 가능성을 줄여줄 것으로 보았다. 왜냐하면 각국 정부는 자국의 부를

---

2   Kant, Immanuel. *Perpetual Peace.* Edited by Lewis White Beck. Bobbs–Merrill, 1957[1795]. Russett, Bruce, and John Oneal. *Triangulating Peace: Democracy, Interdependence, and International Organizations.* Norton, 2000.

늘리는 과정에 지장을 초래할 일을 결코 원치 않을 것이기 때문이다.[3] 더욱이 무역이 늘어나면서 각국은 서로 상대방에게 의존하게 된다는 사실을 깨닫는다. 이처럼 서로 의존하는 상태를 경제적 **상호의존**이라 부른다. 학자들은 민감성과 취약성의 상황을 구분한다. 전자는 한 국가가 중요한 상품 공급자로서 어느 한 국가에 의존하지만 다른 공급자를 구할 수 있는 상황을 가리키며, 후자는 다른 공급자가 거의 없거나 아예 없는 상황을 가리킨다.[4]

그러나 현실주의자들은 무역이 평화를 증진시킨다는 주장에 대하여 회의적이다. 이들은 한 국가가 다른 국가에 의존하는 상황이 단기적으로 긴장을 더 고조시킨다고 주장한다. 국가들은 다른 국가가 자국에 대하여 중요한 제어수단을 갖는 상황에 대하여 신경과민이 되기 때문이다.[5] 국가들은 특히 항공기 제작에 필요한 특수 광물과 비금속 물질, 핵무기 제조에 필요한 우라늄과 같은 군사목적 전략 광물을 타국에 의존하는 문제를 걱정한다. 지도자들은 분쟁 시 자국을 제어할 수 있는 수단을 타국에게 넘겨주는 취약성에 대하여 걱정한다. 현실주의자들은 제1차 세계대전 직전에 상호의존과 평화에 관한 자유주의자들의 주장이 보편화되었음에도 전쟁이 일어났다는 사실을 지적한다.

(2) 자유주의적 제도주의

다시 평화 증진 문제에 대한 칸트의 첫 번째 답으로 돌아가자. 칸트는 국가들이 상호 이익이 되는 규칙을 만들고 준수할 수 있으며 국제 제도가 이를 감시하고 집행할 수 있다고 본다. 자유주의 이론가들은 공동체 전체의 장기적 복리 증진을

---

3 Angell, Norman. *The Foundations of International Polity*. Heinemann, 1914. Ward, Michael D., Randolph M. Siverson, and Xun Cao. Disputes, Democracies, and Dependencies: A Reexamination of the Kantian Peace. *American Journal of Political Science* 51(3), 2007: 583–601.

4 Keohane, Robert O., and Joseph S. Nye. *Power and Interdependence*. 3rd ed. Longman, 2001.

5 Mansfield, Edward D., and Brian M. Pollins. *Economic Interdependence and International Conflict: New Perspectives on an Enduring Debate*. Michigan, 2003. McDonald, Patrick. *The Invisible Hand of Peace*. Cambridge, 2009.

위하여 자신의 단기적 개별 이익을 희생하는, 그리하여 간접적으로 자신의 복리 증진을 도모하는 행위자를 합리적 행위자로 간주한다. 이러한 접근법의 중심에 바로 상호주의 원칙이 자리 잡고 있다. 국제제도라는 것이 공식적으로 평등한 회원(동료) 상호간의 호혜적 기부와 양보에 의해 굴러가는 것이기 때문이다. 실제로 WTO나 EU 같은 몇몇 중요한 국제제도의 경우 어떤 결정을 내릴 때 전체 회원의 합의(consensus)를 요구한다. 이런 방식은 모든 회원에게 평등한 결정권을 주는 방식이다.

칸트는 국가들이 비록 자율적 행위자이지만 오늘날 UN 같은 범세계적 연합체에 동참할 수 있으며, 단기적 개별 이익을 희생하면서까지 그 연합체의 원칙을 준수할 수 있다고 주장한다. 그가 보기에 국제 협력이 전쟁에 의존하는 것보다 더 합리적인 선택이다. 현실주의자들의 합리성 개념에서는 전쟁과 폭력이 (단기적 국가이익을 증진시켜 주기 때문에) 합리적인 행동이 될 수 있지만, 자유주의 이론에서는 틀린 판단에서 나온 불합리한 일탈 행동이며 전쟁 당사국의 (집단적, 장기적) 이익을 해치는 행동이 된다.

신자유주의(neoliberalism)는 현실주의의 몇 가지 중요한 가정에 동의한다는 점에서 초기 자유주의와 구별된다. 특히 국가를 무정부 상태의 국제체계에서 합리적으로 자기이익을 추구하는 단일 행위자로 보는 가정에 동의한다. 그러나 신자유주의자는 현실주의자에게 이렇게 말한다. "우리는 국가의 성격과 행동 동기에 대한 여러분의 가정을 받아들이지만 비관적인 결론을 따르지는 않는다." 국가들이 협력에 이르는 것은 꽤 흔한 일이다. 협력이 자국에 이익이 되기 때문이다. 그리고 국가들은 국제제도를 이용하여 상호 이익을 증진시키는 방법, 어느 일국의 속임수나 타국의 이익을 가로채는 일을 막는 방법을 배울 수 있다.[6]

국제관계에서는 갈등을 빚는 요인들이 많지만 국가들은 대부분 기간 협력해 왔다. 신자유주의 학자들은 세계가 단일의 합리적 행위자인 국가들로 구성되어 있

6   Baldwin, David A., ed. *Neorealism and Neoliberalism: The Contemporary Debate.* Columbia, 1993. Nye, Joseph S., Jr., Neorealism and Neoliberalism. *World Politics* 40(2), 1988: 235–51. Milner, Helen. International Theories of Cooperation among Nations: Strengths and Weaknesses [review article]. *World Politics* 44(3), 1992: 466–94. Oye, Kenneth A., ed. *Cooperation under Anarchy.* Princeton, 1986. Keohane, Robert O., and Lisa Martin. The Promise of Institutionalist Theory. *International Security* 20(1), 1995: 39–51.

다는 점을 인정하지만, 그런 세계에서 국제적 협력이 어렵다고 본 신현실주의자들의 비관주의가 틀렸음을 증명하려고 노력한다. 국가들이 협력을 강화하는 행동을 촉진하기 위하여 호혜적인 규칙, 기대치, 제도 등을 만들 수 있다는 것이다.

특히 국제관계에서 상호주의는 중앙 권위체 부재에도 불구하고 국제협력을 이루는 데 도움을 준다. 세계정부가 아닌 상호주의에 의해 규범과 규칙이 집행될 수 있다. 국제안보 분야의 경우, 군비통제 협정과 평화유지군 활동 등을 통해 이루어진 점진적 관계 개선에는 바로 이 상호주의가 작용하였다. 무역에서 협력하는 것이 큰 이익이 되는 국제정치경제 분야의 경우, 한 국가가 상대국의 불공정 관행에 대한 보복으로 수입제한 조치를 취하겠다고 위협하면 이 위협은 상대국으로 하여금 규칙과 규범을 준수하게 만드는 강력한 동기가 된다. WTO(그리고 전신인 GATT)는 한 국가가 관세인상으로 의무사항을 위반할 때 상대국의 관세인상을 허용함으로써 첫 번째 국가가 반드시 처벌받는다는 원칙에 따라 움직인다.

신자유주의자들은 상호주의가 이익이 충돌하는 상황에서 협력을 만드는 효과적인 전략이 될 수 있다고 주장한다.[7] 이 상황에서 어느 한쪽이 협력하겠다는 의지를 표명하고 상대방의 협력에는 협력으로, 협력거부에는 협력거부로 대응하겠다고 약속한다면, 그 상대방은 협력적 흥정에 나설 동기를 갖게 된다. 상호주의는 이해하기 쉬운 것이기 때문에 앞으로 상호주의로 대응하겠다고 공개적으로 선언할 필요가 없는 경우가 많다. 예컨대 1969년 당시 미-중관계는 20년 동안 냉각 상태였다. 미국의 대중국 금수조치가 중국의 경제발전을 가로막고 있었다. 또한 중국의 북베트남 지원이 미국인의 생명을 앗아가고 있었다. 양국은 대화를 나눌 사이가 아니었다. 그런 상황에서 닉슨 대통령(그리고 키신저 보좌관)이 금수조치를 약간 완화하였다. 3일 후 중국은 중국 영해로 표류해 온 미국인 3명을 석방하였다.[8] 중국은 미국의 다른 선제 조치에도 상호주의로 대응하였고 마침내 1972년 화해 분위기 속에 닉슨의 중국 방문이 이루어졌다.

---

7 Keohane, Robert O. Reciprocity in International Relations. *International Organization* 40 (1), 1986: 1–27. Downs, George W., and David M. Rocke. *Optimal Imperfection? Domestic Uncertainty and Institutions in International Relations.* Princeton, 1995.

8 Kissinger, Henry. *White House Years.* Little, Brown, 1979: 179–80.

이와 비슷한 일로, 2009년에 오바마 행정부가 유럽의 미사일 방어체계 구축을 중단할 것이라고 발표하였다. 유럽 미사일 방어체계는 러시아가 자국에게 도발적인 것으로 여기는 것이다. 당시 어떤 사람들은 이것이 핵개발 계획을 추진 중인 이란에 대한 제재를 염두에 두고 그 제재에 대한 러시아의 지지를 얻기 위한 조치라 해석했다. 실제로 2010년 봄에 UN안전보장이사회에서 더 엄격한 대이란 제재안을 놓고 표결할 때 러시아가 찬성표를 던졌다.

신자유주의자들은 협력이 가능하다는 주장을 뒷받침하기 위해 죄수의 고민 게임을 이용한다. 이미 보았듯이, 이 게임에서 각 행위자는 협력을 거부함으로써 이익을 얻지만 둘 다 협력을 거부하면 둘 다 패배자가 된다. 이와 비슷하게, 국제관계에서도 국가들이 상충하는 이익과 호혜적인 이익을 동시에 갖는 경우가 많다. 그런데 게임이 계속 반복된다면 딜레마가 해소될 수 있다. 국가들이 반복적 상호작용 관계를 맺고 있기 때문에 반복적 죄수의 고민 게임이 국제관계의 더 정확한 모습일 수 있다. 반복적 죄수의 고민 게임 상황에서 최초의 협력 행동을 주고받고서 엄격하게 상호주의 전략을 실행한다면 상호 협력이 충분히 가능하다. 왜냐하면 상대방 입장에서 보면 자신의 협력거부가 단지 상대방의 협력거부를 낳을 뿐이라는 점을 잘 알기 때문이다.[9]

그러나 상호주의는 협력을 촉진할 가능성을 가진 동시에 적대관계로 질주할 위험도 안고 있다. 양측이 협력 관계를 위한 노력은 전혀 하지 않은 채 상호주의적 대응을 반복한다면 그 결과는 지루하고 불쾌한 보복 행위의 교환일 것이다. 지난 몇 년간 이스라엘-팔레스타인 관계를 예로 들 수 있다. 〈그림 3.2〉는 지난 17년간 양측이 주고받은 상호작용을 추적하여 그림으로 표시한 것이다. 한쪽이 갈등적 행동(도표에서 - 값으로 표시)을 보이면 다른 한쪽도 부정적 반응을 보였다는 점에 주목하자. 마찬가지로, 협력적 행동(도표에서 + 값으로 표시)을 하면 상대방도 단기적으로 협력으로 대응하였다. 그러나 장기적으로 볼 때 이 상호주의는 높은 수준의 협력관계 유지에 거의 기여하지 못했다. 일시적으로 합의를 만들기도 했지만 오래 못가서

---

9 Axelrod, Robert. *The Evolution of Cooperation*. Basic, 1984. Goldstein, Joshua S., and Jon C. Pevehouse. Reciprocity, Bullying, and International Cooperation: Time-Series Analysis of the Bosnia Conflict. *American Political Science Review* 91(3), 1997: 515-29.

갈등으로 귀결되고 말았다.[10]

〈그림 3.2〉 이스라엘 - 팔렌스타인 간 갈등과 협력의 상호작용, 1979 - 1997

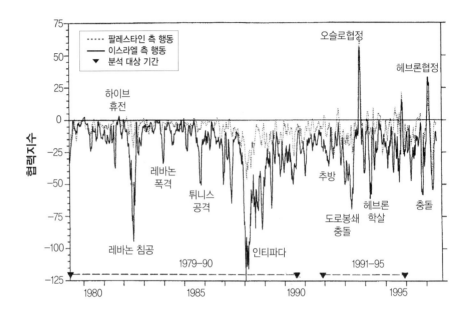

상호주의 원칙에 입각하여 만들어진 많은 규범이 국가 간 상호작용을 조정하고 있다. 예를 들어 국제기구에서의 외교 관행과 그 참가에 관한 사항은 올바른 행동이 무엇인지에 대한 공통의 기대치에 의해 결정된다. 국제관계에서 집합재 문제가 대두될 때, 국가들은 편협하고 단기적인 자기이익만 추구하면 자기 파멸적 결과가 나온다는 사실을 인식하고서 그런 결과를 피하는 것이 모두에게 합리적인 것이되게끔 만들어진 규칙, 규범, 관행, 제도 등에 의지한다. 신자유주의자들은 제도와규범이 어떻게 딜레마를 극복하고 국제협력을 만드는 데 기여하는지를 확인하기위하여 과거와 현재의 국제관계 사례를 연구하고 있다. (곧 살펴보겠지만, 일부 구성주의자들은 자국의 이익을 고려하는 국가를 전제하지 않아도 국제규범이 기능을 수행하게 된다는 점을 강

10 Goldstein, Joshua S., Jon C. Pevehouse, Deborah J. Gerner, and Shibley Telhami. Reciprocity, Triangularity, and Cooperation in the Middle East, 1979-1997. *Journal of Conflict Resolution* 45(5), 2001: 594-620.

조한다.) 이처럼 신자유주의자들이 볼 때, 어떻게 국가들이 단기적 이익이 아닌 장기적 이익을 포함한 더 나은 합리적 결과를 얻어내는지를 이해하고자 한다면 국제제도의 등장이 그 열쇠이다.

(3) 국제 레짐

그러나 좋은 결과를 얻는 것이 그리 쉽지는 않다. 갈등 상황에 처한 당사자들은 보통 그 상황에 대하여 각기 달리 해석하기 때문에 제3의 중재자가 없거나 모든 당사자의 공통 기대치를 설정해주는 어떤 전반적인 틀 같은 것이 없으면 갈등 해소가 어렵다. 바로 이와 같은 인식이 국제기구 창설의 기초로 작용한다.

국제 레짐(international regime)이란 (군비통제, 국제무역, 남극탐사 등과 같은) 어떤 문제 영역에서 행위자들의 기대치를 수렴시켜주는 규칙, 규범, 절차의 세트를 말한다.[11] 기대치의 수렴이란 국제체계의 참가자들이 자국의 활동을 규제하는 규칙이 어떤 것이어야 하는지에 대하여 비슷한 생각을 갖는 것을 뜻한다. (여기서 말하는 레짐은 한 국가의 정부, 특히 정통성 없는 정부를 가리킬 때 사용하는 레짐과 다른 뜻이다. 역주 참조)

레짐은 투명성을 높여줌으로써 집합재 문제 해결에 도움을 줄 수 있다. 모든 참가자의 행동을 참가자 모두 알 수 있고, 속임수 사용이 더 위험해지기 때문이다. 바로 이 점과 관련해서 현재 진행 중인 정보기술 혁명이 레짐을 강화하고 있다. 또한 국제통신이 더욱 발달하면서 각국은 레짐을 통하여 더 효과적으로 갈등을 인식할 수 있고 협상을 통한 해결책을 찾을 수 있게 되었다.

레짐이라는 개념에는 현실주의와 자유주의의 요소들이 결합되어 있다. 즉 국가는 무정부 상태에서 각기 이익 극대화를 추구하는 자율적인 단위로 간주된다. 국가가 일방적인 제어수단을 사용하여 직접 자국의 이익을 실현할 수 있는 상황에서는 레짐이 어떤 역할도 수행하지 않는다. 오히려 개별 국가들의 행동을 조정함으로써 집합재 문제를 해결해야 하는 상황에서 레짐이 필요해진다. 국가들은 개별적

---

11 Krasner, Stephen D., ed. *International Regimes*. Cornell, 1983. Hasenclever, Andreas, Peter Mayer, and Volker Rittberger. *Theories of International Regimes*. Cambridge, 1997.

으로 이익을 추구하는 행동을 계속해 나가겠지만, 자기이익 실현을 위해 각국의 행동을 조정해야 할 필요가 있는 경우에(집합재 문제와 같은) 그런 조정을 위한 틀을 만든다.

레짐이 각국의 기본적인 비용－편익 계산을 대체하지는 않는다. 단지 더 나은 비용－편익 비율의 가능성을 열어줄 뿐이다. 극히 예외적인 경우를 제외하면, 레짐이 각국의 행동에 제약을 가하지도 않는다. 오히려 레짐은 국가들이 집합재 문제나 조정 문제를 풀지 못하면 자기이익 실현이 어려워질 상황에 처했을 때 각국 정부를 돕고 힘을 보탠다. 레짐은 (현실주의자가 볼 때 국가의 상대적 힘 같은) 국제관계에서 작용하는 원인과 국제협력(혹은 그 부재)이라는 결과 사이에서 작용하는 **매개변수**라 할 수 있다. 특히 현실주의자들이 볼 때 레짐은 힘의 효과를 부정하지 않으며 오히려 우세 원칙에 부합하는 방향으로 기존 힘 관계를 성문화하거나 기정사실화한다. 예컨대 현재의 핵확산 금지 레짐은 강대국만 핵무기를 보유하고 있는 현상(現狀, status quo)을 보호한다.

레짐이 잘 유지되려면 국가의 힘에 의존해야 하기 때문에 일부 국제관계 학자들은 질서를 유지하는 패권국가가 존재할 때처럼 국제체계에서 힘이 집중되어 있을 때 레짐이 가장 효과적이라 주장한다. 그러나 레짐을 만든 패권국가의 힘이 약화되어도 레짐이 항상 함께 약화되지는 않는다. 오히려 레짐 자체가 독자적 생명력을 가질 수 있다. 레짐의 **창조**를 위해서는 패권이 꼭 필요한지 모르지만 레짐의 유지를 위해서는 반드시 필요하지는 않다.[12] 일단 참가자들의 기대치가 수렴되어 레짐의 규칙으로 굳어지고 나면, 참가자들은 레짐이 자신의 이익에 부합한다고 사실을 알게 된다. 레짐을 통한 활동이 습관화되어 각국 지도자들은 이미 확립된 규칙을 어긴다는 것을 생각하기 어렵게 된다. 레짐의 내구성은 1945년 이래 수십 년간 유지되어 온 미국의 패권이 1970년대 들어 약화되었을 때 잘 드러났다. 당시 국제 경제 레짐은 약간 조정을 받았지만 그대로 존속할 수 있었다.

레짐의 생명력은 UN, NATO, IMF 같은 항구적 제도에 뿌리를 두고 있다는

---

12 역주: 정부를 가리킬 때 레짐은 정권이라 번역한다. 예컨대 전두환 정권이라 할 때 정권은 영어로 레짐이다. 정권교체라 할 때도 마찬가지이다.) Keohane, Robert O. *After Hegemony: Cooperation and Discord in the World Political Economy.* Princeton, 1984.

사실에서 나온다. 이 제도들은 공통의 기대치에 입각하여 국제적 행동을 조정하는 기구일 뿐만 아니라 그러한 공통의 기대치를 구현하는 구체적 실체가 되고 있다. 국제안보 분야에서는 UN과 기타 국제기구들이 분쟁 해결을 위한 안정된 틀을 제공해주고 있다. 국제정치경제 분야는 이보다 더 제도화되어 있다. 상호작용의 범위가 훨씬 더 넓고 또 협력으로부터 얻을 수 있는 부가 더 크기 때문이다.[13]

제도는 제도화되지 않은 레짐에 비해 더 안정적이고 중요하다. 상근 직원과 본부를 가진 국제제도는 그 정치적 혹은 경제적 활동 영역에서 참가자들의 규칙 준수를 쉽게 얻어낼 수 있다. 그러나 관료주의적 특성 때문에 제도가 제도를 만든 국가들이 의도하지 않은 정책을 만들 수도 있다(구성주의 학자들이 지적한대로).

국제안보 분야와 국제정치경제 분야의 중요한 국제제도에 관한 상세한 내용은 7장과 8장에서 각각 다룬다. 자유주의적 제도주의는 국제법도 중시하는데, 국제법은 7장에 나올 것이다. 현 시점에 이르기까지 자유주의적 제도주의의 절정을 이루는 것이 EU라 할 수 있는데 EU는 10장에서 자세히 다룬다. 유럽 국가들은 수세기에 걸친 전쟁의 참화를 겪은 후 이제 강력한 국제제도로 단결하여 안정적 평화를 누리고 있다.

(4) 집단안보

자유주의적 제도주의에서 나온 **집단안보**(collective security)라는 개념은 국제체계의 대다수 주요 국가들이 익명의 침략자에 공동으로 대항하기 위한 목적으로 광범한 동맹을 결성하는 것을 말한다. 이러한 접근의 근거는 일찍이 칸트가 제시한 바 있다. 칸트는 과거 강대국 간 전쟁을 종식시킨 조약들이 오래 가지 못했기 때문에 전 세계 국가들에게 일종의 연합(혹은 연맹)을 결성할 것을 제안하였다. 이런 연합을 통하여 대다수 국가들이 단결하여 침략을 저지른 국가를 처벌하고, 모든 국가의 집단적 이익을 보호하는 한편으로 너무나 쉽게 강대국들의 장기판에서 졸 취

급 받는 약소국들의 자결권을 보호하자는 것이다.[14]

제1차 세계대전의 참화를 겪은 후 집단안보 증진을 위해 **국제연맹이** 창설되었다. 그러나 국제연맹은 두 가지 약점이 있었다. 하나는 (최강대국 미국을 포함한) 강대국 모두를 회원국으로 확보하지 못했다는 점이다. 다른 하나는 1930년대에 일본과 이탈리아가 실제로 침략 행위를 자행했을 때 회원국들이 침략에 대항하기 위한 집단행동의 비용을 부담하려 들지 않았다는 점이다. 제2차 세계대전 후 국제연맹의 후계자로서 UN이 창설되었다. 그리고 현재 몇몇 지역의 국제기구가 경제적·문화적 기능과 함께 집단안보 기능(침략 억지)을 수행하고 있다. 미주기구(Organization of American States, OAS), 아랍연맹, 아프리카연합 등을 예로 들 수 있다.

집단안보의 성공 요건은 다음 두 가지이다. 첫째, 회원국들이 동맹 공약을 준수해야 한다(즉 다른 회원국들의 노력에 무임승차해서는 안 된다). 강국이 약국을 침략했을 때, 다른 강국이 이 문제 때문에 전쟁으로 가는 것은 그 강국의 단기 이익이 아닌

---

14 Kant, *Perpetual Peace* (각주 2 참조).

집합재 찾기

위대한 나라는 분담금을 낸다.

집합재: UN 예산

배경: 제2차 세계대전 말에 창설된 UN은 회원국들과 기타 모든 국가들을 위해 가치 있는 일을 많이 해 왔다. 예를 들어 UN은 각국에 외교 기회, 평화유지군, 인도적 지원 등의 서비스를 제공해 왔다. 이런 서비스는 UN 분담금을 내든 말든 모든 국가들에게 혜택이 돌아가는 것이기 때문에 집합재이다. 회원국들은 분담금 액수와 납부 기일이 정해져 있지만 늦게, 그것도 아주 늦게 납부하는 일이 드물지 않다.

도전: 1980년대에 미국은 분담금 액수 문제로 UN과 갈등을 빚었다. 1990년대 말 시점에 회원국들의 미납액이 수십억 달러에 달했는데 이중 10억 달러 이상이 미국 혼자서 진 빚이었고 러시아의 부채는 약 5억 달러였다. 겨울철에 난방비가 없어서 뉴욕에 있는 UN 본부 건물에 난방이 되지 않아 외교관들은 썰렁한 방에서 만나야 했다. 미국의 국내정치도 이 문제에 한몫 했다. 공화당이 지배했던 의회가 클린턴 대통령의 UN 분담금 납부를 위한 예산 요청을 승인하지 않았기 때문이다. 당시 의회 쪽 분위기는 UN이 좋게 말해서 이빨 빠지고 힘없는 기구이고 나쁘게 말해서 부패

경우가 많다. 단호한 의지로 침략을 감행한 국가를 제지하는 일은 많은 비용이 들기 때문이다.

둘째, 침략 행위가 무엇인지에 대하여 충분히 많은 회원국들이 동의해야 한다. UN안보리에서 침략 행위를 규정하기 위해서는 5개 상임이사국 전원과 비상임이사국 10개국 중 4개국 이상이 동의해야 한다. 이런 시스템은 강대국 침략에 대해서는 제대로 작동하지 않는다. 소련이 아프가니스탄을 침공했을 때, 미국이 니카라과 항구들에 기뢰를 설치했을 때, 프랑스가 그린피스의 무지개전사(rainbow Warrior)호를 폭파했을 때, UN은 아무 것도 할 수 없었다. 이들이 안보리에서 거부권을 행사할 수 있기 때문이었다.[15]

1990-1991년 이라크의 쿠웨이트 정복을 원상복구하기 위한 집단안보는 제대로 작동하였다. 당시 침략이 모든 강대국들을 단결시켰고 또 강대국들이 이라크

15 Lepgold, Joseph, and Thomas G. Weiss, eds. *Collective Conflict Management and Changing World Politics.* SUNY, 1998.

하고 반미적인 기구라고 보는 것이었다.

해결책: UN 분담금 문제는 상호주의 원칙이 지배하는 문제이다. 회원국의 분담금 액수는 국가별 경제규모의 차이를 반영한 공식에 따라 결정된다. 그러나 실제로 회원국들은 단기 이익을 위해 그 공식도 지키지 않으려 한다. 이 경우에 우세 원칙은 거의 무용지물이다. UN이 분담금 징수를 위해 회원국을 상대로 군사력을 사용할 수는 없기 때문이다.

1998년에 UN재단이라는 단체가 설립되었는데, 당시 언론계의 거물 테드 터너가 이 재단에 거액을 기부하였다.

UN재단은 미국의 분담금 미납 문제를 해결하기 위하여 정체성 원칙을 이용하는 캠페인을 시작했다. 이 캠페인의 구호가 바로 "위대한 나라는 분담금을 낸다"였다. 이 구호는 분담금을 체납한 미국을 마치 자녀양육비를 내놓지 않는 건달 아버지로 묘사하는 듯한 느낌을 주었다. 이것이 자국을 위대한 나라로 여기는 미국인들의 생각에 영향을 주어 UN 분담금 문제에 대한 논쟁의 향방을 바꾸어 놓았다. 마침내 미국은 미납액을 조금씩 줄여나가 2009년에 완납하였다. 위대한 나라가 되고 싶은, 위대한 나라로 여겨지는 미국이 분담금을 완납한 것이다.

와의 전쟁 비용을 기꺼이 지불하려 했기 때문이다. 한 회원국이 다른 회원국을 침략, 점령, 병합하여 지도상에서 주권국가 하나를 아예 지우려 한 사건은 UN 창설 이래 최초였다. 이것은 쿠웨이트의 주권과 영토보전에 대한 너무나 명백한 침해였기 때문에 안보리에서 이를 침략으로 규정하고 다국적 연합군의 무력 사용을 승인하는 데 별 어려움이 없었다. 이라크가 세계 석유공급에 위협을 가했다는 점도 회원국들에게는 돈이나 군대를 보내야 할 또 다른 동기가 되었다.

이와는 대조적으로, 2002-2003년에는 안보리에서 이라크 문제가 논쟁을 일으키는 데 그쳤다. 이라크는 걸프전 당시 자국의 대량살상무기를 모두 공개하고 폐기 약속을 포함한 몇 가지 사항에 동의한 바 있는데, 이 약속을 지키지 않았다는 것이 안보리 논쟁의 쟁점이었다. 이 문제를 놓고 강대국들이 분열하였으며, 미국과 영국이 공동으로 군사력 사용 승인 안을 제출하였지만 프랑스가 거부권 행사를 공언하자 철회하였다. 독일, 러시아, 중국도 강하게 반대하였다. 또한 이슬람 국가를 위시한 세계 각국의 여론도 전쟁에 반대하였다. UN이 움직이지 않자 미국, 영국, 호주 3개국이 군사력을 파견하여 무력으로 사담 후세인 정부를 전복시켰다. 이렇게 되자 UN이나 국제연맹이나 모두 이빨 빠진 꼴이 되었다. 그러나 미군은 이라크에서 대량살상무기를 발견하지 못했으며 반란진압을 위한 장기전의 늪에 빠지고 말았다. 돌이켜 보건대, 집단안보 시스템은 삐걱거리고 항상 효과적이지는 않지만 이를 우회해서 군사적 행동을 취할 경우에는 위험이 따른다.

최근에는 집단안보의 개념이 확대되고 있다. 예를 들어 실패한 국가라는 개념이 있는데, 이는 자국 영토에 대한 통제력이 매우 약한 국가를 말한다. 이런 국가는 마약밀매, 돈세탁, 테러단체 등의 거점이나 기지로 전락할 가능성이 크다. 국내 정치상황은 마치 국제적 무정부 상황과 같다. 현재 소말리아가 대표적인 예이다. 소말리아 정부는 영토 대부분을 통제하지 못하는 극도로 약한 정부이며 테러단체(5장 참조)와 해적(6장 참조)의 본거지가 되었다. 어떤 학자들은 이런 경우 국제사회는 법과 질서 회복을 위해 개입해야 할 의무가 있다고 주장한다.[16]

---

16 Rotbert, Robert. Failed States in a World of Terror. *Foreign Affairs* 81(4), 2002: 127-41.

(5) 민주적 평화

칸트는 국가들이 공화국이 되면 항구적 평화가 가능하다고 주장하였다. 공화국은 입법부가 있어서 전쟁을 일으킬 수 있는 군주(혹은 대통령)의 권력을 견제할 수 있다고 보기 때문이다. 칸트는 한 개인(혹은 소집단)이 국민들에 미칠 영향 따위를 전혀 고려하지 않고 전쟁을 일으킬 수 있는 독재 정부와 달리, 정부 내에서 견제와 균형이 이루어지면 그것이 군사력 사용에 제동을 걸 수 있다고 생각하였다.

어느 정도 이와 비슷한 발상에서 국제관계 학자들은 민주주의와 외교정책을 결부시켜 왔다. 민주국가의 외교정책은 독재국가의 외교정책과 근본적으로 다를 수 있다.[17] 민주국가가 독재국가보다 더 평화적(전쟁의 빈도가 낮고 규모가 작다)이라는 이론이 검토되었는데, 이는 참이 아닌 것으로 밝혀졌다. 민주국가도 독재국가만큼 많은 전쟁을 일으켰다. 실제로 지난 2세기 동안 전쟁을 가장 많이 일으킨 국가는 (전쟁 수를 연구하는 정치학자들에 의하면) 프랑스, 러시아, 영국이었다. 영국은 그 전체 기간에 민주국가였고 프랑스는 일부 기간 동안 민주국가였고 러시아는 전혀 아니었다.

민주주의와 관련하여 참인 것은 민주국가가 독재국가와 전쟁은 하지만 **민주국가들끼리 전쟁을 하지는 않는다**는 사실이다. 이를 **민주적 평화**라 부르는데, 주요 역사적 사례를 봐도 이 일반화는 모순되지 않는다. 그 이유는 아직 완전히 밝혀지지 않았다. 민주주의 역사가 그리 길지 않기 때문에 이 일반화는 단순한 우연의 일치일 수도 있지만, 그런 것 같지는 않다. 아마도 민주국가들이 대개 자본주의 국가들이라서 상호간에 심각한 갈등을 회피하는 경향이 있기 때문에 그런 것이 아닌가 싶다. 자본주의 국가들은 무역관계를 통하여 강한 상호의존 관계에 놓이기 때문에 무역을 교란시키는 전쟁이 더 큰 손해를 가져올 수 있다. 또는 단순히 민주사회의 시민들이 (시민들의 지지가 있어야 전쟁을 할 수 있다) 다른 민주사회의 시민들을 적으로

---

17 Huth, Paul, and Todd Allee. *The Democratic Peace and the Territorial Conflict in the Twentieth Century.* Cambridge, 2003. Bueno de Mesquita, Bruce, et al. *The Logic of Political Survival.* MIT, 2003. Reiter, Dan, and Allan C. Stam. *Democracies at War.* Princeton, 2002. Schultz, Kenneth A. *Democracy and Coercive Diplomacy.* Cambridge, 2001. Rummel, R. J. *Power Kills: Democracy as a Method of Nonviolence.* Transaction, 1997. Doyle, Michael W. Liberalism and World Politics. *American Political Science Review* 8(4), 1986: 1151–70.

여기지 않기 때문인지도 모른다. 반대로 타국의 독재정부는 적이라 할 수 있다. 여기서 주목할 점은 민주국가들끼리 전쟁을 하지 않는다는 사실이 자유주의자들의 오래된 주장에 경험적 근거를 부여해준다는 점이다. 자유주의자들의 오래된 주장이란 국내수준의 분석을 중시해야 한다는 주장인데, 이 주장은 국가 간 수준이 가장 중요한 분석수준이라는 현실주의자들의 주장과 상반된다.

지난 2세기 동안 정부 형태로서 민주주의가 계속 확산되어 왔는데, 이런 추세가 전 세계 차원에서 외교정책 과정의 성격을 변화시키고 있다.[18] 아직도 많은 국가에 민주정부가 없다(가장 중요한 예로 중국을 들 수 있다). 그리고 기존 민주국가들도 여러 가지 측면에서 불완전하다. 미국은 정치적 무관심, 일본은 부패, 러시아는 독재 전통 등의 문제가 있다.[19] 그럼에도 불구하고 세계 대부분 지역에서 대세는 민주화이다.

최근 수십 년 동안에 이 민주화 추세가 다양한 방식으로 더욱 가속되었다. 몇몇 구소련 진영 국가들에서 민주주의가 등장하였다. 아프리카, 아시아, 라틴아메리카의 여러 국가들에서 군사정부가 민주적으로 선출된 민간정부로 교체되었다. 아프리카 최후의 소수 백인 통치 국가였던 남아프리카공화국이 1994년에 다수 통치 국가로 바뀌었다. 1990년대 말에는 역내 강국인 인도네시아와 나이지리아에서 장기 집권해 온 독재정부가 민주정부로 교체되었다. 2004-2005년에는 우크라이나, 아프가니스탄, 이라크, 키르기스스탄에서 민주화 세력이 승리했다. 2008년에는 파키스탄의 군사정부가 민주적으로 선출된 정부로 교체되었다. 2011-2012년에는 아랍의 봄 혁명이 일어나 튀니지, 이집트, 리비아, 예멘의 민주화를 촉발하였다. 시리아도 정부가 내전에서 패한다면 그 길로 나아갈 것이다. 2012년에는 버마가 수십년간의 가혹한 군부통치를 겪은 후 민주화의 급물살을 탔다. 반면에 2009년에 마다가스카르와 온두라스에서 군사 쿠데타가 일어났고 2010년에 니제르, 2012년에 기니비소와 말리에서 각각 군사 쿠데타가 일어났다. 이란에서는 2009년에 선거부

18 Pevehouse, Jon C. *Democracy from Above? Regional Organizations and Democratization.* Cambridge, 2005.

19 Zakaria, Fareed. *The Future of Freedom: Illiberal Democracy at Home and Abroad.* Norton, 2003. Collier, David, and Steven Levitsky. Democracy with Adjectives: Conceptual Innovation in Comparative Research. *World Politics* 49(3), 1997: 430-51.

정이 자행되었고, 이에 항의하는 시위대에 대한 야만적인 진압이 있었다.

앞으로 민주주의가 어디로 향해 나아갈지는 알 수 없지만, 언젠가는 지구상의 거의 모든 국가가 민주적으로 통치될 것이라는 예측은 충분히 가능하다. 일찍이 칸트가 그린 평화로운 관계에 기반을 둔 국제공동체가 등장할지 모른다.

그러나 민주주의가 성숙한 국가들끼리 전쟁을 하는 일은 없을지 모르지만, 민주주의로 이행하는 과도기에 있는 국가들은 안정된 민주국가나 안정된 독재국가보다 더 전쟁 성향을 보일 수 있다.[20] 따라서 단기적으로 볼 때 민주화 과정이 반드시 평화의 전조(前兆)는 아니다. 이 이론은 2006년 초 이라크에서 선거가 실시되었지만 선거 이후 분파적 폭력이 더 심해졌다는 사실, 그리고 팔레스타인 선거에서 이스라엘의 존재를 부정하는 무장단체인 하마스당이 승리하여 집권했다는 사실에서 힘을 얻고 있다.

마지막으로, 흔히 민주주의가 평화 및 협력과 결부되지만 민주적 제도가 협력을 더 어렵게 만들 수도 있다는 점에 주목해야 한다. 예를 들어 민주적으로 선출된 입법부가 관세인상 압력을 행사할 수 있다. 어떤 민주국가는 국내의 반대에 부닥쳐 국제기구 가입을 못할 수 있다. 제1차 세계대전 직후 미국이 국제연맹에 가입하지 못한 것이 바로 그런 예이다. 대중의 여론 역시 기존 협력관계의 확대를 어렵게 만들 수 있다. EU 지도자들이 EU 헌법 개정을 통하여 기존 협력관계를 확대하고자 했는데, 이에 대한 찬반을 묻는 각국의 국민투표에서 부결됨에 따라 그 노력이 무산된 적이 있다(10장 참조). 자유주의 학자들은 흔히 민주주의의 장점을 찬양하지만, 이와 같이 민주적인 국내 제도가 국제협력 과정을 더 복잡하게 만들 수 있다.

지금까지 살펴본 바와 같이, 자유주의 이론은 힘을 중시하는 현실주의 이론에 대한 다양한 대안을 제시하고 있다. 거의 모든 자유주의 이론은 상호주의 원칙을 이용하여 집단행동 문제의 해법을 찾는 데 초점을 맞춘다. 국가들은 국제제도든 국내제도든 제도의 힘을 빌려 협력에 관한 상대국의 상호주의 행동을 기대하게

---

20 Mansfield, Edward D., and Jack Snyder. *Electing to Fight: Why Emerging Democracies Go to War*. MIT, 2005. Snyder, Jack. *From Voting to Violence: Democratization and Nationalist Conflict*. Norton, 2000.

된다. 이리하여 각국의 손익 계산은 단기적 관심사보다 장기적 고려를 중시하는 방향으로 바뀐다. 이제 우리는 정체성 원칙에 초점을 맞추어 현실주의의 대안을 제시하는 또 다른 이론들을 살펴볼 차례이다.

3. 사회적 이론

국제관계 이론으로서, 서로 다르지만 몇 가지 이론을 사회적 이론이라는 이름으로 묶을 수 있다. 사회적이라 한 것은 개인이나 국가의 선호(選好)를 설명할 때 사회적 상호작용에 의존하기 때문이다. 대다수 현실주의 및 자유주의 이론은 선호가 고정되어 있고 시간에 따라 달라지지 않는다고 가정한다. 예를 들어 현실주의의 경우 국가는 항상 더 많은 힘을 원한다고 가정하고, 자유주의의 경우 국가, 이익집단, 개인은 평화와 번영을 원한다고 가정한다. 이와 대조적으로 사회적 이론에서는 그렇게 가정하지 않는다.

국제관계 분야에서 빠른 속도로 성장하고 있는 **구성주의**(constructivism)는 국가들이 국가 간 상호작용을 통하여 어떻게 국가이익을 구성하는지를 묻는다. 구성주의는 이론이라기보다 접근방법이라고 하는 편이 정확하다. 왜냐하면 그 핵심 내용만 추려보면 국제관계에 대하여 어떤 것도 말해주지 않기 때문이다. 그러나 규범, 정체성, 사회적 상호작용 등의 성격에 관한 구성주의의 가르침은 국제관계 전반에 대한 깊은 통찰력을 제시해주고 있다. 사실 구성주의적 설명은 국제적 행동을 설명하기 위해 정체성 원칙에 크게 의존하고 있다.

(1) 정체성과 사상의 중요성

현실주의자(그리고 신자유주의자)들은 국익을 단순히 그냥 주어진 것으로 간주하는 경향이 있다. 이에 반해, 구성주의는 행위자들이 국가이익, 이에 대한 위협, 그리고 자국의 국익과 타국 국익과의 관계 등을 어떻게 규정하는가에 관심을 가진다. 이런 식으로 국제관계를 더 광범한 사회적 관계 속에 집어넣고 있다.[21] 국가는 얻으려는 것을 결정할 때 물질적 필요뿐만 아니라 "사회적" 관계도 함께 고려한다. 마치 한 소비자가 MP3 플레이어를 살 때 남들이 좋다고 여기는(즉 사회적으로 인정받는) 제품을 사기로 결정하듯이, 국가도 정책을 선택할 때 다른 국가들에게 "인기" 있을 정책을 선택할지 모른다. 그러나 소비자가 물건을 선택할 때 가진 돈이 적으면 선택의 폭이 좁아진다는 한계가 있듯이, 국제관계에서도 힘이 아주 작용하지 않는 것은 아니라는 사실을 구성주의도 인정한다.[22]

구성주의 연구에는 몇 갈래 흐름이 있는데, 그 중 한 갈래는 국가의 이익과 정체성이 어떻게 서로 뒤얽히는지, 그리고 국가의 정체성이 타국과의 상호작용을 통하여 어떻게 형성되는지를 검토한다.[23] 예컨대 왜 미국은 영국의 핵무기 개발에 대해서는 무관심하면서 북한의 핵무기 개발에 대해서는 그렇게 걱정하는가? 현실 주의자라면 즉각 북한이 더 큰 위협을 제기하기 때문이라고 답할 것이다. 순전히 군사력이라는 견지에서만 보면, 영국의 군사력이 북한 군사력보다 훨씬 더 강하다. 그러나 영국이 아무리 많은 핵무기를 개발한다 하더라도, 그리고 미-영간에 외교 정책에 대한 견해차가 아무리 크다 하더라도, 영국이 미국에게 위협이 된다고 주장 하는 사람은 아무도 없을 것이다. 구성주의 학자라면 양국 간에 역사의 공유, 동맹 의 공유, 그리고 규범의 공유가 이루어져 있어서 이런 것들이 미국과 영국 사람들 에게 군사력이 아무리 강해져도 서로 상대방에게 위협이 되지 않는다고 말해주기 때문이라고 설명할 것이다.

잠재적 적국의 정체성이 중요하다. 적국의 군사력과 이익만 중요하진 않다. 이

---

21 Legro, Jeffrey W. *Rethinking the World: Great Power Strategies and International Order*. Cornell, 2005. Hopf, Ted. *Social Construction of International Politics: Identities and Foreign Policies, Moscow, 1955 and 1999*. Cornell, 2002. Crawford, Neta C. *Argument and Change in World Politics: Ethics, Decolonization, and Humanitarian Intervention*. Cambridge, 2002. Katzenstein, Peter, ed. *The Culture of National Security*. Columbia, 1996.

22 Barnett, Michael, and Raymond Duvall. *Power in Global Governance*. Cambridge, 2005.

23 Hall, Rodney Bruce. *National Collective Identity: Social Constructs and International Systems*. Columbia, 1999. Reus-Smit, Christian. *The Moral Purpose of the State: Culture, Social Identity, and Institutional Rationality in International Relations*. Princeton, 1999. Barnett, Michael. *Dialogues in Arab Politics*. Columbia, 1998.

런 주장은 국가는 항상 더 많은 힘과 부를 원하며 국가이익은 국가 간 상호작용의 맥락과 무관하게 독립적으로 존재한다는 현실주의자들의 가정을 거부한다.[24] 구성주의자들에 따르면, 국가의 정체성은 복합적이고 가변적이며, 타국과의 상호작용에서 나오며, 일종의 사회화 과정을 통해서 형성된다. 일부 구성주의자들은 시간이 지나면 국가들 간에 타국의 정체성에 관한 인식이 바뀌어 안보 딜레마, 군비경쟁, 기타 무정부 상태에서 나오는 효과들의 위험성이 사라지는 날이 올 수 있다고 주장한다. 그들은 유럽을 예로 든다. 유럽은 수백만의 목숨을 앗아간 20세기 전반기 양차 세계대전의 진원지였다. 그러나 20세기 말에 이르자 유럽에서 전쟁은 상상도 할 수 없게 되었다. 이제 유럽의 정체성은 양차 세계대전을 몰고 온 폭력적 민족주의가 아닌 EU와 뒤얽혀 있다. 힘의 정치, 무정부 상태, 군사력 같은 것들로 이런 변화를 설명할 수는 없다. 제도, 레짐, 규범, 그리고 정체성으로 설명하는 편이 나을 것이다.[25]

무엇이 위협적인 존재인가에 대한 사회 전체의 생각도 시간이 지나면 바뀐다. 200년 전에는 해적이 공해상의 대재앙이었다. 이 비국가 행위자는 항구를 침략하고 재화를 약탈하고 살인을 저지르고 각국 정부의 권위를 능멸하였다. 해적들이 정치적 목표를 가진 것은 아니지만, 그들의 행동을 테러라 생각하지 않기가 어려울 것이다. 테러가 아니더라도 해적으로 인한 비용이 막대했던 것은 분명하다. 미국을 위시한 많은 국가들이 해적을 뿌리 뽑기 위해 해군을 투입했다. 그러나 해적이 그토록 큰 위험과 해를 끼쳤음에도 오늘날 우리는 해적을 스포츠 팀의 마스코트로 삼고 놀이기구 이름으로 이용하고 영화에서 미화하기도 한다.

공해상에서 여전히 해적 행위가 자주 발생하지만, 해적이 이제 더 이상 위협이 아니라고 항변할 수 있다. 2008-2009년에 소말리아 근해에서 해적들의 납치가 매우 자주 있었지만 이를 제외하고도 해적행위는 몇 년 동안 계속되어 왔다. 그러나 이제 우리는 해적의 위협을 대중문화 속에 녹여 넣어도 괜찮을 만큼 그 심각성

24 Wendt, Alexander. *Social Theory of International Politics*. Cambridge, 1999. Guzzini, Stefano, and Anna Leander, eds. *Constructivism and International Relations: Alex Wendt and His Critics*. Routledge, 2006.

25 Checkel, Jeffrey. Social Learning and European Identity Change. *International Organization* 55(3), 2000: 553-88.

을 그다지 크게 느끼지 않고 있다. 물론 200년 전 사람이라면 이런 현상에 대해서 이상하게 생각하겠지만.

얼마나 이상한가? 200년 후에 우리의 후손이 디즈니랜드에서 테러리스트 이름을 딴 놀이기구를 타고 "페르시아만의 테러리스트"라는 영화를 본다고 가정하자. 이 대목에서 구성주의자라면 즉각 사회나 국가가 위험하다고 여기는 것이 보편적이거나 시간을 초월한 것이 아니라는 점을 지적할 것이다. 사회적 규범과 관행은 변한다. 이 변화가 외교정책에 엄청난 영향을 줄 수 있다.

그리고 국가들이 지위나 명성을 높이 평가하고 이를 추구할 수도 있다. 예컨대 스위스는 중립국, 비동맹국으로서 자국의 역할을 높이 평가한다(스위스는 EU와 NATO 어디에도 가입하지 않았고 UN에도 2002년에야 가입하였다). 중립국 지위 덕분에 스위스는 위신과 힘을 얻게 되었다. 이 힘은 돈이나 대포 같은 물질적 힘이 아니라 중요한 국제문제에 외교적으로 개입할 수 있는 규범적 힘이다. 이와 유사하게, 캐나다의 외교정책도 정체성에서 나온 동기를 가지고 있다. 그 동기는 대개 평화유지나 인도적 지원 활동에 관한 것이다.

정체성을 기초로 한 설명은 강대국의 행동을 설명할 때도 도움이 된다. 1993년에 UN안보리가 구 유고슬라비아 전쟁범죄 사건을 다룰 재판소를 개설한 바 있다. 초기 몇 년간 이 재판소의 활동은 부진했다. 수사관과 통역을 고용하고 사무실 임대료와 전화요금 등을 내는 데 필요한 자금이 부족했기 때문이다. 재판소 운영에 필요한 자금은 강대국들의 기부로 충당하였는데 국가별로 액수가 달랐다. 미국이 가장 많은 돈을 냈지만 충분한 정도는 아니었고, 영국은 아주 작은 금액만 냈다.

자유주의 이론가라면 즉각 이 재판소 분담금 문제에서 집합재 문제를 볼 것이다. 세계 전체가 이 재판소의 활동으로부터 이득을 얻지만(재판이 미래의 침략과 집단 학살을 억지한다고 전제할 때), 개별 국가는 자국의 기여 여부와 관계없이 이득을 누릴 수 있다. 미국과 나머지 국가들이 재판소 운영에 필요한 최소한의 돈은 낼 것이기 때문에, 영국의 입장에서 보면 무임승차가 합리적이다.

현실주의자라면 이런 식의 설명에 의문을 제기할 것이다. 현실주의자들은 영국의 지원이 부족한 원인을 더 직설적으로 설명하려 들 것이다. 가령 "영국 지도자들은 재판소의 성공을 바라지 않았을 것이다. 왜냐하면 세르비아가 보스니아 내 세르비아계 지도자들을 전쟁범죄자로 기소한 이 재판소에 협력하지 않았고, 영국은 암암리에 (전통적 동맹국인) 세르비아 편에 섰기 때문이다"라는 식으로. 과거에도 영국은 크로아티아(또한 독일, 오스트리아, 터키)에 대항하기 위해 세르비아(또한 러시아, 프랑스) 편에 선 적이 있었는데, 그때 작용했던 지정학적 요인이 이번에도 작용하고 있는지 모른다. 이런 추론에 따르면, 전범은 오고 가지만 강대국의 이익은 거의 불변인 셈이다.

이상의 두 가지 이론 모두 장점이 있다. 그러나 가끔은 역사가 어느 설명이 더 나은 설명인지를 가려주는 "실험"을 제공한다(우리가 그 실험에서 제어할 수 있는 것은 아무 것도 없지만). 1997년의 영국 총선에서 토니 블레어가 이끄는 노동당이 승리하여 존 메이저의 보수당 정부가 퇴진하고 노동당 정부가 들어섰다. 이 정권교체는 자유주의 이론과 현실주의 이론이 사용한 설명 "변수", 즉 재판소 문제의 집합재 성격, 발칸 지역에 대한 영국의 전략적 역사적 이익 등에 어떤 변화도 일으키지 않는다. 그러나 실제로 블레어 정부는 보스니아 정책을 크게 바꾸어 전범 용의자 두 명을 체포하는 작전을 펼쳤으며 재판소의 두 번째 법정을 건축하는 데 필요한 자금 상당부분을 기부하였다. 이처럼 지도자의 교체가 영국의 행동을 변화시켰다는 사실은 정체성에 초점을 맞춘 설명이 어느 정도 타당함을 시사하고 있다. 즉 국제사회에서 영국이 차지하는 위상에 대한 블레어의 생각이 그런 결과를 낳았던 것이다.

구성주의적 연구의 또 다른 갈래는 국제규범과 규칙이 국가의 행동을 제약하는 힘을 가진다는 점에 주목한다. 현실주의자들(그리고 신자유주의자들)은 국가들이 결과의 논리(내가 이렇게 행동하면 나한테 무슨 일이 일어날까?)에 따라 정책을 결정한다고 주장하지만 구성주의자들은 강력한 적절성의 논리(이 상황에서 내가 어떻게 행동해야 할까?)가 있다고 지적한다.[26] 인도적 개입(다른 국가의 국민을 보호하기 위해 그 국가에 군사적으로 개입하는 것) 같은 것은 현실주의나 자유주의 용어로 설명하기 어렵다. 그 예로, 1992년에 미국은 왜 자국에게 전략적 경제적 중요성이 거의 없는 나라인 소말리아에 군대를 보냈을까? 당시 소말리아는 정치적 혼돈 상태에 빠져 대량 아사 위기에 직면해 있었다. 이 물음에 대한 구성주의적 설명은 보호할 가치가 있는 사람들이 누구인가에 대한 규범의 변화에 초점을 맞추는 것이다. 19세기에 유럽 강대국들은 대

---

26 March, James G., and Johan Olsen. The Institutional Dynamics of International Political Orders. *International Organization* 52(4), 1998: 943–69.

량학살 위기에 놓인 오토만제국의 기독교도들을 보호하기 위해 개입하곤 했지만, 비기독교도 희생자들에 대해서는 대개 무시하였다. 그러나 식민지 독립으로 민족자결 원칙이 존중되고 인권의 가치가 더 널리 인정됨에 따라 인도적 개입의 범위도 확대되었다. 국제사회가 항상 인도적 위기에 효과적으로 대처해 온 것은 아니지만, 기독교도만 보호할 가치가 있다는 생각은 이제 더 이상 받아들여지지 않는다.[27] 이 사례에서 미국은 비용-편익 계산이 시킨 대로 행동하지 않고 적절한 방식으로 행동하고자 노력한 것이다.

이런 유형의 사례는 개발도상국들에서도 발견된다. 어떤 구성주의자들은 라틴아메리카, 아프리카, 중동의 국가들이 국제규범에 부합하는 정책을 채택하거나 부합하는 방향으로 기존 정책을 바꾸었다고 주장한다. 더 큰 이익을 얻기 위해서가 아니라 적절한 행동 경로라 판단하였기 때문에 그렇게 한 것이다. 예를 들어, 많은 개발도상국이 과학기술 관료를 양성하고 군을 기술적으로 현대화하는 경쟁을 벌여 왔다. 구성주의는 이 국가들이 제한된 자원을 그런 프로젝트에 투자하는 까닭이 국제체계에서 "현대" 국가로 인정받고 싶은 바람 때문이라 지적한다. 그들이 생각하기에 "현대" 국가는 과학기술 관료와 기술적으로 앞선 군대를 가지고 있다. 역설적으로 과학기술 관료를 양성하는 많은 국가들에 과학자는 거의 없으며, 현대화된 군을 양성하는 국가들에게 적국이 거의 없다.[28] 구성주의자들은 이러한 외견상의 엉뚱한 행동은 정체성과 규범으로 설명해야만 한다고 강조한다.

국제규범이 어떻게 전 세계로 전파될 수 있을까? 전 세계 통신과 교통이 쉬워진 오늘날에는 여러 가지 가능한 방식이 존재한다. 구성주의자들은 규범을 전파하는 다양한 행위자들을 강조한다. 어떤 학자는 **규범사업가**(norm entrepreneur)라 부를만한 개인들이 여행, 저술활동, 엘리트들과의 만남 등을 통하여 사람들의 생각을 바

---

27 Finnemore, Martha. *The Purpose of Intervention: Changing Beliefs about the Use of Force.* Cornell, 2004.

28 Finnemore, Martha. International Organizations as Teachers of Norms: The United Nations Education, Scientific, and Cultural Organizations and Science Policy. *International Organization* 47(4), 1993: 565-97. Eyre, Dana, and Mark Suchman. Status, Norms, and the Proliferation of Conventional Weapons: An Institutional Theory Approach. In Katzenstein, Peter, ed. *The Culture of National Security.* Columbia, 1996.

▌정책적 시각

우크라이나 대통령 야누코비치(Victor Yanukovych)의 입장.

문제: 인접한 강대국의 압력에 대처하기 위해 어떻게 국제적 제도와 협력할 것인가?

배경: 2010년 선거 이후 당신은 NATO 가입 노력을 중단했다. 2008년에 전임자가 가입을 신청했지만 거부당했다. NATO가 장차 회원 가입 기회를 열어두었지만 국민들은 NATO의 거부에 대하여 분개하였다. 그래도 당신은 몇몇 문제영역에서 NATO와 협력을 지속해 왔다.

전임자가 NATO와 강력한 유대관계를 맺고자 열망했던 것은 합리주의적인 "결과의 논리"에서 나온 것이다. 즉 우크라이나와 러시아 사이에 긴장이 고조되었기 때문이다. 러시아는 우크라이나 천연가스 수요의 대부분을 공급하고 있는데 정치적 분쟁이 있을 때 몇 번 가스 공급을 끊은 적이 있다. 최근 일로 2008-2009년 겨울에 그런 적이 있다. 이에 대하여 우크라이나는 자국 영토를 통과하여 서유럽으로 가는 러시아 송유관을 차단하는 것으로 대응해 왔다. NATO에 가입하면 러시아의 공격적 외교에 맞서기 위한 정치적 지지와 군사적 보호를 얻을 수 있다.

당신은 전임자에 비해 NATO 가입에 적극적이지 않은 태도를 보여 왔다. 또한 러시아에게 가까운 장래에는 NATO 가입을 재시도하지 않겠다는 점을 확인해 주었다. 몇몇 서유럽 국가들에게는 우크라이나가 국제문제에서 중립을 지키겠다고 말했다. 마지막으로, 당신은 공식 국가안보 목표 목록에서 "NATO 가입"을 삭제하는 내용의 법안을 발의하였고 이 법안이 입법부에서 통과되었다.

국내 고려사항: 돌이켜보면, 우크라이나의 NATO 가입에 가장 큰 걸림돌이 된 것은 바로 국민들이었다. 여론조사를 보면 NATO 가입에 반대하는 국민이 찬성하는 국민보다 2배 가까이 많다. 당신 소속 정당의 지지기반이 러시아와의 국경에 가까운 지방인데 이 지방 사람들은 러시아와 좋은 관계를 유지하고 싶어 한다.

대중은 NATO 가입은 반대하지만 EU 가입은 강하게 지지

한다. 또한 대중은 이미 성사된 WTO 가입을 지지하였다. 대중이 NATO 가입에 반대하는 것은 그 자체로서 반서방적인 것이 아니라 1999년 코소보전쟁 당시 NATO군이 세르비아를 공습했기 때문이다. 서방에 대한 우크라이나의 외교정책을 재조정하려는 열망이 일반화되어 있지만, 아직까지는 이 열망에 NATO 가입이 포함되어 있지 않다.

시나리오: 러시아가 다시 천연가스와 기타 자원의 공급을 차단하였다고 가정하자. 우크라이나가 정치 문제에서 NATO와 계속 협력한 데 따른 것이다. 러시아는 NATO와의 협력을 자제하지 않으면 정치적 경제적 압력을 강화하겠다고 한다.

NATO 회원국 자격이 EU 가입의 선행조건은 아니지만, EU 회원국들은 우크라이나가 지금까지 충실히 협력해 온 국제 레짐을 포기하는 것에 대하여 우호적으로 바라보지는 않을 것이다.

정책 선택: NATO와 협력함으로써 우크라이나가 많은 이득을 얻고 있음에도 불구하고 NATO와의 유대를 약화시켜야 할까? 러시아에 굴복해 이 협력을 포기할 것인가? 러시아의 강압에 맞서, NATO에 대한 기존 입장을 바꾸어 NATO 정회원 가입을 신청해야 할까? EU 가입을 추진하면서 NATO와의 협력을 포기할 수 있을까?

꾸고 특정 유형의 규범을 권장할 수 있다고 주장한다. 다른 학자는 인종 평등에 관한 범지구적 규범의 개발에 힘을 실어주는 인종차별 반대운동 같은 광범한 사회운동이나 NGO 활동을 꼽기도 한다. 또한 일부 학자는 (UN과 NATO 같은) 국제기구가 적절한 행동과 적절치 못한 행동에 관한 규범을 확산시킬 수 있다고 본다. 그러나 어느 방식이든 힘과 자기이익이 아닌 새로운 생각과 규범이 국가의 행동을 추동한다는 것이다.[29]

---

29 Keck, Margaret, and Kathryn Sikkink. *Activists Beyond Borders: Advocacy Networks in International Politics*. Cornell, 1998. Klotz, Audie. *Norms in International Relations: The Struggle against Apartheid*. Cornell, 1995. Finnemore, Martha. *National Interests in International Society*. Cornell, 1996. Johnston, Alastair Iain. Treating Institutions as Social Environments. *International Studies Quarterly* 45(3), 2001: 487–516. Schimmelfennig, Frank. The Community Trap: Liberal Norms, Rhetorical Action, and the Eastern Enlargement of the European Union. *International Organization* 55(1), 2001: 47–80.

최근 구성주의 전통에 따른 연구가 급속히 늘어났다.[30] EU가 신입 회원국의 엘리트들을 사회화하는 데 어떤 역할을 하는지를 검토한 학자도 있고,[31] UN이 그 힘의 원천으로서 무력사용에 정통성을 부여하는 데서 어떤 역할을 수행하는지를 검토한 학자도 있다.[32] 일부 학자들은 어떻게 국제기구가 그 전문지식(예를 들어 IMF의 국제 금융 관련 지식)을 활용하여 회원국들의 의사에 반하는 결정을 내릴 수 있는 권위를 획득하게 되었는지를 탐구하였다.[33] 마지막으로, 구성주의 학자들은 테러 활동과 대테러 정책을 이해하고자 할 때 정체성과 상징주의 개념이 왜 중요한지에 대해 탐구를 시작했다.[34]

말할 나위도 없지만, 국제관계의 다른 접근이나 이론과 마찬가지로 구성주의도 비판을 받고 있다. 현실주의자들은 규범이란 것이 국가(혹은 개인)이익의 포장지일 뿐이라 주장한다. 자유주의자들은 일부 구성주의자들이 공식적 제도와 그 내부에서 전개되는 정치에 대하여 지나치게 소홀하다고 주장한다. 더욱이 현실주의자와 자유주의자 모두 어떤 사람의 정체성이 진짜 정체성인지 아니면 물질적 이익(더 많은 원조, 무역, 혹은 배타적 기구에의 가입 등과 같은)을 얻기 위한 전략적 선택인지를 분간하기가 어렵다고 비판한다.[35] 그러나 이런 비판이 있음에도 불구하고 구성주의 발상과 정체성 원칙에 대한 강조는 앞으로 여러 해 동안 국제관계 연구의 중심 무대에서 밀려나지 않을 것이다.

---

30 Klotz, Audie, and Cecelia Lynch. *Strategies for Research in Constructivist International Relations.* M. E. Sharpe, 2007.

31 Checkel, Jeffrey. International Institutions and Socialization in Europe: Introduction and Framework. *International Organization* 59(4), 2005: 801–26.

32 Checkel, Jeffrey. International Institutions and Socialization in Europe: Introduction and Framework. *International Organization* 59(4), 2005: 801–26.

33 Barnett, Michael, and Martha Finnemore. *Rules for the World.* Cornell, 2004.

34 Leheny, David. Symbols, Strategies, and Choices for International Relations Scholarship after September 11. *Dialogue IO* 1(1), 2003: 57–70.

35 Hyde–Price, Adrian. "Normative" Power Europe: A Realist Critique. *Journal of European Public Policy* 13(2), 2006: 217–34. Zehfuss, Maja. *Constructivism in International Relations: The Politics of Reality.* Cambridge, 2002. Mercer, Jonathan. Anarchy and Identity. *International Organization* 49(2), 1995: 229–52.

(2) 포스트모더니즘

포스트모더니즘은 여러 학문 분야, 특히 문헌 연구에 큰 영향을 미친 광범한 접근방법이다. 포스트모더니즘은 문헌 연구에 뿌리를 둔 것이기 때문에 문장(text)과 담론(discourse)을 매우 중시한다. 즉 사람들이 주제에 대하여 어떻게 말하고 기록하는가가 중요하다고 한다.[36] 그래서 현실주의에 대한 포스트모더니즘의 비판도 현실주의자들의 말과 주장에 대한 분석에 중점을 두고 있다.[37] 포스트모더니즘의 핵심 논지 가운데 하나는 단순하고 객관적인 실재(實在, reality)란 존재하지 않으며 단지 복잡다단한 경험과 시각만이 존재한다, 그리고 이 다양한 경험과 시각을 단 몇 개의 범주로 묶는 것은 거의 불가능하다는 것이다. 그렇기 때문에 포스트모더니즘 자체도 단순하고 범주화된 모습을 보이지 않는다. 포스트모더니즘은 구성주의보다 먼저 등장하여 구성주의를 위한 무대를 마련해 주었지만, 구성주의로 인해 크게 보강되었다.

포스트모더니즘의 시각에서 볼 때, 국가가 국제관계의 핵심 행위자, 단일한 행위자로서 (국제적 힘의 정치를 통하여 추구하는) 내적 일관성을 갖춘 객관적 이익에 의거하여 활동한다는 현실주의자들의 주장은 입증 불가능하다. 객관적인 국가이익이란 존재하지 않으며 (하나의 가치관이나 이익이 모든 국가에 적용된다는 식의) 보편적인 국가이익도 분명 존재하지 않는다고 한다.

더 근본적인 비판으로서, 포스트모더니즘은 행위자로서 국가라는 개념 자체를 문제 삼는다. 포스트모더니즘의 시각에서 볼 때, 국가란 만질 수 있는 실체가 아니라 우리(학자나 시민들)가 다수 개인들의 행동을 묘사하기 위해 구성한 "허구"

---

36 Burke, Anthony. Postmodernism. In Reus–Smit, Christian, and Duncan Snidal, eds. *The Oxford Handbook of International Relations.* Oxford, 2008, pp. 359–77 . Jarvis, Darryl S. L. *International Relations and the "Third Debate": Postmodernism and Its Critics.* Praeger, 2002.

37 Ashley, Richard K., and R. B. J. Walker. Speaking the Language of Exile: Dissident Thought in International Studies [Introduction to special issue]. *International Studies Quarterly* 34(3), 1990: 259–68. Lapid, Yosef. The Third Debate: On the Prospects of International Theory in a Post–Positivist Era. *International Studies Quarterly* 33(3), 1989: 235–54. Molloy, Sean. *The Hidden History of Realism: A Genealogy of Power Politics.* Palgrave, 2006.

(fiction)일 뿐이다. 국가의 행동과 정책에 관한 이야기들은 그냥 지어낸 이야기일 뿐이다. 이렇게 보면, 서점 주인이 스파이 소설을 픽션 서가에 진열하고 전기와 역사책을 논픽션 서가에 진열하는 것은 전혀 근거 없는 자의적 분류일 뿐이다. 스파이 소설이건 역사책이건 다 객관적 실재가 아니다. 모든 책은 등장인물의 실제 경험을 왜곡하는 해석 과정을 통해 여과된 것일 뿐이다.[38] 국가가 단일한 행위자라는 현실주의자들의 주장과 달리, 포스트모더니즘은 현실주의자들이 구성한 허구적 실체(국가)의 이면(裏面)에 숨어있는 다양한 현실과 경험을 중시한다. 예를 들어, 현실주의자들은 소련이라는 국가를 한 세트의 단순한 객관적 이익을 가진 단일 행위자로 취급하면서 세계에서 두 번째로 중요한 국가로 간주하였다. 소련이 15개의 조각으로 쪼개졌을 때와 각각의 조각 안에도 여러 분파가 있다는 사실이 드러났을 때, 현실주의자들은 놀라지 않을 수 없었을 것이다. 소련이라 불린 "단일 행위자"라는 말이 그 구성 공화국, 종족집단, 개인 등의 복잡다단한 경험을 가린 가면이었다는 사실(그리고 현실주의자들에게 그런 경험을 무시해도 좋다고 허락하였다는 사실)이 분명해졌다.

포스트모더니즘은 국가, 국제체계, 그리고 현실주의자들이 국제관계를 묘사하면서 제시한 이야기와 주장(문장과 담론) 등과 같은 구성물을 "해체"(deconstruct)하고자 한다. 문학 비평에서 빌려온 용어인 문장 해체란 숨겨진 의미를 드러내기 위하여 문장을 조각으로 분해한다는 것을 뜻한다. 달리 말하면, 문장을 분해해서 생략된 것이 무엇인가, 포함되었더라도 암묵적으로만 포함된 것이 무엇인가를 찾아낸다. 문장에서 명시적으로 표현되지 않은 숨겨진 의미를 **언외의미**(言外意味, subtext)라 부르기도 한다.[39]

생략은 언외의미의 한 측면이다. 예를 들어 현실주의 이론이 여성과 성(gender)을 생략하였는데, 그 생략된 여성과 성이 언외의미이다. 현실주의는 국가를 강조하

---

38 Shapiro, Michael J. Textualizing Global Politics. In Der Derian, James, and Michael J. Shapiro, eds. *International/Intertextual Relations: Postmodern Readings of World Politics.* Lexington, 1989, pp. 11–22 . Shapiro, Michael J., and Hayward R. Alker, eds. *Challenging Boundaries: Global Flows, Territorial Identities.* Minnesota, 1996.

39 Campbell, David. *Politics without Principle: Sovereignty, Ethics, and the Narratives of the Gulf War.* Rienner, 1993. Stephanson, Anders. *Kennan and the Art of Foreign Policy.* Harvard, 1989. Chaloupka, William. *Knowing Nukes: The Politics and Culture of the Atom.* Minnesota, 1992.

면서 개인, 국내정치, 경제적 계급, 다국적기업, 기타 비국가 행위자들의 역할을 생략하였다. 강대국에 초점을 맞추면서 빈국의 경험을 생략하였다. 군사적 제어수단에 주목하면서 다양한 비군사적 제어수단의 역할을 생략하였다.

현실주의는 국제관계를 단순하고 일관된 모델로 축소하는 것을 목표로 삼았기 때문에 지나치게 시각이 좁다. 이 단순한 모델이 객관적이고 보편적이고 또 정확하다고 주장하지만, 포스트모더니즘의 시각에서 보면 그런 형용사 어디에도 해당되지 않는 것이다. 이 모델은 강대국의 이익 증진을 목적으로 편협하고 일방적인 이야기를 지어내는 편파적 모델일 뿐이다. 포스트모더니즘은 이 모델과 함께 국제관계를 단순한 객관적 범주로 묘사하고자 하는 모든 종류의 모델(신자유주의 모델도 포함해서)을 파괴하고자 한다. 대신에 포스트모더니즘은 국제관계를 구성하는 복잡다단한 경험들을 — 단순화하고 범주화해서 무언가 의미를 부여하지 않고 — 있는 그대로 존중하고자 한다.[40]

4. 마르크스주의

사회적 이론 가운데 역사적으로 가장 중요한 이론이라 할 마르크스주의는 국제관계와 국내정치 모두 불평등한 **경제적 계급** 관계에서 나온다고 주장한다. 이처럼 계급을 강조하는 것은 한 사회의 경제적 특성이 해당 국가와 타국과의 관계를 형성한다는 것을 의미하기 때문에 국내정치와 국제정치를 구분하는 현실주의 접근방법과 대조를 이룬다. 국제관계에 관한 마르크스주의 이론은 제국주의 역사에서 기인한 남북문제를 주로 다루기 때문에 12장에서 상세히 다룰 것이다. 여기서는 사

---

40 Walker, R. B. J., and Saul H. Mendlovitz, eds. *Contending Sovereignties: Redefining Political Community.* Rienner, 1990. Walker, R. B. J. *Inside/Outside: International Relations as Political Theory.* Cambridge, 1993. Weber, Cynthia. *Simulating Sovereignty: Intervention, the State and Symbolic Exchange.* Cambridge, 1995. Sjolander, Claire Turenne, and Wayne S. Cox, eds. *Beyond Positivism: Critical Reflections on International Relations.* Rienner, 1994. George, Jim. *Discourses of Global Politics: A Critical (Re)Introduction to International Relations.* Rienner, 1994.

회적 이론의 하나로서 마르크스주의가 현실주의 패러다임과 어떻게 다른지 대비되는 부분만 간략히 소개할 것이다.

마르크스주의란 사회주의의 한 갈래로서, 힘을 가진 계급이 힘없는 계급을 억압하고 힘없는 계급에게 당연히 돌아가야 할 몫인 잉여가치를 빼앗음으로써 착취한다고 주장하는 이론이다. 피억압 계급은 더 많은 부를 갖기 위해 스스로 힘을 갖고자 노력한다. 이 과정을 **계급투쟁**이라 하는데, 마르크스주의자들은 계급투쟁의 관점에서 부자와 빈자의 정치적 관계, 나아가 부국과 빈국의 정치적 관계를 본다.

마르크스주의는 공산주의와 다른 접근방법을 포함하고 있다. 19세기 중반에 마르크스는 경제적 잉여의 원천으로 노동을 강조하였는데, 당시 유럽의 산업혁명은 산업 노동자들의(어린이를 포함해서) 고통으로 이룩된 것이었다. 그 이후 지금까지 마르크스주의자들은 노동에 의해 창출된 잉여를 노동자들이 정치적 투쟁을 통하여 되찾아야 한다고 믿는다. 현재 마르크스주의는 자본이 부족하고 노동 조건이 열악한 남반구 국가들에서 가장 영향력 있는 이론이다.

(마르크스의 예상과 달리) 지난 세기에 일어난 여러 혁명에서 중요한 역할을 한 계급은 **농민**이었다.[41] 전통적으로 마르크스주의자들은 교육 받고 계급의식을 가진 프롤레타리아에 비해 농민은 후진적이고 무지하고 개인주의적이고 정치적으로 수동적인 계급이라 여긴다. 그러나 실제에 있어서 제3세계에서 성공한 혁명은 농민 반란이었다(프롤레타리아 운운하는 마르크스주의자가 주도한 경우도 가끔 있지만). 가장 큰 혁명이 1930년대와 1940년대 중국 혁명이다.

마르크스의 계급투쟁 이론은 자기 시대의 산업화 중인 국가의 국내 사회를 대상으로 한 것이었지 빈국이나 국제관계를 대상으로 한 것이 아니었다. 전통적 마르크스주의자들은 선진 산업국들을 바라보면서 혁명과 사회주의에 대한 기대를 걸었다. 사회주의는 자본주의에서 성장한다고 생각했기 때문이다. 이런 관점에서 보면, 제3세계는 먼저 자본축적 단계를 거쳐 봉건주의에서 자본주의로 발전한 다음에 사회주의로 향한 혁명의 발걸음을 내디뎌야 한다. 그러나 실제는 그 반대였다.

---

41 Moore, Barrington. *Social Origins of Dictatorship and Democracy: Lord and Peasant in the Making of the Modern World.* Beacon, 1993[1966]. Scott, James C. *Weapons of the Weak: Everyday Forms of Peasant Resistance.* Yale, 1986.

산업국가의 프롤레타리아 노동자들은 생활수준 향상을 즐기면서 혁명에 나서지 않았다. 반면에 낙후된 제3세계 국가들에서 피억압 노동자와 농민이 성공하거나 실패한 혁명에 나섰다.

왜 혁명이 선진국이 아닌 후진국에서 일어났을까? 이 문제에 대한 답이 어떤 것이냐에 따라 오늘날 남북관계를 바라보는 시각이 달라질 수 있다.[42] 대다수 마르크스주의자들은(전부는 아니지만) 소련을 건국한 레닌이 1917년 러시아혁명 이전에 만든 노선을 따랐다.[43] 당시 러시아는 오늘날 남반구 지역처럼 상대적으로 낙후된 국가였으며, 따라서 대다수 마르크스주의자들은 그런 러시아에서 혁명이 일어나리라 생각하지 않았다(그 대신 독일에게 기대했다).

레닌의 제국주의론은 유럽 자본가들이 식민지에 투자하여 거기서 막대한 이윤을 얻고 그 일부를 본국 노동자들을 매수(買收)하는 데 사용한다고 주장한다. 그러나 1890년대의 식민지 쟁탈전이 끝난 후 지구상에 식민지화 할 땅이 별로 남지 않게 되었다. 제국주의의 팽창은 다른 제국주의 국가의 식민지를 빼앗아야만 가능하게 되었다. 이런 상황이 제국주의 간 경쟁과 제1차 세계대전 같은 전쟁으로 이어졌다. 레닌은 그 전쟁 중에 러시아의 약점을 잡아 1917년에 세계 최초로 공산주의 혁명을 성공시켰다.

선진국이 (공식적 비공식적 식민지화를 통하여) 빈국을 착취하고 그것으로 자국 노동자를 매수한다는 레닌의 주장은 오늘날 남북관계에 대해 하나의 중요한 접근방법을 형성해 준다. 계급투쟁의 세계화를 통하여 세계적으로 부의 축적이 부유한 지역으로 편중되고 빈곤한 지역으로부터 멀어지고 있다. 그래서 혁명이 빈곤한 지역에서 일어나리라고 예상된다는 것이다.

제3세계의 많은 혁명가들은 유럽 제국주의의 착취에서 벗어나고자 하였다. 유럽 제국주의가 막을 내리자 가장 부국인 미국은(남반구에 막대한 투자를 하고 있고 세계 도처에 군대를 주둔시키고 있는) 빈국 착취에 반대하는 혁명가들의 선동에서 주된 표

---

42 Brewer, Anthony. *Marxist Theories of Imperialism: A Critical Survey.* 2nd ed. Routledge, 1990. Kubalkova, Vendulka, and Albert Cruickshank. *Marxism and International Relations.* Clarendon, 1985.

43 Lenin, V. I. *Imperialism, the Highest Stage of Capitalism.* 1916.

적이 되었다. 많은 국가들에서 제국주의자들이 축출되었고(때로는 폭력적으로) 혁명적 민족주의자들이 권력을 잡았다.

그런 혁명 가운데 가장 큰 혁명이 중국에서 일어났다. 모택동을 위시한 공산주의자들은 레닌주의 강령을 주로 농민층을 기반으로 하는 대중운동에 맞게 적용하여 만든 강령에 의거해 1949년에 권력을 잡았다. 모택동은 외국의 지배와 착취를 떨쳐내고 "중국이 제 발로 섰다"고 선언하였다. 같은 시기 인도에서는 간디가 이끄는 대중운동이 다른 방법(비폭력)으로 동일한 목적, 즉 식민지에서 민족독립이라는 목적을 달성하였다. 인도네시아는 네덜란드인을, 레바논은 프랑스인을, 쿠바는 미국인을 각각 몰아냈다. 이런 일은 수십 개 국에서 일어났다.

혁명가들의 주장에 따르면, 부국들이 제3세계 빈국들을 착취하는 것은 남반구 지역의 경제 잉여를 쓸어 담아서 부유한 북반구 지역으로 부의 축적을 집중시키는 것이다. 제3세계 국가들은 이 착취관계를 끊음으로써 자국의 잉여를 지키고 부를 축적할 수 있다. 그리하여 마침내 제 발로 굴러가는 축적 사이클을 만들 수 있고 빈곤으로부터 탈출할 수 있다.[44] 그러나 이런 방식은 제대로 작동하지 않았다. 자립 정책이 성장을 가져오지 못했기 때문이다. 그리고 국가 내부에서 부의 집중이냐 분산이냐 문제에 대한 혼선이 빚어지기도 했다. 구 식민지 국가들의 독립 이후 경제 상황은 대단히 복잡하다(12장 참조).

모든 마르크스주의자가 혁명 이후 자립 정책을 옹호하지는 않았다. 러시아 혁명가 트로츠키는 1917년 혁명 이후 소련이 혼자 힘만으로 사회주의를 건설할 수 없고 따라서 세계적인 동맹을 구축하기 위해 혁명을 다른 나라로 확산시키는 일에 최우선 순위를 두어야 한다고 믿었다. 그러나 그의 숙적 스탈린은 "1국사회주의" 건설을 원했고 결국 스탈린이 이겼다(그리고 트로츠키를 죽였다).[45] 그 이후 중국을 포함한 제3세계의 혁명은 민족주의 색채를 강하게 띠게 되었다.

국제관계 연구에서 마르크스주의 이론은 소련 붕괴와 중국의 자본주의로의

---

44 Tickner, J. Ann. *Self-Reliance versus Power Politics.* Columbia, 1987. Amin, Samir. Self-Reliance and the New International Economic Order. *Monthly Review* 29(3), 1977: 1–21.

45 Mandel, Ernest. *From Stalinism to Eurocommunism: The Bitter Fruits of "Socialism in One Country."* Translated by Jon Rothschild. N. L. B., 1978. Howe, Irving. *Leon Trotsky.* NY: Viking, 1978.

전향 이후 눈에 잘 띄지 않게 되었다. 그런 사건들이 마르크스주의 이론의 신뢰를 떨어뜨린 것처럼 보였다. 그러나 지난 몇 년 동안 라틴아메리카의 여러 나라에서 마르크스주의자와 전 마르크스주의자가 집권하였다. 그 결과 베네수엘라와 볼리비아가 쿠바의 적극적 동맹국이 되어 함께 반미 연합전선을 펴고 있다. 니카라과에서는 과거 1980년대에 미국이 조직한 반군과 싸웠던 공산주의 지도자가 2006년 선거에서 승리해 대통령이 되었다. 중국이 공식적으로 마르크스주의를 고수하고 있다는 사실과 함께 이런 사건들이 탈냉전시대에 와서도 마르크스주의 국제관계이론이 여전히 중요하다는 점을 말해주고 있다.

5. 평화연구

평화연구는 현실주의와 신자유주의 배후에 있는 근본 개념들에 도전한다.[46] 특히 평화연구는 국제관계의 초점을 국가 간 분석수준으로부터 이보다 광범한 사회적 관계(개인, 국내, 세계 수준에서의 사회적 관계)라는 개념으로 이동시키고자 한다. 평화연구자들은 전쟁과 평화를 개인적 책임, 경제적 불평등, 양성(兩性)관계, 문화적 차이, 기타 사회적 관계의 여러 측면들과 결합시킨다. 이들은 평화의 가능성을 국가 지도자들 간의 상호작용에서 찾지 않고 (사회혁명을 통한) 모든 사회의 변혁과 (국가를 우회하고 국경을 무시하여 사람과 집단들을 지구적으로 연결시키는) 초국가적 공동체에서 찾고 있다.[47] 평화연구자들이 연구초점의 확대를 추구하는 또 다른 방식은 전통적 접근들(현실주의와 자유주의)의 이른바 객관성을 거부하는 것이다. 대부분의 평화연구자들은 지식을 얻는 방법으로 가만히 앉아서 객관적으로 관찰하는 것보다 행동에 참

46 Barash, David P., and Charles P. Webel. *Peace and Conflict Studies.* Sage, 2002. Samaddar, Ranabir. *Peace Studies: An Introduction to the Concept, Scope, and Themes.* Sage, 2004.

47 Cancian, Francesca M., and James William Gibson. *Making War/Making Peace: The Social Foundations of Violent Conflict.* Wadsworth, 1990. Rapoport, Anatol. *Peace: An Idea Whose Time Has Come.* Michigan, 1992. Galtung, Johan. *Peace by Peaceful Means: Peace and Conflict, Development and Civilization.* Sage, 1996.

여하는 것이 더 낫다고 생각한다. 이 같은 객관성 경시 태도는 학자가 자신의 규범과 가치관을 연구 주제에 부과한다는 점에서 **규범적 편향**(normative bias)이라고 비판받아 왔다. 그러나 평화연구자들은 현실주의 역시 규범적 편향을 가지고 있으며 정책 처방을 내린다고 반격한다.

폭력적 수단이 아닌 다른 수단을 사용하여 분쟁을 평화적으로 해결하기 위한 전략을 개발하고 또 이를 적용하는 것을 일반적인 용어로 **분쟁 해결**(conflict resolution)이라 한다. 사실상 거의 모든 국제분쟁에서 폭력적 방법과 함께 이러한 방법이 사용되고 있다. 최근 들어 이 방법을 사용하는 예가 늘고 있으며 그 내용이 더욱 정교해지면서 성공률도 높아지고 있다.[48] 흔히 분쟁 해결 과정에서 두 당사자 간에 **중재**(mediation) 역할을 하는 제3자가 활용된다.[49] 오늘날 대부분의 국제분쟁에서 하나 이상의 중재자가 폭력사태 직전에 이른 분쟁을 해결하기 위해 정규적으로 활동하고 있다. 어떤 분쟁을 어떤 중재자가 맡는지에 대한 정해진 규칙 같은 것은 없다. UN은 세계무대에서 통하는 가장 중요한 중재자이다. 지역 분쟁의 경우 지역 기구, 개별 국가, 심지어 특정 개인이 중재를 맡는 사례도 있다.[50]

중재자가 개입하는 방식은 상황에 따라 다르다. 순전히 기술적인 수준에 머무는 중재도 있다. 즉 분쟁 당사자 간에 다른 의사소통 수단이 없을 때 중재자가 의사소통의 통로가 되어 활발하지만 철저히 중립적인 중재역을 수행하는 경우이다.[51] 예를 들어, 미-중관계가 1971년에 돌파구를 찾을 때까지 파키스탄이 양국 간에 메시지를 비밀리에 전달하는 역할을 수행하였다. 이런 역할을 가리켜 사무실 빌려

---

48 Wallensteen, Peter. *Understanding Conflict Resolution: War, Peace, and the Global System.* Sage, 2007. Zartman, I. William, and Guy O. Faure, eds. *Escalation and Negotiation in International Conflicts.* Cambridge, 2006. Walter, Barbara. *Committing to Peace: The Successful Settlement of Civil Wars.* Princeton, 2002. Jeong, Ho-Won. *Conflict Resolution: Dynamics, Process, and Structure.* Ashgate, 2000.

49 Bercovitch, Jacob, ed. *Resolving International Conflicts: The Theory and Practice of Mediation.* Rienner, 1996. Princen, Thomas. *Intermediaries in International Conflict.* Princeton, 1992.

50 Child, Jack. *The Central American Peace Process, 1983–1991: Sheathing Swords, Building Confidence.* Rienner, 1992.

51 Stein, Janice Gross, ed. *Getting to the Table: The Processes of International Prenegotiation.* Johns Hopkins, 1989.

주기(good office)라 부르기도 한다. 중재자가 자기 사무실을 협상 장소로 빌려준다는 뜻이다. 중재자가 의사소통을 원활히 하기 위해서 양쪽의 말을 각각 들은 다음 그 말을 전달할 때는 듣는 쪽이 듣기 좋게 약간 다듬어서 전달하는 경우도 있다. 이 럴 경우 중재자의 역할은 통역과 같다. 중재자가 현안 문제에 대한 양측의 견해를 바꾸려고 노력하는 경우도 있다. 이 경우 중재자의 역할은 심리적인 문제로 관계의 어려움을 겪는 사람들을 돕는 심리치료사 같은 것이다.[52] 민간인 개인이나 단체가 방문하여 토론하면서 긴장완화에 기여할 수도 있다. 이런 경우를 시민 외교라 부른 다.[53]

양측이 중재자의 중재안을 받아들이기로 사전에 합의하였다면, 이런 과정은 조정(arbitration)이라 한다. 이 경우 양측은 자신들의 주장을 중재자에게 제시하고 중 재자는 이를 공정하게 조정하여 중재안을 결정한다. 예를 들어, 세르비아와 보스니 아는 한 도시의 영유권 문제에 대하여 합의에 이르지 못하자 이 문제를 1995년의 데이턴 협정과 결부시키지 않고 조정에 맡기기로 했었다. 조정 기구를 구성하는데 있어서는 흔히 분쟁 당사자가 각각 선임하는 사람 1인, 그리고 쌍방이 동의하는 제 3의 인물 1인, 도합 3인으로 구성하는 예가 많다.

분쟁 당사자(그리고 중재자)는 신뢰를 증진시키기 위한 별도의 신뢰구축(confi-dence-building) 조치를 활용할 수도 있다. 반면에, 여러 가지 쟁점을 묶어서 한꺼번 에 협상함으로써 쟁점별로 주고받기 식 타결을 시도하는 연계(linkage)라는 방식도 있다. 1945년에 미국, 영국, 소련이 벌인 얄타 협상이 그런 경우이다. 당시 독일 항 복 조건, 소련의 동유럽 진출, 일본 격퇴 전략, UN 창설 등의 사안이 한꺼번에 협 상 테이블에 올랐었다.

평화연구자들은 전쟁을 자연스런 힘의 표현으로 보지 않고 (어떤) 문화에 포 함되어 있는 **군사주의**(militarism)와 밀접하게 연결되어 있다고 본다.[54] 군사주의란

---

52 Crocker, Chester A., Fen Osler Hampson, and Pamela Aall. *Taming Intractable Conflicts: Mediation in the Hardest Cases.* U. S. Institute of Peace, 2004. Kremenyuk, V. A., ed. *International Negotiation: Analysis, Approaches, Issues.* 2nd ed. Jossey-Bass, 2002.

53 Agha, Hussein, Shai Feldman, Ahmad Khalidi, and Ze'ev Schiff. *Track II Diplomacy: Lessons from the Middle East.* MIT, 2003.

54 Bacevich, Andrew J. *The New American Militarism: How Americans Are Seduced by War.* Ox-

TV, 영화, 책, 정치연설, 인형, 게임, 스포츠 등을 통하여 전쟁, 군대, 폭력을 찬양하는 것을 말한다. 또한 군사주의는 사회 전체를 전쟁 위주로 편성하는 것을 지칭하기도 한다. 예를 들어 국가경제 내에서 군산복합체(軍産複合體, Military-Industrial Complex)의 지배적 역할, 국내정치에서 국가안보 문제의 지배적 위치 등과 같은 것을 말한다. 군사주의는 정치지도자들의 군사력 사용을 쉽게 해 준다. 역사적으로 이러한 군사주의가 사회의 발전과정에 큰 영향을 끼쳐 왔다. 종종 전쟁이 인간의 정신을 고상하게 만드는 "남성적"인 사업으로 미화되어 왔다. 그런 시각을 바꾸게 한 제1차 세계대전 이전에 특히 그러했다. 전쟁은 사악한 행동뿐만 아니라 희생, 명예, 용기, 사랑하는 사람들을 위한 이타심, 자신보다 더 큰 공동체에 대한 충성 등과 같은 인도적인 행동도 나오게 만든다.

군사주의 문화가 별로 없는 국가들을 보면, 현실주의자들처럼 군사력을 강조하는 것은 보편적인 것도, 불가피한 것도 아니다. 코스타리카는 50년 동안 군대를 보유하지 않고 있다(경무장한 부대를 제외하고). 1980년에 인접국 니카라과와 파나마에서 전쟁이 일어났을 때도 그랬다. 제2차 세계대전 이후부터 일본의 문화는 전쟁과 폭력에 반대하는 강한 규범을 가지고 있다.

인류학자들은 수렵-채집 사회 내부의 특성과 대외적인 전쟁 참여 경향 간의 상관관계를 밝히려고 노력해 왔다. 사회 내부가 불평등하고(특히 성불평등), 자녀를 엄하게 키우고, 자녀 양육에 아버지가 관여하지 않는 사회가 전쟁을 더 자주 일으킨다는 것을 보여주는 약간의 증거가 있다. 반면에, 공개적인 정책결정과정, 성평등, 자애롭고 개방적인 자녀 교육 등의 특성을 가진 사회가 상대적으로 더 평화지향적일 수 있다.[55] 그러나 이와 같은 사회 내부의 특성들은 전쟁의 원인일 수도 있고 결과일 수도 있다. 그리고 모든 종류의 사회가 어떤 조건 하에서는 전쟁으로 나아갈 잠재력을 가지고 있는 것처럼 보인다(5장 참조). 따라서 "호전적" 사회인지 아닌지의 구분은 상대적일 뿐이다.

---

ford, 2005. Grossman, Dave. *On Killing: The Psychological Cost of Learning to Kill in War and Society.* Little, Brown, 1995.

55 Ross, Marc Howard. A Cross-Cultural Theory of Political Conflict and Violence. *Political Psychology* 7, 1986: 427-69. Caprioli, Mary. Primed for Violence: The Role of Gender Inequality in Predicting International Conflict. *International Studies Quarterly* 49(2), 2005: 161-78.

평화연구에서는, 마치 전쟁이 사회 전체에 퍼져 있는 독소 같은 것으로 간주되듯이, 평화의 개념도 더 광범한 것으로 재정의 된다.[56] 현실주의자들은 군사적 갈등을 정상 상태로 가정하기 때문에 소극적인 평화, 즉 일시적 전쟁 부재 상태만 인정한다. 이와 대조적으로 **적극적 평화**란 전쟁의 원인을 제거하는 평화를 말한다. 이것은 휴전이 아니라 관계의 변혁이다. 적극적 평화 속에서 각국의 군대는 서로 싸우지 않는 데 그치지 않고 군비증강을 중단하고, 국내의 반대세력에 대한 암살조 편성을 중단하고, 또 (평화연구자들이 전쟁으로 이어지는 사회적 갈등을 낳는 것으로 여기는) 경제적 착취와 정치적 억압 상황을 뒤집으려 한다.

적극적 평화를 옹호하는 사람들은 현실주의자들이 상대적으로 덜 중요한 것으로 여기는 사회적 경제적 쟁점들을 적극적 평화와 연결시킨다. 일부 학자들은 빈곤, 기아, 억압을 일종의 폭력으로 정의한다. 이들은 이러한 폭력을 **구조적 폭력**이라 부르는데, 왜냐하면 이 폭력은 사람을 총으로 쏘는 것과 같은 직접적인 행동이 아니라 사회적 관계의 구조에서 나오기 때문이다. 이러한 정의에 따르면 매년 구조적 폭력이 전쟁이나 기타 직접적인 정치적 폭력보다 더 많은 사람들을 죽이고 해친다. 대개 적극적 평화를 정의할 때 이와 같은 구조적 폭력을 갈등과 전쟁의 한 원인으로 보고 이의 제거를 포함시키는 경우가 많다.

또 적극적 평화를 옹호하는 사람들은 군사주의 문화를 비판한다. "전쟁의 사회적 구성", 즉 궁극적으로 전쟁의 존재를 지지하는 규칙 및 관계의 복합적 체계가 있어서 이것이 여러 면에서 우리 삶에 영향을 준다고 한다. 어린이들의 전쟁 장난감과 학교에서의 애국의례, 10대의 성역할 놀이와 청년들의 군사훈련, 우리가 납부하는 세금과 우리가 즐기는 스포츠 등을 통하여 우리 삶에 영향을 미친다는 것이다. 적극적 평화론자들은 이 체계의 일부분이 아니라 전체를 바꾸려고 한다.

적극적 평화론자들은 사회의 변혁을 위한 다양한 접근을 시도하고 있다. 예컨대 갈등 해결 수단으로서 전쟁이 아닌 다른 대안적 방법의 모색, 평화운동과 정치활동을 통한 대중의 대정부 압력 행사, 폭력 사용에 반대하는 규범(비폭력 철학을 포

---

56 Lipschutz, Ronnie D., and Mary Ann Tetreault. *Global Politics as If People Mattered*. 2nd ed. Rowman & Littlefield, 2009. Elias, Robert, and Jennifer Turpin, eds. *Rethinking Peace*. Rienner, 1994.

함한) 강화, 민족적, 인종적, 종교적 경계를 넘어서는 국제적 혹은 지구적 정체성의 개발, 사회의 경제적, 사회적, 정치적 영역에서 평등한 관계의 정립(성 역할의 변화를 포함한) 등의 주제를 다룬다.

세계정부 창설 문제는 오랫동안 학자들이 토론해 온 문제이고 또 활동가들이 추구해 온 과제이다.[57] 일부 학자들은 세계정부의 출현을 향한 길에 어느 정도 (UN을 통한) 진척이 이루어지고 있다고 믿는다. 다른 학자들은 세계정부 발상이 비현실적이며 심지어 바람직하지 않은 것이라고 생각한다. 평화를 위해서는 분권화와 자유가 필요한데 세계정부 같은 것이 생기면 중앙집권화된 또 다른 통제 층위가 추가될 뿐이라 생각하기 때문이다.

평화연구자들은 적극적 평화를 위한 조건의 창출 방법을 연구하기도 한다. 대다수의 평화연구자들은 국가지도자들이 스스로 적극적 평화를 추구할 리는 없다고 생각한다. 개인과 집단들의 압력이 있어야만 국제관계의 실제 모습이 달라질 수 있다고 믿는다. 그런 압력을 행사하는 방법으로서 가장 많이 연구된 것이 **평화운동**, 즉 사람들이 길거리에서 전쟁 및 군사문화 반대 시위를 하는 것이다.[58] 아이젠하워 대통령이 말한 바 있듯이, "인민이 그토록 평화를 원하고 있으므로 오늘날 정부는 인민을 가로막지 말고 비켜서서 인민이 평화를 갖도록 허용하는 것이 더 낫다."[59]

비폭력 철학은 그 어떠한 폭력 수단도 사용하지 않겠다는 일방적 약속에 기반을 두고 있다. 오늘날 어떤 국가도 이런 전략을 채택하지 않지만 비국가 행위자 중에는 그런 행위자가 있다.[60] 1948년까지 대영제국으로부터 인도의 독립을 위한

---

57 Pojman, Louis P. *Terrorism, Human Rights, and the Case for World Government.* Rowman & Littlefield, 2006. Mandelbaum, Michael. *The Case for Goliath: How America Acts as the World's Government in the 21st Century.* Public Affairs, 2006.

58 Breyman, Steve. *Why Movements Matter: The West German Peace Movement and U. S. Arms Control Policy.* SUNY, 2001. Lynch, Cecelia. *Beyond Appeasement: Interpreting Interwar Peace Movements in World Politics.* Cornell, 1999. Carter, April. *Peace Movements: International Protest and World Politics Since 1945.* Longman, 1992.

59 Eisenhower, Dwight D. *Ike's Letters to a Friend, 1941–1958.* Edited by Robert Griffith. Kansas, 1984.

60 Miller, Richard B. *Interpretations of Conflict: Ethics, Pacifism, and the Just-War Tradition.* Chi-

투쟁을 이끌었던 간디는 폭력을 방지하고, 폭력 없이 갈등을 해결하고, 특히 폭력에 의해 강요된 불의에 맞서기 위한 운동에서 **적극적으로 비폭력을 지향해야 한다**고 강조하였다. 그는 인도 사람들을 조직하여, 심지어 영국군이 비무장 시위대를 사살했을 때도, 폭력에 의지하지 않고 영국의 식민 지배에 저항하였다.

비폭력을 옹호하는 사람들은 비폭력이 도덕성뿐만 아니라 실질적인 장점도 있다는 점을 강조한다. 강자의 불의에 맞서 싸우는 약자의 도구로서 비폭력은 가장 비용이 적게 드는 방법일 수 있다. 폭력적 저항의 비용이 도저히 감당할 수 없을 정도로 클 수 있기 때문이다.[61] 1960년대 미국 인권운동에서 비폭력 철학이 널리 보급되었는데, 특히 마틴 루터 킹의 활동이 이에 크게 기여하였다. 2011년 아랍의 봄 운동에서 시위대는 샤프(Gene Sharp)라는 한 미국인이 추천한 구체적 전략과 함께 킹 목사의 전례를 따랐다. (사태 이전에 아랍 활동가들이 유럽에서 샤프의 아이디어에 대한 교육을 받은 바 있다.) 이 비폭력 전략이 튀니지와 이집트에서는 아주 잘 먹혀들었고, 예멘에서는 확실치 않았으며, 리비아에서는 폭력 반군에 의해 아주 무시되었으며, 2011-2012년 기간에 6만 명의 사망자를 낸 시리아에서는 장기 내전에 길을 내주고 말았다.

비폭력의 딜레마는 폭력에 어떻게 대응할 것인가의 문제이다.[62] 간디는 수동성이나 똑같이 폭력적인 대응 외에 제3의 대안이 항상 있다고 믿었다. 폭력에 직면했을 때 비폭력이 항상 성공하는 것은 아니며, 폭력적 대응 역시 마찬가지다. 그러나 정치지도자 입장에서 보면, 폭력적 대응으로 성공하지 못했다 하더라도 자신의 의무를 다했다고 주장할 수 있지만 비폭력적 대응으로 성공하지 못했다면 그런 주장을 할 수 없게 된다는 문제가 있다.

---

cago, 1991.

61 Ackerman, Peter, and Jack DuVall. *A Force More Powerful: A Century of Nonviolent Conflict*. St. Martin's, 2001. Wehr, Paul, Heidi Burgess, and Guy Burgess, eds. *Justice without Violence*. Rienner, 1994.

62 Sharp, Gene. *Civilian-Based Defense: A Post-Military Weapons System*. Princeton, 1990.

6. 성 이론

성(性, gender)에 관한 학술활동은 문학, 심리학, 사학 등 여러 분과학문들에 걸쳐서 뚜렷한 흔적을 남겼다. 근년에 들어서는 종래 성 이론의 발길을 허용하지 않았던 분야 가운데 하나인 국제관계 분야에도 진입하게 되었다.[63]

(1) 왜 성이 중요한가?

성 연구는 여러 갈래의 학술활동을 포괄하고 있지만 국제관계가 어떻게 움직이는가를 이해하고자 할 때, 특히 전쟁 및 국제안보 관련 문제를 이해하고자 할 때 성이 중요하다는 한 가지 공통된 통찰력을 가지고 있다. 다양한 분과학문에서 활동하는 페미니스트(feminist)들은 어떤 주제의 연구 이면에 숨어있는 성에 관한 가정들을 드러내고자 한다. 전통적으로 학자들이 보편적 참이라 주장해 온 것이 남성에게만 참인 것으로 판명되는 일이 종종 있다. 일부 페미니즘 국제관계 학자는 현실주의의 핵심 가정, 특히 무정부와 주권 가정이 남성이 세계를 바라보고 상호작용하는 방식을 반영한 것이라 주장한다. 현실주의는 외교정책 결정, 국가주권, 군사력 사용 등을 논의할 때 간단하게 남성만 참여하는 것으로 가정한다고 비판한다.

이런 식의 비판은 좀 복잡한 고려사항을 내포하고 있다. 국가원수, 외교관, 군인의 대다수가 남성인 것이 현실이기 때문에, 그 사람들을 남성으로서 연구하는 것이 현실적일 수 있다. 그래서 페미니즘의 비판이 요구하는 것은 학자들이 연구주제

---

63 Peterson, V. Spike, and Anne Sisson Runyan. *Global Gender Issues.* 2nd ed. Westview, 1999. Tickner, J. Ann. *Gendering World Politics: Issues and Approaches in the Post–Cold War Era.* Columbia, 2001. Meyer, Mary K., and Elisabeth Prugl, eds. *Gender Politics in Global Governance.* Rowman & Littlefield, 1999. Steans, Jill. *Gender and International Relations: An Introduction.* Rutgers, 1998. Whitworth, Sandra. *Feminism and International Relations.* St. Martin's, 1994. Tickner, J. Ann. *Gender in International Relations: Feminist Perspectives on Achieving Global Security.* Columbia, 1992.

의 성 편향성을 명시적으로 인정하라는 것이다. (모든 행위자가 남성이라고 묵시적으로 가
정하지 말고.) 이런 입장에서 보면, 국제관계의 남성 행위자들이 가진 성 정체성이 그
사람들의 견해와 정책결정에 어떠한 영향을 미치는가를 검토함으로써 그 사람들
에 대한 우리의 이해가 더 깊어질 수 있다. 그리고 현실주의는 대체로 무시하는 편
이지만, 여성들도 국제관계에 영향을 준다(남성보다 비국가적인 채널을 통해서). 어떤 사람
들은 여성 학자가 성 문제를 대체로 무시하는 남성 학자에 비해 여성의 역할과 실
적에 대하여 더 큰 관심을 갖는 경향이 있다고 생각한다. 국제관계 분야 "주요 사
상가 50인"의 명단을 보면 그 중 4명이 여성이고 4명 중 3명이 성 관련 학자이다.
나머지 남성 46명 가운데 성 관련 학자는 한 명도 없다.[64] 그리고 2005년에 실시된
조사를 보면 가장 영향력 있는 국제관계 학자 25명 전원이 남성이다.[65]

　　페미니스트들은 학문 분야에서 성에 관한 숨겨진 가정을 드러내는 것을 넘어
서 **전통적 성 개념 자체에 도전하기도 한다**. 국제관계 분야의 전통적 성 개념은 남성
이 전쟁을 수행하고 국가를 운영하고 여성은 기본적으로 국제관계와 무관하다는
가정에서 잘 드러난다. 이와 같은 성 역할관은 남성은 **공적**이고 정치적인 영역에 적
합하고 여성은 **사적**이고 국내적인 영역에 적합하다는 식의 더 광범한 개념 구성에
서 나온 것이다.

　　현실주의와 마찬가지로, 성 이론가의 전통도 매우 오래되었다.[66] 투키디데스
전에 고대 그리스에서 살았던 사포(Sappho)라는 여성은 레스보스 섬에 사는 여성들
에게 연애편지를 보낸 적이 있다. 마키아벨리보다 전에 살았던 이탈리아 출신 작가
크리스틴 드피산(Christine De Pisan)은 여성의 평화 창조 능력을 찬양하였다. 홉스보
다 1세기 후 영국에 살았던 메리 울스턴크래프트(Mary Wollstonecraft)는 남녀평등을
주장하였다. 그리고 모겐소가 미국 현실주의를 정립하기 1세기 전 미국에 살았던
수전 앤서니(Susan B. Anthony)는 줄기차게 반전주의, 성차별철폐, 여성참정권을 주장
하였다.

64　Griffiths, Martin. *Fifty Key Thinkers in International Relations*. Routledge, 1999.

65　Peterson, Susan, Michael J. Tierney, and Daniel Maliniak. Inside the Ivory Tower. *Foreign Policy*
　　151, Nov./Dec. 2005: 58-64.

66　이 부분과 관련하여 Francine D'Amico에게 사의를 표한다.

성이 중요하다는 점에 대해 기본적 합의 수준을 넘어서면, 국제관계에 대한 단일의 "페미니즘적 접근"이라 할 만한 것은 존재하지 않으며 학문과 이론의 갈래로서 몇 가지 페미니즘적 접근이 있을 뿐이다. 모든 갈래가 성과 여성의 지위에 관심을 기울이면서 서로 뒤얽혀 있지만, 각기 다른 방향으로 나아가는 경우도 많다. 어떤 핵심 쟁점에서는 갈래들이 서로 충돌하여 흥미로운 페미니즘 내부 논쟁이 벌어지기도 한다.

본질론적 페미니즘(difference feminism)이라는 갈래는 여성의 가치에 초점을 맞춘다. 즉 여자로서의 독특한 기여를 높이 평가하는 것이다. 본질론적 페미니스트들은 여자가 모든 일을 남자와 똑같이 잘 한다고 생각하지 않는다. 여자는 남자보다 자녀 양육과 인간관계에 훨씬 더 많은 경험을 가지고 있기 때문에 집단적 의사결정이나 분쟁 해결에 남자보다 (평균적으로) 더 유능할 수 있다. 본질론적 페미니스트들은 남녀 간에 사회 구성이나 문화적 교화(이들이 성 역할을 만든다는 점은 인정하지만)의 차이가 아닌 실질적인 차이가 있다고 믿는다. 일부 본질론적 페미니스트들은 남녀를 가르는 중요한 생물학적 **본질**이 있다고 믿지만, 대다수 사람들은 남녀 간 차이가 생물학이 아니라 문화에 의해 결정된다고 생각한다. 어느 쪽이든, 페미니즘은 국제관계의 전통적 시각을 관측, 분석, 비판하는 하나의 관점을 형성하고 있다.[67] 또 다른 갈래인 **자유주의적 페미니즘**은 본질론적 페미니스트들의 주장을 판박이 성 역할관에서 나온 것이라 비판한다. 자유주의적 페미니스트들은 남녀 간 능력이나 시각의 "본질적" 차이가 거의 없다고 본다. 즉 남녀가 똑같다는 것이다. 이들은 국제관계에서 여자들이 힘 있는 자리에서 배제되었다고 개탄하지만, 여자들이 그런 자리에 있다고 해서 국제체계의 성격이 달라질 것이라고 믿지는 않는다. 이들은 여자 국가원수, 여군, 기타 국제관계 분야에서 전통적 성 역할을 벗어나서 활동을 하는 여자들을 자주 연구주제에 포함시키려고 한다.

세 번째 갈래는 페미니즘과 포스트모더니즘의 결합인데, 이번 장 끝에서 살펴볼 것이다. 이 포스트모던 페미니즘은 본질론적 페미니즘과 자유주의적 페미니즘에서 만들어진 성에 관한 가정 전부를 부정하는 경향이 있다. 본질론적 페미니

---

67 Keohane, Robert O. International Relations Theory: Contributions of a Feminist Standpoint. *Millennium* 18(2), 1989: 245-53.

3장 자유주의 이론과 사회적 이론 199

스트들은 성 차이가 중요하며 고정되었다고 보고, 자유주의적 페미니스트들은 성 차이가 사소하다고 보지만, 포스트모던 페미니즘은 성 차이가 중요하지만 자의적이고 유동적인 것이라고 본다.

(2) 현실주의의 남성편향

본질론적 페미니즘은 현실주의의 핵심 가정, 특히 주권과 무정부 개념을 낳은 국가 자율성 가정을 재검토할 수 있는 관점을 제공해준다. 현실주의에 따르면, 국제체계는 자기 영토를 지배하고 남의 영토를 침범할 권리를 갖지 않은 분리되고 자율적인 행위자(국가)들로 구성된다. 본질론적 페미니즘의 관점에서 보면, 현실주의가 이처럼 자율성과 분리를 강조하는 것은 남자들이 상호연결보다 분리를 더 쉽게 다룰 수 있기 때문이다.

이러한 견해는 소년 소녀가 어릴 때부터 분리와 연결에 대한 서로 다른 생각을 가진 채 성장한다는 심리학 이론에 의해 보완되고 있다.[68] 이 이론에 따르면, 아기를 돌보는 것은 거의 항상 여성이기 때문에 아기가 자라면서 성 개념을 형성할 때 여아의 경우는 자기를 보살피는 사람과의 유사성을 인식하지만 남아의 경우는 자기를 보살피는 사람과의 차이를 인식한다. 이러한 경험으로부터 소년은 개별적 자율성에 기초한 사회관계를 중시하고 소녀는 연결성에 기초한 관계를 중시한다. 그 결과 여자는 버림받는 것을 두려워하고 남자는 친밀하게 되는 것을 두려워한다.

그리고, 이 이론에 따르면, 도덕적 사유에서 소년은 추상적인 규칙을 적용하고 (상황으로부터 분리되어 있다는 의식을 반영하여) 개인의 자유를 중시하는 경향이 있지만, 소녀는 다양한 상황의 구체적인 맥락과 집단 구성원들 상호간의 책임감을 중시하는 경향이 있다고 한다. 게임을 할 때 소년들은 규칙에 대하여 한바탕 논쟁을 벌인 다음 게임을 계속하지만, 소녀들은 규칙에 대하여 말싸움을 해서 자기 집단의 결속을 위태롭게 하기보다는 게임 자체를 포기하는 경향이 있다고 한다. 사회적 관계

---

68 Gilligan, Carol. *In a Different Voice: Psychological Theory and Women's Development*. Harvard, 1982. Chodorow, Nancy. *The Reproduction of Mothering*. California, 1978.

에서 소년은 대개 쉽게 친구를 사귀고 쉽게 저버리지만 소녀는 친구들에게 충실하다. (이 같은 성 차이에 대한 심리학적 연구에서 경험적 증거는 충분치 못하다.)

물론 현실주의는 자국의 이익을 추구하면서 자유롭게 동맹을 만들고 깨고 할 수 있는 (그러나 타국의 국내문제에는 간섭하지 않는) 분리되고 자율적인 행위자로서의 국가라는 개념을 기반으로 한다. 이와 같은 자율성 개념은 앞에서 묘사한 남성 심리와 맥을 같이 한다. 이처럼 일부 페미니스트들은 현실주의에서 숨겨진 남성편향을 찾아낸다. 뿐만 아니라 현실주의자들이 국제정치(무정부적인)와 국내정치(질서 잡힌)를 뚜렷이 구분하는 것도 공적인(남성적인) 영역과 사적인(여성적인) 영역으로 나누는 성 역할 구분과 유사한 것이다. 이처럼 현실주의는 국제관계를 남자의 세계로 구성하고 있다.

이와 대조적으로, 페미니즘의 원칙에 기초한 국제체계는 국가들의 자율성보다 상호의존을 훨씬 더 중시하는 체계일 것이다. 이 체계는 국가와 국경선에 별로 신경 쓰지 않고 사람들끼리 서로 돌봐야 할 의무를 강조할 것이다. 인권 원칙과 국가주권 원칙(내정불간섭)이 충돌할 때 당연히 인권을 앞세울 것이다. 국가들 사이에 분쟁이 발생하여 제어수단을 선택할 때 폭력을 선택하는 일도 적을 것이다.

현실주의자들이 집착하고 있는 국가 간 수준의 분석은 전쟁의 논리 자체가 자율적인 것으로서 경제, 국내정치, 성차별, 인종주의 등과 같은 다른 사회적 관계와 분리될 수 있다고 여긴다. 그러나 본질론적 페미니즘은 이러한 것들이 모두 전쟁과 연결되어 있다는 점을 드러낸다. 그리고 국내 수준과 개인 수준에서 전쟁을 이해할 수 있고 현실주의자들이 대체로 무시하는 전쟁의 원인들을 이해할 수 있는 새로운 길을 제시해준다.

본질론적 페미니즘 시각에서 볼 때, 신자유주의는 중요한 행위자인 국가를 분리되고 단일한 행위자로 보는 현실주의의 가정을 받아들임으로써, 그리고 여자를 포함한 국내 및 초국가적 행위자를 과소평가함으로써 전통적 자유주의보다 더 뒤처지고 말았다.[69] 또한 신자유주의가 협력을 규칙에 기초한 상호작용으로 개념화한 것도 남성편향의 가정을 드러내고 있다.

---

69 Moghadam, Valentine M. *Globalizing Women: Transnational Feminist Networks.* Johns Hopkins, 2005.

(3) 전쟁과 평화에서의 성

현실주의는 자율성과 무정부성을 강조하면서 국제관계에서 가장 중요한 제어 수단으로서 군사력을 강조한다. 여기서도 본질론적 페미니스트들은 숨겨진 남성편향의 가정을 발견한다. 이들은 전쟁을 단순히 남자들의 전유물로 보는 데 그치지 않고 본질적으로 어쩔 수 없는 전유물로 본다. 이들이 볼 때 남성은 본래부터 전쟁을 좋아하는 성이며 여성은 평화를 좋아하는 성이다.[70] 따라서 현실주의가 국제관계에서 전쟁과 군사력의 중요성을 정확히 그려내고 있다 하더라도 그것은 단지 국제문제에 대한 남성들의 지배를 반영하는 것일 뿐이며 결코 필연적이고 영원하며 불가피한 국제관계의 논리는 아니라는 것이다.[71]

본질론적 페미니스트들은 전쟁이 남성 취향이라는 사실을 뒷받침하는 증거를 많이 찾았다. 인류학자들의 연구에 따르면, 모든 문화권, 서로 다른 문화권에서 다양한 방식으로 남성이 주된(대개 유일한) 전투원이라 한다. (물론 역사의 대부분 기간 투표나 정치지도자도 남성 몫이었지만, 페미니스트들은 그런 활동을 본질적으로 남성적 활동이라 칭하지는 않는다).

전쟁과 남성을 연결시키는 하나의 고리로 남성 호르몬인 테스토스테론(다른 유관 호르몬과 함께)이 지목되기도 한다. 일부 생물학자들이 동물의 경우 테스토스테론과 공격적 행동 간에 연결이 있다고 주장한 바 있다. 그러나 테스토스테론은 공격을 유발하지 않는다. 거꾸로 사회적 상호작용이 테스토스테론 분비 수준에 영향을 준다(승자의 수치가 올라가고 패자의 수치는 떨어진다). 테스토스테론은 유기체와 사회적 환경 간의 복합적인 관계의 한 고리일 뿐이다. 공격이나 전쟁 같은 복합적인 행동

---

70 Woolf, Virginia. *Three Guineas*. Hogarth, 1977[1938]. Pierson, Ruth Roach. *Women and Peace: Theoretical, Historical and Practical Perspectives*. Croom Helm, 1987. Burguieres, M. K. Feminist Approaches to Peace: Another Step for Peace Studies. *Millennium* 19(1), 1990: 1–18. Brock–Utne, Birgit. *Educating for Peace: A Feminist Perspective*. Pergamon, 1985. Reardon, Betty. *Sexism and the War System*. Teachers College, 1985.

71 Goldstein, Joshua S. *War and Gender: How Gender Shapes the War System and Vice Versa*. Cambridge, 2001. Lorentzen, Lois Ann, and Jennifer Turpin, eds. *The Women and War Reader*. New York University, 1998. Elshtain, Jean Bethke, and Sheila Tobias, eds. *Women, Militarism, and War: Essays in History, Politics, and Social Theory*. University Press of America, 1989.

을 생물학적으로 추동된 것이나 미리 정해진 것이라고 말할 수는 없다. 인간의 가장 놀라운 생물학적 능력이 바로 유연성이기 때문이다. 성 차이를 생물학적으로 보지 않고 오로지 문화적 차이로 보는 페미니스트들 중에도 전쟁을 남성적 구성물로 보는 사람들이 있다.[72]

남성에 대한 연구보다 여성에 대한 연구가 적기는 하지만, 생물학적으로나 인류학적으로나 여성의 보살핌 기능(임신과 육아)과 화해나 비폭력 같은 특정 유형의 행동을 연결시켜 주는 확실한 증거는 없다. 여자의 역할은 사회에 따라 상당히 달라진다. 직접 전투에 참가하는 일은 거의 없지만, 가끔 여자들이 남자 전사들을 위한 병참 지원을 제공하고, 참전하지 않는 남자들에게 수치심을 안기는 한편으로 춤을 추어 남자들을 전쟁의 광기로 내몰기도 하고, 기타 전쟁 지원 활동을 하기도 한다. 그러나 다른 문화에서는 여자들이 남자들의 참전을 만류하거나 전쟁 종식을 위한 중재자로서 특별한 역할을 수행하기도 한다.

여성이 평화유지자라는 생각은 오랜 역사를 가지고 있다. 고대 그리스의 (남성) 극작가 아리스토파네스는 여자들이 당시 진행 중이던 스파르타와의 인기 없는 펠로폰네소스 전쟁을 끝낼 수 있지 않을까 생각했다. (2003년 3월 3일 56개국 1,000개 지점에서 목전에 닥친 이라크전에 항의하기 위한 목적으로 그의 희곡 『리시스트라타』가 낭독되었다.) 이 희곡에서 리시스트라타라는 여자가 아테네와 스파르타의 여자들을 부추겨 남자들이 전쟁을 끝낼 때까지 남자들과의 성행위를 거부하도록 한다(또한 여자들이 전쟁 자금을 가지고 도망가도록 한다). 그러자 금방 남자들이 제 정신을 차려 전쟁을 그만 둔다.[73] 여자들이 평화를 위해 자신들만의 단체를 만든 사례도 많다. 1852년에 여성 평화 운동가들을 위한 소식지 자매의 목소리(Sisterly Voice)가 발간되었다. 베르타 폰 주트너(Bertha von Suttner)라는 여성은 1892년에 알프레드 노벨을 설득하여 노벨평화상을 제정케 했다(그녀 자신이 1905년 수상자였다). 제1차 세계대전 중인 1905년에는 제인 애덤스(Jane Adams)와 다른 페미니스트들이 헤이그에서 국제 여성평화대회를 개최하

---

72 Hartsock, Nancy C. M. Masculinity, Heroism, and the Making of War. In Harris, Adrienne, and Ynestra King, eds. *Rocking the Ship of State: Toward a Feminist Peace Politics*. Westview, 1989, pp. 133–52.

73 Aristophanes. *Lysistrata*. Edited by Jeffrey Henderson. Oxford, 1987.

여 여성평화당(현재 평화와 자유를 위한 국제여성연맹으로 개칭)을 만들었다.[74] 제1차 세계대전 이후에는 보통선거권 운동을 통해 여성 투표권이 보장되었다. 본질론적 페미니스트들은 여자들이 평화와 전쟁반대를 위해 투표하고 외교정책의 성격을 변화시킬 것으로 생각했지만, 여자들은 대체로 남편의 투표를 따라 했다. 이와 비슷하게, 수십 년 후 여자들이 지구 남반구에서 식민지 해방 투쟁에 참가하였을 때 일부 페미니스트들은 이를 계기로 나중에 신생독립국의 외교정책에 변화를 줄 수 있을 것이라고 생각했지만 대체로 그런 변화는 일어나지 않았다. (해방 이후 여자들이 대부분 정치 권력에서 밀려났기 때문에 그런지도 모른다.)

그러나 1930년대 이후 외교정책 이슈에 대한 미국 여론은 본질론적 페미니즘에 약간 힘을 실어주었다. 여론조사에서 군사 행동에 대한 지지를 묻는 질문에 평균적으로 여자들이 남자보다 약 10% 낮은 지지를 보인다. 물론 이와 같은 **성 격차**(gender gap)는 2001년 말에 미군이 아프가니스탄의 테러 후원자들을 공격했을 때처럼 군사행동에 대한 광범한 합의가 형성되었을 때는 줄어든다.

한편, 최근 수십 년간 페미니스트들은 지속적으로 여성 평화단체를 조직해 왔다.[75] 1980년대의 경우 핵비무장을 위한 여성 행동(WAND)이라는 단체가 세워져 핵무기 증강 반대 운동을 벌였고, 영국의 그린햄코먼 공군기지에서 여성들이 여러 해 농성을 벌였다. 1995년에는 UN 후원으로 베이징에서 열린 여성대회에 세계 각지의 여성 활동가들이 참가하여 남북 불평등 문제와 같은 글로벌 이슈에 대한 페미니스트들의 참여 확대에 도움을 주었다.

2000년에 UN안보리가 평화유지 및 재건 활동에 더 많은 여성을 참가시키고 성 문제에 더 많은 주의를 기울인다는 내용의 결의안인 1325호를 통과시킨 바 있

---

74 Degen, Marie Louise. *The History of the Woman's Peace Party*. Burt Franklin Reprints, 1974[1939].

75 Swerdlow, Amy. Pure Milk, Not Poison: Women Strike for Peace and the Test Ban Treaty of 1963. In Harris and King, eds. *Rocking the Ship of State*, pp. 225–37. Stephenson, Carolyn M. Feminism, Pacificism, Nationalism, and the United Nations Decade of Women. In Stiehm, Judith, ed. *Women and Men's Wars*. Oxford: Pergamon, 1983, pp. 341–48. Kirk, Gwyn. Our Greenham Common: Feminism and Nonviolence. In Harris and King, eds. *Rocking the Ship of State*, pp. 115–30.

다. 그러나 몇몇 현장에서 UN평화유지군이 매춘, 강간, 심지어 성적 인신매매에 가담하였다. 2004년에 사무총장 아난(Kofi Annan)은 일부 국가에서 파견되어 민주콩고에서 활동 중인 평화유지군 병사들의 보도된 행동에 대하여 "수치스런" 행동이라 말했다. 현지 수사관들은 UN 요원들에 의한 성범죄 사례가 수백 건에 이른다고 밝혔다.

결의안 1325호의 결과 중 하나로서, "성 상담관"이 평화유지 및 구호 활동에 동참하여 현지의 성 관련 문화를 감안한 효과적 활동 방안에 대한 조언을 제공하기 시작하였다. 그 예로, 스웨덴에서 온 일부 요원들이 스리랑카에서 다리를 건설하는 임무를 수행할 때 생긴 일인데, 처음에 단장은 "우리 임무는 다리를 건설하는 것이므로 성 문제를 걱정할 필요는 없다"고 말했다. 다리가 어떻게 이용될 것 같은 가라는 질문을 받자 "주로 자동차로 다니겠죠"라고 답했다. 그러나 "여자도 차를 타고 다닙니까?"라는 질문에는 "아니오, 여자들은 아마 걸어 다닐 거요"라고 답했다. 바로 이 문제 때문에 다리는 보행자 통로도 함께 설치하는 것으로 재설계되었다.[76]

이와 같은 다양한 활동을 통하여 본질론적 페미니스트들은 현실주의의 남성편향적 관행의 대안이 될 수 있는 페미니즘적 국제관계 관행을 개발하기 시작하였다. UN교육과학문화기구(유네스코, UNESCO)의 표어는 "전쟁은 인간의 마음에서 시작되므로 평화의 기초를 찾을 곳은 바로 인간의 마음이다"라고 한다. 본질론적 페미니스트들이 볼 때, 전쟁은 실로 남자의 마음에서 시작되지만 평화의 기초는 여자의 마음에서 찾는 것이 더 낫다.

(4) 국제관계에서의 여성

자유주의적 페미니스트들은 본질론적 페미니스트의 현실주의 비판에 대하여 회의적이다. 이들은 여자들이 국제관계에 참가한다고 해도 기본적으로 남자들

---

76 Genderforce: Sweden. *From Words to Action*. Booklet, circa 2006.

과 똑같은 방식으로 게임에 임할 것이며 그 결과도 비슷할 것이라 생각한다. 즉 여자들도 남자처럼 자율성, 주권, 무정부성, 영토, 군사력 등에 기초한 현실주의를 실천할 수 있다는 것이다. 따라서 이들은 현실주의가 남성적이라는 비판을 거부한다. (실제에 있어서 많은 페미니스트들은 배합 비율에서 차이는 있지만 본질론적 페미니즘 견해와 자유주의적 페미니즘 견해 모두를 수용하고 있다.)[77]

자유주의적 페미니스트들은 남성이 지배하고 있는 분야인 외교정책 결정과 군사 분야에 대한 여성 참여에 초점을 맞춘다. 대부분의 국가들에서 이런 분야에 종사하는 사람들의 90% 이상이 남성이다. 예컨대 1995년 UN총회에 참석한 각국 대표단의 경우 전체 인원의 80%가 남성이고 대표단장의 97%가 남성이었다. 미군의 경우 여성 비율이 매우 높은 편이지만 아직도 85%가 남성이다.[78] 자유주의적 페미니스트들이 볼 때, 이와 같은 성 불균형이 국제관계의 성격에 미치는 주요 영향(그러한 차별이 여성의 지위에 미치는 영향이 아닌)은 재능을 썩힌다는 점이다. 즉 여자도 남자와 똑같은 능력을 가지고 있기 때문에 전통적으로 남자들이 지배해 온 직업(국가지도자에서 보병에 이르기까지)에 여자들이 참가한다는 것은 그런 직업 분야에 유능한 인력이 추가된다는 사실을 의미한다. 따라서 성평등은 더 나은 외교관, 장성, 군인, 정치인 풀(pool)을 제공함으로써 국가의 능력에 보탬이 될 수 있다.

평균적으로 여자도 남자처럼 힘을 잘 다룰 수 있다는 주장을 뒷받침하기 위해서 자유주의적 페미니스트들은 여자들이 그런 직업 분야에서 종사한 여러 예를 들고 있다. 공무를 수행할 때 여성 지도자들이 남성 지도자들과 뚜렷이 구분되는 여성적 행동 특징을 보이지는 않는다. 오히려 성격과 정책 면에서 여성 지도자들은 매우 다양한 모습을 보인다. 물론 전통적으로 남성이 맡아온 역할을 수행하고 있는 여성들은 그 역할에 적합하기 때문에 선택되었고 (혹은 스스로 진출하였고) 그렇기 때문에 "평균적" 여성과 다른 방식으로 행동할 수 있다. 그러나 이 여성들은 개인을 집단적 특성만으로 판단할 수 없다는 사실을 잘 보여준다.

여성 국가지도자들이 남성 지도자들에 비해 더 평화를 지향하거나 국가주권

---

77 Kelly, Rita Mae, et al., eds. *Gender, Globalization, and Democratization.* Rowman & Littlefield, 2001.

78 Seager, Joni. *The Penguin Atlas of Women in the World.* Penguin, 2003.

과 영토보전에 덜 집착하는 것 같지는 않다(〈표 3.1〉참조). 오히려 권좌에 있는 여성은 전통적으로 남성이 맡았던 역할을 수행하는 여성이라는 점을 의식해서 더 호전적이 되는 경향이 있다는 주장도 제기되었다. 전반적으로 볼 때 여성 국가지도자도 남성 지도자와 마찬가지로 상황이 요구하는 대로 전시나 평시에 국가를 이끌 능력이 있는 것 같다.[79]

〈표 3.1〉 주요 여성 국가지도자

이름	국가	재직중 기록	기간
박근혜	한국	북한과의 갈등을 상속받음	2013 –
줄리아 질라드	호주	미 해병기지 유치	2010 –
잉글룩 시나와트라	타이	군부와 갈등, 분리주의분쟁	2011 –
로사 오툰바에야	키르기스	최초 여성 대통령, 종족갈등 해결	2010 – 11
세이크 하시나 와제드	방글라데시	민주화 정착 시도	2008 –
앙겔라 메르켈	독일	강대국 유일 여성 지도자, NATO 소속 독일군 아프가니스탄에 제한 파견	2005 –
엘렌 존슨 – 설리프	라이베리아	내전 이후 국내 안정 추구	2006 –
마가렛 대처	영국	강대국 최초 여성 지도자, 포클랜드 전쟁 감행	1982
인디라 간디	인도	파키스탄과 전쟁	1971
골다 메이어	이스라엘	이집트 및 수단과 전쟁	1973
베나지르 부토	파키스탄	군부 통제 노력, 2007년에 암살됨	80년대 말
코라손 아키노	필리핀	군부 통제 노력	80년대 말
탄수 실러	터키	쿠르드족 반란 강경진압	90년대 중반
비올레타 차모로	니카라과	내전 이후 파벌 간 평화유지	80년대 중반
찬드리카 카마라퉁가	스리랑카	분리주의자와 평화 유지 노력, 그러나 다시 전쟁	90년대 –
메가와티 수카르노푸트리	인도네시아	국내 안정화 노력, 재선 실패	2000년대

주: 핀란드, 노르웨이, 뉴질랜드, 덴마크, 브라질, 태국, 아이슬란드 등도 여성 지도자가 있었지만 전쟁과 평화 문제가 주요 정치 문제가 아닌 시기였다.

출처: D'Amico, Francine, and Peter R. Beckman, eds. *Women in World Politics: An Introduction.* Bergin & Garvey, 1995. Nelson, Barbara J., and Najma Chowdhury, eds. *Women and Politics Worldwide.* Yale, 1994. Genovese, Michael A., ed. *Women as National Leaders: The Political Performance of Women as Heads of Government.* Sage, 1993. McGlen, Nancy E., and Meredith Reid Sarkees. *Women in Foreign Policy: The Insiders.* Routledge, 1993.

---

79 D'Amico, Francine, and Peter R. Beckman, eds. *Women in World Politics: An Introduction.* Bergin & Garvey, 1995. Nelson, Barbara J., and Najma Chowdhury, eds. *Women and Politics Worldwide.* Yale, 1994. Genovese, Michael A., ed. *Women as National Leaders: The Political Performance of Women as Heads of Government.* Sage, 1993. McGlen, Nancy E., and Meredith Reid Sarkees. *Women in Foreign Policy: The Insiders.* Routledge, 1993.

미국 의회의 경우 외교정책 이슈에 대한 남녀 의원들의 투표 기록을 비교하기가 어렵다. 여성 의원의 수가 너무 적기 때문이다. 조약과 외교정책 관련 고위 공직자 임명을 승인하는 상원은 1992년까지 98-99%가 남성 의원으로 채워졌다(그러나 2013년에는 80%로 떨어졌다). 2011년까지 상하원에서 주요 외교정책 관련 위원회(군사위, 외교위, 국제위)의 위원장을 맡은 여성은 한 명도 없다. 공화당 의원 낸시 펠로시가 여성 최초로 2007-2010년 사이에 대통령직 승계서열 3위인 하원의장 직을 맡은 적은 있었다.

전 세계적으로는 입법부에서 활동하는 여성의 수가 늘고 있다. 2008년도 UN 보고서에 의하면, 여성이 전 세계 의원 총수의 18% 이상을 차지하고 있는데 1995년에는 7%였다고 한다. 일부 국가에서는 여성 의원 수를 별도로 할당하고 있다.[80] 그러나 그렇게 할당된 수보다 더 많은 여성이 당선되는 경우도 많다. 예컨대 르완다의 경우 법으로 여성에게 할당된 하원 의석이 전체의 30%인데 실제 여성 당선자의 수가 50%를 넘겼다.

그리고 자유주의적 페미니스트들은 여군도 여성 정치인처럼 남성 못지않은 기술과 능력을 갖추고 있다고 믿는다. 여기서도 여성 참여의 주요 효과는 군대의 전반적 질을 높인다는 점이다.[81] 미국의 경우 현재 약 20만의 여군이 복무 중이고(전체의 15%), 제대한 여군의 수는 200만에 달한다. 여군은 병참 및 의료 지원, 훈련, 지휘 등을 포함한 다양한 임무를 잘 수행하고 있다. 또 여성의 군 입대를 허용한(혹은 극히 드문 예로서 징집한) 국가에서도 다양한 군사적 임무를 잘 수행하고 있다.

그러나 군복무를 잘하고 있지만 대부분의 군대에서 여성의 전투 임무는 금지되어 있다. 몇몇 국가들의 경우 여군은 간호나 타자 같은 전통적 여성 역할에 국한

---

80 Caul, Miki. Political Parties and the Adoption of Candidate Gender Quotas: A Cross-National Analysis. *Journal of Politics* 63(4), 2003: 1214-29. Tripp, Aili M., and Alice Kang. The Global Impact of Quotas. *Comparative Political Studies* 41(3), 2008: 338-61.

81 De Pauw, Linda Grant. *Battle Cries and Lullabies: Women in War from Prehistory to the Present.* Oklahoma, 1998. Francke, Linda Bird. *Ground Zero: The Gender Wars in the Military.* Simon & Schuster, 1997. Stiehm, Judith Hicks, ed. *It's Our Military, Too!* Temple, 1996. Fraser, Antonia. *The Warrior Queens.* Knopf, 1989. Addis, Elisabetta, Valerie E. Russo, and Lorenza Ebesta, eds. *Women Soldiers: Images and Realities.* St. Martin's, 1994. Isaksson, Eva, ed. *Women and the Military System.* St. Martin's, 1988.

되어 있다. (미국처럼) 기술병과나 조종사 같은 비전통적 임무를 허용하는 국가들의 경우에도 실제 대부분의 여군은 전통적 역할만 맡고 있다. 그리고 몇몇 임무는 아예 금지되어 있다. 예컨대 미국의 경우 여군은 전투보병 근무를 할 수 없다. (그러나 미 여군은 이라크와 아프가니스탄에서 전투지원에 결정적 역할을 했다.) 이와 같은 금지 조치 때문에 여군의 전투능력을 가늠해 볼 수 있는 사례는 많지 않다.

그런 사례 가운데 과거 개별 여성이 전투에 참가한 역사적 사례가 있다(간혹 남자로 위장하면서). 15세기 100년전쟁 당시 프랑스의 잔 다르크는 영국군을 격퇴하기 위하여 프랑스군을 단결시켰고, 그로 인해 전세를 바꾸었다. (나중에 그를 생포한 영국군은 마녀로 몰아 기둥에 묶어서 화형에 처했다.) 베트남, 니카라과 등지에서 게릴라전을 수행한 반군에 가담한 여성들은 자주 전투에 참가하였으며 페루, 독일, 이탈리아, 팔레스타인 등지에서 테러단이나 민병대에 가담한 여성 역시 그러했다. 에리트레아 게릴라 부대에 참가한 여성들은 독립 후에 정규군에 편입되었으며, 이후 1990년대 말에 에티오피아와 진지전을 벌일 때 최전방 전투부대에서 근무하였다.

미국 여군이 전투에 휘말려 들어간 사례도 있다(오늘날에는 기동작전과 유동적인 전선으로 말미암아 전투와 지원 임무의 구분이 어려워졌다). 1991년 걸프전 당시 수만 명의 미 여군이 참전하였는데, 그 중 13명이 전사했고 2명이 포로로 잡혔다. 1990년대 말에 이르러 여군이 전함과 항공기에서 근무하기 시작했지만 지상 전투부대 근무는 여전히 하지 않고 있다. 2003년의 이라크전에서 미 여군은 모든 종류의 항공기와 헬리콥터를 조종했으며, 전쟁 초기에 포로로 잡힌 미군 가운데 여군도 1명이 있었다. 그 후 몇 년간 지속된 이 전쟁에서 미 여헌병들은 총격전에도 능하다는 것을 보여주었다. 이 모든 사례들은 (적어도 일부) 여군이 전투에서 자기 몫을 충분히 감당할 수 있다는 사실을 보여준다.

여군을 전투 임무에서 배제하는 주된 이유는 여군의 존재가 남자 군인들에게 나쁜 영향을 주지 않을까 하는 우려 때문이다. 전통적으로 남성의 결속과 우직함이 군의 기강과 충성심을 좌우한다고 여겨졌기 때문이다. (한때 미군이 부대를 인종별로 나누어 편성한 이유도 이와 비슷했다.)[82] 그러나 자유주의적 페미니스트들은 이런 발상

---

82 Katzenstein, Mary Fainsod, and Judith Reppy, eds. *Beyond Zero Tolerance: Discrimination in Military Culture*. Rowman & Littlefield, 1999.

을 거부하면서 군부대 내 집단적 결속은 성과 무관하다고 주장한다. 전쟁이 민간인 여성에 미치는 효과 문제도 더 큰 관심을 끌고 있다.[83] 알제리, 르완다, 보스니아, 아프가니스탄, 민주콩고, 수단 등지에서 발생한 여성에 대한 공격 사례들을 보면, 여성을 군사적 공격목표로 삼는 새로운 추세가 등장한 것 아닌가 하는 생각이 든다. 보스니아와 르완다에서는 조직적인 강간이 공포 전술의 하나로 이용되었으며, 제2차 세계대전 중 일본군은 "위안부"라고 알려진 국제적인 성노예 네트워크를 운영하였다. 오랜 세월 동안 강간은 전쟁의 부작용으로서 비록 개탄할 일이지만 정상적이라고 받아들였다. 그러나 최근의 몇몇 강간 사례는 전쟁범죄로 판정되기도 했다.

요컨대, 자유주의적 페미니스트들은 여자가 외교와 군사 분야에 여성 특유의 자산을 제공한다거나 반대로 약점이 된다는 주장을 모두 거부한다. 이들은 본질적으로 남성편향에 빠져 있다고 현실주의를 비판하지 않는다. 다만 여자를 국제정치와 전쟁 분야에 참가하지 못하도록 배제하는 각국의 관행을 비판한다.

(5) 본질론적 페미니즘과 자유주의적 페미니즘의 대립

본질론적 페미니즘과 자유주의적 페미니즘은 겉으로는 완전히 상반되는 주장을 펴고 있다. 전자는 현실주의가 사회적 관계에 대한 남성적 인식을 반영한 것이라 주장하며, 후자는 여성도 남성과 마찬가지로 현실주의자가 될 수 있다고 주장한다. 또 전자는 남성들의 게임에 참여하는 것보다 전체 국제체계를 변형시키는 데(여성화하는데) 여성 특유의 능력을 사용하는 것이 더 낫다고 보며, 후자는 외교정책이나 군사 분야에 여성이 참여함으로써 국가의 전반적 역량을 강화할 수 있다고 본다.

한 개인의 특성이나 능력이 그가 속해 있는 집단의 특성이나 능력과 같지 않

---

83 Giles, Wenona, and Jennifer Hyndman, eds. *Sites of Violence: Gender and Conflict Zones.* California, 2004. Carpenter, R. Charli. *Innocent Women and Children: Gender, Norms, and the Protection of Civilians.* Ashgate, 2006. Enloe, Cynthia. *Maneuvers: The International Politics of Militarizing Women's Lives.* California, 2000.

다는 사실을 염두에 둔다면, 이 두 입장은 어느 정도 화해할 수 있다. 개인들 간의 자질 차이는 종 모양의 곡선을 따라 분포된다. 가운데 부분에 가장 많은 사람들이 몰리고 양 가장자리 부분에 위치한 사람은 높은 수준의 능력을 가진 사람과 낮은 수준의 능력을 가진 사람이다.

본질론적 페미니스트들이 말하는 남녀 성 차이는 똑같은 종 모양 곡선이 두 개 있다고 말하는 것으로 이해할 수 있다(《그림 3.3》 참조). 비록 두 곡선이 조금 겹치기는 하지만, 엄연히 구분되는 두 곡선이 있다. 간단한 예를 들어보자. 몸집 크기라는 차원에서 볼 때 대부분의 남자보다 큰 여자도 일부 있으며, 대부분의 여자보다 작은 남자도 일부 있다. 그러나 평균적으로는 남자가 여자보다 크다. 다른 여러 차원의 능력에서 볼 때 여성 곡선이 남성 곡선보다 상위에 놓일 수도 하위에 놓일 수도 있다. 그러나 여전히 두 곡선이 중첩되는 부분이 크다.

〈그림 3.3〉 겹치는 종 모양 곡선

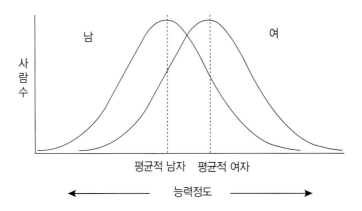

종 모양 곡선은 각 개인이 체력이나 평화 유지 능력 같은 능력 면에서 차이를 보인다는 것을 말해준다. 남녀 간에 평균 능력 면에 차이가 있지만 두 곡선이 겹치는 부분에 위치한 대다수 사람들에게 그런 차이는 별로 작용하지 않는다. 자유주의적 여성주의자들은 겹치는 부분을 중시하지만 본질론적 여성주의자들은 두 집단 간의 차이를 중시한다.

자유주의적 페미니스트들의 주장은 두 종 모양 곡선의 겹치는 부분을 강조하는 것으로 이해된다. 이들은 많은 중요한 차원에서 대부분의 여성이 남성 곡선 안에 포함되어 있으며 따라서 남성과 똑같이 일을 잘할 수 있다고 주장하는 셈이다. 사실 비전통적인 성 역할을 수행하고 있는 여성들은 남성 동료들에 비해 일을 잘할 가능성이 매우 크다. 왜냐하면 대체로 그런 분야에 자진해서 진출한(군 입대의 경우처럼) 여성들은 여성 곡선에서 가장 높은 수준에 속하는 사람이고 남성들은 (훨씬 더 많은 숫자가 그런 일에 참가하므로) 남성 곡선의 중간 부분에 속하는 사람이기 때문이다. 이와 비슷한 논리로, 국가지도자 위치에 오른 여성들은 대부분의 다른 여성 (또는 남성)에 비해 외교정책결정 분야에 더 탁월한 재능을 가진 사람이기 쉽다. 왜냐하면 정치 과정의 특성상 현실주의와의 친화성 면에서 가장 뛰어난 여성이 선출되는 경향이 있기 때문이다.

본질론적 페미니스트들의 입장은 두 종 모양 곡선의 중첩보다 차이를 강조하는 입장이다. 이런 견지에서 보면, 평균적으로 여성은 국제관계를 남자들과 다르게 파악하는 경향이 있다. 그렇기 때문에 외교정책이나 군사 분야에 참여하는 개별 여성들은 남성 동료들과 다르지 않을 수 있지만 전체 여성 집단은 남성과 다르다. 여성 투표자들은 국제관계에 대하여 남성들과 다른 관심을 표출한다(여론조사나 투표행태에서 성 격차가 있듯이).

이런 논리에 따르면, 많은 여성들이 핵심적인 외교정책 기구들에 참여만 하면 국제관계의 중대한 변화(그리고 국가 행동에 대한 현실주의적 설명과의 결별)가 일어날 것이다. 따라서 소수의 여성 정치인이나 여군은 국제관계의 남성적 기초를 바꿀 수 없다. 오늘날 여성 외교정책결정자들은 남성들(보좌관, 장교, 정치지도자, 외국지도자 등)에게 둘러싸여 있다. 그러나 정치인과 군인 대부분이 여성이라면 상황이 달라진다. 이런 경우 여성이 남성적인 게임에 능력이 있다는 이유로 선발되는 것이 아니라 게임의 규칙 자체가 바뀌어 평균적인 여성들이 국제관계에서 중요한 역할을 수행하는 주요 행위자로 등장하게 된다. 물론 이러한 주장이 검증된 적은 없다. 왜냐하면 어느 국가에서도 여성이 외교정책기구에서 다수를 이룬 적은 없기 때문이다. 국제관계 전체를 보더라도 그런 일은 없었다.

페미니즘의 자유주의 갈래와 본질론 갈래 외에 제3의 갈래로 포스트모던 페미니즘이 있다. 이것은 사회과학에서의 포스트모더니즘의 부상과 연결되어 있다.

(6) 포스트모던 페미니즘

현실주의에 비판을 가하는 또 다른 갈래는 포스트모더니즘과 결합한 페미니즘이다.[84] **포스트모던 페미니즘**(postmodern feminism)은 현실주의자들이 국제관계에서의 성 역할을 얼마나 자의적으로 구성하였는지를 보여주는 한편으로 숨겨진 성의 중요성을 노출시킨다는 구체적인 목적을 가지고서 현실주의를 해체하고자 한다. 포스트모던 페미니스트들은 현실주의에 성 역할에 대한 숨겨진 의미가 있다고 보는 점에서 본질론적 페미니즘에 동의하지만, 남성이나 여성에게 어떤 고정된 본연의 차이가 있다는 주장에 대해서는 반대한다. 그 대신 이들은 성과 힘의 상호작용을 좀 더 열린 방식으로 보고자 한다. 이들은 여성을 전쟁과 외교정책이라고 하는 전통적 구조물 속에 통합시키면 된다고 보는 자유주의적 페미니즘을 비판한다. 또한 전통적인 여성의 미덕을 찬양하는 본질론적 페미니즘도 비판한다.

전쟁연구와 관련해서 포스트모던 페미니스트들은 (남성) "정의의 전사(戰士)"와 (여성) "아름다운 영혼"이라는 판박이 사고를 거부한다. 이들의 주장에 따르면, 여성은 단순히 전쟁의 희생자나 수동적인 방관자가 아니라 남성과 여성 모두가 뒤얽혀 있는 전투의 적극적 참가자이다. 이 전쟁에서 여성은 "전선"에서 활동하는 간호사나 기자일 뿐만 아니라 "집안 전선"에서 활동하는 어머니, 아내, 애인이기도 하다.[85] 군대에 관한 이야기에서는 군 기지 주변 창녀들의 역할을, 외교에 관한 이야기에서는 외교관 부인들의 역할을 빠트리지 말아야 한다.[86]

포스트모던 페미니스트들은 현실주의를 거부할 뿐만 아니라 여성과 비전투원 보호를 강조하는 일부 대안적 접근들도 거부한다. 정당한 전쟁이라는 원칙은 너무 추상적인 것이라 본다. 왜냐하면 이 원칙에서 사용되는 개념과 규칙들은 다양한 역사적 맥락과 그 속에 살고 있는 개별 남녀의 다양한 역할에 비추어 볼 때 정

---

84 Peterson, V. Spike, ed. *Gendered States: Feminist (Re)Visions of International Relations Theory.* Rienner, 1992. Sylvester, Christine. *Feminist Theory and International Relations in a Postmodern Era.* Cambridge, 1994.

85 Elshtain, Jean Bethke. *Women and War.* 2nd ed. Chicago, 1995. Braybon, Gail, and Penny Summerfield. *Out of the Cage: Women's Experiences in Two World Wars.* Pandora, 1987.

86 Enloe, Cynthia. *Bananas, Beaches, and Bases: Making Feminist Sense of International Politics.* California, 1989. Pettman, Jan Jindy. *Worlding Women: A Feminist International Politics.* Routledge, 1996. Moon, Katherine H. S. *Sex among Allies: Military Prostitution in U.S.-Korea Relations.* Columbia, 1997.

의의 실현과는 거리가 멀기 때문이다.[87]

포스트모던 페미니스트들은 현실주의의 언어, 특히 성과 성행위의 영향에 관한 언어를 해체하려고 한다. 예를 들어 사상 최초로 만들어진 원자폭탄의 성은 남성이었으며("살찐 남자"와 "어린 소년"이라는 이름), 폭발실험이 처음 성공했을 때 워싱턴으로 타전된 암호전문의 내용은 간단히 "아들입니다"였다(아마도 딸을 낳았다는 말은 실패를 가리키는 암호였을 것이다). 히로시마에 원자폭탄을 떨어뜨린 비행기의 이름은 조종사 어머니의 이름을 딴 것이기 때문에 이 비행기는 여성이었다. 이와 유사하게 남태평양에 있는 프랑스 원자폭탄 실험장은 모두 여성 이름이다.[88] 또한 흔히 조종사들은 재래식 폭탄에 여성 누드 사진을 붙인다. 포스트모던 페미니스트들은 이 모든 사례들에서 운반체, 표적, 장식물 등을 여성으로 취급함으로써 무기 자체의 남성적 이미지를 강화하고 있다는 점을 지적한다.

이들은 현실주의의 언외의미로서 여기저기 숨어있는 성과 성행위를 찾으려 한다. 예를 들어 힘과 능력이란 말은 국가의 역량을 가리키는 말인 동시에 남성의 생식능력을 가리키는 말이다. 군대는 남근(男根)처럼 생긴 물건들에 의존한다. 무기는 탄환을 발사하여 그것이 표적을 뚫고 들어가 폭발하도록 설계되어 있다. 군인들이 기본 훈련을 받을 때 부르는 노래에 이런 내용이 들어 있다. "(총을 들면서) 이것은 나의 소총, (사타구니를 가리키면서) 이것은 나의 권총, 하나는 적을 죽이기 위한 것이고 하나는 즐거움을 위한 것."[89] 핵무기 역시 흔히 성적 용어로 지칭되고 있는데 아마 그 막강한 "힘" 때문일 것이다. 국제 무기박람회에 가보면 남성 구매담당 장교들에게 탱크, 헬리콥터, 기타 강한 무기를 팔기 위하여 여성 모델이 고용되어 있다.[90] 남근과 같은 무기의 특성은 창에서 미사일에 이르기까지 기술이 발전했음에도 불구하고 계속 유지되고 있다.[91]

87 Elshtain, *Women and War* (각주 85 참조). Ruddick, Sara. *Maternal Thinking: Towards a Politics of Peace.* Women's Press, 1989.

88 Cohn, Carol. Sex and Death in the Rational World of Defense Intellectuals. *Signs* 12(4), 1987: 687–718.

89 Dyer, Gwynne. *War.* Crown, 1985.

90 Center for Defense Information [Washington, DC]. Weapons Bazaar [slide show]. 1985.

91 Trexler, Richard C. *Sex and Conquest: Gendered Violence, Political Order, and the European*

페미니즘의 세 갈래 이론들은 현실주의 및 자유주의 이론과 다른 설명을 제공한다. 아마 페미니스트들은 침략에 대응하고자 할 때 성 역할이 지닌 중요성에 대하여 주의를 환기시키고 싶을 것이다. 만일 남자 국가지도자가 악당에 당당히 맞서서 자신의 남자다움을 증명해 보여야 한다고 생각한다면, 이 경우 성 역할이 매우 중요하기 때문이다. 그런 생각은 위험하고 무정부적인 외부세계에 맞서 질서정연한 내부 공간(가정, 국가)을 보호해야 한다는 남성 역할과 연결된다. 2001년 이후부터 "테러와의 전쟁"중인 양쪽 모두에서 성 역할 문제가 더욱 더 가시적인 문제로 대두되고 있다. 사회 내 여성의 위치와 함께 남자다움에 대한 남성의 인식이 서방과 이슬람 집단들 간에 다툼의 대상이 되고 있다. 이런 이슈를 무시하는 전통적 국제관계이론은 그 결과로서 설명력이 부족해질 수 있다.

국가이익은 힘과 부에 관한 고정된 가정들을 반영한 것이건 아니면 국가와 국내 행위자들이 사상과 사회적 상호작용에 의거하여 구성해 낸 것이건 상관없이, 한 국가의 이익이 다른 국가의 이익과 실제로 충돌하는 일은 종종 있다. 다음 장의 주제가 이러한 충돌이다.

Conquest of the Americas. Cornell, 1995.

3장 복습

요약

- 무정부, 국가 행위자, 합리성, 군사력의 효용 등에 관한 현실주의의 핵심 주장은 다양한 근거에서 비판받아 왔다.
- 자유주의는 좁은 자기이익이 호혜적 협력보다 더 합리적이라고 보는 현실주의 합리성 개념을 반박한다.
- 상호주의는 실제 관계에서 협력에 이르는 한 가지 효과적인 전략이 될 수 있지만, 적대관계나 군비경쟁으로 치달을 위험을 안고 있다.
- 신자유주의는 자율적이고 합리적인 국가들로 구성된 무정부적 국제체계에서도 규범, 레짐, 제도 등을 통하여 협력이 가능하다고 주장한다.
- 집합재는 개별 구성원의 기여 여부와 무관하게 그 혜택이 집단 구성원 모두에게 돌아가는 재화이다. 구성원들로 하여금 집합재 공급에 기여하게끔 만들기 위해서는 규범과 규칙의 공유가 중요하다.
- 국제관계의 규칙에 관한 각국 지도자들 간의 수렴된 기대치로서 국제 레짐은 세계정부가 없는 상태에서 국제체계의 안정성을 제공하는 데 도움이 된다.
- 패권안정이론은 한 국가가 압도적 힘을 가지고 있는 상황이 국제관계의 안정을 낳고 레짐을 만드는 데 도움이 된다고 주장한다.
- 집단안보란 어떤 국가의 침략에 대하여 다른 모든 국가들이 함께 대응하는 것을 말한다. UN과 기타 정부간기구가 이런 기능을 수행한다.
- 역사적으로 민주국가는 독재국가 못지않게 자주 전쟁을 벌였지만, 민주국가끼리 전쟁한 적은 없다. 이를 민주적 평화라 한다.
- 구성주의자들은 국가이익에 관한 현실주의의 가정을 거부한다. 국가이익은 사회적 상호작용과 규범에 따라 달라질 수 있다고 한다.
- 포스트모더니즘은 현실주의의 전체 틀과 용어, 특히 단일한 국가 행위자를 거부한다. 국제관계에 참가하는 사람들이 경험하는 복잡한 현실은 어떤 단순한

범주로도 포착할 수 없다고 주장한다.

- 마르크스주의자들은 남북관계를 포함한 국제관계를 경제적 계급(특히 노동자와 사용자 계급) 투쟁의 견지에서 본다. 각 계급은 사회에서 상이한 역할을 수행하며 권력에 접근하는 방식도 다르다고 한다.

- 평화연구 프로그램은 학제적 연구로서, 현실주의자들이 무시하는 사회적 경제적 요소들을 포함하는 방향으로 국제안보 연구의 범위 확대를 추구한다.

- 평화연구자들이 볼 때, 문화에 내재된 군사주의가 국제적 흥정상황에서 국가들의 무력 사용 성향을 조장한다.

- 페미니즘 국제관계 학자들은 국제관계의 이해에 성이 중요하다는 점에 모두 동의하지만 성 역할에 대해서는 몇 갈래 다른 견해를 가지고 있다.

- 본질론적 페미니스트들은 평균적으로 남자가 여자보다 호전적이라 주장한다. 개별 여성의 참가(국가원수로서)가 그러한 차이를 제대로 반영해내지 못할지 모르지만, 다수 여성의 참가는 국제체계를 더 평화적인 것으로 변화시킬 수 있다고 주장한다.

- 자유주의적 페미니스트들은 국제관계 참가자로서 여성이 남성과 본질적으로 능력이나 성향이 다르다는 주장에 동의하지 않는다. 사실상 국제관계의 모든 분야에서 여성도 남성과 똑같은 참가자라 주장한다. 그 증거로서, 이들은 과거와 현재의 여성 지도자와 여군을 든다.

- 포스트모던 페미니스트들은 힘 개념과 연결되어 있는 성적 소재를 포함해서 현실주의의 담화 안에 숨어있는 성 관련 언외의미를 드러내고자 한다.

핵심 용어

상호의존, 신자유주의, 국제 레짐, 집단안보, 민주적 평화, 구성주의, 포스트모더니즘, 언외의미, 경제적 계급, 마르크스주의, 분쟁 해결, 중재, 군사주의, 적극적 평화, 세계정부, 평화운동, 본질론적 페미니즘, 자유주의적 페미니즘, 포스트모던 페미니즘, 성 격차

비판적으로 생각하기

1. 미국-캐나다관계는 현실주의보다 자유주의적 제도주의로 설명하는 것이 바람
   직하다. 이와 비슷한 특징을 가진 국제관계가 또 있는가? 서로 대조적인 현실주
   의와 자유주의적 제도주의를 그 관계에 적용해서 설명해 보자.

2. 민주국가들끼리 전쟁을 한 적이 없다는 사실을 염두에 둘 때, 중국과 기타 독재
   국가들의 민주화가 기존 민주국가들의 안보 이익에 부합하는가? 만일 그렇다면,
   안보 이익은 타 주권국에 대한 내정 불간섭이라는 오랜 규범과 어떻게 조화를
   이룰 수 있을까?

3. 국가가 객관적인 국가이익이 아닌 구성된 정체성에 따라 행동한 명백한 사례를
   들 수 있는가? 그 정체성은 어디서 나왔으며 어떻게 국가의 행동에 영향을 주었
   는가?

4. 각국 국가지도자 대다수가 여자라면 국제관계가 달라질까? 그 차이는 무엇일
   까? 답변을 뒷받침할 수 있는 증거는 무엇인가?(판박이 성 역할론은 제외하고).

5. 만일 여자들이 국제관계의 조연이 아니라 주연이라면 국제관계에 대한 설명은
   어떻게 달라질까? 어떤 역할을 맡아 수행하는 여자가 중요하다고 생각하는가?

쟁점 토론하기

여성 국회의원 할당제: 평등을 위한 효과적인 수단인가?

개요

현재 많은 국가에서 입법부 선거에 여성 의석 할당제를 시행하고 있다. 어떤 나라는 이를 위해 헌법을 개정하였고 또 다른 나라는 여성 의석수 하한선을 규정한 법을 통과시켰다(일반법은 헌법보다 개정하기 쉽다). 이런 부담을 정당에게 떠넘긴 나라도 있다. 즉 정당이 일정 비율 이상 여성 후보를 지명하도록 했다. 이 방법은 여성 의석을 보장하지는 않지만(여성 후보가 낙선할 수 있으므로), 의석을 얻을 기회를 보장하는 방법이다.

서방국가, 특히 유럽 국가들과 인권단체들은 여성 의석 할당제를 권장해 왔다. 민주화를 지원하는 서방국가들이 이 할당제를 권장하는 것이 옳은 일일까? 이 할당제가 개발도상국들의 성 평등이라는 목표에 도움이 될까 방해가 될까?

주장 1: 의석 할당제는 평등과 발전을 위해 중요하다.

평등한 대표권은 민주정부를 위해 중요하다. 대다수 국가에서 여성이 인구의 절반을 차지한다. 따라서 정치과정에서 여성도 평등한 발언권을 가져야 한다. 모든 시민이 정치과정에 참여한다고 느껴야 건강한 민주주의라 할 수 있다.

할당제가 없으면 여성이 차별을 받을 것이며 정치참여도 더 지연될 것이다. 미국과 유럽의 경우 여성이 투표권을 가졌음에도 불구하고 입법부에서 여성 의원의 수가 의미 있는 수준까지 증가하는 데는 오랜 시간이 걸렸다. 개발도상국의 경우에도 동일하리라고 예상할 수 있다. 할당제가 여성의 정치참여와 이를 통한 공공정책에 대한 발언의 실현을 앞당겨줄 것이다.

여성에게 정치적 권한을 부여하는 것은 경제발전에 도움이 된다. 몇몇 연구에 따르면, 개발도상국에서 여성에게 더 많은 권한을 부여하는 것이 경제성장을 가속한다(12장 참조). 할당제가 그러한 권한부여의 속도를 높여줄 것이다. 더욱이 경제개혁의 비용이 여성에게 더 많이 부과되는 경우가 많은데, 여성들에게 경제개혁이 어떻게 이루어져야 하는가에 대하여 더 많은 발언권을 주는 것이 중요하다.

주장 2: 의석 할당제는 평등에 도움이 되지 않으며 비민주적이다.

할당제는 여성에 대한 적대감을 낳을 것이다. 입법부에 여성 의석을 예약해 두는 것은 여성의 권리에 반하는 부작용이 생길 위험이 있다. 다른 집단들(종족, 종교 등등)도 저마다 할당제를 요구하는 압력을 행사할 수 있고, 이렇게 되면 여성에게 적대적인 정치 환경이 조성될 수 있다. 수많은 집단들이 합법적으로 보장된 의석을 달라는 압력을 행사한다면 그 결과는 정치적 불안이다.

할당제는 비민주적이다. 민주주의의 이상은 인종, 성별, 종족 기타 개인적 특징에 관계없이 모든 사람에게 대표가 될 수 있도록 허용하는 것이다. 성 차이에 의거하는 할당은 자격 여부와 관계없이 어떤 개인적 특징만 공유하는 사람들로 구성된 집단에게 예약된 지정석을 제공하는 것이므로 비민주적이다.

할당제는 서방 중심적 성 평등을 가져온다. 개인의 권리라는 개념은 서양 중심의 인권 개념이다. 여성 할당제보다는 현지의 정치문화에 더 적합한 다른 정책을 추진해야 한다.

질문

■ 개발도상국들은 더 많은 여성을 정치과정에 참여시키기 위해 여성 할당제를 실시해야 할까? 이것이 민주적 대표권 개념에 위배되지 않는가? 거의 남성들로만 구성된 입법부 역시 민주적 대표권 개념에 위배되지 않을까?

■ 여성 의원 수가 크게 늘었을 때 입법부의 정책이 현재와 비슷할까 다를까? 자유주의적 페미니즘과 본질론적 페미니즘을 떠올려 보자. 페미니스트들은 어떻게 예상할까?

■ 의석 할당제 이외에 여성의 정치참여를 권장하는 방법으로 어떤 것이 있을까? 그 방법은 민주주의 역사가 짧은 국가에만 필요한 방법인가, 아니면 오래된 민주국가에도 필요한 방법인가?

❧ 참고문헌

Irving, Helen. *Gender and the Constitution: Equity and Agency in Comparative Constitutional Design.* Cambridge, 2008.

Hartmann, Heidi. *Gendering Politics and Policy: Recent Developments in Europe, Latin America, and the United States.* Routledge, 2006.

Tremblay, Manon. *Women and Legislative Representation: Electoral Systems, Political Parties, and Sex Quotas.* Palgrave, 2008.

Goetz, Anne Marie. *Governing Women: Women's Political Effectiveness in Contexts of Democratization and Governance Reform.* Loutledge, 2008.

10판 증보판
International Relations

4
Chapter

외교정책

1. 외교정책의 결정과정

(1) 결정작성 모델

외교정책 과정은 일종의 결정작성(decision making) 과정이다. 국가는 정부에 있는 어떤 이들 — 결정자들 — 이 선택한 행동을 한다.[1] 결정작성이란 외부 세계와의 환류(還流, feedback) 결과에 따라 조정을 해나가는 일종의 조종 과정이다. 결정되면 행동으로 집행되는데 이 행동은 외부 세계에 일정한 효과를 발휘하며, 이 효과를 평가하기 위해 외부 세계로부터 들어오는 정보를 모니터 한다. 다른 행위자에 관한 정보 및 환경 자체의 독자적 변화와 함께 이 평가 결과가 다음 라운드의 결정 과정으로 투입된다(〈그림 4.1〉 참조).

---

1 Stein, Janice Gross. Psychological Explanations of International Conflict. In Carlsnaes, Walter, Thomas Risse, and Beth A. Simmons, eds. *Handbook of International Relations*. Sage, 2002, pp. 292–308. Snyder, Richard C., H. W. Bruck, and Burton Sapin. *Foreign Policy Decision Making (Revisited)*. Palgrave, 2002.

〈그림 4.1〉 조종으로서 정책결정

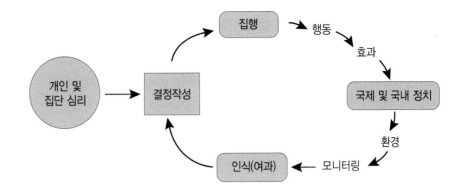

흔히 결정작성 과정을 연구할 때 출발점으로 삼는 것이 **합리성 모델**(rational model)이다.[2] 이 모델에서는 결정자가 목표를 설정하고, 목표마다 상대적 중요성을 평가하고, 목표 달성을 위해 선택할 수 있는 모든 행동의 경로를 놓고서 각각 비용−편익 계산을 하고, 최소 비용으로 최대 편익이 되는 행동 경로를 선택한다(〈그림 4.2〉 참조).

〈그림 4.2〉 합리성 모델

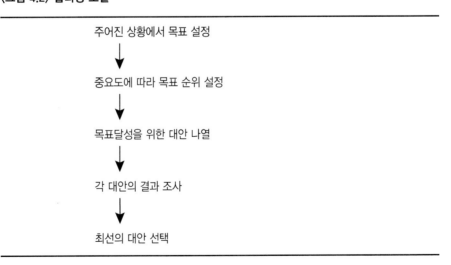

2   Allison, Graham T., and Philip Zelikow. *Essence of Decision: Explaining the Cuban Missile Crisis*. 2nd ed. Longman, 1999. Bernstein, Barton J. Understanding Decisionmaking, U.S. Foreign Policy and the Cuban Missile Crisis. *International Security* 25(1), 2000: 134−64.

각 행동 경로의 비용-편익을 계산할 때 **불확실성** 때문에 선택이 어려울 수 있다. 이런 경우 결정자는 각 행동의 결과에 확률을 매겨야 한다. 예를 들어 평화회담에 나오도록 경쟁국에 압력을 가하는 것이 먹혀들까 아니면 역작용을 불러일으킬까? 모험을 감수하려는 결정자도 있고 회피하려는 결정자도 있다. 이와 같은 결정자의 성향 여하에 따라 어떤 행동의 결과에 대한 결정자의 평가도 달라질 수 있다.

말할 필요도 없지만, 우리는 국가를 단일 행위자로 취급하는 현실주의 가정을 받아들이지 않으면서도 결정자가 합리적이라 믿을 수 있다. 정부는 개인들로 구성되는데 그 개인들은 합리적으로 각자의 목표를 추구할 수 있다. 그러나 결정에 관여하는 개인들의 목표는, 마치 정부부처들의 목표처럼, 각기 다를 수 있다. 예를 들어, 같은 상황에 대해 미국 CIA는 국가안보회의(NSC)와 다르게 볼 수 있듯이 국무장관은 국방장관과 목표가 다를 수 있다. 합리성 모델은 불확실성 외에 이 같은 점, 즉 결정자들의 목표가 각기 다를 수 있다는 점을 문제점으로 안고 있다. 아마도 합리성 모델은 실제 결정과정을 지나치게 단순화했는지도 모른다.

합리성 모델의 하나의 대안이 **조직과정 모델**(organizational process model)이다. 이 모델에서는 (외교정책) 결정자가 목표와 행동 경로를 설정하는 노동집약적 과정을 건너뛰고 그 대신 표준화된 대응 혹은 **표준업무수행절차**(standard operation procedures)에 의거하여 대부분의 결정을 내린다. 예컨대 미국 국무부는 세계 각국에 나가 있는 대사관들로부터 보고서나 문의 등 매일 1,000건 이상의 전문(電文)을 받으며 이들에게 역시 1,000건 이상의 훈령이나 대응책을 전문으로 발송한다. 최고 결정자들(국무부장관이나 대통령 같은)은 이 전문들을 거의 읽지 않는다. 하위 결정자들이 일반적인 원칙을 적용하거나 혹은 단순히 가장 말썽의 소지가 작고 가장 표준화된 결정을 내린다. 이와 같이 하위 결정자가 내린 결정은 최고 지도자가 채택한 상위 정책과 부합하지 않을 수도 있지만 독자적인 생명력을 가진다. 조직과정 모델은 대부분의 외교정책이 "그럭저럭 헤쳐 나가기"(muddling through)의 결과물이라는 사실을 시사한다.[3]

---

3 Avant, Deborah D. *Political Institutions and Military Change: Lessons from Peripheral Wars*. Cornell, 1995.

합리성 모델의 또 다른 대안으로서 **정부흥정 모델**(government bargaining model) 혹은 **관료정치 모델**(bureaucratic politics model)이 있다. 이 모델에서 외교정책은 어느 정도 이해관계를 달리하는 정부 기관들 사이에서 벌어지는 흥정과정의 산물이다.[4] 예를 들어 1992년에 일본 정부는 캘리포니아 산 초밥의 수입 허용 여부에 대한 결정을 내려야 했다. 초밥 수입을 허용하는 것은 (중요한 식량의 자급을 유지하기 위한) 기존 쌀 수입금지 정책의 후퇴를 의미한다. 농민의 복지를 중시하는 농무부는 초밥 수입에 반대하였다. 미국과의 원활한 관계를 중시하는 외무부는 수입에 찬성하는 입장이었다. 이 두 부처 간의 줄다리기 끝에 허용하는 방향으로 최종 결정이 내려졌다. 정부흥정 모델에 따르면, 외교정책의 결정은 정부부처들 간의 이해관계의 합성물을 반영한 것이다.

(2) 결정자 개인

모든 국제적 사건은 의도되었건 아니건 개인이 내리는 결정의 산물이다. 국제관계는 그냥 우연히 만들어지는 것이 아니다. 1945년에 일본의 두 도시에 핵폭탄 투하 결정을 내린 해리 트루먼 대통령의 책상 위에는 "일의 모든 책임은 내가 진다"는 속담을 적은 액자가 놓여 있었다. 세계에서 가장 강대한 나라의 지도자인 그는 결정을 떠넘길 누군가를 찾지 못했다. 만일 폭탄을 투하하기로 결정한다면(실제로 그랬지만) 민간인 10만 이상이 죽는다. 투하하지 않기로 결정한다면 전쟁이 더 오래 갈 것이고 그 과정에서 미군 수만 명이 전사할 수 있다. 어느 쪽이건 선택을 해야만 하는 상황이었다. 어떤 사람들은 그의 결정에 박수를 보내고 어떤 사람들은 저주를 보냈다. 그러나 싫건 좋건 개인인 트루먼이 결정을 내려야 했으며 그 결과에 대한 책임도 져야 했다. 이와 유사하게, 권력 서열의 반대편에 있는 개별 시민들

---

4   Welch, David A. The Organizational Process and Bureaucratic Politics Paradigms: Retrospect and Prospect. *International Security* 17(2), 1992: 112-46. Christiansen, Eben J., and Steven B. Redd. Bureaucrats Versus the Ballot Box in Foreign Policy Decision Making: An Experimental Analysis of the Bureaucratic Politics Model and Poliheuristic Theory. *Journal of Conflict Resolution* 48(1), 2004: 69-90.

도 개별적으로 보면 중요하지 않겠지만 전체로 보면 세계사를 움직이는 거대한 힘으로 작용한다.

개인적 결정작성에 관한 연구는 합리성 문제를 논의의 중심축으로 삼고 있다. 국가지도자들(혹은 개별 시민들)이 과연 어느 정도까지 현실주의자들이 말하는 국가이익(만일 이것이 확인될 수 있다면)이라는 견지에서 합리적인 결정을 내릴 수 있을까? 개인적인 합리성과 국가적 합리성은 일치하지 않는다. 국가가 개인들의 비합리적인 결정들을 여과하여 합리적 결정을 도출할 수도 있고, 거꾸로 개인들의 합리적인 결정들을 왜곡하여 비합리적인 국가적 결정을 도출할 수도 있기 때문이다. 그러나 현실주의자들은 국가와 개인 모두 합리적이며 국가의 목표와 이익이 지도자의 목표와 이익과 조화를 이룬다고 보는 경향이 있다.

가장 단순화된 합리적 행위자 모델은 모든 행위자의 이익이 동일하다고 가정하기도 한다. 만일 이 가정이 맞는다면 개인들은 서로 대체가능한 존재로 간주될 것이고 따라서 누가 어떤 역할을 맡든지 간에 역사는 달라지지 않을 것이다. 또한 국가들은 서로 비슷하게 행동할 것이다(혹은 국가행동의 차이는 국익의 성격 차이가 아니라 단지 자원과 지리의 차이에서 나온다고 본다). 이러한 견해는 아무리 좋게 평가한다고 해도 지나친 단순화일 뿐이다.[5] 개인의 결정은 결정자로서 그 개인의 가치관과 신념을 반영한다.

개별 결정자는 상이한 가치와 신념을 가질 뿐만 아니라 개인적 경험, 지적(知的) 능력, 결정작성 스타일 등에서 독특한 성격도 가진다. 일부 국제관계 학자들은 개인의 성격이 결정과정에 어떠한 영향을 미치는지를 이해하기 위해 개인 심리를 연구한다. 정신분석학자들은 성격이 어린 시절 경험의 잠재의식적 영향을 반영한다고 주장한다. 예컨대 클린턴 대통령은 재직시절 외교정책이 일관성이 없다는 비판을 많이 받았다. 클린턴의 성격에서 가장 눈에 띄는 특징은 항상 타협하려 한다는 점이었다. 클린턴 자신도 폭력적이고 알코올 중독자인 계부 밑에서 자란 어린 시절 경험이 자신을 "항상 분열을 최소화하기 위해 애쓰는 중재자"로 만들었다고 말한

---

5 Farnham, Barbara. *Roosevelt and the Munich Crisis: A Study of Political Decision‑Making.* Princeton, 1997.

바 있다.[6]

목표나 결정과정상의 개인적 **특이성** 외에 적어도 세 가지 체계적 방식에서 개인의 결정과정은 합리성 모델과 크게 다르다. 첫째, 결정자는 대안적 행동 경로들의 예상 결과에 관한 정보를 수집할 때 **오인**(誤認, misperception)이라든가 (일부 정보만을 받아들이는) **선택적 인식**(selective perception)의 위험에 빠질 수 있다.[7] 결정 과정에는 필연적으로 관련 정보의 단순화와 여과가 수반된다. 이때 문제는 여과가 종종 편견에 의해 좌우된다는 점이다. **정보여과**(information screen)란 사람들이 주변 세계에 관한 정보들을 걸러내는 잠재의식적인 필터를 말한다. 흔히 사람들은 자신의 기대에 어긋나는 정보를 무시해 버린다. 또한 결정과정에서 한 사람 두 사람 건너갈 때 일부 정보가 걸러지기도 한다. 예를 들어 2001년 9·11 테러공격이 있기 직전에 미국 정보당국은 아랍어에 능통한 분석관이 부족해서 입수된 정보를 제대로 해석할 수 없었고, 그래서 그런 정보는 무시하고 말았다. 이와 비슷하게, 1941년에 소련 지도자들이, 1973년에 이스라엘 지도자들이 침공이 임박했음을 보여주는 징후들을 무시하였다.

오인은 고위 관리들의 정책결정뿐만 아니라 하위 관리들의 정책집행에도 영향을 줄 수 있다. 예컨대 1988년에 페르시아만에서 활동 중이던 미 해군 전함의 장교들이 이란 민항기를 자신들을 공격하는 군용기로 오인하여 격추시켰다. 장교들은 국가지도자가 수립한 정책을 수행하고자 노력하였지만, 오인으로 인한 그들의 행동은 오히려 국가이익에 타격을 주었다.

둘째, 개인적 비용-편익 계산의 합리성은 결정자들이 그들 행동의 결과를 고려하면서 느끼는 감정에 의해 훼손된다. 이런 효과를 감정적 편견이라 부른다. (긍정적 감정이란 누군가를 좋아하는 것을 말하고 부정적 감정이란 누군가를 싫어하는 것을 말한다.) 결정자가 결정을 내릴 때 합리적이 되려고 아무리 애를 써도 결정작성 과정은 결정의 대상이 되는 개인이나 국가에 대한 결정자의 감정의 영향을 받을 수밖에 없다. (또한 감정적 편견은 정보여과의 경우에도 적용될 수 있다. 즉 좋아하는 사람에 대한 부정적 정보와 싫어

---

6 Collins, Nancy. A Legacy of Strength and Love [interview with President Clinton]. *Good Housekeeping* 221(5), 1995: 113–15.

7 Jervis, Robert. *Perception and Misperception in International Politics.* Princeton, 1976.

하는 사람에 대한 긍정적 정보를 거를 수 있다.)

셋째, 인지적 편견(認知的 偏見, cognitive bias)도 있다. 이것은 감정이 아니라 인간 두뇌의 한계 때문에 합리적 계산이 체계적으로 왜곡되는 것을 말한다. 이 왜곡에서 가장 중요한 것이 인지조화를 유지하려는 노력 혹은 인지부조화를 줄이려는 노력이다. 이 용어들은 사람들이 머릿속에 이 세계에 대한 논리정연한 정신적 모형을 유지하고자 노력하는 경향이 있음을 가리킨다(이러한 노력이 전적으로 성공하는 경우는 드물다).[8]

인지조화 개념이 던져주는 시사점은 결정자들이 달성하고자 이미 많은 노력을 기울여 온 목표에 대하여 실제 이상으로 큰 가치를 부여한다는 사실이다. 이를 노력의 정당화라 한다. 이것은 특히 민주국가의 경우 흔히 나타나는 현상이다. 민주국가의 정치인들은 여론조사 등을 통하여 시민들의 심판을 받으며, 따라서 자신의 실패를 인정하지 않기 때문이다. 1960년대에 베트남전이 이런 식으로 미국 결정자들의 발목을 붙잡았다. 당시 미국 지도자들로서는 50만 명의 미군을 지구 반대편에 보내 놓고서 그 전쟁의 비용이 편익보다 크다는 사실을 스스로 인정하기란 어려웠던 것이다.

정책결정자들이 인지조화에 도달하는 또 다른 방법으로 희망적 사고(wishful thinking)가 있다. 이것은 바람직한 결과가 나올 확률을 과대평가하는 것을 말한다. 희망적 사고의 변종으로서, 일어날 확률이 낮은 사건은 결코 일어나지 않는다고 쉽게 단정해버리기도 한다. 우발적인 핵전쟁이나 테러공격 같은 대재앙과 같은 사건을 이런 식으로 생각하는 것은 대단히 위험한 일이다.

종종 인지조화는 정책결정자들로 하여금 적에 대한 경직된 이미지를 갖게 하고 적의 모든 행동을 부정적으로 해석하도록 만든다(왜냐하면 나쁜 사람이 좋은 행동을 한다는 생각이 인지부조화를 불러일으키기 때문에).[9] 거울 이미지(mirror image)란 갈등 상황에

8 Vertzberger, Yaacov Y. I. *The World in Their Minds: Information Processing, Cognition, and Perception in Foreign Policy Decisionmaking.* Stanford, 1990. Sylvan, Donald A., and James F. Voss. *Problem Representation in Foreign Policy Decision Making.* Cambridge, 1998.

9 Herrmann, Richard K., and Michael P. Fischerkeller. Beyond the Enemy Image and the Spiral Model: Cognitive-Strategic Research after the Cold War. *International Organization* 49(3), 1995: 415-50. Mercer, Jonathan L. *Reputation and International Politics.* Cornell, 1996. O'

있는 양측 당사자가 각기 상대방에 대하여 매우 비슷한 이미지를 갖는 경우를 말한다(나는 방어적이고 상대는 공격적이라는 식으로). 또한 정책결정자들은 자신의 감정을 상대방에게 심리적으로 투사할 지도 모른다. 가상의 예로, 인도의 지도자들은 파키스탄에 대한 핵 우위를 차지하고 싶어 하지만 이것이 평화적이고 방어적인 자기 이미지와 충돌을 빚을 수 있다. 이때 발생하는 인지부조화를 해소하는 방법으로 인도 지도자들은 파키스탄이 핵 우위를 점하고자 노력하고 있다고 믿으면 된다(양국의 입장을 서로 바꾸어서 생각해도 무방하다).

또 다른 형태의 인지적 편견으로서 결정에 관한 사고를 역사적 유추라는 틀에 넣을 수 있다. 이것은 유추가 적절한지 아닌지에 따라 매우 유용할 수도 잘못된 결정을 유도할 수도 있다.[10] 역사적 상황은 제각각 독특하기 때문에 결정자가 역사적 유추에만 매달려 결정의 지름길로 사용한다면 합리적인 손익계산도 건너뛸 수 있다. 특히 결정자들은 실제로 상황이 얼마나 비슷한지 충분히 검토하지도 않고서 과거에 잘 먹혀들었던 해결책이 이번에도 통하리라고 쉽게 단정해버릴 수 있다. 그 예로, 미국 지도자들은 1938년 뮌헨에서의 역사적 사례를 교훈 삼아 베트남 공산주의자들에게 유화정책을 쓰면 아시아 전역에서 공산주의자들의 침략이 확산될 것이라 스스로 확신하였다. 돌이켜 보면 나치 독일과 북베트남은 서로 다르기 때문에 이런 식의 유추해석은 잘못된 것이었다(베트남전의 성격이 내전임을 간과했다). 다시 베트남에서의 쓰라린 경험은 미국 지도자들로 하여금 보스니아 사태와 같은 해외 분쟁에의 개입을 꺼리게 한 또 다른 역사적 유추 재료가 되었다. 이를 가리켜 미국 외교정책의 "베트남 징후군"이라 부른다.

이상과 같은 심리적 과정 — 오인, 감정적 편견, 인지적 편견 — 은 결정작성에서 합리적 비용-효과 계산을 방해한다.[11] 이에 따라 심리적 현실에 부합하는 방향

Reilly, K. P. Perceiving Rogue States: The Use of the "Rogue State" Concept by U.S. Foreign Policy Elites. *Foreign Policy Analysis* 3(4), 2007: 295–315.

10 Khong, Yuen Foong. *Analogies at War: Korea, Munich, Dien Bien Phu, and the Vietnam Decisions of 1965.* Princeton, 1992. Neustadt, Richard E., and Ernest R. May. *Thinking In Time: The Uses of History for Decision Makers.* Free Press, 1986.

11 Tuchman, Barbara W. *The March of Folly: From Troy to Vietnam.* Knopf/Random House, 1984. Parker, Richard B. *The Politics of Miscalculation in the Middle East.* Indiana, 1993. Bennett,

으로 합리성 모델을 수정한 두 가지 제안이 등장했다.

첫째는 제한된 합리성 모델이다. 이것은 정보를 찾아내고 처리하는 데 드는 비용을 감안한 것이다. 어떤 결정을 내릴 때 단 하나의 행동 경로만 생각하는 사람은 아무도 없다. 사람들은 가장 좋은 방안을 선택하기보다는, 즉 **최적화**(optimizing)하기보다는 최소한도 이상의 기준을 충족시키는 괜찮은 방안을 찾을 때까지 노력한다. 이를 가리켜 **안도할만한 해결책 찾기**(satisficing)라 한다.[12] 국제관계에 관한 고위 결정자들은 항상 주의를 요하는 위기에 둘러싸여 있기 때문에 늘 시간에 쫓긴다. 이러한 사정 때문에 대개 그들은 주어진 상황에 대한 최선의 반응을 찾을 시간적 여유가 없다. 이 같은 시간적 제약에 대하여 미국 국방장관 윌리엄 코헨은 1997년에 이렇게 묘사한 바 있다. "끊임없이 들어오는 정보를 분 단위로 소화해야 하는데, 이런 일은 내가 경험한 그 어떤 일과도 아주 다르다...숙고할 시간이 거의 없고, 그저 행동해야 한다."[13]

둘째는 **전망이론**(prospect theory)이다. 이 이론은 위험하거나 불확실한 조건에서 이루어지는 결정에 대한 대안적 설명(단순한 합리적 최적화가 아닌)을 제공한다.[14] 이 이론에 따르면 정책결정자들은 두 단계를 거친다. 첫 번째 단계는 편집단계로서 선택 가능한 대안들과 각각의 대안이 가져올 결과들의 확률을 설정하는 단계이다. 두 번째 단계는 평가단계로서 대안을 평가하고 어느 한 가지를 선택하는 단계이다. 전망이론은 이 평가가 준거점(reference point)과의 비교를 통하여 이루어진다고 주장한다. 준거점은 흔히 현상유지에 맞추어지지만 때로는 과거의 어느 상황이나 미래의 바람직한 상황에 맞추어질 수도 있다. 결정자들은 준거점보다 더 잘하려고 노력하지만 결정의 결과에 대한 평가는 준거점으로부터 얼마나 떨어져 있느냐에 좌우

Andrew. *Condemned to Repetition? The Rise, Fall, and Reprise of Soviet‑Russian Military Interventionism, 1973–1996.* MIT, 1999.

12 Simon, Herbert A. *Models of Bounded Rationality.* MIT, 1982.

13 *Washington Post*, March 5, 1997: A22.

14 Davis, James W. *Threats and Promises: The Pursuit of International Influence.* Johns Hopkins, 2000. McDermott, Rose. *Risk‑Taking in International Politics: Prospect Theory in American Foreign Policy.* Michigan, 1998. Levy, Jack. Prospect Theory, Rational Choice, and International Relations. *International Studies Quarterly* 41(1), 1997: 87‑112.

된다.

이상에서 본 바와 같이 개인적 결정작성은 기껏해야 불완전한 합리성 또는 부분적인 합리성에 기초해서 이루어진다. 개인에 따라 목표가 서로 다를 뿐만 아니라, 각 개인들은 각자의 목표를 달성하기 위하여 정확한 정보를 입수하고 세계에 대한 정확한 상(像)을 정립하고 결정에 도달하는 전 과정에서 수많은 난관을 거쳐야 한다. 합리성 모델은 좋게 보아도 단순화에 불과한 것이다. 이 모델은 결정작성에 영향을 미치는 개인의 심리적 과정에 대한 이해를 통해 보완되어야 한다.

(3) 집단심리

집단심리(group psychology)가 외교정책 결정과정과 관련하여 갖는 의미는 무엇일까? 어떤 면에서 집단은 개인의 맹점이나 편견을 교정함으로써 합리성을 신장시킬 수 있다. 보좌관이나 의회의 각종 위원회는 국가지도자에게 성급한 결정을 재고하도록 강요할 수도 있다. 그리고 집단 내부에서 다양한 개인들 간에 전개되는 상호작용이 목표 설정을 개인의 특이성이 아닌 국가이익에 더 부합하는 방향으로 유도할 수도 있을 것이다. 그러나 집단심리는 결정작성 과정에 비합리성을 가져오는 또 다른 원인이 될 수도 있다.

집단사고(groupthink) 집단사고는 집단이 결정을 내릴 때 결과에 대한 정확한 평가 없이 결정을 내리는 경향을 가리킨다. 왜 그런 경향이 생기는가 하면, 한 집단의 구성원은 다른 구성원들이 지지하는 것으로 보이는 견해에 그냥 따라가는 경향이 있기 때문이다.[15] 이러한 현상의 기본적인 형태는 간단한 심리 실험을 통하여 쉽게 이해할 수 있다. 6명으로 구성된 한 집단을 교실에 모아놓고 칠판에 두 개의 선(가, 나)을 그은 다음 각자에게 어느 선이 더 긴지 묻는 실험이다. 실제로는 나선이 더 길지만 사전에 5명과 짜고서 무조건 가선이 더 길다고 답하게 한 다음 마지막 사람

---

[15] Janis, Irving L. *Victims of Groupthink: A Psychological Study of Foreign-Policy Decisions and Fiascoes.* Houghton Miffl in, 1972. Hart, Paul, Eric K. Stern, and Bengt Sundelius, eds. *Beyond Groupthink: Political Group Dynamics and Foreign Policy-Making.* Michigan, 1997.

에게 물어본다. 이때 마지막 사람은 자신의 눈을 믿기보다 다른 구성원들에 동의하는 경향을 보인다.

개인과 달리 집단은 성공 가능성에 대하여 지나치게 낙관적이며 따라서 위험을 더 기꺼이 감수하려고 하는 경향이 있다. 불확실한 시도에 대하여 어느 한 사람이 의문을 품고 있어도 그 사람은 다른 모든 구성원들이 잘될 것이라 생각하는 것처럼 보이면 그런 의문을 억누른다. 또한 집단은 개인적 책임을 희석하기 때문에 집단의 행동에 대하여 개인은 어떤 책임도 느끼지 않는다.

집단사고의 전형적인 예로, 레이건 대통령의 가까운 친구이자 CIA 국장인 사람이 자기 부서를 우회해서 백악관 지하에 있는 NSC 직원들을 이용하여 3개 대륙에 걸친 비밀공작을 폈다. NSC 직원들은 레바논에 억류되어 있던 미국인 인질 석방을 조건으로 이란에 무기를 팔았고, 이 무기 대금을 니카라과 반군 콘트라에게 불법 제공하였다. 신원이 불확실한 NSC 보좌관 올리버 노스라는 사람이 지휘한 이 공작이 세상에 알려졌을 때 사람들은 이 사건을 이란-콘트라 스캔들이라 불렀다.

이라크와의 전쟁 역시 중요한 외교정책을 다룰 때 허위 정보, 오인, 희망적 사고, 집단사고의 위험성에 대해 미래 세대에게 경종이 되는 좋은 예이다.[16] 〈그림 4.3〉은 정책결정 과정에서 생길 수 있는 개인 및 집단 심리 관련 문제 중 일부를 그림으로 나타낸 것이다. 여기서 정책은 베트남, 보스니아, 이라크 중 어느 국가에 대한 정책이라 이해해도 무방하다.

〈그림 4.3〉 결정작성 과정에 작용하는 심리적 결함

16   Woodward, Bob. *State of Denial: Bush at War III*. Simon & Schuster, 2006.

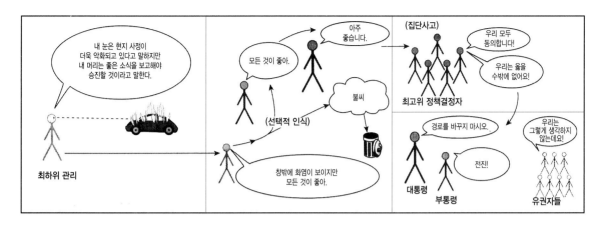

결정과정의 구조 이것은 누가 결정과정에 참여하고 어떻게 표결하는가에 관한 규칙을 가리키는데, 이 구조가 결과에 영향을 미칠 수 있다. 특히 어떠한 대안도 구성원 다수의 동의를 얻지 못하는 경우에 더욱 그렇다. 외교정책 결정에 경험이 많은 참가자들은 자신들이 선호하는 결과를 얻기 위하여 결정과정을 조작할 수 있는 기법을 많이 알고 있다. 흔히 쓰는 기법 가운데 하나는 집단의 공식적 **결정규칙**을 통제하는 것이다. 결정규칙이란 집단이 토론해야 할 안건을 결정하고 안건의 토론 순서를 정하는 일 등을 말한다(집단 구성원들이 소위 안도할만한 해결책을 찾는 경향을 보일 때 특히 중요하다). 가장 중요한 것은 **안건을 통제**하고 그럼으로써 토론의 틀을 결정하는 일이라 할 수 있다.

국가지도자들은 외교정책을 결정할 때 내부집단에 의존하기도 한다. 내부집단의 구성과 운용은 정부에 따라 다르다. 예컨대 존슨 대통령은 국가안보 관련 고위 관리들과 국가안보 정책을 논의하기 위해 "화요일 런치"를 활용하였다. 어떤 집단은 공식 회의 외에 비공식 협의에 크게 의존하기도 한다. 어떤 지도자들은 소위 부엌내각을 만들기도 한다. 이것은 공식적인 지위를 갖지 않은 사람까지 포함한 믿을 만한 친구들로 구성된 집단으로서 지도자와 정책문제를 토론하는 집단을 말한다. 예를 들어 이스라엘의 골다 메이어(Gold Meir) 수상은 자기 집에서, 때로는 이름 그대로 부엌에서 그런 회의를 자주 가졌다. 러시아의 옐친 대통령은 신뢰할 만한 친구인 경호원의 조언을 듣기도 했다.

(4) 위기관리

개인 수준이든 집단 수준이든 합리적 결정에 이르기 어렵다는 점은 위기 상황에서 더욱 두드러진다.[17] 여기서 말하는 위기란 정책의 결과가 대단히 중요하지만 시간적 여유가 많지 않은 조건에서 외교정책을 결정해야 하는 상황을 뜻한다. 정상적인 외교정책 결정보다 위기 시 결정이 이해하고 예측하기가 더 어렵다.

위기 시에 정책결정자들은 엄청난 시간 압박 속에서 결정을 내려야 한다. 현명치 못한 결정에 대한 견제가 불가능할 수도 있다. 의사소통을 위한 시간이 훨씬 줄어들고 판에 박힌 내용만 나올 수 있다. 또한 정책결정자의 기대에 어긋나는 정보는 그것을 일일이 검토할 시간적 여유가 없다는 이유만으로 쉽게 버려진다. 대안들을 설정할 때 결정자들은 역시 시간절약을 위해서 선택 범위를 좁히고 창조적인 대안보다 눈에 보이는 대안에 치중하게 된다. (미국의 경우 결정자들이 식사 시간도 따로 내지 않기 때문에 정부 청사로 피자 배달을 얼마나 하는지 보면 상황이 얼마나 급박한지 짐작할 수 있다.) 위기 시에는 집단사고도 쉽게 발생한다. 1962년 쿠바 미사일 위기 때 케네디 대통령은 소규모의 측근 고문들을 불러서 외부와의 일체 접촉이나 토론을 끊은 채 이들과 함께 사태가 종결될 때까지 며칠 동안 집중적으로 작업했다. 심지어 그와 소련 지도자 흐루시초프 사이의 의사전달 통로도 평시처럼 국무부를 거치는 것이 아니라 동생 로버트 케네디와 소련대사를 경유하는 새로운 통로로 바꾸었다. 당시 케네디 대통령은 집단사고의 위험을 의식하여 가끔씩 회의장을 떠나는 관행을 만들었다. 집단 내에서 가장 권위 있는 사람이 빠짐으로써 나머지 사람들 사이에 더 자유로운 토론이 가능해질 것이라 판단하였기 때문이었다. 이런 과정을 거쳐 이 집단은 처음 검토된 두 가지 대안(미사일기지 폭격과 아무 것도 하지 않는 것) 이외에 제3의 대안(해상봉쇄)을 찾을 수 있었다. 지도자들은 가끔 의도적으로 집단 내 한 사람(소위 악마의 변호인)을 지목하여 사사건건 반대 의견을 내도록 만든다.

---

17 Brecher, Michael, and Jonathan Wilkenfeld. *A Study of Crisis.* Michigan, 2000. Houghton, David. *U. S. Foreign Policy and the Iran Hostage Crisis.* Cambridge, 2001. Gelpi, Christopher. *The Power of Legitimacy: Assessing the Role of Norms in International Crisis Bargaining.* Princeton, 2003.

위기 시에 정책결정에 참여하는 사람들은 시간에 쫓길 뿐만 아니라 엄청난 심리적 스트레스를 받기도 한다. 스트레스는 앞에서 언급한 편견들을 더욱 심화시킨다. 결정자들은 적성국의 적대감을 과장하고 자국의 적대감을 축소하는 경향이 있다. 좋아하지 않는 정도의 감정이 쉽게 증오로 바뀌고, 걱정은 곧 공포로 바뀐다. 현재 검토 중인 정책을 뒷받침하고 인지조화를 회복시켜 주는 정보를 제외한 정보는 더욱 쉽게 여과된다. 또한 위기 시에 결정작성은 육체적 피로로 이어진다. 정책결정자가 위기 상황에서 한 시간도 쉬지 못하고 며칠씩 밤을 새면 수면부족증에 걸린다. 정책결정자들이 충분한 수면을 취하지 않는다면 정상적인 판단력을 잃은 수면부족증에 걸린 사람들이 국가의 중요한 외교정책을 결정하는 꼴이 된다.

위기 때 건전한 정책결정이 중요하기 때문에 유권자들은 지도자의 심리적 안정성에 대하여 많은 주의를 기울인다. 예를 들어 이스라엘의 라빈 수상은 1992년 선거 당시 건강에 문제가 있다는 비판에 직면해야 했다. 1967년 중동전이 발발하기 직전에 그가 이스라엘군 사령관으로 취임하였는데, 당시 그가 하루 동안 신경쇠약 증세를 보였다는 것이다. 이에 대하여 그는 사실과 다르다고 반박하면서, 위기로 인하여 탈진한데다가 담배를 너무 많이 피워서 일을 계속하고 또 올바른 결정을 할 수 있으려면 하루 쉬는 것이 좋겠다고 판단할 만큼 현명했을 뿐이라고 해명하였다.

위기나 평상시에 개별 정책결정자들이 혼자서 일하는 것은 아니다. 이들의 결정은 그들이 몸담고 있는 정부와 사회의 틀 안에서 이루어진다. 외교정책은 정부부처, 이익집단, 산업체 등과 같은 국내 행위자들에 의해 제약 받고 틀이 잡힌다.

2. 국내 행위자

이번 장의 나머지 부분은 민주적 평화처럼 국내 수준의 분석에 의거한 다른 자유주의 이론들에 대하여 살펴볼 것이다. 현실주의와 달리, 이 이론들은 국가들 사이에서 벌어지는 일이 아니라 국가 안에서 벌어지는 일의 결과로서 국제관계를 바라본다. 즉 시민, 정치지도자, 외교관, 관료 등 인간 개개인의 선택이 국가의 내부

구조를 통하여 집약되고, 국가가 국제무대에서 하는 행동은 이렇게 집약된 개인들의 선택의 산물이라고 본다. 이하에서는 국가의 내부를 들여다볼 것이다. 국가가 이러저러한 행동을 하도록 만드는 내부의 과정과 구조는 무엇일까?

(1) 관료기구

국가의 국제적 행동에 영향을 주는 수많은 국내 행위자 중에서 가장 근거리에서 영향을 주는 것이 외교정책의 개발 및 집행을 담당하는 국가 기구인 관료기구이다. 외교정책을 다루는 관료기구는 국가에 따라 상이하지만 몇 가지 공통점이 있다.

외교관 사실상 모든 국가들이 국내에서 외교 관련 업무를 수행하는 외교관 외에 외국의 수도에 위치한 대사관에서 근무하는 외교관(또한 수도가 아닌 도시들의 영사관에서 일하는 외교관)을 보유하고 있다. 각국은 공식적으로 자국을 대표하는 대사를 다른 국가와 국제기구에 파견한다. 외교활동은 **외무부** 혹은 비슷한 이름을 가진 부처(미국의 경우 국무부)에 의해 수행된다.

많은 민주국가의 경우 일부 외교관은 정부 지도자와 함께 왔다가 사라지는 **정치적 임명직**(지난 선거 때 후원에 대한 보상일 수 있지만)이다. 그 밖의 외교관들은 대개 직업외교관들이다. 이들은 외무부의 말단 관료로 경력을 시작하였으며 정권교체로 퇴직하는 일이 거의 없다.

외교관들은 외교정책 결정에 필요한 정보의 대대수를 제공한다. 그러나 이들의 주된 역할은 정책을 만드는 것이 아니라 집행하는 것이다. 그럼에도 불구하고 외무부 관료들은 대외관계를 관례적으로 만들어, 최고 지도자나 정치적 임명직 관리들이 그것을 거의 바꾸지 못한 채 그냥 왔다가 가는 경우도 있다. 외무부 관료들은 전반적인 국가 목표의 안정성과 국제관계에서 차지하는 국가의 위상이 국가이익을 지킨다고 믿는다.

국가지도자와 외교 관료들 사이의 긴장은 흔한 일이다. 직업외교관들은 새로운 지도자와 그가 임명한 사람들을 일정한 방향으로 이끌고 (정보여과 장치를 만들어서) 이들에게 가는 정보 흐름을 통제하려고 한다. 정치인들은 지나치게 "관료주의적"(성가시고, 관례화되고, 보수적)이어서 통제하기가 힘든 이 공식적 관료기구를 장악하기 위해 애쓴다. 대개 관료기구의 하위직은 정치지도자들에게 충성을 빚지지 않은 직업 공무원들로 채워진다.

관료기구의 크기가 그 기구의 힘을 말해주지는 않는다. 예컨대 미국 무역대표부(USTR)와 국가안보회의(NSC)는 각각 약 200명의 직원을 가지고 있다. 비슷한 업무를 하는 상무부와 국무부의 직원 수는 각각 5,000명 정도이다. 각 부처의 힘은 대통령과의 거리에서 나오는데, 전통적으로 NSC 대표는 매일 아침 국제안보 문제에 관하여 대통령에게 보고한다.

국가지도자는 외무부를 관리하기 위해 가까운 친구나 핵심 보좌관을 장관으로 임명하기도 한다. 부시 대통령이 집권 2기에 그런 일을 했다. 즉 NSC 책임자였던 막역한 친구 콘돌리자 라이스를 국무장관으로 임명한 것이다. 모택동 주석은 충직한 동맹자 주은래를 외교부장으로 임명하였다. 그러나 오바마 대통령이 정치적 경쟁자였던 힐러리 클린턴을 국무장관으로 임명하였듯이, 외교정책에 대한 견해를 달리하는 경쟁자를 임명한 사례도 있다.

때로는 관료기구에 환멸을 느낀 정치인이 정상적인 외교 통로를 우회하는 경우도 있다. 예를 들어 1962년 쿠바 미사일 위기 당시 케네디 대통령은 카리브 해에서 쿠바 봉쇄작전을 펴고 있는 군 지휘관과 직접 접촉하도록 조치하였는데, 이는 국방부 장관과 고관들을 우회한 것이다.

부처 간 갈등 부처 간 갈등도 외교정책 작성에 영향을 준다. 일부 부처들은 전통적으로 서로 다투는데, 이들 간의 끝없는 줄다리기의 결과로서 외교정책이 결정된다. 극단적인 부처 간 경쟁의 예로서, 1960년에 미국 국무부와 CIA는 라오스 내전에서 각기 다른 편을 지지하였다. 냉전시기 미국과 소련의 국방부는 대개 매파(군사력 증강 중시)였고 외무부 혹은 국무부는 비둘기파(외교 중시)였으며, 최고 지도자들은 균형자의 위치에 있었다.

일반적으로 관료기구는 자기의 능력을 발휘할 수 있는 정책, 자기의 권한을 강화해 주는 정책을 선호한다. 특정 이슈에 대한 공무원의 입장은 (관료 구조 안에서) 그 사람이 어디에 앉아있느냐에 따라 좌우된다는 속담이 있다. 어떤 정책에 대하여 그 사람이 어떤 주장을 펼칠 것인가는 그의 직함으로 어느 정도 예측할 수 있다. 앞에서 나온 정부흥정 모델은 정부 내 부처 간의 이익 상충으로 인한 부처 간 협상에 주목한다. 그 예로, 1979년에 미국인들이 이란에 인질로 억류된 사건이 발생하였는데 당시 국방부와 CIA 관료들은 카터 대통령에게 군사 구조작전을 해야 한다고 밀어붙였고 국무부 관료들은 이에 맹렬히 반대하였다. 며칠 동안 논쟁을 벌인 끝에 대통령은 구조작전을 하기로 결정하였지만(결과는 참사였다), 최종 결정을 내린 회의에 국무부장관은 부르지 않았다.

대개 각 부처의 책임자들은 자기 부처의 이익 증진을 도모하지만, 가끔은 자기 부처의 이익을 희생하면서 국가지도자에게 충성심을 보이기도 한다. 또한 부처의 목표를 보고 그 부처 책임자의 선호를 예측하는 것이 항상 맞지도 않다. 예를 들면, 쿠바 미사일 위기 당시 국방부 관료들은 군사적 위기 해결에 주저한 반면 일부 외교관들은 선제공격에 찬성하였다.

한 부처 내 단위 간에도 갈등이 있다. 많은 국가들에서 육해공 3군은, 외무부와 다툴 때는 단결하지만, 각기 조금씩 옆길로 새기도 한다. 한 부서나 프로젝트에 소속되어 일하는 관료는 거기에 얽매이게 된다. 예를 들어 신무기개발 책임을 맡은 관료는 신무기개발 계획이 취소되면 자리를 잃거나 어쩌면 직장을 잃을 수도 있다.

빈국의 경우 강한 군대를 유지하는 데서 발생하는 군 장교들의 제도적 이익이 큰 걱정거리일 수 있다. 민간인 지도자가 장교 봉급을 인하하거나 군대 규모를 축소하려 할 때 군부의 제도적 저항에 직면할 수도 있다. 극단적인 경우지만 군사 쿠데타가 일어날지도 모른다. 실제로 1990년대 필리핀, 베네수엘라, 파라과이에서 있었던 쿠데타 시도에서는 그런 요인들이 작용했었다.[18]

부처 간 경쟁을 외교정책에 영향을 주는 요인으로 꼽는다는 것은 국가를 국제체계에서 활동하는 단일 행위자로 보는 견해에 대한 도전이다. 부처 간 경쟁은 국가가 국익이라는 단순한 목표를 위해 행동하는 것이 아니라 나름대로 목표를 가진 국내 집단들 간의 흥정의 결과로 국가의 행동이 만들어진다는 사실을 시사한

---

18 Feaver, Peter D., and Christopher Gelpi. *Choosing Your Battles: American Civil-Military Relations and the Use of Force.* Princeton, 2004.

다.[19] 이런 시각은 비단 관료기구에만 국한되는 것이 아니라 훨씬 더 넓은 범위에도 적용된다. 수많은 국내 행위자들이 각자 목표를 가지고 있고 외교정책에 영향을 주면서 그 목표를 달성하려고 애쓰고 있기 때문이다.

(2) 이익집단

외교정책 결정자들이 정치적 진공상태에서 일하는 것은 아니다. 그들은 사회 내의 정치적 논쟁이라는 맥락 속에서 일한다. 외교정책에 대한 사회의 압력은 모든 국가에 있다(사회적 압력이 집약되고 효력을 발생하는 통로는 국가에 따라 다르지만). 다원적인 민주국가의 경우 외교정책에 대한 사회의 영향력은 이익집단과 정당을 통하여 행사된다. 독재국가의 경우에도 유사한 영향력이 행사되지만 눈에 잘 띄지 않는다. 이와 같이 국가가 채택하는 외교정책은 국내에서 전개되는 일종의 연합 형성 과정을 반영한다.[20] 물론 국제적인 요인이 국내정치에 큰 영향을 주기도 한다.[21]

이익집단이란 어떤 정치적 이슈의 결과 면에서 공통의 이익을 가지고서 그 결과에 영향을 미치기 위하여 모인 사람들의 연합체를 말한다. 예컨대 프랑스 농민들은 유럽공동체(농업 보조금을 지급하는)에 관한 국제협상과 자유무역협상(농업 관세를 부과하려는)에 큰 이해관계를 가지고 있다. 프랑스 농민들은 오랜 역사를 가진 정치적으로 유능한 협회와 단체들을 통해 프랑스 정부에 정치적 압력을 가한다. 그들은 유리한 입법을 위하여 로비활동을 벌이며 특정 정치인의 선거운동을 지원하기도 한다. 이보다 더 극적인 경우로, 프랑스 농민들은 1992년에 있었던 미국과 유럽 사

19 Kaarbo, Juliet. Power Politics in Foreign Policy: The Influence of Bureaucratic Minorities. *European Journal of International Relations* 4(1), 1998: 67-97.

20 Solingen, Etel. *Regional Orders at Century's Dawn: Global and Domestic Influences on Grand Strategy.* Princeton, 1998. Snyder, Jack. *Myths of Empire: Domestic Politics and International Ambition.* Cornell, 1991.

21 Gourevitch, Peter. The Second Image Reversed: International Sources of Domestic Politics. *International Organization* 32(4), 1978: 881-911. Rogowski, Ronald. *Commerce and Coalitions: How Trade Affects Domestic Political Alignments.* Princeton, 1989.

이의 무역분쟁 당시 자기들의 이익이 위협 받을 때 프랑스 전국에 걸쳐 다수의 인원을 동원하여 도로를 봉쇄하고 폭력적 가두시위를 벌였고, 정부가 자신들의 입장을 받아들이지 않으면 국가경제 전체를 마비시키겠다고 위협하였다. 이보다는 덜하지만 업계, 노동조합, 교회, 재향군인, 노인, 동일 직종에서 일하는 사람들, 환경문제에 관심 있는 사람들 등이 다양한 이익집단에 속해 있다.

로비활동이란 어떤 사안에 대한 결정에 영향을 미치기 위하여 의원이나 관리들과 대화를 하는 과정을 말한다. 로비가 성공하기 위해서는 다음과 같은 세 가지 요건을 갖추어야 한다. 즉 바쁜 관료들이 귀를 기울이게 할 수 있는 능력, 자신의 입장에 대한 설득력 있는 주장을 펼 수 있는 능력, 해당 사안에 대한 긍정적인 조치를 얻는 대가로 그에 상응하는 다른 혜택을 제공할 수 있는 능력이 그것이다. 여기서 말하는 혜택에는 정치자금 기부부터 고급 음식점에서 저녁식사 접대, 골프 휴양지 동행, 불법적인 성행위 연결, 뇌물 제공 등과 같은 각종 합법적 혹은 불법적 행동이 포함된다. 많은 국가에서 부패는 정부의 결정과정에서 중대한 문제가 되고 있으며, 이익집단들은 불법적인 수단으로 정부 관리들을 유혹하여 어떤 행동을 취하도록 압력을 가할 수 있다.

한 국가 안에 거주하는 종족집단이 모국의 이익을 위한 이익집단이 되는 경우도 종종 있다. 종족집단의 구성원들은 모국에 있는 친척들에 대하여 강한 감정적 유대감을 가진 경우가 많은데, 다른 대다수 시민들은 대체로 그런 문제에 대하여 무관심하기 때문에 종족집단의 규모가 작아도 특정 국가에 대한 정책에 미치는 영향력은 클 수 있다. 이와 같은 종족의 유대감이 종족분쟁을 겪고 있는 빈국들에 대한 외교정책에 큰 영향을 주는 힘으로 등장하고 있다. 이러한 영향력이 특히 큰 나라가 여러 종족이 섞여서 사는 다원적 민주국가인 미국이다. 예를 들어 쿠바계 미국인들은 미국의 대쿠바 정책에 영향을 주기 위해 조직화되어 있고, 그리스계는 대그리스 정책, 유태계는 대이스라엘 정책, 아프리카계는 대아프리카 정책에 영향을 주기 위해 조직화되어 있다. 1996년 다코타 주 상원의원 선거에서 한 후보는 파키스탄계로부터 많은 기부금을 받았고 다른 후보는 그 경쟁 집단인 인도계로부터 많은 기부금을 받은 바 있다. 그러나 다른 국가 안에 자국 출신 종족집단 유무와 상관없이 한 국가가 직접 다른 국가의 정부를 상대로 로비를 할 수도 있다.[22]

분명히 이익집단의 목표와 이익은 국가 전체의 이익(확인 가능하다면)과 부합할 수도 그렇지 않을 수도 있다. 관료기구와 마찬가지로, 이 대목에서도 국가를 단일 행위자로 보는 견해가 도전받고 있다. 이익집단 정치를 옹호하는 사람들은 다양한 이익집단들이 서로 다른 방향으로 밀고 당기지만 그런 과정을 거쳐서 이루어지는 최종적인 결정은 사회 전체의 이익을 반영한다고 주장한다. 그러나 마르크스주의 국제관계 이론에 따르면, 자본주의 국가에서 외교정책에 결정적인 영향을 주는 행위자는 부유한 대기업 소유주들이다. 예컨대 유럽 제국주의는 해외 식민지의 값싼 노동력과 자원으로부터 막대한 이윤을 얻는 은행과 대기업들에게 특혜를 주었다. 이것이 서방 선진국들에 대한 중국 정부의 공식적(실제로 그런지는 모르겠지만) 입장이다. 마르크스주의자들은 냉전시대 서방의 외교정책이 무기제조업자들의 이윤 동기에 의해 추동되었다고 주장한다.[23]

(3) 군산복합체

군산복합체(軍産複合體, Military-Industrial Complex)란 국가의 군사력 제공을 위하여 함께 일하는 정부기구, 산업체, 연구소 등이 서로 맞물려 거대한 네트워크를 형성하고 있는 것을 가리킨다. 이 같은 군산복합체의 등장은 냉전시기 군사기획에서 기술(핵무기, 전자장비 등)과 병참의 중요성이 커진 결과였다. 이 행위자들의 국내정치적 힘이 대단히 컸기 때문에 과거 냉전시기 미국과 소련에서 외교정책에 대한 이들의 영향력은 막강했다.

전통적으로 전쟁을 수행중인 국가들은 전쟁의 필요에 맞춰서 경제력과 기술력을 운용해 왔다. 그러나 냉전기간에는 "평화 시기"였지만 초강대국들이 새로운 고도기술 무기 개발 경쟁을 벌임에 따라 군사 조달의 규모가 대폭 확대되었다. 이 무기경쟁의 과정에서 종래의 방위산업체 외에 과학자와 기술자가 전쟁물자 생산에

22 Smith, Tony. *Foreign Attachments: The Power of Ethnic Groups in the Making of American Foreign Policy.* Harvard, 2000. Paul, David M., and Rachel A. Paul. *Ethnic Lobbies and U.S. Foreign Policy.* Rienner, 2008.

23 Konobeyev, V. The Capitalist Economy and the Arms Race. *International Affairs* [Moscow] 8, 1982: 28-48.

서 특별한 역할을 맡게 되었다. 1957년의 소련 인공위성 스푸트니크(Sputnik)에 대응하여 미국은 연구개발 예산을 늘리고 새로운 과학교육 프로그램을 개발하였다. 1961년에 이르러 아이젠하워 대통령은 이임 연설에서 군산복합체(그가 이 용어를 처음 사용했다)가 미국 사회에서 "부당한 영향력"을 행사하고 있으며 군사화가 미국의 민주주의를 갉아먹을 수 있다고 경고하였다. 이 복합체의 크기가 워낙 크기 때문에 일반 시민들의 힘을 모두 합친 것보다 훨씬 큰 힘을 가지게 되었다. 그러나 무기경쟁에 걸려 있는 군산복합체의 이익은 평화 시 시민들의 이익과 충돌했다.

군산복합체는 국방비 지출에 이익을 걸고 있는 다양한 구성 부분들을 포함하고 있다. 군수물자를 생산하는 기업들은 정부와의 계약에서 이윤을 얻는다. 장교들은 새로운 무기체계를 통하여 관료 제국을 건설함으로써 계속 진급할 수 있으므로 이익을 얻는다. 그리고 대학과 과학연구소들은 군사연구 계약을 따냄으로서 이익을 누린다. 미국과 러시아에서 과학자들에게 투자되는 예산의 주요 통로가 바로 군사연구 계약이다.

집합재 찾기

이스라엘-팔레스타인 평화회담
잡합재; 60여 년간의 폭력적 분쟁 종식

배경: 제2차 세계대전의 여파로 이스라엘이 건국된 1948년 이래 유태인과 팔레스타인 사람들은 땅을 놓고 싸워 왔다. 몇 차례 파괴적인 전쟁을 치른 다음 이스라엘과 인접국인 이집트 및 요르단은 비교적 안정적인(냉랭하긴 하지만) 평화관계를 만들었다. 그러나 이스라엘과 팔레스타인은 1967년 전쟁 당시 이스라엘이 점령한 땅, 즉 웨스트뱅크와 가자지구에 팔레스타인 국가 건국과 이스라엘의 생존권을 상호 인정한다는 내용의 평화협정 체결에 아직 이르지 못하고 있다.

몇 년 동안 여러 차례 협상을 거치면서 양측은 의견접근을 보기도 했다. 2000년 말 당시 양측 협상가들은 거의 합의에 도달하는 수준까지 갔지만 결렬되었고, 이스라엘과 미국에 새 정부가 들어서면서 다시 폭력이 되풀이 되었다. 이스라엘-팔레스타인 평화는 어느 쪽이 합의를 위해 양보하는지 여부와 무관하게 양쪽 모두에 득이 되는 집합재이다.

도전: 2010년에 미국정부가 나서서 1년 안에 포괄적 합의에 이른다는 목표로 이스라엘-팔레스타인 회담을 재개하도록 만들었다. 이 회담은 양측의 내부 정치 사정으로 큰

미국에서 대규모 무기계획이 만들어지면 여러 주와 선거구에 있는 하청계약자들과 부품제조업자들이 이익을 얻고 이에 따라 현지 주민과 정치인들도 군사비 지출의 수혜자 대열에 끼게 된다. **전략방위구상**(SDI, 별들의 전쟁이라고 함)을 위한 초기 자금은 육해공 3군, 에너지부, NASA, 그리고 수백 개의 민간업자들에게 들어갔다. 최근 이와 비슷한 일이 유럽공동체에서도 일어났다. 즉 신무기 개발계획을 쪼개서 몇몇 유럽 국가들에 나눠주었던 것이다. 신형 전투기를 개발하면서 날개는 갑에게, 엔진은 을에게 나눠주면 그 계획을 취소하기가 매우 어려워진다.

방위산업체의 경영자들은 자기 분야를 가장 잘 파악하고 있는 사람들로 간혹 군수물자 조달 업무를 책임지는 정부 관리로 임명되었다가 다시 자기 회사로 돌아가기도 한다. 이를 가리켜 **회전문**이라 부른다. 민주국가의 경우 방위산업체들은 자국 제품과 애국심을 연결시키는 내용의 광고를 통하여 대중의 여론에 영향을 주기도 한다. 미국 방위산업체들은 국방비 증액에 찬성하는 전국의 정치인들에게 거액의 선거자금을 제공하기도 하고 때로는 국방부 관리들에게 뇌물을 주기도 한

시련을 맞았다. 이스라엘에서는 팔레스타인에 양보하는 것을 반대하는 정당이 의회 내 집권 연립에 동참하게 되어 이스라엘 정부가 양보하고 싶어도 실행하기가 쉽지 않았다. 팔레스타인에서는 호전적 무장집단인 하마스가 가자지구를 장악함으로써 이스라엘과 협상을 벌이고 있는 팔레스타인 자치정부는 건국 예정지 전 지역을 통제하지 못하는 존재가 되어 버렸다. 이처럼 외교정책의 결정과정은 양측의 평화 노력에 제약을 가할 수 있다.

해결책: 지난 수십 년간 이스라엘-팔레스타인 관계에서 강력한 규범이었던 상호주의가 평화협정을 위한 협상의 기초이다. 그러나 지금까지 상호주의만으로는 충분치 않았

다. 부분적으로는 국내의 제약요인으로 정부가 상호주의에 입각한 협력에 나서고자 할 때 어려움을 겪었기 때문이다.

이러한 국내 제약요인을 우회하기 위해서는 우세 원칙이 도움이 된다. 대다수 분석가들은 미국이 (압력과 권유를 포함한) 강력한 지도력을 발휘하여 양측이 양보를 하도록 만들어야 평화회담이 성공할 수 있다고 본다. 이렇게 하면 양측의 반대자들은 자국 지도자보다 미국을 비난하게 될 것이고 그런 만큼 양측 지도자들은 협상할 수 있는 운신의 폭을 얻을 수 있다. 앞으로 언젠가 이스라엘-팔레스타인 평화협정이 성사된다면 그 합의 과정에서 미국의 지도력이 핵심적 역할을 수행한 결과일 것이다.

다.[24]

(4) 여론

많은 국내 행위자들은 대중의 **여론**에 영향을 미치려고 노력한다. 여기서 여론이란 한 국가의 시민들이 외교정책 문제에 대하여 갖는 다양한 견해를 말한다. 권위주의 국가보다 민주국가에서 여론이 외교정책에 더 큰 영향을 미친다. 그러나 독재자라도 시민들이 무슨 생각을 하는지에 대하여 주의를 기울이지 않을 수 없다. 어떠한 정부라도 무력만으로 통치할 수는 없으며 생존을 위해서는 어느 정도 정통성을 확보해야 한다. 정부는 사람들에게 정부 정책을 받아들이도록(비록 좋아하게 만들지는 못하더라도) 설득해야 한다. 왜냐하면 궁극적으로 정책을 수행하는 것은 군인, 노동자, 공무원 등 보통 사람들이기 때문이다.

대중의 지지가 매우 중요하기 때문에 권위주의 정부도 외교정책에 대한 지지를 얻기 위하여 선전 — 공식적 정책노선에 대한 공개적 찬양 — 에 많은 정성을 쏟는다. 이를 위하여 국가들은 TV, 신문, 기타 정보매체를 이용한다. 많은 국가들이 TV, 신문 같은 주요 매스미디어를 직접 운영하거나 통제하면서 시민들에게 들어가는 정보 흐름을 조종한다. 그러나 다중 채널을 가진 새로운 정보기술의 등장으로 그 일이 더 어려워졌다.

언론인들은 외교정책 엘리트로부터 대중으로 정보가 흘러가는 통로에서 문지기 역할을 한다. 언론과 정부는 종종 충돌하는데, 언론의 전통적 역할이 정부의 행동과 권력에 대한 감시견(watchdog)과 비판자 역할이기 때문이다. 언론은 정부가 숨기고 싶어 하는 것을 벗기고 공개하려 한다. 그런가 하면 외교정책 결정자들은 국제문제에 대한 정보를 언론에 의존하기도 한다.

그러나 언론 역시 정부의 정보에 의존한다. 외교정책 관련 정부기구의 규모와

---

24 Der Derian, James. *Virtuous War: Mapping the Military – Industrial – Media – Entertainment Network*. Westview, 2001. Jones, Christopher M. Roles, Politics, and the Survival of the V-22 Osprey. *Journal of Political and Military Sociology* 29(1), 2001: 46-72.

자원이 언론을 압도하기 때문이다. 정부의 이러한 이점은 기자들에게 정보 제공을 미끼로 기자들을 조종할 수 있는 큰 힘이 된다. 이런 과정을 통하여 정부가 바라는 것은 뉴스의 내용 자체로 대중의 여론에 영향을 주려는 것이다. 정부의 정책결정자들은 정상회의, 위기, 기타 행동으로 대외관계에 관한 극적 이야기를 만들 수 있다. 그리고 관료들은 자신들의 견해를 뒷받침하고 부처 간 경쟁에서 이기기 위하여 비밀정보를 언론에 유출할 수도 있다. 마지막으로, 군부와 언론은 군사작전에 대한 언론인의 접근 문제를 놓고 항상 다투지만, 2003년 이라크전 당시 종군기자들에게 완전한 접근을 보장한 것은 양쪽 모두에게 이득을 주는 일이었다.

선거를 통해서 정부를 구성하는 민주국가의 경우 인기 없는 전쟁은 국가지도자나 집권당을 권좌에서 끌어내릴 수도 있다. 베트남전쟁으로 1968년에 존슨 대통령이 실각했다. 반대로 인기 있는 전쟁은 현 정부를 계속 권좌에 머물 수 있게 해준다. 1982년의 포클랜드전쟁은 영국의 대처 수상을 계속 권좌에 남게 했다. 여론에 가장 큰 영향을 주는 것은 TV 화면에 나오는 장면이다. 예컨대 1992년에 미군이 구호활동을 위해 소말리아에 파견된 것은 TV 뉴스로 내전과 굶주림에 시달리는 소말리아 사람들의 가슴 아픈 모습이 보도된 이후의 일이다. 그러나 현지에서 치열한 교전이 벌어져 미군 18명이 전사한 사건이 발생한 다음 미군과 교전했던 소말리아 병사들이 전사한 미군 병사의 시체를 길거리에서 끌고 가는 장면이 TV에 보도되자 여론은 소말리아 파병에 반대하는 쪽으로 급선회하였다. 보스니아 전쟁 당시 미 국무부 관리들은 사석에서 미국 신문 1면에 이 사태 소식을 등장하지 않게 만드는 것이 미국 정책의 주요 목표라고 털어놓기도 했다(이 목표는 결국 이루지 못했다).

간혹 외교정책 문제가 국민투표를 통하여 직접 국민들에 의해 결정되기도 한다(미국은 이런 전통을 가지고 있지 않지만, 스위스와 덴마크 같은 국가들은 이 전통이 강하다).[25] 2005년에 프랑스와 네덜란드에서 EU 헌법 개정안에 대한 국민투표가 실시되었는데 주요 정치지도자들이 이에 찬성했음에도 불구하고 부결되었다.

그러나 가장 개방적인 민주국가에서도 정부가 여론에 단순히 대응만 하진 않는다. 정책결정자들은 스스로 선택할 수 있는 상당한 자율성을 누리고 있으며, 전

---

25 Rourke, John T., Richard P. Hiskes, and Cyrus Ernesto Zirakzadeh. *Direct Democracy and International Politics: Deciding International Issues through Referendums.* Rienner, 1992.

체 여론의 방향과 충돌하는 견해를 가진 관료기구와 이익집단들에 의해 이런저런 방향으로 이끌리기도 한다. 더욱이 어떤 정책에 대한 여론이 완전히 통일되는 일은 거의 없으며 특정 부류의 사람들(거주지역, 성, 소득수준, 인종 등)은 전체 대중과 다른 견해를 갖기도 한다. 이때 정치인들은 전체 여론보다 특정 부류의 여론을 중시할 수 있다. 외교정책 문제에 대한 여론은 시간이 흐르면서 변한다. 국가들은 여론이 국가 정책과 너무 멀리 떨어지는 일이 없도록 선전을 활용하기도(독재국가의 경우), 언론매체를 조작하기도 한다(민주국가의 경우).

민주국가의 경우 일반적으로 여론의 영향을 외교정책보다 국내정책이 더 많이 받는다. 국가지도자들은 TV연설 등의 방법을 통하여 모든 정책 문제에 대한 여론 형성을 주도할 수 있는 능력이 있지만, 외교정책 분야에는 추가적인 이점이 있다. 추가적 이점이란 전통적으로 외교에 비밀성이 어느 정도 인정되기 때문에 국제문제가 일상적인 국내정치 영역과 달리 취급된다는 점, 그리고 국제무대에서 효과적으로 활동하기 위해서는 국가의 행동 통일이 필요하다는 점을 들 수 있다. 그러나 일본의 경우 여론이 정부의 방위비 지출, 국경 밖에서의 군사 활동, 그리고 특히 핵무기 개발(일본의 기술력으로 가능하다) 등을 제약하는 가장 중요한 정치적 힘이다. 미국으로부터 방위 부담을 함께 지고 또 강대국의 책임을 떠맡으라는 압력을 받아온 집권 자민당은 느리지만 꾸준히 방위비 지출을 늘리고 일본군의 역할을 조금씩 확대해 왔다(1980년대에는 일본의 대외무역에 중요한 아시아 해상 수송로 순찰 임무, 1990년대에는 UN평화유지군 참여). 이러한 노력은 여론의 반발에 부딪혀 자주 좌절되거나 지연되었다. 일본인들은 1930년대와 제2차 세계대전 기간에 대두된 군국주의의 끔찍한 결과, 특히 1945년의 원폭 피해를 잊지 않고 있다. 그들은 군대의 증강이나 역할 증대에 대해 우려하고 있으며 핵무기 보유를 한사코 반대하고 있다. 이처럼 일본에서는 여론이 국가의 외교정책을 제약하면서 변화의 속도를 떨어뜨리고 있다.

민주국가에서 주의 깊은 대중(attentive public)이란 국제문제에 대한 식견을 갖춘 소수의 사람들을 말한다. 사안별로 누가 주의 깊은 대중인지 달라질 수 있지만, 외교문제 전반에 깊은 관심을 가지고 면밀히 추적하는 사람들도 있다. 외교문제에 대한 주의 깊은 대중 가운데서 가장 활동적인 사람이 외교정책 엘리트, 즉 외교정책에 대한 힘과 영향력을 가진 사람이라 할 수 있다. 여기에는 업계 관계자, 언론인, 로비스트, 정치학 교수 등 정부 밖에 있는 사람들도 포함되지만 정부 안에서 활동

■ 정책적 시각

일본 총리 아베 신조(安倍晋三)의 입장

문제: 국내외 관심사를 공평하게 처리하기 위해 어떤 외교정책 수단을 채택할까?

배경: 당신이 일본 총리라고 가정하자. 1953년 한국전쟁이 끝나고 북한과의 관계는 긴장 관계였다. 북한이 핵 프로그램에 대한 합의를 했다가 파기를 거듭하면서 군사적 긴장도 계속되었다. 북한은 2006년과 2009년에 핵무기를 실험하였고, 일본을 위협하기 위해 일본 영토 위로 단거리 탄도미사일 실험발사도 했다. 2012년 말에는 국제적인 경고를 무시하고 새로운 장거리 로켓을 실험하기도 했다. 당신은 방위비 증액, 북한의 미사일 공격에 대비한 미사일방어무기 배치 등과 같은 강경한 공약으로 2012년 선거에서 승리할 수 있었다.

북한은 35년간(1910-1945) 한반도 식민지배와 제2차 세계대전 기간 중 일본이 한국에서 한 행동에 대한 배상을 오랫동안 요구해 왔다. 일본은 배상을 거부해 왔지만 북한의 비핵화를 설득하기 위한 시도로 소규모 원조를 제공했었다.

2008년 여름에 미국은 북한을 테러 지원국 명단에서 제외하였다. 이에 대하여 많은 일본인들은 핵무기 포기를 대가로 더 많은 원조를 요구해 온 북한 측에 굴복하는 행위라고 분개하였다. 일본 정부는 이 조치에 대하여 "매우 유감스럽다"고 표현하는 등 강력하게 항의하였다.

국내 고려사항: 북한과의 관계에 대한 일본의 국내 여론은 매우 민감하다. 2002년에 북한은 자기들이 1970년대와 1980년대에 비밀리에 일본 시민들을 납치하여 북한으로 데려가서 북한 스파이 교육에 이용했다는 사실을 인정하였다. 또 납치된 13명 전원이 일본으로 돌아가거나 사망하였다고 주장하였다. 그러나 많은 일본 사람들은 이 주장을 믿지 않았다. 그들은 13명이 아니라 훨씬 많은 사람들이 납치되었다고 의심하면서 북한에 사망자 시신을 돌려달라고 요구하기도 했다. 납치 문제는 일본 국내 여론에서 극히

민감한 사안이다. 역대 일본 정부는 북한과의 공식적 외교 관계 수립의 전제조건으로 납치 문제 해결을 요구해 왔다.

시나리오: 현재 미국이 새로운 핵무기 관련 합의를 위해 북한과 협상중이라고 가정하자. 그런 미국이 거래가 성사되었음을 북한 측에 확신시켜 주려고 일본에게 더 많은 대북원조를 요청하고 있다. 그 대가로 북한은 주요 핵시설에 대한 사찰을 허용하고 핵확산금지조약(NPT) 재가입에 동의할 것이다. 미국은 일본에게 결정적으로 중요한 원조를

제공하라고 다방면으로 압력을 넣고 있다.

정책 선택: 원조를 늘리라는 미국의 압력에 어떻게 대응할 것인가? 납치 문제를 해결하지 않고 원조를 늘리면 여론의 역풍을 맞을 수 있는데 그런 위험을 감수할 것인가? 아니면 일본의 가장 중요한 동맹국인 미국의 압력에 저항하여 요청받은 원조를 거부할 것인가? 민감한 국내정치 문제와 미묘한 국제 협상 사이에서 어떻게 이 문제를 원만하게 해결할 것인가?

하는 사람도 포함된다. 여론조사 결과를 보면 간혹(항상 그렇진 않지만) 이 엘리트들의 견해가 국민 전체의 견해와 크게 다르게 나타나며, 정부의 견해와도 다르게 나타난다.[26]

간혹 정부는 대중의 인정을 받아서 국내적 정통성을 확보하기 위한 목적으로 이런저런 외교정책을 채택하기도 한다.[27] 이를테면 정부는 국내에서 곤경에 처해 있을 때 국민들의 주의를 다른 곳으로 돌리고 대중의 지지를 얻기 위하여 외국과의 전쟁이나 군사적 개입을 감행할 수 있다. 이것은 소위 **깃발 아래 뭉치기**(rally round

26 Page, Benjamin I., and Marshall M. Bouton. *The Foreign Policy Disconnect*. Chicago, 2006. Jacobs, Lawrence R., and Benjamin I. Page. Who Influences U. S. Foreign Policy? *American Political Science Review* 99(1), 2005: 107-23. Sobel, Richard. *The Impact of Public Opinion on U.S. Foreign Policy Since Vietnam*. Oxford, 2001. Holsti, Ole R. *Public Opinion and American Foreign Policy*. Rev. ed. Michigan, 2004.

27 Baum, Matthew. The Constituent Foundations of the Rally-Round-the-Flag Phenomenon. *International Studies Quarterly* 46(2), 2002: 263-98. Eichenberg, Richard C. Victory Has Many Friends: U. S. Public Opinion and the Use of Military Force, 1981-2005. *International Security* 30(1), 2005: 140-77.

the flag, 전쟁이 일어나면 적어도 단기적으로는 국민들이 정부를 지지하는 현상) 효과를 노린 것이다. 정부의 교육정책이나 보건복지정책에 대해 비판을 서슴지 않던 사람들도 외국과 전쟁 중이고 군인들의 목숨이 왔다갔다 하는 상황에서는 비판을 삼갈 것이다. 이런 식의 정책을 **관심 돌리기용 외교정책**(diversionary foreign policy)이라 부르기도 한다. 안타까운 일이지만, 어떤 정책이 대중의 관심을 돌리기 위한 정책인지 분간하기가 쉽지 않다. 지도자들이 대중의 관심을 돌리려 했다는 사실을 결코 인정하지 않을 것이기 때문이다.

그러나 지나치게 오래 끄는 전쟁이나 지는 전쟁은 대중의 여론을 정부에 반대하는 쪽으로 선회하게 만들고 심지어 정부를 전복하려는 봉기에 나서게 만들 수도 있다. 1982년에 아르헨티나의 군사정부가 포클랜드 섬을 놓고서 영국과 전쟁을 벌였다. 처음에는 국민들이 깃발 아래 모였지만 전쟁에서 패한 다음에는 군사정부 타도라는 깃발 아래 모여서 결국 군사정부를 민간정부로 교체하였다. 새로 들어선 민간정부는 군사정부의 지도자들을 처벌하였다. 부시 대통령도 이라크와의 전쟁 초기에는 인기가 치솟았지만 전쟁이 장기화되자 인기가 떨어졌고(〈그림 4.4〉 참조), 유권자들은 그의 공화당을 의회 다수당 지위에서 끌어내렸다. 2008년 선거가 끝나자 부시의 공화당은 상원, 하원, 백악관 자리에서 모두 밀려 났는데 이라크와의 전쟁 초에는 모두 공화당이 차지했던 자리였다.

〈그림 4.4〉 깃발 아래 뭉치기 징후

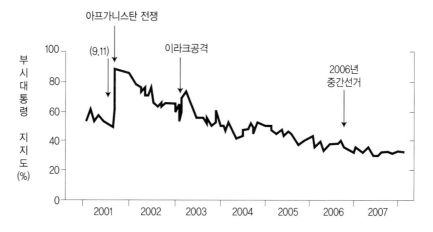

부시 대통령에 대한 지지도는 전쟁이 대중의 지지를 단기적으로 높이는 "깃발 아래 뭉치기" 징후를 잘 보여주고 있다.

(5) 입법부

입법부는 이익집단과 여론의 영향력 행사 통로 가운데 하나이다. 미국 같은 일부 국가들은 대통령과 의원을 별도로 선출하는 대통령제를 채택하고 있다. 이 제도 아래서 입법부가 예산 통과, 행정법규 제정, 무역법 제정, 심지어 이민정책 통제 등을 통하여 외교정책 결정에 직접적인 역할을 수행한다. 대통령이 정상회의나 기타 회담에 참가하여 어떤 협정에 서명한다 해도 그 협정은 반드시 입법부의 승인을 받아야만 한다.[28]

대통령제 아래에서 입법부가 외교정책 전반에 영향을 미치지 않는다고 주장하는 사람은 거의 없겠지만, 군사력 사용의 경우에는 좀 다른 규칙이 적용될 수 있다. 어떤 사람들은 국제적인 위기가 발생할 때 입법부가 마치 대중의 여론처럼 깃발 아래 같이 뭉친다고 주장한다. 그 예로, 2001년 9·11 공격 3일 후에 미국 의회는 아프가니스탄에서의 전쟁 수행에 관한 전권을 부시 대통령에게 부여하기로 의결하였다. 2002년 10월에는 이라크에서의 무력 사용 승인을 의결하였다. 입법부가 중요한 군사 문제와 관련하여 대통령에게 도전하는 일은 거의 없다.

또 어떤 사람들은 입법부에 군사력 사용에 관한 대통령의 권한에 맞서는 다른 방식이 있다고 지적한다. 예를 들면, 입법부는 "돈줄"(신규 지출을 승인하거나 거부하는 권한)을 쥐고 있기 때문에 이미 진행 중인 전쟁을 중단시킬 수 있다. 미국의 경우 베트남전 말기에 제정된 전쟁권한법이란 것이 있는데, 이 법은 미군을 전투에 투입할 때 대통령이 이를 의회에 통고하도록 했다. 통고를 받은 의회가 군사적 행동을 명시적으로 승인하지 않으면 대통령은 60일 이내에(30일 연장도 가능) 미군을 철수시켜야 한다. 2011년 리비아 공습 당시 오바마 행정부는 이 작전이 전쟁이 아니기 때문에 전쟁권한법의 적용 대상이 아니라고 주장하였다. 의회에서 일부 의원들이 이 주장을 반박하였지만 수적 열세를 면치 못했다. 이런 미국의 사례를 보면, 대통령은 소속 정당이 의회를 지배할 때 군사력을 사용하는 쪽으로 나아갈 가능성이 큰

---

28 Milner, Helen. *Interests, Institutions, and Information: Domestic Politics and International Relations.* Princeton, 1997. Evans, Peter B., Harold K. Jacobson, and Robert D. Putnam, eds. *Double-Edged Diplomacy: International Bargaining and Domestic Politics.* California, 1993.

것 같다. 누울 자리를 보고 발을 뻗는다는 속담처럼.[29]

영국 같은 의원내각제 아래서는 행정부의 수반(수상)이 의회 내 다수당에 의해 선출된다. 대개 내각은 조약이나 정책에 대한 의회의 공식 승인을 받지 않아도 된다. 그러나 의원내각제에서도 외교정책에 관한 입법부의 권한은 있다. 예를 들면, 영국 의회는 수상이 협상을 거쳐 국제 협정을 체결하면 이에 대하여 승인하거나 거부할 권한은 없지만 협정의 후속 조치로 영국 국내법을 개정하는 권한을 가지고 있다. 대부분의 국제 협정은 국내법 개정을 포함하므로 의회는 국제 협정에 대한 사실상의 비준권을 행사할 수 있다.

의원내각제를 채택한 많은 국가들에서 어떤 정책에 대한 논란이 매우 심각할 때 의회 내 소수당이 조기 총선거 실시를 요구하기도 한다. 즉 어느 정당이 행정부를 맡을지 유권자들에게 재신임받자는 것이다. 이 선거에서 다른 정당이 다수당이 된다면 새로운 행정부가 들어선다. 이런 식으로 의원내각제에서도 입법부가 외교정책 설계와 집행에서 중요한 역할을 수행한다.

(6) 외교정책 만들기

외교정책은 정부가 국제무대에서 행동할 때 지침으로 삼는 전략이다. 여기에는 국가지도자가 특정 관계 혹은 상황과 관련하여 추구하기로 결정한 목표들이 포함된다. 그러나 일반적으로 국제관계 학자들은 구체적인 정책내용보다 정책과정, 즉 외교정책이 어떻게 결정되고 집행되는가에 더 큰 관심을 가진다.[30]

국가는 외교정책을 만들고 집행하기 위하여 많은 조직구조를 수립하고 기능적 관계를 설정한다. 국제관계 학자들이 특별히 관심을 기울이는 것은 어떤 유형의 정책과정이 어떤 유형의 결정을 낳는지, 어떤 과정이 다른 과정보다 더 나은 결과

---

29 Howell, Will, and Jon C. Pevehouse. *While Dangers Gather: Congressional Checks on Presidential War Powers*. Princeton, 2007.

30 Neack, Laura. *The New Foreign Policy: U. S. and Comparative Foreign Policy in the 21st Century*. Rowman & Littlefield, 2003. Snow, Donald M. *United States Foreign Policy: Politics Beyond the Water's Edge*. Longman, 2003.

(국가가 스스로 정의하는 국가이익 견지에서)를 낳는지의 문제이다.

비교외교정책(comparative foreign policy)이란 사회나 정부의 형태가 비슷하면 외교정책의 형태도 비슷해지는지를 알기 위하여 각국의 외교정책을 연구한다(국가를 서로 비교하거나 한 국가의 다른 시점들을 비교하기도 한다). 지금까지 이 연구는 세 가지 특징, 즉 규모, 부, 정부에 대한 민주적 참여 정도에 초점을 맞춰 왔다.[31] 불행하게도, 한 국가의 호전적 경향이 이 특징들에서 나왔는지 아닌지에 관한 간단한 법칙은 아직 발견되지 않았다. 국가들 간의 차이도 크고 심지어 한 국가의 시기별 차이도 많이 난다. 예컨대 자본주의 국가나 공산주의 국가 모두 상황에 따라 적나라한 공격도 평화적 행동도 할 수 있다.

어떤 정치학자들은 한 국가의 외교정책을 그 국가의 **정치문화와 역사** 차원에서 설명하려고 노력해 왔다. 예를 들어 소련(러시아)은 수세기 동안 여러 차례 파괴적인 지상 침략을 받았지만 미국은 대양 뒤에서 2세기 동안 안전을 누렸다. 그래서 소련의 군사력과 동유럽의 완충 국가들에 대한 소련의 통제에 대하여 소련 지도자들은 방어적 성격으로 여기고 미국 지도자들은 공격적으로 받아들였는지 모른다.

외교정책의 결과는 다양한 분석수준에서 작용하는 수많은 요인들에서 나온다. 즉 정책결정자 개인들, 그들이 속해 있는 사회와 정부의 형태, 그들 행동의 국제적·세계적 맥락 등에 따라 결과가 다를 수 있다. 외교정책 과정 연구는 국가 내부의 요인을 중시하여 개인 및 국내정치 수준의 분석에 초점을 맞추기 때문에 현실주의의 단일 국가 행위자 가정과 충돌한다.

외교정책 과정의 국가별 차이는 군사정부, 공산당 지배, (비공산주의) 일당 지배, 다양한 형태의 다당제 등과 같은 정부 형태에 따라 영향을 받기도 한다. 비교적 민주적인 국가들은 가치관과 이익을 공유하고 그리하여 비민주국가들과의 관계보다 더 좋은 관계를 유지하는 경향이 있다(3장 민주적 평화 부분 참조). 사실 대다수 국가들은 민주적 요소와 권위주의적 요소를 함께 갖고 있기 때문에 민주-독재 스펙트럼 위의 어느 지점에 위치하고 있다.

---

31 Hook, Steven W. *Comparative Foreign Policy.* Prentice Hall, 2002. Beasley, Ryan K., et al., eds. *Foreign Policy in Comparative Perspective: Domestic and International Influences on State Behavior.* CQ Press, 2002.

외교정책을 어떤 하나의 일반적이고 이론적인 방식으로 설명하고자 하는 시도는 극히 제한적인 성과만 거두었다. 이런 사정 때문에 아직도 현실주의자들은 단순한 단일 행위자 모델이 유용하다고 생각한다. 외교정책 과정의 국내적 요인 및 개인적 요인이 복잡성과 예측불가능성을 크게 증가시키기 때문이다. 외교정책 연구의 여러 분야 중에서 비교적 단단한 지식 기반을 가진 분야는 어떤 특정 외교정책 결정의 기제(機制, mechanism)가 많은 국가들에서 작동하는 방식을 기술(記述, describe)하는 분야이다. 이런 연구는 비교정치학에 속한다.

요컨대, 외교정책은 복잡한 과정의 결과이다. 외교정책은 서로 경쟁하는 테마, 국내 이해관계, 정부 기구들 간 투쟁의 결과이다. 개인이든 기구든, 아니면 어떤 지도적 원칙이든, 어느 하나가 그 결과를 결정하지는 않는다. 그러나 외교정책에 어떤 전체적인 일관성은 있다. 국가가 어떤 이슈나 지역에 대한 외교정책을 결정하는데, 그것이 그때그때 일관성 없이 취하는 결정 및 행동의 집합체에 불과한 것은 아니다. 국내의 시끌시끌한 과정을 거쳐서 국가가 추구하는 비교적 일관성 있는 이익과 정책이 나온다.

4장 복습

요약

- 외교정책은 정부가 다른 국가들에 대해 행동할 때 지침이 되는 전략이다. 외교 정책 과정은 국가의 외교정책이 결정되고 집행되는 일련의 절차와 구조이다.

- 정책결정의 합리성 모델에서는 결정자들이 설정된 국가 목표에 가장 부합하는 결과를 가져올 행동을 선택한다. 이와 달리 조직과정 모델에서는 관례화된 행정 절차의 산물로 결정이 이루어진다. 정부흥정(관료정치) 모델에서는 상이한 이해관계를 가진 정부부처 간 협상의 산물로 결정이 이루어진다.

- 개별 정책결정자의 행동은 각자의 성격, 가치관, 신념 등의 영향을 받을 뿐 아니라 합리성과 거리가 먼 인간 공통의 심리적 요인들의 영향도 받는다. 그런 요인으로서 오인, 선택적 인식, 감정적 편견, 인지적 편견(인지부조화 축소 노력을 포함해서) 등이 있다.

- 외교정책의 결정은 집단심리(집단사고를 포함한), 결정에 도달하는 과정, 참가자의 역할 등의 영향을 받기도 한다. 위기가 닥치면 오인이나 기타 실수의 확률이 높아진다.

- 외교정책의 방향에 대한 다툼은 정부부처 간에도 발생하지만 직업공무원과 정치인 간에도 흔히 발생한다.

- 이익집단 같은 국내 집단들은 외교정책에 뚜렷한 이해관계를 갖고 있으며 자기들의 이익을 증진시키기 위해 조직적인 정치적 활동을 하기도 한다.

- 국내 집단 가운데 가장 힘 있는 집단이 방위산업체와 높은 국방비 지출에 이익을 걸고 있는 기관 및 개인들로 구성된 군산복합체이다. 특히 냉전시대 미국과 소련의 경우가 대표적인 예이다.

- 대중 여론이 정부의 외교정책 결정에 영향을 주지만(독재국가보다 민주국가에서 더 그렇지만), 정부도 대중 여론을 조작할 수 있다.

- 입법부는 여론과 이익집단이 외교정책에 영향을 주는 하나의 통로를 제공한다.

행정부와 입법부는 국가이익 실현을 위한 최선의 방법을 놓고 견해를 달리할 수 있다.

핵심 용어

합리성 모델, 조직과정 모델, 정부흥정 모델, 오인, 선택적 인식, 정보여과, 최적화, 안도할만한 해결책 찾기, 전망이론, 집단사고, 이익집단, 군산복합체, 여론, 깃발 아래 뭉치기, 관심 돌리기용 외교정책, 외교정책 과정.

비판적으로 생각하기

1. 비용-편익의 불확실성 때문에 외교정책 결정이 더 어려워진다. 국제관계에서 불확실성의 원천은 무엇인가? 정책결정자들이 그 불확실성을 줄일 수 있을까?

2. 잘 알고 있는 국제적 사건 하나를 생각해 보자. 그 사건의 정책결정에 관여한 행위자들에 주목해서, 사건을 합리성 모델로 설명하면 어떻게 될까? 그 설명이 표준 업무 수행절차나 관료정치에 의거하는 설명보다 나은가?

3. 어떤 침략은 이라크의 사담 후세인이나 나치 독일의 히틀러 같은 "미친 놈" 탓으로 돌릴 수 있다. (그런 행동으로 자국의 복리를 심각하게 훼손한) 지도자들이 정말 미쳤다고 생각하는가? 그들의 행동을 설명할 수 있는 다른 요인은 무엇일까? 그들이 어떻게 국가지도자의 자리에 오르고 그 자리를 유지할 수 있었을까?

4. 인도와 파키스탄은 서로 인접한 적국이다. 외교정책 결정과정의 오인이나 편견 같은 문제점을 염두에 두고, 양국 정부가 합리적 국가이익 추구 과정에서 그런 문제점의 방해를 받지 않도록 만드는 방안으로 어떤 방안이 있을까?

5. 전통적으로 외교정책 엘리트들이 대중 여론의 압력을 받는 경우란 그리 흔치 않다. TV와 인터넷의 역할이 그 관계를 바꾸고 있는가? 만일 최고위 외교정책 결정자라면, 아직 목표와 방향을 설정하기 전에 TV뉴스와 블로그에서 먼저 외교정책 안건을 형성하는 것을 방지하기 위하여 어떤 조치를 취할 수 있을까?

쟁점 토론하기

입법부가 군사력 사용 여부에 관한 결정에 일정한 역할을 해야 하는가?

개요

거의 모든 민주국가에서 외교정책 수행에서 최선의 방법은 무엇인가에 대한 논쟁이 있다. 특히 논란이 많은 이슈는 전쟁을 시작하는 일 같은 군사력 사용과 관련된 문제이다. 행정부(대통령 혹은 수상)는 대개 군 최고사령관으로서 군사력 사용권을 주장한다. 그러나 입법부는 전쟁에 개입하는 문제에 발언권을 가져야 한다고 반박할 수 있다.

미국의 경우 대통령은 군 최고사령관으로 미군 투입을 명령할 권한을 갖고 있다. 그러나 전쟁을 선포할 권한은 의회의 고유 권한이다. 그렇기 때문에 군사적 행동을 취할 최종 권한이 누구에게 있는가의 문제는 미국에서 큰 논란이 되고 있다. 대통령은 군사 정보와 분석 보고를 받는다는 점에서(외교정책 관련 부처는 의회가 아닌 대통령에게 보고하기 때문에) 큰 이점이 있지만, 의회에게는 군사적 행동에 소요되는 돈에 대한 승인권이 있다. 그리고 대개 대통령은 군사적 행동을 취하기 전에 의회의 승인을 받으려고 노력하지만, 중요한 예외도 있다(1989년 파나마 침공처럼).

군사력 사용과 관련하여 입법부와 행정부 간의 적절한 관계는 무엇일까? 군사력 사용권은 행정부에만 부여해야 할까, 아니면 입법부도 군사력을 위험 지역에 투입하는 일을 결정할 때 일정한 발언권을 갖도록 해야 할까?

주장 1: 입법부는 군사력 사용 여부를 결정할 때 어떤 역할도 하지 말아야 한다.

입법부는 위기가 닥치면 행동이 느리다. 입법부는 수백 명의 의원들로 구성되기 때문에 국가안보에 위협이 되는 상황에서 합의에 이르기 어렵다. 따라서 군사력 사용에 관한 토론이 장시간 지루하게 전개될 수 있고, 그렇게 되면 위험에 대처하는 국가 능력이 줄어들 수 있다. 반면에 행정부는 필요한 정보에 더 빨리 접근할 수 있다.

내부 논쟁은 적에게 분열된 모습을 보여줄 수 있다. 군사력 사용에 관한 논쟁은 적에게 분열된 모습을 보여줘 협상해야 할 상황에서 적의 완고함을 조장할 수 있다. 적의 눈에 군사력 사용 문제에서 크게 분열되어 있는 것으로 비친다면, 군사력 사용 위협을 가할 때 적은 그 위협을 믿지 않는다.

대다수 의원들이 외교문제에 대해 거의 모른다. 대다수 의원들은 외교문제에 시간과 정력을 투자하기보다는 지역구 유권자들의 이익을 위해 선출된 사람들이다. 의원들은 외교문제에 정통한 지식을 갖출 동기가 없으며, 따라서 군사력 사용 여부에 관한 의원들의 결정은 충분한 식견을 갖추지 못한 사람들의 결정이 될 수 있다.

주장 2: 입법부도 군사력 사용 여부 결정에 일정한 역할을 수행해야 한다.

군사력 사용에 관한 결정에 더 많은 시간 투입을 한다면 그만큼 더 신중한 정책이 나올 수 있다. 군사력 사용에 대해 의회에서 효과적인 토론이 이루어진다면 소집단의 결정과정에서 빠질 수 있는 집단사고 같은 심리적 함정을 피할 수 있기 때문에 정책을 개선할 수 있다.

의원들은 유권자들에게 더 직접적으로 책임을 진다. 시민들이 전쟁 비용 가운데 가장 큰 부분을 떠맡기 때문에, 시민을 대변하는 대의기구가 그 나라 남녀를 전쟁터로 보낼지를 결정하는 데 발언권을 가져야 한다. 입법부 내 공개 토론은 대중의 의견을 더 많이 담아낼 수 있을 것이다.

행정부에 대한 견제와 균형이 필요하며 특히 전쟁을 결정하는 경우에는 더욱 필요하다. 군사분쟁을 시작하는 일의 비중을 감안할 때, 성급한 전쟁을 방지하기 위한 견제와 균형이 매우 중요하다. 바로 이런 이유 때문에 미국의 경우 헌법에서 특정하여 선전포고권을 의회에 부여하고 있다.

질문

- 군사력 사용 결정에서 의회가 일정한 역할을 맡아야 할까? 군사 행동에 관한 공개토론이 상황에 따라 유익할 수도 유해할 수도 있을까?
- 군사 행동과 별개로, 입법부가 경제 제재, 이민, 군사동맹 등과 같은 나머지 외교정책 분야에서 중요한 역할을 맡아야 할까? 이 문제는 군사력 사용 문제와 같은 문제인가 다른 문제인가?
- 국내에서 벌어지는 군사력 사용 논쟁에 대해 잠재적 적국이 주목할까? 잠재적 적국이 이 논쟁에 관한 정보를 활용하여 이득을 취할까? 군사력 사용을 검토 중인 국가는 이 점을 걱정해야 할까?

❋ 참고문헌

Hamilton, Lee H., and Jordan Tama. *A Creative Tension: The Foreign Policy Roles of the President and Congress.* Woodrow Wilson Center, 2002.

Howell, William G., and Jon C. Pevehouse. *While Dangers Gather: Congressional Checks on Presidential War Powers.* Princeton, 2007.

Feaver, Peter D., and Christopher Gelpi. *Choosing Your Battles: American Civil-Military Relations and the Use of Force.* Princeton, 2003.

Fisher, Louis. *Presidential War Power.* 2nd ed. Rev. Kansas, 2004.

10판 증보판
International Relations

5 Chapter

국제분쟁

1. 세계의 전쟁

3장 앞부분 "전쟁의 퇴조"에서 세계의 전쟁 빈도와 규모가 줄어들고 있다고 언급한 바 있다. 이번 장은 국제분쟁의 원인을 설명하기 위하여 아직 진행중인 전쟁과 과거 역사적 사례들에 초점을 맞출 것이다.

〈그림 5.1〉은 2013년 1월 현재 14개 전쟁이 진행 중임을 보여준다. 가장 큰 전쟁이 아프가니스탄과 시리아에서의 전쟁이다. 14개 전쟁 모두 남반구 지역에 몰려 있다. 콜롬비아를 제외하면 모든 전쟁터가 아프리카, 중동, 남아시아를 잇는 하나의 큰 전투지역 안에 들어 있다.

점선으로 표시된 5개 소지역 내에서 최근 수십 년간 벌어졌던 전쟁이 끝났다. 5개 소지역에 속한 일부 국가들은 전쟁 이후 몇 년간 힘든 시기를 보내고 있는데, 1999년에 휴전에 들어갔다가 2009년에 다시 전투 중인 예멘처럼 다시 폭력사태로 돌아갈 위험이 완전히 가시지 않고 있다. 그러나 세계 전체로 보면 구 분쟁지역에서 체결된 평화협정이 대체로 잘 유지되고 있다.[1]

〈그림 5.1〉 2013년 1월 현재 진행 중인 전쟁

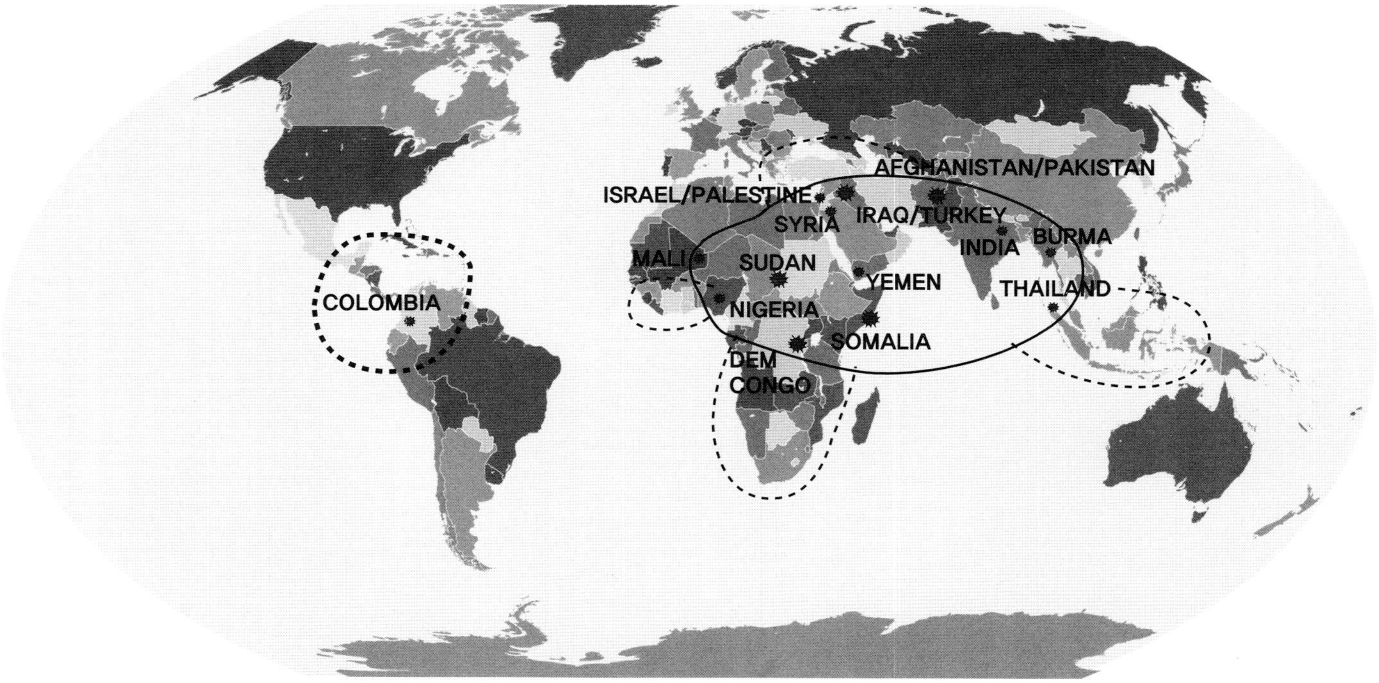

- ✹ 추정 사망자 수 10만 이상
- ✷ 추정 사망자 수 10만 미만
- ─ 진행 중인 전쟁 지역
- ⋯ 최근 수십 년 동안 전쟁에서 평화로 이행해 온 지역

(1) 전쟁의 형태

수많은 상이한 활동이 전쟁이라는 일반적 용어 안에 포함되어 있다. 따라서 현재 세계에서 몇 개 전쟁이 진행 중인지 헤아리기는 쉽지 않다. 그러나 폭력 파업이나 폭동 같은 낮은 수준의 폭력과 전쟁을 구분하는 최소한의 기준은 있다. 예를 들면 전사자 수천 명 이상이라는 기준이 있다.

그래도 전쟁은 다양하다. 전쟁은 상이한 상황에서 발생할 수 있고, 또 갈등 상황을 흥정으로 푸는 과정에서 전쟁이 수행하는 역할도 다양하다. 규모가 큰 순서로 전쟁의 주요 범주를 정리하면 다음과 같다.

패권전쟁(hegemonic war)이란 전체 세계질서에 대한 통제권을 놓고 벌이는 전쟁, 세계적 패권국가의 역할을 포함한 전체 국제체계의 규칙을 놓고 벌이는 전쟁을 말한다. 이런 종류의 전쟁(정의나 개념화에 약간의 차이는 있지만)을 세계대전, 지구전쟁, 총력전(general war), 체계전쟁(systemic war)이라 부르기도 한다.[2] 최근에 일어난 패권전쟁이 제2차 세계대전이다. 현대 무기의 파괴력 때문에 이런 전쟁이 다시 일어난다면 전체 인류문명이 파괴될 것이다.

전면전(total war)이란 한 국가가 다른 국가를 정복해 점령하기 위해 벌이는 전쟁을 말한다. 이 전쟁의 목표는 상대국 수도를 점령하여 상대 정부의 항복을 강요하고 승자가 선택하는 새로운 정부로 교체하는 것이다. 전면전의 출발점은 대규모 파괴를 동반한 나폴레옹전쟁이었다. 이 전쟁에서 대대적인 징병을 처음 실시하였으며 프랑스 국가경제 전체를 전쟁 수행에 동원하였다. 전면전의 수행은 산업화와 더불어 발전하였고 전체 사회와 경제를 전쟁 수행이라는 하나의 틀로 더욱 통합시켰다. 최근에 일어난 강대국 간 전면전도 제2차 세계대전이다. 전체 사회가 총동원되는 전면전에서는 적국의 전체 사회가 정당한 공격목표로 간주된다. 그 예로, 제2차 세계대전 당시 독일은 V-2 로켓으로 영국 민간인들을 공격하였고 영국과 미국의

---

1 Fortna, Virginia Page. *Peace Time: Cease-Fire Agreements and the Durability of Peace.* Princeton, 2004.

2 Levy, Jack S. Theories of General War. *World Politics* 37 (3), 1985: 344-74. Thompson, William R. *On Global War: Historical-Structural Approaches to World Politics.* South Carolina, 1988.

전략적 폭격으로 독일 민간인 60만과 일본 민간인 수십만이 사망했다.

제한전(limited war)이란 적국의 항복과 점령보다 낮은 수준의 목적을 달성하기 위해 벌이는 전쟁을 말한다. 예컨대 미국이 주도한 1991년의 이라크전은 쿠웨이트 영토를 수복하였지만 사담 후세인 정부를 무너뜨리기 위해 바그다드까지 가지는 않았다. 대부분의 국경분쟁은 이런 종류의 전쟁이다. 즉 원하는 영토를 점령한 다음에는 그 선에서 멈추고 이미 얻은 바를 지키려고 한다. 2008년에 러시아가 조지아와 다투었던 지방에서 조지아군을 몰아낸 다음에 그렇게 했듯이 **기습**(raid)은 공습이나 신속한 지상침투 같은 단 한차례 행동으로 끝나는 제한전을 가리킨다. 2007년 이스라엘 공군기가 시리아의 핵무기 제조를 지연시키기 위한 목적으로 핵연구시설로 의심되는 곳을 폭격한 것이 그 예이다. 기습은 제한된 목표만 파괴하고 곧 끝나기 때문에 전쟁인지 아닌지를 가르는 경계선상에 있다. 기습이 반복되거나 보복 행위를 불러올 경우 대개 제한전이 되거나 **저강도 분쟁**(low-intensity conflict)이 된다.

내전(civil war)이란 한 국가 내 분파들 간의 전쟁으로, 국토 전체 혹은 일부를 관할하는 새로운 정부를 세우려는 쪽과 그것을 막으려는 쪽이 벌이는 전쟁을 가리킨다.[3] (내전의 목표는 정부의 전체 제도 변경, 정부 내 사람들만 교체, 국가 일부의 분리 독립 등 다양하다.) 1860년대 미국 내전과 1980년대 에티오피아 내 에리트레아 지방(현재 국제적으로 인정받은 국가)에서 일어난 내전은 분리 독립을 위한 내전의 좋은 예이다. 1980년대 엘살바도르 내전은 분리 독립이 아닌 전 국토에 대한 통제권을 다툰 내전이었다. 내전은 잔혹한 경우가 많다. 동료 시민들과 싸우는 사람들은 외국인과 싸울 때만큼 잔인하게 행동한다. 엘살바도르 내전에서 5만 명 이상이 죽었는데, 다수의 대량학살 희생자와 암살단 희생자가 포함된 숫자이다. 이 내전은 종족 간 다툼도 아니었다. 물론 오늘날 많은 내전은 종족이나 씨족 분쟁이 그 원인이다. 예컨대 2007년에 차드에서 대통령과 경쟁관계에 있는 몇몇 씨족으로 구성된 반군이 거의 정부를 전복할 뻔한 사건이 있었다. 대개 장기간 지속되는 내전은 반군이 인접국이나 국외 동족집단의 지원을 받거나 천연자원이나 마약 거래 등에서 나오는 수입이 있는 경

---

3 Collier, Paul, and Nicholas Sambanis, eds. *Understanding Civil War: Evidence and Analysis. Vol. 1: Africa. Vol. 2: Europe, Central Asia, and Other Regions.* World Bank, 2005. Walter, Barbara F., and Jack Snyder, eds. *Civil Wars, Insecurity, and Intervention.* Columbia, 1999.

우이다.

게릴라전(guerilla war)이란 전선(戰線) 없는 전쟁을 가리키는데 내전이 게릴라전 형태로 진행되는 경우가 많다. 이 전쟁에서는 비정규군이 민간인들 사이에 숨거나 그들의 보호를 받으며 활동하기도 한다. 이 전쟁의 목적은 적군과 직접 대적하는 것이 아니라 적군을 괴롭히고 처벌함으로써 조금씩 적군의 작전을 제한하고 적군의 통제 지역을 효과적으로 해방하는 것이다. 이런 수법은 내전에서 반군들이 자주 사용하는 수법이다. 1960년대와 1970년대에 남베트남에서 베트콩 게릴라와 싸웠던 미군은 갈수록 좌절감을 느껴야 했다. 게릴라에 대항하는 싸움, 즉 대반란전 (對叛亂戰, counterinsurgency)은 6장에서 다룬다. 일정한 전선이 없는 게릴라전에서는 양측 모두가 통제할 수 없는 지역이 생긴다. 이때 양측은 같은 지역에 동시에 군사력을 투입할 수 있다. 그래서 낮에는 정부군이 통제하는 마을을 밤에는 게릴라가 통제하는 일도 생긴다. 이런 식의 게릴라전은 민간인들에게 극심한 고통을 준다. 어느 쪽 군대도 확실하게 통제하지 못하는 지역은 약탈, 개인적 복수, 성폭행, 기타 불법 행위가 판치는 지역이 되기 때문이다.[4] 또한 게릴라와 싸우는 정규군이 게릴라와 민간인을 구분할 수 없어서 둘 다 처벌하는 경우가 많기 때문에 그 고통이 배가된다. 아주 유명한 사례 중 하나로, 남베트남의 어떤 마을에서 미군 장교가 베트콩의 은신처로 사용되는 것을 막기 위하여 마을 전체를 불 사르라고 명령한 바 있다. 당시 그는 "우리는 이 마을을 구하기 위해서 파괴할 수밖에 없었다"고 말했다. 전투의 양상은 갈수록 비정규전, 게릴라전 양상으로 바뀌고 있으며, 대규모 군대가 공개적이고 전통적인 방식으로 충돌하는 전투는 지금도 가끔 발생하지만 그 빈도가 갈수록 줄고 있다.

모든 형태의 전쟁에서 현장의 군인과 민간인들이 겪는 끔찍한 공포는 국제관계 학자들의 추상적 개념이나 이론으로 포착되지 않는다. 전쟁은 기본적인 행동 규범을 무력화하고 특히 참가자와 구경꾼 모두에게 장기적인 정신적 외상을 남긴다. 군인들은 눈앞에서 가장 가까운 친구의 몸이 조각나는 것을 봐야 하고 같은 인간을 죽이거나 불구로 만들어야 한다. 그 결과 어떤 사람들은 평생 정신적 외상 스트

---

4 Kalyvas, Stathis N. *The Logic of Violence in Civil War.* Cambridge, 2006.

레스에 시달리기도 한다. 민간인들도 공포, 폭력, 강간을 겪고, 사랑하는 사람과 집을 잃고, 역시 평생 동안 정신적 외상에 시달린다. 전쟁의 폭력성은 전쟁 영화에서 묘사하는 정도를 넘어선다. 전쟁은 엄청난 정신적 혼란, 착란, 공포, 흥분 등 거의 정신병에 가까운 경험을 안겨준다. 정규 직업군인들은 그런 상황에서도 임무를 수행할 수 있도록 훈련 받지만(그래도 역시 엄청나게 힘든 직업이다), 비정규군 군인과 내란에 휩쓸린 민간인들은 그런 끔찍한 경험에 대처할 준비가 거의 안 된 사람들이다. 전쟁의 참혹함은 대량학살, 소년병 참전, 몇 년 동안 지속되는 야만적 전투 등이 겹칠 때 훨씬 더 심해진다.

최근에 학자와 정책결정자들은 세계 각지에서 진행 중인 전쟁에서 평화로 넘어가는 힘든 이행과정에 더 많은 관심을 보이고 있다. 이 과정에는 화해, 분쟁 해결, 각 정파를 대변하는 과도정부 수립, 경제적 재건 등 난제들이 산적해 있다. 이런 과제들은 종종 당사자들 간에 집합재 문제를 불러일으킨다. 예컨대 2007년에 소말리아의 씨족 원로들은 새로 수립된 중앙정부에 모든 무기를 바치는 것이 모두에게 이득이 된다는 점에 동의하였지만 누구도 먼저 나서려 하지 않았다.[5] 전쟁이 끝나면 국제 평화유지군과 NGO들은 군벌 민병대 대신 전문 군대와 경찰을 창설하기 위한 안전부문개혁(Security Sector Reform, SSR)을 추진한다. 내전 종료 후 비정규군을 처리하는 방법에 관한, 흔히 발생하는 문제는 무장해제, 동원해제, 재편성(Disarmament, Demobilization, and Reintegration, DDR)이라는 과정을 통해 해결한다.[6]

1990년대에 장기적 내전이 인간성 말살이나 흉악 범죄로 이어진 몇몇 국가에서는 — 대표적으로 남아프리카 — 새로 들어선 정부가 사회를 치유하고 앞으로 나아가기 위해서 **진실위원회**(truth commission)를 만들었다. 이 위원회의 역할은 관련자의 정직한 증언을 듣고, 내전 기간에 실제로 일어난 일들을 밝히고, 그 대가로 협력자 대다수에게 처벌 대신 망명을 허용하는 것 등이다. 종종 국제적 NGO들이 이러한 작업을 지원하기도 했지만, 1999년의 시에라리온 내전에 대해서는 인권단체

---

5   Gettleman, Jeffrey. Islamists Out, Somalia Tries to Rise from Chaos. *The New York Times,* January 8, 2007: A5.

6   Schnabel, Albert, and Hans−Georg Ehrhart, eds. *Security Sector Reform and Post−Conflict Peacebuilding.* UN University, 2006.

들이 반발하고 나섰다. 인권단체들은 공포 전술의 일환으로 민간인들의 손가락을 상습적으로 잘랐던 분파가 새 정부에 동참하는 식의 해결방안에 반대했다. (2001년에 이르러 적대행위가 종식되었지만) 2006년에 콜롬비아에서도 진실위원회가 설립되어 수감 중이던 우익 민병대 지도자가 이 위원회에 소환되어 과거 장기 내전 기간에 행한 일에 대하여 고백하였다(그리고 사면 받았다). 이런 식으로 잔혹한 종족분쟁 이후 복잡한 정치적 해결을 모색하고 있는 각국 정부는 정의와 진실, 그리고 모든 집단을 함께 안고 가야할 필요성 사이에서 균형을 잡으려고 애쓰고 있다.

장기간 내전을 치른 국가에서 과연 어느 정도의 진실 혹은 화해가 필요한가? 이 문제에 대해 전문가들의 견해는 엇갈리고 있다. 어떤 사람들은 재판소와 정부가 주관하는 위원회가 과거 범죄행위를 조사하게 되면 과도기에 처해 있는 국가에 정치적 불안정을 초래할 수 있다고 주장한다. 다른 이들은 민주주의에 중요한 신뢰를 구축하기 위해서는 그와 같은 위원회가 필요하다고 주장한다.[7]

(2) 전쟁의 원인에 관한 이론

약 2,000년 전에 로마의 철학자 세네카는 "사람들은 전쟁 결과를 묻지 전쟁 원인은 묻지 않는다"라고 말한바 있다.[8] 이 말은 정치학자들에게는 해당되지 않는다. 정치학자들은 왜 국가들이 싸우는지를 알고 싶어 한다.

일반적으로 국제관계에서 분쟁(conflict)이란 용어는 무력분쟁을 가리킨다. 그냥 분쟁이라고만 하면 그런 분쟁은 국제체계에 항상 존재하고 있다. 분쟁이 존재하기 때문에 그 해결을 위한 흥정이 벌어지게 된다. 이 흥정에서 각국은 더 유리한 결과를 얻기 위한 제어수단이 될 역량을 개발한다. 흥정 과정의 최종 결과는 정당하든 부당하든 분쟁의 해결이다. 그러나 분쟁이 폭력으로 비화하는 일은 드물다.

---

7 Payne, Leigh. *Unsettling Accounts: Neither Truth Nor Reconciliation in Confessions of State Violence.* Duke. 2008. Subotic, Jelena. *Hijacked Justice: Dealing with the Past in the Balkans.* Cornell. 2009.

8 Seneca, Hercules Furens. In *Seneca's Tragedies.* Vol. 1. Translated by Frank Justus Miller. Heinemann, 1917.

분쟁이 언제 폭력으로 비화하는가의 문제는 다양한 방법으로 접근할 수 있다. 역사학자들이 좋아하는 기술적(記述的) 접근은 전쟁 발발의 구체적이고 직접적인 원인에만 초점을 맞추고 있다. 이런 식으로 접근하면 전쟁의 구체적이고 직접적인 원인은 전쟁마다 달라진다.[9] 예를 들어 1914년 페르디난트 대공(Archduke Ferdinand) 암살이 제1차 세계대전의 원인이라고 보는 시각이다. 대부분의 정치학자들이 선호하는 보다 일반적이고 이론적인 접근은 다양한 사례에 적용할 수 있는 일반적인 설명에 초점을 맞춘다.[10] 예를 들어 제1차 세계대전의 원인은 유럽 국가들 간의 힘의 균형에서 발생한 변동이며, 암살사건은 촉매에 불과하다는 식의 설명이다.

정치학자들이 제시한 전쟁 원인에 관한 수많은 이론들을 분류하는 하나의 방법은 1장에서 나온 분석수준 개념을 사용하는 것이다. 이 개념은 대다수 중요한 국제적 사건이 상이한 분석수준의 수많은 원인들에 의한 것이라는 사실을 일깨워준다.[11]

개인수준 개인수준의 분석에서는 합리성 개념이 전쟁에 관한 이론의 중심축을 이룬다. 현실주의에 충실한 한 이론에 따르면, 국제분쟁에서 전쟁이나 다른 폭력적 제어수단의 사용은 정상적인 것이고 또 국가지도자들의 **합리적** 결정을 반영한 것이다. 즉 "전쟁은 양측 지도자들이 평화보다 전쟁을 치름으로써 더 많은 것을 얻어낼 수 있다는 계산에 기초한 의식적이고 이성적인 결정에 의해 시작된다."[12]

---

9 Howard, Michael. *The Invention of Peace: Reflections on War and the International Order.* Yale, 2001. Rotberg, Robert I., and Theodore K. Rabb, eds. *The Origin and Prevention of Major Wars.* Cambridge, 1989. Blainey, Geoffrey. *Causes of War.* 3rd ed. Free Press, 1988.

10 Vasquez, John A., ed. *What Do We Know about War?* Rowman & Littlefield, 2000. Maoz, Zeev, and Azar Gat, eds. *War in a Changing World.* Michigan, 2001. Copeland, Dale C. *The Origins of Major War.* Cornell, 2001. Van Evera, Stephen. *Causes of War: Power and the Roots of Conflict.* Cornell, 1999.

11 Levy, Jack S. The Causes of War: A Review of Theories and Evidence. In Tetlock, P. E., et al., eds. *Behavior, Society, and Nuclear War.* Vol. 1. Oxford, 1989, pp. 209–333. Waltz, Kenneth N. *Man, the State, and War: A Theoretical Analysis.* Columbia, 2001.

12 Howard, Michael. *The Causes of Wars, and Other Essays.* Harvard, 1983, p. 22. Fearon, James. Rationalist Explanations for War. *International Organization* 49(3), 1995: 379–414.

이와 상반되는 이론에서는 국가지도자 개인의 정책결정과정에서 합리성으로부터의 이탈현상이 발생하기 때문에 분쟁이 전쟁으로 비화한다고 주장한다. 이런 현상의 발생 가능성은 이미 4장에서 정보여과, 인지적 편견, 집단사고 등을 논의할 때 살펴보았다. 또 다른 이론에서는 전체 국민들의 의식구조와 교육 내용이 분쟁을 폭력으로 몰고 갈 것인지를 결정한다고 주장한다. 이 견해에 따르면, 대중의 민족주의나 종족 간 증오심, 혹은 인간본성에 내재하는 폭력성 등이 지도자에게 분쟁 해결을 폭력적으로 하도록 압박할 수 있다.

애석하게도, 이런 이론들 모두 충분하지 못하다. 분명히 어떤 전쟁은 국가지도자들의 합리적 계산에 따른 것이지만, 또 어떤 전쟁은 실수이며 도저히 합리적인 것으로 여길 수 없는 것이다. 일부 지도자들이 더 유리한 결과를 얻기 위해 군사력을 사용하여 분쟁을 해결하고자 하는 개인적 성향을 가지고 있다는 것은 사실이다. 그러나 이집트의 사다트처럼, 전쟁을 좋아하는 사람이 평화를 좋아하는 사람으로 바뀔 수도 있다. 다양한 문화적 배경과 종교를 가진 개인들이 국가를 전쟁으로 몰고 간다. 남성 지도자와 여성 지도자 사이의 차이도 없다.

국내수준 국내수준의 분석에서는 분쟁의 폭력적 해결 성향을 낳는 국가적, 사회적 특징이 무엇인가의 문제에 주의를 기울인다. 과거 냉전시기 마르크스주의자들은 공격적이고 탐욕적인 **자본주의** 국가들이 국제분쟁에서 폭력을 사용하는 성향을 보인다고 주장하였다. 이와 반대로 서방의 지도자들은 공산주의 국가들의 팽창주의적, 이념적, 전체주의적 성격이 폭력 성향을 낳는다고 주장하였다. 실제로는 두 종류의 사회 모두가 국제분쟁에서 자주 폭력을 사용하였다.

이와 마찬가지로, 부유한 공업국이나 빈곤한 농업국이나 모두 때때로 전쟁을 일으킨다. 사실 인류학자들은 **농업 이전**의 수렵–채집 사회가 현대 사회보다 훨씬 더 호전적이었다는 사실을 입증해 보이고 있다.[13] 따라서 호전성은 문화, 사회의 유

---

13 Keeley, Lawrence H. *War before Civilization: The Myth of the Peaceful Savage*. Oxford, 1996. O'Connell, Robert L. *Ride of the Second Horseman: The Birth and Death of War*. Oxford, 1995. Ehrenreich, Barbara. *Blood Rites: Origins and History of the Passions of War*. Metropolitan/Henry Holt, 1997. Ember, Carol R., and Melvin Ember. Resource Unpredictability, Mistrust, and War: A Cross–Cultural Study. *Journal of Conflict Resolution* 36(2), 1992: 242–62.

형, 그리고 시기를 초월한 보편적인 현상이라 할 수 있다. 물론 전쟁의 중요성과 빈도는 사례에 따라 크게 다르지만.

어떤 사람들은 국내정치적 요인이 국가의 전쟁과 평화에 대한 관점을 형성한다고 주장한다. 예를 들어 3장에서 살펴본 민주적 평화론에서는 민주국가와 독재국가는 서로 전쟁을 하지만 민주국가들끼리는 전쟁하지 않는다고 주장한다. 또 다른 사람들은 국내 정당, 이익집단, 입법부가 분쟁이 전쟁으로 비화할지 여부에 중요한 역할을 수행한다고 주장한다.[14]

어떤 종류의 사회가 전쟁 성향을 띠는지 아닌지를 일반화하기는 매우 어렵다. 동일한 사회에서도 시기에 따라 크게 달라질 수 있다. 예를 들어 일본의 경우 제2차 세계대전 이전에는 국제분쟁에서 폭력 성향을 보였지만 제2차 세계대전 이후에는 폭력 사용을 싫어한다. 비슷한 예로서 인류학자들의 관찰에 의하면, 앙골라와 나미비아에 사는 한 종족은 1920년대에는 살육적인 집단 폭력을 벌이는 종족이었지만 1960년대에는 극단적으로 평화적인 종족이 되었다고 한다.[15] 한 사회가 어느 시기에 평화 지향적이고 어느 상황에서 전쟁 지향적으로 바뀌는지를 설명할 수 있는 일반적 원칙이 있다면 좋겠지만, 정치학자들은 아직 그런 원칙을 찾지 못하고 있다.

국가 간 수준 국가 간 수준의 이론들은 전쟁을 국제관계의 주요 행위자들 사이의 힘의 관계라는 견지에서 설명한다. 이러한 이론들 가운데 일부는 이미 2장에서 다루었다. 예를 들어 힘의 전이 이론은 힘이 비교적 균등하게 분포되어 있고, 떠오르는 강국이 쇠퇴하는 패권국가의 지위를 위협하는 시기에 분쟁이 대규모 전쟁으로 비화한다고 주장한다. 그리고 이 수준의 이론들 가운데서도 역시 서로 양립할 수 없는 이론들이 있다. 이미 살펴본 억지 이론은 힘을 증강하고 그 사용 위협을 가함으로써 전쟁을 방지할 수 있다고 보지만, 군비경쟁 이론은 그러한 행동 때

---

14 Shultz, Kenneth. Domestic Opposition and Signaling in International Crises. *American Political Science Review* 92(4), 1998: 829–44. Fearon, James. Domestic Political Audiences and the Escalation of International Disputes. *American Political Science Review* 88(3), 1994: 577–92.

15 Eibl–Eibesfeldt, Irenaus. *The Biology of Peace and War: Men, Animals, and Aggression.* Viking, 1979.

문에 전쟁이 방지되는 것이 아니라 오히려 촉발된다고 주장한다. 이 두 가지 주장이 어떠한 상황에서 참인지를 알려주는 일반적 기준 같은 것은 없다.

일부 정치학자들은 전쟁의 형태와 발발 상황에 관한 데이터를 분석하는 식의 통계학적 방법으로 전쟁을 연구하고 있다.[16] 현재 이런 연구의 초점은 "군사화된 국제 분규"의 전쟁화 혹은 해결의 요인으로서 민주주의, 정부구조, 무역, 국제기구, 기타 관련 요인들의 효과에 맞춰져 있다.[17]

지구수준 이 수준의 전쟁 이론도 다수 제시되었다. 우선 국제체계에서 대규모의 전쟁이 주기적으로 발생한다는 발상에 기초한 몇몇 이론들이 있다. 그 중 하나는 대규모 전쟁을 약 50년 정도의 세계경제 **장주기**(콘드라티예프Kondratieff 주기라고도 함)와 연결시키고 있다. 또 다른 이론은 대규모 전쟁을 100년 주기의 세계질서 형성-몰락과 연결시키고 있다. 이와 같은 **주기이론**들은 고작해야 장기간에 걸쳐 국제체계에서 전쟁이 일어나는 대략적인 추세를 설명하는 것일 뿐이다.[18]

이와는 약간 상반되는 접근으로, 전쟁 경향의 장기 선형 변동에 관한 이론도 있다. 이 이론에서는 전 세계적인 기술 및 국제규범의 발달로 인하여 분쟁의 결과로서 전쟁의 발발 가능성이 줄어든다고 본다. 일부 국제관계 학자들은 오늘날 복잡다단하게 서로 얽혀 있고 상호의존적인 세계에서 전쟁과 군사력 같은 것은 그다지 효과적인 영향력 행사 수단이 되지 못하기 때문에 이미 낡은 수단이 되었다고 주장한다. 이와 맥을 같이 하는 주장으로, 군사기술이 고도로 발달하여 대부분의 분쟁

16 Wright, Quincy. *A Study of War*. Chicago, 1965 [1942]. Richardson, Lewis F. *Arms and Insecurity*. Boxwood, 1960. Geller, Daniel S., and J. David Singer. *Nations at War: A Scientific Study of International Conflict*. Cambridge, 1998. Midlarsky, Manus I., ed. *Handbook of War Studies II*. Michigan, 2000. Diehl, Paul F., ed. *The Scourge of War: New Extensions of an Old Problem*. Michigan, 2004.

17 Singer, J. David, and Paul F. Diehl, eds. *Measuring the Correlates of War*. Michigan, 1990. Ghosn, Faten, Glenn Palmer, and Stuart Bremer. The Militarized Interstate Dispute 3 Data Set, 1993–2001: Procedures, Coding Rules, and Description. *Conflict Management and Peace Science* 21(2), 2004: 133–54.

18 Goldstein, Joshua S. *Long Cycles: Prosperity and War in the Modern Age*. Yale, 1988. Modelski, George. *Long Cycles in World Politics*. Washington, 1987.

에서 그것을 실제로 사용하는 것이 불가능해질 정도로 강력해졌다는 주장도 있다. 특히 핵무기의 경우가 그렇다고 한다. 이런 이론을 옹호하는 사람들은 전쟁을 한때 정상적인 것으로 보았지만 지금은 역사의 뒤안길로 사라진 노예제도, 결투 관행, 식인 관행 등으로 비유하고 있다.[19] 이런 접근방법은 강력한 경험적 기초가 있지만(3장 전쟁의 퇴조 부분 참조), 이런 추세를 낳은 원인에 관한 학자들 간의 합의는 아직 이루어지지 않았다.

이상에서 살펴본 바와 같이 각각의 분석수준에서 만들어진 여러 경쟁적인 이론들이 왜 어떤 분쟁은 전쟁으로 발전하고 다른 어떤 분쟁은 그렇지 않은가에 대하여 각각 매우 다양한 설명을 제시하고 있다. 이러한 사정 때문에 아직도 정치학자들은 현재 어떤 국제분쟁이 전쟁으로 발전할지를 자신 있게 예측하지 못하는 형편에 처해 있다. 그러나 우리는 국가들이 무엇을 놓고 서로 다투는지를 더 깊이 이해하기 위해서 분쟁의 다양한 형태를 연구함으로써 통찰력을 얻을 수 있다.

2. 사상의 충돌

다음으로 국제분쟁의 6개 형태에 대하여 살펴볼 것이다. 6개 형태란 종족분쟁, 종교분쟁, 이념분쟁, 영토분쟁, 정부장악을 위한 분쟁, 경제분쟁을 말한다. 앞의 3개는 사상의 충돌인 반면 뒤의 3개는 이익의 충돌이다. 이 6개 형태는 상호배타적이지 않고 상당히 중첩되어 있다. 예를 들어 1991년 소련 붕괴 이후 러시아와 우크라이나 간의 관계는 매우 복잡하다. 우크라이나에 사는 러시아인들과 러시아에 사는 우크라이나인들이 갈등을 겪고 있다. 또한 양측의 기독교가 같지 않아 종교적 갈등도 있다. 더욱이 1950년대에 흐루시초프가 우크라이나에 넘겨준 크림 반도에 대한 영토분쟁도 있다. 그리고 소련 붕괴로 새로 국경선과 화폐가 생기면서 무역이

---

19 Mueller, John. *Retreat from Doomsday: The Obsolescence of Major War.* Basic Books, 1989.

나 금융 관련 분쟁도 있다. 그러나 이런 갈등이나 분쟁이 군사력 사용으로 이어지지는 않았다. 2005년에 우크라이나에서 부정선거에 항의하는 시위가 몇 주간 계속되어 재선거를 실시하게 되었는데 재선거에서 야당이 집권하게 되었다. 구 여당을 지지했던 당시 러시아 대통령 푸틴은 이에 맹렬히 항의하였지만 군사력 사용을 진지하게 고려하지는 않았다. 이처럼 이번 장에서 논의할 분쟁의 여러 행태들은 각각 발생하기보다는 동시에 발생하는 경우가 많다.

우선 종족 간 증오, 종교적 열정, 이념 등과 같은 무형의 요인들이 작용하는 가장 어려운 형태의 분쟁을 살펴볼 것이다. 이와 같은 오늘날 국제분쟁의 정체성 관련 요인들은 민족정체성과 국제적 공인을 받는 민족국가 지위, 과거에 이 양자를 결합해준 민족주의에 의해 역사적으로 형성된 것이다. 그러므로 사상의 충돌에 따른 분쟁 형태를 보기 전에 먼저 민족주의의 발전과정을 간략히 살펴볼 것이다.

(1) 민족주의

민족주의란 자기 민족의 이익을 다른 어느 국가의 이익보다 우선시 하고 여기에 헌신하는 것을 가리킨다. 지난 2세기 동안 아마도 이 민족주의가 세계정치를 움직인 가장 중요한 힘이었는지 모른다. 민족이란 통상 언어와 문화를 포함한 정체성을 공유하는 인구집단을 말한다. 그러나 민족성은 정확히 정의하기가 어려운 개념이다. 어떤 면에서 프랑스 같이 방대한 영토로 정치적 통제권이 확장된 것이 민족성 형성에 필요한 민족을 창조했는지도 모른다. 그렇다면 국가가 민족을 창조한 것이다. 그러나 이와 동시에, 사람들이 자국 내부문제에 대한 주권을 획득함에 따라 하나의 민족이 존재한다는 인식이 그에 상응하는 국가 건설로 이어진 경우도 많다. 그렇다면 민족이 국가를 창조한 것이다.[20]

---

20 Gellner, Ernest. *Nations and Nationalism*. Cornell, 1983. Tilly, Charles. *Coercion, Capital and European States, a.d. 990–1990*. Blackwell, 1990. Hobsbawm, E. J. *Nations and Nationalism Since 1780: Programme, Myth, Reality*. Cambridge, 1990. Mayall, James. *Nationalism and International Society*. Cambridge, 1990.

1500년 무렵에 프랑스와 오스트리아 같은 국가들이 전 민족을 하나의 국가 안으로 들여오기 시작했다. 이 새로운 민족국가들은 매우 크고 강력하여 인접한 소국들을 압도하였다. 세월이 지나면서 이 민족국가들은 작은 영토 단위들을 다수 정복하고 합병하였다. 마침내 민족주의라는 이념이 가장 강력한 힘이 되어 오스트리아-헝가리(제1차 세계대전을 거치면서), 소련, 유고슬라비아 같은 거대한 다민족 국가의 해체에 기여하기에 이르렀다.

민족자결의 원칙이란 하나의 민족이라는 정체성을 가진 사람들은 하나의 국가를 만들고 또 내부문제에 대한 주권을 행사할 권리를 갖는다는 의미이다. 오늘날 민족자결은 국제무대에서 널리 찬양 받는 원칙이 되었다(과거에는 그렇지 않았지만). 그러나 일반적으로 이 원칙은 가끔 충돌을 빚기도 하는 다른 두 원칙, 즉 주권 원칙(타국 내정 불간섭 원칙)과 영토보전 원칙보다 하위의 원칙이다. 민족자결 원칙이 한 민족에게 공통의 민족적 정체성을 가진 사람들을 통일시킬 목적으로 기존의 국경선(설령 제국주의가 자의적으로 그었다 해도)을 변경할 권리를 주지는 않는다. 항상 그렇지는 않지만 일반적으로 민족자결은 폭력에 의해 쟁취된다. 민족 간 경계선이 국가 간 경계선과 일치하지 않을 때 분쟁은 거의 필연적으로 일어난다. 오늘날 이런 분쟁은 북아일랜드, 퀘벡, 이스라엘-팔레스타인, 인도-파키스탄, 스리랑카, 티베트, 수단 등등 세계 도처에서 일어나고 있다.[21]

민족자결 원칙의 정립에는 네덜란드의 도움이 있었다. 네덜란드 사람들은 1600년 무렵 스페인령에서 벗어나 스스로 자치 공화국을 세웠다. 네덜란드에 대한 통제권 다툼이 30년전쟁의 주요 원인이었다. 이 전쟁에서 참전국들은 새로운 방식으로 국민을 동원하였다. 예를 들어 스웨덴은 남자 10명당 1명을 징집하여 장기 복무하게 했으며, 네덜란드는 세계무역에서 나온 부를 이용하여 직업적 상비군을 창설하였다.

이러한 대중동원은 프랑스혁명과 뒤이은 나폴레옹전쟁 과정에서 크게 강화되었다. 당시 프랑스는 국민개병제(國民皆兵制)를 실시하였고 중앙 "명령" 경제를 운영하였다. 용병이 아닌 프랑스인으로 구성된 최초의 시민군은 사기가 높았고 용병보

---

21 Horowitz, Donald L. *Ethnic Groups in Conflict.* 2nd ed. California, 2000.

다 더 빠르고 멀리 행군하였다. 사람들은 애국심 때문에 참전하기도 했다. 민족국가가 그들의 열망을 구현해 주었고 또 공통의 민족정체성으로 사람들을 단결시켜 주었다.

한편, 미국도 1776년에 영국으로부터 독립을 선언함으로써 네덜란드의 전례를 따랐다. 19세기 초에는 라틴아메리카 국가들이 독립을 얻었고 19세기 말에는 독일과 이탈리아가 (전쟁을 통하여) 여러 정치단위들을 통일하여 하나의 민족국가로 등장하였다.

제1차 세계대전 이전에 유럽 각국의 사회주의 노동자들은 노동자를 위한 투쟁에 단결하였다. 그러나 전쟁이 터지자 대부분의 노동자들은 연대를 포기하고 각자 자기 나라를 위해 싸웠다. 민족주의가 사회주의보다 강한 힘이라는 사실이 증명된 것이다. 제2차 세계대전 전에는 민족주의가 독일, 이탈리아, 일본에서 국수주의로 무장한 극단적 권위주의 체제인 **파시즘**이라는 정치질서를 세우는 데 기여하였다. 제2차 세계대전 당시 소련 사람들을 불러 모으고, 또 그들이 목숨을 바쳐가면서 독일의 침략을 격퇴하게 만든 것은 공산주의가 아니라 민족주의와 애국심이었다.

지난 50년간 수십 개의 민족이 독립과 국가 지위를 얻었다. 유태인들은 20세기 전반기 동안 이스라엘 국가건설을 위해 줄기차게 노력했으며, 팔레스타인 사람들은 20세기 후반기에 팔레스타인 국가건설을 열망했다. 소련과 유고슬라비아 같은 다민족 국가는 해체되었고, 우크라이나, 슬로베니아, 동티모르 같은 종족 혹은 영토 단위들은 독립 민족국가 지위를 얻었다. 몬테네그로와 쿠르디스탄 같은 영토 단위들은 아직 독립국가 지위를 얻지는 못했지만 이미 내부 문제를 스스로 처리하고 있다. 오늘날의 세계에서 민족주의가 계속 영향력을 가지고 있음은 분명하다. 민족주의는 앞으로 살펴볼 몇 가지 분쟁에도 영향을 주고 있다.

(2) 종족분쟁

종족분쟁은 현재 세계 도처에서 일어나고 있는 전쟁의 가장 중요한 원인이라 할 수 있다.[22] **종족집단**(ethnic group)이란 같은 조상, 언어, 문화, 혹은 종교적 유대를 가진, 그리고 공통의 **정체성**(개인들이 집단 구성원으로서 갖는 일체감)을 가진 사람들의 큰 집단을 말한다. 종족집단들 간의 분쟁은 물질적 측면 ─ 특히 영토나 정부에 대한 통제권과 같은 ─ 을 내포하는 경우가 가끔 있지만, 그 자체는 한 집단의 구성원들이 다른 집단에 대해 갖는 혐오감이나 증오감에서 비롯된 것이다. 그런 의미에서 종족분쟁은 유형의 원인(그들이 무엇을 하는가)에 기반을 둔 것이 아니라 무형의 원인(그들이 누구인가)에 기반을 둔 것이다.[22]

가끔 종족집단이 민족주의적 감정의 기초가 되기도 한다. 모든 종족집단이 스스로를 하나의 민족으로 여기지는 않는다. 예를 들어 미국에는 많은 종족들이 미국인이라는 공통의 민족적 정체성을 갖고 함께(말썽이 없지는 않지만) 살아가고 있다. 그러나 수백만의 인구가 단 하나의 종족집단을 구성하면서 그들 조상의 땅에서 다수 인구를 점하고 사는 지역의 경우에는 스스로를 하나의 민족으로 여긴다. 이런 경우 사람들은 공식적인 국제적 지위와 국경선을 갖는 그들 자신의 국가를 갖고자 열망한다.[23]

영토에 대한 통제권은 국가 지위를 갖고자 하는 종족집단들의 열망과 밀접하게 연결된다. 그런데 현존하는 국경선 중에서 정도의 차이는 있지만 특정 종족의 거주지역과 완전히 일치하는 경우는 전혀 없다. 즉 종족집단의 일부 구성원들이 국경 밖에 거주하는 한편 다른 종족집단이 국경 안에 함께 거주하는 식이다. 이로 인하여 위험한 상황이 만들어질 수 있다. 특히 한 종족집단의 일부가 한 국가를 통제하고 있고, 다른 일부가 경쟁관계에 있는 다른 종족집단에 의해 통제되는 인접 국가에서 소수집단으로 거주하고 있는 경우에 위험하다. 이 경우 인접 국가에서 소수집단으로 살고 있는 사람들은 차별을 당하게 되고, 이들의 모국은 이들을 구출하거나 보복조치를 취할 수 있다.

모국을 갖지 못한 종족집단도 있다. 예컨대 쿠르드족은 공통의 언어와 문화

---

22 Gurr, Ted Robert. *Peoples versus States: Minorities at Risk in the New Century.* U. S. Institute of Peace Press, 2000. Saideman, Stephen M. *The Ties That Divide.* Columbia, 2001. Horowitz, Donald L. *Ethnic Groups in Conflict.* California, 1985. Williams, Robin M. *The Wars Within: Peoples and States in Conflict.* Cornell, 2003.

23 Cederman, Lars-Erik. *Emergent Actors in World Politics: How States and Nations Develop and Dissolve.* Princeton, 1997. Shelef, Nadav. *Evolving Nationalism: Homeland, Identity, and Religion in Israel, 1925–2005.* Cornell, 2010.

를 가지고 있으면서 자신들의 국가를 세우고자 열망하고 있지만 터키, 이라크, 이란, 시리아 4개국에 흩어져 살고 있다. 그런데 이 4개국은 모두 쿠르드 국가 건설을 위하여 자국의 영토 일부를 양보하는 것에 대해 강하게 반대하고 있다(〈그림 5.2〉참조). 이런 상황에서 1990년대에 쿠르드족 게릴라 부대가 이라크 및 터키 군과 교전하기도 하고 자기네끼리 서로 싸우기도 하였다. 터키 측에서는 1990년대 말에 여러 차례 대규모 군대를 이라크 북부지방으로 보내 쿠르드 게릴라 기지를 공격하였으며, 소규모 전투는 2013년 현재까지 이어지고 있다. 1990년대에 쿠르드는 미국의 보호 아래 이라크 북부지방에서 자치권을 누렸으며, 사담 후세인이 제거된 이후에도 자치지역에 준하는 지위를 유지하고 있다. 2010년 이라크 선거에서 쿠르드족이 성과를 거두면서 이 지위가 더 공고해졌다. 2011–2013년 기간 시리아 내전에서 쿠르드족은 정부군과 반군 사이에서 정치적 양다리를 걸치면서 쿠르드 거주지역에서 상당한 자치권을 얻기도 했다.[24]

〈그림 5.2〉 쿠르드족 지역

종족집단이 국경선 이쪽저쪽에 걸쳐 거주하는 경우는 흔하다. 지도상 음영 지역이 쿠르드족 거주 지역이다.

때로는 종족분쟁이 무력에 의한 국경선 변경 압력을 만들기도 한다. 한 종족

---

24 McDowall, David. *A Modern History of the Kurds*. 3rd ed. Tauris, 2004. Barkey, Henri J., and Graham E. Fuller. *Turkey's Kurdish Question*. Rowman & Littlefield, 1998.

집단의 일부 구성원들이 그 경쟁 종족집단이 통제하는 영토에서 소수 종족으로 살고 있을 때 이 소수 종족은 추방당할 수 있으며 (드문 일이지만) 집단학살을 당할 수도 있다. 다수 종족은 소수 종족을 추방함으로써 더 통일되고 더 연속적이고 더 큰 영토를 가진 민족국가로 발전할 수 있다. 1990년대 유고슬라비아 해체 직후 세르비아계 사람들이 **종족 청소**(이 용어 자체가 그들이 발명한 것)를 통하여 달성하고자 했던 것이 바로 그런 것이었다. 이와 유사하게, 2010년에 키르기스스탄 내 다수 키르기스족과 소수 우즈벡족 간의 종족분쟁으로 수십만 명의 난민이 발생하여 또 다시 그와 같은 정체성 분쟁이 발생할 우려를 자아냈다.

외부 국가가 인접 국가에서 소수집단으로 살고 있는 "자국민들"의 운명에 관심을 가지기도 한다. 예를 들어 알바니아는 세르비아의 코소보 지방에서 현지 다수집단(그러나 세르비아 전체에서는 소수집단)으로 살고 있는 동족에 대한 관심을 가지고 있다. 그러나 코소보 지방이 세르비아로부터 독립하는 쪽으로 나아감에 따라 이번에는 세르비아가 코소보에서 소수집단으로 살고 있는 자기 동족에 대하여 걱정하게 되었다. 이와 유사한 문제가 아르메니아와 아제르바이잔 간, 그리고 인도와 파키스탄 간의 분쟁을 심화하였다. 장차 종족분쟁과 영토분쟁이 결합되면 전쟁 위험이 더 커질 것이다.

종족분쟁의 원인 왜 종족집단은 서로 미워할까? 특정 영토나 천연자원을 둘러싼 갈등, 혹은 한 집단의 타 집단에 대한 경제적 착취나 정치적 지배 등 오래 된 역사적 갈등이 있을 수 있다. 그런 갈등은 구체적인 불만 때문이 아니라(물론 그것이 여전히 중요한 요인으로 남아 있지만) 상대방과 장기적인 갈등을 겪으면서 상대방에 의한 폭력 경험을 가지고 있는 사람들의 마음속에 자리 잡은 사회심리학적 요인 때문이다.[25] 종족집단은 일종의 확장된 **친족**집단이다. 친족집단이란 같은 조상을 가진 친척들로 이루어진 집단을 말한다. 심지어 촌수가 가깝지 않더라도 집단의 구성원들은 친척으로서의 **집단 정체성**을 가지고 있어서 그 구성원들을 가족처럼 여긴다. 예를 들어 미국의 흑인들은 서로 형제라고 부르는데, 이는 친척으로서의 집단 정체성을 드러내는 것이다. 이와 유사하게, 세계 도처에서 살고 있는 유태인들은 오랜 세

---

25 Glad, Betty, ed. *Psychological Dimensions of War.* Sage, 1990.

월 자기 거주지역의 타 종족과 결혼하였기 때문에 현지 타 종족과의 촌수가 타 지역에 사는 유태인과의 촌수보다 훨씬 더 가까운데도 타 지역 유태인을 가족처럼 여긴다.

종족중심주의 혹은 내부집단 편견이란 자기 집단을 우대하고 외부집단을 배척하는 경향을 가리킨다. 일부 학자들은 종족중심주의가 가까운 친척들을 보호하려는 생물학적 성향에 뿌리를 둔다고 보지만, 이는 논쟁을 불러올만한 견해이다.[26] 내부집단 편견은 사회심리학의 견지에서 이해하는 것이 더 일반적이다. 어느 쪽이든 상관없이, 종족집단을 결속시키고 타 집단과 구분해 주는 것은 1장에서 다룬 정체성 원칙과 관련된다. 상호주의 원칙이 부정적 측면을 가지고 있듯이 정체성 원칙도 부정적 측면을 가지고 있다. EU의 경우처럼, 집단 정체성을 만드는 힘은 내부집단 편견을 만드는 힘이 되기도 한다.

내부집단 편견을 포함한 집단 정체성을 가능케 해주는 유사성 혹은 촌수의 최소기준 같은 것은 없다. 심리학적 실험 결과를 보면, 집단 정체성은 아주 사소한 차이만 있어도 형성될 수 있다. 세모를 좋아 하느냐 동그라미를 좋아 하느냐 같은 중요하지 않은 기준을 가지고서 편을 갈라놓으면, 얼마 안가서 각 집단은 내부집단 편견을 드러내며 다른 집단의 구성원들에 대하여 신경 쓰지 않게 된다.[27]

내부집단 편견은 다른 집단 구성원들의 외모가 다르다거나, 언어가 다르다거나, 혹은 종교적 의식의 방법이 다를 때 (혹은 이 세 가지 모두가 다를 때) 훨씬 더 강해진다. 너무나도 쉽게 외부집단은 **비인간화**되고 모든 인간의 권리를 박탈당한다. 예를 들어 외부집단 구성원들은 돼지나 개 같은 동물 이름으로 불린다. 제2차 세계대전 당시 미국의 선전물은 일본 사람들을 원숭이로 묘사하였다. 특히 전쟁 상황의 경우 극단적인 비인간화가 진행된다. 국가 간 전쟁에서 적용되는 자제 ─ 예컨대 민간인을 집단학살하지 않는다는 ─ 가 종족 간 전쟁에서는 쉽게 무시된다.

서유럽의 경험에 비추어 보면, 장기간에 걸친 교육을 통하여 전통적으로 적

---

26 Shaw, Paul, and Yuwa Wong. *Genetic Seeds of Warfare: Evolution, Nationalism, and Patriotism.* Unwin Hyman, 1989.

27 Tajfel, H., and J. C. Turner. The Social Identity Theory of Intergroup Behavior. In Worchel, S., and W. Austin, eds. *Psychology of Intergroup Relations.* 2nd ed. Nelson-Hall, 1986, pp. 7–24.

대적인 민족 간 반감 ─ 프랑스와 독일 간의 반감 같은 ─ 을 극복할 수 있다. 제2차 세계대전 이후 양국 정부는 다음 세대가 공부할 역사 교과서 개정에 착수하였다. 종전의 양국 교과서는 자국의 과거 행동을 미화하고 잘못된 행동을 은폐하고 전통적인 적대국들을 멸시하는 내용을 담고 있었다. 서유럽 전역에 걸쳐서 전개된 이 운동을 통하여 더 객관적이고 공정한 내용을 담은 새 교과서들이 발간되었다. 이와는 대조적으로, 오늘날의 일본 교과서는 제2차 세계대전 기간 중 일본의 범죄행위를 미화하고 있고, 아직도 중국 및 한국과의 관계에 불씨가 되고 있다.

외부집단으로부터 위협이 있을 때 이로 인하여 내부집단의 결속이 강화되고 그 결과 종족 간의 분리가 자가발전 식으로 더욱 강화될 수 있다. 그러나 종족중심주의는 한 집단의 구성원들로 하여금 자기 집단은 통일되어 있지 않고(자기 집단의 분열상을 가까이서 볼 수 있기 때문에) 외부집단은 굳게 통일되어 있는 것으로 믿게끔 만들 수 있다(바깥에서만 외부집단을 바라보기 때문에). 대개 이러한 현상은 한 집단이 스스로 허약하다고 느끼기 때문이다. 아랍-이스라엘 분쟁에서 이스라엘 사람들은 자신들을 수십 개의 정당과 다양한 이민자집단들에 의해 분열되어 우왕좌왕하고 있다고 보지만, "아랍인들"은 굳게 단결하고 있는 하나의 진영이라고 보는 경향이 있다. 거꾸로 팔레스타인 사람들은 자신들을 여러 분파로 분열되어 있고 또 아랍 국가들 간의 분열로 인하여 약화되어 있다고 보지만, "이스라엘 사람들"은 하나로 굳게 뭉쳐 있다고 본다.

종족집단은 친족관계 스펙트럼 위에 있는 한 지점일 뿐이다. 즉 핵가족에서 시작해서 대가족, 촌락, 지역, 민족을 거쳐 전체 인류에 이르는 긴 연속선 위 어느 한 지점일 뿐이다. 충성의 대상은 이 스펙트럼 위의 어느 지점이다. 다시 말하지만, 내부집단 정체성의 최소 기준 같은 것은 없다. 예를 들어, 전문가들은 아프리카 국가들 중에서 소말리아는 종족분쟁을 결코 겪지 않을 것이라고 말한 바 있다. 소말리아 사람들 모두가 같은 종족으로서 같은 언어를 사용하고 종교가 같기 때문이다. 그런데 1991-1992년 기간에 (대가족으로 이루어진) 씨족 집단들 간에 끔찍한 내전이 일어나 대규모 아사자가 나왔고, 외국 군대의 개입을 초래하였고, 20년간 거의 무정부 상태에서 폭력이 끊이지 않는 결과를 낳았다.

사람들이 어느 수준의 집단에 대하여 가장 강한 정체성을 가지게 되는지는 분명치 않다.[28] 소말리아에서는 씨족, 세르비아에서는 종족, 미국과 기타 국가들에서는 여러 종족으로 구성된 민족이 일차적인 충성의 대상이다. 국가는 국기, 국가(國歌), 충성서약, 애국적 연설 등을 통하여 국가에 대한 국민들의 정체성을 강화한다. 아마도 미래에는 사람들이 지구적 정체성을 갖게 되어 인류를 첫 번째로, 국가나 종족집단을 두 번째로 여길지도 모른다.

(3) 집단학살

정말 극단적인 경우지만, 정부가 집단학살(genocide)을 자행하기도 한다. **집단학살**이란 특정 종족집단이나 종교집단을 희생양 혹은 정치적 경쟁자로 보고 그 전부나 일부를 체계적으로 절멸시키는 것을 말한다. 나치 독일은 인종적 순수성을 지킨다는 광기어린 정책으로서 유태인 600만 명과 동성애자, 집시, 공산주의자 등을 포함해 수백만 명을 죽였다. 오늘날 대학살(holocaust)라고도 부르는 이 대량 살인행위는 나치의 침략으로 야기된 끔찍한 전쟁과 함께 역사상 가장 큰 인류에 대한 범죄로 꼽힌다. 이에 책임 있는 독일 관리들은 제2차 세계대전 직후 뉘른베르크 전범재판소에서 재판을 받았다. 이 사건 이후 세계 각국 지도자들은 "두 번 다시" 집단학살을 허용하지 않겠다고 약속했지만, 1990년대에 보스니아, 르완다, 그리고 최근에 수단 등지에서 집단학살이 되풀이 되었다.

르완다의 경우 후투(Hutu)족이 다수집단이고 투치(Tutsi)족이 소수집단이다. 1994년에 집권 후투족 민족주의 정부가 수십 년 이내 최악의 집단학살을 자행하였다. 그 이전에는 투치족이 후투족을 지배하였고 식민종주국 벨기에는 양 집단의 경쟁관계를 악용했었다. 정권을 잡은 후투족 극단주의자들은 1994년에 전국의 모든 투치족을 죽이라는 명령을 내리고 정부에 반대하는 후투족도 죽이라는 명령을 내렸다. 짧은 기간 안에 아녀자를 포함한 약 80만 명이 주로 마셰티(machete)라는 칼로 학살당했다. 이들의 시체는 그냥 강에다 버려졌는데 한 번에 수천 구씩 인접국

---

28 Krause, Jill, and Neil Renwick, eds. *Identities in International Relations.* St. Martin's, 1996.

■ 정책적 시각

라이베리아 대통령 존슨-설리프(El-len Johnson-Sirleaf)의 입장

문제: 정부에 대한 통제권을 유지하면서 내전을 어떻게 방지할 것인가?

배경: 당신이 라이베리아 대통령이라 가정하자. 2006년 봄에 아프리카 최초 여성 대통령으로 당신이 선출된 것은 라이베리아에 돌파구가 될 것이라는 기대를 낳았다. 그 선거는 라이베리아는 물론이고 인접 아이보리코스트와 시에라리온까지 황폐하게 만들었던 수십 년간의 정치적 폭력을 종식시켰다. 시간이 지나서 전 라이베리아 대통령 테일러(Tailor)가 나이지리아로 망명을 가면서 폭력은 완전히 사라졌다. 테일러 집권 시절에 시작된 전쟁에서 수만 명이 목숨을 잃거나 고문과 신체 일부 절단 같은 인권침해를 당했다.

그러나 이제 국내에서나 국제사회에서나 낙관주의가 자리잡았다. 반군 집단들은 잠잠하고 테일러는 2006년에 체포되어 UN이 설립한 전쟁범죄 재판소에서 시에라리온과의 잔혹한 전쟁 기간에 저지른 일에 대한 재판을 받고 있다. 라이베리아에 개발을 지원하기 위한 해외 경제원조가 유입되기 시작했다. 라이베리아는 자원 부국으로서 방대한 농업자원과 광물자원에 힘입어 중진국으로 부상할 가능성이 있다. 또한 당신은 전쟁 종식에 기여한 공로로 2011년 노벨평화상을 받았다.

국내 고려사항: 그러나 엄청난 도전에 가로막혀 있다. 오랜 내전이 부패와 경제정체의 심화를 낳아 국가 경제는 낙후되어 있다. 힘 있는 경제행위자 다수가 당신이 근절하겠다고 약속한 부패와 독직의 혜택을 여전히 누리고 있다. 실업률이 매우 높아 수십만 청년들이 일하지 못하고 있다. 최근까지 떠돌이 반군 패거리들이 시골 오지 마을을 점거하기도 했다. 무장경찰이 질서 회복을 위해 가끔 거리를 순찰하지만, 2008년 말에 철통보안을 자랑하는 유일의 교도소에서 100명이 넘는 죄수들이 집단 탈옥하였다.

시나리오: 과거 내전에 가담했던 한 집단이 다시 전쟁을

시작하려 한다고 가정하자. 이 집단은 시에라리온에 도피처를 가진 집단으로서 이제 국경선을 넘나드는 기습을 시작했다. 또한 당신은 이들이 국내 반군들에게 무기와 자금을 보낸다고 의심한다. 시에라리온 정부는 이들을 지원하지 않지만 나름대로 정치적 불안을 겪고 있으며 이 문제에 투입할 자원이 거의 없다.

한 가지 옵션은 그 집단과 직접 협상하는 것이다. 협상으로 평화를 얻을 수 있을지는 모르지만 그 대가로 정부의 권력을 공유해야 할지 모르며, 이렇게 되면 부패를 줄이겠다는 공약에 차질이 빚어질 수 있다.

또 다른 옵션은 군사력을 사용하는 것이다. 그러나 해외의 원조 공여자들은 당신이 지나치게 강경한 노선을 취함으로써 라이베리아의 취약한 평화를 위험에 빠트릴 수 있다는 점을 우려할 수 있고, 이러한 우려 때문에 라이베리아에 대한 원조를 중단하겠다는 압력을 가할 수도 있다. 따라서 반군에 대한 군사 공세는 재정위기를 초래할 수 있다. 뿐만 아니라 내전이 재발한다면 이미 제안한 민주개혁과 경제개혁을 이행하기가 더 어려워질 수 있다. 라이베리아 군대는 잘 훈련된 군대가 아니며, 당신 자신도 반군과의 싸움에서 이길 가능성이 있는지에 대해 매우 의문시하고 있다. 반면에, 반군에 대한 강력한 군사적 대응은 미래의 침략을 억지하는 데 도움이 되며 당신이 평화수호에 단호한 의지를 가진 강인한 지도자라는 점을 부각시켜 줄 수 있다.

정책 선택: 이 새로운 반군의 위협을 어떻게 다루어야 할까? 그들을 격퇴하는 강경정책을 채택할 것인가? 아니면 적을 정부 안으로 맞아들여 목표 일부를 방해하도록 허용하더라도 또 다른 유혈사태의 가능성을 최소화하겠다는 바람으로 화해를 시도해야 할까?

우간다 쪽으로 흘러들어갔다.

후투-투치 간 증오는 오래 묵은 종족 간 증오가 탈냉전시대에 와서 특히 아프리카 같은 "후진" 지역에서 터져 나온 것일까? 이런 식으로 해석하고 싶은 유혹이 있을 수 있다. (이런 "오래 묵은 증오" 이론은 서방 정치인들이 종종 언급하는 이론이다. 예를 들어 보스니아의 경우에는 아프리카처럼 후진 지역이고 호전적 성향을 가진 발칸에서 일어난 일이라고 묘사하기도 한다.) 만일 오래 묵은 증오에서 나온 살인이 피할 수 없는 것이라면, 세계가 그런 일에 대하여 어떤 행동도 하지 않는 것이 정당화될 수 있다. 그러나 집단학살을 후진성의 산물로 설명하는 것은 설득력이 없다. 세계에서 가장 개명된 "선진" 국가인 독일이 후투족보다 훨씬 더 효율적인 방법으로 유태인을 절멸시켰기 때문이다. 양자 간에 차이가 있다면, "선진" 사회는 칼날이 아닌 산업용 화학물질로 죽일 수 있었다는 것 밖에 없다.

사회심리학 이론에 따르면, 르완다의 집단학살은 합리성과 사회적 규범에서 벗어난 정신병 현상이다. 터무니없이 자의적으로 규정된 집단의 특징을 근거로 만들어진 내부집단 편견은 외부집단의 위협이 감지될 때 더욱 강화되며, 역사, 신화, 선전 (학교 교육을 포함해) 등에 의해 과장된다. 이 편견은 개인적 권력을 추구하는 정치인들에 의해 더욱 강화된다. 일단 외부집단을 비인간화하면 더 이상 주저할 것이 없어진다. 어린이의 목을 베어서는 안 된다는 것 같은 사회적 행동 규범은 쉽게 묵살된다.

르완다에서 집단학살이 이루어지는 동안에 국제사회는 방관하고 있었다. 현지에 있던 소규모 UN군은 철수할 수밖에 없었다. 이 부대 지휘관이었던 사람은 5,000명의 병력만 더 있었다면 결과를 바꿀 수 있었을 것이라는 말을 나중에 한 바 있다. 이 참사에 대한 국제사회의 반응이 나약했다는 사실은 전략적 이익이 걸려있지 않는 한 인권에 관한 국제규범이 내정 불간섭에 관한 규범에 비해 허약하다는 사실을 말해준다. 후투족 극단 민족주의자들은 얼마 안가 투치족 반군이 정부군을 패퇴시킴에 따라 권력을 잃었다. 그러나 이 전쟁은 민주콩고로 번졌다. 후투족 극단 민족주의자들이 민주콩고로 도피함에 따라 민주콩고 안에서 간헐적인 전투가 그 후 18년간 지속되었다.[29] 나중에 클린턴 대통령을 위시한 미국 고위 지도자들이 당시의 미온적인 대응에 대하여 사과하였지만 피해는 이미 발생한 뒤였다. 설상가상으로, "두 번 다시" 허용하지 않겠다는 새로운 약속도 수단에서는 다시 공염불이 되고 말았다.

수단에서는 수십 년을 끌면서 100만 명 이상의 사망자를 낸 내전 당사자들 (북부 무슬림 및 남부 기독교도)이 2003년에 평화협정을 맺었다. 협정 내용은 남부 지역에서 정부군을 철수시키고, 권력분점형 과도정부를 수립하고, 군대를 창설하며 반란 지역에서 6년 이내에 총선거를 실시한다는 것이었다. 이러한 과정을 거쳐 2011년에 남수단이 독립할 수 있었다. 그런데 협정 체결 직후에 서부 다르푸르(Darfur)

---

29 Power, Samantha. *The Problem from Hell: America and the Age of Genocide.* Basic Books, 2002. Barnett, Michael. *Eyewitness to a Genocide: The United Nations and Rwanda.* Cornell, 2003. Straus, Scott. *The Order of Genocide: Race, Power, and War in Rwanda.* Cornell, 2006. Des Forges, Alison. *Leave None to Tell the Story: Genocide in Rwanda.* Human Rights Watch, 1999.

주의 반군집단들이 이 협정에서 자기들이 배제되었다고 항의하기 시작했다. 이에 대한 반응으로 정부는 아랍(무슬림) 민병대를 지원하여 흑인(역시 무슬림)이 거주하는 다르푸르 촌락들을 기습하게 만들었다. 이 아랍 민병대는 마구잡이 살인, 강간, 방화를 저질렀다. 2004년 말에 정부와 다르푸르 반군 일부 사이에 잠정 평화협정이 체결되었으며, 2007년에는 아프리카연합과 UN이 공동으로 평화유지군을 파견하였다. 그 후 몇 년간 수단 정부가 약속 이행을 지연하기도 하고 기타 불상사도 생기고 하여 평화유지군은 2011년까지 병력 수 23,000명 규모로 현지에 주둔해 있었다. 1994년의 르완다 사태처럼, 다르푸르의 대량 살인행위에 대한 국제사회의 무기력한 대응은 국가에 기반을 둔 오늘날의 국제체계에서 국제규범의 힘에 한계가 있음을 잘 보여준다.[30]

집단학살이나 이보다 정도가 덜한 대량학살 두 경우 모두에서 종족적 증오가 자연스럽게 커진 것이 아니다. 정치인들이 자신의 권력 강화를 위하여 조장하고 부추긴 것이다. 종족으로 분열되어 있는 국가의 경우 정당이 종족을 기반으로 만들어지고 또 정당 지도자들이 다른 종족의 위협을 과장함으로써 자기 종족 내 지위를 강화하는 일이 흔히 있다.

동맹관계가 긴밀했고 또 권위주의적 공산정부가 존재했던 냉전 상황이 종족 분쟁을 억누르는 데 도움이 되었던 것 같다. 다민족 국가였던 소련과 유고슬라비아의 경우 (지방의 반발을 억압할 의지가 있는) 강력한 중앙정부의 존재가 종족 간 긴장을 억누르고 인접 공동체들 사이의 평화를 강제했다. 이 두 국가가 해체되자 그동안 국가의 힘에 눌려 있던 종족 및 지역 갈등이 터져 나와 무대의 중심을 차지하게 되었고 폭력과 전쟁으로 비화한 것이다. 자유는 질서를 희생하는 대가로 나오며 역으로 질서는 자유를 희생하는 대가로 나온다고 말할 수 있다. 이런 관점에서 보면 소련과 유고슬라비아 사례는 일종의 딜레마를 보여준다. 물론 모든 종족집단이 문제를 일으키지는 않는다. 공산주의 몰락 이후 구소련 지역의 무수히 많은 종족 간 대립 가운데서 전투상황으로 이어진 것은 거의 없다. 또한 체코슬로바키아와 기타 몇몇 지역에서도 공산주의 몰락 이후 종족관계가 비교적 평화로웠다.

---

30 Hamburg, David A., M.D. *Preventing Genocide: Practical Steps Toward Early Detection and Effective Action.* Paradigm, 2008.

(4) 종교분쟁

종족분쟁이 물질적 불만을 초월하는 것으로 발전하는 한 가지 경로는 **종교분쟁**의 외양을 취하는 것이다. 세계의 많은 지역에서 종교는 한 공동체의 가장 중요한 가치체계이기 때문에 종교 의식을 달리하는 사람들은 손쉽게 경멸, 무시, 심지어 인간 이하의 취급을 받게 된다. 종족 및 영토분쟁이 바닥에 깔려 있을 때 겉으로는 종교가 집단들 간의 가장 핵심적이고 눈에 잘 띄는 분열로 보인다. 예를 들어 아제르바이잔 사람들 가운데 대부분은 무슬림이고, 대부분의 아르메니아 사람들은 기독교도이다. 이것이 종족분쟁에서 흔히 나타나는 유형이다.

종교의 어떤 본질적인 요소가 분쟁을 일으키는 것은 아니다. 오히려 많은 지역에서 상이한 종교를 가진 집단들이 평화롭게 공존하고 있다. 그러나 종교에는 절대적 진리로 받드는 핵심적 가치관이 있기 때문에, 종교 차이가 기존 분쟁을 더욱 해결하기 어려운 것으로 만들 가능성이 있다.[31]

이러한 사실은 최근 수십 년간 종교적 **근본주의** 운동이 힘을 얻어가면서 더욱 분명해지고 있다. (근본주의의 원인은 분명하지 않지만, 그것이 범세계적 현상이라는 점은 분명하다.) 근본주의 운동에 가담하는 사람들은 종교적 신념에 의거하여 자신들의 삶과 공동체를 조직하며, 종교적 신념을 위하여 희생하고 살인하고 심지어 목숨을 바칠 각오도 하고 있다. 기독교, 이슬람, 유태교, 힌두교 등의 근본주의 운동은 근래 몇십 년 동안 더욱 확대 강화되어 왔다. 예를 들어 인도의 힌두교 근본주의자들은 폭력적 충돌과 대량학살을 저질러 세계를 놀라게 한 바 있다. 2002년에는 힌두교 극단 민족주의자들이 구자라트(Gujarat) 주에서 광란의 방화, 고문, 강간을 자행하고 근 1,000명의 무슬림을 살해하였다. 구자라트 주는 힌두교 민족주의 정당이 주정부를 장악하고 있는 곳이다. 이스라엘에서는 유태교 근본주의자들이 이스라엘-팔레스타인 평화협상을 방해하기 위하여 자국 수상 암살(1995년)을 포함한 폭력을 자행해 왔다.

근본주의 운동은 종교와 무관하게 만들어진 세속 정치 조직들의 가치와 관행

---

31 Appleby, R. Scott. *The Ambivalence of the Sacred: Religion, Violence, and Reconciliation.* Rowman & Littlefield, 2000.

에 도전하고 있다. 근본주의 운동이 도전하고 있는 세속의 관행 가운데 하나는 국제체계의 규칙, 예컨대 모든 국가는 "신자"나 "불신자"나 관계없이 공식적으로 평등한 주권적 존재로 취급 받는다는 규칙 같은 것이다. 종교는 국경을 초월한 신념체계이기 때문에 국가의 법이나 국제조약보다 상위의 법으로 간주된다. 이란의 이슬람 근본주의자들은 이라크나 레바논 같은 외국의 민병대를 훈련하고 지원한다. 유태교 근본주의자들은 이스라엘 점령지 안에 정착촌을 건설하고 정부가 철수해도 그 땅을 포기하지 않을 것이라 단언하고 있다. 가족계획과 낙태에 반대하는 미국의 기독교 근본주의자들은 UN인구기금에서 미국이 탈퇴해야 한다고 주장한다. 이러한 행동은 국제체계의 규범과 현실주의자들의 가정에 역행하는 행동이다.[32]

어떤 사람들은 앞으로 국제분쟁이 "문명 충돌"에 의해 발생할 것이라 주장한 바 있다. 문명 충돌이란 세계의 주요 문화권들 간의 차이로 인한 충돌을 말하는데, 이 문화권은 종교권과 많이 겹친다.[33] 이 주장은 지나치게 일반적이고 차이가 당연히 분쟁을 낳는다고 가정한다는 점에서 비판 받고 있다. 사실 종교 및 종족분쟁이 언론매체에서 엄청난 주목을 받고 있지만 한 국가 안에서 함께 사는 종족집단 및 종교집단 대다수는 서로 싸우지 않는다.[34]

이슬람주의(Islamist) 운동 현재 폭력적 분쟁은 세계 주요 종교 모두가 단죄하는 바이다. 그러나 이슬람 집단과 국가가 포함된 분쟁에 특별한 주의를 기울일 필요가 있다. 현재 진행 중인 세계의 14개 전쟁 중 10개 전쟁에 무슬림 행위자가 관여하고 있기 때문이다. 더욱이 미국의 "테러와의 전쟁"은 이슬람 테러단체들의 네트워크를 겨냥하고 있다. 그러나 대다수 이슬람주의 운동은 폭력적이지 않다.

이슬람(Islam)은 무슬림이 신봉하는 종교로서 광범하고 다양한 종교이다. 신도들은 수니파(Sunni, 다수파), 시아파(Shi'ite, 이란, 이라크 남부, 레바논 서부, 바레인 등지에 거주),

32 Juergensmeyer, Mark. *The New Cold War? Religious Nationalism Confronts the Secular State.* California, 1993.

33 Huntington, Samuel P. *The Clash of Civilizations and the Remaking of World Order.* Simon & Schuster, 1996.

34 Fearon, James D., and David D. Laitin. Explaining Interethnic Cooperation. *American Political Science Review* 90(4), 1996: 715–35

기타 수많은 분파로 이루어져 있다. 무슬림이 인구의 다수를 이루는 국가들 대부분이 이슬람회의(Islamic Conference)라는 정부간기구에 가입해 있다. 세계의 주요 이슬람 국가는 나이지리아에서 인도네시아에 이르는 지역에 걸쳐 분포하고 있는데, 역사적으로 중동이 중심지이지만 인구 규모로 보면 남아시아와 동남아시아 쪽이 더 크다(《그림 5.3》 참조). 이 지역에서 발생한 국제분쟁은 무슬림과 비무슬림 간의 분쟁인 경우가 많다. 이는 제국주의와 석유를 포함한 지리적 역사적 환경이 낳은 결과이기도 하다.

이슬람주의 집단들은 이슬람 율법을 정부와 사회의 기초로 삼고자 한다. 이 목표를 달성하기 위한 방법 면에서 집단들 간에 차이가 있다. 대부분의 집단은 자선단체, 정당 등으로 비폭력적이다. 반면에 민병대와 테러단체 같은 일부 집단은 폭력적이다.[35] 터키는 **세속 국가**로서 이 나라 군부가 종교정치의 등장을 막기 위해 수시로 개입하는 국가인데, 1990년대에 이슬람 정당들이 터키에 거점을 확보하였으며 이슬람 지도자였던 사람이 2003년 이래 수상을 맡고 있다. 이로써 터키는 이 지역 내 온건 이슬람의 중요한 모델이 되고 있다. 그리고 2003년의 이라크 선거에서도 이슬람 정당들이 주도적 역할을 수행하였으며, 아랍의 봄에서도 중요한 역할을 수행하여 튀니지와 이집트에서 선거 승리를 거두기도 하였다. 2013년 현재 시리아의 무장 반군들 사이에서도 이슬람의 한 분파가 핵심적 역할을 맡고 있다.

이슬람주의 운동이 주로 국내정책의 변화를 추구한다면 국제관계에서 왜 이슬람주의 운동이 중요한가? 이슬람 정치가 외교정책의 변화를 가져올 수 있다고 답할 수 있지만, 이보다 더 중요한 대답은 일부 이슬람주의 운동이 세계질서와 남북관계를 형성하는 초국가적 힘 가운데 하나가 되었다는 점을 지적하는 것이다.

몇몇 국가에서 이슬람주의 운동가들은 서방식 세속 국가를 거부하고 이슬람 가치관에 더 충실한 정부를 추구하고 있다.[36] 이 운동은 구 유럽제국주의자(기독교도)에 대한 반감 같은 오래된 반서방 감정을 반영하고 있으며 종교적 방식으로 표

---

35 Husain, Mir Zohair. *Global Islamic Politics.* 2nd ed. Longman, 2003. Esposito, John L. *Unholy War: Terror in the Name of Islam.* Oxford, 2002.

36 Binder, Leonard. *Islamic Liberalism: A Critique of Development Ideologies.* Chicago, 1988. Davidson, Lawrence. *Islamic Fundamentalism: An Introduction.* Greenwood Press, 2003.

〈그림 5.3〉 이슬람회의 회원국과 분쟁지역

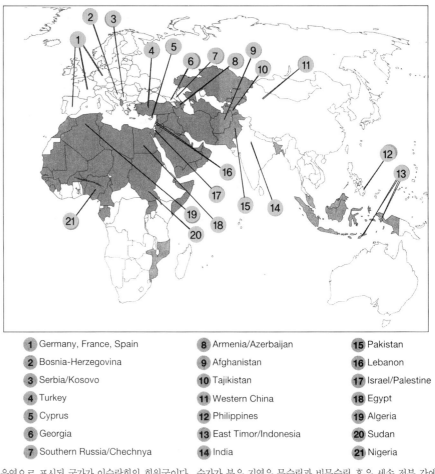

① Germany, France, Spain	⑧ Armenia/Azerbaijan	⑮ Pakistan
② Bosnia-Herzegovina	⑨ Afghanistan	⑯ Lebanon
③ Serbia/Kosovo	⑩ Tajikistan	⑰ Israel/Palestine
④ Turkey	⑪ Western China	⑱ Egypt
⑤ Cyprus	⑫ Philippines	⑲ Algeria
⑥ Georgia	⑬ East Timor/Indonesia	⑳ Sudan
⑦ Southern Russia/Chechnya	⑭ India	㉑ Nigeria

음영으로 표시된 국가가 이슬람회의 회원국이다. 숫자가 붙은 지역은 무슬림과 비무슬림 혹은 세속 정부 간에 분쟁이 있는 지역이다.

현된 민족주의 운동의 성격도 어느 정도 띠고 있다. 권위주의 정부가 집권하고 있는 일부 중동 국가의 경우 정치적 반대를 위한 유일한 통로가 종교 기관인 사원(mosque)이다. 이런 식으로 종교가 정치와 문화의 현상(現狀, status quo)에 대한 반대 의사를 표현하는 수단이 된 것이다. 2006년에 네덜란드의 한 신문이 예언자 무하마드를 모욕적으로 그린 만화를 게재하자 이슬람 국가들에서 반서방 감정이 끓어올랐다. 세계 도처에서 무슬림이 항의하고, 몇몇 네덜란드 대사관에 방화하고, 수십 명 사망자를 낳은 폭동을 일으키고, 네덜란드 상품 불매운동을 벌였다. 2012년에는 미국에 사는 이집트인이 제작한 반무슬림 영상물이 유튜브(YouTube)에 올라 또 다른 폭동을 야기했으며, 리비아 주재 미국 영사관에 대한 무장공격을 촉발하여 미국 대사가 살해당하는 사건이 발생하였다.

　　이슬람국과 비이슬람국의 여론을 보면 오해와 견해 차이가 있음을 알 수 있다(《그림 5.4》 참조). 이슬람 급진주의자에 대한 지지는 국가별로 큰 차이가 난다. 2005년에 실시된 조사는 "거울 이미지" 식 인식을 보여준다. 5개 서방 산업국의 국민들 40-80%가 무슬림을 "광신자"로 생각하며, 60-80%가 무슬림이 여자를 존중하지 않는다고 생각한다. 그러나 5개 이슬람 국가 중 3개국 국민의 60% 이상이 비무슬림을 "광신자"로 생각하며, 4개국 국민 과반수가 비무슬림이 여자를 존중하지 않는다고 생각한다.

〈그림 5.4〉 이슬람국과 비이슬람국 여론 비교

이슬람을 지키기 위한 목적으로 민간인을 대상으로 하는 자살 폭격이나 폭력을 지지하는가?

자주 혹은 가끔 지지한다고 응답한 비율(2010년)

레바논	39%
인도네시아	15%
파키스탄	8%
터키	6%
요르단	20%
이집트	20%

비무슬림 중 무슬림을 다음과 같이 생각하는 비율

	광신자	여성을 존중하지 않는다
스페인	83%	83%
독일	78%	80%
프랑스	50%	77%
영국	48%	59%
미국	43%	69%

무슬림 중 비무슬림을 다음과 같이 생각하는 비율

	광신자	여성을 존중하지 않는다
요르단	68%	53%
터키	67%	39%
이집트	61%	52%
인도네시아	41%	50%
파키스탄	24%	52%

출처: Pew Global Attitudes Survey, 2005 and 2010.

　　더 급진적인 이슬람주의 운동은 기존 정부, 특히 서방과 유대를 맺고 있는 정부를 위협할 뿐만 아니라 전통적인 국가주권 규범도 침해한다. 이들은 (개별 국가의 자율성을 중시하는) 서방식 국가 개념을 거부하고 전통 이슬람 방식에 충실한 공동체를 지향한다. 어떤 사람들은 600-1200년에 있었던 칼리프국(caliphate) 같은, 중동 지역 전체를 아우르는 하나의 국가를 건설하고자 한다. 이것은 현 국제체계, 특히 현상유지 세력에 대한 중대한 도전이며 따라서 세계의 강대국들은 이런 움직임에 강력하게 반대할 것이다.

중동 국가의 이슬람주의 운동가들은, 타 지역 혁명가들처럼, 부유한 엘리트에 대항하는 빈곤한 대중의 편이라는 대의를 주창함으로써 자신들의 지지 기반을 얻고 있다. 남반구 여러 지역의 혁명가들처럼 터키, 이집트, 레바논의 이슬람주의 운동가들은 빈민가(slum)를 지지기반으로 삼고 있는데, 이 지역에서 정부가 제공하지 않는 기본 서비스를 이들이 제공하는 경우도 있다.

2006년에 이집트, 모로코, 사우디아라비아 및 요르단에서 실시된 여론조사를 보면, 응답자 과반수가 국민이나 아랍인이라는 정체성보다 무슬림이라는 정체성을 더 중시하는 것으로 나타났다. 그러나 레바논과 아랍에미리트에서는 상반되는 결과가 나왔다. 즉 대다수가 국민이라는 정체성을 가장 중시하는 것으로 나타났다. 이슬람주의 운동가들은 물질적인 영향은 주지 않지만 무슬림 정체성에 영향을 주는 이슈, 국경을 초월한 이슈, 특히 아랍-이스라엘 분쟁 같은 이슈를 가지고서 대중의 정체성 인식에 침투한다. 이슬람 국가의 대중은 기독교도 군대가 무슬림 민간인들을 공격하였다는 점에서 1990년대의 보스니아, 아제르바이잔, 체첸 등지에서의 전쟁에 대해서도 관심을 보였다. 이슬람주의 운동가들은 이런 분쟁이 이슬람과 서방 기독교 제국주의 간의 투쟁이라는 더 광범위하고, 심지어 전 지구적인 투쟁의 일부라고 생각한다. 이 투쟁은 1,000년 전 십자군 전쟁에서 시작되었다고 본다. 외부 관찰자의 입장에서 볼 때 이슬람권 내부에서 끓고 있는 종교적 갈등은 봉쇄해야 할 팽창주의적 위협일 수 있다. 내부 당사자들이 볼 때는 포위된 채 몇 개 방향으로부터 억압 받는 것일 수도 있다.

2003년 이래 지속되고 있는 이라크전은 이슬람권 세계 전역에 걸쳐 반미 감정을 크게 고조시켰으며 정치의 급진화에 기여하였다. 특히 미국의 침략을 아랍의 존엄성에 대한 모독으로 여기는 국가들에서 더욱 그러했다. 오바마 대통령은 집권 초에 이런 반미 감정이 발생하는 상황을 바꾸기 시작했다. 오바마 대통령의 전체 이름이 바락 후세인 오바마(Barack Hussein Obama)인데 중간 이름인 후세인은 케냐에 뿌리를 둔 무슬림 가족 출신임을 보여주는 것이며, 실제로 그는 어린 시절 한 때 이슬람 국가인 인도네시아에서 살았던 적도 있다. 그는 2009년에 카이로에서 미국과 이슬람 국가들과의 관계에 관한 연설을 한 바 있는데, 이 연설에서 "새로운 관계의 시작"을 호소하였다. 이 연설이 도움이 되었는지 모르지만, 바레인, 요르단, 이집트에서 미국에 대한 호감도가 올라갔다. 그러나 2010년 시점에 이르러 아랍 세계가 중동 평화과정에 대한 실망감을 드러내기 시작하고 미국이 아프가니스탄에 계속 남기로 결정함에 따라 미국에 대한 호감도는 다시 떨어졌다.

이슬람주의 무장단체　국민 대다수가 무슬림인 국가들에서 반미 감정과 반서방 감정이 고조됨에 따라 폭력적 이슬람주의 집단의 힘도 커졌다. 이 집단들은 소수파에 불과하지만 국제관계에 미치는 영향은 그 수에 비해 더 크며 대중의 주의를 끌고 있다.

이슬람주의 무장단체의 종류는 엄청나게 다양하며 가끔 자기들끼리 싸우기도 한다(〈표 5.1〉 참조). 특히 수니파와 시아파 간의 분열이 폭력으로 이어졌다. 이 분열이 가장 두드러지게 나타난 곳이 이라크이다. 과거 사담 후세인 시절 소수파인 수니파에 속하는 사담이 다수파인 시아파를 지배하는 상황이었는데, 사담은 1991년 걸프전 직후 발생한 시아파의 반란을 잔인하게 진압하였으며, 그 이전에는 시아파가 지배하는 이란과 장기간 참혹한 전쟁을 치르기도 했다. 2003년에 미국의 주도로 사담을 축출한 이후에는 시아파 정당들이 권력을 잡았고 시아파 민병대들이 똑같은 식으로 보복했다. 이번에는 일부 수니파 사람들이 잔혹한 반란에 나서 분파 간에 죽고 죽이는 폭력 사태가 빚어졌다. 그 후 폭력 사태가 많이 줄어들었지만, 아직도 수니-시아파 관계가 정리되지 못한 상태이다.

2011년 이래 시리아가 수니-시아 분열의 중심지가 되었다. 시리아 집권 세력은 시아파의 한 분파인 알라위파(Alawite)이고 인구의 다수는 수니파이다. 시리아 내전은 이슬람 분파 간 전쟁의 성격도 갖고 있는데, 시아파 이란 정부와 시아파 레바논 민병대 헤즈볼라(Hezbollah)가 정부군을 지원하고 수니파 터키 정부와 걸프 국가들이 반군을 지원하는 등 외부 지원세력 때문에 내전이 더 치열해졌다.

〈표 5.1〉 주요 이슬람주의 무장단체

집단	국가	분파	활동
이란 이슬람공화국	이란	시아	국가를 장악한 유일한 이슬람 혁명단체; 80년대 전쟁으로 세속 이라크 격퇴; 현재 핵무기 제조 시도
헤즈볼라	레바논	시아	2006년 이스라엘과 교전; 레바논 연립정권에 참여
마디 군	이라크	시아	이라크 주둔 미군과 충돌; 이라크 정부에 참가한 주요 분파
알누스라	시리아	수니	내전 참가중인 반군 민병대의 주력
안사르딘	말리	수니	2012년에 북부지방 장악; 2013년에 알제리에서 인질극
무명단체	이라크	수니	이라크 주둔 미군 다수를 죽인 반군; 외국인 전사도 활동 중
하마스	팔레스타인(가자)	수니	이스라엘 민간인 수백 명 살해; 2008년 이스라엘과 전쟁; 2006년 팔레스타인 선거에서 승리; 가자 통제
알샤바브	소말리아	수니	2007~12년에 국가 대부분 장악; 알카에다와 동맹; 2012년 아프리카연합에 의해 축출됨
모로 이슬람 자유 해방전선	필리핀	수니	무슬림이 많은 남부 섬지방의 분리 독립을 위해 투쟁
알카에다	세계 (파키스탄?)	수니	9·11 공격; 유럽에서 폭탄 테러, 지도자 사망 이후 약화
탈레반	아프가니스탄	수니	1996~2001년에 국가 통제; 현재 외국군과 싸우는 반군 주력

기타 체첸(러시아), 카시미르(인도), 중앙아시아, 인도네시아, 유럽 등지에서 이슬람 게릴라 전사/테러리스트 활동 중

출처: 미국 국방부

2011년 이래 시리아가 수니-시아 분열의 중심지가 되었다. 시리아 집권 세력은 시아파의 한 분파인 알라위파(Alawite)이고 인구의 다수는 수니파이다. 시리아 내전은 이슬람 분파 간 전쟁의 성격도 갖고 있는데, 시아파 이란 정부와 시아파 레바논 민병대 헤즈볼라(Hezbollah)가 정부군을 지원하고 수니파 터키 정부와 걸프 국가들이 반군을 지원하는 등 외부 지원세력 때문에 내전이 더 치열해졌다.

지역적으로 보면 이란과 사우디아라비아가 수니-시아 분열을 대표하고 있다. 양국은 페르시아(걸프)만을 사이에 두고 서로 마주보는 위치에 있으면서 대규모 군비경쟁을 벌여 왔다. 사우디는 전투기와 미사일을 비축하고 이란은 핵무기 제조에 열을 올리고 있다. 대체로 러시아는 이란 시아파 진영을 지지하고 미국과 그 동맹국들은 사우디 수니파 진영을 지지하는 경향을 보인다. 그러나 양 진영 모두 이스라엘과 제휴하지 않고 있다. 그래서 현 상황은 일종의 삼각 갈등관계 같은 형국이라 할 수 있다.

이란은 1979년의 대중봉기로 미국의 후원을 받던 국왕(shah)를 축출하고 이슬람 정부를 수립한 나라이다. 이 나라에서는 최고 종교지도자(ayatollah)가 국회에서

통과된 법도 무시할 수 있다. 이 나라 지도자들이 국제규범을 무시한다는 사실은 1979년에 미국 외교관 보호를 거부한 사건에서 극적으로 잘 드러났다. 현재 이란은 UN안보리를 무시한 채 핵기술을 개발하고 있으며, 그 기술 수준은 몇 년 이내에 핵무기 제조가 가능한 수준까지 와 있다고 평가된다. 2009년에 대통령 선거가 있었는데, 부정 선거라 항의하는 사람들을 가혹하게 진압한 일이 있었다. 2012년에는 가혹한 국제적인 제재로 이 나라 경제가 어려움을 겪은 탓에 이란 화폐의 가치가 절반으로 떨어졌고, 2013년에는 이스라엘이 이란의 핵에 대한 야심을 꺾기 위해 필요하다면 군사적 공격을 가하겠다는 위협을 하고 있는 상황이다.

이란 쪽에서는 돈, 무기, 훈련 등 여러 방법으로 레바논의 헤즈볼라 민병대와 시리아 정부를 적극 지원하고 있다. 헤즈볼라는 학교, 병원, 기타 자선 시설 수백 개를 운영하고 있지만, 미국의 테러단체 명단에 올라 있는 단체이기도 하다. 헤즈볼라는 여러 해 이스라엘과 싸웠고 아랍 세계 전역에서, 심지어 수니파 사이에서도 대중적 지지를 얻었다. UN재판소가 2005년의 레바논 수상 암살 사건과 관련하여 헤즈볼라 대원들을 기소하였음에도 불구하고, 헤즈볼라는 2011년 레바논 정부 구성 당시 주도적 역할을 수행하였다.

한편 수니파의 주요 무장단체로 살라피스(Salafis)파가 있다. 살라피스파는 사우디아라비아에 뿌리를 두었으며, 이슬람 율법을 근본주의적으로 해석하는 와하브 교리(Wahhabism)를 추종한다. 현재 이 근본주의 집단의 가장 중요한 중심지는 아프가니스탄과 그 인접 파키스탄 서부 지역이다. 2013년 현재, 이와 동일한 철학을 추종하는 무장단체들이 나이지리아, 말리, 리비아, 소말리아 등 북아프리카 도처에서도 활동하고 있다. 이집트에서는 2012년 선거에서 폭력적이지 않은 살라피스 정당이 대통령 선거에서는 온건 이슬람주의 정당에 졌지만 총선에서는 선전했다.

아프가니스탄은 실패로 끝난 10년간의 소련 점령에서 벗어나 내전을 겪은 다음, 1992년에 이슬람 정부를 받아들였다. 그러나 집권 세력과 경쟁 관계에 있는 다른 이슬람 분파들이 반발하여 이후 몇 년간 더 치열한 전쟁을 치렀다. 1997년에 이르러 탈레반(Taliban)이라는 분파가 국토 대부분을 장악하여 이슬람 율법을 극단적으로 해석하여 적용하였다. 탈레반 정권은 구타와 처형을 남발하면서 여자는 머리 끝부터 발끝까지 가리는 옷을 입게 하고, 여학생은 학교에 가지 못하게 하고, 남자는 턱수염을 기르게 하는 등 억압적인 정책을 강행하였다.

　　1990년대의 아프가니스탄은 끝나지 않는 전쟁, 극심한 빈곤, 이슬람 근본주의, 이념 지향의 정부 등 온갖 인화물질을 다 갖추어 세계적인 테러단체들의 기지가 되었다. 그 절정을 이룬 것이 2001년 9·11 공격 사건이다. 이에 대응하여 미국은 무력을 행사하여 탈레반을 아프가니스탄의 권좌에서 축출하였으며 아프가니스탄에 본부를 둔 알카에다(al Qaeda)의 테러 네트워크를 무너뜨렸다. 미국과 NATO는 일단 성공했지만, 탈레반은 계속 NATO군을 공격하고 있다.

　　탈레반은 2001년의 패배 이후 핵무기를 가진 훨씬 더 큰 인접국인 파키스탄 서부의 무법지대로 들어가 기지를 세웠는데, 여기에는 비슷한 성향을 가진 파키스탄 전투원들도 가담하였다. 파키스탄 정보기관은 아프가니스탄과 카시미르 지방(인도와 함께 영유권을 다투는 지방)에 대한 영향력을 행사하기 위하여 이슬람주의 전투원들을 활용한다고 알려졌다. 2008년 말 파키스탄에 기지를 둔 테러리스트들이 인도의 뭄바이를 공격하여 민간인 약 150명을 살해하였다. 같은 해에 파키스탄 민주화 세력이 군사정권을 몰아내고 선거를 통하여 새 정부를 수립하였다. 이 일은 민주화 운동의 지도자 베나지르 부토가 암살된 이후에 이루어졌다.

　　아프가니스탄에서의 전쟁은 미국 및 NATO와 파키스탄 관계에 악영향을 미쳤다. 이 관계는 2011년에 미군이 파키스탄의 한 도시에서 오사마 빈 라덴을 찾아서 사살한 사건으로 더욱 나빠졌다. 파키스탄 측은 그 침투 작전이 자국의 주권을 침해하였다고 비난하였고 미국 측은 파키스탄 군부가 빈 라덴 은신에 공모하지 않았는지 의심하였다.

　　알카에다는 초국가적 집단으로서 중앙 기구라기보다 네트워크 혹은 운동 집단에 더 가까운 집단인데, 여러 나라에서 전투원을 충원하여 이들을 격려하고 때로는 훈련시키며 (1980년대 아프가니스탄, 2003년 이후 이라크, 현재 시리아 등) 외국의 분쟁에 참전토록 지원한다.[37]

　　근년에 들어 알카에다는 북아프리카에서 추종자들을 충원함으로써 "상표"로서의 가치를 보였지만, 아시아와 유럽에서는 인기가 떨어졌다. 2001년 이후 인도네시아의 발리, 모로코, 사우디아라비아, 러시아, 필리핀, 이라크, 터키 등 아시아와

37　Wright, Lawrence. *The Looming Tower: Al Qaeda and the Road to 9/11.* Knopf, 2006.

유럽에서 여러 건의 폭탄 테러 사건이 발생하였다. 2004년의 마드리드 열차 폭파 사건은 수백 명의 사망자를 냈는데, 분명히 이는 선거를 앞둔 친미적인 스페인 정부에 타격을 가하여 이라크에 파견된 스페인군의 철수를 유도하기 위한 것이었다. 이듬해에는 런던 지하철이 공격 목표가 되었다.

세계 최대 석유매장지이자 이슬람 성지를 가진, 그리고 와하브 교리의 본고장인 사우디아라비아에서 알카에다가 장기간 추구해 온 목표는 왕정을 무너뜨리는 것이다. 1979년에 이슬람주의 무장단체가 메카의 대사원을 잠시 점거하기도 했다.

사우디아라비아 서쪽에 위치한 예멘에는 알카에다에 속해 있는 활발한 무장단체가 있다. 이 집단은 미국행 여객기에 폭탄을 장치하려고 수차 시도한 바 있고 또 2011-2012년에는 예멘 정부가 수도에서 벌어진 정치적 소요(아랍의 봄의 일부)로 마비 상태에 빠져 있는 동안 예멘 남부지방을 장악한 적도 있다. 예멘은 중동에서 가장 가난한 나라이며 수십 년간 내부 갈등을 겪어 왔다. 미국은 이들을 격퇴하기 위하여 무인기 공격 작전에 큰 힘을 쏟고 있다.

소말리아의 무장단체 알샤바브(al Shabab) 역시 알카에다 소속 단체인데 2012년에 아프리카연합군에 의해 축출 당했지만, 그 전에 소말리아 정부를 지원하기 위해 군대를 파견한 에티오피아와 우간다에 대한 보복 공격을 가한 바 있다. 알샤바브는 2010년 월드컵 결승전이 벌어지던 시기에 우간다에 잔혹한 폭탄공격을 가했다. 2011년에 아프리카연합군이 알샤바브를 수도권 지역에 축출하였지만, 가뭄과 전쟁으로 인한 끔찍한 기근 사태가 시골의 알샤바브 점거지역을 강타하여 난민들이 케냐로 넘어가게 되었다. 이에 대응하여 케냐도 알샤바브 격퇴를 위하여 소말리아에 파병하였다.

리비아에서는 2011년에 독재자 가다피가 (NATO의 도움으로) 축출되었는데, 이것이 종래 억눌려 지내던 이슬람주의 무장단체에게 힘을 실어주었다. 이들은 2012년에 미국 대사를 살해하였으며, 과거 가다피 밑에서 용병으로 싸웠던 말리 출신 종족집단과 합세하여 말리 북부지방을 장악하였다. 이들이 사용한 대량의 무기는 리비아에서 가져간 것이었다. 그 후 이슬람주의 무장단체는 그 종족집단을 몰아내고 스스로 권력을 잡았지만 2013년에 프랑스와 말리에 인접한 다른 아프리카 국가들의 군사 개입으로 축출되었고, 말리 정부가 통제권을 회복했다.

팔레스타인에서는 비록 알카에다나 탈레반과 연계되어 있지는 않지만, 과격

이슬람주의 분파인 하마스(Hamas)가 중요한 수니파 민병대이다. 가자지구에 본부를 둔 하마스는 2000년 이후 자살폭탄 공격으로 수백 명의 이스라엘 사람들을 죽였으며, 2006년에는 의회 선거에서 승리하였다. 집권당에 비해 덜 부패한 것으로 보여진 덕분이다. 그러나 팔레스타인은 웨스트뱅크를 통제하는 팔레스타인 자치정부와 가자를 통제하는 하마스로 양분되고 말았다.

자국 영토 내에 무슬림 폭력 문제를 안고 있는 두 강대국이 있다. 러시아는 남쪽 끝 지역에서, 중국은 서쪽 끝 지역에서 그런 문제를 안고 있다. 러시아의 한 지방으로서 인구 대부분이 수니파 무슬림인 체첸 공화국은 1990년대 초 소련 붕괴 이후 러시아에서 분리 독립하려고 노력해 왔다. 1994 — 1995년 및 1999 — 2000년에 파괴적인 전쟁을 겪은 후 위기가 완화되었지만, 체첸 게릴라들은 여객기 납치, 인질극, 자살폭탄 등으로 방향을 바꾸었다. 2004년에 체첸 테러리스트들이 학교를 점거하여 어린이들을 인질로 삼은 사건이 터져 결국 수백 명의 어린이가 목숨을 잃었다. 2005년에는 러시아군이 이 사건의 책임자로 지목한 체첸 분리주의 지도자를 죽였다. 현재 체첸 지역의 정치적 폭력은 간헐적으로 발생하고 있다.

전반적으로 볼 때, 이슬람주의 운동과 관련 있는 분쟁이 단순한 종교분쟁에 비해 훨씬 더 복잡하다. 권력, 경제적 관계, 종족적 쇼비니즘, 과거의 대제국 등이 뒤엉켜 있기 때문이다.

(5) 이념분쟁

이념은 집단 간 혹은 국가 간 분쟁을 야기하기보다 그것을 강화하고 상징화한다는 점에서 종교와 비슷하다. 그러나 종교만큼 핵심적 가치와 절대적 진리를 강조하지는 않는다. 따라서 국제체계에서 종교만큼 많은 문제를 불러일으키지는 않는다.

현실주의 관점에서 볼 때 국가 간의 이념 차이는 별로 중요하지 않다. 왜냐하면 국제체계의 모든 구성원들은 비교적 유동적인 동맹관계 속에서 각자 국가이익을 추구하기 때문이다. 예를 들어 냉전시대에 자본주의적 민주주의와 공산주의 사이에 범세계적 이념투쟁이 있었다. 그러나 동맹과 군사 경쟁은 비교적 이념적 요소와 무관하게 전개되었다. 두 공산 대국인 소련과 중국의 협력관계는 오래가지 못했다. 자본주의 민주국가인 인도는 미국과 동맹을 맺지 않았다. 그리고 심지어 두 경쟁적 초강대국은 대부분의 기간에 국제체계의 규칙 범위 안에서 그럭저럭 공존했다(둘 다 UN회원국으로).

강한 이념에 기초하여 혁명을 치른 국가들도 오랜 시간이 흐르면 이념적 정열을 잃게 되는 경향을 보인다. 1979년 이후 이란의 이슬람 근본주의가, 1949년 이후 중국의 모택동 사상이, 1917년 이후 소련의 레닌주의가, 그리고 심지어 1776년 이후 미국의 민주주의가 그러한 과정을 거쳤다. 이 사례들에서 혁명가들은 자신들이 정권을 잡으면 국가의 대외정책에 근본적인 변화가 일어날 것으로 예상하였다. 그들의 이념이 모두 국제정치에 중대한 영향을 미칠 내용을 내포했기 때문이다. 그러나 몇 십 년 안에 혁명 정부들은 모두 이념적 목표보다 국익을 추구하는 쪽으로 선회하였다.

간혹 자칭 이념투쟁이라는 것들이 실제로는 별로 이념적이지 않은 경우도 있다. 1980년대 앙골라의 경우를 보자. 당시 미국은 앙골라 친소 정부와 싸우는 반군(UNITA)을 지원하였다. 외형상 반군은 마르크스주의에 대항하는 민주주의 세력이었다. 그러나 실제로 정부 측과 반군 측의 이념적 차이는 자의적이었다. 정부는 소련의 원조를 얻기 위하여 마르크스주의 용어들을 자주 사용하였다(소련이 원조를 중단하자 곧바로 이런 정책도 중단하였다). 반군 측에서도 미국의 지원을 얻기 위하여 민주적인 수사를 구사하였지만, 그 이전에 중국의 지원을 받았을 때는 모택동 사상과 관련된 용어들을 입에 올렸었다. UN 후원 하에 실시된 선거에서 정부 측이 승리하자 "민주적" 반군은 선거 결과에 불복하고 다시 전투에 들어갔다. 2002년에 완전히 끝난 이 내전은 사실 이념과 전혀 관계가 없었다. 앙골라의 석유, 다이아몬드, 기타 부를 장악하기 위한, 두개의 종족 기반 무장 세력들 간의 권력투쟁이었을 뿐이다.

단기적으로 볼 때는 혁명이 국제관계의 변화를 일으키기도 한다. 즉 전쟁 가능성을 높인다. 그러나 그것은 이념 때문이 아니다. 그보다는 갑작스러운 정부 교체가 기존의 동맹관계나 힘의 균형을 변화시킬 수 있기 때문이다. 즉 관련 국가들이 힘 계산을 수정하는 과정에서 상대방의 위협을 잘못 계산하거나 과장하기 쉬워지기 때문이다. 혁명 직후에 나타나는 전쟁 경향에서 이념 자체가 차지하는 역할

은 거의 없다. 다시 말해서 혁명이 다른 국가로 수출되는 일은 거의 없다.[38]

3. 이익의 충돌

사상의 충돌은 심리적 요인과 감정적 요인 때문에 다루기 어려운 문제일 수 있지만, 물질적 이익에 관한 충돌은 상호주의 원칙에 입각하여 해결하기가 쉬운 문제이다. 이론적으로, 긍정적인 제어수단 즉 무언가 지불해 줄 것이 충분히 있다면 다툼이 된 이슈에서 상대방을 동의하게 만들 수 있기 때문이다.

(1) 영토분쟁

구체적인 이익과 관련된 국제분쟁 가운데서 영토와 관련된 분쟁은 국가의 영토적 특성 때문에 특별히 중요하다. 영토에 대한 통제권을 둘러싼 분쟁에는 두 가지 유형이 있다. 하나는 국경선을 어디에 그을 지에 관한 영토분쟁이고 다른 하나는 기존의 국경선 내의 전 지역에 대한 통제권을 둘러싼 분쟁 아래에서("정부 장악을 위한 분쟁"이라는 소제목으로 별도로 다룬다)이다. 두 국가 사이에 경계선을 어디에 그을까 혹은 문제된 영토에 대한 통제권을 어느 국가가 가지느냐의 문제에 대한 분쟁부터 살펴보자.

국가들은 본토에 대하여 거의 광적인 집착을 보이기 때문에 영토분쟁은 국제관계에서 가장 까다로운 문제에 속한다. 돈이나 다른 어떠한 대가를 바라서 국가가 영토를 양도하는 경우란 거의 없다. 또한 국가가 본의 아니게 상실한 영토에 대하여 빨리 잊어버리는 경우도 거의 없다. 예를 들어 2002년에 볼리비아 여론은 칠레를 경유하여 해안으로 가는 가스 수출용 파이프라인 건설에 반대하였는데, 1879

---

38 Walt, Stephen M. *Revolution and War.* Cornell, 1996.

년에 칠레가 볼리비아 해안지대를 빼앗아 갔기 때문이다. 타국에 잃은 영토를 다시 획득하려는 것을 **실지회복주의**(irredentism)라 한다. 이런 형태의 민족주의는 심각한 국제분쟁으로 직결되기도 한다.[39] 영토는 국가의 통일성과 관련되어 있기 때문에 그 경제적 가치나 전략적 가치보다 훨씬 더 큰 가치가 있다고 여겨진다. 예를 들어 이스라엘과 이집트는 1978년에 평화조약을 체결한 이후 타바(Taba)라는 지역의 영유권 분쟁을 해결하기 위하여 10년 동안이나 애썼는데, 이곳은 백사장이 있는 좁은 지역으로 이스라엘의 한 개발업자가 국경선에 약간 걸쳐서 호텔을 건축해 놓아 문제가 된 곳이다. 결국 양측은 조정안에 무조건 따르기로 하고 이 문제를 조정받기로 하였는데 이집트가 문제된 땅을 갖게 되었다. 이집트의 입장에서 볼 때 단 한 뼘의 영토라 할지라도 그것은 국가적 명예, 이집트가 국가임을 보여주는 주권의 상징이자 영토보전과 관련된 중대한 문제였던 것이다.

본토를 중시하는 국가들의 태도는 기술발달로 인하여 영토 본래의 가치가 현저히 줄었음에도 불구하고 아직 바뀌지 않은 것 같다. 역사적으로 영토는 농업과 원자재 추출 등 경제생산의 기초였다. 전쟁에서 이기고 지는 것은 곧 영토를 얻고 잃음, 따라서 부를 얻고 잃음을 의미했다. 그러나 오늘날 농업보다 기술과 무역이 훨씬 더 많은 부를 생산하고 있다. 영토분쟁에 드는 비용이 그 문제된 영토가 창출하는 부의 크기보다 더 커진 것처럼 보인다. 그러나 예외도 있다. 아프리카의 몇몇 나라에서 반군이 다이아몬드 광산 지역을 장악하여 그 수익금을 전쟁자금으로 사용하는 일이 있기 때문이다. (2002년에 40개국이 국제시장에서 "분쟁 다이아몬드"를 추방하기 위하여 UN이 적법한 다이아몬드임을 인증해주는 방식의 제도를 만들었다.)

분리 기존의 어떤 국가 내에서 한 지방이나 지역이 분리 독립을 시도함에 따라 발생하는 분쟁은 특수한 형태의 국경분쟁이다. 이것은 기존의 두 국가 사이 국경선에 대한 분쟁이 아니라 한 지역이 신생국으로서 자신의 주위에 국경선을 긋고자 하는 것과 관련된 분쟁이다. 현재 세계 각지에서 규모나 정치적 효과 면에서 크

---

39 Diehl, Paul F., ed. *A Road Map to War: Territorial Dimensions of International Conflict.* Vanderbilt, 1999. Ambrosio, Thomas. *Irredentism: Ethnic Conflict and International Politics.* Praeger, 2001.

고 작은 수십 건의 분리운동이 전개되고 있지만, 분리 독립에 성공한 예는 거의 없다. 기존 국가들은 거의 언제나 문제 지역을 통제하고자 한다. 예를 들어 1990년대에 주민 대다수가 알바니아계인, 세르비아 내 코소보 지방이 세르비아로부터 분리 독립을 위한 전쟁을 일으켰다. 세르비아에 대한 장기간 폭격(UN 승인을 받지 않은)을 포함한 NATO의 개입으로 코소보 지방에 있던 세르비아군이 철수하였으며, 그 이후 유럽과 미국 평화유지군이 현지에 주둔하고 있다. 대다수 코소보 주민들은 분리 독립하여 국제적으로 공인된 국가가 되기를 바라지만, 세르비아는 코소보가 역사적으로나 현실적으로나 세르비아 주권의 관할 하에 있다고 주장한다. UN과 강대국들이 코소보의 장래에 대한 협상을 벌이는 동안에, 러시아는 독립에 관한 어떤 약속도 해서는 안 된다고 주장했지만, 코소보는 스스로 자치권을 가져갔다. 2008년에 UN 승인 없이 코소보가 독립을 선언하였다. 미국과 EU의 몇몇 강대국들은 코소보 독립을 인정하였지만 세르비아, 러시아, 중국은 이에 분개하고 있다. 2011년에는 남수단이 수단의 지지와 UN 회원국 자격을 얻어 성공적으로 독립하

집합재 찾기

라틴아메리카의 평화
집합재: 라틴아메리카 국가간 평화적 관계

배경: 세계의 모든 지역 중에서 라틴아메리카가 가장 평화로운 지역이라 할 수 있다. 어떤 학자들은 지난 100년간 국가간 전쟁 빈도가 아주 낮다는 점에서 이 지역을 안전공동체로 묘사할 정도이다. 내전과 역내 국가들 간의 수많은 영토분쟁이 있었음에도 불구하고 그렇게 평가한다. 설령 이 평화를 깨는 국가가 무력 사용으로 영토나 부를 얻을 수 있다 해도, 안정적 평화는 이 지역 모든 국가가 누리는 집합재이다.

도전: 역내 국가들 간에 한동안 비교적 평화적인 관계가 유지되어 왔지만 몇 개 국가들 간에는 오랜 갈등이 아직 남아 있다. 1995년에 페루와 에콰도르가 국경에서 소규모 전투를 벌였다. 2000년 이후 다른 분쟁도 확대되고 있다. 볼리비아는 100년도 더 전에 칠레에게 잃은 해안으로 가는 회랑지대를 되찾고자 한다. 콜롬비아와 베네수엘라는 베네수엘라가 콜롬비아 반군을 지원한다는 문제를 놓고 서로 비난을 주고받는다. 서로 대립중인 국가들은 언어 차이, 이

였다.

　　분리를 위한 전쟁은 대규모의 참혹한 전쟁으로 발전할 수 있으며, 또 국경선 너머 다른 국가로 파급될 수도 있다. 특히 한 종족 또는 종교 집단이 인접한 두 국가에 걸쳐서 거주하면서, 한 국가에서는 다수를 이루고 있고 다른 국가에서는 전체적으로 소수나 접경지역에서 다수를 이루고 있는 경우, 국경 너머로까지 분리 전쟁이 쉽게 확산될 수 있다. 코소보의 경우, 알바니아계 무슬림은 알바니아와 코소보 지방에서 다수지만 세르비아 전체에서는 소수이다. 이와 비슷한 상황이 바로 보스니아-세르비아, 몰도바-러시아, 인도-파키스탄 간에도 있다. 어떤 경우 분리주의자들은 자신들의 거주지역을 인접국과 합병시키고자 한다. 이렇게 되면 기존의 국경선이 변경되는데, 이는 국제규범에 부합하지 않는다.

　　주권과 영토보전을 중시하는 기존의 국제규범에 비추어 볼 때 분리운동은 다른 국가들의 관심을 거의 끌지 못하는 국내문제로 간주된다. 일반적인 원칙은 다음과 같이 정리될 수 있다. 즉 "우리 기존의 주권국가들은 모두 나름대로 국내문

념 차이, 영토분쟁, 경제적 경쟁 등의 갈등 요인을 가지고 있다. 작지 않은 규모의 육군과 해군을 가진 국가들 사이에 전쟁의 가능성은 항상 존재한다.

해결책: 지금까지 어떻게 라틴아메리카가 대규모 국가 간 전쟁을 피해 왔을까? 해결책은 상호주의 원칙과 정체성 원칙 양쪽 모두에서 찾을 수 있다. 역내 모든 국가가 정치적 분쟁이 일어났을 때 상호주의와 협상을 촉진하는 미주기구(OAS)의 회원국이다. 그래서 싸움이 생겨도 장기간의 대규모 군사적 분쟁으로 확대되지는 않는다. 미주기구를 통한 협상 과정은 많은 분쟁을 성공적으로 해결하였다. 페루-에콰도르 분쟁도 국경 충돌 3년 후에 해결되었다.

　정체성 원칙도 작용한다. 라틴아메리카는 분쟁 해결에 관한 공통의 규범을 발전시켜 왔다. 어떤 2개국 사이의 분쟁은 역내 모든 국가에 대한 위협으로 받아들여진다. 각국은 역내 평화를 유지하는 것이 자국의 이익이라 여길 만큼 국가이익 개념을 확대하였다. 그래서 평화에 대한 위협에 전체 공동체가 적극적으로 대처하게 된 것이다.

제, 국내의 불만 집단이나 지역 등의 문제를 안고 있으며, 따라서 우리는 주권과 영토보전이라는 깃발 아래 단결해야 한다." 이리하여 러시아와 중국은 코소보가 세르비아로부터 독립하는 것을 반대하였다. 체첸 문제와 대만 문제에 악영향을 줄까 우려했기 때문이다.

그러나 주권과 영토보전 원칙에는 한계도 있다. 조지아 중앙정부와 남오세티아(South Ossetia) 지역 간의 군사적 충돌이 있고, 2008년 8월에 러시아가 남오세티아와 압카지아(Abkhazia)를 위하여 군사적으로 개입하여 러시아와 조지아 간에 단기전이 발생했다. 당시 러시아는 조지아의 두 지방을 독립국으로 승인하였다. 이에 대하여 미국과 EU가 비난하였고 UN도 승인하지 않았다.

다민족 국가들의 해체는 골치 아픈 경계선 문제를 낳을 수 있다. 과거에는 국내 경계선이 이제는 국가 간 경계선으로 되었는데, 이 국경선은 새로운 것이라 더 쉽게 도전받을 수 있다. 구 유고슬라비아의 경우 종족집단들이 서로 뒤섞여 있고 또 서로 결혼도 해서 대부분 공화국들의 인구 구성이 복잡해졌다. 1991-92년에 유고가 해체되었을 때 몇몇 공화국들이 독립을 선포하였다. 이런 공화국 가운데서 크로아티아와 보스니아는 소수파로 세르비아계 종족을 포함하고 있었다. 그런데 세르비아공화국이 크로아티아와 보스니아 내 세르비아계 거주지역과 그 인접 지역들에 대한 통제권을 장악하였다. 이들 지역에서 비 세르비아계 주민들은 추방되거나 집단학살(**종족청소**) 당했다. 1995년에 크로아티아가 자국 내 세르비아계 지배 지역을 탈환하자 이번에는 현지에 살던 세르비아계 사람들이 크로아티아로부터 집단 탈주하였다. 세르비아와 크로아티아 양국 모두에서 나타났듯이, 기회주의적 정치인들이 부추긴 종족 단위의 민족주의가 종족 간의 관용보다 더 강하다는 사실이 입증되었다.

그러나 한 국가의 해체가 반드시 폭력으로 이어지진 않는다. 2006년에 몬테네그로(또 다른 구 유고슬라비아 구성 공화국)와 세르비아가 평화적으로 갈라섰다. 체코슬로바키아도 협력적인 방식으로 체코와 슬로바키아로 분리되었다. 그리고 소련 해체 과정도 종족집단들이 경계선 너머로 분산되어 있었지만(우크라이나와 러시아처럼) 공화국들 간의 폭력적 영토분쟁을 거의 발생시키지 않았다.

무력에 의한 국경선의 변경을 반대하는 국제규범은 식민지 해방의 경우에는 적용되지 않는다. 국제규범이 존중하는 것은 단지 기존의 승인된 국가들의 영토보전일 뿐이다. 역사적으로 식민지와 기타 영토적 재산은 정치적 거래나 전쟁을 통하여 빼앗거나 빼앗기거나 팔거나 교역하거나 하는 재산 가치만 지닌 것이었다. 1997년에 영국이 홍콩을 중국에 반환한 것은 식민지가 가처분 재산이라는 사실(영국 입장에서), 본토는 신성한 것이라는 사실(중국 입장에서)을 보여주는 또 다른 사례이다. 어느 쪽도 주민들의 견해는 별로 중시하지 않는다.

한 지역의 자치 문제가 분리 독립도 아니고 중앙정부의 완전한 통제도 아닌 현실주의적 타협으로 풀리는 사례가 늘고 있다. 분리 독립을 추구하였던 인도네시아 아체 주(Aceh province)는 2005년에, 그 전년도에 있었던 쓰나미 참사의 영향도 받았을지 모르지만, 군대를 해산하고 독립을 포기하였다. 그 대신 2006년 지방선거에 참가하였다. 인도네시아 정부에서는 아체 주에서 24,000명 규모의 군대를 철수시키고, 아체 주에서 나오는 석유, 가스, 광물 수익의 70%와 함께 제한적인 자치권을 아체 주에 주었다.

국가 간 경계선 기존 국가들 간의 경계선 분쟁은 국제사회에서 훨씬 더 심각한 문제로 간주되지만, 분리 관련 분쟁보다 그 숫자가 적다. 영토보전 규범에 힘입어 오래된 국가들 사이의 중요한 국경분쟁은 거의 없다.[40] 과거 한때 거대한 땅덩어리가 (평화조약이나 약혼식 석상에서) 펜 한번 움직이는 데 따라 이 나라 저 나라로 넘어간 적이 있다. 그러나 이와 같은 도매금으로 넘기는 국경선 변경이 기존 국가들 사이에서 이루어진 일은 지난 50년 동안 한 번도 없었다. 제2차 세계대전 이후 기존 국가들 간에 무력에 의한 국경선 변경은 소규모에 그쳤다(신생국의 건국과 기존 국가의 해체는 제외하고). 국경선 변경의 시도는 있었지만 실패하였다. 예를 들어 1980년에 이라크가 이란을 침공하였을 때 그 목표의 하나는 상업적·전략적 가치를 지닌 샤트 알아랍 수로(페르시아만에 이르는 통로)를 장악하려는 것이었다. 그러나 10년간 수백만 명이 죽는 전쟁을 치른 끝에 양국 간의 국경선은 원위치로 되돌아갔다.

더욱이 기존 국가들 사이에 실제로 영토분쟁이 발생하더라도 평화적으로 해결되는 사례가 많다. 특히 문제된 영토의 크기가 당사국들의 전체 영토에 비해 아

---

40 The CIA's *World Factbook.* http://www.cia.gov/library/publications/the-world-factbook/fields/2070.html.

주 작을 때 더욱 그렇다. 1994년에는 라틴아메리카 판사들로 구성된 위원회가 아르헨티나와 칠레가 국경 부근의 산악지방을 놓고서 100년간 다투어 온 문제를 해결한 바 있다. 이 위원회는 3대2로 아르헨티나 소유로 판정하였는데, 이에 대하여 칠레측이 강력하게 항의하였다. 심지어 이 결정이 나고 두 달 후에 개최된 미스월드 대회에 참가한 양국 대표가 서로 머리칼을 잡아당기는 싸움을 벌일 정도였다. 그러나 이와 같은 감정적 대립이 있었지만(그리고 1978년에는 거의 전쟁 상황으로까지 간 적도 있지만), 양국은 남은 국경분쟁 사건 24건 가운데 22건을 평화적으로 해결하였다.

영토분쟁의 평화적 해결 가능성은 2006년에 나이지리아와 카메룬 사이에 있었던 일로 더 빛을 발했다. 양국은 풍부한 석유 매장 가능성이 있는 바카시 반도를 놓고 다투었는데, 나이지리아가 그 지역을 카메룬 영토로 인정하여 그 지역에 파견하였던 군대를 철수시켰다. 식민지 시대 때부터 시작된 이 분쟁이 해결되기까지 10년 넘는 세월 동안 세계법원(World Court)의 노력, 나이지리아가 세계법원의 결정을 거부했을 때 UN 사무총장의 개인적 중재, 합의사항 이행을 감시하겠다는 외부 강대국들의 약속 등 힘든 노력이 많이 있었다. 카메룬보다 9배 이상 많은 인구, 3배 이상의 GDP, 훨씬 더 강한 군대를 가진 나이지리아가 왜 자발적으로 영토를 양보했을까? 그렇게 하는 것은 현실주의자들의 예측과 어긋날 뿐만 아니라 더 일반적인 우세 원칙에도 어긋나는 일이다. 자유주의 이론이 이 사건을 더 잘 설명할 수 있을 것 같다. 즉 나이지리아가 그렇게 한 까닭은 국가이익에 더 이롭기 때문이었다. 왜냐하면 분쟁을 세계법원으로 가져가고 합의 이행을 돕기 위해 UN을 끌어들이는 것이 나이지리아의 자원(주로 석유) 개발을 위한 외국인 투자 유치에 필요한 안정을 가져올 것이기 때문이다.

장기화된 영토분쟁 현재 전 세계적으로 기존 국가 간 영토분쟁은 불과 몇 건 밖에 없다. 그러나 이 분쟁은 국제분쟁의 중요한 원인으로 남아 있다. 가장 해결하기 어려운 문제는 이스라엘의 국경선 문제이다. 이스라엘 독립전쟁의 결과로 그어진 1948년의 휴전선은 1967년 중동전을 치르면서 확대되었다. 시나이 반도는 이집트에 반환하였지만 1967년 전쟁의 결과로서 아직도 남아있는 점령지 ─ 요르단 근처의 웨스트뱅크, 이집트 근처의 가자지구, 시리아의 골란고원 ─ 는 아랍-이스라엘 분쟁의 핵이 되고 있다. 특히 지금도 계속 진행 중인 웨스트뱅크 지역 내 유태인 정착촌 건설에 팔레스타인이 격렬히 반대하고 대다수 국제 행위자들이 불법적인 것으로 간주하고 있어서 논란의 초점으로 남아 있다. 1993년 이후 이스라엘-팔레스타인 간 합의로 웨스트뱅크 일부와 가자지구에 팔레스타인의 자치를 허용하는 방향으로 진전이 있었고 팔레스타인 국가 건설을 위한 협상도 순항하는 것처럼 보였다. 그러나 21세기 들어 2012년에 UN이 상징적 조치로 팔레스타인의 지위를 비회원 참관 "국가"로 승격하였음에도 불구하고 팔레스타인 국가 건설 문제는 완전히 교착상태에 빠져 버렸다.

또 다른 중요한 국경분쟁으로서 인도, 파키스탄, 중국이 만나는 카시미르 지방을 둘러싼 분쟁이 있다. 카시미르 지방 중 인도가 차지하고 있는 지역의 주민 대다수가 무슬림인데, 파키스탄에서는 무슬림이 다수지만 인도에서는 소수이다. 현재는 통제선이라 불리는 것이 이 지역의 경계선이다. 파키스탄은 인도가 현지 주민들을 억압하고 카시미르의 장래를 주민투표로 결정하기로 한 국제적 합의를 무시한다고 비난한다. 인도는 파키스탄이 인도령 카시미르에서 공격을 일삼는 이슬람주의 과격파를 지원하고 그들 내부에 침투해 있다고 비난한다. 이 문제를 놓고 지금까지 양국은 두 차례 전쟁을 치렀고 2002년에도 다시 전쟁 직전 상황까지 갔다. 당시에는 이미 양국이 모두 핵미사일로 무장한 상태였다. 2003년에 휴전 합의가 이루어져 통제선을 따라 끊임없이 계속되었던 낮은 수준의 전투가 거의 중단되었다. 그러나 2013년 초에 있었던 소규모 충돌에서 양측은 각각 몇 명 정도 사망자를 냈고, 이런 충돌은 간헐적으로 계속되고 있다.

세계 각지에 아직 남아 있는 다른 국가 간 영토분쟁의 대부분은 (그리고 가장 심각한 분쟁은) 전략적 가치, 천연자원(예컨대 해저 석유), 어업권 등과 관련된 작은 섬들에 대한 분쟁이다. 국제법에 따르면 섬을 영유하는 국가가 섬 주변 200 마일 이내 어업권과 채광권을 갖는다. 현재 남중국해 상에 있는 조그만 섬들(Spratly Islands)을 놓고 중국, 대만, 베트남, 필리핀, 말레이시아, 브루나이 등이 전부 혹은 일부에 대한 영유권을 주장하고 있다(《그림 5.5》 참조). 인근 해역은 상당량의 석유 매장 가능성이 있다고 한다. 브루나이를 제외한 모든 국가가 영유권 주장을 뒷받침하기 위하여 가끔씩 군사 행동을 취한다. 최근 들어 각국 해군이 그 인근 해역에서 조우하는 일이 자주 생겨 긴장이 고조되고 있다. 일본, 중국, 한국, 대만으로 가는 페르시아만 석유와 기타 주요 자원들을 포함해서, 그 부근 해로를 통과하는 무역량이 세계 전체 무역의 약 절반을 차지하고 있다. 2012년에는 중국군과 필리핀군이 조그만 모래톱 위에서 몇 개월간 대치한 적이 있었는데 평화적으로 마무리되었다.

〈그림 5.5〉 분쟁 중인 도서

스프래틀리 군도는 영토와 섬 주변 천연자원에 대한 영유권 분쟁의 현주소를 잘 보여준다. 현재 중국, 베트남, 말레이시아, 브루나이, 필리핀, 타이완이 열도 전부 혹은 일부에 대한 영유권을 주장하고 있다.

일본과 중국도 작은 섬들을 놓고 다투고 있고 일본과 한국도 다투고 있다. 이 두 곳에 걸려 있는 경제적 이익은 크지 않지만 각국의 민족주의 감정과 맞물려 있다. 부분적으로 제2차 세계대전 당시 일본이 한국과 중국을 점령한 사실이 민족주의 감정을 부추기고 있다. 가장 심각한 분쟁이 동중국해에 있는 작은 섬들(중국명 釣魚島, 일본명 尖閣列島)에 대한 분쟁이다. 현재 이 섬들은 일본이 점유하고 있고 중국이 이를 인정하지 않고 있는데, 중국 잠수함이 태평양으로 진출하는 데 이 섬들이 요충지가 될 수 있다. 2012년에 양국 해군과 공군은, 직접 충돌은 아니었지만, 여러 번 대치한 적이 있었으며, 2013년 초에는 (전쟁 시 일본 방위 의무가 있는) 미국이 양측의 자제를 요청하기도 하였다.

기타 작은 섬을 둘러싼 분쟁이 세계 각지에 남아 있다. 중동의 경우 이란과 아랍에미리트가 페르시아만 입구에 있는 몇 개의 섬을 놓고 다투고 있다. 2002년에 스페인은 모로코 해안 가까이 있는 몇 개 섬에 파병하여 얼마 안 되는 모로코

군을 축출하였다. 남아메리카의 경우 아르헨티나와 영국은 1982년에 한차례 전쟁을 치르고서도 여전히 **포클랜드군도**(아르헨티나에서는 **말비나스군도**라 부른다)에 대한 영유권을 다투고 있다. 그리고 일본-러시아 관계에서 가장 큰 논란거리로서, 1945년에 러시아가 점령했고 전략적으로 중요한 위치에 있는 쿠릴열도에 대한 영유권 다툼이 있다. 섬은 주변 경제해역에 대한 통제권을 가져다주기 때문에 앞으로도 섬을 둘러싼 국제분쟁은 당연히 계속될 것이다.

영해 국가들은 국토와 인접한 근해인 **영해**를 영토의 일부로 간주한다. 영해의 정의는 보편적으로 합의된 바가 없지만, 최근 영해 관련 규범이 발전하고 있다. 특히 UN해양법협약(UN Convention on the Law of the Sea, UNCLOS)이 그 좋은 예이다. 전통적으로 육지에서 3마일까지의 수역이 영해로 인정되지만, 3마일 밖으로 국가 주권이 확대 적용되는 범위와 용도 등에 대해서는 논란이 있어 왔다. UN해양법협약은 12마일의 독점적 항해권, 200마일의 배타적 경제수역(EEZ, 이는 어업권과 채광권을 말하며 항해권은 모든 국가에 허용)을 인정하고 있다. 각국의 배타적 경제수역을 모두 합치면 전체 바다 면적의 1/3에 해당한다. 2010년에 러시아와 노르웨이가 북극해에서의 석유 및 가스 개발을 위한 EEZ 설정에 합의하여 40년간 끌어온 양국 간 분쟁을 해결하기도 했다.

바로 이 배타적 경제수역 때문에 조그만 섬에 대한 주권이 그 주변 약 10만 제곱 마일의 해역에 대한 경제권을 뜻한다. 그러나 각국의 경제수역은 크게 중첩되며 해안선도 곧지 않아서 영해와 경제수역을 가르는 방법을 놓고서 각국 간에 해석 차이가 빚어질 가능성이 매우 크다. 예를 들어 리비아는 시드라 만 전역을 내만으로 간주하여 영해로 주장하였지만, 미국은 해안선 상의 만곡으로 간주하여 시드라 만의 대부분이 공해라 주장하였다. 1986년에 미국은 이점을 분명히 하기 위하여 시드라 만에 군함을 파견하였다. 당시 미군 전투기가 이 지역에서의 군사 활동에 도전한 리비아 전투기 2대를 격추한 바 있다.

1994-1995년에 캐나다가 200마일 경제수역을 살짝 벗어난 해상에서 조업 중인 스페인 어선들을 방해하기 위해 해군을 파견하였다(경계선 밖이지만 경계선 안의 어족자원에 영향을 주기 때문에). 오호츠크 해의 경우 그 폭이 400마일 남짓 밖에 안 되기 때문에 이 해역 한가운데 도넛 구멍만한 공해를 제외한 전 해역이 러시아의 배

타적 경제수역이다. 다른 나라 어선들이 이 도넛 구멍에서 집중적으로 조업하는데, 러시아 경제수역 내 어족자원에 영향을 준다.

2010년에 한국의 전함이 황해 상의 분쟁 수역에서 침몰함에 따라 위험한 해상분쟁 상황이 발생하였다. 국제조사단은 북한 어뢰가 그 전함을 격침하였다고 결론 내렸지만 북한은 관여하지 않았다고 주장하였다. 이 수역에서 한국은 군사작전을 계속 해왔고 북한은 포격을 계속해 왔다. 2010년에 북한의 포격으로 남한 민간인 몇 명이 죽은 일도 있었다. 양국은 평화조약 체결을 통한 한국전의 공식적 종전을 하지 않고 있는 상태이다.

영공   한 국가의 상공에 있는 항공 공간은 영토의 일부로 간주된다. 한 국가의 **영공**을 통과하려면 해당국의 허가를 받아야 한다. 예를 들어, 1986년의 리비아 공습 당시 영국에 기지를 둔 미군 폭격기들이 프랑스 영공을 통과해야 했지만 프랑스가 이를 허가하지 않아서 대서양 상공으로 우회해야 했다.

그러나 외계 공간은 대양처럼 공동의 공간으로 간주된다. 정확히 어디서 영공이 끝나고 외계 공간이 시작되는지를 규정한 국제법은 없다. 그러나 궤도 위성은 항공기보다 높은 고도에서 더 빨리 비행하고 특정 국가 상공을 피하기 위해 방향을 바꾸기 어렵다. 그리고 인공위성을 격추할 수 있는 국가는 매우 적다. 모든 강대국들에게 위성은 중요한 정보수집 수단이고 또 공격에 매우 취약하기 때문에 외계 공간을 비무장화해야 한다는 규범이 만들어졌다. 그러나 2007년에 중국이 대 위성 미사일로 자국 위성 한 개를 폭파하는 데 성공함으로써 궤도 공간에서 위성 잔해들이 고속으로 떨어지며 흩어지게 만드는 동시에 다른 국가들의 신경을 곤두서게 만들었다.

(2) 정부 장악을 위한 분쟁

세계 도처에서 아직 소규모 영토분쟁이 다수 남아 있지만, 영토를 통제하기 위한 싸움의 대부분은 경계선 변경을 위한 분쟁이 아니라 어떤 정부가 전체 국가를 통제할 것인가의 문제를 둘러싼 분쟁이다.

이론적으로 국가는 주권존중 규범 때문에 타국의 내정에 간섭하지 않는다. 그러나 실제로 종종 국가들은 다른 국가의 정부에 대해 큰 이해관계를 가지며, 누가 그 국가의 권력을 잡느냐의 문제에 영향을 주기 위하여 다양한 제어수단을 사용한다. 정부를 놓고 벌어지는 이런 갈등은 여러 가지 형태를 띤다. 부드러운 것, 가혹한 것, 제3자가 깊숙이 개입한 것, 비교적 양자 관계에 국한된 것도 있다. 때로는 한 국가가 단지 타국의 선거에 미묘한 영향을 미치는 행위를 할 수도 있고 정부를 전복하려는 반군을 지원할 수도 있다.

과거 냉전시기 미-소 양 초강대국은 비밀공작과 반군 지원 등을 통하여 남반구 국가들의 정부를 바꾸기 위한 활동을 적극적으로 전개하였다. 앙골라, 아프가니스탄, 니카라과 내전의 경우가 좋은 예이다. 양 초강대국은 이 국가들의 정부 변동에 영향을 미치기 위한 목적으로 무기, 자금, 군사고문 등을 제공하였다.[41]

2004-2005년에 냉전 시기 경쟁 관계의 어두운 그림자가 우크라이나를 덮쳤다. 당시 우크라이나에서 실시된 선거가 부정선거 시비에 휘말렸는데, 러시아와 서방국가들은 각각 서로 다투는 양대 세력 중 한쪽을 지원하였다. 이 선거로 인하여 우크라이나는 동부의 러시아어를 사용하는 러시아정교 지역과 서부의 우크라이나어를 사용하는 가톨릭 지역으로 양분되었다. 동부지역 출신의 친 러시아 현직 대통령은 국제 감시단이 부정선거라 규정한 이 선거에서 이겼다고 선언했다. 러시아 대통령 푸틴은 직접 그와 함께 선거운동을 했으며, 구소련의 일부였던 우크라이나가 서방의 영향권에 들어가는 것을 맹렬히 반대하였다. 다른 한편 친서방 후보는 선거운동 도중에 독극물에 중독되었지만 죽지는 않았다. 2004년 말에 이 후보 지지자들이 거리로 뛰쳐나가 재선거를 요구하였는데, 우크라이나 대법원이 재선거 판결을 내렸고 재선거에서는 야당이 승리하였다.

간혹 한 국가가 다른 국가의 정권 교체를 노려 침공하는 경우도 있다. 1968년 체코슬로바키아에서 소련이 한 행동, 2003년 이라크에서 미국이 한 행동이 바로 그런 경우였다. 심지어 현 정부를 싫어하는 경우에도 사람들은 일반적으로 외국인이 자국 정부를 선택하는 것에 대해 반감을 갖는다. 국제사회 역시 이 같은 명백한 국

---

41 Owen, John M. The Foreign Imposition of Domestic Institutions. *International Organization* 56(2), 2002: 375-409.

가주권 침해에 대하여 부정적인 태도를 취한다.

영토분쟁과 마찬가지로 정부에 대한 통제권 관련 국제분쟁도 폭력 사용으로 이어질 수 있는 형태의 분쟁이다. 이 분쟁은 국가의 지위 및 통일성과 관련된 핵심 사안을 내포하고 있으며, 분쟁의 대상이 되는 이익이 대단히 크며, 관련 당사자들의 이해관계가 서로 상반되는 경우가 많다. 이와 대조적으로, 국가들 간의 경제적 갈등은 더 흔하지만 폭력으로 이어질 가능성이 훨씬 적다.

(3) 경제적 분쟁

경제적 거래관계는 특정 국가들에만 국한된 것이 아니라 보편화된 관계이다. 그렇기 때문에 국제관계에서 경제적 경쟁은 가장 보편적인 형태의 갈등이다. 국경선을 넘어서 어떤 판매가 이루어지거나 거래가 성사되었다는 것은 그 과정에서 상충하는 이해관계가 조정되었음을 뜻한다. 커피 수출국인 코스타리카는 커피 가격의 상승을 바라며, 수입국인 캐나다는 가격 하락을 원한다. 앙골라는 자국산 석유를 대신 생산·판매하는 외국 석유회사들이 더 적은 부분의 이익금을 가져가길 원하며, 이 회사들의 본국에서는 더 많은 이익금이 송금되기를 희망한다. 전 세계적인 자본주의 시장에서 이루어지는 모든 경제 교환에는 이익 충돌이 내포되어 있다.

그러나 경제 거래에는 이익 충돌 외에 상호 이익의 여지가 다분히 내포되어 있다. 이러한 상호 이익은 경제적 교환을 둘러싼 흥정 상황에서 가장 유용한 제어 수단이다. 국가와 회사들이 경제 거래를 하는 이유는 바로 그 거래를 통하여 이익을 볼 수 있기 때문이다. 이 과정에서 폭력의 사용은 경제적 이득보다 더 많은 경제적 손실을 초래하게 된다. 그러므로 경제분쟁이 군사력 사용이나 전쟁으로 이어지는 경우는 거의 없다.

오늘날 경제분쟁이 폭력으로 발전하는 경우는 거의 없다. 경제분쟁에서 군사력이 더 이상 효과적인 제어수단이 되지 못하기 때문이다. 오늘날 세계경제가 긴밀하게 통합되어 있고 군사적 행동의 비용이 크다는 점을 감안하면, 경제문제 해결을 위한 무력 사용은 정당화될 수 없다. 경제분쟁을 해결하기 위한 합의 내용이 어느 일방에게 불리하더라도, 무력 사용으로 얻을 수 있는 이득이 전쟁을 치르는 비용보다 더 많을 가능성은 거의 없다. 그러므로 대부분의 경제분쟁은 국제안보 문제가 아니라 국제경제 문제에 해당한다(이 책의 후반부에서 상세히 다룬다). 그러나 경제분쟁은 다음과 같은 몇 가지 방식으로 국제안보 문제와 연결되기도 한다.

첫째, 많은 국가들의 외교정책은 **중상주의** 영향을 받고 있다. 중상주의란 수세기 전부터 내려온 관행으로 국가가 전쟁 비용으로 사용할 수도 있는 재정흑자를 달성할 목적으로 무역과 기타 대외 경제정책을 조작하는 것을 말한다. 무역흑자는 장기적으로 볼 때 국제안보의 우위와 연결되는 것이기 때문에 무역분쟁이 국제안보 관계에 어느 정도 영향을 미칠 수 있다.

둘째, **측면 압력** 이론도 경제적 경쟁과 안보문제를 연결시킨다. 이 이론은 한 국가가 경제성장을 이룩하면 외국의 천연자원을 찾아서 (평화적이거나 폭력적인 여러 수단을 통하여) 지리적 팽창을 추구하게 된다고 주장한다. 강대국들이 경제활동을 외부로 확장할 때 이들 사이의 경쟁이 분쟁이나, 혹은 때로는 전쟁으로 발전할 수 있다고 한다. 이 이론은 제1차 세계대전의 발발과 제2차 세계대전 이전 일본의 대외 팽창을 설명하는 데 사용되고 있다.[42]

셋째, 국제안보에 영향을 미치는 또 다른 형태의 경제분쟁으로서 **방위산업** 관련 분쟁이 있다. 군수품, 특히 전투기와 미사일 같은 첨단기술 장비를 생산하는 방위산업이 문제가 될 수 있다. 이러한 품목들은 세계시장에서 거래되고 있는데, 정부는 해당 업체의 이익보다 국가이익이 더 우선되도록 하고 또 전쟁 시 군사 장비의 자급자족을 위하여 업체의 생산을 통제하고자 한다(항상 성공하지는 못하지만). 이에 따라 (무기판매를 통하여 누가 이득을 취하는가의 문제를 둘러싼) 경제적 경쟁이 (누가 무기를 갖게 되는가의 문제를 둘러싼) 안보문제와 서로 뒤얽히게 된다. 2009년에 미국 자동차 산업을 위한 구제금융에 찬성한 사람들은 과거 제2차 세계대전 당시처럼 자동차 회사가 전쟁 시에 결정적으로 중요한 차량을 공급할 수 있다고 주장하였다. 또한 잠

---

42 Choucri, Nazli, and Robert C. North. *Nations in Conflict: National Growth and International Violence.* Freeman, 1975. Ashley, Richard K. *The Political Economy of War and Peace: The Sino–Soviet–American Triangle and the Modern Security Problematique.* Pinter, 1980. Choucri, Nazli, Robert C. North, and Susumu Yamakage. *The Challenge of Japan: Before World War II and After.* Routledge, 1993.

재적인 적성국으로 첨단무기 관련 지식이나 기타 군사기술이 이전된다는 것도 안보 관련 문제가 된다.

넷째, 국가 내부와 국가들 간의 부의 분포를 둘러싼 경제분쟁이 안보문제와 연결될 수 있다. 12장에서 자세히 살펴보겠지만, 이 세계의 부는 매우 불평등하게 분포되어 있어서 이로 인하여 폭력으로 이어질 가능성이 있는 다양한 국제안보 문제가 발생할 수 있다. 빈국의 테러단체가 부국을 공격하는 것도 하나의 예이다. 그리고 대부분 빈국에서 일어나는 혁명은 그 국가가 다른 국가에 비해 가난하다는 점뿐만 아니라 국내적으로 부가 불평등하게 분포되어 있다는 점 때문이다. 이런 혁명이 일어나면 인접국이 내전 중인 어느 일방을 지원하는 형태로 개입할 수 있다. 국제관계에 관한 마르크스주의적 접근은 부자와 빈자 간의 계급투쟁을 국제관계의 기초로 삼는다(4장 및 12장 참조). 이 접근에 따르면, 자본주의 국가는 부유한 기업주들의 이익에 복무하는 외교정책을 채택한다. 남반구와 북반구 간에 발생하는 갈등과 전쟁은 부국이 빈국을 지배하고 착취하는 상황, 즉 직접적이거나 간접적인 제국주의를 반영한다고 볼 수 있다. 예컨대 대다수 마르크스주의자들이 볼 때 베트남전은 미국이 동남아의 값싼 노동력과 원자재를 지속적으로 확보하기 위하여 혁명을 억압하려고 치른 전쟁이다. 또한 자본주의 국가들 간의 갈등은 빈국들을 착취할 권리를 놓고 벌이는 경쟁이다. 소련을 건국한 레닌은 제1차 세계대전을 제국주의적 세계 분할을 위한 전쟁이라 묘사하였다.

마약밀수 마약밀수는 불법적인 국제무역의 한 형태이다. 밀수는 국가의 세금을 포탈하고 국가의 합법적인 국경 통제권을 박탈하는 행위이다.[43] 그러나 일반적으로 밀수는 안보문제라기보다 경제문제이다. 그렇지만 다른 밀수품과 달리 마약은 국민의 (그리고 군의) 사기와 능률에 악영향을 미친다는 점에서 안보위협으로 간주되어 왔다. 또한 마약밀수는 군이 중무장한 마약밀수단과 교전하는 일이 많기 때문에 안보문제와 연결된다.[44] 일반적으로 마약밀수를 둘러싼 분쟁은 국가를 한

---

43 Gavrilis, George. *The Dynamics of Interstate Boundaries.* Oxford, 2008.

44 Tullis, LaMond. *Unintended Consequences: Illegal Drugs and Drug Policies in Nine Countries.* Rienner, 1995. Kopp, Pierre. *Political Economy of Illegal Drugs.* Routledge, 2004.

편으로, 비국가 행위자를 다른 편으로 하는 분쟁이다. 그러나 마약밀수와 관련된 행동이 국경을 넘나드는 경우가 많고 또 부패한 공무원들이 관련되는 경우도 많기 때문에 손쉽게 다른 국가가 개입될 수 있다.

　　이처럼 마약밀수 문제가 국제화된 예로 미국과 콜롬비아 관계를 들 수 있다. 미국은 콜롬비아에 기지를 둔 코카인 카르텔이 미국 도시들에 코카인을 공급하지 못하도록 하고자 노력한다. 미국에 반입되는 코카인은 주로 페루, 볼리비아, 콜롬비아의 산악지방에 위치한 농장에서 가난한 농민들이 재배한 코카에서 추출한 것이다. 정글에 있는 간단한 공장에서 처리된 코카인은 콜롬비아에서 파나마 같은 제3국을 거쳐 미국으로 들어간다. 이들 국가에서 (미국도 물론 포함하여) 밀수꾼들은 군 장교와 경찰 간부를 포함한 일부 부패한 공무원들에게 뇌물을 준다. 그러나 각국의 다른 공무원들은 코카인 거래를 분쇄하기 위하여 미국의 법집행 기관 및 미군과 협력한다. 볼리비아에서는 코카 농장에서 일하던 반미 성향의 농부 출신 후보가 2005년에 대통령에 당선되었다. 그는 코카인 제조는 반대하지만 코카 재배는 찬성하는 사람이었다.

　　그런데 이들 국가의 일부 주민들, 특히 코카인 생산 지역의 주민들은 마약거래를 통하여 꽤 큰 이득을 보고 있다. 가난한 농민들에게는 코카인 거래가 유일한 소득 원천일지도 모른다. 이보다 국제안보와 관련된 더 중요한 일로서, 현재 세계에서 진행 중인 14개 전쟁 가운데 2개 전쟁, 즉 아프가니스탄과 콜롬비아에서 전쟁을 치르고 있는 반군의 주된 돈줄이 불법 마약거래 수익금이다. 서방이 이슬람 극단주의(특히 탈레반)와 싸우는 중심 무대인 아프가니스탄은 전 세계로 가는 헤로인의 원료 대부분을 공급하고 있다. 미국으로 들어가는 불법 마약의 최대 공급지인 멕시코에서는 지난 수십 년 동안 마약 갱들 간의 잔혹한 폭력이 통제 수준을 넘어 발생해 왔으며, 이 과정에서 수만 명이 목숨을 잃었다고 한다.

　　라틴아메리카에서는 과거 오랜 세월 미국의 군사 개입 역사 때문에 정부가 미군과 협력하는 것은 정치적으로 민감한 문제이다. 어떤 국가에서는 정부가 마약과의 전쟁으로 "양키"의 "침략"을 허용했다는 대중의 비판을 받기도 했다. 글자 그대로 미국이 침략한 사례도 있다. 즉 1989년에 미군이 파나마를 침략하여 그 지도자인 독재자 노리에가(Manuel Noriega)를 체포한 적이 있다. 그는 미국으로 송환되어 미국 법정에서 파나마를 경유하는 마약밀수를 공모한 혐의에 대하여 유죄판결을 받았다.

　분쟁의 결과, 전쟁의 형태, 국가들의 폭력 성향 등이 다양하듯이, 분쟁이 폭력으로 비화할 때 무력이 사용되는 방식도 매우 다양하다. 각국은 용도와 능력 면에서 엄청나게 다양한 군사력을 개발한다. 그런 군사력이 다음 제 6장을 점령하고 있다.

5장 복습

요약

- 국제분쟁에서 폭력 수단이 사용될 때 여러 형태의 전쟁이 발생한다. 전쟁의 규모와 성격은 게릴라전이나 기습에서 국제체계의 지도권을 다투는 패권전쟁에 이르기까지 다양하다. 폭력 사용의 형태가 이처럼 다양하기 때문에 전쟁을 정확히 정의하기가 어렵다.

- 전쟁의 원인에 관한 일반적 설명으로 많은 이론이 제시되어 왔다. 각 분석수준에서 상충하는 이론들이 제시되었지만 두 가지 예외를 제외하면 모두 충분한 경험적 근거를 갖추지 못하고 있다. 그래서 아직 정치학자들은 전쟁의 발발을 자신 있게 예측하지 못한다.

- 민족주의가 국제관계에 큰 영향을 준다. 국가 지위를 요구하거나 국경선의 변경을 요구할 정도로 민족적 정체성 인식이 강해지면 이로 인한 분쟁이 생길 수 있다.

- 종족분쟁은, 특히 영토분쟁과 결합되어 있을 때, 해결하기가 매우 어렵다. 심리적 편견이 깔려 있기 때문이다. 종족집단에 충성을 바치는 사람들도 있고 다종족적 민족에 충성을 바치는 사람들도 있는데 이 차이가 어디서 나오는지를 설명하기는 어렵다.

- 근본주의적 종교운동은 국제체계의 규칙 일반, 특히 국가주권에 대한 큰 위협이 되고 있다.

- 국제관계에서 이념은 그다지 중요하지 않다. 이념으로서 민주주의는 여기서 예외가 될지 모른다. 국가지도자들은 자신들에게 이익이 되는 행동을 정당화하기 위해 이념을 사용한다.

- 국가들이 영토보전에 큰 가치를 부여하기 때문에 영토분쟁이 국제분쟁 가운데 가장 심각한 분쟁에 속한다. 그러나 약간의 예외가 있지만 오늘날 전 세계의 거의 모든 국경선은 고착되어 있고 국제적 승인을 받고 있다.

- (정부 장악을 통하여) 국가 전체에 대한 통제권을 다투는 분쟁 역시 심각한 분쟁으로서 무력 사용으로 이어질 가능성이 비교적 크다.
- 경제적 분쟁이 폭력으로 이어질 가능성은 아주 낮다. 경제활동을 통하여 얻는 긍정적인 이득이 부정적인 폭력 사용 위협보다 훨씬 더 효과적인 유인책이 되기 때문이다.

핵심 용어

패권전쟁, 전면전, 제한전, 내전, 게릴라전, 진실위원회, 분쟁, 주기이론, 민족주의, 종족집단, 종족중심주의, 비인간화, 집단학살, 세속 국가, 이슬람/무슬림, 이슬람주의, 실지회복주의, 종족청소, 영해, 영공

비판적으로 생각하기

1. 이 장 앞부분에 있는 전쟁의 정의를 참조해서, 현재의 국제적 상황 가운데 전쟁의 정의에 가장 잘 들어맞는 사례 두 개와 잘 들어맞지는 않지만 이와 가까운 사례(준 전쟁) 두 가지를 예로 들어보자. 전자와 후자 중 어느 쪽이 더 심각하다고 생각하는가? 행위자가 서로 다른가? 분쟁 성격이 서로 다른가? 행위자들의 능력에 차이가 있는가?

2. 제2차 세계대전 이후 유럽 각국의 교과서가 종족 혹은 민족 간의 편견을 줄이고 각 민족을 더 공정하게 다루는 방향으로 개정되었다. 여러분 나라의 학생들이 배우는 역사교과서는 어떤가? 정확한가? 자민족을 미화하고 타민족을 폄하하지 않는가? 그렇다면 어떤 식으로?

3. 세계 주요 종교에서 부상하고 있는 근본주의가 전통적 국가주권 개념에 도전하고 있다. 이 경향이 UN을 강화할까 약화할까? 혹은 초국가적 권위체(이들 역시 국가주권에 도전하지만)를 만들고자 하는 노력에 도움을 줄까 방해가 될까?

4. 여러분이 같은 영토를 두고 다투는 두 국가 사이에서 중재자가 되었다고 가정하고, 양측이 수락할 수 있는 중재안을 만들 때 어떤 원칙을 활용할 수 있을까? 또한 중재안을 받아들이도록 설득할 때 어떤 수단을 사용할 수 있을까?

5. 본문에서 다룬 6가지 국제분쟁 형태 가운데 민족주의와 연결시킬 수 있는 형태는 몇 가지인가? 그 각각의 경우는 어떻게 연결되는가?

쟁점 토론하기

미국과 러시아: 새로운 냉전?

개요

1989-1991년 무렵에 냉전이 끝났을 때 사람들은 미국-러시아 간 협력 시대가 오기를 기대하였다. 실제로 양국은 러시아 핵무기 회수와 러시아 경제 안정을 위해 협력하였으며 NATO를 구 바르샤바조약기구의 일부 회원국으로 확대하는 문제에 합의하는 등 건전한 관계를 향한 움직임을 보였다.

그러나 최근 들어 관계가 악화되는 방향으로 바뀌었다. 러시아는 NATO의 추가 확대에 반대하였다. 또한 러시아는 1990년대와 2000년대에 이라크 문제와 관련하여 UN안보리 결의에서 거부권을 행사하겠다고 위협하였다. 미국은 냉전 이후 오랫동안 미국에서 활동해온 거물급 스파이 몇 사람을 체포하였다. 2001년에 미국이 ABM조약(ABM Treaty)에서 탈퇴한 데 대해 러시아는 미국이 새로운 군비경쟁을 시작한다고 우려하였다. 2003년 이라크전에 이르기까지 러시아는 미국이 제안하는 일체의 결의안에 대하여 거부권을 행사하겠다고 위협하면서 UN의 승인을 얻으려는 미국의 노력에 하나같이 반대하였다. 러시아는 2008년에 미국의 동맹국인 조지아와 전쟁을 벌였다. 평화관계는 유지되었지만 우호관계는 많이 냉각되었다. 러시아와 미국이 전쟁으로 갈 것이라고 믿는 사람은 아무도 없지만, 과거 경쟁자였던 두 나라 사이에 새로운 냉전이 등장할 것인지의 여부는 장담하기 어렵다. 정말 이 두 강대국 사이에 새로운 냉전 상태가 올까?

주장 1: 미국–러시아 사이에 새로운 냉전이 등장할 것이다.

러시아와 미국은 핵심 정책 영역에서 큰 입장 차이가 있다. 몇 가지 중요한 문제에 대하여 러시아와 미국은 다른 시각을 가지고 있다. 특히 미국은 NATO 확대에 주력하고 있지만 러시아는 이를 자국 안보에 직접적인 위협으로 간주한다. 또한 미국은 유럽에 탄도미사일 요격미사일을 배치하려고 하지만 소련은 이에 반대한다.

러시아 민주주의는 취약하다. 러시아에서 민주주의는 기껏해야 불완전하며, 이것이 미국과의 관계에서 추가적인 긴장 요인이 된다. 야당 지도자들이 투옥되고 부패가 만연하고, 언론은 비리를 취재할 때 협박을 받는다. 미국은 앞으로 이와 같은 비민주적 요소에 대한 러시아의 개선 정도와 러시아에 대한 원조를 연계하겠다는 뜻을 암시했는데, 이에 대하여 소련지도자들은 분노하고 있다.

러시아는 미국의 적들에게 손을 뻗치고 미국의 동맹국들과 적대한다. 최근 러시아는 베네수엘라와 합동군사훈련을 실시하였으며 이란과 좋은 관계를 유지하고 있다. 반면에 조지아와 전쟁을 치렀고 우크라이나에 대해서는 천연가스 가격을 가지고 계속 협박하고 있다. 조지아와 우크라이나 양국은 미국의 확고한 동맹국이다.

주장 2: 미국–러시아 사이에 새로운 냉전은 등장하지 않을 것이다.

러시아는 서방의 원조와 수용에 의존하고 있다. 러시아는 세계은행이나 IMF 같은 핵심 국제기구의 회원 지위를 아주 중시한다. 또한 현재 가입을 희망하고 있는 WTO 회원 지위 역시 높이 평가하고 있다. 러시아가 이런 관계를 위태롭게 하는 정책을 추진하려 들지는 않을 것이다.

미국과 러시아 사이에 이념 차이가 크지 않다. 냉전시대와는 달리 현재 두 강대국 사이에는 이념 차이가 크지 않다. 러시아의 민주주의가 비록 불완전하지만, 그렇다고 러시아가 다시 공산주의로 돌아가거나 자본주의 실험을 포기할 것 같지는 않다. 아프가니스탄에서 이슬람 극단주의자들과 벌이고 있는 전쟁처럼 양국의 이익이 일치하는 분야에서는 양국 간 협력이 순조롭게 이루어지고 있다.

유럽이 긴장 수준을 낮추는 데 도움을 줄 것이다. 냉전시대에 유럽은 각기 한 초강대국의 지지를 받는 두 진영으로 분열되어 있었다. 지금은 유럽이 단합되어 있고 미국과 러시아 사이에서 중재자 역할을 할 수 있다. 유럽은 양국 모두와 협력관계를 유지함으로써 막대한 경제적·정치적 이익을 얻는다. 따라서 일정 수준 이상으로 긴장이 고조되지 않도록 최대한 노력할 것이다.

질문

■ 러시아와 미국은 새로운 냉전을 향하여 나아가고 있는가? 어떤 이슈가 앞으로도 계속 양국 간의 긴장을 심화시킬까? 양국을 단결시켜 주는 공통의 이익이 되는 이슈는 무엇인가?

■ 미사일 방어 체계 배치를 포기하는 것 같은 대러시아 관계개선 조치가 일부 유럽 동맹국(예컨대 폴란드나 우크라이나)과의 관계에 악영향을 줄까? 미국은 러시아와의 관계개선과 유럽 동맹국들에 대한 공약준수 가운데 하나만 선택해야 하는가?

■ 러시아가 민주국가로 남아 있는 것이 양국 간 긴장 수준을 낮추는 데 얼마나 중요한가? 이 질문에 대하여 국제관계 이론에서는 어떻게 설명할까? 미국 사람들은 러시아가 민주국가로 남아 있으면 러시아의 위험성과 중국의 위험성에 대하여 다르게 인식할까?

❀ 참고문헌

Lucas, Edward. *The New Cold War: Putin's Russia and the Threat to the West.* Palgrave Macmillan, 2009.

MacKinnon, Mark. *The New Cold War: Revolutions, Rigged Elections, and Pipeline*

Politics in the Former Soviet Union. Basic Books, 2007.

Goldman, Marshall I. *Petrostate: Putin, Power, and the New Russia*. Oxford, 2008.

Levine, Steve. *Putin's Labyrinth: Spies, Murder, and the Dark Heart of the New Russia*. Random House, 2008.

6 Chapter

군사력과 테러리즘

1. 재래식 군사력

한 국가의 지도자는 갈등 상황에서 결과에 영향을 주기 위해 다양한 종류의 제어수단을 사용할 수 있다(《그림 6.1》 참조). 그런 수단으로 원조, 경제 제재, 개인 외교(이보다 더 무형적인 규범, 도덕성, 기타 사상을 포함해서) 등은 비폭력적 수단이다. 군대 행진, 자살폭탄 공격, 미사일 발사 등과 같은 폭력 행동이 이번 장의 주제이다. 이런 행동은 보통 공격하는 자나 공격 받는 자 모두에게 많은 비용을 요구한다. 대개 군사력은 최후의 수단이다. 또한 비군사적 수단 대비 군사력의 상대적 효용이 장기간에 걸쳐 서서히 줄어들고 있다.

그러나 여전히 대다수 국가들은 다른 영향력 수단보다 군사 역량에 훨씬 더 많은 자원을 쏟아 붇고 있다. 예컨대 미국의 외교 요원 수는 2만이지만 병력 수는 200만이며, 연간 대외원조는 약 300억 달러지만 군사력과 전쟁에 쓰는 비용은 약 7,000억 달러(나머지 모든 국가를 합친 규모와 같음)이다. 안보 딜레마 때문에 각국은 상대국과 마찬가지로 많은 자원을 자국의 군사력에 투입해야 한다고 믿는다.[1]

〈그림 6.1〉 군사적 비군사적 제어수단

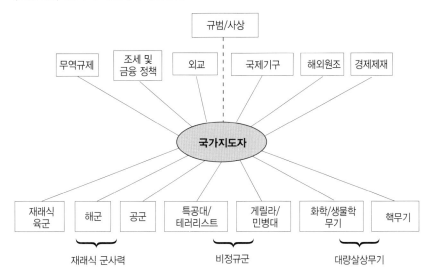

재래식 군사력이 가장 흔히 사용되는 군사적 제어수단이다.

출처: U. S. Department of Defense.

각국은 국토방위 수준을 넘어 다른 목적을 가진 군사력도 개발한다. 보복 수단을 가져 상대방의 공격을 억지(deter)하기 위한 것도 있고, 공격 위협을 가해 상대방으로 하여금 내가 원하는 행동을 하도록 강요(compel)하기 위한 것도 있다.[2] 그리고 재해지역 지원, 평화유지 활동, 마약밀수 감시, 국내의 정치적 불만세력 진압 등을 위해 군사력이 사용될 수도 있다. 이 같은 다양한 임무를 반영하여 군사력의 규모와 형태가 결정된다.[3]

전 세계 군사력의 구성 내역을 보면 여전히 강대국들이 차지하는 비중이 압

1   Art, Robert J., and Kenneth N. Waltz, eds. *The Use of Force: Military Power and International Politics.* 7th ed. Rowman & Littlefield, 2008.

2   Gat, Azar. *War in Human Civilization.* Oxford, 2006. Keegan, John. *A History of Warfare.* Random House, 1993. Van Creveld, Martin. *Technology and War: From 2000 b.c. to the Present.* Free Press, 1989. Luttwak, Edward, and Stuart L. Koehl. *The Dictionary of Modern War.* HarperCollins, 1991.

3   Worley, D. Robert. *Shaping U.S. Military Forces: Revolution or Relevance in a Post–Cold War World.* Praeger, 2006.

도적으로 크다. 〈표 6.1〉은 강대국들의 주요 군사력을 요약해서 보여준다. 강대국들의 비중을 합치면 전 세계 군사비의 약 2/3, 병력의 1/3, 무기의 1/3, 핵무기의 98%, 무기 수출의 90%를 차지한다. (그리고 이 표는 제2차 세계대전 이래 국제안보 분야에서 큰 역할을 하지 않음에도 독일과 일본의 군사력이 대단하다는 사실을 보여준다.)

군사적 역량은 세 가지 형태로 나뉜다. 즉 재래식 군사력, 비정규군(테러단체, 민병대), 그리고 대량살상무기(핵, 화학, 생물학 무기)이다.

〈표 6.1〉 강대국의 군사력 추정치, 2011 ~ 2012

	군사비a (10억 달러)	병력b (백만)	중무기b				
			탱크	항모/전함/ 잠수함	군용기	핵무기c	무기수출d (10억 달러)
미국	710	1.6	6,300	11/111/71	3,200	7,700	66
러시아	70	1.0	1,300	1/ 32/57	900	8,500	5
중국	145	2.3	2,800	0/ 78/60	750	240	2
프랑스	65	0.2	250	1/ 24/10	250	300	4
영국	65	0.2	250	0/ 18/11	200	225	0
독일	45	0.2	350	0/ 20/ 4	150	0	0
일본	60	0.2	800	0/ 46/18	450	0	0
전 세계 대비(%)	65	30	80	95/80/50	40	98	91

문제 있는 데이터: 러시아와 중국의 군사비 추정치는 이와 다를 수 있다. 미국과 러시아의 핵탄두 수는 실전 배치된 것(미국: 1,950, 러시아: 1,740)과 나머지 비축분 및 퇴역분(폐기 대기 중)을 모두 합친 것이다. 병력 수에 예비군은 포함하지 않았다. 탱크 수는 1980년대 이후 주력 탱크만 계산했다. 전함이란 순양함, 구축함, 프리깃 등이다. 군용기는 4세대 군용기이다. 핵무기는 전략핵과 전술핵을 합쳤다. 무기 수출은 2011년 주문량 기준이다.

출처: 다음 출처의 데이터에 의거하여 저자가 추정하였다.

a: 2011 data from Stockholm International Peace Research Institute.

b: 2011 data from Institute for International and Strategic Studies, *The Military Balance 2012.*

c: Federation of American Scientists data for 1/1/2013.

d: Grimmett and Kerr, *Conventional Arms Transfers 2004–2011*, Congressional Research Service, 2012.

U. S. Department of Defense.

(1) 지상군: 영토 통제

전쟁의 원인과 목적이 무엇이든 대다수 전쟁에는 **영토 통제**를 위한 다툼이 포함된다. 국제체계에서 영토는 매우 중요하기 때문에 전쟁에서도 영토가 그만큼 중요하다. 국경선은 아군과 적군이 각기 자유로이 이동할 수 있는 공간을 구분하는 경계선이다. 병참의 중요성을 감안하면 영토는 특히 중요하다. 군사력의 여러 부분을 상호 연결해서 활용해야 하는데, 그러려면 영토를 확실히 통제할 수 있어야 하기 때문이다. 군대의 보급품은 본토에서 **보급선**을 따라 전장까지 전달되어야 한다. 따라서 재래식 군대의 가장 기본적인 목적은 영토를 취하거나 방어하는 것이었다.

육군은 이런 목적에 적합한 군대이다. 보병을 가진 군대라야 영토를 군사적으로 **점령**할 수 있다. 현지 주민들이 폭력적이든 비폭력적이든 저항을 하면 점령군 병사들이 어려움을 겪을 수 있지만, 일반적으로 또 다른 조직된 군대만이 점령군을 축출할 수 있다.

걸어 다니는 병사를 **보병**이라 한다. 보병은 다양한 종류의 대포도 사용하지만 소총과 기타 (지뢰, 기관총 같은) 경무기를 들고 다닌다. 대포는 매우 파괴적이며 분별력이 거의 없는 무기이다. 대개 전쟁에서 대포가 가장 많은 파괴와 인명살상을 가져온다. **장갑부대**란 탱크와 장갑차 부대를 가리킨다. 사막 같은 트인 지형에서 기계화 지상군의 전형적인 편성은 장갑부대, 포병, 보병으로 이루어진다. 그러나 정글이나 도시 같은 막힌 지형에서는 보병이 더 중요하다. 그렇기 때문에 쿠웨이트의 사막에서 치른 재래식 전투에서는 선진국의 군대가 가난한 후진국 군대보다 훨씬 유리하다. 반면에, 아프가니스탄 산악지방이나 이라크의 도시에서 치른 정글, 산악, 도시에서 벌어지는 전투에서는 그런 이점이 사라지며, 오히려 싸고 가벼운 무기로 무장한 사기 높은 전사나 게릴라가 비싼 무기로 무장한 선진국의 정규군에게 최종적으로 승리할 수도 있다.

개활지 전투에서 재래식 정규군이 비정규군보다 우월하다는 사실은 2006년 말에 소말리아에서 잘 나타났다. 이슬람주의 민병대가 이 나라의 수도를 포함한 거의 전 지역을 장악하였고, 대규모 정규군이 있는 에티오피아의 지지를 받는 과도정부는 에티오피아 국경 근처로 후퇴하였다. 이슬람주의 민병대는 학교를 폐쇄하고 10대 소년들에게 소총을 들려 픽업트럭에 태워서 임시정부를 공격하게 했다. 그러나 에티오피아 육군의 상대가 되지 못했다. 에티오피아군은 2주 만에 소말리아 전역에서 그들을 축출해버렸던 것이다. 그래서 다른 비정규군처럼 이슬람주의 민병대도 영토를 취하고 방어하는 대신 게릴라 공격으로 전환할 수밖에 없었다. 그 후 이슬람주의 민병대가 조금씩 거점을 확보해 나갔고, 2009년 1월에는 에티오피아군이 포기하고 철수하였다. 그러자 이슬람주의 민병대가 소말리아 정부군을 제압하고 다시 이 나라 대부분 지역을 장악하여 아프리카연합이 파견한 평화유지군과 싸웠다. 소말리아 정부는 온건 이슬람주의 분파들이 동참하고 있는 정부지만 과격한 이슬람주의 집단들과 계속 싸워야 했다. 2010년에 이르러 아프리카연합은 이 싸움을 위해 추가 병력을 파견하기로 의결하였다.

이라크와 아프가니스탄 때문에 **대반란전**(對叛亂戰, counterinsurgency)이 최근 더 많은 주의를 끌고 있다. 그러나 현재 지구상에서 진행 중인 14개 전쟁 모두에서 대반란전이 그 핵심을 이루고 있다. 대반란전에서는 주민들이 게릴라를 숨겨주지 않도록 하기 위해 "사람들의 가슴과 마음을 얻기 위한" 작전이 종종 수행된다. 어떤 면에서, 대반란전은 군사적 목적뿐만 아니라 정치적 목적도 달성해야 하는 전쟁이기 때문에 가장 복잡한 형태의 전쟁이라 할 수 있다. 이 전쟁에서 정부는 한편으로 반군과 전투를 벌이면서 다른 한편으로 주민들을 상대로 반란에 가담하지 않도록 설득하는 선전전도 펴야 한다. 이와 동시에 정부가 주민들을 외면하지 않는다는 점을 보여주기 위하여 (교육이나 복지 프로그램 같은) 공공 서비스도 제공해야 한다. 정부는 군사적으로 강해야 하지만, 주민들이 게릴라를 지지하지 않게 하려면 지나치게 잔인하게 무력을 사용해서도 안 된다.

미군은 이라크와 아프가니스탄에서 여러 해 동안 대반란 작전을 수행하였다. 여기에는 강력한 군사력 사용, 미국의 노력을 지지하는 주요 부족장들에 대한 보상, 현지 정부 수립을 위한 지원, 반군과 싸울 신설 경찰과 군대 훈련 등이 포함되었다. 먼 외국의 정부를 다시 세워주는 일이 아니라 단지 전쟁만 잘 하도록 훈련받은 군대에게 이런 형태의 활동은 엄청난 스트레스를 주는 활동이다.

대반란 작전은 비용이 많이 들고 노동집약적인 작전이다. 예를 들어 미 육군 대반란전 교범을 보면, 반군의 공격으로부터 보호받기 위하여 현지 민간인 1,000명당 병력 20명을 배치할 것을 권장하고 있다. 이런 작전을 장기간 감당할 수 있는 국가는 거의 없다. 실제로 동맹국 군대까지 포함해서 이라크와 아프가니스탄에서 미군은 이 비율을 한 번도 지키지 않았다. 아프가니스탄에서 이 비율을 맞추려면 60만 병력이 필요한데, 다국적군 병력이 가장 많았던 2010년에도 그 수가 13만 밖에 되지 않았다(2013년 초에는 10만으로 감소).

게릴라, 반군, 그리고 이들과 싸우는 정부군이 아주 흔히 사용하는 무기가 **지뢰**이다. 지뢰는 접촉이나 감지기에 의해 터지는 단순하고 작고 값싼 폭탄이다. 이

지뢰가 1990년대에 대중의 특별한 관심을 끌게 된 것은 앙골라, 아프가니스탄, 캄보디아, 보스니아 등지에서 비정규군이 수많은 지뢰를 묻어 놓은 채 방치해버렸기 때문이다. 전쟁이 끝나고 한참이 지나서도 그런 지뢰가 전쟁터였던 곳에서 새 삶을 일구려는 민간인들을 죽이거나 불구로 만들고 있다. 현재 1억 개의 지뢰가 남아 있으며 연간 약 25,000명(그중 어린이가 1/3)을 다치게 하고 있다. 지뢰를 심는 것은 비용이 별로 들지 않지만 탐지하여 제거하려면 1개당 약 1,000달러나 든다.

여론과 NGO들은 각국 정부에 지뢰 사용을 제한하라는 압력을 행사해 왔다. 1997년에 캐나다가 주최한 국제회의에서 100여개 국가가 지뢰 사용 금지를 위한 조약에 서명하였다. 직후 러시아와 일본이 추가로 서명하였지만, 중국과 미국은 서명하지 않았다. (미국은 북한의 남침을 지연시키기 위해 지뢰가 필요하다고 말한다.) 2009년에 이르러 이 조약에 의거하여 제거된 지뢰 수는 4,400만 개 이상이었고, 86개국은 비축분을 폐기하였다. 새로운 규범이 등장하고 있는 것처럼 보이는데, 실제 군사작전 현장에서 효과를 낳을지는 아직 확실치 않다.

(2) 해군: 바다 통제

해군은 해상교통로를 통제하고 해안선 부근 육지를 공격하는 데 적합한 군대이다.[4] 전시에 바다를 통제하면 바다를 통해 자국의 물자와 군대를 자유로이 이동시킬 수 있는 반면 적국의 해상 이동을 봉쇄할 수 있다. 또한 해군은 적국의 항구를 봉쇄할 수도 있다. 현재 이스라엘은 하마스의 근거지인 가자지구로 가는 해상통로를 봉쇄하고 있다.

2008-2012년에 서방 강대국들의 해군은 세계의 주요 해상교통로 중 3개 교통로인 수에즈 운하 남쪽 소말리아 연안, 인도양과 동아시아를 잇는 인도네시아의 말라카 해협, 서아프리카 연안 수역(최근에)에서 급증한 해적 활동에 대처해야 했다. 소말리아 해적들은 이 나라가 거의 무정부 상태라는 점을 활용하여 해안 지역에

---

4   Keegan, John. *The Price of Admiralty: The Evolution of Naval Warfare*. Viking, 1988.

근거지를 확보하였으며, 수십 척의 배를 나포하여 배, 화물, 선원들을 억류하고 몸값을 요구하였다. 대개 해운회사들은 고가의 상품과 선원들을 되찾기 위하여 1척당 몇 백만 달러를 지불하였다. 이 해적들은 탱크와 무기를 실은 우크라이나 화물선을 나포한 데 이어 1억 달러 상당의 원유를 실은 사우디아라비아 대형 유조선을 나포함으로써 더욱 기승을 부렸다. 대개 자동소총과 유탄발사기로 무장한 해적들이 작고 빠른 보트를 타고 배로 달려가 측면에 밧줄을 던져 건 다음 이를 타고 배 위로 올라가 선원들을 제압하는데, 이 과정에 걸리는 시간이 10분 이내라 한다.

각국 해군이 나서 해양 순찰을 벌였지만 순찰할 수역이 너무 넓어서 큰 성과를 거두지 못했다(〈그림 6.2〉 참조). 2008년에 UN안전보장이사회가 해적 소탕을 위한 국제 협력을 요청하는 결의를 만장일치로 통과시켰다. 안보리 상임이사국 5개국을 포함한 많은 국가들이 이에 호응하였다. 미군 특수부대는 2009년에 미국 선박을

〈그림 6.2〉 소말리아 인근 해적 공격, 2008년 1월~9월

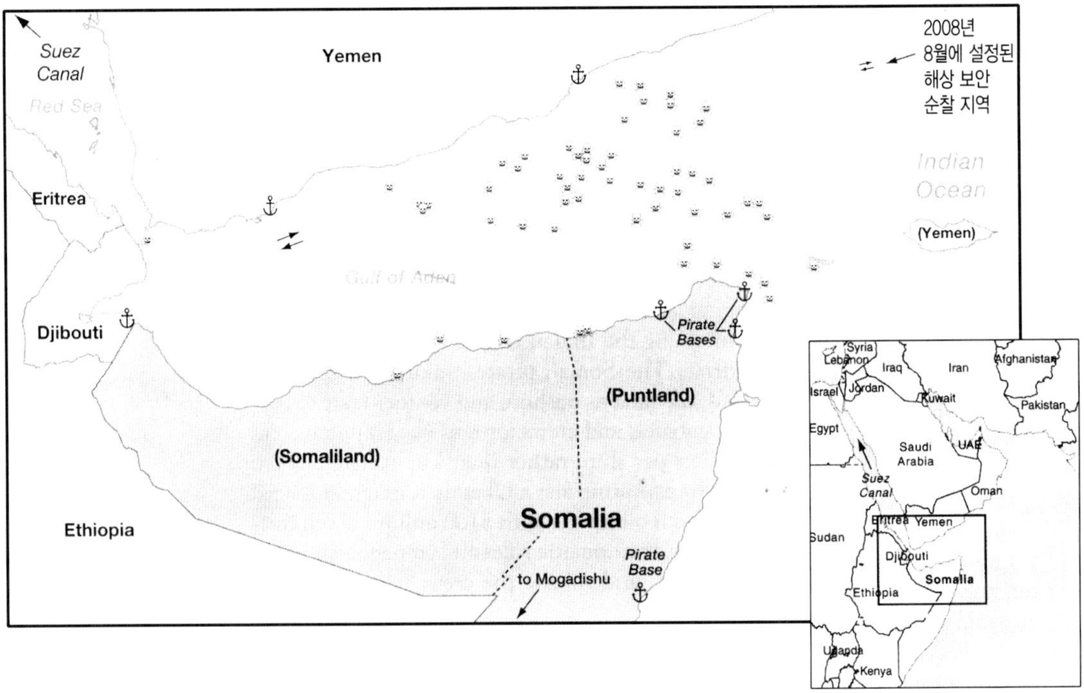

출처: UNOSAT 지도, 2008년 10월 2일.

납치한 해적들을 사살하였으며, EU 공격용 헬리콥터 부대는 2012년에 해안지대 해적기지를 공습했고, 소말리아 구조대는 2012년 말에 선박 1척을 구조하였다. 또한 많은 화물선들이 자체 무장경비대를 갖추기 시작했다. 이런 노력을 통하여 2012년에는 소말리아의 납치 사건이 급격히 감소하였다. 탱크를 가득 실은 우크라이나 화물선을 납치한 바 있는 악명 높은 해적 두목 "허풍쟁이"(Big Mouth)란 자는 2013년에 무기를 내려놓고 은퇴하겠다고 선언하였다.

항공모함은 공격용 항공기를 위한 이동식 활주로 구실을 하는 배로서 사실상 세계 모든 도시를 공격할 수 있는 **전력투입**(戰力投入, power projection)의 도구이다. 국제분쟁 발생지 근처로 항모를 보내는 것만으로도 무력을 사용하겠다는 위협이 된다. 19세기 "포함외교"(gunboat diplomacy)의 현대판이라 할 수 있다. 항모는 엄청나게 비싼 무기이며, 방어와 보급을 위해 대개 20-25척의 지원 선박이 동행해야 한다. 그래서 항모 1척을 감당할 수 있는 국가도 몇 안 된다. 척당 50억 달러가 드는 슈퍼 항모라는 대형 항모는 미국만 보유하고 있다(11척). 미 해군은 새로 디자인한 140억 달러짜리 슈퍼 항모 1척을 2015년에 취역시키려는 계획을 가지고 있다. 중국은 1척의 항모를 보유하고 있는데 훈련용으로 사용하고 있다. 프랑스, 인도, 러시아, 스페인, 브라질, 이탈리아, 태국, 영국 8개국은 헬기와 소형 항공기를 적재하는 소형 항모를 보유하고 있다.

전함의 대다수는 수상 함정으로, 점차 유도 미사일에 더 많이 의존하고 있지만 역으로 (적함, 항공기, 잠수함, 지상에서 발사되는) 미사일에 취약하다. 현재 소형 미사일의 사정거리가 수십에서 수백 마일까지 되기 때문에 해전에서는 아주 먼 거리에서 자신은 탐지 당하지 않고 상대를 먼저 탐지하는 것이 매우 중요하다. 레이더 탐지와 전파 교란이 서로 쫓고 쫓기는 고양이-쥐 놀이 같은 상황이 된 것이다.

해병(미국, 영국, 러시아의 경우 해군 소속)은 배를 타고 이동하지만 육지에서 싸우고 상륙전을 벌이는 부대이다. 또한 해병은 신속한 현지 투입이 가능하고 현지에 지상 거점을 확보할 수 있기 때문에 강대국들의 장거리 군사개입용으로도 유용하다.

(3) 공군: 하늘 통제

공군의 임무는 지상 및 해상 목표물에 대한 전략적 폭격, "근접 공중지원"(전장 폭격), 적기 요격, 정찰, 보급품·무기·병력 공수 등이다. 공중, 지상 혹은 해상에서 발사되는 미사일의 중요성이 더욱 커지고 있는데, 공군은 미사일을 피하기 위해 많은 방법을 개발해 왔지만 그 성과가 그리 크지 않았다. 과거 소련이 아프가니스탄에서 싸울 때 게릴라들이 사용한 미제 휴대용 스팅어 미사일이 소련 공군에게 막대한 피해를 입혔다. 2003년 이라크에서는 견착식 미사일 발사 위협 때문에 미군 도착 이후 1년 이상 바그다드 공항에서는 상업용 항공기 운항이 불가능했다.

종래─그리고 지금도 어느 정도는─공중 폭격은 거의 무차별적인 대량 파괴를 초래한다는 점에서 포격과 비슷했다. 정확도가 개선된 스마트 폭탄의 등장으로 이런 사정이 조금 바뀌었다. 예를 들어, 레이저 유도 폭탄은 공중이나 지상에서 목표물에 발사한 레이저를 감지하여 목표물로 날아간다. GPS 내비게이션이 부착되어 구름, 연기, 혹은 모래폭풍에 방해 받지 않고 목표물로 날아가는 폭탄도 있다. 1991년의 걸프전 당시에는 대부분의 폭격이 고공에서 무수히 많은 눈먼 폭탄으로 융단폭격을 가하는 방식으로 이루어졌다. 1995년에 러시아가 체첸을 공격할 때처럼, 도시를 폭격하는 것은 많은 민간인 사상자를 낸다. 그러나 2003년 이라크전에서는 전쟁 초기 대규모 공습 때 스마트 폭탄만 사용하여 적은 폭탄으로 더 많은 목표물을 타격하였다. 그럼에도 불구하고 2003년 이후 미군의 공습으로 죽은 민간인의 수는 수천 명에 이른다.[5]

저강도 분쟁과 게릴라전의 경우, 특히 베트남의 정글이나 이라크의 도시처럼 막힌 지형에 적군과 민간인이 섞여 있는 곳을 폭격해봐야 별로 효과가 없다. 반면에 2001년 아프가니스탄에서는 상당히 효과적이었다. 2006년에 이스라엘이 레바논을 침공했을 당시 이스라엘도 엄청난 폭격을 가했다. 그러나 이스라엘은 레바논 게릴라들이 초보적인 전자장치로 이스라엘의 레이더 체계를 교란하여 이스라엘군을 혼란에 빠트렸다는 사실을 발견하였다.

---

5   Roberts, Les, et al. Mortality before and after the 2003 Invasion of Iraq: Cluster Sample Survey. *The Lancet* 364, November 20, 2004: 1857–64.

전자장비가 더욱 정교해지고 공격용 항공기가 갖추어야 할 성능 요건이 더욱 강화됨에 따라 공군은 더 많은 비용이 드는 군이 되고 있다. 그래서 어떤 국가들은 아예 공군을 보유하지 못하고 있다. 그러므로 공중전에서 부국은 빈국보다 훨씬 더 큰 이점을 누린다. 비용이 많이 들지만 제공권은 지상전(특히 트인 지형에서의) 승리의 열쇠나 거의 마찬가지다. 이라크(1991년 및 2003년), 세르비아(1999년), 아프가니스탄(2001년)에 대한 미군의 공습은 (제2차 세계대전 당시처럼) 적국 국민의 사기를 떨어뜨리기 위한 것이 아니라 장거리에서 전장의 군사 목표물을 직접 타격하기 위한 것이었고, 이 점에서 공군의 새로운 위력을 잘 보여준 것이었다. 아군 인명 피해가 거의 없이 장거리에서 적군을 섬멸한 미국의 능력은 역사상 전례가 없었다. 2003년의 이라크 공습은 공군력의 유용성을 잘 보여준 사건인 동시에 그 한계도 함께 드러난 사건이었다. 개전 초 며칠간 바그다드에 대한 대규모 정밀 폭격으로 사담 후세인 정부의 주요 목표물 수백 개를 파괴하였다. 이 공습은 적 지휘관들에게 소위 "충격과 공포"(shock and awe)를 줌으로써 항복하게 만들기 위한 것이었다. 그러나 미군은 바그다드까지 가기 위해서 지상전도 벌여야 했다. 분명히 그 전쟁은 하늘에서 이길 수 있는 전쟁이 아니었다. 보병들이 지적하였듯이, "비행기한테 항복하는 사람은 아무도 없다."[6]

장차 미국과 중국 사이에 군비경쟁이 벌어진다면 공군 분야가 주목해야 할 분야이다. 중국은 지난 10년간 노후 공군을 현대화하는 데 많은 돈을 써 왔다. 미국 역시 공군에 많은 투자를 계속하여 중국보다 늘 앞서 있는 신기술을 개발해 왔다. 소규모 전투에서는 공군이 별 소용이 없을지 모르지만, 각국은 대규모 전투에 대비하여 공군을 계속 증강하고 있다.

(4) 군의 조정: 병참과 정보

모든 군사작전은 식품, 연료, 병기(무기와 탄약) 등 병참 지원에 크게 의존한다.

---

6 Pape, Robert A. The True Worth of Air Power. *Foreign Affairs* 83(2), 2004: 116-31.

병참은 거대한 작전이며 군대 안에서 대다수의 병사는 전투병이 아니다. 세계적 파병(global reach) 능력은 장거리 병참 지원과 다양한 전력투입 능력의 결합에서 나온다.[7] 세계적 파병 능력이란 세계 구석구석에 군사력을 투입할 수 있는 능력과 세계 도처에 동시에 군사력을 주둔시킬 수 있는 능력을 말한다. 현재 미국만이 그런 능력을 제대로 갖추고 있다. 세계적인 군사동맹, 공군 및 해군 기지, 해외 주둔 미군, 그리고 오대양을 누비는 항공모함 등을 갖추고 있기 때문이다(〈표 6.2〉 참조). 영국과 프랑스는 한참 뒤떨어진 2위 수준이다. 포클랜드전쟁 당시처럼 어쩌다 한번 비교적 소규모의 장거리 군사작전을 펼 수 있는 정도이기 때문이다. 러시아는 내부 갈등과 인접국들에 신경써야 할 형편이고, 중국군의 작전 범위는 지역 수준이지 세계 수준이 되지 못한다(현재 중국은 더 나은 전력투입 능력을 갖춘 해군을 양성하려고 노력하고 있지만).

〈표 6.2〉 미군 주둔 현황(2012년 9월 31일 현재)

지역	병력	해외 주둔군의 분포 비율(%0
미국	1,140,000	-
유럽	75,000	29
일본/태평양	65,000	25
러시아/CIS	5,800	1
중동	30,000	12
라틴아메리카	2,200	1
아프리카	500	0
남아시아	80,000	31
해외 합계	256,500	100

주: 해당 지역 내 선상에서 근무하는 병력은 해외 주둔군에 포함시키지 않았다.
출처: U. S. Department of Defense.

우주공간(outer space) 전력은 우주공간 내에서의 공격 혹은 우주공간으로부터의 공격이 가능하게 설계된 군사력이다.[8] 탄도미사일은 짧은 시간 우주공간을 비행

---

7   Harkavy, Robert E. *Bases Abroad: The Global Foreign Military Presence.* Oxford, 1989.

8   Preston, Bob, ed. *Space Weapons: Earth Wars.* Rand, 2002

하지만 일반적으로 이 범주에 포함되지 않는다. 현재 실질적인 우주공간 전력을 보유하고 있는 국가는 미국과 러시아밖에 없다. 중국은 2003년에 우주비행사를 위성 궤도에 올렸으며, 대 위성 미사일 발사실험에 성공했으며, 2007년에 달 탐사위성을 발사했지만, 아직 전반적인 우주공간 전력은 약하다. 우주공간 무기의 개발은 우주공간 활동의 기술적 어려움과 비용, 그리고 우주공간 비무장화 규범 때문에 제약을 받아 왔다.

우주공간을 군 지휘 및 통제 목적으로 사용하는 것이 이보다 훨씬 더 흔한 일이다. 인공위성은 군사 목적으로 널리 이용되고 있지만 아직 공격용은 아니다. 위성은 군사 정찰과 지도제작, 통신, 기상측정, 탄도미사일 발사 조기탐지 등의 임무를 수행한다. 또한 위성은 군부대, 선박, 항공기, 나아가 유도미사일 등에 내비게이션 정보를 제공하기도 한다. 미국의 18개 위성을 하나의 네트워크로 구성한 것을 세계위치확인체계(Global Positioning System, GPS)라 부르는데, 이 GPS가 발신하는 신호를 소형수신기로 잡으면 오차 50피트 이내로 위치 확인이 가능하다. 손안에 들어오는 작은 수신기는 시중에서 구입할 수 있기 때문에 다른 국가의 군대도 미국 GPS에 무임승차할 수 있다. 빈국은 러시아가 돈을 벌기 위해 파는 고해상도 사진까지 포함한 위성사진을 구입할 수 있다. 사실 이런 종류의 정보는 2008년에 인도의 뭄바이를 공격한 테러리스트들이 구글어스(Google Earth)를 통해 얻은 위성사진을 이용하여 공격 계획을 세우고 또 파키스탄에서 위성전화로 뭄바이 현장 테러리스트들과 작전 조정을 했을 정도로 널리 보급되어 있다. 2006년에 레바논에서 벌어진 헤즈볼라-이스라엘 전쟁에서 헤즈볼라군은 GPS 신호교란 장치를 사용하여 이스라엘 공군의 지원 및 목표물 설정 작전을 어렵게 만들었다. 그러나 전반적으로 보면 강대국들이 우주공간에서 우위를 점하고 있다.

정보 수집은 전화 및 기타 통신에 대한 전자 감시, 해외 주재 대사관에서 오는 보고서, 공개 언론에 노출되는 정보 등 다양한 수단에 의존한다. 외국에 스파이를 보내서 얻는 정보도 있다. 스파이는 교묘한 수법으로 (그리고 돈과 기술로) 외국 정부가 중요한 계획이나 전력 주위에 쳐놓은 보안장벽을 뚫는다. 예를 들면, 1999년에 러시아 스파이가 미국 국무부 간부 회의실에 도청장치를 설치하여 대화 내용을 녹음한 적이 있다. 2001년의 9·11 테러공격 사건은 미국의 "인간정보"(human intelligence) 능력에 약점이 있다는 사실을 보여주었다. 미국은 아프가니스탄에 기지를 두고 세계적으로 활동하는 거대한 테러 네트워크에 침투하지 못했다.[9] 반면에 미국의 "신호정보"(signal intelligence) 능력은 매우 인상적이다. 미국 최대의 군사정보기구로서 국가안보국(National Security Agency, NSA)이라는 기관이 있는데, NSA의 임무는 미국의 통신 내용을 암호화하고 외국의 통신 암호를 해독하는 일이다. NSA는 해저 케이블에 침투하여 중요한 대화 내용을 걸러내는 일을 할 정도로 실로 방대한 분량의 정보를 가로챈다. 또한 NSA는 전 세계 그 어떤 기관보다 더 많은 수학박사를 고용하고 있으며, 메릴랜드 주에서 두 번째로 많은 전력(電力)을 소비하며, CIA보다 더 많은 예산을 사용한다. 또한 세계에서 가장 강력한 컴퓨터 설비를 갖추고 있는 것으로 알려지고 있다. 공식적으로는 비밀이지만, 2005년에 드러난 바에 따르면, 미국 정보기관들의 예산을 다 합친 금액은 연간 약 4,400억 달러이다. 이런 정보활동의 규모는 분명 매우 방대하다. 또한 정보혁명이 계속되고 있고 테러와의 전쟁에서 정보 수집 임무가 핵심적이기 때문에 정보활동의 중요성은 계속 커지고 있다.

(5) 기술의 진화

기술발전은 몇 가지 방식으로 군사력의 성격을 바꾸어 놓았다. 우선 오늘날 국제분쟁에서 무력에 의지하면 더 많은 비용이 들고 더 중대한 결과를 낳고 있다. 특히 강대국들이 강대국 간 분쟁을 무력으로 해결하려 들면 대량 파괴와 경제적 파산의 위험을 감수해야만 한다. 또한 오늘날 군사 교전은 양군이 서로 멀리 떨어진 상태에서 이루어진다. 모든 종류의 미사일이 이런 추세를 가속하고 있다. 이러한 기술발전은 전쟁의 영토적 기초와 국가가 "단단한 조개껍질" 속에 있다는 생각을 허물고 있다.[10] 근년에 들어 이런 추세는 미국이 파키스탄, 예멘, 이란 등지에서

---

9 Gerdes, Louise I., ed. *Espionage and Intelligence Gathering.* Greenhaven, 2004. Howard, Russell D., and Reid L. Sawyer, eds. *Terrorism and Counterterrorism: Understanding the New Security Environment.* McGraw-Hill/Dushkin, 2003.

10 Herz, John H. *International Politics in the Atomic Age.* Columbia, 1959.

■ 정책적 시각

미국 대통령 오바마(Barack Obama)의 입장

문제: 비전통적 안보위협에 대처하기 위해 무력을 사용할 때 발생하는 득실관계를 어떻게 조정할 것인가?

배경: 당신은 2012년에 대통령 후보로서 아프가니스탄 주둔 미군의 철수를 계속할 것이며 그 속도를 높일 것이라고 공개적으로 약속하였다. 현재 (미군을 포함한) 다국적군이 2014년까지 철수한다는 내용의 일정이 잡혀있다.

아프가니스탄 대부분 지역은 12년간 전쟁을 치르고도 여전히 안정을 찾지 못하고 있는데, 그럼에도 불구하고 다국적군의 철수가 예정되어 있다. 아직도 다국적군은 일상적으로 적대 세력과 교전하고 있다. 탈레반과 제휴관계에 있는 반미 무장단체인 하카니(Haqqani network)는 계속 미군을 공격한다. 이 단체는 인접 파키스탄 보안군과 긴밀한 관계를 맺고 있으며, 아프가니스탄에서 기습작전을 펼친 다음 파키스탄으로 도피한다.

국내 고려사항: 미국 정부 입장에서 볼 때 경제가 주된 문제이지만, 여전히 테러리즘과 아프가니스탄전쟁도 여론의 핵심 관심사이다. 미국 대중은 아프가니스탄전쟁에 대하여 더 큰 우려를 표시하고 있으며 점점 더 많은 사람들이 미군의 계속 주둔에 대하여 의문을 제기한다. 여론조사를 보면 아프가니스탄에서의 철수 일정을 못 박은 결정이 강한 지지를 받고 있다.

시나리오: 다국적군이 단계적으로 철수함에 따라 미군에 대한 공격이 크게 늘었다고 가정하자. 탈레반이 하카니의 도움을 받아 주요 정치적 행위자로 재등장하여 몇 개의 중요한 지방에서 아프가니스탄 정부에 위협적인 존재로 부상하였다. 파키스탄 정부는 분열되어 있다. 일부 관리들은 아프가니스탄 정부를 지원해야 한다고 주장하지만, 다른 핵심 관리들은 친 탈레반 반군들을 지원하고 있다. 간단히 말해 파키스탄은 별 도움이 되지 않는다. 당신 보좌관들도 분열되어 있다. 일

부는 친 탈레반 세력의 승리가 미국에 위협이 될 것이라 주장하고, 또 다른 사람들은 10년간의 전쟁으로 탈레반과 그 동맹세력인 알카에다 잔당의 위협이 영구적으로 축소되었다고 주장한다.

정책을 선택하라: 아프가니스탄에서 내전이 발생한다면 어떻게 대처할 것인가? 미군철수를 연기할 것인가? 그렇게 하면 탈레반의 부상은 막을 수 있을 것 같지만 미군철수 시기는 무한정 연기될 수 있다. 아프가니스탄의 운명을 그 사람들 손에 맡길 것인가? 그렇게 하면 국내에서 인기를 얻을 수 있겠지만 9·11 공격 이후 그 격퇴를 위해 개입했던 반미세력이 재집권할 위험성은 감수해야 한다. 비전통적 안보위협에 대처함에 있어서 국내적 압력과 국제적 압력 사이에서 어떻게 균형을 잡아야 할까?

미사일 장착 무인기(drone)를 포함한 각종 무인기를 사용하면서 더욱 가속화되었다. 2011년에 미국의 무인기 수는 7,000대에 이르렀는데, 다른 국가들도 급속도로 무인기를 늘려 왔다. 중국은 2011년에 25개 모델을 선보였고, 러시아, 인도, 파키스탄도 무인기를 보유하고 있다. 2012년에 이란제 무인기가 이스라엘 상공에서 격추된 적이 있다. 영국과 이스라엘도 무인기를 공격용으로 사용한 적 있지만, 세계적으로 대부분의 무인기는 정찰용으로 사용된다. 미국은 2012년에 이란과의 긴장이 고조되자 독일제 기뢰 탐지용 수중 무인기를 페르시아만에 투입하기도 했다.

전자전(電子戰, electronic warfare, 현재는 **정보전**이라는 이름으로 확대)이란 전자기파(전파, 레이더, 적외선 등)를 전쟁에 사용하는 것을 가리키는데, 기술적으로 앞선 군대라면 필수적으로 갖추어야 할 능력이다. 사이버전쟁(cyberwar) ― 지휘·명령 체계를 망가뜨리기 위하여 적의 전산망을 교란하거나 금융 전산망을 해킹하는 ― 을 수행하는 전략이 미래 전쟁의 주요 모습일지 모르지만, 아직은 그렇지 않다. 미국은 2011년 당시 리비아 방공망을 무력화하기 위한 사이버공격에 반대하였는데, 그런 행동이 전례로 굳어질까 두려웠기 때문이다. 장차 테러단체들은 인터넷과 전력(電力) 공급망 같은 중요한 인프라스트럭처를 포함한 전산망을 공격목표로 삼을지 모른다.[11]

---

11   Rattray, Gregory J. *Strategic Warfare in Cyberspace*. MIT, 2001. Hall, Wayne M. *Stray Voltage:*

중국, 러시아, 미국의 해커들이 끊임없이 상대국의 전산망을 헤집고 다니고 있기 때문에 국제관계에서 사이버공격이 더욱 더 중요한 이슈가 되고 있다. 2010년에 미국과 이스라엘의 합작품인 스턱스넷(Stuxnet) 바이러스가 이란의 핵 원심분리기를 표적으로 삼은 적이 있고, 2012년에는 플레임(Flame) 바이러스가 중동 전역, 주로 이란의 수천 대 컴퓨터에서 발견되었다. 이 바이러스는 스크린샷(screenshot)과 키보드 입력내용을 가로챌 수 있고, 컴퓨터의 마이크를 원격 조작하여 이란 핵 프로그램의 운영에 관한 정보를 바이러스 제작자(추정컨대 역시 미국과 이스라엘)가 엿볼 수 있게 해준다. 그 몇 달 후에, 아마도 이에 대한 보복으로서 사우디아라비아의 한 대형 석유회사 컴퓨터에 바이러스가 침투하여 자료를 삭제하고 불타는 성조기 영상을 대신 올려놓았다.

스텔스 기술(stealth technology)이란 레이더 흡수 물질을 사용하거나 항공기, 미사일, 선박의 모양을 특이하게 만들어 적의 레이더 탐지를 피하는 기술이다. 그러나 스텔스는 값이 비싸고(B-2 스텔스 폭격기 가격은 대당 20억 달러) 기술적 문제를 자주 일으킨다.

군사 사가(史家)들은 전쟁 양상의 급속한 변화 시기를 군사 분야에서의 "혁명"이라 지칭한다. 대개 이런 혁명적 시기는 새로운 기술과 군사교리, 조직, 작전의 변화를 혁신적으로 결합하는 시기이다. 이 혁명은 2세기 전에 프랑스가 처음으로 전 국가를 동원하여 전쟁 수행 기계를 만든 것 같은 조직상의 혁신에서 나올 수도 있다. 독일이 제2차 세계대전 초기에 폴란드와 프랑스를 제압하기 위해 "전격전"(電擊戰, blitzkrieg)을 펼친 것 같은 군사교리상의 변화에서 나올 수도 있고, 핵무기 발명과 같은 기술변화에서 나올 수도 있다. 많은 군사 전문가들은 1991년의 걸프전부터 시작된 현 시기를 군사 분야 혁명의 시기, 특히 미군 혁명의 시기로 본다. 이 혁명에서는 정보 관리가 가장 중요하다. 2세기 전에 독일 군사전략가 클라우제비츠(Clausewitz)는 전투에서 군의 효율성을 크게 떨어뜨리는 혼돈과 불확실성을 "전쟁의 안개"로 묘사한 바 있다. 오늘날 미군은 자기 주위의 안개를 더 두껍게 하면서 적 주위의 안개를 걷어내고 있다. 적 주위의 안개가 투명해짐에 따라 미군은, 클라

War in the Information Age. Naval Institute Press, 2003.

우제비츠가 강조한 것처럼 중무장한 부대를 한 곳에 집중시키는 것이 아니라, 경무장 부대를 넓게 분산시킬 수 있게 되었다. 정밀 타격 능력과 우주공간의 군사적 사용 능력, 이 두 가지는 현재 군사 분야 혁명의 또 다른 측면이다.

이런 혁명의 잠재력은 덩치는 크지만 기술적으로 낙후된 이라크군에게 일방적 승리를 거둔 1991년에 처음으로 드러났다. 1999년의 코소보 작전은 적군의 사격에 단 한명의 인명 손실도 입지 않고서 전쟁 목적을 달성하였다는 점에서 주목할 만하다. 2001년에 아프가니스탄에서 펼친 작전은 그러한 혁명의 가장 좋은 예이다. 당시 아프가니스탄에서는 경무장한 미군 특수부대의 소부대들이 아프가니스탄 각지에 침투해 들어가 목표물에 레이저를 쏘면 고공 비행 중인 항공기에서 스마트 폭탄을 투하하여 목표물을 제거하는 식의 작전이 펼쳐졌다. 이처럼 다양한 부대들이 풍부한 정보에 기반을 둔 전투관리 시스템을 이용하여 합동작전을 펼침으로써 폭격 효과가 놀라울 정도로 커졌고, 그 결과 탈레반 군대를 완전히 파괴하여 병력 수가 작은 미군에게 승리를 안겨주었다. 이 과정에서 미군의 사상자는 극소수에 불과했다. 2003년의 이라크 침공 작전은 이런 성공의 후속 사례로 보이지만, 침공 이후 몇 년간 이라크의 안보 상황은 미군의 혁명적 기술에도 불구하고 순탄치 못했다. 이보다 더 불안한 걱정거리는 군사 분야의 혁명이 국가뿐만 아니라 테러단체도 도울 수 있다는 데 있다. 9·11 당시 공격자들은 암호화된 인터넷 통신 같은 정보기술을 이용하여 미국 당국의 눈을 멀게 하는 한편으로 공격부대들을 원격 조정하였다. 그들은 장거리에서 소규모의 분산된 부대로 정밀 타격을 수행하였다. 그 결과 19명의 공격자가 근 3,000명을 죽였고, 100만 달러도 안 되는 비용으로 수백억 달러의 피해를 가져왔다.

2. 테러리즘

2010년에 미 국무부는 45개 외국 테러단체 명단을 발표하였다. 이 중 일부는 종교적 동기에서 비롯되었고(알카에다 등), 일부는 계급이념(페루의 "빛나는 길" 등), 또 일부는 종족분쟁과 민족주의(바스크의 "조국과 자유" 등) 같은 동기를 갖고 있었다. 5장에서 무장 이슬람주의 민병대와 테러 네트워크가 포함된 분쟁에 대하여 논의한 바 있지만, 여기서는 전술로서 테러리즘 자체를 살펴볼 것이다. 2001년 9월 이래 각국 정부와 보통 사람들이 테러리즘에 대하여 이전보다 훨씬 더 큰 관심을 보이고 있지만, 테러리즘 자체는 결코 새롭지 않다.

테러리즘이란 의도적이고 무차별적으로 민간인을 대상으로 하는 정치 폭력을 가리킨다. 이런 기본 정의를 넘어 다른 기준을 적용할 수도 있지만 그런 정의는 정치적 동기를 내포하게 된다. 예를 들어 어떤 사람에게는 자유투사가 다른 어떤 사람에게는 테러리스트이다. 테러리즘은 게릴라전보다 더 어두운 얼굴 없는 적들의 세계이며, 극단적 잔혹성을 특징으로 하는 비정규전 전술이다.[12]

전통적으로 테러는 민간인들의 사기를 떨어뜨려 이들의 불만을 정부나 분쟁 상대방에 대한 제어수단으로 삼으려고 한다. 이와 연관된 목적으로, 극적 장면을 연출하여 자신들의 대의(大義)에 대한 언론의 관심을 끈다는 목적도 있다. 아일랜드 공화군(IRA)이 1960년대와 1970년대에 런던에 폭탄을 설치하면서 노린 것은 런던 시민들의 삶을 비참하게 만들어 이 사람들이 정부에 압력을 가하여 정부가 북아일랜드 문제 해결에 나서게 하려는 것이었다. 또 다른 노림수는 북아일랜드 문제가 계속 언론에 보도되도록 해서 차후 협상 시에 정부로 하여금 테러가 없는 경우에 비해 IRA에게 더 유리한 조건을 내놓도록 압력을 가한다는 측면도 있었다. 테러가 무심코 저질러지는 경우는 거의 없으며 대개 폭력을 제어수단으로 삼으려는 철저하게 계산된 행동이다. 그러나 테러의 동기와 수단은 매우 다양하며 공통점이 있다면 한 행위자가 다른 행위자에게 영향을 주기 위하여 폭력을 사용한다는 것밖에 없다.

테러의 주된 효과는 심리적인 것이다. 대중의 주의를 사로잡는 효과는 부분적으로 사건 자체의 극적 성격에서 나온다. 특히 TV 뉴스에 등장할 때 더욱 그렇다. 또한 희생자가 무작위로 결정된다는 점도 테러가 주의를 끄는 한 가지 요인이다. 시장에 설치된 폭탄이 터지면 실제로 다치는 사람은 수십 명 정도지만 수백만

---

12 Lutz, James M. *Global Terrorism*. Routledge, 2004. Benjamin, Daniel, and Steven Simon. *The Age of Sacred Terror*. Random, 2002. Kushner, Harvey W. *Encyclopedia of Terrorism*. Sage, 2003.

명의 사람들이 "내가 당할 수도 있었다"라고 생각한다. 그들도 시장에 갈 테니까. 여객기에 대한 공격은 그런 공포를 더욱 극대화 한다. 테러가 아니라도 이미 많은 사람들은 비행기 타는 것을 두려워한다. 이처럼 테러는 다수 군중들에게 심리적 효과를 낳기 때문에 작은 힘의 효과를 크게 만들어 준다. 통상 테러가 약자의 도구인 까닭이 바로 여기에 있다.

그러나 알카에다의 공격은 이와 좀 다른 양상을 보였다. 즉 공포를 만들기보다 단순히 가능하면 많은 미국인과 동맹국 시민들을 죽이려는 계획으로 저지른 일이다. 알카에다 추종자들은 종말론적 폭력이 발생하면 신이 개입한다고 믿는데, 바로 그런 폭력을 촉발하기 위한 공격이었던 것 같다. 실제로 지난 50년간 전반적으로 테러 공격이 더욱 치명적인 공격으로 변화되어 왔다. 테러 전술이 민간인 살상을 위한 더 폭력적인 수단을 채택하는 방향으로 변화해 왔기 때문이다.[13] 알카에다는 미국인이 아니라 전 세계 무슬림을 대상으로 심리 효과를 노렸던 것이다.

세계무역센터에 대한 충격적이고 파괴적인 공격은 종전의 테러공격보다 훨씬 큰 가시적 피해를 낳았다. 몇 천 명의 인명 피해와 몇 백억 달러의 재산 피해를 낳았기 때문이다. 사실상 이런 가시적 피해보다 심리적 충격이 더 컸다. 미국의 정치·문화적 풍경이 하루아침에 변했기 때문이다. 그리고 알카에다는 몇 천 명이 아니라 몇 십만 명의 미국인을 죽이기 위해 핵무기를 획득하고자 노력했었다.[14]

1970년대부터 2001년까지의 기간 동안 전형적인 테러 사건은 비국가 행위자가 국가 행위자에게 영향을 주기 위하여, 국경선을 넘나들면서 활동하는 사복 입은 비밀 부대를 이용해 민간인을 공격하는 것이었다. 과격한 정파나 분리주의 집단은 여객기를 납치 또는 폭파하거나, 카페, 클럽, 기타 사람들이 많이 모이는 곳에 폭탄을 설치한다. 예를 들면, 2004년에 체첸 과격분자들은 코카서스 지방의 작은 도시에 있는 학교를 점거하여 3일 동안 음식과 물이 없는 상태에서 어린이, 부모, 교사 등 거의 1,200명을 억류하였다. 러시아군이 강경 진압에 들어갔을 때는 어린이 172

---

13 Cronin, Audrey Kurth. Behind the Curve: Globalization and International Terrorism. *International Security* 27(3), 2002/03: 30–58.

14 Young, Mitchell, ed. *The War on Terrorism.* Greenhaven, 2003. Cortright, David, and George A. Lopez. *Uniting Against Terror.* MIT, 2007.

명을 포함해 300명이 넘는 사람이 죽었다.

이런 전술은 테러리스트들의 대의에 관심을 끌만한 극적 사건을 만든다. 예컨대 2013년 보스턴 마라톤 대회에서의 폭탄 테러는 두 형제에 의한 어설픈 공격이었지만 그 후 2주일간 언론매체를 점령했다. 흔히 테러는 주의를 끌 능력이 없거나 다른 수단을 갖지 못한 과격한 운동 집단이 사용하는 수단이다. 그것은 절망에 빠진 자의 전술이요 힘의 관계에서 약자의 위치에 처한 자의 전술이다. 예를 들어, 1972년에 팔레스타인 과격분자들은 전쟁에서 아랍 국가들이 이스라엘에 패배 당하는 모습을 보았고 자신들의 대의에 귀를 기울이게 만들 다른 방법이 없다고 생각했다. 그들은 극적인 폭력 사건으로 세계 언론의 주의를 사로잡음으로써 ─ 세계의 여론이 자신들의 대의에 등을 돌리는 대가를 치르고라도 ─ 팔레스타인 사람들의 열망을 쟁점으로 만들어서, 서방국가들이 대중동 정책을 결정할 때 이를 쉽게 무시할 수 없게 만들려고 했다.

그러나 테러가 끈질기게 계속된다는 것은 약간 놀라운 일이다. 이 전술의 성공 기록이 그다지 좋지 않기 때문이다. 자살폭탄 테러는 미국을 압박하여 1983년에 레바논에 주둔한 미군의 철수를 결정하는 데 영향을 주었지만, 2004년 체첸 테러리스트들의 학교 공격은 체첸의 주요 정치세력으로서 자신들의 지위를 잃는 것으로 끝났다. 팔레스타인 사람들은 테러를 통하여 국가 지위를 얻지는 못했다. 이라크의 알카에다 분파는 과거 자신들에게 은신처를 제공해 주었던 수니파 부족들을 지나치게 홀대하여 그 부족들이 등을 돌리게 만들었다. 뿐만 아니라 수많은 자살폭탄 공격에도 스리랑카의 타밀족(Tamils)은 아직 국가 지위를 얻지 못했으며, 하마스와 지하드(Islamic Jihad)는 이스라엘에 대한 제어수단을 얻지 못했다. 테러 활동은 분명히 정치적 목적을 달성하기 위한 수단으로 믿을만한 것이 못 된다.

일부 학자들은 자살폭탄 같은 특정 유형의 테러가 테러단체의 목적 달성에 효과적인지에 대해 체계적으로 분석했다. 어떤 연구에서는, 테러단체에 의한 무분별한 폭력 사용이 아닌 자살폭탄 공격이 일정한 전략 패턴에 따라 실행된다고 한다(《그림 6.3》 참조). 특히 독재국가보다 민주국가를 대상으로 자살폭탄 공격이 더 자주 발생하는데, 아마도 민주국가가 여론의 영향을 더 크게 받기 때문인 것 같다. 그러나 이 연구는 자살폭탄 공격이 중요한 목적 달성에 특별히 더 성공적이지 않다고

결론을 내린다.[15]

〈그림 6.3〉 자살공격 지점, 1980 – 2008

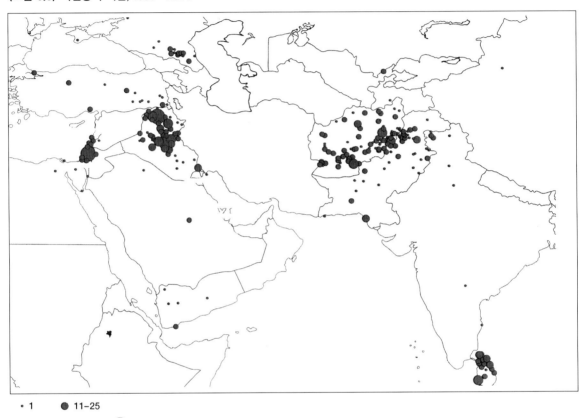

- • 1
- ● 2–10
- ● 11–25
- ● 26–100
- ● 101–410

출처: Carnegie Corporation of New York.

테러리스트들은 국가보다 더 쉽게 국제체계의 규범을 위반하려 든다. 국가와 달리 테러리스트들은 국제체계에서 이익을 얻을 수 없기 때문이다. 그러므로 어떤 정치집단이 약간의 권력이나 정통성을 얻으면 테러리즘을 덜 사용하게 된다. 1993 – 2000년 기간에 평화 회담이 진행 중인 때 팔레스타인해방기구(PLO)가 그러

---

15 Pape, Robert. *Dying to Win: The Strategic Logic of Suicide Terrorism.* Random House, 2005. Bloom, Mia. *Dying to Kill: The Allure of Suicide Terror.* Columbia, 2005.

했고, 1995년부터 아일랜드공화군(IRA)이 그러했다.

국가도 자국민이나 타국민을 공포에 몰아넣기 위한 행동을 하지만, 학자들은 그런 행동에 "테러리즘"이란 상표를 붙이기 싫어하는 경향이 있다. 그 대신 억압이나 전쟁이라 부른다. 사실 내전이나 국제전에서 교전 당사자들의 폭력적 행동이 반드시 테러리즘의 정의에 잘 들어맞지는 않는다. 물론 전쟁을 정의하기도 테러리즘을 정의하기도 어렵기 때문이다. 흔히 교전 당사자들은 상대방을 테러리스트라 부른다. 협의적으로 테러리즘을 말할 때, 민간인이 아닌 제복 입은 군대가 행하거나 그런 군대를 상대로 하는 행동은 테러에 포함되지 않는다. 이 정의에 따르면, 1983년 레바논에서 있었던 자동차 폭탄 공격으로 미 해병 243명이 죽은 사건, 2001년의 미 국방부 공격 사건은 군사 목표물에 대한 공격이었기 때문에 테러가 아니다. 또한 제2차 세계대전 기간 동안 독일 도시들에 대한 폭격도 비록 민간인들을 공포에 빠트리기 위한 목적이었지만 테러가 아니다. 그러나 오늘날 선전포고 없는 전쟁, 게릴라전, 내전, 종족분쟁 등을 보면, 명백한 테러리즘 주변을 커다란 회색지대가 둘러싸고 있는 것 같다.[16] 이스라엘에 대한 팔레스타인의 공격, 카시미르 지방에서의 파키스탄의 공격 등을 테러리즘에 포함시킬지에 대한 견해 차이 때문에 2001년 말에 UN에서 테러리즘에 관한 협정안을 통과시키려던 노력이 좌절되었다.

국가후원 테러리즘(state-sponsored terrorism)이란 국가가 정치 목적 달성을 위하여 — 대부분 정보기관에서 통제 — 테러단체를 이용하는 것을 말한다. 1998년에 스코틀랜드 상공에서 팬암 항공 103호기가 폭파되는 사건이 발생하였다. 수사관들이 비행기 잔해를 조사하던 중에 정교한 플라스틱 폭탄을 담았던 녹음기 조각을 발견했다. 미국과 영국 정부는 리비아 정보기관 요원들이 사건에 책임이 있음을 확인하고, 1992년에 UN안보리의 승인을 받아 리비아 정부에게 그 요원들을 넘겨달라고 요구하였다. 리비아가 이를 거부하자 UN은 리비아로 오가는 국제 항공을 금지하는 내용을 포함한 제재 조치를 취했다. 1999년에 리비아가 용의자들을 넘겼는데

---

16 Stern, Jessica. *Terror in the Name of God: Why Religious Militants Kill*. HarperCollins, 2003. Laqueur, Walter. *A History of Terrorism*. Transaction, 2001. Pilar, Paul R. *Terrorism and U.S. Foreign Policy*. Brookings, 2001. Ross, Jeffrey Ian. *Political Terrorism: An Interdisciplinary Approach*. Lang, 2006.

재판 결과 그 중 2명은 종신형을 받고 1/3은 석방되었다. 그리고 UN은 제재를 중단했다. 2003년에 리비아 정부가 공식적으로 그 폭파 사건에 대한 책임을 인정하고 희생자 가족들과 협상 끝에 수십억 달러의 배상금을 지불하기로 합의했으며, 이로써 리비아는 국제사회에서 정상적 지위를 되찾았다.

2011년 현재 미국은 이란, 시리아, 수단, 쿠바 4개국을 국제테러 지원 국가로 지정하였다. 4개국은 10년 넘게 그 명단에 올라 있다. 미국 정부는 미국 회사들이 4개국에서 사업하는 것을 금지했다. 그러나 이런 미국의 일방적 제재는 큰 효과가 없다. 쿠바는 캐나다와 거래할 수 있으며 이란은 러시아와 거래할 수 있기 때문이다. 북한은 핵무기 프로그램을 중단한다는 약속을 대가로 2008년에 이 명단에서 제외되었다.

대테러(counterterrorism) 지난 몇 십 년 동안 테러 방법이 더욱 다양해졌듯이, 테러 예방을 위한 정책들도 매우 다양해졌다. 테러공격을 방지하는 최선의 방법이 무엇인지에 대한 논쟁은 자주 과열된다. 우선 사람들이 왜 테러공격에 가담하는지에 대한 논쟁부터 뜨겁기 때문이다.

테러와 맞서 싸우는 정책 유형은 테러와 테러단체에 대한 무력 사용의 정도를 기준으로 분류할 수 있다. 가장 비폭력적인 정책은 경제성장에 의지한다. 이 정책을 옹호하는 사람들은 극빈국의 사람들이 테러단체들의 충원 대상으로서 가장 취약하다고 지적한다. 밝은 미래가 보이지 않고 자기 향상의 기회가 거의 없는 사람들은 자연히 희망을 잃고, 분노하고, 더 이상 잃을 것이 없다고 생각해 명백히 불합리한 행동도 서슴지 않는다. 빈곤 같은 요인들이 테러 활동과 직접 연결된다는 직접 증거는 거의 없지만, 중앙정부가 허약한 극빈국이 국제 테러단체들의 충원 근거지 역할을 해 왔다는 점은 분명하다.

폭력 사용의 정도 면에서 중간에 해당하는 정책이 경찰 활동이다. 여기에는 대개 경찰이 다른 국가의 경찰과 협력해서 테러단체를 파괴하고 테러리스트들을 체포하거나 사살하는 활동이 포함된다. 경찰의 효과적인 대테러 활동의 대표적인 예로, 페루 정부가 경찰 엘리트 수사팀을 투입하여 "빛나는 길"(Shining Path) 운동 지도자를 체포한 사례가 있다. 이 단체는 한때 2만 명 이상의 잘 무장된 민병대를 거느렸으며 페루 정치지도자 몇 명을 암살한 바 있는 단체이다. 당시 경찰은 한 무용실(이 위층에 그 지도자가 살았던) 건물 밖에 잠복근무하면서 그 건물에서 나오는 쓰레기를 뒤져 단서를 찾아 그 지도자를 체포하였다. 지도자 체포 이후 빛나는 길은 대체로 와해되었다.

폭력 사용의 정도 면에서 가장 폭력적인 정책이 군사력 사용이다. 정부는 테러단체와 맞서기 위해 소규모 혹은 대규모 공격을 가할 수 있다. 1998년에 미국이 수단의 한 공장에 순항미사일 공격을 가한 적이 있는데, 당시 미국은 이 공장이 알카에다를 위한 화학무기를 제조하고 있다고 믿었지만 이유식을 만드는 공장으로 확인되었다. 그리고 미국이 주도한 아프가니스탄전쟁은 9·11 공격에 대한 미국의 대응이었다.

물론 대테러 정책을 집행하는 각국 정부는 다양한 정책을 혼합해서 사용한다. 예를 들어, 미국 국내에서 대외 원조는 빈국의 개발과 경제성장을 지원함으로써 가난하고 교육받지 못한 사람들이 테러단체에 충원될 가능성을 줄인다는 견지에서 정당화하는 경우가 많다. FBI와 지방경찰은 테러리스트들을 추적하고 체포하기 위하여 여러 나라 경찰과 협력하고 있다. 또한 미군은 테러리스트와 싸우는 국가들에게 훈련 및 무기를 지원하고 있다. 아프가니스탄에서의 전쟁은 알카에다를 보호한 탈레반 정부를 상대로 벌인 대규모 전쟁이었다.

3. 대량살상무기

대량살상무기(Weapons of Mass Destruction, WMD)에는 일반적으로 세 가지 유형이 있다. 즉 화학, 생물학, 방사능(핵) 무기가 있다. 이러한 무기들은 재래식 무기와 차이를 보인다. 크기도 작고 비용 면에서도 싸지만 엄청난 살상력을 가진다. 그리고 무차별적 살상이라는 점에서는 그 정도가 훨씬 심하다. 이런 무기가 탄도미사일에 장착된다면 그것은 한 국가의 본토에서 다른 국가의 본토를 대규모로 파괴하는 무기가 될 수 있다.[17] 지금까지 그런 일이 일어난 적은 없었다. 그러나 사용 위협만으로도 기존 국제체계에서 국가의 영토보전과 안보를 해치는 효과가 있다. 오늘날 핵심적인 우려 사항은 확산, 즉 더 많은 국가들이 대량살상무기를 보유하는 것이다.

대량살상무기는 재래식 무기와 목적이 다르다. 예외가 있기는 하지만, 대량살상무기의 목적은 가상의 정복자 또는 파괴자에게 엄청난 고통을 주는 수단을 국가 지도자들에게 부여함으로써 공격, 특히 대량살상무기에 의한 공격을 억지하는 것이다. 중간 수준의 강대국들에게는 이 무기가 강대국과 필적할 만한 정도의 파괴력을 제공해 주며, 상징적인 평등감을 준다. 하지만 테러리스트들에게는 엄청나게 많은 사람들을 죽이는 수단이 될 수 있다.

(1) 핵무기

핵무기는 순전히 폭발력이라는 차원에서 볼 때 가장 파괴적인 무기이다. 냉장고만한 무기 하나로 도시 하나를 파괴할 수 있다. 핵무기에 대한 방어는 거의 불가능하다. 핵확산의 위험성을 이해하기 위해서는 먼저 핵무기가 어떻게 작동하는지 대략적으로 이해해야 한다. 핵무기에는 두 종류가 있는데, 하나는 **핵분열** 무기(원자폭탄)이고 다른 하나는 **핵융합** 무기(열핵폭탄이나 수소폭탄)이다. 원자탄은 수소탄에 비해 단순하고 비용도 적게 든다.

핵분열 무기가 폭발에 이르는 첫 단계는 한 종류의 원자가 쪼개져, 즉 분열하여 이보다 질량이 작은 새로운 원소로 바뀌는 것이다. 이때 줄어든 질량이 에너지로 전환되는데, 아인슈타인의 유명한 공식($E=mc^2$)에 따라 극소량의 원자가 엄청난 양의 에너지를 발생시킨다. 실제로 1945년에 일본의 나가사키 시를 파괴한 원자탄의 에너지는 동전 하나 크기의 물질에서 나온 것이다. 두 종류의 물질이 이와 같이 쪼개질 수 있는데, 둘 다 원자탄에 사용된다. **분열물질**이라 불리는 이 물질은 바로 우라늄-235와 플루토늄-239이다. 핵분열 무기는 제2차 세계대전 당시 맨해튼 계획(Manhattan Project)이라고 불렀던 과학 연구 계획에 따라 미국의 과학자들이 발명한 것이다. 1945년에 우라늄 폭탄과 플루토늄 폭탄이 각각 하나씩 히로시마와 나가사

---

17 Hutchinson, Robert. *Weapons of Mass Destruction: The No-Nonsense Guide to Nuclear, Chemical and Biological Weapons Today.* Cassell PLC, 2004. Eden, Lynn. *Whole World on Fire: Organizations, Knowledge, and Nuclear Weapons Devastation.* Cornell, 2003.

키에 투하되어 두 도시를 파괴하고 민간인 10만 명을 죽였고, 이로써 일본의 무조건 항복을 이끌어냈다. 오늘날의 기준에서 보면 이 폭탄들은 조잡하고 성능도 떨어지는 것이었다. 그러나 이런 종류의 폭탄은 빈국이나 비국가 행위자들도 만들 수 있는 무기이다.[18]

핵분열 무기는 연쇄반응을 일으키기 직전 단계의 분열물질을 압축하여 폭발 가능한 상태로 만든 것이다. 이 상태에서 하나의 원자가 분열하면서 중성자를 방출하면 이 중성자가 다른 원자를 분열시키는 연쇄반응을 일으킨다. 가장 단순하게 설계된 원자탄은 우라늄 한 조각을 튜브 속으로 강제로 밀어 넣어(이를 위해 재래식 폭약이 사용된다) 다른 우라늄 조각과 합치는 구조로 되어 있다. 이보다 더 효율적이고 기술이 필요한 설계에서는 속이 빈 플루토늄 구체 주위에 고성능 폭약을 장착하여 이 구체를 폭발시켜 연쇄반응이 일어나게 한다.

이러한 설계 기술은 정밀한 공정을 필요로 하지만 많은 국가들과 일부 기업들은 그러한 기술 능력을 보유하고 있다. 분열물질을 구하기가 어려울 뿐이다. 원자탄 하나 만드는 데 10에서 100 파운드만 있어도 되지만, 이 정도 양도 쉽게 구할 수 없다. 가장 단순한 설계의 원자탄에 쓰이는 우라늄-235를 구하는 것이 가장 어렵다. 많은 국가에서 채굴되는 천연 우라늄은 99% 이상이 분열 불가능한 성분이고 1% 미만이 분열 가능한 우라늄-235이다. 이 분열 가능한 우라늄-235를 뽑아내는 것을 농축이라 하는데, 이 과정은 시간이 많이 걸리고 비용도 비싸고 기술적으로 어렵다. 이것이 확산을 가로막는 가장 큰 요소이다. 그러나 최근 들어 북한, 이란, 이라크, 리비아가 농축 시설을 만들었다. 북한은 2006년과 2009년에 폭발 실험을 한 후 우라늄 계획을 중단하고 핵시설 단지를 해체하겠다고 약속하였다. 북한은 2007-2008년 사이에 비록 일정표보다 늦었지만 어느 정도 그 방향으로 노력하였다. 그러나 이란은 2006-2009년 사이에 UN이 몇 차례 우라늄 농축을 중단하라고 요구하였지만 이를 무시하면서 소위 "평화적 목적"을 위한 우라늄 농축은 주권국가의 권리라는 주장을 굽히지 않았다. 이란의 핵 프로그램에 대한 협상은 2011년까지 이어졌다.

---

18 Cirincione, Joseph. *Bomb Scare: The History and Future of Nuclear Weapons*. Columbia, 2007.

플루토늄은 분리 설비가 있어야 하지만 핵발전소의 원자로에서 나오는 저품위 우라늄에서 쉽게 추출할 수 있다. 그러나 플루토늄 폭탄은 우라늄 폭탄에 비해 제조가 어려우며, 이것이 확산을 가로막는 요소가 되고 있다. 그리고 플루토늄은 상업용 증식로에도 사용되는데 이것이 분열물질 확산의 또 다른 온상이 되고 있다. 최근 일본과 몇몇 국가에서 증식로를 건설한 바 있다. (따라서 만일 일본이 결정만 한다면, 가능성은 낮지만 단기간에 많은 핵무기를 만들 수 있다.) 북한이 2006년에 실험한 것이 바로 이 플루토늄 폭탄인데, 출력은 낮았지만 분열에는 성공하였다.

핵융합 무기는 매우 많은 비용과 첨단 기술을 요하는 무기이다. 따라서 이 무기는 가장 부유하고 크고 기술적으로 앞선 국가들만 보유할 수 있다. 융합 무기에서는 두개의 조그만 원자(수소의 변종)가 하나의 원자로 융합되면서 에너지를 방출한다. 이 반응은 극도로 높은 온도에서만 일어난다(태양의 에너지도 바로 이와 같은 수소 융합 반응에서 나온다). 무기 설계자들은 분열 무기를 이용하여 극고온을 얻고 이를 통하여 폭발적인 융합 반응을 촉발시키는 방식으로 설계한다. 대개 분열 무기의 폭발력은 1에서 200킬로톤이다(1킬로톤은 재래식 폭약 1000톤). 융합 무기의 폭발력은 20메가톤까지 가능하다(1메가톤은 1000킬로톤). 탈냉전시대에 와서 메가톤급 무기의 중요성은 크게 떨어졌다. 파괴력이 너무 커서 어느 국가도 사용할 수 없으며, 너무나 제조가 힘들어 테러리스트나 약소국은 제조할 수 없기 때문이다.

핵무기의 효과에는 폭발력만 있는 것이 아니라 열과 방사능도 있다. 그 열은 한 도시를 불기둥으로 만들 수 있을 정도이다. 방사능은 원자병을 일으키는데, 많이 노출되었을 때는 며칠 내에 죽고 적게 노출되었을 때는 장기적인 건강 문제, 특히 암을 일으킨다. 핵폭발 지역에 가까울수록 방사능 농도가 높지만 먼 지역에서도 대기를 타고 방사능 낙진이 내린다. 또한 방사능은 전자 장비를 교란 파괴하는 전자기파(EMP)를 발생시키기도 한다.

(2) 탄도미사일, 기타 운반체계

핵무기를 그 표적까지 이동시키는 운반체계는 한 국가의 핵무기 창고와 핵전략에 있어서 핵무기보다 훨씬 더 중요한 기초가 된다. 보통 핵탄두의 무게는 몇 백

파운드 정도 되는데, 탄두를 소형화할수록 더 다양한 운반체계에 탄두를 장착할 수 있게 된다.

냉전시대에 핵 운반체계는 두 가지 범주로 분류되었다. 즉 전략무기와 전술무기가 그것이다. **전략무기**란 적국의 본토를 타격할 수 있는 무기로서 통상 사정거리가 긴 것을 말한다(예컨대 네브래스카에서 모스크바까지). **전술핵무기**란 교전 현장에서 사용할 수 있도록 설계된 핵무기를 말한다. 냉전시기 두 초강대국은 전술핵무기를 재래식 육해공군에 통합하여 운용하였다. 즉 자유낙하 폭탄, 포탄, 단거리미사일, 지뢰, 폭뢰 등에 전술핵탄두를 장착하였다. 그러나 수 만개의 전술핵탄두를 재래식 무기에 장착한다는 것은 도난이나 사고의 위험을 감수해야 하는 일이다. 전술핵무기를 실전에서 사용하면 전략핵전쟁으로 확대될 위험이 크며, 이렇게 되면 자국의 도시들도 위험에 처하게 될 것이다. 이러한 문제점 때문에 미국과 소련은 냉전이 끝날 무렵 전술핵무기 거의 전부를 폐기하였다.

가장 중요한 전략적 운반체는 **탄도미사일**이다. 탄도미사일은 항공기와 달리 방어하기가 대단히 어려운 무기이다. 탄도미사일에는 한 개의 핵탄두가 장착되어 탄도를 따라 비행해서 목표물에 투하된다. 대개 탄도미사일의 궤도는 지상 50마일 이상 대기권 밖까지 올라갔다가 내려온다. 그리고 고정된 지점(silo)에서 발사하거나 (표적이 되지 않기 위해서) 기차나 대형 트럭에서 발사하기도 한다. 가장 사정거리가 긴 것이 **대륙간탄도미사일**(inter-continental ballistic missile, ICBM)인데, 5,000마일 이상 날아간다. 오늘날 특별한 관심을 끌고 있는 것은 사정 1,000마일 미만의 단거리탄도미사일(short-range ballistic missile, SRBM)이다. 걸프전 당시 사우디아라비아와 이스라엘로 발사된 이라크의 개량 스커드 미사일도 SRBM인데, 여기에는 재래식 탄두가 장착되었다. 지역분쟁에서는 더 강력한 장거리미사일이 불필요할 수도 있다. 예를 들어 시리아와 이스라엘의 최대 도시는 불과 133마일 떨어져 있다. 이라크와 이란의 수도, 인도와 파키스탄의 수도는 서로 500마일 이내 거리에 위치해 있다(〈그림 6.4〉 참조). 위에 거론된 국가들 모두 탄도미사일을 보유하고 있다. 단거리미사일과 몇몇 중거리미사일은 비용이 싸게 먹히기 때문에 중간 정도의 경제력을 가진 작은 국가들도 구입하거나 심지어 국내에서 생산할 수 있다. 〈표 6.3〉은 탄도미사일을 보유한 30개국의 전력을 열거하고 있다.

<그림 6.4> 인도 및 파키스탄의 미사일 사정, 1998 - 2003

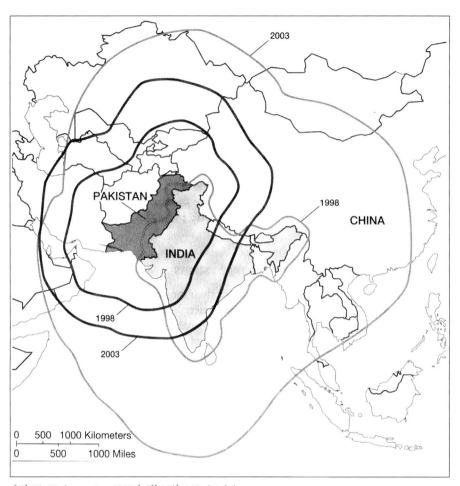

출처: *The Washington Post*, 1999년 5월 29일, A32, 〈표 6.3〉.

걸프전 당시 이라크가 사용한 단거리 탄도미사일은 대체로 그 정확도가 낮긴 하지만 방어하기가 매우 어렵다.[19] 재래식 탄두를 장착한 단거리미사일은 군사적 효과보다 (도시지역을 무차별 공격함으로써 주민들의 사기를 저하시키는) 심리적 효과가 더 크다. 그러나 화생방 탄두를 장착한다면 단거리미사일은 치명적이 될 수 있다. 사정거리와 관계없이 미사일의 정확도는 강대국, 특히 미국 쪽으로 가면 갈수록 더 높아

---

19 Postol, Theodore A. Lessons of the Gulf War Experience with Patriot. *International Security* 16 (3), 1991/1992: 119 -71.

진다. 미국의 가장 뛰어난 미사일은 수천 마일을 비행하여 거의 매번 목표물의 50 피트 이내에 떨어진다. 미국은 선택의 폭을 넓히기 위해 탄두의 파괴력은 줄이고 미사일의 정확도는 높이는 방향으로 노력해 왔다.

순항미사일(cruise missile)은 작은 날개가 달린 미사일로서 미리 입력된 지형정보를 이용하고 위성 신호의 도움을 받아 수천 마일을 순항하여 목표물을 타격하는 미사일이다. 이 미사일은 선박, 잠수함, 항공기에서 발사할 수 있다. 미국은 1993년에 이라크, 1995년에 보스니아 내 세르비아군, 1993년에 세르비아, 2003년에 이라크를 대상으로 순항미사일을 사용하였다.

탄도미사일의 확산을 막는 것은 어렵다.[20] 미사일 관련 기술이 남반구 국가들로 이전되는 것을 제한하기 위해 선진국들은 **미사일기술통제체제**(Missile Technology Control Regime)를 만들었는데, 별 성과를 거두지 못하고 있다. 단거리 및 중거리(2,000마일 이내) 미사일의 경우 현재 이란, 이라크, 이스라엘, 사우디아라비아, 파키스탄, 인도, 북한 등이 명백히 개발 중에 있고 아르헨티나와 브라질은 개발 중이라고 추정된다. 2009년에 이란이 이집트, 이스라엘, 유럽 일부까지 갈 수 있는 미사일을 실험하여 서방을 놀라게 한 적이 있다. 2012년에는 북한이 이란과 협력하여, 대륙간급 장거리미사일 발사에 성공하였다.

아마도 앞으로 작은 국가나 테러리스트들이 핵무기를 획득하여 혁신적인 운반 수단을 이용하여 이를 사용할지도 모른다. 핵무기는 작기 때문에 핵무기 한 개를 자동차, 쾌속정, 외교 행낭 등을 이용하여 표적 국가로 밀반입하는 것은 어렵지 않다.

2001년 이래 미국은 해운용 컨테이너에 대량살상무기를 숨겨 미국으로 밀반입하는 것을 막기 위해 새로운 컨테이너 보안조치를 시행하고 있다. 그러나 연간 근 800만 개의 컨테이너가 미국으로 들어오는데, 번영을 가져오는 국제무역에 지장을 주지 않으면서 컨테이너를 검색하는 일은 쉬운 일이 아니다. 2006년에 미국 의회는 아랍 국가인 두바이에 본사를 둔 한 회사가 미국의 몇 개 항구에서 일부 업무를 관장할 수 있게 허가하는 취지의 법안을 부결시켰다. (그러나 전부터 이미 몇몇 외국 회사

---

20 Mistry, Dinshaw. *Containing Missile Proliferation: Strategic Technology, Security Regimes, and International Cooperation in Arms Control.* Washington, 2003.

들은 그렇게 하고 있다.)

〈표 6.3〉 탄도미사일 전력, 2010

국가	사정(마일)	가상 목표물
미국a	13,000	세계
러시아a	13,000	세계
중국a	13,000	세계
영국a	4,600	잠수함 발사로 세계
프랑스a	3,700(4,600)	잠수함 발사로 세계
북한a	800(3,500)	남한, 러시아, 중국(아시아 전역)
이란b,c	900(3,500)	이라크, 쿠웨이트, 아프가니스탄, 이스라엘 (유럽, 아시아)
이스라엘a,c	900(3,500)	시리아, 이라크, 사우디아라비아, 이집트(이란)
인도a,c	1,500(2,000)	파키스탄, 중국, 아프가니스탄, 이란, 터키
파키스탄a	800(2,000)	인도(러시아, 터키, 이스라엘)
사우디아라비아	1,700	이란, 이라크, 시리아, 이스라엘, 터키, 예멘, 이집트, 리비아, 수단
시리아	300(400)	이스라엘, 요르단, 이라크, 터키
이집트	400	리비아, 수단, 이스라엘
리비아	200	이집트, 튀니지, 알제리
예멘	200	사우디아라비아
아랍에미리트	200	사우디아라비아, 이란
아프가니스탄	200	파키스탄, 타지키스탄, 우즈베키스탄
카자흐스탄	200	우즈베키스탄, 타지키스탄, 키르기스스탄, 러시아
투르크메니스탄	200	이란, 아프가니스탄, 우즈베키스탄, 타지키스탄
아르메니아	200	아제르바이잔
벨라루스	200	러시아, 우크라이나, 폴란드
우크라이나	200	러시아, 벨라루스, 폴란드, 헝가리, 루마니아
한국	200	북한
베트남	200	중국, 캄보디아
타이완	80(200)	중국
그리스	100	터키
터키	100	그리스
바레인	100	사우디아라비아, 카타르
슬로베니아	80	체코, 헝가리, 폴란드
일본c	—	
탄도미사일 보유국 수: 30		

a : 핵무기 보유국
b : 핵무기 개발 의심국
c : 장거리 탄도미사일로 전용 가능한 우주공간 발사 미사일 개발 중인 국가
주: 괄호 안 수치는 개발 중인 미사일의 사정이다. 가상 목표물은 우방과 적국을 모두 포함시켰으며 열거가 아니
    라 예시한 것이다. 미사일 사정은 발사중량에 따라 달라진다. 200마일 사정의 Scud−B와 300마일 사정의

Scud Mod-C는 발사중량 3/4톤 기준 추정치이다. 사우디아라비아 미사일의 경우 발사중량 2톤, 한국 미사일의 경우 1/2톤 기준 추정치이다.
출처: Carnegi Endowment for International Peace.

(3) 화학무기와 생물학무기

화학무기란 사람을 죽이거나 마비시키는 화학물질을 방출하는 무기를 말한다.[21] 신경가스처럼 사람을 죽이는 물질에서 최루가스처럼 단순히 사람을 괴롭히는 물질에 이르기까지 다양한 화학물질이 사용된다. 사람의 신경 체계, 피의 흐름, 호흡, 기타 신체 기능을 교란하는 물질도 있다. 사람의 피부에 침투하는 것, 흡입해야만 하는 것도 있다. 장기간 잔류하기도 하고 곧바로 소멸되기도 한다.

대부분의 화학무기는 적절한 방법으로 방어가 가능하다. 특수 보호의복과 방독면을 착용하고 오염된 장비를 정화하는 소정의 정교한 절차를 이행함으로써 대처가 가능하다. 그러나 보호 장비를 착용하면 더위에 시달리게 되며 기타 대화학전 조치로 군의 효율성이 떨어진다. 더욱이 민간인들은 군인보다 화학전에서 보호 받지 못한다. 화학무기는 그 특성상 살상 대상이 무차별적이다. 지금까지 몇 차례 화학무기가 의도적으로 민간인을 대상으로 사용된 적이 있다(대표적인 예로, 1980년대에 이라크 정부는 이라크 내 쿠르드 족을 대상으로 사용하였다).

전쟁에서 화학무기가 사용된 예는 드물다. 피부에 물질이 생기고 폐를 손상시키는 겨자가스가 제1차 세계대전 중에 포탄에 장착되어 사용된 바 있다. 이 전쟁의 공포를 겪은 후 각국은 1925년 제네바협약에서 화학무기 사용을 금지하였다. 이 협정은 아직도 발효 중이다. 제2차 세계대전 당시 교전 양측이 모두 화학무기를 보유하고 있었지만 보복이 두려워 실제로 사용하지는 않았다. 그 이후 (몇몇 확인되지 않은 사용 사례 보고가 있었지만) 1980년대 이란과의 전쟁에서 이라크만 유일하게 이 협정을 위반하였다. 유감스럽게도 이 사건은 화학무기 사용을 주저하게 만드는 심리적 장벽을 깬 사건인 동시에, 화학무기가 적절한 보호 장비 없이 진격해 오는 대규모 적군에 대하여 값싸고 효과적으로 대처하는 수단이 될 수 있다는 사실을 일

---

21 Price, Richard M. *The Chemical Weapons Taboo*. Cornell, 1997.

깨워 준 사건이기도 하다. 이 사건에 자극을 받아 수십 개 빈국이 화학무기 획득에 나섰다. 국가가 싼 값으로 대량살상무기를 갖는 가장 좋은 방법이 화학무기 보유이다. 화학무기는 살충제, 의약, 기타 민수용 제품의 생산 시설과 공정을 이용하여 제조할 수 있다. 그렇기 때문에 혐의가 있는 국가의 화학무기 제조 시설을 찾고 화학무기에 필요한 재료와 장비를 구입하지 못하게 막는 일이 쉽지 않다.

　　1925년의 제네바협약은 화학무기의 사용만 금지하고 그 제조와 보유를 금지하지는 않아서, 실제로 수십 개의 국가들이 화학무기를 보유하고 있다. 과거 냉전시기 미국과 소련은 다량의 화학무기를 보유하였지만, 지난 10년 동안 그 수를 많이 줄였다. 1992년에 새로운 **화학무기금지협약**(Chemical Weapons Convention)이 체결되었는데, 이 협약은 화학무기의 제조와 보유를 함께 금지하는 내용으로 되어 있다. 여기에는 모든 강대국을 포함한 세계 거의 모든 국가들이 서명하였다. 서명하지 않은 국가는 이집트, 시리아, 북한 등이다. 이 협약은 엄격한 검증을 위한 규정과 위반 국가 제재를 위한 규정을 포함하고 있다(미가입 국가의 위반도 제재할 수 있다). 인도, 중국, 한국, 프랑스, 영국을 포함한 일부 국가들은 비밀 화학무기계획이 있음을 인정하고 국제적 감시 하에 해체하기로 하였다. 러시아는 냉전시기에 제조한 44,000톤의 화학무기를 폐기하기 위해 매우 많은 비용과 시간을 요하는 힘든 작업을 하고 있다. 1997－2010년 기간에 이 협약기구 감시 하에 전 세계 화학무기의 절반 이상(약 40,000톤)이 제거되었다.

　　생물학무기는 화학무기와 비슷하지만, 치명적인 미생물이나 생물학적으로 추출한 독소를 사용한다. 그 재료로 천연두, 임파선 페스트, 탄저병 등과 같은 치명적인 질병을 유발하는 바이러스나 박테리아를 사용하기도 한다. 치명적이지는 않지만 사람을 무력화하는 질병이나 가축을 죽이는 질병을 일으키는 재료도 사용한다. 이론적으로 하나의 무기로 전 국민을 전멸시킬 수도 있지만, 이것은 너무나 위험한 일이므로 대개 전염성이 덜한 병균을 사용한다. 생물학무기는 한 번도 실전에서 사용된 적이 없다(제2차 세계대전 당시 일본이 중국의 몇 개 부락에서 실험한 적은 있다). 이 무기의 잠재력은 정치지도자들에게 한번 열면 걷잡을 수 없는 결과가 초래되는 판도라의 상자로 여겨진다.

　　이러한 이유 때문에 생물학무기는 1972년의 **생물학무기금지협약**(Biological Weapons Convention)으로 개발, 제조, 보유가 금지되었다. 이 협약에는 강대국들을 포함한 100여개 국가들이 서명하였다. 초강대국은 생물학무기 재고를 파괴하고 생물학무기 공장을 무기개발이 아닌 방어적 연구 목적으로 전환할 수밖에 없었다. 그러나 이 협약은 사찰에 관한 규정을 두지 않았고, 생물학무기는 화학무기의 경우와 마찬가지로 비교적 은폐가 용이하기 때문에 몇몇 국가들은 생물학무기를 보유하고 있다고 의심 받고 있다. 1990년대 중반에 UN이 이라크를 사찰했을 때 가동 중인 생물학무기 프로그램을 발견하였다. 소련 해체 이후 밝혀진 증거에 의하면, 구소련에서도 비밀리에 생물학무기 계획이 추진되었다. 2001년에 미국은 이 협약을 더욱 강화하기 위한 회담에서 철수하면서, 제시된 수정안이 실현가능성이 없다고 주장하였다.

현재 미국과 아마도 수십 개 국가들이 생물학무기 연구를 계속하고 있다(협약이 연구를 금하지는 않는다). 연구자들은 생명공학의 발전이 군사적으로 어떤 의미를 갖는지 알아내기 위해 노력하고 있다.[22]

(4) 확산

여기서 **확산**이란 더 많은 국가들의 손에 대량살상무기, 즉 탄도미사일과 화생방무기가 들어가는 것을 의미한다. 확산이 국제관계에 미치는 영향이 어떠한지를 가늠하기는 어렵지만, 그것이 매우 중대한 문제라는 것은 분명하다. 대량살상무기가 장착된 탄도미사일은 국경선이 제공하는 보호막을 무의미하게 만들며 각국의 안보를 취약하게 만든다. 국가 행동의 합리성을 믿는 일부 현실주의자들은 이러한 상황에 대하여 크게 우려하지 않으며 심지어 그것을 환영한다. 이들은 과거 냉전시기에 초강대국들이 상대방을 날려버리지 않았듯이, 군사력의 사용이 곧 쌍방의 전멸로 이어지는 상황에서는 오히려 전쟁이 적게 일어난다고 보기 때문이다. 국가지

---

22 Lederberg, Joshua, ed. *Biological Weapons: Limiting the Threat.* MIT, 1999. Tucker, Jonathan B., ed. *Toxic Terror: Assessing Terrorist Use of Chemical and Biological Weapons.* MIT, 2000. Price-Smith, Andrew T., ed. *Plagues and Politics: Infectious Diseases and International Policy.* Palgrave, 2001.

도자들의 합리성을 거의 믿지 않는 다른 학자들은 확산에 대하여 크게 우려한다. 이들은 화생방무기를 가진 행위자의 수가 증가할수록 오판이나 우발적 사고로, 혹은 광신도 테러리스트에 의하여 그것이 사용되어 제2차 세계대전 이후 최대 참사가 벌어질 위험이 더 커진다고 생각하기 때문이다.[23]

강대국 지도자들은 대개 후자의 입장에 서는 경향이 있다.[24] 이들은 강대국만 대량살상무기를 보유하는 것으로 제한하고자 노력해 왔다. 확산은 곧 중간 강대국에 대한 강대국의 우위를 갉아먹는다. 더욱이 방어해야 할 영토나 도시를 갖고 있지 않기 때문에 보복의 위협으로부터 자유로운 테러리스트나 기타 비국가 행위자의 손에 대량살상무기가 들어갈지도 모른다는 우려가 확산되고 있다. 2001년 아프가니스탄전쟁 기간 중에 노획된 증거를 보면, 알카에다가 대량살상무기를 획득하기 위해 노력하였고 그 무기를 실제로 사용할 의사를 가지고 있었다. 구소련의 핵시설 단지가 그냥 방치되거나 아주 엉성한 보안 상태에 놓여 있었는데, 이 때문에 분열물질이 테러리스트 손에 들어갈 우려가 커진 적이 있다.[25]

핵확산은 한 국가 또는 비국가 행위자가 핵무기나 그 부품을 사들이거나 훔침으로써 손쉽게 이루어질 수 있다. 이것을 방지하기 위한 조치로 비밀 첩보활동, 엄격한 보안조치, 도난당한 무기 사용을 방지하기 위한 안전장치 등이 있다. 2007년에 무장 괴한 2개 조가 남아프리카의 한 핵시설에 침투하여 경비원 1명을 사살하고 통제실까지 들어갔다가 격퇴 당한 사건이 있었다. 이 시설은 과거 핵폭탄이

23 Paul, T. V., Richard J. Harknett, and James J. Wirtz, eds. *The Absolute Weapon Revisited*. Michigan, 1998. Sagan, Scott D., and Kenneth N. Waltz. *The Spread of Nuclear Weapons: A Debate*. Norton, 1995.

24 Utgoff, Victor, ed. *The Coming Crisis: Nuclear Proliferation, U. S. Interests, and World Order*. MIT, 1999.

25 Allison, Graham. *Nuclear Terrorism: The Ultimate Preventable Catastrophe*. Times, 2004. Finn, Peter. Experts Discuss Chances of Nuclear Terrorism. *The Washington Post,* November 3, 2001: A19. Erlanger, Steven. Lax Nuclear Security in Russia Is Cited as Way for bin Laden to Get Arms. *The New York Times,* November 12, 2001: B1. Gur, Nadine, and Benjamin Cole. *The New Face of Terrorism: Threats from Weapons of Mass Destruction*. Tauris, 2000. Falkenrath, Richard A., Robert D. Newman, and Bradley A. Thayer. *America's Achilles' Heel: Nuclear, Biological, and Chemical Terrorism and Covert Attack*. MIT, 1998.

설계되고 제조된 적이 있는 시설이었다. 이 사건은 핵시설의 보안수준에 대한 의문과 함께 풀리지 않은 의혹을 남겼다. 다른 핵보유국, 특히 파키스탄 같은 국가에서는 정치 소요가 발생하여 핵무기 및 핵물질의 안전에 대한 우려가 커졌다.[26]

이보다 더 심각한 형태의 핵확산은 국가가 핵관련 시설을 항시적으로 운영하면서 독자적으로 핵무기를 개발하려는 경우이다.[27] 이 경우는 한두 개가 아닌 여러 개의 핵무기가 문제시 되며, 분쟁과 대립이 있는 지역이라면 해당 국가들 간에 경쟁적인 핵무기 개발이 이루어질 위험이 크다. 이런 경우에 해당되는 것이 이스라엘과 아랍 국가들, 이란과 그 인접 아랍국가들, 인도와 파키스탄,[28] 남북한, 그리고 아마도 중국과 타이완 등이다. 인도와 파키스탄은 각각 수십 개의 핵무기와 그 운반체 미사일을 보유하고 있다. 북한은 2006년과 2009년에 핵실험을 한 바 있고, 핵 프로그램에 대한 협상이 계속되고 있다. 남아프리카는 1980년대에 핵무기 몇 개를 제조하였다가 백인 소수지배가 끝나기 전에 해체하였다고 보고하였다.

1990년대에 파키스탄의 고위 핵과학자가 저품위 우라늄, 농축용 원심분리기, 폭탄 설계 등 핵폭탄 키트를 리비아, 이란, 그리고 북한에 팔았다. 리비아는 현재 핵 프로그램을 포기한 상태이고, 북한은 (플루토늄 프로그램은 포기하였지만) 우라늄 프로그램에 대해서 협상에 임하면서도 애매한 태도를 보이고 있고, 이란은 우라늄 농축을 계속하고 있다. 이스라엘은 공식적으로 인정한 적이 없지만 100개 이상의 핵무기를 보유하고 있는 것으로 널리 알려져 있다. 이스라엘은 핵무기를 이만큼 보유하고 있으니 아랍 지도자들이 이스라엘을 군사적으로 정복하는 것은 불가능하다는 점을 인식하기를 원한다.[29] 이스라엘은 이라크의 핵무기 개발을 막기 위하여

26 Bunn, Matthew. *Securing the Bomb 2008*. Harvard University, 2008.

27 Abraham, Itty. *The Making of the Indian Atomic Bomb: Science, Secrecy, and the Post-Colonial State*. Zed/St. Martin's, 1998. Perkovich, George. *India's Nuclear Bomb: The Impact on Global Proliferation*. California, 1999. Lewis, John Wilson, and Xus Litai. *China Builds the Bomb*. Stanford, 1988.

28 Albright, David, and Mark Hibbs. India's Silent Bomb. *Bulletin of the Atomic Scientists* 48 (7), 1992: 27-31. Albright, David, and Mark Hibbs. Pakistan's Bomb: Out of the Closet. *Bulletin of the Atomic Scientists* 48(6), 1992: 38-43.

29 Cohen, Avner. *Israel and the Bomb*. Columbia, 1998. Hersh, Seymour M. *The Samson Option: Israel's Nuclear Arsenal and American Foreign Policy*. Random House, 1991. Maoz, Zeev.

1981년에 이라크 핵시설 단지의 핵심 시설을 기습 폭격하였다. 2007년에는 북한이 설계한 원자로가 있는 곳으로 여겨지는 시리아의 한 장소를 이스라엘 공군기가 파괴하였다. 공격 직후 시리아는 건물 흔적을 재빨리 없애버렸다.

1968년에 **핵확산금지조약**(Non-Proliferation Treaty, NPT)이 체결되어 핵물질과 전문지식의 확산을 통제하기 위한 틀이 마련되었다.[30] UN 산하기구로서 제네바에 본부를 두고 있는 국제원자력기구(International Atomic Energy Agency, IAEA)가 그 회원국들의 핵 발전(發電) 산업을 사찰하고 핵물질의 군사목적 전용을 방지하는 임무를 맡게 되었다. 그러나 이스라엘과 같은 잠재적 핵보유국 다수가 이 조약에 가입하지 않았으며, 조약에 서명한 일부 회원국들도 (이라크와 이란처럼) 핵시설을 은폐함으로써 조약에 있는 관련 규정을 피해 갔다. 걸프전 휴전 조건으로서, IAEA에 의하여 이라크의 핵 시설은 노출되고 해체되었다. 2006년에 미국과 인도가 핵기술을 공유하기로 합의하였는데, 이 사건은 많은 국가들 사이에서 NPT에 대한 불신을 자아냈다. 왜냐하면 그런 합의는 가입국 간에만 할 수 있기 때문이다. 그럼에도 불구하고 그 합의는 미국과 인도에서 각각 최종 승인을 받았다.

북한은 1993년에 IAEA에서 탈퇴하였다. 이후 북한은 서방 지도자들과의 협상을 통하여 핵 프로그램을 동결하는 대가로 더 안전한 원자로를 포함한 경제 지원을 얻어냈다. 그 후 몇 달 되지 않아 북한의 최고 지도자가 사망하였지만 합의는 유지되었다. 1999년에 북한은 미국의 무역제재 일부 해제를 대가로 논란의 대상이 된 지하 핵시설에 대한 사찰을 허용하고 미사일 실험을 중단하기로 합의하였다.[31] 그 후 2002년에 미국은 북한이 우라늄 농축 프로그램을 추진하고 있다는 증거를 포착하였으며, 북한도 이를 시인하였다. 당시 북한은 기존 합의를 취소하고 IAEA

Defending the Holy Land: A Critical Analysis of Israel's Security and Foreign Policy. Michigan, 2006.

30 Kokoski, Richard. *Technology and the Proliferation of Nuclear Weapons.* Oxford/SIPRI, 1996. Chafetz, Glenn. The Political Psychology of the Nuclear Nonproliferation Regime. *Journal of Politics* 57(3), 1995: 743-75.

31 Sigal, Leon V. *Disarming Strangers: Nuclear Diplomacy with North Korea.* Princeton, 1999. Cha, Victor D., and David C. Kang. *Nuclear North Korea: A Debate on Engagement Strategies.* Columbia, 2003.

를 탈퇴하였으며, 원자로를 재가동하는 한편 몇 달 만에 기존 플루토늄을 6개 정도
의 폭탄으로 제조하였으며 그 중 한 개를 2006년에 실험하였다. 또한 북한은 2008
년에 핵 프로그램 포기에 합의하였지만 2009년에 또 다른 핵실험을 한 다음 핵물
질 처리를 재개하였다.

현재 핵보유국은 안보리의 "빅 5" 외에 이스라엘, 인도와 파키스탄(각기 수십
개, 계속 증가 중), 그리고 북한(6개로 추정)이다.

이란은 부인하고 있지만 핵무기를 개발 중인 것으로 보인다. 2003년 이래 이
란은 우라늄 농축 프로그램을 중단하고 IAEA의 불시 사찰을 허용하였다가 다시
농축 재개와 중단을 반복하였다. 2005년에 유럽이 주도하고 미국이 후원하는 방식
으로 이란에게 핵 프로그램 해체 시 경제적 인센티브를 주고, 러시아가 안전이 보
장되는 방식으로 러시아 국내에서 이란의 우라늄을 농축해 주겠다는 제의가 있었
지만, 둘 다 성사되지 못했다. UN안보리는 2006년에 이란의 행동을 비난하고 가벼
운 제재 조치를 취했다. 이란은 평화 목적이라고 주장하면서 농축할 권리를 고집하
였다. 안보리는 2008년에 이란에 대한 추가 제재를 했으며, 2009년에 비밀 지하 처
리시설이 발견된 다음 이란은 서방 강대국들과의 핵 프로그램 회담에 임했다.

다수의 중간강국과 두 강대국(일본과 독일)은 핵무기 제조능력이 있지만 제조하
지 않기로 결정했다. 이런 결정의 이유는 핵무기 사용을 금하는 규범, 보복의 두려
움, 그리고 비용 문제를 포함한 현실적 제약 등이다. 브라질과 아르헨티나는 1980년
대에 핵무기경쟁에 들어간 것으로 보였지만, 양국에서 모두 군사정권이 민간정권으
로 교체됨에 따라 중단되었다.[32] 브라질은 몇 년 동안 거부하다가 2004년에 그동안
논란이 되었던 농축 우라늄 시설에 대한 IAEA의 사찰을 허용하였다. 그 시설은 분
명히 핵무기 프로그램의 일부가 아니었다.

---

32 Leventhal, Paul L., and Sharon Tanzer, eds. *Averting a Latin American Nuclear Arms Race: New Prospects and Challenges for Argentine–Brazil Nuclear Cooperation.* St. Martin's, 1992.

(5) 핵전략과 군비통제

핵전략이란 얼마나 많은 핵무기를 배치할 것인가, 그것을 운반하는 운반체계는 어떤 것으로 할 것인가, 그리고 핵무기를 사용하는 상황에 대하여 어떠한 정책을 채택할 것인가에 관한 전략이다.[33]

핵무기를 보유하는 이유는 파멸적인 보복위협을 가함으로써 다른 국가의 핵공격이나 재래식 공격을 억지하려는 것이다. 억지는 국가지도자들이 핵공격에 뒤따를 엄청난 피해를 원하지 않을 만큼 합리적일 때만 효과를 발휘한다. 또한 핵무기를 사용하겠다는 위협이 신뢰할 수 있을 때만 그러한 효과가 나올 수 있다. 둘 또는 그 이상의 상호 적대적인 국가들은 그러한 신뢰성 있는 억지력을 갖기 위하여

33 Glaser, Charles L. *Analyzing Strategic Nuclear Policy*. Princeton, 1990. Sagan, Scott D. *Moving Targets: Nuclear Strategy and National Security*. Princeton, 1989. Jervis, Robert. *The Meaning of the Nuclear Revolution: Statecraft and the Prospect of Armageddon*. Cornell, 1989. Talbott, Strobe. *The Master of the Game: Paul Nitze and the Nuclear Peace*. Knopf, 1988.

집합재 찾기

군비통제
집합재: 핵무기 제한

배경: 제2차 세계대전 때 핵무기가 처음 만들어진 이후 두 초강대국은 냉전시대 수십 년간 많은 핵무기를 제조하여 각기 수 만 개씩 보유하게 되었다. 핵무기는 오판이나 사고로 끔찍한 대참사를 가져올 수 있는 위험이 아주 큰 무기이다. 그런 참사를 피하기 위한 핵무기 제한과 통제는 집합재이다. 협상을 통한 합의로 어느 쪽이 얼마나 많은 핵무기를 포기하였는지 관계없이, 핵전쟁을 피할 수 있다면 그 편익은 양측이 함께 누린다.

도전: 무기경쟁은 상호주의 원칙의 어두운 측면을 반영하고 있다. 즉 양측이 각기 상대방의 적대적 행동 — 이 경우에는 더 많은 핵무기 배치 — 에 상호주의로 대응하면 관계가 하향 나선곡선을 타고 악화된다. 1960년대 이래 줄곧 양측은 협상을 통한 합의로 무기경쟁을 통제하려고 노력해 왔다. 그러나 수십 년 동안 그런 노력은 단지 무기의 꾸준

끊임없이 핵무기 수를 늘리는 경향이 있다. 그 논리는 이렇다. 먼저 파키스탄이 인도를 겨냥하여 하나의 핵미사일을 배치했다고 가정하자(파키스탄 대신 인도라 해도 무방하다). 인도가 파키스탄의 핵미사일 사용을 막을 수 없다면 파키스탄을 공격하지 않을 것이다. 그런데 만일 인도가 파키스탄의 핵미사일을 파괴할 수 있을 정도의 공격력(아마 핵무기이겠지만 여기서는 그 여부가 중요치 않다)을 구축하였다면 선제공격을 할 수도 있다. 이렇게 되면 파키스탄의 핵미사일은 인도의 공격을 억지하는 것이 아니라 무엇보다도 먼저 그것을 파괴하기 위한 인도의 선제공격을 자극하는 무기가 될 수 있다. 이처럼 상대방의 핵무기 전부 또는 대부분을 파괴하고자 하는 의도로 가하는 공격을 1차 공격이라 말한다.

파키스탄은 1차 공격으로부터 미사일을 보호할 수도 있다 (예컨대 이동식으로 배치해서). 또한 더 많은 핵무기를 만들어서 인도의 선제공격으로 일부 핵무기가 파괴되더라도 나머지 핵무기로 보복 공격을 가하고자 할 수도 있다. 이처럼 적의 1차 공격으로부터 살아남아 반격에 사용할 수 있는 전력을 2차 공격 능력이라고 말한다. 양측 모두 2차 공격 능력을 가지고 있는 상황을 **상호확실파괴**(mutually assured destruction, MAD)라 한다. 이 상황에서는 어느 쪽도 상대방에 의한 파괴를 피할 수 없다.

한 증강이라는 결과만 낳았다.

해결책: 무기경쟁의 연료가 된 상호주의 원칙이 냉전 종식 이후에는 그 반대 방향으로 향하는 연료가 되었다. 양측은 일련의 공식적이고 검증 가능한 조약들에 의거하여 상대방의 무기 감축에 상응하는 규모로 자국 무기를 감축해 왔다. 그 결과 핵무기 보유고가 극적으로 줄었다.

2010년에 양국 대통령은 새로운 핵무기통제 조약에 서명하였다. 이 조약에 의거하여, 양측은 향후 7년 안에 각 전략핵탄두 수를 약 1/3씩 줄이기로 했다. 숫자로 보면 2,200개에서 1,550개로 줄이는 것이다. 또한 양측은 각기 상대방의 조약 준수를 확실히 하려고 광범한 감시를 하기로 합의하였다. 이런 식으로 모든 초강대국들은 상호주의 원칙을 이용하여 단계적 조치를 취하고 있다. 즉 감축 규모를 서로 맞추면서, 조금씩 핵무기 보유고를 줄이다가 지금은 크게 줄이고 있다.

이 용어를 영어 약자로 표현하면 미쳤다는 뜻이 되는데, 양쪽의 합리성을 반영한 것이지만, 정말 미친 짓이다. 어느 한 쪽이라도 합리성을 잃으면 양측 모두의 파괴라는 미친 상황이 도래하기 때문이다.

인도는 파키스탄의 미사일을 확실하게 파괴할 수 없는 상황이라면 틀림없이 파키스탄의 핵무기 사용을 억지하기 위하여 자신도 핵미사일을 배치하려고 할 것이다. 이리하여 인도 역시 2차 공격 능력을 보유하게 된다. 이제 신뢰성 문제가 중요해진다. 이론적으로 인도는 비핵무기로 파키스탄을 공격할 수 있다. 왜냐하면 '합리적인 파키스탄 지도자들은 핵무기를 사용하면 인도의 보복 핵공격을 받을 수 있기 때문에 전쟁에 지는 한이 있더라도 핵무기를 사용하지 못할 것이다'라고 인도측이 계산할 것이기 때문이다. 이렇게 되면 결국 양측의 핵미사일은 상쇄되어 있으나마나 한 것이 된다.

핵전략에서 방어 문제는 거의 다루어지지 않는다. 미사일 공격에 대한 효과적인 방어수단이 고안되지 않았기 때문이다. 그러나 미국은 날아오는 적의 탄도미사일을 쏘아 떨어뜨리기 위한 방어무기 개발에 연간 수십억 달러를 쓰고 있다. 이 계획을 **전략방어구상**(Strategic Defense Initiative, SDI), "별들의 전쟁" 계획, 또는 탄도미사일방어(Ballistic Missile Defense, BMD) 계획이라 부른다. 이 계획은 1983년에 레이건 대통령이 핵미사일을 무용지물로 만들기 위한 포괄적인 보호막이 필요하다고 주장하면서 추진되었다.[34] 그러나 이 계획은 이후 소련의 대규모 공격으로부터 미국의 미사일 일부를 보호하기 위한 계획으로 바뀌었다. 냉전 이후 이 계획은 다시 바뀌어 극히 제한적인 미사일 공격, 이를테면 최고 지도자의 승인 없이 발사된 미사일, 사고로 발사된 미사일, 작은 국가에서 발사된 미사일 등으로부터 미국 영토를 보호하기 위한 것으로 되었다. 현재 일본은 미국이 설계한 미사일 방어체계를 배치하기 위하여 연간 10억 달러씩 쓰고 있다. 이 체계는 2007년에 성공적 실험을 거친 것이다. 그러나 북한은 일본을 타격할 수 있는 탄도미사일을 600기나 가지고 있다.

2010년 현재 미국은 알래스카와 캘리포니아(북한의 위협에 대응하여)의 지상발

---

34 Lindsay, James M., and Michael O'Hanlon. *Defending America: The Case for Limited National Missile Defense.* Brookings, 2001. Wirtz, James J., and Jeffrey A. Larsen. *Rocket's Red Glare: Missile Defenses and the Future of World Politics.* Westview, 2001.

사 요격 미사일 24기, 해상발사 요격 미사일 21기, 단거리 탄도미사일 요격용 패트리어트 미사일 약 500기, 그리고 레이더와 통제소 등으로 구성된 다층 방어체계를 배치하고 있다. 과거 한때 미국은 항공기를 이용한 레이저 요격체계를 실험하고 또 폴란드 및 체코에 미사일 방어체계를 구축하기로 양국과 합의하였지만, 나중에 계획을 바꾸어 이란의 위협에 대처하기 위하여 터키에 배치된 레이더망을 이용하는 해상 방어체계 구축 쪽으로 변경하였다. 이스라엘은 하마스가 대량으로 발사하는 단거리미사일을 요격하기 위한 "철제 지붕"(Iron Dome) 방어체계를 2012년에 도입하였다.

날아오는 적의 탄도미사일을 막고 진짜 탄두와 교란용 가짜 탄두를 구분하는 것은 기술적으로 매우 어렵다. 그러나 (잠수함에서 발사할 수도 있는) 순항미사일이나, 항공기, 혹은 더 혁신적인 운반체 등을 막을 수 있어야만 진정한 전략적 방어라 할 수 있다. 어떤 깡패 국가나 테러단체가 미국을 핵무기로 공격한다면 ICBM을 가지고서 그렇게 하는 것은 아닐 것이다.

냉전시기 두 초강대국의 핵전력은 증강되었고 기술은 계속 발전하였다. 양측 핵전력의 증강은 일련의 군비통제 합의에 의해 제한되기보다 오히려 은폐되었다. 군비통제란 둘 이상의 국가가 공식 합의를 통하여 참가 각국의 무기 획득을 규제하려는 노력이다.[35] 달리 표현하면, 상호주의 원칙을 적용하여 궁극적으로 어느 국가에도 이득이 되지 못하는 값비싼 군비경쟁을 제한함으로써 집합재 문제를 해결하려는 노력이다. 군비통제는 비단 핵무기에만 국한되지 않는다. 예를 들면, 제1차 세계대전 이후 강대국들은 해군 규모를 제한하기 위한 협상을 벌인 바 있다. 그러나 냉전시기 군비통제의 초점은 핵무기였다. 대개 군비통제 합의가 이루어지려면 기술적인 논의를 포함한 장기간의 공식적 협상이 있어야 하며, 그 최종 결과가 조약의 형태로 나타난다. 조약의 참가자가 다수인 경우도 있고 둘인 경우도 있지만, 냉전시기에는 미-소 둘인 경우가 많았다. 발효 기간이 무제한인 것도 있고 한시적인 것도 있다.

1970년대의 몇몇 조약은 두 초강대국이 기본적으로 상호확실파괴 상태의 전

---

35 Adler, Emanuel, ed. *The International Practice of Arms Control*. Johns Hopkins, 1992.

략적 균형을 이루었다는 배경에서 나온 것들이다. 1972년의 **ABM조약**은 탄도미사일 방어무기를 믿고서 선제공격을 하는 것을 방지하기 위한 것이다. 그러나 미국은 미사일 방어기술 실험을 전면적으로 실시하기 위하여 2002년에 (이 조약에 규정된 대로) 6개월 유예기간을 두고 조약탈퇴를 통고하였다. 부시 대통령은 이 조약을 냉전의 유물이라 불렀지만, 비판자들은 미국의 미사일 방어계획이 중국으로 하여금 현재 얼마 되지 않는 핵 보유고를 대폭 늘릴(이렇게 되면 인도의 핵무기 증강과 파키스탄의 핵무기 증강으로 이어질 수 있다) 위험이 있음을 지적하면서 미사일 방어계획을 돈만 많이 드는 대실수라고 주장한다.

1970년대의 전략무기제한협정(SALT)은 양측 전략무기의 상한선을 그은 것이다. 냉전 종식 이후의 군비통제 협정들은 핵무기의 실질적 감축을 규정하고 있다.[36] 미국의 핵 보유고가 절정에 달한 것은 1960년대로서 탄두 수 3만 이상이었으며, 소련 핵 보유고의 절정은 1980년대로서 4만개 이상이었다. 1991년의 전략무기감축협정(Strategic Arms Reduction Treaty, START)은 양측 탄두 수를 각각 6,000개 이내로 제한하였다. 2002년의 전략공격무기감축조약(Strategic Offensive Reductions Treaty, SORT)은 2012년까지 탄두 수를 각각 2,200개로 줄이는 것이었는데, 그 검증 절차를 START 방식으로 한 것이었다. 2010년 3월에 양측은 탄두 수를 1,550개로 줄이고 양측에 각각 추가적인 검증 절차를 만든다는 내용의 조약(New START)을 체결하였다. 무기경쟁의 연료 구실을 했던 상호주의가 이번에는 단계적 무기감축의 연료가 되고 있다.

중국, 프랑스, 영국도 각각 수백 개의 핵무기를 가지고 있다. 프랑스와 영국의 미사일은 주로 잠수함발사 미사일이고 중국의 미사일은 주로 장거리 폭격기용 미사일과 중거리미사일이다.

수십 년간의 교착 상태 끝에 1996년에 모든 핵폭발 실험을 금하는 **전면핵실험금지조약**(Comprehensive Test Ban Treaty, CTBT)이 체결되었다. 이 조약의 목적은 신형 핵무기의 개발을 막는 것이다. 그러나 적어도 한 개 이상의 핵무기를 제조할 능력이 있는 것으로 믿어지는 44개국이 모두 서명하고 비준할 때까지 이 조약은 효력

---

36 Larsen, Jeffrey A. *Arms Control: Cooperative Security in a Changing Environment.* Rienner, 2002

이 없다. 인도는 이 조약에 서명하지 않았으며, 1998년에 핵실험을 5회나 하면서 조약을 무시하였다. 파키스탄도 핵실험이라는 같은 패를 내놓았다. 미국 상원은 1999년에 비준을 거부하기로 표결하였다. 러시아는 2000년에 비준하였다. 1999-2005년 기간에는 세계적으로 핵실험이 한 건도 없었지만, 북한이 2006년과 2009년에 핵실험을 함으로써 이 조약에 또 다른 좌절을 안겼다.

모든 대량살상무기는 제조에 어려움이 따르고 비용도 많이 들지만 실전에서는 사용하기 어려운 능력만을 제공해 준다. 바로 이런 이유 때문에 많은 국가들이 기술적으로 개발 능력을 가지고 있지만 개발하지 않기로 결정한다. 이런 식의 비용-편익 계산은 모든 종류의 군사력의 경우에도 확대 적용할 수 있다.

4. 국가와 군대

군사력의 종류(그리고 비용)가 다양하기 때문에 국가는 어떤 종류의 군사력을 얼마나 갖출지 선택해야 한다. 모든 국가가 이 문제에 직면하지만 각국의 선택은 다르다.

(1) 군사 경제

어떤 종류의 군사력을 선택할지는 국가의 군사비 지출과 국가경제의 건강성 간의 관계 여하에 따라 달라진다. 한때 미국사람들은 "전쟁이 경제에 좋다"고 믿었다. 1930년대 말 대공황 시기에 군사비 지출이 외견상 공황 극복에 도움이 되었기 때문이다. 이것이 참이라면 국가지도자들은 군사비 책정에 고민할 필요가 없다. 군사비를 늘리면 국제분쟁 시 사용할 수 있는 군사력을 더 많이 확보할 수 있을 **뿐만 아니라** 국내적으로 (여러 가지 방식으로 인기와 정치적 지지를 얻는 데 보탬이 되는) 더 높은 경제성장을 이룩할 수 있기 때문이다. 그러나 국가지도자들에게 불행한 일이지만, 경제적 자원을 군사목적에 할당하면 나머지 경제 부문의 몫을 그만큼 박탈해 장기적으로 성장을 저해한다.

실제로 전쟁이 발발하면 군사비 지출의 장단기 효과가 두드러지게 나타난다. 전쟁은 더 많은 군사비 지출을 자극할 뿐만 아니라 자원(전투 지역의 사람, 도시, 농장, 공장)을 파괴하며 (다양한 상품의 공급은 줄이고 수요는 늘려) 인플레이션을 야기한다. 정부는 전쟁 물자를 조달하기 위하여 돈을 빌리거나(정부 부채 증가), 통화를 더 많이 발행하거나(인플레 가속), 세금을 인상해야 한다(소비와 투자 위축). 일찍이 1878년에 토마스 페인은 "전쟁은...한 가지는 확실하다, 즉 세금을 인상해야 한다"라고 말한 바 있다.[37]

그러나 전쟁과 많은 군사비 지출이 경제적 이득을 주기도 한다. 군사비 지출이 급등하면 단기적인 자극 효과가 나올 수 있다. (자원과 자산을 가진) 영토를 획득함으로써 이득을 얻을 수도 있다.[38] 세르비아의 극단적인 민족주의자들은 그들이 "종족청소"한 보스니아 사람들을 약탈함으로써 이득을 얻었으며, 콩고 민병대 지도자들은 내전 기간에 수출 광물을 차지해 부자가 되었다. 전쟁의 또 다른 잠재적 이익은 대중의 애국심을 자극하여 적은 임금으로 더 많이 일하게 만들 수 있다는 점이다. 그러나 전체적으로 볼 때 이 모든 이득을 합친 것보다 전쟁 비용이 훨씬 더 많이 든다.

각국의 군사비 규모는 사실상 군사비가 전혀 없는 코스타리카에서 GDP의 20% 이상을 쓰는 북한까지 아주 다양하다. 군사 예산이 지나치게 적으면 안보 위협에 대처하지 못하게 되고 최악의 경우 군사적으로 패배하여 정복당할 수도 있다. 반면에 군사 예산을 지나치게 많이 책정하면 국가경제에 과도한 부담을 주고 국가경제를 질식시킬 수 있다.

세계 전체의 군사비 규모는 전체 상품 및 서비스의 약 2.5%, 액수로 연간 1조 8천억 달러, 20초당 약 100만 달러이다. 그 대부분을 몇몇 강대국이 쓰고 있는데, 미국 혼자서만 거의 절반 가까이 쓰고 있다. (미국의 군사비는 해외 전쟁들이 끝나면서 향후 몇 년간 꾸준히 감소하리라 예상되지만, 다른 국가들의 군사비는 급증하고 있다.) 세계의 군사비 지출은 거대한 돈의 흐름이다. 이 많은 돈을 다른 목적으로 사용한다면 이 세계의

---

37 Paine, Thomas. *The Writings of Thomas Paine*. Vol. 2. Knickerbocker, 1894.

38 Liberman, Peter. *Does Conquest Pay? The Exploitation of Occupied Industrial Societies*. Princeton, 1996.

모습을 크게 바꿀 수 있으며 세계의 주요 문제들을 개선할 수 있을 것이다.[39] 물론 "세계"가 이 돈을 쓰거나 다른 용도로 돌리거나 할 수는 없다. 그것은 국가들의 몫이다.

남반구 국가들의 군사비 규모는 군사정부인가 민간정부인가에 따라 크게 다르다.[40] 그리고 석유수출이나 기타 생산에서 나오는, 무기 구매에 쓸 경화가 얼마나 있는지에 따라서 군사비 규모도 크게 달라진다.

세계 무기 수출의 대부분이 남반구로 가고 있다. 지난 몇 십 년 동안 무기 수입의 약 절반이 중동에서 이루어졌지만, 최근에는 인도와 중국의 점유율이 커지고 있다. 국제 무기 수출의 대부분이 미국에 의해 이루어지며, 러시아, 프랑스, 영국도 대표적인 수출국이다. 냉전 종식 직후 세계 무기거래가 감소했지만, 그 이후에는 거의 냉전시기 수준으로 증가했다.[41]

관련 활동가들은 비정규군이 잔혹행위를 저지르는 분쟁지역으로 소형무기, 특히 자동소총이 수출된다는 점에 주목해야 한다고 주장한다. 2001년에 140개국이 분쟁지역에 대한 무기판매를 제한하기 위한 자발적 동맹을 맺는 데 합의하였다. 지금까지 최대의 소형무기 수출국인 미국은 반군과 민간인에 대한 군용무기 수출제한에 반대하였다. 2009년 가을에 UN총회가 무기거래조약(Arms Trade Treaty)을 준비하기로 거의 만장일치로 가결한 바 있다. 이 조약은 2013년에 UN총회를 통과하였는데, 이란, 북한, 시리아만 반대표를 던졌다. 미국 상원은 이 조약을 비준하지 않을 것 같다.[42]

군사력의 규모에 관한 이상의 고려사항 외에, 군대의 사양(configuration)을 어떻

---

39 Forsberg, Randall, Robert Elias, and Matthew Goodman. Peace Issues and Strategies. In *Institute for Defense and Disarmament Studies. Peace Resource Book 1986.* Ballinger, 1985, pp. 5–13.

40 Singh, Ravinder Pal, ed. *Arms Procurement Decision–Making Processes: China, India, Israel, Japan, and South Korea.* Oxford/SIPRI, 1997. Gill, Bates, and J. N. Mak, eds. *Arms Trade, Transparency, and Security in South–East Asia.* Oxford/SIPRI, 1997.

41 Craft, Cassady. *Weapons for Peace, Weapons for War: The Effect of Arms Transfers in War Outbreak, Involvement, and Outcomes.* Routledge, 1999. Forsberg, Randall, ed. *The Arms Production Dilemma: Contraction and Restraint in the World Combat Aircraft Industry.* MIT, 1994.

42 See http://www.controlarms.org . Boutwell, Jeffrey, and Michael T. Klare. *Light Weapons and Civil Conflict: Controlling the Tools of Violence.* Rowman & Littlefield, 1999.

게 할지도 어려운 선택이다. 임무가 다르면 그 임무를 수행할 군대도 달라야 한다. 냉전시대에는 미국의 군사비(그리고 세계의 군사비)의 절반 정도가 유럽의 동서 대치관계에 투입되었다. 오늘날에는 지역분쟁 개입이나 대 반란전 같은 다른 임무가 더 중요하다.[43] 이밖에 인도적 지원, 마약단속, 다른 국가의 도로 및 학교 건설 지원 등과 같은 임무도 있다.

(2) 군에 대한 통제

우리는 국가지도자가 군을 바람직한 행동을 하도록 만들 수 있다고 단정해서는 안 된다. 좋게 말해도 군은 전쟁 시 아주 어려운 조건에서 일하는, 크고 복잡한 기구이다. 가장 나쁘게 말하면 군은 자기 나름의 계산속을 가지고 있다. 때로는 군에 대한 국가지도자의 통제력이 매우 약해 보이기도 한다.

국가는 서열구조의 최고위급에서 말단 병사에까지 이르는 일련의 **지휘계통** (chain of command)을 통하여 군을 통제한다. 최고위급, 즉 최고사령관은 보통 최고 정치지도자이다. 군의 위계질서가 얼마나 중요한가는 손자에 관한 고대 중국 고사에 잘 나타나 있다. 손자를 고문으로 기용할지 여부를 고민하던 어떤 왕이 시험 삼아 손자에게 자신의 후궁 200명을 군대로 바꿔보라고 요구했다. 그래서 손자는 후궁들을 양쪽 부대로 나누고 왕의 총애를 받는 후궁 2명에게 각기 한 부대씩 지휘하게 했다. 그리고 손자는 뒤로돌아, 우향우, 좌향좌 등을 명하는 신호에 대하여 설명해 주었다. 그러고 나서 손자가 신호를 보냈지만 후궁들은 웃기만 했다. 그러자 손자는 두 "장교"를 현장에서 처형하고 그 다음 서열의 후궁 2명을 다시 장교로 세웠다. 손자가 다시 신호를 보내자 이번에는 여자들이 한 치의 착오 없이 명령에 따랐다. 그래서 손자는 "군대가 잘 정돈되어 왕께서 원하시는 대로 배치할 수 있게

43 Hoffman, Peter J., and Thomas G. Weiss. *Sword and Salve: Confronting New Wars and Humanitarian Crises.* Rowman & Littlefield, 2006. Feste, Karen A. *Intervention: Shaping the Global Order.* Praeger, 2003. MacFarlane, S. Neil. *Intervention in Contemporary World Politics.* Oxford, 2002.

되었다"라고 말했다. 이와 같이 군의 위계질서와 기강이 바로서야 군이 국가의 힘의 도구로서 제 기능을 수행할 수 있다. 잔혹성과 개인적 자유의 희생이 따르기도 하지만.

실제 전투상황에서는 군을 통제하는 것이 아주 어렵다. 작전이 복잡하고, 상황 변화가 빠르고, 또 전장 상황과 후방 지휘부가 입수하는 정보 사이에 "전쟁의 안개"가 존재하기 때문이다. 전투에 참가한 병사들은 아드레날린 대량 분비를 경험하고, 소음에 귀머거리가 되고, (작전 중인 병사가 보기에) 전혀 이해가 가지 않는 복잡한 행동 때문에 혼란을 겪는다. 병사들은 기본 본능이나 도덕적 규범과 충돌하는 행동, 즉 자기 목숨을 위태롭게 하면서 살인을 해야 한다. 전체적인 작전계획을 수행하기 위하여 군을 효과적으로 조정하는 일은 결코 쉽지 않은 일이다. 군은 이런 문제들을 군기(軍紀)로 해결하려 한다. 불복종, 하극상, 탈영 등은 수감이나 사형으로 처벌하는 중대 범죄이다. 그러나 군기는 처벌에서만 나오지 않고 병사들의 애국심이나 직업정신에서 나온다. 장교들은 병사들에게 국가와 가족을 위해 싸운다고 수시로 말하면서 민족주의 감정에 호소한다. 전투, 병참, 통신, 명령과 같은 모든 것들이 개인의 행동에 의존하기 때문에 동기부여가 중요하다.

또한 군대는 병사들의 집단 연대감에 의존하기도 한다. 병사들은 "짝패"(buddy)들이 자기에게 의존하기 때문에 목숨을 거는 위험도 감수한다.[44] 민족주의, 애국심, 종교적 열정 같은 추상적인 것들도 중요하지만 (생존 본능과 함께) 서로 몸을 맞대는 집단에 대한 충성심에서 더 강하게 동기부여가 된다. 미군에 여군을 받아들이는 문제에 대한 최근의 논쟁은 군에 여자가 함께 있을 때 집단 연대감에 문제가 생기는지의 문제를 중심으로 전개되었다. (여러 물증에 의하면 그런 문제가 없으며, 게이 병사를 거부하는 규정도 비슷한 이유에서 2011년에 폐지되었다.)

마지막으로, 지휘관과 정치지도자들은 올바른 결정을 위해 정확한 정보를 입수해야 한다.[45] 물론 가장 뛰어난 정보체계라 해도 인간적 실수를 막을 수는 없다.

---

44 Bourke, Joanna. *An Intimate History of Killing: Face‒to‒Face Killing in Twentieth‒Century Warfare.* Basic, 1999. Grossman, Dave. *On Killing: The Psychological Cost of Learning to Kill in War and Society.* Little, Brown, 1995. Gray, J. Glenn. *The Warriors: Reflections on Men in Battle.* Harper & Row, 1967 [1959].

45 Lowenthal, Mark M. *Intelligence: From Secrets to Policy.* CQ Press, 2000. Richelson, Jeffery T. *A*

미군 사망자 가운데 꽤 많은 수가 아군의 "오인 사격" 사고로 죽는다. 2001년 말에 미군 특수부대가 미국의 동맹자인 아프가니스탄 연합정부를 이끌 수 있는 유일한 인물로 알려진 하미드 카르자이와 동행하고 있었다. 이때 어떤 부대원에게 공습을 위한 적 위치 좌표를 보내라는 호출이 왔는데, 그 병사가 가지고 있던 GPS 장치의 배터리가 거의 바닥나서 적 위치가 아니라 디폴트 값인 자기 위치를 전송하고 말았다. 미 공군기가 정확히 그 표적에 폭탄을 투하하여 미군 3명과 아프가니스탄인 동료 5명이 죽고 카르자이는 거의 죽을 뻔했다.

(3) 민-군 관계

국가지도자들은 군사문제의 혼란과 복잡성을 극복하는 일 외에 자국 군대의 도전에 직면해야 하는 경우도 있다. 많은 국가, 특히 민주국가들은 문민 우위(civilian supremacy) 원칙을 고수한다. 이는 민간인 지도자(선출직이든 임명직이든)가 지휘계통의 최상위를 차지한다는 뜻이다. 군 장교가 아닌 민간인이 언제 어디서 군이 싸울지를 결정하고 장교는 어떻게 싸울지를 통제한다.

민간인과 군 간의 이 같은 분업은 불가피하게 긴장을 만든다. 민간인 지도자와 군 지도자 간의 상호작용을 **민-군 관계**라 하는데, 이것은 국가가 군을 어떻게 사용할지를 결정하는 중요한 요인 가운데 하나이다.[46] 군 지도자들은 외교정책 수행과 관련해서 민간인 지도자들의 권한을 침해할 수 있으며, 심지어 국제분쟁에서 어떤 행동이 취해졌을 때 문민 우위 원칙마저 위협할 수도 있다. 그리고 베트남전 당시 존슨 대통령은 백악관 상황실에 앉아서 그날그날 공습 목표물을 지시했다고 하는데, 이런 문제를 피하기 위해서 군 장교들은 일단 출전한 이후에는 자율적인 결정권을 갖고 싶어 한다. 이보다 더 심한 예로, 1999년 NATO군의 세르비아 공습

Century of Spies: Intelligence in the Twentieth Century. Oxford, 1995.

46 Feaver, Peter D., and Richard D. Kohn, eds. *Soldiers and Civilians.* MIT, 2001. Choi, Seung-Whan, and Patrick James. *Civil-Military Dynamics, Democracy, and International Conflict: A New Quest for International Peace.* Palgrave, 2005.

당시에는 여러 나라 정치인들의 승인을 받아야만 목표물을 결정할 수 있었다. 2010년에는 아프가니스탄에 나가 있는 미군 장성 한 사람이 오바마 대통령의 아프가니스탄 정책을 공개적으로 비판했다가 옷을 벗었다.

전쟁 상황이 아니더라도 민간인 지도자와 군 지도자 간의 견해 차이로 긴장은 발생한다. 미국의 경우, 여론조사 결과를 보면 제어수단으로서 군사력 사용 여부와 같은 문제에 대하여 대체로 군 장교들이 민간인들과 다른 견해를 가지고 있음이 일관되게 나타난다. 학자들은 민-군 간의 이런 차이가 왜 생기는지에 대하여, 그리고 그것이 미국 외교정책에 어떠한 의미를 갖는지 연구하기 시작했다.[47]

이러한 긴장은 다른 민주국가들에도 존재한다. 터키의 경우, 이슬람 정부와 군부 사이에 긴장이 커져가고 있다. 역사적으로 터키 군부는 정부가 이 나라의 세속적 성격을 위협한다고 느낄 때 선출된 지도자들로부터 권력을 빼앗기 위해 수없이 개입해 왔다. 그러나 최근에는 민간인 정부가 공격적으로 나서서 쿠데타 음모를 꾸미고 있다고 의심되는 장교들을 체포하고 있다. 이런 일 때문에 터키의 정치상황이 불안해졌다. 2011년 아랍의 봄 당시 시리아군은 시위대에게 치명적 화기를 사용하였지만 터키군은 발포를 거부하였다.

민간인 지도자와 군부 사이의 긴장이 극도에 달하면 **쿠데타**(coup d'etat, 불어로 "국가를 친다"라는 뜻)가 일어날 수 있다. 쿠데타란 한 국가의 군대가 정치권력을 장악하는 것을 말한다. 달리 말하면 국가의 헌정질서 밖에서 정치권력의 변동이 이루어지는 것이다.[48] 쿠데타 시도가 어떠한 결과를 낳을지는 예측하기 어렵다. 군부의 대부분 혹은 전부가 쿠데타에 가담한다면 정부는 그것을 막을 방법이 없다. 그러나 대다수 장교들이 기존의 지휘계통에 복종한다면 쿠데타의 장래가 어둡다. 1980년대 말 필리핀의 경우, 군 최고 장성인 피델 라모스는 부하 장교들이 일곱 번이나 쿠데타를 일으켰지만 시종 아키노 대통령이 이끄는 민간인 정부에 충성하였다. 또한 군부의 대다수가 시종 라모스에 충성을 보여 모든 쿠데타가 실패하였다.

47 Feaver, Peter D. and Christopher Gelpi. *Choosing Your Battles: American Civil-Military Relations and the Use of Force.* Princeton, 2005.

48 Carlton, Eric. *The State against the State: The Theory and Practice of the Coup d'Etat.* Ashgate, 1997.

제재와 같은 국제적 압력도 군 지도자들의 퇴진에 기여한다. 2009년 말에 온두라스의 군 지도자들이 대통령을 내몰고 권력을 잡았다. 이후 미주기구를 포함한 국제사회가 온두라스에 압력을 가하였다. 그해 가을에 선거가 실시되어 민주정부가 회복되었지만, 온두라스 사람들은 새 정부의 정통성 문제를 놓고 분열되어 있다.

쿠데타가 성공하면 군부가 직접 정부를 장악한다. 이런 **군사정부**는 군대가 국가에서 가장 현대화된 대형 기구인 빈국에서 자주 등장한다. 군은 군기가 바로 선 중앙 집중의 지휘계통을 갖추어야 국가의 영향력 행사수단으로서 효과적인 수단이 될 수 있는데, 역설적이게도 바로 이 중앙 집중의 지휘계통이 군에 대한 국가의 통제권을 군이 빼앗아 가게 만든다. 병사들은 직속상관의 명령에 따르라고 훈련 받지 정치에 대하여 생각하라고 훈련 받지 않는다.

비밀공작 역시 정부의 통제를 벗어날 수 있다. CIA와 그 상대역 KGB가 전 세계에서 항시적인 비밀 전쟁을 수행했던 냉전시대에 수천 건의 비밀공작이 있었다. 1950년대에 CIA는 쿠데타를 조직하여 이란과 과테말라 같은 국가의 비우호적 정부를 전복시키는 비밀공작을 했다. 1961년에 CIA가 비밀리에 조직한 쿠바 픽스만(Bay of Pigs) 침공 작전은 CIA 최초의 실패였고 뒤이어 카스트로 정부 전복을 위한 작전(8회에 걸친 카스트로 암살 작전을 포함해)도 계속 실패하였다. 1970년대에 의회 청문회를 통하여 추문이 드러난 이후 CIA의 비밀공작이 현저히 줄었다. 2001년 이후 미국 행정부는 의회의 감시를 받지 않고서 비밀공작을 수행할 수 있는 권한을 더 많이 누리게 되었다.

전체적으로 볼 때, 국가들은 탈냉전시대를 맞아 군대의 사양을 어떻게 할 것인가 하는 문제에 대해 어려운 선택을 해야 하는 시점에 있다. 당면한 위기나 위협이 극적으로 바뀌었을 뿐만 아니라 현 시대 위협의 성격도 확실치 않다. 군사기술이 변화하듯이 세계질서 자체도 변화하고 있다는 점이 아마도 가장 중요한 것 같다. 다음 장에서는 국제정치관계를 규정하는 구조와 규범의 변화, 그리고 구조와 규범이 어떻게 세계질서를 변화시키는지에 대하여 논의할 것이다.

6장 복습

<u>요약</u>

■ 군사력은 상이한 목적에 적합한 다양한 전력으로 구성된다. 재래식 전쟁에 필요한 군사력은 화생방무기와는 다른 군사력이다.

■ 영토를 통제하는 것은 국가주권에 필수적인 것으로, 주로 지상군에 의해 이루어진다.

■ 전장의 목표물을 정밀유도 폭탄으로 공격하는 공습은 1991년 이라크, 1999년 세르비아, 2001년 아프가니스탄, 2003년 이라크 등지에서 전개된 미군의 작전을 통하여 매우 효과적이라는 점이 입증되었다.

■ 소형 미사일과 전자전의 중요성이 갈수록 커지고 있으며 공군과 해군의 경우 더욱 중요해지고 있다. 통신, 내비게이션, 정찰 등에서 위성의 역할이 커지고 있다.

■ 테러리즘은 대중의 사기를 떨어뜨리고 언론의 관심을 끌 수 있다면 효과적인 전술이다.

■ 9·11 공격은 파괴의 규모 면에서, 그리고 세계적 알카에다 테러 네트워크의 활동범위 면에서 과거의 테러리즘과 다르다.

■ 대량살상무기(화생방무기)가 전쟁에서 사용된 예는 거의 없다.

■ 핵무기 제조기술은 많은 국가와 일부 비국가 행위자들이 보유하고 있지만, 분열물질(우라늄-235 혹은 플루토늄)을 획득하기 어렵다.

■ 많은 국가들이 핵무기 획득을 스스로 포기하였다. 여기에는 강대국인 독일과 일본도 포함된다.

■ 더 많은 국가들이 수백 마일(혹은 그 이상) 밖에서 적국을 타격할 수 있는 탄도미사일을 획득하고 있다. 그러나 대량살상무기를 장착한 탄도미사일을 사용하여 다른 국가를 공격한 국가는 아직 없다.

■ 화학무기는 핵무기와 비슷한 위협을 주지만 그보다 비용이 싸고 또 은폐하기도 쉽다. 중간강국 중에는 핵무기를 가진 국가보다 화학무기를 가진 국가가 더 많

다. 화학무기의 보유와 사용을 금하는 새로운 조약이 체결되었다.

■ 일부 국가는 생물학무기를 연구하고 있지만 생물학무기 보유는 조약에 의해 금지되어 있다.

■ 남반구 지역으로 탄도미사일과 대량살상무기의 확산을 막는 것이 강대국들의 핵심 관심사이다.

■ 미국은 탄도미사일 공격을 방어하는 체계를 실험하고 있지만, 아직 현실성이 있다고 입증된 방법은 없다. 이 방어체계를 위해 미국은 러시아와 맺은 ABM조약에서 탈퇴하였다.

■ 미국과 러시아는 수천 개의 핵무기를 보유하고 있고, 중국, 영국, 프랑스는 수백 개, 이스라엘, 인도, 파키스탄은 수십 개를 보유하고 있다. 핵무기의 배치는 억지 개념에 기반을 둔 핵전략에 따라 이루어진다.

■ 군비통제협정은 무기경쟁의 윤곽 혹은 상호 감축 과정을 공식적으로 규정한다. 냉전시기에 군비통제가 두 초강대국 사이의 신뢰구축에 도움이 되었다.

■ 정치지도자들은 군사력의 사양을 어떻게 할 것인가, 군사비를 얼마나 지출할 것인가 하는 어려운 선택에 직면한다. 군사비 지출은 단기적으로 경제성장을 자극하지만 장기적으로는 성장을 저해한다.

■ 1990년대에 강대국, 특히 러시아의 군사력과 군사비가 줄고 재편성되었다.

■ 내전이 일어난 경우가 아니라면 민간인이건 군인이건 국가지도자가 단일한 지휘계통을 통하여 군을 통제한다.

■ 군은 국가지도자의 권력을 위협할 수 있다. 심지어 쿠데타의 의해 국가지도자가 축출될 수도 있다.

핵심 용어

보병, 대반란전, 지뢰, 전력투입, 전자전, 스텔스 기술, 국가후원 테러리즘, 대량살상무기, 분열물질, 탄도미사일, 대륙간탄도미사일(ICBM), 순항미사일, 미사일기술통제체제, 화학무기금지협약, 생물학무기금지협약, 확산, 핵확산금지조약(NPT), 상호확실파괴(MAD), 전략방위구상(SDI), ABM조약, 전면핵실험금지조약(CTBT), 지휘계통, 민-군관계, 쿠데타, 군사정부

비판적으로 생각하기

1. 학생이 만일 베트남의 지도자라면, 군사력의 규모와 종류를 어떻게 결정해야 할까? 어떤 종류의 위협이 있고, 그 위협에 대처하기 위해 어떤 형태의 군사력을 선택해야 할까?

2. 이란이 구소련으로부터 3개의 전술핵탄두를 획득한 것으로 드러났고 이것을 미지의 장소에 보관하고 있다고 가정해 보자. 이에 대해 강대국들은 무엇을 해야 할까? 그 행동에 따르는 결과는 무엇일까

3. 소수가 아닌 대다수 국가가 핵무기와 장거리 탄도미사일을 가지고 있다고 가정하자. 이 상황은 평화적일까 아니면 전쟁 위험이 커질까? 그 이유는?

4. 대부분의 강대국들은 탈냉전시대에 들어 군사력을 재편성하고 있다. 이 시대에 필요한 전력의 종류는 무엇일까? 그 이유는?

5. 세계의 군사비는 연간 1조 달러가 넘는다. 이 돈을 다른 곳에 사용하고 싶다면 어디로 돌리고 싶은가? 그런 용도로 사용하면 해당 국가에 유리할까 불리할까? 군사비를 그런 용도로 돌리는 것이 현실적으로 가능할까?

쟁점 토론하기

북한과의 협상: 비무장으로 가는 길인가 헛고생인가?

요약

북한은 10년이 넘게 국제사회를 비웃으며 핵 프로그램을 계속 추진해 왔다. 지금까지 북한은 몇 차례 핵 프로그램 포기에 합의하였지만 번번이 약속을 어겼다. 2006년에는 핵무기를 실험했는데, 그 폭발력은 미약했지만 핵무기 제조에 필요한 지식, 자원, 능력을 확실히 갖고 있음을 보여주었다.

2007년에 와서 연료와 식량 원조를 포함한 국제 지원을 대가로 북한 핵 프로그램을 중단한다는 내용의 합의가 성립되었다. 그래서 북한은 핵 처리시설 일부를 파괴하였지만, 미국이 테러 지원 국가 명단에서 북한을 제외한다는 약속을 지키지 않자 다시 핵 프로그램을 재가동하였다. 2008년에 미국이 명단에서 북한을 제외하자 북한은 핵 프로그램 중단을 확인하기 위한 핵 사찰을 허용하였다. 그러나 북한은 그 합의를 문서화해서 공식화하길 거부하였다. 이어 2010년에는 천안함을 침몰시켰고 연평도에 포격을 가해 네 명을 죽임으로써 남북한 간의 긴장을 고조시켰다.

일부 사람들은 이와 같은 합의와 협상의 실패 역사를 들어 핵 프로그램에 대한 북한과의 협상을 그만 두어야 한다고 주장하였다. 또 다른 사람들은 북한 핵 프로그램이 야기하는 위험성을 지적하면서 협상을 계속해야 한다고 주장하였다. 과연 미국은 북한 비무장을 위한 다자간 협상을 계속해야 하는가?

주장 1: 미국은 북한과의 협상을 계속해야 한다.

미국의 동맹국들이 협상을 원한다. 한국과 일본은 북한의 잘못된 행동이 보상 받아서는 안 된다고 생각하지만 협상은 계속되기를 원한다. 미국의 동맹국인 한국과 일본은 어떠한 비용을 치르더라도 북한과 합의해야 한다고 생각하지는 않지만, 북한과 분쟁이 발생할 경우 치러야 할 비용이 너무나 크기 때문에 외교적 해결을 더 선호하고 있다.

북한은 핵 프로그램과 원조를 맞바꾸는 데 관심이 있다. 북한의 경제는 붕괴 위기에 처해 있고 러시아와 중국의 원조에 더 이상 의지할 수도 없다. 북한은 핵개발 프로그램을 협상에서 유리한 위치를 차지하기 위한 수단, 또한 미국, 일본, 한국의 원조를 얻기 위한 수단으로 삼아 왔다. 매력 있는 원조 보따리를 제시하면 북한이 핵 프로그램을 포기할 것이다.

북한을 고립시키는 것은 가장 위험한 정책이 될 것이다. 북한 지도자들이 실제로 핵무기를 사용하는 시나리오 가운데 가장 가능성이 높은 것은 자신들이 궁지에 몰렸다고 느낄 때이다. 협상을 그만 두고 그들을 고립 상태로 방치하면 정확히 그런 상황이 조성될 것이다. 이렇게 되면 북한은 미국의 중요한 동맹국인 한국과 일본을 군사적으로 공격할 수 있다.

주장 2: 미국은 북한과의 거래를 성사시키려는 노력을 중단해야 한다.

북한은 약속을 지켜본 적이 없다. 1990년대에 NPT에서 탈퇴한 이후 북한은 약속을 지키지 않았을 뿐만 아니라 핵 프로그램을 계속 추진하기 위해 적극적으로 속임수를 써 왔다. 합의가 성사되더라도 북한이 속임수를 쓰지 않는다는 보장은 어디에도 없다.

북한 정권을 신뢰할 수 없다. 북한 지도자들은 주민들의 복지에 신경 쓰지 않으며 국제적 평판에 대해서는 더 신경 쓰지 않는다. 북한이 연명을 위해 국제적 원조에 의존해야 하는지는 모르지만, 만일 더 많은 핵무기를 갖게 된다면 더 많은 원조를 빼내갈 수 있을 것이다.

북한의 붕괴만이 진정한 변화를 가져올 수 있다. 현 정권이 권좌에 있는 한 북한에서는 어떠한 변화도 일어나지 않을 것이다. 국제사회가 북한 정권을 고립시키면 시킬수록 더 좋은 결과가 나올 수 있다. 미국이나 다른 국가들의 연료 및 식량 원조가 없으면 북한 정권이 더 빨리 붕괴될 수 있다.

질문

- 북한이 신뢰할만한 협상 파트너라고 생각하는가? 북한에게 합의를 준수할 기회를 얼마나 많이 주어야 할까? 협상을 대신할 현실성 있는 대안은 무엇인가?
- 협상에서 얼마나 많은 발언권을 미국 동맹국들에게 줘야 할까? 한국과 일본이 북한과 인접해 있다는 점 때문에 협상에 걸려 있는 이들의 이익이 미국의 이익보다 더 중요한가?
- 만일 미국이 북한의 영구 비무장을 위하여 일방적 조치를 취한다면, 그에 따라 발생할 문제는 무엇일까? 그 일방적 조치란 더 많은 제재나 전쟁일 수도 있고 정반대로 북한의 핵 포기를 대가로 대규모 원조를 제공하는 것일 수도 있다.

참고문헌

O'Hanlon, Michael, and Mike Mochizuiki. *Crisis on the Korean Peninsula: How to Deal with a Nuclear North Korea.* McGraw－Hill, 2003.

Cha, Victor, and David Kang. *Nuclear North Korea: A Debate on Engagement Strategies.* Columbia, 2005.

Rozman, Gilbert. *Strategic Thinking about the Korean Nuclear Crisis: Four Parties Caught between North Korea and the United States.* Palgrave Macmillan, 2007.

Wit, Joel S. *Going Critical: The First North Korean Nuclear Crisis.* Brookings, 2005.

10판 증보판
International Relations

7
Chapter

국제기구, 국제법, 인권

1. 국제기구의 역할

대부분의 국제분쟁은 군사력 사용이 아닌 다른 방식으로 해결된다. 주권국가들로 구성된 국제체계는 사실 무정부적 성격을 지니고 있지만, 국가 간의 협력적 관계가 안보 딜레마 때문에 무너지는 경우는 많지 않다. 일반적으로 국가들은 단기 이익의 극대화, 예컨대 침공이나 정복 등을 자제한다. 국가들은 상호 이익을 얻기 위하여 다른 국가와 함께 협력하며, 다른 국가를 이용하더라도 "단지 부분적인 이득"을 추구하는 데 그친다. 그러나 유감스럽게도 국가들의 일상적인 협력활동은 분쟁만큼 뉴스 가치가 크지 않다.

국가들은 상호작용의 규제를 위하여 개발한 일련의 규칙에 따라 행동한다. 대부분의 국가들은 그 규칙을 준수한다. 시간이 지나면서 규칙이 더욱 확고하게 정착되고 나아가서 제도를 형성하기도 한다. 이렇게 되면 국가들은 그 제도를 통하여 규칙의 범위 안에서 행동하는 습관을 익히게 된다. 국가들이 그렇게 하는 까닭은 그것이 자기이익에 부합하기 때문이다. 즉 제도와 규칙을 통하여 국가 간 상호작용을 규제하고 또 그럼으로써 협력관계의 파괴에 따르는 값비싼 대가를 피하는 것이 더 큰 이익이 되기 때문이다.

국가 간 상호작용을 규제하는 규칙은 규범에 그 뿌리를 둔다. **국제규범**이란 각국의 지도자들이 정상적인 국제관계에 대하여 가지고 있는 기대치이다. 예컨대 이라크의 쿠웨이트 침공은 불법적일 뿐만 아니라 부도덕하다고 널리 인정되었다. 이것은 국가의 행동으로 받아들일 만한 선을 넘은 것이다. 미국과 다른 국가의 정치지도자들은 이라크에 대한 집단 대응에 대한 지지를 얻고자 도덕적 규범에 호소하였다. 이처럼 도덕성도 정체성 원칙에서 나오는 힘의 한 요소이다(대다수 국가지도자들은 국민과 다른 지도자들에게 도덕을 중시하는 사람으로 평가받기를 바란다).

주권과 조약준수 같은 국제규범은 널리 수용되고 있다. 이런 규범은 국가의 행동에 대한 기대치를 형성해 주며 일탈 행동을 식별하는 기준을 마련해 준다. 구성주의 국제관계 학자들은 세계적 규범과 기준을 강조한다. 국제규범을 만드는 일은 수 세기에 걸친 철학적 전통과 관계된다. 칸트와 같은 철학자들은 자율적인 개인들(혹은 국가들)이 상호 이익을 위해 협력하는 것은 자연스런 일이라고 주장한다. 그 이유는 편협한 개별 이익 추구가 결국 전체의 손해를 초래한다는 사실을 개인들이 알 수 있기 때문이다. 그러므로 국가들은 각국의 자율성을 존중하면서 각국 위에 군림하는 세계국가를 추구하지 않는, 그런 구조나 기구(칸트의 제안에 따르면 세계연맹 같은)를 통하여 협력할 수 있다고 생각한다. 이러한 사상은 19세기에 실제 기구로 나타나기도 하였다. 즉 우편 업무라든가 유럽의 하천 운항 업무를 조절하기 위한 국제기구의 탄생이 그렇다.

이러한 기구를 통하여 제도화된 행동 규범은 시간이 지나면서 관행적이 되고 **정통성**을 획득하게 된다. 국가지도자들은 이 규범 안에서 행동하는 데 익숙해지고, 규범을 어길 때 어떤 이익과 손해가 있는지를 계산하는 일을 중단하게 된다. 예를 들어 19세기 말에 미국의 전략가들은 영국과의 대규모 해상분쟁 가능성에 대비한 전쟁 계획서를 가지고 있었다. 오늘날 그런 계획서는 웃음거리밖에 되지 않는다. 세월이 흐르면서 이제 국가들은 비용 – 편익 계산(현실주의자와 자유주의자가 강조하는 바와 같이)이 아니라 그 계산과는 거의 무관한 규범적 이유 때문에 행동을 자제한다(구성주의자들이 강조하듯이). 국제규범이 성문화되거나 강제집행 되지 않아도 준수되는 것은 정통성과 관행 때문이다.

그러나 국가들이 무엇이 정상적인 행동인가에 대하여 서로 다른 기대치를 가지고 있을 때 국제규범과 도덕적 기준의 힘은 약화될 수 있다. 미국의 입장에서 볼 때 사담 후세인의 제거는 도덕적 명령이지만, 아랍사람들 입장에서 볼 때 미국의 침략은 부당한 주권침해이다. 이처럼 규범에 대한 견해가 다를 때 도덕성은 안정이 아닌 오해와 갈등의 요인이 될 수 있다. 현실주의자들은 이러한 사례를 지적하면서 국제규범이 국제관계의 중요한 사안에 별 영향을 주지 않는다고 주장한다. 오히려 수용된 규범의 상당수가 강대국들에 의해 만들어졌으며(우세 원칙) 그 해석도 대개 강대국들의 몫이라고 주장한다. 그러나 구성주의자들은 국가들이(심지어 UN도) 국제규범을 위반하였을 때 그 위반 행동을 정당화하기 위하여 엄청나게 많은 노력을 기울인다는 점을 지적한다. 이 사실로 강력한 규범이 존재하며 강대국들도 그런 규범을 인정한다는 점을 알 수 있다.

특히 공유된 규범과 관행이 국제분쟁의 해결과 상호 협력의 달성에 충분치 않은 변화의 시기에는 제도가 결정적인 역할을 한다. 제도는 특수한 기능과 임무를 가진, 구체적이고 가시적인 구조이다. 최근 몇 십 년 동안 이 국제제도가 급속히 확산되고 있으며 국제문제에서 더욱 중요한 역할을 수행해 왔다. **국제기구**에는 UN과 같은 **정부간기구**(Intergovernmental Organization, IGO)와 국제적십자사와 같은 **비정부기구**(Nongovernmental Organization, NGO)가 있다.

현실주의자나 구성주의자와는 달리, 자유주의자들은 제도 안에서 국제규범이 성문화되면 규범이 힘을 가지게 된다고 주장한다. 3장에서 논의하였듯이, 제도는 규범(상호주의 원칙)에 의해 권장되는 행동을 주고받을 인센티브를 만들어 내며, 이와 동시에 행동을 규제하는 규칙을 통하여 강대국의 행동도 제약할 수 있다. 자유주의자들은 국제제도의 수가 많고 또 계속 증가하고 있는 것이 국제제도의 힘과 중요성을 말해주는 증거라고 지적한다.

1945년 이후 국제기구의 수가 5배 이상 증가하여, 독립적인 IGO 약 400개, NGO 수천 개에 이르게 되었다(정의에 따라 숫자는 달라질 수 있다).[1] 〈그림 7.1〉은 이 같은 증가세를 도표로 나타낸 것이다. 매일 세계 어디선가 NGO가 생긴다. 전문화된 단체를 통하여 국경선을 넘나들며 활동하는 사람들이 함께 서로 엮여 있다는 사

---

1   Pevehouse, Jon C., Timothy Nordstrom, and Kevin Warnke. The Correlates of War 2 International Governmental Organizations Data Version 2.0. *Conflict Management and Peace Science* 21(2), 2004: 101–20.

실은 세계의 상호의존을 반영하고 있다.[2]

〈그림 7.1〉 국가와 정부간기구의 추세, 1815 – 2005

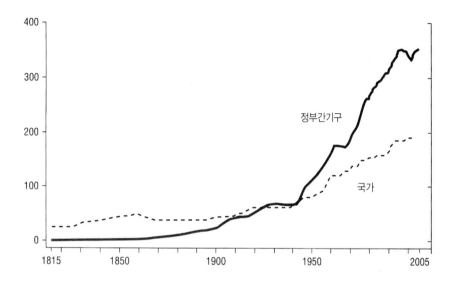

IGO 가운데는 세계 범위의 것도 있고 지역 범위의 것도 있고 양국에 국한된 것도 있다. 목적 면에서는 일반적인 목적을 가진 것도 있고 특수한 기능적 목적을 가진 것도 있다. 또한 전체적으로 성공한 것도 있고 그렇지 못한 것도 있다. 지역 범위의 것이 세계 범위의 것에 비해 더 성공적이며, 특수한 기능적 또는 기술적 목적을 가진 것이 광범한 목적을 가진 것에 비해 더 성공적이다. IGO가 결속을 유지할 수 있는 이유는 추상적인 이상 때문이 아니라 회원국의 구체적인 국가이익에 도움이 되기 때문이다.

지역 범위의 IGO 중에서 유럽연합(EU)은 몇 개 중요한 기구를 포괄한 것이지만 그런 기구로서 유일한 기구는 아니다. 다른 중요한 지역 IGO로, 동남아국가연합(ASEAN), 남미공동시장(MERCOSUR), 아프리카연합(African Union) 등이 있다. 국제

---

2 Barnett, Michael N., and Martha Finnemore. *Rules for the World: International Organizations and Global Politics.* Cornell, 2004. Boli, John, and George M. Thomas, eds. *Constructing World Culture: International Nongovernmental Organizations Since 1875.* Stanford, 1999.

기구가 국제관계에 어떠한 영향을 주는지는 국제기구의 기능적 역할에 따라 다르다. 이 기능적 역할에 대해서는 10장에서 국제통합과 함께 다룰 것이다. 여기서는 3장에서 시작된 국제제도에 관한 일반적인 이론 논의에 초점을 맞출 것이다.

세계 범위의 IGO(UN을 제외한)는 대개 회원국들의 행동 조정 같은 기능적 목적을 가지고 있다. 예를 들어 인텔샛(Intelsat)이라 불리는 기구는 통신위성을 가동 중인 각국 정부와 민간 기업들의 연합체이다. 석유수출국기구(OPEC) 회원국들은 석유를 수출하는 국가들로 비엔나에서 정기적으로 회의를 열어 석유가격을 높은 수준에서 안정적으로 유지하기 위하여 각국의 생산 할당량을 정한다. IGO의 회원은 국가지만, NGO, 기업, 개인도 자문과 상담 등 중요한 역할을 맡을 수 있다는 점에 유의해야 한다.

대체로 NGO는 IGO에 비해 기능적으로 전문화되어 있다. 예를 들어 외국의 정치학자를 만나고 싶은 사람은 국제정치학회에 가입하면 된다. 경제적 혹은 사업 관련 기능을 가진 것도 많다. 예컨대 국제항공기구는 각국 항공사의 업무를 조정한다. 세계적 차원의 정치적 목적이 있는 기구도 있다. 국제사면위원회(인권문제), 가족계획기구(출산권과 가족계획 문제) 등이 그것이다. 국제올림픽위원회(IOC)처럼 문화적 목적을 가진 기구도 있다.

여러 나라의 신도를 거느리고 있는 종교단체는 규모 면에서 가장 큰 NGO이다. 예나 지금이나 기독교, 이슬람, 불교, 유태교, 힌두교 등은 국경선을 넘어서는 조직을 갖추고 있으며, 한 두 국가의 정부로부터 박해를 받는 경우도 있다. 이들은 의도적으로 초국가적 네트워크를 만들고 유지해 왔다. 역사적으로, 특히 17세기 이전에 유럽의 국제체계에서 교회는 특별한 지위를 차지하였다. 광범한 목적과 지리적 활동범위를 가진 NGO 중에는 UN에서 옵서버 지위를 획득하여 관련 의제 토의에 참가하는 것도 있다. 예컨대 그린피스는 지구 환경 문제를 다루는 UN회의에 참가한다.

오늘날 다양한 규모와 형태의 국제기구들의 망이 모든 나라의 사람들을 연결하고 있다. 이러한 연결망의 급속한 성장과 그 안에서 이루어지는 긴밀한 의사소통과 상호작용은 곧 국제적인 상호의존의 심화를 보여준다. 다양한 국제기구의 존재는 각국의 지도자들과 상황이 바뀌어도, 심지어 힘 관계의 갑작스런 변화로 규범이 손상되어도, 세계질서를 그대로 유지시키는 하나의 장치가 되고 있다. 이 연결망의

한가운데 있는 것이 바로 가장 중요한 국제기구로서 UN이다.

2. 국제연합(UN)

UN을 비롯한 국제기구는 무정부적 국제체계에서 강점과 약점을 동시에 가지고 있다. 국가들의 행동을 상호 이익 차원에서 조정하는 기능을 수행하는 세계 중앙정부가 존재하지 않기 때문에, 주권국가들로 구성된 국제사회에는 그러한 기능을 수행하는 국제기구가 현실적으로 필요하다. 그러나 각국 정부가 스스로 주권을 행사하고 있고 그것을 UN 같은 국제기구에 위임하는 일을 꺼리기 때문에, 이 국가주권이라는 것이 UN이나 기타 국제기구의 권한을 크게 제한하기도 한다. 지금까지 UN은 강점을 보인 기록과 약점을 노출한 기록을 함께 보유하고 있다. 어떤 경우 글로벌한 관리기능을 성공적으로 수행하기도 하고, 또 다른 경우에는 중간 규모의 국가에 대해서도 (강대국은 말할 것도 없고) 속수무책의 무능을 보이기도 한다.

(1) UN의 체계

UN은 역사가 60년밖에 안 된 비교적 새로운 기구이다. 국제안보문제에서 UN이 두드러진 역할을 수행해 온 냉전 이후의 역사만 따지면 훨씬 더 젊은 기구이다. 그러나 두드러진 역할과 무관하게, UN의 주된 목적은 제2차 세계대전 직후 처음 창설될 당시의 목적과 다르지 않다.[3]

---

3 Weiss, Thomas G., and Sam Daws, eds. *The Oxford Handbook on the United Nations*. Oxford, 2007. Kennedy, Paul. *The Parliament of Man: The Past, Present, and Future of the United Nations*. Random House, 2006. Krasno, Jean E. *The United Nations: Confronting the Challenges of a Global Society*. Rienner, 2004.

UN의 목적　UN은 지금까지 존재하였던 어느 국제기구보다 세계정부에 근접해 있는 기구이지만, 그렇다고 해서 세계정부라 할 수는 없다. 주권국가로서 회원국들은 스스로 동의하는 경우를 제외하면 각자의 주권을 UN에 위임하여 자국 영토 안에서 UN이 강제력을 행사할 수 있도록 허용하지는 않는다. 따라서 UN이 세계질서를 강화하는 것은 사실이지만, 그렇다고 해서 UN이 국제사회의 무정부성이라는 현실을 무시하거나 주권을 양보하지 않으려는 각국의 의사를 무시하지는 않는다. 이러한 한계를 지닌 UN의 기본 목적은 무력에 의존하지 않고 분쟁을 해결하는 데 필요한 세계 차원의 제도적 틀을 제공하려는 것이다.

UN헌장은 다음과 같은 원칙들에 기초하고 있다. 그 원칙을 보면 국제법 앞에서 모든 국가의 주권이 **평등**하고, 각국은 국내 문제에 대한 완전한 **주권**을 가지며, 각국의 완전한 **독립**과 **영토보전**은 존중되어야 하고, 각국은 외교관 특권 존중, 침략 자제, 서명한 조약 준수 등 국제적 **의무**를 수행해야 한다. 또한 헌장에서는 UN의 구조와 업무 수행 방법 등도 규정하고 있다.

UN은 자기의 의지를 세계 모든 국가들에게 강제할 수 있는 힘을 가지고 있기 때문에 존재하는 것이 아니라 각국이 필요하다고 인식해서 만들었기 때문에 존재한다. UN 회원국이 된다는 것은 본질적으로 간접적인 형태의 제어수단을 갖는다는 것을 의미한다. 즉 각국은 국제적인 갈등 상황에서(특히 모든 당사자들이 모여서 해결해야 할 일반적인 국제문제 관련 갈등 상황에서) 자국에게 더 유리한 결과를 얻어내기 위한 수단으로 UN을 활용할 수 있다. 이 수단을 얻는 데 드는 비용은 많지 않다. 즉 UN 분담금, UN 대표부 유지비용, 헌장 준수 의무 정도이다.

각국은 UN으로부터 몇 가지 이득을 취할 수 있다. 그 중에서 가장 중요한 것은 UN이 지키고자 애쓰는 (특히 안보문제에서의) 국제적 안정이다. 국제적 안정이 확실히 보장되어야 무역이나 기타 교류(8장 참조)를 통한 이득이 가능해진다. UN은 국제질서, 나아가 지구적 정체성의 상징이다. 또한 UN은 각국이 견해를 밝히거나 분쟁 문제를 들고 나와 해결을 모색하는 대화의 광장이다. 그리고 UN은 국제안보 문제에 관한 분쟁을 해결하는 하나의 장치이기도 하다. UN은 남반구 국가들에 대한 개발원조(13장 참조)와 기타 경제·사회적 발전 지원 프로그램 등을 촉진하고 조정하는 기능을 수행하기도 한다. 이 기능은 경제·사회적 문제, 특히 빈곤이 국제분쟁과 전쟁의 중요한 원인 가운데 하나라는 인식에서 나온 것이다. 마지막으로 UN은 수백 개에 달하는 UN 안팎의 기구나 기관들의 정보와 기획 업무를 통합 조정하는 기능을 수행하며, 또 국제적인 데이터를 수집하고 발간하는 기능도 수행한다.

　　이러한 막중한 임무에도 불구하고 UN은 아직 작고 연약한 제도이다. 예를 들어 각국이 분쟁 해결을 위한 두 가지 수단, 즉 UN과 군사력 중에서 어느 쪽에 더 많은 돈을 투자하는지 생각해 보자. 전 세계가 군사비에 지출하는 돈은 연간 2조 달러에 가깝지만, UN의 예산은 연간 약 20억 달러이다. 경상 업무, 평화유지 활동, 각종 UN 프로그램과 산하기구 등에 지출하는 비용 총액은 세계 군사비의 3%에 미치지 못한다. 미국의 경우는 1%도 안 되어 이 비율에도 미치지 못한다. 평균적으로 미국 국민 한 사람이 연간 약 2,000 달러 이상 군사비로 지출하지만 약 15 달러만 UN 분담금, 사업 분담금, 기타 UN 프로그램과 산하기구에 대한 자발적 기부금 등에 사용한다.

　　UN은 성공하기도 실패하기도 한다. UN이 다루는 문제는 아마 세계에서 가장 어려운 문제일 것이다. 종족분쟁, 인권, 난민, 기근 등과 같은 문제를 해당 국가들이 스스로 해결할 수 있다면 그렇게 했을 것이다. 그러나 해당 국가들은 이런 어려운 문제들을 UN으로 들고 와 UN의 해결을 희망한다.

　　UN의 구조 〈그림 7.2〉에서가 보듯이, UN의 구조는 **UN총회**를 중심으로 되어 있다. 총회는 모든 회원국들의 대표가 큰 회의실에 앉아서 연설을 듣고 결의안을 통과시키는 등의 활동을 하는 기구이다. 또한 총회는 경제사회이사회(ECOSOC)를 통하여 다양한 개발지원 프로그램과 여러 자율적인 기구들의 활동을 조정한다. 총회 옆에 **안전보장이사회**가 있다. 여기에는 5개 상임이사국과 10개 비상임이사국이 있으며 국제 평화 및 안보 문제를 다룬다. 분쟁지역에 평화유지군을 파견하는 문제도 여기서 다룬다. UN의 행정업무는 사무총장이 이끄는 **사무국**에서 관장한다. 그리고 UN의 사법기관으로서 **세계법원**(국제사법재판소)이 있는데, 이번 장의 끝 부분에 나온다. (이밖에 **신탁통치이사회**라는 기구도 있는데, 이 기구는 구 식민지가 완전한 독립국으로 이행하는 과정을 관리하는 기능을 가진 기구이다. 1994년에 최후의 신탁통치령이 독립국으로 발전하면서 이 기구는 활동이 중단된 상태이다.)

　　각국이 UN에 파견하는 대표단은 대사를 수반으로 뉴욕에 있는 UN 본부에서 활동한다. 이들은 미국 내에서 외교관의 지위를 가진다. UN 본부를 유치하고

있는 미국은 UN의 활동을 돕기 위하여 다른 의무도 지닌다. 예를 들어 미국 정부
는 통상적인 경우 입국 금지 대상자인 카스트로에 대하여 UN총회 연설을 위한 미
국 입국을 허용하였다.

〈그림 7.2〉 UN의 구조

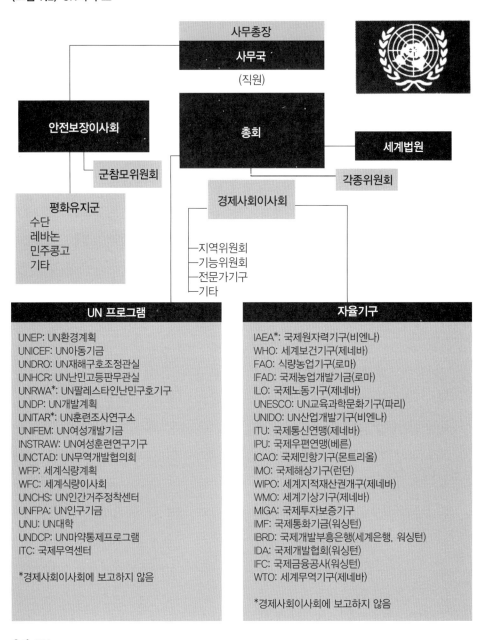

출처: UN

UN의 구조와 관련하여 한 가지 특별한 강점은 그 회원국의 범위가 세계적이라는 점이다. 2013년 현재 193개 회원국이 있다. 사실상 지구상의 모든 영토가 UN 회원국 또는 회원국의 공식적 일부거나 식민지이다. (대만은 중국의 일부로 간주되며, 전통적으로 중립을 지켜 왔던 스위스는 2003년에 가입하였으며, 팔레스타인은 2012년에 비회원 참관국이 되었다.) 모든 국가가 헌장에 공식적으로 동의함으로써 의무적으로 준수해야 하는, 국제관계를 규제하는 공통의 기본 규칙을 가지게 되었다(가끔 헌장을 위반하는 사례도 있지만). 이는 과거 국제연맹의 경우 몇몇 중요한 행위자들의 불참이 큰 단점으로 작용하였던 것과 대조된다.

UN이 모든 강대국들을 회원국으로 가입시킨 방법은 UN 가입이 강대국들의 국가이익에 반하지 않는다는 점을 확신시킨 것이었다. 즉 헌장은 강대국들의 세계적 역할을 인정하여 5개 강대국에게 안보리의 주요 결정에 대한 거부권을 부여하였다.

헌장은 **집단안보** 장치를 구축하고 있다. 즉 익명의 침략자에 대항하여 세계 각국을 하나로 단결시키려고 한다. 헌장 제7장은 제6장이 규정하는 비폭력적 수단이 실패할 때 안보리가 침략자에 대항하여 군사력을 사용할 수 있다고 명문으로 규정하고 있다. 예를 들어 2011년에 리비아에 비행금지 구역을 설정한 것은 헌장 제7장에 의거한 것이었다. 그러나 강대국 거부권으로 인하여 강대국이 직접 침략하거나 그것을 지원하는 경우 그러한 침략을 효과적으로 막지 못한다. 우세 원칙이 흔히 그렇듯이, 이 점 때문에 약소국들이 UN의 구조에 반감을 가지기도 한다. 2006년에 이란 대통령은 총회에서 이런 질문을 던졌다. 만일 미국이나 영국이 잔혹행위를 저지르거나 국제법을 위반했다면 UN의 어느 기관이 나서서 그 책임을 물을 수 있습니까?"(물론 그런 기관은 없다.) 냉전시기 헌장 7장이 적용된 사례는 한국전 밖에 없다. 당시 소련 대표단은 어리석게도 회의에 고의 불참하였고, 중국 자리는 대만의 국민당 정부가 차지하고 있었다.

UN의 역사 UN은 1945년 샌프란시스코에서 51개국에 의해 창설되었다. UN은 1930년대의 침략행위를 막지 못한 국제연맹을 이어 받아 만들어졌다. 당시 일본은 국제연맹이 일본의 중국 침략을 비난하자 바로 탈퇴해버렸다. 국제연맹과 마찬가지로 UN도 또 다른 세계대전을 막기 위하여 국제질서 유지 및 법치의 확립을 목적으로 창설되었다.

세계 최강대국인 미국과 UN 사이에는 오랫동안 일종의 긴장상태가 있어 왔다. (미국은 국제연맹에 가입하지 않았으며, UN 본부를 뉴욕에 둔 것도 부분적으로는 미국의 관심을 끌기 위한 것이었다.) UN은 어느 면에서는 미국을 견제한다. 즉 UN은 모든 국가가 연합하여 미국의 힘에 대항할 수 있는 일종의 동맹으로 기능할 수도 있기 때문이다. 미국 외교정책에 존재하는 고립주의적 경향도 UN이라는 개념과 상반된다. 그러나 UN에서 미국이 전 세계적 동맹을 주도하는 경우라면 미국의 힘을 강화하는 것이기도 하다. 더욱이 이제 미국은 혼자서 세계질서를 감당할 정도로 강력하고 부유한 국가가 아니다. 그리고 무역국가로서 미국은 UN이 기여하고 있는 국제적 안정과 질서로부터 이익을 얻고 있다.

1950년대와 1960년대에 아시아 아프리카 지역의 식민지들이 독립함으로써 회원국의 수가 배 이상 늘어났다. 국가 규모와 무관하게 각국이 한 표씩 행사하는 총회는 이로 인하여 변화를 겪게 되었다. 새로 가입한 국가들은 서방 선진국들과는 다른 관심사가 있으며, 많은 사례에서 서방에 의해 식민지화 되었다는 과거에 대해 반감을 보였다. 많은 남반구 국가들은 미국이 UN에서 지나치게 큰 힘을 갖고 있다고 믿었다. 또 그들은 미국의 이익이 걸려 있고 그래서 미국이 주도하는 국제안보 문제에만 UN이 효과적이라는 사실을 깨달았다.

이리하여 회원국 수의 증가가 UN에서의 표결 형태에 영향을 미쳤다. 창설 이후 처음 20년 동안 총회는 대개 미국 입장을 지지하였고, 소련이 안보리 거부권 행사를 통하여 이러한 경향에 대항하는 역할을 수행하였다. 그러나 신생 독립국들이 총회를 지배하게 되자 미국은 많은 사안에서 소수파로 몰리게 되었고, 1970년대와 80년대까지 미국이 단골 거부권 애용자가 되었다.[4]

1971년까지 안보리(그리고 총회)의 중국 자리는 1949년 이후 본토에서 권력을 잃은 대만의 국민당 정부가 차지하고 있었다. 공산화된 중국을 배제하는 것은 UN의 보편적 회원 자격 원칙에서 예외였는데, 1971년에 이르러 국민당이 차지하였던 자리를 중국이 차지하게 되었다. 그 후 공식적으로 중국의 한 성으로 간주되었지

---

4 Weiss, Thomas G. *What's Wrong with the United Nations and How to Fix It.* Polity, 2009.

만 국제문제에서 자율적 기능을 수행해 온 대만은 현재 회원국이 아니다. 이와 유사한 사례는 없다.

　　냉전기간에 UN이 국제안보 분야에서 성공을 거둔 예는 거의 없다. 미-소간의 갈등 때문에 합의를 형성할 수 없었기 때문이다. 두 개의 적대적인 동맹으로 틀이 짜인 세계에서 UN은 세계질서 유지자로서 적절한 역할을 수행하지 못하고 있다고 보았다. 한국전쟁 당시 한국을 지킨 일과 중동 지역 평화유지군 주둔 문제에 대한 합의 등 몇 가지 예외는 있지만, UN이 국제분쟁의 해결에서 핵심적 역할을 한 경우는 없다. 제3세계 회원국들이 지배하고 있는 총회는 빈국의 경제 사회 문제를 다루는 데 치중하였고, 이로 인하여 이 문제가 UN의 주된 업무로 되었다.

　　또한 남반구 국가들은 UN을 선진국, 특히 미국을 성토하는 장으로 이용하였다. 그러한 경향에 염증을 느낀 미국은 1980년대에 이르러 UN 분담금을 내지 않았으며(누적 미납액이 10억 달러 이상에 달하였다), UN 개혁 이후 몇 년이 지나서야 납부하였다.

　　냉전 이후 마침내 강대국들은 국제안보 문제에 관한 효과적인 조치가 무엇인지 합의를 보게 되었다. 이에 힘입어 UN이 국제안보 문제의 중심 무대에 서게 되었다.[5] 1980년대 말에 UN이 (중앙아메리카의 분쟁과 이란-이라크 전쟁 같은) 폭력적 지역분쟁을 종식시킨 중요한 성공사례가 몇 건 있다. 이 사례들에서 UN은 휴전감시를 위한 평화유지군을 파견하였다. 또한 나미비아가 남아프리카로부터 독립하는 과정과 독립 이후 최초의 선거를 UN군이 감시하기도 하였다. 1990년대에 이르러 UN은 국제분쟁 해결을 위한 가장 중요한 장치로 등장하였다. 1987년과 1993년의 경우를 대비해 보면, 안보리 결의의 수는 15건에서 78건으로, 평화유지군 파견은 5건에서 17건으로, 평화유지군의 병력 수는 12,000에서 78,000으로, 군대를 파견한 회원국 수는 26개국에서 76개국으로 각각 늘어났다.

　　그러나 이러한 UN의 역할에도 문제가 있었다. 충분치 못한 자금과 관리상의 문제로 앙골라, 소말리아, 캄보디아에서의 평화유지 임무에 차질이 빚어졌다.

5　Price, Richard M., and Mark W. Zacher. *The United Nations and Global Security*. Palgrave Macmillan, 2004. Newman, Edward, and Oliver P. Richmond. *The United Nations and Human Security*. Palgrave, 2001.

1993-1995년 기간 구 유고슬라비아 지역에서 UN은 휴전이 성립될 때까지 대규모 평화유지군을 주둔시켰는데, 소위 "유지해야 할 평화가 없는 곳에서 평화유지 활동"을 한 꼴이 되었다. UN은 이러한 문제(미국의 분담금 미납 문제를 포함해)에 대처하기 위하여 1995-1997년 사이에 평화유지 활동 규모를 줄였으며(병력 기준으로 78,000에서 19,000명으로), 사무국과 UN 프로그램의 축소와 개혁을 추진하였다.

미국은 신임 사무총장이 미국의 요구대로 예산과 인원을 줄였음에도 불구하고 여러 해 분담금을 납부하지 않았다. 이처럼 미국이 무임승차하였다는 사실은 국제기구 유지가 어려운 집합재 문제라는 점을 보여준다. 미국은 동맹국들의 비판까지 받은 후 마침내 분담금 납부에 동의하였지만, 그 동의는 단서가 붙은 것이었다.

그러나 2003년의 이라크전쟁이 강대국들 간에 심각한 분열을 촉발하여 UN에도 악영향을 주었다. 당시 안보리는 이라크의 무장해제를 촉구하고 UN 무기 감시관 파견에 합의를 보았지만, 이라크에 대한 무력사용은 미국과 영국이 찬성하고 프랑스, 러시아, 중국이 반대하였다. 프랑스가 무력사용을 승인하는 결의안에 거부권을 행사하겠다고 위협하자 미-영 연합군이 UN 승인 없이 이라크 정부를 전복하였다. 나중에 UN 사무총장 코피 아난(Kofi Annan)은 이 전쟁이 "불법"이라 말했다. UN은 재건 지원을 위한 팀을 이라크에 파견하였는데, 자살 트럭 공격을 받아 팀장을 포함한 수십 명이 죽었다. UN은 2003년에 이라크에 나가 있던 직원들을 철수시켰으며, 결국 세계에서 가장 대표적인 국제분쟁 현장에서 구경꾼 신세가 되고 말았다.

미국과 UN 간의 긴장을 더욱 악화시킨 사건으로, 이라크전쟁 기간에 발견된 문서에서 UN, 프랑스, 중국, 러시아(그리고 미국 석유회사들)의 고위 간부들이 UN의 "석유-식량"(oil-for-food) 프로그램으로부터 부당이득을 취했다는 사실이 드러났다. 이 프로그램은 이라크 민간인들이 1990년대의 경제 제재로 겪어 온 고통을 덜어주기 위한 목적으로 UN이 시행한 사업인데, 사업 규모가 640억 달러에 달했다. 이 사업에서 사기를 친 혐의로 수사를 받은 스위스의 한 기업이 아난 사무총장의 아들에게 매달 수천 달러를 지급했다는 사실이 드러났다. 아난은 이를 시인하면서 "인식상의 문제"라 표현하였다. 2005년에 한 독립 수사기관은 아난의 개인적 비리가 없다고 밝혔지만, 프로그램이 부패했다는 점을 밝히고 UN의 관리 부실과 감시

소홀을 비판하였다.[6]

현재 UN은 "3개 기둥"(three pillars) 원칙을 따르고 있다. 3개 기둥이란 안보, 경제발전, 인권을 말하는데, 이 세 가지는 상호 보완적이기 때문에 하나가 성공하려면 다른 두 가지도 성공해야 했다. 2006년에 퇴임하는 사무총장과 신임 사무총장 둘 다 이 원칙을 언급하였다. 특히 전쟁이 끝난 후 갈등 상황에서 이 세 가지 기둥은 상호 보완 관계를 가진다.

어느 면에서 UN은 강대국 간의 협조와 전 세계적인 헌장 승인에 힘입어 이제야 비로소 당초 의도한 임무를 수행하기 시작했다고 할 수 있다. 그러나 냉전 이후 국가들이 점점 더 UN에 의존하면서 그 규모와 자원이 충분치 못한 UN으로서는 심각한 과부하 상태에 놓여 임무와 자금 간의 모순이 빚어지고 있다. 오늘날의 UN은 과거 어느 때보다 더 중요해졌지만, 여전히 실패할 위험을 안고 있다. 다가오는 몇 년간 UN은 단극적 세계에서 변화하고 있는 역할, 예산의 한계, 여전히 강한 국가주권 등의 도전에 계속 직면할 것이다.

(2) 안전보장이사회

UN안전보장이사회(UN Security Council)　국제 평화와 안보 유지, 그리고 평화가 깨졌을 때 평화 회복 등의 책임을 지고 있다. 안보리의 결정은 모든 UN 회원국을 구속한다. 안보리의 권한은 위협의 존재와 성격을 규정하고, 그 위협에 대한 대응조치를 결정하고, 회원국들에게 (무역금지 조치와 같은) 지시를 내려 결정 사항을 집행하는 등 막강하다.

창설 이후 지금까지 안보리가 통과시킨 결의안은 2,000건 이상으로 주 단위로 새로운 결의가 추가된다. 안보리의 결의는 세계의 다양한 안보분쟁, 특히 지역분쟁에 대한 강대국들의 청사진을 반영한다. (거부권 제도 때문에 안보리는 강대국들 간의 갈등, 이를테면 군비통제 같은 문제들은 회피한다.)

6　Traub, James. *The Best Intentions: Kofi Annan and the UN in the Era of American World Power.* Farrar, Straus & Giroux, 2006.

안보리 5개 상임이사국, 즉 미국, 영국, 프랑스, 러시아, 중국은 가장 중요한 국가이다. 일반적으로 이 5개국이 합의하면 전 세계가 이를 따라야 한다. 5개국이 합의를 이루지 못하는 이슈는 곧바로 쟁점으로 부상한다. 2008년에 세르비아의 한 지방인 코소보의 독립 문제를 놓고 안보리가 결정을 내리지 못하자, 코소보사람들이 일방적으로 세르비아로부터 독립을 선언하였다. 미국, 프랑스, 영국은 곧바로 이를 승인하였지만 중국과 러시아는 승인하지 않았다. 화가 난 세르비아는 코소보의 독립선언을 부인하고 서방이 코소보를 부추겼다고 비난하였다. 2010년에 세계법원이 코소보 독립선언을 합법으로 판정하였지만 코소보의 실제 지위는 아직도 심각한 분쟁거리로 남아 있다.

안보리 의사결정은 15개 이사국 중 9개국 이상의 찬성으로 이루어진다. 상임이사국 중 한 국가라도 반대하면, 즉 **거부권**을 행사하면 결의는 이루어지지 않는다. 많은 결의안이 이 같은 상임이사국의 거부로 통과되지 못했으며, 그보다 더 많은 결의안이 거부권 위협 때문에 상정되지도 못했다. 그러나 1990년대 중반 이후 거부권 행사 사례가 급격히 줄어 27건에 불과하다. 그 가운데 미국이 13건, 러시아와 중국이 각각 7건을 차지한다.

그리고 2년 임기로 돌아가며 선출되는 10개 비상임이사국이 있다. 비상임이사국은 총회에서 비공식적인 지역 위원회의 추천을 받은 국가들 가운데 5개국을 매년 선출한다. 엄격한 규정이 있지는 않지만 대개 지역과 국가 크기를 감안하여 비상임이사국을 선출한다. 책, 선전물, 메모 등을 제작하여 같은 지역 위원회 소속 국가들에게 배포하는 등 이사국 자리를 얻기 위한 치열한 로비가 흔히 벌어진다. 2006년에 베네수엘라가 라틴아메리카 몫의 이사국 자리를 얻기 위해 캠페인을 벌였다. 베네수엘라는 이사국 자리를 얻음으로써 당시 힘을 키워가고 있던 지독한 반미연합에서 주도적 지위를 차지하기 위한 발판을 만들고자 하였다. 총회 연설에 나선 베네수엘라 대통령은 미국 대통령을 "악마"라 부르면서 이 악마가 전날 연설하고 간 자리에서 아직도 화약 냄새가 난다고 말했다. 과테말라도 미국의 지지를 받아 그 자리에 도전하였다. 그러나 두 나라 모두 총회에서 2/3 찬성 요건을 채우지 못해 이사국 자리를 얻지 못했다. 총회는 47회나 표결한 끝에 타협책으로 파나마를 선출했다. 2008년에 이란이 캠페인에 나섰지만 극소수 득표에 그쳤고 터키가 45년 만에 처음으로 이사국으로 선출되었다.

〈표 7.1〉은 최근 안보리 이사국 현황을 보여준다. 지역 위원회가 추천하고 총회가 결정하여 개별 비상임이사국이 갈리는 방식은 지금까지 안보리의 지역별 균형을 대체로 잘 유지해 왔다. 지역의 중요한 국가가 덜 중요한 국가에 비해 자주 이사국으로 선출되어 왔다.

〈표 7.1〉 UN안보리의 지역별 대표성

지역	상임a	비상임b			상임이사국후보c
		2013	2012	2011	
북아메리카	미국				
서유럽	영국	룩셈부르크	독일	독일	독일
	프랑스		포르투갈	포르트갈	
				보스니아	
일본/태평양		한국			일본
		호주			
러시아/CIS	러시아	아제르바이잔	아제르바이잔		
중국	중국				
중동		모로코	모로코	레바논	이집트?
라틴아메리카		과테말라	과테말라	브라질	브라질,
		아르헨티나	콜롬비아	콜롬비아	멕시코?
남아시아			인도	인도	인도?
		파키스탄	파키스탄		인도네시아?
아프리카		르완다	남아프리카	남아프리카	나이지리아?
		토고	토고	나이지리아	남아프리카?
				가봉	

a: 거부권을 가진 5개 상임이사국
b: 총회에서 선출된 2년 임기의 비상임이사국
c: 차기 상임이사국은 거부권이 없거나 거부권이 제한적일 수 있다.

상임이사국은 어떤 결의안에 대하여 거부권을 행사하지는 않아도 불만을 표시하기 위한 방법으로서 기권할 수 있다. 중국은 자국 안보에 직접 영향이 없는 결의안에 자주 기권한다. 미국은 이스라엘에 비판적인 결의안에 대하여 중립을 지키기 위해 몇 번 기권하였다.

안보리는 UN 회원국의 요청에 의해 비정기적으로 뉴욕의 UN 본부에서 회의를 갖는다. 안보리 개최를 요청하는 국가는 대개 다른 국가의 어떤 행동에 대하여 불만이 있기 때문이다. 쿠웨이트가 침공 당했을 때, 보스니아가 점령당했을 때 안보리 개최를 요청하였다. 이는 마치 세계의 119 전화 같은 것이다(비록 상주 경찰은 없지만). 많은 지역에서 국제안보 문제가 계속 제기되고 있으며 그런 문제가 수개월에서 수년 동안 지속되기 때문에, 안보리는 자주 개최된다.

안보리의 권한은 오늘날 국제관계에서 국가주권이 발휘하는 위력 때문에 다음과 같은 두 가지 방식으로 제한된다. 첫째, 안보리의 결정은 전적으로 각 이사국의 국가이익에 의해 이루어진다(〈그림 7.3〉 참조). UN에 파견된 각국 대사들은 본국 승인이 없는 한 안보리에서 입장 변경을 할 수 없다. 둘째, 이론적으로 안보리의 결정은 모든 회원국을 구속하지만 실제에 있어서 회원국들은 종종 이를 회피하거나 자의적으로 해석한다. 예를 들어 무역 제재는 집행하기가 어렵다. 안보리 결의가 실효를 거두기 위해서는 충분히 많은 강대국들이 신경을 써야만 한다.

〈그림 7.3〉 UN안전보장이사회에서의 다양한 이해관계

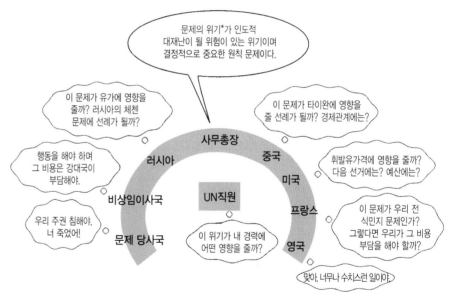

*문제 지역은 1991년의 쿠르드 지역, 혹은 2007년의 수단 다르푸르 지역일 수 있다.
출처: UN.

안보리 결의에 의거하여 침략에 대처하는 군대의 지휘권은 소속 국가에 있다. 그 예로, UN 결의를 집행하기 위해 걸프전에 참전한 미군과 내전으로 중단된 인도적 구호활동을 복구하기 위해 1992년 말에 소말리아에 파견된 미군은 UN의 휘장이나 깃발을 사용하지 않았다. 이와 유사하게, 구 유고슬라비아의 NATO군과 동티모르의 호주군은 UN 결의에 따라 임무를 수행하였지만 각각 자국 깃발 아래서 작전하였다. (평화유지 활동의 경우는 다르다. 나중에 따로 다룬다.)

안보리가 집행 수단에서 합의를 보지 못하는 경우에도 안보리의 결의는 분쟁에 대한 해석과 분쟁의 궁극적 해결 방식을 규정하는 효과를 가진다. 예를 들어, 1967년의 아랍-이스라엘 전쟁 이후 나온 안보리 결의 242호는 이 분쟁에서 정당한 평화가 무엇인가에 관해 원칙적인 기초가 되었다. 이 결의는 특히 지역 내 모든 국가들이 안정되고 잘 그어진 국경선 안에서 살아갈 권리를 가지고 있다는 점, 전쟁에서 이스라엘이 점령한 영토를 반환해야 한다는 점 등을 담고 있다. (분쟁 당사국들은 반환되어야 할 영토가 "모든" 영토인지를 놓고 아직도 논쟁 중이다.) 이러한 원칙은 1973년 전쟁 이후에 나온 결의 338호에서 재확인되었는데, 이런 결의들이 1978년 캠프데이비드협정의 기본 틀이 되었고, 1991년부터 시작된 아랍-이스라엘 평화협상의 기초가 되었다. 만일 팔레스타인과 이스라엘 간에 합의가 된다면 그 합의는 확실히 결의 242호와 338호의 틀 안에서 이루어질 것이다.

안보리 개편 논의 안보리의 구조에 문제가 전혀 없지는 않다. 일본과 독일은 강대국으로서 상당한 규모의 UN 분담금(경제 규모에 비례해)을 내면서 UN의 여러 프로그램과 평화유지 활동에 크게 기여하고 있다. 그럼에도 불구하고 UN 내에서 양국의 공식 지위는 총회에서 한 표 행사, 안보리 비상임 이사국 피선 자격 등 인구 면에서 1/100도 안 되는 군소 국가들의 지위와 완전히 동일하다(실제로 비상임이사국 선출 회수는 군소 국가보다 많지만). 세계적인 무역 대국인 일본과 독일은 국제안보 문제에 대한 기본 규칙에 지대한 이해관계를 걸고 있으며 당연히 안보리 의석을 갖고자 한다.

그러나 일본과 독일을 상임이사국으로 받아들이는 것은 간단한 일이 아니다. 독일을 받아들이면 7개 상임이사국 중에서 유럽 국가의 수가 셋으로 되는데, 이것은 유럽 지역의 비중을 지나치게 크게 하는 것이 된다. 유럽의 3개 의석을 하나로 묶을 수 있지만(이를 테면 EU 대표 격으로) 이렇게 하면 영국과 프랑스의 기득권을 침해할 수 있고, 양국이 그러한 변화에 거부권을 행사할 수 있다. 일본의 의석 요구는 중국이 반대하고 있다. 또한 일본과 독일에 한 자리씩 준다면 세계 인구의 20%

를 차지하고 있는 인도는 어떻게 할 것인가? 인도네시아 같은 이슬람 국가는 또 어떻게 할 것인가? 마지막으로, 라틴아메리카와 아프리카는 어떻게 할 것인가? 독일, 일본, 인도, 브라질, 이집트, 나이지리아, 남아프리카 등이 상임이사국 후보라 할 수 있는데, 이들의 상임이사국 승격 문제는 거의 진척을 보지 못하고 있다. 안보리를 개편하려면 반드시 헌장을 개정해야 하는데, 상임이사국의 수를 늘리면 기존 5개 상임이사국의 권한이 줄어들 수밖에 없고 이 5개국 모두 거부권을 가지고 있기 때문에 안보리 개편은 아주 어렵다. 2004년 말에 아난 당시 사무총장이 구성한 전문가 패널이 기존 5개국의 거부권을 전혀 건들지 않고 상임이사국 수를 24개국으로 확대하는 안 두 개를 제안한 바 있다. 이 제안을 놓고 2005년에 논쟁이 벌어졌지만 합의에 이르지 못하였고, 결국 이 문제는 보류되었다. 논쟁이 전개되고 있는 동안 중국과 40개국의 4,200만 명이 일본이 제2차 세계대전 기간에 저지른 범죄행위에 대하여 인정하고 진지하게 사과할 때까지 일본의 상임이사국 의석 획득에 반대한다는 내용의 청원서에 서명하였다.

(3) 평화유지군

평화유지군은 UN헌장에 규정되어 있지 않다. 1960년대에 사무총장을 지낸 함마르셸드(Dag Hammarskjold)의 농담에 따르면, 평화유지군은 헌장 6.5장에 규정되어 있다. 즉 분쟁의 비폭력적 해결에 관한 규정인 6장과 UN의 군사력 사용에 관한 규정인 7장 사이 어디엔가 평화유지군에 관한 규정이 숨어 있다는 말이다. 헌장에서는 회원국들의 군대를 파견하여 UN의 처분에 맡겨야 한다고 규정하지만, 그것은 그 군대가 (집단안보 개념에 따라) 침략 행위에 대항하는 군대로 사용된다는 뜻이다. 실제로 1990년 걸프전 당시 UN은 침략을 무효화하기 위해 군대 파견을 승인하였을 때 파견군은 UN 지휘 아래 있는 군대가 아니라 각국의 군대로서 활동하였다.

UN의 독자적인 군대 ─ 회원국들로부터 차출했지만 UN의 깃발과 지휘 아래서 활동하는 군대 ─ 란 지역분쟁을 잠재우고 교전 당사자들 사이에서 중립적인 역할을 수행하는 평화유지군을 말한다.[7] 이 평화유지군은 중요성과 업적을 인정받아

1988년 노벨평화상을 수상하였다. 그러나 보스니아 사례에서 보듯이 안보리가 어느 한쪽을 침략자라고 규정한 상황에서 중립적인 활동을 전개하는 것은 성공하기 어렵다.

평화유지 임무 사무총장은 임무 별로 평화유지군을 소집한다. 이때 군대 구성은 해당 분쟁과 전적으로 무관한 몇몇 회원국들의 군대로 하며 그 지휘는 단일 지휘체계로 한다. 병사들은 푸른 헬멧이라 불린다. 평화유지군 파견은 당사국 정부의 요청이 있어야 하며, 당사국 정부가 철수를 요구할 때에는 즉시 철수해야 한다.

평화유지군의 권한은 안보리에서 부여하며, 그 임기는 3−6개월 정도지만 갱신이 가능하며 경우에 따라 수십 년이 되기도 한다. 초기 사례로, 1956년 수에즈위기 당시 안보리가 마비 상태에 처해 총회가 대신 안보 문제를 떠맡아 "평화를 위한 단결"이라는 결의안을 채택하고 군대 파견을 승인한 바 있다. 1960년 콩고의 경우 사무총장이 주도권을 행사하였다. 그러나 현재는 안보리가 평화유지 활동을 잘 관리하고 있다.

평화유지군을 위한 자금은 총회 표결을 통하여 결정된다. 오늘날에는 자금 부족이 평화유지군 활동에 가장 큰 장애가 되고 있다. 회원국들에게 평화유지 활동을 위한 특별 분담금이 부과된다. 1988년 이래 평화유지 활동이 늘면서 그 비용(2012년의 경우 70억 달러 이상)이 UN 정규 예산의 몇 배나 된다.

최근 임무 2012년 말 현재 UN은 세계 5개 지역에서 14개 평화유지 혹은 감시 임무를 수행하기 위하여 113개국 병사를 포함한 10만 명의 국제 요원(군 감시요원, 경찰, 행정관 등을 포함)을 운용하고 있다(〈표 7.2〉 참조).

---

7 Fortna, Virginia Page. *Does Peacekeeping Work? Shaping Belligerents' Choices after Civil War.* Princeton, 2008. Doyle, Michael W., and Nicholas Sambanis. *Making War and Building Peace: United Nations Peace Operations.* Princeton, 2006. Durch, William J., ed. *Twenty−First− Century Peace Operations.* U.S. Institute of Peace, 2006. Findlay, Trevor. *The Use of Force in UN Peace Operations.* Oxford, 2002.

〈표 7.2〉 2012년 11월 30일 현재 UN의 평화유지 임무

현장	지역	인원	연간비용 (백만 달러)	역할	개시연도
수단/다르푸르	아프리카	22,900	1,500	민간인보호	2007
민주콩고	아프리카	20,700	1,400	휴전집행, 민간인보호	1999
레바논	중동	11,600	550	휴전감시	1978
아이보리코스트	아프리카	11,600	600	평화협정이행 지원	2004
아이티	라틴아메리카	10,600	700	과도정부 지원	2004
라이베리아	아프리카	9,700	525	과도정부 지원	2003
수단/남수단	아프리카	8,200	900	평화협정 지원	2011
수단/아비예이	아프리카	4,100	270	국경분쟁 감시	2011
시리아(골란고원)	중동	1,100	50	휴전감시	1974
사이프러스	중동	1,000	60	휴전감시	1964
서사하라	아프리카	350	60	선거 조직	1991
이스라엘	중동	250	70	휴전감시	1948
코소보	유럽	175	50	행정관리, 구호	1999
인도/파키스탄	남아시아	65	20	휴전감시	1949
합계		102,800	7,200		

주: 인원은 주로 병사지만 민간인 행정관과 경찰도 포함한다.
출처: UN.

2012년 현재 규모가 가장 큰 평화유지 임무는 수단 다르푸르(Darfur) 지역에서의 임무이고 두 번째가 민주콩고에서의 임무이다. 콩고의 경우 2만의 평화유지군이 내전 이후 휴전감시와 민간인보호 활동을 하고 있다. 2012년에 이 나라 동부의 반군 집단이 공격을 계속함에 따라 평화유지군의 취약성이 드러났다. 내전이 끝난지 10년이 지났지만 아직도 그런 공격이 UN군을 괴롭히고 있다. 사무총장이 수천 명 규모의 추가 병력을 요청하였고, 2013년에 안보리가 콩고 동부의 반군과 전투할 준비가 된 1개 여단의 파견을 승인하였다.

수단 정부가 여러 해 동안 반대해 왔지만 결국 동의하여, 안보리는 2007년에 2만에 달하는 평화유지군(그리고 6,000명 이상의 경찰)을 수단 다르푸르 지역에 파견하기로 결정하였다. 이 UN군은 이미 주둔해 있던 (소규모에 불과한) 아프리카연합군과 합류하였다. 수단이 여러 번 특정 국가의 군대를 거부하였고 평화유지군이 주둔했음에도 민간인에 대한 공격이 계속되어, 안보리가 승인한 병력 전체가 현지에 도착하는 데 몇 년이 걸렸다. 2012년에 수단 정부군과 반군 사이의 전투로 난민 캠프에

있던 민간인 25,000명이 쫓겨났다. 수단에는 다른 평화유지군 7,000명도 파견되어 있는데, 이 UN군은 새로 독립한 남수단과의 휴전을 집행하는 임무를 수행하고 있다. 현재 서로 영유권을 다투는 아비예이(Abyei)라는 도시에서 주로 활동하고 있다.

이밖에 규모가 큰 평화유지 활동은 리비아(내전 이후 휴전감시), 아이보리코스트(평화협정 공고화), 레바논(2006년 이스라엘-헤즈볼라전쟁 이후 휴전감시), 아이티(군사쿠데타 이후 안정유지) 등지에서 활동하고 있다. 최근에는 이런 큰 임무가 많아져 UN의 평화유지 활동이 1990년대 중반의 침체에서 벗어나 다시 활기를 띠고 있다.

1990년대에 UN은 구 유고슬라비아, 르완다, 앙골라, 소말리아 등지의 평화유지 활동에서 실패를 맛보았다. 그 시기에 성공을 거둔 임무도 있었지만 언론의 관심을 끌지 못했다. 캄보디아의 경우, 15,000명의 평화유지군이 대규모 UN 행정관들과 함께 활동하였다. 이 행정관들은 장기간의 참혹한 내전을 치른 이 나라의 정부를 떠맡았다. 많은 어려움이 있었지만 UN은 1993년의 선거를 도왔고 국내정치를 어느 정도 안정시켰다. 캄보디아에서 얻은 교훈이 모잠비크에서 비슷한 일을 하는 데 도움이 되었다. UN은 장기간의 참혹한 내전을 종식시키는 평화협정을 성사시켰고, 무장해제와 군대의 통합을 위한 장치를 마련하였고, 국제적 감시 하에 선거를 실시토록 하여 새로운 정부를 출범시켰다. 엘살바도르와 나미비아에서의 평화유지 활동도 탈냉전시대 초기의 성공사례이다. UN의 이런 경험이 2002-2003년 기간에 시에라리온, 아이보리코스트, 라이베리아 등지의 내전 이후 상황에 더 효과적으로 대처하는 데 도움이 되었다. 그러나 평화유지군 내에서 성 관련 범죄가 터져 나오고 전쟁을 겪은 사회에서 여성의 중요성이 커짐에 따라 안보리는 2000년에 결의 1325호를 통과시켰다. 이 결의는 UN 평화유지 활동과 재건 활동 시 성 문제에 각별한 주의를 기울여야 한다는 내용을 담은 것이다.[8]

최근 들어 UN 평화유지 활동이 강화되면서 **평화작전**(peace operations)이라 부르는 더 넓은 의미의 새로운 임무가 부상하고 있다. 이 작전은 전통적인 평화유지 활동뿐만 아니라 민간인보호를 위한 무력사용(민주콩고에서처럼), 선거감시(라이베리아에서처럼), 심지어 사회가 제 자리를 되찾을 때까지의 정부 운영(캄보디아, 동티모르, 코소보에

---

8 Whitworth, Sandra. *Men, Militarism and UN Peacekeeping: A Gendered Analysis.* Rienner, 2007.

서처럼)도 포함하고 있다. 분쟁 이후 상황에서 이와 같이 확장된 작전을 펼치는 것을 **평화구축**(peace-building)이라 부른다. UN은 전쟁 이후 장기 지원을 제공하기 위한 노력으로 2005년에 평화구축위원회(Peacebuilding Commission)를 설립하였다. 이 위원회의 목적은 평화유지 임무가 종료된 이후 재건, 제도 확립, 경제 회복 사업을 조정하는 것이다.[9]

감시와 평화유지 실제로 평화유지군은 두 가지 상이한 기능을 수행한다. 즉 감시와 평화유지가 그것이다. 감시단은 소수의 비무장 군 장교들로 구성되며, 분쟁 지역에 나가 현지에서 일어나는 일을 관찰하고 그 결과를 UN에 보고하는 기능을 수행한다. UN의 감시가 있을 때 분쟁 당사자들의 휴전협정 위반 사례가 줄어드는 경향이 있기 때문이다. 감시단은 휴전 상태, 선거, 인권 상태 등 현지 상황의 다양한 측면들을 감시할 수 있다.[10]

평화유지 기능은 경무장한 군대(대포, 탱크 등 중무기는 없고 자동소총을 탑재한 장갑차량 정도의 무장을 갖춘 군대)에서 수행한다. 이러한 군대는 몇 가지 역할을 수행한다. 우선 교전 당사자들 사이에 주둔하면서, 더 정확하게 표현하면 상대방을 공격하기 위해서 먼저 UN군을 공격할 수밖에 없는 상황을 만들어서 양측을 분리시킬 수 있다. 또한 양측의 군 장교들과 협상을 벌일 수도 있다. 이 대화 채널은 휴전에 도움이 되는 전술적 행동이나 상호 이해를 촉진할 수 있다. 그러나 전쟁 지역에서 UN군이 협상을 성사시키기 위하여 양측을 돌아다니면서 한 편의 입장을 다른 편에 전달하기는 쉽지 않다.

UN군이 어느 한 편에 치우쳐 있다고 다른 편에서 생각하는 상황이라면 평화유지 활동은 대단히 어려워진다. 예를 들어 이스라엘은 레바논 남부지역 UN군의 활동을 그런 식으로 생각하였다. 이스라엘군은 때때로 상대방을 공격하기 위하여 UN이 설정한 선을 넘기도 하였다. 이스라엘군이 UN군 전초(前哨)를 공격했다는 주장도 있다. 1990년대 초에 캄보디아와 구 유고슬라비아에서는 어느 한 편이

---

9 Howard, Lise Morje. *UN Peacekeeping in Civil Wars*. Cambridge, 2008.

10 Lindley, Dan. *Promoting Peace with Information: Transparency as a Tool of Security Regimes*. Princeton, 2007

의도적으로 UN군을 여러 차례 공격하여 많은 사상자를 냈다. 일반적으로 휴전협정이 깨질 때 UN군은 중간에서 진퇴양난의 처지에 놓이게 된다. 그 무렵 몇 해 동안 평화유지군 2,800명 이상의 피살자가 발생하였다.

많은 국가들이 UN 평화유지 임무에 군대를 파견하였다. 2010년의 경우 병력 수 기준 상위 5개국은 방글라데시(11,000), 파키스탄(9,000), 인도(8,000), 나이지리아(6,000), 네팔(4,000)이다. 군대를 파견하는 이유는 다양하다. 어떤 국가는 공동선에 기여해 평화를 증진시키는 동시에 강한 군대 이미지를 얻는다고 생각한다. 이런 식으로 "부드러운 힘"을 키우는 데 보탬이 될 수 있다. 또 다른 국가들은 군대 파견이 재정적으로 이익이 된다고 생각할 수 있다. 평화유지군의 봉급은 UN이 지급하기 때문이다. 네팔이나 시에라리온 같은 나라는 평화유지를 위해 해외로 군대를 파견하는 것이 내전 이후 국내정치 안정에 도움이 될 수 있다.

일부 분쟁에서는 UN군 대신 UN 밖에서 조직된 평화유지군이 투입되기도 했다. 아이보리코스트에서 약 3,500명의 프랑스 평화유지군이 11,000명의 UN평화유지군과 함께 2003년의 휴전을 감시하기 위하여 활동한 바 있다. 2004년에 정부군의 공습으로 프랑스군 9명이 죽었을 때 프랑스군은 단호히 반격에 나서 정부의 공군을 파괴하였다. 2011년에 현직 대통령이 선거에 패배했음에도 물러나지 않자, UN군과 프랑스군은 당선자를 도와 무력으로 현직 대통령을 끌어내렸다.

일반적으로 평화유지군은 평화를 지킬 뿐이지 만들지는 못한다. 교전 현장에 뛰어들어 적대행위를 중단시키는 일은 종래 UN 평화유지 임무에 비해 훨씬 더 많은 군사력을 요구한다. 그래서 대개 평화유지군은 휴전이 합의되고 발효되어 어느 정도 유지된 이후에 파견된다. 수십 개의 휴전 합의가 깨진 다음에 진짜 휴전이 이루어지는 경우도 많다. 전쟁이 막대한 희생을 치러가면서 몇 년간 지속될 수 있다. 이런 경우라면 UN은 기회를 잡지 못한다.

이런 문제를 해결하기 위하여 1992년에 사무총장이 휴전협정 감시만이 아니라 그것이 깨질 때 휴전을 강제할 수도 있는 UN 평화창출(peace-making) 혹은 평화강제(peace enforcement) 부대를 창설하자고 제안한 바 있다.[11] 사무총장은 각 회원국들이 특별 훈련을 받은 지원자를 중심으로 1,000명씩 병력을 제공하고, UN이 이를 조직하여 위기 현장에 신속하게 파견·배치할 수 있도록 UN 상비군을 만들자고 제안하였다. 회원국들은 군대 파견 요청을 거부하였을 뿐만 아니라 평화창출이라는 발상 자체를 묵살하였다. 그 이후 UN은 전투가 필요할지 모르는 상황일 때 회원국들의 평화유지군이 아닌 중무장한 군대 파견을 승인해 왔다. 이것이 추세인지는 모르지만, 안보리는 민주콩고에 파견한 UN평화유지군(아무 것도 하지 않는다는 비판을 받았던)이 민간인보호까지 할 수 있도록 평화유지군의 권한을 확대해 주었다. 2005년에 파키스탄 평화유지군은 방글라데시 평화유지군 9명이 매복 공격을 받아 살해되자 민병대 전투원 50명을 사살한 적이 있다.

1990년대 말에 7개국(덴마크, 노르웨이, 스웨덴, 폴란드, 네덜란드, 오스트리아, 캐나다)이 병력 4,000명 규모의 UN상비여단(UN Standby High Readiness Brigade)을 만들었다. 덴마크에 본부를 두고 있고, 몇 달이 아닌 2-4주 이내에 분쟁지역 배치가 가능한 이 부대는 안보리 통제를 받는다. 2000-2001년에 에티오피아-에리트레아 지역 UN군 활동에 이 부대가 참가하였다. 2005년 초에는 수단에 배치되어 장기 내전 이후 성립된 북부와 남부 간 평화합의를 지원하였다.

(4) 사무국

UN 사무총장은 세계 대통령과 가장 가까운 직책이라 할 수 있다. 그러나 사무총장은 회원국들을 대표하지 70억 세계 인구를 대표하지 않는다. 강대국들이 합의에 이르지 못하는 문제라면 사무총장도 할 수 있는 일이 거의 없다.

사무총장은 안보리에서 5개 상임이사국의 전원 동의로 지명되며 총회의 인준을 받아야 한다. 임기는 5년이며 연임이 가능하다. 역대 사무총장은 다양한 지역에서 나왔지만 강대국에서 나온 적은 없다. 현 사무총장 반기문은 한국 외무장관 출신으로 2007년에 임기를 시작하였다. UN 개혁, 경제개발, 인권, 테러리즘, 확산, 환경문제, 에이즈 등이 주된 과제였다. 그는 재선되어 2012년부터 새 임기를 시작하였

---

11 Boutros-Ghali, Boutros. *An Agenda for Peace: Preventive Diplomacy, Peacemaking and Peace-keeping.* United Nations, 1992. Woodhouse, Tom, Robert Bruce, and Malcolm Dando, eds. *Peacekeeping and Peacemaking: Towards Effective Intervention in Post-Cold War Conflicts.* St. Martin's, 1998.

다. 전임자인 코피 아난은 10년간 복무하면서 UN 활성화에 기여하였으며, 재임 중 공로를 인정받아 100주년 기념 노벨 평화상을 수상하기도 하였다.

UN사무국은 사무총장을 수반으로 하는 UN의 집행부이다. 미국 국무부가 미국의 외교정책을 관장하는 관료기구이듯이, 사무국도 UN의 정책과 프로그램을 담당하는 행정 관료기구이다. 안보문제에서는 사무총장 개인이 안보리와 함께 일하며, 빈국 개발 프로그램 관련 업무는 부사령관 격인 개발 및 국제경제협력국의 총국장이 담당한다. 사무국의 부서는 기능에 따라 나뉘어져 있고, 각 부서에 사무차장과 차장보가 있다.

각 부서에 종사하는 직원으로는 행정 요원과 각종 프로그램이나 프로젝트와 관련하여 일하는 기술자, 경제 전문가 등이 있다. 직원 수는 15,000명 정도인데, (세계은행과 IMF를 포함한) 전체 UN 체계의 피고용자 총수는 80,000명이다. UN 관련 기구들의 사무실은 스위스 제네바에 몰려 있다. 제네바는 여러 다양한 협상들이 벌어지는 곳이며 뉴욕보다 중립적인 지역으로 평가받고 있다.

UN사무국의 목적 가운데 하나는 출신 국가가 아닌 전 세계에 복무하는 외교관과 관료들에 의한 일종의 **국제공무원** 서비스를 개발하는 것이다. 헌장을 보면 사무총장과 직원들은 출신국 정부의 권한 밖에서 활동하도록, 그리고 해당 정부는 자국 출신 직원들의 "전적으로 국제적인 특성"을 존중하도록 규정하고 있다. 이 점에서 UN은 비교적 성공하였다. 예컨대 사무총장은 출신국의 이익이 아닌 전 세계의 이익을 고려하는 독립적인 외교관으로 널리 인식되고 있다. 그러나 1990년대 초에 사무국은 비효율성 및 부정 관련 비판을 많이 받게 되었다. 비용 분담 면에서 부당하게 많은 비용을 대고 있다고 생각하는 미국이 특히 그런 비판을 많이 가하였는데, 이 비판으로 인하여 결국 개혁안이 나오게 되었다. 1990년대 말에 이르렀을 때 UN의 직원 수는 10년 전에 비해 1/4이 줄었고, 예산은 매년 줄었다. 2002년 겨울에 이르러서는 뉴욕에 있는 본부 건물에 난방을 할 수 없을 정도가 되었다. 그 이후 상황이 호전되었지만 여전히 돈 문제가 아주 심각한 상태이다.

사무총장은 관료기구의 수장 이상의 존재이다. 그는(지금까지 여성 사무총장은 없었다) 주목 받는 공적 인물로서 그가 지역분쟁 현장에 관심을 보이면 곧 문제 해결의 길이 열리는 것처럼 보이기도 한다. UN헌장을 보면 사무총장은 국제 평화와 안보를 위협할 수 있는 모든 문제를 안보리에 회부할 권한을 가지고 있으며, 따라서 국제안보 문제에 관한 UN의 의제 설정에서 중요한 역할을 할 수 있다. 그러나 사무총장과 안보리의 관계는 여전히 긴장 관계이다. 사무총장이 평화유지 임무 기간으로 6개월을 승인해 줄 것을 요청하면 안보리는 "3개월"이라 대답하곤 한다. 사무총장이 1,000만 달러를 요청하면 500만 달러를 얻는 데 그칠 수도 있다. 이런 식으로, 전체 UN 체계도 그렇지만, 사무총장은 국가주권에 의해 제약을 받는다.

(5) 총회

총회는 193개 전체 회원국으로 구성되며, 각국은 한 표의 표결권을 행사할 수 있다.[12] 전체회의는 통상 매년 9월말부터 다음 해 1월까지 한 차례 소집된다. 이 전체회의에서는 미국 대통령을 포함한 각국 지도자들이나 외무장관들이 차례로 나와서 연설을 한다. UN의 다른 회의와 마찬가지로 전체회의에서도 세계 수십 개 언어 동시통역 서비스가 제공되어 각국 대표들은 무리 없이 토론에 참가할 수 있다. 이 글로벌 회의장은 그 자체로서 독특한 장소일 뿐만 아니라 각국이 자신들의 견해와 주장을 밝힐 수 있는 강력한 도구가 되고 있다. 회의를 주재하는 의장은 총회에서 선출되는데, 특별한 실권이 없는 자리이다.

총회는 경제협력 문제와 같은 포괄적인 문제에 대한 **특별회의**를 몇 년에 한번 정도 개최하기도 한다. 1982년 6월에 열렸던 UN 특별회의는 군비축소가 주제였는데, 이 회의를 계기로 당시 뉴욕 시에서 100만 명 규모의 평화시위가 있었다. 이 정도 규모의 시위는 미국 역사상 아주 드문 것이다. 국제 평화와 안보에 긴급한 위협이 있을 때 비상회의가 열린 적도 있지만, 지금까지 단 아홉 번만 열렸으며, 지금은 이례적이 되었다.

총회는 UN 회원국의 지위를 부여하는 권한을 행사한다(총회 신임위원회를 통해). 예를 들어 1971년에 총회는 대만 대신 중화인민공화국에게 UN 회원국의 지위(안보리 의석과 함께)를 부여하였다. 그리고 과거 수십 년간 (각각 한반도 전체를 대표한다고 주장

---

12 Peterson, M. J. *The United Nations General Assembly.* Routledge, 2005.

했기 때문에) 회원국의 지위를 갖지 못한 남북한도 1991년에 각각 회원국 지위를 획득하였다. 국가적 지위를 갖지 못한 일부 정치적 실체들은 UN에 상임 참관단을 파견한다. 참관단은 총회에서 표결권을 갖지 않는다. 바티칸, 팔레스타인 자치정부 등이 이에 해당한다.

총회의 주된 권한은 평화유지 활동을 포함한 UN의 프로그램과 활동에 드는 예산을 통제하는 것이다. 또한 총회는 다양한 문제들에 대하여 결의안을 채택할 수 있다. 그러나 총회의 결의는 회원국들에 대한 구속력이 없는 권고 성격일 뿐이며, 가끔 많은 빈국들의 불만표출 통로 역할을 하기도 한다. 끝으로 총회는 각종 위원회, 협의회, 이사회 등을 통하여 UN의 여러 프로그램과 산하기구 활동을 조정한다.

UN의 각종 프로그램과 기구를 조정하는 기능은 경제사회이사회(ECOSOC)를 통해 이루어진다. 경제사회이사회는 총회에서 선출되는 54개국으로 구성되며, 임기는 3년이다. 이 기구는 여러 프로그램과 기구들의 중첩되는 활동을 관리한다. 경제사회이사회 산하의 **지역위원회**는 특정 지역에서 UN의 프로그램이 조화롭게 수행되고 있는지를 감시하며, **기능별 위원회**는 인구증가, 마약밀수, 인권문제, 여성 지위문제 등과 같은 글로벌한 문제들을 다룬다. 전문가기구는 범죄예방이나 공공재정 같은 여러 UN 프로그램이 관여하는 기술적 문제들을 다룬다. 경제사회이사회 외에도 총회는 다수의 **특별위원회**를 가동하고 있다. 총회 상임위원회는 탈식민지 문제, 법적 문제, 군비축소 문제 등과 같은 문제 영역에서 총회가 원활하게 활동할 수 있도록 지원한다.

UN의 이름 아래 수행되는 많은 활동들은 총회나 안보리의 엄격한 통제 하에 수행되는 것들이 아니다. UN의 통제로부터 상당히 자율적인 기능별 기구나 프로그램에 의해 수행되는 경우가 더 많다.

(6) UN 프로그램

총회는 경제사회이사회를 통하여 남반구 빈국들의 경제발전과 사회적 안정을 촉진하기 위한 10여 개의 대규모 프로그램을 수행하고 있다. 이런 프로그램을 통하여 UN은 남북관계의 조절에 기여하고 있다. 즉 부국의 자원과 기술이 빈국으로 흘러 들어가 빈국의 발전을 위해 사용될 수 있도록 노력하고 있다.

프로그램에 드는 자금은 총회 교부금과 프로그램 자체가 직접 개별 회원국, 업계, 민간 자선단체 등으로부터 받는 기부금으로 충당한다. 총회로부터 어느 정도의 교부금을 받고 얼마나 자율적인가는 프로그램에 따라 다르다. 개별 프로그램은 각각 직원과 본부를 가지고 현장 활동을 하며, 주재국 정부와 협력한다.

몇몇 프로그램은 오늘날 더욱 중요해지고 있다. UN환경계획(UNEP)은 남반구의 경제개발과 선진국들의 경제팽창이 지구 환경에 중대한 문제를 일으킴에 따라 1990년대 이후 더욱 주목 받게 되었다(11장 참조). 현재 UN환경계획은 환경문제 해결전략을 마련하기 위해 애쓰고 있다. 또한 회원국들에게 기술 지원을 제공하고, 전 지구의 환경상태를 감시하고, 기준을 만들고, 또 대체 에너지 개발을 권고하는 활동을 하고 있다.

UN아동기금(UNICEF)은 빈국 아동보호를 위한 기술 및 재정 지원을 제공하고 있다. 불행한 일이지만, 많은 국가들에서 어린이들을 돕는 일은 여전히 절박한 일이며, 그래서 아동기금은 항상 바쁘다. 자발적 기부금에 의존하는 아동기금은 수십 년 동안 미국 아동들을 대상으로 빈국 아동 돕기 할로윈 성금 운동을 조직하여 운영해 왔다.

UN난민고등판무관실(UN High Commissioner for Refugees, UNHCR) 역시 바쁘다. 매년 전쟁이나 정치적 폭력을 피해 국경을 넘는 사람들이 수없이 많은데, 판무관실에서는 이들을 보호하고 지원하고 궁극적으로는 귀국하여 재정착하는 것을 돕기 위한 활동을 조정한다. 장기간 지속되고 있는 팔레스타인 난민문제는 별도 프로그램인 팔레스타인난민기구(UNRWA)에서 담당한다.

자발적 기부금에 의존하는 UN개발계획(UNDP)은 빈국 개발문제와 관련된 UN의 모든 노력을 조정한다. 현재 세계 도처에서 약 5,000개 프로젝트가 동시에 추진되고 있어서 이 기구는 기술적인 개발지원을 제공하는 국제기구로서 최대 규모라 할 수 있다. 또한 UN에는 여성의 훈련과 지위향상을 위한 몇 개의 또 다른 개발관련 기구들이 있다.

다수의 빈국들은 경제발전을 위한 재원을 수출 수익에 의존하고 있다. 그렇기 때문에 국제무역에서 흔히 일어나는 상품가격 변동이나 기타 문제들에 취약한 편이다. **UN무역개발협의회**(UN Conference on Trade and Development, UNCTAD)는 상품가격 안정과 개발촉진을 위한 국제 무역협정을 마련하는 기관이다. 그러나 남반구 국가들이 국제경제에서 행사하는 힘이 크지 않기 때문에 UNCTAD가 국제무역에서 남반구 국가들의 이익을 촉진할 수 있는 수단은 거의 없다. 따라서 세계무역기구(WTO)가 무역 문제를 다루는 가장 중요한 기구가 되었다.

UN은 2006년에 인권이사회(Human Rights Council)를 신설하였는데, 이것은 인권침해 국가들을 회원국에 포함해서 악명을 떨쳤던 인권위원회를 대신하는 기구이다. 이 위원회의 권한은 더욱 확대되었으며 회원국은 엄선되었다.

재해구호, 식량원조, 주택보급, 인구문제 등을 다루는 다른 UN 프로그램도 있다. 세계의 거의 모든 빈국들에서 UN은 경제 및 사회 문제와 관련해 활발한 활동을 벌이고 있다.

(7) 자율적 기구

UN총회는 자체 내 프로그램과 별도로 UN의 통제 하에 있지 않은 약 20개의 자율적 국제기구와 공식적인 연계를 가지고 있다. 그 대부분이 각국의 보건이나 노동조건 개선 노력을 지원하는 전문화된 기술관련 기구들이다.

그런 기구 중 국제안보 문제를 다루는 유일한 기구로서 오스트리아 비엔나에 본부를 둔 국제원자력기구(IAEA)가 있다. 이 기구는 UN 산하기구로 설립되었지만 공식적으로 자율적인 기구이다. 간혹 민간용 원자력발전소 건설 지원 같은 경제 역할도 수행하지만, 이 기구의 주된 역할은 핵확산 방지이다. 2002-2003년에 이 기구에서 이라크 사찰을 실시하였는데, 비밀 핵무기 프로그램의 증거를 찾지 못했다. 또한 이란 정부가 허용하는 한도 내에서 이란 핵 프로그램을 감시하는 일도 맡고 있다. 2005년에는 노벨 평화상을 수상하기도 했다.

보건 분야에서는 제네바에 본부를 두고 있는 **세계보건기구**(WHO)가 있다. 이 기구는 빈국의 보건상태 개선과 예방접종 등을 위한 기술 지원을 제공하고 있다. 1960년대와 1970년대에 걸쳐서 이 기구는 전 세계적으로 천연두를 근절하며, 세계 공중보건 역사상 위대한 승리를 주도하였다. 현재는 전 세계적으로 전개되고 있는 에이즈(AIDS) 퇴치운동에서 주도적 역할을 하고 있다.

농업 분야에서는 식량농업기구(FAO)가 주도적인 기구이다. 노동조건 분야에서는 국제노동기구(ILO)가 대표적이다. UN교육과학문화기구(UNESCO)는 국제 통신 및 과학 협력 분야를 담당한다. UN산업개발기구(UNIDO)는 남반구의 산업화 촉진 문제를 담당한다.

가장 오랜 역사를 가지고 있으면서 대단한 업적을 많이 남긴 국제기구들은 국제 항공이나 우편 업무와 같은 기능적 분야에서의 국제협력을 기술적으로 지원하는 기구들이다. 예를 들어 국제통신연맹(ITU)은 라디오 주파수를 배당한다. 세계우편연합(UPU)은 국제우편 표준을 설정한다. 국제민간항공기구(ICAO)는 국제항공에 필요한 구속력 있는 표준을 설정한다. 국제해상기구(IMO)는 해상수송에 관한 국제협력 문제를 다룬다. 세계지적소유권기구(WIPO)는 저작권과 특허권이 전 세계적으로 인정될 수 있게 하고 지적 재산권을 보호하는 법적 테두리 안에서 개발과 기술이전을 촉진하는 활동을 수행한다. 마지막으로 세계기상기구(WMO)는 세계기후감시와 기상정보교환을 촉진하는 활동을 수행한다.

세계경제를 조정하는 주요 기구들(8, 9, 13장에서 다룸)도 UN과 관련된 기구들이다. 세계은행과 국제통화기금(IMF)은 경제개발을 위한 차관, 원조, 기술지원 등을 제공한다. IMF는 국제수지 균형 문제를 관리하기도 한다. 세계무역기구(WTO)는 국제무역 규칙을 제정한다.

전반적으로, UN 체계 안에서건 다른 국제기구를 통해서건 국경선을 넘어서 맺어지는 네트워크는 시간이 지날수록 더 강화되고 있다. 또한 우리는 눈에 잘 띄지는 않지만 규범과 규칙을 포함한 관념의 그물을 통하여 점점 더 국경선을 초월하는 관계로 들어가고 있다. 또한 규칙들은 점차 국제법으로 발전하고 있다.

3. 국제법

국내법과 달리 국제법은 입법부나 기타 어떤 중앙 권위체가 만들지 않으며, 국제적인 전통과 국가들이 서명하는 여러 합의에 근거를 두고 있다. 또한 국제법은 중앙정부의 힘이나 권위가 아니라 상호주의, 집단행동, 국제규범 등에 의존하기 때문에 강제집행이 어렵다는 점에서도 국내법과 다르다.[13]

(1) 국제법의 원천

국내법은 중앙 권위체, 즉 입법부 아니면 독재자로부터 나온다. 국가들이 최고권(주권)을 가지고 있으면서 국제사회의 중앙 권위체를 인정하지 않기 때문에, 국제법은 다른 기반에 의존한다. UN총회의 결정 사항은 법이 아니며 그 대부분이 회원국들을 구속하지 않는다. 안보리는 국가들에게 어떤 행동을 강요하지만, 그것은 법이라기보다는 명령으로서 주어진 상황에 국한된다. 한 나라의 입법부에 의해 통과된 국제법이란 존재하지 않는다. 그러면 도대체 국제법은 어디에서 연원(淵源)하는가? 국제법의 원천으로서 조약, 관습, 법의 일반 원칙(형평성 같은), 법학 지식(판례 같은) 등 네 가지가 인정되고 있다.

조약이나 국가들이 서명하여 성문화된 기타 협약이 가장 중요한 원천이다.[14] 오늘날 국제 조약은 수십만 개의 개별적 조약을 포함하여 책으로 엮으면 두꺼운 책으로 1,000권이 넘는 분량에 달한다. 국제법에는 하나의 원칙이 있는데, 바로 서명되고 비준된 "조약은 반드시 준수되어야 한다"(pacta sunt servanda)는 것이다. 국가들은 사안이 지극히 중대하거나 위반에 따르는 처벌이 아주 경미할 때 조약을 위반할 수도 있다. 미국의 경우 정상적으로 상원의 인준을 받은 조약은 의회에서 통과된 법과 동일한 최고의 법적 효력을 갖는다.

조약, 채무 같은 국제 의무는 정부가 바뀌어도 그대로 계승된다. 선거를 통해

---

13 Shaw, Malcolm N. *International Law.* 5th ed. Cambridge, 2003. Joyner, Christopher C. *International Law in the 21st Century: Rules for Global Governance.* Rowman, 2005. Franck, Thomas M. *Fairness in International Law and Institutions.* Oxford, 1995. Ku, Charlotte, and Paul F. Diehl. *International Law: Classic and Contemporary Readings.* 3rd ed. Rienner, 2008. Goldsmith, Jack L., and Eric A. Posner. *The Limits of International Law.* Oxford, 2006.

14 Gardiner, Richard. *Treaty Interpretation.* Oxford, 2008. Aust, Anthony. *Modern Treaty Law and Practice.* 2nd ed. Cambridge, 2007.

서, 혹은 쿠데타나 혁명을 통해서 정부가 바뀐다 해도 그렇다. 예를 들어 1990년대에 동유럽에서 혁명이 일어나 새롭게 민주정부들이 들어섰을 때, 신정부는 구 공산정부가 진 대외채무를 그대로 떠안아야 한다. 심지어 소련이 해체되었을 때도 그 후계자인 러시아는 구소련이 진 대외채무의 이행과 구소련이 체결한 국제조약 준수를 약속해야만 했다. 혁명이 일어나도 국가의 국제 의무는 변동이 없지만, 어떤 조약은 적절한 통지 절차를 거쳐서 합법적으로 조약상의 의무에서 벗어날 수 있는 조항을 조약 안에 넣고 있다. 이런 조항에 따른 행동은 국제법 위반이 아니다. 예컨대 2001년에 미국은 ABM조약이 규정한 대로 6개월 유예기간을 거쳐 그 조약에서 탈퇴하였다.

전 세계 모든 국가가 국제법의 몇 가지 기본 원칙을 존중하겠다고 공약했다는 점에서 UN헌장은 가장 중요한 조약이라 할 수 있다. 어업관리협정과 같은 구체성을 띤 협정과는 달리 UN헌장은 적용범위가 넓고 포괄적이다. 그러나 대개 구체적인 조약이 UN헌장과 같은 광범한 조약에 비해 조문 해석이나 집행이 쉽다. 또 다른 중요한 조약으로 1949년의 제네바협약이 있다. 제네바협약은 1894년의 협약을 확장한 것으로서, 민간인 및 포로 보호 등에 관한 전쟁 관련법을 규정하고 있다.[15]

관습은 두 번째로 중요한 국제법의 원천이다. 국가들이 서로 다른 국가에 대해 오랜 기간 이런저런 방식으로 행동해 왔다면 그러한 행동은 일반적으로 받아들여지는 관행이 되고 국제법의 지위를 획득하게 된다. 서방의 국제법(이슬람 세계와 달리)은 이 점에서 **실증주의적**이다. 이 말의 의미는 서방의 국제법이 추상적인 원칙에서 나오는 신성함이나 자연법 관념에 의존하지 않고 실제 관습, 자기이익이라고 하는 실제 현실, 동의의 필요성 등에 의존한다는 의미이다.

법의 일반적 원칙 역시 국제법의 원천이다. 절도나 폭행처럼 국내법 체계에서 범죄로 간주되는 행위는 국제사회에서도 역시 범죄로 취급된다. 예를 들어 이라크의 쿠웨이트 침공은 이라크가 서명한 조약(UN헌장과 아랍연맹헌장 같은)을 위반한 불법이며, 양국이 함께 주권국가로서 지내면서 형성한 관습을 위반한 불법이다. 조약과

---

15 Kinsella, Helen M. *The Image Before the Weapon: A Critical History of the Distinction Between Combatant and Civilian.* Cornell, 2011.

관습을 떠나, 침공은 한 국가가 무력으로 다른 국가의 영토를 점령하여 합병하면 안 된다는 일반적 원칙에 어긋난다는 점에서도 불법이다.

국제법의 네 번째 원천은 다른 원천들을 보조하는 것으로서, 세계법원이 인정하는 법학 지식, 즉 현안이 되고 있는 문제에 대하여 세계 각지의 판사와 변호사들이 제시한 성문화된 주장들이다. 가장 탁월한 능력을 가지고 존경 받는 법률가들의 저술만 인용될 수 있으며, 또 앞의 세 가지 원천에 의거하여 해결할 수 없는 문제를 해결하려 할 때에만 활용된다.

흔히 국제법은 국제규범의 변화에 시간적으로 뒤떨어진다. 법은 전통에 구속되는 특성을 지니고 있기 때문이다. 간첩행위는 기술적으로만 따지면 불법이지만 세계적으로 널리 양해되고 있는 행위이기 때문에 그것이 국제법 위반으로 취급되지는 않는다. 합법적인 행위이지만 눈살을 찌푸리게 만드는 비정상적인 것도 있다. 예를 들어 중국 정부가 1989년에 대학생 시위대에 발포한 것은 국제규범 위반이지 국제법 위반은 아니다.

(2) 국제법의 집행

법의 원천 면에서 국제법과 국내법은 위와 같이 차이가 있지만, 집행 면에서 더 큰 차이가 있다. 국제법의 집행이 훨씬 더 어렵다. 국제사회에는 세계경찰이 없다. 국제법의 집행은 침략자를 처벌하기 위해, 개별적이든 집단적이든 국가들 자신의 힘에 의존한다.

국제법의 집행은 실질적인 상호주의에 크게 의존하고 있다. 대개 국가들이 국제법을 준수하는 것은 다른 국가들도 그러길 바라기 때문이다. 예를 들어 제2차 세계대전 당시 어느 편도 화학무기를 사용하지 않았는데, 그것은 어느 한편이 화학무기 사용을 금지하는 조약을 집행할 수 있었기 때문이 아니다. 내가 사용하면 상대방도 사용할 것이고 그로 인한 대가는 양쪽 모두에게 막대할 것이라는 판단 때문이다. 국제법은 상황에 따라 **보복**의 정당성을 인정한다. 국제법을 위반하는 행위라도 그것이 상대방의 불법행위에 대한 대응으로 취해진다면 합법화될 수 있다.

국제법을 위반하는 국가는 일단의 국가들로부터 집단 대응, 이를 테면 위반자에 대한 제재 조치 등을 당할 수도 있다. 여기서 제재란 국제법 위반에 대한 처벌로서 일단의 국가들이 위반 국가와의 무역을 중단하거나 특정 상품(대개 군수품)의 교역을 중단하는 합의를 말한다. 시간이 지날수록 제재를 당하는 국가는 다른 국가들과의 정상적 관계가 단절된 채 국제사회에서 부랑자가 될 수 있다. 경제적 번영이 세계시장에서의 무역과 경제교류에 크게 좌우되고 있는 오늘날의 상황에서 그러한 상태는 매우 견디기 어렵다. 과거 수십 년 동안 리비아가 국제사회에서 고립되어 그런 고통을 겪었는데, 2003년에 고립을 끝내고 정상적 지위를 되찾기로 결정하였다. 즉 리비아는 과거에 저지른 테러를 시인하고 피해자들에 대한 배상을 시작하였으며, 화생방 무기 프로그램을 공개하고 해체하였다.

심지어 초강대국도 국제법 준수를 위해 적어도 몇 번은 스스로 행동을 자제한 적이 있다. 그 예로, 2002년 말에 스커드 미사일 15기를 숨기고 예멘으로 가던 북한 화물선이 나포된 사건이 있었다. 테러와의 전쟁을 치르던 중인 미국은 그런 무기의 확산을 막는 것이 명백한 국가이익이며 막을 힘이 있었지만 미국 정부 내 변호사들이 그 거래가 국제법 위반이 아니라고 판단하자 그만 손을 떼고 거래가 이루어지도록 허용하였다.

상호주의와 집단 대응으로 국제법을 집행하는 데는 한 가지 큰 약점이 있다. 즉 국력에 전적으로 의존한다는 문제이다. 상호주의가 효과를 발휘할 수 있으려면, 먼저 피해를 당한 국가의 힘이 가해자 국가에게 충분한 대가의 지불을 강요할 수 있을 만큼 강해야만 한다. 집단 대응 역시 참가 각국이 제재 조치에 성실하게 동참해야 효과를 발휘할 수 있다. 걸려 있는 사안이 가벼우면 눈속임하기 더욱 쉬워진다. (혹은 어떤 국가에 충분한 힘이 있으면 국제법을 쉽게 위반할 수 있다.)

국제법의 효력 범위가 결국 힘이 미치는 범위에 국한된다면 국제법이 무슨 소용이 있는가? 이 문제의 해답은 힘의 불확실성에서 찾을 수 있다. 게임 규칙에 대한 공통의 기대와 규칙의 상시적 준수, 이런 것이 국제사회에 존재하지 않고 오로지 힘만이 존재한다면, 그 힘은 무정부적인 국제체계에 커다란 불안정을 초래할 것이다. 그러나 완벽한 집행이 되지 않더라도 국제법이 있으면 적법한 행동이 무엇인지에 대한 공통의 기대가 생길 수 있다. 그러한 기대에서 벗어나는 행동이 무엇인지 분명해지면, 수용된 규칙을 위반하는 국가를 식별하고 처벌하는 일이 더 쉬워진다. 국가들이 (UN헌장 같은) 조약에 서명함으로써 어떤 규칙에 합의하였다면 규칙

위반은 더욱 가시적이고 분명해진다. 따라서 여전히 국가들에게 힘이 있지만, 국제법은 국가들이 준수하는 실효성 있는 규칙이 될 수 있다. 그 결과 나타나는 국제사회의 안정성은 모든 국가들에게 워낙 큰 이익이 되기 때문에 국제법 위반으로 얻는 단기 이익보다 위반 비용이 훨씬 더 커지게 된다.

(3) 세계법원

국제법이 발전함에 따라 각국이 불만 사항을 호소할 수 있는 단일 세계 사법체계도 등장하기 시작하였다. 아직 관할권이 제한적이고 담당 사건도 많지 않지만 이 체계의 기초는 **세계법원**(World Court, 공식명칭은 **국제사법재판소**, International Court of Justice)에서 찾을 수 있다.[16] 세계법원은 UN 산하기구이다.

세계법원에서는 개인이나 기업이 아닌 국가만이 제소하거나 제소 당할 수 있다. 어떤 국가가 다른 국가에 대해 불만이 있다면 불편부당한 해결을 위하여 이 문제를 세계법원으로 가져갈 수 있다. 안보리나 총회도 국제법 관련 문제에 대한 조언을 세계법원에 요청할 수 있다. 예컨대 코소보의 독립선언을 합법적이라 선언한 2010년의 세계법원 결정은 총회 요청에 따른 조언 성격의 판단이었다.

세계법원은 임기 9년인 15명의 판사로 구성되며 3년마다 5명의 판사가 선출된다. 판사의 선출은 안보리와 총회 모두에서 과반수 찬성으로 한다. 법정이 열리는 곳은 네덜란드의 헤이그이다. 관례적으로 안보리 상임이사국들은 항상 자국 출신의 판사를 1명씩 보유한다. 사건 당사국 출신의 판사가 1명도 없는 경우에는 임시로 15명 이외의 판사가 참여하기도 한다.

세계법원의 가장 큰 약점은 어떤 사안을 세계법원의 관할에 둘 것인가, 그리고 법원의 판결을 준수할 것인가에 대한 일반적 합의가 없다는 점이다. 거의 모든 국가가 세계법원의 설립을 위한 조약에 서명하였지만, 특정 사안을 세계법원의 관할로 한다는 내용의 선택 조항에 서명한 국가는 1/3에 불과하며, 그 1/3 가운데서

---

16 Meyer, Howard N. *The World Court in Action: Judging among Nations.* Rowman & Littlefield, 2002.

도 많은 국가들은 자국 권리를 그대로 유지한다는 내용, 그리고 자국 주권에 대한 세계법원의 권한을 제한한다는 내용의 단서 조항을 덧붙였다. 콜롬비아는 니카라과와 영유권을 다퉜던 수역을 2012년에 세계법원이 니카라과 영해로 판결하자 세계법원 조약에 했던 서명을 취소하였다.[17] 1979년에 이란은 미국이 주 이란 미국대사관 점거 사건을 들어 세계법원에 이란을 제소하자 이 사건에 대한 세계법원의 관할권을 인정하지 않았다. 이런 경우, 대개 세계법원은 원고 국가의 주장을 듣고 그 국가에 유리한 판결을 내리지만, 그 판결을 집행할 수단은 갖고 있지 않다. 그리고 재판이 아주 느리게 진행되는 경우도 있다. 보스니아는 세르비아를 상대로 집단학살 문제를 제소했는데, 이에 대해 세계법원은 14년간이나 예비 심사를 거쳐 2007년에 보스니아 패소 판결을 내렸다.

세계법원의 가장 성공적인 사례로 꼽히는 것이 1992년에 엘살바도르와 온두라스 간에 1861년부터 시작된 복잡한 국경분쟁을 해결한 사례이다. 2002년의 사례로서, 카메룬과 나이지리아가 국경지대에 위치한 석유 매장지인 반도 하나를 놓고 장기간, 간혹 폭력적인 분쟁을 벌여 왔는데, 세계법원이 이 분쟁을 해결했다. 법원은 카메룬 손을 들어주었고 (더 힘 있는) 나이지리아는 2006년에 그 지역에서 군대를 철수시켰다.

오늘날 세계법원은 대체로 우호적인 국가들 사이에 부차적으로 중요한 문제들을 중재하고 있다. 예를 들어 미국은 세계법원을 통하여 캐나다 및 이탈리아와의 상업분쟁을 해결하였다. 이런 예에서 보듯이 국가안보 문제가 걸려 있지 않고 걸려 있는 사안의 중요성보다 전반적인 우호관계의 중요성이 더 크다면 국가들은 기꺼이 세계법원의 관할을 인정하려고 한다. 2004년에 세계법원은 미국에게 멕시코인 피고들에 대한 사형 선고를 재심하라고 명령하였다. 그들이 멕시코 정부 관리와 접촉할 수 없어서 그 때문에 재판 과정에서 불이익을 당했는지 여부를 더 조사해야 한다는 이유 때문이었다. 1963년의 영사관계에 관한 비엔나협약에 따르면, 외국인을 체포했을 때 그 사람에게 본국 대표와 만날 권리를 고지해야 한다. 미국은 해외에 있는 자국민의 권리는 주장하면서 자기들이 체포한 외국인에 대해서는 그런 권

---

17 Forsythe, David P. *The Politics of International Law: U.S. Foreign Policy Reconsidered.* Rienner, 1990.

〈그림 7.4〉 아르헨티나 대 우루과이 사건에 대한 세계법원의 처리 과정

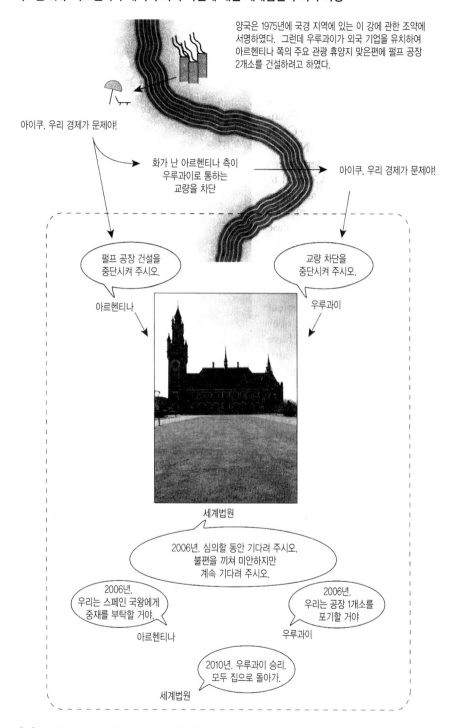

출처: The International Court of Justice(The World Court).

리를 주지 않았다. 세계법원은 미국 경찰이 외국인을 체포했을 때 그 나라 말로 된 미란다 고지를 하라고 미국 법원에 권고하였다. 〈그림 7.4〉는 아르헨티나와 우루과이 간의 분쟁에 대한 세계법원의 판결이다.

국가들은 세계법원을 통해 중대한 분쟁을 해결할 수 있는 강제적인 합의를 얻을 수 없기 때문에 시간이 갈수록 세계법원을 덜 이용한다. 연간 10여 건 또는 그 이하만이 세계법원에서 취급되고 있다(1947년 이후 판결 혹은 권고의견을 낸 건수는 약 140건).

(4) 국내 법원에서 다루는 국제적인 사건

정부, 개인, 기업 등이 제기하는 국제문제에 관한 대다수 소송은 한 국가 또는 몇 개 국가의 사법체계 속에서 다룬다. 국내 법원은 국내법에 의거하여 제기된 소송을 심리하여 (민사소송의 경우) 배상금을 물리거나 (형사소송의 경우) 형량을 결정한다.

국경선을 넘어선 분쟁거리가 있는 사람의 입장에서 볼 때 사건을 국제기구가 아닌 국내 법원으로 가져가면 몇 가지 이점이 있다. 첫째, 판결이 강제 집행된다. 소송에서 이긴 쪽은 국내에 있는 진 쪽의 재산으로부터 배상을 받을 수 있다. 둘째, 국제법 위반 사건의 경우 일반적으로 국가(또는 국제기구)만이 그 국민을 대신하여 소송을 제기할 수 있지만, 이를 국내 법원에 제소할 때는 개인이나 기업이 직접 소송을 제기할 수 있다(물론 지방자치단체도 그렇게 할 수 있다).

셋째, 국내 법원에 고소할 때는 어느 나라 법원에 제소할지 선택할 수 있다. 즉 원고는 자기에게 더 유리하다고 판단되는 법원에 제소할 수 있다. 어떤 사건에 대한 관할권 여부는 각국의 사법체계에 따라 다르지만, 일반적으로 법원은 자기 관할권의 범위를 넓게 해석하는 경향이 있다. 전통적으로 각국의 법원은 자국 영토 내에서 일어난 모든 사건에 대하여, 자국 국민이 행한 것이라면 세계 모든 곳에서 일어난 사건에 대하여, 그리고 자국 국민을 대상으로 일어난 모든 사건에 대하여 관할권을 행사할 수 있다. 현지 국가의 국민이 아닌 사람도 그 국가의 국민을 상대로 현지 법원에 소송을 제기할 수 있다. 현지 법원이 벌금을 부과하거나 은행계좌와 재산을 압류할 수 있기 때문이다.

미국 법원은 두 가지 이유에서 인기 있는 법원이다. 첫째, 미국 법원은 세계의 어느 법원보다 배상 액수를 높게 결정하는 것으로 유명하다(미국이 부자 나라라는 이유 때문이기는 하지만). 둘째, 많은 사람들과 정부들이 미국 내에서 사업을 하고 있기 때문에 미국 법원의 판결로 배상을 받는 일이 대개는 가능하다. 이런 이유로 미국 법원은 외국인들이 제기한 인권문제 관련 사건에 대한 판결을 내리기도 한다. 이를테면 중국의 반체제 인사들이 제기한 1989년의 천안문 대량학살 사건, 쿠바인 망명자들이 쿠바 정부를 상대로 제기한 사건, 파라과이 의사가 파라과이 경찰이 자기 아들을 고문했다고 파라과이 경찰을 고소한 사건 등을 미국 법원이 판결하였다. 2003년에는 미국 법원이 이라크와 이란에게 미국인 테러 및 고문 희생자들에게 거액을 배상하라는 판결을 내렸다. 1789년의 외국인배상청구법(Alien Tort Claims Act)에 의거하여 미국 법원은 외국인의 "국제법 위반"에 따른 민사소송에 대하여 관할권이 있다. 최근 들어 인권 활동가들은 억압적인 외국 정부에 타격을 주기 위해 이 법을 이용해 왔다. 예컨대 이들은 미국 석유회사 엑손모빌과 유노칼이 억압적인 인도와 버마 정권을 각각 지원하였다고 이 회사들을 고소하였다. 그러나 2013년에 대법원은 네덜란드 회사 쉘이 나이지리아 정부의 잔혹행위를 도왔다고 인권 활동가들이 제소한 사건에 대하여 이를 각하함으로써 이 같은 미국 법원의 관할권 확대에 분명한 선을 그었다.[18]

1993년에 벨기에가 제네바협약을 위반하는 모든 사건에 대한 재판 관할권을 갖는다는 법을 제정한 이후, 벨기에 법원은 국제 인권 사건을 다루는 법원으로 인기를 끌고 있다. 2001년에 있었던 일로서, 1994년에 르완다에서 저지른 전쟁범죄로 피소된 4명이 감옥으로 갔다. (르완다는 벨기에의 식민지였으며, 집단학살 사건 당시 벨기에 병사 10명도 살해당했다.) 2005년에 벨기에 당국이 1980년대에 차드에서 있었던 4만 명의 정치적 살해 사건의 책임을 묻기 위해 차드의 전 지도자를 기소하였다. 그는 세네갈에 살고 있었는데, 세네갈 정부는 그 사람을 벨기에로 인도해야 할지 여부를 아프리카연합에 문의하였다. 이에 대하여 아프리카연합은 인도하지 말고 세네갈 국

---

18 Liptak, Adam. Justices Bar Nigerian Human Rights Case from U.S. Courts. *The New York Times,* April 18, 2013: A16.

내에서 재판하라고 권고하였다.

그러나 국내 법원에서 국제적 분쟁을 해결하는 데는 몇 가지 한계도 있다. 가장 중요한 한계는 국내 법원의 권한이 주권의 적용 범위인 국내에 국한된다는 점이다. 잠비아의 법원은 태국 주민을 증인으로 채택하여 소환할 수 없으며, 영국 은행의 계좌를 압류할 수 없고, 잠비아 영토 밖에서 잠비아 국민이든 아니든 범죄자를 체포할 수 없다. 자국 영토 밖에 있는 사람을 자국 법정에 세우려면 먼저 상대국 정부의 협력을 구해야 한다. 2002년에 아르헨티나가 채무불이행 상태에 빠졌을 때 3억 7,000만 달러를 손해 본 미국의 한 헤지펀드가 2012년에 가나 정부에 요청하여 당시 가나를 방문 중이던 아르헨티나 선박을 억류하여 그 빚을 받아내려고 시도한 적이 있다. 가나 정부는 선박을 억류하였지만 UN의 판단을 받아들여 억류를 풀었다.

자국 영토 밖에 있는 사람을 데리고 와서 법정에 세우려면 상대방 정부가 그 사람을 체포하여 자국으로 인도해야 한다. 이를 가리켜 범죄인 인도라 하는데, 이것은 국가 간 조약이 있어야 가능하기 때문에 국제법상의 문제이다. 현재 범죄인 인도 조약은 몇 백 가지이고 그중 많은 조약이 몇 백 년 전에 체결되었다. 그러한 조약이 없다면 일반적으로 범죄자가 자국 영토 밖에 있는 한 처벌할 수 없다. 미국의 동맹국들 중 몇몇 국가는 미국인 용의자가 사형선고를 받을 가능성이 있을 때 인도를 거부해 왔다. 그러나 2001년 이후 테러와의 전쟁 덕분에 재판과 법집행에서 국제 협력이 확대되어 왔다.

범죄인 인도와 관련하여 유명한 사건이 하나 있다. 칠레의 전 군사독재자 피노체트가 1999년에 영국에서 스페인의 영장에 의거하여 체포되었는데, 혐의 사실은 통치 기간에 칠레에서 스페인 시민들에게 저지른 범죄였다. 그러자 피노체트 지지자들은 국가원수로서 한 일이기 때문에 면소(免訴)되어야 한다고 주장하였지만, 영국 법원은 피노체트가 면책특권을 가진 외교관이 아니며(당시 그는 치료차 영국에 있었다) 현직 국가원수가 아니라는 점을 들어 스페인에 인도해야 한다고 판결하였다. 그러나 영국 정부는 건강상의 이유를 들어 칠레 귀국을 허용하였으며, 칠레 법원은 역시 건강상의 이유를 들어 재판을 보류하였다. 결국 피노체트는 법정에 서지 않고 2006년에 죽었다.

외국인에 대한 국내 법원의 관할권에는 애매모호한 부분이 있다. 용의자를 공해로 유인할 수 있다면 다른 국가의 영토를 침범하지 않고 용의자를 체포할 수 있다. 적절한 범죄인 인도 절차를 거치지 않고 외국 영토에서 외국인 용의자를 체포하여 자국 법정에 세우면 매우 골치 아픈 문제가 생길 수 있다. 이런 사례로 1980년대에 미국과 멕시코 사이에서 발생한 사건이 유명하다. 미국 당국은 한 멕시코인 의사가 멕시코에서 활동 중인 미국인 마약단속 공무원을 고문하고 살해한 것으로 판단하여 그를 잡으려 했다. 그래서 미국 정부는 현상금 사냥꾼들을 고용하여 멕시코에 가서 의사를 납치하여 미국으로 강제로 데려 와서 미국 법정에 세웠다. 미국 대법원은 미국 법원이 이 사건에 대한 관할권을 행사할 수 있다고 결정하였다. 이것은 국가주권의 확장 경향을 보여준다. 물론 국제법 학자들과 멕시코 관리들은 이에 강력하게 반발하였다. 결국 미국 정부는 미국 법정에 세우기 위하여 멕시코 시민을 납치하는 일을 앞으로는 하지 않겠다고 멕시코 정부에 약속할 수밖에 없었다. 그 의사는 재판 결과 증거불충분으로 석방되어 귀국하였다. 2004년에 콜롬비아가 베네수엘라에 있는 콜롬비아 반군지도자를 납치하였고, 이에 대하여 베네수엘라가 주권침해라고 항의한 사건도 있었다.

그리고 속지주의(영토우선주의) 원칙은 **이민법**도 통제한다. 사람들이 국경선을 넘을 때 그 사람들이 새 영토에 남을 수 있는지, 또 어떤 조건으로 남을 수 있는지의 문제는 전적으로 이들이 발을 디딘 영토가 어느 국가의 영토인가에 달려 있다. 원래의 출신 국가는 이들의 귀국을 강제할 수 없다. 외국인 입국과 국내 여행, 취업, **국적 취득** 등의 사항은 모두 국내법에 의해 정해진다. 외국을 여행하거나 외국에서 거주하는 사람들과 관련된 법적 문제들은 이밖에도 많다. 여권과 비자, 현지의 신생아, 현지인과의 결혼, 은행계좌, 사업, 세금 등의 문제가 그렇다. 이런 문제들에 대한 관행은 국가에 따라 서로 다르다. 그러나 일반적인 원칙은 국가의 영토 내에서는 국내법이 우선한다는 것이다.

국제적인 법률문제에서 국내 법원의 중요성은 변하지 않으며, 세계법원의 집행능력은 여전히 부족하다. 그러나 국가주권이 최고이고 국제법은 무능하다는 결론은 잘못이다. 그보다는 국제적인 상호작용에서 주권과 국제법 사이에 일정한 균형이 있다고 보는 편이 나을 것이다.

4. 법과 주권

이번 장의 남은 부분에서는 몇몇 국제법 분야에 대하여 다룬다. 먼저 확고하게 뿌리를 내리고 널리 준수되고 있는 분야부터 새롭고 아직은 확고하게 정착되지 못한 분야 순서로 살펴볼 것이다. 각 분야에서 법과 규범의 영향력이 거침없는 국가주권의 행사와 경합을 벌이고 있다. 이 경합은 외교 관련법 같은 오래된 전통에서 인권 문제 같은 최근 규범으로 옮겨 갈수록 심해진다.

(1) 외교 관련 법

국제법의 가장 기초적인 분야가 외교관 권리 존중 관련 분야이다. 이 분야에서 행동 표준은 아주 구체적으로 명시되어 있고, 보편적으로 적용되며, 매우 진지하게 수용되고 있다. 외교를 수행하는 능력은 다른 모든 종류의 국제관계, 전면 전쟁을 제외한 모든 관계에 필수적이다. 5세기 전 국제체계가 처음 등장한 이래 외국 사절단을 해치는 것은 정당화 될 수 없는 것으로 간주되어 왔다. 물론 이런 규범이 항상 존재하지는 않았다. 어떤 면에서 불쾌한 메시지를 가져온 사자를 죽이는 것이 자연스러우며, 때에 따라서 외국 관리를 인질로 잡아두거나 협상 대상으로 삼는 편이 나을지도 모른다. 그러나 오늘날 이런 종류의 행동은 보통 비난 받는다. 물론 가끔은 그런 일이 일어나기도 한다.

대사관과 국가의 공식적 대표로서 대사의 지위 인정은 **외교적 승인** 과정에서 명시적으로 규정된다. 외교관들은 상대국 정부에 신임장을 제출하고, 이로써 그들은 주재국 안에서 일종의 특권을 누리며 외교관으로 보호를 받게 된다. 외교관들은 주재국 안에서 대사관을 마치 자국 영토처럼 사용한다. 주재국의 법은 대사관 안에까지 미치지 못한다. 따라서 현지의 반정부 운동가들은 외국 대사관을 피난처로 사용하기도 한다.

대사관 불가침의 원칙이 깨진 대표적인 사례가 1979년 이슬람 혁명 세력이 정권을 장악한 이란에서 일어난 사건이다. 당시 이란 대학생들은 미국 대사관을 점거하고 미국 외교관들을 1년 넘게 인질로 잡아 억류하였다. 이란 정부가 이러한 행동을 직접 자행하지는 않았지만, 그것을 묵인하였으며 대학생들을 대사관 밖으로 축출하지 않았다. (주재국 정부는 외국 대사관을 보호하기 위하여 필요하다면 자국민에 대해 무력 사용도 해야 한다.)

외교관들은 대사관을 벗어나 여행 중일 때도 **외교관 면책특권**을 갖는다. 여행의 자유는 국가에 따라 다르다. 한 도시 내에만 국한되거나 시골까지 자유롭게 여행하는 경우도 있다. 외국인 중에서 유일하게 외교관만이 주재국 법원의 관할권 밖에 있다. 사소한 교통법규 위반부터 살인까지 범죄를 저질러도 외교관은 체포되지 않는다. 주재국이 할 수 있는 일은 그 외교관에 대한 신임을 철회하고 국외로 추방하는 것이 전부이다. 그러나 간혹 강대국이 약소국에게 외교관 면책특권을 포기하게 압력을 넣어 죄 지은 외교관을 법정에 세우기도 한다. 1997년에 이런 사례가 두 건 있었는데, 미국과 프랑스가 난폭운전으로 어린이들을 죽게 한 조지아 외교관과 자이레 외교관을 각각 법정에 세운 적이 있었다.

미국은 UN 본부가 있기 때문에 외교관 면책특권을 UN에 나와 있는 각국 외교관들에게도 부여하고 있다. 따라서 면책특권을 가진 외교관들은 매년 수천 장의 주차위반 딱지를 받아도 그냥 찢어 버린다. 이런 식으로 뉴욕시가 지금까지 걷지 못한 주차위반 벌금이 1,800만 달러라고 한다. 이 주차위반은 민감한 정치문제가 되었다. 국무부가 운전면허와 번호판을 취소하고, 심지어 벌금 미납액에 따라 대외원조를 삭감할 수 있는 권한을 갖게 되었기 때문이다. 이와 비슷한 사례로, 런던시의 경우 수단 외교관들이 운전하는 자동차 3대에 벌금 딱지 800장 이상이 발부되었고 액수로 10만 파운드 이상이라 한다.

외교관 면책특권이 있기 때문에 외교관을 이용하여 대사관 밖에서 간첩활동을 벌이는 것이 거의 보편화되어 있다. 스파이들은 대사관 내에서 하위직인 경우가 많다. 이를 테면 문정관, 공보관, 무관 등이다. 주재국이 스파이 활동을 포착하여도 기소할 수 없으며 단순히 추방하는 데 그친다. 스파이를 추방할 때도 (비록 법은 아니지만) 외교 규범은 정중함을 요구한다. 추방의 전형적 이유는 "외교관 지위에 어울리지 않은 활동"을 했다는 식이다. 기업가나 관광객을 가장하여 스파이 활동을 하면 면책특권이 주어지지 않기 때문에 주재국의 법에 따라 체포, 기소될 수 있다. 그런 예로, 2010년에 미국 정부가 미국에서 평범한 시민처럼 살면서 활동하던 러시아 스파이 10명을 체포한 일이 있었다.

외교 행낭이란 현지 대사관과 본국 정부 사이에 오가는 소포 꾸러미를 말한다. 용어 자체가 알려주듯이 원래는 소규모의 부정기적 소포로 시작되었지만, 오늘날에는 전 세계에서 대량의 화물이 끊임없이 오가고 있다. 외교 행낭 역시 본국 영토의 지위를 갖는다. 따라서 주재국은 이를 개봉, 수색, 압수할 수 없다. 외교 행낭 속에 무엇이 들어 있는지 정확하게 알 수는 없지만, 총기나 마약 같은 불법 화물이 들어 있을 가능성이 다분히 있다.

외교관계를 단절한다는 말은 상대국에 주재하고 있는 자국 외교관을 소환하고 자국에 주재하고 있는 상대국 외교관을 추방하는 것을 말한다. 이것은 상대국 정부에 대한 불쾌감을 표시하는 방법으로 사용되며, 기존 거래를 중단하겠다는 의미를 내포한다. 예를 들어 어떤 국가에 혁명정부가 들어설 때 이 국가에 대한 승인을 취소하는 국가가 있을 수 있다. 중국은 대만을 외교적으로 승인한 작은 나라들과의 외교관계를 단절하였다.

두 국가 간의 외교관계가 없을 때에는 제3국을 이용하여 거래를 할 수 있다. 이때 제3국은 자국 대사관 안에 전담부서를 설치하여 이 부서로 하여금 공식적으로 어느 한 국가의 이익을 대표하도록 하는 방식을 취한다. 이는 곧 제3국 대사관 안에 이익대표부(interest section)를 설치한 것과 같다. 공식적인 외교관계가 없어도 이런 방식으로 실질적인 거래는 할 수 있다. 예를 들어 쿠바 내에서 미국의 이익, 미국 내에서 쿠바의 이익은 모두 스위스의 현지 대사관 전담부서가 대표한다. 실제로 쿠바 주재 스위스 대사관의 전담부서는 구 미국 대사관 건물을 사용하면서 미국인 직원으로 구성되어 있고, 미국 주재 스위스 대사관의 전담부서는 구 쿠바 대사관 건물을 사용하면서 쿠바인 직원으로 구성되어 있다.

상대국에 대한 불만을 표시하는 방법으로 대사 소환도 있다. 이것은 비교적 낮은 수준의 불만 표시로서, 상대국에 주재하고 있는 자국 대사를 일정 기간 본국으로 불러들이는 것인데 이 경우의 외교 규범은 모든 사람들이 그것이 불만의 표시라는 것을 뻔히 알고 있음에도 불구하고 본국과의 "협의차"라는 식으로 표현한다. 또 다른 부드러운 불만 표시 방법으로서 공식적 유감표명이라는 것이 있다. 통상 이것은 자국 수도에서 상대국 대사에게 전달하는 방식으로 이루어진다.

테러리스트들은 외교 관련법을 쉽게 위반한다. 각국이 외교관의 안전에 지대한 관심을 기울이고 있기 때문에, 외교관들은 테러리스트의 좋은 표적이 된다. 또한 테러리스트는 외교관의 지위를 누릴 수 없기 때문에 외교에 관한 법과 규범을 거리낌 없이 어기려 든다. 외교관과 대사관에 대한 공격은 곧 본국 자체에 대한 공격이지만 본국에서 멀리 떨어진 곳에서 이루어지는 공격이다. 지난 수십 년 동안 많은 외교관들이 피살되었다. 1998년에 알카에다 테러리스트들이 케냐와 탄자니아 주재 미국 대사관을 폭파하여 200명 이상을 살해하였다. 2004년 말에는 테러리스트들이 사우디아라비아 주재 미국 영사관을 기습하여 경비원 몇 명을 살해하였고, 2012년에는 리비아 주재 미국 영사관을 불태워 대사를 살해하였다.

(2) 정당한 전쟁 원칙

전쟁과 관련된 국제법은 외교에 관한 법 다음으로 발전된 분야이다. 전쟁 관련법은 두 분야로 나눌 수 있는데, 하나는 전쟁에 관한 법(어떤 전쟁을 허용해야 하는가에 관한 법)이고 다른 하나는 전쟁에서의 법이다(전쟁을 어떻게 수행해야 하는가에 관한 법).

전쟁에 관한 법부터 보면, 국제법은 **정당한 전쟁**(합법적인 전쟁)과 불법적인 침략전쟁을 구별한다. (전쟁에서의 법은 바로 다음 주제인 인권 문제를 다룰 때 논의할 것이다.) 정당한 전쟁에 관한 국제법은 수 세기 전에 나온 종교 저술들에서 기원을 찾을 수 있다(어떤 개인들에게 교회가 파문하겠다고 협박을 가하는 것이 이 규범을 집행하는 수단으로 사용되기도 하였다). 오늘날 전쟁의 합법성 여부는 침략을 불법화하는 UN헌장에 명시되어 있다. 정당한 전쟁 원칙은 법적 지위에 관계없이 강한 힘을 가진 국제규범의 하나로 자리 잡고 있다. 모든 국가가 이에 따르지는 않지만, 이 원칙은 유럽에서 발전해 온 전쟁과 평화 문제에 관한 근대 이후의 지적 전통의 중요한 일부이다.[19]

정당한 전쟁 원칙의 핵심 내용인 **침략**이라는 개념은 국가의 주권과 영토보전

---

19 Walzer, Michael. *Arguing about War.* Yale, 2004. Walzer, Michael. *Just and Unjust Wars: A Moral Argument with Historical Illustrations.* 4th ed. Basic, 2006. Hensel, Howard M. *The Legitimate Use of Military Force: The Just War Tradition and the Customary Law of Armed Conflict.* Ashgate, 2008.

에 대한 침해를 의미한다. 이때 침략이란 한 국가가 상대방의 침략 행동에 대한 대응으로서 무력을 사용하는 것이 아니라 적극적으로 다른 국가의 영토와 주권을 대상으로 무력을 사용하거나 사용하겠다고 위협하는 행동이다. 탱크부대를 국경 너머로 진격시키면 당연히 침략이지만, 침략 위협을 가하면서 국경 지방에 탱크부대를 집결시키는 것도 침략에 해당된다. 이 양자는 구분하기 어렵다. 침략의 요건을 구성하는 위협(그래서 상대국의 대응 무력사용을 정당화 해주는 위협)은 단순히 적대적인 정책이라거나 포괄적인 경쟁 정책 수준이 아닌 명백한 무력사용 위협이어야 한다.

국가는 신뢰할만한 유일한 수단 즉 군사력으로 적국의 침략에 대응할 수 있는 권리를 가진다. 따라서 정당한 전쟁 원칙은 비폭력에 기초하지 않는다. 대응이란 침략 격퇴만이 아니라 공격자 응징도 포함한다. 또 대응의 주체는 침략을 당하는 국가만이 아니라 침략으로부터 직접 피해를 당하지 않는 다른 국가가 될 수도 있다. 이런 대응은 국제사회에서 불가침 규범을 지키기 위한 하나의 방법으로 인정된다. UN 회원국들이 이라크의 쿠웨이트 침략에 대하여 집단적으로 행동한 것이 전형적인 예다.

침략에 대응하기 위한 군사력 사용은 정당한 전쟁 원칙이 허용하는 유일한 경우이다. 따라서 정당한 전쟁 원칙은 상대국의 정부나 정책을 바꾸기 위한 전쟁, 종족분쟁이나 종교분쟁을 해결하기 위한 전쟁 등 다른 일체의 전쟁을 인정하지 않는다. 실제로 UN헌장에는 "전쟁"에 관한 규정이 전혀 없고 침략에 대응하는 "국제경찰 활동"에 관한 규정만 있을 뿐이다. 이것은 국내 사회에서 경찰력에 의해 법과 질서가 유지되는 것과 같은 논리이다. 상대국의 침략 행위만이 전쟁을 정당화하기 때문에, 만일 모든 국가들이 침략을 부인하는 국제법을 준수한다면 국가 간의 전쟁이란 결코 일어나지 않는다.

도덕적으로 정당한 전쟁이 되기 위해서는 단순히 침략에 대응하는 것 이상의 무엇이어야 한다. 즉 침략에 대응하는 목적이 정당해야 한다. 그 의도가 정당해야 한다. 상대국의 침략을 빌미 삼아서 본질적으로 침략에 해당하는 전쟁을 벌여서는 안 된다. 1991년에 쿠웨이트에서 이라크군을 몰아내기 위하여 미국이 주도한 전쟁은 확실히 침략에 대한 대응임에 틀림없지만, 중동의 값싼 석유를 얻고자 하는 미국의 불순한 의도가 내포된 전쟁이라는 비판도 있었다. 만일 그렇다면 이것은 전쟁을 일으킬만한 정당한 이유가 되지 못한다.

정당한 전쟁 원칙은 전쟁의 성격 변화로 인하여 전쟁범죄에 관한 법과 마찬가지로, 아니 그 이상으로 손상되어 왔다.[20] 내전이나 저강도 분쟁의 경우 교전 당사자들은 엉성하게 조직된 민병대에서부터 정규 정부군에 이르기까지 다양하며, 전장 또한 뚜렷한 전선 없이(국경선이 없는 것은 물론이고) 여기저기 흩어져 있는 지역이나 지점에서 형성된다. 이런 상황에서는 침략자를 확인하기 어려우며 평화와 정의 중에서 어느 것이 더 낫다고 판단하기도 어렵다.

5. 인권

국제법의 여러 분야 가운데서 가장 새로운 분야가 **인권**, 즉 자국 정부의 권력 남용에 대항하는 인간의 권리에 관한 분야이다.[21]

(1) 개인의 권리와 주권

인권이라는 개념 자체가 국가주권과 영토보전이라는 현실 앞에서 제자리를 못 찾고 있다. 주권이 국가에게 그 영토 안에서는 무엇이든지 하고 싶은 대로 해도 된다는 권리를 준다. 어느 누구도 국가에게 그 국민을 어떻게 대접해야 하는지를 말해줄 수 없다.

---

20 Johnson, James Turner. *Can Modern War Be Just?* Yale, 1984.

21 Donnelly, Jack. *Universal Human Rights in Theory and Practice.* 2nd ed. Cornell, 2003. Donnelly, Jack. *International Human Rights.* 3rd ed. Westview, 2006. DeLaet, Debra L. *The Global Struggle for Human Rights: Universal Principles in World Politics* . Wadsworth, 2005. Thomas, Daniel. *The Helsinki Effect: International Norms, Human Rights, and the Demise of Communism.* Princeton, 2001. Risse, Thomas, Stephen C. Ropp, and Kathryn Sikkink, eds. *The Power of Human Rights: International Norms and Domestic Change.* Cambridge, 1999. Cohen, Cynthia Price, ed. *Human Rights of Indigenous Peoples.* Transnational, 1998. Cronin, Bruce. *Institutions for the Common Good: International Protection Regimes in International Society.* Cambridge, 2003.

가장 중요한 인권의 정의에 대한 합의에 도달하기도 어렵다.[22] 어떤 사람들은 인권이 **보편적**이라 주장한다. 거주지, 종족이나 민족, 종교적 전통 등과 관계없이 반드시 존중해야 할 권리를 모든 사람들이 갖고 있다는 입장이다. 또 다른 사람들은 **상대주의** 입장을 취한다. 이 입장은 지역에 따라 다른 전통과 역사를 존중해야 한다는 것이다. 그렇게 하는 것이 그 지역적 맥락 밖에 있는 사람들이 중시하는 인권을 침해하더라도 그래야 한다는 입장이다. 서방의 기준에서 인권 기록이 좋지 않은 국가들(중국과 러시아를 포함해서)은 서방국가들의 인권신장 노력을 "국내문제에 대한 간섭"이라고 비판한다. 이런 비판은 인권 관련 국제법의 존립 기반을 흔드는 상대주의 입장을 극명하게 반영하고 있다.

인권 개념의 연원은 적어도 다음 세 가지에서 찾을 수 있다.[23] 첫째는 종교이다. 세계의 거의 모든 주요 종교에서 인간은 더 높은 존재의 모습을 본떠 창조되었으며 따라서 모든 인간은 더 높은 존재와 마찬가지로 존엄한 존재이고 존중 받아야 할 존재라는 사상에 기반을 두고 있다. 토마스 제퍼슨이 기초한 미국 독립선언서에서는 모든 사람이 "창조주로부터 양도할 수 없는 권리를 부여 받았다"라고 규정하는데, 그 사상을 이보다 더 명확하게 적시한 것은 없다.

둘째, 정치철학과 법철학에서 수세기 동안 자연법과 자연권이라는 주제가 논의되어 왔다. 아리스토텔레스부터 존 로크, 임마누엘 칸트, 장 자크 루소 등에 이르는 정치철학자들은 모든 사람에게 삶, 자유, 재산, 그리고 행복을 추구할 권리를 부여하는 자연법이 존재한다는 사상을 발전시켜 왔다.[24]

셋째, 미국혁명과 프랑스혁명 같은 18세기의 정치적 혁명이 자연법 및 자연권 이론을 실제의 것으로 번역해 주었다. 미국의 "독립선언서"와 프랑스의 "인간과 시민의 권리선언"은 인간이 국가나 다른 개인이 빼앗을 수 없는 어떤 권리를 가지고 있다는 사상을 구체화한 법을 만들어냈다.

물론 이와 같은 인권사상에 대한 이론적, 실제적 비판도 있다. 이론 차원에서,

---

22 An-Na'im, Abdullahi Ahmed, ed. *Human Rights in Cross-Cultural Perspectives: A Quest for Consensus.* Pennsylvania, 1991.

23 Lauren, Paul Gordon. *The Evolution of International Human Rights: Visions Seen.* Pennsylvania, 2003.

24 Hayden, Patrick, ed. *The Philosophy of Human Rights.* Paragon, 2001.

상대주의자들은 인권사상의 기원과 발전이 서방에서 비롯되었다는 점을 지적한다 (앞서 든 세 가지 연원 중 적어도 둘은 그렇다). 비 서방 사회는 다른 철학적 전통이 있어서 이를테면 개인보다 가족이나 집단을 더 중시할 수 있다. 실제 차원에서, 많은 비판자들(특히 비 서방의)은 혁명 이후에도 유럽과 미국에서 인권이 여전히 보편적이지 않았다는 점을 지적한다. 즉 여성, 어린이, 유색인종은 토지를 소유한 백인 남성과 동일한 권리를 누릴 자격이 없다고 간주되었기 때문에 보편적 권리라는 개념 자체가 잘못이라고 주장한다.

부분적으로 이 같은 논쟁 때문에, 전 세계적으로 합의된 핵심적 인권에 대한 정의는 아직 없다. 흔히 인권은 광범한 두 유형으로 분류된다. 하나는 시민적·정치적 권리이고 다른 하나는 경제적·사회적 권리이다. 시민적·정치적 권리는 "소극적 권리"라 불리기도 하는 것인데, 언론의 자유, 종교의 자유, 법에 의한 평등한 보호, 자의적으로 구금되지 않을 자유 등과 같은 서방의 전통적 권리이다. 일반적으로 이 권리는 시민에 대한 정부의 권력을 제한함으로써 가장 잘 보장될 수 있다고 여겨진다. 경제적·사회적 권리는 "적극적 권리"라 불리기도 하는데, 좋은 생활조건, 음식, 보건, 사회적 안전, 교육 등을 누릴 권리이다.[25] 이 같은 권리는 시민들에게 최소한도 이상의 생활수준을 제공하는 정부 기능을 확대함으로써 가장 잘 보장될 수 있다고 여겨진다.

모든 유형의 인권을 완벽하게 존중하는 국가는 어디에도 없으며, 무엇을 존중하고 침해하는지는 국가에 따라 다르다. 미국은 중국이 언론의 자유를 금하고 재소자 노동을 이용하고 정치적 반대자를 고문한다고 비판한다(이것들은 시민적·정치적 권리 침해이다). 반면에 중국은 미국이 4,000만의 빈민, 세계에서 가장 높은 재소자 비율, 인종주의와 폭력의 역사를 가지고 있다고 비판한다(이것들은 경제적·사회적 권리 침해이다).[26] 냉전시기에 미국과 동맹국들은 소련과 중국이 시민적·정치적 권리를 침해한다고 줄기차게 비판하였지만, 경제적·사회적 권리 신장을 위한 조약 서명은 거부하였다. 마찬가지로 공산 국가들은 경제적·사회적 권리 신장을 권장하였지만, 시

---

25 Forsythe, David. *Human Rights in International Relations.* Cambridge, 2000.

26 People's Republic of China, State Council. America's "Abominable" Human Rights Conditions. *The Washington Post,* February 16, 1997: C3.

민적·정치적 권리 신장 요구는 묵살하였다. 전체적으로 볼 때 세계 각국의 인권 기록이 이처럼 들쭉날쭉하지만 진보가 이루어진 부분도 있다. 예컨대 노예제도는 전 세계에서 정상적인 것으로 간주되었지만 지난 150년 동안에 거의 완전히 폐지되었다.

역사적으로 볼 때 제2차 세계대전 말에 인권 문제에서 중대한 세계적 변화가 일어났다. 유태인 집단을 절멸하고자 했던 나치독일과 중국인들을 학대한 일본의 만행에 경악한 많은 학자와 활동가들이 국가주권에 제한을 두어야 한다는 주장을 펴기 시작하였다. 국민을 대량학살하려는 국가라면 주권이나 내정 불간섭을 내세울 수 없다. 제2차 세계대전과 UN 창설의 여파가 남아있던 시기에 인권을 성문화하고 집행하기 위한 매우 중요한 국제적 노력이 시작되었다. 다음에서는 그러한 취지의 협정과 제도에 대하여 살펴볼 것이다.

(2) 인권 관련 제도

1948년에 UN총회는 인권에 관한 국제 문건으로 가장 중요하다고 평가받는 **세계인권선언(UDHR)**을 채택하였다.[27] 이 선언은 국제법의 효력은 갖지 못하지만 각국 정부가 자국민과 외국인을 어떻게 대우해야 하는가를 규정하는 국제규범으로 만들어졌다. 이 선언의 뿌리는 인권침해가 (분노를 야기하고 반란을 유발하는 등) 국제질서를 교란한다는 원칙, 그리고 UN헌장이 각국에게 인간의 기본 자유를 존중할 것을 요구한다는 데 있다. 이 선언은 인종, 성, 언어, 종교, 정치적 소속, 그리고 출생지의 영토적 지위 등에 관계없이 "모든 인간은 자유롭고 평등하게 태어났다"라고 한다. 또한 고문 금지부터 종교 및 정치적 자유, 경제적 복지권 등에 이르기까지 다양한 분야의 규범도 제시하고 있다.

세계인권선언 채택 이후 UN은 인권보호를 더욱 구체화하기 위한 7개 조약안을 만들어 각국의 서명을 촉구하였다(《표 7.3》 참조). 세계인권선언과 달리 조약은

---

27 Morsink, Johannes. *The Universal Declaration of Human Rights: Origins, Drafting, and Intent.* Pennsylvania, 1999.

서명한 국가들을 법적으로 구속한다. 물론 국제법은 그것을 집행하는 장치가 제대로 되어 있을 때만 효력이 있는 법이다. 그러나 이 7개 조약은 국제사회가 기대하는 개인 보호의 기본 윤곽을 제시하고 있다는 점에서 중요하다.

이 중 가장 중요한 조약이 "시민적 및 정치적 권리에 관한 국제규약"(International Covenant on Civil and Political Rights, CCPR)과 "경제적 사회적 및 문화적 권리에 관한 국제규약"(International Covenant on Economic, Social, and Cultural Rights, CESCR)이다. 1976년에 발효된 이 두 조약은 세계인권선언이 약속한 것을 성문화해서, 세계인권선언이 제시한 권리 목록을 시민적·정치적 권리와 경제적·사회적 권리로 나누고 있다. 세계인권선언과 이 두 조약을 합쳐서 국제인권장전(International Bill of Human Rights)이라 부르기도 한다.[28]

나머지 조약들은 국제사회가 취약하다고 여기는 특정 분야에 관한 것들이다. 1969년에 발효된 인종차별철폐에 관한 국제협약(CERD)은 인종, 종족, 종교, 출신국가 등에 따른 인간 차별을 금한다. 이 협약은 성차별에 관한 내용을 포함하고 있지 않다. 그러나 별도로 여성차별철폐협약(CEDAW)이 있어 공백을 메워준다. 이 협약은 1981년에 발효되었다.

1987년에 발효된 고문금지협약(CAT)은 평시는 물론 전시에도 비인간화, 모욕, 기타 개인에 대한 비인간적 처우를 금한다.[29] 1990년에 발효된 아동권리에 관한 협약(CRC)은 아동의 건강과 물질적 복리 증진을 위한 것이다(소말리아와 미국을 제외한 모든 국가가 서명). 끝으로 2003년에 발효된 국제이주노동자권리협약(CMW)이 가장 나중에 나온 UN의 인권 관련 조약이다. 이 협약은 전 세계 1억 명에 달하는 이주 노동자들의 정치적 권리, 노동권, 사회적 권리 보호가 목적이다.

---

28 Simmons, Beth. *Mobilizing for Human Rights: International Law in Domestic Politics.* Cambridge, 2009. Oberleitner, Gerd. *Global Human Rights Institutions.* Polity, 2007.

29 Nowak, Manfred, and Elizabeth McArthur. *The United Nations Convention against Torture.* Oxford, 2008.

〈표 7.3〉 UN의 7개 핵심 인권 관련 조약, 2013

조약	발효일	가입국 수	주요 비가입국
인종차별철폐협약(CERD)	1969. 1. 4	175	부탄, 버마, 말레이시아, 북한
경제적 사회적 및 문화적 권리에 관한 규약(CESCR)	1976. 1. 3	160	쿠바, 사우디아라비아, 남아프리카, 미국
시민적 및 정치적 권리에 관한 규약(CCPR)	1976. 3. 23	167	버마, 중국, 쿠바, 사우디아라비아
여성차별철폐협약(CEDAW)	1981. 9. 3	187	이란, 소말리아, 수단, 미국
고문금지협약(CAT)	1987. 6. 26	153	버마, 인도, 이란, 수단
아동권리협약(CRC)	1990. 9. 2	193	소말리아, 미국
이주노동자권리협약(CMW)	2003. 7. 1	46	프랑스, 영국, 중국, 러시아, 미국

출처: UN.

이 조약 못지않게 중요한 것이 몇몇 조약에 붙은 선택적 의정서이다. 이 의정서는 조약 본문에 포함되지 않은 추가 보호 규정을 담고 있어서 조약의 부록과 같다고 할 수 있다. 그런데 조약 본문에 비해 더 논쟁적인 내용도 담고 있기 때문에 선택적 의정서에 서명한 국가 수는 더 적다. 더욱이 일부 의정서는 개인이 정부 허가 없이 바로 UN 감시기구에 갈 수 있는 권리까지 규정하는 등 더 강력한 집행 장치를 담고 있다. 본 조약에 서명하지 않은 국가도 의정서에 서명할 수 있는데, 미국은 아동권리협약에 서명하지 않았지만 그 부속 의정서 두 개에 서명하였다.

UN 관련 인권조약 외에, 몇몇 지역적 국제기구도 인권신장을 위해 노력해 왔다. 특히 유럽에서 그런 노력이 가장 활발하다. EU, 유럽의회, 유럽인권법원이 모든 유럽 국가들의 인권존중을 위해 노력하고 있다(10장 참조). 라틴아메리카에서도 미주인권법원이 인권신장에 성공한 사례가 몇 개 있다. 그러나 이 법원의 결정은 국가들에게 구속력이 없다는 한계를 가지고 있다. 마지막으로 아프리카연합이 아프리카인권위원회라는 기구를 지원하고 있지만, 이 위원회는 자금과 정치적 지지 부족으로 어려움을 겪어 왔다.

지난 10년간 선진국들은 개발도상국의 인권 조건 개선을 위하여 다른 국제기구를 활용하기 시작하였다. 자유무역협정(8장 참조)에 무역 이익을 인권, 특히 노동자 권리를 위해 사용해야 한다는 조항이 포함되기도 한다.[30] 자유무역협정은 개발

---

30 Hafner−Burton, Emilie. *Forced to Be Good: Why Trade Agreements Boost Human Rights.* Cornell, 2009.

도상국에 이익이 되는 부분이 많기 때문에 개발도상국이 국민의 인권을 침해할 때 이를 처벌할 수 있는 장치로 사용될 수 있다. 그러나 개발도상국에게 돌아가는 경제적 이익을 줄이는 것은 개발도상국의 경제발전을 저해하여 인권 상황을 더 악화시킬 수 있다는 반론도 있다.

오늘날 권위주의 국가들에서 정치적 기본권 — 정치적 혹은 종교적 신념을 표현하는 사람들에 대한 고문, 처형, 구금의 중단과 같은 — 을 확보하는 데 핵심적 역할을 하는 것이 NGO이다.[31] 이러한 노력을 주도하고 있는 기구가 바로 **국제사면위원회**(Amnesty International)이다. 이 기구는 전 세계적으로 인권 상황을 감시하고 심각한 인권침해를 시정하기 위하여 활동하는 비정부기구이다.[32] 이 기구의 공정성은 널리 인정되고 있으며, 미국을 포함한 많은 국가들의 인권침해 현실을 비판해 왔다. 이밖에도 인권감시자(Human Rights Watch) 같은 기구들이 유사한 방식으로 활동하고 있지만, 한 국가나 지역을 대상으로 하는 경우가 많다. 흔히 NGO는 UN이나 지역 기구들에게 정보와 지지를 제공한다. 기본적으로 NGO는 세계 혹은 지역 기구와 "현장 인권 활동가"를 연결하는 교량 역할을 한다.[33]

인권에 관한 규범의 집행은 이 문제가 내정간섭 문제와 결부되기 때문에 대단히 어렵다.[34] 인권을 침해하는 정부에 대하여 무역 중단 또는 관계 단절 등의 조치를 취하는 것은 인권침해를 당하고 있는 국민들까지 처벌하는 것이기도 하다(그 사람들을 더욱 고립시키기 때문에).

---

31 Keck, Margaret, and Kathryn Sikkink. *Activists Beyond Borders: Advocacy Networks in International Politics.* Cornell, 1998. Risse, Ropp, and Sikkink, *The Power of Human Rights* (각주 21 참조).

32 Hopgood, Stephen. *Keepers of the Flame: Understanding Amnesty International.* Cornell, 2006.

33 Amnesty International. *Amnesty International Report.* London, annual. Clark, Ann Marie. *Diplomacy of Conscience: Amnesty International and Changing Human Rights Norms.* Princeton, 2000.

34 Poe, Steven, C. Neal Tate, and Linda Camp Keith. Repression of the Human Right to Personal Integrity Revisited: A Global Cross-National Study. *International Studies Quarterly* 43(2), 1999: 291–313. Hafner-Burton, Emilie M., and Kiyoteru Tsutsui. Human Rights in a Globalizing World: The Paradox of Empty Promises. *American Journal of Sociology* 110, 2005: 1373–1411.

지금까지 발견한 가장 효과적인 방법은 **폭로**와 **압력**의 병행이다. 폭로는 국제 사면위원회가 그렇게 하듯이 인권침해에 관한 정보를 파헤치는 것이다. 인권운동가들은 어떤 학자들이 작명한 "이름 부르고 창피주기"(naming and shaming)와 같은 과정을 통하여 해당 정권을 당혹하게 만들어 행동을 바꿀 수 있다고 기대한다.[35] 또한 폭로는 인권침해국으로 여행가거나 사업차 방문하는 사람들에게 현지 상황에 대한 경각심을 갖게 하는 데 도움이 된다. 인권운동가들은 이런 부정적 인식 때문에 사람들이 문제의 국가와 거래를 중단하게 되면 그것이 그 국가에 대한 추가적인 경제적 압력이 될 수 있다고 생각한다.

개인이나 기업의 경우도 그렇지만, 외국 정부가 가하는 압력은 몇 가지 비폭력적인 방식으로 인권침해국을 처벌하겠다는 위협으로 이루어진다. 그러나 대다수 국가들이 다른 국가와 정상적인 관계를 유지하기를 원하기 때문에 그런 식의 간섭 같은 처벌이 이루어지는 경우는 드물며 성과를 거두기도 어렵다.

그리고 문제의 정부나 군벌의 무력 저항을 분쇄하고 전쟁이나 재해로 고통받는 민간인 희생자들을 돕기 위하여 군사력을 사용하는 인도적 개입도 역시 드문 일이다. 그러나 국제규범은 주권보다 위험에 처한 민간인 보호를 더 중시하는 방향으로 조금씩 바뀌어 왔다. 2005년에 세계 주요 국가의 정상들이 모여 **보호의무**(responsibility to protect, R2P)라는 개념에 힘을 실어주었다. 이것은 세계 모든 국가가 특정 국가에 의해 자행되거나 용인되는 집단학살이나 인류에 대한 범죄로부터 민간인을 구출하기 위하여 행동해야 할 의무를 진다는 뜻이다.[36] 1990년대의 중요한 인도적 개입 사례로, 이라크의 쿠르드 거주지, 소말리아, 코소보(세르비아)에 개입한 사례가 있다. UN 승인 하에 NATO가 2011년에 리비아에서 벌인 작전도 R2P 개념에 따른 것이었다. 그러나 시리아 사람들은 2011-2013년 사이에 정부에 의해 수만 명이 살육 당하였지만 보호받지 못했다.

---

35 Keck and Sikkink, *Activists Beyond Borders: Advocacy Networks in International Politics* (각주31 참조).

36 Evans, Gareth. *The Responsibility to Protect: Ending Mass Atrocity Crimes Once and for All.* Brookings, 2008. Weiss, Thomas G. *Military–Civilian Interactions: Humanitarian Crises and the Responsibility to Protect.* 2nd ed. Rowman & Littlefi eld, 2005. Welsh, Jennifer M., ed. *Humanitarian Intervention and International Relations.* Oxford, 2004.

미국 국무부는 1970년대 말 이후 인권을 중요한 목표로 추구해 왔다. 세계 각국의 인권상황을 평가하는 미국 정부의 연례보고서도 나오고 있다. 어떤 국가에서 인권 침해가 특별히 심해지거나 더 악화되면, 그 국가에 대한 미국의 원조를 중단하였다. (그러나 CIA가 인권 침해자에게 자금을 지원한 사례도 있다.)[37]

현재 인권문제는 미―중관계의 두 가지 갈등 요인 가운데 하나이다(다른 하나는 대만문제). 정치적 반대자 구속, 재소자 노동력 이용, 권력남용 경향이 있는 형법체계 등과 같은 중국의 관행이 비판 대상이다. 국제사면위원회에 따르면, 중국은 나머지 세계 전체보다 더 많은 사람(연간 수천 명)을 사형하는데, 그것도 며칠 안에, 비교적 경미한 죄를 저지른 사람까지 사형한다고 알려졌다.[38]

(3) 전쟁범죄

대규모 인권침해는 전쟁 중에 자주 이루어진다. 전시의 심각한 인권침해는 **전쟁범죄**로 간주된다.[39] 전시에 국제법을 집행하기는 지극히 어렵지만, 그래도 국제 조약과 함께 합법적인 전시 행동에 관한 광범한 규범들이 있다. 전쟁이 끝나면, 제2차 세계대전 이후 독일인들이 뉘른베르크 재판에서 그랬듯이, 패전국 사람들이 전쟁 관련법 위반으로 처벌 받을 수 있다. 나치가 민간인들을 살해한 것은 독일 국내법을 위반한 것이 아니기 때문에 뉘른베르크 재판소는 **인류에 대한 범죄**(crimes against humanity)라는 새로운 죄목으로 그들을 처벌하였다. 인류에 대한 범죄란 부당한 목적을 가진, 다수의 민간인에 대한 비인간적 행동과 처형을 말한다.

---

37 Liang-Fenton, Debra, ed. *Implementing U.S. Human Rights Policy: Agendas, Policies, and Practices.* U.S. Institute of Peace Press, 2004.

38 Amnesty International. *Executed "According to Law"? The Death Penalty in China.* March 17, 2004.

39 Falk, Richard, Irene Gendzier, and Robert Jay Lifton, eds. *Crimes of War: Iraq.* Nation, 2006. Howard, Michael, George J. Andreopoulos, and Mark R. Shulman, eds. *The Laws of War: Constraints on Warfare in the Western World.* Yale, 1994. Best, Geoffrey. *War and Law Since 1945.* Oxford, 1994. Hartle, Anthony E. *Moral Issues in Military Decision Making.* Kansas, 2004.

1990년대 들어서 제2차 세계대전 이후 처음으로 UN안보리가 구 유고슬라비아 지역에서의 전쟁범죄를 처벌하기 위한 국제 전범재판소 설립을 승인하였다. 그 후 르완다와 시에라리온의 집단학살 문제를 다루기 위한 비슷한 전범재판소가 설립되기도 하였다.[40] 네덜란드 헤이그에 본부가 있는 구 유고슬라비아 전범재판소는 보스니아 내 세르비아계 지도자들과 세르비아 및 크로아티아 관리들을 기소하였으며, 1999년에 세르비아 독재자 밀로셰비치도 기소하였다. 그러나 예산이 부족하고 세르비아와 크로아티아에서 피신 생활을 즐기는 피의자들을 물리적으로 체포

---

40 Moghalu, Kingsley. *Global Justice: The Politics of War Crimes Trials.* Stanford, 2008. Bass, Gary Jonathan. *Stay the Hand of Vengeance: The Politics of War Crimes Tribunals.* Princeton, 2000.

집합재 찾기

보호의무
집합재: 민간인에 대한 잔혹행위 중단

배경: 주권에 기반을 두고 만들어진 국제체계는 역사적으로 심각한 인권침해를 외국이 간섭할 수 없는 국내문제로 취급해 왔다. 그러나 세월이 흐름에 따라 특히 심각한 잔혹행위는 전 인류가 관심을 가져야 할 문제라는 규범이 자리 잡게 되었다. 예를 들어 제2차 세계대전 기간에 나치가 저지른 대학살에 놀란 세계 각국이 1948년에 집단학살 협약에 서명하였다. 현재 140개국이 가입한 이 협약은 전시와 평시 집단학살에 대하여 "예방 및 처벌" 할 수 있다. 많은 국제법학자들은 이 조약에 의거해 각국이 집단학살이 확인될 때 이를 막기 위하여 개입해야 할 의무가 있다고 본다.

그 이후 여러 해가 지나면서 특정 국가가 국민의 인권을 침해할 때 이를 막기 위하여 국제사회가 나서야 한다는 개념은 더욱 힘을 얻어 다양한 조약과 관행이 만들어졌다. 국제형사재판소(ICC)와 몇몇 국제 전범재판소가 전쟁범죄, 인류에 대한 범죄, 집단학살 등으로 기소된 개인들을 재판하였다. 최근에 인권운동가들은 "보호의무"(R2P)라고 하는 더 확장된 개념을 주창하였다. 즉 국제사회는 먼저 예방과 외교를 시도해야 하고, 집단학살 방지를 위해 꼭 필요한 때에는 마지막 수단으로 군사적으로 개입할 의무를 진다고 한다.

인간의 품위를 떨어뜨리고 평화로운 정치라는 규범을 저해하는 잔혹행위가 없는 세계가 더 바람직하다는 데 반대하는 사람은 없다. 그러나 이 이상(理想)은 누가 얼마나 많은 돈과 인력을 바치는지와 무관하게 모두에게 혜택이 돌

할 능력이 없었기 때문에 어려움을 겪었다. 밀로셰비치가 실권한 후인 2001년에 세르비아 신정부가 그를 재판소에 인도하였다. 그는 수감된 상태에서 2006년에 사망하였다. 2008년과 2011년에 보스니아 내 세르비아계 지도자와 군 지휘관들이 10년 이상 도피생활을 하다가 체포되었다. 이들은 대량학살, 민간인 포격, 예배당을 포함한 시설물 파괴 등의 혐의로 현재 재판을 받고 있다. 2011년 현재 보스니아 전쟁범죄자는 거의 남아 있지 않으며, 2012년 말에 르완다 관련 재판소 역시 71개 사건 전체를 종결하였다.

내전을 치른 시에라리온 정부는 UN과 공동으로 전범재판소를 운영하고 있다. 2003년에 이 재판소가 인접 라이베리아 현직 대통령인 테일러(Charles Taylor)를 극히 잔혹했던 전쟁 관련 혐의로 기소하였다. 그 직후 테일러는 나이지리아로 도주

아가는 집합재이다.

도전: 집단학살협약, 여러 인권조약, 재판소, R2P 개념 등에도 불구하고 집단 잔혹행위는 계속 일어난다. 1994년에 르완다에서 극단적 민족주의자들이 권력을 잡아 소수 종족집단과 정치적 반대자 50만 명 이상을 학살하였다. 2004년에 수단은 반정부군이 활동하는 다르푸르 지방에 민병대를 보내 다수의 주민을 학살하고 축출하였다. 이러한 사례들을 보면 어느 국가도 잔혹행위 방지를 위해 효과적으로 개입하지 않았다. 그러나 2011년에는 리비아 독재자에 의한 학살이 임박했을 때 외부 세력이 이를 막았다.

해결책: 인권단체들은 국제사회의 행동을 자극하기 위해 정체성 원칙에 의지한다. 이들은 위기를 공개하고 또 민주국가들에게 인류의 이름으로 행동할 것을 촉구한다. 다

르푸르 사건의 경우, 대중의 지지와 자금을 충분히 확보한 단체들이 수단 정부의 행동을 중단시키기 위해 강력한 행동을 촉구하는 캠페인을 전개하였다. 그러나 이 캠페인은 서방국가들이 외국의 지저분한 분쟁에 개입하여 소중한 피와 자원을 바치려 하지 않았기 때문에 별 효과를 거두지 못했다. 상호주의 원칙 역시 별 효과가 없었다. 국제형사재판소가 수단 대통령을 전쟁범죄 혐의로 기소한 다음 체포하려 했을 때, 원래 각국 정부가 국제형사재판소를 지원해야 함에도 불구하고 지원하지 않아서 체포할 수가 없었다.

이제는 잔혹행위 방지를 위한 방법으로 우세 원칙에 따른 방법 밖에 없다. 강대국들은 국가이익에 부합할 때 행동한다. 그렇지 못할 때는 행동하지 않는다. 세계의 군사강국들이 집단학살을 막기 위해 행동하기로 결정하기 전에는 R2P에 입각한 집합재의 공급은 제대로 이루어지 못할 것이다.

하였지만 거기서 체포되어 2006년에 이 재판소로 인도되었고, 2012년에 유죄판결을 받았다.

구 유고슬라비아 및 르완다 관련 UN 재판소에 뒤이어, 1998년에 세계 대다수 국가들이 상설 **국제형사재판소**(International Criminal Court, ICC) 설립을 위한 조약에 서명하였다.[41] ICC는 세계 모든 지역의 집단학살, 전쟁범죄, 인류에 대한 범죄 사건을 다룬다. 2003년에 헤이그에서 문을 열었는데, 세계 각국(미국을 제외한) 출신 판사 18명으로 구성되었다. 2008년에 첫 재판으로, 15세 미만 아동을 징병하고 민간인을 학살한 혐의로 기소된 민주콩고의 민병대 지도자를 재판하였다. 그는 2012년에 유죄판결을 받았다.

그런데 미국은 이 ICC 조약을 비준하지 않았으며 별 성의를 보이지도 않았다. 뿐만 아니라 미국은 ICC 회원국 중에서 미군이 파견된 국가들에게 압력을 가하여 양자 간 협정인 상호면책협정(BIA)을 체결하고자 하였다. 그 국가들에 있는 미군이 ICC에 기소 당하지 않게 하려는 의도였다. 몇몇 ICC 회원국이 그 협정을 거부하자 2005년에 미국 의회는 그 국가들에 대한 원조를 삭감하기로 의결하였다. 미국 지도자들은 평화유지군이나 NATO 동맹국에서 복무중인 미군이 자체 군법회의가 아닌 ICC 관할에 들어가는 것을 꺼리고 있다.

수단 다르푸르에서의 전쟁범죄는 UN의 조사 결과 중대한 것이기는 하지만 "집단학살" 수준에는 조금 못 미치는데, 이 역시 2005년에 (평화유지군에서 복무중인 미국들에 대한 면소가 이루어지자) 미국이 반대를 철회함에 따라 ICC로 회부되었다.[42] 다르푸르 사건은 ICC에게 어려운 도전이다. 2009년에 ICC가 수단의 현직 대통령 알바시르(Omar al-Bashir)를 전쟁범죄 및 인류에 대한 범죄 혐의로 기소하고 체포영장을 발부하였다. 이에 수단 정부가 분노하여 다르푸르 지방에서 활동 중이던 인도주의 단체들을 추방하였다. 2010년에 알바시르가 처음으로 수단을 떠나 차드로 갔는데, 차드 정부는 ICC의 편향성(당시까지 ICC가 기소한 사람들은 모두 아프리카 사람들이었다)을 들어 체포를 거부하였다. ICC는 수단에 남아 있는 관리들의 책임을 묻는 일에

41 Schiff, Benjamin N. *Building the International Criminal Court*. Cambridge, 2008. Schabas, William A. *An Introduction to the International Criminal Court*. 2nd ed. Cambridge, 2004.

42 Prunier, Gerard. *Darfur: A 21st Century Genocide*. 3rd ed. Cornell, 2008.

형평성을 기해야 할 처지에 놓였으며, 다른 한편으로 다르푸르 지방의 폭력 종식을 위한 노력의 진전 상황에 신경 써야만 했다. 2011년에는 리비아 독재자와 기타 몇 명을 재빨리 기소했지만, 리비아 독재자는 법정에 서기 전에 살해되었다.

ICC가 여느 전범재판소와 다른(그리고 논란의 대상이 되는) 점은 **세계적 관할권**, 즉 어느 국가의 국민이라도 모두 기소할 수 있다는 점이다. 이 점에서 국가만이 소송당사자가 될 수 있는 세계법원과도 다르다. 즉 ICC는 인권침해에 가담한 개인을 기소할 수 있다. 사건이 ICC 재판에 회부되는 방식은 세 가지이다. 첫째, 국가가 그 국민을 ICC에 인도하는 데 동의하는 경우이다. 둘째, 범죄가 ICC 회원국에서 발생하였다면 해당 국가의 반대에도 불구하고 ICC 특별검사가 재판 절차를 시작할 수 있다. 셋째, UN안보리는 비회원국 국민도 법정에 세울 수 있다. 사람들은 ICC가 개별 전범 사건을 기소하는 데서 그칠 것이 아니라 기소 위협을 가함으로써 잠재적 전범자들의 행동을 억지하는 데 기여할 것을 기대한다.[43]

전쟁 관련법에서 가장 중요한 원칙은 전투행위는 전투원으로만 국한하고 민간인을 보호해야 한다는 점이다. 민간인을 표적으로 삼으면 불법이다. 그러나 민간인이 살해되리란 사실을 알면서 군대를 표적으로 삼는 것은 불법이 아니다. 이때에도 투입하는 군사력의 크기는 군사적 이득에 상응해야 하고 꼭 **필요한** 정도라야 한다.

전투원과 민간인의 구별을 쉽게 하려면, 병사들은 제복을 입고 어깨에 국기 표지를 부착하는 등 표지를 착용해야 한다. 게릴라전에서는 이런 규정이 흔히 무시된다. 그래서 게릴라전은 더 잔혹한 형태를 띠게 되고 민간인 희생자가 많이 발생한다. 작전 중인 병사는 상대측 전투원과 지나가는 민간인을 구별하지 못할 때 둘 다 죽이기 쉽다. 이와 대조적으로, 대규모 재래식 전쟁에서는 민간인과 전투원의 구별이 비교적 쉽다. 실제로 그 구별이 매번 성공한 것은 아니었지만.[44] 아프가니스탄에 나가 있는 미군 특수부대원들이 군복을 벗고 수염을 기른 채 현지의 우군 전사들과 친구가 되었을 때 인도적 지원 단체들이 이에 항의하였고 미 국방부

43 Cryer, Robert. *Prosecuting International Crimes: Selectivity and the International Criminal Law Regime* . Cambridge, 2005.

44 Sterba, James P., ed. *Terrorism and International Justice.* Oxford, 2003.

가 병사들에게 다시 군복을 착용할 것을 명령한 일이 있었다. 이라크전쟁에서는 반군이 거짓 항복을 한 다음 병원이나 학교에서 사복을 입은 채 민간인을 공격하는 일이 잦았다. 이런 일은 모두 전쟁 관련법 위반이다. 그리고 인권감시자라는 단체의 2007년판 보고서는 중앙아프리카공화국의 대통령 경호부대가 수십 건의 민간인 즉결처형을 자행했다고 고발하였다.

최근에는 특히 이라크에서 사설 군대를 사용하는 일이 전례 없이 늘어나 전쟁 관련법이 도전받고 있다.[45] 사설 군대는 한 국가의 군대가 아니기 때문에 전쟁에 관한 국제법이 이들에게도 반드시 적용되지는 않는다(제네바협약에 서명한 것은 국가이지 기업이 아니다). 미국 정부는 이라크에서 활동하는 사설 군대가 국제법 위반으로 기소되지 않도록 한다는 약속을 사설 군대에게 했다. 물론 국내법 위반은 해당되지 않지만, 당시 이라크에 공식 정부가 없었기 때문에 사설 군대가 이라크 국내법을 위반하더라도 그것을 단속할 주체가 없었다. (아부그라이브 수용소 인권침해 사건과 몇 번의 민간인 사살 사건 등) 몇 차례 큰 물의를 빚은 사건이 있고 나서 미국 의회와 UN, 그리고 이라크는 사설 군대에 법적 책임을 물었다. 2008년에 이라크와 미국이 현지 미군의 지위에 관한 협정을 체결하여 2009년부터 사설 군대의 면책특권을 말소하였다.

병사는 전쟁 관련법에 의거하여 항복할 권리가 있다. 이는 곧 전투원 지위를 포기하고 **전쟁포로**(POW)가 될 권리를 말한다. 포로는 무기를 버리고 전투 의사를 포기하는 대신 민간인처럼 공격대상이 되지 않을 권리를 얻는다. 이들을 죽이거나 부당하게 대우하거나 성명, 계급, 군번 이외의 것을 캐내기 위하여 강압해서도 안 된다. 포로에 관한 법은 상호주의에 따라 집행된다. 제2차 세계대전 말에 독일군이 프랑스 레지스탕스 부대 소속 포로 80명을 처형하자(독일은 레지스탕스 부대를 적법한 전투원으로 인정하지 않았기 때문에), 이에 대한 보복으로 레지스탕스 부대도 독일군 포로 80명을 처형한 일이 있었다.

전쟁 관련법은 **국제적십자사**에게 특별한 역할을 부여하고 있다. 이 기구는 전쟁 중에 잡힌 민간인이나 포로를 위한 실질적인 지원, 예컨대 의료, 식품, 가족과의

---

45 Avant, Deborah. *The Market for Force: The Consequences of Privatizing Security.* Cambridge, 2005.

서신 교환 등의 지원을 제공한다. 대개 포로교환도 국제적십자사를 통한 협상으로 이루어진다. 군대는 적십자사의 중립성을 존중해야 하며 실제로도 대부분 그렇게 하고 있다(게릴라전에서는 역시 문제가 되지만). 현재 진행 중인 테러와의 전쟁에서 미국은 구금 중인 "적 전투원"을 포로로 간주하지 않지만, 적십자사가 대다수 수감자(전부는 아니고)와 접촉하는 것은 허용하고 있다. 이보다 더 논란이 되는 것은 미국의 소위 "특별 인도" 정책이다. 이것은 해외에서 체포한 테러 용의자를 고문 허용 국가를 포함한 제3국으로 보내 심문 받게 한다는 정책이다.

전쟁 관련법은 국가뿐만 아니라 개인들에게도 전시의 도덕적 의무를 부과한다. 뉘른베르크 전범재판소는 전쟁범죄에 가담한 개인에게 책임을 물을 수 있다고 판결하였다. 기소된 독일 장교들은 "단지 명령에 따랐을 뿐"이라고 항변하였지만 받아들여지지 않았으며 사형 등의 처벌을 받았다.

그러나 뉘른베르크 재판에서 기소된 사람 모두가 유죄 판결을 받지는 않았다. 예를 들어 전쟁 관련법은 경우에 따라서 민간인에 대한 공격을 제한적으로 허용하는데, 군사 목적에 상응하는 정도의 공격이 불가피한 경우가 바로 그랬다. 제2차 세계대전 당시 독일군은 러시아 도시 레닌그라드(현 상트페테르부르크)를 2년간 포위함으로써 시민들을 굶주리게 한 바 있다. 도시를 쉽게 점령할 수 없을 때 이런 식의 포위는 국제법에서 허용된다.

맥락의 변화　전쟁 관련법은 전쟁의 성격이 바뀌면서 손상되어 왔다. 정규군이 일정한 전선에서 치르는 재래식 전쟁보다 게릴라나 암살대가 도시나 정글에서 치르는 비정규전과 "저강도" 전쟁이 더 많아지고 있다. 이런 전쟁에서는 군인과 민간인의 구별이 모호해지고 전쟁범죄도 더 보편화된다. 베트남전에서 미군이 직면했던 가장 큰 문제는 적이 도처에 존재하지만 어느 곳에도 존재하지 않는 상황이었다. 이러한 상황에 좌절감을 느낀 미군은 게릴라를 지원했다고 여겨지는 민간인 마을들을 공격하였다. 악명 높은 사건으로, 1968년에 미군이 밀라이 마을을 공격하여 수백 명의 비무장 민간인을 학살한 사건이 있었다. 당시 공격을 명령한 미군 지휘관은 군사법정에 서게 되었다(유죄 판결을 받았지만 그 형량은 가벼웠다). 오늘날 비정규전에서, 흔히 종족분쟁과 종교분쟁으로 더 치열해지는 전투에서, 전쟁 관련법을 지키기가 더 어려워졌다.[46]

전쟁 관련법을 손상시키는 또 다른 요인은 오늘날 국가들이 어떤 국가를 상대로 전쟁을 시작하겠다는 **선전포고**를 하고 그 명분을 뚜렷이 밝히고서 전쟁을 치르는 일이 드물다는 점이다. 역설이지만, 그런 식의 선전포고는 역사적으로 예외적이며 일상적인 행동은 아니었다. 이런 추세는 지금도 계속되고 있다. 선전포고를 하면 그것이 자국에게 유리한 점은 거의 없고 오히려 국제법상의 의무만 부각시키기 때문이다. 그리고 혁명군과 반혁명군이 내전을 벌일 때처럼, 많은 경우에 선전포고는 적절치 못하다고 할 수 있다. 선전포고는 특정 국가를 상대로 하지 국내 세력을 상대로 하지 않기 때문이다. 선전포고 없는 전쟁에서는 교전 당사자와 국외자의 구별이 어렵다(또한 국외자의 보호도 어렵다). 부시 행정부는 2001년의 테러공격을 전쟁행위라 규정하고 테러에 대한 대응을 테러와의 전쟁이라고 불렀지만, 의회는 공식적으로 전쟁을 선포하지 않았다(한국전과 베트남전과 마찬가지로).

(4) 진화하는 세계질서

오랜 세월을 거치면서 국제법으로 굳어진 규칙과 가치관은 가장 힘 있는 국가, 특히 패권국가의 영향을 많이 받았다.[47] 예를 들어 공해 자유 항해의 원칙은 이제 국제법에 공식적으로 정착되어 있다. 그러나 과거 한때 한 국가의 전함이 공해상에서 항해 중인 다른 국가의 상선을 공격하여 화물을 약탈하는 일이 서슴없이 자행되었다. 이런 행동이 자국에게는 이익이지만, 자국 상선도 똑같은 일을 당할 수 있음을 감수해야 했다. 그러한 행동은 장거리 무역 자체를 더욱 위험하고 예측하기 어렵고 이윤이 적은 사업으로 만든다. 무역 국가들의 입장에서 볼 때 이러한 관행을 없애야 더 이익이다. 그래서 시간이 지나면서 공해 자유 항해의 개념이 하나의 규범으로 자리 잡은 것이다. 이 규범은 1600년대 중반에 네덜란드 법학자 그

---

46 Wippman, David, and Matthew Evangelista, eds. *New Wars, New Laws? Applying the Laws of War in 21st Century Conflicts.* Transnational, 2005.

47 Ikenberry, G. John. *After Victory: Institutions, Strategic Restraint, and the Rebuilding of Order after Major Wars* . Princeton, 2001.

▌정책적 시각

국제형사재판소(ICC) 수석검사 벤소우다(Fatou Bensouda)의 입장

문제: 어떻게 국제법의 원칙과 국가이익 사이의 균형을 잡을까?

배경: 수단 서부의 다르푸르 주에서는 6년 동안 전투가 지속되어 왔다. 외부 관찰자들은 이 분쟁을 집단학살이라 규정한다. 주민 270만 명이 강제로 집을 떠나야 했으며 30만 명이 학살당했다고 추정된다. 교전 중인 반군 집단들 간에 폭력이 발생하기도 하지만, 수단 정부가 특정 민병대를 무장시켜 폭력을 조장하고 있다는 비판이 제기되어 왔다.

당신이 ICC의 수석검사라 가정하자. 수단은 ICC 회원국이 아니지만, UN안보리가 다르푸르 사건을 ICC에 회부했기 때문에 수단의 누구라도 기소해서 재판을 진행시킬 수 있다. 이미 ICC는 이 사건과 관련하여 두 건의 체포영장을 발부한 바 있다. 2009년에 당신 전임자는 수단 대통령 알바시르를 전쟁범죄와 인류에 대한 범죄 혐의로 기소하고 체포영장을 발부받았다. 내전 중에 있는 국가의 현직 대통령을 처벌하려는 것은 전례 없는 일이다.

국내 고려사항: 인권운동 단체들은 수단 대통령을 형사 기소하려는 결정에 박수를 보냈지만 많은 국가들이 이에 반대하였다. 수단과 외교 관계를 맺고 있는 중국과 러시아는 반대 의사를 표시하면서 ICC에 기소를 중단하라는 압력을 넣고 있다. 다르푸르에 평화유지군을 파견한 아프리카연합의 많은 국가들도 평화협상 과정이 붕괴될 것을 우려하여 기소에 반대해 왔다. 실제로, ICC가 알바시르 기소 계획을 발표하자 아프리카연합 평화유지군에 대한 공격을 포함하여 현지 폭력이 늘었으며, 수단 정부가 현지에서 활동 중인 인도주의 NGO들을 추방함으로써 현지 주민들을 더욱 위험에 빠지게 하였다. 아프리카연합은 다르푸르 관련 재판절차를 일체 중단할 것을 ICC에 요청하였으며, 아랍연맹은 알바시르 기소를 비난하였다.

미국과 유럽의 주요 국가들은 수단 정부 관리들을 법정에 세우려는 노력을 지지한다. 러시아와 중국이 안보리를 통하여 다르푸르 관련 ICC의 재판권을 취소하려고 해도 미국, 프랑스, 영국이 취소 안에 대해 거부권을 행사할 수 있다. ICC 지지자들은 다르푸르 건이 앞으로 ICC의 정통성 문제를 가름할 결정적으로 중요한 사건이라 주장해 왔다. 이 사건은 신생 기구의 권한에 관한 중요한 선례가 될 것이다.

시나리오: 중국 정부가 알바시르 기소를 중단해 달라고 요청한다고 가정해 보자. 중국은 그 대가로 수단에 압력을 가하여 다르푸르 지방에서의 폭력을 종식시키는 동시에 더 많은 평화유지군 배치를 허용하도록 지원하겠다고 약속한다. 그러나 중국은 수단에 대해 직접 통제할 수 없기 때문에, 중국의 약속은 수단의 행동 변화에 효과가 별로 없을 수도 있

다. 반면에 중국은 수단 지도부를 유인할 약간의 능력은 있다. 아마 미국과 동맹국들은 안정적 휴전을 가져올 수 있다면 중국의 움직임을 지지할 것 같다.

정책 선택: 수단 지도부, 특히 대통령을 전쟁범죄 혐의로 기소하는 일을 중단할 것인가? 강대국들의 엇갈리는 요구를 어떻게 균형 잡을 수 있는가? 다르푸르 분쟁의 희생자들에게 정의를 보여주려는 희망과 평화협상이 성패의 갈림길에 서 있는 현실 사이에서 어떻게 조화를 이뤄야 할까? 단기적으로 주민들의 목숨을 더 많이 살리기 위해서라면 정의를 잠시 미뤄야 할까? 정의를 미룬다면, 앞으로 과연 그 정의가 실현될 수 있을까?

로티우스(Hugo Grotius)가 주창한 최초의 국제법 가운데 하나였다. 당시는 네덜란드가 세계 무역을 지배하면서 자유 항해의 가장 큰 수익자가 될 수 있었던 상황이었다.

또한 네덜란드의 힘이 자유 항해를 국제법적 규범으로 만드는 데 밑받침이 되었다. 나중에 영국이 세계 무역을 지배했을 때 이 자유 항해 원칙은 영국 전함들의 대포에 의하여 강제되었다. 세계를 지배하는 무역 국가로서 영국은 자유 항해와 무역이라는 규범이 세계적으로 인정받음으로써 가장 큰 이득을 얻었다. 그리고 영국은 세계 최강의 해군력으로 해양에 관한 규칙을 정의하고 강제할 수 있는 위치에 있었다.

이와 유사하게, 20세기 세계질서는 미국의 힘에 (그리고 수십 년 동안 미국과 소련의 힘의 분할에) 크게 의존하여 발전해 왔다. 미국은 가끔 "세계경찰" 역할을 공공연히 수행하였다. 그러나 진실을 말하자면, 이 세계는 어느 한 국가 — 설령 패권국가라

해도―가 경찰 역할을 효과적으로 수행하기에는 너무나 크다. 오히려 항시적인 경찰이 존재하지 않아도 세계 각국은 대개 가장 강력한 국가가 세운 규칙들을 따랐다. 그런 한편으로 각국은 패권국가가 힘의 일부를 넘겨준 국제 제도를 통하여 규칙에 영향을 미치고자 노력해 왔다. 각국은 주권을 양보하지는 않았지만, 이런 방식으로 국제 제도와 법에 자국의 힘을 일부 실어주고 대체로 그 테두리 안에서 행동해 왔다.

탈냉전시대에 들어서면서 세 가지 요인이 합쳐져서 국제규범의 형성에 영향을 주고 있다. 냉전 종식, 지역 및 국가의 경제적 위치 변동, "작은 세계"를 만드는 기술 변화가 중요한 요인이다. 국내 정치나 지역 정치가 이제는 세계무대에서 전개되고 있다. 새로운 규범들은 아직 제자리에 정착하지 못한 상태이다. 인권, UN평화유지군, 인도적 개입, 강대국으로서 러시아와 중국의 역할, 유일한 초강대국으로서 미국의 역할 등의 분야에서 새로운 기대치가 생기고 있다. 그러나 이 책의 후반부에 나올 국제정치경제 분야에는 국제안보 분야에 비해 더 안정적인 핵심 규범과 제도들이 이미 존재한다. 국제기구의 최고봉이라 할 EU를 다시 언급하겠지만(10장), 그 전에 먼저 세계의 중요한 경제 제도를 살펴볼 것이다.

7장 복습

요약

- 국제적인 무정부상태는 국가들이 상호 이익을 위하여 규칙과 제도를 통하여 협력함으로써 어느 정도 극복된다.

- 국가들은 도덕적 규범과 국제법이라는 규칙을 대체로 준수한다. 이 규칙은 UN을 구심점으로 하는 국제기구와 제도를 통하여 작동된다.

- UN은 국가주권과 초국가적 권위 간의 긴장을 잘 보여주는 기구이다. UN은 모든 강대국을 포함한 사실상 전 세계 모든 국가를 회원국으로 끌어들였는데, 이는 부분적으로 UN이 국가주권을 존중한다는 점에 힘입었다.

- UN은 특히 강대국의 주권을 존중한다. 5개 강대국은 안보리 상임이사국으로서 모든 UN 회원국을 구속하는 안보 관련 결의안에 저마다 거부권을 행사할 수 있다. 5개국은 미국, 프랑스, 영국, 중국, 러시아이다.

- 193개 회원국이 각각 한 표의 표결권을 행사하는 총회는 주로 세계적 광장 역할을 하며, 사회적·경제적 발전을 지원하는 여러 산하기구들의 모체 역할을 한다.

- UN의 행정업무는 사무총장을 수반으로 하는 사무국의 국제공무원들이 담당한다.

- UN의 정규예산과 평화유지 활동에 드는 비용을 다 합쳐도 전 세계 군사비의 1%도 안 된다.

- UN평화유지군은 세계 각지의 지역분쟁에 배치된다. 주요 목적은 휴전협정 이행, 무장해제 이행, 선거의 공정성 등의 감시이다. 1995–1997년 사이에 그 규모가 대폭 축소되었으나 1998년 이후 급속히 확대되었다.

- UN평화유지군은 UN의 깃발 아래 UN의 지휘를 받는다. 때로는 UN 결의 이행을 위해 자국의 깃발과 지휘 아래 활동하는 군대도 있다.

- 국제기구에는 UN 프로그램(대개 경제 및 사회 문제를 다루는), 자율적 UN 기구, UN

과 공식적 연계가 없는 기구 등이 있다. 이런 제도적 네트워크가 국제관계의 규칙 강화와 안정화에 도움을 준다.

■ 국제관계의 공식 규칙인 국제법은 조약(가장 중요), 관행, 일반 원칙, 법학 지식 등에서 나왔지 특정 국가의 입법부에서 제정되지 않았다.

■ 국제법은 집행이 어려우며, 실제로 국가의 힘, 국제적 연합, 상호주의적 관행 등에 의해 집행된다.

■ 세계법원은 국가 대 국가 소송 사건을 맡지만 대부분의 경우 국가주권을 침해하지 못한다. 최근 비교적 작은 분쟁 사건을 다룰 때 더 유용한 기구가 되고 있다.

■ 상설 국제형사재판소(ICC)는 2003년에 업무를 시작하였다. 이전에 있었던 두 개의 UN 재판소를 대신하여 ICC가 집단학살, 전쟁범죄, 인류에 대한 범죄 사건을 다룬다.

■ 국제법상 외교관은 오랜 세월 특별한 지위를 누려 왔다. 대사관은 본국 영토로 간주된다.

■ 전쟁 관련법 역시 전통이 오래되었으며 잘 정립되어 있다. 전쟁 관련법은 전투원과 민간인을 구분하면서 각각의 권리와 의무를 부여한다. 게릴라전과 종족분쟁은 이 구분을 불분명하게 만든다.

■ 인권에 관한 국제규범이 더 강화되고 널리 인정받고 있다. 그러나 인권 관련법은 한 국가의 내정에 다른 국가가 간섭한다는 문제를 수반하는 난점을 안고 있다.

핵심 용어

국제규범, 국제기구(IO), UN, UN헌장, UN총회, UN안전보장이사회, UN사무국, 평화구축, UN무역개발협의회(UNCTAD), 세계보건기구(WHO), 세계법원(국제사법재판소), 이민법, 외교적 승인, 외교관 면책특권, 정당한 전쟁, 인권, 세계인권선언, 국제사면위원회, 보호의무(R2P), 전쟁범죄, 인류에 대한 범죄, 국제형사재판소(ICC), 전쟁포로, 국제적십자사.

비판적으로 생각하기

1. UN안보리 상임이사국 수를 늘리는 문제와 관련하여, 어떤 제안을 추천하고 싶은가? 개편안이 있다면 그 논리적 근거는 무엇인가?

2. 전 UN 사무총장 부트로스갈리는 회원국들의 군대를 빌려 상설 평화유지군을 창설하자고 제안한 바 있다(실패했지만). 그런 군대가 생긴다면 국가주권을 약간 축소하고 초국가적 권위를 강화할 것이다. 이 제안의 장점과 단점을 생각해 보자.

3. 침략에 대항하는 집단안보는 침략자를 격퇴하고 처벌하기 위한 전쟁 비용을 각국이 기꺼이 지불해야 가능하다. 강대국들은 어느 때는 그 비용을 기꺼이 지불하려고 했고 어느 때는 그러지 않았다. 왜 그런 결정을 내렸다고 생각하는가? 강대국이 침략자 격퇴를 위해 개입할 때 이득과 손해가 되는 경우를 각각 예로 들어 보자(실제의 예도 좋고 가상의 예도 좋다).

4. 국제법 집행이 어렵다는 점을 감안해서, 장차 세계법원의 역할을 어떤 식으로 강화하는 것이 좋을까? 그 방안을 실행할 때 장애물은 무엇일까? 그 방안이 성공한다면 세계법원의 역할이 어떻게 바뀔까?

5. 인권에 관한 국제규범이 강화되고 있지만, 중국과 다른 많은 국가들은 인권이 국가주권의 관할 하에 있는 국내문제라는 주장을 굽히지 않고 있다. 한 국가가 다른 국가의 인권문제를 제기하는 일이 적법하다고 보는가? 만일 그렇다면, 어떻게 국가 자율성과 보편적 권리 간의 긴장을 조화시킬 수 있을까? 주권국가가 보편적 인권을 인정하게 만들 실질적 조치로 무엇이 있을까?

쟁점 토론하기

인권: 세계에 던지는 공허한 약속인가?

개요

60여 년 전 UN의 세계인권선언 채택 이후 각국은 인권을 신장하겠다는 약속에 묶여 있다. 세계 대다수 국가가 서명한 7개의 다른 UN 조약들은 여성의 권리, 아동의 권리, 이주노동자의 권리, 고문 받지 않을 권리 등을 포함한 몇 개의 분야별 인권 보호와 신장을 규정하고 있다. 기타 수많은 지역 조약과 의정서들은 경제 복지 신장, 적법절차 권리 보호, 자결권 보호 등을 규정하고 있다.

국가지도자들은 공정성, 정의, 평등을 증진시키는 데 인권이 차지하는 중요성을 끊임없이 찬양하고 있다. 이는 민주국가나 비민주국가 모두에 해당한다. 수사(修辭)로만 본다면, 인권 신장과 보호는 이미 보편적이 되었다.

그러나 그 많은 조약들을 위반하는 일이 자주 일어나며 때로는 일상적인 일로 보이기도 한다. 작게는 소수민족 차별이나 몇몇 인사에 대한 고문 허용, 크게는 집단학살 등 위반의 정도는 다양하다. 위반의 정도와 무관하게 그런 행위 일체는 인권의 중요성에 대한 뻔뻔한 모독이다. 사정이 이렇기 때문에 우리는 각국이 세계적 인권 약속을 실천하려고 노력이나 하는지를 묻지 않을 수 없다. 개인은 인권 신장 및 보호를 국가에 맡겨도 좋은가?

주장 1: 국가는 인권 신장 및 보호에 거의 노력하지 않는다.

인권에 관한 UN 조약의 대부분이 집행되지 않는다. UN의 인권 조약들은 집행 수단을 거의 갖지 못한다. 사실 최악의 인권침해국이 제일 먼저 조약에 서명하기도 한다. 집행되지 않는다는 사실을 잘 알기 때문이다. 조약은 그냥 종이쪽일 뿐이다.

정치적 목적이 항상 인권 신장을 가로 막는다. 국가들은 결정적 순간이 되면 정치적 목적을 달성하기 위하여 인권침해 문제를 무시한다. 미국이 중국의 정치적 억압을 무시하거나, 아니면 중국이 수단의 집단학살을 무시하거나, 아니면 남아프리카가 짐바브웨의 강경 진압을 무시하거나, 모든 종류의 국가들이 정치적 목적을 위해서라면 인권침해 문제는 무시한다.

인권 기준이 불공평하게 적용된다. 인권침해 문제는 매우 불공평하게 제기된다. 적국이나 정치적으로 중요하지 않은 국가의 인권침해는 쉽게 표면화되지만, 그 비슷한 침해가 동맹국이나 정치적으로 힘 있는 국가에서 발생할 때는 무시된다.

주장 2: 국가가 인권 신장에 정말 도움을 준다.

민주주의 규범이 인권을 신장시킨다. 세계의 민주국가 수가 늘어나는 것이 인권 존중에 도움이 된다. 민주주의는 인권을 보호하고 신장시키는 경향이 있다. 많은 서방국가들이 신생 민주국가들에 대한 지원을 확대해 왔는데, 이 점이 세계 인권신장에 기여할 것이다.

NGO들이 국가와 함께 인권 신장 노력을 계속하고 있다. 국제사면위원회나 인권감시자 같은 NGO들은 계속 인권침해에 관한 정보를 국가와 시민들에게 제공하고 있다. 그렇다고 매번 국가들이 나서서 무언가 행동을 하진 않지만, 그래도 가끔은 국가들이 풀뿌리 수준에서 세계 인권 신장을 위해 노력하는 NGO들에게 호응해 준다. 이런 방식으로 NGO가 인권 신장을 원하는 국가들의 중요한 대리자가 될 수 있다.

국가들은 다른 제도를 통하여 인권을 신장시키고 있다. 많은 국가들이 대외 원조와 자유무역 정책을 인권 실적과 연계시키고 있다. EU는 무역협정을 체결할 때 일정한 인권 기준을 조건으로 내건다. 미국은 모든 자유무역 상대국에게 노동자와 아동의 권리를 인정할 것을 요구한다. 이러한 요구조건을 경제적으로 중요한 조약 안에 명문화하면 실행될 가능성이 그만큼 커진다.

질문

- 서방 국가들은 효과적으로 인권을 신장시키는가? 지난 10년간 인권 기준이 어느 정도 집행되었다고 생각하는가? 국가가 인권을 지지한 사례나 침해를 무시한 사례가 있는가?

- 인권 기준을 더 효과적으로 집행하는 방법은 무엇일까? 채찍(처벌 위협)과 당근(보상 약속) 중에 어느 것이 인권신장에 더 효과적일까?

- 인권신장 노력은 특수한 도덕과 규범을 비서구 국가들에게 강요하는 것인가? 보편적 인권이 있을까?

✤ 참고문헌

Donnelly, Jack. *International Human Rights.* 3rd ed. Westview, 2006.

Mahoney, Jack. *The Challenge of Human Rights: Origin, Development and Significance.* Wiley‑Blackwell, 2006.

Mutua, Makau. *Human Rights: A Political and Cultural Critique.* Pennsylvania, 2008.

Farmer, Paul, and Amartya Sen. *Pathologies of Power: Health, Human Rights, and the New War on the Poor.* California, 2004.

8 Chapter

국제무역

1. 무역이론

전 세계 무역 총액은 전 세계 경제활동의 1/6에 이른다. 연간 약 19조 달러의 상품 및 서비스가 국경을 넘는다.[1] 이 수치는 전 세계 군사비의 약 12배에 달하는 매우 큰 수치이다. 이처럼 국제무역의 규모가 큰 것은 무역이 많은 수익을 내는 사업이라는 사실을 말해준다.

국가경제에서 무역이 수행하는 역할은 국가에 따라 다소 다르지만, 전체적으로 선진국이나 후진국 모두에게 무역은 매우 중요한 역할을 수행하고 있다. 세계 전체 무역에서 남반구가 차지하는 비중은 비교적 작은데, 이는 남반구 경제활동 자체가 전 세계의 40%에 불과하기 때문이다.

무역은 경제문제일 뿐만 아니라 고도로 정치적인 문제이기도 하다. 무역은 각국이 그어놓은 국경선을 넘나들면서 이루어지며, 이익집단의 압력을 받는 국가들에 의해 규제되며, 국가 간 협상에 의해 만들어지고 국가들에 의해 유지되는 무역

---

1   이 장의 데이터는 WTO 통계에서 산출한 것이다.

레짐 안에서 이루어진다.

그렇기 때문에 **국제정치경제** 학자들은 국제무역 활동의 정치를 연구한다.[2] 이 분야에서 가장 자주 다루는 주제는 무역, 금융관계, 다국적기업이다(이번 장과 9장). 그리고 최근 들어 유럽과 몇몇 지역에서의 경제 통합(10장)과 지구 환경을 둘러싼 국제정치(11장)가 특별히 관심을 끄는 주제이다. 대다수 국제정치경제 학자들은 세계 경제활동의 대부분이 이루어지는 산업화 지역에 초점을 맞춘다. 그러나 세계화가 남반구를 더욱 강도 높게 세계로 통합시킴에 따라 남반구에 대한 관심도 커지고 있다(12, 13장). 남반구와 관련된 문제는 부분적으로 국제안보 문제와 겹치지만 주로 경제문제에 대한 정치적 흥정을 다루기 때문에 광의의 국제정치경제 범위 안에 포함되는 문제이다.

1장에서 소개한 핵심 원칙과 2장에서 다룬 힘과 흥정 개념은 국제정치경제에도 적용된다. 국제정치경제 분야에서도 국가가 가장 중요한 행위자이지만 국제안보에서만큼 중요한 행위자는 아니다. 국제정치경제의 행위자들은 국제안보의 행위자들이 그러하듯이 자기이익을 추구하는 경향이 있다. 2001년에 브라질 외무장관이 설명하였듯이, 브라질과 미국은 서반구 자유무역지대 협상에 임하면서 하나의 지도 원칙을 공유하고 있다. 즉 "그곳이 우리에게 무슨 이익이 있지?"[3]

---

2 Oatley, Thomas H. *International Political Economy: Interests and Institutions in the Global Economy.* 4th ed. Longman, 2009. Frieden, Jeffry A., and David A. Lake. *International Political Economy: Perspectives on Global Power and Wealth.* 4th ed. St. Martin's, 2000. Peterson, V. Spike. *A Critical Rewriting of Global Political Economy: Integrating Reproductive, Productive, and Virtual Economies.* Routledge, 2003. Chase-Dunn, Christopher, ed. *The Historical Evolution of the International Political Economy.* Elgar, 1995. Murphy, Craig N. *International Organization and Industrial Change, Global Governance Since 1850.* Polity, 1994.

3 Rohter, Larry, with Jennifer L. Rich. Brazil Takes a Trade Stance and Offers a Warning to U.S. *The New York Times,* December 19, 2001: W1.

(1) 자유주의와 중상주의

국제정치경제 분야에서 무역에 관한 두 가지 중요한 접근방법이 있다.[4] **중상주의**(重商主義, mercantilism)라 불리는 접근방법은 일반적으로 한 가지 믿음을 현실주의와 공유하고 있다. 즉 각국은 상호 이익 창출을 위한 틀로 국제기구에 의존하지 말고 상대국의 이익을 희생시키면서 자국의 이익을 보호해야 한다는 믿음을 현실주의와 공유하고 있다. 따라서 중상주의자들은 (현실주의자처럼) 상대적 힘을 중시한다. 즉 한 국가의 절대적 부의 크기보다 경쟁국과 대비한 상대적 위치를 더 중시한다.[5]

더욱이 중상주의자들은 (현실주의자처럼) 경제 거래가 군사력에 영향을 주기 때문에 중요하다고 주장한다. 국가들이 상대적 부와 무역을 중시하는 까닭은 바로 그것이 군사력으로 전환될 수 있기 때문이다. 따라서 일반적으로 군사력이 경제적 협상에 유용하진 않지만, 경제 협상은 그 결과가 군사력에 영향을 준다는 점에서 중요하다고 믿는다.

그 대안인 **경제적 자유주의**는 협력이 공통의 이익을 가져올 수 있다는 믿음을 자유주의적 국제주의와 공유하고 있다.[6] 자유주의는 각국이 국제적인 기구, 제도, 규범을 확립함으로써 경제거래로부터 상호 이익을 얻을 수 있다고 주장한다. 또한 자유주의는 한 국가가 상대국에 비해 더 많은 이득을 취하는가는 별로 중요하지 않고 오로지 한 국가의 부가 **절대규모** 면에서 증가하는가만 중요하다고 본다.

자유주의와 중상주의는 경제학 이론인 동시에 국가 정책에 관한 이데올로기이다. 자유주의는 서양 경제학의 지배적 접근방법이며, 거시경제학(국가경제에 대한 연구)보다 미시경제학(기업 및 가계에 관한 연구)에서 특히 그러하다. 종종 자유주의와 중상

4 Hellenier, Eric. Economic Liberalism and Its Critics: The Past as Prologue? *Review of International Political Economy*10 (4), 2003: 685–96.

5 Gilpin, Robert. *Global Political Economy: Understanding the International Economic Order.* Princeton, 2001. Grieco, Joseph, and John Ikenberry. *State Power and World Markets: The International Political Economy.* Norton, 2002.

6 Neff, Stephen C. *Friends but No Allies: Economic Liberalism and the Law of Nations.* Columbia, 1990. Ward, Benjamin. *The Ideal Worlds of Economics: Liberal, Radical, and Conservative Economic World Views.* Basic, 1979.

주의 외에 마르크스주의가 제3의 접근방법/이데올로기로 사용된다. 마르크스주의 접근은 정치 관계를 형성하는 힘으로서 경제적 착취에 초점을 맞춘다(4장 참조). 마르크스주의 이론이 가장 큰 설명력을 갖는 분야가 남북관계인데, 이 주제를 다루는 12장에서 마르크스주의 이론을 더 깊이 살펴볼 것이다.

안보관계에서도 그렇지만, 대개 국제 경제거래에는 협력을 통하여 상호 이익이 되는 부분과 이익이 충돌하는 부분이 공존한다. 게임 이론가들은 이런 상황을 "혼합게임"이라 부른다. 예를 들어 겁쟁이 게임에서 두 운전자는 충돌을 피함으로써 공통의 이익을 얻지만, 한쪽이 겁쟁이가 되면 다른 한쪽이 영웅이 된다는 점에서 이해가 엇갈린다. 국제무역에서 양쪽이 다 이익을 얻지만(이익 공유), 그럼에도 불구하고 양쪽은 서로 더 많은 이익을 얻으려 한다(이익 충돌).

자유주의는 경제거래의 이익 공유 측면을 강조하고 중상주의는 이익 충돌 측면을 강조한다. 자유주의자가 볼 때 경제정책의 가장 중요한 목표는 최적 **효율**(산출 극대화, 낭비 극소화)을 달성함으로써 부의 총량을 극대화하는 것이다. 중상주의자가 볼 때 가장 중요한 목표는 부의 **분배**에서 가장 유리한 위치를 차지하는 것이다(〈그림 8.1〉 참조).

자유주의 경제학자들은 시장을 신뢰한다. 거래 조건은 상품 거래가격에 의해 결정된다. 판매자가 수락할 수 있는 최저가격과 구매자가 지불할 용의가 있는 최고가격 사이의 공간을 흥정 여지라 하는데, 이 흥정 여지는 꽤 클 수 있다. 예를 들어 사우디아라비아는 최악의 경우 원유 1배럴 당 10달러에 팔 용의가 있고 산업국들은 100달러 이상이라도 지불할 용의가 있을 수 있다. (실제로 지난 수십 년간 원유가격이 이 범위 내에서 오르내렸다.) 그렇다면 이 범위 내에서 가격이 어떻게 결정될까? 다시 말해, 거래에서 발생하는 이득의 분배를 당사자들은 어떻게 결정할까?

한 재화의 판매자와 구매자가 복수일 때 (혹은 그 재화의 대체재가 존재할 때) 가격은 시장 경쟁에 의해 결정된다.[7] 자유시장은 꽤 획일적인 가격으로 매매가 이루어지는 안정적 패턴을 만든다고 간주된다(그리고 때로는 실제로 그렇게 만든다). 이 **시장가격**을 기준으로, 판매자는 이보다 가격을 올리면 구매자가 다른 판매자를 찾게 될 수

---

7 Lindblom, Charles E. *The Market System: What It Is, How It Works, and What to Make of It.* Yale, 2001.

〈그림 8.1〉 공통 이익과 개별 이익

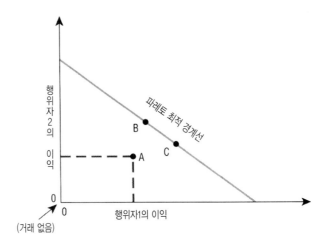

A점에서 거래가 성사된다 하더라도 양측 모두에게 분명히 이익이 된다. 파레토 최적 경계선에서 거래가 이루어질 때 공통의 이익이 극대화 되지만(가령 B와 C 중간 어딘가에서 거래가 이루어지면 양측 모두 A에서 거래가 이루어질 때보다 더 큰 이익을 얻듯이), 그 이익의 분배는 흥정의 대상이 된다. 자유주의는 공통의 이익을 더 중시하며 중상주의는 상대적 분포를 더 중시한다.

있다는 점을 알고 있으며 구매자는 가격을 더 낮추려 애쓰면 판매자가 다른 구매자를 찾을 수 있다는 점을 알고 있다. 따라서 무역관계에서는 국제안보 분야에 비해 양자 간(bilateral) 국가관계가 덜 중요하다. 세계시장이 존재하기 때문에, 경제문제에서 한 국가가 다른 국가에 대해 사용할 수 있는 제어수단의 위력은 감소된다(다른 국가가 그냥 다른 파트너를 찾으면 끝이므로). 예를 들어, 최근 미국이 주요 석유수출국인 이란을 제재했을 때 유럽 회사들이 그 빈자리를 차지했을 뿐이다. 이처럼 국제정치경제는 국제안보에 비해 힘이 더 분산되고 함께 관여하는 행위자 수가 더 많은 분야이다.

　구매자들이 한 품목(예컨대 석유)에 부여하는 가치는 각기 다르다. 가격이 오르면 더 적은 사람들이 사려 할 것이고 가격이 떨어지면 더 많은 사람들이 사려 할 것이다. 이를 수요곡선이라 부른다. 또한 판매자가 한 품목에 부여하는 가치 역시 각기 다르다. 가격이 오르면 더 많은 판매자가 그 품목을 공급하려 할 것이고 가격이 떨어지면 더 적은 판매자가 공급하려 할 것이다. 이를 가리켜 **공급곡선**이라 한다. 자유시장에서 수요곡선과 공급곡선이 교차하는 지점을 **균형가격**이라 한다. 이 가격은 구매자가 구매하고자 하는 양만큼 판매자가 공급하고자 하는 지점을 나타낸다. (실제로 가격은 가까운 장래의 공급과 수요에 대한 **기대치**를 반영한다.)

그러나 그런 수요-공급 시스템이 항상 안정적이지는 않다. 세계경제에서 가장 중요한 상품이며 금액 면에서 거래량이 가장 많은 석유의 경우에도 그 시스템이 실패할 수 있다. 지난 수십 년 동안에 유가가 크게 오르내렸다. 세계경제가 빠른 속도로 성장할 때마다 석유수요가 늘고 가격이 올랐다. 그러나 유가가 뛸 때마다 이 핵심 상품의 높은 가격이 전체 경제를 억눌러 서방 경제가 침체에 빠졌다. 다시 이 경제침체가 석유수요를 감소시켜 가격이 떨어졌다.[8] 경제활동의 변동폭은 5-10%에 불과하지만 유가는 2-3배 뛰었다가 절반으로 떨어졌다. 이와 같은 주기적 변동의 최근 사례가 2007-2008년에 일어난 사건이다. 당시 석유 배럴 당 가격은 급성장한 아시아 경제의 새로운 수요가 주된 원동력으로 작용하여 70달러에서 140달러로 전례 없이 폭등했다(이는 지속가능성이 없는 수준). 그러자 세계경제 역시 전례 없이 침체에 빠져 유가가 몇 달 만에 40달러로 폭락했다. 핵심 상품의 가격이 이런 식으로 불안한 것은 세계경제에 아주 좋지 않으며, 따라서 각국 정부는 시장의 힘에 전적으로 의존하지 않고 정치 행동에 나서야 할 동기를 갖게 되었다.

자유주의는 기업과 가계를 가장 중요한 경제 행위자로 보며, 국가가 경제에 간섭하지 않는 것이 좋다고 본다. 국가는 효율적인 경제 활동을 돕기 위해 시장을 규제하고 도로 같은 인프라스트럭처(infrastructure)를 건설하는 역할만 해야 한다고 본다. 이렇게 보면 정치는 경제적 효율성에 기여해야 한다. 정부가 시장에서 손을 떼야 수요와 공급의 "보이지 않는 손"이 (가격 기제를 통하여) 가장 효율적인 생산, 교환, 소비의 패턴을 만들어낸다. 자유주의자들은 국가 간의 **자유무역**에서 발생하는 이득을 중시하기 때문에 국경선에 집착하는 현실주의자들을 경멸한다. 국경선이 교환의 효율성을 극대화하는 데 방해가 된다고 보기 때문이다. 무역을 통한 부의 증대는 국제적인 정치적 협력에 의존하며, 대체로 폭력은 그런 부를 추구하는 데 방해가 된다. 따라서 3장에서 소개한 바와 같이, 자유주의자들은 국제적 상호의존

---

8 Goldstein, Joshua S., Xiaoming Huang, and Burcu Akan. Energy in the World Economy, 1950-1992. *International Studies Quarterly* 41(2), 1997: 241-66.

이 본연의 특성 때문에 평화를 증진한다고 주장한다.[9] (그러나 일부 학자들은 제1차 세계 대전 직전에 그와 같은 국제적 상호의존이 존재했음에도 불구하고 전쟁이 일어났다는 점을 지적한다.)

이와 대조적으로, 중상주의자들은 경제가 정치에 복무해야 하며, 부의 창조가 국력의 밑바탕이어야 한다고 본다. 이들이 볼 때, 힘이 상대적이기 때문에 무역은 이득 분배가 경쟁국보다 자국에게 더 유리할 때만 바람직한 것이 된다.[10] 또한 교환의 조건이 각국이 축적하는 힘의 상대적 비율을 결정하며, 결국 국제체계 내 힘의 분포가 변동하는 방식을 결정한다.

중상주의는 몇 세기 전에 성행했다. 영국이 무역을 이용하여 국제체계 내에서 강대국으로 부상한 것은 18세기였는데, 당시 중상주의는 귀금속(금은)의 형태로 돈을 쌓아놓기 위해서 무역흑자를 달성한다는 구체적 의미를 가진 것이었다. 금은이 많으면 전쟁 시에 그만큼 많은 군사력(용병과 무기)을 살 수 있었다.[11]

19세기에 들어 영국이 보호무역보다 자유무역을 통하여 더 큰 이득을 얻을 수 있다고 판단하면서 중상주의가 퇴조하였다. 그러다가 자유주의적 세계 무역관계가 무너진 양차대전 사이에 다시 중상주의가 부활했다. 2009년의 세계 경제침체 당시 세계의 지도자들은 중상주의가 다시 부활하지 않을까 걱정하면서 서로 감시의 눈초리를 주고받았다.

정치적 이익을 위해 무역을 활용하는 수단으로서 중상주의자들이 좋아하는 것은 자유무역을 통하여 얻을 수 있는 이익을 일부 희생시키는 한이 있더라도 무역수지를 유리하게 만드는 것이다. **무역수지**란 한 국가의 수출액과 수입액의 차이를 가리킨다. 수입보다 수출이 많으면 긍정적 무역수지 혹은 무역흑자라 한다. 중국의 경우 연간 2,500억 달러 이상의 막대한 무역흑자를 기록해 왔다. 즉 원자재와 기타 상품 수입에 지불하는 돈보다 더 많은 돈을 수출로 번다는 뜻이다(〈그림 8.2〉 참조). 반대로 수출보다 수입이 더 많으면 부정적 무역수지 혹은 무역적자라 한다. 무역

---

9 Mansfield, Edward D., ed. *International Conflict and the Global Economy.* Elgar, 2004.

10 Grieco, Joseph M. *Cooperation among Nations: Europe, America, and Non-Tariff Barriers to Trade.* Cornell, 1990. Gowa, Joanne. *Allies, Adversaries, and International Trade.* Princeton, 1993. Hirschman, Albert O. *National Power and the Structure of Foreign Trade.* California, 1945.

11 Coulomb, Fanny. *Economic Theories of Peace and War.* Routledge, 2004.

적자는 정부의 재정적자와 다르다. 미국의 경우 1990년대 말 이래 무역적자가 꾸준히 늘어나 그 규모가 연간 수천억 달러로서 1조 달러에 육박할 정도이다. 적자의 약 1/4은 중국과의 무역에서 발생하며, 또 다른 1/4이 석유 수입에서 발생한다.

〈그림 8.2〉 중국의 무역흑자 증가 추세

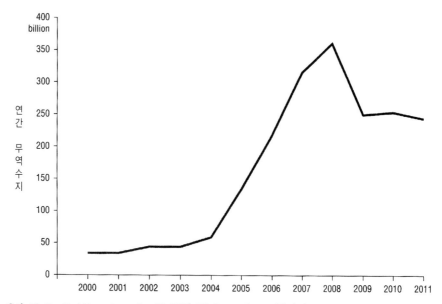

출처: *The New York Times*, September 12, 2006: US Census, Foreign Trade Statistics.

각국은 무역수지를 건전하게 유지해야 한다. 무역수지는 국민계정체계를 통하여 추적된다. 단기적으로 몇 년간 적자와 흑자를 반복하는 것은 큰 문제가 되지 않는다. 이 같은 불균형은 국민계정에서 융자로 처리된다. 그러나 여러 해 연속 적자를 기록하면 문제가 된다. 최근 들어 미국은 무역적자를 줄이기 위해 중국, 일본, 유럽 등에 달러를 "수출"하여 이 국가들이 그 돈으로 미국의 기업 주식, 재무부 단기증권, 부동산 등을 구입할 수 있게 했다. 이와 관련하여 경제학자들은 외국인 투자자들이 미국에 투자하는 데 관심을 잃어버리면 미국 경제가 타격을 받을 수 있다고 우려한다.

이 점이 중상주의가 무역흑자를 만드는 국가 경제정책을 선호하는 한 가지 이유이다. 무역흑자를 이루면 위기나 전쟁에 대처하기 위한 돈을 찾지 못해 낭패를 겨지 않고 잠재적 힘인 돈을 확보할 수 있게 된다. 역사적으로 중상주의는 전용성이 큰 형태의 힘으로서 말 그대로 (무역흑자로 얻은) 금을 쌓아놓는 것을 의미했다(〈그림 8.3〉 참조). 이런 전략은 상대적 힘을 강조하는 현실주의와 맥을 같이 하며 우세 원칙의 한 예이다. 한 국가가 무역흑자를 기록하면 다른 국가는 반드시 적자를 기록하게 된다.

〈그림 8.3〉 무역수지

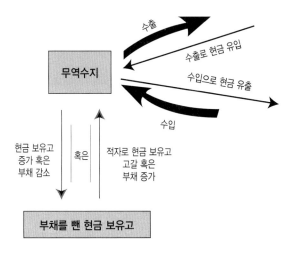

(2) 비교우위

자유주의 경제학이 대체로 성공한 것은 무역을 통하여 실질적 이득이 발생한다는 사실에 힘입었다.[12] 이 이득은 각국이 상이한 상품을 생산함으로써 누리는 **비교우위**(Comparative Advantage)라는 것에서 나온다. 이것은 200년 전에 아담 스미스와 데이비드 리카도가 강조한 개념이다. 각국은 천연자원, 노동력 특성, 기술 수준 등의 차이 때문에 특정 상품을 생산하는 능력 면에서 서로 다르다. 전체적인 부의 창

---

12 Irwin, Douglas. *Against the Tide: An Intellectual History of Free Trade.* Princeton, 1996. Dimond, Robert. *Classical Theory of the Gains from Trade: The Origins of International Economics.* Routledge, 2004.

조를 극대화하기 위해서는 각국이 비교우위가 있는 상품 생산으로 전문화해야 하며 그 상품을 다른 국가가 가장 잘 생산할 수 있는 상품과 교환해야 한다. 물론 무역에 따르는 수송과 정보처리 비용(이것들을 거래비용이라 한다)을 생산비용에 포함시켜야 한다. 그러나 세계화가 진행되면서 장소에 따라 상이한 생산비용의 차이에 비해 거래비용이 점점 더 줄고 있다.

세계에서 가장 중요한 상품이 석유와 자동차이다. 석유는 일본보다 사우디아라비아가 훨씬 더 싸게 생산할 수 있으며, 자동차는 사우디아라비아보다 일본이 훨씬 더 싸게 생산할 수 있다. 일본은 (자동차산업을 포함한) 자국 산업을 가동하기 위해 석유가 필요하며, 사우디아라비아는 (멀리 있는 유정을 포함한) 광대한 영토를 여행하기 위해 자동차가 필요하다. 해운과 기타 거래비용을 감안해도 일본 자동차를 사우디아라비아로 보내고 사우디아라비아 석유를 일본으로 보내는 것이 각자 자급하는 것에 비해 엄청나게 많은 돈을 절약해준다.

한 국가가 전문화의 이점을 얻기 위해서 특정 상품 생산에서의 절대 우위, 즉 세계 최고의 효율성을 가질 필요는 없다. 단지 다른 상품에 비해 더 낮은 비용이 드는 상품을 생산하는 데 전문화하면 된다. 가상의 상황으로, 일본이 자동차 생산에 사용하는 노동과 자본으로 합성석유를 생산하는 기술을 개발하였다. 그런데 이 합성석유 생산 비용이 사우디아라비아의 석유 생산 비용보다 조금 싸다. 그래도 여전히 일본이 사우디아라비아보다 훨씬 더 싸게 자동차를 생산할 수 있다. 이런 상황을 가정하자. 얼핏 보면 더 비싼 돈을 주고 사우디아라비아 석유를 사는 것보다 합성석유를 생산하는 것이 더 낫다고 생각할 수 있다. 그러나 이 생각은 틀렸다. 엄격한 경제적 관점에서 보면, 일본은 (비교우위가 큰) 자동차 생산을 계속 해야 하며 (비교우위가 덜한) 합성석유 생산에 자본과 노동을 전용하면 안 된다. 자동차 수출로 얻는 이윤이 석유 수입에 조금 더 많이 지불하는 금액을 보상하고도 남을 만큼 충분히 크기 때문이다.

그러므로 일반적으로 국제무역은 생산의 전반적 효율성을 증대시켜 파레토최적(Pareto-Optimal)의 경계를 확장해 준다(〈그림 8.1〉 참조). 자유무역은 특정 상품 생산에서 가장 큰 비교우위를 가진 국가들에게 지구 자원을 배분한다. 그 결과 가격은 전반적으로 더 낮아지며 세계적으로 더 안정적이 된다. 점점 더 생산이 세계시장을 지향하게 된다.

그러나 무역의 경제 이득은 몇 가지 정치적 난점을 수반한다. 첫째, 장기적 이익이 단기적 비용을 낳을 수 있다. 한 국가가 종래 국내에서 생산하던 상품을 수입하기 시작할 때 경제가 혼란에 빠질 수 있다. 즉 노동자들은 새로운 일자리를 찾아야 하며, 자본이 새로운 분야로 투입되기 어려울 수 있다. 이럴 때 정치지도자들은 경제정책에 개입해야 한다는 정치적 압력을 느낄 수 있다(이번 장 마지막에 있는 "무역에 대한 저항" 참조). 또한 무역의 편익과 비용이 국내에서 불균등하게 배분되는 경향이 있다. 특정 산업 부문이나 지역이 타 부문이나 지역의 희생으로부터 이득을 취할 수 있다. 예를 들면, 미국의 제조업체가 싼 노동력의 이점을 취하기 위해 멕시코로 공장을 이전하고 거기서 생산한 상품을 다시 미국으로 수출한다면, 문 닫은 미국 공장의 노동자들은 일자리를 잃지만 미국 소비자들은 더 싼 상품의 이득을 누릴 수 있게 된다. 공장 이전 비용은 극소수 노동자들에게 과도하게 부과되고 그 편익은 다수 소비자들에게 조금씩 분산되어 돌아가게 된다.

이와 동일한 논리로, 보호무역 조치의 편익은 극소수 사람들에게 집중되고 비용은 다수 사람들에게 조금씩 분산 부과된다. 2002–2003년에 부시 행정부가 시행한 철강 관세 20% 부과 조치는 소비자들에게 70억 달러의 추가 비용 부담을 지웠고 평균 연봉 326,000달러의 고소득 미국 일자리 7,300개를 지켰다는 추정이 있다.[13] 7,300명의 노동자들(또한 노조 및 기업)은 큰 이득을 보았지만, 미국 시민 1인당 약 20달러의 추가 비용은 알려지지도 않은 채 묵과되고 말았다. 이런 식으로 비용과 편익이 불균등하게 배분된다는 점 때문에 전체 경제적 편익이 비용을 능가하는 경우에도 자유무역의 발목을 잡는 정치적 문제가 발생할 수 있다. 노동자나 업계가 (일자리 상실 같은) 비용 집중에 대항하는 이익집단 활동을 벌이는 경우가 소비자 단체들이 (1인당 20달러 같은) 분산된 손실에 대항하여 이익집단 활동을 벌이는 경우보다 훨씬 더 많다.

---

13 Kahn, Joseph. U.S. Trade Panel Backs Putting Hefty Duties on Imported Steel. *The New York Times,* December 8, 2001: C1, C3.

(3) 시장에 대한 정치적 간섭

자유롭고 효율적인 시장이 만들어지기 위해서는 시장에 대한 충분한 정보를 가진 다수의 판매자와 구매자가 있어야 한다. 또한 타인과 거래하겠다는 의사가 개인적 (혹은 정치적) 선호 때문에 왜곡되지 않아야 하며 오로지 가격과 품질에 대한 고려에 의해 결정되어야 한다. 이 조건을 충족시키지 못하면 효율성이 떨어지는데, 이를 시장의 **불완전성**(market imperfection)이라 한다. 경제거래에 대한 정치적 개입은 대개 시장을 불완전하게 한다.

국제무역은 **국내** 경제거래가 아닌 세계시장 가격을 기준으로 이루어진다. 산업체를 가지고 있거나 보조금을 지급하거나 가격을 규제하는 세계정부는 없다. 만일 국가들이 국제 경제거래의 주된 행위자라면 참가자 수가 적을 것이다. 한 품목당 공급자가 하나밖에 없는 **독점** 상황이라면, 그 공급자는 가격을 높게 책정할 수 있다. 예를 들어 남아프리카의 회사인 드비어스(De Beers)는 세계시장에 다이아몬드 원석 40%를 공급하며 세계시장의 2/3를 점유하고 있다. 과점이란 몇 명의 판매자가 독점하는 상황을 말하는데, 이들이 명시적이거나 묵시적인 담합을 하면 가격이 오를 수 있다. 예를 들어 OPEC 회원국들은 석유 생산량을 제한해 높은 유가를 유지한다. 회사들이 국가 단위로 단합하면 할수록 독점과 과점 상황이 발생할 가능성이 커진다.

국제무역에서 시장 불완전성을 보여주는 또 다른 흔한 예는 **부패**이다. 즉 시장가격이 아닌 가격으로 거래함으로써 특정 개인이 이득을 취할 수 있다. 관련 정부나 회사는 자기 몫의 이득 가운데 일부를 상실하지만 정부 관리나 회사 협상 담당자는 큰 이득을 얻는 상황이 있을 수 있다.

정부는 시장 참가자들이 약속을 지키고, 계약이 이행되고, 구매자가 구매 대금을 지불하게 하며, 위조지폐를 단속하는 등 시장에 필요한 **법적 틀**을 제공한다. 그러나 중앙정부의 권위가 존재하지 않는 국제무역에서 규칙을 강제 집행하기가 매우 어렵다. 국제안보 분야의 경우와 마찬가지로 그런 규칙이 국제조약으로 성문화될 수 있지만, 그 집행은 상호주의 실천에 의존한다.

시장에 대한 정치적 영향의 또 다른 예는 **조세**이다. 조세는 정부의 수입원인 동시에 경제활동을 규제하는 인센티브이다. 예를 들어 정부는 외국 기업을 유치하고 그 투자를 유도하기 위해 외국 기업에 대한 세금을 낮게 책정할 수 있다. 국제무역에 부과하는 세금을 관세라 하며 이것이 자주 국제분쟁의 원인이 된다(바로 다음 주제인 "보호무역" 참조).

제재 정부는 특정 유형의 경제거래 혹은 특정 행위자들 간의 경제거래에 제재를 가할 수 있다. 이러한 제재는 자유시장에 대한 정치적 간섭 가운데 가장 가시적인 것이다. 이 경우 상호 이익이 될 수 있는 경제거래를 정치권력이 금지하는 상황이 발생한다. 예컨대 2011년에 미국이 인권침해 같은 정치 문제를 들어 15개국에 대하여 무역제한 조치를 취한 바 있다.[14]

제재를 집행하는 일은 항상 어렵다. 왜냐하면 그 대상자가 암시장이나 기타 수단을 이용하여 제재를 무력화할 재정적 동기를 가지고 있기 때문이다.[15] 많은 국가들이 국제 제재를 지지하지 않는 한 제재는 대체로 실패한다. 그 예로, 2012년에 (이란 석유의 최대 고객인) 인도는 서방의 제재로 생긴 공백을 자국에 유리하게 활용하기 위해 무역사절단을 이란으로 보냈다. 제재 집행이 어렵다는 점은 앞에서 언급한 일반론으로 설명할 수 있다. 즉 국제안보보다 국제정치경제에서 국가들의 힘이 더 분산되기 때문이다. 상호 이익이 되는 경제거래를 거부하는 것은 다른 모든 국가가 이에 동참하지 않는 한 제재 대상 국가보다 제재하는 국가에게 더 큰 손해를 줄 수도 있다(제재 집행이 일종의 집합재 문제라는 점에 유의하자). 이란의 경우, 유럽과 기타 주요 국가들이 미국의 제재에 동참하여(비록 인도는 묵묵부답이었지만) 이란 경제에 타격을 가하게 된 것은 여러 해가 지나서였다.

자급자족 약소국이 강대국과 무역할 때 강대국 의존을 피하려면 어떻게 해야 할까? 가장 확실한 방법은 무역 자체를 하지 않고 필요한 물자를 모두 자체 생산하

---

14 http://www.ustreas.gov/offi ces/enforcement/ofac/programs/index.shtml.

15 Hufbauer, Gary Clyde, Jeffrey Schott, Kimberly Ann Elliot, and Barbara Oegg. *Economic Sanctions Reconsidered*. Peterson Institute, 2008. Drezner, Daniel W. *The Sanctions Paradox: Economic Statecraft and International Relations*. Cambridge, 1999. Lopez, George A., and David Cortwright. *Smart Sanctions: Targeting Economic Statecraft*. Rowman & Littlefield, 2002. Martin, Lisa L. *Coercive Cooperation: Explaining Multilateral Economic Sanctions*. Princeton, 1992.

는 것이다. 이런 전략을 자립 혹은 **자급자족**(autarky)이라 한다. 그러나 이런 전략은 효과가 없다고 입증되었다. 자립을 위해서는 비교우위를 갖지 못한 부문의 재화를 생산하기 위해 매우 많은 비용을 지불해야 한다. 다른 국가들이 상호 협력을 통한 부의 공동생산에 매진하기 때문에, 국제체계에서 자급자족 국가의 상대적 힘은 약화되기 쉽다.

자급자족 정책에 의존해 온 국가들은 실제로 다른 국가들에 비해 뒤떨어졌다. 그 전형적인 예가 동유럽의 소국 알바니아이다. 소련 및 중국과의 경제교류도 끊은 공산국가인 알바니아는 지난 수십 년 동안 세계시장에 동참하지 않고 자립을 지향하는 중앙계획경제에 의존해 왔다. 외국인 방문도 거의 불가능했고 무역도 거의 이루어지지 않았다. 알바니아는 외국인이 자국에 대한 영향력을 갖지 못하도록 자급자족을 추구해 왔다. 마침내 1991년에 고립의 장막이 내려졌을 때 알바니아는 수십 년 전이나 마찬가지로 가난했고, 유럽의 다른 지역에 찾아온 번영의 기회를 놓쳐버렸다. 과거 중국의 경험도 역시 자급자족의 문제점을 잘 보여준다. 1950년대와 1960년대에 중국은 경제적으로 고립되어 있었는데, 일단 이 고립은 미국과 동맹국들이 중국에 대한 금수조치를 취한 결과였다. 그러나 1960년대에 문화혁명이 일어나 소련과의 관계마저 스스로 단절해버렸다. 이 결과 중국의 고립이 더욱 심화되었다. 당시 중국은 일체의 외국 것들을 거부했다. 1980년대 들어 중국이 세계경제에 문호를 개방한 이후 상황이 역전되었다. 시장경제를 지향하는 일련의 국내경제 개혁조치에 힘입어 중국의 무역이 급증하였고 이 결과 급속한 경제성장이 뒤따랐다. 이와는 대조적으로, 북한은 냉전 종식 이후에도 자립 및 고립 정책을 유지해 왔고 1990년대에 대량 아사(餓死)를 경험하였다.

(4) 보호주의

자급자족 전략을 추구하는 국가는 거의 없지만, 많은 국가들이 자국 산업을 강화하고 세계시장으로부터 보호하기 위해 국제무역을 조작하려고 한다. 국제 경쟁으로부터 자국 산업을 보호하기 위한 정책을 **보호주의**라 한다. 이 용어는 다양한 동기에서 나온 각양각색의 무역정책을 포괄하지만, 모든 보호무역 정책은 국가(혹은 국내 행위자)의 이익을 위해 자유시장을 왜곡하려 한다는 점에서 자유주의와 상반된다. 일반적인 방법은 경쟁국 상품이나 서비스의 수입을 제한하는 것이다.[16]

국가가 국내 산업을 보호하려는 동기는 다양하다. 정부가 전체적인 국가이익과 무관하게 단순히 국내의 중요한 산업이나 이익집단의 정치적 요구에 부응하려고 할 수 있다. 기업들은 세금우대, 보조금, 경쟁상품의 수입제한 등을 얻어내기 위해 로비를 하고 선거자금을 제공할 수도 있다(이번 장 뒤에 나오는 "기업과 이익집단" 참조).

또한 정부는 국내에서 걸음마 단계인 유치산업(幼稚産業, infant industry)이 세계 시장에서 경쟁할 수 있을 때까지 그 산업을 보호하려고 한다. 예를 들어, 한국이 처음으로 자동차 산업을 시작했을 때 국산차가 수입차와 경쟁할 수 없는 형편이었고, 그래서 정부가 소비자들에게 국산차 구매 인센티브를 주었다. 마침내 자동차산업이 발전하여 외국 업체와 경쟁하고 심지어 수출까지 할 수 있게 되었다. 많은 빈국들은 (큰 자본 없이 부가가치를 만드는) 섬유산업을 보호 대상 유치산업으로 육성해 왔다.[17] 이 같은 유치산업 보호는 (일시적) 보호주의의 이유로 어느 정도 정당성을 인정받는다.

보호주의의 또 다른 동기는 시장 조건이 변하거나 새로운 경쟁자가 등장하였을 때 국내 산업체들에게 숨 쉴 수 있는 공간을 마련해주기 위해서다. 국내 산업이 변화에 적응하고 건강한 조건을 갖추려면 시간 여유가 필요할 수 있다. 1970년대에 유가가 폭등했을 때 미국 자동차 업체들은 소형차 생산으로 전환하는 데 많은 시간이 필요했으며, 그 사이에 일제 소형차가 미국 시장에서 큰 이점을 누릴 수 있었다. 이에 미국 정부는 과도기 동안 미국 산업을 돕기 위해 수입 할당제와 대출 보증 등을 포함한 다양한 조치를 취했다. (그러나 2008년에 다시 유가가 폭등했을 때 미국 자동차 업체들은 준비가 안 된 상태였고, 2009년에는 정부 지원으로 겨우 도산을 면할 정도였다.)

또한 정부는 국가안보에 필요한 산업을 보호한다. 1980년대에 미국 관리들은

---

16 Lustzig, Michael. *The Limits of Protectionism: Building Coalitions for Free Trade.* Pittsburgh, 2004. Goldstein, Judith. The Political Economy of Trade: Institutions of Protection. *American Political Science Review* 80(1), 1986: 161–84.

17 Aggarwal, Vinod K. *Liberal Protectionism: The International Politics of Organized Textile Trade.* California, 1985. English, Beth. *A Common Thread: Labor, Politics, and Capital Mobility in the Textile Industry.* Georgia, 2006.

미국 전자산업과 컴퓨터산업이 일본 업체들과의 경쟁에서 밀려나 설 땅을 잃어버리지 않을까 우려해 이 산업을 보호하려고 노력하였다. 이 산업이 무기생산에 필수적인 산업이라 판단하였기 때문이다. 당시 미국 정부는 컴퓨터 칩 생산비용을 낮추기 위해 관련 업체들 간의 협의체 구성을 독려하였다(통상적으로는 이런 협의체가 반독점법 위반이기 때문에 정부가 협의체 구성을 금지한다). 일반적으로 자급자족은 경제활동에 도움이 안 되지만, 무기생산을 위해서라면 정부는 전쟁 시 취약성을 줄이고 자급 능력을 갖추기 위해 경제적 효율성을 어느 정도 희생시키려 한다.

마지막으로, 외국 기업이나 국가들의 약탈적 관행을 막으려는 방어적 노력이 보호주의의 동기가 되기도 한다. 여기서 약탈(predatory)이란 불공정한 방법으로 세계 시장 점유율을 높이거나 독점을 추구하는 행위를 가리키는데, 약탈자는 경쟁을 두려워하지 않고 마음대로 가격을 올릴 수 있는 상황을 만들려고 한다. 가장 흔한 수법이 제품을 원가 이하 가격으로 외국 시장에 **덤핑**하는 것이다. 국내경제에서 독점이 우려될 때는 이를 막기 위하여 정부가 나서서 반독점법을 적용할 수 있지만, 국제관계에는 그런 장치가 존재하지 않기 때문에 독점이 우려되는 상황이 되면 정부는 자국 산업 보호를 위해 수입을 제한하려고 노력한다. 가격수준이 약탈적인지 아니면 단순히 가격 경쟁력이 높은 지에 대한 견해 차이가 대단히 크지만, 그 경우 수입제한은 정당한 것으로 간주된다. 이 문제를 둘러싼 갈등은 대개 WTO를 통해 해결된다(바로 다음 주제인 "무역 레짐" 참조).

대개 덤핑에 대한 항의는 외국 경쟁자들에게 손해를 입었다고 여기는 개별 업체들이 제기한다. 이때 업체들은 먼저 자신들이 불공정하게 표적이 되었다는 사실을 정부에게 확신시켜 주어야 한다. 그래서 정부가 해당 상품에 관세를 부과하게 되면, 이번에는 외국 정부가 WTO에 이 문제를 제소할 수 있다. 2007년에 있었던 일로, 먼저 미국 측은 일본 제조업체들이 미국 시장에 덤핑 수출을 했다고 판정하였고 이에 대해 일본 업체들이 부당하다고 WTO에 이의를 제기하였는데, WTO는 일본 업체들의 손을 들어주었다. 역설적이지만, 당시 WTO는 일본 업체들이 미국 시장에 덤핑했다는 사실을 부인하진 않았지만 미국 정부가 관세 계산을 잘못했다고 비난하였다. 즉 문제의 일본 상품에 대한 세율이 미국 업체들과 대등한 입장에서 경쟁하게 만드는 데 필요한 수준 이상으로 지나치게 높았다고 판정한 것이다. 이 판정 때문에 미국 정부는 덤핑 제소 건의 처리 과정을 재검토하지 않을 수 없었다.

　　보호주의의 동기처럼 보호주의 정책을 집행하는 수단도 몇 가지가 있다. 가장 간단한 수단이 특정 수입상품에 부과하는 세금, 즉 **관세**(대개 가격의 일정 비율을 부과하는 방식의 세금)이다. 관세는 수입을 제한할 뿐 아니라 국가 세금수입의 중요한 원천이기도 하다. 보호무역 정책 가운데서 국제규범이 선호하는 것이 바로 관세인데, 관세라는 수단이 직설적이고 은폐되지 않기 때문이다(아래 "무역 레짐" 참조). 대다수 국가들이 업계가 만든 수천 개 범주와 하위 범주에 의거한 관세 일정표(아주 길고 복잡하게 된)를 갖고 있다.

　　수입을 제한하는 또 다른 수단은 무역에 **비관세장벽**을 설치하는 것이다. 먼저 수입 할당제(quota)를 통해 수입을 제한할 수 있다. 할당제란 특정 상품의 수입 증가를 억제하기 위해 수입 물량에 상한선을 둔다. 극단적인 형태가 특정 상품(혹은 특정 국가의 상품)의 수입을 금지하는 것이다. 1980년대에 미국 자동차산업이 일본 수입차에 밀려 급속도로 설 땅을 잃게 되자 미국 정부는 일제차 수입물량을 제한하는 할당제를 시행하였다. 그 당시 할당제는 대부분의 경우 미국과 일본 양측의 협상을 통하여 양쪽 모두 살아남을 수 있는 수준에서 결정했기 때문에 **자발적**이라 할 수 있다.

　　비관세장벽 가운데 WTO에서 가장 자주 분쟁거리가 되는 것이 보조금과 규제이다. **보조금**이란 특정 국내 산업이 손해를 보지 않고 가격을 낮출 수 있게끔 정부가 그 산업에 지불하는 돈이다. 이 보조금은 흔히 국유기업에 지급되지만 국유기업에 국한되지는 않는다. 유치산업이나 강력한 외국 경쟁자를 만난 산업에 보조금을 지급하는 방식에는 세금우대, 유리한 조건의 대출(혹은 사적 대출에 대한 보증), 높은 보증가격(guaranteed price) 유지를 위한 정부 지출 등이 있다. 농민들에게 지급하는 보조금 문제는 도하 라운드(Doha Round) 무역협상에서 빈-부국 사이에 주요 쟁점이 되고 있다. 2010년에 미국과 브라질 양국은 면화재배 농민들에게 미국 정부가 보조금을 지급하는 문제를 놓고 WTO에서 다투던 사안을 합의로 해결하였다. 이 합의가 있기 전에 브라질은 미국에 대한 제재 조치로서 8억3,000만 달러 규모의 제재에 착수했었다.

　　보조금 문제는 미국과 유럽 간에 자주 갈등을 일으키기도 한다. 이 갈등에서 EU의 공동농업정책이 쟁점이 되는 때가 자주 있다. 그리고 EU의 보조금을 받는 유럽의 한 우주항공 회사가 미국 국방부의 프로젝트 입찰에 적극적으로 응찰하고 있다. 미국 업체들은 그 회사가 보조금을 받기 때문에 더 낮은 가격으로 응찰할 수 있으며, 따라서 그 회사와 경쟁하기가 어렵다고 불만을 제기한다. 이런 예를 보면 무역정책 문제가 국제안보 문제로까지 번질 수 있음을 보여준다.

수입을 허용하면서도 제품의 유통과 판매 과정을 어렵게 만드는 규제를 통하여 수입을 제한하는 방법도 있다. 미국 제조업체는 일본에 수출한 제품을 일본 국내에서 마케팅 할 때 복잡한 관료주의적 규제와 현지 부품 공급업체들이 부품을 일본 제조업체에만 납품하는 엄격한 기업 동맹관계 때문에 어려움을 겪는다고 불만을 터뜨린다. 환경 및 노동 관련 규제도 비관세장벽으로 작용할 수 있다. 이 문제는 WTO 안에서 큰 논쟁을 불러일으키고 있다. 유럽이 주로 미국에서 들어오는 유전자조작 농산물 수입을 금지한 것도 논쟁거리이다. 끝으로 국가가 석유생산이나 금융 같은 특정 산업을 한꺼번에 국유화하면 외국 기업과의 경쟁 자체가 원천 봉쇄된다.

때로는 국가 정책이 아닌 문화가 수입을 제한할 수도 있다. 사람들은 (정부가 장려하든 않든) 경제민족주의 철학에 따라 행동할 수 있다. 경제민족주의란 일종의 중상주의로서, 국제적 힘을 얻고 국제체계 내 상대적 지위를 향상시키는 수단으로 경제를 이용하는 것을 말한다. 예컨대 미국 사람들은 최고 제품을 최저가로 사라는 자유주의 경제학자들의 충고를 무시하고 값은 더 비싸지만 "미국 제품 구매"(buy American)를 선택하기도 한다. 이런 편견이 세계경제의 전체적 효율성을 떨어뜨릴 수 있지만 미국 노동자들에게 이득을 주기도 한다.

보호주의는 국가경제에 긍정적 효과와 부정적 효과를 동시에 가져온다. 대부분은 소비자에게 불리하고 제조업자에게 유리하다. 예를 들어, 1980년대에 일제 자동차 수입제한 조치로 미국 자동차 제조업계는 이익을 얻었지만 미국 자동차 소비자들은 대당 수백 달러 정도의 돈을 더 지불해야 했다. 보호주의의 또 다른 문제점은 보호 받는 국내 산업이 꼭 해야 할 기업 개선을 회피하고, 그리하여 낮은 효율성과 경쟁력에서 벗어나지 못하게 될 수 있다는 점이다. 이런 문제는 특히 보호가 여러 해 유지될 때 더 심해진다.

그러나 일시적 보호주의는 일정한 조건에서는 안정화 효과를 낼 수 있다. 미국 오토바이 제조업체 할리데이비슨이 불과 4년 만에 미국 시장 점유율의 절반을 잃었을 때 미국 정부가 일제 오토바이 수입에 관세를 부과한 적이 있었다. 관세율은 1983년에 45%로 시작해서 5년에 걸쳐 매년 인하해서 0%로 만드는 방식으로 했다. 시계바늘이 움직이기 시작하자 할리데이비슨은 효율성 제고와 품질 향상에 박차를 가하였다. 그 결과 시장 점유율이 회복되었고 관세는 예정보다 1년 앞당겨 철폐되었다. 1980년대 말에 할리데이비슨은 시장 점유율을 더 높였고 일본에 수출까지 할 수 있었다. 이 사례에서 보호주의가 효과를 낸 것은 보호가 단기적이고 직설적이었기 때문이다.

2. 무역 레짐

기술 발달로 세계가 좁아지면서 자유무역에 기반을 둔 글로벌 통합과정이 국제 경제문제의 의제를 설정하고 있다. 이 통합과정에서 핵심 역할을 하는 기관이 WTO이다.

(1) 세계무역기구

세계무역기구(World Trade Organization, WTO)는 국제무역을 촉진, 감시, 조정하는 다자간 글로벌 국제기구이다. 앞으로 나올 지역적 혹은 양자 간 기구들과 함께 WTO는 국제무역에 관한 국가들의 기대치와 관행을 형성해준다.[18] WTO는 자유무역 촉진을 목표로 1947년에 창설된 **관세 및 무역에 관한 일반협정**(GATT)이라는 다자간 협력 기구의 후계자이다. GATT는 행정 제도라기보다 협상의 틀 역할을 했으며, 실제로 무역을 규제하지는 않았다. GATT가 만들어지기 전에 이보다 더 강력한 제도적 장치를 만들자는 제안이 있었지만, 그런 장치가 자유무역을 과도하게

---

18 Hoekman, Bernard, and Michel Kostecki. *The Political Economy of the World Trading System: The WTO and Beyond.* 2nd ed. Oxford, 2001.

규제하여 질식시킬지 모른다고 우려한 미국의 반대로 무산되었다. GATT는 1990년대 이전까지 제도적 하부구조를 거의 갖지 않고 스위스 제네바에 작은 규모의 사무처만 유지하고 있었다(WTO 본부도 제네바에 있다). 그리고 GATT는 협상의 장이라는 주된 역할 외에 규칙을 분명히 하고 각국의 규칙 준수를 돕는 등 무역분쟁의 중재를 지원하는 역할도 했다.

1995년에 GATT가 WTO로 변신하였는데, WTO는 공산품에 대한 기존 GATT의 합의를 계승하고 여기에 서비스 및 지적 재산 무역 문제를 포함시키기로 하였다. GATT와 달리 WTO는 약간의 집행 권한이 있으며, 각국의 무역정책과 관행을 감시하고 회원국 간의 분쟁을 심판하는 국제 관료기구(600명 이상)도 갖추고 있다. WTO는 회원국들에게 약간의 권한을 행사하지만, 그 권한은 대다수 국제제도의 경우처럼 제한적이다. 자유무역에 대한 공개적 반대가 존재한다는 사실은(이번 장 끝의 "무역에 대한 저항" 참조) 해외에 있는 잘 알려지지 않은 기구가 민주적으로 제정된 국내법을 바꾸기가 얼마나 힘든지를 잘 보여준다. 그러나 WTO는 무역을 규제하는 가장 핵심적인 국제제도이며, 그렇기 때문에 전 세계 거의 모든 국가가 참가를 원하는 제도이다.

WTO 회원국 수는 꾸준히 늘었다. 2012년 현재 전 세계 주요 무역국가 전체를 포함해 155개국이 가입한 상태이다. 러시아의 가입신청은 17년이나 끈 후 2011년에 승인되었다. 회원 가입은 회원국 전원이 찬성해야 가능한데, 당시 인접국 조지아가 러시아의 가입을 거부하지 않기로 동의해서 러시아 가입이 성사되었다. 베트남은 2007년, 우크라이나는 2009년에 각각 가입하였다. 현재 25개국 이상이 가입을 희망하고 있는데 그중 가장 중요한 국가가 이란과 이라크이다. 중국은 10년 이상 협상을 한 다음 2001년에 가입하였다. 통상 미국과 회원국들은 가입 조건으로 무역관행의 자유화를 요구한다. 이 자유무역 관행이 중국의 경제 및 정치 발전에 영향을 주고 있다.

WTO의 기본 틀은 각국의 무역장벽 완화를 서로 비슷한 수준으로 맞추는 식의 상호주의 원칙에 의존하고 있다. 또한 WTO는 **최혜국**(most-favored nation) 개념에서 나타난 무차별 개념도 활용한다. 무차별 개념이란 한 회원국이 최혜국에게 부과하는 수준의 무역 제한을 다른 모든 회원국들에게 동일하게 적용해야 한다는 것이다. 예컨대 호주가 만일 프랑스에서 수입하는 자동차 부품에 20%의 관세를 부과한다면 미국에서 수입하는 자동차 부품에 40% 관세를 부과해서는 안 된다. 이와 같이 WTO는 무역장벽 일체를 제거하는 것이 아니라 모든 회원국들이 대등한 위치에서 경기에 임할 수 있도록 무역장벽을 평준화하는 세계적 틀을 제공한다. 회원국은 자국 산업 보호를 금지 당하는 것이 아니라 모든 무역 상대국들을 평등하게 대접해야 한다. 또한 회원국은, 중국 가입 전에 미국이 중국에게 그랬듯이, 비회원국에게도 최혜국 지위를 부여할 수 있다.

무차별 원칙의 예외가 **일반특혜관세제도**(Generalized System of Preferences, GSP)이다. 이 제도는 1970년대부터 시행되었는데, 부국이 빈국의 경제발전을 돕기 위해 빈국에게 무역 특혜를 주는 제도이다. 이 특혜는 부국이 빈국 수출품에 대한 관세를 무차별 관세보다 낮게 책정해준다는 약속 같은 것이다.[19]

WTO는 (공정하고 호혜적인 기초 위에서 무역장벽을 낮추기 위해) 다자간 협정을 위한 협상의 장이라는 GATT의 역할을 계승하고 있다. 상세하고 복잡한 다자간 협정은 각국이 정해진 기한 내에 특정 수준까지 무역장벽을 낮추어야 한다는 구체적인 의무사항을 담는다. 거의 모든 의무사항이 국내의 정치적 비용을 수반한다. 특정 국내 산업이 외국 경쟁 산업으로부터 보호 받지 못하기 때문이다. 다른 국가들이 타 분야에서 유사한 수준의 의무 이행에 동의하였음에도 각국 정부는 무역장벽을 낮추는 데 어려움을 겪기 쉽다.

결과적으로 다자간 협정을 위한 협상은 길고도 어려운 협상이다. 대개 한 라운드의 협상에 몇 년이 걸린다. 1947년부터 1995년까지 사이에 5라운드의 GATT 협상이 있었는데, 이중 1960년대 케네디 행정부 시절에 시작되어 케네디 라운드라 불리는 협상은 통합 유럽의 역할 증대에 특별한 주의를 기울였다. 당시 미국은 유럽의 역할 증대에 약간 위협을 느끼고 있었다. 1970년에 시작된 도쿄 라운드는 OPEC이 유가를 올리고 일본이 세계 자동차시장을 지배하기 시작하는 등 달라진 세계 무역 환경에 맞게 규칙을 조정하는 작업을 해야 했다.

우루과이 라운드는 1986년에 시작되었다. 새로운 GATT 협정의 대체적 윤곽은 몇 년 후에 만들어졌지만, 최종 타결은 1990–1994년 사이에 5차례에 걸친 G7

---

19 Ozden, Caglar, and Eric Reinhardt. The Perversity of Preferences: GSP and Developing Country Trade Policies, 1976–2000. *Journal of Development Economics*(78) 1, 2005: 1–21.

정상회의가 연속적으로 열렸음에도 불구하고 이루어지지 못했다. 이런 식으로 협상이 지연되자 협상 참가자들은 GATT를 "회담 및 회담에 관한 일반협정"(General Agreement of Talk and Talk)으로 개명해야 한다고 말하기도 했다. 협상 타결에 성공하면 세계경제에 연간 1,000억 달러 이상의 이익이 발생하지만, 이 돈은 집합재이다. 즉 이 돈은 최종 협상에서 양보한 국가나 양보하지 않은 국가나 공히 누릴 수 있는 돈이다. 마침내 1994년 말에 협상이 타결되었다. 미국은 유럽에 압력을 넣어 농업 보조금 삭감을 얻어냈고 남반구 국가들에 압력을 넣어 지적 재산권 보호를 얻을 수 있었다. 결국 미국이 원했던 결과가 되었지만 전부를 얻은 것은 아니었다. 예를 들어 프랑스는 끝까지 고집을 부려 미국 영화산업으로부터 자국 영화산업을 보호할 권리를 얻었다.

1947년 창립 초기부터 GATT는 각국이 산업 보호를 위해 비관세장벽 말고 수입 관세 이용을 권장하고 관세의 단계적 인하를 권장하였다. GATT는 제조업 상품에 집중하였고 평균 관세율 인하에서 상당한 성과를 거두었다. GATT 이전 수십 년 동안 관세율이 상품 가격의 40%였지만 우루과이 라운드 타결 이후인 2002년에 이르러 3%로 떨어졌다. 남반구 국가들의 관세율은 이보다 훨씬 높은 15% 정도이다(국내 산업 보호의 필요성이 크기 때문에).

농산품 무역은 공산품 무역보다 정치적으로 더 민감한데, 이 문제가 우루과이 라운드에서 처음으로 중요한 쟁점으로 대두되었다.[20] 금융과 보험 같은 서비스 무역은 현재 WTO가 풀어야 할 또 다른 주요 과제이다. 서비스 분야의 무역 규모는 2012년 현재 전체 세계무역의 1/5 이상이다. 통신 분야는 이와 연관된 관심 분야이다. 1997년에 70개국이 WTO를 통한 협상을 거쳐 외국 통신 기업들의 자국 시장 진입을 허용하는 내용의 조약 체결에 합의한 바 있다.

농업과 기타 민감한 분야로의 자유무역 확대에 따르는 문제는 1999년 시애틀에서 개최된 WTO 각료회의에서 명백하게 드러났다. 당시 각국 상무장관들은

---

20 Marlin-Bennett, Renee Elizabeth. *Food Fights: International Regimes and the Politics of Agricultural Trade Disputes.* Gordon & Breach, 1993. Anderson, Kym, and Will Martin. *Agricultural Trade Reform and the Doha Development Agenda.* World Bank, 2006. UNCTAD. *Roadblock to Reform: The Persistence of Agricultural Export Subsidies.* United Nations, 2006.

우루과이 라운드 이후 새로운 무역협상의 개시를 희망하였다. 빈국 대표들은 소득을 늘리기 위한 무역이 필요하며, 선진국 기준을 충족시킬 수 없다는 점을 주장하였다(선진국들 역시 산업화 초기에는 저임금노동, 가혹한 근로조건, 환경파괴 등을 허용했다). 환경 운동가, 노동운동가, 창문을 부순 무정부주의자들은 가두시위에 나서 개회를 하루 지연시키기도 했다. 결국 이 회의는 실패로 끝났다.

시애틀에서의 실패를 만회하기 위해 2001년에 각국 상무장관들은 카타르 도하에서 만나 새로운 라운드의 협상, 즉 **도하 라운드**(Doha Round)를 시작하기로 합의하였다. 현재 협상 중에 있는 이슈는 농업 분야, 서비스 분야, 공산품 분야, 지적 재산권 분야, (반덤핑 사건 처리 방법을 포함한) WTO 규칙 분야, 분쟁 해결 분야, 기타 무역 및 환경 문제 등이다. 2003년의 멕시코 칸쿤 회의에서는 선진국들이 농업 보조금 폐지에 동의하지 않자 남반구 국가들이 퇴장했다. 선진국들이 농업 보조금을 폐지하지 않으면 후진국의 농산물 수출이 봉쇄된다. 2005년의 홍콩 회의에서는 부국들이 수출보조금 종료에 동의했지만 공산품에 대한 관세, 지적 재산권 보호, 금융 부문 개방 등의 문제를 놓고 어려운 협상이 계속되었다. 서방 선진국들이 남반구 국가들의 요구인 농업 보조금 중단을 거부한 것은 여전히 중요한 장애물이었다.

게임 이론가들은 도하 라운드 같은 주요 무역협상 타결의 어려움을 설명하기 위한 모델로서 겁쟁이 게임을 제시하고 싶을 것이다. 대부분의 무역협상에서 각국은 필요하다면 상대방에게 더 유리한 조건으로라도 거래를 성사시키려 한다. 그러나 각국은 가능하면 자국에게 더 유리한 조건으로 거래하려고 한다. 이와 유사하게, 겁쟁이 게임에서도 각 행위자는 정면충돌을 피하려고 하며, 영웅이 되느냐 겁쟁이가 되느냐의 문제는 부차적인 문제로 여긴다. 무역협상에서 양측은 가능하면 오랫동안 자국에 유리한 조건을 고수하며(즉 핸들을 꺾지 않으려고 하며), 더 이상 협상을 할 수 없는 협상 마감 시한(즉 정면충돌)에 임박할 때가 되면 비로소 합의를 보려고 한다. 겁쟁이 게임 상황에서는 마지막 순간이 올 때까지는 양보할 인센티브가 전혀 없다.

WTO 협상에서 도하 라운드는 2001년부터 2013년에 이르기까지 타결을 보지 못했다. 2007년에 협상 참가자들은 최종 합의를 앞당기기 위해 마감 시한을 설정하려고 했다. 즉 미국 의회가 대통령에게 부여한 신속협상권(fast-track authorization)의 기한이 만료되면 새로운 WTO 협정에 대한 미국 의회의 승인이 힘들어 신속협상권 만료 시점을 협상 마감 시한으로 설정하자는 것이다. 그 시한이 그냥 지나가자 또 다른 시한이 설정되었다가 다시 지나가곤 했다. 예컨대 금융 위기 심화와 힘든 싸움을 벌였던 2008년의 워싱턴 정상회의에서 일부 지도자들은 미국 행정부가 교체되기 전에, 주말까지 도하 라운드를 타결하자고 제안하였다. 이런 마감 시한들이 그냥 지나가 버리자 다음 번 시한이 진짜 시한이라고, 그래서 그 시한까지 각국이 핸들을 꺾지 않으면 정면충돌을 피할 수 없다고 믿기가 더욱 어려워졌다. 이런 식으로 겁쟁이 게임이 협상 전개과정에 대한 이해에 도움을 줄 수 있다. 그러나 이 모델에는 한 가지 단점이 있다. 즉 게임 자체가 불안정하기 때문에 이 모델로 게임 결과를 예측할 수 없다는 점이다. 이 모델이 예측하는 것은 합의가 이루어진다면 그 합의가 믿을만한 마감 시한 직전에 갑자기 이루어지고, 합의가 이루어지지 않는다면 각 참가자들에게 불쾌한 놀라움(그 친구가 왜 핸들을 꺾지 않았지?)으로서 끔찍한 실패가 닥치게 된다는 점 밖에 없다.

일반적으로 각국이 WTO에 참가하는 까닭은 전 세계 부의 창출이라는 편익이 국내 산업에 끼치는 손해와 국가경제의 고통스러운 조정이라는 비용보다 크기 때문이다. 각국은 협상이 진행되는 동안에는 자국에게 유리한 조건으로 규칙을 바꾸려고 노력하며, 협상이 타결된 다음에는 사소한 분야에서 규칙을 우회하려 들지도 모른다. 그러나 전반적인 편익이 너무나 크기 때문에 협상 불참이나 잦은 무역 전쟁으로 그 편익을 위태롭게 만들지는 않는다.

(2) 양자 및 지역적 협정

WTO가 세계시장에서 다자간 무역의 전반적 틀을 제공하고 있지만 대부분의 무역은 더 구체적인 국제정치 협정들, 즉 양자 협정과 지역 협정을 통해 이루어진다.

양자 협정(bilateral agreement) 무역에 관한 양자 협정은 두 국가 간 무역장벽을 낮추기 위한 호혜적 협정이다. 대개 양자 협정은 아주 구체적이다. 예컨대 한 국가가 X라는 상품(상대국이 경쟁력 있는 가격으로 수출하는)의 수입 금지를 완화하는 대신 상대국이 Y라는 상품(첫 번째 국가가 수출하는)에 대한 관세를 인하하는 식이다. 2007년에 캐나다와 인도가 체결한 것과 같은 포괄적 협정은 대개 구체적 산업과 상품까지 아주 자세한 수준의 내용을 담고 있다. 상호주의 원칙에 입각한 협정이 흔히 그렇듯이, 무역협정도 아주 복잡한 내용과 함께 항시적 감시를 위한 내용을 담고 있다. 미국이 한국, 파나마, 콜롬비아와 각각 체결한 협정은 2011년에 발효되었다.

GATT/WTO의 설립 취지 가운데 하나가 양자 협정의 미로 같은 복잡성을 없애고 관세 및 특혜 제도를 단순화하는 것이다. 그러나 양자 무역협정이 계속 중요한 역할을 수행하고 있기 때문에 WTO의 그러한 노력은 부분적으로 성과를 거두었을 뿐이다. 양자 협정의 장점은 다자간 협상에 필연적으로 수반되는 집합재 문제를 완화하고 협력 달성의 수단으로서 상호주의가 더 쉽게 작동한다는 점이다.[21]

---

21 Oye, Kenneth A. *Economic Discrimination and Political Exchange: World Political Economy in the 1930s and 1980s.* Princeton, 1992.

집합재 찾기

자유무역

집합재: WTO의 도하 라운드 합의

배경: 지난 수십 년 동안 전 세계가 무역장벽을 낮추어 왔고 그 결과 번영을 누려 왔다. 그 동안 세계 각국은 WTO가 주관하는 협상을 통하여 상대국의 양보에 상호주의로 대응하는 것을 골자로 한 몇 "라운드"의 무역협정을 체결하였다. 협정의 편익을 누리려면 무역 대국을 포함한 모든 국가들이 협상에 참가해 합의에 도달해야 한다.

새로운 WTO 협정은 어떤 국가가 얼마나 양보했는가와 무관하게 모든 국가들에게 무역제한 완화에 따른 혜택을 주는 일종의 집합재이다. 예를 들어 지난 번 우루과이 라운드에서 프랑스와 미국이 미국 영화에 대한 프랑스의 규제 문제를 놓고 싸움을 벌이는 동안 전체 협상이 교착 상태에 빠져버렸다. 이 문제에서 어느 쪽이 더 고집을 부렸냐와 상관없이, 양쪽 모두 전체 협상이 타결되면 이득을 얻을 수 있다. 그러나 양쪽 모두 끝내 고집을 굽히지 않으면 전체 협상이 결렬되어 집합재 생산이 불가능해질 수 있다. (결국 프랑스가 무임승차에 성공하였고 무역협상은 추진되었다.)

도전: 현 도하 라운드는 몇 년째 교착 상태에 빠져 있다. 협상이 타결되면 더 자유로운 무역이 이루어지고 그리하여

WTO 협상이 교착 상태에 빠져도 양자 협정이 있기 때문에 무역은 계속 이루어질 수 있다. 대다수 국가들은 몇몇 국가와 대부분의 무역을 하기 때문에, 그들 국가와의 양자 협정이 국가의 대외무역 관계를 거의 결정한다. 지난 십년간 양자 협정 수가 크게 늘어 다른 형태의 협정을 모두 합친 것보다 훨씬 더 많다.

자유무역지대   지역적 자유무역지대 역시 세계 무역질서에서 중요한 역할을 한다. 자유무역지대란 같은 지역에 인접해 있는 국가들이 합의하여 무역장벽의 전부 혹은 대부분을 제거한 지역을 가리킨다. 자유무역지대에 속해 있는 국가들은 그 지대 밖의 국가들에 대해서도 무역장벽을 낮추고 동일한 수준의 관세율을 적용할 수 있다. 이런 경우를 **관세동맹**(Customs Union)이라 한다. 이 관세동맹 국가들이 금융거래 같은 다른 분야까지 공동 조정하기로 합의한다면, 이 동맹은 이제 **공동시장**(Common Market)이 된다. 어떠한 형태든 지역적 무역협정을 체결하면, 그 국가들은 세계의 다른 국가들과의 협정을 기다릴 필요 없이 지역 내 상호협력을 통하여 부를 증대시킬 수 있게 된다.

전 세계가 수십억 달러의 추가 이익을 누릴 수 있기 때문에 모든 국가들이 협상 타결을 원하고 있다. 그러나 현재 각국은 농업 보조금 문제와 기타 문제를 놓고 서로 싸우고 있다. 협상이 중단과 재개를 몇 차례 반복했다. 이 몇 가지 해결 안 된 골치 아픈 문제들에 대한 합의가 이루어지지 않으면 어느 누구도 새로운 WTO 협정이 가져올 경제적 부양효과를 누릴 수 없다.

해결책: 오로지 상호주의만이 이 딜레마를 해결해줄 수 있다. 듣기 좋은 공통의 정체성 같은 것은 각국의(또한 기업이나 시민들의) 주머니 속 현금과 경쟁 상대가 되지 못한다. 그리고 세계무역의 전체 구조가 모든 참가국들의 형식적 평등에 의존하고 있기 때문에 우세 원칙도 큰 역할을 하지 못한다. 수세기 전에는 군대가 무역분쟁을 해결했지만, 오늘날에는 그렇지 않다.

상호주의 해결책이 일반적으로 그렇듯이, 무역협정도 아주 복잡하고 세세한 부분까지 담고 있으며 협정 준수를 감시하기 위한 세밀한 노력도 포함하고 있다. 도하 라운드에서 최종 합의가 이루어진다면, 그것은 견해차이가 있는 분야를 수많은 작은 이슈들로 쪼개서 그 각각에서 상호주의적인 타협과 양보를 얻어낸 결과일 것이다.

가장 중요한 자유무역지대는 유럽에 있다. 이것은 EU와 연결되어 있지만 회원국 수가 EU보다 조금 많다. 유럽에는 수많은 소규모 산업국들이 인접해 있기 때문에 단일 통합시장을 만들면 원래 미국 같은 큰 국가만 누릴 수 있는 경제적 이점을 유럽의 작은 국가들도 누릴 수 있게 된다. 유럽의 자유무역 실험은 전반적으로 큰 성과를 거두어 전후 유럽의 부 축적에 기여하였다(10장 참조).

1988년에 미국과 캐나다가 자유무역협정(Free Trade Agreement, FTA)을 체결한 데 이어, 1994년에 미국, 캐나다, 멕시코가 **북미자유무역협정**(NAFTA)을 체결하였다.[22] NAFTA 첫 10년 동안 미국이 멕시코와 캐나다로부터 수입한 금액이 두 배 이상 늘어났지만 그 후(1999년 이후) 약간 줄었다. 캐나다는 미국의 가장 중요한 무역상대국이고 멕시코는 세번째 무역상대국이다(일본이 두 번째 무역상대국이다). 초기인 1994-1995년 사이에 멕시코 통화의 달러 대비 가치가 급격히 떨어졌다. 미국 내 NAFTA 반대자들(여러 노동조합을 포함해)은 멕시코의 낮은 임금과 허술한 노동법을 비판하였는데, 그들은 멕시코가 미국의 노동 기준을 아래로 끌어내릴 수 있다고 우려했다. 이와 유사하게 환경운동가들은 멕시코의 허술한 환경 관련법(미국 관련법과 비교해)을 비판하였으며, 또한 NAFTA가 미국 기업들에게 멕시코 환경을 오염시켜도 된다는 면허증을 주었다고 비판하였다. 그러나 15년 세월이 지난 시점에서 볼 때, NAFTA 지지자들이 예견한 큰 이득도 반대자들이 예견한 대재난도 현실화되지 않았다.

남북 아메리카의 정치인들은 오랫동안 알래스카에서 아르헨티나에 이르는 전체 서반구에 하나의 자유무역지대, 즉 **전미자유무역지대**(FTAA)를 만드는 문제에 대하여 논의해 왔다. 1997년에 클린턴 대통령은 이 일을 하기 위해 의회에 신속협상권을 부여해 달라고 요청하였다. 그러나 민주당 의원들이 이에 반대하였다. 민주당 의원들은 FTA에 상대국의 노동 및 환경 기준 준수를 요구하는 내용이 포함되어야 한다고 주장하였다(그런 내용이 빠진 것은 NAFTA의 결점이라 지적하면서). 부시 대통령은 의회로부터 신속협상권을 얻는 데 자주 성공하였으며, 2005년까지 타결을 목표

---

22 Hakim, Peter, and Robert E. Litan, eds. *The Future of North American Integration: Beyond NAFTA*. Brookings, 2002. Andreas, Peter, and Thomas J. Biersteker, eds. *The Rebordering of North America: Integration and Exclusion in a New Security Conflict*. Routledge, 2003.

로 2003년부터 FTAA 협상을 시작하였다. 그러나 그 당시 몇 가지 요인이 FTAA 의 앞길을 막았다. 2001년의 경기침체와 9·11 이후의 보안 조치가 무역을 위축시켰으며, 중국이 미국 기업들에게 더 나은 저임금 노동을 제공해 주었으며, 그리고 대다수 라틴아메리카 국가들에 자유주의 경제학의 조언을 경계하는 좌파 정권이 들어섰다. 이 국가들은 무관세 무역을 가장 우려하였으며, 미국은 서비스, 지적 재산, 금융 개방 등과 같은 다른 문제들을 강조하였다. 2005년 말에 아르헨티나에서 정상회의가 열렸는데, 회담 참가자 중 한 사람인 차베스(Hugo Chavez) 베네수엘라 대통령이 25,000명 정도의 반미 시위대를 이끌고 가두시위를 벌여 FTAA 협상이 진행되지 못했다. 현재 FTAA 협상은 동면에 들어가 있는 상태이며, 무역협상의 무게추는 도하 라운드 쪽으로 가 있다. 그런 한편으로, 미국은 몇몇 라틴아메리카 국가들과 FTA를 체결하였다.

아시아에서 자유무역지대를 만들려는 노력은 1980년대 말에 시작되었지만 진행이 느렸다. 유럽이나 북아메리카의 상황과는 달리, 아시아에는 일본 같은 부국과 필리핀 같은 빈국, 민주국가, 독재국가, 공산국가 등 다양한 국가들이 혼재한다. 이처럼 다양한 국가들이 어떻게 공동 이익을 조정할 수 있을지는 불확실하다. 특히 역내 국가들의 무역 패턴이 역내 국가 간 무역에 집중되어 있지 않고 미국을 위시한 많은 역외 국가들과의 무역으로 분산되어서 더욱 불확실하다(이 점도 유럽 및 북아메리카의 상황과 다르다).

그러나 이러한 문제에도 불구하고 2007년에 동남아국가연합(ASEAN) 10개국이 중국, 일본, 인도, 뉴질랜드와 함께 동아시아 자유무역지대에 관한 협상을 시작하였다. 이 그룹은 다른 아시아·태평양 국제기구와 달리 미국을 참여시키지 않고 있지만, 세계 인구의 절반과 세계에서 가장 역동적인 경제를 가진 국가들이 포함되어 있다. 아세안과 중국 간의 협상이 타결되어 2010년에 이들 간의 자유무역지대가 출범하였다. 이 아세안-중국 FTA로 EU, NAFTA에 이어 세계에서 세 번째로 큰 자유무역지대가 만들어졌다.

냉전기간에 소련 진영은 자체적으로 무역 블록을 가지고 있었지만, 소련 붕괴 이후에는 그 회원국들이 앞을 다투어 가며 세계경제에 합류하였다. 그러나 12개 구소련 공화국들로 구성된 독립국가연합(CIS)이 경제 통합 상태를 유지하고 있다(조지아는 2008년에 러시아와 전쟁을 치른 후 탈퇴). 이 국가들은 과거에 한 국가에 속해 있었

▌정책적 시각

브라질 대통령 지우마 호세프(Dilma Rousseff)의 입장

문제: 주요 무역상대국들의 요구와 국내의 경제적 필요성을 어떻게 조화시킬 것인가?

배경: 당신이 브라질 대통령이라 상상하라. 당신은 최근에 당선되었고 전임자의 정책을 이어받을 것으로 예견되었다. 2010년 현재 브라질은 세계 10위의 경제 대국이며 성장률은 2003년의 −0.5%에서 약 5%로 크게 늘었다. 수출 주도 성장전략이 이 같은 경제적 성과의 한 가지 중요한 요인이다. 선진국들에 대한 수출은 항상 높은 수준을 유지하였으며, 2005년에는 1992년 이후 처음으로 경상수지 흑자를 기록하였다.

미국, 아르헨티나, 중국, 네덜란드, 독일이 브라질의 주요 수출대상국이다. 미국 하나만 해도 수출의 11%, 수입의 16%를 차지한다. EU 국가들을 모두 합치면 수출의 23% 이상을 차지하지만 수입은 이보다 훨씬 적다.

브라질은 미국으로부터 전미주자유무역지대(FTAA)에 참가하라는 광범한 압력을 받아 왔지만 지금까지 거부하고 있다. FTAA와 관련한 당신의 목표는 선진국들의 농업 보조금을 줄이고 브라질 농산물에 대한 할당을 늘리는 것이다. 지금까지 미국은 그런 요구를 대체로 거부해 왔다. 미국의 협상력을 감안할 때 장차 협상에서 이 문제에 대해 미국의 양보를 얻는 어려울 것 같다.

국내 고려사항: 당신은 국내에서 공산품과 농산품이 계속 세계시장으로 진출할 수 있게 해야 한다는 압력을 받고 있다. 다행히 인접국들과의 무역관계는 비교적 좋다. 브라질은 남미공동시장(Mercosur)에서 가장 큰 나라이다. 최근에 FTAA 협상이 완전 실패할 경우의 위험 부담을 줄이기 위해 (멕시코와 페루 같은) 다른 라틴아메리카 국가들에게 남미공동시장에 준회원국으로 참가할 것을 권유하였다. 불행히도 남미공동시장만으로는 브라질의 수출 상품을 전량 소화시킬 수 없다. 예를 들어 정회원국인 아르헨티나, 파라과이, 우루과이 3국의 GDP를 합쳐도 캐나다의 GDP에 미치지 못한다.

시나리오: EU가 FTAA 협정(아직 성사되지 않았지만)보다 더 나은 조건으로(특히 농산물과 관련하여) FTA를 맺자고 제안했다고 가정하자. 몇몇 EU 국가들이 매우 중요한 무역 상대국이기 때문에 이 제안은 매력적인 것이다. 수출을 계속 늘리려면 시장 접근 기회가 반드시 늘어야 한다. 이 제안은 당신네 수출 지향 산업의 요구를 충족시킬 좋은 기회이다.

그러나 EU의 제안을 받아들이면 미국의 분노를 살 것 같다. 만일 미국이 브라질을 제외하고 FTAA 협정을 성사시킨다면, 브라질의 수출품과 비슷한 제품을 생산하는 인접국들의 제품이 더 유리한 조건으로 미국 시장에 진출할 수 있고 그리하여 미국 기업이나 소비자들에게 브라질 제품보다 더 매력적인 제품이 될 수 있을 것이다.

정책 선택. EU의 제안을 받아들일까? 돌파구를 찾기 위해 미국과 더 협상해야 할까? 이 경쟁적인 무역상대국들 사이에서 어떻게 균형을 잡아야 국민들에게 최선의 결과를 가져다줄 수 있을까?

기 때문에 수송, 통신, 기타 인프라 네크워크가 통합되어 있다.

라틴아메리카가 자유무역지대로 가는 길은 순탄치 않았다. 1990년대 말에 브라질, 아르헨티나, 우루과이, 파라과이(베네수엘라의 가입을 거부하였다) 4개국이 남미공동시장을 출범시켰다. 파라과이 대통령이 2012년에 갑자기 탄핵 당하자 브라질이 주도하여 파라과이를 10개월 간 자격 정지시키고 그 기간에 베네수엘라를 받아들였다. 칠레, 볼리비아, 콜롬비아, 에콰도르, 그리고 페루는 준회원으로 가입하였다. 남미공동시장 회원국들은 회원국 상호간 무역보다 더 많은 무역을 미국과 하지만 FTAA를 거부하는 데 주도적 역할을 했다. 2002년에는 회원국 2억5,000만 국민들의 역내 자유 여행 및 거주를 허용하기로 합의하였다. 1973년에 카리브공동시장(CARICOM)이 창설되었지만, 지역도 경제력도 크지 않아 경제성장을 추동할 만한 중요한 자유무역지대가 아니다. 1969년에 콜롬비아, 에콰도르, 페루, 볼리비아가 안데스국가공동체라는 그룹을 만들었는데, 이 기구는 비교적 성공한 기구이며 남미공동시장 회원국들을 준회원으로 인정하고 있다. 마지막으로 2008년에 전 대륙 단일 기구로서 남미국가연합(UNASUR)이 창설되어 EU의 전례를 좇아 남미공동시장과 안데스국가공동체의 통합을 추구하고 있다.

현재 이미 존재하는 유럽과 북아메리카의 지역적 자유무역지대 등이 힘을 얻고 또 새로운 자유무역지대가 계속 등장하면 WTO가 약화될지 모른다. 양자 협정과 지역 협정을 통하여 경제성장에 필요한 정치적 요건을 충족시키는 국가의 수가 늘어날수록 WTO를 통한 전 세계적 협정에 대한 의존도가 떨어질 것이다. 뿐만 아니라 WTO의 규칙과 지역 협정의 규칙이 중복되어 혼란을 일으킬 수 있다.[23] 2006년에 있었던 예로, 미국이 캐나다산 침엽수 목재에 관세를 부과한 데 대하여 WTO는 합당하다고 판정한 반면에 NAFTA는 부당하다고 판정하고 받은 세금을 캐나다 측에 환불하라고 명령하였다. (WTO는 캐나다 측의 항의를 받고 곧 판정을 번복하였으며, 양국이 곧바로 새로운 협정을 체결하여 미국이 40억 달러를 환불하였다.) 극적으로 전 세계가 (각기 내부적으로 통합되어 있지만 다른 진영에 대해서는 그리 개방적이지 않은) 3개의 지역적 협정으로 분할될지 모른다. 기존의 유럽과 북아메리카의 자유무역지대와 장차 생길지 모르는 아시아의 자유무역지대가 대내적으로는 자유주의를, 대외적으로는 중상주의를 실행하는 분리된 무역지대가 될 가능성이 있다.

(3) 카르텔

카르텔(cartel)이란 시장에서 특정 상품의 가격을 조작하기 위하여 생산자 혹은 소비자들이 만드는 연합체를 말한다. 국제무역에서 카르텔은 이례적이지만 흥미로운 형태의 무역 레짐이다. 소비자보다는 주로 생산자들이 카르텔을 만든다. 왜냐하면 대개 소비자보다 생산자 수가 적고, 적은 생산자들이 협조하면 가격을 높은 수준으로 유지할 수 있기 때문이다. 카르텔이 가격에 영향을 주는 방법은 다양하다. 가장 효과적인 것이 협의를 통하여 특정 상품의 수요보다 공급을 적게 하기 위하여 생산량에 상한선을 두는 것이다.

국제경제에서 대표적인 카르텔이 **석유수출국기구**(OPEC)이다. 회원국들은 석

---

23 Davis, Christina. Overlapping Institutions in Trade Politics. *Perspectives on Politics* 7(1), 2009: 25–31.

유수출로 연간 수천억 달러를 통제하며, 전 세계 석유공급량의 약 40%을 차지하고 있어 가격에 실질적인 영향을 주기에 충분할 정도이다. (카르텔이 특정 상품의 가격에 영향을 주는 데 반드시 독점일 필요는 없다.) OPEC이 가장 큰 힘을 쓸 때인 1970년대에는 그 비중이 더 컸다. OPEC은 오스트리아 비엔나에 본부를 두고 있으며, 세계 유가를 목표 범위 안에 머물게 하기 위해 연간 몇 차례 회의를 열어 각 회원국의 생산 할당량을 정한다. 지금까지 사우디아라비아가 최대 석유수출국이며 세계경제에서 매우 독특한 위치를 차지하고 있다(〈표 8.1〉 참조).

OPEC은 카르텔이 집합재 문제를 낳을 수 있다는 점을 잘 보여준다. 개별 회원국은 높은 유가라고 하는 집합재의 혜택을 누리면서 생산 할당량을 초과하여 생산하는 속임수를 쓸 수 있다. 실제로 OPEC에서 그런 일이 반복적으로 일어났지만, 너무 많은 회원국들이 초과 생산하면 집합재가 만들어지지 않는다. 즉 세계 유가가 떨어진다. (이라크는 쿠웨이트가 생산 할당량을 초과하여 생산한다고 비난하였는데, 이것이 쿠웨이트 침공의 한 요인이었다.)

지금까지 OPEC이 비교적 잘 활동해 온 것은 오로지 사우디아라비아라는 회원국 덕분이다. 사우디아라비아는 혼자서 유가 등락을 좌우할 수 있을 만큼 많은 양의 석유를 공급하고 있다. 이런 상황은 카르텔 안에 일종의 패권적 안정이 이루어지는 상황이라 할 수 있다. 사우디아라비아는 일부 국가의 속임수로 인한 공급 증가분을 자국 석유 감산으로 상쇄시킬 수 있으며, 그리하여 유가를 높게 유지할 수 있다. 혹은 지나치게 많은 회원국들이 할당량 이상 생산하는 속임수를 쓰면 회원국들이 제 정신을 차릴 때까지 시장에 석유 홍수를 일으켜 가격을 떨어뜨릴 수 있다.

〈표 8.1〉 OPEC 회원국별 산유량, 2012년 12월

회원국	백만 배럴/1일
사우디아라비아	9.4
이라크	3.0
쿠웨이트	2.8
이란	2.7
아랍에미리트	2.6
베네수엘라	2.3
나이지리아	2.0

리비아	1.5
알제리	1.2
카타르	0.8
에콰도르a	0.5
OPEC 전체	31.1
세계 전체 대비	40%

a: 에콰도르는 1992년 자격정지 이후 2007년에 재가입.

주: OPEC 회원국이 아닌 주요 석유수출국은 러시아, 카자흐스탄, 멕시코, 중국, 영국, 노르웨이 등이다. 가봉은 1995년에, 인도네시아는 2008년에 OPEC을 탈퇴하였다. 미국은 수십 년 전에는 주요 수출국이었으나 지금은 주요 수입국이다.

출처: www.platts.com/NewsFeature/2010/opec/prod_table.

대개 소비자들은 카르텔을 만들지 않는다. 그러나 OPEC에 대응하기 위해 주요 석유수입국들이 국제에너지기구(IEA)를 만들었는데, 이 기구는 부분적으로 카르텔 기능을 수행하고 있다. 이 기구는 세계 유가를 낮고 안정적으로 유지하기 위하여 주요 산업국들의 에너지 정책(세계시장의 석유 부족에 대비한 석유 비축분 유지 같은)을 조정한다. 최대 석유수입국은 산업대국인 G8 국가들이다. 세계경제에서 석유가 중요하고 생산자와 소비자 카르텔이 존재한다는 점을 감안하면 유가는 엄청나게 불안하다고 할 수 있다. 배럴 당 가격이 1998년에는 20달러였지만 2008년에는 140달러로 뛰었다가 40달러로 곤두박질쳤다. 이는 곧 가격 변동에 미치는 카르텔의 효과가 크지 않다는 사실을 보여준다.

세계시장에서 가격 변동이 심하면 생산자와 소비자 모두에게 손해인데, 그런 상품의 가격을 안정시키기 위한 생산자-소비자 합동 카르텔이 만들어진 경우도 있다. 즉 생산자 국가와 소비자 국가가 함께 특정 상품의 세계 공급과 수요를 조절한다. 커피와 몇몇 광물 등의 가격 안정을 위한 카르텔이 그런 예이다. NGO들은 커피 거래에 공정무역인증제라는 것을 도입하였는데, 이는 재배 농민들에게 시장가격 변동에 관계없이 생산원가 이상의 가격을 보증하는 제도이다. 나중에는 초콜릿과 기타 상품에도 이 인증제를 적용하였다.

카르텔은 의도적으로 자유시장을 왜곡하기 때문에 일반적으로 자유주의 경제학에 맞지 않는다. 세계시장에서 전반적인 가격을 결정하는 데 있어서 대체로 카르텔의 힘이 시장의 힘보다 약하다. 너무나 많은 생산자와 공급자가 존재하며 한 재화의 가격이 지나치게 비싸지면 많은 대체재가 등장하여 그 재화를 대체하기 때문에, 카르텔이 시장을 혼란에 몰아넣을 수는 없다.

(4) 산업과 이익집단

흔히 국내 산업과 기타 정치적 행위자들이 국가의 대외 경제정책에 영향을 주고자 노력한다.[24] 이런 압력이 항상 보호주의를 선호하지는 않는다. 세계시장에서 앞서 있고 경쟁력 있는 산업은 정부가 자유무역 정책을 채택하도록 영향력을 행사한다. 이런 전략은 앞서 있는 산업이 번영을 누릴 수 있는 세계적 자유무역 체계를 촉진한다. 반면에 외국 경쟁자에 비해 뒤처진 산업은 보호주의를 추구하는 경향을 보인다.

대외 경제정책에 영향을 주는 수단에는 로비, 이익집단 결성, 뇌물 공여 등이 있으며 심지어 쿠데타도 포함된다. 행위 주체로 보면 업계의 후원을 받는 집단, 기업, 노조, 개인 등이 있다. 한 산업계 내부에는 기업 간 경쟁과 노사 간 경쟁이 있지만, 국가의 대외 무역정책에 관해서는 업계 전체가 공통의 이익을 갖기 때문에 모든 구성원들이 같은 방향으로 노력을 기울인다. 그러나 다른 산업계는 상이한 방향으로 나아갈 수 있다. 예를 들어 NAFTA에 대하여 미국의 일부 업계는 지지하였지만 다른 업계는 반대하였다.

많은 국가들에서 정부는 산업의 요구에 대응만 하는 데 그치지 않고 적극적으로 산업 성장을 촉진하기 위해 서로 협력하고 산업의 필요에 맞게 무역정책을 조정하기도 한다. 한두 개 산업이 전체 경제에 결정적으로 중요한 국가들의 경우(물론 국가가 산업을 직접 소유하는 경우에는 더 하지만) 그런 **산업정책**이 특히 더 자주 나타난다.[25]

---

24 Rothgeb, John M., Jr. *U.S. Trade Policy: Balancing Economic Dreams and Political Realities*. CQ Press, 2001. Hiscox, Michael. *International Trade and Political Conflict: Commerce, Coalitions, and Mobility*. Princeton, 2001.

25 Busch, Marc L. *Trade Warriors: States, Firms, and Strategic Policy in High Technology Competition*. Cambridge, 1999. Hart, Jeffrey A. *Technology, Television, and Competition: The Politics of Digital TV*. Cambridge, 2004. McGillivray, Fiona. *Privileging Industry: The Comparative Politics*

486

산업계의 이익에 따라 조직된 집단이 아닌 이익집단도 국가의 무역정책에 특별한 영향력을 줄 수 있다. 예컨대 미국의 환경운동 단체들은 미국 기업들에게 환경오염 통제를 회피할 목적으로 공장을 멕시코로 이전하는 데 NAFTA를 이용하지 말아야 한다고 주장한다(멕시코의 환경 관련법은 그리 엄격하지 않다). 미국 노조들은 미국 기업에게 고임금을 회피하기 위해 NAFTA를 이용하지 말라고 주장한다. 그러나 멕시코계 미국 시민단체들은 NAFTA가 멕시코에 있는 친척들과의 유대 강화에 도움이 된다는 이유로 NAFTA를 지지한다.

현재 진행 중인 무역협상에서 몇 가지 산업이 특히 중요하다. 그중 가장 중요한 것이 농업 분야이다. **전통적으로** 농업은 (특히 전쟁 시에) 식량자급이 국가의 취약성을 줄인다는 점에서 보호되어 왔다. 비록 그러한 안보 관심은 오늘날 다소 약화되었지만, 유럽, 미국, 일본 등의 농민들은 잘 조직되고 강력한 정치적 행위자이다. 예를 들어 일본 농민들은 쌀 중심의 음식 문화 때문에 쌀의 자급이 중요하다고 주장한다. WTO의 도하 라운드 협상에서는 농업 보조금 문제가 핵심 쟁점 가운데 하나였다. 이 문제 때문에 2003년의 칸쿤 협상이 결렬되었지만, 그 이듬해에 미국이 보조금 20% 삭감을 약속하면서 협상이 재개되었다. 2005년 홍콩 회의에서 부국들은 2013년까지 농산물 수출보조금 완전 철폐에 동의하였다.

두 번째로 중요한 쟁점 분야는 섬유 및 의류 분야이다. 2005년에 세계적으로 섬유 할당량이 그 전에 있었던 WTO 협정으로 크게 줄었다. 동시에 중국의 몇몇 도시는 하나의 의류만 전문적으로 생산해 거대 도매상들에게 대량 수출함에 따라 중국이 세계 의류 수출시장을 지배하기 시작하였다.[26] 값싸고 규율 잡힌 거대한 노동력 풀에 힘입어 중국은 미국 섬유 및 의류 제조업체들에게 업계 퇴출 위협을 가하였으며, 수출의 70%를 섬유에 의존하고 있는 파키스탄과 방글라데시 같은 수출국들에게 힘든 경쟁을 강요하였다. 2005년 말에 EU와 미국은 각각 중국과 양자 협정을 맺어 향후 몇 년간 섬유 할당제를 다시 실시하기로 하였다. 현재는 베트남 같은 국가들이 더 낮은 가격을 제시함으로써 중국으로부터 섬유 사업을 빼앗고 있다.

of Trade and Industrial Policy. Princeton, 2004.

26 Barboza, David. In Roaring China, Sweaters Are West of Socks City. *The New York Times,* December 24, 2004: A1.

무역협상에서 세 번째로 쟁점이 되는 것은 **지적 재산권** 분야이다. 지적 재산권이란 서적, 영화, 컴퓨터 소프트웨어, 기타 유사 상품의 제작자가 그 제품의 판매에 따른 로열티를 받을 권리를 말한다. 미국은 컴퓨터 소프트웨어, 음악, 영화, 기타 창작 활동의 불법복제 문제를 놓고 몇 개 국가와 큰 갈등을 겪고 있다. 이 같은 상품은 미국이 세계적 경쟁력 우위를 가진 상품인데, 저작권, 특허권, 상표권을 침해하여 그런 상품을 복제하여 판매하는 것은 기술적으로 쉽고 비용도 싸다. 미국 국내법이 외국에서 집행되지 않기 때문에, 미국 정부는 외국 정부에 그런 침해 행위의 방지와 처벌을 요청해 왔다. 컴퓨터 소프트웨어, 음악, 오락물을 대량으로 불법 복제한다고 알려진 나라는 중국, 대만, 인도, 태국, 브라질, 구소련 공화국 등이다. 2002년 당시 러시아 정부 추산에 따르면, 러시아에서 판매되는 비디오와 DVD의 80% 이상이 불법복제품이라 한다. 전 세계 불법복제 비율은 2001년 기준으로 40%로 추산된다. DVD나 처방약 같은 상품의 지적 재산권 침해는 제3세계 국가들에서 널리 만연해 있다.

이 문제에 대한 대응으로 국제사회는 세계지적재산기구(WIPO)라는 광범한 국제기구를 창설하였다. 184개국이 가입한 이 기구는 국제적 특허권 및 저작권 보호법을 표준화하려고 노력하고 있다. 대다수 국가들이 1994년의 특허권조약과 1996년의 저작권조약에 서명하였다. WTO는 세계에서 가장 중요한 다자간 협정인 "무역관련 지적 재산권에 관한 협정"(TRIPS)의 준수를 감시하고 있다. 대체로 선진국들은 WIPO 보호 장치보다 더 강력하고 또 모든 WTO 회원국이 동의해야 완화할 수 있는 TRIPS 규정을 더 좋아한다. WIPO 규정은 다수결로 개정이 가능하다.

도하에서 열린 2001년의 WTO 회의는 에이즈 유행 같은 국내의 심각한 보건 위기에 대처할 목적으로 특정 의약품을 제조하는 경우 TRIPS 규정의 적용을 면제 받을 수 있다는 내용의 선언을 채택하였다. (9·11 이후 탄저병 공포가 심각했던 시기에 미국은 강력한 항생제인 시프로를 제조하겠다고 위협한 이후 이 선언을 지지하였다.) 이와 같은 예외 조치를 위한 절차가 마련되었지만 개발도상국 가운데 이 절차를 활용한 국가는 얼마 안 된다. 이 문제에 대한 논쟁이 몇 년간 지속되어 아프리카의 수백만 에이즈 보균자들을 위한 효과적인 약품 보급이 지연되었다. 다만 2004년 이후에는 상황이 조금 개선되었다.

국제무대에서 지적 재산권 보호를 위해 노력하는 기업들은 국내와 동일한 수준의 보호가 이루어질 것으로 기대할 수 없다. 그래서 그런 기업들은 자신들의 자산도 활용하지만 자국 정부에 압력을 가하여 이 문제에 대한 부담을 지울 필요가 있다. 그렇게 하면, 법적 문제가 생길 때 각국이 주권을 가지고 있기 때문에, 사적인 국제 경제분쟁이 쉽게 정부 간 쟁점으로 비화할 수 있다.[27]

국제무역의 중요한 쟁점 가운데 네 번째는 각국 경제의 **서비스 분야** 개방 문제이다. 이 분야는 특히 정보 관련 서비스를 위시한 많은 서비스를 포함하고 있지만, 무역협상에서 가장 핵심이 되는 분야는 은행, 보험, 기타 금융 서비스이다. 미국 기업과 일부 아시아 기업이 정보처리 기술과 금융관리 경험에서 앞서 있기 때문에 이 분야에서 비교우위를 누리고 있다. 일반적으로, 장거리통신이 저렴해지고 또 더욱 확산됨에 따라, 한 국가의 기업이 제공하는 서비스를 다른 국가의 소비자들도 쉽게 이용할 수 있다. 만일 미국의 소비자가 미국 기업이 제공하는 고객 서비스에 전화를 걸어 인도나 기타 영어사용 개발도상국에 연결한다면, 이는 장거리 서비스 무역에 참여하는 것과 마찬가지이다.

국제무역에서 특별히 중요한 또 다른 분야는 무기무역 분야이다. 무기무역은 국가안보 관련 사안이기 때문에 대개 정상적인 상거래 네트워크 밖에서 이루어진다. 각국 정부는 필요한 무기를 수입에 의존하기보다 국내 방위산업을 보호하려 한다. 그리고 국내 방위산업은 제품을 (정부에 납품할 뿐만 아니라) 수출함으로써 더 강해지고 경제 활력을 얻게 된다. 그래서 각국 정부는 방위산업 부문에 적극적으로 관여하는 경향이 있다. 산업정책을 갖지 않은 미국 정부도 방위산업 부문에는 관여한다. 예컨대 제트 전투기는 미국이 전 세계적 비교우위를 누리는 제품이다. 1990년대 들어 미국 방위산업은, 마치 담배산업이 그랬듯이, 국내 수요 감소를 상쇄시키기 위해 새로운 해외 고객들에게 눈길을 돌렸다. 지금까지 남반구 지역 가운데 중동지역이 최대 무기수입 지역이며, 최근에는 인도와 중국의 수입도 늘고 있다.

또 다른 문제로 불법무역 "산업", 즉 밀수 문제도 있다. 각국 정부가 특정 상품 무역에 제한을 하더라도 누군가는 밀수를 통한 이윤을 얻기 위해 처벌의 위험을 감수하려 한다. 대개 불법 상품이나 불법적으로 수입된 합법 상품은 비공식적

---

27 Marlin‐Bennett, Renee. *Knowledge Power: Intellectual Property, Information, and Privacy.* Rienner, 2004

이고 때로는 은밀한 암시장에서 거래된다. 이런 거래는 정부의 세금수입에 큰 손실을 끼친다. 또한 외환거래를 위한 암시장도 있다(9장 참조).

불법무역의 정도는 이윤과 단속이 어떠한가에 따라 국가별, 산업별로 다양하다. 마약과 무기가 가장 많은 이윤을 내는 상품인데, 이 두 상품의 거래를 위한 세계적 밀수조직망이 있다. 정부의 통제 밖에 있는, 무기거래를 위한 국제 암시장이 가장 악명 높다. 어떤 국가라도 돈만 충분히 있으면, 비록 단가는 더 비싸지만, 거의 모든 종류의 무기를 구매할 수 있다.

(5) 무역 규칙의 집행

일반 국제법의 경우도 그렇지만, 국가들 간의 경제적 합의를 집행하는 것도 상호주의 원칙에 크게 의존한다. 만일 한 국가가 자국 산업을 보호하거나 수입품에 관세를 부과하거나 타국에서 제작된 작품의 저작권을 침해한다면, 상대국이 사용할 수 있는 주된 수단은 그와 비슷한 조치로 대응하는 것이다. 국가 간 관계에서 평등한 거래조건을 만들기 위해 상호주의 원칙을 적용하는 것은 국제무역에서 특히 중요하다. 실제로 각국은 상품 대 상품, 산업 대 산업 식으로 상호주의에 입각한 복잡한 무역협정을 체결하기 위해 협상한다.[28] 무역분쟁이 생기거나 보복 조치를 취하는 일은 흔하다. 각국은 무역 조건이 제대로 준수되는지를 면밀히 추적한다. 방대한 관료기구들이 (세계시장 대비 가격, 관세 등) 국제 경제거래 과정을 감시하며, 상대국의 협력 거부에 상응하는 자세한 상호주의 정책을 개발한다.

평등한 무역 조건을 집행하는 일은 "공정성"에 대한 해석 차이 때문에 어려움을 겪는다. 일반적으로 각국은 (흔히 피해를 본 국내 업계의 제소를 받아) 상대국의 어떤 관행을 불공정하다고 판정하고 그 관행을 응징하기 위한 보복 조치를 취한다(혹은 보복 위협을 가한다). 예를 들어 미국의 슈퍼301조(Super 301 provision)라는 법은 미국 상

---

28 Bayard, Thomas O., Kimberly Ann Elliott, Amelia Porges, and Charles Iceland. *Reciprocity and Retaliation in U.S. Trade Policy.* Institute for International Economics, 1994. Bhagwati, Jagdish, ed. *Going Alone: The Case for Relaxed Reciprocity in Freeing Trade.* MIT, 2002.

품의 접근을 제한하는 국가들에 대한 보복 조치를 규정하고 있다. 그러나 만일 그 상대국이 자기네 관행의 불공정성에 대하여 동의하지 않는다면, 보복 조치 자체가 불공정하며 보복에 대한 보복을 낳을 수 있다. 상호주의의 한 가지 단점이 하향 나선곡선을 타고 상호 협력거부로 떨어질 수 있다는 점인데, 무역의 경우 이 결과를 흔히 무역전쟁(군비경쟁의 경제적 버전)이라 부른다. 이런 사태를 방지하기 위하여 각국은 어떤 관행을 불공정 관행으로 규정할지 협상을 벌이기도 한다. 사안에 따라 제3자의 중재가 무역분쟁 해결에 도움이 될 수 있다. 현재 WTO가 불만 사항을 접수하고 정당한 보복의 수위를 결정한다. 또한 일부 지역의 무역협정이 그런 역할을 수행하기도 한다.

대개 불공정 무역관행에 대한 보복은 그 형태와 정도에 상응하는 수준으로 이루어진다. WTO의 관련 규칙에 의하면, 상대국의 불공정 무역관행으로 피해를 본 국가는 (WTO 청문회가 결정한) 피해 규모에 상당하는 보복 관세를 부과할 수 있다. 이때 보복 조치가 반드시 동일 분야일 필요는 없다. 흥미로운 예로, 2013년에 카리브 지역의 소국 안티가바부다는 자국 도박 사이트를 미국이 차단한 것과 관련하여 미국을 응징해도 된다는 허가를 얻었다. 미국 국내에 다양한 형태의 도박이 널리 허용되고 있음에도 "수입된" 도박 사이트로부터 미국 시민들을 보호해야 하는 이유에 대하여 미국 정부가 제대로 해명하지 못했기 때문에, 그 사이트 차단 행위는 불공정 관행에 해당한다. 이로 인하여 안티가바부다가 입은 손해 규모가 연간 2,100만 달러인데, WTO는 안티가바부다 측이 연간 2,100만 달러 상당의 미국 지적 재산을 해적질(예컨대 미국 영화나 TV 쇼를 미국 측에 저작권료를 지불하지 않고 온라인에 올리는 것) 할 수 있다고 판정하였다. 이와 같은 판정 이면의 정치 전략은 미국 오락산업을 도발하여 이들이 나서서 미국 정부에 로비를 하여 온라인 도박을 허용하게 만드는 것이 아닌가 싶다.

덤핑의 경우 보복 목적은 세계시장 가격보다 낮은 가격으로 수입된 상품의 가격 경쟁력을 상쇄시키는 데 있다. 즉 보복 관세를 부과하여 그 가격을 시장가격 수준으로 높인다. 2001년에 미국 철강 산업이 반덤핑 법에 의거하여 저가 수입 철강으로부터 보호를 정부에 요청하였다. 미국 정부의 유관 기관인 국제무역위원회(ITC)는 관세 부과에 앞서 실제로 저가 수입품이 미국 산업에 피해를 주었는지를 조사하였다.[29] 그 결과 ITC는 미국 철강업계가 실제로 피해를 보았다고 판정하고

2002년에 30%의 관세를 부과하기로 결정하였다. 그러나 WTO는 2003년에 이 조치가 부당하다고 판정하고 상대국들에게 20억 달러 상당의 보복 관세 부과 권리를 부여하였다. 이에 유럽 국가들이 2004년에 실시된 미국 선거에서 경합 주(swing state) 역할을 할 주들을 노린 관세 목록을 작성하자, 부시 대통령은 후퇴하여 철강 관세를 폐지하였다(이미 성과를 거두었기 때문에 더 이상 필요치 않다고 말하면서). 이 사례는 WTO가 관세의 편익보다 비용을 더 크게 만들어 미국 정책을 효과적으로 변경시킨 사례로서 WTO의 힘이 커지고 있음을 보여준다.[30] 또한 이 사례는 국제무역이 어떻게 국내정치와 긴밀하게 연결되는지를 보여준다.

　　패권 상황이라면 무역 협력이 더 쉽게 달성될 수 있다. 패권이 제공하는 안정된 정치적 틀이 시장을 더 효과적으로 움직이게 만들 수 있기 때문이다. 정치권력은 폭력적 수단의 왜곡 효과, 불공정하거나 기만적인 무역관행, 국제 환율의 불확실성 등으로부터 경제거래를 보호해줄 수 있다. 패권 국가는 가치의 보편적 계산을 가능케 해주는 세계통화를 제공해줄 수 있으며, 무력사용을 처벌하고 공정무역을 위한 규범을 집행할 수 있다. 또한 패권 국가에는 거대한 규모의 압도적 경제를 가지고 있기 때문에 군사력에 의지하지 않아도 무역관계를 단절하겠다는 위협을 가할 수 있다. 예를 들어 미국 시장 접근을 거부당한다면 많은 국가들의 수출산업에 심각한 타격이 될 수 있다. 제2차 세계대전 이후 이런 식으로 미국 패권이 국제무역의 주요 규범과 제도 확립에 도움을 주었다. 현재 미국 패권이 더 다극화된 세계에 길을 내주고 있는지 모른다. 특히 강대국 간 경제관계에서 더욱 그럴 수 있다. 만일 그렇다면, 세계 무역체계의 성공을 위해 제도의 역할이 훨씬 더 중요해졌다고 할 수 있다.

　　국가들은 WTO, 자유무역지대, 양자 협정, 카르텔 등 다양한 제도를 통하여 무역을 꾸준히 늘리는 것이 중요하다는 점을 인식하고 있다. 전체적으로 볼 때, 상호의존의 증대가 국가주권에 약간 손상을 주기는 하지만, 무역 증대로 각국이 더

29　Hansen, Wendy L. The International Trade Commission and the Politics of Protectionism. *American Political Science Review* 84(1), 1990: 21–46.

30　Sanger, David E. A Blink from the Bush Administration: Backing Down on Tariffs, U.S. Strengthens Trade Organization. *The New York Times,* December 5, 2003: A25.

많은 이득을 얻는다. 무역에 관한 안정된 정치 규칙 덕분에 각국은 국제 거래에서 발생하는 경제 이득을 더 많이 얻을 수 있게 되었다.

3. 경제적 세계화

1장에서 세계화 과정을 일반적인 용어로 소개했었는데, 여기서는 세계화의 경제적 측면이라는 특수한 측면을 살펴볼 것이다. 무역 확장이 국제정치경제에서 세계화의 핵심적 측면이지만 무역이 유일한 측면은 아니다. 세계화는 무역뿐만 아니라 돈, 비즈니스, 통합, 통신, 환경관리, 빈국의 경제발전 등 이 책의 나머지 주제들을 한꺼번에 변형시키고 있다. 오늘날 경제활동의 팽창이 더욱 속도를 내는 것은 세계경제 팽창의 긴 역사에서 나온 현상이며, 바로 이 현상이 세계화의 기초로 작용하고 있다.[31]

(1) 진화하는 세계경제

1750년 당시 세계에서 가장 앞선 경제를 가진 영국의 1인당 GDP는 현재 달러 기준으로 약 1,200달러였다. 이 수치는 오늘날 대부분 남반구 국가들 수준에도 미치지 못한다. 그러나 현재 영국은 1인당 기준으로 그보다 10배 이상 생산하고 있다(물론 인구도 그 당시보다 훨씬 늘었다). 이 같은 업적은 **산업화**, 즉 에너지를 사용하여 기계를 돌리고 그 기계가 생산한 제품과 함께 기계를 축적하는 과정에 힘입었다. 산업혁명은 18세기 영국에서 시작되어 영국이 세계경제에서 주도적 역할을 맡는 데 원동력이 되었고 다른 선진국들로 파급되었다(〈그림 8.4〉 참조).[32]

---

31 Rosencrance, Richard. *The Rise of the Virtual State: Wealth and Power in the Coming Century.* Basic, 2000.

32 North, Douglass C., and Robert Paul Thomas. *The Rise of the Western World: A New Economic*

〈그림 8.4〉 세계경제, 1750 - 2000

	1750	1800	1850	1900	1950	2000
				1차대전	2차대전	전후 번영 / 세계화
				세계공황		냉전기 군비경쟁과 / 소련 붕괴
					소련 산업화	일본 독일 성장
생산		산업화 →				
에너지	증기 기관 → / 조면기		철강/증기 → 철강	석유 →	원자력 → 천연가스	전자제품 → 컴퓨터 / 플라스틱 → 생명기술
수송 (선도 부문)	범선	철제 기선 →	철도 → / 수에즈운하	비행기 / 시베리아 횡단철도 / 파나마 운하	자동차 / 자동차	제트기 → 고속도로 / 고속철도
무역		영국지배	(자유무역)		미국지배 / 보호주의	GATT → 유럽통합 / WTO / NAFTA
화폐			영국파운드화 (세계화폐)	1차대전 후 인플레	미국 달러 (세계화폐) / 마셜플랜 / 케인즈 / IMF / 브레튼우즈	러시아 IMF가입 / 미국 금본위제 폐지 / 부채위기
통신			전보	대양 케이블 / 전화 / 라디오		정보혁명 → 인터넷 / 통신위성 / 팩스, 모뎀, 휴대전화화 등

출처: North, Douglas C., and Robert Paul Thomas. *The Rise of the Western World: A New Economic History*. Cambridge, 1973. Hobsbawm, E. J. *Industry and Empire: From 1750 to the Present Day*. Penguin - Pelican, 1969. Tracy, James D., ed. *The Political Economy of Merchant Empire: State Power and World Trade, 1350-1750*. Cambridge, 1991.

　　1850년 무렵에는 종전의 목재 범선이 더 빠른 철재 증기 기선으로 바뀌었다. 석탄을 연료로 사용하는 증기 기관은 섬유류와 기타 상품을 생산하는 공장에도 사용되었다. 이어서 철도 건설의 대 역사(歷史)가 시작되었다. 이런 발전은 세계의 생산 및 무역 물량을 증대하였을 뿐만 아니라 장거리 지점들을 경제적으로 더욱 긴밀하게 연결해 주기도 했다. 프랑스를 횡단하는 데 100년 전에는 3주일이 걸렸지만 철도를 이용하면 1일 밖에 걸리지 않았다. 그러나 이와 같은 기계화의 시기에 공장의 노동조건, 특히 기계를 조작하는 여성과 아동의 노동조건은 극도로 열악했다.

　　당시 영국이 세계무역을 지배하였다. 영국 경제가 기술적으로 세계 최고였기 때문에 영국 제품은 세계적 경쟁력을 가졌다. 따라서 영국은 자유무역 정책을 선호하였다. 세계무역에서의 주도적 역할 외에, 영국은 19세기 들어 더욱 복잡해진 세계 상품 및 서비스 시장을 관리하는 세계 금융의 중심지 역할도 수행하였다. 영국 통화인 파운드화(은화)가 세계 표준이 되었다. 당시 국제 금융관계는 과거 16세기에 스페인이 멕시코산 금은으로 군대를 사들였을 때처럼 귀금속을 기반으로 하고 있었다.

　　그러나 20세기에 들어서자 세계에서 가장 크고 앞선 경제는 영국에서 미국으로 바뀌었다. 미국의 산업화는 19세기 한 세기 동안 영토적 팽창과 그로 인한 방대한 천연자원 확보가 원동력이 되어 가속되었다. 또한 미국 경제가 유럽으로부터 대규모 이민 노동력을 끌어들인 것도 원인으로 작용하였다. 미국은 세계가 석탄에서 석유로, 그리고 말이 끄는 수송수단에서 자동차로 전환하는 과정을 주도하였다. 전기에서 비행기에 이르기까지 새로운 기술혁신 역시 미국 경제를 세계의 지배적 위치로 끌어올리는 데 기여하였다.

　　1930년대에 미국과 세계경제는 대공황이라는 혹독한 좌절을 겪어야 했다. 1930년에 미국이 채택한 스무트-홀리법(Smoot-Hawley Act)이라는 보호주의 정책이 보복을 야기하고 세계무역을 위축시킴으로써 대공황의 혹독함을 가중하였다. 미국

History. Cambridge, 1973. Hobsbawm, E. J. *Industry and Empire: From 1750 to the Present Day*. Penguin-Pelican, 1969. Tracy, James D., ed. *The Political Economy of Merchant Empires: State Power and World Trade, 1350–1750*. Cambridge, 1991.

정부는 케인즈 경제학의 원칙을 채택하여 적자 재정을 통한 경제 활성화에 나섰다. 이것이 효과를 거두어 경제가 회복되었고, 경제회복으로 창출된 부가 다시 국가 재정에 도움이 되었다.[33] 정부의 경제적 역할은 제2차 세계대전 기간 중에 더 강화되었다.

제2차 세계대전 직후 미국 주도 하에 세계 자본주의 경제가 재편되었다. 세계은행과 IMF 같은 오늘날의 국제 경제제도가 이 시기에 만들어졌다. 미국은 (마셜 플랜을 통하여) 서유럽 경제의 재건을 위한 대규모 원조를 제공하였고 일본 경제도 지원하였다. 세계무역이 크게 확대되었으며, 항공 운송과 교통의 발달로 세계시장이 과거 어느 때보다도 더 긴밀하게 통합되었다. 전자산업이 새로운 선도 부문으로 부상하였으며, 20세기 내내 기술진보가 급속히 이루어졌다.

이와 같은 세계 자본주의 경제와는 별도로, 소련과 동유럽의 경제는 중앙계획과 국가소유라는 공산주의 원칙을 따랐다. **중앙계획경제**(혹은 **명령경제**)에서는 정부 당국이 장기 계획에 따라 각 상품의 가격과 그 생산 및 소비 할당량을 결정하며, 국제무역도 정부 통제 가격으로 이루어진다. 중앙계획을 옹호하는 사람들은 중앙계획이 경제를 더 합리적이고 정의로운 것으로 만든다고 주장한다. 정부는 경제를 통제함으로써 시민들의 기본적 수요 충족을 보장할 수 있고 전쟁 시 국가 전체를 동원할 수 있다. 또한 중앙계획 옹호자들은 자원과 수요에 대한 정부의 장기 계획이 자본주의 경제의 "거품과 거품붕괴"(boom and bust) 혹은 경기순환 같은 문제를 완화할 수 있다고 주장한다.

소련 경제는 1930년대의 급속한 산업화, 1940년대의 독일 침공 격퇴, 1950년대와 1960년대의 세계 수준의 우주항공 및 방위생산 능력 개발 등 괄목할만한 성과를 거두었다. 소련은 1957년에 세계 최초의 인공위성 **스푸트니크**(Sputnik)를 발사하였으며, 1960년대 초에 이르러 소련 지도자들은 공산주의 경제가 몇 십 년 안에 자본주의 경제를 앞지른다고 큰소리 쳤다. 그러나 소련진영의 경제는 관료주의 병폐, 이념의 경직성, 환경파괴, 부패, 과도한 군사비 등으로 침체에 빠졌다. 중앙계획경제는 절망적으로 비효율적인 것으로 드러났다.

---

33 Markwell, Donald. *John Maynard Keynes and International Relations: Economic Paths to War and Peace.* Oxford, 2006.

현재 구소련 공화국들과 동유럽 경제는 세계 자본주의 경제와 연결된 시장 기반 경제로 바뀌고 있는 **전환기 경제**이다.[34] 이 전환은 매우 힘든 것으로 나타났다. 1990년대 전반기 동안 이 지역의 전체 GDP가 약 35% 줄어 1930년대 초 미국이 겪었던 대공황보다 더 심한 불황을 겪었다. 생활수준도 크게 떨어졌다. 옐친 집권 시기(1991-1999년) 러시아 경제는 불황, 부패, 세금 범죄, 구 공산주의 모델과 신자본 주의 모델 간의 엄청난 차이 등으로 역기능 상태에서 벗어나지 못했다. 푸틴 대통 령(2000-2008년)이 경제개혁에 새로운 힘을 불어넣었고 러시아의 주요 수출품인 석 유 가격이 올라 21세기 초 러시아 경제에 활력이 되었지만, 푸틴의 정치권력 집중 은 자본주의 성장을 질식시킬 수도 있는 것이었다.

중국은 여전히 공산당에 의한 중앙 통제라는 마르크스주의 정치 노선을 따 르고 있지만, 경제면에서는 시장경제 쪽으로 변화해 왔다.[35] 이와 같은 전환이 1980 년대 이래 중국의 고도 경제성장을 이끌어 왔다. 1990년대 내내 중국의 성장률은 10%를 유지하였고 근년에도 거의 그 정도의 성장률을 유지하고 있다.

오늘날 세계 경제활동은 중앙계획이 아닌 자유시장 원칙을 따르고 있지만 양 극단의 중간 지점에서 이루어지는 경우가 더 많다. 많은 국가들이 특정 상품의 가 격을 통제하고 있다(예컨대 정치적 지지를 얻기 위해 특정 상품에 보조금을 지급하고 있다). 국가 경제에 결정적으로 중요한 산업(전부 혹은 일부)을 국가가 소유하는 경우도 많다. 예컨 대 석유 생산 기업이나 국적기(國籍機) 항공사 같은 회사를 국가가 직접 소유하는 **국유산업**이 그렇다. 그리고 선진국 경제에서 국가 부문(군사비, 도로건설, 사회보험 등)이 차지하는 비중도 꽤 크다. 오늘날 서방 선진국의 경제는 정부 통제와 개인 소유를 동시에 포함하고 있기 때문에 **혼합경제**라 불린다.[36]

---

34 Gustafson, Thane. *Capitalism Russian–Style.* Cambridge, 1999. Frye, Timothy. *Brokers and Bureaucrats: Building Market Institutions in Russia.* Michigan, 2000.

35 Gore, Lance L. P. *Market Communism: The Institutional Foundation of China's Post–Mao Hyper–Growth.* Oxford, 1999. Wedeman, Andrew H. *From Mao to Market: Rent Seeking, Local Protectionism, and Marketization in China.* Cambridge, 2003.

36 Meso–Lago, Carmelo. *Market, Socialist, and Mixed Economies: Comparative Policy and Performance – Chile, Cuba and Costa Rica.* Johns Hopkins, 2000. Ikeda, Sanford. *Dynamics of the Mixed Economy.* Taylor & Francis, 2007.

현재 사실상 모든 국가가 참가를 거부할 수 없는 단일의 통합 세계경제가 존재한다. 그리고 동시에 세계경제의 불완전성과 문제점이 주기적 위기나 불경기로, 그리고 부국과 빈국 간의 불균형 심화로 확연히 드러나고 있다. 이 불완전성은 2008-2009년의 세계 금융위기와 그로 인한 세계적 불황 시기에 가장 확연하게 드러났다. 미국의 비우량 주택담보대출 붕괴로 시작된 경제위기는 곧바로 유럽으로 파급되어 유럽의 주요 은행과 투자회사들이 수천억 달러의 손실을 입게 되었다. 이런 손실이 전 세계적 소비지출과 생산 감소로 이어져 미국, 중국, 인도 등에서 대규모 실업사태를 낳았다. 이로 인한 소비자들의 상품 수요 감소가 전 세계 무역의 9% 감소로 이어졌는데, 이것은 제2차 세계대전 이후 가장 큰 폭의 무역 감소였다.

(2) 무역에 대한 저항

지구촌 경제의 세계화는 세계의 몇몇 지역에서 민족주의 고조라는 역류를 일으켰다. 외국의 영향력이 침투하여 자신들의 정체성과 공동체에 위협을 가한다고 믿는 사람들이 생긴 것이다. 더욱이 세계화로 인한 경제적 위치 변동이 한 국가의 특정 부류 사람들의 자기이익에 직접적인 영향을 주고 있다.

남반구 국가들의 저임금 노동과 날이 갈수록 치열한 경쟁을 벌여야 하는 선진국의 산업노동자들(예를 들어 철강, 자동차, 전자제품, 의류 산업에 종사하는 노동자들)이 자유무역의 악영향을 가장 많이 받는다. 선진국이 저임금 국가와 경쟁하려면 자국 관련 업계의 임금 수준을 낮출 수밖에 없다. 또한 그 경쟁 때문에 노동자 안전 보호 같은 노동기준을 완화해야 할지 모른다. 나아가 제조업체들이 고임금 국가의 공장을 닫고 남반구 국가로 공장을 이전한다면, 선진국 노동자들은 일자리를 잃게 된다. 무분별한 무역 증대에 대한 가장 강력한 정치적 반대 세력이 노동조합이라는 사실은 결코 놀랄 일이 아니다. (미국이 이런 문제에 대한 논란의 중심에 놓여 있지만, 다른 선진국들도 유사한 문제를 안고 있다.)

인권 관련 NGO들이 노조와 합세하여 무역협정 체결 시 저임금 국가에게 일정 요건을 부과하는 내용을 협정 내용에 포함시켜야 한다는 압력을 가하고 있다. 일정 요건이란 최저임금, 아동노동 금지, 노동자 안전 등과 같은 노동조건 개선을 말한다. 미국은 남아시아 지역 1,500만 노예아동의 노동으로 생산된 제품(주로 양탄자)의 수입을 금지하였다. 아시아에 공장을 두고 있으면서 노동조건에 대해 비판받아 온 기업들은 자발적으로 최악의 인권침해를 중단시키는 조치를 취했다. 예컨대 2012년에 애플 컴퓨터는 중국 납품업체 폭스콘(Foxconn)이 노동조건과 관련한 노동자들의 항의를 받고 언론의 주목을 받자 그와 유사한 조치를 취한 바 있다. 국제노동기구(ILO)에 따르면, 남반구 지역 전체에서 2억 명 이상의 14세 미만 아동이 노동자로 일하고 있으며 이 중 절반 이상이 위험한 노동에 종사하고 있다. 라틴아메리카의 5세 이상 14세 미만 아동 가운데 약 5%가 노동자로 일하고 있으며, 같은 연령대 아시아 아동의 20%, 아프리카 아동의 25%가 노동자로 일하고 있다. (북반구에서 소비되는 초콜릿의 원료인) 코코아 최대 수출국인 아이보리코스트의 경우 수십만의 아동이 코코아 농장에서 저임금 노동자, 심지어 노예로 일하고 있다.

그리고 환경운동 단체들도 제한 없는 무역 증대에 적극적으로 반대해 왔다. 환경운동가들은 무역 증대가 선진국들의 환경 관련법을 무력화하는 수단인 동시에 환경에 유해한 관행을 전 세계에 전파한다고 주장한다. 예를 들면, 미국의 환경법은 새우잡이 어선이 멸종위기에 놓인 바다거북을 익사시키지 않는 그물을 사용해서 새우를 잡아야 한다고 규정하고 있다. 미국에 새우를 수출하는 인도네시아, 말레이시아, 태국, 파키스탄 4개국은 그 규정에 맞지 않는 그물을 사용하여 새우를 잡는다는 이유로 대미 수출이 봉쇄되었다. 그러나 4개국은 미국이 불공정하게 차별했다고 주장하면서 이 문제를 WTO에 제소하였다. WTO는 1998년에 미국 패소 판정을 내렸다. 이 사건 이후 바다거북은 환경운동가들의 WTO 반대운동에서 상징적인 동물이 되었다. (2001년에 WTO는 미국 관련법이 더 공정하게 적용되는 방향으로 개정되었기 때문에 그 법이 정당하다고 판정하였다.) 1996년에는 브라질과 베네수엘라가 미국을 WTO에 제소하였다. 양국은 미국의 대기청정법(Clean Air Act)이 비관세장벽으로 기능한다고 주장하면서 수입 휘발유에 관한 미국 환경 관련법 개정을 요구하였다.

일반적으로, 규제 받지 않는 무역은 각국에게 노동 및 환경 관련법만이 아니라 다양한 분야의 관련법을 평준화해야 한다는 압력으로 작용하는 경향이 있다. 예를 들어, 1997년에 WTO는 성장 호르몬을 사용한 미국산 쇠고기에 대한 유럽 측의 우려가 과학적으로 근거 없기 때문에 유럽 측이 EU 관련법에 따라 미국산 쇠고기 수입을 금지하지 말아야 한다고 판정했다. EU가 이에 승복하지 않자 WTO

는 미국이 프랑스산 치즈 같은 EU 수출품에 고율의 관세를 부과하는 보복 조치를 취해도 된다고 판정하였다. 이와 비슷한 사례로서, 2006년에 WTO는 EU의 미국산 유전자조작 식품 수입 규제를 무역협정 위반으로 판정하였다.

이런 사례들이 잘 보여주듯이, FTA에 반대하는 이유는 매우 다양하다. 노동운동 단체, 환경운동 단체, 소비자 단체 등은 WTO가 민주적 통제에서 벗어난 은밀한 관료기구로서 남과 북의 보통 사람들을 희생시키면서 대기업의 이익을 대변한다고 비판한다. 이 비판자들은 더 근본적으로 기업이 주도하는 세계화 자체를 불신한다. 이들이 볼 때 WTO는 기업주도 세계화의 일면일 뿐이다. 근래 미국에서 실시된 여론조사를 보면 무역이 경제에 좋다는 믿음이 많이 약화되었다. 2008년 6월 조사에서 자유무역이 미국에 좋지 않다고 응답한 사람은 36%, 좋다고 응답한 사람은 34%로 나타났는데, 2년 전 조사에서는 좋다고 응답한 사람이 59%였다. NAFTA에 대한 미국인들의 지지도가 떨어진 결과였다. 현행 협정을 지지하는 사람은 16%에 불과하지만 다시 협상해야 한다는 사람은 56%에 달하는 것으로 나타났다.[37] 그러나 세계 전체로 보면 여론이 무역을 지지하고 있다. 2009년에 22개국을 대상으로 실시된 여론조사를 보면, 과반수가 문화와 환경에 부정적 영향을 준다는 점을 우려하면서도 국제무역은 좋다고 응답하였다. 수출에 의존하는 국가들에서 특히 더 높은 지지율이 나왔다. 예컨대 중국, 인도, 한국, 레바논 등의 지지율은 약 90%로 나왔다. 같은 조사에서 미국은 65%의 지지율을 보여 거의 바닥권이었다.[38]

이미 언급한 내용이지만, 자유무역의 편익은 비용보다 훨씬 더 넓게 분산된다. 미국 소비자들은 저임금 국가에서 수입한 값싼 상품의 혜택을 누린다. 따라서 미국 소비자들은 다른 상품이나 서비스에 더 많은 돈을 지출해 결과적으로 더 많은 미국 노동자들을 고용하게 만든다. 또한 값싼 수입품은 시민들에게 또 다른 편익이 되는 물가 안정에도 기여한다. 그러나 이런 편익은 지금 막 일자리를 잃은 사람에게는 사소한 것일 뿐이다.

말할 필요도 없이, 국제무역은 거래를 원활하게 하기 위하여 돈이 있어야 한

---

37 Rasmussen Reports. "56% Want NAFTA Renegotiated, Americans Divided on Free Trade." June 20, 2008. See http://www.rasmussenreports.com .

38 Pew Global Attitudes Project. *Views on Trade*. Pew Research Center, 2010. http://pewglobal.org .

다. 세계화 시대를 맞이하여 국제무역의 많은 부분이 다국적기업에 의해 이루어진다. 다음 장에서는 돈과 다국적기업이라는 두 가지 주제를 세계화된 경제라는 맥락에서 살펴볼 것이다.

8장 복습

요약

- 자유주의 경제학은 전체 부의 증대를 위해 특히 세계적 자유무역을 통한 국제 협력을 중시한다. 국가 간 부의 분배는 중시하지 않는다.

- 중상주의는 다른 국가에 대비해 자국의 힘을 증대시키는 수단으로 경제정책을 이용한다. 많은 점에서 중상주의는 현실주의와 유사하다. 중상주의는 무역정책을 이용하여 국가를 위한 무역흑자를 얻고자 한다. 긍정적 무역수지로 생기는 돈은 국가의 힘을 강화하는 데 사용될 수 있다.

- 각국은 비교우위를 가진 분야의 상품과 서비스를 생산하는 데 전문화하고 다른 재화는 수입함으로써 무역 이득을 취할 수 있다.

- 거래에서 발생하는 편익의 분배는 거래 상품의 가격으로 결정된다. 판매자와 구매자의 수가 많을 때 가격은 일반적으로 시장 균형(수요와 공급)으로 결정된다.

- 정치는 다양한 방식으로 국제 시장에 개입한다. 상대국에 대한 정치적 제어수단으로서 경제 제재를 가하는 것도 하나의 예이다. 그러나 모든 주요 경제행위자가 동참하지 않으면 제재를 집행하기 어렵다.

- 자급자족의 자립경제를 추구함으로써 외국에 대한 의존을 줄이려는 국가는 복지 증진을 위한 새로운 부의 창조에 실패해 왔다. 중앙계획경제와 마찬가지로 자립경제는 유력한 경제 전략으로 인정하기 어렵다.

- 많은 국가가 보호주의 정책을 통하여 자국의 특정 산업을 국제 경쟁으로부터 보호하려 한다. 그런 정책은 세계 전체 부의 창조를 늦추지만 문제의 특정 산업에는 도움이 될 수 있다. 보호주의의 수단은 수입관세(가장 선호되는 방법), 할당제, 보조금, 기타 비관세장벽 등 다양하다.

- 전 세계 무역량은 세계 경제활동의 약 1/6에 이를 정도로 매우 방대하다. 무역은 서방 선진국(서유럽, 북아메리카, 일본/태평양)과 중국에 크게 편중되어 있다.

- 시간이 지나면서 무역 레짐(또한 다른 국제관계의 문제영역)의 규칙들이 항구적인 국

제제도로 발전하였으며, 다시 이런 국제제도의 관리 기능이 세계 무역의 안정성과 효율성을 제공해준다.

- GATT의 뒤를 이은 WTO는 가장 중요한 다자간 세계무역기구이다. GATT는 1995년에 WTO가 창설되면서 제도화되었으며, WTO는 GATT의 관심 초점이었던 공산품 분야에 더하여 농업 분야와 서비스 분야로 초점을 확대하였다. 최근에 추가된 초점으로서 지적 재산권 분야도 있다.

- 지난 50년 동안 GATT 협상의 여러 라운드를 거치면서 각국은 전반적 관세율 (특히 공산품 관세율)을 낮추어 왔다. 1994년에 타결된 우루과이 라운드는 전 세계에 수천억 달러의 부를 추가적으로 가져다주었다. 2003년에 시작된 도하 라운드는 아직 타결되지 못했다. 한편, 세계적으로 섬유류 관세는 2005년 1월에 크게 떨어졌다.

- WTO가 세계적 틀을 제공하고 있지만, 각국은 특정 국가 간 특정 상품 무역의 규칙을 세부적으로 명시한 수천 개의 양자 무역협정에 따라 무역을 하고 있다.

- 지역적 자유무역지대(관세 및 비관세장벽이 거의 철폐된 지대)가 유럽, 북아메리카, 기타 이보다 덜 중요한 지역에 설치되어 있다. NAFTA는 캐나다, 멕시코, 미국을 아우르고 있다.

- 세계시장에서 특정 상품의 가격을 통제하고 안정화하기 위한 목적으로 주요 생산자들이(때로는 주요 소비자들과 함께) 국제적 카르텔을 만들기도 한다. 가장 대표적인 예가 산유국들이 만든 카르텔인 OPEC이다. OPEC 회원국들은 중요한 상품인 석유의 전 세계 수출물량 절반 이상을 통제하고 있다.

- 종종 산업계가 보호주의 정책을 얻어내기 위해 정부에 로비를 한다. 수많은 국가들의 정부가 세계시장을 염두에 두고 자국 산업의 경쟁력을 강화하기 위한 산업정책을 개발하고 있다.

- 농업, 지적 재산, 서비스, 방위산업 등과 같은 경제 분야는 다른 분야에 비해 시장 원리에서 더 이탈하는 경향이 있다. 이 분야들에서 국가 간 정치 갈등이 자주 빚어진다.

- 무역 규칙을 강제하는 세계정부가 존재하지 않기 때문에, 무역 규칙의 집행은 상호주의와 국가의 힘에 의존한다. 특히 각국은 공개시장에서 상대국의 협력에 협력으로 대응한다(또는 상대국이 수입을 거부하면 이에 상응하는 보복을 가한다). 간혹 무

역전쟁으로 이어지기도 하지만, 상호주의는 무역에서 실질적인 협력을 달성해 왔다.

■ 세계경제는 지난 2세기 동안 빠른 속도로 부를 창조해 왔으며 점차 전 세계적으로 통합되고 있다. 이 과정에서 엄청난 불평등이 야기된 것도 사실이다.

■ 냉전시대에 공산주의 국가들은 정부가 가격을 결정하고 자원을 배분하는 중앙계획경제를 선택했다. 지금은 이 국가들 거의 모두 더 효율적으로 부를 생산하는 시장기반 경제로 전환하는 과정에 있다.

■ FTA는 세계화로 피해를 보는, 정치적으로 활동적인 이익집단들의 반발을 낳고 있다. 이런 이익집단으로 노동조합, 환경운동 단체, 인권운동 단체, 소비자 단체 등이 있다.

핵심 용어

중상주의, 경제적 자유주의, 자유무역, 무역수지, 비교우위, 자급자족, 보호주의, 덤핑, 관세, 비관세장벽, 세계무역기구(WTO), 관세 및 무역에 관한 일반협정(GATT), 최혜국, 일반특혜관세제도, 우루과이 라운드, 도하 라운드, 북미자유무역협정(NAFTA), 카르텔, 석유수출국기구(OPEC), 산업정책, 지적 재산권, 서비스 분야, 산업화, 중앙계획경제, 전환기 경제, 국유산업, 혼합경제

비판적으로 생각하기

1. 지금 당신네 나라가 실질적 양보를 하면 중요한 무역협정을 타결할 수 있는 기회를 잡았다고 가정하자. 협정이 체결되면 50억 달러의 추가적인 부를 얻을 수 있고 다른 참가국들(정치적 동맹국이지만 경제적으로는 경쟁국)은 각기 100억 달러의 추가적인 부를 얻을 수 있다. 이 협정과 관련해 중상주의자들은 국가지도자에게 어떤 조언을 하고 싶을까? 그 조언의 근거로 무엇을 제시할까? 자유주의자들

의 조언과 그 근거는 무엇일까?

2. 중국은 시장경제로의 전환을 성공적으로 수행하는 것으로 보이며 급속한 경제 성장을 이룩하고 있다. 이제 중국은 세계 2위 경제대국으로 등장하였다. 이것이 당신네 나라에 유리할까 불리할까? 당신의 견해는 중상주의에서 나온 것인가 자유주의에서 나온 것인가?

3. 패권안정이론을 감안할 때, 탈냉전시대에 미국 패권의 부활이 세계 무역질서에 어떠한 영향을 줄까? 그 영향이 구체적인 방식으로 나타날 수 있을까?

4. 이번 장을 읽기 전에 국산품을 사야 한다는 생각을 가졌는가? 이 장을 읽은 다음에 이 문제에 대한 견해가 바뀌었는가?

5. 현재 협상 중인 전미자유무역협정이 체결되면 캐나다와 미국이 임금과 기술수준이 낮은 라틴아메리카 국가들과 함께 묶이게 된다. 그렇게 되면 미국의 산업 가운데 어떤 산업이 이득을 보게 될까? 구체적으로 노동집약 산업과 고도기술 산업 가운데 어느 쪽이 승자가 될까? 그 이유는?

쟁점 토론하기

자유무역협정(FTA)이 세계경제에 좋은가?

개요

지난 20년 동안 양자 간 및 다자간 자유무역협정의 숫자가 급증했다. 현재 거의 모든 국가가 하나 이상 FTA 당사국이다. 많은 국가가 다자간 FTA의 당사국이며 거의 모든 FTA가 WTO 회원국을 포함하고 있다.

최근에 FTA가 급증한 원인은 몇 가지로 요약할 수 있다. 어떤 사람들은 인기를 끌고 있는 신자유주의 경제학 모델이 자유무역을 강조한다는 점에서 FTA 급증의 원인을 찾는다. 다른 사람들은 거의 결렬된 도하 라운드 WTO 협상을 지목한다. WTO가 활동 범위 확대를 중단했기 때문에 일부 국가들이 독자적으로 FTA를 체결하는 길로 나섰다는 것이다. 마지막으로 또 다른 사람들은 FTA가 체결되면 여러 나라에 공장을 두고 있는 다국적기업이 무관세로 상품을 이동시킬 수 있다는 점을 지적하면서 업계의 압력을 FTA 급증 원인으로 꼽는다.

이런 주장들은 이목을 끌기는 하지만 모두 논쟁적인 주장들이다. 이번 장에서 논의하였듯이, 자유무역의 편익은 분산되지만 비용은 집중되기 때문에 항상 국내에 자유무역에 대한 반대 세력이 존재한다. 또한 추가적인 FTA가 편익을 가져오는지에 대해서는 경제학자들의 견해가 엇갈린다. 왜냐하면 주요 무역상대국들과 이미 자유무역을 하면서 거기에 만족하고 있는 국가들이 전 세계적 자유무역(경제학자들이 가장 선호하는)을 달성하기 위해 협력할 것 같지 않기 때문이다. 그러나 다른 사람들은 FTA가 전 세계적 자유무역으로 나아가기 위한 "징검다리"라고 주장한다. 과연 FTA는 세계경제에 도움이 될까, 아니면 국내적, 국제적으로 어려움을 낳을까?

주장 1: FTA는 세계경제에 이익을 준다.

대체로 FTA는 무역을 늘린다. 몇몇 경제학 연구에서 자유무역지대가 역내 무역의 양을 늘리는 것으로 나타났다. 무역은 소비자와 생산자 모두에게 편익을 줄 수 있으며 경제성장에 도움을 준다. WTO 협상이 진척을 보이지 못하고 있기 때문에 무역 증대를 위한 다른 해결책을 찾을 필요가 있다.

자유무역은 소비자 비용을 낮춘다. 관세를 부과하지 않으면 상품 가격이 낮아질 수 있고, 이로부터 소비자가 편익을 얻는다. 극단적인 경우지만, FTA는 관세 때문에 시장진입을 하지 못했던 상품도 시장에 등장하게 만들어 소비자들에게 구매 시 더 많은 선택 기회를 제공할 수 있다.

FTA는 외국인 투자를 늘릴 수 있다. FTA는 무역장벽을 낮추거나 철폐하기 때문에 이것이 유인이 되어 FTA 당사국이 아닌 국가의 기업들이 그 혜택을 누리기 위해 FTA 당사국에 새로운 공장을 건설할 수 있다. 몇몇 연구에서 실제로 FTA가 외국인 투자를 FTA 당사국으로 유치했음을 볼 수 있는데, 이는 특히 빈국의 경제 성장을 촉진하는 중요한 방법 가운데 하나이다.

주장 2: FTA는 세계경제에 해를 끼친다.

FTA는 세계적 자유무역에 방해가 된다. 대다수 경제학자들은 WTO 같은 거대한 협정을 통하여 무역장벽을 완전히 없애는 것이 글로벌 경제에 이상적인 상황이라는 주장에 동의한다. 국가들이 FTA를 통하여 최상의 무역상대국을 확보하면 WTO 방식의 과정으로 나아갈 유인을 갖지 못하게 된다.

FTA는 배타적이고 차별적이다. FTA는 소수 국가들에게만 관세를 낮춰준다. 협정 당사국이 아닌 제3국에게는 그런 혜택을 주지 않는다. 당사국간 무역을 늘리고 제3국으로부터 들어오는 수입을 줄이기 위해 제3국에게 오히려 더 높은 관세를 부과할 수도 있다.

FTA는 일자리와 전반적인 복지를 위협한다. FTA는 당사국간 상품 이동을 더 쉽게 만들기 때문에, 한 국가의 기업이 원가절감을 위하여 노동비용과 환경기준이 낮은 다른 국가로 공장을 이전할 수 있다. 이는 한 국가의 일자리 감소, 또 다른 국가의 자연환경 악화를 의미한다.

질문

- FTA는 세계경제에 도움이 될까 해가 될까? FTA 없이 WTO만으로 자유무역을 추구하는 것이 세계경제에 더 나을까?
- 세계경제가 현재의 침체에서 벗어난다면 그때에도 자유무역을 위한 노력을 계속해야 할까? 자유무역의 효과에 관한 여러 견해는 현 세계경제 침체에 영향을 받지 않았을까?
- WTO 협상이 계속 교착상태에서 빠져나오지 못해 더 광범한 세계무역협정의 전망이 어둡다면, 이런 상황 때문에 FTA의 필요성에 대한 견해가 바뀔까? 아니면 국내의 고려 사항(가격인하 대 일자리 감소)이 더 중요한가?

❋참고문헌

Rodrik, Dani. *One Economics, Many Recipes: Globalization, Institutions, and Economic Growth.* Princeton, 2007.

Irwin, Douglas. *Free Trade Under Fire.* Princeton, 2002.

Stiglitz, Joseph, and Andrew Charlton. *Fair Trade for All: How Trade Can Promote Development.* Oxford, 2006.

Chang, Ha–Joon. *Bad Samaritans: The Myth of Free Trade and the Secret History of Capitalism.* Bloomsbury, 2007.D

9 Chapter

세계 금융과 비즈니스

1. 세계화와 금융

세계화는 국제관계의 많은 분야에 엄청난 변화를 가져 왔다. 지금까지 우리는 세계화가 국제 안보와 무역관계에 어떠한 영향을 미쳤는지를 살펴보았다. 그러나 세계화의 가장 큰 영향은 국가, 기업, 개인이 금융시장에 대처하는 방식에 미친 영향이다.

오늘날 세계 금융시장은 과거 어느 때보다도 더 통합되어 있다. 한 국가의 투자자는 마우스 몇 번 눌러서 자산을 사거나 팔 수 있고 통화를 교환할 수 있다. 은행의 투자 포트폴리오를 보면 다른 국가에 있는 수백만 달러 상당의 자산(부동산, 토지, 증권)도 포함되어 있다. 전 세계적으로 하루에 근 1조 5,000억 달러 정도가 통화 시장에서 거래되는데, 이는 투자자들이 사업을 위해 외국 통화를 거래하기도 하고 통화 가치 등락에 따른 차익을 노려 외국 통화를 거래하기 때문이다. 이 주제는 나중에 다시 다룬다.

이 같은 금융통합은 막대한 이점을 가져다준다. 금융통합으로 투자자와 기업은 해외 시장에 접근할 수 있게 되었으며, 이런 상황이 경제성장을 추동한다. 또한 대학 등록금이나 은퇴 자금을 위해 투자하는 개인들에게도 더 나은 수익을 줄 수 있다. 그러나 몇 년 전에 우리 모두가 목격하였듯이 금융통합 역시 위험을 동반하고 있다. 한 국가의 경제위기가 곧바로 다른 국가에서 또 다른 국가로 계속 파급될 수 있다. 이리하여 한 국가의 경제 침체가 빠른 속도로 세계 경제위기로 번져 빈국이나 부국 가리지 않고 모든 국가들에 악영향을 줄 수 있다.

2008년에 바로 그런 일이 있었다. 미국 경제가 하향세를 보이기 시작하자 자기 집을 담보로 대출을 받은 수많은 미국인들이 그 대출을 상환할 수 없게 되었다. 이와 동시에 주택 가격도 떨어져 설령 은행이 주택을 압류하여 팔아도 대출 원금을 회수할 수 없게 되었다. 더욱이 은행 측이 국내외 투자회사 같은 다른 기업들에 그 대출을 재판매한 경우도 많았다. 이 같은 불량 주택담보대출에 묶여 있는 돈이 지나치게 많아서 미국의 몇몇 거대 은행들이 도산 위기에 처했다고 발표하기에 이르렀다. 이런 상황은 해당 은행과 주택담보 대출을 상환하지 못한 개인들만이 아니라 투자 목적으로 그 대출을 사들인 기업들에게도 문제가 되었다.

이와 같은 재정 위기의 결과, 세계 증권시장이 극적으로 요동쳤다. 증시 규모의 1/3 혹은 1/2이 사라졌으며 특히 중국의 경우 2/3가 사라졌다. 전 세계적으로 실업률이 높아졌다. 미국 주택시장의 어려움에서 시작된 위기가 세계 금융시장의 붕괴 위기로 이어졌다.

세계경제는 2008년 이후 몇 년 동안에 회복되었지만, 곧이어 유럽의 부채 위기가 낳은 파급효과에 직면해야 했다. 그리스에서 시작되어 스페인, 포르투갈, 심지어 경제 대국인 이탈리아까지 번진 이 재정 위기는 EU 전체를 위협하면서 미국과 중국의 성장을 둔화시켰다. 이 사건 역시 오늘날 세계 금융의 상호의존을 극명하게 보여준 사건이다.

이번 장에서는 세계 금융시장의 양대 기둥인 세계 통화체계와 사기업에 초점을 맞추어 세계 통화체계를 둘러싼 정치, 그리고 비 국가 행위자로서 사기업이 세계경제에서 수행하는 역할을 살펴볼 것이다.

2. 통화체계

거의 모든 국가가 각자의 돈을 가지고 있다. 자국 통화를 찍을 수 있는 권한은 국가주권의 상징 가운데 하나이다. 그러나 세계화된 무역 및 금융 체계에서 기업과 개인들은 비즈니스를 위해 다른 국가의 통화도 보유해야 할 때가 많다.

(1) 돈

국가주권의 성격 때문에 국제경제는 세계통화가 아닌 각국 통화를 기반으로 움직인다. 각국 정부의 중요한 권한 가운데 하나가 자국 통화를 자국 영토 내에서 유일한 합법적 통화로 만드는 것이다. 한 국가의 통화는 그 자체로서 타국에서도 동일한 가치를 지니지는 않지만 타국 통화와 교환할 수 있다.[1]

과거 여러 세기 동안 유럽 국가들은 귀금속을 타국에서도 통용되는 세계통화로 사용하였다. 금이 가장 중요했고 은이 그 다음이었다. 이런 귀금속은 아름답고 또 쉽게 보석류와 함께 가공되어 장신구로 사용되기 때문에 그 자체로서 내재적 가치를 지닌다. 귀금속은 비교적 희귀하며, 새로운 금광이나 은광의 개발도 쉽지 않다. 또한 귀금속은 장기간 변질되지 않으며 희석하거나 위조하기가 어렵다.

세월이 흐름에 따라 금은은 세계통화로서 가치를 갖게 되었다. 전 세계 모든 사람들이 금은을 가지고서 언제라도 다른 재화와 교환할 수 있다고 믿게 되었기 때문이다. 이런 가치가 금은이 기능적으로 가진 내재적 가치보다 훨씬 더 중요한 것이 되었다. 각국은 국제통화로 표시된 일종의 은행계좌로서 금괴와 은괴를 보유하게 되었다. 이와 같은 금의 비축(글자 그대로, 그리고 상징적 의미에서)이 지난 몇 세기 중상주의 무역정책의 목표였다(8장 참조). 오랜 세월 동안 금은 국가가 군대나 기타 제어수단을 사들일 수 있는 핵심적인 힘의 원천이었다.

---

1   Solomon, Robert. *Money on the Move: The Revolution in International Finance Since 1980*. Princeton, 1999. Cohen, Benjamin J. *The Future of Money*. Princeton, 2004.

최근 들어 세계는 이런 **금본위제**(gold standard)를 사용하지 않고 귀금속 같은 구체적인 매개물과 무관한 국제 금융체계를 개발하였다. 물론 오늘날에도 일부 민간 투자자들은 정치적 불안 시기에 미래 가치를 신뢰할 수 있는 피난수단으로서 금은을 사들인다. 그러나 기본적으로 이제 귀금속은 다른 상품과 마찬가지로 예측 불가능하게 가격변동을 보이는 상품 가운데 하나가 되었다. 세계경제가 금괴가 아니라 순전히 추상적인 통화에 기반을 두는 것은 국제경제의 효율성을 더 높여 준다. 유일한 단점은 구체적인 금으로 뒷받침되지 않은 지폐에 대해 일반 사람들이 약간 덜 신뢰한다는 점이다.

(2) 국제 통화 교환

오늘날 각국 통화는 금이나 은이 아닌 다른 국가의 통화와 대비해 그 가치가 매겨진다. 한 국가의 통화가 다른 국가의 통화와 교환될 때 그 비율을 **환율**이라 한다. 예를 들어 미국 달러 1달러와 캐나다 달러 몇 달러가 교환되는가 하는 비율이 환율이다. 환율은 무역, 투자, 관광 등 거의 모든 국제 경제거래에 영향을 준다.[2]

대개 환율은 미국 달러, 일본 엔, EU 유로 등과 같은 세계 주요 통화와의 교환비율로 표시된다. 예를 들어 덴마크의 크로네와 브라질의 레알이 교환되는 비율은 그 두 통화의 세계 주요 통화와의 교환비율에 따라 결정된다. 세계경제에 가장 큰 영향을 주는 환율은 경제대국들 간의 환율, 즉 미국 달러, 엔, 유로, 캐나다 달러 간의 환율이다.

통화는 특정 시점의 상대적 교환가치는 별 의미가 없고 일정한 기간에 발생하는 교환가치의 **변화**만이 중요할 뿐이다. 예를 들어 1유로와 1달러(미국)의 가치가 비슷하고 1엔과 1센트(미국)의 가치가 비슷한 것은 그냥 우연의 일치일 뿐이지, 그 자체가 각국의 통화나 재정형편이 바람직한 상태인지 아닌지를 의미하지는 않는다. 반면에 유로의 달러 대비 가치가 올라간다면, 그만큼 유로의 가치가 더 올

---

2 Aliber, Robert Z. *The New International Money Game*. Chicago, 2002.

랐다고 생각하기 때문에 유로가 강하다고 말한다. 강한 통화는 수입품 가격을 낮추고 약한 통화는 수출품 가격경쟁력을 높인다. 예를 들어 미국 달러가 약했던 2001-2006년 시기에 미국 200대 기업의 수출이 증가하여 200대 기업 전체 매출이 32-44% 증가하였다.[3]

교환가능 통화(convertible currency)를 갖지 않은 국가도 있다. 교환이 가능하지 않은 통화, 즉 불환 통화(nonconvertible currency)란 다른 통화와의 교환이 보장되지 않은 통화이다. 구소련처럼 세계 자본주의경제와 단절된 국가의 통화가 그 예이다. 실제로 그런 통화도 암시장 거래나 발행국 정부와의 거래를 통하여 교환될 수 있지만, 그 가격이 매우 낮다. 인플레이션이 극심하여 잠시만 보유하고 있어도 가치가 떨어지는 통화도 있는데, 이런 통화는 사실상 불환 통화이다. 인플레가 심한 국가의 통화는 안정적(인플레가 덜한) 통화에 대비해 가치가 떨어진다.

1980년대 이래 서방 선진국들의 인플레는 연간 5% 이하로 비교적 낮은 수준을 유지해 왔다. (1970년대에는 미국을 포함한 다수 선진국 경제가 연간 10% 이상의 인플레를 기록하였다.) 남반구 지역의 인플레도 20년 전에 비해 낮아졌다(〈표 9.1〉 참조). 라틴아메리카는 750%에서 15% 이하로 떨어졌고, 중국과 남아시아는 5% 이하로 떨어졌다. 가장 극적인 변화가 러시아와 구소련 공화국들로 1,000% 이상에서 8% 수준으로 떨어졌다.

월간 50% 이상, 연간 13,000% 이상 극도로 높고 통제되지 않는 인플레를 **하이퍼인플레이션**(hyperinflation)이라 한다. 짐바브웨 정부가 2009년에 발행한 100조 달러 지폐의 원래 가치는 미국 달러로 약 30달러였는데 연간 2억%가 넘는 하이퍼인플레로 인하여 가치를 급속히 잃어버렸다. 이보다 훨씬 낮은 수준의 인플레라 해도 돈의 가치가 1주일 만에 떨어져 사업을 수행하기 어려울 수도 있다.

〈표 9.1〉 지역별 인플레이션, 1993-2012

지역	인플레(연간 %)		
	1993	2003	2012a
서방선진국	3	2	2
러시아/CSI	1,400	12	8

3 *New York Times,* November 20, 2007: A15.

중국	15	7	4
중동	27	12	5
라틴아메리카	750	10	6
남아시아	6	6	10
아프리카	112	8	7

a: 2012년 부분 통계를 전년도 통계로 전환해 추정한 것이다.

주: 여기서 사용한 지역 구분은 이 책의 다른 곳에서 사용한 지역 구분과 동일하지 않다.

출처: United Nations. *World Economic Situation and Prospects, 2010.* United Nations, 2010.

불환 통화와 반대로 세계의 주요 통화(현재 비교적 낮은 인플레를 보이고 있는)와 쉽게 교환될 수 있는 **경화**(hard currency)도 있다. 예를 들어 중국의 컴퓨터 제조업자는 수출 대금으로 달러, 유로, 혹은 기타 경화를 받을 수 있고, 이 경화를 필요한 부품의 수입 대금으로 지불할 수 있다. 그러나 쌀을 팔면서 중국 통화로 결제 받은 중국 농민은 그 돈으로 외국 상품을 직접 구입할 수 없다. 외국 통화와의 환전은 중국 정부가 정한 비율에 따라 통제된다. 쿠바 같은 소수 국가들에서는 두 종류의 통화 즉 외국 경화와 교환이 가능한 통화와 국내 전용 통화가 사용되고 있다. 쿠바 사람들은 필요한 물건이 경화만 받는 가계(외국인 관광객들을 상대하는)에만 있는데 자신들이 받는 봉급은 국내 전용 통화라고 불평한다. 일반적으로 경제가 발전하고 세계시장 참여가 늘어남에 따라 통화 역시 취약한 통화에서 오늘날 중국 통화처럼 더 안정적인 통화로 발전하고 궁극적으로 완전히 교환가능한 통화로 발전한다.

각국은 경화 **보유고**를 유지한다. 이것은 수세기 전 금 보유고와 비슷하다. 오늘날의 각국 통화는 금이 아니라 경화 보유고에 의해 유지된다. 일부 국가들은 아직도 계속 금을 보유하고 있다. 2010년에 사우디아라비아는 100억 달러에 상당하는 300톤 이상의 금을 보유하고 있다고 발표한 바 있지만, 중국의 금 보유고는 그 3배이다. 선진국들은 대체로 자국 경제규모에 비례하는 규모의 경화 보유고를 유지해 왔다.

통화 교환의 한 가지 형태는 **고정환율**에 따른 교환이다. 고정환율은 각국 정부가 단독 혹은 타 정부와 공동으로 설정한 공식 환율이다. 예를 들어 캐나다와 미국 달러는 여러 해 동안 대등한 가치, 즉 1대1 맞교환하는 공식 고정환율을 유지해 왔다(지금은 그렇지 않다). 각국은 경제 조건의 변화에 따라 다양한 방법으로 고정환율을 유지하거나 수정해 왔다(아래 환율변동 부분 참조).

변동환율이란 세계통화시장에서 민간 투자자들과 각국 정부가 통화를 사고파는 과정에서 형성되는 환율을 말하는데, 세계 주요 통화는 대개 변동환율에 따라 교환된다. 세계 각국 통화에 대한 수요와 공급이 늘 있기 마련이며, 시장 조건에 따라 끊임없이 통화 가치가 조정된다. 투자자들은 마치 기업 가치 상승을 예상하여 애플이나 월마트 주식을 사듯이, 엔화 가치가 상승하리라 예상해 엔화를 사들인다. 투자자들은 국제 통화시장에서 단기적 이익을 노려 통화를 사고팔지만, 그런 투기 거래를 통하여 환율은 장기적 수요공급 변화에 부응하는 방향으로 조정된다.

주요 국제 통화시장은 뉴욕, 런던, 취리히, 도쿄, 홍콩 등 일부 도시에서만 열린다. 이 국제시장들은 컴퓨터 통신을 통해 실시간 연결되어 있다. 시장 참가자들의 동기는 오직 단기적 관심사 밖에 없다. 즉 어느 나라 통화의 가치가 장차 올라갈까에 대한 관심이다. 이 시장을 통해 하루 1조5,000억 달러 정도의 돈이 전 세계 각지를 돌아다닌다(물론 실제로는 돈이 아니라 전산화된 정보가 돌아다닌다). 이 시장은 민간 시장으로, 증권시장만큼 정부의 강한 규제를 받지는 않는다.[4]

각국 정부는 자국 통화 가치 조작을 위하여 정기적으로 금융시장에 개입한다. (이런 개입 중에는 정부가 지불하는 공금리 변동도 포함된다.) 환율변동을 관리하기 위해 정부가 개입하는 것을 **관리변동환율제**(managed floating system)라 한다. 주도적 선진국들은 이런 개입에서 공동보조를 맞추기 위해, 항상 그렇지는 않지만, 종종 서로 협력한다. 예를 들어 미국 달러화 가격이 다른 주요 통화에 비해 지나치게 낮아질 때(이는 정치적 판단이다), 각국 정부가 민간 투자자들과 함께 통화시장에 들어가 달러화를 사들인다. 이처럼 달러화의 수요가 늘면 달러화의 가격이 안정되고 아마 상승할 수도 있다. (반대로 달러화 가격이 너무 높으면 각국 정부가 나서서 달러화를 매각하여 공급을 늘리고 가격을 낮춘다.) 대개 이런 개입은 하루 동안 신속히 이루어지지만, 바람직한 결과를 얻을 때까지 몇 주일에 걸쳐 수차례 반복적으로 이루어질 수도 있다.[5] 이런 금

---

4   Baker, Andrew. *Governing Financial Globalization: International Political Economy and Multi–Level Governance.* Routledge, 2008.

5   Bearce, David H. *Monetary Divergence: Domestic Political Autonomy in the Post–Bretton Woods Era.* Michigan, 2007. Kirshner, Jonathan. *Currency and Coercion: The Political Economy of International Monetary Power.* Princeton, 1997.

융 개입은 각국 정부와 공동으로 노력해야 더 큰 효과를 내는데, 그 공동 노력이 쉽지 않다. 자유주의자들은 그런 협력이 이루어진다는 사실이 호혜적 국제경제의 장기적 이익에 대하여 각국 정부가 공인하고 있음을 보여주는 증거라 주장한다.

국제 통화시장에 개입할 때 각국 정부는 설령 공동으로 노력한다 해도 어려움을 겪는다. 왜냐하면 통화시장에서 움직이는 대부분의 돈은 민간인들이 소유하고 있으며 각국 정부가 동원할 수 있는 돈은 전체 시장의 아주 작은 일부일 뿐이기 때문이다. 그러나 각국 정부는 함께 움직일 수 있다는 점에서 장점을 누리기도 한다. 함께 개입하면 통화 가격의 작은 변화는 쉽게 얻을 수 있을 만큼 충분한 영향력을 행사할 수 있기 때문이다. 또한 각국 정부는 통화 거래량과 거래가격을 일반 투자자들이 모르게 할 수 있다는 장점도 누린다. 일반인들은 각국 정부의 공동 시장개입이 이루어진 이후에야 개입 사실을 알 수 있다. (물론 어떤 투기꾼이 사전에 그런 정보를 알았다면 정부에 손해를 끼치고 그 만큼의 이득을 취할 수 있을 것이다.) 이 분야는 정부에 손해를 끼치는 만큼 이득을 얻으려 하는 초국가적 행위자와 투자자들에 대항하여 각국 정부가 제휴함으로써 (선진국 경제는 붕괴되지 않는다는 점을 확실히 보여주는) 공통의 이익을 갖는 분야이다..

정부 개입이 성공하면 민간 투기꾼이 손해를 보는 만큼 정부가 이득을 취할 수 있다. 예를 들어 G20 정부들이 공동으로 미국 달러화 가격 상승을 위해 다른 통화를 팔고 달러화를 사들여 달러화 가격이 상승한다면 각국 정부는 나중에 달러화를 오른 가격으로 되팔아서 이득을 얻을 수 있다. 반대로 개입이 실패하여 달러화 가치가 계속 떨어진다면 정부는 돈을 잃게 되고 가치 하락을 막기 위해 계속해서 달러화를 사들여야 한다. 이때 투자자들이 이 사실을 알게 되면 투자자들은 정부가 사들이는 통화가 약하다고 판단해, 다시 추가 가치 하락을 낳을 수 있다. 극단적인 경우 정부는 이 시점에 이르기 전에 경화 보유고가 바닥나 막대한 손실을 입을 수밖에 없게 된다. 따라서 정부는 통화 가격에 대한 정부의 영향력에 한계가 있다는 사실을 현실로 인정해야만 한다.

이러한 한계가 잘 드러난 사건이 2001년 아르헨티나 금융위기이다. 아르헨티나는 1990년대에는 미국 달러에 대한 자국 통화 환율을 고정시켰는데, 이는 최근 아르헨티나 경제의 파산위기를 낳은 고삐 풀린 인플레를 방지하는 데 가장 효과적인 방법이었다. 그러나 페소화를 달러화에 묶어두는 것은 자국 경제를 통제하는 핵심 수단 가운데 하나인 통화정책에 대한 주권의 상실을 뜻한다. 1990년대 말 미국과 아르헨티나는 서로 다른 필요성을 가지고 있었다. 미국은 역사적 팽창에 힘입어 전례 없는 번영을 누렸고 이에 따라 비교적 높은 수준의 금리 유지가 가능했다. 반면에 아르헨티나는 4년간 경기후퇴를 겪었지만 성장을 자극하기 위한 금리 인하 능력을 갖지 못했다. 아르헨티나는 누적 외채가 1,000억 달러를 넘었으며 채무 이행을 할 수 없게 되었다. 채무 구조 개선을 위한 IMF의 지원금은 엄격한 증세 및 지출삭감 정책을 조건으로 한 것이었는데, 이런 정책은 다년간 지속된 경기후퇴 시기의 정책으로서 실패한 정책이라는 비판을 받았다. 2001년에 이르러 미국과 IMF가 그냥 구경만 하고 있는 가운데 아르헨티나 경제가 붕괴하였다. 짧은 기간에 두 명의 대통령이 사임하였고, 민주주의 정부가 들어서 채무불이행을 선언하고 일자리 창출을 위한 페소화 평가절하를 단행하였다. 이런 일은 IMF에게는 당혹스러운 기록이고 아르헨티나에게는 고통스러운 일이었다. 2003년에 이르러 IMF에 진 30억 달러의 채무도 불이행 상태에 처하게 되어 IMF 역사상 최대 규모의 채무불이

집합재 찾기

통화 안정
집합재: 세계경제를 위한 안정적 환율

배경: 세계화는 국제 비즈니스의 증가를 통하여 세계에 큰 부를 가져다주고 있다. 국제적으로 사업을 하기 위해서는 각국 통화의 환율이 안정되어야 한다. 환율이 높고 낮음은 문제가 되지 않는다. 사업가들은 투자, 수입, 구매 등에 관한 계획을 세울 때 이에 소요되는 비용이 외화로 얼마인지를 알면 되기 때문이다. 환율 안정은 세계경제 전체의 공공재이다. 세계의 주요 국가들이 금융정책을 상호 조정하여 환율의 안정성을 유지한다면 모든 사람들이 그 편익을 누릴 수 있다. 이 안정성은 일부 국가가 자국에 유리하게 환율을 조작함으로써 무임승차 하더라도 달성될 수 있다. 그러나 너무 많은 국가들이 무임승차 한다면 집합재가 만들어지지 않는다. 1930년대에 주요 국가들이 경쟁적으로 환율을 인상하여 대공황을 더욱 악화시켰던 것처럼.

도전: 중국은 여러 해 동안 자국 통화와 미국 달러화 환율을 고정시켰다. 양국의 경제 조건이 다르고 막대한 무역 불균형이 발생함에도 불구하고 고정환율을 유지해 왔다. 대다수 경제학자들은 중국이 다른 주요 국가들처럼 변동환율을 허용한다면 중국 통화의 가치가 상당히 올라갈 것

행 기록에 직면하게 되었다. 그 후 아르헨티나 경제가 호전되어 2006년에 IMF에 진 빚을 상환하였지만, 채권국 정부들과의 협상은 아직도 계속되고 있다.

　더 최근의 일로, 중국 통화를 둘러싼 중요한 사례가 있다. 2001년 당시 아르헨티나처럼 중국도 달러화에 대한 중국 위안화의 가치를 고정시키는 정책을 고수함으로써 중국과 미국의 상이한 경제적 조건을 반영하지 않고 있었다. 중국은 막대한 무역흑자를, 미국은 막대한 무역적자를 기록해 왔는데, 2012년의 경우 미국의 전체 무역적자가 5,000억 달러 이상이며 이중 3,000억 달러 이상이 대 중국 무역에서 발생한 적자였다. 이에 비판자들은 달러-위안 환율이 인위적으로 높게 고정되어 중국의 대미 수출 단가를 낮추고 무역불균형에 기여하는 한편으로 미국 제조업계의 일자리 상실(이는 미국 국내정치의 중요한 쟁점이 되고 있다)을 초래하고 있다고 비판한다. 지난 3년간 미국의 경제 상태가 악화되면서 중국의 환율제도에 대한 압력이 커지고 있다. 그러나 중국은 국내의 안정에 더 큰 관심을 보이고 있다. 즉 높은 수준의 고용을 유지하기 위해서 계속 수출해야만 한다. 또한 위안화 저평가 상태를

로 예상한다. 이렇게 되면 미국의 수출에 도움이 되고 중국의 수출에 해가 되어 무역불균형이 다소 완화될 것이다. 그러나 중국은 자국 통화의 가치 상승을 허용할 것이라고 종종 말하지만 실제 변동 폭은 매우 작았다.

해결책: 평등과 상호주의에 기반을 둔 무역체계와 달리 국제 금융체계는 지배적 위계질서와 유사하다. IMF의 의사결정은 부국들에게 더 많은 힘을 주는 가중 투표 방식으로 이루어진다. 최근까지 세계의 중요한 통화 관련 결정은 G7에 의해 이루어졌다. 이것이 더 많은 국가들이 참가하는 G20로 확대되어 세계경제 위기에 대응할 때 지배적 위계

질서가 다소 수평적인 것으로 되었지만, 여전히 정상 국가들이 중요한 결정권을 행사한다. 세계 통화시장은 미국 달러, 유로, 엔에 의해 지배된다.

　중국은 통화 가치를 인위적으로 낮게 유지함으로써 자국 수출을 늘리는 식으로 세계 통화시장에서 무임승차를 하고 있다. 그러나 세계경제 전체에서 차지하는 중국의 비중이 그리 크지 않기 때문에 중국이 협력하지 않아도 세계 통화체계가 무너질 정도는 아니다..

유지해야 낮은 수출 단가와 높은 고용을 유지할 수 있다. 결국 중국은 느린 속도로 조금씩 환율이 변동하는 것은 허용하지만 완전 변동환율은 결코 허용하지 않을 것이다.

2006년에 한국, 중국, 일본 3국이 통화정책 협력을 위한 공동 계획을 발표하였다. 2010년에는 한국과 중국이 통화 교환에 관한 추가 협력에 합의하였다. 또한 한중 양국은 아세안과 함께 지역 내 통화 총량을 추적하기 위한 아시아 공용통화를 만드는 방안을 연구하고 있다. 이런 노력들은 유럽의 유로 같은 아시아 공용통화로 향한 노력의 초기 단계라 할 수 있지만, 아직은 기껏해야 걸음마 단계이다.

(3) 왜 환율이 오르고 내릴까?

단기적으로 환율은 통화의 미래 가치에 대한 투기 여하에 따라 좌우된다. 그러나 장기적으로 통화 가치는 그 통화의 장기적 공급과 수요 변동에 따라 오르내리는 경향을 보인다. **공급**은 정부가 화폐를 얼마나 많이 발행하는가에 따라 결정된다. 화폐 발행은 가장 신속한 정부 수입 확대 방안이지만 그만큼 돈의 가치가 떨어진다. 지나치게 많은 화폐를 발행하면 재화의 양은 불변인데 그 재화를 사는 돈은 많아지기 때문에 인플레가 발생한다. 통화 수요는 국가경제의 건강성과 정치적 안정성에 의해 결정된다. 사람들은 정치적으로 불안한 국가의 통화를 사려 하지 않는다. 정치적 불안이 경제적 효율성을 무너뜨리고 그 통화에 대한 신뢰를 떨어뜨리기 때문이다. 반대로 정치적 안정성은 통화 가치를 높일 수 있다. 예를 들어 정치적 소요와 경제 혼란을 겪던 인도네시아에 2001년에 새 대통령이 취임하자 정치적 안정성에 대한 기대를 반영해 통화 가치가 이틀 만에 13% 올랐다.

통화의 안정성을 이루기는 어렵다. 1995년에서 2004년 사이에 미국 달러 가치가 엔화로 100엔에서 80엔으로 떨어졌다가 130엔으로 올랐다가 다시 105엔으로 떨어졌다. 환율이 이 정도로 불안하면 무역업에 큰 혼란을 불러일으킬 수 있다. 무역을 위주로 하는 기업들이 수입과 지출의 갑작스럽고 예측 불가능한 변동을 겪어야 하기 때문이다(예를 들어 미국 컴퓨터 제조업체가 수입하는 일본산 컴퓨터 칩의 가격과 일본 기업이 필요로 하는 미국산 소프트웨어 가격이 급변하기 때문이다). 또한 환율이 불안하면 각국 중앙은행이 손해를 보는 만큼 투기꾼들이 이익을 얻을 수 있기 때문에 이를 막기 위해서도 각국은 통화 안정에 공통의 이익을 걸고 있다. 그리고 위조지폐를 막아 자국 통화의 신뢰도를 높이는 것도 각국의 공통 이익이다. 그러나 "깡패" 국가는 그렇게 생각하지 않을 것이다. 2006년에 미국은 북한이 진짜와 구별이 어려울 정도로 정교한 100달러짜리 위폐 수천만 달러를 사용하였다고 비난하였다. 이것이 사실이라면 북한은 직접적인 이득을 얻은 반면 미국 재무부는 손실을 본 것이 된다.

통화 안정에 공통의 이익이 있지만 그래도 각국은 환율을 놓고 갈등을 겪기도 한다. 대개 각국은 자국 통화의 가치를 낮게 유지하려고 한다. 그래야 수출을 촉진하고 무역적자를 흑자로 전환하는 데 도움이 되기 때문이다. 특히 중상주의자들이 이런 정책을 선호한다. 예를 들어 2009–2012년 사이에 캐나다 달러의 가치가 미국 달러 대비 25% 상승하자 캐나다에 공장을 두었던 미국 자동차 제조업체들이 생산 시설과 수천 개 일자리를 캐나다에서 미국으로 이전했다.

환율과 무역수지는 자동적으로 균형을 맞추는 경향이 있다(이는 자유주의자들이 선호하는 결과이다). 과대평가된, 즉 환율이 지나치게 낮은 통화가 만성적 무역적자를 낳고, 이 적자를 메우기 위해 통화를 더 많이 발행하고, 이 통화 증발이 통화 가치와 환율에 영향을 주는 식의 조정 과정(변동환율을 전제할 때)이 발생할 수 있기 때문이다. 자유주의자들은 이런 조정을 해롭게 보지 않고 오히려 세계경제가 비효율성에서 벗어나 전반적 성장을 극대화할 수 있게 해주는 적극적인 기제(mechanism)로 본다.

한 국가가 고정된 환율 혹은 공식 환율을 변동시켜 자국 통화의 가치를 일방적으로 낮추는 것을 **평가절하**(devaluation)라 한다. 일반적으로 평가절하는 재정문제를 단기적으로 해결하는 신속한 방법이지만 새로운 문제를 낳기도 한다. 한 국가의 통화가 평가절하 되면 그 통화를 가진 외국인들이 갑자기 손해를 보게 된다. 이 손해는 그 통화에 대한 사람들의 신뢰를 떨어뜨린다. 그 결과 통화가 더 싸져도 통화 수요가 떨어진다. 투자자들은 장차 평가절하가 또 있을 것으로 걱정하며, 실제로 경제가 불안한 국가에서 평가절하가 잇달아 발생하는 경우가 많다. 예컨대 2009년 초 첫 3주 동안 러시아가 주력 수출품인 석유 가격이 폭락하자 루블화 가치를 연달아 여섯 번 평가절하 한 적이 있었다. 한 국가에서 일정 기간 고정환율제를 유지

▌정책적 시각

중국 국가주석 시진핑(習近平)의 입장

문제: 국제적인 정치적 압력과 국내 경제적 고려 사항을 어떻게 조화시킬 것인가?

배경: 당신이 중국 국가주석이라 가정하자. 지난 10년간 중국 경제는 급속히 성장해 왔다. 연간 9%에 가까운 성장을 계속해 왔는데, 이 수치는 개발도상국 가운데 가장 높은 수준이다. 2008년의 세계 금융위기 당시 성장 속도가 떨어졌지만 곧바로 고도 성장세가 회복되었다. 중국의 수출 역시 금융위기 당시 감소하였지만 곧바로 회복되어 연간 대규모 무역흑자를 낳고 있다.

국제경제에서 중국이 차지하는 위치는 독특하다. 중국 통화인 위안의 환율이 10년 넘게 미국 달러(주요 통화)에 대해 고정되었기 때문이다. 전임자 시절인 2005-2012년에 위안화 가치가 40% 상승하였지만, 많은 경제학자들은 여전히 위안화가 실질적으로 과소평가 되었다고 본다.

많은 사람들은 중국의 고정환율제가 엄청난 경제성장과 무역흑자의 요인이라 생각한다. 중국 수출품을 사기 위한 위안화 수요가 많지만, 위안화 가치가 자유롭게 변동하지 않기 때문에 중국 정부가 계속 낮은 상태로 묶어둘 수 있다. 그 결과 중국 수출품의 가격이 세계시장에서 아주 낮으며, 그래서 중국 상품이 매력적이다.

국내 고려사항: 중국의 상황을 보면 경제성장이 중요하다. 방대한 인구 규모를 감안하면 실업률을 낮게 유지하기 위해 일자리 증가가 필요하다. 고임금이 출생률 감소의 확실한 방법이다(11장 인구 부분 참조). 이런 상황이므로 경제성장에 크게 기여하고, 국가경제를 위한 경화를 벌어들이고, 또 일자리를 창출하는 수출이 결정적으로 중요하다.

그러나 최근 들어 두 가지 위험이 가시화되고 있다. 하나는 경제적 위험이다. 2010년 이후 중국은 저임금 노동에 항의하는 노동자 시위를 경험하였다. 이 시위에 대처하는 방법의 하나로 임금인상이 있는데, 이렇게 되면 생산원가 인상과 수출 감소가 뒤따를 수 있다. 다른 하나는 정치적 위험이다. 미국과 유럽이 중국의 고정환율제와 무역흑자에 대해 강하게 항의하고 있다. 미국은 위안화 과소평가가 미국 일자리 150만개를 빼앗는다고 비난하였으며, 2012년 대통령선거 당시 "중국 때리기"가 유행하여 양국간 정치적 긴장관계를 더욱 악화시킨 바 있다.

시나리오: 이제 미국이 차기 세계은행 총재 자리를 중국 측에 내줄 가능성을 내비친다고 가정하자(현재까지 세계은행 총재는 항상 미국인이다). 그 조건은 위안화 가치가 국제 통화시장에서 자유롭게 변동될 수 있도록 허용하라는 것이다. 이런 조치는 국제정치 무대에서 크게 환영 받을 것이며, 중국 경제의 "과열"이나 지나친 인플레 위험을 완화시킬 것이다. 장기적으로 그런 조치는 중국 경제를 더욱 세계경제로 통합시킬 것이다. 또한 세계은행을 주도한다면 중국 정부에게 대단한 위신과 함께 중요한 제어수단을 제공해 줄 것이다.

물론 이런 방향으로 나아가려면 위험도 있다. 만일 위안화 가치가 급상승한다면, 중국 수출의 국제경쟁력이 약화되어 금융위기에서 벗어난 지 얼마 되지 않은 시점에 중국 경제의 엔진이 멈출 위험이 있다. 또한 중국이 1997년의 아시아 경제위기와 같은 국제 통화 충격에 더 취약해질 위험도 있다. 당시 중국이 그 위기를 피할 수 있었던 것은 고정환율제에 힘입은 바가 컸기 때문이다.

정책 선택: 위안화가 국제 통화시장에서 자유롭게 움직일 수 있도록 허용할 것인가? 만약 허용한다면, 중국 경제의 고도 성장세를 유지하고 수출품의 경쟁력을 유지하는 확실한 방법이 있는가? 그런 방법이 없다면, 기존 통화정책으로 인한 정치적 압력에 어떻게 대처할 것인가? 그리고 인플레와 국내적 불만을 낳을 지나친 경제성장의 위험은 그냥 감수할 것인가?

하다가 변동환율제로 전환할 때 그 통화가 평가절하 될 수 있지만, 이런 평가절하는 한 차례 급락으로 그치는 경우가 많다. 일반적으로 환율의 급격한 변동이나 인위적 변동은 원활한 국제무역에 혼란을 초래하며 부의 창조를 방해하는 경향이 있다.

각국 통화의 환율을 비교적 안정되게 유지하는 것은 일종의 집합재라 할 수 있다. 안정적인 틀 안에서 투자와 판매를 하는 것이 모든 참가자들에게 이득이 되지만 개별 국가는 자국 통화를 평가절하 해서 더 큰 이득을 취할 수 있다는 점에서 집합재라 할 수 있다. (국가지도자가 무임승차를 통하여 자국이 이득을 본다고 생각한다면, 무임승차의 이득이 실제 경제적 이득인지 아니면 국가이익 인식과 연결된 정치적 이득인지는 여기서 중요하지 않다.) 집합재에 관한 이론에 따르면, 국제적 환율 안정은 패권 상황(우세 원칙)이나 소수의 주요 국가들 간의 관계(상호주의 원칙이 더 효과적으로 작동될 수 있는 상황)에서 더 쉽게 달성할 수 있다. 이 이론에서 패권적 안정은 패권국이 자신의 경제력과 다른 강대국들에 대한 영향력을 이용하여 세계 통화 안정을 뒷받침한다는 의미를 포함하고 있다. 그런 패권국이 존재하지 않는다면, 소규모 집단에 의해 통제될 때 집합재 공급이 더 쉬워진다. 소규모 집단에서는 협력거부가 바로 노출되며 협력의 강제집행이 더 쉽기 때문이다.

(4) 중앙은행

화폐의 발행은 정부가 통제한다. 일부 국가에서는 정부를 장악한 정치인이나 군 장성이 통화 발행량을 직접 통제하기도 한다. 그런 국가에서 인플레가 심할 수 있다는 사실은 놀랄 일이 아니다. 왜냐하면 정치 문제를 해결하기 위한 수단으로 통화 증발이 종종 사용되기 때문이다. 그러나 대부분의 선진국 정치인들은 통화 발행 결정을 내리는 사람으로서 자기 자신을 신뢰할 수 없다는 사실을 잘 알고 있다. 이 같은 자기 규제를 실행하고 돈의 가치에 대한 대중의 신뢰를 높이기 위하여 통화 발행에 관한 결정권은 **중앙은행**으로 넘긴다.[6]

중앙은행을 운영하는 경제학자와 전문가들은 통화 발행량을 제한하고 높은 인플레를 허용치 않는 방법으로 통화 가치를 일정 수준으로 유지하려고 노력한다. 중앙은행을 운영하는 사람들은 정치인들이 임명하지만 일반적으로 정치인들의 임기와 달리 오랫동안 재임한다. 이 중앙은행 관리자들은 당파 정치에서 한발 물러나 국가이익의 관점에서 은행을 운영하고자 노력한다. 국가지도자가 군사 개입을 명령하면 장군은 이에 복종해야 하지만, 통화시장 개입을 명령하면 중앙은행은 이에 복종하지 않아도 된다. 실제로는 중앙은행의 자율성은 국가에 따라 다르다. 예컨대

---

6 Blinder, Alan S. *The Quiet Revolution: Central Banking Goes Modern.* Yale, 2004.

태국 중앙은행 총재는 2001년에 수상과 금리 문제에 대한 논쟁을 벌인 다음에 해임되었다.

미국의 중앙은행은 **연방준비은행**(Federal Reserve, 이하 연준)이다. "준비"란 정부가 경화를 보유하고 있다는 뜻이다. 연준은 돈을 풀거나 묶어서 경제에 영향을 줄 수 있다. 국제무대에서는 통화시장 개입을 통하여 영향을 줄 수 있다. 대개 다국적 개입은 주요 국가들의 중앙은행 총재와 재무 장관들의 협의로 이루어진다. 중앙은행 관리자들의 임기가 길고 비교적 당파성을 띠지 않는다는 점이 안정적 세계 통화체계라고 하는 집합재의 공급을 더 쉽게 해준다.

국내에서 연준의 힘이 행사되는 방식은 정부가 민간은행에 돈을 빌려줄 때 적용하는 금리인 **할인율**(discount rate) 조정이다. (중앙은행의 고객은 개인이나 기업이 아니라 민간은행이다.) 실제로 이 할인율은 돈이 경제로 투입되는 속도를 제어한다. 연준이 할인율을 지나치게 낮게 책정하면 너무 많은 돈이 돌아 인플레가 유발된다. 반대로 지나치게 높게 책정하면 너무 적은 돈이 돌아 소비자와 기업이 민간은행으로부터 대출 받을 수 있는 돈이 적고 또 이자율이 높아져 경제성장이 지체될 수 있다.

할인율에 대한 중앙은행의 결정은 국제적으로 중요한 결과를 낳을 수 있다. 다른 국가들에 비해 이자율이 높은 국가로 해외 자본이 유입되는 경향이 있다. 그리고 경제성장이 높은 국가로 더 많은 상품이 수출될 수 있다. 따라서 각국은 다른 국가의 통화정책에 신경 쓰지 않을 수 없다. 그 결과 야기되는 갈등은 기술적인 방법이 아닌 정치적인 방법으로만 해결될 수 있다. 왜냐하면 각국 중앙은행은 비록 국내정치에 영향을 받지 않더라도 각기 국가이익 관점에서 행동하기 때문이다.

각국 중앙은행은 상당히 큰 규모의 통화 보유고를 통제하지만 그 양이 세계 전체 통화에서 차지하는 비중이 그리 크지 않다는 점에서 제약을 받는다. 대부분의 부는 민간은행이나 기업에 의해 통제되고 있다. 경제행위자로서 국가는 세계경제의 방향을 주도하지 못하며, 오히려 여러 가지 방식으로 세계경제의 방향을 추종한다. 적어도 장기적으로는 그렇다. 그러나 최근의 세계 경제위기에서 보았듯이, 국가들은 여전히 세계경제에서 핵심 역할을 수행하고 있다. 단기적으로 국가는 대규모 금융 활성화 정책 패키지를 채택할 수 있으며, 도산 위기에 몰린 민간은행이나 기업을 구제할 수 있고, 불법적으로 경제적 어려움을 일으키는 개인들을 처벌할 수 있다.

(5) 세계은행과 국제통화기금

안정된 세계 금융체계를 위한 국제협력의 중요성 때문에, 집합재 문제 극복의 필요성 때문에, 금융관계에서의 행동 규범에 관한 국제 레짐과 제도가 발전해 왔다. 마치 UN이 국제안보 분야의 행동 규범에 의해 만들어진 레짐을 제도적으로 지원하듯이, 세계 금융 레짐의 경우에도 그와 비슷한 일이 일어나고 있다.

안보 분야에서도 그러했지만, 주요 국제경제기구들도 제2차 세계대전 종전 무렵에 창설되었다. **브레튼우즈체제**(Bretton Woods System)는 연합국들이 1944년 미국 브레튼우즈라는 도시에서의 회담에서 채택되었다. 이 체제는 **국제부흥개발은행**(International Bank for Reconstruction and Development, IBRD), 더 널리 사용되는 이름으로 **세계은행**(World Bank)이라는 기구를 설립하였다. 세계은행의 역할은 전후 서유럽 경제를 부흥시키기 위한 대출과 장차 금융위기를 겪을지 모르는 국가들을 돕기 위한 대출 제공이다. (나중에 대출을 받은 국가들은 주로 개발도상국들이었으며, 1990년대에 들어 동유럽 국가들도 대출을 받았다.) 세계은행과 긴밀하게 연결된 기구로서 **국제통화기금**(International Monetary Fund, IMF)이라는 기구도 설립되었다. IMF는 국제 통화거래, 국제수지, 국민계정 등을 조정한다. 세계은행과 함께 IMF는 국제 금융체계의 기둥 역할을 하고 있다. (국제 발전에서 세계은행과 IMF가 수행하는 역할은 13장에서 다룬다.)[7]

브레튼우즈는 미국 달러를 기축통화로 삼고 금에 의해 뒷받침 되는 안정적 금융거래 레짐을 구축하였으며 1944년부터 1971년까지 유지되었다.[8] 이 기간 미국 달러는 금 1/35 온스의 가치로 고정되었으며, 미국 정부는 언제든지 이 비율로 달러를 매입한다고 보증하였다(이를 위하여 미국은 켄터키 주 녹스 요새에 금을 비축하였다). 다른 국가들의 통화는 미국 달러 대비로 고정 환율로 교환되었다. 이 고정환율은 IMF에 의해 정해졌는데, IMF는 각국 통화에 지속적으로 적용할 수 있는 장기

---

7 Fischer, Stanley. *IMF Essays from a Time of Crisis: The International Financial System, Stabilization, and Development.* MIT, 2004. Copelovitch, Mark S. *The International Monetary Fund in the Global Economy.* Cambridge, 2010.

8 Eichengreen, Barry. *Globalizing Capital: A History of the International Monetary System.* Princeton, 1996. Andrews, David M., C. Randall Henning, and Louis W. Pauly, eds. *Governing the World's Money.* Cornell, 2002.

적 균형 수준을 고려하여(단기적인 정치적 고려가 아니라) 이를 결정했다. 국제 통화시장은 고정환율을 기준으로 좁은 범위 안에서 시장 기능을 수행하였다. 만일 한 국가의 통화 가치가 고정환율에서 1% 이상 떨어지면 그 국가는 경화 보유고를 사용하여 자국 통화를 사들여서 가격 차이를 메워야 했다. 반대로 1% 이상 오르면 가격을 낮추기 위해 자국 통화를 팔아야 했다.

이 같은 금본위제는 1971년에 폐지되었는데, 이를 가리켜 "브레튼우즈 붕괴"라 말하기도 한다. 사실 이 용어는 부적절하다. 기구들이 살아남았으며 국제 금융 레짐은 붕괴하기는커녕 더 잘 조정되었기 때문이다. 이 시점에 이르러 미국 경제는 1944년 당시처럼 압도적 우위를 점하지는 못하게 되었다. 그 주요 원인은 전후 유럽과 일본 경제의 회복에 있지만, 베트남전쟁에 미국이 지나치게 많은 돈을 지출했고 석유수입 대금으로 많은 돈을 지출했다는 점도 작용하였다. 그 결과 미국 달러가 과대평가되었다. 1971년에 이르러 1달러의 가치를 금 1/35 온스 가치로 계속 유지할 수 없게 되었으며, 이에 미국이 고정환율을 포기할 수밖에 없었다. 당시 닉슨 대통령은 일방적으로 달러−금 태환제도를 폐지하고 달러 가치가 자유로이 변동되도록 허용하였다. 그러자 곧바로 금에 대한 달러 가치가 이전보다 크게 떨어졌다.

미국의 금본위제 폐지는 미국에는 유리했고 일본과 유럽에는 불리했다. 당시 일본과 유럽 지도자들은 미국의 일방적 조치에 충격을 받았다. 제2차 세계대전 이후 모든 서방 국가들에게 기록적 경제성장을 가져다 준 세계 자본주의경제의 상호의존 역시 새로운 국제 갈등의 조건을 조성하였다.

세계 표준으로서 금을 대체하기 위해 IMF가 새로운 세계통화로 도입한 것이 **특별인출권**(Special Drawing Right, SDR)이다. SDR은 "종이금"이라 불리는데, IMF에 의해 제한된 물량만 공급되고 각국 중앙정부가 경화 보유고로 사용하며, 그리고 많은 국제 통화와 교환될 수 있기 때문에 그렇게 불린다. 현재 SDR은 세계통화와 가장 유사하다. 그러나 이것으로 상품을 구입할 수는 없고 오로지 통화만 구입할 수 있다. 또한 개인이나 기업은 이를 소유할 수 없고 오로지 국가(중앙은행)만 소유할 수 있다. 이제 미국 달러의 가치는 금이 아닌 SDR과의 고정된 교환비율에 따라 결정된다(그러나 IMF가 달러화 강세나 약세를 반영하여 이 비율을 주기적으로 조정한다). SDR은 주요 국제 통화와 연동되어 있다. 한 국가의 통화 가치가 약간 오르고 다른 국가의 통화 가치가 약간내리면 SDR의 가치는 거의 움직이지 않는다. 그러나 모든 국가의 통화 가치가 오르면 SDR 역시 오른다.

1970년대 초 이후 주요 국가들의 통화는 관리변동환율제의 지배로 바뀌었다. 달러-금 레짐에서 관리변동 레짐으로 이행하는 과정은 쉽지 않았다. G6으로 불린 국가들은 정상회의를 통하여 목표 환율에 관한 정치 협상을 벌여야 했다. 이 G6에 캐나다(1976년)와 러시아(1997년)에 합류하여 G8로 확대되었다. 2009년에 이르러 훨씬 더 많은 선진국과 개발도상국을 포함한 G20이 G8을 대신해 주요 금융문제를 심의한다는 발표가 있었다.

IMF의 기술적 작동 방식은 회원국들이 IMF에 출연한 돈에 기반을 두고 있다. IMF에 가입할 때 각국은 일정한 할당(quota)을 부여 받는데, 그 일부는 경화이고 나머지는 자국 통화이다(이 할당은 무역규제 수단의 하나인 무역할당과 전혀 관계없다). 이 할당은 회원국의 경제 규모와 상태에 따라 결정된다. 회원국은 경제적으로 어려울 때 경제를 안정시키기 위하여 이 할당에 상응하는 규모(경우에 따라 초과하기도 하지만)의 돈을 빌릴 수 있다. 대출 후 연차적으로 상환해야 한다. 2009년에 세계의 지도자들은 개발도상국의 세계 금융위기 대처를 지원할 수 있도록 IMF에 추가로 1조 달러를 기탁하기로 약속하였다.

WTO나 UN 총회와 달리 IMF와 세계은행은 회원국들이 각기 출연한 금액(할당)에 비례한 투표권을 행사하는 방식인 **가중투표제**(weighted voting system)를 사용한다. 따라서 사실상 세계 모든 국가가 회원국이지만 선진국들이 IMF를 통제하고 있다. 미국이 최대의 투표권(17%)을 가지고 있으며, 미국의 수도에 IMF와 세계은행의 본부가 있다. 2008년에 IMF는 중국의 할당과 투표권을 약간 상향 조정하는 내용으로(3%에서 3.7%로) 투표 공식을 조금 수정하였다.

1944년 창설 이후 IMF와 세계은행은 세 가지 주요 임무를 완수하고자 노력해 왔다. 첫째, 이 양대 기구는 제2차 세계대전으로 참화를 입은 국가들, 특히 일본과 서유럽 국가들의 안정과 자본 확보를 추구하였다. 이 임무는 크게 성공하여 해당 국가들의 성장과 번영을 가져왔다. 둘째, 양대 기구는 빈국들의 경제개발을 촉진하고자 노력해 왔다. 특히 1970년대와 1980년대에 그런 노력을 많이 기울였지만 지금도 그 노력은 계속되고 있다. 지금까지 이 임무는 남반구 대부분 지역에서 아직도 만성적 빈곤이 남아 있는 데서 드러나듯이 성공과 한참 거리가 먼 상태이다(12장 참조). 세 번째 임무는 1990년대의 임무로서 동유럽과 러시아를 세계 자본주의 경제에 통합시키는 것이었다. 이 임무는 성패가 엇갈렸지만 대체로 성공한 임무라 할 수 있다.

3. 각국의 재정적 지위

환율이 변동하고 각국 경제가 성장함에 따라 각국의 상대적 지위도 변하고 있다.

(1) 국민계정

IMF는 각국의 전반적인 재정적 지위를 추적하기 위하여 **국민계정**(national account) 통계제도를 유지하고 있다. 한 국가의 **국제수지**(balance of payments)는 기업의 재무제표(財務諸表, financial statement)와 비슷하며, 국가로 들어오는 돈과 국가에서 나가는 돈의 흐름을 요약한 것이다. 국제수지 자체는 기술적이지 정치적이지 않다. 기본적으로 다음 세 가지 유형의 국제거래가 국제수지에 포함된다. 즉 경상계정, 자본이동, 외환보유고 변동이 그것이다.

기본적으로 경상계정은 8장에서 다룬 무역균형이다. 즉 수입 대금 지불을 위해 국가에서 나가는 돈과 수출로 국가로 들어오는 돈의 흐름이다. 수출입 되는 재화는 상품과 서비스 양쪽 모두 포함한다. 예를 들어 영국 관광객이 미국 플로리다에서 쓴 돈과 영국 소비자가 런던 시장에서 플로리다 산 오렌지를 사면서 쓴 돈은 모두 미국 경상계정에 수입으로 잡힌다. 경상계정은 이밖에 다른 두 가지 항목도 포함한다. 하나는 정부거래인데, 이것은 정부가 대외 군사원조나 기타 원조, 해외근무 공무원들에 대한 급여와 연금 등에 지불하는 것이다. 다른 하나는 **송금**인데, 이것은 해외에 있는 기업이나 개인이 본국으로 돈을 보내는 것이다(13장 참조). 예컨대 미국에 있는 혼다 지사가 이익금을 일본에 있는 혼다 본사에 송금할 수 있다. 혹은 뉴욕에서 일하는 영국 시민이 런던에 있는 부모에게 돈을 보낼 수 있다.

국민계정의 두 번째 범주인 **자본이동**은 외국인의 국내투자와 내국인의 해외투자를 가리킨다.[9] 자본이동은 순 이동으로 측정된다. 즉 외국인이 국내에 투자하거나 대여한 돈에서 국내 기업, 개인, 정부가 다른 국가에 투자한 돈을 뺀 액수로 표시된다. 외국인의 국내투자나 내국인의 해외투자는 정부기관이나 국영기업에 의한 것도 있지만 대부분이 민간인들에 의한 것이다. 자본이동은 다시 둘로 나뉜다. 하나는 외국인 **직접투자**(혹은 해외 직접투자)로, 예컨대 다른 국가의 공장, 기업, 부동산 등을 소유하는 것이다. 다른 하나는 간접적인 **포트폴리오 투자**로서, 예컨대 외국 기업의 주식이나 채권을 매입하거나 외국 기업에 대출을 제공하는 것이다. 이와 같은 다양한 종류의 자본이동은 각기 상이한 정치적 결과를 낳을 수 있지만(아래 국제적 부채 및 외국인 직접투자 참조), 전반적 국민계정 안에서는 기본적으로 동일하게 취급된다.

국민계정의 세 번째 범주인 **외환보유고 변동**은 국민계정의 수지 상태를 반영한다. (경상계정 및 자본이동을 합산하여) 돈의 유입과 유출 간의 차이가 생기면 그 차이에 상당하는 금액이 외환보유고 변동으로 나타난다. 보유고 변동은 국가가 특별인출권(SDR), 금, 자국 통화가 아닌 경화 등의 매입이나 매각, 그리고 IMF 출연금의 변동 등으로 나타난다. 국가는 국내로 들어오는 돈보다 나가는 돈이 더 많으면 그 부족분을 외환보유고에서 충당한다. 따라서 국민계정은 결국 언제나 균형을 이루게 된다. 대부분의 경우에는 그렇지만 아닌 경우도 있다. 가장 효율적이고 정직한 정부라 하더라도(대개 각국 정부는 효율적이지도 정직하지도 않다) 국경선을 넘나드는 모든 돈의 흐름을 추적할 수는 없기 때문에 실수와 누락이라는 잔여 범주가 작용한다.

(2) 국제적 부채

돈은 생산, 유통, 소비의 과정을 거치면서 이동한다. 그런 의미에서 경제는 항

---

9 Kindleberger, Charles P. *International Capital Movements*. Cambridge, 1987.

상 움직인다고 볼 수 있다. 그러나 경제에는 고정된 부(standing wealth)도 있다. 정부가 가진 경화 보유고도 일종의 고정된 부이지만 가장 중요한 형태는 아니다. 대부분의 고정된 부는 주택과 자동차, 농장과 공장, 항만과 철도 등의 형태를 취한다. 특히 공장 같은 자본재는 생산 요소로 투입될 수 있는 부이다. 영원히 지속되는 것이란 존재하지 않지만, 고정된 부는 금방 소비되어 없어지는 재화와 달리 취급해야 할 만큼 여러 해 지속된다. 자본재의 가장 주된 차이점은 더 많은 부를 생산하는 데 사용될 수 있다는 점이다. 예컨대 공장은 재화를 생산하고 철도는 상업을 촉진한다. 고정된 부가 새로운 부를 창출하며, 그래서 경제는 시간이 흐를수록 성장하는 경향이 있다. 경제가 성장하면 다시 더 많은 고정된 부가 창출된다. 자본주의 경제에서는 돈이 돈을 만든다.

이자율은 이와 같은 내재적 성장 동학을 반영한다. 실질금리란 물가인상률을 뺀 대출이자율이다. 예를 들어 물가인상률이 3%인데 대출이자율이 8%라면 실질금리는 5%이다. 기업과 가계가 돈을 빌린다면 그것은 빌린 돈으로 이자율보다 더 높은 비율로 새로운 부를 창출할 수 있다고 생각했기 때문이다.

국가경제가 건강하다면 그 국가는 외국 정부, 은행, 기업으로부터 돈을 빌려 그 빚을 상환하고도 남는 부를 생산할 수 있다. 그러나 기업처럼 국가도 간혹 적자 운영을 할 수 있다. 이럴 때 부채가 누적된다. 벌어들이는 수입에서 더 많은 부분을 이자 지불에 사용하기 때문에 국가운영을 위해 더 많은 돈을 빌려야 하는 악순환이 일어날 수도 있다. 운세가 바뀌어 한 국가나 기업이 다시 부의 창출에 성공하여 조금씩 원금 상환을 하면서 악순환에서 벗어날 수도 있다. 만일 그렇지 못하다면, 고정된 부(건물, 항공기, 공장 등)를 매각해야 할지 모른다. 이럴 때 국가나 기업의 순자산(전체 자산에서 부채를 뺀 것)이 줄어든다.

부채 상환을 하지 못하면 장차 돈을 빌리기가 어려워지는데, 이런 사태는 경제성장에 커다란 장애가 된다. 어떤 부채가 회수 불가능해질 때 채권자들(은행과 정부)은 그 부채를 장부에서 지우거나 금액을 낮춰주는 방식으로 해결해야 할지 모른다. 예컨대 아르헨티나는 2001년에 이전 10년 동안 누적된 부채가 1,000억 달러를 넘어 그 압력으로 도산했는데, 채권자들은 부채 구조조정 협상을 거쳐 2005년에 1/3에도 못 미치는 금액으로 낮추는 방안을 수락해야 했다. 2010-2012년 당시 그리스가 대규모 채무불이행 위기에 처하고 그 여파가 스페인, 포르투갈, 아일랜드,

심지어 이탈리아 등 경제규모가 더 큰 국가들로 파급될 우려가 커지자, 국제 금융 시장이 위기를 맞게 되었다. 2012년에 취해진 일련의 구제금융 조치로 위기가 진정되었지만, 그 이전에 취해진 관련 국가들의 긴축재정으로 인하여 전체 유로존(Euro-zone) 경제가 침체에 빠졌으며 2013년까지 그 침체가 지속되었다.

국가는 왜 빚을 지는가? 그 주요 원인 가운데 하나가 무역적자이다. 국제수지상 무역적자는 어떤 식으로든 반드시 매워야 한다. 이를 위해 흔히 돈을 빌리게 된다. 두 번째 원인은 가계와 기업의 소득 및 소비 패턴이다. 가계나 기업이 벌어들이는 돈보다 더 많은 돈을 소비하면 그 부족분을 빌려야 한다. 사람들이 사용하는 신용카드는 현지 은행이 발급한 것이지만 그 은행이 사람들에게 신용카드 대출을 할 때 사용하는 돈은 외국에서 빌려온 것일 수 있다.

세 번째 원인은 정부가 세금 수입보다 더 많은 돈을 지출할 때이다. **케인즈 경제학** 원칙에 따르면, 정부는 경제성장을 자극하기 위해 세수보다 더 많은 돈을 지출(적자재정)할 수 있다. G8 국가들, 특히 미국이 최근 금융위기에서 이런 전략을 채택한 바 있다. 이 전략이 효과를 내면 경제성장이 이루어지고 이로 인하여 세수가 늘어나 재정적자를 매울 수 있다. 반대로 효과를 내지 못하면 국가는 더 많은 부채를 지게 되고 국가경제가 더 어려워진다.

지출과 세금에 관한 정부 결정을 **재정정책**(fiscal policy)이라 부른다. 화폐를 발행하고 유통시키는 것에 관한 결정은 **통화정책**(monetary policy)이라 부른다.[10] 이 정책들은 정부가 경제를 관리하기 위해 사용할 수 있는 두 가지 주요 수단이다. 공짜 점심은 없다. 세금을 많이 걷으면 경제성장을 방해하게 되고, 화폐를 너무 많이 발행하면 인플레이션이 유발되고, 적자를 매우기 위해 돈을 빌리면 국가의 고정된 부를 담보로 잡혀야 한다. 따라서 정부의 경제정책과 국제 경제거래가 아무리 복잡하다 해도 궁극적으로 국가의 부와 힘은 노동자들의 교육 및 훈련 수준, 자본재의 양과 현대성, 국민의 사기, 관리자들의 능력 등 경제 저변에 깔린 건강성에 의존할 수밖에 없다. 장기적으로 볼 때 국제 부채는 이와 같은 저변의 현실을 반영한다.

강대국들의 재정형편에 변동이 생기면 강대국들 간의 힘 관계에도 변동이 생

---

10 Kirshner, Jonathan, ed. *Monetary Orders: Ambiguous Economics, Ubiquitous Politics.* Cornell, 2003.

기는 경우가 많다. 이제 지난 10년간 미국, 러시아와 동유럽, 아시아의 재정적 지위가 어떻게 변화해 왔는지를 살펴볼 것이다(유럽과 유로화에 대한 논의는 10장에서 다룬다).

(3) 미국의 지위

미국은 매우 부유하고 강력한 국가이다. 미국 특유의 힘은 세계 유일 초강대국으로서 국제안보 분야에서 가진 힘이라 할 수 있지만, 미국의 경제력 역시 대단하다. 미국은 세계 최대 경제규모를 가진 국가일 뿐만 아니라 컴퓨터, 통신, 항공 및 우주, 생물공학 등과 같은 성장 분야에서 기술적으로 가장 앞선 국가이다. 과학연구와 고등교육 면에서 미국의 수준에 이른 국가는 없다.

그러나 지난 몇 십년간 미국의 국제경제 지위에 변동이 생겼다. 미국의 패권적 지위는 제2차 세계대전 직후 절정을 이루었다가 그 이후 다른 경쟁자들(특히 서유럽과 아시아)이 성장함에 따라 조금씩 떨어졌다. 1950년대 말 시점에서 미국의 경제력(GDP)은 미국의 뒤를 잇는 6개 선진국의 경제력을 합친 것보다 두 배 정도 더 컸다. 1980년대에 이르러 전 세계 GDP에서 미국이 차지하는 비중이 절반 정도 축소되었다. 1950년대에는 미국의 재정 보유고가 전 세계의 절반이었지만 1980년대에는 10% 이하로 떨어졌다. 미국의 지위가 제2차 세계대전 직후의 이례적인 패권 상태를 보였다가 장기간에 걸쳐 떨어진 것은 자연스러운 현상이며 어떤 면에서 불가피한 현상이라 할 수 있다. 〈그림 9.1〉은 1980년대 이후 미국의 재정적 지위 변동을 보여주고 있다. 1980년대 초 미국의 무역적자(수출－수입)는 0에 가깝게 출발하여 불과 몇 년 만에 2,000억 달러로 늘어났다. 잠시 무역적자가 줄었지만 곧바로 다시 늘어나 2007년에는 연간 7,000억 달러에 이르렀다. 2008－2009년의 경제침체로 다시 줄었지만 2010년부터 또 다시 늘어났다. 한편, 재정적자는 1980년대 초에 연간 3,000억 달러로 급증하였다가 1990년대에 균형 재정에 접근하였으며 잠시 대규모 흑자를 기록하기도 하였다. 그러나 2008－2012년 기간에 적자가 크게 늘어나 연간 1조 달러를 초과하게 되었다. 이는 전쟁비용 지출, 감세, 그리고 경제침체 기간에 취한 케인즈 식 조치 등이 원인이었다. 이런 추세는 미국의 국제경제 지도력에 적신호를 보내는 징후였다.[11]

미국 경제는 1990년대에 비교적 번영을 누린 다음 힘든 21세기를 맞고 있다. 인터넷 투자 "거품"이 터지자 2001년의 세계적 경기후퇴가 뒤따랐으며 2001년 9월의 테러공격이 경제적 혼란을 낳았다. 2002-2006년 사이에 감세와 전쟁비용 지출로 성장이 촉진되었지만 부채 증가를 대가로 한 것이었다. 2008년에는 또 다른 경기후퇴가 도래하였다. 이는 1930년대 대공황(Great Depression) 이후 최악의 경기후퇴

〈그림 9.1〉 미국의 재정적 지위, 1970-2011(10억 달러)

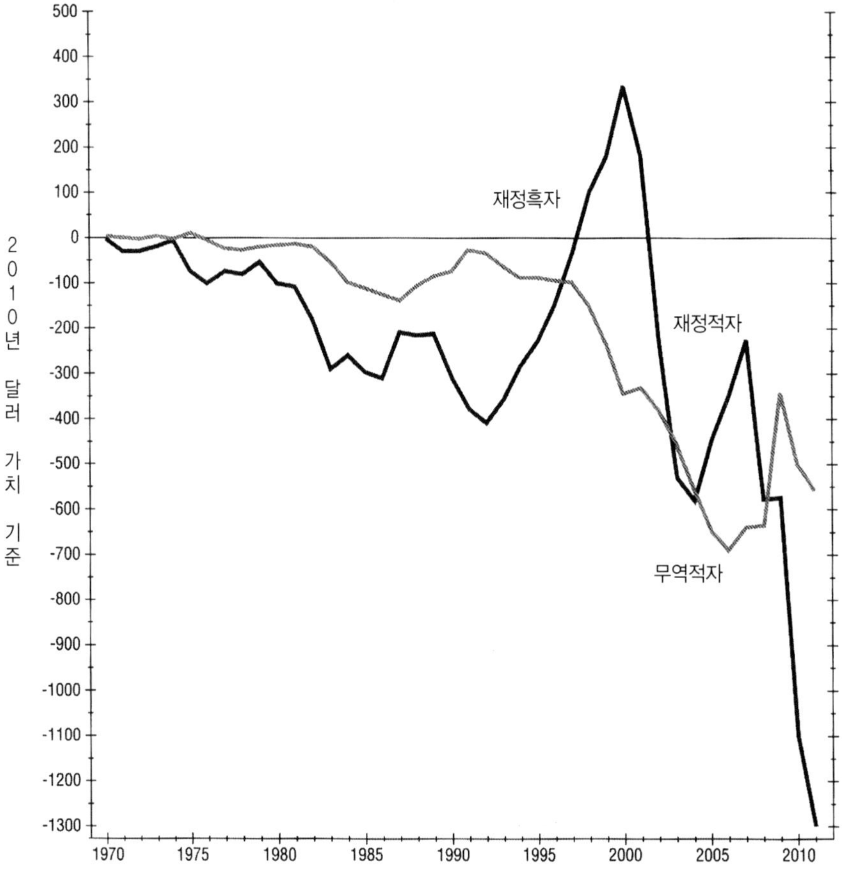

미국은 수십년 동안 수출보다 수입이 더 많았고(경상계정 혹은 무역 적자), 정부는 수입보다 지출이 더 많았다(재정적자). 재정적자는 대규모 국가부채를 낳고 있다.

출처: Congressional Budget Office.

---

11 Thorbecke, Willem. *The Effects of U.S. Budget Deficits on Financial Markets since 1980.* Edward Elgar, 2009. Dam, Kenneth W. *The Rules of the Global Game: A New Look at U.S. International Economic Policy Making.* Chicago, 2001.

로서 (비록 대공황만큼 심각한 것은 아니지만) 대공황에 빗대 "대경기후퇴"(Great Recession)라 불리기도 한다. 2009년에 다시 성장세를 보였지만 미미한 수준에 그쳤고 여전히 높은 실업률, 늘어나는 부채, 정부 정책결정에 대한 논란 등의 문제를 보였다. 2013년에 이르러 증권시장은 2008년의 위기에서 완전히 회복되었지만 유럽의 새로운 경기후퇴가 미국의 수출에 위협을 가했다.

더욱이 지난 수십 년간의 재정적자로 인한 부채가 고스란히 남아있다. 미국 정부의 **국가부채**(national debt) 규모는 1980년대에 약 1조 달러, 1990년에 3조 달러, 2000년에 5조 달러, 2013년에 16조 달러로 늘었다. 그 이자로 지불하는 돈은 빚이 없었다면 건강한 경제성장률에 해당하는 액수이다. 한때 세계 최대 채권국이었던 미국이 이제 세계 최대 채무국이 되었다.

미국의 재정적 지위 변동은 전 세계 정치경제에 중대한 함의(含意)를 가진다. 국제무역과 금융관계를 안정시키고, 집합재 공급을 확실히 하고, 세계 여러 지역의 경제개발에 필요한 자본을 공급하는 일에서 미국이 수행해 온 지도적 역할은 미국의 지위 변동에 따라 1980년대에 처음으로 손상을 입었고 1990년대에 재건되었지만 2000년 이후 다시 손상을 입었다. 미국의 역할이 불확실해지고 세계경제가 갈수록 분권화, 민영화되면서 집합재 문제 해결과 자유무역 달성이 더욱 어려워지고 있다.

(4) 러시아와 동유럽의 지위

미국은 냉전 이후 러시아와 동유럽 지역의 경제기반 확충을 지원하기 위한 자본(투자, 차관, 원조)을 일부만 제공했다. 미국은 제2차 세계대전 직후 서유럽과 일본의 경제회복을 자극하기 위한 원조 계획을 실행한 바 있지만, 러시아와 동유럽에 대해서는 이를 반복하지 않았다.

그래서 이 지역 국가들은 중앙계획경제에서 자본주의경제로 전환하고 세계 자본주의경제에 동참하는 과정에서 많은 어려움을 겪게 되었다. 세계 무역체계에 동참(WTO 가입, 양자협정 체결 등)하는 일과 외국인 투자를 유치하는 일도 그 어려움에 포함되었다. 이 지역 국가들에게 가장 어려운 과제는 국제 금융체계에 동참하는 일이었다. 외국 기업을 유치하고 국제무역을 확대하기 위해서는 안정되고 교환 가능한 통화가 있어야 하기 때문에 국제 금융체계에 동참하는 것은 매우 중요하다.

구소련 진영 국가 대다수가 IMF에 가입하여 할당금을 냈다. 그러나 IMF와 세계은행은 이 국가들이 인플레 억제, 정부의 재정균형, 경제적 안정 등을 위한 강력한 조치를 취할 때까지 이 국가들에 필요한 차관을 제공하지 않는다는 정책으로 일관해 왔다. 그러나 차관을 들여와야 경제적 안정을 더 쉽게 달성할 수 있다는 점에서 이 문제는 닭이 먼저냐 달걀이 먼저냐의 문제이다.

이 지역 모든 국가가 냉전 종식 이후 몇 년 동안 심각한 불황(GDP 감소)을 겪었다. 구소련 공화국들의 경제는 회복세를 보일 때까지 7년 동안 절반 정도 축소되었다(〈표 9.2〉 참조). 대체로 동유럽 국가들이 구소련 공화국들보다 더 효과적으로 경제를 전환시켰다. 구소련 공화국들 중에서는 러시아가 다른 국가들에 비해 더 효과적으로 전환시켰다. 러시아는 소련의 경제적 인프라스트럭처와 자원, 특히 석유자원의 대부분을 물려받았으며, 서방의 관심을 끌만큼 큰 규모의 경제가 있었기 때문이다. 그러나 러시아 국내의 권력투쟁이 정치적 불안을 낳아 외국인 투자에 걸림돌이 되었다. 인플레는 1992년에 1,500%에 달했으나 2006년에 이르러 10% 미만으로 떨어졌다. 성장도 회복되어 2000–2005년 기간에 연간 6% 이상을 기록하였으며, 소득에 정률세(flat tax)를 부과한 것이 세금수입을 크게 늘려주었다. 러시아는 2012년에 WTO에 가입하였다.

〈표 9.2〉 러시아와 동유럽의 경제적 붕괴

국가	누적 GDP(1990–1999)
러시아/CIS	−50%
구 유고슬라비아	−35%
에스토니아, 라트비아, 리투아니아	−29%
불가리아	−29%
루마니아	−8%
알바니아	−12%
체코공화국	−11%
슬로바키아	−1%
헝가리	−1%
폴란드	+21%

출처: UN. World Economic and Social Survey 1999, p, 263을 참조해 재작성.

1990년대에 조직범죄가 주요 문제로 등장하였다. "금권정치세력"(plutocrat)이 과거 국가 소유였던 기업들을 장악하여 그 기업의 부를 개인 은행계좌로 빼돌렸다. 또한 경제적 전환에 따른 혼돈이 정부 관리들에게 부패의 온상이 되었다. 푸틴 대통령은 2004년에 100억 달러 세금 미납을 이유로 러시아 최대 석유회사(유코스, Yukos)의 문을 닫았다. 이로 인하여 이 회사의 자산은 한 국영기업의 보유분만 남게 되었다. (유코스의 원 소유자는 푸틴의 정치적 경쟁자.) 국가가 힘을 사용하여 금권정치 세력을 통제하거나 축출하는 등 대기업과 언론사들에 대한 통제력을 강화해 왔다.

1998년의 재정위기 이후 러시아는 견실한 경제성장을 기록해 왔으며 고삐 풀린 듯했던 인플레도 연간 10% 미만으로 줄였다. 근년에 들어 유가가 올라 러시아의 부채 상환과 외환보유고 증대에 도움이 되었다. 그러나 정부가 중앙집권을 강화하고 기업과 언론에 대한 국가통제력을 강화함에 따라 부패, 취약한 법치, 정치 불안 등과 같은 구조적 장애물은 아직도 남아 있다. 2008년의 세계적 경기후퇴 당시 러시아는 공격적으로 경제 안정화 조치를 취했는데, 1년 후 경제성장이 원상태로 돌아간 것으로 보아 어느 정도 효과를 본 것 같다. 2012년에 푸틴의 대통령 재취임이 (자유를 희생한 대가인지 모르지만) 경제적 안정에 도움이 되었으며, WTO 회원국 지위가 무역 및 통화안정을 촉진하였던 것 같다. 장차 러시아가 세계 자본주의 경제에 완전히 통합되기 위해서는 통화안정, 강한 법치, 부패 축소 등이 필요할 것이다. 아마 러시아가 직면한 가장 큰 경제적 도전은 석유수출에 대한 의존도를 낮추고 부의 원천을 다양화해야 하는 문제인 것 같다.

(5) 아시아의 지위

일본은 제2차 세계대전의 참화 이래 1980년대에 이르기까지 수십 년간 눈부신 경제성장을 이루어 세계의 선두 산업국으로서 미국의 잠재적 경쟁자로 등장한 것처럼 보였다. 1970년대 오일 쇼크 이후 소형차가 인기를 끌자 일본 자동차업계는 미국 경쟁업체들을 따라잡았다. 전자산업과 기타 분야에서 일본 제품이 세계시장을 지배하기 시작하였고, (중국과 태국 같은) 역내 국가들에서 일본 자본이 중요한 경제적 힘으로 작용하였다. 심지어 미국에서도 일본 투자자들이 미국 국채의 주요 매입자가 되었다.

그러나 이런 성공의 이면에는 심각한 문제가 숨어 있었다. 1980년대의 경제성장이 주가와 부동산 가격을 비현실적인 수준으로까지 끌어올렸다. 즉 주가와 부동산 가격이 내재적 가치에 따라 올라간 것이 아니라 투기 붐에 따라 올라간 것이었다. 1980년대 말에는 이것이 붕괴되자 많은 은행들이 폭락한 주식과 부동산에 근거를 둔 악성 대출을 떠안았다. 이런 손실은 그대로 은폐되었으며, 허술한 금융규제, 정치적 정실주의, 직접적 부패 같은 기존의 문제들은 1990년대 말까지 지속되었다.

일본 금융 시스템에 그런 문제가 있다는 사례에도 불구하고, 동아시아 및 동남아시아의 다른 국가들도 1990년대에 거의 똑같은 실수를 되풀이하였다. 급속한 경제성장이 투기와 기대 상승으로 이어져 주가와 부동산 가격이 과대평가되었다. 은행들은 과대평가된 자산을 근거로 대규모 악성 대출을 제공하였지만, 정치적 부패와 정실주의 때문에 처벌을 받지 않았다. 1997년에 이 국가들의 경제는 심각한 금융위기를 겪게 되었고, 충격파가 국경선을 넘어 전 세계로 파급되어 2년 동안 악영향을 미쳤다. 1997년 아시아 경제위기는 통화 투기꾼들이 동남아 국가의 통화를 투매한 데서 시작되었다. 태국, 필리핀, 말레이시아, 그리고 인도네시아는 자국 통화의 평가절하를 강요당했다. 아시아 국가들의 통화 문제는 역내 몇몇 국가들의 주식시장 붕괴로 이어졌다. 브라질 같은 다른 지역의 소위 **신흥시장**(emerging market)도 투자자들이 아시아의 문제를 일반적 문제로 인식함에 따라 피해를 입었다.

필리핀은 국제기구와 외국 투자자들이 선호하는 방식으로 문제를 해결하였다. 즉 자국 통화 방어를 위해 10억 달러를 허비한 다음, 필리핀은 환율변동을 허용하면서 IMF에 10억 달러 규모의 안정화 자금 대출을 요청하였고, IMF는 1주일 만에 이 요청을 수락하였다. 그 대가로 필리핀 정부는 고금리 유지와 재정적자 감축(인플레 억지 정책), 조세개혁 법안 통과, 악성 부동산 담보대출을 제공한 은행들에 대한 규제 강화 등에 동의하였다. 이런 종류의 강경책은 정치적 문제를 야기한다. 특히 은행들이 정치적 연결고리를 갖고 있거나 정부가 부패해 있을 때 문제가 더욱 두드러진다. 필리핀의 경우 이러한 정치 문제를 잘 해결함으로써 국제적 인정을 받았다.

다른 아시아 국가들은 그처럼 단호하게 행동하지 않아 더 큰 경제적 좌절을 겪었다. 통화 투기꾼들이 인도네시아를 공격했을 때 인도네시아는 자국 통화 가치 하락을 허용할 수밖에 없었고, 금리를 인상해야 했으며, 주가 하락을 방관해야 했다. 몇 달이 지나지 않아 인도네시아 역시 까다로운 조건이 붙은 IMF 대출(수백억 달러 규모)을 요청하였다. 그러나 인도네시아는 약속한 개혁 조치를 이행하지 않았으며 1998년까지 경제 사정이 (정치 안정과 마찬가지로) 악화되었다. 결국 폭동과 대학생 시위로 수하르토 대통령이 30년간의 독재를 마치고 사임할 수밖에 없었다. 태국, 말레이시아, 인도네시아 3국 전체로 볼 때, 주식시장의 가치는 절반 정도 떨어졌으며 통화시장의 가치는 약 1/4 정도 떨어졌다.

1997년에 한국이 "아시아독감"에 걸렸을 때, 한국의 주식시장은 붕괴되었고 은행들은 정실주의에 따른 악성 대출 500억 달러를 안게 되었다. IMF는 사상 최대인 600억 달러 규모의 국제적 구제금융을 지원하면서 한국 문제에 개입하였으며, 당시 한국 사람들은 개혁적인 새 대통령을 선출하였다. 이런 식으로 한국, 태국, 인도네시아 등에서 금융위기는 개혁과 고통을 함께 초래하였다.

중국은 다음 몇 가지 이유 때문에 1997년의 위기를 피할 수 있었다. 중국의 경제성장은 (비록 속도는 빠르지만) 투기 성격이 덜했으며, 중국의 환율은 자유롭게 변동되지 않으며, 대규모 경화 보유고가 있으며, 정부가 인플레 억제에 필요한 규제능력을 갖추었다. 중국정부는 1993~1997년 사이에 인플레를 20%에서 4% 미만으로 낮추었으며, 이 돈줄을 죄는 정책의 지휘자 주룽지(朱鎔基)가 1998년에 총리에 올랐다. (그와 마찬가지로 성공적인 인플레 억제 투사들이 1990년대에 브라질과 아르헨티나에서 대통령이 되었다.)

오늘날 글로벌 통신기술의 발달 덕분에 자본이 즉각 세계 각지로 자유롭게 이동할 수 있게 되었다. 이론적으로, 이와 같은 자본의 즉각적이고 자유로운 이동은 경제의 안정화를 가져와야 한다. 투자자들은 돈을 신속하게 이동시킬 수 있으며, 그렇기 때문에 각국 통화와 경제가 강세인지 약세인지에 따라 돈을 점진적으로 이동시킬 수 있다. 투자자들은 문제가 심각해진 다음에 정부가 나서서 자국 통화 가치를 절하하거나 재평가할 때까지 기다리지 않아도 된다. 시장이 그날그날 통화 가치를 점진적으로 조정하기 때문이다. 그러나 실제에 있어서 자본의 세계적 유동성은 안정을 해치는 경향을 보이기도 한다. 조그만 사건이 증폭될 수 있고 멀리 떨어진 지역에서 반향을 일으킬 수 있기 때문이다. 이런 식으로 태국 문제가 아시아의 위기로 비화하고 나아가 전체 신흥시장의 위기로 비화하였다. 안전지대를 찾아 유동적인 자본이 광속으로 빠져나갔기 때문이다. 이런 일련의 사건들은 2008년 금융위기의 전조가 되었다. 2008년에도 역시 한 국가, 한 부문의 사건이 신속하게 전 세계로 파급되었다.

각국 정부가 직면하는 한 가지 딜레마는 성장 촉진 정책, 지지 기반인 친지나 친척 소유 은행과 기업들을 위해 낮은 세금을 유지하는 정책 등과 같은 정치적으로 바람직한 정책이 통화의 안정성을 해치는 경향이 있다는 사실이다. 그런 정책이 계속 유지될 수 있도록 허용된다면, 결과적으로 경제 붕괴와 외국인 투자 중단을 가져올 수 있다. 다른 한편으로, 통화 안정을 위한 강경책은 정부가 권력을 잃는 결과를 초래할지 모른다.

앞에서 언급한 북아메리카, 러시아와 동유럽, 아시아 등 모든 지역에서 사기업의 역할이 국가의 역할보다 더 커지고 있다. 세계의 다른 지역들에서도 사기업들은 국가보다 더 중요한 역할을 수행하고 있다. 이 장의 나머지 부분은 국경선을 넘어 전개되는 사기업들의 활동과 관계된 국제정치적 문제들을 검토할 것이다.

4. 다국적 비즈니스

외환거래와 기타 국제 경제거래를 위한 규칙 제정의 주역은 국가이지만, 그 거래의 주역은 사기업이나 개인들이지 국가가 아니다. 사적 행위자 가운데 가장 중요한 행위자가 다국적기업이다.

(1) 다국적기업

다국적기업(multinational corporation, MNC)이란 한 국가에 본부를 두고 있지만 외국에 지사나 자회사를 거느리고 있는 기업을 말한다. 정확하게 정의하기는 어렵지만, 가장 전형적인 다국적기업은 일정한 시설과 직원을 가지고서 여러 국가에서 동시에 사업을 벌이는, 전 세계적 기반을 가진 대기업이다. 그리고 전 세계 다국적기업의 수 역시 정확히 알 수는 없지만, 대략 수 만 개로 추산되고 있다.

가장 중요한 다국적기업은 여러 국가에서 상품을 생산하고 그 상품을 다른 업체나 소비자들에게 판매하는 다국적 제조업체이다. 자동차, 석유, 전자제품 산업에 가장 규모가 큰 다국적기업들이 자리 잡고 있으며, 거의 모든 대형 다국적기업이 G8 국가들에 본부를 두고 있다.[12]

제조업 분야 다국적기업에 비해 규제를 더 많이 받긴 하지만 **금융기업**들(가장 중요한 기업이 은행) 역시 다국적으로 활동한다. 세계 수준의 대규모 상업은행들 가운데 미국 은행들이 주도적 위치에 있지는 않다. 이는 미국이 전통적으로 은행의 지리적 팽창을 제한하는 반독점 정책을 펴왔기 때문이다. 금융시장이 갈수록 국제적으로 통합되고 있다는 사실은 1995년에 극명하게 드러났다. 당시 영국 투자은행의 직원인 싱가포르의 28세 청년이 일본 주식 및 증권 시장에서 투기에 실패하여 10억 달러 손실을 보아 200년 역사를 자랑하는 이 은행을 도산하게 만들었다.

서비스를 판매하는 다국적기업도 있다.[13] 맥도날드 패스트푸드 체인과 AT&T(American Telephone and Telegram)가 좋은 예이다. 세계 도처에서 항공권(과 통화)을 파는 국제 항공사들 역시 좋은 예이다. 일상생활과 밀착된 업체로서 동네 슈퍼도 다국적기업이 될 수 있다. 제조업 분야와 마찬가지로 서비스 분야에서도 미국계 다국적기업들이 주도적 위치를 차지하고 있다.

국제 정치관계에서 다국적기업이 수행하는 역할은 복잡다단하며 논쟁 대상이 되기도 한다.[14] 일부 학자들은 다국적기업이 사실상 본국 정부의 대리인 역할을 한다고 본다. 이 견해는 경제활동이 궁극적으로 정치적 목적에 복무한다고 보는 중상주의와 일치한다. 이렇게 보면 다국적기업은 뚜렷한 국가적 정체성을 가지며

---

12 United Nations. *World Investment Report 1994: Transnational Corporations, Employment and the Workplace.* United Nations, 1994.

13 Mattoo, Aaditya, Robert M. Stern, and Gianni Zanini. *A Handbook of International Trade in Services.* Oxford, 2007.

14 Doremus, Paul N., William W. Keller, Louis W. Pauly, and Simon Reich. *The Myth of the Global Corporation.* Princeton, 1998. Gilpin, Robert. *U.S. Power and the Multinational Corporation.* Basic Books, 1975.

본국의 국가 권위 하에 있는 본국 사회의 한 구성원으로서 활동한다. 이런 견해의 변종(더 혁명적인 세계관에서 나온)은 본국 정부가 그 다국적기업의 대리인 역할을 하며 국가의 (경제적 혹은 군사적) 개입이 개인의 금전적 이익에 복무한다고 보는 관점이다.

일부 학자들은 다국적기업이 특정 정부에 구속되지 않는 세계시민이라고 한다. 다우케미컬(Dow Chemical)이라는 회사의 최고경영자는 어느 국가에도 속하지 않는 섬 하나를 사서 거기에 본사를 두고 싶다고 말한 적이 있다. 이 견해에 따르면, 다국적기업은 (국제적인) 주주들의 이익을 위해 세계적으로 활동하고 있으며 어느 특정 국가에 충성을 바칠 의무가 없다. 이런 견해 차이에도 불구하고 다국적기업의 활동 동기는 이윤극대화이다. 중요한 예외로, 전체 다국적기업 수에서 극히 일부에 불과한 국영 다국적기업은 본국의 국가 이익을 위해 활동한다. 그러나 이 경우에도 국영 다국적기업의 관리자들은 최근 들어 이윤 추구를 위한 자율성을 더 많이 확보해 왔으며(많은 국가들에서 경제개혁의 일환으로), 많은 국영 다국적기업이 매각(사유화) 되기도 하였다.

국제무대에서 독자적인 행위자로서 다국적기업의 힘은 점차 커지고 있다. 수십 개의 제조업 분야 다국적기업들은 각기 연간 수백억 달러 매출을 기록하고 있으며, 상위권 다국적기업들은 수천억 달러의 매출을 기록하기도 한다. 2011년 기준으로, 세계 최대의 다국적기업으로서 연간 5,000억 달러 가까운 매출을 올리는 셸오일(Shell Oil)보다 더 많은 경제활동(GDP 기준)을 벌이는 국가는 27개국에 불과하다. 그러나 세계 최대 규모인 미국정부는 연간 2조 달러 이상 세입을 기록하여 셸의 약 6배 가까이 된다. 그러므로 다국적기업의 힘은 강대국의 경쟁자가 될 정도는 아니지만 대다수 빈국의 힘을 능가하고 있다. 이런 상황이 남반구 국가들에서 다국적기업의 활동에 영향을 미친다(13장 남북 자본이동 참조).

거대 다국적기업들은 세계적 상호의존에 기여한다. 다국적기업들은 수많은 국가들과 매우 긴밀히 연관되어 있기 때문에 무역 및 금융 분야뿐만 아니라 안보 분야에서도 국제체계가 안정적으로 유지되는 데 큰 이해관계를 가지고 있다.[15] 다국적기업은 자유로운 무역, 이전, 자본이동(투자)을 허용하는 안정된 국제 여건이 조성되

---

15 Brooks, Stephen G. *Producing Security: Multinational Corporations, Globalization, and the Changing Calculus of Conflict.* Princeton, 2005.

어야 번영할 수 있다. 자유로운 무역, 이전, 자본이동 등은 정부의 개입이 최소화된 채 시장의 힘에 의해 지배되는 것들이다. 따라서 특정 산업 분야의 다국적기업이 자기의 이익을 보호하기 위하여 중상주의적 정책을 선호할 수는 있겠지만, 전반적으로 볼 때 다국적기업들은 세계경제에서 자유주의를 선호하는 강력한 힘이다.

대다수 다국적기업들은 세계 각국에 위치한 자회사들로 구성된 세계적 관리 시스템을 가지고 있다. 각국 자회사들의 활동은 해당국 정부의 법적 권위에 복종해야 한다. 그러나 자회사의 소유권(전체 혹은 상당 부분)은 본국에 있는 모회사에 있다. 따라서 모회사가 해외 자회사의 관리자를 고용하거나 해고한다. 이 같은 기업체의 하부구조가 **초국가적 관계**(국경선을 초월하여 형성된 사람 과 집단들 간의 연계)의 핵심적 측면이다.

다국적기업의 활동은 다국적기업 한 곳의 내부 구성원 간 연결뿐만 아니라 초국가적 기업인 공동체를 연결해주는 글로벌 비즈니스의 하부구조 형성에도 도움이 된다. 예를 들어 서울에 도착한 미국인 관리자는 낯선 언어, 장소, 관습에 당황할 일이 전혀 없다. 오히려 그 관리자는 공항 라운지에서 전화와 팩스를 주고받고, 국제 수준의 호텔에 묵으면서 업무 회의실에서 회의하고 CNN 방송을 청취하는 등 평소 하던 대로 익숙한 일을 할 수 있다. 아마 십중팔구 이 모든 과정에서 영어로만 대화할 것이다.

(2) 외국인 직접투자

다국적기업은 외국에서 사업을 할 뿐만 아니라 건물, 공장, 자동차 등과 같은 자본을 보유하기도 한다. 예를 들어 미국과 독일의 다국적기업이 일본에 일부 자본을 보유하고 있으며, 일본의 다국적기업은 미국과 독일에 자본을 보유하고 있을 수 있다. 투자란 돈으로 그런 자본의 소유권을 획득하는 것을 말한다. 물론 투자한 돈보다 더 많은 이윤을 얻으려는 목적으로 하는 것이다. 다국적기업의 활동 가운데 해외 투자는 가장 중요하고 정치적으로 민감한 활동이다. 〈그림 9.2〉는 외국인 직접투자의 증가 추세를 보여준다. 이 그림을 보면 증가세가 뚜렷하지만 세계경제 상황에 따라 오르내림을 보여주기도 한다.

〈표 9.2〉 전 세계 외국인 직접투자, 1970-2010

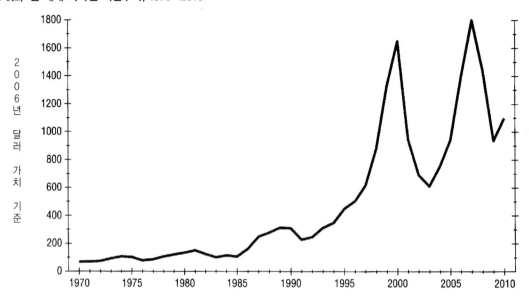

출처: The World Bank.

　　서류로 진행하는 포트폴리오 투자와 달리 **외국인 직접투자**는 공장, 사무실 건물 같은 구체적 상품을 포함한다. 또한 여러 회사의 주식을 조금씩 사들이는 포트폴리오 투자와 달리 한 기업의 주식을 대량 매입하는 경우도 있다. 상황이 바뀔 때 서류상의 투자는 비교적 자유로이 세계시장에서 거래할 수 있지만 직접투자는 한 국가에서 다른 국가로 자유로이 이동시킬 수 없다. 직접투자는 장기적이고 포트폴리오 투자보다 쉽게 눈에 띈다. 대개 제조업 분야 투자는 고정 시설에 대한 투자, 노동자와 관리자 훈련을 위한 투자 등을 포함한다. 서비스 분야 투자는 비용이 상대적으로 적고 상황이 바뀔 때 더 쉽게 이동시킬 수 있다.[16]

　　중상주의자들은 자국 내 외국 기업의 투자에 대해 의심의 눈초리를 보내는 경향이 있다. 개발도상국의 경우 종종 외국인 직접투자로 인하여 국가 주권이 침해될 수 있다는 우려가 제기된다. 자국에 투자한 다국적기업의 힘(경제력을 포함하여)이 정부의 힘보다 클 수 있기 때문이다. 또한 이런 우려는 남반구 지역에서 이루어지

---

16 Jensen, Nathan M. *Nation-States and the Multinational Corporation: A Political Economy of Foreign Direct Investment.* Princeton, 2008.

는 대다수 외국인 투자가 과거 식민 종주국들에서 나온 것이라는 역사적 사실을 반영한 것이다. 뿐만 아니라 외국인 투자가 일자리를 창출하지만 전통적 생활방식과 문화에 악영향을 주기도 한다.

그러나 다수의 빈국과 산업화 과도기에 처한 국가들은 경제성장을 자극하기 위하여 출처에 상관없이 자본이 절실히 필요한 상황이기 때문에 경제적 민족주의자들의 우려에도 불구하고 대개 외국인 직접투자를 환영하고 권장한다(13장 남북 자본이동에서 상세히 다룬다).[17] 대부분의 외국인 직접투자는 (포트폴리오 투자와 마찬가지로) 남반구가 아닌 북반구 선진국들에 의해 이루어진다.

선진국의 경제적 민족주의자들 역시 외국인 투자 때문에 힘과 주권을 잃을지도 모른다는 우려를 하고 있다. 예컨대 캐나다의 중상주의자들은 미국 회사들이 캐나다 제조업의 절반 이상, 석유 및 가스 산업의 2/3 이상을 차지하고 있다는 점에 우려한다. 캐나다는 미국보다 훨씬 작은 국가이지만 대미 무역에 크게 의존하고 있다. 이 같은 비대칭적 상황에서 일부 캐나다 사람들은 캐나다가 경제적, 문화적, 결국 정치적으로 미국의 부속령이 되고 있으며 자국 문화와 경제적 통제권을 잃고 있다고 걱정한다.

한편, 미국의 경제적 민족주의자들도 미국 내 외국인 직접투자에 대하여 비슷한 우려를 하고 있다. 부분적으로 이런 우려는 미국 국가부채의 누적에 대한 우려를 반영한 것이다. 중상주의자들은 외국 투자자들이 채무국의 기업과 부동산을 사들이는 상황을 힘의 상실 상황으로 본다. 이런 우려는 외국 다국적기업이 새로운 공장이나 기타 시설을 신축할 때보다 기존 회사나 건물을 매입할 때 더 커지는 것 같다. 예컨대 2005년에 중국 석유회사가 유노칼(Unocal)이라는 미국 회사를 사들이고자 입찰에 참가했을 때 미국 내 반대 목소리가 커서 입찰 참가를 취소하였으며, 결국 유노칼은 더 싼 값에 미국의 다른 회사로 넘어갔다. (당시 중국 업계와 정부는 미국이 이중 잣대를 적용했다고 비난하였다.) 반면에 혼다가 오하이오에 새로운 자동차 공장을 지어 미국 경제에 일자리와 시설을 제공한 점에 대해서는 미국 사람들이 상실감을 느끼지 않았다.

17 Cohen, Stephen D. *Multinational Corporations and Foreign Direct Investment: Avoiding Simplicity, Embracing Complexity.* Oxford, 2007.

자유주의는 이런 식의 주장을 용인하지 않는다. 자유주의 경제학자들은 글로벌 효율성을 강조하며 다국적기업이 국경선을 넘어 자유롭게 투자함으로써 부의 창출을 늘린다는 점을 강조한다. 투자 결정은 민족주의적 근거가 아니라 순전히 경제적 근거에서 내려져야 한다. 자유주의 경제학자들이 볼 때 외국인의 미국 투자는 미국 경제에 해가 아니라 도움이 된다. 미국 내에서 이윤을 내는 일본 공장은 그 이윤의 일부가 일본으로 들어간다 하더라도(심지어 미국 내에 재투자 되어도) 현장에서 일하는 미국 노동자들과 그 제품을 구매하는 미국 소비자들에게 많은 혜택을 준다. 미국 다국적기업들이 해외에 1조 달러 이상 직접투자하고 있기 때문에 전체적으로 보면 결코 일방적인 것이 아니다.

(3) 투자 유치국과 본국 관계

유치국이란 외국 다국적기업이 활동하고 있는 국가를, **본국**이란 다국적기업의 본부가 소재한 국가를 가리킨다. 다국적기업의 활동은 유치국과 본국 정부 모두에게 다양한 문제를 일으킬 수도, 기회를 제공해줄 수도 있다. 유치국 정부와 본국 정부 간의 갈등이 국가 대 국가 갈등으로 비화할 수도 있다. 예컨대 유치국 정부가 자국 내 다국적기업의 재산을 몰수하거나 그 임원을 체포하면 본국 정부가 다국적기업을 돕기 위해 개입할 수 있다.[18]

유치국 정부는 자국 영토 내에서 이루어지는 활동을 규제할 수 있다. 그렇기 때문에 다국적기업은 유치국 정부의 기대에 어긋나는 활동을 하기가 어렵다. 반대로 다국적기업은 여러 국가들 가운데 어느 한 국가를 선택할 수 있으므로 유치국 정부 역시 다국적기업의 기대에 어긋나는 방식으로 다국적기업의 활동을 강요하기가 어렵다. 적어도 이론적으로는, 다국적기업의 활동은 다국적기업과 유치국 모두에게 이익일 때에만 이루어진다. 다국적기업이 유치국 내에서 부를 창출함으로써 발생하는 이익은 양자 공통의 이익이 될 수 있다. 다국적기업은 이윤을 통해, 유치

---

18 Rodman, Kenneth A. *Sanctity versus Sovereignty: U.S. Policy toward the Nationalization of Natural Resource Investments in the Third World.* Columbia, 1988.

국 정부는 직접적으로는 세금, 간접적으로는 경제성장(미래 세수와 정치적 지지)을 통해 이익을 얻을 수 있기 때문이다.

그러나 이 관계에서 갈등 역시 발생할 수 있다. 한 가지 명백한 갈등은 새로 만들어진 부를 다국적기업과 유치국 정부가 어떻게 배분할 것인가의 문제에서 발생한다. 이 배분 문제는 다국적기업 활동에 대한 근거 법령에 따라 달라지지만 다국적기업의 이윤에 대한 세율에 따라 큰 차이가 난다. 다국적기업은 투자 혹은 자회사 설립을 하기 전에 유치국 정부 당국자들을 만나 이런 문제들을 놓고 협상을 벌인다. 이때 폭력적 제어수단으로 위협을 가하는 것은 별 효과가 없다. 유치국 정부의 주요 제어수단은 사업 활동과 이윤 창출을 위한 유리한 조건을 약속하는 것이며, 다국적기업의 주요 제어수단은 다른 국가에 투자할 수도 있다는 위협을 가하는 것이다.

유치국 정부가 다국적기업에 제공할 수 있는 투자 인센티브는 다양하다. 흔히 사용되는 것이 세금 및 규제에 대한 특례이다. 자원 채굴의 경우 협상의 초점은 정부가 다국적기업에 토지를 임대하고 채굴권을 주면서 임대료를 얼마나 부과하는가의 문제가 될 수 있다. 중앙정부와 지방정부는 도로, 공항, 전화선 등과 같은 사업 인프라스트럭처를 정부 비용으로 제공하겠다고 제안할 수도 있다. (다국적기업 역시 정부가 더 유리한 조건에서 사업할 수 있도록 허용한다면 그런 인프라를 자기들이 구축하겠다고 제안할 수 있다.) 세월이 지나 이런 경험이 축적되면 특정 지역이 강력한 사업 인프라를 구축하여 다국적기업 유치에서 비교우위를 점하게 되는 일도 일어날 수 있다.

다국적기업과 유치국 정부 사이에는 이익 배분 같은 비교적 적나라한 갈등 요인 외에도 다양한 잠재적 갈등 요인이 있다. 그 중 하나는 유치국 정부가 다국적기업과의 합의를 깨고 세금, 규제, 기타 조건들을 변경시키는 것이다. 극단적인 경우가 다국적기업의 현지 시설과 자산을 (배상을 하거나 하지 않으면서) 국유화하는 것이다. 최근 러시아, 베네수엘라, 볼리비아, 에콰도르 정부가 자국 내 석유-가스 산업 분야에서 외국인 소유 자산의 상당 부분을 국유화하였다. 다국적기업은 일단 고정 시설에 투자를 하고 난 다음에는 유치국 정부에 대한 제어수단을 거의 잃게 된다. 다른 국가로 이전할 때 막대한 비용이 들기 때문이다. 그러나 유치국 정부도 다국적기업과의 합의를 깨기가 어렵다. 그렇게 하면 장차 다른 다국적기업을 유치하기 어려워지기 때문이다. 실례로, 1999-2005년 사이에 볼리비아의 외국인 투자 유치실적이 90% 줄었다.[19] 현재 외국인 자산의 국유화 사례는 극히 드물다.

또 다른 갈등 요인은 유치국 정부의 무역정책과 관련된 것이다. 정부의 수입 규제가 다국적기업에 유리한 경우는 거의 없다. 이보다는 외국 다국적기업과 경쟁하는 국내 산업에 도움이 되는 경우가 많다. 역설이지만, 다국적기업은 세계 자유무역을 선호하면서도 수입규제를 하는 국가에 직접투자를 집중할 수도 있다. 왜냐하면 본국에서 생산한 제품을 수출하지 않고 유치국 국내에서 생산함으로써 수입규제를 피할 수 있기 때문이다. 이런 경우 수입규제는 정부가 외국인 직접투자를 유치하기 위해 사용할 수 있는 또 다른 제어수단이 된다.

대체로 수입규제의 목적은 가능하면 국내에 많은 일자리와 과세 가능한 소득을 만들려는 의도이다. 도요타는 (아마 미국의 수입규제를 피하기 위해) 미국 내 공장에서 자동차를 조립하는데, 미국 정부는 도요타에게 미국산 부품을 더 많이 사용하라는 압력을 가하려고 한다. 이 같은 "국내산 부품"(domestic content) 의무사용 규정은 북미자유무역협정(NAFTA)에 포함된 것이다. 대개 다국적기업들은 어느 곳에서 조립할 지, 어느 곳에서 생산된 부품을 사용할 지 자유로이 선택하고 싶어 한다. 반면에 유치국 정부는 자국 영토 내에서 창출되는 부의 크기를 극대화하려고 한다. 오늘날 부품과 보급품이 세계 여러 국가에서 생산되지만 이것들이 어느 한 국가에 모여서 거기서 완제품으로 생산되는 일이 흔하기 때문에 제품의 원산지를 정확히 가리기가 매우 어렵다. 그러므로 이 문제는 다국적기업과 유치국 정부가 장기간 협상을 벌여야 할 복잡한 문제이다.

금융정책 역시 다국적기업과 유치국 정부 사이에 갈등을 낳을 수 있다. 유치국 정부가 통화를 평가절하하면 수입품 가격이 갑자기 오를 수 있다. 유치국에서 수입제품(혹은 수입 부품으로 제작한 제품)을 판매하는 다국적기업은 이런 변화로 인하여 큰 피해를 볼 수 있다. 예를 들어 엔화 대비 달러화 가치가 떨어지면 도요타 미국지사는 일본에서 수입하는 부품가격 인상 때문에 미국 내 자동차 판매 가격을 인상해야 할지 모른다. 그러므로 유치국에 장기 투자를 하고 있는 다국적기업은 유치국 통화가 최대한 안정되기를 바란다.

---

19 Romero, Simon, and Juan Forero. Bolivia's Energy Takeover: Populism Rules in the Andes. *The New York Times,* May 3, 2006: A8.

마지막으로, 유치국 국내정치의 안정과 국제안보 관련 이슈도 다국적기업과 유치국 정부 간 갈등의 요인이 될 수 있다. 다국적기업이 어느 국가에 투자할 때 다국적기업은 현지 시설이 여러 해 동안 이윤을 낼 수 있다고 판단했기 때문에 투자를 결정한 것이다. 만일 유치국에 전쟁이나 혁명이 발발하여 다국적기업 시설이 몰수된다면 다국적기업은 소득뿐만 아니라 자본, 즉 현지 시설이라는 구체적 모습의 고정된 부까지 잃게 된다. 2001년에 인도네시아 아체(Aceh) 특구에서 천연가스를 생산하던 엑손모빌(Exxon Mobil)이 3개월간 생산을 중단한 사례가 있다. 당시 인도네시아 정부가 군대를 파견하여 엑손모빌 사를 공격하던 분리주의 무장집단을 진압하는 데 3개월이 걸렸기 때문이다. (인도네시아 정부는 이 지역 천연가스 개발 사업으로 연간 10억 달러의 세수를 얻는다.) 쉐브론텍사코(Chevron Texaco), 셸(Shell), 토털피나엘프(Total Fina Elf) 등 나이지리아에서 원유를 생산하는 다국적기업들은 종족 간 폭력으로 2003년에 몇 주 동안 생산을 중단해야 했다.

이렇게 다양한 갈등 요인에 관한 협상을 벌일 때 다국적기업이 유치국 정부를 상대로 사용하는 수단도 다양하다. 대개 그런 수단들은 국내 기업이 사용하는 수단과 비슷하다. 다국적기업들은 로비스트를 고용하고, 여론에 영향을 주기 위하여 광고도 활용하고, 유치국 정치인들에게 인센티브(지역구에 다국적기업 시설을 건설하는 등)를 주기도 한다. 유치국 시민들과 정치인들은 자기들에게 영향력을 행사하려는 이런 활동에 반감을 가질 수 있다. 그렇기 때문에 이런 활동은 정치적으로 민감한 문제를 내포한다.

유치국 정부에 영향을 미치는 수단으로서 부패 역시 간과해서는 안 될 중요한 수단이다. 다국적기업이 자기들에게 유리한 정책에 대한 개별 관리들의 동의를 얻어내기 위하여 대가, 리베이트, 뇌물, 기타 수단을 어떻게 활용하는지, 그 전모를 아는 사람은 아무도 없다. 한 가지 분명한 점은 (정부 관리들이 무분별하게 돈을 밝히는 경향이 더 심한) 남반구 국가들에서 그런 일이 흔히 발생한다는 점이다. 그러나 부유한 선진국에서도 부패는 정규적으로 일어난다.

다국적기업은 유치국뿐만 아니라 그 본부가 있는 본국 정부와 다양한 갈등을 빚기도 한다.[20] 어떤 다국적기업들은 유치국 정부와의 갈등과 유사한 갈등을 본국 정부와 빚고 있다. 세금 문제나 무역규제 문제가 중요한 문제이다. 다국적기업들이 본국 정부에 대해 제기하는 잦은 불만은 정치적 적성국을 처벌하기 위한 본국 정부의 제재 정책이 (예컨대 경제 제재나 단순한 규제 같은 정책이) 당초 표적보다 현지에 진출해 있는 다국적기업에 더 큰 손해를 끼치는 결과를 낳는다는 점이다. 본국 정부가 자국의 다국적기업에 규제를 가할 때 대부분 다른 국가에 본부를 둔 경쟁 상대 다국적기업이 그 틈새를 노려 이득을 취하는 경우가 많다. 일반적으로 다국적기업은 본국 정부의 정치적 선호에 거의 관심을 기울이지 않고, 이윤이 보장되고, 금지된 사업만 아니라면 전 세계 어디서라도 사업을 벌이려고 한다.

다국적기업이 본국 정부의 지지를 받아야만 하는 경우가 종종 있기 때문에 가끔은 정부가 우세를 보이기도 한다. 1990년대에 미국의 다국적 석유회사 코노코 (Conoco)는 미국 정부가 이란을 깡패 국가로 규정하고 이란을 고립시키려고 노력하던 때에 이란 정부와 수십억 달러 규모의 석유개발 프로젝트에 합의한 바 있다. 미국 정부가 이 회사에 압력을 가하자 그들은 즉시 계약을 취소하였다. 이렇게 해서 본국 정부와의 다툼은 피할 수 있었지만, 이 회사는 수지맞는 계약을 놓치고 되었고, 다른 유럽 회사가 그 기회를 잡고 말았다.

다국적기업의 본부 소재지는 그 기업의 본국이 된다. 주주와 임원들도 대부분이 본국 출신이다. 그러나 세계경제가 더욱 통합되면서 변화가 일어나고 있다. 마치 다국적기업이 세계 도처에서 사업을 벌이면서 많은 국가에서 생산된 부품을 조립해서 완제품을 만들듯이, 그 주주와 관리자들도 더욱 국제화되고 있다.[21]

모든 비즈니스 활동은 정치가 조성한 환경 안에서 이루어진다. 다국적기업에 의한 부의 창출에 가장 유리한 국제 비즈니스 환경은 안정적인 국제안보 환경이다. 국제 분쟁 상황, 특히 폭력과 전쟁으로 치달을 수 있는 상황에서 돈을 벌기는 어렵고 위험스럽다. 전쟁은 부를 파괴하며 노동력 공급을 줄이며 여러 방식으로 시장을 교란한다. 무기 상인이나 밀수꾼들은 국제적으로 불안정한 상황에서 이득을 취하겠지만, 그런 경우는 예외적이다.

다국적기업은 국제안보 문제보다 넓은 범위에서 국제 비즈니스를 지배하는

---

20 Pauly, Louis W. *Who Elected the Bankers? Surveillance and Control in the World Economy.* Cornell, 1997.

21 Bernhard, William T., and David Leblang. *Democratic Processes and Financial Markets: Pricing Politics.* Cambridge, 2006. Braithwaite, John, and Peter Drahos. *Global Business Regulation.* Cambridge, 2000.

게임 규칙들이 정치적으로 안정되기를 바란다. 금융정책과 관련해서, 국제 비즈니스는 관리변동환율제의 목표인 환율의 안정성이 확보될 때 이득을 취할 수 있다. 무역정책과 관련해서, 국제 비즈니스는 천천히 변동하는 WTO 틀 안에서 관세율이 안정되어야 이득을 취할 수 있다. 국제법과 관련해서, 국제 비즈니스는 유치국 정부가 의무적으로 전 정부의 채무를 승계하고 외국인 자산 국유화 시에 배상을 해주는 전통을 가지고 있을 때 이득을 취할 수 있다.

간혹 다국적기업은 유치국 정부가 안전을 보장하지 못할 때 본국 정부가 안전을 보장하도록 할 수 있다. 국제관계 학자들은 다국적기업의 국제적 경제활동과 그 본국 정부의 국제안보 활동 간의 관계를 계속 연구하고 있다.[22]

다국적기업을 포함한 기업 간 동맹관계가 국제적 함의를 지닐 때가 종종 있다. 한 국가 안에서 국제 시장에 대한 기업동맹이 형성될 때 이 동맹은 결과적으로 경제 민족주의를 조장할 수 있다. 그러나 기업동맹은 점차 국경선을 넘어 형성되는데, 이런 국제 동맹은 경제 민족주의보다 자유주의를 촉진하는 경향이 있다.

국제 기업동맹은 경제적 민족주의를 방해할 뿐만 아니라 세계를 유럽, 북아메리카, 동아시아 등 상호 경쟁적인 무역 블록으로 구분한다는 발상도 방해한다. 사실 국제 기업동맹은 본국들 간의 상호의존 관계를 형성한다. 즉 국가이익을 더욱 서로 뒤얽히게 하고 국가 간 갈등을 줄여주고 있다. 정도의 차이는 있지만, 모든 다국적기업이 수많은 국가에서 동시에 경제활동을 벌이면서 그런 효과를 내고 있다. 그러나 다국적기업은 본국에 기반을 두고 있기 때문에 유치국에서는 외국 기업이다. 물론 몇 개 국가를 본국으로 하는 국제 다국적기업동맹도 있다.

단언컨대, 아직 우리는 국경 없는 세계에 살고 있지 않다. 그러나 다국적기업의 국제적 활동이 우리를 그런 방향으로 몰아가고 있다. 다음에 나오는 10장은 사람, 기업, 생각이 어떤 방식을 통하여 국경을 초월하여 세계적으로 통합되고 있는지를 다룰 것이다.

---

22 Krasner, Stephen D. *Defending the National Interest: Raw Materials Investments and U.S. Foreign Policy.* Princeton, 1978. Gibbs, David N. *The Political Economy of Third World Intervention: Mines, Money, and U.S. Policy in the Congo Crisis.* Chicago, 1991. Lipson, Charles. *Standing Guard: Protecting Foreign Capital in the Nineteenth and Twentieth Centuries.* California, 1985.

9장 복습

요약

- 국가들은 각기 다른 통화를 사용한다(유로를 사용하는 17개국 제외). 통화 자체는 아무런 내재적 가치를 갖지 않으며 장차 상품이나 서비스와 바꿀 수 있다는 믿음에 의존한다.

- 과거 금은이 상이한 국가에서 동일한 가치를 지니는 세계통화로 사용된 적이 있다. 오늘날의 시스템은 추상적이다. 각국의 통화는 다른 통화와의 교환 비율에 의거하여 그 가치가 매겨진다.

- 대다수 각국 통화의 비교 기준이 되는 가장 중요한 통화는 미국 달러, 유로, 엔이다.

- 흔히 새로운 상품과 서비스의 생산보다 더 많은 통화를 찍어내서 발생하는 인플레이션은 타국 통화 대비 자국 통화 가치를 떨어뜨리는 요인이다. 각국의 인플레는 큰 차이를 보이지만, 대체로 남반구와 구소련 진영의 인상률이 서방 선진지역에 비해 훨씬 높다.

- 각국은 경화와 금 보유고를 가지고 있다. 이 보유고가 각국 통화를 뒷받침하며 국제 재정 흐름에서 단기적 불균형이 생길 때 이를 보전해준다.

- 고정환율은 자국 통화의 상대적 가치를 고정하기 위해 사용된다. 그러나 세계 통화시장의 수요공급에 따라 움직이는 변동환율제를 채택한 국가가 더 많다.

- 각국 정부는 환율의 지나친 변동을 막기 위해 서로 협력하지만, 세계시장에서 거래되는 돈의 대부분이 개인 돈이기 때문에 협력의 효과는 제한적이다.

- 장기적으로 볼 때, 한 국가 통화의 상대적 가치는 저변에 깔린 국가경제의 건강성과 정부의 통화정책(얼마나 많은 화폐를 발행할 지에 대한)에 따라 결정된다.

- 종종 정부가 수출 촉진과 수입 억제, 이를 통한 무역수지 개선을 위하여 자국 통화의 가치를 낮게 설정하고자 한다. 그러나 갑작스런 일방적 평가절하는 그 국가에 대한 신뢰를 떨어뜨리기 때문에 위험한 전략이다.

- 선진국들은 통화 발행에 규율을 확립하고 인플레를 방지하기 위하여 통화정책을 어느 정도 자율적인 중앙은행에 맡긴다. 미국의 경우 연방준비은행이 그러한 중앙은행이다. 중앙은행은 정부 자금을 민간은행에 대출할 때 적용하는 금리를 조정함으로써 국가경제에서 자금 공급을 통제할 수 있다.

- 세계은행과 IMF는 각국 중앙은행과 함께 안정적 국제 금융관계 유지를 위하여 노력한다. 1945년부터 1971년 기간에 그런 노력은 각국 통화를 미국 달러에 묶어두고 다시 미국 달러는 금에 묶어두는 방식으로 이루어졌다. 그 이후의 제도는 금 대신 IMF가 관리하는 특별인출권(SDR)을 사용하는 방식으로 바뀌었다.

- IMF는 국가 간 돈의 흐름을 추적하기 위하여 국민계정 제도를 운영하고 있다. 무역수지(수출에서 수입을 뺀 값)는 자본이동과 보유고 변동을 통하여 균형을 유지해야만 한다.

- 국제 부채는 만성적 무역적자나 정부 재정적자를 메우기 위하여 국가가 빌려준 돈보다 더 많은 돈을 빌리는 상황, 즉 자본이동의 불균형에서 발생한다.

- 미국의 재정적 지위는 제2차 세계대전 직후의 이례적 우위에서 자연스럽게 하향세를 보여 왔다. 1971년의 금본위제 포기 조치는 이 같은 하향세를 반영한 것이다.

- 러시아와 구소련 진영 국가들의 지위는 공산주의에서 자본주의로 전환하는 어려운 시기를 겪으면서 크게 낮아졌다. 1990년대 초의 고삐 풀린 인플레는 이제 진정되었지만, 아직도 구소련 공화국들의 경제는 세계경제에 완전히 통합되지 못하고 있다.

- 다국적기업은 둘 이상의 국가에서 동시에 비즈니스를 하는 기업이다. 대규모 다국적기업들은 대개 선진국에 본부를 두고 있으며 그 대다수가 사기업이다. 다국적기업은 국제경제 분야에서 더 큰 힘을 얻고 있다.

- 다국적기업은 다양한 방식으로 국제적 상호의존에 기여한다. 국가는 새로운 부의 창출을 다국적기업에 의존하며, 다국적기업은 사업 활동에 유리한 국제적 안정 유지를 국가에 의존한다.

- 다국적기업은 본국과 유치국의 대외정책에 영향을 미치려고 한다. 일반적으로 다국적기업은 적은 세금, 약한 규제, 안정된 통화, 자유무역 등 비즈니스에 유리한 정책을 추구한다. 전쟁은 비즈니스를 교란하기 때문에 다국적기업은 안정된

국제안보관계를 지지한다.

■ 각국의 다국적기업들은 점차 국제적 기업동맹을 형성하고 있다. 다국적기업동맹
은 심지어 개별 다국적기업보다 더 긴밀하게 국가 간 상호의존관계를 만들고 자
유주의적 국제협력을 촉진하고 있다.

핵심 용어

금본위제, 환율, 교환가능 통화, 하이퍼인플레이션, 경화, 보유고, 고정환율, 변동환율,
관리변동환율제, 평가절하, 중앙은행, 할인율, 브레튼우즈체제, 세계은행, 국제통화기
금(IMF), 특별인출권(SDR), 국제수지, 케인즈 경제학, 재정정책, 통화정책, 국가부채,
다국적기업, 외국인 직접투자, 유치국, 본국

비판적으로 생각하기

1. 환율 변동에 관한 최근의 신문기사를 하나 구하자(대개 비즈니스 면에 있다). 통화정
책, 국민경제의 기저 상태, 중앙은행의 행동(개별적이든 조정에 의해서든), 투자자들의
통화에 대한 신뢰도에 영향을 주는 정치 불안정 등 환율 변동에 영향을 줄 수
있는 다양한 요인들을 분석해 보자.

2. IMF 특별인출권은 국가만이 국제 통화관리와 국민계정 관리를 위해 사용하는
세계통화이다. 특별인출권이 기업과 개인도 함께 사용할 수 있는 통화가 될 수
있을까? 그것이 가능(혹은 불가능)할까? 가능하다면 세계의 비즈니스와 각국의 통
화관리에 관한 주권에 어떠한 영향을 미칠까?

3. 많은 학자와 정치인들은 러시아 및 동유럽 경제에 가장 좋은 대책이 국제 민간
투자라고 생각하고 있다. 현재 그 지역의 경제적 및 정치적 혼란을 감안할 때
선진국의 어떤 투자자들이 그 지역에 투자하겠다고 나설까? 서방 국가의 정부
가 그런 투자를 권장하기 위해 취할 수 있는 조치는 무엇일까? 서방 정부나 투
자자들이 조심해야 할 함정은 무엇일까?

4. 만일 당신이 토요타 같은 다국적기업의 협상대표라면, 외국에 자동차 공장을 건설하는 문제를 놓고 유치국 정부와 협상을 벌일 때 그 정부에 어떤 요구 조건을 제시할 것인가? 또한 인센티브로 무엇을 제시할 것인가? 이 거래에 대해 토요타 최고 경영진에 보고할 때 어떤 점이 가장 중요하다고 강조할 것인가? 반대로 유치국 정부의 협상대표라면, 국가지도자들에게 보고할 때 협상 목표가 무엇이고 어디에 초점을 맞추었다고 보고할 것인가?

5. 다우케미컬의 최고 경영자가 자신의 희망대로 어느 국가의 영토도 아닌 섬에 회사 본사를 설립했다고 가정해 보자. 본사가 그런 곳에 있다고 해서 회사의 전략이나 사업 활동이 달라질까? 회사에 어떤 문제가 생기지는 않을까?

쟁점 토론하기

외국인 직접투자: 성장의 엔진인가 착취의 도구인가?

개요

외국인 직접투자는 국제경제의 가장 핵심적인 부분이다. 연간 1조 달러가 훨씬 넘는 돈이 투자로 국경선을 넘나든다. 투자의 대부분(2007년의 경우 근 1조 3,000억 달러)이 (일본과 미국의 경우처럼) 선진국들 간에 이루어지지만, 점차 더 많은 투자(2007년의 경우 5,000억 달러 이상)가 북반구 선진국에서 남반구 개발도상국으로 들어간다.

역사적으로 보면 대부분의 외국인 직접투자가 선진국 상호간에 이루어졌다. 1960년대까지 미국이 외국인 직접투자의 대부분을 차지하였다. 그러나 세계경제의 성장과 세계화의 진전으로 이제 외국인 직접투자는 세계적인 현상이 되었다. 1970년대와 1980년대까지 개발도상국으로 들어가는 투자의 규모는 비교적 낮은 수준을 유지하였는데, 1980년대 말까지 연평균 200억 달러에 못 미치는 수준이었다. 그러나 1990년대 말에는 연간 2,000억 달러 이상의 투자가 개발도상국으로 들어갔다.

남반구로 들어가는 이 투자에 대한 논란은 계속되고 있다. 외국인 직접투자에 대하여 일부 사람들은 경제성장 자극을 위해 필요하다고 여기지만 다른 사람들은 정치적 사회적 비용이 투자 효과보다 더 크다고 주장한다. 어떤 국가들은 국내 경제개혁을 단행해 외국인 직접투자, 특히 서방의 대형 다국적기업의 투자를 유치하려고 노력해 왔다. 또 다른 국가들은 환경, 사회, 정치에 대한 부정적인 충격 가능성을 우려하여 외국인 직접투자 유치를 위한 노력을 거의 하지 않고 있다. 과연 외국인 직접투자가 개발도상국에 긍정적인 자원일까?

주장 1: 외국인 직접투자는 개발도상국에 긍정적 혜택을 준다.

외국인 직접투자는 경제성장에 필수적인 자본을 제공한다. 개발도상국의 경제성장을 자극하기 위해서는 무엇보다도 자본이 절실히 필요하다. 개발도상국이 내부에서 자본을 조달하는 것은 어렵기 때문에 외국인 직접투자는 경제성장 잠재력을 키우기 위한 훌륭한 돈줄이다.

외국인 직접투자는 개발도상국 경제에 더 많은 일자리를 제공한다. 외국인 직접투자는 흔히 공장 신설 형태로 이루어지는데, 이때 개발도상국 노동자들의 일자리가 늘어난다. 어떤 사람들은 그 일자리의 임금수준이 낮다고 비판하지만 현지 기준에서 보면 국내 기업에 비해 임금수준이 더 높은 경우가 많다.

외국인 직접투자는 세계적 상호의존에 기여한다. 일반 기업이나 다국적기업이 공장을 세계 각지에 두고 있는 것은 국가 간에 경제적 상호의존을 증대시키며 우호 관계를 조성한다. 투자자는 특정 국가에 많은 돈을 투자할수록 그 국가의 다른 정책, 이를테면 인권정책이나 환경정책 등에 더 큰 관심을 기울이게 된다. 이런 상황은 외국인 직접투자 유치국에게 노동관행이나 오염 같은 분야에서 기준 개선에 대한 압력으로 작용할 수 있다.

주장 2: 외국인 직접투자는 개발도상국에 문제를 일으킨다.

외국인 직접투자가 개발도상국 경제에 미치는 효과는 제한적이다. 외국인 직접투자로 혜택을 받는 개인들의 수는 극히 적고 나머지 대중은 거의 영향을 받지 않는 경우가 많다. 따라서 외국인 직접투자가 경제성장에 도움이 될 때에도 성장의 혜택이 매우 불균등하게 배분되기 때문에 결국 유치국의 빈부격차 확대로 이어진다.

외국인 직접투자 유치를 위한 정책이 개발도상국을 해친다. 대규모 외국인 투자를 유치하기 위해 개발도상국이 채택하는 정책은 거대 다국적기업에 유리한 정책인 경우가 많다. 여기에는 국가 세원을 축소하는 세금우대 조치(tax break), 오염 문제 등을 가져오는 느슨한 환경기준, 아동노동 같은 노동관행 악화를 가져오는 취약한 노동기준 등이 포함될 수 있다.

외국인 직접투자로 창출되는 일자리는 저질 일자리이다. 임금수준과 관계없이 외국인 직접투자가 만드는 일자리는 저질이다. 거의 모든 일자리가 큰 혜택은 주지 않고 노동조합 결성을 금한다. 또한 일자리가 아주 일시적일 수도 있다. 다국적기업은 더 낮은 임금으로 노동력 공급을 받을 수 있는 곳이라면 언제든지 사업을 접고 짧은 기간에 통지한 다음 그곳으로 이전할 수 있다. 이런 일자리는 개발도상국 경제에 장기적 안정을 가져다주지 못한다.

질문

- 종합적으로 판단해서, 외국인 직접투자가 개발도상국에 좋을까 나쁠까? 오늘날 같은 세계화 시대에 다국적기업과 외국인 직접투자가 팽창하고 있는 상황을 감안할 때, 개발도상국이 경제성장을 이룩하고자 하면서도 외국인 직접투자를 외면할 수 있을까?
- 외국인 직접투자가 유치국에 미치는 악영향이 있다면, 그 악영향을 완화할 방법이 있을까? 유치국의 정책 변화와 투자한 개인이나 기업의 행동 변화 중에서 어느 것이 더 쉬울까?
- 개발도상국의 지도자가 자국에 투자를 희망하는 다국적기업에 대항하여 사용할 수 있는 제어수단에 어떤 것이 있을까? 국내에 들어오는 외국인 직접투자의 성격에 대하여 여러 가지 요구조건을 내건다면 어떤 위험이 있을까?

참고문헌

Jensen, Nathan. *Nation–States and the Multinational Corporation: A Political Economy of Foreign Direct Investment.* Princeton, 2008.

Cohen, Stephen D. *Multinational Corporations and Foreign Direct Investment: Avoiding Simplicity, Embracing Complexity.* Oxford, 2007.

Moran, Theodore. *Harnessing Foreign Direct Investment for Development: Policies for Developed and Developing Countries.* Center for Global Development, 2006.

Paus, Eva. *Global Capitalism Unbound: Winners and Losers from Offshore Outsourcing.* Palgrave, 2007.

10 Chapter

국제통합

1. 세계화와 통합

세계화에 관한 논의에서 거의 공통적으로 나타나는 발상은 우리 모두를 더욱 가깝게 밀착시켜주는 어떤 힘이 이 세계에 있다는 발상이다. 그 힘 가운데 일부는 국가들의 결정의 산물이다. 8장에서 보았듯이, 각국은 자유무역협정을 통하여 경제를 통합하고자 노력해 왔다. 그리고 기술변화가 국가와 비국가 행위자의 행동과 심지어 개인들의 일상적인 생활 방식에 영향을 미쳤기 때문에 이 역시 그 힘 가운데 하나이다.

이번 장에서는 이와 같은 "함께 가기"를 낳은 요인들에 대하여 논의할 것이다. 첫째, **초국가적**(supranational) 국제기구를 창설하기 위하여 국가들이 서로 협력하기로 결정하였다는 점에 대해 논의할 것이다. 초국가적 국제기구는 다수의 국가와 국가 기능을 하나의 거대한 전체 속에 포괄한다. 이미 살펴본 UN은 국가주권에 기반을 둔 헌장 때문에 제한적이긴 해도 초국가적 성격을 어느 정도 가지고 있다. 지역수준에서는 EU가 UN보다 더 초국가적인 실체이다. 다른 지역의 국제기구들도 EU의 전례를 따르려 하지만 아직 별 성과를 거두지 못하고 있다. 모든 국제기구 내부에는 개별 민족국가 중심주의와 초국가주의, 혹은 국가주권과 초국가적 기구의 권위라는 두 가지 모순된 힘이 공존하고 있다.

두 번째로 논의할 "함께 가기"의 요인은 기술변화, 특히 인터넷과 같은 정보기술혁명이다. 정보기술은 공식적 정치 구조 없이 지구 수준이건 지역 수준이건 국경선에 구애 받지 않고 작용한다는 점에서 그 작용범위가 국가들의 결정이라는 요인보다 훨씬 넓다고 할 수 있다. 한 국가, 한 지역, 지구 안에서 우리를 더욱 가깝게 만드는 정보기술의 영향을 받지 않고 사는 사람은 거의 없을 것이다.

통합 요인을 국가가 만들거나 비국가 행위자가 만들거나 상관없이, 통합 과정에는 항상 초국가적 행위자나 이슈가 등장한다. (다국적기업이나 NGO 같은) **초국가적 행위자**는 국가들 사이에 새로운 상호의존 통로를 만들어서 국경선을 넘나드는 다리가 된다.[1] (지구 온난화나 정보기술 보급 같은) **초국가적 이슈**는 개별 국가가 혼자서 해결하거나 관리할 수 없기 때문에 각국은 서로 협력할 수밖에 없다. 이번 장에서는 어떻게 초국가적 행위자와 이슈가 국가들의 행동이나 기술변화를 통하여 통합을 촉진하는지에 대하여 살펴보겠다.

2. 통합이론

국제통합 이론은 왜 국가들이 초국가주의를 선택하는가를 설명하려고 한다. (이런 노력은 국가주권이나 영토보전 같은 현실주의의 기초에 대한 도전이다.) **국제통합**이란 초국가적 제도가 국가적 제도를 대체하는 과정, 주권을 국가에서 지역적 혹은 세계적 구조로 점진적으로 상향 이동하는 과정을 가리킨다. 통합의 최종 모습은 몇 개 국가가 하나의 국가로 합치거나 모든 국가가 하나의 세계정부 아래 합치는 것이 될 것이다. 이와 같이 주권을 초국가적 수준으로 상향 이동한다면 아마도 일종의 연방제가 등장할 것 같다. 즉 국가나 정치단위들이 중앙정부의 주권을 인정하면서 일정한 범위 안에서 독자적 권한을 갖는 형태가 될 것 같다. 여러 논란 끝에 미국 헌법

---

1   Rissen–Kappen, Thomas, ed. *Bringing Transnational Relations Back In: Non–state Actors, Domestic Structures, and International Relations.* Cambridge, 1995.

에서 채택한 정부 형태가 바로 그런 것이다.

실제로 통합 과정이 국가와 초국가적 수준 간의 부분적이거나 불편한 권력 공유 이상으로 진전된 예는 전무하다. 국가들은 배타적 주권 주장을 포기하려 들지 않으면서 초국가적 제도의 힘과 권위를 제한해 왔다. UN은 분명 연방제와 거리가 멀다. UN은 통합을 향한 진일보에 불과하다. 통합 과정의 다른 예로 앞에서 살펴본 북미자유무역협정(NAFTA)과 WTO가 있는데, 이런 기구들이 국가의 영토보전에 도전하는 일은 거의 없다. 이 기구들은 (무역 같은) 극소수 이슈에 대해서만 국가주권에 도전한다.

현 시점까지 가장 성공적인 통합 사례는, 사실 이 성공도 부분적인 것에 불과하지만, EU이다. 현재 서유럽에서 벌어지고 있는 지역 단위의 협력은 제2차 세계대전 이후에야 비로소 가능해진 사상 초유의 현상이다.[2]

50년 전만 해도 유럽 대륙은 국가주권, 국가 간 경쟁, 전쟁의 본고장이었다. 1945년 이전 500년 동안 유럽 국가들은 수시로 전쟁을 벌였고, 20세기만 해도 양차 세계대전으로 대륙 전제가 폐허로 바뀌기도 했다. 유럽 국가들은 역사, 종교(현재 기준), 종족, 문화 등에서 차이를 보인다. 2011년 현재 27개 EU 회원국의 공용어는 23개이다. 통합 실패 사례를 들라면 아마 유럽을 먼저 언급해야 할지 모른다. 더욱 놀랄 일은 유럽 통합이 과거 100년간 숙적이었고, 1870년 이래 세 번의 대규모 전쟁에서 맞서 싸웠던 프랑스와 독일 양국의 협력에서 시작되었다는 사실이다.

서유럽 국가들이 초국가적 제도를 만들고 자유무역 촉진과 경제정책 조정을 위한 경제공동체를 만들기 시작했다는 사실은 국제관계 학자들, 특히 자신들이 관찰한 바를 묘사하기 위해 통합이라는 용어를 사용해 온 학자들의 관심을 끌었다. 통합은 국가가 철저히 자율적이고 권력과 주권을 결코 양보하지 않으려 한다는 현실주의자들의 가정과 명백히 어긋난다.

일부 국제관계 학자들은 유럽의 통합 과정을 기능주의(functionalism)로 설명할

---

2   Eichengreen, Barry. *The European Economy since 1945: Coordinated Capitalism and Beyond.* Princeton, 2006. Moravcsik, Andrew. *The Choice for Europe: Social Purpose and State Power from Messina to Maastricht.* Cornell, 1998. Dinan, Desmond. *Europe Recast: A History of the European Union.* Rienner, 2004.

수 있다고 한다. 그들이 말하는 기능주의란 전문화된 기술적 기구들이 국경선을 가로질러 성장하는 과정에 관한 것이다.[3] 기능주의자들에 따르면, 기술과 경제의 발전이 점차 초국가적 구조의 출현으로 이어진다. 기술과 경제가 발전하면 할수록 각국은 예컨대 국제 우편업무나 국제하천 이용 문제 조정같이 필수적인 기능을 수행하기 위해 실질적인 방법을 찾게 된다. 그리하여 상호 연결이 만들어지면 그 연결이 갈수록 강화되고 교류 속도가 빨라질 것이며, 이에 따라 각국이 더 강력한 국제 경제구조로 통합될 것이다.

그러나 유럽의 경험은 전문화된 기구의 창설 수준을 넘어 유럽의회 같은 더 일반적이고 정치적인 초국가적 기구의 창설로 나아갔다. **신기능주의**(neofunctionalism)는 바로 이와 같은 사태 진전을 설명하기 위하여 국제관계 학자들이 기능주의 이론을 수정하여 만든 것이다. 신기능주의자들은 경제 통합(기능주의)이 통합을 추동하는 **정치적** 동학을 만들어낸다고 주장한다. 경제적 유대가 더욱 긴밀해지면 효과적인 활동을 위한 정치적 조정의 필요성도 더 커지며, 궁극적으로 경제 통합이 정치 통합으로 이어진다고 한다. 이러한 과정을 **흘러넘침**(spillover) 효과라 한다.

또 다른 학자들은 유럽인들 사이에서 발전해 온 "우리" 의식 같은, 좀 더 추상적인 **공동체의식**에 초점을 맞춘다. 이 공동체의식도 아직 남아 있는 민족주의 감정과 충돌하고 있다. 서유럽 국가들 간에 폭력 발생 가능성이 줄어들었다는 생각이 그러한 공동체의식을 배양하는 일종의 **안전보장공동체**(security community)를 만들어냈다.[4] 이런 현상은 1장에서 소개한 정체성 원칙의 대표적 사례이다.

세계의 다른 지역에서도 각국 경제가 지역 수준이나 세계 수준에서 공히 더욱 더 상호의존적 경제로 바뀌었다. 아시아 지역에서 1967년에 창설된 동남아시아국가연합(ASEAN)은 수십 년 동안 역내 경제 조정을 촉진하는 일에 큰 성과를 거두

3　Mitrany, David. *The Functional Theory of Politics*. London School of Economics/M. Robertson, 1975. Haas, Ernst B. *Beyond the Nation-State: Functionalism and International Organization*. Stanford, 1964. Ginsberg, Roy H. *Demystifying the European Union: The Enduring Logic of Regional Integration*. Rowman & Littlefield, 2007.

4　Adler, Emanuel, and Michael Barnett, eds. *Security Communities*. Cambridge, 1998. Deutsch, Karl W., et al. *Political Community and the North Atlantic Area: International Organization in the Light of Historical Experience*. Princeton, 1957.

었다. 1969년에 출범한 안데스공동시장(Andean Common Market)은 베네수엘라, 콜롬비아, 에콰도르, 페루, 볼리비아 등 회원국들의 지역 통합에 어느 정도 기여하였다. 아르헨티나, 브라질, 파라과이, 우루과이 등 다른 남아메리카 국가들은 1991년에 남미공동시장(Mercosur)을 창설하여 무역증진과 경제통합을 도모하였다. 최근의 일로서 아프리카 국가들은 2002년에 아프리카연합(African Union)을 창설하였는데, 경제 및 외교 정책을 조정하고 아프리카의회를 설립하고 그 전신인 아프리카단결기구(OAU)보다 더 강력한 하부구조를 건설하기 위한 야심찬 계획이 있었다. 물론 이런 기구들 가운데 EU만큼 성공을 거둔 기구는 없지만, 이 기구들의 목표는 EU와 대체로 비슷하다.[5]

유럽이나 기타 지역에서 일어나는 이와 같은 통합의 새로운 물결은 한계와 좌절에 직면하였다. 각국은 국가와 국민을 세계의 많은 문제와 갈등으로부터 보호하는 능력이 있어야 하는데, 통합 과정 때문에 국가의 능력이 약화되었다. 예를 들면, 1990년대 초에 베네수엘라는 콜롬비아와의 국경을 개방하면서 미국을 목적지로 한 대량의 코카인 유입 사태를 맞게 되었다. 더욱이 각국은 초국가적 테러에 대하여 더 많이 우려하게 되었고, 이에 따라 각국 지도자들은 국경선 개방을 더 꺼리게 될지 모른다.

통합은 개인, 지역적 집단, 각국 국민들이 자기 내부 문제에 대한 더 큰 발언권을 요구하는 현 시대에 강력한 중앙집권화를 뜻하는 것일 수 있다. 통합의 결과로 정치적 권위, 정보, 문화 등이 집중된다면 개인과 집단의 자유가 위협받을 수 있다. 종족집단들은 세계적, 지역적 용광로가 만드는 무미건조한 동질성에 맞서 고유의 문화, 언어, 제도 등을 지키고자 한다. 그래서 지난 10년 동안 유럽과 기타 지역의 많은 국가와 시민들이 통합의 새로운 물결에 대하여 민족주의의 부활로 맞섰다.

사실 민족주의의 힘은 오늘날 세계의 통합 경향에 대항하는(비록 시간적으로 동시에 작동하지만) 해체의 물결로 이미 작동하고 있다. 어느 면에서 해체의 물결은 제2

---

5   Mattli, Walter. *The Logic of Regional Integration: Europe and Beyond.* Cambridge, 1999. Gleditsch, Kristian S. *All International Politics Is Local: The Diffusion of Conflict, Integration, and Democracy.* Michigan, 2002. Acharya, Amitav, and Alastair I. Johnston. *Crafting Cooperation: Regional International Institutions in Comparative Perspective.* Cambridge, 2007.

차 세계대전 이후 아프리카, 아시아, 중동 지역에서 구 유럽제국주의의 해체로부터 이미 시작되었다. 냉전 이후에는 러시아와 동유럽 지역, 특히 구소련과 유고슬라비아 해체가 집중적으로 이루어졌다. 소말리아, 민주콩고, 이라크 등 다른 지역의 국가들은 공식적이지는 않지만 실질적으로는 국가 해체의 위험에 처해 있다고 볼 수 있다.

성공적이든 아니든 모든 통합 노력에 하나의 공통된 문제점이 있다. 바로 민족주의와 초국가적 충성(지역 수준이든 지구 수준이든) 사이의 긴장이 그것이다. 별로 성공적이지 못한 통합 노력의 경우 민족주의는 사실상 전혀 도전 받지 않고 버티고 있으며, 가장 성공적인 사례에서도 민족주의는 초국가주의와 계속 힘겨루기를 벌이는 잠재적 힘으로 남아 있다. 가장 성공적인 통합 사례인 EU의 경우에도 힘겨루기가 무대의 중심에 자리 잡고 있다.

3. 유럽연합

UN처럼 **유럽연합**(European Union, EU)도 제2차 세계대전 이후에 창설되어 그 이후 현재까지 발전해 왔다. 그러나 UN은 헌장 채택 이후 구조가 거의 바뀌지 않았지만, EU는 활동 범위, 회원국, 임무 면에서 지난 50년 동안 몇 차례 팽창 과정을 겪었다.[6] 현재 EU는 근 5억 인구를 가지고 있으며 GDP 기준으로 미국경제를 능가하고 있다.

---

6 Sidjanski, Dusan. *The Federal Future of Europe: From the European Community to the European Union*. Michigan, 2000. Caporaso, James A. *The European Union: Dilemmas of Regional Integration*. Westview, 2000. Nelsen, Brent F., and Alexander Stubb. *European Union: Readings on the Theory and Practice of European Integration*. Rienner, 2003.

(1) 하나의 유럽이라는 비전

1945년 당시 유럽은 전쟁으로 인구가 급속히 줄어든 상태였다. 신세대 사람들은 마셜계획에 의한 미국의 도움을 받아 재건에 일생을 바쳤다. 그러나 당시에 이미 프랑스의 지도자 장 모네(Jean Monet)와 로베르 슈망(Robert Schuman) 두 사람은 유럽에 기능주의 발상을 실현하기 위한 계획을 만들었다. 즉 경제적 연계가 궁극적으로 국가들을 정치적으로 결속시킬 것이고, 그러면 미래의 전쟁을 예방할 수 있다고 보고 경제적 연계를 만들려고 하였다.

1950년 당시 프랑스 외무장관이었던 슈망은 최초의 소박한 조치를 제안하였다. 즉 프랑스와 독일의 철강 및 석탄 산업을 통합하여 양국 석탄 자원과 제철소를 가장 효율적으로 사용할 수 있는 하나의 기구를 만들자는 것이다. 석탄과 철강은 유럽 재건과 성장에 핵심 분야였다. 그러한 슈망 계획은 1952년에 결실을 보아 유럽석탄철강공동체(European Coal and Steel Community, ECSC)가 탄생하였다. 여기에는 프랑스와 독일 외에 (대륙 3위 산업국인) 이탈리아와 베네룩스 3국이라 불리는 벨기에, 네덜란드, 룩셈부르크 같은 작은 국가들이 동참하였다. 이 6개국은 ECSC를 통하여 석탄 및 철강 무역장벽을 낮추고 석탄 및 철강 관련 정책을 조정하려 했다. 또한 ECSC는 사안에 따라 회원국 정부를 경유하지 않고 직접 회사, 노동조합, 개인들과 교섭할 수 있는 집행부(High Authority)를 만들었다. 그러나 영국은 가입하지 않았다.

석탄과 철강이 따분한 화제로 여겨진다면 바로 그 점이 기능주의자들이 기대한 바이다. 여기에는 엔지니어와 기술자들이 관심을 가질만한 이슈만 있지 정치인들을 위협할만한 내용은 없다. 1952년 이래 기술자들은 유럽 사람들의 일상적 삶속에서, 그리고 유럽 밖에서 통합과정을 주도하는 지도자 역할을 수행해 왔다. 물론 석탄과 철강도 결코 우연한 선택이 아니다. 양쪽 모두 전쟁에 필요한 물자이기 때문이다. 7장에서 언급하였듯이, 세계우편연합 같은 기술적 국제기구가 UN 같은 정치 기구보다 앞서 창설되었다.

이 점에서 국제 과학자 공동체도 특별히 주목 받을만하다. 독일과 프랑스의 철강기술자들에게 양국 정치인보다 더 많은 공통점이 있다면, 과학자도 마찬가지일 것이다. 오늘날 유럽 과학자 공동체는 사회의 여러 영역 가운데 국제적으로 가장 잘 통합된 공동체라 할 수 있다. 예컨대 EU는 유럽우주기구(European Space Agency)와 유럽분자생물실험실(European Molecular Biology Laboratory)을 운영하고 있다.

1952년 당시 기술협력은 성공하였지만 정치 및 군사 분야 협력은 이보다 훨씬 어려워 보였다. 단 하나의 유럽 비전과 맥을 같이 하여, 같은 해에 ECSC 6개 회원국은 유럽의 군사력을 단일 예산, 단일 지휘계통으로 통합하기 위한 노력의 일환으로 유럽방위공동체(European Defense Community)를 창설하기 위한 또 다른 조약에 서명하였다. 그러나 프랑스 의회가 조약 비준을 거부하였으며 영국은 가입 자체를 거부하였다. 또한 ECSC는 1953년에 유럽정치공동체 창설을 위한 논의에 들어갔으나 구체적 내용에 합의를 보지 못하였다. 이처럼 경제협력 분야에서는 초국가적 제도가 성공하였지만 정치 및 군사 분야에서는 국가주권이 우세하였다.

(2) 로마조약

ESCS 6개 회원국은 1957년에 **로마조약**(Treaty of Rome)을 체결하여 두 개의 새로운 기구를 창설하였다. 석탄-철강의 아이디어를 원자력 분야로 확대한 **유럽원자력공동체**(European Atomic Energy Community, Euratom)는 연구, 투자, 관리를 공동으로 해서 원자력 개발을 조정하기 위한 것이다. 이 기구는 더 많은 회원국을 거느리고 지금도 활동을 계속하고 있다. 다른 하나는 유럽경제공동체(European Economic Community, EEC)로 나중에 유럽공동체(European Community, EC)로 개명되었다.

8장에서 살펴본 바와 같이 자유무역지대, 관세동맹, 공동시장 사이에는 중요한 차이가 있다. **자유무역지대**를 만든다는 것은 관세를 철폐하고 상품이 국경을 넘을 때 아무런 규제를 가하지 않음을 뜻하는데, EEC는 출범 직후부터 그렇게 하였다. 현재의 유럽자유무역연합(European Free Trade Association, EFTA)은 EU와 연관된 자유무역지대를 확장한 것으로 노르웨이, 아이슬란드, 리히텐슈타인, 스위스가 추가되어 있다.

관세동맹의 경우 참가국들은 자유무역지대 외부에서 들어오는 상품에 대하여 동일한 관세를 부과한다. 단일의 관세가 없다면, 자유무역지대에 속한 한 국가가 자유무역지대 밖에서 들어오는 상품에 최소한의 관세를 부과하고 그 상품을 역내 다른 국가에 다시 수출(무관세로)할 수 있다. 이런 일이 일어나면 자유무역지대의 효율성이 떨어진다. 로마조약은 가입국들에게 1969년까지 관세동맹을 체결할 것을 규정하였다. 관세동맹은 가입국들 간에 자유롭고 공개적인 무역을 허용하므로 큰 경제적 이득을 가져올 수 있다. 그래서 관세동맹은 여전히 EU의 핵심으로 남아 있으며, 타 지역들에서 널리 모방되는 부분이기도 하다.

공동시장은 관세동맹에 더해 회원국들 상호간에 노동과 자본(상품을 포함해)의 자유로운 흐름을 허용한다는 뜻이다. 예를 들어 벨기에 투자자는 독일 내에서 독일 투자자와 대등한 조건으로 투자할 수 있다. 로마조약은 공동시장을 목표로 설정하였지만 오늘날까지 부분적으로만 달성한 정도에 그치고 있다.

1960년대에 EU(당시 EC)가 **공동농업정책**(Common Agricultural Policy, CAP)을 채택했을 때, 적어도 이론적으로는, 공동시장의 중요한 한 부분이 성사되었다. 실제로는 공동농업정책이 회원국들 간에 끊임없이 갈등을 일으켰으며, 민족주의와 지역주의 간의 긴장을 야기하였다. 농업이 세계경제 가운데서 자유무역을 달성하기가 가장 어려운 분야라는 사실을 기억하자(8장 이익집단 참조). 식량자급을 위하여 농민들에게 보조금을 지급하는 국가가 많은데, 공동농업정책은 한 회원국이 농민들에게 보조금을 지급하면 다른 모든 회원국도 농민들에게 보조금을 지급한다는 원칙에 기반을 두고 있다. 이런 방식을 통하여 각국 정부는 보조금을 폐지함으로써 강력한 정치세력인 농민과 대립하는 일을 피할 수 있었다. 그러나 전반적인 정책은 공동시장의 원칙에 맞게 모든 회원국에서 평준화될 필요가 있다. 현재 EU 전체 예산에서 농업보조금이 약 40%을 차지하는데(프랑스가 주요 수혜자), 이것이 유럽과 미국 간 무역마찰의 가장 큰 원인이 되고 있다(8장 보호무역 참조).

자유무역지대, 관세동맹, 공동시장 다음 단계의 유럽 통합 계획은 경제 및 통화동맹(Economic and Monetary Union, EMU)이다. 이는 회원국들의 전반적 경제정책을 가장 효율적이고 안정적으로 조정하기 위한 것이다. 이 단계에 이르면 각국의 통화를 단일 통화로 교체하게 된다(다음에 나오는 "통화동맹" 참조). 한걸음 더 나아가면 예산 및 세금 관련 정책 같은 경제정책을 초국가적으로 조정하는 것도 가능할 것이다.

로마조약은 주권 상실에 대한 국가 지도자들의 우려를 줄이기 위하여 조문 개정 시 전체 회원국의 승인을 받도록 규정하고 있다. 예를 들어 프랑스는 영국의 가입을 막기 위하여 1963년과 1967년에 각각 거부권을 행사한 바 있다. 그러나

1973년에 마침내 영국은 아일랜드, 덴마크와 함께 가입하였다. 그리하여 회원국 수가 6개국에서 9개국으로 늘어났으며 유럽의 크고 부유한 국가들이 모두 가입하게 되었다.

1981년에 그리스, 1986년에 포르투갈과 스페인이 가입하였다. 산업화 수준과 생활수준이 비교적 낮은, 상대적으로 가난한 이 국가들이 가입함으로써 유럽 경제의 효율적 통합에 어려움이 생겼다(이런 어려움은 여전히 남아 있다). 상대적으로 부유한 유럽 국가들은 약한 고리를 강화하려는 바람으로 상대적으로 빈곤한 국가들에 적지 않은 원조를 제공하고 있다. 그러나 2011년에 빈국들의 부채 문제가 터져 새롭게 거액의 긴급 구제금융(bailout)을 제공해야할 필요성이 생겼으며 유럽 경제 전체의 안정성이 위협 받았다.

(3) EU의 구조

EU 구조를 보면 EU의 뿌리가 기술 및 경제 협력에 있음을 쉽게 알 수 있다. 석탄이나 철강 전문가들의 뒤를 이어 무역전문가, 농업전문가, 금융전문가 등이 합세하여 EU의 심장부를 이루고 있다. EU 본부와 그 직원들은 정치보다 기술 문제 해결에 더 관심을 기울이는 색깔 없는 관료기구, 관료라는 평을 듣는다. 이들을 유로크라트(Eurocrat)라 부르기도 한다. 이 같은 초국가적 관료들은 규정에 따라 힘을 가진 각 회원국 정부 및 지도자들과 함께 EU 구조 안에서 힘의 균형을 이루고 있다.

유로크라트는 기능주의적 계획에 따라 활동하지만 EU 변천 과정에서 그런 태도가 문제를 일으켰었다. 회원국의 정치인들은 유로크라트에게 권력을 잃을까 염려한다. 회원국 시민들은 자기들 삶에서 얼굴 없는 유로크라트가 점점 더 큰 힘을 갖게 될까봐 더 많이 불편해 한다. 시민들은 국내 정치지도자들을 선거로 퇴임시킬 수 있지만 유로크라트들을 그렇게 할 수 없다.

〈그림 10.1〉은 EU 구조를 그림으로 보여준다. 벨기에 브뤼셀에 본부를 둔 **EU 집행위원회**(European Commission) 산하에 25,000명의 유로크라트가 직원으로 일하고 있다. 집행위는 회원국 당 1명씩 총 28명의 개별 위원으로 구성되는데, 각 회원국에

서 선임되는 위원은 4년 임기로 연임이 가능하다. 집행위의 역할은 문제를 파악하고 그 해결책을 EU이사회(Council of European Union)에 제안하는 것이다. 그리고 위원 중 1명을 집행위원장으로 선출한다. 위원들은 본국의 이익이 아니라 유럽 전체의 이익(초국가적 이익)을 대표하지만, 지금까지 이 목표는 극히 부분적으로 달성되는 수준에 머물러 있다.

집행위에는 일상적인 업무 외에 공식적 자율권이 거의 없다. 공식적으로 집행위는 이사회(이전에 각료이사회라는 명칭)의 정책을 집행하고 보고해야 한다. 이사회는 각 회원국의 관련부처 장관들(외무장관, 경제장관, 농업장관, 재무장관 등)로 구성되는데, 그들은 자국 부처 관료들을 지휘하는(혹은 지휘하고자 애쓰는) 정치인들이다. 예를 들면, 2009년에 27개국 에너지장관들이 만나 러시아와 우크라이나 사이 천연가스 가격 분쟁으로 인하여 중단된 러시아 천연가스의 공급 재개를 위한 EU의 조치를 승인하였다. 이 같은 공식적 구조는 각국이 주권을 양보하지 않으려 한다는 점을 반영하고 있다. 또한 이런 구조는 사안에 따라 참가하는 이사가 달라진다는 점, 기술적 이슈가 정치적 이슈보다 우선적이라는 점을 보여주기도 하다. 따라서 이런 구조는 집행위 직원들에게 힘을 더 실어줄 수 있다. 한 국가의 외교정책 결정과정에서 정치인과 직업관료 사이에 이와 유사한 긴장관계가 있다는 사실을 상기해 보자(4장 관료 부분 참조).

규정상 EU이사회는 각 회원국의 인구 규모에 비례한 가중투표제로 운영되지만, 실제로 중요한 정책은 합의제(만장일치제)로 운영되어 왔다. 나중에 언급할 리스본조약(Lisbon Treaty) 채택 이후에는 거의 모든 이슈가 가중투표제에 의한 다수결로 결정되고 있다. 리스본조약의 관련 조항을 보면, 전체 EU 인구 65% 이상을 대변하는 회원국 55% 이상이 찬성해야 의안이 통과될 수 있게 규정되어 있다. 이사회 의장은 제한된 권한만 가지며 순번제로 선임된다. 이사회는 집행위의 정책을 승인하고 집행위에 일반 지침을 주는 권한을 갖는다.[7]

---

7 Kirchner, Emil Joseph. *Decision Making in the European Community: The Council Presidency and European Integration.* Manchester, 1992. Pollack, Mark A. *The Engines of Integration: Delegation, Agency, and Agenda Setting in the European Union.* Oxford, 2003.

〈그림 10.1〉 EU의 구조

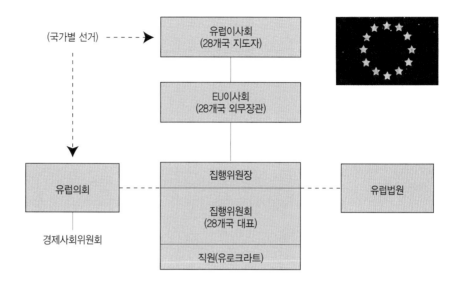

출처: EU집행위원회.

1970년대에 회원국 지도자들(수상이나 대통령)은 EC의 방향을 감시하기 위해 EC 구조 안에 자신들을 위한 특별한 공간을 만들었다. 이 역시 국가지도자들이 초국가적 기구의 지배를 받지 않으려 한다는 점을 보여준다. 28개국 지도자들로 구성된 이 유럽이사회(European Council)는 매년 2회 집행위원장과 회합한다. 바로 그들이야말로 국내에서 각기 자국 정부를 통해 일을 성사시킬 힘이 있는 사람들이다(아직도 유럽의 돈과 권력 대부분을 각국 정부가 통제하고 있다).

한편 **유럽의회**(European Parliament)는 아직은 유럽 전체를 위한 입법 활동을 하는 진정한 입법부와는 거리가 먼 기구이다.[8] 현재 유럽의회는 주로 집행위 감시자 역할을 하는 수준에 머물고 있지만 약간의 입법권도 있다. 의회는 집행위 예산을 승인하는 권한을 갖지만 항목별로 통제하지는 못한다. 그리고 의회는 "공동결정 절차"를 통하여 이민, 고용, 보건, 소비자보호 등과 같은 분야에 대한 권한을 EU이사

---

8   Judge, David, and David Earnshaw. *The European Parliament.* Palgrave, 2003. Kreppel, Amie. *The European Parliament and the Supranational Party System: A Study in Institutional Development.* Cambridge, 2002.

회와 공유한다. 2009년의 리스본조약에 의해 이 공동결정 절차를 적용해야 하는 분야가 크게 확대되었다. 또한 의회는 토론의 장, 유럽 단결의 상징 역할을 수행하기도 한다. 의회가 만든 독립 위원회는 1999년에 집행위의 예산낭비와 사기 사실을 발견한 바 있는데, 이 때문에 집행위원 20명이 사임하였다. 1979년 이후 의회 의원들은 유럽 전역 유권자들의 직접선거로 선출된다. 그리하여 750명의 의원이 5억에 가까운 유럽 시민들을 대변하고 있다. 선거에 참가하는 정당들은 국경선을 초월하여 조직되어 있다.

또한 경제사회위원회(Economic and Social Committee)라는 기구는 특정 산업이나 지역구민들에 영향을 미치는 대륙 전체 수준의 이슈들을 심의하는 기구이다. 이 위원회는 순전히 자문 기구로서 중요하다고 판단되는 문제들에 대하여 집행위를 상대로 로비를 벌인다. 이 위원회의 설립 취지는 기업, 노동조합, 이익집단 등이 초국가적으로 협상을 벌일 수 있도록 대화의 장을 제공하는 것이다.

룩셈부르크에 있는 **유럽재판소**(European Court of Justice)는 로마조약에 명기된 수많은 사안들에 대한 분쟁을 판결한다. 7장에서 다룬 세계법원과는 달리, 유럽재판소는 적극적으로 관할권을 확립하고 있으며 단순히 국제 중재기구 역할에 머물지 않는다. 유럽재판소는 EU 법과 충돌하는 국내법을 무시할 수 있는데, 이 점에서 다른 국제재판소와 구별된다. 뿐만 아니라 유럽재판소는 정부가 아닌 개인이 제소한 사건도 다룬다. 유럽재판소는 수백 건의 사건을 다루면서 노동현장의 차별 문제부터 집행위 직원의 퇴직연금 문제에 이르기까지 다양한 사건들을 판결해 왔다.

(4) 단일유럽법

유럽 통합은 가시적 성과를 내고, 주권 상실에 대한 정치인들의 우려를 줄이고, 통합 지속을 위한 압력을 만들어 내게끔 한 걸음 한 걸음 나아가는 과정을 거쳐 왔다. 통합 과정이 정체되거나 역행하는 시기를 겪은 이후에 중대한 진전이 이루어진 경우도 많다. 로마조약은 1985년의 **단일유럽법**(Single European Act)을 통해 처음으로 대폭 개정되었다. 이 법은 통합을 가속하는 새로운 국면을 열었다. 이 법에서 EU는 1992년 말까지 시한을 설정하여 진정한 유럽 공동시장을 창설하고자 하였다.[9] 이 포괄적인 변화는 유럽1992라는 별명을 갖게 되었는데, EU집행위원회가 마련한 약 300개의 지침을 그 주된 내용으로 한 것으로서 상품, 서비스, 노동, 자본 등이 EU 지역 내에서 자유로이 이동할 수 있도록 비관세장벽을 제거하는 데 목표를 둔 것이었다. 쟁점들은 대개 복잡하고 기술적인 것들이었다. 예를 들어, 한 국가에서 면허를 획득한 전문가는 그 면허로 다른 국가에서도 자유로이 직업 활동을 할 수 있어야 하는데, 가령 스페인의 물리치료사 면허 요건이 영국의 면허 요건과 다를 수 있다. 집행위 관료들은 이런 일관성 부족 문제를 완화하고 공용 기준을 마련하기 위해 애썼다. 각국 정부는 새로운 기준에 따른 후속 입법 조치를 취해야 했다.

한 가지 사례로, 초콜릿의 정의 문제를 놓고 각국이 수십 년 간 분쟁을 벌여 왔다. 초콜릿으로 유명한 벨기에는 초콜릿이라는 명칭을 사용하려면 반드시 코코아 버터를 사용해야 한다고 주장한다. 영국을 포함한 몇 개 국가에서는 식물성 기름을 덜 사용하는 비교적 싼 공정으로 초콜릿을 생산한다. 통합이 심화되고 무역이 자유로워지면서 벨기에는 300억 달러 규모의 세계 초콜릿 시장(그 절반을 유럽산이 점유)에서 경쟁력 우위를 상실하게 될까 우려하고 있었다. 1973년 이후에 EU에 가입한 영국 등 7개국은 다른 8개 기존 회원국들에 적용된 100% 코코아 버터 사용 규칙의 적용을 면제 받았다. 그러나 통합 압력이 거세지면서 EU는 식품 규제 등에서 기준 단일화 방향으로 움직이고 있다. 이 초콜릿 전쟁은 겉으로는 단순한 경제통합 개념이 사회의 모든 구석구석에 파급되고, 수백만 보통 사람들의 일상생활에 영향을 주는 변화의 힘이 되고 있음을 잘 보여주고 있다.

그리고 단일유럽법은 유럽중앙은행(European Central Bank)의 설립 및 단일 통화 및 금융 제도 수립에 새로운 추진력이 되었다(현재 유럽중앙은행은 독일 프랑크푸르트에 있다).

유럽1992 과정은 경제통합 문제를 더 정치적이고 논쟁적인 분야로 확대하였으며, 이로 인하여 각국 주권이 과거에 비해 더 눈에 띄게 손상되고 있다. 또한 유럽1992로 EU가 각국 정부를 경유하지 않고 직접 지방자치단체와 거래하는 경향이 심화되었다. 이런 경향은 국가를 위로부터(더 강해진 EU를 통하여) 무력화(無力化)하는 동시에 아래로부터(더 강해진 지자체를 통하여) 무력화하는 과정의 출발점이라 할 수

---

9 Moravcsik, Andrew. Negotiating the Single European Act: National Interests and Conventional Statecraft in the European Community. *International Organization* 45 (1), 1991: 19–56.

있다. 그러나 유럽1992는 정치 및 군사 통합 같은 난제들을 미래의 과제로 남겨둔 채 외면하고 있다.

(5) 마스트리히트조약

1992년에 네덜란드의 마스트리히트에서 체결된 **마스트리히트조약**(Maastricht Treaty)은 EC를 EU로 개명하면서 3개 주요 분야의 추가적인 통합 추진에 역점을 두었다. 그 첫 번째가 통화동맹(나중에 상세히 다룸)을 맺어 각국의 기존 통화를 폐지하고 단일 유럽 통화로 대체한다는 것이다. 두 번째는 법집행과 국내 문제에 관한 것으로서, 유럽 경찰청을 신설하여 이민자, 범죄자, 성노예 밀매자, 밀수꾼 등이 국경선을 쉽게 넘나들 수 있는 현실에 대응한다는 것이다. 또한 시민권 개념을 확대하여 예컨대 독일에 사는 프랑스인이 독일 현지에서 선거권을 갖도록 한다는 내용도 포함되어 있다. 마스트리히트조약의 세 번째 목표는 정치 및 군사 통합 문제인데 여전히 논란의 대상이 되고 있다. 조약은 각국이 궁극적으로 단일 유럽연합군을 창설한다는 목표 하에 공통의 외교정책을 추구할 것을 규정하고 있다.

유럽의 일부 시민들은 마스트리히트조약에 함축된 국가 정체성 및 주권 상실에 대하여 강하게 반발하기 시작하였다.[10] 마스트리히트조약은 로마조약의 개정판이기 때문에 모든 회원국(당시 12개국)의 비준을 받아야만 한다. 이 비준 과정이 몇몇 회원국에서 EU의 통합 심화에 반대하는 강력한 대중적 반감을 불러일으켰다. 그런 회원국의 시민과 지도자들은 벨기에에 있는 얼굴 없는 유로크라트들이 자국의 주권을 빼앗아 간다는 사실을 마치 그때서야 처음으로 깨달은 것처럼 행동하였다. EU는 이런 사정 때문에 속도를 줄였고, 참가국 수가 당초 기대보다 준 것을 감수해야 했지만 결국은 마스트리히트조약을 이행해 나갔다. 12개국이 참가한 통화동맹을 포함한 경제 및 기술 통합 분야는 추진력을 유지할 수 있었다.

---

10 Cowles, Maria Green, James Caporaso, and Thomas Risse, eds. *Transforming Europe: European-ization and Domestic Change*. Cornell, 2001. Gstohl, Sieglende. *Reluctant Europeans: Norway, Sweden, and Switzerland and the Process of Integration*. Rienner, 2002.

유럽의 경제통합은 글로벌 정치경제를 변화시키기 시작했다. 현재 EU는 세계 최대 시장 가운데 하나인 유럽시장 접근 규칙, 거대한 생산 및 기술 네트워크 규칙, 세계 최강 통화 규칙 등을 제정하고 있다. 유럽의 새로운 힘은 환경 관련 조치를 주도하는 데서 잘 드러나고 있다. 예컨대 미국의 화학 산업은 미국 법령의 규제를 받고 있는데, 미국 법령에 따르면 화학물질의 80%가 규제 대상에서 제외된다. 그러나 EU는 제품에 사용된 모든 화학물질을 대상으로 그것이 건강에 어떠한 영향을 주는지에 대한 검사를 요구하고 생활용품에 사용되는 유해 화학물질의 교체를 의무화하는 더 엄격한 화학물질 규제를 하고 있다. 그 결과 미국의 몇몇 거대 화장품 회사는 모든 유해 물질의 제거를 요구하는 새로운 EU 화장품 규제에 순응하기 위하여 자사 제품의 성분을 바꾸어야만 했다. 그리고 일본의 자동차 제조업체들은 2006년까지 부품의 85% 이상(2015년까지 95% 이상)을 재활용 가능한 부품을 사용해야 한다는 EU의 요구에 맞추기 위해 공정을 바꿔야만 했다.[11]

정치 및 군사 통합은 이보다 훨씬 더 많은 문제를 일으켜 왔다.[12] 민족주의와 초국가주의 간의 싸움은 불안한 균형관계를 보인다. 주권, 외교 및 군사 정책 분야에서 초국가주의로의 이행은 아직 달성되지 못하고 있다. 50년의 긴 준비과정을 거친 후에도 경제 분야가 정치 분야로 흘러넘치는 일은 아직 요원하다.

(6) 통화동맹

유럽 단일 통화인 **유로**는 마스트리히트조약에 의거하여 EU 17개 회원국의 통화를 대체하였다. 앞에서 살펴 본 IMF의 특별인출권(SDR)처럼 유로도 몇 년간은 각국 정부가 국제 거래용으로만 사용하였다. 그런 과정을 거쳐 2002년에 일반인도 사용하는 통화로 전면 유통되어 각국 통화가 더 이상 존재하지 않게 되었다. 또한

11 Schapiro, Mark. New Power for "Old Europe." *The Nation,* December 27, 2004.

12 Duke, Simon. *The Elusive Quest for European Security: From EDC to CFSP.* St. Martin's, 2000. Salmon, Trevor C., and Alistair J. K. Shepherd. *Toward a European Army: A Military Power in the Making?* Rienner, 2003.

유럽중앙은행이 각국 중앙은행의 기능을 떠맡았다.[13]

통화동맹은 경제적, 정치적 이유에서 결성하기가 어렵다. 참가 각국의 경제와 재정 조건이 평균적이어야 한다. 그러나 예를 들어 한 국가는 경기후퇴 때문에 이미 금리가 낮아서 추가 금리인하로 경제성장을 자극할 여력이 없는 반면에, 경제 성장률이 높은 다른 국가는 인플레 진정을 위하여 금리를 인상할 여력까지 있다. 실제로 2010년 당시 슬로바키아의 인플레는 11% 이상이었지만 네덜란드는 5%에 불과하였다. 정치적으로 중앙집권화된 단일 통합경제라면 중앙정부가 자원을 재분배 할 수 있다. 예컨대 미국 정부는 텍사스 경제가 활기를 보이고 매사추세츠 경제가 침체될 때 자원을 재분배할 수가 있다. 그러나 EU는 세금이나 각국 예산을 통제할 수 있는 집권화된 권한을 가지고 있지 않다. 이처럼 재정 및 금융 정책이 분산되어 있는 상황은 예외적 상황이다.

해결책 가운데 하나는 각국 경제의 평준화를 위한 노력이다. 예를 들어 마스트리히트조약은 회원국 간 빈부격차를 줄이기 위하여 EU 예산을 매년 250억 달러 증액하여 가난한 회원국들에게 경제 원조를 제공하도록 규정하고 있다. 그러나 원조에 필요한 돈은 부유한 회원국들이 내야 해서 가난한 회원국들은 유럽 통합으로 만들어지는 집합재에 무임승차 한다. 그리고 연간 250억 달러는 사실상 회원국 간 빈부격차를 줄이기에는 턱없이 부족한 액수이다.

마스트리히트에서 채택된 주요 해결책은 초기 단계 통화동맹의 회원국 자격을 제한하여 동맹 자체를 위기에 빠트리지 않을 정도로 안정된 재정 상태를 가진 국가만 가입할 수 있게 하는 것이었다. 즉 재정적자가 GDP의 3% 미만이고, 국가 부채가 GDP의 60% 미만이고, 인플레가 전체 EU 회원국 중 가장 낮은 3개국 평균 수치에서 1.5%를 초과하지 않아야 하고, 이자율과 통화 가치가 안정되어 있는 국가만 통화동맹에 가입할 수 있게 했다.

이런 조건은 프랑스, 스페인, 이탈리아 등 몇몇 국가의 정부 입장에서는 예산과 복지 혜택을 줄이고 기타 정치적으로 인기 없는 조치를 취해야 할 어려운 선택

---

13 Chang, Michele, Neill Nugent, and William E. Patterson, eds. *The Monetary Integration in the European Union.* Palgrave, 2009. De Grauwe, Paul. *The Economics of Monetary Union.* 5th ed. Oxford, 2004.

을 요구하는 것이었다. 프랑스 노동자들은 몇 차례 대규모 파업으로 맞섰다. 몇몇 국가에서는 정권을 야당에 이양해야 했지만 새 정부 지도자들은 대체로 전임정부와 동일한 노선을 걸었다. 그 결과 유로화에 동참하기로 했던 12개 회원국 모두 새로운 재정 규율에 따라 가입 자격을 얻었다. 슬로베니아는 2007년, 사이프러스와 몰타는 2008년, 슬로바키아는 2009년, 에스토니아는 2011년에 각각 가입하였다. 리투아니아와 라트비아는 가입을 준비하고 있다. 영국, 덴마크, 스웨덴은 자국 통화를 유지하기로 결정하였다.

통화 문제는 철강 관세나 초콜릿 성분보다 더 정치적인 문제이다. 통화동맹은 돈을 찍어내는 권한이라는 국가 고유의 핵심 권한을 침해한다. 일상생활에서 시민들이 매일 돈을 사용하기 때문에 유럽 단일통화를 사용하면 하나의 유럽에 대한 시민들의 정체감이 더 심화될 수 있다. 이는 곧 민족주의에 대한 초국가주의의 승리이다. 2002년에 처음으로 유로가 유통되었을 때 사람들은 "유럽을 주머니에 넣고 다니는" 느낌이 있었다. 그러나 이와 똑같은 이유로 일부 국가지도자와 시민들은 자국 통화의 상징적 가치를 포기한다는 발상에 저항하였다. 이 문제는 유로화 지폐와 동전 디자인에도 문제가 되었다. 특정 국가의 특정 지도자나 기념물을 유럽 전체의 상징으로 삼는 것이 가능할까? 해결책은 (특정 국가와 무관한) 범용 건축물을 지폐 앞면에 넣고 유럽 지도를 뒷면에 넣는 것이었다. 동전의 경우 국가별로 다른 디자인을 사용하지만 유로존 전역에서 통용되게 했다.

유로존 안에서도 갈등이 빚어진다. 2004년에 EU집행위원회는 프랑스와 독일이 유로화 관련 규정을 어기면서까지 높은 수준으로 적자재정을 운용하는 것에 대하여 회원국들이 찬성표를 던졌다는 사실을 비판하였다. 그리고 라트비아 정부는 4년 내에 유로화 관련 규정을 충족하기 위한 인기 없는 예산 탓에 대중의 압력을 받아 EU 가입 6개월 만에 정권을 내주어야 했다.

2010년에는 유로에 대한 새로운 도전이 나타났다. 그 전에 그리스는 유로존 가입을 위하여 경제 데이터를 조작하였다는 사실을 시인한 바 있다. 그런 그리스가 몇 년 동안 상환 능력 이상의 돈을 빌렸고 이 결과 세계 금융위기에서 살아남기 위해 유럽 차원의 긴급 구제금융(bailout)을 요청하기에 이르렀다. 유로화를 사용하는 그리스가 어려움에 빠지면 전체 유로 국가들에 대한 세계 투자자들의 인식이 나빠질 수 있다.

설상가상으로 그리스의 부채 문제는 다른 국가들로 파급되었다. 사실 2010년 당시 EU 회원국 중 EU의 부채 목표치를 준수한 국가는 핀란드와 룩셈부르크 2개국에 불과했다. 그리스, 스페인, 포르투갈, 아일랜드, 이탈리아는 대대적인 경제개혁을 추진하였으며, 그리스와 이탈리아를 포함한 몇 개 회원국에서는 정부가 권력을 잃게 되었다(기술 관료들에게 권력을 내주었다). 독일과 프랑스는 어려움에 빠진 유로 국가를 돕기 위한 구제금융을 누가 부담할 것인지를 놓고 다투었다. 독일 재무장관이 "그리스에 단 한 푼도 주지 않겠다"고 선언하자 냉랭한 분위기가 이어졌다. 이후 EU 국가들은 상호간 경제적 지원을 위해 단결하였다. 2012년에 이르기까지 EU는 필요시 회원국의 경제를 지지할 수 있는 긴급 구제 제도를 도입하였는데, 이에 필요한 자금 규모는 1조 달러 이상이었다. 그러나 EU의 의사결정 과정에 시간이 많이 걸렸으며, 구제금융을 받는 조건으로 긴축 예산을 이행해야 하는 그리스와 스페인 같은 국가에서는 시민들의 가두시위가 자주 발생하였다. 긴축 예산에 따른 내핍 조치는 실업률을 높인다. 2013년 스페인의 경우 25% 이상(25세 미만은 55%)의 실업률을 보였다. 뿐만 아니라 내핍 조치는 유로존 전체를 경기후퇴로 몰아가기도 했다.

집합재 찾기

그리스 긴급 구제
집합재: 유럽의 재정 건전성

배경: 유로존을 만든 17개국은 공용 통화를 선호하여 자국 통화를 포기하였다. 그 결과 각국은 다른 회원국의 재정정책에 영향을 받는다. 예를 들어 한 국가가 정치적으로 인기 있는 정책을 위해 적자재정을 운용하면 대개 그 영향이 해당 국가에 국한되지만, 유로존 국가가 그렇게 하면 그 영향은 역내 모든 회원국들에 파급된다. EU는 무임승차 유혹을 줄이기 위해 유로존 가입 조건으로 (적자 축소를 포함한) 예산상 의무를 부과하는 규정을 제정하였다. 나중에 밝혀졌지만, 그리스를 포함한 몇몇 국가는 유로존 가입 당시 가입 요건과 관련하여 속임수를 썼다.

이처럼 유로화의 건전성은 회원국들이 재정상 규율을 준수하느냐에 달려 있다. 공용 통화를 통하여 한 회원국의 경제위기가 쉽게 다른 회원국으로 파급될 수 있기 때문에 무임승차는 모든 회원국들에게 위협이 된다.

도전: 세계적 경기후퇴와 더불어 그리스의 재정정책이 그리스를 부채 위기와 거의 도산지경으로 몰아갔다. 이런 불안정이 (스페인, 포르투갈, 아일랜드 같은) 재정적자가 많은 다른 유로 회원국들로 파급될 위험이 있었다. 유로화의

최근 유로존 내에서 발생하는 이와 같은 문제점에도 불구하고 유럽 단일통화를 만든 것은 역사상 시도된 바 없는 대규모 금융개혁이다. 또한 처음 8년간은 성공적인 것이었다.

(7) EU의 확대

EU의 성공에 매력을 느낀 인접 국가들이 EU 가입을 희망하였다. 2004년 이후 EU 회원국 수가 15개에서 28개로 늘었는데, 이로 인하여 EU의 활동 방식에 여러 가지 변화가 있었다.[14]

1986년에 스페인과 포르투갈이 각각 11번째 및 12번째 회원국이 되어 서유럽

---

[14] Jacoby, Wade. *The Enlargement of the European Union and NATO: Ordering from the Menu in Central Europe.* Cambridge, 2004.

가치가 떨어지기 시작하였고, 우려가 커짐에 따라 세계 금융시장이 하락세를 보였다.

해결책: 대응책으로 EU와 IMF는 공동으로 1,410억 달러 규모의 구제금융을 그리스에 제공하고자 하였다. 이 조치가 실현되려면 유로존의 16개 전체 회원국(당시)의 승인을 받아야만 했다. 재정의 엄격한 규율을 중시하는 전통을 가진 독일에서는 분노한 유권자들이 무책임한 그리스를 구제하지 않으려 했으며, 의회 내에서 근소한 의석 차이로 다수당 지위를 가진 집권당이 다수당 지위를 잃게 될 위협을 받았다. 이처럼 독일 정부는 국내에서 정치적 부담과 함께 구제금융 중 독일 몫인 280억 달러의 비용 부담을 안게 되었다.

독일 정부가 그리스 구제 조치를 승인하기로 결정한 데는 정체성이 한 몫을 했다. EU가 하나의 유럽이라는 정체성을 가졌기 때문에 독일 사람들은 유로화 안정이 독일 자신의 이익이라 여겼다. 그러나 상호주의 역시 한 몫을 했다. 독일이 동의하지 않으면 그리스의 위기가 확산되고 또 유로화가 불안해지며, 이런 상황은 곧바로 독일에 해가 된다. 독일 정부는 그런 상황이 올 가능성이 커진 다음에야 비로소 구제 조치에 동의하였다. 동료 유럽인이 위기에 처했다는 한 가지 사실 때문에 독일이 지원에 나선 것은 아니었다.

국가들은 대부분 가입한 상태였다. 1995년에는 오스트리아, 스웨덴, 핀란드가 가입하였다. 이 국가들은 현재 EU의 외곽 경계선 지역에 위치해 있으며 비교적 부유한 국가들이라서 EU 경제를 교란하지 않았다. 노르웨이는 가입을 신청하고 수락 받았지만 1994년에 국내에서 실시된 국민투표에서 부결되어 가입하지 않았다. 이로써 1995년 이후 한동안 회원국 수가 15개로 유지되었는데, 서유럽 주요 국가들 가운데 2개국만 불참하는 상황이 되었다. (스위스 역시 가입을 희망하였으나 1990년대 초 국민투표에서 부결되었다.)

이 같은 EU의 확대는 2000년의 니스조약(Treaty of Nice)의 지침에 따른 것이다. 니스조약은 아일랜드 유권자들이 과거의 부결을 뒤집어 가결로 표결한 2003년 이후에 발효하였다. (이로써 아일랜드는 가장 나중에 가입을 비준한 국가가 되었다.) 2004년에 10개국, 즉 폴란드, 체코공화국, 슬로바키아, 헝가리, 슬로베니아, 에스토니아, 라트비아, 리투아니아, 몰타, 그리고 사이프러스가 신입 회원국이 되었다. 그리하여 회원국 수가 25개로 늘었는데, 5개 대국이 의석을 2개씩 갖지 않으며 합의제가 아닌 새로운 표결 규칙을 도입하였다. 2007년에 루마니아와 불가리아가 가입하여 27개국으로 늘었고, 2013년에 크로아티아가 28번째 회원국으로 가입하였다. 이런 사실로 볼 때 EU는 재정 문제를 안고 있었지만 완만하게 계속 확대되어 왔다.

한편 터키는 줄곧 가입을 희망해 왔다. EU는 2002년에 터키 가입을 거부한 바 있지만 2005년에 터키와 공식 가입협상을 시작하기로 합의하였으며, 이 협상이 몇 년을 끌었다. 현재까지 EU는 터키를 정회원으로 받아들이기로 의견일치를 보지는 못하고 있다. 찬성론자들은 터키가 EU 가입을 위하여 사형제 폐지와 인권 개선 등을 포함한 중요한 경제 및 정치 개혁을 했다는 사실을 강조한다. 터키를 정회원으로 받아들이는 것은 바로 그런 개혁을 보상하는 일이고 또 개혁에 상응하는 상호주의 혜택을 주겠다는 묵시적 약속이 될 것이다. 최근에 급속한 성장세를 보이고 있는 터키의 GDP는 EU 경제 전체에 약 5% 증가 요인이 된다. 그리고 터키 노동자들은 서유럽의 노동력 부족 문제를 완화하는 데 도움이 될 수 있다. 또한 찬성론자들은 EU 회원국으로서 터키의 존재가 중요하지만 여전히 불안정한 중동지역과 유럽을 이어주는 교량이며 다른 중동 국가들에게 모범이 되는 세속적 민주국가의 전형이 된다고 주장한다.

하지만 반대론자들은 터키가 가입하면 EU 국가 중 유일한 이슬람 국가, 인구

면에서 독일 다음 가는 대국이 된다는 점을 지적한다. 독일에는 이미 200만의 터키인이 살고 있는데, 반대론자들은 EU가 터키를 받아들인다면 인구가 많고 가난한 터키로부터 대량의 이민자들이 홍수처럼 밀려들어와 인구가 적고 부유한 회원국들에게 큰 타격을 줄 것이라 주장한다. 경제면에서 보면 터키는 동유럽 회원국을 포함한 전체 회원국 중에서 가장 가난한 회원국일 것이다(〈그림 10.2〉 참조). 터키 농민들에게 보조금을 지급하고 사회보장을 제공한다면 그 비용은 수백억 달러에 이를 수 있다. 마지막으로 반대론자들은 터키가 회원국인 사이프러스에 파병한 군대를 철수해야 한다고 주장한다. 사이프러스는 지난 수십 년 동안 그리스 군과 터키 군이 대치하고 있는 분쟁지역이다. 2010-2013년 기간에는 유로존 재정 위기 때문에 터키나 다른 국가들의 가입 문제가 뒷전으로 밀려났다.

〈그림 10.2〉 신구 EU회원국 소득 수준, 2005

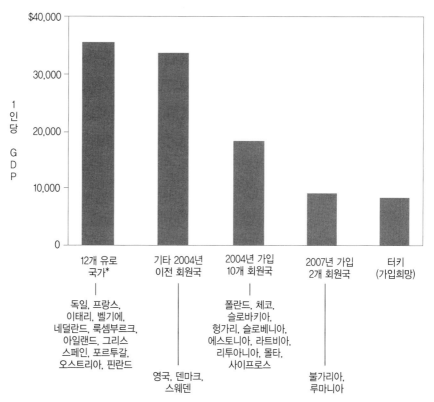

*슬로베니아는 2007년에, 사이프러스와 몰타는 2008년에, 슬로바키아는 2009년에, 에스토니아는 2011년에 유로를 채택하였다.
출처: World Bank.

2004년 이래 새로운 회원국들이 늘어남에 따라 EU의 합의제 의사결정 방식이 더 많은 어려움을 겪게 되었다. 좋은 예로, 2011년 한때 슬로바키아만이 대규모 긴급구제 조치에 거부권을 행사한 적이 있다. 회원국 수가 15개에서 28개로 늘어남에 따라 EU이사회가 어떤 결정을 내릴 때 시간이 더 많이 걸리게 되고 또 사안별로 회원국들 간에 갈등이 빚어지거나 제휴관계가 형성될 가능성이 커졌다. 소규모 집단에 비해 대규모 집단에서는 무임승차가 눈에 덜 띄기 때문에 일반적으로 대규모 집단에서 집합재가 생산되기 어렵다는 점을 기억하자.

더욱이 서유럽을 기준으로 보면 신입 회원국들은 가난하다. 기존 회원국들은 사회주의에서 자본주의로 이행하는 힘든 과정에서 많은 어려움을 겪고 있거나 간혹 통화 불안정을 보이거나 하는 신입 회원들의 경제 때문에 덩달아 자국 경제 사정이 악화될 것을 우려하였다. 그러나 실제로 2012–2013년에 부채 위기와 경제침체가 집중된 곳은 신입 회원국이 아닌 그리스, 스페인, 포르투갈 같은 기존 회원국들이었다.

아마도 이런 문제점들 때문에 지난 10년 간 EU는 중심부와 주변부로 양분되는 듯한 모습을 보였다. 즉 프랑스와 독일 같은 국가들은 통화동맹에 동참하고 통합을 심화시킨 반면 영국과 기타 EU 변방에 있는 국가들은 더 자율적으로 움직였다. 그래도 일부 분야에서는 통합을 향한 큰 진전이 있었다. 1995년 이후 EU는 출입국 심사가 폐지된 지역인 솅겐지역(Shengen Area)을 설립하고 이를 확장해 왔다. 이 지역 안에서는 물자와 인원이 국경선에 구애 받지 않고 자유로이 이동할 수 있다. 솅겐협정에 가입한 국가는 (스스로 가입하지 않은 영국을 제외한) EU 주요 국가들이다. 노르웨이, 아이슬란드, 스위스는 EU 회원국이 아니었지만 이 협정에 가입하였다.

(8) 리스본조약

EU 확대에 따른 여러 문제들을 해결하기 위하여 25개 회원국 지도자들은 2004년 말에 EU 헌법에 서명하였으며, 유럽의회는 그 이듬해에 많은 표차이로 이를 지지하였다. 이 헌법이 발효되려면 25개국에서 모두 비준을 받아야 하는데, 몇 개 회원국에서는 국민투표를 거치게 되어 있다. 이 헌법이 확정되면 EU집행위원장과 각국 외무장관의 권한이 강화되고 더 많은 안건에서 합의보다 다수결에 의한 의사결정이 이루어지게 된다. 또한 모든 EU 시민들에게 기본권을 보장하는 것으로 되어 있다. 그러나 프랑스와 네덜란드 유권자들은 이 헌법을 거부하여 진행을 중단시켰다.

2007년 말에 EU는 새로운 헌법 초안인 **리스본조약**(Lisbon Treaty)을 통하여 앞으로 나아갈 수 있었다. 리스본조약은 앞서의 헌법 초안과 유사하지만 아일랜드에서만 국민투표를 거치게 되어 있다. (리스본조약은 이전 EU 조약들을 대체하고자 한 헌법과 달리 이전 조약들을 수정한 것에 불과하기 때문에 전국 수준의 투표를 치러야 할 국가의 수가 줄었다.) 이 조약은 2009년에 발효하였다.

이 조약으로 인하여 EU의 구조와 일상 활동에 많은 변화가 생겼다. 그 변화 가운데 일부는 초국가적 의사결정을 더 촉진하고 있다. 예를 들어 모든 회원국을 법적으로 구속하는 새로운 인권헌장이 제정되었다. 그리고 회원국들 간의 외교정책 조정을 더 원활히 하려는 목적으로 외교 및 안보 정책 고등판무관(High Commissioner on Foreign Affairs and Security Policy) 직이 신설되었다. (이 자리에 비교적 무명인 영국의 한 귀족이 선임되자 곧바로 논란에 휩싸였다.)

다른 한편으로, 어떤 변화는 회원국과 일반 시민들에게 EU의 권한을 견제할 수 있는 수단을 허용하고 있다. 이제 각국 의회가 EU 신입 회원국을 받아들일 때 더 큰 발언권을 가질 수 있다(이는 아마 터키에게는 나쁜 소식일 것이다). 또한 각국 의회는 유럽의회에 상정된 법안이 브뤼셀에서 통과되기 전에 법안 초안을 제출 받아 그 내용을 검토하고 대응 방안을 준비할 수 있다. 그리고 이 조약은 유럽이사회 회의를 공개함으로써 투명성 제고를 시도하고 있다. 그리고 EU 시민들을 직접적으로 참여시킨다는 취지로 집행위원회는 100만 명 이상 서명을 받은 제안이나 청원은 무조건 의안으로 채택해야 한다.

〈그림 10.3〉에 나타난 바와 같이, 유럽은 EU 말고도 회원국 면면이 다양한 중복된 구조를 가진 일종의 패치워크(patchwork)다. 단일유럽법에도 불구하고 여전히 복수의 유럽이 존재한다. EU 내부만 해도 상이한 관심사를 가진 "중심부 6개국"과 신입 회원국들이 있다. EU의 외곽선을 둘러싸고 유럽경제지역에 가입한 유럽자유무역연합(EFTA) 회원국들이 있다. NATO 회원국은 EU 회원국과 부분적으로 중복된다. 러시아와 심지어 미국까지 사안에 따라 유럽 국가로 활동하기도 한다. 유럽

582

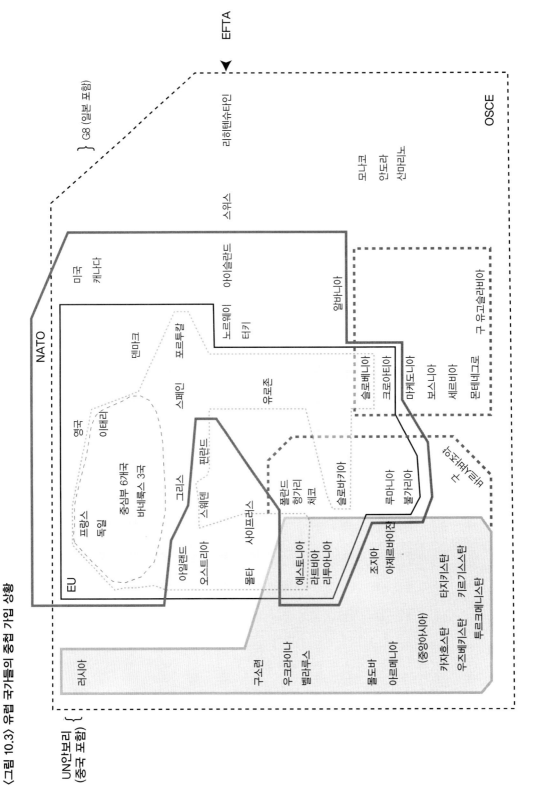

〈그림 10.3〉 유럽 국가들의 종횡 가입 상황

출처: EU.

전체를 포괄하는 유일한 정부간기구인 유럽안보협력기구(Organization for Security and Cooperation in Europe, OSCE)도 있다. 56개 회원국을 가진 이 대규모 범유럽 기구는 합의제 방식으로 운영되기 때문에 안보문제에 관한 토론의 장 역할 외에 별다른 권한을 갖고 있지 못하다. 1990년대 말에 OSCE는 보스니아와 코소보에서 선거를 관리하고 정당들을 지원하고 동유럽 6개국에서 다양한 형태의 감시 및 지원 활동을 하는 등 새로운 임무를 수행하기도 했다.

이와 같이 국제통합은 단 하나의 집단이나 기구의 문제가 아니라 각국을 함께 묶는 다양한 구조들의 모자이크와 관계된 문제이다. 유럽 정치체계의 구조는 EU를 중심으로 하면서 여러 회원국들이 속한 다양한 정부간기구(IGO)로 이루어져 있다. 그러나 다소 추상적이지만, 경제적 결합(또한 다른 기능적 결합)이 국경을 초월하여 사람들을 더욱 가깝게 만들면서 장기간에 걸쳐 발달해 온 정체감도 통합의 일면을 이루고 있다. 즉 초국가적 정체성, 문화, 통신 같은 것들도 국제통합의 일부이다. 이번 장의 나머지에서는 정보기술이 어떻게 국가를 우회하여 전 세계적인 국제통합의 그런 부분들을 만드는지 알아볼 것이다.

4. 정보의 힘

글로벌 장거리통신의 발달은 국제관계에서 정보와 문화가 작동하는 방식에 큰 변화를 일으키고 있다.[15] 세계화의 중심을 이루는 이러한 기술발달은 세계 각지의 공동체들이 거리와 국경에 구애 받지 않고 상호작용을 함에 따라 정체성 원칙을 전면에 부각시키고 있다. 새롭게 힘을 얻은 개인이나 집단들이 국가를 우회하여 새로운 초국가적 네트워크를 창조하고 있다.

---

15 Hanson, Elizabeth C. *The Information Revolution in World Politics*. Rowman & Littlefield, 2008. Allison, Juliann E., ed. *Technology, Development, and Democracy: International Conflict and Cooperation in the Information Age*. SUNY, 2002. Pool, Ithiel de Sola. *Technologies without Boundaries: On Telecommunications in a Global Age*. Edited by Eli M. Noam. Harvard, 1990.

▌정책적 시각

독일 총리 앙겔라 메르켈(Angela Merkel)의 입장

문제: 국내의 여론을 만족시키면서 EU 내 상충하는 힘들을 어떻게 균형 잡을까?

배경: 터키는 수십 년 동안 EU 회원국으로 가입하고자 했지만 여러 가지 이유로 터키의 가입신청이 받아들여지지 않았다. 터키가 가입한다면 터키는 가장 가난한 국가, 유일한 비기독교 국가가 될 것이다. 또한 터키는 현 회원국인 사이프러스 및 그리스와의 해묵은 분쟁을 해결하지 않고 있으며 과거 제1차 세계대전 당시 아르메니아에서 발생한 집단학살에 대한 책임도 인정하지 않고 있다.

그러나 많은 전문가들은 터키가 너무나 중요한 국가이기 때문에 EU 밖에 두기에는 아깝다는 점을 강조한다. 터키는 유럽과 중동 사이에서 중요한 연결고리 역할을 하며, NATO 회원국이고, 인권, 소수민족 권리, 민주주의 등의 분야에서 그동안 회원국들이 요구해 온 수많은 개혁 조치들을 성공적으로 추진해 왔다. 독일도 터키와 광범한 경제적 유대관계를 유지하고 있다. 독일은 터키의 최대 수입 및 수출 상대국이다. EU 안에 경제적으로 건강한 터키가 존재한다면 그것은 독일 경제에도 득이 될 수 있다.

터키 가입 문제에 대하여 과거 독일 지도자들은 노골적인 반대에서 강력한 지지에 이르기까지 다양한 견해를 보였다. 또한 독일은 터키에 대해 경제적 혜택은 주지만 정회원국 자격은 주지 않고 "특별 동반자"로 받아들이자는 절충안을 제시한 바 있다. 이에 대해 터키 지도자들은 강하게 반대하며 다른 유럽 지도자들도 지금까지 지지하지 않고 있다.

터키의 EU 가입신청에 대해 유럽 전역에 걸쳐 지지자와 반대자들이 있지만, 프랑스의 반대가 가장 심하다. 2007년에 프랑스 사르코지 대통령은 터키의 EU 가입을 반대하는 캠페인을 벌이기도 했다. 그 이후 프랑스가 EU집행위원장직을 맡게 되었을 때 프랑스는 터키 가입에 관한 대화를 보류해야 한다고 주장하였다.

국내 고려사항: 독일 국내에서 터키의 EU 가입은 인기가

없다. 독일 국민들은 터키 가입 시 이민이 대거 유입되어 일자리를 빼앗긴다는 걱정을 하고 있다. 또한 값싼 터키산 수입품이 대량 유입되어 독일 노동자들을 위협할 수 있다고 우려한다. 이미 210만 이상의 터키 사람들이 독일에 살고 있으며 독일 최대의 종족 집단을 이루고 있다. 터키 이민자들과 독일 국민 사이에 종족 간 긴장도 있어서 터키인 이민을 엄격히 제한해야 한다는 요구도 나오고 있다. 그러나 독일에 있는 터키인 대다수는 선거권이 있고 세금을 내는 시민으로서 터키 가입을 지지하라고 촉구한다.

시나리오: 프랑스가 터키의 EU 가입 영구 봉쇄를 제안했다고 가정하자. 프랑스는 그 제안을 지지해달라고 요청한다. 이 소식을 들은 독일 거주 터키인들이 몇 개 도시에서 대규모 항의집회를 하면서 터키 가입을 지지하라고 촉구한다.

정책 선택: 터키를 계속 EU 밖에 두려는 프랑스의 제안을 지지하는가? 아니면 국내외에서 공히 별로 지지를 받지 못한 "특별 동반자" 안을 계속 추진할 것인가? 중요한 EU 동반자의 요청, 자신의 정책, 어려운 국내 상황이란 세 가지 선택의 갈림길에서 어떻게 균형 잡힌 정책을 펼칠 것인가?

(1) 연결된 세계

기술발달에서 국제정치의 새로운 가능성이 나오고 있다. 정보를 실어 나르는 매체, 즉 전화, TV, 필름, 잡지 등은 사상이 형성되고 한 장소에서 다른 장소로 전파되는 방식을 결정한다. 가장 강한 정치적 영향력을 가진 것이 TV, 전화, 그리고 인터넷이다.

TV와 라디오 전 세계에는 약 20억 대의 TV와 30억 대의 라디오가 있다. 라디오와 TV는 남반구의 극빈 농촌 지역에까지 보급되어 있다. 글을 모르는 농민도 라디오를 들을 수 있다. 대체로 공중파 TV와 라디오 신호는 특정 주파수의 전파인데, 이 주파수는 극도로 제한된 자원이며 정부의 규제를 받는다. 전파는 국경을 가리지 않기 때문에 그 주파수 할당은 국가 간 흥정의 주요 대상이다. 통신기술 규제를 위한 국제적인 레짐도 이미 갖추어져, 국제전기통신연합(ITU)이 중심 역할을 한

다.[16]

위성 TV는 국가의 통제를 받지 않으며, 예컨대 팔레스타인 문제에 관한 아랍어 위성방송 보도를 전 세계 모든 아랍인이 볼 수 있도록 해주기 때문에 초국가적인 정체성 관련 정치를 강화해준다. 카타르에 본부를 두고 1996년에 개국한 알자지라(al Jazeera) 방송은 중동 정치에 큰 힘을 발휘하며 세계 도처의 영향력 있는 시청자들을 확보하고 있다. 2006년에 아랍 6개국에서 실시된 한 여론조사에서 다른 어느 위성방송보다 압도적으로 많은 사람들이 국제뉴스의 공급원으로서 알자지라를 1위로 꼽았다.[17] 알자지라는 2003년에 미국 시청자들을 확보하기 위하여 앨 고어의 방송국 커런트(Current)를 인수하였다.

전화와 인터넷 일반시민들에게 더 큰 힘을 주는 것은 전화와 인터넷이다. 이 두 매체는 중앙의 정보 공급자 없이 시민들끼리 상호작용 할 수 있는 매체이다. 2012년 기준으로 전 세계 60억 명이 이동통신 가입자인데, 이 수치는 유선전화기 대수인 12억 대를 훨씬 앞서며 유선전화 이용자 못지않게 많은 사람들이 휴대전화를 사용한다는 사실을 보여준다. 그리고 10억 명 이상이 휴대용 광대역 인터넷을 사용하는데, 한국과 싱가포르의 경우 그 사용자 수가 인구의 100%에 가깝다. 2011년 한 해만 봐도 인도에서 이동통신 가입자가 1억 5,000만 명 가까이 늘었고 중국에서는 4억 명 이상 늘었다. 전 세계 국제전화 통화량과 가정 및 휴대용 인터넷의 폭발적 증가는 세계화의 명백한 지표이다(〈그림 10.4〉 참조).

기술발달의 특징 가운데 정치적으로 가장 중요한 것은 놀랍게도 휴대전화에 장착된 카메라로 조사되었다. 일반시민들은 이 카메라로 동영상 기록물을 만들 수 있는데, 한 국가에서 발생한 정치적 시위 장면이 다른 국가의 TV 뉴스에 등장하는 상황은 일반시민들에게 큰 힘을 주고 있다. 2011-2012년 당시 시리아의 아랍의 봄 혁명 과정에서 휴대전화로 찍은 동영상이 정부가 시민들을 잔혹하게 살해하는

---

16 Franda, Marcus. *Governing the Internet: The Emergence of an International Regime.* Rienner, 2001. Braman, Sandra, ed. *The Emergent Global Information Policy Regime.* Palgrave, 2004.

17 Sadat Chair, University of Maryland. Arab Attitudes toward Political and Social Issues, Foreign Policy and the Media. http://www.bsos.umd.edu/SADAT/PUB/Arab-attitudes-2005.htm .

〈그림 10.4〉 세계 전화 및 인터넷 사용 현황, 1995 – 2010(10억대)

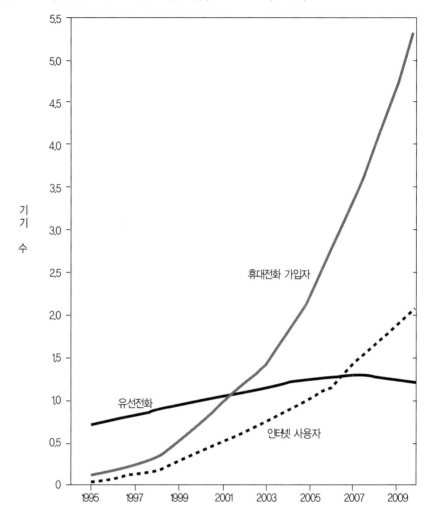

출처: International Telecommunication Union.

장면을 보여줌으로써 지지를 얻는 데 결정적으로 중요한 역할을 하였다. 관련 기술 가운데서 정치적으로 가장 중요하게 떠오른 것은 페이스북(Facebook) 같은 소셜미디어(social media)이다. 이런 소셜미디어는 정부의 통제 밖에서, 그리고 국경선에 구애받지 않고 사람들이 공동체를 만들어 (휴대전화 동영상을 포함한) 사상을 공유할 수 있게 해 준다.

아프리카에서는 저가 선불 휴대전화가 비교적 가난한 수백만 명이 사용하는 통신수단이 되었다. 불과 10년 이내에 사하라 남부 아프리카의 휴대전화 가입자 수가 거의 0에서 3억 명으로 늘어났다. 이 휴대전화는 가령 농부는 시장 가격을 확인해가면서 작물 수확 시기를 선택할 수 있게 해주므로 개인들에게 힘을 실어주는 것이다. 아프리카의 성공사례에서 하나 주목할만 점은 케냐가 휴대전화 은행업무의 세계적 선두 주자가 되었다는 사실이다. 케냐에는 하루에 1,000만 건 정도의 은행 거래가 이루어지지만 인구의 절반이 은행 계좌를 가지고 있지 않기 때문에 기업인들은 엠페사(M-Pesa) 휴대전화 결재 시스템이라는 것을 개발하였다. 도시 거주자들은 고향 집으로 송금할 때 장시간 버스 타고 가서 현금을 찾아서 송금하지 않고 휴대전화로 송금할 수 있게 되었다. 2012년에는 1,500만 이용자들이 휴대전화로 송금한 실적이 케냐 GDP의 1/3을 차지했다.

2012년에 두바이에서 개최된 ITU 총회는 인터넷과 세계 장거리통신에 관한 새로운 조약을 체결하고자 하였으나 인터넷에 대한 심각한 정치적 견해 차이를 드러냈다. 러시아와 중국을 비롯한 일부 국가들은 인터넷이 일종의 정부 통제 하의 네트워크라고 보았고, 미국을 비롯한 일부 국가들(구글과 여러 NGO를 포함)은 인터넷이 정보의 자유로운 흐름을 쉽게 해주는 무정형의 실체라고 보았다. 매우 드물게도 미국 하원은 양당을 초월한 만장일치로 새로운 조약안에 반대하였다. 결국 89개국이 조약안을 지지하였고 55개국이 서명하지 않았다. 총회는 2013년에 다시 회의를 개최하기로 결정하고 막을 내렸다.

디지털 격차(digital divide) 빈국들에서 휴대전화와 인터넷이 늘어난 것은 그 자체로만 보면 놀라운 일이다. 그러나 부국과 비교해 보면 격차가 있다(〈그림 10.5〉 참조). 북반구에 사는 사람이 남반구에 사는 사람보다 유선전화, 휴대전화, 인터넷을 가지고 있을 가능성이 훨씬 더 크다. 국가 안에서의 정보기술 활용도의 차이와 함께 유선전화, 휴대전화, 인터넷 보유 정도의 차이를 **디지털 격차**라 한다.[18]

---

18 Norris, Pippa. *Digital Divide: Civic Engagement, Information Poverty, and the Internet World-wide*. Cambridge, 2001. James, Jeffrey. *Bridging the Global Digital Divide*. Edward Elgar, 2003.

〈그림 10.5〉 남북간 디지털 격차, 1994 – 2010

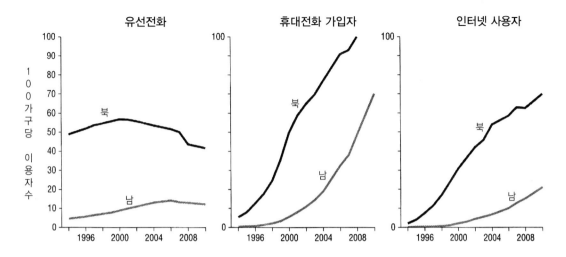

출처: International Telecommunication Union.

인터넷 전용선이 세계의 여러 부분들을 미국, 유럽, 동아시아 등 대다수 웹 이용자들이 몰려있는 지역을 중심으로 하나의 치밀한 네트워크로 결합하고 있지만, 그 밖의 지역들은 대체로 소외되어 있다. 가난한 국가의 사람들은 컴퓨터를 살 돈이 없다. 2012년 기준으로 볼 때, 유럽의 인터넷 대역폭은 아프리카에 비해 25배 고성능 대역폭이다. 가구별 인터넷 보급률을 보면, 북반구는 70%에 이르는 반면 남반구는 20%에 불과하다. 휴대전화를 통한 인터넷 보급률을 보면, 북반구는 51%이지만 남반구는 8%이다. 따라서 인터넷 이용의 폭발적 증가는 주로 부유한 사람들 사이에서만 일어난 현상이라 할 수 있다.[19]

어떤 활동가들은 인터넷이 남반구의 가난한 마을에 큰 도움이 될 수 있다고 기대한다. 예를 들면, 마을 사람들은 전통 상품의 생산은 현지에서 하지만 마케팅은 인터넷을 이용하여 세계시장을 상대로 할 수 있기 때문이다. 최근 인도에서는 한 사업가가 성공적인 실험을 한 바 있다. 이 사업가는 빈민가의 벽이나 구멍가게 여러 곳에 고속 인터넷 접속이 가능한, 마우스가 부착된 컴퓨터 화면을 설치하

---

19 정보 접근에 관한 데이터는 달리 언급하지 않으면 모두 ITU 데이터이다.

였다. 그러자 인근에 사는 어린이들이 금방 모여들어 인터넷 사용방법을 스스로 터득하였고, 심지어 처음 보는 커서와 아이콘에 자기들 나름대로 이름을 붙이기까지 하였다. 이 소규모 "장벽에 구멍 내기 실험"은 간단한 방법으로 빈국과 부국 간의 디지털 격차를 해소할 수 있다는 사실을 보여준다.

2001년에 캄보디아가 시범사업으로 한 시골 마을의 견직물 공장을 인터넷으로 지원한 바 있다. 마을 공장에서 만든 비단스카프를 마을 웹사이트를 통하여 마케팅 해서 공장을 회생시키는 데 도움을 준 것이다. 그러나 비판자들은 태국 수상이 소유한 위성회사가 연간 인터넷 회선 사용료로 18,000 달러를 기부하였기 때문에 이 시범사업이 성공할 수 있었다는 점을 지적한다. 그리고 미국의 한 지원단체가 컴퓨터, 교육, 웹사이트 설계, 신용카드 결제 방법 등 스카프 판매에 필요한 것들을 제공해 주었다. 하지만 냉혹한 현실은 가난한 마을이 인터넷 비용을 감당할 수 없고, 대다수 웹사이트들의 내용을 독해할 수 없고, 종합적인 교육 없는 컴퓨터와 웹사이트를 유지할 수 없다는 사실이다.[20]

2007년 이래 어린이를 위한 초저가 노트북 컴퓨터(One Laptop Per Child) 프로젝트에 의거하여 200달러 가격 수준의 저렴한 무선인터넷 노트북PC가 대량생산되어 왔다.[21] MIT의 한 교수가 설계한 이 컴퓨터는 인터넷 액세스 포인트(AP)와 통신할 수 있고 인터넷 접속범위를 확대하기 위하여 개별 컴퓨터와 액세스 포인트 간에 네트워크를 구축할 수도 있다. 액세스 포인트는 이를테면 학교에 설치할 수 있을 것이며, 이 포인트와 학생의 집을 연결하여 집에서도 학생이 인터넷을 사용할 수 있을 것이다. 이 컴퓨터의 충전은 손으로도 할 수 있는데, 1분간 수고하면 배터리 사용 시간을 10분 연장할 수 있다. 몇 개 국가가 아동들을 위해 이 컴퓨터를 대량 주문했는데, 문제점과 결함이 있음에도 불구하고 지금까지 약 300만대가 40개국으로 선적되었다. 2009년에 우루과이가 학령 아동 1인당 1대 꼴로 이 컴퓨터를 구입하였다. 2012년에 에티오피아에서 극적인 실험이 있었다. 유관 단체가 학교도 없고

---

20 Chandrasekaran, Rajiv. Cambodian Village Wired to Future. *The Washington Post*, May 13, 2001: A1.

21 www.laptop.org/ 참조. Suroecki, James. Philanthropy's New Prototype. *Technology Review*, Nov./Dec. 2006.

문자해득자도 없는 에티오피아 시골 마을에 이 컴퓨터의 태블릿 버전을 보냈다. 몇 몇 성인들에게 태양광 충전기 사용방법을 가르쳐준 것 외에는 사용방법을 전혀 알려 주지 않았다. 어린이들은 4분 안에 전원 켜는 방법을 알아냈다. 5일이 지나자 어린이들은 매일 평균 50개의 응용프로그램을 사용하게 되었다. 2주일 이내에 어린이들은 ABC노래를 부르고 글 읽는 방법을 서로 가르쳐 주었다. 5개월이 지나자 어린이들은 안드로이드 운영체계를 해킹하여 카메라를 활성화하고 컴퓨터를 최적화할 수 있게 되었다.

(2) 정부의 수단으로서 정보

과거 어느 때보다 더 많은 정보가 세계를 떠돌아다님에 따라 정보는 정부의 힘(국내 및 국제적 힘)을 키워주는 중요한 수단이 되고 있다.[22] 소련 붕괴 이후 독립한 신생국의 지도자들은 미국 국무장관에게 "CNN을 어떻게 하면 볼 수 있는지" 물어보았다.[23] 그들이 원한 것은 정보였다. 오늘날 정부는 방대한 분량의 정보를 수집하고 분류하고 보존할 수 있다. 이 점에서 정보혁명은 정부에게 과거보다 더 큰 힘을 주고 있다. 과거에는 수배자, 마약계 거물, 테러리스트 등이 쉽게 국경을 빠져나가 외국에 도피처를 찾을 수 있었다. 이런 일이 얼마나 쉬운지는 2001년에 미국을 공격한 테러리스트들이 잘 보여준다. 그러나 오늘날에는 외국 어느 곳에서 일상적인 승차권 구매 과정에서 범인 신원이 노출되어 그 범인을 현장 체포하라는 지시가 바로 그곳으로 전달될 수 있다. 한편, 정보기술은 억압적인 정부에게 시민을 감시하고 반정부인사를 사찰하고 여론을 조작하는 능력을 준다. 현재 이런 기술은 대테러 활동을 강화하기 위한 목적으로 실제로 동원되고 있다.

마치 일반 시민과 테러리스트들이 정부의 감시를 피하기 어렵게 되었듯이, 각국 정부도 서로 정보를 숨기기 어려워졌다. 6장에서 언급한 바 있지만, 위성정찰의 군사적 중요성은 매우 커졌다. 미국 같은 강대국은 정보기술을 통하여 그 힘을 더

22 Roberts, Alasdair. *Blacked Out: Government Secrecy in the Information Age.* Cambridge, 2006.

23 *The New York Times,* February 2, 1992: A10.

욱 키울 수 있다. 미국은 외국에서 이루어지는 전화통화, 팩스, 데이터 전송, 무선
교신 등을 감청할 수 있고 실제로도 그렇게 한다.

2011년 아랍의 봄 운동 당시 인터넷 능력을 활용한 것은 항의자들만이 아니
었다. 정부 역시 그런 능력을 활용했다. 이집트 정부는 인터넷 길목(choke point)을 차
단하고 국제적 웹 접근을 봉쇄할 수 있었다. 그리고 시리아 정부는 반정부 영상물
과 메시지를 익명으로 웹에 게시하는 항의자들의 신원을 추적하기 위해 자체 해커
들을 활용하였다. 이에 대응하여 미국 정부는 민주화 운동가들에게 인터넷 기술과
사회적 매체 기술을 가르치고, 정부가 통신을 차단하려는 국가들에 그림자 인터넷
(shadow internet)과 무선전화망을 제공해 주었다.

정보기술의 비용이 갈수록 낮아지면서 더 많은 국가들이 정보기술을 활용할
수 있게 되었다. 심지어 최첨단 정보도 구입할 수 있고 그 가격도 낮아지고 있다.
예컨대 고해상도 위성사진도 구입 가능하며 가격이 싸거나 공짜이다. 위성사진은
어느 국가(자국도 포함)가 석유, 광물, 삼림, 농지 등을 얼마나 보유하고 있고 그 활용
도가 얼마인지를 알 수 있게 해주는데, 이런 사진은 군사 목적이나 천연자원 관리
목적으로 사용될 수도 있다.

대다수 국가들(미국은 제외하고)은 1개 이상의 주요 TV 방송국을 소유하고 운
영하고 있으며 많은 국가들이 TV 방송을 독점하고 있다. 이런 국가들은 TV 방송
을 군사장비나 통화와 같은 중요한 역량으로 간주하기 때문에 TV 방송을 직접 통
제해야만 한다고 여긴다. 사실 군사 쿠데타가 발생할 때 흔히 쿠데타 세력은 TV
방송시설을 가장 먼저 점령해야 할 가장 중요한 표적으로 삼는다.

(3) 반정부 세력의 수단으로서 정보

정보는 외국 정부, NGO, 국내의 정치적 반대자 등이 정부에 대항할 때 사용
할 수 있는 수단이기도 하다.[24] 정부, 특히 권위주의 정부는 정보의 자유로운 흐름
을 두려워하는데, 그 두려움은 충분히 근거가 있는 것이다. 새로운 정보기술은 국
내의 반정부 운동과 이를 지지하는 외국 정부들에게 강력한 수단이 된다. TV 보
도가 현재 미국이 이라크에서 벌이는 전쟁, 과거 베트남에서 벌인 전쟁, 그리고 러

시아가 체첸에서 벌인 전쟁에 대한 대중의 반감을 불러일으켰다.

현재 5억 이상의 중국인이 비록 검열을 받긴 하지만 인터넷을 사용하고 있다. 2009년에 티베트 시위대를 진압하는 중국군의 모습을 담은 영상물이 유튜브에 게시되자 중국 정부는 유튜브 접속을 전면 차단하였다. 이란에서는 수백만 명이 성, 패션, 정치 등과 같은 금지된 주제를 토론하기 위해 인터넷을 이용하는데, 2009년에 실시된 의혹투성이 선거에 대하여 항의하는 시위대를 이란 정부가 무력진압 했다는 비판이 널리 제기되었다. 이 진압 장면은 트위터(twitter)와 페이스북 같은 SNS를 통해 보도되었는데, 시위자들이 게시한 동영상과 사진은 이란 정부가 시위대를 구타하고 심지어 여성 시위자를 사살하는 등의 장면을 담고 있었다. 이런 방법은 나중에 아랍의 봄 운동에서도 시위자들이 사용한 방법이다.

2001년에 현직 대통령을 축출한 필리핀의 대규모 시위는 휴대전화 문자 메시지를 통해 전개되었다. 가나에서는 1995년 이후에 허용된 민영 FM라디오 방송의 매우 인기 있는 토크쇼 프로그램이 보통 사람들에게 메시지를 전달해 2000년에 집권당 축출이라는 결과를 만들어냈다. 2003년 이라크 전쟁 직전에 있었던 세계 평화운동 시위는 정보기술을 활용하여 수십 개국 수백만 인파를 짧은 시간에 동원할 수 있었다. 미국의 한 단체(moveon.org)는 웹사이트를 이용하여 시위자들의 전화가 매일 1분 단위로 해당 지역구 의원들에게 걸리도록 만들었는데, 이런 조직적인 일을 하려면 과거에는 많은 인원과 예산이 필요했지만 당시 이 단체의 직원은 4명에 불과했다.[25]

이와 같은 정보기술의 이용에 대처하기 위하여 각국 정부는 우호적이지 않은 정보, 특히 외국에서 나온 정보의 흐름을 제한하고자 노력하고 있다. 예를 들어 중국은 다른 몇몇 개발도상국들과 마찬가지로 모든 인터넷 접속을 소수의 국영 인터

---

24 Jones, Adam. Wired World: Communications Technology, Governance, and the Democratic Uprising. In Comor, Edward A., ed. *The Global Political Economy of Communication: Hegemony, Telecommunication, and the Information Economy.* Macmillan, 1994.

25 Fathi, Nazila, and Erik Eckholm. Taboo Surfing: Click Here for Iran ··· And Click Here for China. *The New York Times,* August 4, 2002. Schmetzer, Uli. Cellphones Spurred Filipinos' Coup. *The Chicago Tribune,* January 22, 2001. Friedman, Thomas L. Low-Tech Democracy. *The New York Times,* May 1, 2001: A27.

넷 서비스 업체를 통해야만 가능하도록 만들었으며, 3억에 달하는 중국 이동통신 가입자들 간에 오가는 연간 수천억 회의 문자메시지를 검열하고 있다. 아랍에미리트는 2010년에 블랙베리(BlackBerry) 서비스를 차단한다고 발표한 바 있지만 나중에 블랙베리 사용을 허용하는 타협책을 내놓았다.

웹에서의 자유에 대한 논란은 2010년에 크게 제기된 바 있다. 당시 미국 회사인 구글(Google)은 정치적으로 민감한 단어를 구글의 중국어 검색 엔진에서 제외해야 한다는 중국의 검열법을 더 이상 준수하지 않겠다고 발표하였다. 나중에 구글은 중국 정부와 타협하여 미국의 비판자들을 분노하게 만들었다.[26] 미국 국무장관 힐러리 클린턴은 인터넷 접속을 제한하는 국가들을 방문하였을 때 핵심적 인권으로서 인터넷에서의 자유를 확대하는 데 적극적인 태도를 보였다.

정보기술은 안보 문제와도 연결된다. 광섬유 케이블이나 위성통신 기술은 정부가 외교정책과 군사정책을 집행할 때 매우 중요한 기술이다(6장 기술 관련 부분 참조). 테러단체 같은 비국가 행위자들도 충원, 자금 조달, 작전 조정 등에 휴대전화와 인터넷의 위력을 활용한다. 심지어 전화를 수신하면 폭발하도록 폭탄을 제조하여 장거리에서 휴대전화로 폭탄을 터뜨리기도 한다. 새로운 "스마트 무기" 기술은 대형 무기체계보다 보병에게 더 큰 힘을 실어준다(6장 기술 관련 부분 참조). 이와 마찬가지로, 아마도 새로운 정보기술은 정부나 정당보다 평범한 시민들에게 더 큰 힘을 실어줄 수 있다.

인터넷은 수많은 방식으로 국가보다는 주변부의 작은 집단들에게 더 큰 힘을 주며, 이에 따라 여러 가지 방식으로 국가를 취약하게 만든다. 해커들은 미국 정부의 전산망을 장악하거나 전 세계의 기업과 시민들에게 막대한 손해를 끼치는 바이러스를 유포하기도 한다. 소규모 행위자들에 의한 사이버 공격은 외국을 표적으로 삼을 수도 있다. 2001년에 미국과 중국 사이에 스파이 비행기 사건이 터졌을 때 중국의 애국적 해커들은 1,000개의 미국 웹사이트에 중국을 자랑하는 낙서를 올렸다고 주장하였으며 미국 해커들도 상응하는 보복을 했다. 그리고 오하이오 교육구(school district) 사이트에서 중국 국가가 연주되었다. 중국 공산당이 "웹 테러"를 비

---

26 Goldsmith, Jack, and Tim Wu. *Who Controls the Internet? Illusions of a Borderless World.* Oxford, 2008.

난하자 양국 간 위기가 완화되었다.[27] 그러나 미국 정부는 진짜 테러리스트가 인터넷을 이용하여 미국 경제에 일대 혼란을 야기할 수 있다는 점을 우려하고 있다.

종합적으로 보면, 기술발달은 각국 정부에 불리한 방향으로 가고 있는 것 같다. 정보는 계속 침투하지만 어떤 정치권력도 이를 오랫동안 붙잡아둘 능력이 없는 듯 보인다. 더 많은 정보 통로가 더 많은 정보를 더 많은 장소로 전달함에 따라 각국 정부는 수많은 행위자들로 가득한 무대에서 그저 한 행위자에 불과한 존재가 되고 있다.

⑷ 장거리통신과 세계문화

정보혁명이 계속 진행됨에 따라 국가 간 상호의존이 증대될 것이고, 한 국가에서 일어난 일이 과거에 비해 더 강력하게 다른 국가에 파급될 것이다. 이렇게 정보는 현실주의자들의 국가주권 및 영토보전 가정을 서서히 무효화시키고 있다. 이와 동시에 정보기술은 국내 행위자와 초국가 행위자들에게 더 큰 힘을 부여해 세계 문제에 대한 국가의 중심 역할도 축소시키고 있다.

정보혁명은 국제관계에서 투명성을 크게 높여준다. 그 결과 국가들은 미지의 잠재 위협에 대항하여 무장을 할 필요가 없어졌다. 실제 위협을 파악할 수 있게 되었기 때문이다. 이와 유사하게, 합의 이행을 감시하는 능력도 강화되어 집합재 문제를 해결하는 일도 더 쉬워졌다. 속임수를 쓰는 행위자나 무임승차자를 쉽게 알아낼 수 있기 때문이다. 더욱이 각국 정부는 즉각적인 통신 채널을 활용할 수 있으므로, 서로 협상을 벌일 때 효과적으로 협상하고 상호 이익이 되는 방향으로 결론을 도출하는 능력도 크게 강화되었다. 이런 식으로 신기술에 힘입어 투명성이 높아짐에 따라 국제분쟁의 해결책으로서 상호주의 원칙이 더 큰 힘을 얻고 있다. 투명해진 세계에서는 무역이나 군비통제 등의 분야에서 상호주의 원칙에 입각한 국제

---

27 Hockstader, Lee. Pings and E-Arrows Fly in Mideast Cyber-War. *The Washington Post*, October 27, 2000: A1. Cha, Ariana Eunjung. Chinese Suspected of Hacking U.S. Sites. *The Washington Post,* April 13, 2001: A13.

적 합의를 도출하는 데 필요한 상호감시와 손익계산의 어려움이 크게 줄어든다.

또한 장거리통신은 지리적 공간을 초월하여 공동체들을 연결해주는 능력을 갖추고 있기 때문에 국제관계의 정체성 원칙도 강화해준다. 왜냐하면 사람들이 정체성의 새로운 대상과 국경선을 초월한 새로운 표현의 통로도 갖게 되기 때문이다. 과거에는 민족주의가 집단 정체성의 심리적 동학 속에 녹아들어 민족적 열망과 정체성의 궁극적 구현체로서 국가를 정당화하는 강력한 힘을 발휘하였다. 오늘날에는 정보혁명이 국제적 혹은 초국가적 정체성의 발전에 힘을 보태고 있다. 특히 언론인, 과학자, 종교계 인사 등이 국경을 초월한 공동체 안에서 활동하고 있다. 또한 각국의 여성운동가, 환경운동가, 인권운동가 등도 마찬가지다. 그런 초국가적 공동체에서 형성된 연결고리가 글로벌 수준의 국제적 통합을 촉진하는 새로운 기능주의의 실현으로 이어질지 모른다.

스포츠 역시 초국가적 공동체를 만들고 있다. 서로 다른 국가의 시민들이 같은 스포츠 스타를 열광적으로 좋아하고 있어서 그런 스타는 국제적 유명인사가 되고 있다. 국제올림픽위원회(IOC)라는 NGO에 의해 운영되는 올림픽경기는 전 세계 수많은 팬을 가진 전 세계적인 행사이다.[28] 1971년에 미-중관계가 해빙되기 직전 양국 간의 관계개선 문제는 너무나 민감한 사안이라서 정치적 협력의 가능성이 보이지 않았다. 그러나 미국 탁구팀이 미국인으로서는 최초로 중국을 공식 방문함으로써 정치적 협력의 길이 열렸다.

마지막으로, 관광도 초국가적 공동체를 건설한다.[29] 외국으로 떠나는 여행자들은 연간 5억 회 정도 국경을 넘나든다. 세계적으로 관광산업은 최고의 수출산업으로 꼽힌다. 다른 나라를 여행하는 사람들은 종종 그 나라에 대해 더 깊이 이해하고 높이 평가하게 된다. 교환학생이나 외국 유학생들도 그런 식의 접촉에 보탬이 된다.

국제통합과 세계화와 마찬가지로 세계문화에도 문제점이 있다. 지금 등장하

---

28 Pound, Richard. *Inside the Olympics: A Behind-the-Scenes Look at the Politics, the Scandals, and the Glory of the Games.* John Wiley, 2004. Schaffer, Kay, and Sidonie Smith. *The Olympics at the Millennium: Power Politics and the Games.* Rutgers, 2000.

29 Leheny, David. *The Rules of Play: National Identity and the Shaping of Japanese Leisure.* Cornell, 2003.

고 있는 세계문화는 주로 유럽 백인들과 후손들이 살고 있는 부유한 지역의 문화이다(일본 문화와 기타 남반구 현지 엘리트들의 문화도 약간 섞여있지만). 이와 같은 문화적 지배 현상을 가리켜 **문화 제국주의**라 부르기도 한다.[30] 남반구에 사는 많은 사람들이 볼 때 세계문화를 전달하는 기술혁명은 자신들에게 힘을 주는 측면도 있지만 실질적으로는 침략군이다. 문화는 용광로처럼 모든 것들을 녹이는 힘을 가지고 있기 때문에, 유네스코에 따르면, 세계적으로 7,000개의 언어가 금세기 안에 멸종할 위기에 처해 있다.

무엇보다도 특히 지금 등장하고 있는 세계문화는 세계 유일의 초강대국 미국에 의해 지배되고 있다. 미국의 문화적 영향력은 최소한 미국의 군사적 영향력만큼 강력하다. 문화는 비교우위에 있는 곳에서 생산되는 경제 상품의 하나에 불과할지 모르지만, 민족적 정체성과 정치에 핵심 요소로 작용하기도 한다. 따라서 문화 제국주의는 자유주의와 중상주의가 맞서 싸우는 또 다른 전선이 되고 있다. 심지어 사이버 공간의 구조도 미국을 기본 값(default)으로 설정하고 있다. 예를 들어 도메인 이름이 ".gov"라면 gov는 미국 정부이고 ".mil"이라면 mil은 미국 군대이다. UN이 후원한 2005년의 정보사회세계정상회의(World Summit on the Information Society)에서 유럽과 개발도상국들은 미국 컨소시엄이 도메인 이름 등록을 독점하고 있는 상황을 막기 위해 노력했지만 실패하였다. 독점 상황에서는 ".uk"(영국)나 ".cn"(중국) 같은 국명 코드도 그렇게 영어로 고정되어 있는데, 이 부분은 각국이 국가주권 문제로 처리해 스스로 관할하고 싶어 하는 부분이다. 그러나 2009년에 인터넷주소관리기구(Internet Corporation for Assigned Names and Numbers, ICANN)가 인터넷 주소로 라틴 문자가 아닌 다른 문자도 사용 가능하다고 발표하였다. 따라서 중어, 키릴어, 일어, 아랍어 등 모든 언어를 웹 주소로 사용할 수 있게 되었다.

최근의 추세는 더욱 다원적인 세계문화로 나아가는 것처럼 보인다. 예를 들어 한국의 문화체육관광부는 케이팝(K-pop)이라는 새롭고 고속 성장 중인 수십억 달러 규모의 수출상품의 대량생산을 지원해 왔다. 소년 소녀 그룹이 체계적으로 충

---

30 Maxwell, Richard. *Culture Works: The Political Economy of Culture.* Minnesota, 2001. Barber, Benjamin R. *Jihad vs. McWorld.* Times Books, 1995. Tomlinson, John. *Globalization and Culture.* Chicago, 1999.

원, 양성되고 있으며 소셜미디어를 통해 전 세계에 그들을 마케팅 하고 있다. 한국 가수 싸이가 만든 뮤직 비디오 "강남스타일"은 캐나다 출신 가수 저스틴 비버를 제치고 유튜브 최고 조회 수를 기록하였다(2013년 초 기준 조회 수 12억 회). 브라질의 연속극도 매우 성공적인 문화상품 수출 사례이다.

이와 같은 초국가적 문화의 영향력은 아직 초기 단계에 머물러 있다. 앞으로 몇 년, 몇 십 년이 지나면 그 문화의 모습이 더욱 명확하게 드러날 것이고 학자들도 그 문화가 세계정치와 국가주권에 어떤 영향을 미칠지에 대해 더 정확하게 분석할 수 있을 것이다. 그러나 우리는 초국가적 문화가 지닌 새로운 종류의 영향력의 효과에 대하여 그리 오래 기다리지 않아도 된다. 국경선을 거의 인정하지 않는 환경 문제가 국가들에게 전에 없는 수준의 협력을 강요해 왔다. 각국 정치지도자들이 오로지 초국가적 수준의 대책만이 효과적 대책이라는 사실을 깨달았기 때문이다. 이 문제가 11장의 주제이다.

10장 복습

요약

- 초국가적 과정은 국가들을 더 큰 구조와 정체성 안으로 끌어들인다. 일반적으로 이 과정은 민족주의와 초국가주의 간의 지속적인 투쟁으로 이어진다.

- 국가주권이 부분적으로 국가에서 초국가적 제도로 이양되는 과정인 국제통합은 기능적(기술적 및 경제적) 문제영역에서의 국제 협력의 확대발전으로 간주된다.

- 통합이론가들은 기능적 협력이 외교정책 및 군사적 문제영역에서의 정치 통합으로 흘러넘친다고 생각한다. 그러나 해체의 힘이 소련과 같은 단일 국가를 조각조각으로 찢기도 한다.

- EU는 가장 앞선 통합 사례이다. 현재 28개 회원국은 경제정책 결정에 관한 상당한 권한을 EU에 부여하였다. 그러나 EU의 경우에도 각국의 힘이 아직도 초국가적 힘을 능가하고 있다.

- 1952년 유럽석탄철강공동체(ECSC) 창설 이래 현재 EU라 부르는 유럽 통합기구의 임무와 회원국이 계속 확대되어 왔다.

- EU의 가장 중요하고 성공적인 부분은 관세동맹(이와 연결된 자유무역지대를 포함해서)이다. 이를 통하여 각 회원국의 상품이 자유로이 국경을 넘을 수 있고, EU 밖에서 들어오는 상품에 대한 관세는 단일화 되어 있다.

- EU의 공동농업정책(CAP)의 의해 각국 농민에게 지급되는 보조금도 단일화 되어 있다. 이 농업보조금에 들어가는 돈이 EU 전체 예산의 40%를 차지한다. EU의 농업 보조금은 미국과의 무역마찰의 주요 쟁점 가운데 하나이다.

- EU 28개 회원국 가운데 17개국이 참가하여 유럽 단일통화(유로)를 채택한 통화동맹도 있다. 이는 돈에 관한 사상 최대의 실험으로서 처음 몇 년간 대성공을 거두었지만 2010-2013년 기간에 몇몇 회원국의 부채 문제로 위기를 겪기도 했다. 통화동맹이 이루어지려면 회원 각국의 인플레와 재정 안정성이 대체로 비슷해야 한다.

- EU의 구조는 EU집행위원회와 그 산하에서 일하는 유로크라트라 불리는 상근 직원들을 중심으로 만들어져 있다. 집행위원장, 집행위원, 직원들은 유럽 전체를 위해 복무하며, 초국가적 역할을 수행한다. 그러나 각국 대표들로 구성되는 EU 이사회는 집행위의 상급기관으로서 국가적 역할을 수행한다.

- 유럽의회는 회원 각국에서 직접선거로 선출된 의원들로 구성되지만 실권이 거의 없고 EU 법을 제정할 수도 없다. 유럽재판소 역시 권한이 제한되지만, 지금까지 다른 어느 국제재판소보다 더 성공적으로 관할권을 확대해 왔으며 각국 법을 무시하는 판결을 내릴 수 있다.

- (통화동맹 및 정치·군사적 협력 같은) 유럽 통합을 촉진하는 내용의 1991년 마스트리히트조약은 몇몇 회원국에서 EU 관료들의 권한 확대에 반발하는 대중적 반감을 불러일으켰다.

- 2004년과 2007년에 동유럽 국가들을 위시한 새로운 국가들이 EU에 가입하여 회원국 수가 15개에서 27개로 늘었다. 이에 따라 EU의 구조와 절차도 바뀌었다. 현재 EU는 회원국의 범위를 어디까지 확대할지, 특히 터키 가입 문제를 어떻게 처리해야 할지를 결정해야 하는 과제를 안고 있다.

- 국경을 넘나드는 통신과 정보의 역할 증대 현상에서 또 다른 형태의 국제통합을 발견할 수 있다. 아직 초기 단계에 머물러 있지만, 새로운 정보기술, 특히 TV, 라디오, 인터넷 같은 대중 매체에 의해 초국가적 관계와 정체성이 형성되고 있다.

- UN 회의에서 인터넷 통제 문제에 대한 협상이 이루어졌는데, 그 대표적 예로서 2012년에 각국 정부에 더 많은 권한을 주는 내용의 조약안에 대하여 89개국이 지지하였지만 55개국이 서명을 거부한 사례가 있다.

- 각국은 국경을 초월한 정보의 흐름을 타국에 영향을 주기 위해 수단으로 사용한다. 국가가 더 많은 정보에 쉽게 접근할 수 있게 된 것은 국제관계의 안정성을 강화하는 데 도움이 될 수 있다. 왜냐하면 투명해진 세계에서 안보 딜레마나 기타 집합재 문제 해결이 더 쉬워지기 때문이다.

- 세계적으로 더 많은 정보가 더 자유롭게 이동할 경우 정부의 권위와 힘을 약화할 수도 있다. 권위주의 정부는 자국을 넘나드는 정보의 흐름을 제한하는 데 어려움을 겪고 있다.

- 장거리통신이 세계문화 통합에 기여하고 있다. 이 과정은 궁극적으로 단일한 세계문화의 출현으로 이어질지 모른다. 그러나 일부 정치인과 시민들은 세계문화가 지나치게 미국에 의해 지배되고 있다고 보고 문화 제국주의를 우려하기도 한다.
- 스포츠, 음악, 관광 등과 같은 영역에서 초국가적 공동체들의 등장은 언젠가 시민들의 충성 대상으로서 국가와 경쟁을 벌이게 될지 모르는 초국가적 정체성을 형성할 수도 있다.

핵심 용어

초국가적, 국제통합, 신기능주의, 안전보장공동체, 유럽연합(EU), 로마조약, 유럽원자력공동체, 자유무역지대, 관세동맹, 공동시장, 공동농업정책(CAP), EU집행위원회, EU이사회, 유럽의회, 유럽재판소, 단일유럽법, 마스트리히트조약, 유로, 리스본조약, 디지털 격차, 문화 제국주의

비판적으로 생각하기

1. 유럽 국가들 간의 기능적 경제협력이 EU(큰 권한을 가지고 있지만 아직은 제한된 권한만 있는)라고 하는 초국가적 정치구조의 등장에 기여하였다. 이와 같은 일이 북아메리카에서도 일어날 수 있다고 생각하는가? 미국, 캐나다, 멕시코 3국으로 이루어진 NAFTA가 장차 EU 같은 북미연합으로 발전할 수 있을까? EU의 경험에 비추어 볼 때 이 과정에서 어떤 문제들이 나타날까?

2. EU집행위원장은 유럽 각국 대중이 집행위 유로크라트의 권한 확대에 대하여 반감을 가지고 있다고 불평하고 있는데, 당신이 우연히 집행위원장과 채팅을 하게 되었다고 상상해 보라. 당신은 어떤 조언을 해줄 수 있는가? 통합 과정을 후퇴시키지 않으면서 대중의 우려를 잠재울 수 있는 방안으로서 집행위가 취할 수 있는 조치는 무엇일까? 당신의 조언이 EU 본부에 대한 각국 정부와 시민들

의 반감을 완화하는 데 어떤 도움을 줄 수 있을까?

3. 터키 정부가 당신을 고문으로 기용하여 왜 터키가 EU 회원국이 되어야 하는지를 EU 회원국들에게 설명해달라는 요청을 했다고 가정해 보자. 어떤 주장을 펼 것인가? 기존 회원국들이 제기할 반박 내용은 무엇인가? 그에 대한 대응책으로 터키 정부에 추천할 대안은 무엇인가?

4. 정보기술은 국제적, 초국가적 의사소통과 정체성을 강화하고 있다. 그러나 동시에 정보기술은 국가들에게 새로운 힘과 통제 수단을 제공해주기도 한다. 둘 중에서 어느 것이 현재 더 우세하다고 생각하는가? 이 새로운 힘이 각국 정부에게 도움이 될까 해가 될까? 그 이유는? 이 문제에 대한 대답이 앞으로 계속 기술이 발달하면 바뀔 것이라고 예상하는가?

5. 전 세계적 통신과 문화의 등장은 결과적으로 좋을까 나쁠까? 단일한 세계문화의 등장에 대해 환영해야 할까 개탄해야 할까? 이 문제에 대한 답변은 당신이 지구의 어느 지역에 사는가에 따라 달라질까? 당신이 생각하는 결과의 구체적 사례를 들어보라.

쟁점 토론하기

유럽 통합이 이미 한계에 와 있는가?

개요

유럽석탄철강공동체(ECSC) 창설 이래 유럽의 통합과정은 전진만 거듭해 온 것처럼 보인다. 현재 EU는 유럽의 중요한 정치적 권력체이며, 경제적으로도 GDP 면에서 미국을 능가하는 거대한 실체이다. 또한 외교적으로도 EU는 강대국이 개입한 국제 갈등이나 분쟁까지 중재하는 강한 힘을 보인다. EU는 유럽 내외에서 강한 영향력을 가지고 있다.

그러나 최근에 EU는 통합과정을 가속하는 데 어려움을 겪어 왔다. 유로화 채택 이후 EU는 통합 심화(회원국들로부터 더 많은 정책 분야를 가져오는)보다 구 동유럽 국가들로 확대하는 일에 더 큰 관심을 보여 왔다. 회원국 증가는 EU의 경제적 및 정치적 힘을 키워주었지만 도전을 안겨주기도 하였다. 유럽의회의 권한 강화를 위한 EU 규칙 개정, 유럽 외교정책의 통합을 위한 기구 창설, 법적 구속력 있는 EU 인권헌장 제정, EU이사회의 합의제 표결 요건을 없애기 위한 투표제도 개정 등의 시도는 모두 심한 반발에 부닥쳤다. 전 세계 경제침체 역시 EU에 제약을 가하였다. 이와 관련하여 2009년에 헝가리 수상은 부국(서유럽)과 빈국(동유럽) 사이에 "새로운 철의 장막"이 쳐지고 있다고 경고한 바 있다.

현재 어떤 사람들은 유럽 통합이 한계에 이르렀다고 의심하고 있다. 통합 심화를 위한 최후의 조치가 이미 취해진 것일까? 각국이 초국가주의를 위하여 주권을 양보할 수 있는 영역이 아직 남아 있는가? 아니면 EU가 할 수 있는 일은 회원국 증가 밖에 없는가?

주장 1; EU 통합 과정은 이미 전진을 끝냈다.

헌법 초안과 리스본조약에 대한 논란은 어려움이 많다는 사실을 입증해준다. 2007년에 헌법초안이 거부되고 2008년에 리스본조약 원안이 거부된 것은 EU의 큰 변화가 시도될 때 이에 대한 도전이 거세다는 사실을 보여준다. 심지어 유럽 차원에서 개인의 인권을 보장하려는 시도마저 논란의 대상이 되었다.

회원국의 수가 너무 많아 큰 변화를 이뤄내는 것이 거의 불가능하다. 단일유럽법이나 마스트리히트조약을 포함한 EU의 주요 변화는 회원국 수가 12개 혹은 15개일 때 시작된 것이 많다. 28개국으로 늘어난 지금 모든 회원국들이 합의를 이루기는 극단적으로 어렵다. 특히 만장일치 동의가 필요한 이슈라면 더더욱 그렇다.

추가적인 통합에 대한 대중 여론이 회의적이다. 이른바 "유로회의주의자"(euro-skeptics)라 불리는 사람들이 늘고 있다. 대중의 지지가 EU의 정책에 직접적으로 영향을 주지는 않지만, 대중은 EU의 통합 과정(아마도 확대도 포함해서)을 중단시키려는 정치지도자와 정당에 표를 줄 수 있다.

주장 2: EU 통합 과정은 전진을 계속할 것이다.

지금까지 장애물들은 극복되어 왔다. EU가 유로화 안착에 성공하리라고 전망한 사람은 많지 않았지만 실제로는 성공했다. 아일랜드에서 리스본조약이 거부되었지만 재투표를 허용하는 새로운 합의가 이루어졌다. EU 각료들은 통합 과정 심화를 위해 확고한 태도를 견지해 왔고 창의성을 발휘해 왔다.

외부 요인이 통합 심화를 추동할 것이다. 지금까지 WTO의 도하 라운드 협상이 타결되지 못하고 있고 NATO군을 언제 어디에 투입할 것인지에 대하여 미국과 긴장 관계에 놓여있다는 점을 감안하면, EU는 회원국 간 통합을 심화시켜야 할 강한 동기를 가지고 있다. 이제 EU는 무역자유화 촉진을 WTO에만 맡길 수 없고 군사적 지도력을 미국에만 의존할 수 없다고 인식하고 있다.

EU는 늘어난 회원국 수에 대처할 수 있을 만큼 충분히 유연하다. 주방에 요리사가 많다고 해서 반드시 요리를 망치는 것은 아니다. 지금까지 EU는 협력 강화에 대한 회원 각국의 대응방식과 관련하여 유연성을 보여 왔다. 그 완벽한 예가 유로화의 경우이다. 회원국 모두가 유로를 사용하지는 않는다. 경제적 이유나 각자의 선택으로(영국) 유로를 모든 나라가 사용하는 것은 아니다. 이처럼 추가 통합이 이루어지더라도 모든 회원국이 그것을 만장일치로 채택해야 하는 것은 아니다.

질문

- 가까운 장래에 EU가 새로운 문제영역으로 통합을 확대할까 아니면 단순히 회원국 늘리기에만 주력할까? EU의 경계선으로서 자연적으로 그어진 지리적 한계가 존재하는가?
- EU가 부유한 서유럽 국가와 가난한 동유럽 국가로 양분될 가능성이 있는가? 회원국 일부만 특정 이슈에 협력한다면 EU의 정치적 경제적 중요성이 유지될 수 있을까? 유로화 식의 해결책이 다른 정책영역에서도 통할까?
- EU가 다른 기능을 수행한다면 그것은 무엇일까? 군사협력이나 예산 조정 기능을 강화한다면 성공 가능성은 얼마나 될까? 회원국 간 군사협력 강화와 기존 NATO와의 관계가 조화를 이룰 수 있을까?

❖ 참고문헌

Scott, James Wesley. *EU Enlargement, Region Building and Shifting Borders of Inclusion and Exclusion.* Ashgate, 2006.

Schimmelfennig, Frank. *The Politics of European Union Enlargement: Theoretical Approaches.* Routledge, 2005.

Sjursen, Helene. *Questioning EU Enlargement.* Routledge, 2006.

DeBardeleben, Joan. *The Boundaries of EU Enlargement: Finding a Place for Neighbours*. Palgrave Macmillan, 2008.

10판 증보판
International Relations

11 Chapter

환경과 인구

1. 상호의존과 환경

　자연환경에 대한 지구적 위협이 상호의존의 요인으로서 더 큰 힘을 얻고 있다. 오염, 보존, 천연자원 등에 대한 한 국가의 행동은 다른 국가에 영향을 미친다. 환경이 만드는 효과는 광범하게 장기간 지속되는 경향이 있고 그런 효과는 한 곳에서 다른 곳으로 쉽게 전파되기 때문에 환경 문제를 둘러싼 국제정치는 어려운 집합재 문제를 낳는다. 지속가능한 자연환경은 집합재이며 그래서 각국은 이 재화의 제공에 필요한 비용을 어떻게 분담할 것인지를 놓고 흥정을 벌인다. 환경관리의 기술적, 과학적, 윤리적 측면은 매우 복잡하지만 각국의 기본적 이익은 그리 복잡하지 않다. 집합재 문제는 환경뿐만 아니라 자원, 인구와 관련해서도 발생한다.

　예를 들어 공해의 물고기는 특정 국가의 소유가 아니라 집합재이다. 어업을 하는 국가들은 어족자원의 고갈을 막기 위하여 협력해야만 한다. 부분적으로는 다국적기업 같은 비국가 행위자들을 규제하기 위해서도 협력이 필요하다. 너무 많은 국가가 협력을 거부하면 물고기 수가 줄어 모든 국가의 어획량이 줄 것이다. 실제로 1997년-2007년 사이에 전 세계 어획량이 15% 줄었으며 앞으로도 계속 줄 것으로 예측되고 있다. 어부들은 어떤 어종이 고갈되면 다른 어종을 잡는 쪽으로 전환해 왔지만, 이미 어종의 1/3이 고갈되었고 나머지 어종도 금세기 중반에 이르면 고갈될 것으로 예측되고 있다(〈그림 11.1〉 참조). 국가들이 어족자원이라는 집합재 문제를 해결하지 않았기 때문에 도산 위기에 몰린 국내 어업을 보호하기 위한 보조금으로 연간 200억 달러를 지불하고 있다.[1]

〈그림 11.1〉 전 세계 해양 어종 고갈 추세

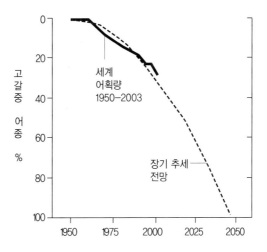

출처: *The New York Times*, Nov. 3, 2006: A16.

이 같은 고갈은 국가나 다국적기업이 더 많은 어선을 투입하여 더 많은 물고기를 남획하였기 때문에 일어난 일이다. 물고기를 더 잡아서 나오는 이익은 순전히 잡아들인 사람에게만 돌아가는 반면에 고갈로 인한 비용은 모든 사람들에게 돌아간다. 그러면 각국의 어획 할당량을 어떻게 책정하는 것이 공정할까? 이 문제에 답을 줄 세계정부가 없기 때문에 각국은 다자간 협상에 들어가 협정이나 레짐 같은 것들을 만들기 위해 협력해야 한다. 이런 노력이 한편으로 기능주의적 국제통합의

1 Food and Agriculture Organization. *State of World Aquaculture 2006*. FAO, 2006. Worm, Boris, et al. Impacts of Biodiversity Loss on Ocean Ecosystem Services. *Science* 314, November 3, 2006: 787–90. Black, Richard. "Only 50 Years Left" for Sea Fish. BBC News Web site, November 2, 2006.

새로운 통로가 될 수 있지만 다른 한편으로 갈등과 "죄수의 고민"을 낳을 가능성도 있다.

1999년에 UN 후원 하에 세계 주요 어업국들이 모여 선단 규모를 줄이기 위한 협정을 체결하였다. (세계적으로 4백만 척의 어선이 있고 이중에서 4만 척이 100톤 이상의 대형 어선이다). 여기에 참가한 국가들은 선단 규모에 상한선을 설정한 다음 점진적으로 그 규모를 줄여나가는 한편으로 어업 보조금을 삭감해야 한다. 실업과 경제 조정의 고통은 이런 식으로 분담되어야 한다. 그러나 이 협정은 강제성이 없는 협정이며, 그 실행이 지연되고 있으며, 이미 붕괴하고 있는 어업에 대한 효과도 너무 작고 너무 늦었다.

이런 유형의 집합재 문제를 **공유지의 비극**(tragedy of commons)이라 한다.[2] 공유지란 수세기 전 영국에서 목초지로 공유되었던 토지이다. 어업의 경우처럼, 너무 많은 사람들이 너무 많은 양(羊)을 공유지에 풀어놓아 풀을 뜯게 하면 풀이 고갈된다. 양 한 마리를 추가로 공유지에 데려가면 거기서 나오는 이득은 그 양 소유자에게 돌아간다. 영국은 이 문제를 공유지에 **울타리 치기**(enclosure)로 해결하였다. 즉 공유지를 여러 조각으로 나누어 울타리를 치고 그 각각을 개인들이 소유함으로써 소유자 개개인이 책임감을 가지고 토지자원을 관리할 인센티브를 갖게 한 것이다. 국가들은 이와 유사한 방식을 연안 어업에 도입하였다. 즉 영해 범위를 확대함으로써 각국이 더 많은 어족자원을 국가 통제 하에 둘 수 있게 한 것이다(아래 물 분쟁 참조). 지구촌의 공유지는 대양이나 외계 같은 부분을 가리킨다.

국제정치경제의 다른 영역에서도 그렇지만, 환경문제라는 집합재 문제의 해결책은 이익의 상충을 극복하고 공통의 이익을 달성하는 데 기반을 두고 있다.[3] 이 해결책에서 중요한 부분이 레짐이다. 레짐은 환경보호에서 나오는 이익을 누가 가

---

2   Hardin, Garrett. The Tragedy of the Commons. *Science* 162, December 16, 1968: 1243–48.

3   Tolba, Mostafa K., and Iwona Rummel-Bulska. *Global Environmental Diplomacy: Negotiating Environmental Agreements for the World, 1973–1992*. MIT, 2008. Speth, James Gustave, and Peter M. Haas. *Global Environmental Governance*. Island, 2006. Stevis, Dimitris, and Valerie J. Assetto, eds. *The International Political Economy of the Environment: Critical Perspectives*. Rienner, 2001. Schreurs, Miranda A., and Elizabeth Economy, eds. *The Internationalization of Environmental Protection*. Cambridge, 1997.

지며 그 비용을 누가 부담할지를 놓고 각국이 협상을 벌일 때 상호주의 원칙에 입각한 규칙을 제공함으로써 기준을 제시한다. 기능적 국제기구들은 환경 문제의 기술적 측면과 관리적 측면에 전념한다.[4]

그런 국제기구들은 점점 더 광범한 전문가 공동체들과 결합하고 있다. 여러 국가의 전문가들이 하나의 공동체를 이루어 각국의 환경문제 관리 방식에 큰 영향을 주고 있는데, 이런 공동체를 가리켜 인식공동체(epistemic community, knowledge-based community)라 한다. 예컨대 지중해 오염 문제에 관심을 가진 각국 전문가와 정책결정자들의 초국가적 공동체가 인식공동체에 해당한다.[5]

세계적인 환경 관련 정치에서 집합재 문제를 관리하는 것은 어렵다. 너무나 많은 행위자가 존재하기 때문이다. 집합재는 각 개인의 행동이 집단 전체에 미치는 영향이 크고 속임수가 쉽게 드러나는 소집단에서 더 쉽게 만들어질 수 있다. 반대의 경우가 바로 환경문제의 경우이다. 근 200개 국가의 행동이 모여서(물론 국가에 따라 정도의 차이는 있지만) 세계 도처에 간접적이지만 매우 심각한 환경문제를 야기하고 있기 때문이다.

환경에 대한 관심은 1970년대에 환경운동가들이 제정한 제1회 지구의 날 이래 꾸준히 커져 왔다.[6] 국제 환경문제에 관한 제1차 UN 총회가 1972년에 스웨덴의 스톡홀름에서 개최되었는데, 이 총회는 일반 원칙을 제정하고 환경 손상의 국제적 측면에 대한 주의를 환기시켰다. 그 일반적 원칙에는 한 국가의 행동이 다른 국가의 환경 손상을 야기하지 않아야 한다는 원칙도 들어 있다. 널리 알려지지는 않

---

4 Young, Oran R., Leslie A. King, and Heike Schroeder, eds. *Institutions and Environmental Change: Principal Findings, Applications, and Research Frontiers*. MIT, 2008. Young, Oran R., ed. *The Effectiveness of International Environmental Regimes: Casual Connections and Behavioral Mechanisms*. MIT, 1999. Peterson, M. J. *International Regimes for the Final Frontier*. SUNY, 2005.

5 Haas, Peter M. *Saving the Mediterranean: The Politics of International Environmental Cooperation*. Columbia, 1990.

6 Desombre, Elizabeth R. *The Global Environment and World Politics: International Relations for the 21st Century*. Continuum, 2007. Bernstein, Steven F. *The Compromise of Liberal Environmentalism*. Columbia, 2001. Sprout, Harold, and Margaret Sprout. *The Ecological Perspective on Human Affairs, with Special Reference to International Politics*. Princeton, 1965.

앗지만, 두 번째 총회는 (UN환경계획 본부가 있는) 케냐의 나이로비에서 개최되었다. 이
보다 더 규모가 크고 야심찬 지구정상회의가 브라질의 리우데자네이루에서 개최되
었는데, 여기에는 100명 이상의 각국 지도자들이 참석하였다.

(1) 지속가능한 개발

앞서 언급한 UN 회의들에서 한 가지 중요한 주제가 지속가능한 개발(sustain-
able development)이었다. 지속가능한 개발이란 경제성장의 기초 자체를 허물 정도로
빠른 속도로 자원을 고갈시키고 생태계를 파괴하는 경제성장이 아닌, 그런 성장과
반대되는 경제성장을 가리킨다. 이 개념은 산업화된 북반구 지역뿐만 아니라 남반
구에도 적용되는 개념이다.[7]

1992년의 지구정상회의는 참가 각국이 회의에서 약속한 바를 이행하는지를
감시하고 그린피스 같은 환경단체들의 증언을 청취하기 위한 기구로 지속가능개발위
원회(Commission on Sustainable Development)를 만들었다. 그러나 이 위원회는 각국 정부
에 대한 강제집행권을 갖고 있지 않은 기구이다. 이 대목에서도 국가주권이 초국가
적 권위를 능가한다는 사실이 드러난 셈이다. 53개국이 가입한 이 위원회는 각국이
속임수를 쓰는 일을 더 어렵게 만들기 위하여 각국의 행동을 감시하고 공개하는
권한을 가지고 있다. 그러나 아직 큰 성과를 내지는 못하고 있다.

중국과 아시아의 개발도상국들이 지속가능 개발 관련 논쟁의 중심에 서 있
다. 이 국가들은 급속한 경제성장을 추진하면서 심각한 오염과 기타 환경문제를 야
기해 왔다. 2013년 초에 베이징시의 스모그가 위험 수준을 훨씬 초과하여 외출을
감행한 시민들은 폐와 눈에 통증을 느껴야 했다. 중국의 규모를 감안할 때, 중국이
경제성장에 성공하여 서유럽 선진국 수준까지 발전한다면(그리하여 예를 들어 자동차 운
행 대수가 크게 늘어난다면) 지구 전체의 환경에 큰 충격을 줄 것이다. 최근 들어 중국은
여전히 전 세계 원자재를 싹쓸이 하고 있지만, 친환경 기술(green technology) 개발의

7　Brown, Lester R., et al. *State of the World* (annual), Norton/Worldwatch Institute.

선두주자 가운데 하나가 되었다. 예를 들어 중국은 태양전지판 생산의 선두주자이다. 그러나 아직도 중국의 성장은 더럽고 석탄을 태우는 화력발전소의 힘으로 이루어지고 있다.

2. 환경관리

세계 환경문제의 대부분은 모든 국가 모든 사람들과 관계된 집합재 문제이다.[8]

(1) 대기

지구의 공기를 깨끗하게 유지하는 것은 어느 국가가 얼마만큼 문제를 일으키거나 문제 해결에 기여하거나와 관계없이 전 세계 모든 사람들에게 이익이 된다. 대기와 관련하여 중요한 국제문제로 부각되는 것은 지구온난화와 오존층파괴이다.

지구온난화 지구 기후변화, 즉 **지구온난화**란 세계 평균기온의 장기적 상승을 말한다. 지구온난화가 정말 심각한 문제라는 점, 온난화의 원인은 이산화탄소와 기타 가스라는 점, 장차 온난화가 더 심해진다는 점 등을 말해주는 강력한 증거가 계속 드러나고 있다. 북극 얼음이 대량으로 녹고, 기상 이변이 잦고, 또 2005년에 뉴올리언즈를 강타한 카트리나와 2012년에 뉴욕을 강타한 샌디와 같은 끔찍한 허리케인이 빈발함에 따라 지구온난화 문제는 지난 10년 동안에 매우 중요한 정치적 의제로 떠올랐다. 그러나 불행히도 국제사회는 지금까지 이 문제 해결에 거의 성과를 내지 못하고 있다.

---

8 Pirages, Dennis Clark, and Theresa Manley DeGeest. *Ecological Security: An Evolutionary Perspective on Globalization.* Rowman & Littlefield, 2003.

아무 조치도 취하지 않는다면 앞으로 몇 십 년 후에 지구 온도가 화씨 3–10도 정도 상승할 것으로 예측되고 있다. 2–30년 안에 극지방의 빙산이 녹아 해수면이 몇 피트 상승할지 모른다. 2012년의 연구들을 보면, 온난화의 속도가 빨라지고 있으며 그 속도가 최악의 시나리오에서 상정한 속도보다 더 빠르다고 한다. 21세기 처음 12년은 기록상 가장 더운 14년 안에 다 들어가 있다. 지구온난화로 많은 해안 도시들이 침수되고 저지대가 참화를 당할 수 있다. 특히 인구밀도가 아주 높은 방글라데시와 중국의 해안 지역이 위험하다. 금세기 안에 사라질 것으로 보이는 태평양 도서 국가들은 지구온난화를 막기 위해 행동에 나서야 한다는 절박한 요구를 하고 있다. 그러나 현실은 이렇다. 몰디브 정부는 국제적 행동이 이루어질 것이라는 기대가 무망하다는 매우 현실적인 판단에서 자기 영토가 사라지기 전에 국민 30만 명을 이주시키기 위하여 외국에 땅을 매입하기 위한 기금을 조성하였다.

지구 기후변화는 이미 많은 지역에서 기후 패턴을 바꾸어 놓았고, 그 결과 가뭄, 홍수, 한파, 광범한 자연 생태계 교란 등이 나타나고 있다. 다른 한편으로, 기후변화가 특정 지역에 이익을 줄 수도 있고 농업 생산성을 높여줄 수도 있다. 북극의 얼음이 녹자 캐나다와 러시아 북부에 새로운 항로가 열려 북유럽이나 북아메리카에서 아시아로 항해하는 시간을 몇 주 단축시켜 줄지 모른다(《그림 11.2》 참조). 이렇게 되면 세계 비즈니스에 막대한 비용절감 효과가 생긴다. 뿐만 아니라 북극 해저에는 막대한 석유와 가스가 매장되어 있기 때문에 얼음이 녹으면 상업적 개발이 가능해진다(역설이지만 이로 인하여 지구온난화가 더욱 가속될 것이다).

UN환경계획(UNEP)은 원래 환경감시가 주목적인 기구이지만 세계기상기구(World Meteorological Organization)와 함께 매년 지구 기후변화 상태를 측정하고 있다. UN의 후원을 받는 기후변화에 관한 정부 간 패널(Intergovernmental Panel on Climate Change, IPCC)이라는 기구는 1989년 이래 이 문제에 관한 협상의 장으로 기능하고 있다. IPCC는 2007년에 여러 나라 과학자들이 작성한 보고서를 발표하였는데, 이 보고서는 지구온난화가 "확실한" 사실이라고 하면서 인간이 주요 원인이라는 사실에 대한 "매우 분명한 확신"을 표현하였다.[9]

이산화탄소가 주를 이루는 **온실 가스**의 배출을 줄이려면 많이 비용이 든다. 온실 가스는 산업경제를 움직이는 매우 다양한 활동에서 배출된다. 자동차, 트랙터, 용광로, 공장 등을 움직이려면 석유, 석탄, 천연가스 등과 같은 **화석연료**를 태워야 하는데 그 부산물이 바로 온실 가스이다. 온실 가스라 부른 이유는 이 가스가 대기 중에 모여 있으면 그것이 마치 온실 유리 같은 역할을 하기 때문이다. 온실 가스는 파장이 짧은 태양 에너지는 통과시키지만 파장이 긴 열파가 지표에서 외계로 빠져 나가려면 이를 차단한다. 이산화탄소(온실 효과의 2/3), 메탄가스, 염화불화탄소(CFC, 프레온), 아산화질소 등이 온실 가스이다. (북반구의) 디젤엔진과 (남반구의) 더러운 조리 기구에서 나오는 미세먼지도 온실 효과를 낳는 주범 가운데 하나이다. 역설이지만, 겉보기에 지구 환경과 전혀 무관한 "클라우드"(cloud)에 저장된 데이터도 막대한 전력을 소비하고 대형 디젤 발전기를 돌려 지구온난화를 심화하는 데이터 센터에 저장된다.

〈그림 11.2〉 북극 항로 개통 시 항로와 거리

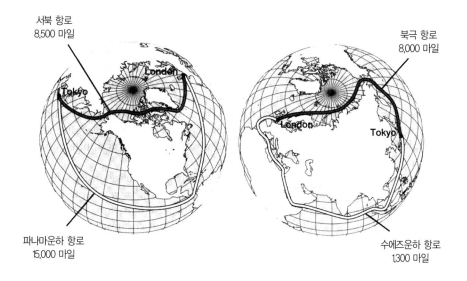

출처: UN Environment Program.

9 Intergovernmental Panel on Climate Change. *Climate Change 2007: The Physical Science Basis*. Cambridge, 2007. United Nations Environment Program. *Global Environment Outlook 3*. Oxford, 2002.

그러므로 온실 효과를 줄인다는 것은 경제성장을 늦추거나 완전히 새로운 기술적 경로로 갈아탐을 의미한다.[10] 그렇게 한다면 실업 증가, 기업 이윤 감소, 개인 소득 감소 등이 예상되는데, 이로 인하여 발생하는 정치적 비용도 감당하기 어려울 것이다. 북극의 얼음이 녹으면 북극곰이 멸종할 텐데 북극곰은 국제 기후협상 테이블에 참석하지 못한다. 이와 마찬가지로, 투표권이 없는 현재 어린이들도 현재 어른들이 저지른 잘못된 행동의 장기적 결과 때문에 고통을 겪으며 살아야 한다.

개별 국가 입장에서 보면, 온실 가스 배출 감소에 드는 비용은 온실 가스 문제 해결에서 얻을 이익과 거의 무관하다. 어떤 국가가 산업생산을 줄이거나 신기술에 거액을 투자한다 하더라도 다른 국가들도 똑같이 행동하지 않는다면 그 국가의 노력은 장기적 결과를 낳는 데 별 효과가 없다. 그리고 대다수 국가가 그런 노력을 하더라도 이에 동참하지 않는 무임승차자가 돈을 절약하면서 문제 해결의 이득까지 누릴 수 있게 된다.

지구온난화 문제는 각국에게 3중의 딜레마를 안겨준다. 첫째, (예측 가능한) 단기적 비용과 (예측 불가능한) 장기적 편익 간의 딜레마가 있다. 둘째, 비용은 석유회사나 산업 노동자 같은 특정인들이 지불하지만 그 편익은 국내외 모든 사람들에게 골고루 돌아간다는 딜레마가 있다. 셋째, 국가들 간의 집합재 딜레마, 즉 비용은 개별 국가가 지불하지만 편익은 모든 국가에게 돌아간다는 딜레마가 있다.

세 번째 딜레마는 남북격차 때문에 더 심각해진다. 용납할 수 없을 정도의 온실 가스 배출 없이 빈국(특히 중국과 인도)의 산업화가 가능할까? 각국의 온실 가스 배출량은 대략 각국의 산업 활동에 비례한다. 현재 전체 온실 가스의 80%가 산업화된 선진국에서 발생하며, 미국만 해도 25%를 차지한다. 미국의 1인당 연간 이산화탄소 배출량은 20톤에 달하는데, 이는 유럽의 2배, 중국의 8배이다(현재 전체 배출량에서 중국이 미국을 앞서 있지만). 그러나 지구온난화의 충격을 가장 심하게 받는 지역은 남반구일 것이다. 방글라데시 같은 인구밀도가 높은 국가들에서 수억 명의 사람들이 해수면 상승으로 집과 농지를 잃게 될지 모른다. 그러나 기후변화가 남과

---

10 Luterbacher, Urs, and Detlef F. Sprinz. *International Relations and Global Climate Change*. MIT, 2001. Fisher, Dana R. *National Governance and the Global Climate Change Regime*. Rowman & Littlefield, 2004.

북을 가리지 않고 환경 재난을 초래한다는 인식이 점차 확산되고 있다.

　　이상과 같은 딜레마 때문에 어려운 다자간 협상을 벌여야 할 상황인데, 문제 해결의 길은 아직도 멀다. 1992년의 지구정상회의에서 채택된 기후변화기본협약 (Framework Convention on Climate Change)은 2000년까지 온실 가스 배출량을 1990년 수준까지 줄인다는 목표를 설정하였지만 구속력은 없었으며 결국 목표가 달성되지 못했다. 이 협정이 특정 시점까지 온실 가스 배출량을 목표 수준으로 줄인다는 것을 회원국들에게 강제할 수 없었던 것은 미국이 반대했기 때문이다. 서유럽과 일본은 온실 가스 규제에 미국(1인당 화석연료 사용량이 더 많은)보다 더 적극적인 태도를 취해 왔다.

〈그림 11.3〉 미국과 중국의 이산화탄소 배출 추이와 전망, 1990-2030

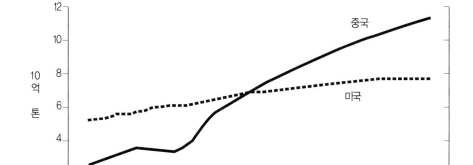

출처: International Energy Agency.

　　1997년의 **교토의정서**(Kyoto Protocol)는 북반구 국가들에서 10년 정도 기간 안에 온실 가스 배출량을 1990년 수준으로 낮추기 위한 복잡한 공식을 채택하였다.[11]

11　Von Stein, Jana. The International Law and Politics of Climate Change: Ratification of the United Nations Framework Convention and the Kyoto Protocol. *Journal of Conflict Resolution* 52 (2), 2008: 243-68. Victor, David G. *The Collapse of the Kyoto Protocol and the Struggle to*

남반구 국가들은 1인당 배출량이 훨씬 적기 때문에 특별대우를 받았다. 그러나 급속도로 성장하면서 석탄을 주 연료로 사용하는 중국 경제는 지구 온난화의 주범이다(〈그림 11.3〉 참조). 인도 역시 이산화탄소 배출의 주범이다. 미국은 교토의정서에 서명했지만 의회가 비준을 거부하였다.

미국의 지지를 받지 못한 채 160개국이 2001년에 교토의정서 이행에 합의하였다. 이 협정에 따르면, 40개 산업국은 2012년까지 온실 가스 배출량을 1990년 수준보다 5% 낮은 수준까지 줄여야 하며 이를 이행하지 않으면 제재를 받게 된다. EU는 남반구의 배출량 감축을 지원하기 위해 연간 4억 달러를 제공하겠다고 약속하였다. 이 협정은 각국의 비준 과정을 거쳐 2005년에 발효되어 2008년부터 의무적 배출 감축이 시작되었지만 아직 목표 수준에 이르지 못하고 있다.

EU는 유럽 전역의 11,000개 산업시설 상호간에 탄소배출권(carbon credit)을 거래하는 시장을 만들었으며, 2012년에 이를 호주 배출권 시장과 연계하여 2015년까지 세계적 탄소배출권 시장을 만들고자 노력하였다. 그러나 유럽의 경제침체로 2011년에 배출권 가격이 폭락하였다. 이에 따라 유럽은 유럽을 출입하는 여객기에 부과하기로 하였던 배출권 의무 구입 조치를 연기하였으며 2013년에 예정된 협상을 보류하였다. 한편, 한국은 2012년에 독자적인 탄소배출권 거래 제도를 만들었다. 이런 종류의 모든 탄소배출권 시장은 더 효율적인 탄소배출 감축을 위해 자유 시장 원칙을 활용하고 있다. 예를 들어, 브라질의 한 벤처 기업은 발전용 메탄가스를 직접 태워 온실 가스를 대량 배출하는 대신 쓰레기더미에서 태워 온실 가스 배출을 줄임으로써 탄소배출권을 벌어들인다. 유럽의 투자자들은 배출권을 사들였다가 탄소 배출 감축에 막대한 비용이 드는 동유럽의 오염원 공장에 되팔기도 했다.[12]

교토협정은 2012년 이후 효력을 상실하기 때문에 180개국이 몇 년 동안 그 이후를 대비한 협상을 벌였다. 이 협상에는 미국도 다시 참가하였다. 2009년에 있었던 코펜하겐 정상회의는 합의를 도출하지 못했다. 2011년 말에 남아프리카의 더반에서 있었던 회의에서 합의가 이루어져 교토협정의 골격을 2013–2017년까지 유

Slow Global Warming. Princeton, 2001. Grubb, Michael, and Duncan Brack, eds. *The Kyoto Protocol: A Guide and Assessment.* Royal Institute of International Affairs, 1999.

12 Stowell, Deborah. *Climate Trading: Development of Greenhouse Gas Markets.* Palgrave, 2005.

지하기로 하였다. 이 회의 참가한 195개국, 99개 정부 간 국제기구, 1,598개 NGO 등은 2020년부터 감축을 의무화하고 교토협정에서 무임승차 특혜를 받았던 중국, 인도, 브라질 같은 국가들도 포함하는 내용의 새로운 조약을 2015년까지 체결한다는 계획을 세웠다. 그리고 개발도상국들의 적응을 돕기 위하여 1억 달러 규모의 새로운 녹색기후기금(Green Climate Fund)도 조성하기로 했다. 이러한 계획이 과거의 합의보다 더 나은 성과를 낼지 여부는 좀 더 지켜봐야 할 것이다.

다른 한편으로, 미국의 주 가운데 약 절반(특히 캘리포니아)과 많은 도시들이 온실 가스 감축을 위한 조치를 취하기 시작하였다. 그러나 그러한 조치는 기후변화의 방향을 결정적으로 역전시킬 만큼 충분한 것은 결코 못된다. 지구온난화의 딜레마는 기본적으로 해소되지 못한 상태이다. 강제집행 장치가 취약하기 때문에 교토의정서에 서명한 국가들조차 2012년까지 달성하기로 설정한 목표 수준에 이르지 못했다. 사실 탄소 배출량 감축을 위한 세계 최대의 탄소배출권 시장을 가진 유럽 국가들도 감축 성과를 별로 거두지 못하고 있다. 더욱이 EU 지도자들은 탄소배출권 거래 시스템이 제대로 작동되는지에 대하여 의구심을 가지고 있으며 배출 감소를 위한 다른 대안을 찾고 있다.[13]

오존층파괴 각국 정부가 협상을 벌이는 두 번째로 중요한 대기 문제가 지구 **오존층**(ozone layer) 파괴 문제이다.[14] 대기권 상층부에 있는 오존은 태양의 유해한 자외선을 차단한다. 산업경제에서 배출된 어떤 화학물질이 대기권 최상층으로 올라가 오존과 상호작용하여 오존을 파괴한다. 그 주범이 바로 최근까지 냉장고와 분무기(spray) 등에 널리 사용된 프레온(CFC)이다. (불행하게도 화석연료를 태울 때 발생하는 오존은 상층부 오존을 보충해 주는 것이 아니라 저층부에서 대기오염만 유발한다.) 오존층이 얇아짐에 따라 더 많은 자외선이 지표에 도달한다. 남극 상공에 있는 오존층은 계절에 따라 구멍이 뚫리기도 하는데 이 구멍이 해가 갈수록 커지고 있다. 오존층 위험 수준이

---

13 Kanter, James. As Cap and Trade Falls Short, Europe Weighs New Tacks to Cut Carbon. *The New York Times*, May 25, 2010: B4.

14 Litfin, Karen. *Ozone Discourses: Science and Politics in Global Environmental Cooperation.* Columbia, 1993.

계속 올라가면 자외선이 늘어 궁극적으로 채소를 죽이고 농업 생산을 줄이고 생태계를 교란할 수 있다.

분명히 이 문제도 집합재 문제이다. 대다수 국가가 프레온 사용을 금한다면 어느 한 국가가 프레온 사용을 허용함으로써 경제적 이득을 취할 수 있기 때문이다. 그러나 프레온을 다른 것으로 대체하는 데 드는 비용은 지구온난화를 늦추는 데 드는 비용에 비해 아주 적다. 프레온은 비교적 싼 화학물질로 대체할 수 있다. 더욱이 오존층파괴의 결과는 지구온난화의 결과보다 이해하기가 더 쉽고 즉각적이다.

지구온난화 문제와 비교할 때, 아마 이 비용 문제 덕분에 국가들이 오존 문제에 관한 합의를 도출하고 관리를 위한 레짐을 만들기 위한 협상에서 더 큰 성과를 거둘 수 있었는지 모른다. 1987년의 **몬트리올의정서**(Montreal Protocol)를 통하여 22개 참가국은 1998년까지 프레온 사용량을 50% 줄이기로 합의하였다. 1990년대 들어서면서 일정표가 더 단축되었고 참가국 수도 늘었다. 즉 81개국이 2000년까지 프

집합재 찾기

지구온난화
집합재: 새로운 기후조약

배경: 지구온난화 방지는 전 세계에 영향을 주지만 세계 각국의 행동을 통해서만 얻을 수 있는 집합재이다. 실제로 지구온난화의 영향을 가장 크게 받을 사람들은 그 원인에 책임이 가장 없는 사람들이다. 이 온난화 문제를 효과적으로 풀지 못하면 2010년의 파키스탄 홍수 참사와 같은 기상 재해가 더 자주 발생할 것이다.

그러나 필요한 조치를 취하는 데 비용이 많이 들며 각국은 비용 부담을 꺼리고 있다. 각국 정부나 기업은 단기 이익에만 집착한다. 그래서 지금까지 국제사회는 이 심각한 문제를 해결하지 못하고 있다. 미국 같은 주요 행위자들이 교토의정서를 비준하지 않았으며 세계의 온실 가스 배출량도 줄지 않았다.

도전: 2011년 말에 남아프리카의 더반에서 세계 각국 대표들이 모여 교토의정서의 후속 조치로 새로운 지구온난화 조약에 대한 협상을 벌였다. 남반구 국가들과 북반구 국가들 사이에 접근방법에 관한 의견 차이가 커서 합의가 어려워 보였다. 마감 시한이 다가왔지만 결론이 나지 않았다. 새벽 3시에 유럽 측은 인도와 중국이 애용한 문구를 격렬

레온을 완전히 없애기로 합의하였다. 오존층파괴의 증거가 절정에 달한 1992년에 또 다시 일정표가 단축되어 주요 산업국들이 1995년까지 프레온을 완전히 퇴출시키기로 합의하였다. 서명한 국가들은 개발도상국들이 프레온이 아닌 다른 냉매를 사용하는 기술을 적용할 수 있도록 기금을 마련하여 개발도상국을 지원한다는 데 원칙적으로 합의하였다. 이런 지원이 없으면 남반구 국가들은 무임승차의 유혹에 빠질 수 있으며 궁극적으로 오존층 보존 노력 자체를 저해할 수도 있다. 또한 개발도상국들의 프레온 사용 중단 시한을 2010년까지로 연기해 주었다. 몬트리올의정서는 1997년과 1999년에 수정되고 강화되었다. 부국들은 1996년에 프레온 생산을 중단하였으며 기금 조성을 위해 30억 달러를 출연하였다. 이 돈은 지난 10년 동안 세계 100개 이상 국가들의 수천 개 프로젝트를 지원하는 데 사용되어 이 국가들의 프레온 배출량 감축을 도왔다. 현재 수준의 관리가 계속 이루어진다면 앞으로 50년 정도 지나 오존층 구멍이 서서히 작아질 것으로 예측되고 있다.

프레온에 관한 몬트리올의정서는 지구 환경보존을 위한 국제 협상에서 이룩

하게 비난하였다. 중국 대표는 유럽 측에게 "우리더러 이래라 저래라 할 수 있는 권리를 누가 주었는가?"라고 말했다.

해결책: 마지막 순간, 협상이 실패로 끝나기 몇 분 전에 남아프리카공화국의 외무장관이 미국, 중국, 인도, 브라질, 영국, 프랑스, 스웨덴, 폴란드, 캄보디아, 브라질 등 핵심 국가들만 참가하는 별도의 임시 소회의를 소집하였다. 이리하여 성사된 10개국 소회의에서 브라질 대표가 새로운 제안을 내놓았고 이에 따라 두 시간 안에 합의가 이루어져 전체 회의가 실패 직전에서 벗어났다. 남과 북의 소수 힘 있는 국가들이 합의를 도출하였고 이를 전 세계에 제시

하였다는 점에서 이런 결과는 지배 원칙이 작용했다고 할 수 있다. 아마 정체성 원칙도 도움이 되었을 것이다. 남아공 외무장관, EU 환경위원, 인도 환경장관 등 3인의 여성이 정체성 면에서 공감했을지도 모른다.

집합재 문제는 대규모 집단보다 소규모 집단에서 더 쉽게 해결될 수 있다. 면대면 관계가 무임승차 가능성을 줄여주고 규범의 힘을 키워주기 때문이다. 소회의에 참가한 10개국 대표들은 전체회의에 각기 대등한 주권국가로 참가한 195개국 대표들보다 더 큰 진전을 이뤄냈다..

한 가장 중요한 성공사례이다. 실제로 코피 아난 UN사무총장은 이를 가리켜 "아마도 지금까지의 국제협정 가운데 유일하게 성공적인 사례"라 말한 바 있다. 이 사례는 각국이 긴급한 환경 위협에 대처하기 위하여 행동에 나서고 목표와 필요한 조치에 합의할 수 있다는 점, 그 조치에 필요한 비용을 상호 수락 가능한 방식으로 할당하고 실제로 지불할 수 있다는 점 등을 보여준다. 그러나 오존 문제에 대한 국제협력이 다른 환경 문제로 널리 확산되지는 못하고 있다.

환경 문제에 관한 협상은 합의를 도출하는 주된 동력으로서 상호주의 원칙에 의존한다는 점에서 무역협상과 비슷하다. 모든 국가가 협력에 나선다면 오존층 복구 같은 목표는 달성될 수 있다. 또한 무역의 경우에 그렇듯이, 협정과 레짐이 매우 복잡한, 무임승차를 예방하기 위하여 준수여부를 감시하는 절차가 있어야 한다. 반면에 무역협상과 가장 큰 차이점은, 무역협상이 집합재 문제를 성공적으로 해결하였을 때는 그 참가자들이 수십억 달러에 달하는 단기적이고 구체적인 이익을 볼 수 있지만 환경협상이 집합재 문제를 성공적으로 해결하였을 때는 그 참가자들이 단기적이고 구체적인 비용청구서를 받게 되고 이익은 먼 훗날의 것이 된다. 그 청구서에 적힐 금액은 어렵고 비싼 지구온난화 해결 비용과 비교적 싼 오존 문제 해결 비용 사이의 금액이 될 것이다. 확실히 상호주의는 (기후변화 같은) 비용이 많이 들고 이익이 먼 훗날에 생기는 문제보다 (오존이나 무역 같은) 비용이 적게 들고 구체적 이익이 있는 문제를 해결할 때 더 큰 힘을 발휘한다.

(2) 생물다양성

생물다양성(biodiversity)이란 지구 생태계를 구성하는 엄청나게 많은 동식물 종(種)의 다양성을 가리키는 말이다.[15] 인간의 생태계 파괴로 이미 수많은 종이 **멸종**되었다. 멸종은 인간이 동물이나 물고기를 너무 많이 잡을 때, 외래 종이 들어와 토

---

15 Swanson, Timothy M., ed. *The Economics and Ecology of Biodiversity Decline: The Forces Driving Global Change*. Cambridge, 1998. Mulongoy, K. J., and S. Chape. *Protected Areas and Biodiversity Report: An Overview of Key Issues*. UNEP, 2004.

착종을 몰아낼 때 발생한다. 그러나 멸종의 가장 중요한 원인은 열대 우림(雨林)의 파괴, 호수와 하천의 오염, 도시 팽창으로 농지 감소 등으로 인한 서식지 상실이다. 생태계는 여러 종들 간의 복잡한 상호관계에 기반을 둔 것이기 때문에 몇몇 종이 멸종된다는 것은 전체 환경에 중대한 변화를 초래할 수 있다. 예를 들어 토착 미생물이 사라지면 강이 만성적으로 오염되거나 농지가 사막으로 바뀌는 현상이 발생할 수 있다.

생태계는 너무나 복잡하기 때문에 특정 종의 멸종이나 서식지 혹은 생태계의 파괴가 어떤 결과를 초래할지를 예측하는 것이 대개 불가능하다. 일반적으로 서식지 상실을 초래하는 활동은 경제적 이윤을 낳는 활동이기 때문에, 이 문제 해결에 드는 비용은 그런 활동을 제한하는 데 따르는 비용이다. 그렇기 때문에 종의 보존은 지구온난화 방지와 비슷한 집합재이다. 즉 비용은 즉각적이고 실질적이지만 이익은 장기적이고 모호하다.

생물다양성 보존을 위한 비용 분담 문제는 아직까지 국제적 합의에 이르기가 어려운 문제로 남아 있다. 위험에 처한 종의 무역에 관한 UN 협약이 있지만 그 무역을 줄이기는 했으나 근절하지는 못하고 있다. 1992년의 지구정상회의에서 생물다양성에 관한 조약이 체결되었는데, 이 조약은 참가 각국에게 서식지 보호 의무를 부과하는 한편 부국들이 보호 서식지 안에 있는 희귀종에서 추출한 생물학 제품(예컨대 우림에서 추출한 약품 같은)을 상업적으로 제조할 때 해당 빈국에게 대가를 지불하도록 하는 내용을 담고 있다. 그러나 이 조약이 미국의 생물공학 관련 특허권을 침해한다는 우려로 미국은 비준을 하지 않았다. 2010년 현재 이 조약에 가입한 국가는 193개국이다. 그러나 미국은 1971년의 습지협약, 1973년의 멸종위기 동식물 국제거래에 관한 협약(Convention on International Trade in Endangered Species, CITES) 등과 같은 다른 생물 관련 조약에는 참가하고 있다.

고래와 돌고래를 보호하기 위한 국제 레짐도 지금까지 별 성과를 내지 못하고 있다. 정부간기구인 **국제포경위원회**(International Whaling Commission)는 몇몇 종의 고래 사냥에 할당량을 설정하고 있지만 그 참가가 선택 사항이며 어떤 결정이 내려졌을 때 그 결정에 반대한 국가는 결정에 따르지 않아도 된다.

또 다른 정부간기구인 전미열대참치위원회(Inter-American Tropical Tuna Commission)는 돌고래 개체 수 감소를 최소화하기 위하여 참치 포획 방법을 규제한다. 세계

참치 어획량의 절반을 소비하는 미국은 여기서 한걸음 더 나아가 일방적으로 해양 포유류보호법(Marine Mammal Protection Act)을 제정하여 미국에서 판매되는 참치의 어획 방법이 돌고래를 보호하는 방법이어야 한다고 요구하고 있다. 다른 국가들은 미국의 이러한 조치가 참치 수출에 대한 불공정 규제라는 점을 들어 국제무역 기구들에 제소하였다. 이런 갈등은 장차 환경운동가와 자유무역 옹호자 간에 싸움이 벌어질 것임을 예고하고 있다.[16] 자유무역 옹호자들은 각국이 글로벌 환경 목표 달성을 위하여 국내법을 이용하면 안 된다고 주장한다. 환경운동가들은 관련 기업들의 반대를 무릅쓰고 수십 년간 제정을 위해 애썼던 환경 관련 국내법을 포기하려 들지 않는다.

예를 들어, 미국은 청정대기법(Clean Air Act)으로 미국 도시의 대기오염을 줄이는 데 성공하였지만 WTO의 명령으로 이 법을 개정해야만 했다. 그리하여 베네수엘라와 브라질에서 정유된 휘발유가 미국 시장에서 경쟁할 수 있었다. 그리고 미국은 멸종위기에 처한 바다거북을 보호하기 위하여 새우를 잡기 위한 그물에 바다거북이 걸리지 않아야 한다고 규제를 했는데 이 역시 WTO가 문제 삼았다. 그러자 환경운동가들은 WTO에 대한 반대운동의 상징물로 바다거북을 채택하였다. 최근에는 살충제 잔류 식품의 수입 규제 문제, 미국이 세계적으로 수출하고자 원하는 유전자조작 농산품 및 약제 수입에 대한 유럽의 규제 문제 등에서 갈등이 빚어지고 있다.

이와 같이 생물다양성 문제를 일방적으로 해결하고자 하는 노력은 자유무역을 교란한다는 점에서 문제가 있고, 다자적 노력은 집합재 문제라는 점에서 문제가 있다. 현재까지 국제사회의 대응이 별로 효과적이지 못하다는 사실은 결코 놀랄 일이 아니다.

---

16 Chambers, W. Bradnee, ed. *Inter–Linkages: The Kyoto Protocol and the International Trade and Investment Regimes.* Brookings, 2001. DeSombre, Elizabeth R. *Domestic Sources of International Environmental Policy.* MIT, 2000. Copeland, Brian R., and M. Scott Taylor. *Trade and the Environment: Theory and Evidence.* Princeton, 2003.

▌정책적 시각

아일랜드 수상 엔다 케니(Enda Kenny)의 입장

문제: 환경과 경제 간의 균형을 어떻게 잡을까?

배경: 당신이 아일랜드 국가지도자라 가정하자. 유전자조작농산물(GMO)은 아일랜드를 포함해 유럽 전역에서 뜨거운 논쟁거리이다. 예를 들어, 1997년에 아일랜드는 세계적 다국적기업인 몬산토(Mosanto)가 더블린 근처에서 사탕무를 재배할 수 있도록 마지못해 허락하였다. 환경운동가들은 사탕무 파종을 막기 위한 법적 조치를 몇 차례 시도했다가 실패하자 수확 전 사탕무를 경작지에서 바로 없애버렸다.

아일랜드는 과거에 비밀리에 몇몇 국내 생물공학 기업들에 대하여 공동 연구 등을 통해 지원한 바 있다. 이를 통하여 아일랜드는 이 분야에서 다른 유럽 국가들을 크게 앞서는 다양한 성과를 거두었다. 몇몇 다국적기업이 이 연구 성과에서 이득을 취하고 있으며 아일랜드에 투자와 세금수입을 안겨주고 있다.

국내 고려사항: 불행히도 그와 같은 "적극적이지만 조심스런" 정책은 대중의 인기가 없다. 어떤 사람들은 "친환경 섬나라"로서 아일랜드의 명성이 손상되어 아일랜드의 주요 소득원인 관광산업이 위협 받을 수 있다고 걱정한다. 또 어떤 사람들은 GMO 제품이 환경에 미칠지 모르는 악영향에 근거를 둔 유럽 전체의 GMO 반대 여론에 동참하고 있다. 최근에 유로바로미터(Eurobarometer)가 실시한 여론조사에서 유럽 소비자의 54%가 GMO 식품이 "위험하다"고 여기는 것으로 나타났다.

2004년 봄에 EU는 GMO 제품 판매금지를 중단하기로 결정하였는데, 미국이 GMO 제품 판매금지를 불법으로 간주하는 WTO에 이 문제를 제소하겠다고 위협한 것이 여기에 부분적으로 작용한 것 같다. 물론 아일랜드는 찬성표를 던졌다. 미국은 아일랜드의 최대 무역상대국이지만 EU는 가장 중요한 수출시장이다.

시나리오: EU 내 힘의 균형이 새로운 중유럽 국가들의

가입으로 GMO에 반대하는 쪽으로 기울었다고 가정하자. 그리하여 이제 EU는 유럽 내 GMO 판매를 불허할 것 같다. 따라서 GMO 작물의 재배는 여전히 합법이지만 그것을 EU 국가에 수출하는 것은 불법이 될 것 같다.

GMO 작물은 아일랜드 경제에 이익을 줄 수 있다. 이 분야에서 아일랜드의 비교우위를 감안할 때, 아일랜드의 경제는 GMO를 더 널리 활용함으로써 농산물 증산과 다국적기업들의 기업 활동 증대로 이익을 볼 수 있다. 미국은 GMO 제품의 수입에 어떤 규제도 하지 않고 있으며 아일랜드의 수출에 문을 개방할 것이다.

GMO의 위험성도 지적되고 있다. 환경운동가들은 GMO가 생태계, 야생동식물, 인간 건강에 악영향을 준다고 경고한다. 다수의 EU 국가들은 아일랜드의 GMO 제품을 꺼릴 것이고 GMO 제품의 거대한 수출시장을 박탈할 것이다. 국내에서도 GMO 생산을 늘리는 것은 논쟁을 불러일으킬 것이다.

정책 선택: 지금까지 해오던 대로 GMO 작물의 증산을 조용히 권장할 것인가? 아니면 GMO의 장기적 환경영향을 우려해서 이에 반대하는 새로운 회원국들의 뒤를 따를 것인가? 경제적 이득을 위해 비교우위를 이용하는 데 다국적기업들과 협력할 것인가? 경제 번영과 환경 고려 사이에 어떻게 균형을 이룰 것인가?

(3) 삼림과 해양

동식물의 서식지인 열대우림과 해양은 생물다양성에 매우 중요할 뿐만 아니라 대기에도 중요하다. 또한 이들은 어족과 목재 같은 상업적으로 수익성 있는 자원의 저장고이다. 이들의 차이점은 우림이 거의 전적으로 국경선 안에 있음에 반하여 해양은 국경선을 초월하여 존재하는 지구의 공유지라는 데 있다.

우림 지구의 전체 종 가운데 절반 정도의 엄청나게 많은 종이 우림에서 살고 있다. 우림은 산소를 대량으로 공급하고 대기 중 이산화탄소를 줄여 지구온난화의 속도를 줄여준다. 따라서 우림은 세계 모든 국가에 이득을 주는 집합재이다.

지금까지 우림 보존을 위한 국제적 협상은 꽤 큰 진전을 이루었는데, 아마도 대부분의 우림이 몇몇 국가에 집중되어 있기 때문인지 모른다. 이러한 몇몇 국가들은 우림 파괴의 속도를 늦추거나 앞당길 수 있는 힘을 가지고 있다. 국제적 협상은 이들 국가가 지불해야 할 비용을 우림으로부터 이익을 얻는 다수 국가로 분산시키기 위한 합의를 도출하는 방식으로 진행된다.

미국을 포함한 일부 부국들이 대규모 삼림을 가지고 있지만 방대한 우림의 대부분은 브라질, 인도네시아, 말레이시아, 마다가스카르 등 빈국들에 몰려 있다. 이 국가들은 벌목, 농지 개간, 채광 등의 방식으로 우림을 활용함으로써 경제적 이득을 얻을 수 있다.[17] 최근까지 (그리고 지금도 어느 정도) 부국 지도자들은 환경 손상에 대해서는 거의 신경 쓰지 않고 오로지 빈국의 경제성장을 극대화하고 이를 통한 부채 상환에만 관심을 기울여 왔다.

이제 부국들이 우림 보호에 관심을 갖게 되었으므로, 부국들은 개발 원조를 발판 삼아 빈국들이 우림을 착취하지 않고 보호하도록 유인하고 있다. 1990년대 말에 이 문제에 대한 합의가 이루어져 부국들은 바로 그런 목적으로 수억 달러의 원조를 제공하였다. 대규모 대외 부채가 있는 일부 빈국을 위하여 환경운동가들과 은행 관계자들은 "부채-자연 교환" 구상, 즉 채무국이 우림 보호에 동의하면 부채를 탕감해준다는 구상을 추진하였다. 예를 들면, 2006년에 미국 정부와 NGO들은 보존계획을 확대하는 조건으로 과테말라의 2,000만 달러 이상의 대외 부채를 탕감하는 일에 협력하였다. 브라질은 2006년에 2003년 이래 삼림파괴의 규모가 50% 줄었다고 발표한 데 이어 2008년에는 2015년까지 삼림파괴를 완전히 중단할 것이라고 발표하였다. 환경운동가들은 이 수치와 계획이 지나치게 낙관적이라 여긴다.

해양 지표 면적의 70%를 차지하는 해양은 (우림과 마찬가지로) 기후 조절과 생물다양성 보존에 핵심적 역할을 한다. 우림처럼 해양도 장기적인 환경 손상을 초래할 단기적인 경제적 활용의 대상으로서 매력적이다. 그런 활용 방법은 어족 남획, 유독폐기물과 핵폐기물 (기타 쓰레기) 버리기, 자주 유출 사고를 일으키는 장거리 유조선 운항 등이 있다. 우림과 달리 해양은 특정 국가 소유가 아니라 세계의 공유

---

17 Dauvergne, Peter. *Loggers and Degradation in the Asia–Pacific: Corporations and Environmental Management.* Cambridge, 2001. Guimaraes, Roberto P. *The Ecopolitics of Development in the Third World: Politics and Environment in Brazil.* Rienner, 1991.

재산이다.[18] 따라서 규제를 강제할 권위체가 없으며, 그렇기 때문에 해양은 더욱 풀기 어려운 집합재 문제를 제기한다. 해양을 보존하기 위해서는 100개 이상의 국가와 수천의 비국가 행위자가 협력해야만 한다. 무임승차자가 이득을 취할 수 있는 기회는 널려 있다. 예컨대 길이가 몇 마일 되는 유자망(drift net)이란 어망은 지나가는 경로에 있는 모든 것들을 잡아 올린다. 수익성이 아주 좋은 어망이지만 지속가능한 해양 환경에는 해를 끼친다. 현재 대다수 국가들이 (환경운동의 압력으로) 유자망 사용을 금하고 있다. 그러나 어느 국가도 대양 한 가운데 **공해**로 가서 불법적인 유자망 사용을 단속할 권한은 없다.

국가들이 추구해 온 한 가지 해결책은 해양에 "울타리 치기"이다. 즉 영해를 해안선(또한 섬)에서 수백 마일 더 확장함으로써 해당국 국가주권의 힘으로 어족, 해저 석유와 기타 광물자원 등을 관리한다는 것이다. 이런 식의 해결책은 해양 관리에 관한 광범한 다자간 협상에서도 모색되고 있다.[19]

1973–1982년 사이에 협상을 거듭해서 나온 **UN해양법협약**(UN Convention on the Law of the Sea, UNCLOS)은 해양 이용을 규제하는 협약이다. 그 후 10년 이상 지나고 또 심해 광물에 대한 재협상이 이루어진 끝에 미국 정부는 1994년에 이 협약에 서명하였지만 아직 비준을 받지 못한 상태이다. 협약은 영해에 관한 규칙을 담고 있는데, 12마일은 독점적 항해 수역으로, 200마일은 어업이나 광업 같은 경제활동을 위한 배타적 경제수역(EEZ)으로 설정하고 있다. 200마일 경계선은 10여 개 영토대국에게 경제적으로 수익성 있는 해양자원을 꽤 많이 할당해준 것이다(〈그림 11.4〉 참조).

많은 지역에서 경계선에 대한 해석 차이 때문에 경제적 이용권이 분쟁거리가 되고 있다. 동중국해의 한 해저 가스전을 놓고 중국은 전체 영유권을, 일본은 부분 영유권을 주장해 왔는데, 중국은 이 지역에서 시추를 이미 시작하였고 일본은 일본의 한 기업에 개발권을 주었다. 2005년에 중국은 이 가스전에 대한 영유권 주장

---

18 Borgese, Elisabeth Mann. *The Oceanic Circle: Governing the Seas as a Global Resource.* UN University Press, 1999.

19 Webster, D. G. *Adaptive Governance: The Dynamics of Atlantic Fisheries Management.* MIT, 2008.

〈그림 11.4〉 세계 각국의 영해와 경제수역

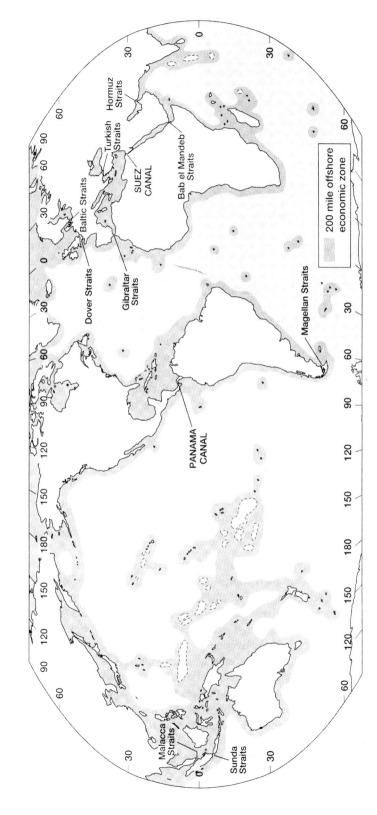

어족자원 남획과 기타 해양 "공유지" 관리 문제를 해결하기 위한 방법의 하나로서, 해양 대부분을 특정 국가의 배타적 통제 하에 두는 울타리 치기 방법이 채택되었다. 짙은 음영 수역이 200마일 경제수역으로, UN해양법협약에 의거하여 해당 국가의 통제를 받고 있다.

출처: Andrew Boyd, *An Atlas of World Affairs, 9th ed.* New York: Routledge, 1992

을 뒷받침하기 위해 5척의 전함을 파견하였다. 중국은 대륙붕조약에 의거한 주장을, 일본은 배타적 경제수역 주장을 하고 있다.

그리고 UN해양법협약은 해양이 인류 공동의 유산이라는 일반적 원칙을 세웠다. 즉 UN은 장차 부국들이 200마일 밖의 해저에서 채취한 광물로 얻게 될 수익의 일부를 다른 국가들과 공유한다는 취지로 국제해저기구(International Sea-Bed Authority)라는 기구를 만들었다.

남극 해양과 마찬가지로 남극도 특정 국가 소유가 아니다.[20] 그러나 남극대륙의 전략적 가치나 상업적 가치는 크지 않으며 관심을 가진 국가도 많지 않다. 이처럼 비용도 적고 행위자 수도 적기 때문에 남극에 관한 국제적 합의는 쉽게 이루어졌다. 환경에 관한 최초의 다자간 조약이라 할 수 있는 1959년의 남극조약(Antarctic Treaty)은 핵무기 배치나 핵폐기물 유기를 포함한 일체의 군사 활동을 금하였다. 또한 조약은 남극에 대한 영유권 주장을 미래의 과제로 넘기고 많은 국가들이 남극에서 과학연구를 하는 데 필요한 레짐을 만들었다. 조약에 서명한 국가는 당시 두 초강대국을 포함하여 남극에 관심을 가진 모든 국가였다. 그린피스는 1991년에 이르러 조약 서명국들에게 남극대륙을 "세계 공원"으로 바꾸자고 설득하였다. 남극은 국제 환경정치에서 대체로 성공한 사례이다.

(4) 오염

일반적으로 오염도 집합재 문제를 야기하지만, 규모 면에서 글로벌 문제가 아닌 경우가 더 많다. 흔히 오염은 지역적 쟁점이거나 양국 간 쟁점이다. 해양에 버리는 쓰레기 같은 예외가 있긴 하지만, 대개 오염의 효과는 오염이 발생한 국가나 인접국에 국한된다. 예컨대 미국 공장의 굴뚝에서 배출된 연기는 캐나다에 산성비를 내리게 할 수 있지만 멀리 떨어진 국가에 직접 영향을 주지는 않는다. 중국의 끔찍

---

20 Stokke, Olav Schram, and Davor Vidas, eds. *Governing the Antarctic: The Effectiveness and Legitimacy of the Antarctic Treaty System.* Cambridge, 1997.

한 대기오염은 매년 거의 50만의 중국인을 죽이지만 외국인은 거의 죽이지 않는다. 오염이 국경을 넘는 경우에도 오염원에 가장 가까운 지역에 가장 심한 피해를 준다. 이와 같은 국지적 효과 덕분에 오염과 관련된 집합재 문제는 비교적 해결하기 쉽다. 오염을 시키는 국가가 무임승차자가 될 수는 없고 관련 행위자의 수가 적기 때문이다.

서유럽과 동유럽, 그리고 중동 지역 같은 곳은 많은 국가들이 같은 공기를 마시고 같은 강 유역에 살거나 같은 연안 지역에 몰려 있다. 이런 상황에서 오염 통제를 위한 협상은 다자간 협상이 될 수밖에 없다. 냉전시대 유럽에서는 서유럽 국가들이 오염으로 악명 높은 동유럽 국가들에게 어떠한 제한도 가할 수 없었다는 점이 오염 문제를 더 악화시켰다.

대기오염의 원인인 **산성비**를 줄이기 위한 지역 수준의 몇몇 협정이 체결되어 있다. 삼림이 심각하게 손상된 유럽 국가들은 상호 이익을 위해 대기오염과 산성비 감축에 합의하였다. 1988년에 24개 유럽 국가들이 모여 산화질소 배출을 1995년까지 1988년 수준으로 제한한다는 조약에 서명하였다. 미국과 캐나다도 오랜 협상을 거쳐 대기오염 감축을 위한 협정에 서명하였다. 이 같은 지역 수준의 협정들은 대체로 잘 이행되어 왔다.

수질오염도 국경을 넘는 경우가 많다. 산업 폐수, 생활 오수, 농업용 비료와 살충제 등은 모두 강이나 바다로 흘러 들어가기 쉽다. 예를 들어 2005년에 중국 동북지방에서 대규모 화학물질 유출 사고가 일어나 러시아로 흘러가는 강을 오염시켰다. 유럽의 강들은 대개 선박 통행량이 많은데, 이러한 선박 통행을 규제하는 오래된 지역 기구들도 오염 문제를 다루고 있다. 지중해는 심각하게 오염되어 있지만 너무 많은 국가들이 지중해와 접해 있기 때문에 오염을 관리하기가 매우 어렵다.[21] 2010년에 멕시코만에서 미국 역사상 최대 규모의 원유 유출 사고가 일어났다. 이 사고는 원유 플랫폼(oil platform)에서 폭발사고가 발생함에 따라 물밑 5,000피트 부근의 송유관이 파손되어 일어난 사고였다. 원유 유출을 봉쇄하는 데만 몇 달이 걸렸다. 이 사고는 심해 원유 시추가 얼마나 위험한지를 극명하게 보여주었다. 이 유정

---

21 Haas, Peter M. *Saving the Mediterranean* (이 장의 각주 5 참조).

의 운영자인 브리티시페트롤륨(British Petroleum)은 미국 남부 주민의 피해를 배상하기 위해 수십억 달러를 지불하기로 합의하였다.

유독폐기물과 핵폐기물은 장기적 위험 탓에 특별히 중요한 문제이다. 이런 폐기물을 국외로 반출하려는 국가들이 꽤 많은데 국제협정은 유독폐기물 및 핵폐기물의 해양 투기를 금하고 있다(이는 분명히 집합재 문제이다). 그러나 선진국들은 돈을 주고 이런 폐기물을 개발도상국으로 보내기도 한다. 예를 들어 펜실베이니아에서 나온 유독 재가 기니에서 벽돌 재료가 되고, 이탈리아 핵폐기물이 나이지리아로 선적된 바 있다.

빈국 착취 관행이라 할 유독폐기물 수출을 규제하는 규범이 최근에 만들어졌다. 1989년에 UN의 후원으로 100개국이 유독폐기물 및 핵폐기물 수출을 규제하고 은밀한 불법거래를 예방하기 위한 조약에 서명하였다. 아프리카의 40여개 국가들은 이 조약에 서명하지 않았지만 유독폐기물의 아프리카 수출 전면 중단을 요구하였다. 그러나 2006년에 한 다국적기업이 네덜란드에서 유조선의 유독폐기물을 처리하려고 했다가 수십만 달러의 비용이 든다는 사실을 알고서는 포기하였다. 6주 후 그 유조선은 유독폐기물을 아이보리코스트의 아비잔으로 싣고 갔으며, 거기서 현지의 한 회사가 이 폐기물을 받아 도시 근교에 투기하였다. 주민 수천 명이 병에 걸렸고 8명이 사망하였다.[22] 2007년에 이 다국적기업은 소송 해결을 위해 2억 달러를 지불하기로 합의하였다.

1986년에는 우크라이나의 **체르노빌** 원자력발전소가 용해되어 대기 중에 방사능을 방출하였고, 이 방사능이 이탈리아에서 스웨덴까지 유럽 전역에 퍼졌다. 이 사고는 한 국가의 경제적 혹은 기술적 결정이 다른 국가들에게 얼마나 심각한 환경문제를 일으킬 수 있는지를 잘 보여준 사고였다. 당시 소련 지도자들은 인접국들에게 신속하게 사고 사실을 알려주지 않아 사태를 더 악화시켰다.

대기 및 수질 오염과 관련하여, 지금까지 한 국가의 일방적 조치나 국제협정 모두 타당성이 있고 효과적인 경우가 많았다. 최근 수십 년 동안 대다수 선진국 산업지역의 수질이 개선되어 왔다. 이제 시장경제는 오염을 생산비용의 일부로 다루

---

22 Polgreen, Lydia, and Marlise Simons. Global Sludge Ends in Tragedy for Ivory Coast. *The New York Times,* October 2, 2006: A1.

기 시작하였다. 오염이 생산비용이라면 당연히 그 비용은 사회 전체가 아니라 오염자가 부담해야 하는 것이다. 몇몇 국가들은 자유시장에서 사고 팔 수 있는 "오염권"을 기업들에게 할당하기 시작하였다.

구소련 진영 국가들에서는 과거 수십 년 동안 추진된 중앙계획에 의한 산업화가 매우 심각한 환경문제를 낳았다.[23] 환경파괴와 건강에 대한 악영향이 매우 심각해지자 그렇지 않아도 경제적 어려움에 처한 구소련 공화국들은 오염을 줄이고 손상을 복구하는 일을 더 이상 외면할 수 없게 되었다. 예를 들어 심각하게 오염된 아랄해(Aral Sea)는 과거 소련 한 나라 안에 위치해 있었지만 이제 카자흐스탄과 우즈베키스탄 두 나라에 둘러싸여 있다. 한때 세계에서 네 번째로 큰 내해(內海)였던 아랄해는 이제 크기가 반으로 줄었고 방대한 어족자원이 고갈되어 버렸다. 소련 시절 사막에서 면화를 재배하기 위해 벌인 대규모 관개사업이 아랄해로 들어가는 강물을 사막으로 돌려버렸고, 또 살충제로 아랄해 수질을 오염시켰기 때문이다. 과거 어촌이었던 마을들이 이제는 해변에서 여러 마일 떨어진 곳이 되고 말았다. 당사국과 국제사회 정치지도자들이 이 문제를 해결하기 위한 계획을 실행하지 못했기 때문에 현지 주민들은 환경 참사가 가져온 건강 악화로 고통 받았다.

3. 천연자원

자연환경은 보호를 요하는 민감한 생태계일 뿐만 아니라 천연자원의 저장고이기도 하다. 자원 추출은 국가에 부를 가져다주기 때문에 자원이 불씨가 되어 국제분쟁이 발생하는 일이 많다.[24] 그러나 자원은 한 국가 안에 있는 경우가 대부분

23 Feshbach, Murray. *Ecological Disaster: Cleaning Up the Hidden Legacy of the Soviet Regime.* Brookings, 1995. Weinthal, Erika. *State Making and Environment Cooperation: Linking Domestic and International Politics in Central Asia.* MIT, 2002.

24 Zacher, Mark W., ed. *The International Political Economy of Natural Resources.* Elgar, 1993. Lipschutz, Ronnie D. *When Nations Clash: Raw Materials, Ideology, and Foreign Policy.* Ballinger, 1989. Bannon, Ian, and Paul Collier, eds. *Natural Resources and Violent Conflict: Options and*

이기 때문에 집합재 문제를 야기하지는 않는다. 그보다는 중요한 자원을 놓고 국가들이 흥정을 벌이는 경우가 더 많다.

천연자원은 세 가지 측면에서 국제분쟁의 불씨가 될 수 있다. 첫째, 자원은 산업경제(때로는 농업경제까지) 활동에 필수적이다. 둘째, 광물 매장지, 강 등과 같은 자원의 원천이 둘 이상의 국가가 영유권을 놓고 다투는 특정 지역에 위치하고 있을 수 있다. 셋째, 자원이 불균등하게 분포되어 있어서 한 국가에는 풍부하지만 다른 국가에는 부족할 수 있다. 이 세 가지 측면은 천연자원의 무역이 수익성이 매우 높다는 점을 말해준다. 다른 부가 가치가 자원무역으로 창출될 수 있기 때문이다. 또한 이 세 가지 측면은 자원무역이 정치화 된다는 점을 말해주기도 한다. 즉 독점이나 과점, 카르텔에 의한 가격조작 등과 같은 시장의 불완전성을 가져올 수 있다.

(1) 에너지

국가에 필요한 수많은 천연자원 가운데 가장 중요한 것이 에너지 자원(연료)이다. 세계 산업경제를 움직이는 상업적 연료는 석유(세계 에너지 소비의 약 40%), 석탄(30%), 천연가스(25%), 수력 및 원자력발전소 전기(5%) 등이다. 석유, 석탄, 가스 등 화석연료가 세계 에너지 소비의 95%를 차지한다. 전기로 소비되는 에너지 가운데 일부가 수력발전소 댐이나 원자로에서 만들어지기도 하지만 그 대부분이 화석연료를 태우는 화력발전소에서 만들어진다.

무게 65파운드의 석탄 더미를 상상해 보라. 북아메리카에서 한 사람이 매일 사용하는 에너지의 양이 그 정도의 석탄을 태워야 만들어지는 에너지이다. 물론 부유한 사람이 가난한 사람보다 더 많은 에너지를 사용하며, 65파운드는 평균치이다. 이 수치는 중국의 5배, 아프리카의 20배에 해당하는 수치이다.

〈표 11.1〉은 세계 9개 지역의 1인당 에너지 소비량을 보여준다. 산업화된 북반구의 4개 지역이 남반구보다 훨씬 더 많은 에너지를 소비한다. 남아시아와 아프리

Actions. World Bank, 2003.

카에는 산업이 거의 없기 때문에, 북아메리카는 이 두 지역보다 15배 많은 에너지를 소비하고 있다. 산업국들 간에도 에너지 소비 대비 GDP, 즉 에너지 사용의 **효율성** 면에서 차이가 난다. 구소련 공화국들의 효율성이 가장 낮고, 북아메리카는 약간 낮은 편이며, 유럽과 일본이 가장 높다.

국제 에너지무역은 세계경제에서 핵심적 역할을 수행한다. 〈표 11.1〉처럼 서방 선진국들은 모두 에너지 순수입국이다. 중동과 아프리카 국가 및 러시아는 수출국이다. 모든 종류의 에너지가 국제적으로 거래되지만 지금까지 가장 중요한 에너지는 장거리 운반비용이 가장 싼 석유이다. 러시아는 중요한 경화를 석유수출로 얻는다. (라틴아메리카의) 베네수엘라와 멕시코, (아프리카의) 나이지리아와 앙골라 역시 주요 석유수출국이다. 그러나 지금까지 최대의 석유수출국은 걸프 연안 국가들이다 (사우디아라비아, 쿠웨이트, 이라크, 이란, 아랍에미리트, 카타르, 바레인, 오만). 사우디아라비아는 최대 수출국이자 최대 매장량을 가진 국가이다(8장 〈표 8.1〉 참조). 세계의 에너지 관련 정치는 서유럽, 일본/태평양, 북아메리카로 가는 중동 석유를 둘러싸고 전개된다.

〈표 11.1〉 1인당 에너지 소비량과 에너지무역, 2009

	1인당 소비량	순수출a
	(100만 BTU)	(1,000조 BTU)
북아메리카	315	−17
유럽	135	−36
일본/태평양	185	−20
러시아/CIS	140	+25
중국	70	−10
중동	130	+39
라틴아메리카	55	+4
남아시아	20	−2
아프리카	16	+20
세계 전체	71	

a: 순수출이란 생산량에서 국내소비를 뺀 것이다. 기술적인 문제 때문에 세계 전체의 순수출이 순수입과 일치하지 않는다.
출처: US Department of Energy.

산업경제에서 석유가 매우 중요하므로 세계정치에서 중동의 정치적 중요성도 그만큼 크다.[25] 에너지는 모든 산업 활동에 필요하기 때문에 경제적으로 매우 중요하지만, 서방이 에너지를 중동과 기타 남반구 지역에서 수입하는 에너지에 의존하고 있기 때문에 정치적으로도 대단히 민감한 부분이다.

20세기 초에 영국과 기타 유럽 국가들은 중동 석유를 안정적으로 확보하기 위하여 중동 지역을 식민화하여 현지 왕들을 왕좌에 앉혀둔 채 보호령으로 분할하였다. 미국은 식민지나 보호령을 갖지 않았지만, 미국 다국적기업들은 1920년대부터 1960년대까지 이 지역 석유개발에 깊숙이 관여하였으며 종종 막강한 힘을 행사하였다.[26] 미국과 유럽의 석유회사들은 현지에 지불하는 유가는 낮게 자기 이윤은 높게 유지하였지만, 현지 통치자들은 전문기술과 자본투자를 이 회사들에 의존하였다.

제2차 세계대전 이후 영국이 이 지역의 식민지 영유권을 포기하였지만, 서방의 석유회사들은 계속 서방에서 소비할 석유를 이 지역에서 싸게 생산하였다. 그러다가 아랍-이스라엘 전쟁이 진행 중이던 1973년에 이 지역 아랍 국가들이 이스라엘을 지지한 미국을 제재하기로 결정하였다. 그리하여 아랍 국가들은 대미 석유수출을 중단하고 전체 수출물량을 줄였다. 이 같은 공급 부족으로 세계 유가가 급등하였다. 석유수출국기구(OPEC)는 자기들의 잠재적 힘을 깨달았으며 세계가 지불하려는 유가 상한선이 얼마인지도 알게 되었다. 이 같은 1973년의 오일쇼크는 세계경제와 정치에 심각한 영향을 미쳤다. 막대한 경화가 중동 석유수출국의 국고에 쌓였으며, 석유달러(petrodollar)라 불린 이 돈이 세계 각지로 투자되었다. 미국과 유럽은 그 이후 몇 년간 높은 인플레에 시달렸다. 미국의 경제적 불안, 그리고 베트남전으로 인한 무력감 등이 작용하여 미국 힘의 쇠퇴가 두드러지게 나타난 반면에 남반구가 부상하는 것처럼 보였다.

이란 혁명은 1979년의 2차 오일쇼크로 이어졌다. 그러나 유가가 급등하자 북

25 Kapstein, Ethan B. *The Insecure Alliance: Energy Crises and Western Politics Since 1944.* Oxford, 1990. Parra, Francisco R. *Oil Politics: A Modern History of Petroleum.* Tauris, 2004. Yergin, Daniel. *The Prize: The Epic Quest for Oil, Money, and Power.* Simon & Schuster, 1991.

26 Vitalis, Robert. *America's Kingdom: Mythmaking on the Saudi Oil Frontier.* Verso, 2009.

해(영국과 노르웨이), 알라스카, 앙골라, 러시아 등 OPEC 밖의 지역에서 석유생산이 늘어났다. 1980년대 중반에 이르기까지 중동이 세계 석유무역에서 차지하는 시장 점유율이 급속히 떨어졌다. 더욱이 선진국 경제가 에너지효율을 높이게 되었다. 공급은 늘고 수요는 줄어 1980년대 말에 이르러서는 유가가 사상 최저치인 배럴당 20달러로 떨어졌다.

1990년대 말에 카스피해(Caspian Sea)가 새롭고 개발 여지가 큰 석유공급지로 떠올랐다(《그림 11.5》 참조). 그러나 카스피는 내해(內海)라서 카스피 석유가 세계시장으로 가려면 육상의 송유관을 거쳐야만 한다. 아제르바이잔의 산유 시설에서 유조선 접안이 가능한 흑해로 가는 주된 송유관은 러시아 남부의 전쟁지역인 체첸을 경유한다. 그래서 러시아는 생산 물량이 많을 뿐 아니라 계속 늘고 있는 카스피 석유를 흑해로 보내기 위해 체첸을 우회하는 경로를 건설하였다. 서방 강대국들은 러시아를 통과하지 않는 다른 송유관 경로를 원했고 터키는 시장점유율을 높이는 한편으로 보스포루스 해로(소련 유조선이 반드시 통과해야 하는)의 환경 악화를 줄이고자 하였다. 긴 협상을 거쳐 2002-2004년에 관련 국가와 기업들은 아제르바이잔에서 조지아를 거쳐 터키의 지중해 연안으로 가는, 공사비용 수십억 달러가 투입된 대용량 송유관을 건설하였다.

폭력분쟁이 일어나면 송유관 문제가 아주 복잡해진다. 새로운 송유관이 설치된 3국 모두 지난 2000년대 10년 동안 전쟁을 치렀다. 카스피 석유를 운반하는 기존의 다른 송유관이나 제안된 송유관도 결코 쉬운 대안이 못된다. 투르크메니스탄은 천연가스를 파키스탄에 수출하고 다시 파키스탄에서 아시아로 수출하려고 하지만, 그렇게 하려면 송유관이 전쟁지역인 아프가니스탄을 경유해야 한다. 그리고 2003년에 차드에서 카메룬을 통과하는 새로운 40억 달러 송유관이 건설되어 가동을 시작하였고 양국의 빈곤 해소에 도움이 될 것이라는 기대가 있었지만, 수단에 기지를 둔 반군이 차드를 공격함에 따라 석유 판매대금이 군사목적으로 전용되어 버렸다. 통신과 비즈니스에서는 국경선이나 지정학이 별로 중요하지 않을는지 모르지만, 송유관 문제 같은 국제 경제거래의 경우에는 국경선이나 지정학이 아직도 매우 중요하다.

638

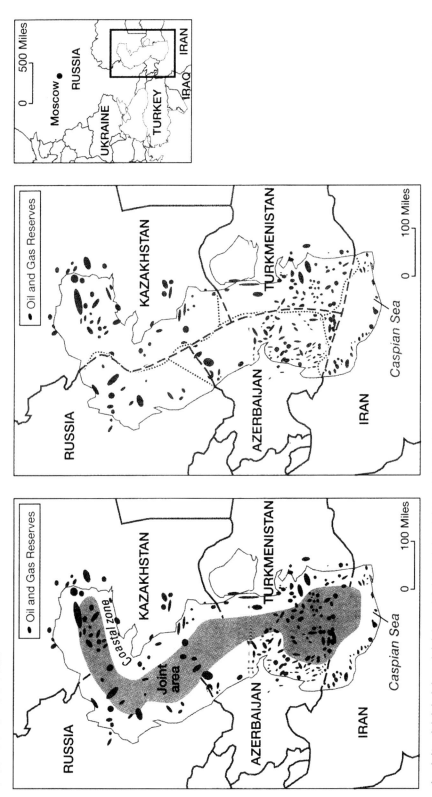

〈그림 11.5〉 카스피해의 분할

카스피해는 세계에서 가장 큰 내해이다. 국제법상 카스피해는 바다로 규정될 수도 있고 호수로 규정될 수도 있다. 호수로 구성하면, 그 한 가운데(연못 지도상 녹색 음영 부분)는 공동구역으로서 주권국들의 동의가 있어야 이용할 수 있는 구역이다. 연안지역은 당사국의 배타적 통제 하에 있다. 바다로 보면 가로 길이가 400 마일이 넘지는 주변국들의 200 마일 배타적 경제수역(EEZ)이 바다 전체를 차지하게 된다(오른쪽 지도). 오른쪽 지도처럼 바다 전체를 분할한다면 그 방법은 중앙선(-----선)으로 나누는 방법과 동일 면적(점선)으로 5등분 하는 방법이 있다. 5등분 하면 이란이 좀더 큰 면적을 갖게 된다. 러시아는 자국 석유 시설에 대한 공격에 대비하기 위하여 카프카스티카 함동 군사훈련을 실시한 바 있다. 그러나 이란은 우세가 아니란 상호주의 원칙으로 해결될 것이다. 5개국 가운데 어느 국가도 전쟁으로 이득을 취할 수 없으며, 5개국 모두 석유 자원 개발을 원하기 때문에 해상 경계 과정은 엄청나게 복잡하게 얽혀 있을 것이다. 해운, 어로, 담수, 파이프라인 등 여러 요인들이 복잡하게 뒤얽혀 있기 때문이다. 따라서 합의에 도달하는 데 매우 오랜 시간이 필요할 것이다.

a: Sciolino, Elaine. "It's a Sea! No. It's a Lake! No. It's a Pool of Oil!" *The New York Times*, June 21, 1988. Kucera, Joshua. "The Great Caspian Arms Race." *Foreign Policy*, June 22, 2012.

2000년 이후 유가는 비교적 높은 수준을 유지하다가 마침내 배럴당 140달러로 치솟아 미국의 휘발유 가격이 갤런당 4달러를 초과하였다. 유가가 이처럼 높으면 두 가지 큰 이점이 생긴다. 첫째, 석유를 태우는 것이 지구온난화에 기여하는데, 고유가가 석유소비 감소와 에너지효율 제고를 촉진함으로써 환경보호에 기여할 수 있다. 예를 들어, 2008년에 기름 먹는 하마인 SUV의 판매량이 급감한 반면에 하이브리드 차량의 판매량이 급증하였다. 둘째, 고유가는 산유국의 수출 이익을 늘려준다. 베네수엘라와 멕시코 같은 국가는 석유수입에 의존해 경제개발계획을 추진하고 외채상환을 이행한다. 이런 국가들은 고유가 덕분에 외채문제를 완화할 수 있었으며, 러시아 역시 고유가가 경제회복에 큰 역할을 했다. 그러나 석유수출이 항상 좋은 결과만 낳는 것은 아니다. 이란, 사우디아라비아, 베네수엘라 등과 같은 국가의 예에서 보듯이, 소수 사람들의 손에 쉽게 번 돈이 모인다는 것은 독재정권 연장이나 극단주의 창궐을 가능케 해준다. 이보다 더 중요한 일로, 고유가는 세계경제를 극심한 침체로 몰아넣는 데 기여하였으며, 결국 석유 수요 감소와 유가 폭락으로 이어질 수 있다. 유가가 배럴당 40달러로 폭락한 것은 불과 몇 달 만에 일어난 일이다. 그러자 산유국과 최근에 부자가 된 정부는 졸지에 현금부족 사태를 맞게 되었다. 그리고 고유가 시절에는 전망이 밝았던 태양에너지 같은 대체 에너지원이 저유가 시절에 와서 지지기반을 잃게 되었다. 이런 현상은 다시 서방 국가들의 수입석유 의존도가 높아지는 새로운 순환 주기의 출발점일 수 있다.

(2) 광물

국가경제에 부를 창출해주는 인프라스트럭처와 기타 공산품을 만들기 위하여 국가는 에너지 외에 다른 원료도 확보해야 한다. 여기에는 금속과 기타 광물, 그리고 광산에서 추출하는 관련 물질 등이 포함된다. 철, 구리, 백금 등 광물을 둘러싸고 전개되는 정치경제는 에너지 관련 정치경제와 다르다. 국제 석유무역의 가치는 광물무역의 가치보다 몇 배나 크다. 더욱이 광물자원의 분포는 세계 특정 지역에 편중되어 있지 않다. 또한 산업국들은 전략적 광물을 비축해둠으로써 취약성을 줄여 왔다.

산업경제에 가장 중요한 광물은 산업장비 제작에 들어가는 광물이다. 전통적으로 가장 중요한 광물로 꼽히는 것이 철강 재료인 철이다. 주요 철강생산국으로는 구소련, 일본, 미국, 중국, 독일 등이 선두 그룹이고 브라질, 이탈리아, 한국, 프랑스, 영국 등이 뒤를 따르고 있다. 이처럼 주요 산업국들은 철강을 자체 생산하고 있다 (독일과 일본은 세계적 철강수출국이다). 미국과 몇몇 국가들은 철강생산의 자급을 유지하기 위하여 국내 철강 산업을 보호하는 무역정책을 펴 왔다. 어떤 산업국들은 철강 생산을 위한 철광석을 수입에 크게 의존하고 있는데, 일본이 그 대표적 국가이다. 철광석이 특정 지역에 편중되어 있는 것은 아니지만, 대개 개발도상국들은 산업국들로 철광석을 수출한다.

구리, 니켈, 아연 등과 같은 다른 주요 광물들의 공급 및 무역 패턴은 석유에 비해 훨씬 더 분산되어 있으며, 산업국들은 대개 자급한다. 주석이나 보크사이트처럼 빈국들이 주공급원이어도 수출국들이 OPEC처럼 큰 힘을 발휘하지는 못한다. 생산자 카르텔이 있는 경우도 있고(구리), 생산자-소비자 카르텔이 있는 경우도 있고(주석), 생산자 카르텔과 소비자 카르텔 둘 다 있는 경우도 있다(보크사이트). 최근에 중국은 (아주 적은 양이 쓰이지만) 전자제품 생산에 결정적으로 중요한 광물인 '희토류'를 거의 독점적으로 공급하고 있다. 중국은 희토류 가격 인상을 위하여 가끔씩 수출을 줄이기도 한다.

바나나수출국연맹(UBEC)이나 아프리카땅콩위원회(AGC)의 예에서 보듯이, 몇몇 농산품 분야에 생산자 카르텔이 만들어져 있다. 어떤 농산품은 몇 개 국가에 편중되어 있는데, 설탕(쿠바), 코코아(아이보리코스트, 가나, 나이지리아), 차(인도, 스리랑카, 중국), 커피(브라질, 콜롬비아)가 그렇다. 그러나 편중되어 있음에도 지금까지 이 농산품 분야 카르텔은 가격 인상에 별로 성공하지 못했다. 에너지만큼 필수적인 것이 아니기 때문이다.

(3) 물 분쟁

국가는 에너지와 광물 외에 물도 확보해야 한다. 산업화가 진행되면 될수록 물의 필요성은 더 커진다. 산업화로 농업도 발달하고 인구도 늘어나기 때문이다. 세계의 물 사용량은 몇 세기 전에 비해 35배 늘었으며, 20세기 동안에는 인구증가 속도보다 2배 빠른 속도로 늘었다. 이에 반하여 물 공급량은 별로 늘지 않았으며 몇몇 지역에서는 물이 고갈되고 있다. 세계 인구의 1/5이 안전한 음용수를 충분히 공급받지 못하며 80개국이 물 부족에 시달린다. 물 공급원인 강과 지하수는 국경을 가로지르는 경우가 많으며, 이 때문에 물 이용 문제가 점차 국제분쟁의 불씨가 되고 있다. 몇 개 국가가 동일한 지하수를 이용할 때 그렇듯이, 이런 분쟁은 집합재 문제이다.

물 문제는 중동에서 특히 중요하다. 예를 들어 유프라테스강은 터키에서 시리아와 이라크를 거쳐 걸프로 흘러가는데, 이라크는 시리아가 강물 흐름을 다른 곳으로 돌리는 데 반대하며, 이라크와 시리아는 터키가 그런 일을 하는 데 반대한다.

요르단강은 시리아와 레바논에서 발원하여 이스라엘을 거쳐 요르단으로 흘러들어간다. 1950년대에 이스라엘이 운하를 건설하여 요르단강의 물을 "사막에 꽃 피우기" 사업 쪽으로 끌어가려 하자 요르단과 인접한 아랍 국가들은 UN 안전보장이사회에 이 문제를 제소하였다. 그러나 UN 안보리는 이 분쟁을 중재하는 데 실패하였고, 각국이 저마다 물 이용계획을 추진하게 되었다(나중에 이스라엘과 요르단은 UN이 제안한 배분 방식에 따르기로 합의하였다). 1964년에 시리아와 레바논이 요르단강에 댐을 건설하여 물이 이스라엘까지 가기 전에 물길을 돌리려고 시도하였다. 그렇게 했더라면 이스라엘의 새로운 물 관리체계는 무용지물이 되었을 것이다. 당시 이스라엘은 댐 건설현장에 공습과 포격을 가하여 시리아의 물길 돌리기 계획을 포기하게 만들었다. 그 후 1967년에 이스라엘은 시리아의 골란고원을 점령함으로써 시리아가 다시는 그런 계획을 추진하지 못하게 만들었다.[27] 이런 사례는 지배 원칙이 작동하여 천연자원 관련 분쟁을 해결한 사례라 할 수 있다.

그리고 물은 물고기와 석유 같은 다른 천연자원도 포함하고 있다. UN해양법협약(UNCLOS)은 그런 자원에 대한 국가의 영유권을 인정하는데, 이것이 새로운 문제를 만들고 있다. 영해에 관한 규범은 아직 확고히 정립되지 못한 상태이다. 그래서 일부 국가들은 누가 무엇을 영유하는지에 대해 동의하지 않고 있다. 그리고 작

---

27 Conca, Ken. *Governing Water: Contentious Transnational Politics and Global Institution Building.* MIT, 2005. Selby, Jan. *Water, Power, and Politics in the Middle East.* Tauris, 2003.

은 섬에 대한 영유권은 곧 그 주변 해양의 어족자원, 해저석유, 광물 등의 영유권을 의미한다. 현재 중국과 베트남 등이 각기 영유권을 주장하는 작은 섬들인 스프래틀리 군도(Spratly Islands)가 잠재적으로 심각한 국제분쟁의 불씨가 되고 있다. 이 군도는 인근 해역의 석유 개발권 및 어업권과 결부되어 있기 때문이다.

연료, 광물, 농산품, 영해 등에 관한 분쟁에는 하나의 공통된 테마가 있다. 그것은 그 자원이 특정 장소에서 생산되지만 먼 장소로 수출된다는 점이다. 자원의 생산지에 대한 통제권을 갖는다는 것은 (중상주의자들이 중시하는) 국가의 자급률을 높일 뿐만 아니라 (자유주의자들이 중시하는) 부를 창조하는 상품을 늘리는 것이 된다.

물론 자원 자체가 국제안보와 직결될 수도 있다. 국제관계 학자들은 환경정치에 관한 연구를 확장하여 군사 및 안보 문제와 환경의 관계까지 연구해 왔다.[28] 이 관계의 일면은 국제분쟁의 원인으로서 환경의 역할이다. 앞에서는 환경 악화가 어떻게 수많은 국가들 간의 집합재 문제로 이어질 수 있는지, 그리고 영토와 자원을 놓고 벌이는 경쟁이 어떻게 몇몇 국가들 간의 분쟁을 낳을 수 있는지를 살펴보았다.

또한 국제안보 분야에서의 활동이 환경에 영향을 주기도 한다. 군사 활동, 특히 전투는 채광이나 제조업 같은 경제활동이 야기한 것보다 더 심한 환경 악화를 초래할 수 있는 중요한 요인이다. 예를 들어, 1991년의 걸프전 당시 이라크군은 쿠웨이트에서 철수하기 전에 대량의 석유를 걸프만에 버렸으며, 수백 개의 유정을 폭파하여 유정이 통제 불가능할 정도의 불길에 휩싸이게 만들고 두꺼운 먹구름이 이라크와 이란 상공을 뒤덮게 만들었다.

---

28 Kahl, Colin H. *States, Scarcity, and Civil Strife in the Developing World.* Princeton, 2006. Dalby, Simon. *Environmental Security.* Minnesota, 2002. Homer-Dixon, Thomas F. *Environment, Scarcity, and Violence.* Princeton, 1999.

4. 인구

세계 인구는 날마다 신기록을 갈아치우고 있다. 2012년 현재 세계 인구가 약 70억인데 매년 8,000만 명씩 늘어나고 있다. 미래의 인구를 예측하는 것은 어느 면에서 매우 쉽다. 핵전쟁이나 환경 대참사가 발생하지 않는다면 현재 어린이들이 자라 다시 어린이들을 낳을 것이기 때문이다. 앞으로 20−30년이 지나면 현재 남반구에 살고 있는 수많은 어린이들이 거의 기계적으로 세계 인구 증가의 기관차 역할을 할 것이다. 2030년의 추정 인구는 80−90억 정도인데, 이 추정치를 바꾸기 위해 우리가 할 수 있는 일은 거의 없다.

그와 같은 인구증가의 96%가 남반구에서 이루어질 것이다. 현재 인구 증가의 절반이 단 6개국, 즉 인도, 중국, 파키스탄, 나이지리아, 방글라데시, 인도네시아에서 이루어지고 있다. 앞으로 50년이 지나면 빈국들의 인구가 3배 늘어나는 반면에 부국들의 인구는 줄어들 것으로 예상된다.[29]

25년 이후의 세상이 어떻게 될지를 예측하기는 어렵다. 현재 어린이들이 성장하였을 때 그들이 낳을 아기의 숫자는 그들의 소득 수준에 영향 받을 것이다(다음에 나올 "인구변천" 때문에). 개발도상국들이 어느 정도 부를 축적하면 인구증가율이 낮아질 수 있다(13장에서 다룬다). 인구증가율에 영향을 주는 두 번째 요인은 여성의 권리 및 출생률에 관한 정부 정책이다.

이와 같은 두 가지 요인 때문에 수십 년 이후의 예측은 여러모로 불확실하다(《그림 11.6》 참조). 2050년의 세계 인구는 90억 정도, 그 후 100년간은 100억 전후 수준에서 안정될 것 같다. 2002년의 데이터를 보면, 크고 가난한 나라에서 여성의 지위가 상승하고 문자해득률이 높아지면 인구 증가율이 예상보다 낮아질 수 있다.[30] 각국 정부와 국제기구들의 현재 행동이 200년 후 지구의 인구를 결정할 것이다.

---

29 UNFPA 데이터. United Nations. *State of World Population Report 2004*. UN, 2004.

30 Crossette, Barbara. Population Estimates Fall as Women Assert Control. *The New York Times*, March 10, 2002.

〈그림 11.6〉 세계 인구 추세와 전망 (10억)

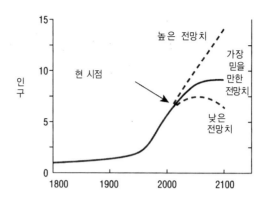

출처: UN Population Office.

200년 전에 영국의 맬서스(Thomas Malthus)는 인구증가가 식품공급 증가보다 더 빠른 속도로 이루어지는 경향이 있다는 점을 경고하고 인구증가의 속도가 기아와 질병 때문에 낮아질 수 있다고 예견하였다. 오늘날 세계 인구과잉을 경고하는 전문가나 학자들을 맬서스주의자라 부르기도 한다. 이런 견해에 반대하는 사람들은 기술발달이 인구증가와 보조를 맞추어 이루어져 왔기 때문에 인구가 계속 늘어도 식량과 기타 환경에서 추출하는 자원도 함께 늘었다는 점을 지적한다.

(1) 인구변천

인구증가는 출생률과 사망률의 차이로 표시된다. 산업화 이전 농업사회에서는 출생율과 사망률이 모두 높았다. 따라서 인구증가가 서서히 이루어졌으며, (기아나 전염병 등으로) 사망률이 출생률보다 높아져 인구가 감소된 경우도 있다.

경제 발전 과정, 다시 말해 산업화와 1인당 소득 증대 과정에서 출생률과 사망률에 어떤 변화가 생겼는데, 이 변화는 소위 **인구변천**(demographic transition)이라는 꽤나 보편적인 패턴을 가진 변화이다(《그림 11.7》 참조). 먼저, 사망률은 식품공급이 늘고 의료서비스가 확대되면 하락한다. 이어서, 교육수준, 안전수준, 도시화수준, 여성의 사회적 지위 등이 높아지면 출생률이 하락한다. 그리고 이 변천의 끝에 이르면, 출발점에서 그랬듯이 출생률과 사망률이 근접하여 인구증가가 거의 이루어지지 않는다. 그러나 그러한 변천이 진행되는 동안에는 사망률이 출생률보다 더 많이 떨어져 인구가 급속히 증가한다.

〈그림 11.7〉 인구변천

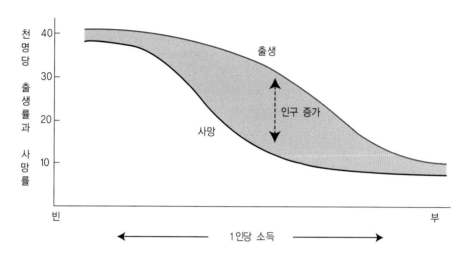

소득이 늘어나면 먼저 사망률이 떨어지고 이어 출생률이 떨어진다. 이 양자 간의 차이가 인구증가율로 나타난다. 변천 초기에는 아동 인구가 많고 후기에는 노령 인구가 많아진다.

출처: UN.

가난한 사람들이 많은 자녀를 낳는 경향이 있는데, 그 이유는 자녀의 생존이 확실치 않다는 데 있다. 질병, 영양실조, 혹은 폭력이 자녀의 목숨을 위협하며, 그래서 최악의 경우 노년에 자신들을 돌봐줄 자녀가 하나도 남지 못하게 될 수 있다. 자녀가 많으면 그중 일부가 살아남을 가능성이 커진다.

한 국가가 인구변천 과정에 들어가게 되면 그 국가의 인구구성이 크게 바뀐다. 과정 초기나 중기에는 대다수 인구가 젊다. 가족당 자녀수도 많고 성인의 기대수명도 짧다. 어린이들은 경제적으로 생산적이지 못하기 때문에 빈국에 어린이가 많다는 것은 부의 축적을 지연시키는 경향이 있다. 그러나 이 과정의 끝에 가면 성인이 더 오래 살고 가족당 자녀수도 줄기 때문에 인구의 평균연령이 훨씬 고령화된다. 궁극적으로 인구의 큰 부분이 사회가 부양해야 할 또 다른 종류의 비생산적 인구, 즉 고령층으로 채워진다.

산업국들은 이와 같은 인구변천 과정을 졸업하여 현재 인구증가율이 낮다. 러시아, 유럽, 일본의 인구는 줄고 있다. 대다수 개발도상국들은 변천 과정의 중간 지점을 지나고 있어서 인구증가가 급속하게 이루어지고 있다.

급속한 인구증가와 어린이 비중이 높은 인구구성은 1인당 소득을 낮추는 강력한 힘인 반면에 인구증가율을 낮추는 최선의 방법이 1인당 소득을 높이는 것이라는 점, 바로 이 점이 인구변천의 딜레마이다. 그러므로 인구증가는 많은 빈국들에서 악순환에 기여하고 있다. 인구가 소득과 동일한 수준으로 늘어난다면 보통 사람들의 생활수준은 전보다 나아지지 않는다. 경제성장이 인구증가보다 빨라서 평균 소득이 늘어난다 해도 가난한 사람의 수가 더 늘어날 수 있다.

인구변천은 부의 국제적 불균형을 확대하는 경향이 있다. 조금이라도 소득을 늘리는 데 성공한 국가는 상향 나선 궤도에 진입하게 된다. 즉 인구증가가 둔화됨에 따라 1인당 소득이 늘고 다시 소득증가가 인구증가를 더욱 낮추는 선순환 궤도에 진입하게 된다. 반대로 소득수준을 높이지 못한 국가는 인구증가도 억제하지 못하고 그리하여 소득수준이 계속 낮은 상태에 머물게 되고 이것이 다시 인구증가를 촉진하는 하향 나선궤도에 진입하게 된다.

세계적으로 이와 같은 불균형이 12장의 주제인 남북격차의 한 요인이다. 남반구 안에서도 인구증가 억제와 소득증대에 성공한 몇몇 국가가 있는 반면 그렇지 못한 국가도 많기 때문에 국가 간 불균형은 더욱 심각해진다. 심지어 한 국가 안에서도 인구변천이 불균형을 심화한다. 도시, 부유한 계급, 종족, 지방이 농촌, 빈곤한 계급, 종족, 지방에 비해 낮은 출생률을 보이는 경향이 있다. 실제로 프랑스, 이스라엘, 미국의 경우 부유한 종족집단의 인구증가율이 빈곤한 종족에 비해 훨씬 낮다.

최근 수십 년 동안 남반구가 두 개 그룹으로 분화된 것처럼 보인다. 중국과 인도를 포함한 첫 번째 그룹은 1970년대에 출생률 감소의 인구변천 국면에 진입하였다. 반면에 근 70개 국가는 출생률보다 사망률이 더 빠른 속도로 떨어져 인구증가가 가속되고 있다. 이 같은 인구증가 추세의 차이는 1990년대에 나타난 남반구 내부의 불균형, 특히 아시아와 아프리카 간의 불균형에 기여한 것으로 보인다.

(2) 인구정책

경제 조건이나 인구학적 조건뿐만 아니라 정부 정책도 출생률에 영향을 준다. 가장 중요한 정책이 산아제한(피임) 정책이다. 각국의 정책은 매우 다양하다.

극단적인 예로, 중국은 정부의 강력한 통제력을 사용하여 부부당 1 자녀로 제한하고자 하였다. 두 번째 아이를 낳으면 처벌이 따랐는데, 처벌의 내용 가운데는 한 아이를 가질 경우 하지 않아도 될 복무도 포함되어 있다. 지금은 부유하고 교육 수준이 높은 가족에게 두 자녀 출산을 장려하기 시작하였다. 그리고 상하이 같은 일부 도시에서는 두 자녀가 허용되고 있다. 자녀가 셋 이상이면 처벌이 가중된다. 피임과 낙태는 무료이다. 이 같은 중국의 정책은 도시지역의 출생률을 꽤 낮추었지만 대다수 인구가 거주하는 농촌지역의 출생률에서는 이보다 작은 성과를 거두었다. 그러나 1970년대 단 10년 만에 여성 1인당 출산율이 6명에서 2.5명으로 극적으로 떨어졌다(2011년 현재 1.5명).

그러나 중국의 정책에는 문제점도 있다. 정부 통제를 앞세워 개인의 자유를 제한하고 있다. 강제나 강압에 의한 낙태 사례도 알려지고 있다. 중국사회에서는 (다른 몇몇 국가도 그렇지만) 남아를 선호한다. 딸 하나를 가진 부부는 아들 낳을 때까지 계속 아이를 가지려 할 수도 있다. 보도에 따르면, 중국의 농민 부부가 아들 낳을 기회를 갖기 위하여 갓 태어난 딸을 죽이기도 하였다. 1990년대 들어 한 자녀 정책과 관련하여 뇌물을 주거나 벌금을 무는 것이 흔한 일이 되었다. 가장 흔한 일로 중국(또한 인도)의 부부는 첨단 기기인 초음파 검사기를 이용하여 태아의 성을 안 다음 여아일 때 낙태한다. 중국의 2000년 인구조사를 보면 신생아 성비가 남아 1명당 여아 0.85명이다. 이 수치는 정상 수치인 0.95에 크게 떨어지며 매년 100만 명의 여아가 실종되는 것과 마찬가지이다. 한 자녀 정책이 엄격히 집행된 일부 농촌지역의 남녀 성비는 여성 100명당 남성 140명으로, 도시보다 두 배 차이가 난다. 최근 들어 수십만 명의 여성이 납치되어 신부 감으로 팔리고 있다.[31]

---

31 Dugger, Celia W. Modern Asia's Anomaly: The Girls Who Don't Get Born. *The New York Times*, May 6, 2001: Week in Review. Rosenthal, Elisabeth. Harsh Chinese Reality Feeds a Black Market in Women. *The New York Times*, June 25, 2001: A1. Hudson, Valerie M., and

인도의 정책은 중국만큼 극단적이지 않고 효과도 더 작다. 1970년대에 여성 1명당 출산율이 6명에서 4.7명으로 떨어졌고, 2011년에 2.7명으로 떨어졌다. 인도 정부는 산아제한에 대한 강한 의지를 보이며 관련 정보와 방법을 널리 알리고 보급했지만, 민주국가로서 인도는 중국처럼 강력한 사회 통제력을 행사하지는 못했다. 인도나 중국보다 소득수준이 다소 높은 국가들은 좀 더 쉽게 성공했다. 멕시코가 1974년에 채택한 강력하지만 강제적이지 않은 가족계획 정책은 15년 동안에 여성 1명당 출산율을 절반으로 떨어뜨려 2.7명으로 낮추었으며 2011년 현재 2.3명을 기록하고 있다.[32]

중국과 반대로 임신을 장려하거나 강요하고 피임을 제한하거나 불법화하는 국가도 있다. 이런 정책을 **출산촉진**(pronatalist) 정책이라 한다. 전통적으로 많은 국가가 인구를 국력의 구성요소로 보아 그런 정책을 채택하였다. 오늘의 아기는 내일의 병사를 뜻하기 때문이다.

오늘날 일부 국가만이 강력한 출산촉진 정책을 채택하지만, 많은 국가들이 산아제한이나 성교육을 빈곤층 여성들에게 제공하지 않고 있다. 그런 국가들에서 인구는 문젯거리가 아닌 것으로 여겨지며, 어쩌면 자산으로 여겨지는지도 모른다. 그 반면 단순히 산아제한을 위한 효과적인 조치를 취할 능력이 없는 국가도 있다. UN인구기금(UNFPA)에 따르면, 효과적인 피임수단을 구할 수 없는 여성이 2억 명에 달한다.

출생률은 여성의 사회적 지위 여하에 따라 크게 달라진다. 전통적으로 여성의 가치가 출산만으로 평가 받는 문화에서는 출산하지 않는 여성이 받는 압력이 매우 크다. 많은 여성들이 피임을 하지 않는 까닭은 남편들이 허락하지 않기 때문이다. 이런 남편들은 많은 자식이 남성다움의 증거라고 생각할지 모른다. 그러나 여성의 지위가 상승하고 여성이 다양한 직업 분야에 진출하고 재산권과 투표권을 획득함에 따라 가족 수를 제한하는 데 필요한 힘, 교육, 돈을 얻게 되었다. 다시 UN

Andrea M. Den Boer. *Bare Branches: The Security Implications of Asia's Surplus Male Population.* MIT, 2004.

32 Anderson, John Ward. Six Billion and Counting-But Slower. *The Washington Post,* October 12, 1999: A1.

인구기금에 따르면, 여성 지위 향상이 세계 인구증가 억제의 매우 중요한 방법이다. 여성 지위에 관한 각국의 정책은 국가에 따라 매우 다양하다. UN여성지위위원회 (UN Commission on the Status of Women) 같은 국제기구나 프로그램은 글로벌 수준에서 바로 이 문제를 해결하기 위해 활동하고 있다.

(3) 질병

출생률뿐만 아니라 사망률도 인구증가를 결정한다. 사람들은 다양한 연령대에서 다양한 원인으로 죽는다. 빈국에서는 흔히 전염병으로 많은 사람들이 젊은 나이에 죽고 부국에서는 암이나 심장질환으로 노년에 죽는 경향을 보인다. 출생 1년 이내에 죽는 아기들의 비율을 **유아사망률**(infant mortality rete)이라 한다. 이 비율은 전반적인 건강상태를 보여주는 아주 좋은 지표이다. 왜냐하면 음식, 물, 주거 공간, 보건 등을 사람들이 얼마나 누리는지를 보여주기 때문이다. 세계적으로 유아사망률은 5%이다. 부국의 경우 1% 혹은 그 이하지만 빈국의 경우 10% 이상이며 (특히 아프리카나 최근 전쟁을 겪은 국가의) 극빈 지역의 경우 그보다 더 높다.

사망률은 국가나 지역에 따라 크게 다르지만, 전반적인 추세는 수십 년 동안 안정되어 있다. 전쟁, 가뭄, 전염병, 재해 등이 지역적으로 영향을 주지만 세계적으로 문제가 되지는 않는다. 인구변천의 첫 단계에 막 들어선 빈국들의 1,000명당 사망자 수는 1950년 30명에서 1990년대 이후 15명 미만으로 줄었다. 산업화된 국가들의 사망자 수는 이미 1960년대에 약 10명으로 바닥에 이르렀고 현재 서방의 사망자 수는 약 7명이다. 사망률이 안정되어 있다는 것은 정부나 국제기구의 인구정책에서 사망률은 더 이상 변수가 되지 않음을 의미한다. 빈곤을 더욱 심화시키면 기아가 발생하고 사망률이 높아지겠지만, 이는 인구증가 억제책이 될 수 없다. 그런 정책은 오히려 인구변천 과정을 후진시켜 출생률을 낮출 기회를 완전히 잃어버리게 만들 것이다. 전쟁 역시 인구증가를 억제할 만큼 많은 사람을 죽이지는 않는다. 요컨대 대부분의 국가에서 사망률은 이미 변화의 끝에 도달하였으며, 따라서 핵심적인 문제는 출생률이 언제 그 끝에 도달할 것인가이다.[33]

그러나 후천성면역결핍증후군(HIV/AIDS), 기타 전염병, 흡연, 이 세 가지 사망

요인은 특별히 주목할 만하다. 이 세 가지가 세계 인구 추세에 큰 영향을 주지 않는다해도 매우 많은 비용을 요구하는 것들이기 때문이다. 이것들에 대한 단기 행동이 장기적인 결과, 그리고 종종 국제적인 결과를 낳는다. 여기서도 단기적 비용과 장기적 이익이 문제가 된다.

HIV/AIDS 어느 한 국가가 인간면역결핍바이러스(HIV)의 확산 억제에 성공 혹은 실패한다는 것은 곧 다른 국가들의 감염 상황에도 영향을 미친다. 이 바이러스에 감염되면 5-10년의 잠복기가 있는데, 이 기간에 보균자가 성행위 혹은 피를 통하여 다른 사람들을 감염시킬 수 있다. 국가들이 상호의존 관계에 있기 때문에 에이즈는 비즈니스, 관광, 이민, 군사작전 등을 통하여 국제적으로 확산된다.

2009년까지 HIV/AIDS로 죽은 사람이 3,000만 명을 넘었고, 이와 별도로 3,300만 명이 감염된 것으로 추산되었다. 대다수 보균자들은 감염 사실 자체를 모른다. 보균자의 2/3가 아프리카에 살고 있고, 그 나머지의 절반이 남아시아에 살고 있다(〈표 11.2〉 참조). 이 전염병은 세계적으로 1,500만의 고아를 남겼다. 매년 270만 명이 새로 감염되며 200만 명이 이 병으로 죽는다. 사망자의 1/4 이상이 어린이다.

〈표 11.2〉 세계 지역별 인구와 에이즈 보균자, 2012

지역a	인구 (100만)	인구증가율 (1991-2010)	보균자 (100만)
세계 전체	7,000	1.2%	34.0
북측	1,405	0.3	4.0
남측	5,595	1.5	30.0
중국	400	0.5	0.7
중동	475	2.0	0.3
라틴아메리카	600	1.1	1.6
남아시아	2,250	1.6	4.0
아프리카(사하라이남)	870	2.5	23.5

a: 여기서 지역은 이 책의 다른 부분에서 말하는 지역과 정확히 일치하지는 않는다.
출처: 수치는 *World Development Indicators*, World Bank, 2012; *UNAIDS Report on the Global AIDS Epidemic*, UNAIDS, 2012를 기초로 산정한 것이다. 2007년에 UNAIDS는 당초 추정치를 수정하여 보균자 수를 크게 줄였다.

---

33 Soubbotina, Tatyana P., and Katherine Sheram. *Beyond Economic Growth: Meeting the Challenges of Global Development.* World Bank, 2000.

이미 세계에서 가장 가난한 지역인 아프리카에서 에이즈가 이 지역을 더욱 가난하게 만드는 몇 가지 강력한 힘 가운데 하나로 등장하였다. 성인의 5% 이상이 HIV에 감염되었는데, 그중 반 이상이 여성이다. 감염이 가장 심각한 남아프리카 국가들의 경우 성인 6명 중 1명이 보균자이며 최악인 보츠와나의 경우 4명 중 1명이 보균자이다. 또한 아프리카 국가들의 군대에도 보균자가 많은데, 이는 국제안보 문제와 바로 직결되는 문제이다. 앙골라의 경우 장기간의 내전이 끝나 그 덕분에 인접국들과의 국경이 열리고 교통이 증가하였지만, 인접국들의 에이즈 감염률이 높다. 그래서 앙골라의 감염율도 높아지자 군 장교들은 군 내부에 교육 프로그램을 개설하고 광범한 감염 여부 검사를 실시하는 조치를 취하였다. 군의 감염률이 높은 다른 아프리카 국가들과 달리, 앙골라는 그러한 공격적인 조치 덕분에 군과 일반인 모두 낮은 수준인 10% 미만을 유지할 수 있었다.

북아메리카와 기타 선진국들에서는 (바이러스를 몇 년간 억제하는) 새로운 약물요법 덕분에 1990년대 말부터 에이즈로 인한 사망 비율이 극적으로 떨어졌다. 그러나 약 값이 너무 비싸기 때문에 아프리카와 기타 가난한 지역에 큰 도움이 되지 못했다. 인도와 브라질은 서방 제약회사들의 특허권을 무시하고 값싼 복제약을 만들어 수출하기 시작하였다. 미국 정부는 남아프리카공화국을 위시한 몇몇 국가들에게 특허권을 가진 미국 제약회사들에게 배상하지 않은 채 복제약 수입을 허용하면 제재를 가하겠다고 위협하였다. 실제로 미국은 브라질을 WTO에 제소하였는데, 이에 대하여 에이즈 퇴치 운동을 하는 사람들은 미국의 정책 변화를 이끌어내기 위하여 항의 시위를 벌이고 대중여론을 동원하였다.

결국 2001년에 미국 정부는 브라질 제소를 철회하였다. 또한 제약회사들도 빈국들로 가는 약의 가격을 낮추었는데, 고통을 겪는 수백만 명에게 약이 전달되는 속도가 엄청나게 느렸다. 마침내 2004년에 국제사회가 나서서 빈국 환자들에게 항바이러스 약을 대량으로 전달하는 일에 착수하였다. 지난 4년 동안 치료를 받는 환자 수가 5배 늘어 현재 300만 이상이 치료를 받고 있다. 그 중 200만 이상이 사하라 이남 아프리카 환자들이다.[34]

---

[34] UNAIDS. *2008 Report on the Global Aids Epidemic*. UNAIDS/WHO, 2008.

에이즈 퇴치를 위한 세계적인 퇴치 운동은 비록 시간이 많이 걸리기는 했지만 마침내 진전을 이루는 데 필요한 자금을 확보하게 되었다. 2001년에 코피 아난 UN 사무총장이 에이즈에 관한 특별총회에서 에이즈 퇴치를 위해 연간 70-100억 달러(기존 기금의 5배)의 기금을 조성하자고 제안하였다. 이에 대하여 G8 국가들은 10억 달러 남짓 내겠다고 약속하였다. 아난은 이 정도는 "칭찬할 만하지만" 충분치 않다고 반응했다.[35] 2003년에 미국의 부시 대통령은 아프리카의 에이즈 퇴치를 위해 5년에 걸쳐 150억 달러를 지원하겠다고 약속하였다. 이 계획은 이후 크게 확대되었다. 2003년 이래 미국이 에이즈와의 싸움을 위해 제공한 돈은 200억 달러가 넘는다. 2009-2014년 기간에 미국은 에이즈, 결핵, 말라리아 퇴치를 위해 480억 달러를 제공하겠다고 약속하였다. 프랑스, 영국, 노르웨이, 브라질, 칠레 5개국은 2006년에 이 3개 질병을 앓는 어린이들을 위한 약품 구입비로 연간 3억 달러를 조성하기로 합의하였다. 이 돈의 대부분은 항공권에 부과되는 세금으로 충당될 것이다(대개 1등석 50달러, 3등석 5달러 정도이다). 이와 같은 다방면의 노력에 대하여 많은 사람들이 박수를 보내지만, 에이즈로 부모를 잃은 사하라 이남 아프리카의 약 1,200만 어린이를 보살피는 일 같은 훨씬 더 많은 일들이 아직도 남아 있다.

어느 면에서 에이즈는 남북격차를 더 심화시켰다. 앞서 2001년 UN 특별총회는 서방의 세속국가, 그리고 동성애자를 일체 인정하지 않는 다수의 이슬람국가 사이에 날카로운 입장 차이가 있음을 드러내기도 하였다. 이 점은 2007년에 이란 대통령이 컬럼비아대학에서 한 연설에서 이란에는 동성애자가 없다고 주장함으로써 더 부각되었다. 전 세계 가톨릭 당국은 콘돔 사용을 장려하는 프로그램에 반대해 왔다. 이러한 예들은 가장 효과적인 예방조치(대중교육, 위험집단 배려, 콘돔 배포, 마약 사용자들에게 주사침 무료 제공)가 문화적으로, 정치적으로 매우 민감한 문제라는 사실을 말해준다.

전염병을 통제하기 위해서는 각국이 서로 협력해야만 한다. 그런 국제적 노력은 주로 세계보건기구(WHO)에 의해 조정되며 필요한 자금은 주로 선진국들에 의해 마련된다. 그러나 WHO의 전체 예산은 북반구의 중간 규모 종합병원 예산과

---

35 Annan, Kofi A. We Can Beat AIDS. *The New York Times,* June 25, 2001: A21.

비슷하다. 또한 WHO는 정보를 제공하고 정책을 수행하려면 각국 정부에 의존해야 하는데 지금까지 각국 정부의 반응은 느렸다. 어떤 국가는 (관광객 감소를 우려하여) 환자 통계를 조작하여 허위보고를 하고, 종교적 혹은 문화적 금기 때문에 성교육과 콘돔 배포를 허용하거나 후원하기를 꺼리는 국가도 많다.

근년에 들어 에이즈가 남아시아, 중국, 러시아/동유럽 등 매춘과 마약 사용이 늘어나는 지역으로 급속히 퍼져나갔다. 특히 태국이 취약했는데, 그것은 방대한 매춘산업, 관광산업, 남성 외도에 대한 관용 등 때문이었다. 그래서 태국은 개발도상국으로서는 최초로 대중교육에 초점을 맞춘 효과적인 에이즈 퇴치 프로그램을 개발하였고, 그 덕분에 1990년대에 감염률을 크게 낮추었다.[36]

중국의 경우 정부 대응이 늦었고 HIV 보균자를 죄인 취급하는 사회적 분위기 때문에 효과적으로 보균자를 확인하고 치료하는 것이 어려웠다. 어느 농촌지역에서 파렴치한 매혈 사업 때문에 많은 사람들이 감염된 사례도 있다. 농촌지역에서는 다른 요법도 효과가 있을 법 하지만 침술이 크게 성행한다. 그런데 종종 소독되지 않은 침이 사용된다. 그 결과 중국인 60%가 B형간염 양성반응자이다. 미국과 일본의 1%에 비하면 엄청난 차이를 보이는데, 이는 장차 중국에 에이즈가 확산될 수 있다는 위험신호이다.[37] 2011년 기준으로 중국의 에이즈 환자 수는 100만 명으로 추정된다.

에이즈는 세계 각국이 국경선을 초월하여 초국가적으로 연결되어 있다는 점을 잘 보여준다. 에이즈로 인하여 국경선이 과거 어느 때보다도 더 무의미해지고 있다. 효과적인 국제협력 덕분에 수백만 명의 목숨을 구할 수 있었으며 장차 빈국들의 경제개발 전망도 크게 좋아졌다. 그러나 여기서도 비용과 편익의 배분에 관한 집합재 문제가 존재한다. WHO가 쓰는 1달러는 그 돈을 누가 지불한 것인지와 무관하게 항상 동일한 효과를 낸다.

---

36 Shenon, Philip. Brash and Unabashed, Mr. Condom Takes on Sex Death in Thailand. *The New York Times,* December 20, 1992. Altman, Lawrence K. AIDS Surge Is Forecast for China, India, and Eastern Europe. *The New York Times,* November 4, 1997.

37 Rosenthal, Elisabeth. Doctors' Dirty Needles Spreading Disease in China. *The New York Times,* August 20, 2001: A1.

기타 전염병 에이즈만 걱정거리인 것은 아니다. 결핵, 간염, 뎅기열, 콜레라 등이 최근 몇 십 년 동안에 다시 등장하여 널리 퍼졌으며, 일부 병균은 항생제에 내성을 갖는 변종으로 돌연변이 하였다. 현재 결핵으로 (결핵과 에이즈를 동시에 앓는 환자를 제외하고) 연간 150만 명이 사망한다. 말라리아는 아프리카의 거의 전 지역에서 수억 명의 환자를 낳으며 연간 100만 명 이상을 죽인다. 말라리아 퇴치를 위한 새로운 캠페인이 전개되어 비용–효과 면에서 최선의 방법인 모기장 수백만 개가 아프리카에 배포되었다. 2011년에 실험을 거친 새로운 백신은 말라리아 발병을 반으로 줄여줄 수 있다고 알려졌다. 또한 HIV, 에볼라바이러스, 한타바이러스 등 새롭고 잘 알려지지 않은 질병이 나타났으며, 이들만큼 심각하게 확산되지는 않지만 여전히 C형간염, 폐렴, 독감, 설사, 홍역 등도 중요한 문제로 남아 있다. 근년에 들어 소아마비와 홍역은 예방접종 프로그램 덕분에 많이 줄었다. 현재 세계 유아의 85%가 홍역 예방접종 프로그램의 혜택을 받고 있는데, 이 덕분에 2000년 이후 사망자가 80% 줄었다. 슬픈 일이지만, 파키스탄의 소아마비 예방접종 사업은 탈레반 무장 세력의 방해로 2012년에 중단되었다. 당시 탈레반은 예방접종이 무슬림 어린이들을 마비키기 위한 서방의 음모라 주장하면서 의료요원들을 살해하였다.

요오드결핍증은 세계적으로 20억 명이나 되는 많은 사람들이 앓고 있지만 역사적으로 별로 주의를 끌지 못했다. 임신 9주 이후 태아가 심하지 않은 요오드결핍증에 걸려도 IQ가 10–15점 정도 낮아질 수 있으며, 심각한 결핍증에 걸리면 성장을 방해 받고 지적장애와 갑상선종에 걸릴 수 있다. 연간 1인당 약 5센트의 돈만 들이면 쉽게 소금에 요오드를 첨가하여 요오드결핍증을 완전히 예방할 수 있지만, 많은 남반구 및 구소련 진영 국가들은 아직도 그렇게 하지 않고 있다. 이 문제를 해결하기 위한 국제 캠페인 덕분에 세계적으로 요오드 첨가 소금을 사용하는 가구가 1990년의 25%에서 2006년에 66%로 늘었다.[38]

동물의 전염병도 큰 문제를 일으킨다. 현재 과학자들은 조류독감이 돌연변이하여 인간 대 인간 전염이 가능해질 수 있다는 점을 우려하고 있다. 그렇게 되면 수

---

38 McNeil, Donald G., Jr. In Raising the World's I.Q., the Secret's in the Salt. *The New York Times*, December 16, 2006: A1.

백만 명을 죽일 수 있는 끔찍한 유행병(pandemic)이 될 수 있다.[39] 2009–2010년에는 돼지독감(H1N1)이 급속하게 세계로 퍼져 전 세계적 전염병이 될지 모른다는 우려를 낳았다. 당시 많은 국가들은 이 병이 처음 시작된 멕시코 여행을 제한하였다. 많은 국가들에게 환자가 발생하였으며, 그런 국가들은 엄격한 방역조치를 취하였다.

흡연 전 세계 10억 명 이상의 인구가 담배를 피우는데, 그 5/6가 개발도상국 사람들이다. 그리고 연간 500만 명이 담배로 인한 질병으로 죽는다. 니코틴중독 확산을 막지 못하는 국가는 장차 보건 분야에서 막대한 비용을 치러야 할 것이다. 이 비용은 많은 빈국들에게 이제 막 부담을 주기 시작했을 뿐이다. 그리고 이 비용은 해당 국가의 경제와 시민들이 지불해야 하기 때문에 대부분이 개별 국가의 몫이다. 그럼에도 불구하고 담배 무역 때문에 흡연은 국제적 이슈가 될 수 있다. 최근 담배 회사들의 마케팅을 보면 남반구 여성들을 대상으로 삼고 있는데, WHO에 따르면 이 마케팅으로 남반구 여성들의 흡연이 크게 늘어날 수 있다. 개발도상국들의 흡연자 남녀 성비를 보면 매우 큰 차이가 있다. 중국의 경우 여성 흡연자 비율은 약 4%지만 남성 흡연자 비율은 무려 60%에 이른다. 이와 대조적으로, 미국의 경우 남녀 흡연자 비율이 각각 24%와 18%이다.[40]

2001년에 담배회사들은 새로 제안된 담배규제기본협약(Framework Convention on Tobacco Control)의 내용을 완화하려고 노력하였고 미국도 이를 지원하였다. 그러나 2003년에 미국이 태도를 바꾸어 협약 원안을 지지함에 따라 WHO 회원국들은 이 안을 채택하여 2005년에 발효시켰다. 협약은 회원국들에게 담배광고 금지 의무를 부과하고, 담배세를 매년 인플레보다 5% 높게 책정할 것을 권장하고 있다. 2011년 현재 세계 주요 국가들 가운데 미국만 이 협약을 비준하지 않았다.

인구문제는 인구가 너무 많아 식량과 천연자원이 부족하다는 식의 간단한 문제로 인식될 수 있다. 그러나 오늘날의 세계에서 인구과잉이 기아의 원인이라고 생각한다면 그 생각은 정확하지 않다. 인구보다 빈곤과 정치가 영양실조와 기아의 더

---

39 U.S. Central Intelligence Agency. *The Global Infectious Disease Threat and Its Implications for the United States* [National Intelligence Estimate 99–17D]. CIA, 2000.

40 Marsh, Bill. A Growing Cloud Over the Planet. *The New York Times,* February 24, 2008: 4.

큰 요인이다(12장 세계의 기아 참조). 또한 음식, 물, 석유, 토지 등은 풍부하게 있지만 그 분배가 불균등하다.

이 불균등한 분배는 남북격차와 직결되어 있다. 환경과 천연자원 관련 문제는 지구 전체의 문제이지만, 이 문제는 북반구의 경우 산업화 과정의 결과이며 남반구의 경우 산업화보다는 인구증가의 결과이다. 이 차이가 남북 간의 유일한 차이인 것은 아니다. 다음 장에서는 지구 수준의 남북격차 문제를 다룬다.

11장 복습

요약

- 환경문제는 국제적 상호의존을 보여주는 사례이며 종종 관련 국가들 간에 집합재 문제를 야기한다. 지구의 환경문제에는 아주 많은 행위자들이 관련되어 있기 때문에 집합재 문제의 해결이 매우 어렵다.

- 집합재 문제를 해결하기 위하여 국가들은 국제 레짐과 국제기구를 활용해 왔으며, 때로 (영해 범위를 확대하였듯이) 환경관리를 국제문제가 아닌 국내문제로 만들기 위하여 국가주권을 확대하였다.

- 환경문제를 해결하기 위한 국제적 노력은 지속가능한 경제성장을 목표로 하고 있다.

- 지구온난화는 현대 산업경제의 기초인 화석연료를 태운 결과이다. 개발도상국보다 산업국이 이 문제에 더 큰 책임이 있지만, 중국과 인도 같은 국가들도 이 문제에 책임이 있다. 이 문제의 해결은 비용이 실질적인 반면 위험은 훗날의 일이고 불확실하기 때문에 어렵다.

- 지구 오존층파괴는 특정 화학물질을 사용한 결과인데, 현재 이 물질은 국제적 합의로 퇴출되었다. 지구온난화와 달리, 이 문제는 해결 비용이 훨씬 더 적고 문제 자체가 더 쉽게 이해된다.

- 현재 많은 종이 우림 같은 서식지 파괴로 멸종위기에 처해 있다. 생물다양성에 관한 국제조약과 지역 생태계 파괴 감축을 위한 우림보호 협정이 체결되어 그 비용이 참가 각국에 분산되고 있다.

- UN해양법협약(UNCLOS)은 영해를 확장하여 대부분의 상업적 어업과 해저석유 개발을 국가의 통제 하에 둔다는 내용을 담고 있다.

- 산성비, 수질 및 대기 오염, 유독 및 핵폐기물 등과 같은 오염문제는 지구 전체의 문제라기보다 국지적 문제인 경우가 많고, 그 해결도 글로벌한 조치보다 일방적, 쌍무적, 혹은 지역적 조치로 이루어진다.

- 대다수의 서방 국가들은 에너지원, 특히 석유를 수입하며 다른 지역은 수출한다. 유가는 1970년대에 폭등하였으나 세계경제가 공급을 늘리고 수요를 줄이는 방식으로 대응하면서 1980년대에 떨어졌다. 다시 1991년과 2007~2008년에 유가가 크게 올랐으나 2008년에 폭락하였다. 이 같은 널뛰기 유가는 세계경제의 안정성을 해친다.

- 세계적으로 거래되는 석유의 가장 중요한 산지는 중동의 페르시아 만이다. 이에 따라 이 지역은 오랜 세월 동안 국제정치 분쟁의 중심지가 되고 있다.

- 현재 70억 정도인 세계 인구는 100억 선에 이른 뒤에 안정될 것으로 보인다. 인구증가의 대부분이 남반구에서 이루어질 것이다.

- 앞으로 세계 인구증가는 대체로 인구변천의 과정에 따라 이루어질 것이다. 세계적으로 사망률이 줄어들고 있지만 출생률은 1인당 소득이 늘어야 그만큼 낮아질 것이다. 빈국들의 경제가 발전할수록 인구도 안정을 보일 것이다.

- 1인당 소득이 불변인 상태에서도 정부 정책이 출생률을 낮출 수 있다. 피임수단을 더 널리 보급하고 여성의 사회적 지위를 향상시키는 것과 같은 정책이 효과적인 정책이다. 실제 각국의 정책은 중국처럼 출산을 엄격히 제한하는 정책에서 출산을 장려하고 피임을 불법화하는 출산촉진 정책에 이르기까지 매우 다양하다.

- 에이즈가 세계적으로 퍼지면서 많은 빈국들에게 막대한 비용 부담을 주고 있다. 현재 3,300만 명이 HIV에 감염되어 있으며, 이미 3,000만 명 이상이 에이즈로 죽었다. 그 대다수가 아프리카에서 발생하였지만, 아시아와 러시아 지역의 감염도 빠른 속도로 늘고 있다.

핵심 용어

공유지의 비극, 울타리 치기, 지구온난화, UN환경계획(UNEP), 온실 가스, 교토의정서, 오존층, 몬트리올의정서, 생물다양성, 국제포경위원회, 공해, UN해양법협약(UN-CLOS), 산성비, 체르노빌, 인구변천, 출산촉진, 유아사망률

비판적으로 생각하기

1. 환경문제와 관련한 집합재 문제는 행위자의 수가 아주 많다는 점에서 더욱 어려운 문제이다. 이 문제를 해결하기 위해 앞으로 몇 년 안에 새로운 국제기구 창설이나 국제협정 체결이 가능할까? 지구온난화 같은 지구 전체의 문제를 관리하는 데 참가하는 행위자 수를 줄일 방법이 있을까? 당신이 생각하는 방법의 문제점은 무엇일까?

2. 지금까지 지구온난화 문제 해결을 위한 국제협정으로 효과적인 협정은 거의 없다. 이 문제에 대한 몇 가지 난점들을 충분히 감안하면 어떠한 창의적 해결책을 생각해 볼 수 있겠는가? 이 해결책의 장-단기적 장점과 약점은 무엇일까?

3. 지금까지 국제사회가 환경관리 문제에 대처해 온 기록을 보면 그것이 중상주의자의 견해를 반영하는가, 아니면 자유주의자나 양쪽 모두의 견해를 반영하는가? 어떤 식으로 반영하는가?

4. 일부 정치인들은 미국을 포함한 서방 산업국들이 중동 석유에 대한 의존을 줄이기 위해 에너지 자원의 자급률을 높여야 한다고 주장한다. 전반적인 세계 에너지 상황과 국제무역의 경제적 측면을 고려할 때 그런 주장에 찬성할 수 있을까?

5. 수십 개의 빈국들은 인구변천의 도중에서 교착상태에 빠져 있는 것처럼 보인다. 즉 사망률은 떨어지고 출생률은 높은 수준에서 유지되고 1인당 소득은 늘어나지 않는 상황에 빠진 것 같다. 당신은 이런 국가들이, 외국의 지원과 상관없이, 어떻게 하면 교착상태에서 벗어나 인구변천을 완성할 수 있을 것으로 생각하는가?

쟁점 토론하기

지구온난화 중단: 누가 비용을 지불해야 하는가?

개요

교토의정서는 지구온난화를 초래하는 오염물질을 규제하기 위한 시도로서 가장 강력한 시도였다. 이 의정서의 유효기간은 몇 년에 불과했지만 이미 엄청나게 많은 논란을 불러일으켰다. 본문에서 살펴보았듯이, 이 의정서는 시장 메커니즘을 이용하여 각국의 배출량에 상한선을 설정하였다. 그러나 선진국들만 의정서가 정한 목표치를 의무적으로 달성해야 하며 개발도상국들은 목표치에 구속되지 않았다.

미국 같은 일부 국가들은 개발도상국이 목표치에 구속되지 않는다는 점에 반대하였다. 미국은 특히 중국이 의정서의 상한선을 준수하지 않아도 되는 개발도상국으로 분류된 점에 반대하였다. 미국의 주장은 미국은 지구온난화 방지를 위해 막대한 경제적 비용을 지불해야 하지만 중국은 자유롭게 오염시켜도 된다는 것이다. 미국이 지불해야 할 비용은 장기적으로 수천억 달러에 이를 것이라 한다.

이제 세계는 교토의정서의 유효기간 만료 이후를 대비한 새로운 지구온난화 조약을 구상하고 있다. 여기서도 역시 누가 비용을 지불할 것인가의 문제가 논의의 핵심이다. 중국 같은 개발도상국들도 지구온난화 방지 비용을 분담해야 할까? 이 집합재 제공 비용을 누가 분담해야 할까?

주장 1: 개발도상국도 온난화 방지 비용을 분담해야 한다.

개발도상국도 온난화에 기여하고 있으므로 비용을 지불해야 한다. 개발도상국들은 대량의 이산화탄소를 대기 중에 배출하고 있다. 개발도상국들에게 지구온난화 방지를 원하는 부국들의 노력에 무임승차하도록 허용해서는 안 된다.

장기적으로 보면 기술발달로 비용이 계속 줄어들 것이다. 지구온난화를 늦추는 데 드는 비용은 초기에는 많겠지만, 장기적으로 보면 기술발달로 각국의 배출량 감축 비용이 줄어들 것이다. 따라서 개발도상국의 정책 전환 비용이 엄청나게 많을 것이라는 걱정은 지나치다.

개발도상국은 교토 식의 협정에서 경제적 이득을 취할 수 있다. 교토협정이 연장되거나 그와 비슷한 시장 메커니즘 식의 새로운 협정이 체결되면 개발도상국은 경제적 이득을 얻을 수 있다. 개발도상국이 상한선보다 적은 양을 배출하면 남는 부분을 팔아서 그 돈으로 협정 이행에 들어간 비용의 일부를 충당할 수 있을 것이다.

주장 2: 선진국만 지구온난화 방지 비용을 내야 한다.

개발도상국이 비용을 분담하면 그로 인하여 개발이 방해받을 것이다. 지구온난화 방지 비용은 막대한데, 이 비용의 일부를 개발도상국에게 부과하면 개발도상국 경제가 곤경에 처할 수 있다. 이렇게 되면 차후의 개발이 방해받을 것이고, 결과적으로 배출량 증가로 나타날 수 있다. 왜냐하면 경제적 어려움으로 더 나은 기술을 개발하거나 친환경 산업으로 전환하는 데 투자할 돈이 없을 수 있기 때문이다.

과거 선진국들은 마음대로 오염시키면서 발전을 이룩하였다. 오랜 세월 동안 선진국들은 환경에 거의 신경 쓰지 않으면서 산업을 일으키고 경제성장을 이루는 데 성공하였다. 이제 인도와 중국의 경제대국화에 위협을 느낀 서방 국가들이 다른 국가들의 성장과 환경정책에 한계치를 설정하고 싶어 한다. 비서방 국가들도 서방 국가들이 걸어온 발전 경로와 동일한 경로를 걸을 수 있도록 해주어야 한다.

정말로 오염시키는 것은 선진국들이다. 개발도상국들도 분명히 오염에 가담하지만, 개발도상국 배출 가운데 큰 부분이 선진국에서 개발도상국으로 이전된 산업체들에서 나온 것이다. 서방 국가들은 오염 산업을 자기 뒷마당에 두기 싫어서 그것을 개발도상국으로 이전시키고 이제 와서 배기가스 정화비용을 유치국에게 청구하고 있다.

질문

- 개발도상국도 교토의정서(혹은 그 후속협정)가 정한 상한선에 구속되어야 하며, 배출량 감축 비용을 의무적으로 지불해야 할까? 그것이 공정한가? 또한 교토의정서의 성과에는 어떤 영향을 줄까?
- 당신은 세계적 경제위기 시에 지구온난화 같은 환경문제의 해결이 더 어렵다고 생각하는가? 그 이유는?
- 지구온난화 문제 해결에 도움이 되는 기술적 해결책이 나올까? 그보다는 개인들이 에너지 소비 방식을 근본적으로 바꾸는 것이 지구온난화 문제 완화를 위한 더 나은 길인가?

❋ 참고문헌

Nordhaus, William D. *A Question of Balance: Weighing the Options on Global Warming Policies*. Yale, 2008.

Zedillo, Ernesto. *Global Warming: Looking Beyond Kyoto*. Brookings, 2008.

Sachs, Jeffrey D. *Common Wealth: Economics for a Crowded Planet*. Penguin, 2008.

Houser, Trevor, Rob Bradley, Britt Childs, Jacob Werksman, and Robert Heilmayr. *Leveling the Carbon Playing Field: International Competition and US Climate Policy Design*. Peterson Institute, 2008.

10판 증보판
International Relations

12 Chapter

남북격차

1. 남반구의 상태

이번 장과 다음 장은 세계의 빈곤 지역으로서 세계 인구의 대다수가 사는 지구의 남반구에 대하여 다룬다. 남반구 국가는 **제3세계 국가**, **미개발국**(less‑developed country, LDC), **저개발국**(underdeveloped country, UDC), **개발도상국**(developing country) 등 여러 이름으로 불리는데, 이런 이름들은 거의 같은 의미로 사용된다. 이번 장의 주제는 세계의 산업화된 지역(북)과 나머지 지역(남) 간의 부의 격차이다. 또한 북반구에 의한 남반구의 식민화라는 역사적 맥락에서 격차를 설명하기 위하여 앞서 3장에서 소개한 제국주의 이론을 좀 더 상세히 살펴볼 것이다. 이어지는 13장에서는 남반구 경제발전의 국제적 측면을 다룬다.

국제관계 학자들은 남반구 빈곤의 원인이나 함의, 그리고 (그런 것이 있다면) 해결책에 대한 일치된 견해를 가지고 있지 않다. 따라서 국제관계 학자들은 부국‑빈국관계(남북관계)의 성격에 대한 일치된 견해도 가지고 있지 않다.[1] 그러나 남반구 대

---

1   Seligson, Mitchell A., and John T. Passe‑Smith, eds. *Development and Underdevelopment: The Political Economy of Inequality.* 3rd ed. Rienner, 2003.

부분이 가난하며 그중 일부는 극단적으로 가난하다는 점에는 모든 사람들이 동의한다.[2]

약 10억 명의 인구가 기본적인 음식과 보건 혜택 없이 극빈 상태에서 살고 있다. 그들 중 대다수가 지난 수십 년 동안 소득이 늘지 않은 아프리카에 살고 있다. 20년 전에는 남아시아에도 그런 사람들이 많았지만 경제성장 덕분에 극빈자 수가 크게 줄었다. 그래도 남아시아(인구 20억)의 1인당 평균소득은 4,000달러에 불과하며, 아프리카의 경우는 2,300달러에 불과하다(이 수치는 모두 부국보다 적게 드는 생활비를 감안하여 조정한 수치이므로 명목상 수치는 이보다 낮다). 비록 수십억 명이 빈곤에서 탈출하고 있지만, 그럼에도 불구하고 인구증가 때문에 극빈자 수는 별로 변하지 않고 있다.[3]

최악의 빈곤 수준은 이렇다. 즉 지구 어디선가 5초마다 한 명의 어린이가 영양실조로 죽는다. 한 시간에 700명, 하루에 16,000명, 한해에 600만 명이 영양실조로 죽는다. 이 세계는 그런 어린이들을 먹이는 데 충분한 식품을 생산하고 있으며 그 일에 필요한 충분한 소득을 올리고 있다. 그러나 그들의 부모나 국가는 그렇지 못하다. 결국 빈곤이 그들을 죽이는 것이다. 반면에 같은 5초 동안에 이 세계는 27만 달러를 군사비로 쓴다. 이 돈의 1/1,000이면 어린이들을 구하고 그 이상의 일도 할 수 있다. 또한 사람들은 돈이 없어서 물, 주거 공간, 보건, 기타 생활필수품 부족에 시달린다. 그런 생필품을 살 돈이 없는 사람들이 처한 광범하고 끔찍한 빈곤은 전쟁이나 가뭄으로 인한 극적 기근 사태처럼 눈에 잘 띄지 않지만 그보다 훨씬 더 많은 사람들을 괴롭히고 있다.

UN은 2000년에 **새천년개발목표**(Millenium Development Goals, MDG)를 채택하였는데, 이 목표는 2015년까지 기본적인 욕구 충족을 달성한다는 것이었다. 8개 목표 가운데 첫 번째가 세계의 "극빈" 인구를 절반으로 줄인다는 것이다. 여기서 극빈 기준은 하루 1.25달러 미만의 소득을 말한다. 이 목표는 아프리카가 아시아보다 훨씬 늦어졌지만 예상보다 빨리 2010년에 달성되었다. 세계적으로 1990년 이래 20억 명의 사람들이 더 나은 물을 마실 수 있게 되었으나 아직도 10억 명의 사람들이

---

2   UN Development Program. *Human Development Report.* Oxford, annual. World Bank. *World Development Report.* Oxford, annual.

3   World Bank. *World Development Indicators 2006.* World Bank, 2006.

굶주림에 시달리고 있다.[4]

남반구 5개 지역은 빈곤 감소 면에서 다를 뿐만 아니라 소득 수준과 성장률 면에서도 서로 다르다. 〈그림 12.1〉에서 보듯이, 성장률이 가장 높은 지역(중국과 남아시아)이 소득수준 면에서 가장 높거나 가장 낮은 것은 아니다. 중동은 1인당 GDP 면에서 중국과 비슷하지만 성장률 면에서는 중국의 절반 밖에 안 된다. 이런 성장률 차이의 원인이 무엇인지는 13장에서 자세히 다룰 것이며, 여기서는 간단히 소득 수준과 성장률이 지역별로 다양하며, 이 양자 간에 상관관계가 없다는 점을 지적하고 싶다.

빈곤과 불평등이 얼마나 완화되었는지에 대한 전문가들의 견해는 엇갈리고 있다. 어떤 전문가는 빈곤층이 급속한 경제성장 덕분에 반으로 줄었고, 세계적 부의 분포가 빈부 양극단으로 갈린 모양에서 중간소득 계층이 가장 많은 종(鐘) 모양으로 바뀌었으며, 세계적으로 중간계급이 등장하였다고 주장한다. 세계은행은 발전이 느리다고 평가한다.[5] 1990–2008년 동안에 남반구 전체의 1인당 소득이 약 3,000달러에서 약 5,500달러로 늘었다(이 수치는 인플레를 반영해 현재 달러 기준으로 조정한 것임). 같은 기간 북반구에서는 20,000달러에서 31,000달러로 늘었다. 이 수치를 근거로 비율 면에서 남북 간의 소득격차가 6.6배 차이에서 5.6배 차이로 좁혀졌기 때문에 소득격차가 서서히 좁혀지고 있다고 보아야 할까? 아니면 절대 금액 면에서 17,000달러에서 25,500달러로 증가했기 때문에 소득격차가 더 벌어진다고 보아야 할까? 양쪽 다 일부분만 맞다.

(1) 인간의 기본욕구

남반구의 일부 국가들은 급속한 소득증대에 성공하였지만 다른 국가들은 빈

---

4 United Nations. *The Millennium Development Goals Report 2008*. UN, 2008.

5 Sala‐i‐Martin Xavier. *The World Distribution of Income (Estimated from Individual Country Distributions)*. *NBER Working Paper* No. 8933. National Bureau of Economic Research, 2002. Bhalla, Surjit S. *Imagine There's No Country: Poverty, Inequality and Growth in the Era of Globalization*. Institute for International Economics, 2002.

〈그림 12.1〉 세계의 지역별 소득 증가와 성장률

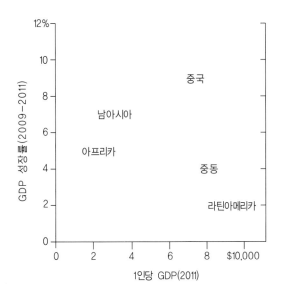

출처: World Bank.

곤의 악순환에서 벗어나지 못하고 있다. 11장에서 소개한대로 소득이 늘 때까지 인구는 인구변천 과정을 통과하지 못한다. 즉 여전히 인구증가율은 높고 소득증가율은 낮은 상태로 머문다.[6]

경제성장의 기반을 다지려면 대다수 **인간의 기본욕구**(basic human needs)를 충족시켜 주어야 한다.[7] 사람들이 안정감을 느끼면서 사는 데 필요한 음식, 집, 기타 생활필수품을 확보해야 한다. 만일 사람들이 이런 욕구를 충족시키지 못하는 원인으로 제국주의를 꼽는다면, 극심한 빈곤은 혁명, 테러, 반서방 감정의 도화선이 된다.

인간의 기본욕구 충족에서 가장 중요한 부분이 바로 아동의 경우이다. 특히 아동 교육을 잘 해야 이들이 자라서 다른 기본욕구를 충족시킬 수 있고 인구변천

---

6   World Bank. *World Development Report 2004.* Oxford, 2004.

7   Gough, Ian, and J. Allister McGregor, eds. *Wellbeing in Developing Countries: From Theory to Research.* Cambridge, 2007. Goldstein, Joshua S. Basic Human Needs: The Plateau Curve. *World Development* 13, 1985: 595–609. Moon, Bruce E. *The Political Economy of Basic Human Needs.* Cornell, 1991.

과정을 통과할 수 있게 된다.[8] 문자해득이 교육의 핵심 요소이다. UN교육과학문화기구(UNESCO)가 정의한 문자해득이란 간단한 문장을 읽고 쓰는 능력을 말한다. 읽고 쓸 줄 아는 사람은 농사, 보건, 피임 등에 관한 많은 정보를 얻을 수 있다. 빈국 가운데 문자해득률을 크게 높인 국가도 있고 그렇지 못한 국가도 있다.

학교교육 면에서도 큰 차이를 보인다. 세계의 대부분 지역에서 초등학교 입학률은 2008년 기준으로 90% 이상이지만 아프리카의 경우 76%에 불과하다. 중·고등학교에서 이루어지는 중등교육에서는 사정이 더 나쁘다. 북반구에서는 해당자의 약 90%가 학교에 다니지만 대부분의 남반구에서는 2/3에 미치지 못한다. 대학은 소수의 사람들만 갈 수 있는 곳이다.

UN아동기금(UNICEF)에 따르면, 2008년 현재 남반구에서 어린이 4명 중 1명이 영양실조에 걸렸으며, 7명 중 1명이 보건 혜택을 받지 못하며, 5명 중 1명이 안전한 물을 마시지 못하고 있다. 에이즈가 만연하여 어린이 사망률 저하와 교육 기회 확대에서 과거 수십 년간 이룩한 발전을 다시 원점으로 돌리고 있다.[9]

〈그림 12.2〉는 아동 복지의 핵심 지표인 예방접종과 중고교 취학률을 지역별로 보여주는데, 지역 간 편차도 작지 않다. 이러한 아동의 두 가지 기본욕구 충족도는 소득수준과 일정한 상관관계가 있다.

빈국에서 효과적인 보건 서비스를 제공하는 데 드는 돈은 많지 않다. 기초적인 서비스는 1인당 연간 5달러 미만이면 된다. 예를 들어 유니세프는 네 가지 저렴한 방법을 권장하는데, 이 방법만 모두 시행하면 연간 수백만 명의 어린이 목숨을 구할 수 있다고 한다. 첫 번째 방법이 성장 관찰이다. 두 번째 방법은 경구 수분보충 치료(oral rehydration therapy)이다. 이는 설사에 걸린 아이들이 탈수현상으로 목숨을 잃기 전에 시행해야 한다. 이 일을 위해 과테말라에 공장이 하나 건설되었는데, 이 공장은 맹물에 그냥 설탕과 소금을 탄 것을 팩으로 포장하여 하루 300개의 제품을 만든다. 생산원가는 한 팩에 1.5센트이며, 공장 건설비용은 550달러에 불과하

---

8   Brown, Philip, and Hugh Lauder. Education, Globalization, and Economic Development. *Journal of Education Policy* 11 (1), 1996: 1−25.

9   UNICEF. *The State of the World's Children 2009: Maternal and Newborn Health*. UNICEF, 2009.

〈그림 12.2〉 지역별 기본욕구 지수(2011)

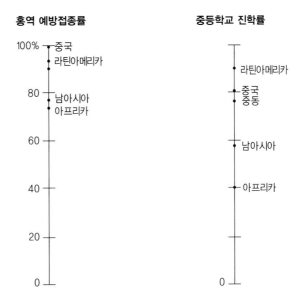

주: 이 그림의 지역은 이 책 다른 부분에서 나오는 지역과 정확히 일치하지는 않는다.
출처: World Bank.

다. 그러나 설사로 죽는 아이들의 수가 1년 만에 반으로 줄었다. 세 번째 방법은 흔하지만 치명적인 6가지 질병 즉 홍역, 소아마비, 결핵, 파상풍, 백일해, 디프테리아를 막기 위한 예방접종이다. 최근 수십 년 동안 빈국에서 예방접종을 받는 어린이 비율이 5%에서 50% 이상으로 크게 늘었다. 2010년에 이르러 홍역 예방접종을 한번 이상 받는 어린이 수가 85%로 늘었다. 네 번째 방법은 분유 대신 모유를 먹이는 것이다(간혹 분유가 더 현대적이라는 파렴치한 광고도 있다).

1990년 이래 남반구의 공중 보건이 잦은 전쟁과 에이즈 만연으로 어려움을 겪기는 했지만 중요한 분야에서 크게 개선되기도 했다.[10] 파상풍으로 인한 유아 사망이 반으로 줄었고, 10억 명이 추가로 안전한 물을 마실 수 있게 되었다. 소아마비는 거의 근절되었지만 나이지리아 일부 지역에서 예방접종을 거부하면서 다시 퍼

---

10 Esman, Milton J., and Ronald J. Herring, eds. *Carrots, Sticks and Ethnic Conflict: Rethinking Development Assistance.* Michigan, 2001. Thomas, Caroline, and Paikiasothy Saravanamuttu, eds. *Conflict and Consensus in South/North Security.* Cambridge, 1989.

지기 시작하였고, 2013년 현재 3개국에 토착 소아마비 바이러스가 존재하고 있다 (파키스탄, 아프가니스탄, 나이지리아. 또한 파키스탄에서 이집트로 전파된 것도 있다).[11] 2006년에 아프리카 8개국 정부 당국이 다른 몇몇 국가의 성공사례를 좇아 말라리아 예방을 위한 살충제처리 모기장, 홍역 및 소아마비 백신, 구충제, 비타민A, 교육자료 등을 묶어서 제공하였는데, 이것이 효과를 발휘하였다. 전 세계 5세 미만 어린이 사망자 수가 1990년의 근 1,200만에서 2010년에 800만 미만으로 크게 줄었다. 홍역 사망 자는 2000-2010년 10년 만에 3/4이 줄어 대성공을 기록하였다.[12]

그러나 세계 전체로 보면 보건 수준에 엄청나게 큰 차이가 여전히 남아 있 다.[13] 세계 인구의 75%가 살고 있는 남반구에 의사와 간호사 수는 약 30%에 불과 하다. 세계보건기구(WHO)에 따르면, 전 세계 의학연구비 가운데 5% 미만이 개발 도상국 질병 연구에 투입되고 있다. 가장 무서운 병은 에이즈, 급성 호흡기 감염, 설사, 결핵, 말라리아, 그리고 간염이다. 6억 명 이상이 열대병에 감염되어 있는데, 이중 4-5억 명이 말라리아 환자이다. 그러나 이런 질병을 가진 사람들은 가난하기 때문에, 선진국 제약회사(다국적기업)가 그들을 위한 약을 개발하는 데 투자할 필요 를 느낄 만큼 시장규모가 크지 않은 경우가 많다. 그리고 빈국들이 부국 시장을 위 해 개발된 약을 구하려고 해도 그 값이 너무 비싸서 살 수 없을 수 있다. 11장에서 언급한 에이즈 약의 경우가 그런 예이다.

안전한 물은 인간의 기본욕구 충족에 필수적인 또 다른 요소이다. 수많은 농 촌 지역에서 사람들은 물을 길으려고 매일 몇 마일을 걸어야만 한다. 물을 확보한 다는 것이 집집마다 수도를 갖추는 것이 아니라 동네에 안전한 우물 하나 혹은 수 도꼭지 하나 갖추는 것이라는 점에 유의하라. 이처럼 물을 확보하지 못한 사람들 의 수는 1990-2010년 기간에 반으로 떨어져 새천년개발목표(MDG)를 달성하였지 만, 아직도 세계적으로 6명 중 1명이 안전한 물을 확보하지 못하고 있다. 그리고 안 전한 물을 확보하고 있는 사람들 가운데 많은 사람이 (하수도와 위생 화장실 같은) 위생

---

11 World Health Organization. Poliomyelitis. Fact Sheet No. 114. October 2012.

12 WHO. Measles. April 2012. Rajaratnam, Julie Knoll et al. Neonatal, Postneonatal . . . *The Lancet* 375 (9730), 2010: 1988-2008.

13 World Health Organization. *World Health Statistics 2010*. WHO, 2010.

시설을 확보하지 못하고 있다. 이런 사람들의 수가 세계 인구의 1/3인 25억 정도 된다. 그 결과 전염병이 반복적으로 발생하고 설사가 만연하게 되었고, 이로 인하여 연간 수백만의 어린이들이 목숨을 잃는다. 농촌 지역이 도시 지역보다 사정이 더 나쁘다. 아이티(Haiti)의 경우 위생상태가 나빠 콜레라가 창궐하게 되었고 이로 인하여 2010－2013년 기간에 수천 명이 목숨을 잃었다(역설적이게도 이 콜레라는 아이티를 지원할 목적으로 아이티에 파견된 네팔인 평화유지군이 퍼뜨린 것이다). 물 사정과 위생상태 개선을 위해 지금까지 이 세계가 놀라운 성과를 거두었지만, 아직 약 10억 명의 사람들이 안전한 음용수를 확보하지 못하고 있으며 적절한 위생시설을 확보하지 못한 사람들은 20억이 넘는다.[14]

주거시설 역시 핵심적인 기본욕구 가운데 하나이다. 세계 70억 인구 가운데 6명 중 1명꼴로 기준 이하의 주택에 살거나 무주택(homeless)이다. 아무리 따져도 약 10억의 인구가 거주지도 없이 살고 있는 것으로 나타난다. 여러 지표들이 전적으로 일치하지는 않지만, 한 가지 분명한 사실은 인구의 하위 10억이 주로 농촌에 거주하면서 극빈 상태에 놓여 있다는 점이다. 이들을 극빈 상태로 묶어두는 가장 중요한 요인은 내전, 부패, 나중에 살펴볼 소위 "자원의 저주", 그리고 무역로가 없는 꽉 막힌 지역 등이다.[15]

가난한 사람들에게 기본욕구 충족을 제공하려면 그들에게 진보의 희망을 주고 정치적 안정을 약속해야 한다. 그러나 실제로 항상 그렇게 되는 것은 아니다. 스리랑카의 경우를 보면, 진보 성향의 정부가 들어서 영양, 보건, 문자해득 등의 기본욕구 충족 전략으로서 세계에서 가장 성공적인 전략을 이행하였다. 이 전략은 비록 1인당 국민소득이 낮은 아주 가난한 국가라 할지라도 인간의 기본욕구 충족은 해줄 수 있다는 사실을 보여준다. 그러다가 이 나라에 종족 간 내전이 발발하였다. 내전은 날이 갈수록 잔혹해져 암살조가 설치고 민간인에 대한 무차별 보복이 자행되었다. 결국 내전은 그때까지 스리랑카가 이룩한 발전을 완전히 무효로 만들어 놓

---

14 World Health Organization and UNICEF. *Meeting the MDG Drinking Water and Sanitation Target.* UNICEF, 2004. World Health Organization. *World Health Statistics 2010.* WHO, 2010.

15 Collier, Paul. *The Bottom Billion: Why the Poorest Countries Are Failing and What Can Be Done About It.* Oxford, 2007.

왔다.

  남반구에서 벌어지는 전쟁(내전이든 국제전이든)이 기본욕구 충족의 최대 장애물이다. 전쟁은 단지 직접 사람들을 죽이거나 다치게 하는 이상으로 큰 피해를 사회에 가져다준다. 전쟁 지역에서는 수송망 같은 경제적 인프라스트럭처(infrastructure)가 파괴되며 보건과 교육 같은 정부 서비스가 파괴된다. 또한 전쟁은 투자와 무역의 전제조건인 정치 및 경제 안정을 극적으로 손상시킨다.

  〈그림 12.3〉은 안전한 음용수와 식품 확보 정도를 지도에 표시한 것이다. 이

〈그림 12.3〉 음용수와 식품 확보 정도, 2005

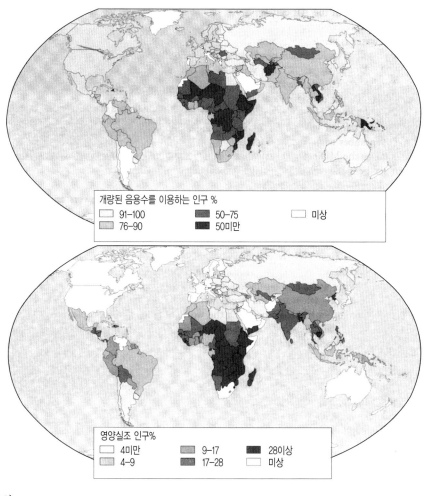

출처: UN.

지도를 보면 5장의 〈그림 5.1〉이 보여주는 현재 진행 중인 전쟁 지역 지도와 어느 정도 유사하다. 정말로 최근 혹은 현재의 전쟁과 기본욕구 충족 문제가 상관관계가 있다면(소득수준은 분명히 기본욕구와 상관관계가 있다), 무엇이 원인이고 무엇이 결과일까? 전쟁 상태에 있다는 것이 그 사회를 계속 가난한 상태로 묶어두고 국민의 기본욕구 충족을 가로막는 것일까? 아니면 가난하기 때문에 기본욕구 충족이 안 되어 전쟁 경향을 높이는 것일까? 아마 양쪽 모두 사실일 것이다. 흔히 전쟁은 빈곤 탈출을 불가능하게 만드는 악순환의 일부이다.

빈국 사람들의 목숨이 얼마나 취약한지는 1인당 GDP 1,300달러로 이미 가난이 심각한 국가인 아이티에 2010년에 큰 지진이 발생하여 이 나라를 초토화 했을 때 생생하게 드러났다. 부실공사 때문에 수많은 건물이 무너졌고 부실한 보건 및 위생 시설 때문에 살아남은 사람들도 절박한 상황에 빠졌다. 10만 명 이상이 목숨을 잃었고 수백만 명이 집을 잃었다. 앞으로 몇 년간 아이티 국민들의 유일한 희망은 재건을 위한 국제사회의 원조뿐이다.

(2) 세계의 기아

남반구 사람들의 기본욕구 가운데 가장 핵심적인 것이 식량이다. **영양실조**(malnutrition)란 단백질과 비타민을 포함한 식량 부족 상태를 가리키는 말이다. 기아(hunger)란 말은 영양실조나 좀 더 직설적으로 **영양결핍**(undernourishment) 혹은 칼로리 부족 등을 포괄하는 광범한 개념으로 사용된다. 기아가 아사(餓死)처럼 직접적으로 사람을 죽이는 일은 드물다. 그러나 기아는 사람들을 약하게 만들고, 정상인들에게는 치명적이지 않은 전염병에 목숨을 잃게 만든다.[16]

세계 인구의 약 1/9인 8억 명의 사람들이 만성 영양실조 상태에 있다(〈표 12.1〉 참조). 이들은 가벼운 노동도 할 수 없기 때문에 경제 활동에 기여할 수 있는 이들

---

16 Leathers, Howard D., and Phillips Foster. *The World Food Problem: Tackling the Causes of Undernutrition in the Third World*. 3rd ed. Rienner, 2004. Dreze, Jean, Amartya Sen, and Athar Hussain, eds. *The Political Economy of Hunger: Selected Essays*. Oxford, 1995.

의 잠재력이 그냥 버려지고 있는 셈이다. 그리고 이들이 계속 배고픈 상태로 남아 있다면, 국제적 불안정을 포함한 정치적 불안정의 잠재적 요인이 된다. 2011년에 식량 가격이 기록적으로 올라 문제가 더욱 악화되었다. 1996년에 개최된 세계식량정상회의(World Food Summit)에서 각국 지도자들은 2015년까지 기아 수준을 반으로 낮춘다는 목표를 설정하였다. 2012년에 나온 새로운 추정에 따르면 이 목표는 달성 가능하다. 전체 인구에 대한 비율로서 기아 비율은 1991–2011년 기간에 19%에서 12%로 줄었다.[17] 2006년의 유니세프 보고서에 따르면, 중국은 아동 영양실조 감축에 큰 진전을 이루었지만 남아시아의 진전은 느렸고 아프리카는 아예 진전을 이룰 수 없었다. 전 세계에서 5세 미만 아동의 1/4, 그리고 인도 5세 미만 아동의 근 1/2이 체중미달이다. 세계 저체중 아동 1억 5,000만 가운데 절반이 인도, 파키스탄, 그리고 방글라데시에 산다.[18]

〈표 12.1〉 누가 배고픈가? (지역별 만성 영양실조 인구, 2012)

지역	수(백만)	인구대비(%)	20년 전(%)
남아시아	300	18	27
동남아시아	65	11	30
중국	160	11	21
아프리카	230	27	33
라틴아메리카	50	8	15
중동	30	10	6
전체	835	15	23

주: 이 수치는 2010–2012년 및 1990–1992년 수치이다. 만성 영양실조란 1년 이상 체중을 유지하고 가벼운 활동을 할 수 있을 만큼 충분한 영양을 섭취하지 못하는 상태를 말한다.
출처: FAO, *The State of Food Inequality in the World, 2012*, FAO, 2011, pp 44–47을 근거로 다시 작성.

전통적으로 농촌 공동체는 먹을거리를 직접 경작하여 먹고 살았다. 이런 농업을 **생계형 농업**(subsistence farming)라 한다. 식민주의가 이런 패턴을 교란하였으며,

---

17 Food and Agriculture Organization. *The State of Food Insecurity in the World 2012*. FAO, 2012.

18 UNICEF. Progress for Children: A Report Card on Nutrition. Number 4, May 2006. UNICEF, 2006.

탈식민 시대에도 이런 교란 상태가 지속되었다. 남반구 국가들은 자급농업을 상업적 농업으로 전환시켰다. 작은 농지들이 거대한 플랜테이션(plantation)으로 통합되었는데, 대개 부유한 지주가 플랜테이션을 소유하고 있었다. 이 과정은 자본을 집중하고 경제를 세계무역과 부합하는 방향으로 재편한다는 점에서 자유주의 경제학과 맥을 같이 한다. 그러나 이 과정에서 자급농민들은 농지에서 추방당했다. 전쟁은 이보다 더 빠른 속도로 농민들을 농지에서 내몰았다.

상업적 농업은 기계류, 상업적 연료, 인공 비료와 살충제 등에 의존하는데, 이들은 수입품인 경우가 많고 현금을 주고 사야만 한다. 대농장들은 이런 보급품들을 사기 위해 **환금 작물**(cash crop)을 재배한다. 환금 작물이란 세계시장에 내다 팔 목적으로 재배하는 작물을 말한다.[19] 커피, 차, 설탕 등이 그 예인데, 이런 작물은 대개 현지 농민들의 영양 상태에 도움이 되지 않는다. 대농장이 만들어지거나 확장될 때 생계형 농민들은 매우 적은 임금을 받고 농장 노동자로 일하거나 다른 일자리를 찾아 도시로 이주한다. 이들이 기아에 시달리는 일이 흔하다. 역설적이게도, 2007-2008년에 식량 가격이 올랐을 때 농촌 지역 농민들의 소득이 늘었지만 그것은 식량 살 돈이 없는, 농촌을 떠난 수많은 사람들의 희생의 대가였다.

자연재해로 식량부족이 더 심해질 수 있다. 2010년 여름 파키스탄에 끔찍한 대홍수가 발생하였을 때 파키스탄에 심각한 식량부족 사태가 올 위험이 있었다. UN 식량농업기구(FAO)에 따르면, 파키스탄의 근 200만 에이커의 농작물이 유실되어 사람과 가축이 먹을 식량이 부족해졌다. 세계 각국, 국제기구, NGO 등이 대규모 인명 피해 참사를 막아야 한다는 생각에서 앞을 다투어 파키스탄에 식량을 원조했다.

하지만 국제 식량원조 자체가 문제를 더 어렵게 할 수도 있다.[20] 국제적인 농업 지원이 기계화된 대규모 상업적 농업에 더 유리한 결과를 낳을지 모른다. 그리고 어떤 국제기구가 특정 지역에 대량의 식량을 제공하면 그 지역의 식량 가격이

---

19 Barkin, David, Rosemary L. Batt, and Billie R. DeWatt. *Food Crops vs. Feed Crops: Global Substitution of Grains in Production.* Rienner, 1990.

20 Webb, Patrick. *Food as Aid: Trends, Needs, and Challenges in the 21st Century.* World Food Program, 2004.

폭락하고, 이에 따라 더 많은 현지 농민들이 농지에서 쫓겨나서 정부나 국제사회의 구호물자에 더 많이 의존할 수도 있다. 또한 가뭄이나 기아에 시달리는 사람들은 음식을 얻기 위해 급식소까지 먼 길을 가야하는 경우가 많은데, 이때 이들의 농사 일은 중단될 수밖에 없다.

(3) 농촌 및 도시 인구

생계형 농업을 하던 빈농들이 이농(離農)하면 대규모 인구이동이 일어날 수 있는데, 이 경우 대개 인구변천이 동반한다. 더 많은 사람들이 농촌에서 도시로 이동하는데, 이를 **도시화**라고 한다. 도시화를 정확히 측정하기는 어렵다. 읍내가 얼마나 커져야 도시라 할 수 있는지를 규정하는 기준이 없기 때문이다. 그러나 산업화된 국가들은 자국 인구의 70-90%가 도시에 거주한다고 발표한다. 반면에 중국은 2012년 기준으로 50%만 도시화되었다고 하는데, 아시아와 아프리카도 대체로 이와 비슷한 수준이라 할 수 있다. 대다수 중동 국가들도 50% 정도 도시화되었으며, 남아메리카 국가들은 70-85% 정도 도시화되었다.

도시 지역의 인구증가율이 농촌 지역보다 높아서 도시화가 되는 것은 아니다. 사실은 그 반대이다. 도시 사람들은 일반적으로 교육과 소득 수준이 더 높다. 그들은 이미 인구변천 과정에 깊숙이 진입하여 출생률 면에서 농촌 사람들보다 낮다. 도시 인구의 증가는 농촌 사람들이 도시로 이주했기 때문이다. 농촌 사람들이 이주하는 까닭은 더 많은 소득, 즉 경제적 기회를 얻고 또 더 신나는 삶을 살기 위해서다. 또한 농촌의 인구증가로 식량, 물, 경작 가능한 땅, 기타 자원이 부족해졌기 때문이다.

많은 도시에서 일자리, 주택, 서비스 등이 밀려오는 사람들에 비해 턱없이 부족하다. 도시 빈민가에서는 인간의 기본욕구가 충족되지 못하는 경우가 많다. 많은 국가들이 대규모 농지를 분할하여 생계형 농업 용도로 빈농들에게 재분배하는 정책을 고려해 왔다. 이것을 **토지개혁**이라 한다.[21] 토지개혁의 주요 반대자는 대지주들이다. 대지주는 부의 힘으로, 그리고 국제 시장, 다국적기업, 기타 경화 소득원 등과의 연결고리를 이용하여 막강한 정치적 힘을 행사하기도 한다.

(4) 빈국의 여성

빈국의 경제발전은 해당 국내에서 여성의 사회적 지위가 어떠한가에 따라 큰 영향을 받는다.[22] 이 사실은 비교적 최근에 알려졌다. 과거 수십 년 동안 관심의 초점은 부의 창조자로서 남성에만 맞춰졌다. 정부나 국제기구의 보고서들은 남성 임금근로자의 노동만 다루었다. 반면에 여성의 노동은 현금으로 임금을 받는 일이 드물었고 따라서 경제 통계에 나타나지 않았다. 그러나 전 세계 많은 지역에서 여성들이 남성보다 더 열심히 일하며 가족과 공동체의 경제적 복지증진에 크게 기여하고 있다. 어린이들의 처지를 개선하고 출생률을 줄이기 위해서는 여성의 노력이 결정적으로 중요하다. 영양, 교육, 보건, 주거 공간 등의 측면에서도 여성이 사람들의 기본욕구 충족에서 핵심 역할을 하고 있다.

그러나 (북반구나) 남반구에서 여성의 사회적 지위는 남성에 비해 열등하다. 예를 들어, 음식이 부족할 때 남성과 아들이 먼저 먹은 다음에 남는 것이 있으면 여성과 딸이 나중에 그것을 먹는다.

여아에 대한 차별은 교육과 문자해득 면에서도 만연해 있다. 세계적으로 여성의 문맹률이 남성의 2배이다. 남반구 지역 가운데 라틴아메리카만 여성 문맹률이 남성 문맹률에 접근하고 있다. 파키스탄의 경우 남아의 2/3와 여아의 절반 가량이 초등교육을 받는다. 최근 들어 격차가 많이 줄었지만, 아직도 (라틴아메리카를 제외한) 아시아, 아프리카, 중동 전역에서 남아가 더 많은 교육, 특히 중등교육을 받는다. 대학교육에서는 중국과 중동의 경우 여학생이 30%에 불과한데 남아시아와 아프리카는 이보다 못한 20% 조금 넘는 수준에 머물고 있다(라틴아메리카는 45%). 아프가니스

21 Dorner, Peter. *Latin American Land Reform in Theory and Practice.* Wisconsin, 1992. Deininger, Klaus W. *Land Policies for Growth and Poverty Reduction.* Oxford, 2003.

22 Boserup, Ester, Nazneed Kanji, Su Fei Tan, and Camilla Toulmin. *Woman's Role in Economic Development.* Earthscan, 2007. Jaquette, Jane S., and Gale Summerfield. *Women and Gender Equality in Development Theory and Practice: Institutions, Resources, and Mobilization.* Duke, 2006. Afshar, Haleh, and Deborah Eade. *Development, Women, and War: Feminist Perspectives.* Oxfam, 2004. Aguilar, Delia D., and Anne E. Lacsamana. *Women and Globalization.* Humanity, 2004. Beneria, Lourdes. *Gender, Development, and Globalization: Economics as if All People Mattered.* Routledge, 2003.

탄의 탈레반 정권(1996~2001년)은 모든 여아의 등교 금지와 모든 여성의 유급노동 금지와 같은 극단적인 여성차별 조치를 취하였다.

많은 국가와 국제기구들이 학교교육에서의 여성차별 금지, 보건 및 산아제한에 대한 여성의 접근 보장, 태아 및 아동 건강에 대한 여성교육, 여성의 사회적 지위의 전반적 향상(의사결정 과정에서 더 큰 목소리를 낼 수 있도록) 등에 관심을 보이기 시작하였다. 이런 주제들이 1995년에 중국 베이징에서 열린 UN여성총회에서 다루어졌다. 이 총회에는 각국 및 NGO 대표 수만 명이 참가하였다.

이제 국제기구들은 여성이 작은 기업이나 농장, 기타 수익사업을 시작하고자 할 때 이를 돕고 있다. 예를 들어 UNICEF는 이집트와 파키스탄에서 여성이 중소기업을 설립할 때 유리한 조건으로 은행 융자를 받을 수 있도록 지원한다. 인도네시아에서는 여성이 협동농장을 설립하고자 할 때 UNICEF가 그런 지원을 한다. 주로 농촌 지역이긴 하지만, 여성들은 남반구 도처에서 직물이나 기타 섬유 및 의류 제품을 생산하거나 소매업을 하거나 농업 등을 하는 협동기업들을 설립하고 있다.[23] 에티오피아 아디스아바바의 빈민가에서는 생계형 농사를 짓기 위한 땅이 없는 여성 가장들이 구걸이나 매춘으로 내몰렸다. 그러다가 통합포괄도시개발계획(Integrated Holistic Approach Urban Development Project)에 참가한 여성들은 식품가공, 직물생산, 장식품 제조 등과 같은 분야에서 소득창출 기업들을 설립하였다. 이런 기업들은 여성들에게 소득을 가져다주고 빈민가의 보건 및 위생 서비스 개선에 도움이 되었다.

(5) 이민과 난민

이상에서 살펴본 기본욕구, 이농, 도시화 등의 문제점들은 남북관계와 관련한 가장 큰 정치문제로 이어질 수 있다. 즉 빈국에서 부국으로 **이민**이 유입될 수 있

---

23 Lopez, T. *Women and Rural Development: New Employment Sources and Cooperatives in Less Favored Areas.* FAO, 2007. Rahman, Aminur. *Women and Microcredit in Rural Bangladesh: An Anthropological Study of Grameen Bank Lending.* Westview, 2001.

다.[24] 지금까지 남반구의 수백만 인구가 북반구로 가기 위해 국경을 넘었다.

　　더 나은 경제적 기회나 직업 환경을 찾아서, 혹은 자기 가족이나 문화, 종교 등에 가까이 가기 위해 다른 나라로 이주하는 사람들이 이민자이다. 이런 이주는 자발적인 것으로 간주된다. 이민을 보내는 국가는 자국민의 해외이주를 허용할 의무가 없고 이민을 받는 국가도 이민을 받을 의무가 없다. 무역 분야도 그렇지만, 이민의 경우에도 승자와 패자의 관계가 복잡하다. 흔히 이민자들은 새 국가에서 값싼 노동력을 제공하면서 그 국가 경제 전반에서 이득을 취하지만, 한편으로 그 국가의 가난한 시민들과 일자리를 놓고 경쟁을 벌여야 한다.

　　대다수 선진국들은 남반구에서 오는 이민을 제한하려고 한다. 국경수비대와 장벽이 있지만 많은 사람들이 불법으로 들어온다. 미국의 경우 세계 각지, 특히 멕시코, 중앙아메리카, 카리브지역에서 밀입국자들이 유입된다. 서유럽의 경우 주로 북아프리카, 터키, 동유럽(점차 숫자가 늘고 있는)에서 들어온다.[25] 서유럽의 일부 지도자들은 유럽 통합 과정에서 국경선 통제가 느슨해져 밀입국자 단속이 더 어려워질 수 있다고 우려한다. 사실 이민 유입에 대한 두려움이 스위스 유권자들로 하여금 EU 가입에 반대표를 던지게 만든 원인 가운데 하나였다. 2004–2006년에 사하라 이남 아프리카의 이민과 난민 수만 명이 모로코로 가서 모로코 안에 있는 작은 스페인 영토로 들어가기 위해 레이저 철책에 기어올랐다. 일단 스페인령으로 들어가서 관련 당국에게 국적을 밝히지 않으면 본국으로 송환 당하지 않을 수 있기 때문이다. 모로코 내 스페인령으로 들어가려는 사람들의 수가 늘어난 것은 스페인 정부가 배로 북아프리카에서 지브롤터 해협 부근 스페인 본토로 직접 들어가려는 사람들을 차단하기 위해 내린 조치 때문이다. 스페인이 모로코 내 스페인령 진입을 다시 철저히 차단하자 아프리카 사람들은 배를 타고 모로코 인근 대서양 상의 스페

24　Stalker, Peter. *Workers without Frontiers: The Impact of Globalization on International Migration.* Rienner, 2000. Meyers, Eytan. *International Immigration Policy: An Empirical and Theoretical Analysis.* Palgrave, 2004.

25　Aleinikoff, Alexander, and Douglas Klusmeyer, eds. *From Migrants to Citizens: Membership in a Changing World.* Carnegie Endowment for International Peace, 2000. Massey, Douglas S., and J. Edward Taylor. *International Migration: Prospects and Policies in a Global Market.* Oxford, 2004.

인령 카나리 제도로 들어가는 방법을 택했다.

국제법과 국제관습은 이민과 난민을 구분한다. **난민**이란 전쟁, 자연재해, 혹은 정치적 박해를 피해 피난처를 찾아 떠도는 사람들을 가리킨다.[26] (만성적 차별을 피해 떠도는 사람들은 난민 지위를 인정받을 수도 그렇지 못할 수도 있다.) 국제규범에서는 국경에 도착한 난민을 각국이 받아들일 의무가 있다고 한다. 전쟁이나 자연재해로 발생한 난민은 대개 귀국이 가능할 때까지 한시적으로 난민촌(refugee camp)에 수용된다(난민촌 생활이 몇 년 동안 계속될 수도 있지만). 정치적 박해로 인한 난민은 새 국가에 정착할 수 있는 망명자 지위를 얻을 수도 있다. 난민을 받아들이는 문제, 누가 그 비용을 지불할 것인가의 문제는 일종의 집합재 문제이다.

이 문제는 2011년에 튀니지와 리비아 난민 수만 명이 이탈리아로 몰려들었을 때 매우 심각한 이슈가 되었다. 이들은 일단 이탈리아로 들어가면 다른 유럽 국가로 자유롭게 갈 수 있었다. 당시 프랑스는 이들을 받아들이지 않았으며, EU 지도자들은 EU 내 자유로운 출입국 관련 규정을 재검토하였다.

세계적으로 국제난민의 수는 2012년 기준으로 약 1,000만 명이다. 그리고 약 1,500만 명이 국내에서 살 곳을 잃은 사람들이다. 이 같은 국내실향민(internally displaced person, IDP)의 3/4이 콜롬비아, 콩고, 소말리아, 수단, 이라크, 아프가니스탄, 시리아에 산다. 이들 외에 400만 팔레스타인 난민은 UN팔레스타인난민구호기구(UN Relief and Work Agency, UNRWA)가 책임지고 있다. 난민과 국내실향민 대부분이 전쟁으로 살 곳을 잃은 사람들이다. 최근의 시리아 내전은 2013년 초 시점까지 60만의 난민(터키와 요르단에 수용된)과 250만의 국내 실향민을 낳았는데, 이들은 폭력을 피해서, 더러는 성폭력을 피해서 달아난 사람들이다. 2013년에 요르단 정부는 이미 수용한 20만 명 외에 추가로 시리아 난민을 받지 않겠다고 선언하였다.

26　UN High Commissioner for Refugees. *The State of the World's Refugees*. Oxford, annual. Haddad, Emma. *The Refugee in International Society: Between Sovereigns*. Cambridge, 2008. Zolberg, Aristide R., and Peter Benda. *Global Migrants, Global Refugees: Problems and Solutions*. Berghan, 2001. Loescher, Gil. *The UNHCR and World Politics: A Perilous Path*. Oxford, 2001.

〈표 12.2〉 난민 수, 2011

지역	수(백만)	주요 수용소 소재지
중동	10	아프가니스탄, 이라크, 파키스탄, 태국, 이란
팔레스타인(UNRWA 보호 하)	4	팔레스타인, 요르단, 레바논, 시리아
아프리카	10	소말리아, 우간다, 수단, 민주콩고
라틴아메리카	4	콜롬비아
유럽	3	독일
세계 전체	31	

주: 난민, 망명 희망자, 송환 난민, 국내 실향민을 모두 포함한 자료이다.
출처: UN High Commissioner for Refugees(UNHCR).

난민이 정치적으로 큰 충격을 몰고 온다는 사실은 자주 확인되고 있다. 지난 수십 년 동안 가장 정치화된 난민 문제는 1948년과 1967년의 아랍-이스라엘 전쟁으로 살 곳을 잃은 팔레스타인 난민(또한 그들의 자녀와 손자) 문제이다. 이들은 주로 요르단, 레바논, 팔레스타인 자치지구인 가자와 웨스트뱅크 등지에 설치된, 이미 장기 정착촌이 되어버린 "캠프"에서 산다. 이 난민촌들의 빈곤이 다시 도화선이 되어 주민들은 급진적 정치운동에 끌리고 있다. 현재 이스라엘이 자리 잡은 곳으로 돌아갈 권리가 있다는 팔레스타인 사람들의 주장은 여러 해 끌어 온 포괄적 평화협상 과정에서 번번이 이스라엘에 의해 거부되었다.

전쟁이나 정치적 박해로 인한 난민과 더 나은 경제적 기회를 찾아 나선 이민을 구분하는 것이 항상 쉽지는 않다. 후자가 송환을 피하기 위하여 난민이라 주장할 수도 있다. 이 문제는 최근 들어 북반구의 중요한 문제로 등장하였다. 독일, 프랑스, 오스트리아 등에서는 국내정치에서 외국인 이민자들에 대한 반감이 우익 민족주의의 불씨가 되었다.

송금 이민과 관련된 한 가지 중요한 사안은 이민자가 모국의 친척들에게 돈을 보내는 **송금**이다. 많은 빈국들에서 이런 송금이 중요한 소득원이 되고 있다.[27] 세계 많은 지역의 국가들에게 송금이 중요하다. 세계은행에 따르면, 2012년에 세계

---

27 Terry, Donald F., and Steven R. Wilson. *Beyond Small Change: Making Migrant Remittances Count.* Inter-American Development Bank, 2005.

송금 총액이 5,000억 달러를 넘어 10년 만에 3배로 늘었으며 세계 전체 대외원조 총액의 3배에 달한다고 한다(세계은행은 정확한 액수는 이보다 더 클 것이라고 덧붙였다).

　　세계경제에서 송금의 중요성은 갈수록 커지고 있다(〈그림 12.4〉 참조).[28] 외국인 직접투자와 달리, 송금은 기업이나 부자들 간에 이루어지지 않고 대개 가족들 간에 이루어진다. 따라서 송금은 회수(回收)가 불가능하다. 또한 정부 간에 거래되는 돈이 아니기 때문에 부패나 예산낭비 위험도 없다. 돈을 보내는 사람이 내거는 조건도 없다. 돈이 한 가족에서 다른 가족으로 자유로이 이동할 뿐이다. 이와 같은 송금의 특징들 때문에 (그리고 그 규모가 계속 커지고 있기 때문에) 송금이 더욱 중요해지고 있지만, 연구하기도 어렵다.

〈그림 12.4〉 전 세계 송금 흐름, 1970 – 2012

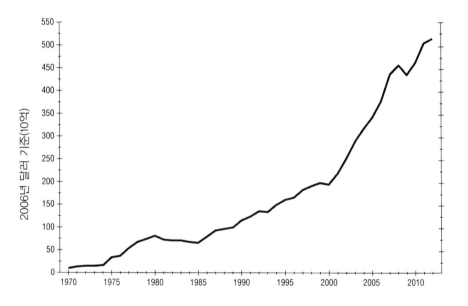

출처: Singer, David A. Migrant Remittances and Exchange Rate Regimes in the Developing World. *American Political Science Review* 104(2): 307–323.

송금은 남반구 국가들에게 도움이 된다. 가난한 가족에게는 더 많은 가처분

---

28 Singer, David A. Migrant Remittances and Exchange Rate Regimes in the Developing World. *American Political Science Review* 104 (2): 307–323.

▌ 정책적 시각

보츠와나 대통령 세레체 카마(Seretse Khama Ian Khama)의 입장

문제: 자국민 복지를 희생하지 않으면서 역내 인도주의 위기 문제에 어떻게 대처할 것인가?

배경: 당신이 보츠와나 대통령이라고 가정하자. 보츠와나 동쪽 인접국인 짐바브웨는 수년 간 정치적, 경제적, 사회적 소요를 겪어 왔다. 최근의 일로, 짐바브웨에서는 부정선거 시비에 휘말린 대통령선거 때문에 폭력과 항의 사태가 잇달았다. 이러한 폭력 충돌 때문에 난민이 더욱 많이 생겼다. 정치 폭력 외에 식량부족 위기가 1,200만 짐바브웨 인구의 절반을 덮쳤다. 경제적으로도 이미 짐바브웨는 물가상승률이 2억 퍼센트에 이를 정도로 붕괴되었다. 마지막으로 짐바브웨는 콜레라가 창궐하여 이미 위기에 처한 상황에서 기본적인 보건 서비스를 받지 못한 수천 명의 사람들을 죽음으로 내몰았다. 이와 같은 끔찍한 정치적, 사회적, 경제적 상황이 많은 사람들로 하여금 짐바브웨를 떠나 임시 (혹은 영구적인) 피난처를 찾게 만들었다.

국내 고려사항: 그러나 보츠와나의 정치 경제 상황은 많이 다르다. 지난 10년 간 보츠와나는 아프리카의 매우 가난한 나라에서 연간 1인당 GDP 15,000 달러 수준으로 크게 성장하였다. 현재 보츠와나의 경제 상황은 견실하고 정치 상황은 비교적 안정되어 있다. 경제 호전에 힘입어 현재 매우 높은 수준의 에이즈 감염률(성인 3명 중 1명)을 낮추고 높은 실업률(40%로 추정)을 낮추기 위한 종합 대책을 시행할 수 있게 되었다.

보츠와나의 정치 및 경제 상황이 짐바브웨에 비해 분명 더 낫지만, 짐바브웨를 떠나 보츠와나로 오는 수만 명의 난민들을 지원하고 이들에게 피난처를 제공해 줄 수 있을지는 확실치 않다. 특히 이미 에이즈 창궐로 과부하가 걸린 보츠와나의 보건 시스템은 콜레라에 걸린 짐바브웨 난민들의 대거 유입으로 곧바로 마비될지 모른다. 그리고 보츠와나 국민들도 소수 난민에 대해서는 참을 수 있겠지만 도움을 바라는 모든 짐바브웨 난민을 수용하는 문제에는 반대할 것이다.

시나리오: 이제 짐바브웨의 정치 상황이 더 악화되었다고 가정하자. 또 다시 콜레라가 창궐하여 추가로 수만 명의 짐바브웨 난민이 보츠와나로 밀려온다. 보츠와나 보건 장관은 콜레라 위협을 들어 국경을 봉쇄하라고 건의한다. 그러나 국제사회로부터 난민을 받아들이라는 압력을 받고 있다. UN난민고등판무관(UNHCR)은 짐바브웨의 정치적 안정이 회복될 때까지 시간이 걸리더라도(몇 년이 될 수도 있다) 계속 짐바브웨 난민 수용비용을 보조하겠다고 약속하였다.

정책 선택: 난민 문제를 어떻게 처리할 것인가? 강제로 그들이 짐바브웨를 떠나지 못하게 할 것인가? 아니면 보츠와나에 머물 수 있도록 허용할 것인가? 그래서 이들이 일자리를 차지하고 식량 공급을 독차지하고 보건 시스템에 부담을 준다면 보츠와나 국민 일부는 반감을 가질지 모른다. 인도주의적 배려와 자국민의 신체적, 경제적 복지 축소 우려를 어떻게 조화시킬 것인가?

소득이 된다. 필리핀과 방글라데시 같은 일부 빈국들은 투자등급 상승, 채권 판매, 외국인투자 유치 등에서 송금의 도움을 받았다. 그러나 송금 수준은 부국 경제가 내리막길을 걸을 때 쉽게 떨어질 수 있다. 또한 송금은 부국에 대한 빈국의 종속 사이클을 지속시킬 수 있다. 만일 부국들이 국경을 폐쇄하고 이민자들을 추방한다면, 이로 인하여 개별 가족뿐만 아니라 개발도상국 국가경제까지 어려움에 빠질 수 있다.

국제 인신매매 이민과 난민 외에 점점 더 많은 사람들(연간 약 70만 명으로 추산)이 본인 의사와 상관없이 국경을 넘는다. 이들 중에는 남성과 여성, 성인과 미성년자가 포함된 성 노예와 노동 노예도 있다. 연간 약 20,000명이 미국으로 밀입국한다고 추정된다. 2010년에 미국 국무부는 국제 인신매매 중단을 위해 충분한 조치를 취하지 않는 국가로서 쿠웨이트, 말레이시아, 사우디아라비아 같은 우방을 포함한 13개국 명단을 발표하였다.[29]

---

29 U.S. Department of State. *Trafficking in Persons Report 2009*. Dept. of State, 2009.

일반적으로 모든 형태의 남북 간 이주는 북반구 선진국들에게 문제를 일으키지만, 그 해결책은 남반구 국가들이 자체적으로 내부 문제를 해결하는 것 밖에 없다.

2. 축적에 관한 이론

세계의 산업화된 선진 지역과 낙후된 남반구 간의 엄청난 소득격차를 어떻게 설명할 수 있을까? 이런 소득격차가 국제정치와 관련해 갖는 의미는 무엇일까? 이런 질문에 대한 접근방법으로서 서로 다른 접근방법이 몇 가지 있다. 이번 장은 그 중에서 자유주의적 시각과 혁명적 시각에 따른 상호 대조적인 두 가지 부의 축적 이론에 초점을 맞출 것이다.

(1) 경제적 축적

이 문제에 대한 하나의 시각은 자본주의 시각으로, 이 시각은 효율적인 경제성장 극대화를 강조하는 자유주의 경제학에 기반을 두고 있다. 이 시각에서 나온 한 가지 견해는 남반구를 단순히 북반구보다 산업화에 뒤쳐진 지역으로 간주한다. 북반구에서 더 많은 부가 창출되면 좋고 남반구에서 그런 일이 일어나도 역시 좋다. 즉 양자가 서로 충돌하지 않는다는 견해이다.

사회주의 시각에서 나온 또 다른 견해는 절대적인 부의 창출 못지않게 부의 분배에 주의를 기울인다. 이 견해는 남북격차를 일종의 제로섬게임으로 간주한다. 즉 북반구에서의 부의 창출은 대개 남반구의 희생을 대가로 했다는 주장이다. 또한 이 견해는 부의 재분배와 경제 관리에서 정치(국가)가 수행하는 역할을 자본주의에 비해 더 중시한다. 이 점에서 사회주의는 중상주의와 일맥상통한다. 그러나 사회주의자들은 전 세계 부의 분배에 관한 정치적 흥정에서 주요 행위자는 국가가 아니라 경제적 계급이라 본다. 그리고 중상주의자들이 (국력의 요소로서) 부의 집중을 촉구하는 반면, 사회주의자들은 부의 광범한 분산을 촉구한다.

사회주의자들이 볼 때, 국제거래는 자본가들이 값싼 노동력과 자원을 착취하는 방식으로 이루어진다. 이때 국가는 착취의 정치적 조건 창출을 위해 이용된다. (사회주의자들 가운데 빈국의 노동자에 초점을 맞추는 사람도 있고, 부국의 노동자 혹은 양쪽 모두의 노동자에 초점을 맞추는 사람도 있다.) 따라서 (국가의) 정치적 이익이 경제정책을 추동한다고 보는 중상주의자들과 달리, 사회주의자들은 (자본가나 노동자의) 경제적 이익이 국가 정책을 추동한다고 본다. 최근 몇몇 라틴아메리카 국가에서 좌파 대통령이 선출되었는데, 이들은 자유시장 자본주의에서 벗어나 산업국유화를 중시하는 사회주의 철학 쪽으로 경로를 바꾸려는 사람들이다. 그런 사람들이 베네수엘라, 볼리비아, 에콰도르, 그리고 니카라과에서 대통령으로 선출되었다.

자본주의와 사회주의는 사용하는 용어, 빈곤 문제와 그 국제적 함의에 대한 가정에서 양립 불가능하다. 이번 장은 사회주의적 접근에 좀 더 큰 비중을 두고 남북격차의 핵심 요인으로 제국주의 역사, 해결책으로 혁명 전략과 대대적인 부의 재분배에 초점을 맞출 것이다. 이어서 13장은 자본주의에 큰 비중을 두고 살펴볼 것이다.

집합재 찾기

난민 관련 국제 레짐
집합재: 난민의 복지

배경: 전쟁과 재해가 발생하면 사람들은 안전과 생존을 위하여 피난을 가기 때문에 수백만의 사람들이 고국을 버리고 난민이 된다. 이들이 다른 국가에 피난처를 찾기 위해 국경선으로 몰려가는 일은 드물지 않은 일이다. 이들을 받아들이는 국가는 그 비용을 감당해야 한다. 난민 지원은 통제를 벗어난 사람들로 인한 정치적 경제적 불안, 공중보건 위험 등을 덜어주기 때문에 전 세계에 이익이 된다. 따라서 난민 보호는 전 세계를 위한 집합재이다.

도전: 2011년 현재 세계적으로 약 1,000만 명의 난민(그리고 1,500만 명의 국내실향민)이 있다. 그 중 80%가 남반구에 있다. 대부분의 전쟁이 빈곤한 지역에서 발생하기 때문에 난민을 받아들이는 인접국들이 난민 보호에 필요한 자원을 충분히 갖지 못한 경우가 많다. 그렇기 때문에 난민을 국경에서 차단해 무임승차하고 싶은 유혹이 생긴다.

현실적으로 완전한 자본주의 국가는 없다. 거의 모든 국가가 사적 소유와 국가 소유를 모두 포함한 혼합경제 방식을 취하고 있다.[30] 가장 자본주의적인 국가에서도 정부는 부의 일부를 재분배함으로써 자본주의의 비인간적 측면을 완화한다. "복지국가"는 빈자들을 위해 교육, 의료, 복지 등을 제공한다. 2008-2009년의 금융위기 당시 미국과 영국을 포함한 자본주의 대국들은 보험회사, 자동차회사, 은행 등과 같은 사기업들의 도산을 방지하기 위하여 주식 일부를 사들이기도 했다.

경제발전은 **자본축적**, 즉 건물, 도로, 공장 같은 고정된 부의 창출에 기반을 두고 이루어진다. 인구를 늘리고 자본을 키우기 위해서는 자본을 사용함으로써 **경제적 잉여**를 만들어야 한다. 이를 위해서는 돈이 소비가 아니라 생산적인 자본의 형태로 사용되어야 한다. 한 사회의 경제가 더 많은 잉여를 생산할수록 사람들이 먹고 사는 데 소비하는 수준 이상으로 투자할 수 있는 자원이 더 늘어난다.

몇 세기 전에 일어난 산업혁명은 화석연료에서 나온 막대한 에너지를 소비하

---

30   Freeman, John R. *Democracy and Markets: The Politics of Mixed Economies.* Cornell, 1989.

해결책: 만일 난민이 본국에서 박해 받는 소수종족인데 그 종족이 다수종족인 인접국으로 피난하려 하는 경우라면, 정체성 원칙이 힘을 발휘할 수 있다. 인접국이 난민에 대한 일체감을 갖고 기꺼이 난민 보호에 나설 수 있기 때문이다. 그러나 가장 핵심적인 원칙은 상호주의 원칙이다. 즉 양심 하나만 믿고 난민을 받아들일 것으로 기대해도 안 되고, 위협이나 강요로 난민을 받아들이게 해서도 안 된다.

현재 전 세계 난민 관련 레짐은 각국이 동의한 일련의 상호주의 규칙에 기반을 두고 있다. 모든 국가는 동일한 규칙을 준수하게 되어 있는데, 전쟁으로 인한 난민은 반드시 받아들여야 한다. 국제사회는 난민 수용 국가를 지원하기 위해 UN난민고등판무관(UNHCR) 제도를 도입하였다. UNHCR의 목적은 난민 보호지원이다. UNHCR의 예산을 확보하는 것 자체가 집합재이다. 이 기구는 긴급하게 필요한 물자가 부족해서 곤경에 처하는 일이 흔하다.

면서 세계 자본축적 과정의 속도를 크게 높였다. 그러나 산업화는 전 세계 지역별로 아주 불균등하게 진행되었다. 북반구는 방대한 자본을 축적하였다. 남반구도 어느 정도 부를 창조하고 자본을 축적하였지만, 대부분의 남반구 지역은 산업화 이전 경제 단계에서 벗어나지 못했다. 그렇기 때문에 1인당 에너지 소비 면에서 북반구가 남반구보다 거의 10배나 많아진 것이다.

이제 정보기술의 발달로 에너지 연료 태우는 산업 인프라가 선진국 경제에서는 비교적 덜 중요한 것으로 되고 있다. 남반구 국가들은 북반구가 거쳤던 경로대로 본격적 산업화 국면을 거쳐야 할지 모른다. 혹은 처음부터 새로운 기술을 이용하는 다른 경로로 경제발전을 도모할지도 모른다. 문제는 산업 인프라가 북에 집중되어 있듯이 전 세계 정보 인프라도 마찬가지라는 점이다. 선진국 학생들이 온라인으로 공부하는 동안에 빈국은 여전히 농촌 주민의 문자해득률 제고를 위해 싸우고 있다.

(2) 세계체계

지역적 계급분화로 구성되어 있는 현재의 글로벌 체계를 일부 국제관계 학자들은 **세계체계** 혹은 자본주의 세계경제로 규정한다.[31] 이런 견해는 경제 계급에 초점을 맞춘다는 점에서 마르크스주의적 정향을 가졌으며, 지구 수준의 분석에 의존한다. 세계체계 안에서 계급분화는 지역 단위로 이루어져 있다. 대부분의 남반구 지역은 (농업과 함께) 원료 추출 수준에 머물러 있다. 이 과정은 자본보다 노동에 주로 의존하며, 노동자 임금수준도 낮다. 반면에 산업화된 지역은 주로 공산품을 생산한다. 이 과정은 더 많은 자본을 사용하며, 훨씬 더 숙련된 노동을 요구하며 따라서 노동자 임금수준도 훨씬 높다. 산업화된 지역을 세계체계의 **중심부**(core)라 부

---

31 Wallerstein, Immanuel. *The Modern World-System.* 3 vols. Academic, 1974, 1980, 1989. Frank, Andre Gunder. *World Accumulation, 1492–1789.* Monthly Review Press, 1978. Chew, Sing C., and Robert A. Denemark, eds. *The Underdevelopment of Development: Essays in Honor of Andre Gunder Frank.* Sage, 1996.

르고 원료를 추출하는 지역을 **주변부**(periphery)라 부른다.

이런 관점에서 오늘날 가장 중요한 계급투쟁은 세계체계의 중심부와 주변부 간의 투쟁이다.[32] 중심부는 (부에서 나온) 힘을 사용하여 주변부의 잉여를 중심부로 집중시키는데, 이런 일이 500년 동안 계속되었다. 양차 세계대전과 냉전을 포함한 강대국 간의 갈등은 기본적으로 주변부 착취권을 놓고 중심부 국가들이 벌이는 경쟁의 결과이다.

중심부와 주변부의 경계선이 그다지 확실한 것도 아니다. 주변부 안에도 중심부와 주변부가 있다. 예를 들어 리우데자네이루 같은 대도시는 중심부이고 아마존 우림 지역은 주변부이다. 중심부 안도 마찬가지이다. 예를 들어 뉴욕은 중심부이고 미시시피 삼각주 지역은 주변부이다. 이렇게 보면 지구 전체의 구조가 중첩 계층구조이다. 자본집중 정도와 임금수준 고하는 완전히 분리된 두 개의 범주 안에서 폐쇄된 것이 아니라 하나의 연속선 위에 있다.[33]

세계체계 이론에서 **반주변부**(semiperiphery)란 어느 정도 제조업을 갖추고 자본집중이 이루어졌지만 가장 앞선 중심부 국가에 비해 뒤쳐진 지역을 가리킨다. 흔히 대만과 싱가포르 같은 신흥공업국(NIC)과 함께 동유럽과 러시아가 반주변부로 간주된다. 이 반주변부는 중심부와 주변부 사이에서 일종의 정치적 완충지대 역할을 한다. 주변부 빈국들이 중심부의 지배에 반기를 들기보다 반주변부로의 편입을 열망할 수 있기 때문이다.

세월이 흐르면서 중심부, 반주변부, 주변부 국가들의 면면이 조금 바뀔 수 있지만, 지구 전체의 전반적인 계급관계 체계는 바뀌지 않는다. 라틴아메리카의 오지처럼 과거에 유럽인의 발길이 닿지 않았던 지역들이 주변부로 통합되고 있다. 과거 북아메리카처럼 주변부 지역이 반주변부나 심지어 중심부로 올라설 수도 있다. 그리고 16세기 말에서 17세기 초 사이의 스페인처럼 중심부 국가가 자본축적에 실패하여 반주변부로 떨어질 수도 있다. 세계체계 이론은 중심부, 반주변부, 주변부의 확실한 정의를 내리지 않고 일반적 개념들만 제시하기 때문에, 정확하게 어느 국가

---

32 Boswell, Terry, ed. *Revolution in the World-System*. Greenwood, 1989.

33 Boswell, Terry, and Christopher Chase-Dunn. *The Spiral of Capitalism and Socialism: Toward Global Democracy*. Rienner, 2000.

가 어느 범주에 속하는지 가리기가 쉽지 않다.[34]

실제 세계무역 패턴이 어느 정도 세계체계 이론을 뒷받침하고 있다. 산업화된 서방은 기계류, 화학제품, 기타 유사한 중공업 제품을 수입하는 것보다 더 많이 수출하므로 중심부의 면모와 부합한다. 1990년대에 다른 모든 국가들은 이런 제품을 수출보다 더 많이 수입하였다. 그러나 2000년대 들어 중국(또한 몇몇 아시아 국가들)도 중공업 제품의 순수출국이 되었다. 또한 아시아는 여전히 섬유류 등의 경공업 제품 수출에 강점을 보인다. 이런 패턴을 보이는 국가들은 반주변부의 면모와 부합한다. 산업화된 서방은 경공업 제품을 수입한다. 수출을 지향하는 제조업이 선진국에서 아시아로 이동하는 것은 곧 세계화를 반영하고 있다.

산업화된 서방 국가들이 에너지 순수입국이라는 사실은 매우 중요한 무역 패턴이며 세계화의 또 다른 지표이다. 현재 아시아 국가들도 에너지 수입국이다. 중동은 전문적으로 석유를 수출하며, 러시아, 라틴아메리카, 아프리카 역시 에너지 순수출국이다. 이런 패턴은 주변부의 전형적인 자원 추출 역할을 보여준다. 라틴아메리카 국가들은 식량, 농산품, 광물 순수출국인데, 이 역시 주변부의 전형적 모습이다. 그러나 이 지역들의 전문화된 수출 패턴은 전체적인 구도 속에서 봐야 한다. 세계 모든 지역들이 모든 종류의 상품을 수출하고 수입하며, 순수출이라는 것도 전체 세계무역의 극히 작은 일부분에 불과하다.

공산품을 수출하는 반주변부 지역(중국과 남아시아)은 근래에 와서야 비로소 급속한 경제성장을 이룬 지역일 뿐이다(앞의 〈표 12.1〉 참조). 주로 원료 수출로 세계경제의 세계화에 참여하는 다른 3개 지역(아프리카, 중동, 라틴아메리카)의 성장속도는 느리다.

수출 가능한 천연자원이 있다는 사실은 국가경제에 큰 플러스 요인이지만, 자원수출을 기반으로 경제성장을 도모하는 것은 문제가 있다. 이런 문제를 **자원의 저주**(resource curse)라 한다.[35] 칠레 같은 중간 소득수준 국가의 경우에도 2003-2006

---

34 Thompson, William R., ed. *Contending Approaches to World System Analysis.* Sage, 1983. Hopkins, Terence K., and Immanuel Wallerstein. *The Age of Transition: Trajectory of the World-System, 1945-2025.* Zed, 1996.

35 Humphreys, Macartan, Jeffrey D. Sachs, and Joseph E. Stiglitz. *Escaping the Resource Curse.* Columbia, 2007. Lujala, Palvi, Nils Peter Gleditsch, and Elisabeth Gilmore. A Diamond Curse? Civil War and Lootable Resources. *Journal of Conflict Resolution* 49 (4), 2005: 538-62.

년 기간에 주요 수출품인 구리 가격이 4배 폭등했을 때 그 득실이 엇갈리기도 한다. 항의하는 사람들은 수십억 달러를 빈자들을 위한 사회복지에 사용하라고 요구하였지만 (사회주의자였던) 대통령은 일시적인 횡재를 그런 용도로 사용해서는 안 된다고 경고하였다. 다른 한편으로, 구리 수출로 많은 외화가 들어오자 칠레 통화가 강해져서 다른 산업 분야 수출업자들의 수출이 어려워졌다.[36] 그 후 2008년에 세계 경기후퇴로 구리 값이 폭락하자 칠레의 수입이 급감하였다.

3. 제국주의

남북 간 부의 불균형과 지역들 간 수출 전문화는 오랜 역사가 있다. 3장에서 제국주의에 관한 마르크스주의 이론을 다룬 바 있는데, 마르크스주의 이론은 남북격차가 어떻게 형성되었는지에 관해 특별한 종류의 설명을 제공한다. 다시 우리는 여기서 **제국주의**가 어떻게 수 세기 동안 남반구에 영향을 주었는지, 그리고 그 후과(後果)가 어떻게 여전히 세계에 영향을 주는지를 살펴볼 것이다. 특히 16세기부터 20세기까지 제국주의는 지배 원칙에 따라 세계질서를 주인과 노예 관계, 정복자와 땅, 노동력, 보물을 가진 피정복자 관계로 구조화하였다. 이와 동시에 제국주의는 백인이 아닌 사람들을 외부집단으로 규정하는 공통의 인종적 정체성을 가지고서 북반구를 단결시키는 정체성 원칙에도 의존하였다. (오늘날 정체성 문제는 더욱 복잡해졌지만, 여전히 인종주의가 남북관계에 영향을 미치고 있다.)

(1) 세계의 문명

오늘날의 국제체계는 어느 한 특정 문명, 즉 유럽을 중심으로 한 서양문명의

---

36 Rohter, Larry. Chile Copper Windfall Forces Hard Choices on Spending. *The New York Times*, January 7, 2007: 4.

〈그림 12.5〉 세계의 문명

지역	Before A.D. 1000	A.D. 1000	1250	1500	1750	2000
일본	한국 및 중국의 영향	사무라이	쇼군	▲ 도쿠가와 제국	메이지 유신	2차 대전 · 번영
중국	왕조 만리장성 도교, 불교 종이, 화약	송	몽고	명	청 · 유럽지배	공산화
남아시아	힌두, 불교 고대 인도 아랍 정복	타키 시대		타지마할	유럽의 식민지 ▲	독립
아프리카	가나왕국		요루바, 말리 베닌(왕국)	노예무역 점바브웨 부간다	아샨티 · 유럽 식민지	독립
중동	메소포타미아 이집트, 페르시아 유태교, 기독교 그리스/로마, 이슬람	십자군 아랍제국		▲ 오토만제국	이랍 민족주의 유럽식민지	이슬람 혁명
서유럽	고대 그리스 로마제국 바이킹 봉건제	암흑기	베니스	르네상스 종교개혁	제국주의 프랑스 혁명 ▲	독일/이태리 통일 2차대전
러시아/ 동유럽	하자르족		칭기스칸	이반 대제	짜르 · 레닌 ▲	2차대전 CIS
북아메리카	(농업 이전 사회)			콜럼버스	유럽 식민지 미국 독립 · 미국내전 서부개척	유럽과 미국의 개입 냉전
라틴 아메리카	마야	아즈텍/잉카제국		▲ 포르투갈 스페인 점령 콜럼버스	식민지 · 독립 ▲	전쟁, 부채, 독재, 혁명

출처): Barraclough, Geoffrey, ed. *The Times Atlas of World History*. Hammond, 1978. Mozaffari, Mehdi, ed. *Globalization and Civilizations*. Routledge, 2002. Abu-Lughod, Janet. *Before European Hegemony: The World System, a.d. 1250-1350*. Oxford, 1989. Hodson, Marshall G. S. *The Venture of Islam: Conscience and History in a World Civilization*. Chicago, 1974. Bozeman, Adda. *Politics and Culture in International History*. Princeton, 1960.

산물이다. 우리가 알고 있는 국제체계는 300~500년 전에 유럽국가들 사이에서 발전했고, 몇 세기에 걸쳐 세계의 다른 지역으로 전파되었으며, 지난 20세기에 사실상 세계 전 지역을 주권국가들로 변모시켰다. 그리고 세계의 다른 지역에는 유럽인들의 발길이 닿기 수백 년 전에 이미 문명들이 존재했다. 그런 문화적 전통이 아직도 계속해서 국제관계에 영향을 미치는데, 특히 유럽과 다른 문화적 스타일과 기대치가 국제관계에 미치는 영향이 크다(〈그림 12.5〉 참조).[37]

북아메리카의 토착문화는 유럽 정착민들에 의해 소멸되거나 뒷전으로 밀려났다. 오늘날 북아메리카 거주민들은 대부분이 유럽에서 이주해온 사람들의 후손들이다. 그러나 세계 대부분의 지역에서(특히 아시아와 아프리카) 유럽 제국주의는 토착인구를 밀어내기보다 병합했다. 대체로 현재 이 지역 사람들은 이주자가 아닌 원주민의 후손이다. 따라서 이들은 대부분의 아메리카 사람들과 달리 고유의 문화 전통과 역사에 뿌리를 내리고 있다.

유럽 문명의 뿌리는 동지중해 지역, 즉 이집트, 메소포타미아(이라크), 특히 그리스이다. 국제관계와 관련하여 특별히 중요한 것은 기원전 400년경 그리스 도시국가들의 시기인데, 이 고전적 시기는 국가 간 힘의 정치의 기본 원칙 가운데 일부를 잘 보여주고 있다(그런 원칙은 아테네와 스파르타 간의 펠로폰네소스 전쟁에 대한 투키디데스의 저서에 잘 나타나 있다). 이 시기에 이르러 지중해에서 인도를 거쳐 동아시아 지역에 이르는 광대한 지역에서 국가들 상호간의 활발한 무역과 전쟁이 이루어졌다. 이 지역들은 대부분이 알렉산더의 정복(기원전 300년 무렵)과 더불어 그리스의 영향 아래 놓이게 되었고, 다음에는 로마제국(기원후 1년 무렵), 그리고 다음으로 아랍제국(600년 무렵)의 영향을 받았다.

이 모든 기간에 중국은 독립된 문명을 유지하였다. 그리스의 도시국가 시기와 거의 같은 시기인 전국시대(戰國時代) 당시 중국에는 잘 발전한 국가(영토적 정치단위로 조직된 국가)들이 처음으로 전쟁을 힘의 정치의 도구로 사용하였다. 이러한 상황

---

37 Barraclough, Geoffrey, ed. *The Times Atlas of World History*. Hammond, 1978. Mozaffari, Mehdi, ed. *Globalization and Civilizations*. Routledge, 2002. Abu-Lughod, Janet. *Before European Hegemony: The World System, a.d. 1250-1350*. Oxford, 1989. Hodgson, Marshall G. S. *The Venture of Islam: Conscience and History in a World Civilization*. Chicago, 1974. Bozeman, Adda. *Politics and Culture in International History*. Princeton, 1960.

은 고전인『손자병법』에 잘 기술되어 있다.[38] 그 후 유럽의 소위 암흑시대, 아랍문명의 황금시대였던 기원후 800년 무렵, 중국의 당(唐) 왕조는 서방의 영향을 전혀 받지 않은 고도로 발달된 문명을 가지고 있었다. 중국문명의 영향을 강하게 받은 일본에서는 막부시대(幕府時代, 1200년 무렵 이후)가 시작되기 전 몇 세기 동안 고유한 문명을 꽃피웠다. 도쿠가와(德川) 막부시대 몇 세기 동안 일본은 서방의 영향을 차단하는 쇄국정책을 취했다. 그러다가 1850년의 명치유신(明治維新)으로 막부시대가 끝나자 일본의 산업화와 국제무역이 시작되었다. 라틴아메리카 지역에서도 문명이 꽃피었다. 즉 기원후 100–900년의 마야문명과 1200년 무렵의 아즈텍 및 잉카 문명이 꽃피었는데, 이 문명들은 1500년 무렵 스페인에게 정복당할 때까지 유럽의 영향을 받지 않았다. 아프리카에서는 기원후 1000년 무렵부터 큰 왕국들이 번창하였으며(가나의 경우 600년 무렵에 이미 왕국이 있었다), 1500년 무렵 유럽의 노예상인들이 도착할 때까지 크게 발전하고 있었다.

기원후 600–1200년의 아랍 칼리프국가(caliphate)는 중동지역의 국제관계에서 매우 특별한 역할을 수행하였다. 이 지역 대부분이 이슬람교의 발생 및 전파와 더불어 하나의 제국으로 통합되었다. 유럽의 침략자들(십자군)은 패하고 말았다. 16세기에서 19세기에 이르는 기간에 동지중해 지역은 터키에 중심부를 둔 오토만제국의 지배하에 있었는데, 오토만제국은 각 지방이 조공을 바치는 한 비교적 자율적인 현지 문화를 허용하였다. 이 지역은 이와 같이 역사적으로 대제국의 경험을 가지고 있기 때문에 20세기에 들어서도 그 영향이 컸다. 예를 들어 1950년대와 60년대에 특히 강했던 범아랍주의(혹은 아랍민족주의)는 이 지역을 다시 하나의 종교, 하나의 언어, 하나의 정체성을 갖는 하나의 국가로 통합할 수 있다고 여겼다. 걸프전 당시 이라크의 사담 후세인 대통령은 자신을 1,000년 전에 십자군을 물리친 아랍의 통치자와 연결시켰다. 오늘날 이 지역 도처에서 발견되는 강한 이슬람 근본주의라든가, 아랍–이스라엘 분쟁에 대한 감정적 태도들은 과거 아랍제국의 영향이 아직도 남아있음을 말해준다.

유럽이 세계의 지배세력으로서 성장을 시작한 것은 르네상스(그리스 로마 고전의

---

38 Sun Tzu. *The Art of War.* Translated by Samuel B. Griffith. Oxford, 1963.

재발견) 이후 1500년 무렵의 일이다. 당시 이탈리아의 도시국가들은, 도시국가 군주의 고문이었던 마키아벨리가 묘사한 바와 같이, 국가 간 힘의 정치의 규칙들을 재발견하기도 하였다. 봉건적 정치단위들은 단일한 권위주의 통치자(군주)의 지배하에서 민족국가라는 더 큰 영토적 단위로 합병되어 갔다. 이 시기에 있었던 군사혁명은 최초의 근대적 군대를 낳았다.[39] 유럽의 군주들은 대포를 범선에 싣고 세계를 "발견"하기 시작했다. 국제체계와 제국주의의 발전, 무역과 전쟁의 발생은 모두 18세기 중반 이후의 산업혁명에 의해 더욱 촉진되었다. 궁극적으로 유럽인들의 세계정복은 비록 지역적인 편차와 하위문화가 있기는 하지만 하나의 세계문명을 낳았다.[40]

(2) 제국주의의 역사, 1500-2000

유럽 제국주의의 시작은 소수의 선원이 대량 화물을 멀리까지 운송할 수 있는 대양횡단 범선이 등장한 15세기로 잡을 수 있다. 유럽 밖으로의 탐험 항해의 선두주자는 포르투갈이었으며 곧바로 스페인, 프랑스, 영국이 뒤를 따랐다. 군사력이 우월했던 유럽인들은 해안 도시들을 장악해 나갔으며, 주요 무역로를 따라 재보급 기지들을 확보하였다. 점차 이들은 라틴아메리카와 북아메리카에서, 그리고 아시아와 아프리카에서 내륙 깊숙이 점령해 들어갔다(《그림 12.6참조》).

16세기에 들어 스페인과 포르투갈은 각각 중앙아메리카와 브라질에 방대한 제국을 건설하였다. 영국과 프랑스는 북아메리카와 카리브지역에 식민지를 건설하였다. 제국주의자들은 아프리카에서 노예를 사서 멕시코와 브라질로 데려가 열대 농장이나 금광, 은광에서 일하도록 했다. 이렇게 만들어진 부는 유럽으로 실려 갔

---

39 Howard, Michael. *War in European History*. Oxford, 1976. Parker, Geoffrey. *The Military Revolution: Military Innovation and the Rise of the West, 1500–1800*. 2nd ed. Cambridge, 1996. Black, Jeremy, ed. *The Origins of War in Early Modern Europe*. Donald, 1987.

40 Cipolla, Carlo M. *Guns, Sails and Empires*. Pantheon, 1965. Anderson, Perry. *Lineages of the Absolutist State*. NLB, 1974. Braudel, Fernand. *Civilization and Capitalism, 15th–18th Century*. 3 vols. Harper & Row, 1984.

〈그림 12.6〉 제국주의 역사, 1500 – 2000

북아메리카
- 콜럼버스
- 영국/프랑스 식민지
- 미국 독립
- 1812년 전쟁
- 캐나다

라틴 아메리카
- 브라질(포르투갈)
- 중남미(스페인)
- 독립
- 유럽과 미국의 개입
- 멕시코 혁명

동아시아
- 러시아의 시베리아 정복
- 아편전쟁 (중국)
- 태평양전쟁
- 의화단
- 타이완과 한국 (일본지배)
- 일본제국
- 한국분단 대만자치
- 중국 공산화
- 홍콩 반환

남아시아
- 네덜란드 동인도회사
- 인도네시아(네덜란드)
- 인도(영국)
- 필리핀(미국)
- 인도 독립
- 베트남 전쟁

아프리카
- 유럽 탐험가
- 노예무역
- 앙골라, 모잠비크 (포르투갈)
- 식민지 쟁탈전 (영, 불, 독)
- 독립

중동
- 오토만 제국
- 영/불 위임통치 (팔레스타인)
- 알제리 독립

1500　1600　1700　1800　1900　2000

고, 유럽의 군주들은 군대 유지와 국가 건설에 이를 사용하였다.

유럽의 제국들은 현지인들을 다수 죽이고 그들의 문화를 파괴하여 엄청난 고통을 안겨주었다. 시간이 지나면서 식민지에도 기초 수송 및 통신 설비, 공장 등을 건설해나갔다. 그러나 대부분 식민지 경제는 현지 주민이 아니라 식민지 종주국의 필요에 따라 편성된 것이었다.

1776년에 미국 정착민들의 독립 선언에서부터 탈식민화가 시작되었다. 이후 몇 십 년 내에 라틴아메리카 대부분 지역이 독립을 얻었다. 물론 북아메리카와 라틴아메리카의 신생독립국들은 유럽인들의 후손이 통치했으며, 아메리카 원주민과 아프리카 출신 노예들은 여전히 열악한 여건에 놓여 있었다.

반면에 19세기 말까지도 유럽은 새로운 식민지들을 획득했는데, 1890년대 아프리카에서의 식민지 쟁탈전으로 절정을 이루었다(그 결과 유럽 군대들이 연안지방으로부터 내륙지방으로 경쟁적으로 들어가 영토 경계선을 멋대로 결정했다). 19세기에 인도는 영국의 가장 크고 중요한 식민지였다. 독일과 이탈리아 같은 후발 주자들은 19세기 말에 해외에서 제국을 건설하려 했을 때 쓸 만한 지역이 별로 남지 않아 좌절을 느껴야 했다. 결국 유럽 이외의 지역 가운데 독립을 유지할 수 있었던 나라는 얼마 없었다. 일본, 중국의 대부분 지역, 터키 등이 여기에 해당된다. 19세기 말에 이르러 일본은 미국이 그랬듯이 스스로 제국을 건설하였다. 중국은 약화되었으며 중국의 연안지방은 명목상은 아니지만 사실상 유럽이 지배하고 있었다. 적어도 유럽은 한 시절 세계 영토의 대부분을 식민화하였다(〈그림 12.7〉 참조).

유럽의 지배를 받았던 세계의 많은 지역들이 20세기 들어와 독립해 국제사회에 동참하는 주권국가의 지위를 갖게 되었다. 아메리카의 독립이 가장 먼저 이루어졌다(1800년 무렵). 라틴아메리카의 경우 19세기 대부분의 기간은 전쟁, 국경선 변경, 독재와 공화정의 부침(浮沈), 만성적 외채 문제, 혁명, 유럽 강대국과 미국의 채권 확보를 위한 군사 개입 등으로 점철되었다.

제2차 세계대전 이후 아시아, 아프리카 지역에서 독립을 쟁취한 사람들은 (아메리카의 경우처럼) 현지에 정착한 제국의 후손들이 아니라 현지인들이었다. 탈식민화는 1970년대 중반까지 진행되어 이 시기에 이르러 유럽의 식민지가 거의 사라졌다. 대부분의 신생독립국은 식민지 유산 때문에 독립 이후 엄청난 도전과 어려움에 직면하게 되었다.

〈그림 12.7〉 구 유럽제국의 식민지

B = 영국   G = 독일   N = 네덜란드

Belg = 벨기에   I = 이탈리아   P = 포르투갈

F = 프랑스   J = 일본   S = 스페인

(3) 제국주의의 효과

대다수 남반구 국가들에서 과거 유럽인에 의해 식민 지배를 받은 역사가 민족적 정체성, 외교정책, 세계무대에서의 위상 등에 지대한 영향을 주고 있다. 이 국가들의 시각에서, 특히 사회주의 전망을 선호하는 사람들의 시각에서 볼 때, 국제관계는 선진국들과의 비대칭적인 힘의 관계에 따라 움직인다. (자본주의적 시각은 역사에 별다른 관심 없이 불균형 경제, 비숙련노동, 부패한 정부 등과 같은 남반구의 현재 문제에 초점을 맞추는 경향이 있다.)

식민지가 된다는 것은 사람들과 문화에 끔찍한 재난 같은 효과를 낳는다. 외국인들이 무력으로 영토를 점령하여 그 땅에 자기네 국적을 가진 사람들이 운영하는 자기네 정부를 세운다. 원주민들은 종주국의 언어를 배우고, 문화를 받아들이며, 종주국의 관리로 운영되는 학교에서 교육 받아야 한다. 또한 원주민들은 자신들이 외국인보다 인종적으로 열등하다는 말을 듣는다.

아프리카와 유럽의 식민지들에서 유럽 백인들의 수는 토착 원주민보다 훨씬 적었지만, 무력과 (더 중요한) 심리적 조작을 결합해 활용함으로써 권력을 유지할 수 있었다. 식민지 시대가 몇 세대 지속되자 대다수 원주민들은 백인 지배를 당연시하거나 그것에 대해 할 수 있는 일이 없다고 체념하게 되었다. 흔히 현지 백인들은 현지 주민들의 삶과 분리된 꿈나라에 살듯이 살았다.

그리고 식민주의는 경제적으로도 부정적 효과를 낳았다. 쉽게 파낼 수 있는 광물들은 곧바로 파내서 본국으로 보냈다. 비옥한 농지는 생계유지를 위한 작물이 아니라 수출용 작물을 재배하는 땅으로 바뀌었고, 때로는 그런 농지가 지나치게 혹사당하여 지력을 상실하기도 하였다. 현지 인프라도 현지 주민을 위한 것이 아니라 제국주의를 위한 목적으로 건설되었다. 예컨대 철도는 광산에서 항구까지 직선으로 건설되었다. 경제 운용에 필요한 교육과 기술은 대개 백인의 전유물이었다.

물론 경제적 효과가 완전히 부정적이지만은 않았다. 가끔 식민주의가 현지의 경제적 축적(백인 통제 하 축적이지만)을 권장하기도 하였다. 도시가 성장하고, 광산이 개발되고, 농장이 설립되었다. 현지 자본축적 과정을 권장하는 것은 식민 지배 당국에게 이익이었다. 현재 많은 제3세계 국가들에 남아 있는 대부분의 인프라는 식민지 시대에 건설된 것이다. 식민 지배가 이질적인 집단들을 공통의 종교, 언어, 문화를 가진 응집력 있는 하나의 정치단위로 묶어준 예도 있다. 이렇게 통합된 정치단위는 경제적 축적의 기회를 더 많이 가질 수 있다. 어떤 경우에는 식민 지배로 파괴된 현지의 정치문화 자체가 대다수 주민들에게 억압적이며 나쁜 것이었다.

제국주의자가 있는 곳이라면 어디든지 반드시 반제국주의 운동도 생긴다. 아시아, 아프리카 도처에서 일어난 독립운동은 유럽 강대국들의 힘이 약화된 제2차 세계대전 기간과 이후에 가속도가 붙었다. 1960년대를 거치면서 사람들이 제국주의를 당연시 하거나 불가피한 것으로 여기지 않게 됨에 따라 독립운동의 거센 물결이 여러 지역을 차례로 휩쓸었다. 몇 십 년 안에 아프리카 거의 전 지역에서 백인 지배가 무너졌다(〈그림 12.8〉 참조).

〈그림 12.8〉 아프리카의 백인 소수지배 지역, 1952-1994.

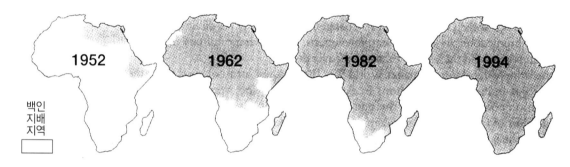

공식적 식민주의는 40년도 더 전에 사라졌다. 그러나 구 식민지에서 독립 이후 종속 문제가 아직도 남아 있다.

출처: Boyd, Andrew. *An Atlas of World Affairs*. 9th ed. NY: Routledge, 1992, p. 91.

많은 제3세계 국가들이 거의 비슷한 시기에 독립했지만, 독립을 얻은 방법은 서로 달랐다. 가장 큰 제국인 대영제국의 중요한 식민지였던 인도의 경우, 간디가 이끈 독립운동은 영국의 지배에 비폭력으로 저항하였다. 그러나 독립 이후에 벌어진 힌두교-이슬람교 간 내전에서는 비폭력이 무너졌다. 이 내전으로 인도는 힌두교도가 다수인 인도와 무슬림이 다수인 파키스탄(나중에 파키스탄에서 방글라데시가 다시 독립) 양국으로 분열되었다.

알제리와 베트남 같은 일부 식민지는 전쟁을 통하여 유럽 종주국을 몰아냈으며, 또 다른 식민지는 불안을 느낀 유럽인들과 권력 이양에 관한 협상에 성공하여 평화적으로 독립을 얻었다. 알제리의 경우, 프랑스는 힘든 게릴라전을 치른 다음에야 비로소 1962년에 식민지 권리를 포기하였다. 어떤 식민지해방 운동은 공산주의 이념에 따른 게릴라전을 벌이기도 하였다. 예를 들어 월맹(Viet Minh)은 1954년에 프랑스 점령군을 패퇴시켰고, 마침내 1975년에 베트남 전역에 공산당 지배 체제를 수립하였다. 대개 소련은 이런 독립운동을 지지하였고 미국은 반대하였다. 그러나 대부분 해방운동의 구호는 반제국주의였지 공산주의 이념이 아니었다.

해방운동의 방법과 이념이 다양했지만 하나의 공통점은 대중의 강한 지지를 얻기 위해 민족주의에 의존했다는 점이다. 물론 민족주의는 해방운동 지도자들이 유럽에서 가져와 유럽의 지배를 무너뜨리는 데 사용한 여러 사상 가운데 하나일 뿐이다. 그 외에 민주주의, 자유, 진보, 마르크스주의 등도 있었다. 해방운동 지도자들 가운데 유럽 대학에서 공부한 사람들이 많았다. 또한 독립 이후 많은 국가들이 유럽인들의 통제 하에 인프라, 교육 및 종교 제도, 보건, 군대 등을 유럽 모델에 따라 발전시키기도 하였다. 이런 식으로 유럽의 남반구 정복은 그 정복을 그 무효로 만드는 수단을 제공하는 데도 기여한 셈이다.[41]

(4) 식민지 이후의 종속

만일 제국주의가 자본축적을 중심부 부국에 집중시키고 주변부의 경제적 잉여를 착취해 간다면, 이제 남반구에서 제국주의가 축출되었기 때문에 남반구에서 자본축적이 본격적으로 이루어져야 한다. 그러나 일반적으로 그렇지 않았다. 싱가포르 같은 극소수 국가만이 독립 이후에 성공적으로 자본을 축적할 수 있었다. 아프리카 국가를 포함한 많은 국가들은 식민지 시대 인프라를 대체할 새로운 자본축적이 거의 이루어지지 않은 채 오히려 후진하는 듯 보인다. 대다수 신생독립국들의 자본축적은 매우 느린 속도로 이루어지고 있다. 빈국에게는 정치적 독립이 만병통치약이 되지 못하고 있는 것이다.

---

41 Barraclough, Geoffrey. *An Introduction to Contemporary History.* Chap. 6 . Penguin, 1964.

이 문제의 원인은 식민지 시절 경제 운용에 필요한 훈련과 경험이 유럽 백인의 전유물이었기 때문에 독립 이후 그들이 떠나자 기술 및 관리 능력에 큰 차질이 생겼다는 점이다.

신생독립국이 직면한 또 다른 문제는 식민지 시절 경제가 유럽 종주국의 필요에 맞게 협소하게 개발되었다는 점이다. 대개 식민지 경제는 한두 가지 상품의 수출에 의존하고 있었다. 잠비아는 구리광석, 엘살바도르는 커피, 보츠와나는 다이아몬드, 이런 식이었다. 이 같은 협소한 수출경제는 세계경제의 어느 한 분야에 전문화하는 것이 유리하다는 비교우위 개념에 잘 들어맞는 듯 보인다. 그러나 이런 경제는 세계시장에서의 가격변동에 취약하다(앞서 소개한 "자원의 저주" 참조). WTO를 중심으로 한 자유주의적 자유무역 레짐은 남북무역에서 북반구가 우월한 협상 지위를 가지고 있다는 점을 거의 무시하고 있다. 그리고 WTO는 주변부의 수출 분야인 농업 분야에 대해서는 중심부 국가들의 보호무역을 허용해 왔지만 중심부의 수출 분야인 제조업 분야에 대해서는 무역자유화를 추진해 왔다.

극소수 상품 수출에만 치우친 경제를 재편성하기는 쉽지 않다. 또한 대부분의 국가지도자들도 그런 일을 하고 싶어 하지 않는다. 그들은 경화로 사들이는 (무기를 포함한) 수입품에서 이득을 취하기 때문이다. 그리고 어떤 경우라도 커피농장과 구리광산은 결과가 나오기까지 많은 시간과 자본이 들어가며, 농장과 광산 자체가 자본축적이기 때문에 그냥 버릴 수는 없는 것들이다. 더욱이 현지 주민들 가운데 기술과 경험이 있는 사람들은 기존 수출산업 분야에 집중되어 있을 가능성이 크다. 또한 철도 같은 인프라 역시 수출경제에 맞게 건설되었을 가능성이 크다. 예컨대 앙골라와 나미비아의 주요 철도는 식민지 시대에 건설되었으며, 광산이나 플랜테이션에서 곧바로 항구로 뻗어 있다(〈그림 12.9〉 참조).

신생독립국의 국경선은 과거 유럽 국가의 수도에서 외무부 직원들이 지도를 보면서 그은 경계선을 그대로 물려받은 것이다. 그 결과 특히 아프리카의 신생독립국들은 국내 종족집단 혹은 지역 간의 반목 때문에 일관성 있는 경제계획을 추진하기가 매우 어려웠다. 신생독립국 내부에서 종족 간 갈등이 내전으로 이어져 자본축적을 중단시키거나 후퇴시킨 사례가 많다.

끝으로, 많은 신생국들에서 정부가 효과적으로 기능하지 못하고 오히려 자본축적에 또 다른 걸림돌이 되었다. 심지어 독립 후 정부의 부패가 과거 식민 지배

〈그림 12.9〉 앙골라와 나미비아의 국경선, 철도, 자원

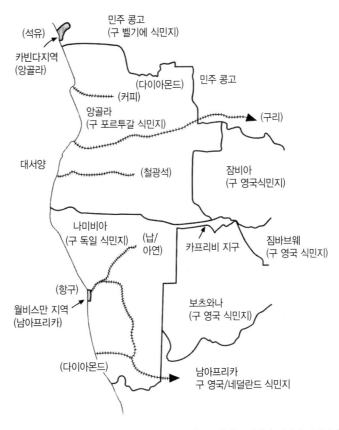

앙골라와 나미비아는 독립되었지만 이 지역의 경계선과 인프라스트럭처는 식민지 시대에 만들어진 것이다.

당국보다 훨씬 더 심해진 경우도 있다(13장 "부패" 참조). 또 다른 정부는 민족주의, 중상주의, 사회주의에 기초해 국가경제를 중앙 통제 및 계획 하에 두려고 했다.

요컨대 식민 지배에서 해방된다고 경제의 기저 조건이 바뀌지는 않았다. 신생 독립국의 주요 무역 상대국은 대개 전 식민 종주국이었다. 주요 생산품 역시 과거 식민지 시절에 개발되었으며, 행정 단위와 국경선도 유럽인들이 만들어 놓은 것들이었다. 이런 국가들이 독립 후 세계체계 안에서 차지한 위치도 과거와 마찬가지로 주변부였다. 그리고 구 식민 종주국에게 국가안보를 계속 의존하는 신생국도 있다.

사정이 이러했기에 어떤 사람들은 독립 이후의 상황을 공식적인 정치적 지배 없이 식민지 착취가 계속되는 **신식민주의**(新植民主義)라 부르기도 한다. 이 개념은 공식적 종주국이 아닌(일부 예외가 있지만) 미국과 남반구의 관계를 지칭하는 것으로 사용되기도 한다. 또한 이 개념은 독립한지 이미 2세기에 가까운 라틴아메리카 지역 내부의 남북관계를 가리킬 때 사용되기도 한다.

종속 마르크스주의 국제관계 학자들은 제3세계의 축적 부족을 설명하기 위하여 **종속이론**을 발전시켜 왔다.[42] 이들은 자본축적이 내부적으로 이루어질 수 없는 상황을 종속이라 말한다. 종속국은 상품생산을 위하여 자본을 빌려야 하고 갚아야 하기 때문에 잉여의 축적이 줄어든다. (부국은 돈을 빌려주어야 하고 빈국은 빌려야 한다는 점에서 종속은 일종의 국제적 상호의존이라 할 수 있지만, 이런 상호의존은 극단적인 힘의 불균형을 내포한 상호의존이다.)

종속이론가들은 세계체계의 전체 구조(중심부와 주변부)에만 관심을 기울이지 않고 주변부 국가 내부의 계급관계가 어떻게 움직이는 지에도 관심을 기울인다. 제3세계 국가의 발전 혹은 저발전은 한편으로 다른 주변부 국가와 마찬가지로 세계적 조건에 영향을 받지만 국내 조건과 역사에도 영향을 받는다.

역사적으로 중요한 종속의 형태 가운데 하나는 **영지경제**(領地經濟, enclave economy)라는 것이다. 영지경제란 제3세계 국가에 외국 자본이 들어와 대개 광산, 유전, 플랜테이션 등과 같은 특정 장소에서 특정 원자재를 추출해 가는 경제 상황을 가리킨다. 이 경우, 자본의 순환은 먼저 외국 자본이 들어와 현지에서 자원으로 전환되고 이 자원이 다시 해외시장에서 팔리면서 완성된다. 이 과정에서 현지 국가의 경제는 해당 지역 주민들이 일자리 몇 개를 얻는 것과 세금수입(공무원들이 받는 뇌물을 포함해) 외에 거의 영향을 받지 않는다. 그런 식으로 세월이 흘러가면 국가의 천연자원은 고갈된다.

앙골라의 북부 해안지대에 있는 캐빈다 지방이 고전적인 영지경제의 예이다. 미국 석유회사인 셰브런(Chevron)이 거대한 해저유전에서 석유를 뽑아내고 있는데,

42 Cardoso, Fernando Henrique, and Enzo Faletto. *Dependency and Development in Latin America.* Translated by Marjory Mattingly Urquidi. California, 1979. Evans, Peter. *Dependent Development: The Alliance of Multinational, State, and Local Capital in Brazil.* Princeton, 1979. Foweraker, Joe, and Todd Landman. Economic Development and Democracy Revisited: Why Dependency Theory Is Not Yet Dead. *Democratization* 11 (1), 2004: 1–20.

수익의 일부는 앙골라 정부 관리들에게 뇌물로 들어가며 이 관리들은 그 돈의 일부를 무기 구입에 쓰기도 하고 개인적으로 치부하는 등 파렴치한 부패를 일삼고 있다. 셰브런에 고용되어 현장에서 일하는 극소수를 제외한 캐빈다 주민들은 열악한 인프라, 정부 서비스 부족, 일자리 부족, 봉급을 받지 못한 군인들에 의한 끊임없는 약탈 등에 시달리면서 극빈 상태로 살고 있다. 반면에 셰브란 산업단지 안에서는 미국인 노동자들이 포장 도로에서 운전하고, 미국 음식을 먹고, 18홀 골프 코스를 즐긴다. 그들은 28일간 하루 12시간씩 일하고 다시 미국으로 돌아가 28일간 휴식을 즐긴다. 공항까지 12마일 떨어져 있지만 헬리콥터로 이동하는 이 미국인들은 담장이 있는 산업단지를 거의 벗어나지 않는다. 일부 보도에 따르면, 셰브런은 산업단지 둘레에 지뢰를 매설하였다고 한다.

또 다른 종류의 역사적 패턴은 현지 국내 자본이 생산을 통제하는 패턴이다. 즉 국내 자본가계급이 수출품 생산에 의한 자본축적 과정을 통제하는 패턴이다. 이런 자본의 순환과정은 해외시장에 의존하지만, 이윤은 현지 자본가들에게 돌아가며, 이들이 국내에서 강력한 유산자 계급이 된다. 현지 부르주아라는 계급은 부유한 선진국들(이 계급은 선진국 시장에 의존한다)의 이익에 부합하는 방식으로 행동하는 경향이 있다. 이들은 애국적이긴 하지만, 이들의 이익은 외국 자본가의 이익과 부합한다. 예를 들면, 이들은 부국 소비자들을 위한 싼 제품을 생산하기 위해 최대한 임금수준을 낮추려고 한다. 정치권력과 동맹을 맺은 현지 자본가들은 궁극적으로 외국 자본가의 이익을 위해 복무하는 지배체제를 구축한다. 이 모습은 또 다른 형태의 종속이다.

제2차 세계대전 이후 제3형태의 종속, 즉 다국적기업에 의한 국가경제 침투가 더 보편화되었다. 영지경제처럼 이 경우에도 자본은 외부에서 들어오지만, 생산은 국내시장을 대상으로 한다. 예컨대 브라질에 있는 GM 공장은 주로 브라질 국내 판매용 자동차를 생산한다. 자동차 같은 공산품을 내다팔 내수시장을 만들기 위해서는 그 제품을 구입할 수 있는 중간계급을 형성할 수 있을 정도로 소득이 집중되어야 한다. 이 때문에 국내의 소득불균형이 더 심화된다. 대다수 사람들은 여전히 가난하기 때문이다. 이 형태에서 자본축적은 국내 노동력과 시장에 의존하지만, 다국적기업이 자본을 투자했기 때문에 잉여의 대부분은 이윤의 형태로 다국적기업이 가져간다.

종속이론에 따르면, 한 국가 내 힘의 분포가 어떠한가에 따라 국가, 군부, 대지주, 국내자본가, 외국자본가(다국적기업), 외국 정부, 전문직 종사자나 숙련노동자 같은 중간계급 사이에 다양한 형태의 동맹관계가 형성될 수 있다고 한다. 또한 빈농, 노동자, 때로는 대학생과 성직자들이 동맹을 결성하여 소득의 공평한 분배, 인권과 정치적 권리, 자주적 경제 관리 등을 요구한다. 이 같은 계급동맹과 그로 인해 발생하는 사회적 관계는 일반적 법칙에 의해 결정되는 것이 아니라 각국의 구체적 조건과 역사적 경험에 의해 결정된다. 다른 마르크스주의 이론과 마찬가지로, 종속이론도 사회 변동의 근원으로서 계급투쟁을 특별히 중시한다.

어떤 사람들은 종속이라는 조건에서 경제발전은 거의 불가능하다고 생각한다. 다른 사람들은 비록 어려움이 있지만 종속 조건에서도 발전이 가능하다고 생각한다. 이 발전 가능성에 대해서는 13장에서 자세히 다룰 것이다.

(5) 혁명운동

빈곤과 기본욕구 불만족은 혁명의 주요 원인이다. 특히 가난한 사람들이 타인들이 훨씬 잘 산다고 생각할 때 더욱 그렇다.[43] 대부분의 혁명운동은 부와 권력의 평등한 분배 같은 평등주의 이상을 내건다.

냉전시대의 전형적인 혁명운동은 농촌에 기반을 둔 공산주의 반란이었다. 흔히 "미 제국주의"나 기타 외세가 국가의 친구이자 혁명의 주적으로 설정된다. 때로는 미국 정부가 그런 혁명운동에 직면한 정부에 직접 군사원조를 제공하기도 하였다. 미국 군사고문이나 심지어 미군 전투부대가 혁명을 진압하고 공산주의자들의 집권을 막기 위해 수많은 국가들에 파견되었다. 소련 측도 혁명세력을 무장시키고 훈련을 제공하는 일이 잦았다. 이런 식으로 빈국의 국내정치가 남북격차라는 큰

---

43 Skocpol, Theda. *Social Revolutions in the Modern World*. Cambridge, 1994. Skocpol, Theda. *States and Social Revolutions: A Comparative Analysis of France, Russia, and China*. Cambridge, 1979. Gurr, Ted Robert. *Why Men Rebel*. Princeton, 1970. McAdam, Doug, Sidney Tarrow, and Charles Tilly. *Dynamics of Contention*. Cambridge, 2001. Goodwin, Jeff. *No Other Way Out: States and Revolutionary Movements, 1945–1991*. Cambridge, 2008.

맥락 안에서 강대국 정치와 맞물리게 되었다. 실제로 혁명세력이나 이를 진압하려는 정부나 공히 세계 공산주의, 자본주의, 제국주의 등과 아무런 관계도 없는 경우가 많았다. 그저 가진 자와 못 가진 자, 혹은 경쟁적 종족집단 간의 권력투쟁인 경우가 많았고, 여기에 강대국들이 말려들었던 것이다.[44]

1990년대 초에 이르러 공산주의 혁명운동은 역할을 다한 것처럼 보였다. 이기기도 지기도 하면서 혁명운동은 교착상태에 빠졌다. 냉전 종식으로 정부나 혁명세력이나 모두 초강대국들의 지원을 받지 못했으며, 소련의 붕괴와 중국의 자본주의 지향 경제개혁 채택으로 공산주의 혁명의 이념적 호소력이 떨어졌다. 그러나 콜롬비아, 페루, 인도를 포함한 일부 국가에서는 아직도 마르크스주의 혁명운동이 명맥을 유지하고 있다.[45] 네팔에서는 모택동 식 반란이 2006년의 평화협정 체결 때까지 10년 동안 계속되었으며, 그 이후 그 사람들이 선거에서 이겨 네팔의 집권당이 되었다.

혁명을 통해 집권한 혁명정부의 외교정책은 대개 인접국 및 강대국과의 관계를 근본적으로 바꾸려는 계획부터 시작한다. 과거 냉전시대에 초강대국의 피후견국(client)이 정권 교체 이후 다른 초강대국의 피후견국으로 돌아서는 일이 가끔 있었는데, 혁명정부의 국제 제휴관계도 그런 식으로 바뀌는 경우가 많다. 그러나 대개 혁명정부도 일단 권력을 장악하면 국가주권 및 영토보전을 강화하기 위해 다른 국가들이 하는 행동과 비슷한 행동을 한다. 혁명세력이 국가를 장악한 다음에는 국제체계의 규칙이 자기들에게 유리하게 작용한다는 사실을 알게 되기 때문이다. 또한 그들이 장악한 국가의 지리적 위치도 예전 그대로이고, 인접국과의 역사적 갈등이나 종족적 유대관계도 예전 그대로이다. 따라서 시간이 지나면 혁명정부의 외교정책이 이전 정부의 외교정책과 크게 다르지 않게 되는데, 이런 일은 결코 이상하지 않다. 결국 혁명이 단기적으로 외교정책에 큰 변화를 가져올지 모르지만, 장기적으로는 국제관계의 규칙이 혁명적 도전에 승리를 거두는 경향이 있다.

---

44 McClintock, Cynthia. *Revolutionary Movements in Latin America*. U.S. Institute of Peace, 1998. Dominguez, Jorge. *To Make a World Safe for Revolution: Cuba's Foreign Policy*. Harvard, 1989.

45 Stavig, Ward. *The World of Tupac Amaru: Conflict, Community, and Identity in Colonial Peru*. Nebraska, 1999. Gorriti, Ellenbogen Gustavo. *The Shining Path: A History of the Millenarian War in Peru*. North Carolina, 1999.

전체적으로 볼 때, 남북관계는 정치경제를 국제안보에서 분리하는 것이 얼마나 어려운 일이 되었는지를 잘 보여준다. 원래 유럽 제국주의 안에 갇혀 있던 정치적 관계가 남반구 내부에 높은 인구증가율, 도시화, 부의 집중 등과 같은 경제 조건 형성으로 이어졌고, 다시 이런 조건이 독립을 위한 정치 운동, 나중에는 혁명으로 이어졌다. 기아, 난민, 상품수출의 구조처럼 이번 장에서 다룬 남북격차의 다양한 측면들은 경제적 측면뿐만 아니라 정치-군사적 측면까지 포함하고 있다.

마르크스주의자들은 남북관계를 둘러싸고 벌어지는 모든 정치투쟁의 근저에 자본축적 혹은 축적 부족이라는 경제적 현실이 놓여 있다고 강조한다. 그러나 지금까지 무장투쟁에서 국유화를 통한 자급에 이르기까지 마르크스주의자들이 택한 전략은 경제적 현실을 바꾸는 데 실패했다. 따라서 13장은 남반구의 경제가 어떻게 축적 과정을 발전시킬 수 있고, 이 과정에서 북반구는 어떠한 역할을 수행할 수 있는가의 문제를 더 깊이 다루는 쪽으로 방향을 돌릴 것이다.

12장 복습

요약

- 세계 인구의 대부분이 지구 남반구에서 가난하게 살고 있다. 10억 이상의 인구가 적절한 식량, 물, 기타 생활필수품의 부족을 겪는 극빈 상태에서 살고 있다.

- 부의 축적(11장에 나온 인구변천을 포함해서)은 식량, 물, 교육, 주택, 보건 등과 같은 인간의 기본욕구 충족여하에 따라 달라진다. 많은 제3세계 국가들은 자국 인구의 기본욕구를 제대로 충족시켜 주지 못하고 있다.

- 기아와 영양실조가 남반구에 만연해 있다. 가장 중요한 원인은 생계형 농민이 전쟁, 인구과잉, 경화 획득을 위해 농지를 수출용 작물 위주의 플랜테이션으로 전환한 것 등으로 삶의 터전을 잃었기 때문이다.

- 더 많은 사람들이 농촌에서 도시로 이주하면서 도시화가 가속되고 있다. 가난한 사람들이 도시로 몰려가지만 도시에서 일자리를 구하지 못해 도시 안에 빈민가가 커지고 있다.

- 축적 과정에서 여성이 수행하는 중요한 역할이 인식되기 시작하였다. 이제 북반구에 본부를 둔 국제기구들은 남반구의 경제발전을 분석할 때 여성의 기여를 포함시키기 시작하였다.

- 남반구의 빈곤이 북에서 더 나은 삶을 찾기 위해 떠나는 수많은 이주민들을 낳았으며, 이 문제가 국제정치에서 마찰의 원인이 되기도 한다. 남반구의 전쟁과 억압이 피난처를 찾아 떠나는 수백만의 난민을 낳았다. 국제법과 국제규범에 의하면, 각국은 일반적으로 난민을 받아들여야 하지만 이민을 받아들일 의무는 없다.

- 전쟁이 빈국의 기본욕구 충족과 부의 축적에 큰 장애를 초래한다. 지난 50년 동안에 일어난 거의 모든 전쟁은 남반구에서 일어났다.

- 빈곤에서 벗어나 복지로 가려면 자본을 축적해야 한다. 이 과정에 대해 자본주의와 사회주의는 서로 다른 관점을 가지고 있다. 자본주의는 부의 축적을 통한

전반적 경제성장을, 사회주의는 부의 공정한 분배를 강조한다.

■ 정도의 차이는 있지만 대다수 국가들은 자본의 사적 소유와 국유를 함께 허용하는 혼합경제를 가지고 있다. 그러나 지금까지 국유는 자본축적에 별로 성공하지 못했다. 따라서 많은 국가들이 국유기업을 매각(사유화)해 왔으며, 그 대표적 예가 러시아와 동유럽이다.

■ 레닌시대 이후 많은 마르크스주의자들은 남반구 가난의 원인을 북반구에 편중된 부의 축적 때문이라고 주장한다. 이 이론에 따르면, 북반구의 자본가들은 남반구를 경제적으로 착취하며, 이 착취로 얻은 부를 북반구 노동자들을 매수하는 데 사용한다. 따라서 남반구에 혁명이 일어나 결국에는 북반구를 겨냥한다고 주장한다.

■ 세계체계론 학파에 속하는 국제관계 학자들은 북반구가 공산품 생산에 전문화된 중심부 지역이고 남반구가 농업과 광업을 통한 원료 추출에 전문화된 주변부 지역이라 주장한다. 이 양자 사이에 경공업을 가진 국가들을 반주변부라 한다.

■ 세계의 다양한 문명들이 몇 세기에 걸쳐 유럽인에 의해 정복당해 유럽을 중심으로 하는 단일한 세계체계로 강제 편입되었다. 오늘날 남북격차는 바로 이 같은 과거의 식민화에 그 뿌리가 있다. 식민화는 지역별로 다양한 시점에 이루어졌으며 탈식민화도 그러했다.

■ 식민 지배가 현지 주민에 미치는 악영향 때문에 남반구에서 다양한 시기에 다양한 방법을 사용하는 반식민지 운동이 발생하였다. 이 운동은 제2차 세계대전 이후 아시아와 아프리카에서 많은 국가들이 잇달아 독립에 성공하면서 절정에 달했다. (라틴아메리카 국가들은 훨씬 전에 독립을 얻었다.)

■ 제3세계 국가들은 독립 이후 기초적인 경제 인프라를 포함한 식민 지배의 유산을 물려받았는데, 이 유산 때문에 부의 축적에 어려움을 겪었다. 이런 문제는 아직도 많은 국가들이 겪고 있다.

■ 대개 혁명세력은 정권 장악에 성공한 뒤 국가의 외교정책을 바꾼다. 그러나 그들은 시간이 지나면 보수적이 되고 특히 국제체계의 규범과 규칙을 지지하게 된다. (국가지도자로서 자신들에게 국제 규범과 규칙이 유리하기 때문이다.)

핵심 용어

제3세계 국가, 미개발국(LDC), 개발도상국, 새천년개발목표(MDG), 인간의 기본욕구, 영양실조, 생계형 농업, 환금 작물, 도시화, 토지개혁, 이민, 난민, 송금, 경제적 잉여, 세계체계, 자원의 저주, 제국주의, 신식민주의, 종속이론, 영지경제

비판적으로 생각하기

1. 8장에서 소개한 북미자유무역협정(NAFTA)은 이번 장에서 다룬 남북관계의 전반적 상태를 어떤 식으로 반영하고 있는가? 부의 축적에 관한 일반 이론으로서 자본주의와 사회주의는 NAFTA를 바라보는 관점에서 어떠한 차이가 있을까?

2. 세계체계 이론가들은 세계 경제지역을 대체로 북반구 중심부와 남반구 주변부로 나눈다. 이 공식에 예외가 있는가? 그 예외는 남북관계 일반에 관한 전체 중심부–주변부 공식을 위협할 만큼 중요한가? 그것이 왜 공식에 맞지 않는 예외인지를 구체적으로 설명해 보자.

3. 남북아메리카에서 독립을 얻은 사람들은 종주국에서 이주해 온 사람들의 후손들이다. 반면에 아시아와 아프리카에서 독립을 얻은 사람들은 오랜 독자적 역사를 가진 현지 주민들이다. 이 차이가 독립 이후 각국의 역사에 어떠한 영향을 주었을까?

4. 당신은 남반구의 극도로 빈곤한 빈민가에 살면서 돈도 없고 직업도 없지만 현재 당신이 가진 정도의 지식을 가지고 있다고 상상하라. 당신은 생존과 복지를 위해 어떤 전략을 채택할 것인가? 실현 가능성이 없는 전략으로 포기해야 하는 전략은 무엇일까? 혁명에 대한 생각을 받아들일까 거부할까? 그 이유는?

5. 현재 북반구의 1인당 소득은 남반구에 비해 5배 높다. 만일 당신이 마술을 부려 세계 모든 사람들이 똑같은 소득(1인당 연간 10,000달러)을 갖도록 세계 소득을 재분배할 수 있다면 그렇게 하겠는가? 그렇게 했을 때 남반구와 북반구에 어떤 효과가 생길까?

쟁점 토론하기

이민법 개혁: 미국의 밀입국자들에게 시민권을 주어야 할까?

개요

국경 너머로 사람들이 이동하는 것은 국내정치와 국제관계를 서로 얽히게 만드는 중요한 사안 가운데 하나이다. 논쟁의 초점은 주로 이민을 받는 국가들의 충격에 맞추어져 있지만, 세계 경제 상황, 인접국의 정치 상황, 내전 혹은 국제전의 양상 등을 포함한 다양한 국제적 요인들이 사람들을 떠나게 한다.

세계의 거의 모든 국가들은 이민 문제 논쟁에 관여되어 있다. 이민 문제는 중요한 경제적 요소(이민자들이 임금수준을 낮추고 일자리를 빼앗는가?)와 민족적 정체성 요소(이 나라는 어떤 나라이고 앞으로 어떻게 될 것인가?)가 얽혀 있는 문제라는 점에서 해결하기가 쉽지 않다. 이민정책은 집을 떠나온 사람들에 대한 동정심과 이미 국내에 살고 있는 사람들에 대한 책임 사이에 균형을 맞추어야 하는 정책이다. 아프리카 전쟁난민에 대한 논쟁이건 유럽의 경제적 난민에 대한 논쟁이건 혹은 라틴아메리카의 자연재해 난민에 관한 논쟁이건 상관없이, 이민정책은 언제나 뜨거운 논쟁거리이다.

미국의 이민자 문제도 예외가 아니다. 미국에서 이민정책은 극단적으로 견해가 엇갈리는 정책 가운데 하나이다. 이러한 견해 차이는 전통적 이념 및 정당 간 차이와 무관하다. 특히 갈수록 논란의 대상이 되는 것은 미국 시민권을 얻어 선거권, 투표권, 사회보장 등을 누리기 위해 불법으로 미국에 들어온 사람들에게 시민권을 줘야 하는지의 여부이다. 미국 정부는 이들 불법 이민자들에게 미국시민이 될 수 있는 길을 열어주어야 하는가?

주장 1: 미국 정부는 불법 이민자들에게 미국시민이 될 수 있는 길을 열어주어야 한다.

불법 이민자를 합법화 하면 정부 세금수입 증대를 가져온다. 불법 이민자들은 대개 소득세를 내지 않으므로 세수에 큰 구멍이 되고 있다. 이들 가운데 많은 사람들이 교육 같은 사회 서비스를 누리고 있기 때문에 이들에게 시민권을 주는 것이 세금을 통하여 서비스 대가를 "지불"하게 만드는 것이다.

송금이 그들 모국의 발전에 도움이 될 것이다. 흔히 미국에서 돈을 버는 노동자들은 수입의 꽤 많은 부분을 모국으로 송금한다. 이 돈이 모국에 있는 가족들에게 기회를 제공해주고 삶의 질을 향상시켜 주는 등 모국의 경제를 안정시키는 데 도움이 된다.

불법 이민자들은 이미 미국의 노동력 유지에 필수적이다. 이민자들이 없다면 미국 인구는 줄고 있다. 합법이든 불법이든 이민자들이 없다면 (특히 농업과 건설업 같은) 일부 산업은 노동력 부족에 시달릴 것이며, 이에 따라 모든 미국인들이 대가를 치러야 할 것이다.

주장 2: 미국 정부는 불법 이민자들에게 미국시민이 될 수 있는 길을 열어주지 말아야 한다.

시민권의 허용은 불법행위에 상을 주는 것이다. 이미 수백만의 미국인들이 합법적 경로를 통하여 시민권을 얻은 사람들이다. 이들은 장기간 힘든 과정을 거쳐 시민권을 얻었는데, 불법으로 밀입국한 사람들에게 시민권이라는 상을 준다면 불공평하다.

불법 이민자들은 경제적으로 어려운 시기에 취업 경쟁에 참가하고 있다. 경제가 하향세를 보이는 기간에는 일시해고가 늘고 일자리 얻기가 어려워진다. 불법 이민자들은 이 귀한 일자리 얻기 경쟁에 참가하고 있다. 이 경쟁은 이미 다른 방식으로 경제침체의 위협을 받고 있는, 사회경제적 지위가 낮은 미국인들에게 특히 큰 피해를 준다.

불법 이민자 합법화 정책을 시행한 이후 그 정책의 결과로 이민자 수가 더 늘어날 것이고, 이로 인하여 안보위험이 생길 수도 있다. 만일 시민권 부여로 장차 이민자 수가 급증한다면, 이로 인하여 미국의 국경선을 지키기가 어려워지며 결국 안보위험으로 이어질 수 있다. 전 세계적으로 테러가 성행하는 이 시대에 국경선을 넘는 사람들의 수를 크게 늘리는 어떤 요인이라도 모두 국가안보에 위협이 될 수 있다.

질문

■ 당신은 미국 정부가 불법 이민자들에게 시민권 획득의 길을 열어주어야 한다고 생각하는가? 앞에서 언급한 주장 외에 이 논쟁에서 설득력을 가질만한 다른 주장을 찾을 수 있을까?

■ NAFTA와 EU 회원국들을 생각해 보자. 왜 EU가 회원국 상호간에 국경을 개방하는 데 NAFTA보다 적극적이었다고 생각하는가? 장차 EU는 국경을 폐쇄하는 방향으로 나아갈 것으로 보는가? 혹은 NAFTA가 국경을 더 개방하는 방향으로 나아갈까?

■ 앞에 나온 주장들이 세계경제 상태 같은 국제적 요인들의 영향을 얼마나 받는다고 생각하는가? 그런 국제적 요인들이 다른 국가의 이민자 문제 관련 논쟁(미국의 경우와 유사한)에 영향을 줄까?

❀ 참고문헌

Givens, Terri E., Gary P. Freeman, and David L. Leal, eds. *Immigration Policy and Security: U.S., European, and Commonwealth Perspectives.* Routledge, 2008.

Cornelius, Wayne A., Philip L. Martin, and James F. Hollified. *Controlling Immi-*

gration: A Global Perspective. 2nd ed. rev. Stanford, 2004.

Ngai, Mae M. *Impossible Subjects: Illegal Aliens and the Making of Modern America.* Princeton, 2005.

Guskin, Jane, and David L. Wilson. *The Politics of Immigration: Questions and Answers.* Monthly Review, 2007.

13 Chapter

국제발전

1. 경험

12장은 지구 남반구의 현재 상황이 어떠한지와 그 상황의 원인이 무엇인지를 다루었다. 13장은 그 상황에 대하여 무엇을 어떻게 할 것인지의 문제를 다룬다. 여기서 다루는 **경제발전**(economic development)이란 자본축적, 1인당소득 증가(그 결과 출생률 감소), 국민의 숙련도 제고, 새로운 기술 채택, 기타 관련 사회경제의 변화 등을 포괄적으로 총칭하는 개념이다.[1] 경제발전의 가장 핵심적인 부분이 (지속적으로 부를 창출하는 잠재력을 가진) 자본의 축적이다. 발전의 개념에는 통계적으로 측정할 수 없는 주관적 측면이 있다. 즉 어떤 형태의 부 창출과 분배가 국가와 국민에게 좋은 것인지를 객관적으로 판단하기 어렵다. 그러나 경제발전의 간단한 척도는 1인당 GDP, 즉 1인당 경제활동의 양이다. 앞 장의 〈그림 12.1〉을 다시 보면, 가로축이

---

1 Stiglitz, Joseph, and Gerald Meier. *Frontiers in Development*. Oxford, 2000. Stone, Diane. *Banking on Knowledge: The Genesis of the Global Development Network*. Routledge, 2001. Bates, Robert H. *Prosperity and Violence: The Political Economy of Development*. Norton, 2001. Helpman, Elhanan. *The Mystery of Economic Growth*. Belknap, 2004.

GDP이며 세로축이 GDP 변동 폭이다.

이 척도를 가지고서 남반구 전체의 성공과 실패, 그리고 이보다 더 중요한 남반구 각 지역 및 국가의 성공과 실패를 추적할 수 있다. 여기서 각 지역 및 국가의 성패가 더 중요하다고 말한 이유는 각 지역 및 국가가 장차 남반구 전체의 성공을 위한 교훈과 전략의 기초가 되기 때문이다. 남반구 대부분이 1970년대에 경제발전에 성과를 거두었지만, 1980년대 들어 라틴아메리카, 아프리카, 중동의 1인당 GDP는 감소하였고 중국만 크게 증가하였다. 1990년대 들어 남반구 대부분이 다시 실질적인 경제성장을 이루었다. 북반구는 2–3% 성장에 그쳤지만, 남반구는 전체적으로 5–6%의 성장을 기록하였고 중국은 이보다 더 높은 성장을 기록하였다. 중국은 경제발전을 향해 큰 걸음으로 전진하는 모습을 보여 남반구 여러 지역 가운데서 가장 두드러졌다.

〈그림 13.1〉 주요 국가의 실질 GDP 성장률, 2011

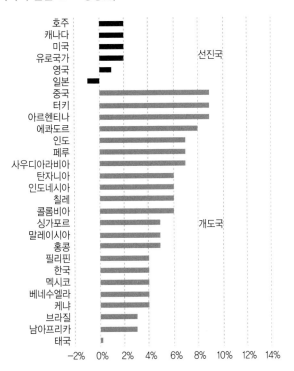

출처: World Bank and OECD.

718

〈그림 13.2〉 한국, 중국, 인도, 가나의 1인당 GDP, 1960 – 2011

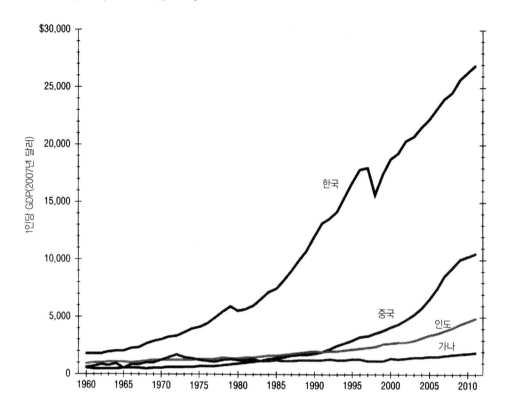

출처: World Bank and IMF.

21세기 들어 남반구의 성장에 가속도가 붙어 북반구의 속도를 압도하고 있다(《그림 13.1》 참조). 그러나 남반구의 성장은 불균등했다. 남아시아는 연간 8–9% 성장을 이룩하여 중국과 어깨를 나란히 했다. 이러한 발전은 중국과 남아시아가 남반구 인구의 다수를 차지하고 있기 때문에 매우 중요하다. 또한 이러한 발전은 빈곤에서 벗어나 번영으로 나아가는 것이 가능하다는 사실을 보여준다. 한국이 그 예이며, 중국이 한국을 뒤따르고 있으며, 이제 인도가 그 상향곡선의 출발점에 선 것처럼 보인다(《그림 13.2》 참조). 세계은행에 따르면, 아프리카에서도 2005–2007년 사이에 경제가 연간 5% 이상 성장하였다. 석유 및 광물 수출국들이 이 성장을 주도했지만 그 국가들만 성장한 것은 아니다. 그리고 2008–2009년의 세계 경제위기가 개발도상국들을 위협하였지만, 대다수 개발도상국들은 북반구의 부유한 상대국들보다 빠른 속도로 위기에서 벗어났다.

(1) 신흥공업국의 경험

중국이 도약하기 전에 **신흥공업국**(Newly Industrial Country, NIC)이라 불리는 몇몇 국가들이 자생력 있는 자본축적에 성공하여 놀라운 경제성장을 기록하였다.[2] 경공업 제품을 수출하는 이 반주변부 국가들은 1980년대와 1990년대 초까지 견실한 경제성장을 이루었다. 그러다가 1997년의 아시아 금융위기를 맞아 좌절을 겪어야 했다. 이 국가들의 성장이 너무 빨랐고 그 과정에서 지나치게 낙관적인 차입(借入), 투기성 투자, 불법 거래 등이 성행했었기 때문이다. 그러나 신흥공업국들은 재빨리 성장세를 회복하였으며 대다수 남반구 국가들보다 더 깊이 있고 빠른 속도로 발전을 거듭하였다.

가장 성공한 신흥공업국이 동아시아의 "**네 마리 호랑이**" 혹은 "**네 마리 용**"이라 부르는 한국, 타이완, 홍콩, 그리고 싱가포르이다. 이 4개국은 각기 세계시장에서 경쟁력 있는 특정 부문과 산업을 개발하는 데 성공하였다.[3] 이들이 개발한 부문과 산업은 소수 엘리트만이 아닌 대중의 소득수준을 높여줄 만큼 충분한 자본을 국내에서 축적할 수 있게 해주었다. 학자들은 이 신흥공업국들이 단지 운이 좋아서 세계체계의 주변부에서 반주변부로 올라설 수 있었는지 아니면 전 세계적으로 모범이 되는 성공사례인지 확신을 갖지 못하고 있다.

철과 석탄 자원이 있는 한국은 철강 및 자동차 산업을 발전시켜 그 제품을 세계에 수출함으로써 무역흑자를 달성하였다. 타이완 역시 국가의 강력한 산업정책으로 전자제품과 컴퓨터 산업 및 기타 경공업에 집중했다. 1997년부터 중국이

---

2 Amsden, Alice. *The Rise of the "Rest": Challenges to the West from Late-Industrializing Economies.* Oxford, 2001. Haggard, Stephan. *Developing Nations and the Politics of Global Integration.* Brookings, 1995.

3 Minami, Ryoshin, Kwan S. Kim, and Malcolm Falkus, eds. *Growth, Distribution, and Political Change: Asia and the Wider World.* St. Martin's, 1999. Berger, Mark T. *The Battle for Asia: From Decolonization to Globalization.* RoutledgeCurzon, 2004.

통제하는 홍콩 역시 전자제품과 기타 경공업에서 세계적 경쟁력을 갖추었지만, 홍콩의 최대 강점은 금융과 무역에 있다. 싱가포르는 남중국해, 인도양, 오스트레일리아로 접근하기 편한 말레이 반도 남단에 위치한 무역국이다.

이 4개국은 서로 다른 이유로 국제관계에서 독특한 정치적 위상을 차지하고 있다. 냉전기간에 미국의 안보 우산 아래 들어간 한국과 타이완은 국제분쟁의 뇌관이었다. 양국 다 군사화된 국가, 정치적 반대자를 관용하지 않는 권위주의 국가였다가 나중에 민주화되었다. 냉전기간 미국의 군사비 지출로 양국 다 이득을 보았다. 또한 양국 모두 군사적 갈등으로 개발이 방해 받지는 않았다.

홍콩과 싱가포르는 이와 다른 정치 이력을 가지고 있다. 두 도시는 과거 영국의 식민지였다. 둘 다 민족국가라기보다 도시국가에 가까우며 무역항과 금융 센터를 가지고 있다. 냉전시기에 두 도시가 한국이나 타이완만큼 군사화되고 억압적이지는 않았지만, 그렇다고 민주적이지도 않았다. 홍콩은 영국 총독에 의해 (그리고 1997년 이후에는 베이징 정부에 의해) 통치되었으며, 싱가포르는 한 개인에 의해 오랫동안 통치되었다.

이 네 마리 호랑이 외 다른 동남아 국가들은 1980년대 이후 이들의 발자취를 따르기 위해 애써 왔다. 태국, 말레이시아, 인도네시아가 그 국가들인데, 이들의 경험이 각기 다양하기 때문에 이들에 대한 논의는 아래 "다른 실험"에서 다룰 것이다.

(2) 중국의 경험

신흥공업국의 성공사례가 다른 곳에서 대규모로 복제될 수 있다는 점에 대한 의심이 있다면, 그 의심은 중국이 말끔히 해소해 주었다. 중국은 13억 인구의 대국이며, 인구규모만 보더라도 자생적 자본축적을 이룩하기 위한 중국의 노력은 연구 대상이 될 가치가 충분하다. 더욱이 중국 경제는 지난 20년간 세계에서 가장 빠른 속도로 성장하였다.

공산당이 내전에서 승리한 1949년부터 문화혁명이 일어난 1960년대 말까지, 즉 모택동 주석 시절에 중국의 경제정책은 국가적 자급자족과 공산주의 이념을

강조하였다. 국가가 중앙계획과 국유를 통하여 모든 경제활동을 통제하였다. 소위
"쇠밥통"(鐵飯碗) 정책이 모든 중국인에게 기본 식량 욕구를 보장해주었다(적어도 이
론적으로는).

모택동이 사망한 1976년 이후 등소평 치하의 중국은 경제개혁을 제도화하고
남부 연안지방을 "자유경제구역"(경제특구)으로 바꾸어 외국인 투자에 문호를 개방
하고 그 구역 안에서 자본주의 원칙에 따른 경제활동을 허용하였다. 농민들은 집
단농장이 아닌 개인 소유 토지에서 일했으며, 일을 잘하면 (중국 기준에서) 잘 살 수
있었다. 기업인들은 회사를 설립하고 노동자를 고용하고 이윤을 창출하였다. 외국
인투자가 남부 지방으로 홍수처럼 밀려들어가 위치, 값싼 노동력, 비교적 안정된 정
치 등의 이점을 활용하였다. 점차 중국의 다른 지역들도 자본주의 원칙에 문호를
개방했다. 국가는 더 많은 산업 분야에 대해 이윤을 내라고 요구하고, 또 기업 관리
인들에게 자율적으로 기업을 운영하고 이윤도 필요하다고 판단하는 곳에 자율적
으로 사용할 수 있는 주도권을 더 많이 부여하였다. 이런 정책이 제도화된 이후 경
제성장이 급물살을 탔고 생활수준도 크게 향상되었다.

그러나 중국은 모택동 식의 혁명가들이 타도 대상으로 삼았던 자본주의의
몇 가지 특징을 부활시키기도 했다. 새로운 계급 불평등이 나타나 부유한 기업인들
은 고급 외제 승용차를 타고 가난한 노동자들은 실업을 면치 못하게 되었다. 비영
리 국유산업들이 1990년대에 1,000만 명의 노동자를 해직하였으며, 그 수는 해마
다 늘었다. 발전이 비켜간 시골에는 아직도 극빈 상태에서 벗어나지 못한 2억의 빈
농 인구가 살고 있다. 매춘 같은 사회문제도 다시 등장하였고 인플레이션 같은 경
제문제도 되살아났다. 평범한 중국인들에게 가장 실망스러운 것은 부자 되기 열풍
과 함께 공직자 부패가 만연해 있다는 점이다.

인플레와 부패 같은 문제점들에 대한 대중의 반감은 산업 노동자와 심지어
공무원까지 1989년 베이징 천안문 광장에서 벌어진 대학생들의 반정부 시위에 가
담하게 만들었다. 당시 중국 정부는 군대를 보내 시위대를 폭력적으로 진압하여 수
백 명을 죽임으로써 경제개혁이 진행되는 동안 엄격하게 정치적으로 통제하겠다는
정부의 단호한 결의를 과시하였다. 당 지도자들은 경제개혁과 정치적 지배권 확립
병행 정책을 고수하겠다는 뜻을 반복적으로 재확인하였으며, 그 이후의 경제실적
으로 자신들의 정당성을 확인 받았다고 생각했다. 1997년의 아시아 금융위기 당시

중국은 은행의 악성 채권, 적자 국유산업, 부패 등의 문제를 안고 있었음에도 위기에 휘말리지 않았다.

중국의 수출이 2000년의 2,500억 달러에서 2012년에 2조 달러 이상으로 급증한 데는 다국적기업에 의한 외국인투자가 큰 몫을 했다. 중국은 2010년에 세계 최대의 수출국이 되었다. 앞으로 몇 년이 지나면 중국은 미국, 일본, 독일 같은 주요 자동차 수출국 대열에 합류할 것이다. 2001년 중국의 WTO 가입이 이런 추세를 가속화하고 있다.

2012년에 시진핑(習近平)이 이끄는 신세대 중국 지도부가 등장하였다. 중국은 2008년의 세계경제 위기가 중국의 수출에 타격을 주었음에도 불구하고 정부의 대규모 인프라스트럭처 지출에 힘입어 해마다 급속한 경제성장을 계속해 왔다(대체로 10% 정도). 그러나 불평등의 심화와 부패 만연으로 공산당의 정통성이 위협 받고 있다. 2012년 뉴욕타임스의 폭로기사에 따르면, 중국의 퇴임하는 총리의 가족들이 총리 재직 기간에 30억 달러의 개인 재산을 모았다고 한다. 그러자 중국 정부는 이에 대응하여 뉴욕타임스 중국 웹사이트를 차단하였다. 그러나 정치적 표현을 억압하려는 정부의 노력에도 불구하고 많은 중국인들은 파업이나 시위뿐만 아니라 널리 인기 있는 중국 트위터인 미니블로그 사이트(웨이보, 微博)를 통해 자신들의 견해를 표명하고 있다. 농촌 마을에서는 농민들이 토지수용, 세금, 오염, 지방 관리들의 부패 등에 대하여 공개적으로 항의한다. 시진핑 주석은 부패 관행에 동참하는 당 간부들에 대한 항의와 글쓰기를 계속 막는 한편, 가장 시급한 과제로 부패와의 전쟁을 선언하였다.

현재 중국은 WTO 회원국이며 중국 시민들은 인터넷에 연결되어 있으므로 한편으로 중국 경제가 큰 이득을 취하지만 다른 한편으로 시민들은 정부가 통제하는 정보를 우회할 수 있다. 일부 관찰자들은 정보시대의 경제통합으로 중국 정치체제도 개방을 피할 수 없다고 보지만, 다른 관찰자들은 정부 지도자들이 경제성장의 과실을 가져다주는 한 대중은 정치적 변동에 별 관심을 보이지 않을 것이라 생각한다.

중국은 경제적 성공으로 국제사회에서 그 위상이 높아진 동시에 국제관계에 관한 시각 면에서도 중국 국경선을 훨씬 넘어서는 글로벌한 시각을 갖게 되었다. 2004-2006년 사이에 당시 국가주석 후야오방(胡耀邦)을 위시한 중국 지도자들

〈그림 13.3〉 중국의 인접 국가들에 대한 시각

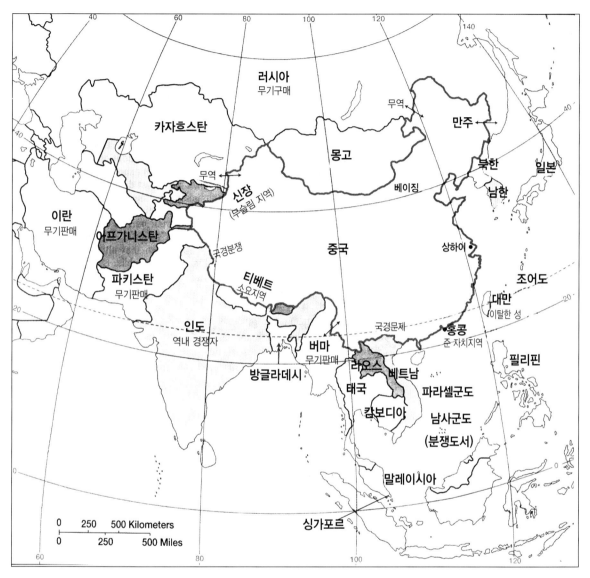

중국의 지속적 성장은 남반구 경제발전의 성공 사례로 가장 대표적이다. 중국의 장래는 아시아 전 지역에 영향을 줄 것이다.

은 아프리카와 라틴아메리카 등 남반구의 풍부한 자원 보유국들을 떠들썩하게 방문하여 중국의 경제성장 가속에 필요한 대규모 광물 및 에너지 거래를 성사시켰다. 그런 한편으로 그 지역들에 대한 중국의 원조도 크게 늘렸다. 2007년에 중국 정부는 아프리카에 30억 달러의 우대 차관을 제공한다고 발표하면서, "어떠한 정치적 조건도 붙이지 않는다는 점"을 강조하였다(서방측은 차관을 제공할 때 인권존중이나 부패 추방 같은 조건을 붙이는 경우가 많다).[4] 그 몇 달 전에 중국은 48개 아프리카 국가지도자들이 참가한 국제회의를 유치한 바 있다. 또한 중국은 G20의 핵심 멤버이기도 하다. 2009년에 서방 경제대국들이 장차 경제조정 문제를 다루는 핵심 국제기구로서 G20이 G8을 대신할 것이라 발표하였는데, 이로써 중국이 영향력을 발휘할 수 있는 새로운 통로가 활짝 열렸다. 그리고 중국은 다른 아시아 국가들과 긴밀한 경제적 유대관계를 맺고 있다(《그림 13.3》 참조). 중국의 국제적 지위 향상은 2008년 베이징 올림픽 개최지 선정에서도 잘 드러났다. 베이징 올림픽은 엄청난 성공을 거두었다.

과거 여러 해 동안 중국의 막대한 인구 규모가 중국에서 상품을 생산하는 외국 투자자들에게 값싼 노동력을 무한정 공급해줄 것으로 여겨졌다. 그러나 최근 들어 중국의 경제성장으로 노동력 부족 현상이 나타나기 시작하였으며 임금도 조금 올랐다. 이에 다국적기업들도 중국보다 더 싼 노동력이 있는 베트남 같은 아시아의 다른 국가들로 경공업 공장을 이전하기 시작하였다.

중국의 경제적 기적은 2008-2009년의 경제위기에도 별로 충격을 받지 않았다. 중국은 다년간 무역흑자로 축적한 돈의 일부를 미국에 투자하였는데, 그중 꽤 많은 돈이 미국의 금융위기로 날아가 버렸다. 당시 중국 지도자들은 국내소비 증대를 겨냥한 대대적인 소비 유도 정책을 발표하였는데, 이 정책이 단기적으로 문제를 낳았다. 오랜 세월 빈곤의 역사를 가진 사람들에게 저축 대신 소비를 권장하는 것은 문화적으로 문제 있는 정책이었다. 그리고 수출주도 경제를 내수 위주 경제로 전환하면서 경제적 어려움도 있었다. 그러나 이런 문제가 있었지만 중국 경제는 경제위기를 돌파할 수 있었다. 예를 들어 중국의 수출은 2009년에 한 차례 줄었지만 곧바로 경제위기 이전 수준으로 회복되었고 그 이후에 계속 늘고 있다.

지난 10년간 중국의 경제적 성공이 남반구 나머지 지역들에 어떤 교훈을 주었는지는 분명치 않다. 중앙계획에서 사적 소유로 전환한 것이 그 성공의 가장 중요한 요인이지만, 지금도 계속 국가가 경제 전반을 감독하는 핵심 역할을 하고 있

---

4   Rotberg, Robert I., ed. *China Into Africa: Trade, Aid and Influence.* Brookings, 2008. Brauti- gam, Deborah. *The Dragon's Gift: The Real Story of China in Africa.* Oxford, 2009.

다(신흥공업국들보다 더 심하게). 이제 중국은 번영과 기대 상승이 동반하는 새로운 시대를 항해하고 있으며 새로운 물결이 일고 있는 세계경제에서 자신만의 길을 찾고 있다. 그리고 다른 빈국들은 중국의 경험에서 교훈을 찾고 있다. 그런 만큼 중국의 경험이 어떤 교훈이 될 것인지에 관한 논쟁은 여전히 뜨겁게 진행되고 있다.

(3) 인도의 도약

중국과 마찬가지로, 인도 역시 그 규모와 최근의 급속한 성장세 때문에 특별히 주목할 필요가 있는 국가이다. 1996년부터 2012년까지 인도의 연평균 성장률은 7%를 넘었다. 인도가 이룩한 몇 십년간의 성공을 근 30년 동안 이룩한 중국의 성공과 비교할 수는 없다. 또한 인도의 1인당 GDP는 중국의 절반을 조금 넘는 수준에 불과하다. 그러나 인도는 장차 중국의 빈곤탈출 전례를 재연하기 위한 성공가도의 초입에 들어섰다.

과거 수십 년 동안 인도 경제는 느슨하지만 사회주의, 그리고 주요 산업에 대한 국가 통제에 기반을 둔 것이었다. 단 농업과 소비재 부문은 사적 자본주의에 기반을 두고 있었다. 기초 상품에 대한 국가 보조금이 있고 농민에 대한 특별 배려가 있다. 중국과 달리 인도는 민주국가이지만, 자치운동과 종족 갈등이 잦은 취약한 민주국가이다. 최근에는 많이 개선되었지만 인도 역시 부패로 고통을 겪어 왔다.

흔히 그렇듯이, 인도의 국유산업들도 대체로 이윤을 내지 못한다. 극단적인 사례로, 세워진지 12년이 지나고 3,000명의 노동자가 일하는 비료공장에서 비료를 전혀 생산하지 못한 사례가 있다. 또한 인도의 사회주의 철학과 만연해 있는 빈곤이 자본축적과 세금수입에 큰 역할을 하는 중간계급의 성장을 방해하였다. 소득세를 내는 사람이 인구의 1%에도 미치지 못했다. 더욱이 인도의 관료들이 외국인투자를 방해하였다. 1990년대에 중국이 유치한 외국인투자는 인도보다 몇 배나 더 많았다. 인도의 주요 무역상대국인 소련이 1991년에 붕괴하자 인도 경제가 심각한 위기에 몰려 거의 외채 상환불능 상태까지 갔다. 당시 인도는 IMF와 세계은행에 지원을 요청하고 관료기구 축소와 적자 국유산업 매각을 포함한 광범한 경제개혁을 약속하였다(아래 "IMF의 융자조건" 참조). 이런 경제개혁이 온전히 이행되지는 않았지만 1990년대 말에 이르러 인도 경제가 다시 성장세로 돌아섰다. 최근 인도의 경제성장은 정부 부패와 관료주의가 여전함에도 불구하고 이루어진 것이다. 그래서 인도 사람들은 경제성장은 정부가 잠자는 밤에 이루어진다는 농담을 한다.

세계화 시대를 맞이하여 인도가 세계경제에서 강점을 가진 분야는 서비스와 정보 분야이다. 서비스 분야에 종사하는 노동자가 전체 인구의 30% 미만이지만, 이 분야가 전체 GDP에서 차지하는 비중은 60%이다. 한국이 중공업 제품 수출에, 중국이 경공업 제품 수출에 특화되어 있음에 비해 인도는 소프트웨어와 전화 콜센터 서비스 같은 정보 상품 수출에 특화되어 있다. 이 3국은 세계시장, 특히 미국시장에 수출하기 위한 제품의 부가가치를 높이기 위해 각기 자국 노동력을 사용하고 있다. 인도의 경우 노동자들은 교육수준이 높고 영어를 구사한다. 또한 인도는 미국의 밤 시간에 일할 수 있는 지리적 이점도 있다. 미국 소프트웨어 회사는 미국 시간으로 야간에 일하는 인도 소프트웨어 회사와 협력하여 주야로 작업을 할 수 있으며, 미국 종합병원은 환자기록부 같은 의학 노트를 인도로 보내 밤새 기록정리를 요청할 수 있다. 다국적기업들은 자기 제품에 대한 기술지원 요청 같은, 세계 각지에서 걸려오는 전화 응대 업무에 인도 노동자들을 널리 활용하고 있다.

장차 인도가 성공할지 여부는 경제발전에 관한 몇 가지 경쟁 이론들에 큰 영향을 줄 것이다. 특히 중국은 가혹하고 중앙집권적인 정치체계 아래서 성공한 반면 인도는 민주국가이다. 만일 인도가 성장세를 유지할 수 없다면 아마 권위주의 정부가 발전에 도움이 된다거나 민주국가는 다음 단계까지 기다려야 한다는 주장이 힘을 얻을 것이다(이 문제는 나중에 다시 논의한다). 그러나 인도가 성공한다면 권위주의 정부가 경제발전의 명백한 전제조건이라는 주장은 틀렸다고 볼 수 있다.

〈그림 13.4〉는 두 가지 핵심 지표에서 중국과 인도의 발전과정을 비교해서 보여주고 있다. 두 가지 지표란 유아사망률(전반적 공중보건 수준을 보여주는 좋은 척도)과 출생률이다. 중국은 두 지표 모두에서 단기간에 극적인 성과를 거둘 수 있었다. (이론적으로) 시골 마을과 각 가정까지 깊숙이 통제력을 행사할 수 있는 권위주의 정부 덕분이다. 1950년대에 중국은 대대적인 캠페인을 벌여 시민들에게 해충 박멸과 위생시설 설치를 명령하였다. 그 결과 1960년대 들어 콜레라나 흑사병 같은 전염병으로 사망하는 사람의 수가 크게 줄었고 유아사망률도 크게 줄었다. 1970년대에는 한 자녀 정책을 강행하여 출생률을 강제로 떨어뜨렸다. 반항하는 여성들은 강제 불

임시술을 받게 했다. 중국은 이런 식으로 개인들을 강요하여 사회에 이익이 되는 행동을 하도록 지배 원칙에 의존했다. 공중보건 개선과 출생률 감소에서 거둔 성과는 이후 중국의 경제 성장의 기초가 되었다. 물론 명백히 개인의 자유를 침해한 대가이다.

이와 대조적으로, 인도는 국민들에게 스스로 선호를 바꾸고 자녀수를 줄이고 공중보건 개선에 나서도록 하기 위해 정체성 원칙에 크게 의존하였다. 순응을 강요하는 독재자가 없었기 때문에 인도의 발전 속도는 느렸다. 그러나 세월이 흐르면서 인도의 결과는 중국과 비슷해졌다. 물론 몇 십 년이 더 걸렸지만, 이 과정에서 인도는 민주국가라는 국가 정체성을 포기하지 않았다.

〈그림 13.4〉 중국과 인도의 발전상 비교

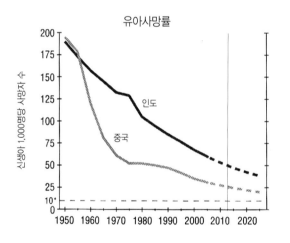
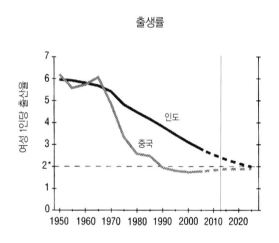

* 북반구의 수준은 이보다 낮다

* 사망률을 상쇄하는 수준, 안정적으로 유지되는 인구 수준

출처: World Bank.

(4) 다른 실험

규모가 작지 않은 다른 개발도상국들은 다양한 발전 전략을 추구해 왔으며 그 성패는 엇갈리고 있다. 가장 좋은 결과는 아시아에서 나왔다. 〈그림 13.5〉는 남반구 16개 인구 대국의 소득수준과 성장률을 보여준다. 이 그림은 남반구 지역별

소득수준과 성장률을 나타내는 12장의 〈그림 12.1〉과 유사하다. 분명히 남반구 대국들의 소득수준은 매우 다양하다. 5개 고소득 국가(터키, 이란, 태국, 멕시코, 브라질)는 남반구 4개 지역 중 3개 지역에 속하며, 성장률 면에서는 0%에서 9%의 차이를 보인다. 7–9%로 가장 빠른 성장세를 보이는 국가(인도, 베트남, 에티오피아, 민주콩고)는 소득수준 면에서 최하위이다. 분명히 중국의 성장 속도는 다른 15개국보다 빠르다. 물론 다른 15개국도 대부분 7–9% 정도의 견실한 성장세를 보이고 있다. (이 성장률은 2008-2009년의 세계 경제위기가 개발도상국들을 덮쳤을 때 떨어졌지만 곧바로 상승세로 돌아섰다.) 각 지역의 위치가 차이를 낳았다는 점도 분명하다. 남반구 전체 5개 지역이 각기 단 하나의 권역 속에 자리 잡을 수 있다는 사실은 각 지역이 각기 다른 패턴으로 지역별로 함께 움직인다는 사실을 보여준다.

〈그림 13.5〉 인구 대국의 소득 및 성장률, 2011

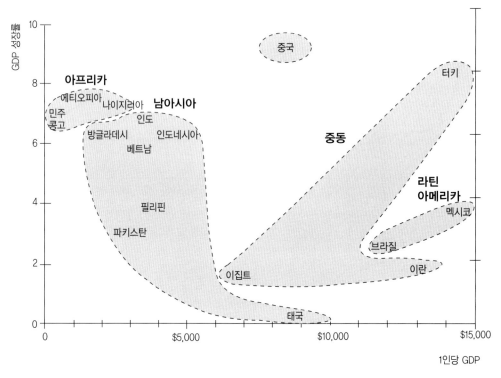

주: 16개 인구 대국의 통계 수치이다. 태국은 홍수 피해 이전 4% 성장을 보였다.
출처: World Bank and OECD.

아시아에서 신흥공업국을 가장 먼저 뒤따른 국가는 인도네시아, 말레이시아,

태국이다. 인도네시아는 1994년 이전에 신흥공업국이 되겠다는 목표를 1969년에 설정하였다. 이 목표에는 미달하였지만 외국인투자 유치에는 어느 정도 성공하였다. 2억 5,000만의 인구와 인도 수준에 근접하는 1인당 개인소득 수준을 갖춘 인도네시아의 최대 자산은 값싼 노동력(시간당 최저임금 50센트 미만)과 석유를 포함한 수출 가능한 천연자원이다. 그러나 석유 생산이 감소되어 2004년 이래 석유를 수입해야만 했다. 필리핀의 사정도 인도네시아와 비슷하다. 필리핀은 1997년의 위기를 순조롭게 헤쳐 나온 후 성장세를 타서 현재 약 5%이 성장률을 보이고 있다. 이 정도 수치도 물론 긍정적이지만 필리핀의 만성적 빈곤을 해소할 만큼 충분하진 않다.

말레이시아 역시 네 마리 호랑이들의 발자취를 따르는 일에 착수하였다. 말레이시아는 석유와 가스를 수출하지만 수출 산업의 초점을 전자제품에 맞추었다. 2001-2002년의 닷컴(com) 거품붕괴로 타격을 받았지만 2004-2008년 사이에 연 5-7%의 성장을 기록할 수 있었다. 1인당 소득이 15,000 달러인 말레이시아는 중간소득 수준의 국가로 성장할 수 있었다.

태국은 흔히 "다섯 번째 호랑이"가 될 것으로 여겨졌다. 1980년대 동안에 막대한 외국인투자(일본인 투자가 대부분)를 유치하였으며 상당한 규모의 중간계급을 양성할 수 있었다. 그러나 태국의 성장은 심각한 문제점을 안고 있었는데, 그 문제점이 1997년 금융위기 때 표면으로 드러났다. 태국은 악성 대출로 인한 문제가 항상 있었지만 경제를 회복하고 강한 성장세를 보였다. 그러나 2006년의 쿠데타와 정치적 불안 때문에 외국인투자를 끌어들이는 매력이 그만큼 줄었다. 또한 2011년의 대홍수로 태국 경제가 큰 어려움을 겪기도 했다.

2001년 이후 몇몇 동남아 국가들은 국내의 테러 문제에 시달리기도 했다. 그리고 인도네시아는 (아체 지방의 치열한 분리주의 전쟁은 끝났지만) 몇 개 섬에서 심각한 종족 소요가 일어나 어려움을 겪었다. 이런 요인들이 동남아 신흥공업국 후보들의 경제발전을 방해하였다.

베트남은 인도와 비슷한 정도의 성공을 거두었다. 베트남은 중국식 모델에 따른 개혁을 추구하는 공산주의 국가이다. 테러에 대한 우려는 거의 하지 않으며 2008년의 경제위기에도 대체로 영향을 받지 않았다. 1997년 이래 베트남의 연평균 성장률은 약 7%이다. 이 기간의 성장은 경제자유화에 힘입었는데, 경제자유화는 과거 수십 년 간의 끔찍한 전쟁과 중앙집권 공산당 지배로 지연되었었다. 섬유 수출을 많이 하는 베트남은 2007년에 WTO에 가입하였다. 중국과 마찬가지로 베트남도 매우 낮은 평균소득 수준에도 불구하고 인구의 기본욕구는 충족시켜 주었으며, 국가 자체는 여전히 빈곤하지만 극빈자 수를 줄였다.

아시아의 큰 국가인 파키스탄과 방글라데시는 빈곤의 늪에 빠져 있으며 몇 년 안에 자본축적이 되리라는 전망도 불투명하다. 양국이 직면한 문제는 관료주의, 부패, 정치적 불안 등이다. 그러나 방글라데시는 2008년 말에 공정한 선거를 통하여 비상통치에서 벗어났다. 이 선거는 매우 중요한 전환점으로서 발전과 부패 근절에 대한 새 희망을 안겨주었다. 반면에 파키스탄은 아프가니스탄 인접 지역의 불안에 맞서 힘겨운 싸움을 계속하고 있다. 그리고 2010년 여름의 대홍수로 정치적 불안이 더 가중되었다. 2013년에는 정부와 사법부가 공공연히 대립하였다. 파키스탄의 장래 전망은 정치적 안정 여부에 달려 있다.

라틴아메리카의 주요 국가들은 중국이나 남아시아에 비해 높은 소득수준에서 출발하였으나 성장률은 낮다. 브라질과 멕시코가 가장 큰 나라이다. 브라질은 성장하는 중-상층 계급에게 소득을 집중함으로써 꽤 큰 규모의 국내시장을 형성했다. 그러나 브라질의 도시들은 극빈자들로 가득 찬 거대한 빈민가로 둘러싸여 있다. 10여 년 전에 좌파 대통령인 룰라(Lula da Silva)가 선출되자 사회보장에 많은 돈을 지출하여 브라질의 재정상태가 악화될 것이라는 우려가 있었지만, 오히려 룰라 대통령은 지출을 줄이고 인플레를 잡고 브라질의 재정상태를 안정시켰다. 중국과 마찬가지로 브라질에서도 사회주의자가 훌륭한 자본주의자가 될 수 있다는 사실을 입증한 셈이다. 2012년에 이르러 브라질은 드물게도 고성장, 민주주의, 불평등 완화를 한꺼번에 이루는 행운을 누렸다. 이렇게 다른 나라에게 모범이 되는 하나의 발전 모델이 되기도 했다. 브라질은 2014년 월드컵과 2016년 올림픽을 유치함으로써 브라질의 경제적 및 정치적 위상이 높아질 것으로 기대하고 있다.

멕시코는 브라질처럼 심한 빈곤과 적지 않은 외채 부담을 지고 있지만 브라질과 달리 석유를 수출할 수 있다. 또한 멕시코는 부패 문제를 안고 있지만 비교적 정치적으로 안정되어 있다. 2000년에 개혁적 대통령이 선출되었지만 2012년에 과거 장기 집권했던 정당이 다시 집권하였다.[5] 북미자유무역협정(NAFTA) 체결 이후 20년간 가끔 정치 소요와 경제 소요가 있었지만 큰 성과도 없고 재난도 없었다. 그러나 마약 관련 폭력으로 6만 명이 죽고 정치 및 경제의 안정이 흔들렸다.

아프리카에서는 나이지리아가 큰 나라인데, 석유를 수출하기 때문에 가장 덜 빈곤한 나라여야 한다. 그러나 1인당 소득이 2,600 달러로 매우 낮으며 부패가 경제의 발목을 잡고 있다. 나이지리아는 "자원의 저주"를 받고 있는 것 같다. 석유가 수출의 95%를 차지하고 있으며 정부 예산의 2/3가 석유수출에서 나온 돈이다. 오랫동안의 군사독재 후 1999년에 선거가 실시되었고, 금세기 들어 정치가 많이 안정되었다. 그러나 석유가 풍부한 남부지방 반군과 휴전한 다음에 북부지방에서 이슬람주의 테러리스트들의 폭탄 공격이 빈발하였다. 2000년에 IMF와 합의에 이르렀지만 목표 달성에 실패함으로써 2002년에 합의를 파기하였다. 나이지리아의 상황은 아직 취약하다.

아프리카의 다른 국가인 에티오피아와 민주콩고는 빠르게 성장하고 있지만 출발선이 극빈 상태였다. 민주콩고는 수십 년간의 전쟁 피해를 복구해야 할 처지이지만 끊이지 않는 폭력 사태가 발목을 잡고 있다. 남아프리카공화국은 비교적 소득수준이 높지만(1인당 11,000 달러) 엄청난 불평등과 에이즈 만연으로 어려움을 겪고 있다. 그러나 케냐와 모리셔스 같은 몇몇 국가들은 정보 분야에 특화된 경제 모델로 등장하고 있으며 그 전망도 밝다.

중동에서는 이스라엘이 아주 예외적으로 경제발전을 이룬 나라이다. 이스라엘은 독일의 배상금, 미국의 원조, 해외 시온주의자들의 헌금 등 외부로부터 꾸준히 자본을 받아들이고 있다. 이 같은 외부의 지원은 과거의 독특한 역사적 경험과 관계가 있다. 즉 제2차 세계대전 기간에 독일이 유태인을 집단학살하였다는 사실, 그 이후 전 세계의 유태인들이 유태국가 건설을 돕기 위해 애써 왔다는 사실과 관계가 있다. 개발도상국 가운데 이런 외부 지원을 기대할 수 있는 국가는 없을 것이다(이스라엘이 작은 나라라는 점도 함께 고려하라). 그러나 신흥공업국들이 그랬듯이, 이스라엘도 국가가 핵심 산업 분야에 깊이 개입하였고 세계시장에서 자기들만의 전문 분야를 개척하였다(특히 다이아몬드 가공, 컴퓨터 소프트웨어, 군사기술 분야).

사우디아라비아, 쿠웨이트, 바레인, 아랍에미리트 등 작지만 석유를 많이 수출하는 국가들의 경제 사정은 나쁘지 않다. 그러나 이 국가들은 특별한 경우이기

---

5   MacLeod, Dag. *Downsizing the State: Privatization and the Limits of Neoliberal Reform in Mexico.* Penn State, 2004.

때문에 석유가 없는 다른 국가가 모방할 수 있는 모델이 아니다. 이란은 1988년에 끝난 이란-이라크 전쟁 이후 견실하게 성장하면서 외국인 투자를 유치하기 시작하였다. 그러나 경제의 대부분이 국가 통제 하에 있다. 뿐만 아니라 이슬람 급진주의가 서방 강대국들과 마찰을 빚어 투자자들을 불안하게 하고 있다.

터키는 석유 없이 경제발전을 이루는 데 어느 정도 성공하였다. 한국이나 타이완처럼 터키도 과거 여러 해 동안 권위주의 국가였지만, 1990년대 이후 정치적 자유를 허용하고 있다. 터키는 미국의 안보 우산(NATO) 아래서 발전하였으며 미국의 원조도 많이 받았다. 멕시코처럼 터키도 부유한 인접국들 사이에, 즉 EU에 들어가려고 노력해 왔다. 2000-2001년 사이에 경제침체를 맞아 300억 달러의 IMF 긴급 구제금융을 지원 받았다. 2003년 이후 터키 경제는 최근의 유럽 금융위기로 어려움을 겪기는 했지만 견실하게 성장해 왔으며 외채 사정도 개선되었다.

이집트는 1970년대 이래 미국의 적지 않은 원조에도 불구하고 빈곤의 늪에 빠져 있다. 국가가 산업의 대부분을 소유하고 있으며, 중앙계획에 의거하여 경제를 운영하며, 높은 수입관세를 부과하고, 정치권력 유지를 위해 정실인사(patronage job)로 일자리를 주고 가격보조금을 지급한다. 1990년대의 개혁으로 경제성장은 하고 있지만, 높은 실업률, 무역적자, 부패 만연 등의 문제들은 여전히 남아 있다. 2011년에 권위주의 정권을 축출한 이후 이집트 경제는 아랍의 봄 당시의 불안정이 야기한 심각한 경제 혼란을 극복하고 새 출발을 하는 방향으로 나아가고 있다.

2. 교훈

개발도상국 가운데 대국들은 각자 조금씩 다른 전략을 추진하였고 그 결과도 다르게 나타났다. 그러나 몇 가지 공통 테마가 있는 데, 바로 무역, 자본 집중, 부패이다.[6]

---

6 Easterly, William R. *The Elusive Quest for Growth: Economists' Adventures and Misadventures in the Tropics.* MIT, 2001.

(1) 수입대체 성장과 수출주도 성장

남반구 전체에 걸쳐 각국은 자본축적의 기본 방법으로서 국제무역을 활용하고자 노력하고 있다. 경제 자급 혹은 자립 정책은 8장에서 논의한 이유 때문에 기껏해야 극히 느린 속도로 부를 축적하는 방법일 뿐이다. 반면에 국가가 무역흑자를 이룩하면 그 돈으로 경화를 축적할 수 있고 산업을 건설하고 인프라를 구축할 수 있다.

무역흑자를 올리는 하나의 방법은 수십 년 전에 자주 사용되었던 **수입대체**이다. 수입대체란 국내 산업을 육성하여 종전에 수입하던 제품을 국내에서 생산하게 만드는 것을 의미한다. 이 국내 산업은 국가보조금이나 관세 보호를 받을 수 있다. 이런 방법은 무역적자를 줄이고 흑자를 늘리는 한편으로 대외 종속(특히 구 식민 종주국에 대한 종속)을 줄이는 좋은 정책인 듯 보인다. 그러나 이런 방법은 비교우위 원칙에 어긋나며 대부분의 경우에 효과가 없다고 입증되었다. 일부 학자들은 수입대체가 경제발전의 초기 단계에서만 유용한 정책이며 그 단계를 지나면 역효과를 낸다고 본다. 다른 학자들은 수입대체가 유용한 경우는 전혀 없다고 본다.

점점 더 많은 국가들이 신흥공업국의 전략인 **수출주도 성장** 전략으로 갈아타고 있다. 이 전략은 세계경제의 특정 분야에서 경쟁력을 갖춘 산업을 발전시키는 것이다. 이런 산업에 대해 국가가 보조금이나 국내시장에서 우선권 보장 같은 특별 대우를 해줄 수 있다. 이런 산업은 수출로 경화를 벌어들이며 무역수지를 흑자로 만들 수 있다. 그러면 국가는 그 돈의 일부를 다른 국가에서 더 싸게 생산된 상품을 수입하는 데 사용할 수 있다. 이 전략에는 위험이 있다. 특히 몇 가지 원료 수출에 특화한 국가의 경우 그런 위험에 처할 수 있다. 왜냐하면 수출시장의 갑작스런 가격변동에 취약하기 때문이다.

따라서 국가들은 수출주도 성장의 열쇠로서 원료가 아닌 공산품 수출을 지향해 왔다. 그러나 공산품 가운데 경쟁력 있는 분야를 찾으려면 먼저 국내 산업이 그 분야에서 선진국 산업과 경쟁을 벌여 우위에 있어야 한다. 그러려면 기술 발전, 양질의 노동력, 자본 증가가 필요하다. 국내 산업이 충분히 성장하기 전에는 보조금이나 보호 정책만으로 충분치 않다. 언젠가 스스로 땅을 딛고 설 수 있어야 한다. 그러지 못하면 무역흑자를 가져올 수 없게 된다.

(2) 제조업으로의 자본집중

수출주도 성장이건 자급적 산업화(국내시장을 위한 국내생산)이건 제조업이 가장 중요하다. 국가가 제조업에 투자를 하려면 국가경제가 생산하는 잉여를 **집중해야** 한다. 공장 설립에 들어가는 돈은 식량 가격보조나 학교 신축에 들어가는 돈과 다르다. 따라서 제조업에 자본을 집중하면 소득 불균형이 심화될 수 있다. 더욱이 빈국의 제조업이 처음부터 세계시장에서 경쟁력을 갖출 수는 없는 일이므로, 먼저 국내 판매를 통하여(관세 우대나 보조금 등으로 보호하면서) 산업을 키우는 전략이 흔히 사용된다. 그러나 시골의 가난한 농민이나 도시 빈민가의 청년 실업자들이 공산품 시장을 만들지는 못한다. 그래서 부가 중간계급에 집중되어 이들이 공산품을 구입할 만큼 소득을 올려야 한다. 이렇게 발생한 불균형은 도시의 대중폭동이나 농촌의 게릴라 투쟁이라는 결과를 낳을 수도 있다.

제조업을 위한 자본은 외국인투자나 차관으로 조달할 수도 있다. 그러나 이 경우에는 장기적으로 볼 때 국가가 활용할 수 있는 잉여의 양이 줄어든다. 자본 수요를 최소화하는 또 다른 방법은 자본이 적게 드는 산업부터 시작하는 것이다. 이런 산업에서 자본을 마련하면 그 자본으로 조금씩 기술집약 산업이나 자본집약 산업으로 옮겨갈 수 있을 것이다. 일반적으로 초기에는 섬유산업을 선택한다. 섬유산업은 노동집약 산업으로서 싼 노동력을 가진 국가에 유리하며 초기 단계에서 많은 자본 투자가 필요하지 않다. 2005년에 전 세계적으로 섬유 관세가 철폐되어 개발도상국의 섬유수출 기업들이 서방 시장에 진입할 기회를 얻었지만 중국 기업들과의 치열한 경쟁에 직면해야만 했다.

매우 가난한 나라에서 자본을 조달하는 방법으로 최근에 큰 인기를 끌고 있는 **창업지원소액대출**(microcredit 혹은 microlending)이 있다. 이것은 방글라데시의 성공 사례(그라민Grameen 은행의 사례인데, 이 은행은 2006년 노벨평화상을 수상하였으며 현재 2,100개 이상의 지점을 거느리고 있다.)에 기반을 둔 것이다. 이것은 가난한 사람, 특히 경제적 자립을 하려는 여성을 돕기 위해 소액을 대출해 주는 것이다. 은행은 담보를 잡는 대신에 돈을 빌리는 사람들을 작은 집단으로 묶어서 대출금 상환 등에 상호보증을 서게 한다. 지금까지 상환율이 아주 높으며, 이런 아이디어가 여러 지역으로 급속히 확산되었다. 널리 알려진 성공사례가 있다. 어느 시골 여성이 소액대출을 받아 휴대폰 시간제 대여 사업을 시작하였다. 시골 농민들이 자기 물건을 팔려고 먼 길을 가기 전에 시장 상황을 알아보기 위해 휴대폰을 빌렸다. 이런 식으로 정보기술이 벽지 시골까지 들어가 시골 여성과 농민 모두에게 소득을 늘려주었으며, 은행도 대출금을 상환 받아 이익을 얻었다. 현재 이런 식의 소액대출이 엄청나게 많이 활용되고 있다. 지금까지 세계 도처에서 수천만 가족이 수천 개의 기관으로부터 소액대출을 받았다. 이런 식의 소액대출은 경제적 계층구조의 최하층에 자본을 직접 주사하므로 낙수효과와 상반되는 접근방법이다. 사람들의 소득을 늘려주는 일로서, 염소나 휴대전화 구입에 빌려준 돈이 댐을 건설을 위해 빌려준 돈보다 훨씬 더 좋은 결과를 낳을 수 있다.[7]

자본주의자들은 소비가 아닌 투자를 자극하는 방법의 하나로 자본 집중(규모의 경제와 전문화를 실현하기 위해)을 선호하는 경향이 있다. 자유주의와 마찬가지로, 자본주의자들은 개발도상국을 세계경제와 국제무역에 밀착시키는 발전 경로를 좋아한다. 그들은 그런 발전 전략이 평등을 해치지만 효율성을 극대화한다고 주장한다. 일단 국가가 자생적인 자본축적 사이클을 가지게 되면 더 많은 인구의 빈곤을 해소할 수 있지만, 국가가 너무 일찍 빈곤 해소에 나서면 경제성장을 가로막을 수 있다고 한다. 이런 논리는 세계경제 전체에도 적용된다. 자본축적은 북반구에 집중되어 있는데, 자본주의의 관점에서 보면 이 같은 불균등한 자본 집중이 더 빠른 경제성장을 가져오며, 궁극적으로 남반구에 더 많은 부를 가져다 줄 것이다. 이렇게 보면 세계의 경제성장을 가져오는 자유시장 경제를 포기하지 않는 한 북반구의 부를 남반구로 이동시킬 실질적 방법이 전혀 없다.

이와 대조적으로, 사회주의자들은 전체 인구와 빈자들의 지위를 나중이 아니라 지금 빨리 향상시키는 경제발전이라야 의미 있는 경제발전이라고 주장한다. 이처럼 사회주의자들은 더 평등한 부의 분배를 옹호하는 경향이 있다. 그리고 평등을 지향하는 것이 효율성에 방해가 되거나 경제성장을 늦춘다는 주장에도 반박한다. 오히려 평등에 바탕을 둔 전략이 빈자들의 소득을 늘려줌으로써 인구변천의 속

7 Yunus, Muhammad. *Creating a World Without Poverty: Social Business and the Future of Capitalism*. Public Affairs, 2009. Smith, Philip, and Eric Thurman. *A Billion Bootstraps: Microcredit, Barefoot Banking, and the Business Solution for Ending Poverty*. McGraw–Hill, 2007.

도를 높이고 더 빨리 자생적 자본축적을 가능케 해준다고 주장한다. 그리고 사회주의자들은 글로벌 수준에서 남북 간의 불평등이 세계 전체의 성장에 유리하기 때문에 불평등이 정당하다는 주장도 인정하지 않는다. 이들은 소득을 북반구에서 남반구로 이동시켜 남반구의 경제성장을 촉진하는 정치적 행동을 중시한다. 이렇게 재분배를 하면 세계 전체의 경제성장이 늦어지는 것이 아니라 빨라지며, 그런 성장이 당연히 더 균형 있고 안정적인 성장이라 주장한다.

불평등한 소득분배가 빠른 경제성장에 유리하다는 자본주의 이론의 경험적 근거는 매우 허약하다. 비교적 평등한 소득분배가 이루어지는 나라에서 성장률이 높다(한국, 타이완, 싱가포르, 홍콩 등). 반면에 불평등한 소득분배가 이루어지는 나라의 성장은 아예 이루어지지 않거나 느린 속도로 이루어진다(짐바브웨, 아르헨티나, 가나). 그러나 비교적 평등한 나라의 경제가 느리게 성장하고 불평등한 나라의 경제가 빨리 성장하는 실례도 있다. 세계은행은 소득 불평등이 경제성장에 미치는 영향에 대한 증거를 검토하였는데, 그 결론은 불평등이 인간의 잠재력을 낭비함으로써 성장의 발목을 잡는다는 것이다. 경제성장을 촉진하기 위해서는 남반구의 가난한 사람들이 정치적 힘과 함께 보건, 교육, 일자리에 더 쉽게 접근할 수 있도록 해야 한다는 것이 세계은행의 권고이다.[8]

(3) 부패

많은 국가들에서 부패가 경제발전을 저해하는 중요한 부정적 요인이 되고 있다. 부패는 경제발전에서 핵심 역할을 하는 정부에 집중되며, 특히 정부의 대외관계 측면에 집중된다.[9] 정부는 외교정책을 통하여 국가경제가 세계경제와 맺는 관계를 조정하며, 국내에서 다국적기업들이 어떻게 활동해야 하는지에 관한 조건을 규

---

8   World Bank. *World Development Report 2006: Equity and Development*. World Bank, 2006.

9   Uslaner, Eric M. *Corruption, Inequality, and the Rule of Law: The Bulging Pocket Makes the Easy Life*. Cambridge, 2008. Johnston, Michael. *Syndromes of Corruption: Wealth, Power, and Democracy*. Cambridge, 2006. Manion, Melanie F. *Corruption By Design: Building Clean Government in Mainland China and Hong Kong*. Harvard, 2004.

제하며, 필요한 경우 군대를 투입하여 파업을 분쇄하거나 혁명을 진압하는 등 노동자들의 규율을 강제하며, 세율을 정하고 기타 경제 전반에 대한 거시 경제적 통제권을 행사한다. 그리고 대다수 개발도상국의 경우 정부가 주요 산업의 대부분을 소유하며, 간혹 독점 산업을 소유하기도 한다.

국가 공무원들은 다국적기업을 받아들일지, 어느 다국적기업에 시추권을 줄지, 다국적기업에 어떤 조건(임대료, 판매 비율 같은)을 부과할지 등을 결정한다. 이런 것들은 장기간 협상 끝에 결정되는 복잡한 거래이다. 부패한 공무원은 이 과정에 또 다른 행위자로 개입하여 이익을 챙긴다. 예를 들어, 외국 석유회사는 자기에게 유리한 계약을 체결해 준 대가로 공무원에게 보상을 해줄 수 있고, 그리하여 양쪽 모두 이익을 챙길 수 있다. 2003년에 미국 검찰이 석유회사인 모빌오일(MobilOil)의 한 임원을 기소한 바 있다. 혐의 사실은 그 임원이 카자흐스탄의 거대한 유전에 걸려 있는 수십억 달러 상당의 회사 재산을 보호하기 위하여 카자흐스탄의 두 고위 공무원에게 7,800만 달러를 뇌물로 주었고, 그중 200만 달러를 리베이트로 받았다는 것이다. 재판 결과 이 임원은 탈세 부분에 유죄 판결을 받고 실형을 받았으며, 200만 달러에 대한 세금을 추징당해야 했다.

부패가 남반구에 국한된 것은 결코 아니다. 그러나 몇 가지 이유에서 부패의 해악은 빈국의 경우에 더 심하다. 첫째, 말할 필요도 없지만 경제성장을 지속시키기 위한 잉여가 부족하기 때문에 축적에 차질이 생긴다. 둘째, 소수 품목 수출에 의존하는 개발도상국의 경우 막대한 경화가 오가는 소득의 원천이 그 분야에 편중되기 때문에 소득원이 다양한 국가에 비해 부패가 끼어들 소지가 훨씬 더 크다. 바로 이 점이 "자원의 저주"를 낳는 주요 요인 가운데 하나이다. 셋째, 개발도상국의 경우 소득수준이 매우 낮기 때문에 부패한 공무원이 뇌물을 받고 싶은 유혹을 더 심하게 느낀다.

남반구의 부패는 해당 국가들과 다국적기업들에게 일종의 집합재 문제이다. 개별적으로 보면 다국적기업이나 그 본국은 뇌물을 주고 계약을 따내는 것이 이익이지만, 집합적으로 보면 뇌물을 줘야하기 때문에 그만큼 손해를 본다. 따라서 다른 선진국들도 동참만 한다면 부패 단속이 모두의 이익이 된다. 미국은 몇 십 년 전부터 미국 기업이 해외에서 부패를 통하여 거래하는 것을 불법화 하였지만 다른 북반구 국가들은 최근에야 그런 조치를 취했다. 심지어 독일과 캐나다는 자국 기업이 해외에서 뇌물로 지출한 금액을 세액공제하기도 했다.

투명성은 집합재 문제 해결에 도움을 준다. 베를린에 본부를 둔 국제투명성기구(Transparency International)라는 NGO는 국제 비즈니스 거래에서 부패를 막기 위한 행동을 촉구하여 성과를 거두고 있다. 이 단체는 기업 임원들을 대상으로 가장 부패한 국가에 대해 설문조사를 하고 그 결과를 연례보고서로 발간한다. 2012년 보고서에서 상위 5개국으로 뽑힌 국가는 소말리아, 북한, 아프가니스탄, 수단, 버마이다. 1997년에 세계 29개 주요 산업국들은 자국 기업이 외국 공무원에게 뇌물을 공여하는 것을 금하기로 합의하였다. 그리고 2002년에 영국이 주도하여 만든 국가, NGO, 다국적기업의 연합체인 채굴산업투명성기구(Extractive Industries Transparency Initiative)는 특히 취약한 분야인 전 세계 석유, 가스, 광물 분야에서의 부패와 맞서 싸우고 있다. 이 기구가 하는 일은 기업들이 현지 개발도상국에 지불하는 돈에 관한 정보를 공개하게끔 만드는 것이다.

1999년에 엑손모빌(ExxonMobil)이 주도하고 세계은행이 대출로 후원하는 컨소시엄이 차드 정부와 40억 달러 규모의 송유관 건설 계약을 체결하였다. 계약 내용 중에는 부패를 피하기 위하여 송유관 완공 후 발생하는 수입을 런던에 있는 시티뱅크 계좌로 입금한다는 내용도 포함되어 있었다. 또한 차드 정부는 그 돈의 72%를 빈곤 퇴치를 위해 쓰겠다고 약속하였다. 그러나 석유 달러가 들어오기 시작한 이후인 2005년에 차드 정부는 이 약속을 어겼다. 당시 수단에 기지를 둔 반군의 공격을 받자 차드 정부는 그 돈을 군사 목적으로 사용했다. 그러자 세계은행도 대출을 중단하였다.

3. 남북 간 자본흐름

자본은 외국인투자, 차관, 원조 등의 형태로 북반구에서 남반구로 흘러들어간다. 이 자본이 남반구의 경제성장을 촉진할 수 있다. 이번 장의 나머지 부분에서는 이 같은 남북 간 자본흐름을 다룰 것이다.

(1) 외국인투자

빈국은 새로운 공장, 농장, 광산, 혹은 유전에 투자할 돈이 부족하다. 외국인 투자는 그런 자본재에 외국인(주로 다국적기업)이 투자하는 것을 말하는데, 이 투자가 자본축적 과정에 시동을 거는 하나의 방법이다(9장 "외국인 직접투자" 참조). 중국과 몇 몇 아시아 국가들의 성공은 외국인투자가 결정적 역할을 한 것이다. 2012년 통계를 보면, 전 세계 약 5,000억 달러의 민간 자본이 남반구로 들어갔는데, 이 액수는 정부 간에 이루어지는 공적개발원조(ODA) 액수의 4배이다.[10]

어떤 국가에 투자한 외국인은 그 국가에서 일정한 시설을 소유하게 되며, 소유권을 가진 자로서 당연히 노동자를 얼마나 고용하고, 시설을 확장하거나 폐쇄하고, 무슨 제품을 생산하고, 그것을 어떻게 판매할 것인가 등에 관한 결정권을 갖는다. 또한 외국인 투자자는 기업 활동으로 얻은 이윤을 본국으로 가져갈 수 있다. 그러나 유치국 정부는 비용과 세금을 부과한다든가 토지나 시추권 임대료를 징수한다든가 등의 방법으로 이윤을 공유할 수 있다(9장 "유치국 정부와 본국 정부의 관계" 참조).

많은 남반구 국가들은 과거 식민지 경험 때문에 다국적기업이 들어오면 통제권을 잃을지 모른다는 우려를 하고 있다. 간혹 다국적기업의 존재가 유치국의 고통스런 자본집중 과정 및 계급 불평등 심화와 연결되기도 한다. 이런 두려움이 여전히 남아있지만, 외국인 투자자가 자본을 가져와 더 많은 잉여를 창출할 수 있다는 점이 두려움을 상쇄시키고 있다. 1980년대와 1990년대에 자립경제나 국유제가 불신 받게 되고 신흥공업국이 성공하자, 많은 빈국들이 앞을 다투어 외국인투자를 유치하려고 노력해 왔다. 그중에서 중국이 지금까지 가장 성공적이었다.

각국은 통제권 상실 우려를 완화하기 위한 방법으로 **합작투자**(joint venture)를 모색해 왔다. 합작투자란 외국 다국적기업과 국내 기업 혹은 정부가 공동으로 소유하는 회사의 설립을 의미한다. 합작투자에서 간혹 외국인 지분이 (흔히 49%로) 제한되기도 한다. 유치국이 궁극적 통제권을 확보하기 위해서이다. 대개 소유권 지분은

---

10 World Bank 데이터.

투자 자본 액수에 비례한다. 따라서 유치국 정부가 더 많은 통제권을 갖고 싶으면 더 많은 돈을 내놓아야 한다. 다국적기업 입장에서 보면, 합작투자는 관련 공무원들의 관료주의적 훼방을 유치국 정부가 막아주고, 회사가 성공하지 못하면 유치국 정부도 큰 타격을 받기 때문에 유치국 정부가 회사의 성공을 어느 정도 보장해준다는 점에서 장점이 있다.

다국적기업이 어떤 국가에 투자를 한다면 그곳에서 사업하는 것이 어떤 이점(利點)을 주기 때문이다. 그 이점은 현지의 천연자원일 수도 싼 노동력일 수도 지리적 위치일 수도 있다. 그리고 어떤 국가는 다른 국가에 비해 **흡수능력**(absorptive capacity)이 클 수 있다. 흡수능력이란 투자를 생산 목적으로 사용하는 능력을 말한다. 예컨대 잘 발달된 인프라나 숙련도 높은 노동자 및 관리자 같은 요소들이 흡수능력을 키워준다. 대개 이런 것들은 중간소득 국가에 잘 갖춰져 있기 때문에 흡수능력이 큰 국가에 외국인투자가 집중되면 남반구 내부의 불균형이 심화될 수 있다. 또한 다국적기업들은 유치국의 규제, 즉 **규제환경**(regulatory environment)에 대해서도 주의를 기울인다. 규제환경이 다국적기업의 사업을 도울 수도 방해할 수도 있기 때문이다.

다국적기업은 해외투자를 결정할 때 **금융안정**(financial stability), 특히 낮은 인플레와 안정된 통화 환율도 고려한다. 통화가 교환가능하지 않다면 다국적기업은 이윤을 본국으로 송금할 수도 없고 타 지역에 투자할 수도 없다. 정치적 안정도 투자를 결정하는 데 마찬가지로 중요하다. 은행이나 다국적기업들은 투자 대상국의 정치 불안에 따른 위험을 평가하기 위해 **정치적 위험 분석**(political risk analysis)도 한다.

현지 판매용 제품을 생산하는 외국인 투자자들은 이상과 같은 금융적 고려 외에 자기 제품에 대한 수요를 떠받쳐줄 만큼 유치국의 **경제성장**이 지속될 지에 대해서도 관심을 가진다. 또한 현지 판매용 제품을 생산하는 다국적기업이든 수출품을 생산하는 다국적기업이든 모두 현지 **노동력공급**이 안정적인지도 알고 싶어 한다. 흔히 외국인 투자자들은 투자 전에 투자 대상국의 경제 안정성을 판단하기 위해 세계은행이나 IMF 같은 국제 금융기구와 민간 기관의 분석에 의존한다.

기술이전(technology transfer)이란 빈국이 외국으로부터 기술(지식, 기능, 방법, 설계, 전문장비)을 획득하는 것을 말한다. 기술이전은 대개 외국인 직접투자나 이와 유사한 기업 활동을 통하여 이루어진다. 개발도상국은 다국적기업에게 유리한 조건으로 국내에서 기업 활동을 하도록 허용하는 대신 제품 생산에 필요한 기술과 설계 등에 관한 지식을 공유해야 한다는 조건을 제시할 수 있다. 또한 개발도상국은 외국인투자로 건설된 공장이나 시설의 관리 인력 및 전문직 인력 안에 자국민을 배치하고 싶어 할 수도 있다. 즉 물질적인 자본축적뿐만 아니라 미래를 대비한 관련 기술 기반까지 외국인투자를 통해 얻어내려는 것이다. 그러나 다국적기업들은 특허기술을 공유하기 싫어 할 수 있다.

대다수 빈국들은 국가경제를 운영하는 지식과 기술이 있는 교육 받은 엘리트를 양성하고자 한다. 그 한 가지 방법은 선진국으로 학생들을 유학 보내 고등교육을 받게 하는 것이다. 그러나 여기에는 위험도 따른다. 유학생들이 북반구 선진국에서 사는 것을 즐겨서 귀국하지 않을 수 있기 때문이다. 숙련 노동자를 부국에 빼앗기는 것을 **두뇌유출**(brain drain)이라 하는데, 인도, 파키스탄, 필리핀 같은 국가들이 이 문제로 경제발전에 애로를 겪고 있다. (필리핀의 경우 2000-2004년 기간에 간호학교 졸업자보다 더 많은 간호사가 외국으로 이민 갔다.)

(2) 남북 간 부채

자본축적 사이클에 시동을 걸기 위한 돈을 마련하는 방법으로 외국인투자의 대안은 대출이다. 축적에 성공한다면, 채무를 갚고도 남을 만큼 충분한 잉여를 생산할 수 있다. 대출은 몇 가지 장점이 있다. 국가(혹은 그 이하 국내 경제단위)가 통제권 상실을 걱정하지 않아도 된다. 또한 적어도 단기적으로는 자국민들에게 고통스러운 희생을 강요하지 않아도 된다.

물론 단점도 있다. 채무자는 채무를 이행해야 한다. 즉 계약서에 적힌 대로 정기적으로 이자를 내거나 원금을 갚아야 한다. 이 같은 **채무이행**(debt service)이 투자한 돈으로 만든 잉여(잉여가 생긴다면)를 갉아먹는다. 외국인 직접투자의 경우 투자로 손해를 보면 그것은 외국 다국적기업의 문제이지만, 채무의 경우에는 바로 돈을 빌린 국가의 문제이며 국가는 다른 곳에서 돈을 구해야만 한다. 채무이행을 위해 채무자가 다시 돈을 빌려야 하는 경우도 종종 있는데, 이렇게 되면 빚은 늘어만 간다. 최근에는 채무이행 때문에 남반구에서 북반구로 금융 순유출 사태가 벌어졌다. 남반구가 외국인투자나 개발원조로 받아들인 돈보다 수십억 달러나 많은 돈을 북반구 은행이나 정부에 이자로 지불하였기 때문이다.

정해진 기한에 빚을 갚지 않는 것을 **채무불이행**(default)이라 하는데, 이것은 채권자에 대한 신용을 잃는 일이고 따라서 장차 대출을 할 수 없는 결과를 초래하기 때문에 과격한 행동으로 평가된다.[11] 대개 채무자는 채무불이행보다 부채 상환 조건을 바꾸기 위한 **부채재협상**(debt renegotiation)을 시도한다. 이 때 채무자는 조금씩이라도 계속 상환해 나갈 수 있게 상환 일정을 쌍방이 수락할 수 있는 범위 안에서 재조정하고자 시도할 수 있다. 처음 돈을 빌릴 때보다 이자율이 떨어졌다면 채무자가 낮은 이자율로 다시 돈을 빌려 원래 빚을 갚는 방식을 취할 수도 있다. 또한 채권자와 채무자가 상환기한 변경(대개 연장)이나 기타 조건의 변경과 같은, 부채 구조 조정을 위해 협상할 수 있다. 간혹 국가 대 국가 차관의 경우 정치적 이유로 그냥 없었던 일로 하는 수도 있다. 미국이 이집트에 제공한 차관이 걸프전 후에 그런 식으로 탕감되었다.

남북 간 부채는 몇 가지 형태의 대출–차입관계를 포함하는데, 이러한 대출–차입관계 모두가 국제정치의 영향을 받는다. 채무자, 즉 차주(借主)는 개발도상국의 민간 기업이나 은행, 혹은 정부일 수 있다. 민간보다 정부에게 돈을 빌려주는 것이 더 흔한 일이다. 정부가 민간 차주보다 채무불이행을 할 가능성이 적기 때문이다. 채권자, 즉 대주(貸主) 역시 민간 기업이나 은행, 혹은 정부일 수 있다. 대체로 정부보다 은행이 기한 내 상환에 더 집착하며 부채재협상에서 더 강경한 태도를 보인다. 국가 대 국가 차관의 경우 가끔 특혜에 가까운 우호적인 조건으로 제공되기도 한다. 이것은 차관이 아니라 사실상 경제발전을 위한 보조금이나 마찬가지이다.

부채재협상은 남반구의 영원한 숙제가 되었다. 이런 재협상은 국제무역이나 군비통제 협상처럼 복잡한 국제적 흥정이다. 채무자 정부가 너무 부담스런 조건을 수락한다면 그 정부는 국내에서 인기를 잃을 수 있다. 반대로 채권자 정부의 동의를 얻어낼 만한 조건을 제시하지 못하면 채무불이행으로 가야할지 모른다.

채권자들의 입장에 보면 부채재협상에 일종의 집합재 문제가 포함되어 있다.

---

11 Tomz, Michael. *Reputation and International Cooperation: Sovereign Debt Across Three Centuries.* Princeton, 2007.

즉 모든 채권자들이 부채재협상의 조건에 합의해 그 조건을 모든 부채재협상에 똑같이 적용하는 것이 모두의 이익이지만, 모든 채권자가 정말로 걱정하는 것은 어떻게 해서든지 빌려준 돈을 돌려받는 것이다. 이 문제를 해결하기 위해 국가 채권자들은 **파리클럽**(Paris Club) 같은 모임을 통해, 민간 채권자들은 **런던클럽**(London Club) 같은 모임을 통해 정기적으로 회동한다.

대체로 개발도상국들은 부채재협상과 이에 따른 은행 부채 탕감을 통해 채무불이행으로 가는 길을 피해 왔다. 그러나 2001년에 아르헨티나가 사실상 채무불이행 상태에 빠졌다. 그 무렵 금융기관들은 아르헨티나가 부채를 상환할 수 없다는 현실에 체념했다. 그러자 아르헨티나 경제가 살아나 2001년 이후 연간 9% 성장하였다. 2005년에 아르헨티나 정부는 채권자들에게 1달러 당 30센트 꼴로 부채를 상환하겠다는, 받거나 말거나 식의 거래를 제안하였다. 대다수 채권자들이 이 안을 받아들였다. 그래도 채무불이행은 외국인투자와 대외무역의 중요성을 감안하면 위험한 도박이다. 그리고 일반적으로 채권자들 역시 채무자를 벼랑 끝으로 몰아 금융 불안의 위험을 무릅쓰기보다 그냥 손실을 감수하려고 한다. 그러나 2008년에 에콰도르가 100억 달러의 외채에 대하여 채무불이행을 선언하였다. 당시 좌파 대통령은 이 부채를 "부도덕하고 불법적인 것"이라 규정하였다.

부채 문제는 북반구로 번졌다. 2010-2012년에 유로존이 그리스, 포르투갈, 스페인, 아일랜드 같은 비교적 가난한 회원국들의 지나친 외채 부담 때문에 어려움을 겪었다. 특히 그리스가 심각했는데, 2011년에 긴급구제 합의가 이루어져 그리스 채권을 보유한 은행들이 1달러 당 50센트를 받는 조건을 수락해야 했다. 그러나 2011-2013년 사이에 그리스 유권자들은 구제금융을 받는 조건으로 지켜야 하는 정부의 예산삭감에 분노를 표시하였다.

현재 부채 문제는 어느 정도 안정되었지만, 개발도상국들이 문제를 해결한 것은 아니다. 〈표 13.1〉에서 나타나듯이, 현재 남반구는 4조 달러의 외채를 지고 있고 연간 1조 달러 이상을 채무이행에 쓰고 있다. 가장 큰 타격을 받고 있는 라틴아메리카의 경우, 전체 수출 총액의 거의 1/3이 (경화로 갚아야 하는) 채무이행으로 나간다.

〈표 13.1〉 남반구의 외채, 2012

지역	외채		연간 채무이행	
	10억$	GDP대비%)a	10억$	수출대비%
라틴아메리카	1,300	22	400	30
아시아	1,800	16	800	23
아프리카	300	23	50	10
중동	700	25	200	14
남반구 전체	4,100	23	1,450	25

a : 구매력평가지수로 조정되지 않은 수치이다.

주: 이 표에서 지역은 이 책의 다른 부분에서 사용한 지역과 정확히 일치하지 않는다. 아시아에는 중국도 포함되었다.

출처: IMF, *Statistical Appendix to World Economic Outlook*, April 2011.

최근에 활동가와 NGO들은 최빈국들(대부분이 아프리카 국가)에 대한 광범한 부채 탕감을 요청해 왔다. 비판자들은 그렇게 하면 더 많은 돈이 부패하고 무능한 정부 손에 들어갈 뿐이라 주장한다. 그러나 G7 회원국들은 2005년에 37개 최빈국이 세계은행과 IMF에 진 빚 전부를 탕감해주기로 합의하였다. 이 금액은 37개국 전체 외채 2,000억 달러의 절반에 가까운 액수였다. 먼저 18개국이 진 400억 달러가 2006년에 탕감되었다. 그리고 2005-2009년 사이에 1,000억 달러 이상의 부채가 탕감되었다.

(3) IMF 융자조건

IMF와 세계은행은 회원국들이 출연한 막대한 자본을 보유하고 있다(9장 "세계은행과 IMF" 참조). 이 자본은 개발도상국의 초기 단계 자본축적을 돕고 개발도상국에 일시적 위기가 오면 위기탈출을 돕는 데 중요한 역할을 한다. 그리고 은행이라기보다 정치기구에 가까운 IMF는 좋은 조건으로 자금을 활용할 수 있게 해준다.

IMF는 개발도상국의 경제계획과 경제정책을 검토해서 개발도상국이 올바른 정책을 집행할 때까지 융자를 보류한다. IMF가 승인한 정책을 개발도상국이 단계적으로 이행하면 IMF의 융자 지원을 받을 수 있다. 또한 IMF는 민간 기업이나 투자자들에게 중요한 신호를 보낸다. 민간 은행이나 다국적기업이 특정 개발도상국에 투자할지 여부를 고려할 때 이 신호는 매우 중요한 판단 근거로 활용된다. 따라서 IMF는 개발도상국의 경제정책에 큰 영향력을 행사한다.

어떤 국가가 특정 정책을 채택한다는 조건으로 IMF의 융자를 받기로 합의하였다면, 이 합의를 가리켜 **IMF 융자조건**(IMF Conditionality) 합의라 하며 이 조건을 이행하는 것을 **구조조정 프로그램**이라 한다.[12] 지난 20년 동안 수십 개 개발도상국이 IMF와 그런 합의를 했다. 대개 IMF가 고집하는 조건은 개발도상국 시민들에게 (또한 개발도상국 정치인들에게) 고통스런 것이다. IMF의 요구는 인플레 억제인데, 인플레를 억제하려면 정부 지출을 줄이고 재정적자를 해소해야 한다. 이런 조치가 시행되면 흔히 실업자가 증가하고 식품이나 기타 생활필수품에 대한 보조금이 삭감되거나 아예 없어질 수 있다. 장기 투자를 위해 단기 소비가 희생된다. 잉여는 채무이행과 새로운 자본축적 분야에만 투입되어야 한다. IMF는 자기들이 빌려준 돈이 정치적으로 인기 있지만 경제적으로 수익성 없는(예컨대 식량 보조금) 목적으로 사용되지 않기를 원한다. 또한 인플레가 모든 성과를 삼켜버리지 않아야 하고 경제가 투자를 끌어들일 만큼 안정되기를 원한다. 마지막으로 IMF는 부패 추방을 위한 조치를 요구한다.

이와 같은 IMF 융자조건 합의, 그리고 여기에 모종의 부채재협상 합의가 보태지면, 이 합의들이 초래하는 고통이 매우 크기 때문에 남반구에서 이 합의들은 대개 정치적으로 인기가 없다.[13] 적지 않은 경우, 이 융자조건 합의가 사람들을 식량, 휘발유, 기타 생필품에 대한 보조금 부활을 요구하는 폭도로 변신시켰다. 이런 압력 때문에 정부가 합의 이행을 태만히 하거나 아예 합의를 파기하는 경우가 가끔 있다. 심지어 정부가 무너지는 경우도 있다.

이집트에서 시민들이 내건 구호는 빵과 삶이었다. 적어도 이집트 정부의 관점

---

12 Peet, Richard. *Unholy Trinity: The IMF, World Bank and WTO.* Zed, 2003. Fischer, Stanley. *IMF Essays in a Time of Crisis: The International Financial System, Stabilization, and Development.* MIT, 2004. Vines, David, and Christopher L. Gilber. *The IMF and Its Critics: Reform of Global Finance Architecture.* Cambridge, 2004.

13 Haggard, Stephan, and Robert R. Kaufman, eds. *The Politics of Economic Adjustment: International Constraints, Distributive Conflicts, and the State.* Princeton, 1992. Vreeland, James R. *The IMF and Economic Development.* Cambridge, 2003.

에서는 값싼 빵이 정치 안정에 필수적이었다. 이집트 정부는 수많은 빈곤 인구를 위한 빵 가격 보조금으로 연간 35억 달러를 지출해서 빵 가격을 실제 가격의 1/3 수준으로 유지한다. 이와 같은 낮은 가격 때문에 사람들이 필요 이상으로 많은 빵을 소비(혹은 낭비)하고, 수입 밀 수요가 커지고, 보조금으로 싸진 밀가루나 빵을 암시장에 내다 파는 식의 부패가 늘어나는 현상이 빚어졌다. 이런 현상은 곧 1/3 가격이 자유시장을 왜곡할 수 있다는 점을 보여준다. 그러나 정부가 1977년에 빵 가격을 인상하려 하자 거리 폭동이 일어나 인상을 포기할 수밖에 없었다. 그래서 정부는 빵의 크기와 성분을 조금 바꾸었으며, 1996년부터 값이 더 싼 옥수수가루를 정부가 제분하는 밀가루에 몰래 섞어서 공급하였다.[14]

말할 필요도 없지만, IMF의 조건은 2008-2009년의 경제위기 기간에 지원을 요청한 선진국들에서도 인기가 없었다. 60억 달러의 IMF 구제금융을 받은 아이슬란드는 금융 시스템의 근본적 개혁을 강요받았다. 1,330억 달러의 구제금융을 받은 그리스는 모든 공무원 임금의 3% 삭감과 함께 유급 공휴일 일부 폐지에 합의하였다. 이로 인하여 대규모 가두시위와 노동자 파업이 발생하였다.

(4) 국제경제 레짐에서의 남반구

남반구 대다수 국가들은 국제무역에서 생기는 자본과 부의 중요성 때문에 국가 자급이나 지역 공동체가 아니라 세계경제와의 긴밀한 연결이 경제발전의 기초라고 보고 있다. 따라서 빈국은 국제경제 레짐에 포함된 규칙에 따라 행동해야 한다.

그러나 WTO라는 무역 레짐은 선진국보다 후진국에 더 불리한 방식으로 움직이는 경우가 종종 있다. 자유무역 레짐은 빈국의 자체 자본축적을 위한 유치산업 보호를 어렵게 만든다. 그 대신 기술적으로 앞선 선진국과의 경쟁을 강요한다. 빈국이 경쟁력을 가질 수 있는 분야는 오로지 저임금 자자본 분야 밖에 없다. 특히

---

14 Slackman, Michael. Bread, the (Subsidized) Stuff of Life in Egypt. *International Herald Tribune,* January 16, 2008.

북반구에 부족한 천연자원을 이용하는 분야, 예컨대 열대농업, 자원추출산업(채굴 및 시추), 섬유산업 등과 같은 분야 밖에 없다.

그러나 빈국이 세계시장에서 비교우위를 가진 분야, 특히 농업과 섬유산업 분야는 수십 년 동안 자유무역에서 대체로 제외되었다(8장 "세계무역기구" 참조). 반면에 북반구 국가들이 비교우위를 가진 공산품 분야는 자유무역 원칙이 철저히 적용된다. 그 결과 개발도상국들은 국내 산업이 경쟁력을 갖추지 못한 공산품에 대하여 시장을 개방해야 했으며, 경쟁력을 갖춘 자국 제품을 수출해야 할 선진국 시장이 폐쇄되어 있는 상황을 지켜볼 수밖에 없었다. 현재 진행 중인 WTO 협상은 이러한 불평등을 바로잡으려 하지만 지금까지 별다른 성과를 거두지 못하고 있다.

WTO에 대한 또 다른 비판은 불공정 무역 관행 시비를 다루는 WTO의 무역분쟁 해결방식에 초점을 맞춘 것이다. 무역분쟁을 WTO에 제소하여 법적으로 해결하려면 많은 돈을 들여 변호사들을 선임해야 하고 WTO 본부가 있는 제네바에 많은 직원들을 상주시켜야 한다. 남반구 국가들 가운데 이런 법적 해결 비용을 감당할 수 있는 국가는 거의 없으며, 따라서 자국 기업들의 불공정 무역장벽 철폐 노력을 돕기 위하여 WTO의 분쟁 해결절차를 이용하는 국가도 거의 없다. 그리고 설령 WTO 소송에서 이긴다 해도, 승소한 국가가 할 수 있는 일은 패소한 가해자 국가의 수출상품에 피해액과 동일한 액수의 관세를 부과하는 것 밖에 없다. 작은 국가가 이런 보복을 가할 때 그 보복은 가해자 국가의 경제에만 타격을 주는 것이 아니라 자국 경제에도 타격을 준다.

이와 같은 불평등을 완화하고 무역을 통한 빈국의 경제성장을 돕기 위해 WTO는 일반특혜관세제도(General System of Preferences)를 시행하고 있다(8장 "세계무역기구" 참조). 이와 함께 남반구 수출상품에 대한 EU의 관세 감면 합의를 담은 로메협약(Lome Convention) 같은 조치는 세계무역에 동참하면 빈국의 발전을 가로막지 않고 오히려 촉진할 수 있다는 점을 보여주려는 의도에서 취한 조치로서 전반적 무역 규칙에서 예외적인 조치이다.[15] 그럼에도 불구하고 비판자들은 빈국이 전체 세계무역 레짐에서 패배자라 주장한다.

---

15 Flint, Adrian. *Trade, Poverty, and the Environment: The EU, Cotonou and the African–Caribbean–Pacific Bloc*. Palgrave, 2008.

세계경제 레짐의 이 같은 문제점에 대하여 남반구 국가들은 몇 가지 방법으로 대응해 왔다. 1970년대에 석유수출국기구(OPEC)는 석유무역의 조건을 바꾸었고, 이로써 막대한 자본이 석유수출국으로 들어갔다. 일부 국가들은 이 성공사례가 다른 상품의 경우에도 적용되어 남반구가 큰 이익을 볼 수 있을 것으로 희망하였지만, 그런 일은 생기지 않았다(8장 "카르텔" 및 11장 "광물" 참조).

또한 1970년대에 많은 빈국과 중간소득 국가들은 세계무역의 구조를 재편하여 남북 간 경제거래를 남반구에 더 유리하게 만들기 위한 광범한 정치적 연대를 구축하고자 노력하였다. 1973년에 열린 비동맹운동 정상회의가 처음으로 신국제경제질서(New International Economic Order, NIEO)를 요구하였다.[16] NIEO의 핵심 내용은 공산품보다 1차 상품에 더 유리한 방향으로 무역 조건을 바꾸자는 것이었다. 또한 남반구의 산업화 촉진을 요구하는 내용, 북반구의 개발원조 증액을 요구하는 내용도 있었다. 그러나 NIEO는 남반구를 위한 집단적 항의 이상으로 발전하지 못했다. 여기에는 남반구의 힘이 부족했다는 점과 남반구 내부의 불평등으로 남반구 국가들 간에 이해관계의 차이가 있었다는 점도 작용하였다.

그 후에도 남반구 국가들은 세계무역의 구조를 남반구에 유리한 방향으로 재편하려는 방안을 계속 추구하였다. 현재 이런 노력은 주로 UN무역개발협의회(UNCTAD)를 통해 이루어지고 있는데, 이 기구는 정기 모임을 갖지만 남북 경제관계 변화에 관한 조치의 이행을 강제할 권한이 없는 기구이다.[17] 남-남무역을 촉진하여 북반구에 대한 의존을 줄이려는 시도는 지금까지 별 성과를 거두지 못하고 있다. 아직도 간혹 중국이 아프리카에서 새로운 우방을 만들기 위해 남-남연대를 주장하고 있다. 그리고 비동맹운동이나 UN 같은 각종 그룹 혹은 기구를 통하여 남반구 내부의 협력과 연대를 촉진하기 위한 노력이 지금도 계속되고 있다.[18] 그렇

---

16 Hudson, Michael. *Global Fracture: The New International Economic Order.* Pluto, 2005. Murphy, Craig N. *The Emergence of the NIEO Ideology.* Westview, 1984.

17 Lavelle, Kathryn C. Participating in Governance of Trade: The GATT, UNCTAD, and the WTO. *International Journal of Political Economy* 33 (4), 2003: 28–42.

18 Page, Sheila. *Regionalism among Developing Countries.* Palgrave, 2000. Folke, Steen, Niels Fold, and Thyge Enevoldsen. *South–South Trade and Development: Manufacturers in the New International Division of Labour.* St. Martin's, 1993. Erisman, H. Michael. *Pursuing Postdependency*

■ 정책적 시각

터키 수상 레제프 타이이프 에르도안 (Recep Tayyip Erdogan)의 입장

문제: 국내 행위자들과 국제 금융기관들 간의 균형을 어떻게 잡을까?

배경: 당신이 터키 수상이라 가정하자. 터키 경제는 최근의 세계 경제침체로 어려움을 겪었지만 그 위기에서 벗어나 강세를 보이고 있다. 2010년의 GDP 성장률은 7%가 넘는다. 수출이 터키 경제의 큰 부분을 차지하고 있으며 주요 수출품은 농산물, 자동차부품과 전자부품, 섬유 등 다양한 상품이다.

지난 10년 동안에 터키는 핵심 산업 분야 국유 재산을 민간 투자자들에게 매각함에 따라 광범한 사유화 과정을 거쳤다. 실제로 터키의 주요 제조업 대부분이 현재 사유화되어 있어서 20년 전과 크게 달라졌다. 대부분의 사유화는 2001년의 심각한 경제위기 이후 IMF의 권고로 이루어진 것이다.

터키 경제에서 제조업 부문처럼 빠른 속도로 자유화되지 않은 부문이 금융 및 은행 부문이다. 아직도 이 부문은 외국인 소유를 제한하는 광범한 규제로 보호 받고 있다. 그런 규제 때문에 EU 국가들과 미국 투자자들이 직접투자를 꺼리고 있다.

국내 고려사항: 당신은 최근에 3기 집권까지 성공할 정도로 대단히 인기 있는 수상이다. 그러나 인기의 주 원인은 당신이 주도한 경제적 성공이다. 유권자들이 사유화와 경제 자유화를 계속 지지하는 주된 이유는 터키 경제가 여전히 강하기 때문이다.

그러나 경제 엘리트들은 터키를 국제 경제위기로부터 보호하기 위하여 금융-은행 부문에 대한 강한 규제를 계속 지지하고 있다. 그런 규제는 터키 경제 안에서 그들이 가진 유리한 금융상 지위도 보호해준다. 그러나 국제 투자자들은 금융-은행 부문에 투자할 수 있기를 바랄 것이다.

시나리오: 터키 경제에 가장 중요한 돈줄 가운데 하나인 EU가 그리스, 스페인, 포르투갈, 이탈리아의 외채위기 때문

에 아직도 어려움에서 벗어나지 못하고 있다. EU가 그런 어려움을 겪고 있기 때문에 터키로 들어오는 외국인 직접투자가 급감했다. 더욱이 유럽에 있는 터키의 핵심 무역상대국들의 경제적 어려움 때문에 터키의 수출도 감소했다. 당신의 인기와 국제적 위상을 떠받쳐 온 경제가 이제 터키 정부의 주요 문제점으로 등장하였다.

경제문제 해결책 가운데 하나는 금융-은행 부문에 대한 규제 완화라 할 수 있다. 서방 전문가들과 IMF는 그와 같은 정책 변화가 터키 경제에 절실히 필요한 자본 수혈이 될 수 있으며, 터키 경제를 현재의 하향세에서 구출할 수 있다고 주장해 왔다.

정책 선택: 외국인 직접투자를 더 많이 유치하기 위해 투자 관련 규제를 완화할 것인가? 그렇게 하면 핵심 지지층인 경제 엘리트들이 등을 돌릴 위험이 있는데, 그런 국내정치적 부작용을 감수할 것인가? 또한 장차 있어날 수 있는 세계경제 위기에 터키를 노출시킬 것인가? 아니면 EU 경제가 곧 회복되어 경제적 행운을 가져올 때까지 그냥 기다릴 것인가? 터키 경제성장에 도움을 줄 추가 자본흐름에서 계속 터키를 격리시켜 둘 것인가?

지만 이런 모든 노력들은 북반구에 대한 남반구의 의존 상황을 바꾸는 데 큰 도움이 되지 않고 있다.

4. 해외원조

해외원조(Foreign Assistance) 혹은 해외개발원조(overseas development assistance)란 어떤 국가의 경제발전을 촉진하거나 단순히 인구의 기본욕구 충족 노력을 지원하기 위한 목적으로 그 국가가 사용할 수 있게 조성한 돈이나 여러 형태의 도움을 말한다.[19] 해외원조의 형태는 개인이 자발적으로 도움의 손길을 내미는 것부터 정부 차

Politics: South–South Relations in the Caribbean. Rienner, 1992.

19 Crawford, Gordon. *Foreign Aid and Political Reform: A Comparative Analysis of Democracy As-*

원의 대형 원조 패키지에 이르기까지 다양하다.

원조의 형태가 다르면 그 목적도 다른데, 간혹 중첩되는 경우도 있다. 인도주의적 원조도 있고, 정치적 원조도 있고, 원조 제공자의 미래의 경제적 이익을 위한 원조도 있다. 원조를 제공하는 국가 혹은 단체를 원조 공여자(供與者, donor)라 하고 받는 국가 혹은 단체를 수원자(受援者, recipient)라 한다. 해외원조는 공여자와 수원자 간에 경제 관계뿐만 아니라 정치 문화 관계까지 만들거나 발전시켜준다.[20] 즉 해외원조는 수원자에 대한 공여자의 영향력 행사 수단이 될 수도, 쌍방이 상호 이익을 창출하는 상호의존의 형태가 될 수도 있다. 이번 장의 나머지에서는 해외원조의 패턴, 유형, 내재된 정치, 잠재적 충격에 대하여 검토할 것이다.

(1) 해외원조의 패턴

해외원조의 대부분이 북반구 정부에서 나온다. 2012년의 경우 약 1,300억 달러가 정부원조 형태로 제공되었는데, 그 중 90% 이상이 **개발원조위원회**(Development Assistance Committee, DAC) 회원국들에서 나온 돈이다. DAC는 서유럽, 북아메리카, 일본/태평양 지역 국가들로 구성되어 있다. 아랍의 몇몇 석유수출국도 해외개발원조 공여국이며, 사회주의 경제에서 자본주의 경제로 전환한 국가들도 2003년에 재정원조 순공여국이 되었다. DAC 국가들의 정부원조 가운데 3/4이 국가 대 국가 **양자 간 원조** 형태로 남반구 국가로 직접 들어간다. 나머지 원조는 UN이나 기타 기구를 통한 **다자간 원조** 형태로 들어간다.

DAC 국가들은 각기 GNP의 0.7%를 기부하기로 자율적으로 목표를 설정하였다. 그러나 전체적으로 보면 이 액수의 절반도 안 되는 돈만 내놓았다. 노르웨이, 스웨덴, 네덜란드, 룩셈부르크만 목표액을 내놓았다. 사실 옥스팜 인터내셔널(Oxfam

sistance and Political Conditionality. Palgrave, 2001. O'Hanlon, Michael, and Carol Graham. *A Half Penny on the Federal Dollar: The Future of Development Aid*. Brookings, 1997. Lumsdaine, David H. *Moral Vision in International Politics: The Foreign Aid Regime, 1949-1989*. Princeton, 1993.

20 Ensign, Margee M. *Doing Good or Doing Well? Japan's Foreign Aid Program*. Columbia, 1992.

International)이라는 NGO가 발표한 것을 보면, 선진국들의 원조가 1960–1965년 기간 소득의 0.48%에서 1980–1985년 기간에 0.34%로 하락했고, 2003년에는 0.24%로 하락했다.[21]

미국은 GNP의 약 0.2%를 내놓아 30개 OECD 회원국 가운데 꼴찌 그룹에 속해 있다. 원조 총액 기준으로 보면 미국(2011년 현재 310억 달러)이 일본(110억 달러)을 다시 앞질렀다. 독일, 영국, 프랑스는 각각 100–150억 달러 정도를 내놓는다. 미국과 기타 국가들의 원조 감액으로 1990년대에 세계 전체 해외원조 규모가 크게 줄었다(《그림 13.6》 참조). 2001년의 테러공격 이후 영국은 해외원조를 기존의 2배에 달하는 150억 달러로 증액하겠다고 발표하였으며, 미국도 원조예산을 크게 늘렸다. 2002년에는 인기 록 가수 보노(Bono)가 미국의 해외원조 증액을 설득하기 위해 미국 재무장관 폴 오닐을 데리고 2주간 아프리카를 여행하기도 하였다. 오닐은 그 해 말에 장관직을 잃었지만, 미국의 해외원조 예산은 2003–2005년 기간에 연간 7% 이상 증가했다(그 이후 약간 감소).

또 다른 해외원조의 주요 출처는 UN 프로그램이다. UN 구조 내 UN 프로그램의 위치는 이미 7장에서 다루었다. UN을 경유하는 원조의 전반적 흐름은 **UN 개발계획**(UNDP)에서 조정한다. 이 기구는 (주로 기술개발원조를 전문으로 하면서) 전 세계에서 동시에 5,000개의 프로젝트를 관리하고 있다. 자본, 기술이전, 제조업 기술인력 개발 등을 전문으로 다루는 프로그램들도 있다. UN공업개발기구(UNIDO)는 공업에 초점을 맞추고 있고, UN훈련조사기구(UNITAR)는 교육과 연구에 주력하고 있다. 그리고 UNICEF, UNFPA, UNESCO, WHO 등과 같은 UN 프로그램은 기본욕구 충족에 초점을 맞추고 있다.

UN 프로그램은 경제발전을 촉진하는 데 세 가지 장점이 있다. 첫째, 각국 정부와 시민들이 UN을 외세, 주권에 대한 위협, 구 식민 지배자 등이 아니라 남반구의 친구라고 인식하는 경향이 있다. 둘째, 현지에서 일하는 UN 직원들이 그 배경 덕분에 적절한 결정을 내릴 가능성이 크다. 남반구 출신이거나 다른 빈국에서 일한 경험이 있는 직원들은 부국 출신 직원보다 현지 사정과 개발원조의 문제점에 대하

---

21 Oxfam International. *Paying the Price: Why Rich Countries Must Invest Now in a War on Poverty.* Oxfam, 2005, p. 6 .

여 더 민감할 수 있기 때문이다. 셋째, UN은 글로벌 수준에서 원조를 관리하기 때문에 프로젝트 별로 비중을 달리해 적절한 우선순위를 부여할 수 있으며 중복 사업이나 동일한 실수 반복 등을 피할 수 있다.

UN 개발 프로그램의 가장 큰 단점은 각 프로그램에 소요되는 비용이 주로 부국들의 자발적 기부로 충당된다는 데 있다. 프로그램 별로 사업에 필요한 돈을 마련하기 위해 기부자들에 호소해야 하므로, 해당 프로그램이 기부한 국가를 불쾌하게 만들면 기부가 갑자기 끊어질 수 있다. 또한 기부를 약속한 국가들이 약속을 지키지 않을 수도 있다. 예를 들어, 국제사회가 수단 남부지방을 위해 5억 달러를 내놓겠다고 약속했지만 5개월 후인 2005년 초에 UN은 약속한 금액의 5%만 들어왔다고 불평하였다. UN 프로그램의 두 번째 단점은 UN의 활동방식이 비효율적이고 관료주의적이며, 다국적기업이나 북반구 국가들이라면 당연히 있음직한 응집력과 자원이 없다는 평을 듣는다는 점이다.

〈그림 13.6〉 공여국의 소득수준 대비 해외원조 현황, 2011 및 1960 – 2011

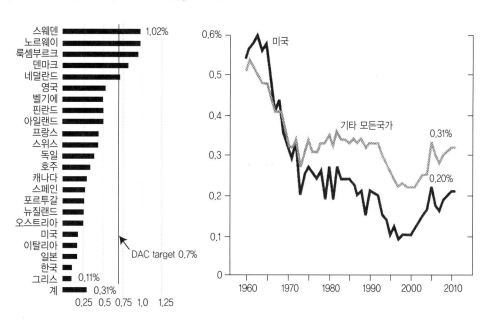

주: 여기서 백분율은 GDP와 매우 가까운 GNP를 기준으로 한 것이다.
출처: *The New York Times*: www.oecd.org/dac/stats.

(2) 해외원조의 유형

양자 간 원조는 다양한 형태를 취하고 있다. 무상원조(grant)는 돈을 그냥 수원 국에게 주는 것인데, 대개 그 목적이 명시된다. 기술협력은 단순히 돈이나 상품이 아니라 특정 프로젝트에 필요한 전문기술 지원의 형태로 공여되는 원조이다. 신용차 관(credit)은 공여국의 특정 제품을 수입하는 데 사용하라고 공여하는 돈이다. 예컨 대 미국은 미국 곡물 수입 용도로 신용차관을 자주 제공한다. 수원국 사람들이 공 여국 특정 제품에 익숙해지면 미래에도 그 제품을 구입할 가능성이 커진다.

차관(loan)이란 경제발전 지원 목적으로 제공되는 돈인데, 나중에 발전의 성과 로 만들어지는 잉여로 갚아야 할 돈이다. 상업차관과 달리 국가 대 국가 차관은 장 기저리(長期低利) 같은 우대 조건으로 이루어지는 경우가 많다. 이런 차관은 수원국 이 상환 의무를 지기는 하지만 비교적 채무이행이 쉬운 차관이다.

차관보증(loan guarantee)이란 수원국의 상업차관에 대해 공여국이 보증을 선다 는 약속으로, 자주 사용되지는 않는다. 수원국이 상업차관에 대한 채무를 이행하 고 결국 전액을 갚는다면 차관보증을 선 공여국은 한 푼도 부담하지 않아도 된다. 그러나 수원국이 빚을 제대로 갚지 못하면 공여국이 채무를 대신 져야 한다. 이와 같은 차관보증은 상업차관을 제공하는 은행의 위험부담을 크게 낮춰준다. 그렇기 때문에 수원국은 은행으로부터 상업차관을 더 쉽게 도입할 수 있게 된다.

군사원조(military aid)는 대개 개발원조에 포함되지 않지만, 넓은 의미로 보면 개 발원조에 속한다. 이 원조는 국가 대 국가 차원에서 북반구의 돈이 남반구로 들어 가는 돈인데, 남반구 경제에 큰 도움이 될 수 있다. 어느 국가가 특정 무기를 갖춘 군대를 준비하는 데 그 무기를 공여국에서 무상으로 지원 받는다면, 무기 구입비 를 경제 목적으로 전용할 수 있게 된다. 그러나 모든 형태의 개발원조 가운데서 군 사원조가 가장 비효율적이며 경제발전을 돕기보다 방해하기 쉽다. 그리고 거의 전 적으로 군사원조는 실질적인 경제개발 필요성보다 정치적 제휴 필요성 때문에 제 공된다.

(군사원조를 제외한) 미국의 대외 경제원조를 총괄 주관하는 기관은 국무부의 국제개발처(USAID)이다. 국제개발처는 각국에 주재하는 미국 대사관을 통하여 활 동한다. 미국 대외원조를 가장 많이 받는 국가는 이스라엘, 이집트, 터키 등인데,

이 국가들은 모두 정세가 불안한 중동지역에 있는 미국의 중요한 전략적 동맹국들이다.

미국의 **평화봉사단**(Peace Corps)은 자원봉사자들을 파견하여 빈국의 개발을 기술적으로 지원한다. 현지 자원봉사자들은 유치국의 요청과 지도 아래 활동하지만, 미국 정부가 이들에게 실비를 지불한다. 1961년에 케네디 대통령이 만든 이 평화봉사단은 현재 76개국에 근 8,000명의 자원봉사자를 파견하고 있으며, 현지에서 이들은 약 100만 명의 사람들과 관계된 프로젝트에 참여하고 있다.

원조 공여국은 원조와 관련해서 수원국의 국내 활동을 간섭해서는 안 된다. 이는 곧 국가주권 문제와 결부되며, 과거 식민지 경험과도 결부된다. 수원국 정부는 원조의 분배를 결정할 권리를 가지며 자국 내 외국인 관계자들을 통제할 권리를 갖는다. 매우 드물게 이런 원칙이 침해되는 경우도 있다. 예를 들면, 걸프전 이후 미국과 동맹국들이 이라크 정부의 의사에 반하여 이라크 내 쿠르드족에게 원조를 제공한 적이 있다. 이런 사건을 보면 이 분야의 국제규범이 변화하기 시작했는지도 모른다. 이제 단기적인 인도주의 원조는 당사국 정부의 거부권에 굴복해서는 안 되는, 그 자체가 인간의 권리인지 모른다.

민간원조 민간 기부는 액수가 비교적 작다. 그러나 가끔은 거액일 때도 있다. 예컨대 빌 게이츠가 만든 재단(Bill and Melinda Gates Foundation)이 세계 보건 증진 운동에 기부한 돈은 10억 달러가 넘는다. 민간원조는 남반구를 위한 원조의 중요한 원천 가운데 하나이다. OECD에 따르면, 2008년까지 DAC 국가들에서 나간 민간원조 총액이 1,300억 달러에 이른다. 이 액수는 정부 차원의 공적개발원조(ODA)와 같은 액수이다.

민간원조 공여자는 다양하다. (빌 게이츠나 조지 소로스처럼) 부국의 개인들이 개인 자격으로 줄 수 있다. 개인들이 적십자사나 국경없는의사회, 혹은 교회처럼 돈이나 식량을 해외로 보내는 자선단체에 기부할 수도 있다. 중요한 민간 자선단체 가운데 하나로 **미국 옥스팜**(Oxfam America)이 있다. 미국 옥스팜은 1942년에 영국에서 설립된 옥스퍼드 기민구제위원회(Oxford Committee for Famine Relief, Oxfam)에서 독립해서 나온 전 세계 7개 단체 중 하나이다.

미국 옥스팜은 독특한 해외원조 모델을 개발하였다. 원래 단기적인 기민구호에 주력했으며 지금도 그 일에 적극적이지만, 미국 옥스팜은 장기적으로 사람들에게 필요한 것은 단지 식량만이 아니라 스스로 먹고살 수 있는 수단, 즉 토지, 물, 종자, 연장, 기술훈련 등의 제공이라는 사실을 깨달았다.

옥스팜 모델의 독특한 특징은 현지 사람들에게 필요한 것이 무엇인지를 결정하고 개발 프로젝트를 수행할 권한을 현지 위원회에 준다는 데 있다. 옥스팜은 프로젝트 자체를 수행하는 것이 아니라 그 수행에 필요한 자금을 현지 단체들에 제공한다. 또한 스스로 공여자라 칭하지 않고 자금을 받는 단체를 수원자라 칭하지 않는다. 양측은 과제를 함께 수행하는 "프로젝트 동반자"라고 한다. 이 모델에는 외부 자금이 들어가 현지의 지속적 경제발전을 이룩할 때까지 오랜 시간이 걸린다. 또한 이러한 프로젝트는 참가자들이 과제를 수행하기 위해 스스로 조직을 결성하기 때문에, 스스로를 더 힘 있는 존재로 발전시켜 나간다.

예를 들면, 미국 옥스팜은 12장에서 소개한 바 있는 에티오피아 여성들의 협동조합을 지원하였다. 옥스팜이 그 프로젝트를 계획하거나 진행한 것이 아니라 아디스아바바의 여성들이 그렇게 한 것이다. 그러나 장식품을 만드는 그 협동조합이 이윤을 내고 생산을 확대하고 여성 고용을 두 배로 늘리려 했을 때, 옥스팜은 건물 신축 자금으로 15,000 달러를 협동조합에 무상 지원하였다.

남북 간의 관계는 옥스팜과 프로젝트 동반자 관계처럼 공동결정이 내려지고 종속 현상이 발생하지 않아야 좋은 관계라 할 수 있다. 옥스팜 모델에서 경제발전은 결코 자선이 아니다. 그것은 빈국 사람들만이 아니라 부국 사람들에게도 이익이 되는 일이다. 협력적인 남북관계는 세계의 평화와 번영을 위해 필수적이다. 경제적 측면만 보더라도, 남반구의 발전은 북반구 선진국들에게도 이익이 되는 새로운 시장과 제품을 창출한다. 경제학에서 부의 창출은 모두에게 이익이 되는 게임(posi-tive-sum game)이다.

옥스팜 식 접근방법은 개발원조 개념을 다시 정의하고 있다. 즉 상향식(bot-tom-up) 기본욕구 충족 전략과 빈자들의 역량강화를 통한 장기적 발전에 초점을 맞추는 방향으로 가려는 것이다. 옥스팜의 철학인 "권리를 기초로 한 발전 전략"(rights-based approach to development)은 인권단체들의 칭찬을 받아 왔다. 옥스팜은 해외원조를 정치적 수단으로 사용해 온 종전의 방식에 실망하여 자체 프로젝트에서 남이든 북이든 정부가 수행하는 역할을 최소화하려고 한다. 예를 들어 옥스팜은 정부 자금을 받지도 않고 정부에 자금을 지원하지도 않는다.

옥스팜 모델의 일반적 목표는 남반구에서 진행되는 더 넓은 의미의 풀뿌리 **역량강화**(empowerment) 운동과 맥을 같이 한다. 옥스팜 동반자들의 일은 빈민들이 자기네가 처한 상황에 대한 힘을 가지기 위하여, 그리고 자신들의 기본욕구를 충족시키기 위하여 자신들을 조직하게 만드는 것이다. 혁명을 통한 국가 장악이 아니라 더 직접적이고 국지적이며 덜 폭력적인 방법으로 그런 일을 하자는 것이다. 성공의 열쇠는 조직을 만드는 것, 자신감을 가지는 것, 행동계획을 실행하는 데 필요한 자원을 획득하는 것이다.

예를 들면, 인도에서 일부 여성들이 오로지 설득력과 논리의 힘만으로 지주들을 설득하여 채소농사나 누에양식 같은 수익창출 협동조합 프로젝트를 위한 땅을 기부받았다. 인도의 다른 지역에서는 목재와 기타 임산물 수집 일을 하는 여성 노동자들이 조직을 만들어 동일한 일을 하는 25만 명의 여성 노동자들이 법정 최저임금(기존 임금의 3배)을 받게 하려고 노력하였다. 이 경우에는 정부 조치가 필요하지만, 그 조치를 얻어내기 위한 압력은 현장의 조직화에서 나온다. 여성들은 항의 행진을 벌이고 주도(州都)에 관련 미술전시회를 개최하는 등 대중에게 자기들의 대의를 알렸다.

이런 사례들이 자국 정부나 외국 정부가 중요하지 않다는 것을 의미하지는 않는다. 오히려 정부 정책이 풀뿌리 운동보다 더 빠르고 넓게 대중에 영향을 미친다. 사실 많은 경우에 풀뿌리 조직화운동의 궁극적 목표는 해당 국가의 정치적 삶과 사회적 삶을 재편하여 정부 정책이 빈민들의 요구를 반영하도록 하는 것이다. 풀뿌리 역량강화 운동의 성공사례들은 이제 더는 빈민들이 구호를 기다리는 빈곤의 희생자, 남북관계의 수동적 방관자가 아니라는 사실을 보여준다. 또한 빈민들은 정부타도를 겨냥한 폭력혁명에 변화의 희망을 걸 필요도 없다. 혁명은 안정적 경제발전이 아니라 더 큰 고통을 가져오기 십상이다.

지금까지 옥스팜 모델은 소규모로 실험되었다. 작은 공동체에서 이 모델이 효과적이었는지 모르지만, 전체적인 성장 전망에 기여할 수 있으려면 훨씬 더 널리, 그리고 더 큰 규모로 채택되고 복제되어야 한다. 옥스팜은 2004년의 쓰나미 희생자 구호를 위하여 1,200만 달러를 기부하였다. 이 액수는 미국 정부가 약속한 액수의 약 50배이다. 그러나 옥스팜 모델에 내재하는 원칙, 즉 현지 공동체 조직화 중시라든가 정부 개입 최소화 같은 원칙이 대규모 방식에서도 적합할지 여부는 확실치 않다. 정부 우회 모델은 해외원조의 형태로 세계를 돌아다니는 돈의 대부분을 우회하는 모델이기도 하다.

옥스팜의 원조 같은 민간원조의 장점은 원조 공여 방식의 유연성이다. 또한 민간원조 단체들은 (규모가 작기 때문에) 정부보다 더 효율적이고 현지 수원자들과의 동반자관계 형성도 가능하다. 그러나 민간원조 단체의 규모가 작고 공식적 정부의 지위를 갖지 못한다는 점은 단점일 수도 있다. 이 단체들은 입국금지 당할 수 있고 (최근 짐바브웨가 모든 원조단체들을 추방하였듯이), 위기 시 대규모 긴급구호 능력이 없을 수도 있다. 또한 특정 정부의 정책과 어긋나는 개발정책을 추진할 수도 있는데, 이 경우 원조 공여국들과 마찰을 일으킬 수 있다.

(3) 해외원조의 정치

많은 국가와 민간단체들이 남반구의 지역 공동체 안에서 프로젝트를 추진하는 형태로 개발원조를 제공하고 있다. 이 프로젝트는 대개 북반구 기관들이 주관하면서 현지의 기본욕구 충족을 지원하는 방식으로 추진된다. 그런데 이와 같은 자선 프로그램은 북반구 사람들의 자원을 남반구 사람들에게 전달하는 유용한 수단이지만 예상 밖의 문제를 낳을 수도 있다. 예를 들면, 자선 프로그램은 빈곤의 원인, 세계경제 내 빈국의 위치, 군부 통치나 부패 같은 현지의 정치적 조건 등을 개선해주지 않는다. 잡지에 실린 배고픈 어린 아이 사진과 하루에 단 몇 센트만 있으면 이 어린이를 "구조"할 수 있다는 캡션 글이 북반구 사람들에게 남반구 빈곤의 실상을 일깨워줄지 모르지만, 그런 사진과 글은 착취가 이루어지는 현 상황을 덮어둔 채 남반구 사람들의 절망적 상태에 대한 인종주의적이고 온정주의적인 판박이 이미지를 전달하는 것인지도 모른다.

더욱이 해외원조의 동기가 불운한 사람들을 돕기 위한 것이지만, 원조 공여국은 해외원조를 수원국에 대한 중요한 제어수단으로 사용할 수도 있다. 실제로 많은 공여국들이 수원국의 정치적 경제적 변화를 이끌어내기 위한 수단으로 몇 가지 형태의 해외원조를 이용하고 있다.

거의 모든 공여국과 마찬가지로 미국도 원조를 준다는 약속 혹은 중단하겠다는 위협을 수원국과의 정치적 흥정 상황에서 제어수단으로 사용하고 있다. 예를 들어, 1980년대에 파키스탄이 미국의 경고를 무시하고 핵무기 프로그램을 추진하였을 때 미국은 꽤 많은 액수의 원조를 중단하였다. 그 후 2001년에 파키스탄이 인접국인 아프가니스탄에서 미국의 군사 활동을 지지하자 미국의 원조가 회복되었다.

미국은 2004년에 새천년도전협회(Millennium Challenge Corporation, MCC)라는 해외원조 관련기구를 발족시켰는데, 이 협회는 특정 정책을 수행하는 국가들에 대한 원조만 늘렸다. 특정 정책이란 법의 지배, 부패 억제, 교육투자, 건전한 재정관리 등과 관련된 정책이다. 원조를 받고자 하는 국가가 신청서를 제출하면 정부 관리와 민간인 전문가들로 구성된 이사회가 신청서를 심사한다. 신청서 심사는 협회가 만든 일정한 기준에 따라 이루어진다. 이런 과정을 통하여 미국은 원조가 부패나 낭비로 유실될 가능성을 줄이려고 한다.

당연한 일이지만, 해외원조는 복잡한 국내정치 과정을 거쳐야 한다. 예를 들면, 미국의 원조 지지자들은 아프리카 빈민들에게 가는 식량이 미국 땅에서 재배되고 미국 화물선에 선적되어야 한다는 내용의 국내법에 맞서 싸워야 했다. 그들은 그런 전달 체계 대신 아프리카 현지에서 식량을 구입하여 바로 전달하는 방안을 제안하였다. 그렇게 하면 돈도 많이 절약되고 배고픈 사람들에게 몇 달 일찍 도움을 줄 수 있고 아프리카 농부들을 도울 수 있다. 그러나 이 제안은 소위 식량원조 철의 3각(Iron Triangle)의 반대에 부닥쳤다. 철의 3각이란 미국 정부에 식량을 팔아 이윤을 얻는 농업관련산업(agribusiness), 식량 선적으로 이윤을 얻는 해운사들, 그리고 미국산 곡물의 일부를 아프리카에 팔아서 예산의 대부분을 충당하는 자선단체들(CARE와 Catholic Relief Service도 여기에 포함됨)을 가리킨다. 이 자선단체들은 국제 곡물 상인이 되고 현지 시장에 곡물을 저가로 대량 방출해서 현지 농부와 경쟁하며 현지 가격을 떨어뜨린다. 이런 일은 장기적 회복에 방해가 된다. 그러나 철의 3각의 막강한 로비 능력 때문에 미국 의회는 아프리카 현지에서 식량을 구입하자는 제안을 거부하였다.

해외원조의 여러 형태 가운데 정치적 동기가 가장 적은 것이 재해구호이다. 이것은 가난한 사람들이 기근, 가뭄, 지진, 홍수, 기타 자연재해로 고통을 겪을 때 제공되는 해외원조이다. (전쟁도 재해이며 자연재해를 더 악화시킬 수 있다). 자연재해가 빈국을 덮치면 많은 사람들이 생계수단도 없어지고 흔히 집도 잃게 된다. **재해구호**는 그런 사람들에게 식량, 물, 주거시설, 기타 생활필수품을 전달하는 단기적 구호이다.

재해는 여러 해 동안 이룩한 경제발전을 단 한 순간에 쓸어버릴 수 있으므로, 재해구조는 아주 중요하다. 일반적으로 국제사회는 재해를 당한 사람들이 다시 자립할 수 있을 만큼 충분한 원조를 제공하고자 한다. 그런 원조에 들어가는 비용은 비교적 적지만 효과는 가시적이고 극적이다. 남반구의 입장에서 보면, 재해구조 시스템이 제대로 작동한다는 것은 경제적 축적을 위태롭게 할 수 있는 갑작스런 손실을 보상해주는 일종의 보험이다.

대부분 재해는 갑자기 발생하며 경고시간이 짧기 때문에 체계적으로 신속하게 대응하기가 어렵다. 지난 10년간 국제적인 재해구조가 많이 조직화되고 조정되었지만, 아직도 재해구호 과정은 재해 상황에 따라 어느 정도 우왕좌왕하는 복잡한 과정이다. 각국 정부, 민간 자선단체, 기타 단체나 기구 등의 구호활동은 제네바에 있는 UN재해구호조정관사무국(UN Office of the Disaster Relief Coordinator, UNDRO)을 통해 조정된다. 2006년에 UN은 UNDRO가 재해 발생 시 자금을 모으는 데 시간을 허비하지 않고 신속하게 대처할 수 있도록 할 목적으로 5억 달러를 조성하였다. 대개 국제사회가 재해구호에 기부하는 돈은 전체 복구비용의 1/3을 넘지 않으며, 나머지는 재해 당사국의 정부나 지역사회에서 충당된다.

재해구호도 일종의 집합재라 할 수 있다. 북반구 국가들이 기여를 통하여 개별 이익을 얻지는 않지만 남반구가 안정되어야 장기적으로 모두가 이익을 얻을 수 있기 때문이다. 재해구호에 수많은 행위자들이 관여하기 때문에 그런 집합재 문제와 관련한 어려움이 있지만, 일반적으로 재해구호는 국제협력이 잘 이루어지는 모범적인 사업이고 정체성 원칙에 입각하여 집합재 문제를 해결하는 좋은 예이다. 예를 들어 세계교회협의회가 기부한 식량이 미국 군용기로 공수되어 국제적십자사를 통해 배급되기도 한다. 과소 대응이나 과잉 대응, 구호활동의 중복이나 구호기관들의 목표 중복 등과 같은 과거의 쓰라린 경험은 1990년대 들어 거의 없어졌으며, 21세기 들어 구호단체들이 조정을 통하여 더 효율적으로 활동하고 있다.[22]

2010년에 아이티에서 발생한 끔찍한 지진은 국제 구호활동의 발전상과 한계를 함께 보여주었다. 하룻밤 사이에 수백만 명이 가족, 집, 재산, 안전한 음용수, 생계수단을 잃어버렸다. 정부의 기능이 마비되고 보건 시스템도 없는 상태에서 초기 구호활동은 혼돈에 빠졌으며 국제적 지원도 제대로 이루어지지 않았다. 수많은 비행기가 좁은 공항에 밀집하여 움직이지 못하면서 보급품을 제 때에 운송할 수 없었다. 그러나 며칠이 지나 미군이 공항을 접수한 다음부터 대량의 국제적 구호물자가 제대로 반입되었다. 각국 정부와 NGO들은 UN의 주도로 진행될 아이티 복구 사업을 돕기 위해 수십억 달러를 제공하겠다고 약속하였다.

당시 국제기구와 NGO들은 소위 "인류 역사상 최대의 구호활동"을 수행하기 위하여 재빨리 움직였다. 이들의 활동은 국제적십자사, 국제이주기구(International Organization for Migration), UNHCR, 옥스팜 등과 같은 여러 구호 기관들을 통해 진행되었다. 미국은 UN과 별도로 독자적인 구호활동을 하는 듯했지만 생각을 바꾸어 구호활동의 주도권을 UN에 양보하였다. 이처럼 국가, 국제기구, NGO 등이 어느 정도 자발적으로 활동조정에 성공한 것은 국제체계의 무정부성과 상반된다.

재해와 경제발전의 상관관계는 단순하지 않다. 그리고 적절한 대응이 무엇인지는 재해 발생지 위치, 재해 유형과 규모, 복구 정도에 따라 다르다.[23] 응급 국면에 필요한 자원(식량과 약품)은 복구 국면에 필요한 자원(주택 내진설계)과 다르다. 대응 규모가 너무 작고 단기간에 그치면 현지의 중요한 수요를 충족시키지 못할 수 있지만, 너무 크고 장기간 지속되면 현지 경제가 위축되고 종속을 낳을 수 있다(이렇게 되면 자활의 동기가 약화된다).

자연재해 발생 시 다른 국가들이 재해국에 원조를 제공할 법적 의무가 있는지, 그리고 재해국이 그 원조를 받아야 할 법적 의무가 있는지에 관한 국제규범은 아직도 확립되지 않은 상태이다. 어떤 사람들은 재해구조에도 보호 의무를 지워야 한다고 주장한다.[24] 이 주장은 2008년에 사이클론 나르기스(Nargis)가 버마를 덮쳤을 때 그 타당성을 인정받았다. 당시 약 13만 명(추정)이 사망하였지만, 억압적인 버마 정부는 국제사회가 사이클론 피해자들을 위한 원조를 제공하려 하자 이를 지연

22 Maynard, Kimberly A. *Healing Communities in Conflict: International Assistance in Complex Emergencies.* Columbia, 1999.

23 Pelling, Mark. *Natural Disaster and Development in a Globalizing World.* Routledge, 2003.

24 Cooper, Richard H., and Juliette V. Kohler. *Responsibility to Protect: The Global Moral Compact for the 21st Century.* Palgrave, 2009. Bellamy, Alex J. Responsibility to Protect. Polity, 2009.

시키거나 거부하였다. 결국 버마로 원조가 들어가기는 했지만, 버마 정부가 재해구호에 꼭 필요한 원조를 거부한 몇 주일의 시간이 허비되었다.

(4) 해외원조의 충격

해외원조를 제공할 때, 특히 대규모 정부원조 프로그램을 시행할 때 한 가지 위험이 도사리고 있다. 즉 북반구 사람들이 개발도상국의 현지 조건과 문화에 적합하지 않은 도움을 줄 위험이 있다. 1970년대 케냐의 경험이 그런 경우였다. 사하라사막 부근 투르카나(Turkana) 호수 일대에 사는 유목민인 투르카나족은 가난하고

집합재 찾기

UN아동기금을 위한 과자
집합재: 세계 빈곤 아동 돕기를 위한 돈

배경: 전 세계 18세 미만 어린이 20억 명은 인류의 특별한 자산이다. 인류의 미래가 이들에게 달려있지만, 이들은 사회 구성원 가운데 가장 취약한 구성원이며 예방 가능한 질병으로 가장 많이 죽는 구성원이다. 세계 어린이의 절대다수가 남반구에 살고 있으며 그중 많은 어린이들이 최빈국에서 극빈 상태로 살고 있다.

국제사회는 인도주의 기구, 공중보건, 경제개발원조 등을 통하여 아동 문제를 해결하고자 노력해 왔다. 그런 대표적인 기구가 UN아동기금(UNICEF)이다. 아동 문제가 해결되면 그 편익은 누가 얼마나 기여했는지 여부와 무관하게 전체 인류가 누린다. 그러나 너무 많은 사람들이 무임승차하면 UNICEF와 불쌍한 어린이들에게 돌아갈 자원이 부족해진다.

도전: UN은 2000년에 남반구 빈곤 해소를 위해 새천년개발목표(MDG)를 채택하였다. 이 목표의 대부분이 어린이에게 영향을 주는 것이며, UNICEF가 그 핵심 참가자이다. 그 10년 후에, 그러니까 목표달성 기한인 2015년까지의 15년 가운데 2/3가 지난 후에, 세계의 지도자들이 그동안의 진행상황을 점검하기 위해 모였다. 일부 목표에서 중요한 진전이 있었지만, "의무감 부족"과 "자원 부족" 때문에 주요 목표에서 차질이 빚어졌다(United Nations. The Millennium Development Goals Report 2010. New York: UN, 2010). 남반구 어린이의 26%가 저체중으로 드러나 1990년대의 31%에 비해 떨어졌지만 2015년 목표

가뭄에 취약하다. 서방의 원조공여자와 케냐 정부는 투르카나족의 전통적 생활방식인 유목이 환경적으로 지속가능하지 않기 때문에 투르카나 호수에 풍부한 어종인 틸라피아를 잡는 상업적 어업으로 전환시켜야 한다고 판단하였다. 오랜 어업 역사를 가진 노르웨이 사람들이 초청되어 투르카나족에게 어업 기술과 조선 기술을 가르쳤다. 그리고 노르웨이 사람들은 상업적으로 자생력 있는 공동체를 건설하려면 냉동 생선살을 국내와 해외에 판매해야 한다고 조언하였다. 이리하여 1981년에 노르웨이 사람들이 투르카나 호숫가에 200만 달러짜리 초현대식 생선 냉동 공장을 건설하고 이 공장과 케냐 수송망을 연결하는 2,000만 달러짜리 도로를 건설하였다.

여기에는 세 가지 문제가 있었다. 첫째, (노르웨이와 달리) 실외온도가 화씨 100

치인 15%에 비하면 너무 높은 수치이다. 초등학교 입학률의 경우 82%에서 89%로 올라갔지만 2015년 목표치인 100%까지 올라가기는 어렵다.

해결책: 지배 원칙은 전 세계 계층구조에서 하부에 있는 어린이들에게 도움이 되지 않는다. 그리고 UNICEF는 WTO처럼 상호주의 원칙에 입각한 상호적, 호혜적 의무를 부과하고 그 이행을 감시할 수 있는 기구가 아니다. UNICEF는 자발적 기부에 의존할 수밖에 없는 기구이다. 기부금의 2/3는 각국 정부에서, 나머지는 재단, NGO, 개인 등에서 나온다. 상황이 이렇다면 정체성 원칙이 힘을 발휘할 수 있다. 세계 모든 사람들이 한때는 어린이였고 세상 모든 어린이가 소중하다는 정체성을 가질 수 있기 때문이다.

UNICEF는 이 정체성 원칙을 활용하기 위하여 1950년에 "UNICEF를 위한 과자"(Trick or Treat for UNICEF) 캠페인을 시작하였다. 할로윈 데이에 과자 얻으러 다니는 미국 어린이들처럼 UNICEF도 노란 종이상자를 들고 모금활동에 나선 것이다. 현재 이 캠페인으로 연간 500만 달러가 모금되고 있다. 이보다 더 중요한 것은 지난 수십 년 동안 미국인과 UNICEF 간에 정체성의 연결고리가 강화되었다는 점이다. 그 결과 미국 의회로부터 연간 1억 3,000만 달러, 각종 재단과 자선단체들로부터 연간 2,000만 달러를 기부 받기에 이르렀다. UNICEF에 기부금을 미국 다음으로 많이 내는 국가는 노르웨이, 네덜란드, 영국, 스웨덴 등인데, 이 국가들은 모두 인도주의적 원조가 국가 정체성 확립에 강력한 요인으로 작용하고 있는 국가들이다.

도에 달하기 때문에 냉동 공장 가동비용이 생선살 판매수익보다 더 컸다. 그래서 며칠 후 냉동기가 꺼지고 냉동 공장이 아주 비싼 건어물창고가 되어버렸다. 둘째, 투르카나족의 문화는 어업을 최하위층 사람들의 직업으로 여긴다. 즉 유목할 능력이 없는 사람에게나 적합한 직업으로 여긴다. 셋째, 몇 십 년에 한 번씩 가뭄으로 물 유입이 줄어 투르카나 호수는 매우 좁아진다. 1984-1985년에 그런 가뭄이 들어 어장이 사라져 버렸다. 노르웨이 사람들은 노르웨이에서나 통하는 방식들을 그대로 답습하지 않고 사전에 준비를 철저히 했더라면 이 문제를 예견할 수 있었을 것이다. 가뭄이 오자 어업기술을 배우기 위해 호숫가로 간 2만 명의 유목민들은 인구가 너무 많고 목초도 고갈된 환경에 버려진 신세가 되었다. 그 지역에는 이미 모든 나무가 땔감용으로 베어져서 없고 양떼도 대부분이 죽고 없었다. 투르카나 사람들은 자활 능력을 갖기는커녕 외부 원조에 전적으로 의존할 수밖에 없었다.[25]

지난 10년간 많은 학자들은 해외원조가 남반구의 경제성장 촉진과 빈곤 완화에 효과가 있는지를 연구해 왔다. 현재 학자와 정책결정자들 사이에서 뜨거운 쟁점이 되고 있는 것은 원조의 효과와 추가 원조 여부이다. 한쪽에서는 남북 불평등 해소를 위해 원조를 더 늘려야 한다고 주장한다. 남반구가 스스로 자본축적을 지속하기가 어렵기 때문에 북반구의 도움이 경제성장에 필수적이라는 주장이다.[26]

그러나 다른 한쪽에서는 원조가 빈국의 발전에 항상 도움이 되는 것은 아니라고 주장한다. 특히 수원국에 좋은 정부가 제도적으로 정착되어 있지 않는 한 원조는 낭비되거나 부패한 지도자들의 수중으로 들어간다고 한다.[27] 이런 연구 결과가 미국의 새천년도전협회(MCC)라든가 IMF 융자조건 등에 영향을 주었다.

또 다른 비판자들은 원조를 전반적으로 줄여야 한다고 주장한다. 이들은 원조가 이루어지면 빈국 지도자들이 장기 경제성장에 필요한 정책변화를 회피할 수 있다고 본다. 또한 일부 아프리카 국가의 경우 독립 이후 방대한 해외원조 유입이 부의 증대와 자립에 가여하지 않고 빈곤 심화와 외부 지원에 대한 의존의 심화를

---

25 Harden, Blaine. *Africa: Dispatches from a Fragile Continent.* Norton, 1990.

26 Sachs, Jeffrey D. *The End of Poverty: Economic Possibilities for Our Time*. Penguin, 2006.

27 Burnside, Craig and David Dollar. Aid, Policies, and Growth. *American Economic Review* 90 (4), 2000: 847-68.

초래했다는 점을 지적한다.[28]

남북격차와 마주하기 가령 주는 쪽의 동기가 그렇지 않더라도, 원조를 주고받는 것은 정치적인 일이다. 아마 가장 중요한 점은 북반구 사람들이 엄청난 남북격차가 있다는 사실을 인식하고 이 문제를 풀기 위해 노력해야 한다는 점일 것이다. 빈곤이 너무 심각하면 부국 사람들은 그냥 이를 외면해버리고 자기 자신의 삶에만 관심을 가질지 모른다.

그러나 상호의존적인 오늘날의 세계에서 그것은 사실상 불가능하다. 남북관계는 이미 일상적 삶의 일부가 되었다. 통합된 글로벌 경제는 남반구의 제품과 사람들을 북반구로 옮기고 있다. 정보혁명은 빈곤의 참상을 안락한 거실에 놓인 TV 화면에서 보여준다. 탈냉전 시대인 오늘날 안보관계와 정치경제관계가 공히 남반구를 새로 돋보이게 하는 방향으로 바뀌고 있다.

---

28 Easterly, William. The White Man's Burden: *Why the West's Efforts to Aid the Rest Have Done So Much Ill and So Little Good*. Penguin, 2007.

13장 복습

<u>요약</u>

- 지구 남반구의 경제발전은 균등하지 않다. 최근 중국을 위시한 많은 빈국이 강한 성장세를 유지하고 있다. 그리고 2008–2009년의 세계 경제위기가 남반구에 타격을 가하였지만, 남반구 경제는 곧바로 성장세로 돌아섰다.

- 경제성장과 부의 평등한 분배가 상관관계가 있음을 보여주는 증거는 별로 없다. 또한 경제성장과 불평등 역시 마찬가지이다.

- 아시아의 신흥공업국인 한국, 타이완, 홍콩, 싱가포르는 빈곤에서 벗어나 지속력 있는 경제 축적이 가능하다는 사실을 보여준다.

- 중국은 시장 지향 경제개혁이 진행된 지난 30년간 빠른 경제성장을 기록하였다. 중국은 여전히 가난하지만 세계에서 경제발전에 성공한 대표적 사례로 꼽힌다.

- 발전 전략으로 수출주도 성장이 수입대체 전략을 대부분 대체하였다. 수출주도 전략은 비교우위론은 물론 신흥공업국들의 경험을 반영한다.

- 민주화가 경제발전을 동반하고 심화한다는 이론은 빈국들의 실제 경험으로 뒷받침되지 않는다. 그러나 그 반대 이론, 즉 권위주의 정부가 산업화를 위한 자본집중을 추진하면서 이를 위한 통제력을 갖고 있기 때문에 필수적이라는 이론 역시 마찬가지다.

- 남반구 전역에 걸쳐 정부의 부패가 발전을 저해하는 주요 장애물 가운데 하나이다.

- 대다수 빈국은 국내 자본이 부족하기 때문에 다국적기업에 의한 외국인투자가 빈국의 경제성장을 자극하기 위한 수단이 될 수 있다. 다국적기업은 투자를 결정할 때 해당 국가의 정치적 경제적 안정성을 포함해 현지 조건이 유리한지를 검토한다.

- 1970년대와 1980년대 초에 너무 많은 돈을 빌렸기 때문에 생긴 부채 문제도 남반구의 주요 문제 가운데 하나이다. 최근 들어 남북이 재협상이나 기타 부채 관

리 노력을 통하여 부채 상황을 개선하였다. 그러나 아직도 남반구가 북반구에 지고 있는 부채 규모는 4조 달러이다.

■ IMF는 경제 및 정부 개혁을 조건으로 남반구 국가들에게 융자를 제공한다. 흔히 이 융자조건에 식량 보조금 삭감 같은 정치적으로 인기 없는 조치가 포함된다.

■ WTO 무역 레짐은 부국들에게 남반구가 우위를 가진 분야(대표적으로 농업과 섬유산업)에 대한 보호무역을 허용하는 등 남반구에 불리하게 되어 있다. 일반관세특혜제도(GSP)는 남반구 수출에 대한 장벽을 낮춤으로써 이 문제를 완화하기 위한 것이다.

■ 대부분 북반구 정부로부터 나오는 해외원조는 남반구 빈국들의 경제발전 계획에 중요한 역할을 한다.

■ 북반구 국가들 가운데 GNP의 0.7%를 남반구에 대한 원조로 사용한다는 목표를 충족한 국가는 몇 안 된다.

■ 해외원조의 대부분이 북반구 국가와 남반구 국가 간의 무상원조나 차관 형태로 제공된다. 종종 그런 원조가 정치적 제어수단이나 공여국 제품 수출을 촉진하기 위한 수단으로 사용된다.

■ 북반구의 원조 공여자들은 빈국들에게 원조를 배분하기 위한 다양한 모델을 활용하는데, 각각 장단점이 있다.

핵심 용어

경제발전, 신흥공업국(NIC), "네 마리 호랑이"/"네 마리 용", 수입대체, 수출주도 성장, 창업지원소액대출, 기술이전, 두뇌유출, 채무불이행, 부채재협상, 파리클럽, 런던클럽, IMF 융자조건, 해외원조, 개발원조위원회(DAC), 양자간 원조, 다자간 원조, UN개발계획(UNDP), 평화봉사단, 미국 옥스팜, 재해구호

비판적으로 생각하기

1. 아시아 신흥공업국과 중국의 급속한 경제성장이 NAFTA나 EU와 유사한 아시아 자유무역지대 창설 구상에 어떠한 영향을 줄까? 일본, 중국, 신흥공업국, 그리고 역내 빈국들이 아시아 자유무역지대와 관련해 어떠한 관심과 우려를 표명할까?

2. 종래 경제성장은 많은 자본투자를 요하는 제조업 발달에 크게 의존하는 방식으로 이루어졌다. 세계경제에서 이루어지는 정보혁명과 서비스 분야의 확대가 그런 패턴을 바꾸고 있다고 생각하는가? 인도의 경험이 제조업을 건너뛰고 정보와 서비스 분야에서 나름의 경쟁력을 갖출 수 있는 가능성을 보여주는 사례일까?

4. 어떤 학자들은 IMF가 빈국과 융자조건 합의를 할 때 지나치게 가혹한 조건을 부과한다고 비판한다. 다른 학자들은 IMF가 금융지원에 앞서 진지한 개혁을 요구한다고 박수를 보낸다. 당신이 IMF와 협상을 벌이는 국가의 지도자라면, 동의하는 조건과 거부하는 조건은 무엇인가? 그 이유는?

5. 북아메리카, 서유럽, 일본/태평양 국가들이 모두 GNP 0.7%를 해외원조로 쓴다는 목표를 달성하였다면 그 효과는 어떠할까? 추가로 활용할 수 있는 원조는 얼마쯤일까? 그 원조는 어디로 갈까? 그 원조가 수원국과 수원국의 전반적 경제발전에 어떠한 효과를 낳을까?

쟁점 토론하기

해외원조: 발전 방법인가 문제의 근원인가?

개요

매년 수십억 달러의 돈이 해외원조 형태로 북반구 선진국에서 개발도상국으로 흘러들어간다. 그러나 본문에서 보았듯이 개발원조위원회(DAC)에서 나오는 해외원조 액수는 시기에 따라 큰 변동을 보인다. DAC 국가들의 해외원조는 GDP 백분율로 보면 지난 40년 동안 꾸준히 줄었다. 그러나 절대금액으로 보면 늘었다. 현수준의 DAC 원조로 충분한가?

DAC 밖에서 이루어지는 해외원조도 절대금액 면에서 늘었다. (투자은행과 UN 같은) 다자간 기구나 기관들이 남반구에 제공하는 원조는 120억 달러에 이른다. DAC 국가들의 민간 공여자들도 3,000억 달러 이상을 원조하고 있다. 이 액수는 DAC의 공적원조 액수의 3배 이상이다.

최근 들어 원조 액수가 많고 적음에 대한 논쟁이 벌어졌다. 일부 저명한 경제학자와 정치인들은 DAC가 9·11공격 이후에 늘어난 것보다 더 많이 원조를 늘려야 한다고 주장하였다. 그러나 원조를 늘리는 것이 현명한가에는 의문을 제기하는 사람들도 있다. 회의론자들은 반드시 원조를 줄여야 한다고 주장하지는 않지만, 원조를 늘리는 것이 원조의 궁극적 목적인 경제발전에 도움이 되지 않는다고 주장한다. 과연 DAC 국가들은 해외원조 예산을 크게 늘려야 할까? 원조 증액이 발전을 도울까 방해할까?

주장 1: DAC 국가들은 해외원조를 크게 늘려야 한다.

해외원조는 중요한 문제의 해결에 도움이 될 수 있다. 원조는 보건 개선, 인프라 관리, 문맹 퇴치, 식량 지원 등을 통하여 빈국 경제발전의 시동을 거는 데 필수적일 수 있다. 원조를 늘리면 빈국 수백만 명의 사람들의 삶의 질을 높일 수 있다.

해외원조 증액은 선의(善意)를 증진시킬 것이다. 아프리카와 라틴아메리카에서 미국 및 EU가 중국과 영향력 경쟁을 벌이고 있는데, 원조를 늘리면 DAC와 이 지역 수원국들과의 경제적, 정치적, 사회적 유대가 더욱 긴밀해질 것이고, 중국이 이 지역에서 동맹국을 얻을 가능성을 사전에 차단할 수 있다.

해외원조 증액은 서방의 안보를 강화할 것이다. DAC 국가들이 빈국들을 안정시키기 위한 돈과 기타 자원을 더 많이 제공하면 빈국의 고통 받는 사람들이 문제의 원인을 서방 탓으로 돌리는 것을 어느 정도 예방할 수 있다. 그 사람들의 원한이 반서방적 행동, 극단적인 경우에는 테러 지원으로 이어질 수 있다.

주장 2: DAC 국가들은 해외원조를 더 늘리지 말아야 한다.

해외원조의 많은 부분이 낭비되거나 도둑맞는다. 어떤 경제학자들이 추산한 바에 따르면, 원조 패키지의 절반이 부패한 지도자나 국가공무원들에 의해 절취 당하는 경우도 있다. 그리고 단순히 낭비되기도 한다. 원조 증액은 개발도상국을 돕지 않고 악당들에게 착한 돈을 안겨줄 뿐이다.

원조가 많이 이루어지면 의존성을 낳는다. 개발도상국이 거액의 원조를 받는 데 길들여져서 교육, 보건, 인프라 관리 등의 개선을 위한 내부 프로그램 개발을 소홀히 할 수 있다. 이런 의존성은 원조 공여국의 정책에 지나치게 취약해진다는 점에서 개발도상국에게 위험한 것이다.

해외원조가 수원국의 주권을 침해할 수 있다. 대부분의 원조 프로그램은 조건이 있다. 즉 개발도상국은 원조를 받는 조건으로 어떤 변화를 이행하거나 과제를 수행해야만 한다. 이는 수원국을 돕는다는 명분으로 위장된 것이기 때문에 매우 추악한 주권침해이다.

질문

- DAC 국가들은 해외원조 예산을 크게 늘려야 할까? 해외원조가 발전을 도울까 방해할까?
- DAC 국가들은 해외원조를 크게 늘릴 여력이 있을까? DAC 국가들이 더 많은 돈을 내놓지 못하게 가로막는 장애물은 무엇일까?
- 교회, 게이츠 재단 같은 민간 NGO들도 현재 개발도상국 원조를 많이 공여하고 있다. 해외원조 공여 활동을 극대화하기 위해 국가와 NGO는 어떻게 협력해야 할까? 당신은 과제에 따라 NGO가 더 잘하는 경우도 있고 국가가 더 잘하는 경우도 있다고 생각하는가?

🌼 참고문헌

Easterly, William. *The White Man's Burden: Why the West's Efforts to Aid the Rest Have Done So Much Ill and So Little Good.* Penguin, 2007.

Sachs, Jeffrey. *The End of Poverty: Economic Possibilities for Our Time.* Penguin, 2006.

Whitfield, Lindsay. *The Politics of Aid: African Strategies for Dealing with Donors.* Oxford, 2009.

Moyo, Dambisa. *Dead Aid: Why Aid Is Not Working and How There Is a Better Way for Africa.* Farrar, Straus and Giroux, 2009.

14
Chapter

후기

힘과 부를 위한 투쟁, 차이를 극복하고 협력하려는 노력, 사회적 딜레마와 집합재 문제, 자유와 질서의 조화, 평등과 효율성의 득실(得失), 장기적 결과와 단기적 결과 등 국제관계에서 벌어지는 이와 같은 다양한 갈등과 드라마는 궁극적으로 인간사회의 문제들이다. 이런 문제들은 아주 작은 집단에서부터 세계 공동체에 이르기까지 모든 종류의 인간사회에서 불가피하게 나타난다. 이런 의미에서 국제관계는 일상생활의 연장이요 개별 인간들의 선택을 반영하고 있다. 국제관계는 남과 북, 여성과 남성, 그리고 일반시민과 지도자를 가리지 않고 지구상에 사는 우리 모두의 것이다.

이 책은 어떤 다른 사회적 설정보다도 특히 더 국제관계에서 집합재 문제가 성공적인 협력을 방해하는 끔찍한 문제라는 사실을 보여준다. 국제관계에는 많은 독립적 (국가 및 비국가) 행위자들이 있기 때문이다. 질서를 강제하는 중앙정부가 없는 상태에서 국제관계의 행위자들은 집합재 문제를 해결하기 위해 세 가지 해결책, 즉 앞에서 언급한 3개 핵심 원칙에 의존해 왔다. 우세 원칙은 국가들이 국제안보 문제, 특히 군사력(6장) 분야에서 가장 흔히 적용하는 원칙이다. 정체성 원칙은 괄목할 진전을 이룬 국제통합(10장) 분야에서 가장 중요한 원칙이다. 그러나 국제 조약과 법, UN과 WTO 같은 국제기구의 근저에 깔려있는 상호주의 원칙이 가장 중요하다. 상호주의 원칙에 입각한 문제 해결은 매우 복잡하고 합의에 이르기까지 긴

시간이 걸리며, 합의 이후 합의사항 이행을 광범하게 감시하는 장치를 갖추어야 한다. 그러나 그런 요건을 다 갖추어서 합의가 이루어지면 과거 여러 세기 동안 지속되었던 전쟁 의존 경향에서 벗어나 더 힘차게 평화와 번영의 길로 나아가는 국제체계의 기초가 마련될 수 있다. 물론 이 세계에는 심각한 문제들이 여전히 많이 남을 것이다.

이 책의 중요한 테마는 국제체계의 성격에 관한 것이다. 국제체계는 국가주권, 영토보전, "무정부"(중앙정부 부재) 상태에 기반을 둔, 잘 발달된 일련의 규칙 체계라는 성격을 지니고 있다고 본다. 그러나 국제체계는 더욱 복잡하고 미묘한 것으로, 다시 말해 지구촌의 다른 측면들과 더욱 긴밀하게 뒤얽힌 것으로 바뀌고 있다. 이제 국가주권은 분리자치 집단이 내세우는 자결(自決) 원칙의 도전을 받고 있다. 또한 어떤 정부가 국민의 의사에 반하여 무력으로 국민을 통치하고 인권을 침해한다면, 그 경우 국가주권은 제한되어야 한다는 쪽으로 국제규범이 바뀌기 시작했다. 영토보전 역시 도전 받고 있다. 국경선이 정보, 환경변화, 미사일을 차단하지 못하기 때문이다. 특히 정보기술의 발달로 이제 국가, 국내, 초국가 행위자들 모두가 지구 어디에서 무슨 일이 벌어지고 있는지 알 수 있으며 글로벌하게 행동을 조정할 수 있게 되었다.

기술발달은 국제관계에서 일어나는 중대하지만 점진적인 변화의 여러 측면 가운데 하나일 뿐이다. 새로운 행위자들이 힘을 얻고 있고, 오래 유지된 원칙들이 힘을 잃어가고 있으며, 국가, 집단, 개인 모두에게 새로운 도전이 등장하고 있다. 기술은 군대의 효용과 역할을 크게 변화시키고 있다. 또한 기술은 아프가니스탄에서 전개되고 있는 대반란전(對叛亂戰), 그리고 세계 각지에서 현재 진행 중인 11개 전쟁의 교전당사자 양측에게 아주 중요한 역할을 하고 있다.

비군사적 형태의 제어수단, 특히 경제적 보상이 더욱 중요한 힘이 되고 있다. 탈냉전 시대는 평화 시대지만, 이 평화는 취약하다. 이 시대가 과거의 전후(戰後) 시대처럼 서서히 전전(戰前) 시대로 가고 있는가, 아니면 칸트가 꿈꾸었던 견실하고 지속적인 "영구평화"를 향하여 나아가고 있는가?

국제정치경제를 다루면서, 국제통합과 해체가 동시에 이루어지는 것을 보았다. 사람들은 계속 고유 언어를 사용하고 국기를 게양하고 자기네 위인과 상징물이 들어간 통화를 사용한다. 민족주의는 여전히 중요한 힘으로 남아있다. 그러나 동시에 사람들은 한편으로 국가 정체성을 가지고 있으면서 다른 한편으로 종족, 성(性), (유럽의 경우) 지역 등에 근거를 둔 정체성도 함께 가지고 있다. 이제 국가는 정체성과 관련하여 종족, 성, 지역과 경쟁을 하고 있는 셈이다. 국제무역 분야에서는 자유주의 경제학이 우세를 점하고 있다. 현실에서 잘 작동하고 있기 때문이다. 이제 국가들은 살아남으려면 다국적기업이나 기타 행위자들에 의한 부의 창출을 도울 수밖에 없다는 사실을 깨달았다.

환경훼손은 남반구와 북반구 가릴 것 없이 지속적 경제성장을 가로막는 가장 큰 걸림돌이 될 수 있다. 환경문제는 비용이 많이 들고 관련 행위자의 수가 아주 많은 집합재 문제이기 때문에, 이 문제에 관한 국제적 흥정은 대단히 어렵다.

다른 한편, 남북관계가 세계정치의 중심 무대로 이동하고 있다. 북반구는 계속 부를 축적하는 반면 남반구는 여전히 뒤처져 있다는 사실에서 드러나듯, 인구학적·경제적 추세가 남북격차 문제를 더욱 첨예하게 만들고 있다. 북반구가 남반구의 경제발전을 외면한다면 궁극적으로 북반구는 그에 따른 비싼 대가를 치르게 될 것이다. 어쩌면 빈국들이 전산화와 생물공학 기술을 활용함으로써 과거 유럽과 북아메리카의 경우보다 더 효율적이고 지속적으로 경제를 발전시킬 수 있을지도 모른다.

지금 미래를 알 수 없지만, 이제 눈앞에 조금씩 미래가 펼쳐질 것이며 그때그때 이정표를 보면서 그 미래가 당신이 예상하거나 희망하는 미래와 같은지 다른지를 비교해보는 것은 가능하다. 예를 들면, 다음과 같은 질문에 대답하고, 그 대답을 이정표 삼아 미래가 당신이 예상하거나 희망하는 방향으로 전개될지를 가늠해볼 수 있을 것이다.

1. 국가주권이 초국가적 권위에 의해 잠식될까?
2. 인권과 민주주의에 관한 규범들이 세계화될까?
3. UN이 준세계정부 수준으로 발전할까?
4. UN이 재편될까?
5. 세계법원의 판결이 강제집행력을 갖게 될까?
6. 국가의 수가 늘어날까?
7. 중국이 민주화 될까?

8. 정보기술이 국제관계에 미치는 영향은 무엇일까?

9. 대량살상무기가 확산될까?

10. 군사적 제어수단이 시대에 뒤진 것이 될까?

11. 무장해제가 이루어질까?

12. 여성의 국제관계 참여가 확대될까? 그렇게 되면 어떤 효과가 있을까?

13. 세계 단일 통화가 등장할까?

14. 글로벌 자유무역 레짐이 등장할까?

15. 민족주의는 소멸할까, 계속 강세를 유지할까?

16. 지구적 정체성을 갖는 사람들이 늘어날까?

17. 세계 문화가 더 동질화될까 아니면 이질화될까?

18. EU나 기타 지역 국제기구가 정치적 연합으로 발전할까?

19. 지구 환경파괴가 더 심해질까? 얼마나 빨리?

20. 신기술이 환경파괴를 막아줄까?

21. 글로벌 문제들이 더 강한 세계질서를 낳을까 더 약한 세계질서를 낳을까?

22. 인구증가가 일정 수준에서 안정될까? 그렇다면 언제, 어느 수준에서?

23. 극빈국들이 부를 축적할 수 있을까? 얼마나 빨리?

24. 남반구의 발전에 북반구가 어떤 역할을 수행할까?

궁극적으로, 당신의 선택과 행동이 이 세계에 영향을 줄 것이다. 당신은 마음대로 국제관계 참여를 거부할 수 없다. 당신은 이미 관여되어 있으며, 날이 갈수록 정보혁명과 기타 상호의존의 여러 측면들이 당신을 끌어당겨 이 세계와 더욱 긴밀하게 연결시키고 있다. 당신은 당신 자신이 예상하는 미래 세계를 희망하는 미래 세계로 만들기 위하여 여러 가지 방법으로 행동할 수 있다. 또한 당신은 국제관계 내 당신의 위치를 규정하는 선택과 행동을 함으로써 스스로에게 힘을 부여할 수 있다.

이제 당신은 이 책에서 다룬 여러 주제들에 대한 공부를 마쳤지만, 여기서 중단하면 안 된다. 당신은 국경을 초월하여 세계에 관한 학습을 계속하라. 세계가 어떤 모습으로 존재하는지에 대하여 계속 생각하라. 앞으로 이 세계를 움직여 갈 변화의 한 부분이 되어라. 이 세계는 바로 우리의 것이다. 그러니 공부하고, 보살피고, 또 당신 자신의 것으로 만들어 가라.

용어 해설

갈등과 협력(conflict and cooperation): 각국이 상대방에 대하여 취하는 두 가지 행동 방식.

강대국(great power): 일반적으로 세계에서 6개 혹은 그 남짓 되는 강한 국가를 가리키는 용어. 20세기까지 강대국 클럽은 유럽의 독무대였다. "중간강국" 참조.

강요(compellence): 다른 국가가 어떤 행동을 하도록 무력으로 위협하는 것. 무력 위협을 가해 못하게 하는 것은 "억지"라 한다.

개발도상국(developing countries): 지구의 빈곤 지역인 남반구 국가. 제3세계 국가, 저개발국, 미개발국 등으로 불리기도 한다.

개발원조위원회(Development Assistance committee, DAC): 서유럽, 북아메리카, 일본/태평양 국가들로 구성된 원조 관련 국제기구로, 남반구 국가들에 대한 공적개발원조의 95%를 공여하고 있다. "해외원조" 참조.

게릴라전(guerilla war): 비정규군이 민간인 틈에 숨어서, 종종 민간인들의 보호를 받으며 벌이는 전선(戰線) 없는 전투.

게임이론(game theory): 흥정 결과를 예측하기 위한 수학적 모델의 하나. 죄수의 고민 게임이나 겁쟁이 게임 같은 것은 국제적 상호작용을 분석하는 데 널리 활용되어 왔다.

경제발전(economic development): 자본축적, 1인당 소득 증가(출산율 저하 동반), 노동자들의 기술 향상, 신기술 방식 채택, 기타 관련 사회 경제적 변화를 포괄적으로 총칭하는 용어.

경제적 계급(economic class): 경제적 지위에 따라 사람들을 범주화 할 때 그 범주를 가리키는 용어.

경제적 잉여(economic surplus): 돈을 소비에 쓰지 않고 생산적 자본에 사용해서 만들어지는 잉여.

경제적 자유주의(economic liberalism): 국제정치경제 분야의 접근방법으로, 일반적으로 무정부(세계정부의 부재)라는 가정을 공유하지만 그것이 경제거래를 통한 공통 이익을 실현하는 데서 광범한 협력을 불가능하게 만드는 조건은 아니라고 본다. 상대적 이익보다 절대적 이익을 강조하며, 실천면에서는 자유무역, 자유로운 자본이동, "개방된" 세계경제 등에 집착한다. "중상주의"와 "신자유주의" 참조.

경화(hard currency): 세계 주요 통화와 바로 교환 가능한 통화. "교환가능 통화" 참조.

고정환율(fixed exchange rate): 정부가 정한 공식 환율. 1973년 이후 국제 통화체계의 지배적 방식이 아니다. "변동환율" 참조.

공동농업정책(Common Agricultural Policy, CAP): EU 정책 가운데 하나로, 어느 한 국가의 농민이 보조금을 받는다면 다른 모든 국가의 농민도 보조금을 받아야 한다는 원칙에 입각한 정책.

공유지의 비극(tragedy of commons): 각국이 효과적으로 협력하지 않아 (세계 어장 같은) 공유 환경자산이 고갈되거나 손상되었을 때 발생하는 일종의 집합재 딜레마. 한 가지 해결책은 공유지에 "울타리 치기"이다. 즉 공유지를 쪼개서 개인 소유로 바꾸는 것이다. 국제 레짐도 (부분적) 해결책의 하나일 수 있다.

공해(high sea): 대양의 일부로서, 어느 국가의 배타적 관할권에도 속하지 않는 공통 영토로 간주되는 부분. "영해" 참조.

관리변동환율제(managed floating system): 환율이 지나치게 변동하는 것을 막기 위해 여러 국가들이 공동으로 자유변동 환율에 개입하는 제도.

관세 및 무역에 관한 일반협정(General Agreement on Tariff and Trade, GATT): 다자간 수준에서 자유무역 촉진을 위해 1947년에 창설된 세계 기구. GATT는 집행기구보다는 협상의 틀로 기능하였으며, 1995년에 세계무역기구(WTO)로 바뀌었다.

관세(tariff): 수입품에 부과하는 세금으로, 보통 가격의 백분율로 표시.

관세동맹(custom union): 자유무역지대 참가자들이 역외 국가에서 수입할 때 공통의 관세율을 부과하기로 합의함으로써 결성하는 동맹. "자유무역지대" 참조.

관심 돌리기용 외교정책(diversionary foreign policy): 국내문제로부터 대중의 관심을 돌릴 목적으로 채택된 정책.

교토의정서(Kyoto Protocol, 1997): 지구온난화에 관한 가장 중요한 국제조약으로, 2005년에 발효하였으며, 2008-2012년의 탄소 배출량 삭감을 의무화하는 내용을 담고 있다. 미국을 제외한 세계 주요 국가들이 참가하고 있다.

교환가능 통화(convertible currency): 다른 통화와 교환이 보장되는 통화. 일부 국가의 통화는 교환이 불가능하다. "경화" 참조.

구성주의(constructivism): 국제규범과 행위자들의 정체성 변화가 국가이익의 내용을 구성한다는 점을 강조하는 국제관계 분야의 이론적 운동 가운데 하나.

국가(state): 영토 안에서 주권을 행사하는 정부에 의해 통제되는, 일정한 인구가 거주하는 영토적 실체.

국가부채(national debt): 재정적자로 인해 정부가 진 빚.

국가이익(national interest): 국가 전체의 이익으로서, 국내 특정 정당이나 분파 이익과 대비된다.

국가후원 테러리즘(state-sponsored terrorism): 국가가 어떤 정치적 목적을 달성하기 위해 대개 국가 정보기관이 통제하는 테러 단체를 활용한 테러.

국내총생산(Gross Domestic Product, GDP): 한 국가의 연간 경제활동 총량.

국유산업(state-owned industry): 석유회사나 항공사처럼 국가경제에 결정적으로 중요하다고 판단되어 국가가 전적으로 혹은 부분적으로 소유하는 산업.

국제 레짐(International Regime): 어떤 국제 이슈(예컨대 해양이나 금융정책)에서 행위자들의 기대치를 수렴해서 만들어진 규칙, 규범, 절차의 총합.

국제관계(international relations, IR): 세계 각국 정부 간의 관계, 그리고 각국 정부와 (UN, 다국적기업, 개인 등) 다른 행위자, (경제, 문화, 국내정치 등) 사회적 관계, 지리적 및 역사적 영향 등의 상호작용 관계.

국제규범(International Norm): 국가 간의 정상적 관계에 관한 각 참가자들의 기대치.

국제기구(International Organization, IO): UN 같은 정부간기구(IGO)와 국제적십자사 같은 비정부기구(NGO)를 합친 것.

국제사면위원회(Amnesty International): 정치적(경제적 혹은 사회적이 아닌) 인권침해를 감시하고 시정하기 위해 전 세계에서 활동하는 영향력 있는 NGO.

국제사법재판소(International Court of Justice, ICC): "세계법원" 참조.

국제수지(balance of payments): 한 국가의 모든 수입과 지출을 요약한 것. 국제수지는 세 가지 형태의 국제거래, 즉 경상계정(상품무역수지 포함), 자본흐름, 그리고 보유고 변동을 포함한다.

국제안보(international security): 전쟁과 평화 문제, 혹은 이를 다루는 국제관계 연구의 하위 분야.

국제연맹(League of Nations): 제1차 세계대전 이후에 창설된 기구로서, 오늘날 UN의 전신. 인도주의 분야를 포함한 몇몇 분야에서 성과를 거두기도 했지만 미국의 불참과 집단안보 면에서의 비효율성으로 인하여 허약해졌다. "집단안보" 참조.

국제적십자사(International Committee of the Red Cross, ICRC): 전쟁 중에 잡힌 민간인이나 포로들에게 의료, 음식, 본국에서 온 편지 등 실질적인 지원을 제공하는 비정부기구. 대개 포로교환 협상은 이 기구를 통해 이루어진다.

국제정치경제(International Political Economy, IPE): 국가들 간의 무역, 금융, 기타 경제적 관계에 얽혀 있는 정치, 그리고 이 경제 관계와 초국가적 힘의 상호작용 관계에 얽혀있는 정치를 다루는 연구 분야.

국제체계(international system): 어떤 상호작용 규칙과 패턴에 따라 구조화된 국가 간 관계의 총합.

국제통합(international integration): 초국가적 제도가 국가적 제도를 대체하며, 점진적으로 국가주권이 지역적 혹은 세계적 구조로 이전되는 과정.

국제통화기금(International Monetary Fund, IMF): 국제 통화교환, 국제수지, 국민계정 등을 조정하는 정부간기구. 세계은행과 함께 국제 금융체계의 양대 산맥을 이룬다. "IMF 융자조건" 참조.

국제포경위원회(International Whaling Commission): 어떤 종의 고래를 보호하기 위해 그 포획량을 할당하는 정부간기구(IGO). 참가 여부는 각국의 자유이다.

국제형사재판소(International Criminal Court, ICC): 전쟁 범죄와 인류에 대한 범죄 사건을 재판하는 상설 국제 재판소.

군비경쟁(arms race): 둘 이상의 국가가 서로 상대방의 군사력 증강에 대응하기 위하여 자국 군사력을 증강하는 상호주의적 과정.

군사정부(military government): 군대가 통제하는 정부. 군대가 유일한 대규모 현대적 기구일 수 있는 제3세계 국가들에서 흔히 나타난다.

군사주의(militarism): 전쟁, 군대, 폭력을 찬양하는 것.

군산복합체(military-industrial complex): 국방비 증액을 촉진하고 이로부터 이익을 취하기 위해 함께 협력하는 정부기구, 산업체, 연구소 등이 서로 맞물려 거대한 네트워크를 형성하고 있는 것을 가리키는 용어.

규범(norm): 무엇이 적절한 행동인가에 관한 공유된 기대치.

금본위제(gold standard): 통화 가치를 금이나 기타 귀금속의 가치에 고정시켜두는 제도. 1970년대 이전 1세기 동안 성행했던 국제 금융관계의 일부이다.

기술이전(technology transfer): 제3세계 국가들이 외국으로부터 기술(지식, 기능, 방법, 설계, 전문장비)을 획득하는 것. 대개 외국인 직접투자나 이와 유사한 기업 활동을 통해 이루어진다.

깃발 아래 뭉치기(rally round the flag): 전쟁이 일어나면 적어도 단기적으로는 국민들이 정부 지도자들을 더욱 지지하는 현상.

난민(refugee): 전쟁, 자연재해, 혹은 정치적 박해를 피해 고국을 떠난 사람. 국제법에서는 난민과 이민을 구분한다.

남북격차(North-South gap): 산업화되고 상대적으로 부유한 서방(또한 구 동방) 국가들과 상대적으로 빈곤한 아프리카와 중동 국가들, 그리고 아시아와 라틴아메리카 대부분 지역의 국가들 간의 소득, 부, 힘의 차이.

내전(civil war): 한 국가 내 분파들 간의 전쟁. 각 분파는 영토 전체 혹은 일부를 지배하는 새로운 정부 수립 혹은 그 저지를 위해 싸운다.

냉전(Cold War): 1945년부터 1990년까지의 적대적 초강대국 관계. 미국과 소련 양 초강대국 간에 가끔 데탕트라 부르는 해빙이 있었지만 대체로 적대적인 관계가 유지되었다.

네 마리 호랑이/네 마리 용(four tigers/four dragons): 동아시아의 가장 성공적인 신흥공업국인 한국, 타이완, 홍콩, 싱가포르.

다국적기업(multinational corporation, MNC): 한 국가에 본부를 두고 있지만 여러 국가에 지점이나 자회사를 거느린 기업. "본국"과 "유치국" 참조.

다극체계(multipolar system): 서로 동맹을 맺지 않은, 대개 5-6개의 권력 중심을 가진 국제체계.

다자간 원조(multilateral aid): UN이나 기타 국제기구를 통하여 여러 국가가 제공하는 정부 간 원조.

단일유럽법(Single European Act, 1985): 1992년 말까지 유럽공동체 안에 진정한 공동시장을 창설한다는 목표를 설정한 법. 진정한 공동시장이란 상품, 서비스, 자본, 인력의 자유로운 이동이 가능한 시장을 말한다.

대륙간탄도미사일(intercontinental ballistic missile, ICBM): 5,000마일 이상 비행하는 장거리 탄도미사일. "탄도미사일" 참조.

대리전(proxy war): 제3세계의 전쟁, 흔히 내전에서 미국과 소련이 전쟁 중인 양쪽 중 어느 한쪽을 각기 지원하고 고문을 제공하는 전쟁.

대반란전(對叛亂戰, counterinsurgency): 게릴라에 대항하는 전투의 일종으로, 농촌 지역 사람들의 마음을 얻어 그들이 게릴라에게 은신처를 제공하지 않게 만들기 위한 프로그램도 그런 전투의 일환.

덤핑(dumping): 해외시장에서 상품을 최소 이윤 혹은 원가 이하 가격으로 판매하는 것.

도시화(urbanization): 인구가 시골에서 도시로 이동하는 것으로서, 대개 경제발전과 더불어 진행되며 생계형 농업에 종사하던 빈농들이 삶의 터전을 잃어 도시화가 가속됨.

도하 라운드(Doha Round): WTO 주관으로 2001년부터 카타르의 도하에서 시작된 일련의 협상. 우루과이 라운드의 후속 협상으로, 농업보조금 문제, 지적 재산권 문제 등에 초점을 맞추고 있다.

동맹의 결속력(alliance cohesion): 동맹국들 간의 단결도. 국익이 일치하고 협력이 제도화되어 있을 때 강화되는 경향이 있다.

두뇌유출(brain drain): 빈국의 숙련노동자가 부국으로 빠져나가는 것.

디지털 격차(digital divide): 부자와 빈자, 지구 북반구와 남반구 간의 정보기술에 대한 접근 정도의 차이.

런던클럽(London Club): "파리클럽" 참조.

로마조약(Treaty of Rome, 1957): 현재 EU 안에 흡수된 유럽경제공동체 혹은 유럽공동시장 창설을 위한 조약.

리스본조약(Lisbon Treaty): EU 조약 가운데 하나로서, 실패한 EU 헌법 제정 노력을 대체한 조약. 그러나 그 내용은 비슷하다. 즉 EU의 중앙 권위를 강화하고 회원국 증가에 맞게 투표 절차를 개선하는 개혁 조치를 담고 있다.

마르크스주의(Marxism): 사회주의의 한 갈래로서, 착취와 계급투쟁을 강조하며, 공산주의와 기타 접근방법을 모두 포괄하는 용어.

마스트리히트조약(Maastricht Treaty): EU의 조약 가운데 하나로, 1992년에 네덜란드의 마스트리히트에서 체결되었으며, 통화동맹(단일통화 채택 및 유럽중앙은행 설립)과 공통 외교정책을 지향한다는 내용의 조약. "유럽연합" 참조.

몬트리올의정서(Montreal Protocol): 프레온(CFC) 사용 감축 및 추방을 통하여 오존층을 보호하기 위한 협정. 현재까지 가장 성공적인 환경협정이다.

무슬림(Muslim): "이슬람" 참조.

무역수지(balance of trade): 한 국가의 수출 총액에서 수입 총액을 뺀 수치.

무정부(anarchy): 완전한 혼돈은 아닌, 규칙을 강제집행 할 중앙정부의 부재.

문제영역(issue area): 다양한 국제 활동을 이슈 별로 영역을 나눌 때 그 영역을 가리키는 용어. 각국의 정책결정자들은 문제영역 안에서 갈등에 부닥치지만 때로는 협력에 성공하기도 한다.

문화 제국주의(cultural imperialism): 새롭게 등장하고 있는 세계문화를 미국이 지배하고 있다는 비판적 용어.

뮌헨협정(Munich Agreement): 유화정책의 실패를 상징하는 협정으로서 1938년에 체결된 협정. 독일이 체코슬로바키아 일부를 점령할 수 있게 되어 독일의 야심을 달래기보다 더 키웠으며, 연이은 독일의 팽창이 결국 제2차 세계대전을 촉발하였다.

미개발국(less-developed country, LDC): 지구 인구의 다수가 살고 있는 남반구의 최빈국. 저개발국 혹은 개발도상국으로 불리기도 한다.

미국 옥스팜(Oxfam America): 민간 자선단체의 하나로, 제3세계의 현지 위원회들과 협력하여 현지 사람들에게 필요한 것들을 스스로 결정하게 만들고 개발 프로젝트를 스스로 수행하게 만드는 방식으로 활동하는 단체.

미사일기술통제체제(Missile Technology Control Regime): 선진국들이 미사일 관련기술의 제3세계 유입을 차단할 목적으로 체결한 일련의 협정들.

미-일안보조약(U.S.-Japanese Security Treaty): 소련의 잠재적 대일 위협에 대처하기 위해 1951년에 미국과 일본이 체결한 양자 동맹조약. 미국은 일본에 군대를 주둔시키고 일본이 공격당할 경우 일본방어 의무를 지며, 일본은 주일 미군의 유지비용의 절반 정도를 부담한다.

민-군관계(civil-military relations): 국가의 민간인 지도자들과 군 지도부 간의 관계. 대다수 국가에서 군은 민간인 지도자의 명령을 받는다. 극단적인 경우에는 나쁜 민-군관계가 쿠데타로 이어질 수 있다.

민족국가(nation-state): 민족적 정체성을 공유하며 대개 언어와 문화를 공유하는 인구집단, 즉 민족을 중심으로 만들어진 국가.

민족주의(nationalism): 자기 민족에 대한 정체성을 가지고 민족에 헌신하는 것. 민족적 정체성을 공유하며, 대개 언어, 문화, 혹은 조상을 공유하는 거대한 인구집단을 포함한다.

민주적 평화(democratic peace): 민주국가들끼리 전쟁을 하지 않는다는 가정을 담은 용어. 이 가정은 경험적 증거로 강력하게 입증되고 있다. 민주국가가 권위주의 국가와 전쟁을 하는 경우는 종종 있다.

바르샤바조약(Warsaw Pact): 소련이 주도한 동유럽의 군사동맹으로, 1955년에 창설되고 1991년에 해체됨. NATO에 대항하는 동맹이었다. "북대서양조약기구" 참조.

변동환율(floating exchange rate): 개인 투자자와 정부가 통화를 거래하는 세계 통화시장에 의해 결정된 환율. "고정환율" 참조.

보병(infantry): 소총과 기타 경무기(지뢰, 기관총 등)를 들고 걸어 다니는 병사.

보유고(reserve): 국가가 보유하고 있는 경화 금고.

보호의무(responsibility to protect, R2P): 2005년에 세계 지도자들이 채택한 원칙으로, 각국 정부는 다른 국가의 시민이라 하더라도 그 시민을 집단학살과 인류에 대한 범죄로부터 보호해야 할 의무가 있다는 원칙.

보호주의(protectionism): 국제 경쟁에서 국내 산업의 보호. 관세나 기타 방법이 사용된다.

본국(home country): 다국적기업의 본부가 위치한 국가. "유치국" 참조.

본질론적 페미니즘(difference feminism): 페미니즘의 한 갈래로, 성 차이는 사회적으로 구성되는 것에 불과하지 않으며 여성이 본질적으로 남성보다 덜 호전적이라 보는 입장.

봉쇄(containment): 1940년대 말에 미국이 채택한 정책으로, 소련의 군사적, 정치적, 이념적, 경제적 팽창을 저지하려는 정책.

부채재협상(debt renegotiation): 부채 상환 조건의 재조정. 흔히 제3세계 채무국이 채무불이행을 피하기 위해 이런 협상에 나선다.

북대서양조약기구(North Atlantic Treaty Organization, NATO): 미국 주도로 1949년에 결성된 군사동맹. 유럽에서 소련 군사력에 대항하고 그것을 억지하기 위한 목적으로 주로 서유럽 국가들로 구성된 기구. 현재 구소련 진영으로 확대되고 있다.

북미자유무역협정(North American Free Trade Agreement, NAFTA): 1994년에 미국, 캐나다, 멕시코 3국이 자유무역지대를 창설한다는 내용으로 맺은 협정.

분열물질(fissionable material): 원자가 분열하면서 연쇄반응을 일으켜 에너지를 방출하는 우라늄-235와 플루토늄. 원자탄의 재료.

분쟁 해결(conflict resolution): 평화적 방법으로 분쟁을 해결하기 위해 전략을 개발하고 실행하는 것.

브레튼우즈체제(Bretton Woods system): 1944년에 미국 뉴햄프셔의 브레튼우즈에서 수립된 전후 세계경제 관리를 위한 체제. 이 체제를 구성하는 핵심 기구가 세계은행과 IMF이다.

비관세장벽(nontariff barrier): 관세가 아닌 다른 방법으로 무역을 규제하는 장벽. (수입 물량에 상한선을 설정하는) 할당제 등.

비교우위(comparative advantage): 한 국가가 다른 어느 국가보다 더 효율적이고 싼 비용으로 어떤 상품을 생산할 수 있는 상황을 가리키는 용어.

비국가 행위자(nonstate actor): 정부가 아닌 행위자. 국가 수준 이하에서(즉 국내에서) 활동하는 행위자도 있고 국경선을 초월하여 활동하는 행위자도 있다.

비동맹운동(nonalignment movement): 인도와 유고슬라비아가 주도한 제3세계 국가들의 운동으로, 냉전 시기 미−소 경쟁관계에서 벗어나려는 시도.

비용분담(burden sharing): 동맹 비용을 가입국들 간에 배분하는 것. 이 배분에 때문에 생긴 갈등을 가리키는 뜻으로 사용되기도 한다.

비용−편익분석(cost−benefit analysis): 어떤 행동을 할 때 소요되는 비용과 그 행동이 가져올 편익을 계산하는 것.

비인간화(dehumanization): 적을 인간 이하나 비인간으로 낙인찍는 것. 이런 일은 자주 대량학살이나 그보다 더 나쁜 일로 이어진다. "인류에 대한 범죄"와 "집단학살" 참조.

비정부기구(nongovernmental organization, NGO): 국가, 다국적기업, 다른 NGO, 그리고 정부간기구와 상호작용하는 (가톨릭교회, 그린피스, 국제올림픽위원회 등과 같은) 초국가적 민간단체나 실체.

산성비(acid rain): 대기오염으로 산성을 띠는 비. 숲을 손상시키며 종종 국경을 넘는다. 산화질소 배출을 줄여 산성비를 줄이는 것이 몇몇 지역 협정의 골자이다.

산업정책(industrial policy): 정부가 성장을 촉진하고 필요에 맞는 무역정책을 수립하기 위하여 산업과 협력하면서 적극적으로 노력하는 정책.

산업화(industrialization): 화석연료 에너지를 사용하여 기계를 돌리고 그 기계와 제품을 축적하는 과정.

상호의존(interdependence): 양국이 각기 자국의 복지를 상대방에 의존하는 정치적 및 경제적 상황. 상호의존의 정도는 "민감성" 혹은 "취약성"이라는 용어로 표현되기도 한다.

상호주의(reciprocity): 상대방의 행동에 따라 대응하는 것. 상호주의 전략을 채택한다면, 상대방이 나에게 좋게 행동하면 이를 보상하기 위해 긍정적 제어수단을 사용하고 나에게 나쁘게 행동하면 처벌 위협을 가하기 위해 부정적 제어수단을 사용한다.

상호확실파괴(mutually assured destruction, MAD): 한 국가가 선제 핵공격을 받아도 핵으로 반격할 능력을 보유하는 상황을 가리키는 용어. 이 상황은 전면전에서 어느 국가도 파괴를 면할 수 없다는 점을 확실하게 해준다. "억지" 참조.

새천년개발목표(Millennium Development Goals): 2000년에 UN이 설정한 빈곤 및 기아 퇴치 같은 기본욕구 충족의 목표. 목표 연도는 2015년이다.

생계형 농업(subsistence farming): 시장에 팔 목적보다 주로 자가 소비를 위한 농촌 지역의 영세 농업.

생물다양성(biodiversity): 지구 (혹은 지역이나 1국) 생태계를 구성하는 엄청나게 많은 동식물 종(種)의 다양성.

생물학무기금지협약(Biological Weapons Convention, 1972): 생물학무기의 개발, 제조, 보유를 금지하는 협약. 그러나 사찰 규정은 없다.

서비스 분야(service sector): (구제적인 상품이 아닌) 서비스를 생산하거나 제공하는 경제의 한 분야. 국제 무역협상에서 쟁점이 되는 것은 은행, 보험, 기타 금융 서비스이다.

석유수출국기구(Organization of Petroleum Exporting Countries, OPEC): 국제경제에서 가장 대표적인 카르텔. 회원국들이 전 세계 석유수출의 약 절반을 차지하고 있어 세계 유가에 큰 영향을 줄 수 있다.

성 격차(gender gap): 여성이 남성보다 군사적 행동을 덜 지지하거나 다른 이슈와 공직 후보자에 대한 태도 면에서도 차이를 보이는 것을 가리키는 용어.

세계무역기구(World Trade Organization, WTO): GATT의 뒤를 이어 1995년에 출범한 기구로, 전통적으로 공산품에 초점을 맞추었던 GATT의 기능을 확대하고 감시 및 강제집행 기능을 새로 갖춘 기구. "관세무역에 관한 일반협정" 참조.

세계법원(World Court): 공식 명칭은 국제사법재판소(International Court of Justice)로 UN의 사법부. 헤이그에 소재하며 국가 간 사건만 다룬다.

세계보건기구(World Health Organization, WHO): 제네바에 있는 기구로서, 제3세계 보건 상태 개선을 위한 기술 지원을 제공하고 대규모 예방접종 사업을 하는 기구.

세계은행(World Bank): 공식 명칭은 국제개발부흥은행(IBRD). 유럽 경제재건 지원을 위한 자금 융자 기구로 1944년에 설립되었다. 나중에 주 고객이 제3세계 국가로 바뀌었으며 1990년대에는 동유럽 국가들이 주 고객이었다.

세계인권선언(Universal Declaration of Human Rights, UDHR, 1948): 인권에 관한 UN의 핵심 문건. 국제법과 같은 효력은 없지만, 각국 정부가 자국민이나 외국인에게 어떻게 행동해야 하는지에 관한 국제규범을 설정하고 있다.

세계정부(world government): 강력한 법 집행력을 가진 가상의 세계 중앙정부.

세계체계(world-system): 세계를 지역적 계급분화 차원에서 파악하는 관점에서 나온 용어. 세계가 산업화된 국가들인 중심부, 빈국들인 주변부, 기타 국가들인 반주변부(일부 신흥공업국)로 이루어진 체계.

세계화(globalization): 통신, 문화, 경제 영역에서 세계 통합이 더욱 확대되는 과정, 혹은 이 과정에 수반되는 시공간에 대한 주관적 경험의 변화.

세속 국가(secular state): 종교적 기득권 세력과 무관한 국가로, 종교조직과 정치조직이 뚜렷이 분리된 국가.

송금(remittance): 이민 노동자가 본국에 있는 개인(대개 친척)에게 돈을 보내는 행위.

수입대체(import substitution): 종래 수입하던 품목을 국내에서 생산하기 위해 국내 산업을 발전시키는 것. 종종 그 국내 산업은 보호주의 장벽의 보호를 받는다.

수출주도 성장(export-led growth): 세계시장에서 경쟁력 있는 특정 분야 산업을 개발함으로써 경제발전을 도모하는 전략.

순항미사일(cruise missile): 미리 입력된 지도에 따라 수천 마일을 비행하여 목표물을 가격하는, 조그만 날개가 달린 미사일. 핵탄두를 장착할 수도 있고 재래식 탄두를 장착할 수도 있다.

스텔스 기술(stealth technology): 레이더를 흡수하는 특수 물질을 사용하고 특별한 모양의 디자인을 활용하여 항공기, 미사일, 선박이 적군의 레이더에 포착되지 않게 하는 기술.

신기능주의(neofunctionalism): 경제통합(기능주의)이 "흘러넘침" 효과를 낳아 정치통합으로 이어진다는 이론.

신식민주의(neocolonialism): 구 식민지에서 공식적인 정치적 통제 없이 착취가 계속되는 것.

신자유주의(neoliberalism): "신자유주의적 제도주의"를 줄인 말로서, 현실주의자들이 국제체계의 본질적 특징으로 간주하는 국가 간 갈등을 줄이는 데 국제 제도가 중요하다는 점을 강조하는 접근방법. 신자유주의의 뿌리는 장기적 상호이익 추구가 단기적 개별이익 극대화보다 더 합리적이라고 보는 자유주의적 발상이다. "경제적 자유주의" 참조.

신현실주의(neorealism): 현실주의 이론의 한 갈래로서, 국제체계의 구조가 개별 국가의 행동에 영향을 준다는 점을 강조. "현실주의" 참조.

신흥공업국(newly industrializing country, NIC): 자생력 있는 자본축적에 성공하여 급속한 경제성장을 이룩한 제3세계 국가. 가장 대표적인 예가 동아시아의 "네 마리 호랑이" 혹은 "네 마리 용"으로 불리는 한국, 타이완, 홍콩, 싱가포르이다.

실지회복주의(irredentism): 타국에 잃은 영토를 되찾으려는 일종의 민족주의. 국가 간 직접 분쟁으로 이어질 수 있다.

안도할만한 해결책 찾기(satisficing): 만족할만하거나 그런대로 좋은 해결책을 찾는 것.

안보 딜레마(security dilemma): 한 국가가 안보를 강화하면(군대 증강 배치 같은 행동을 하면) 다른 국가가 이를 위협으로 인식하는 상황의 딜레마.

안전보장공동체(security community): 국가 간 폭력의 가능성이 낮아 높은 수준의 정치적 협력이 가능한 국가들의 공동체. 대표적인 예가 NATO.

양자 간 원조(bilateral aid): 국가 대 국가 원조로서, 한 정부의 원조가 곧바로 다른 정부로 가는 원조.

억지(deterrence): 상대방이 어떤 부정적인 행동(특히 자국이나 동맹국에 대한 공격)을 하면 처벌하겠다고 위협을 가하는 것. "상호확실파괴" 참조.

언외의미(subtext): 명시적으로 표현되지 않고 문장 안에 함축되어 있거나 숨어 있는 의미. "포스트모더니즘" 참조.

여론(public opinion): 한 국가의 시민들이 정책 이슈에 대하여 갖는 다양한 견해.

영공(airspace): 한 국가의 상공으로서 외계와 달리 영토로 간주되는 공간.

영양실조(malnutrition): 단백질과 비타민 등 필수 식품 부족으로 인한 허약한 신체 상태. 매년 약 1,000만 명의 어린이가 영양실조 관련 질병으로 죽는다.

영지경제(enclave economy): 외국 자본이 특정 지역, 대개 광산, 유전, 플랜테이션 등에 들어가 특정 원료를 추출함으로써 형성되는, 역사적으로 중요한 종속 경제의 한 형태. "종속이론" 참조.

영해(territorial water): 일반적으로 영토로 간주되는, 해안선에서 가까운 바다. UN해양법협약은 12마일을 영해, 200마일을 배타적 경제수역(EEZ)으로 인정한다. 각국은 영해에서의 어업과 항해에 배타적 관할권을 행사하지만, 배타적 경제수역에서는 어업권 및 채광권을 갖지만 모든 국가의 자유 항해를 허용해야 한다. "공해"와 "UN해양법협약" 참조.

오인(misperception)과 **선택적 인식**(selective perception): 어떤 결정을 내리기 위해 필요한 정보를 실수로 잘못 처리하는 것과 선택적으로 처리하는 것. 감정적 편견 및 인지적 편견과 함께 개인의 결정을 합리성 모델에서 벗어나게 만드는 요인이다.

오존층(ozone layer): 대기의 일부로, 태양에서 오는 유해 자외선을 차단하는 층. 산업경제에서 사용하는 일부 화학물질이 오존층을 파괴한다.

온실 가스(greenhouse gas): 이산화탄소처럼 대기 중에 밀집하면 온실 유리처럼 열을 잡아두어 지구 온난화를 일으키는 가스.

외교적 승인(diplomatic recognition): 대사관 및 대사의 지위를 해당 국가의 공식 대표로 명시적으로 인정하는 것.

외교정책 과정(foreign policy process): 외교정책이 결정되고 집행되는 과정.

외국인 직접투자(foreign direct investment): 한 국가의 거주자가 외국에서 기존 사업 혹은 신규 사업에 대한 통제권을 갖기 위해 하는 투자.

우루과이 라운드(Uruguay Round): GATT 주관으로 진행된 일련의 무역협상으로, 1986년 우루과이에서 시작되어 1994년에 타결됨. 이 협상 타결로 WTO가 설립되었다. 우루과이라운드는 케네디 라운드와 도쿄 라운드 같은 GATT의 이전 협상에 뒤이은 것이다. "세계무역기구" 참조.

우세(dominance): 집합재 문제 해결을 위한 원칙의 하나로서, 상하 계층구조를 통해 해결책을 부과하는 것.

울타리 치기(enclosure): 공유지나 공유물을 쪼개서 사유지 혹은 사유물로 바꾸는 것. 개인 소유자들이 자원을 책임성 있게 관리하게 하는 방법.

유럽연합(European Union): 유럽공동체(과거 유럽경제공동체) 및 관련 조약기구들의 공식 명칭. 현재 28개 회원국이 있으며 가입을 희망하는 국가들과 협상 중에 있다. "마스트리히트조약" 참조.

유럽원자력공동체(EURATOM): 1957년의 로마조약에 의해 창설된 기구로서, 공동 연구, 투자, 관리를 통하여 원자력개발을 조정하기 위한 기구.

유럽의회(European Parliament): EU의 준 입법기구로서, 집행위에 대한 감시 기능을 수행하며 제한된 입법권이 있다.

유럽재판소(European Court of Justice): 룩셈부르크에 있는 EU 사법기구. 이 재판소는 적극적으로 관할권을 확립해 왔으며, 각국의 국내법이 EU 법과 충돌할 때 국내법을 무시할 권한이 있다.

유로(euro): EU 16개국에서 사용하는 단일 유럽 통화. 유럽통화단위(European Currency Unit, ECU)라고 불리기도 한다.

유아사망률(infant mortality rate): 출생 1년 이내에 사망하는 아기들의 비율.

유치국(host country): 외국 다국적기업이 활동하고 있는 국가. "본국" 참조.

융자조건(conditionality): "IMF" 참조.

이민(migration): 국가 간 인구이동.

이민법(immigration law): 외국인의 국내 여행, 방문, 취업, 그리고 경우에 따라 국적취득(귀화) 등에 관한 국내법.

이상주의(idealism): 국제관계에 영향을 미치는 요소로서 힘보다 국제법, 도덕성, 국제기구 등을 더 강조하는 사상이나 접근방법.

이슬람(Islam): 방대하고 다양한 세계종교로서, 중동을 중심으로 하면서 나이지리아에서 인도네시아에 이르기까지 다양한 사람들이 신봉하는 종교. 수니파, 시아파, 기타 작은 분파 등 다양한 분파를 가진 종교.

이슬람주의(Islamism): 정부 안에 이슬람 교리와 율법을 제도화한다는 사상에 기반을 둔 정치 이데올로기. 이 범주 안에 다양한 방법을 사용하는 다양한 집단들이 있다.

이익집단(interest group): 어떤 정치적 이슈와 관련하여 공통의 이익을 가진 사람들이 그 이슈에 영향을 주기 위해 스스로 조직화하는 경우를 가리키는 용어.

인간의 기본욕구(basic human needs): 적합한 식량, 주거 공간, 보건, 위생, 교육 등에 대한 사람들의 기본적 욕구. 기본욕구 충족은 도덕적 지상명령인 동시에 경제성장에 필수적인 "인적 자본"에 대한 투자로 간주된다.

인구변천(demographic transition): 일반적으로 산업화 및 경제발전과 함께 출생률이 떨어지고 사망률이 떨어지는 패턴.

인권(human right): 정치적 신념 때문에 고문당하거나 수감되지 않을 모든 인간의 권리(정치적 시민적 권리)와 최소한도 이상의 경제적·사회적 보호를 받을 모든 인간의 권리(경제적 사회적 권리).

인류에 대한 범죄(crime against humanity): 제2차 세계대전 이후 뉘른베르크 전범재판에서 처음 만들어진 범죄 유형으로서, 나치독일의 정치지도자 및 군지도자들에 의해 자행된 집단학살과 기타 행동을 포괄함. "비인간화"와 "집단학살" 참조.

일반특혜관세제도(Generalized System of Preferences, GSP): 일부 선진국들이 제3세계 국가들의 특정 수출품에 대해 관세 특혜를 주기 위해 1970년대에 만든 제도. 최혜국(MFN) 원칙의 예외이다. "최혜국" 참조.

자급자족(autarky): 일종의 자립정책으로서, 무역을 최소화하거나 아예 거부하고 필요한 물자(혹은 가장 중요한 물자)를 자체 생산함으로써 자립을 달성하려는 정책.

자원의 저주(resource curse): 자원이 풍부한 개발도상국이 겪는 어려움. 여기에는 시장가격이 불안한 한두 개 상품 수출에만 의존하는 것과 부패, 불평등 같은 것들이 포함된다.

자유무역(free trade): 상품과 서비스가 관세나 기타 제한 없이 국경선을 넘나드는 것. 자유무역은 원칙적으로(실제로는 항상 그렇지는 않지만) 1846년 이후 영국, 1945년 이후 미국의 핵심 정책이다.

자유무역지대(free trade area): 상품과 서비스가 국경을 넘나드는 데 관세나 기타 제한이 전혀 없는 지대. "관세동맹" 참조.

자유주의적 페미니즘(liberal feminism): 페미니즘의 한 갈래로서, 성 평등을 강조하고 남녀 간의 능력 차이나 시각 차이가 존재하지 않거나 사소하다고 보는 입장.

재정정책(fiscal policy): 지출과 세금에 관한 정부 정책으로서, 통화정책과 함께 거시경제정책의 양대 정책을 이룸.

재해구호(disaster relief): 자연재해를 만난 사람들에게 식품, 물, 주거 공간, 의류, 기타 생활필수품을 단기간 제공하는 것.

적극적 평화(positive peace): 전쟁의 근본 원인을 제거한 평화. 단순한 휴전이 아니라 경제적 착취와 정치적 억압의 근절이나 축소를 포함한 관계 변화를 추구한다.

전략방위구상(Strategic Defense Initiative, SDI): 1983년에 레이건 대통령이 처음 밝혔으며, 날아오는 적의 탄도미사일을 요격하는 방어망을 만든다는 구상. "별들의 전쟁"이라 불리는 이 구상을 반대하는 사람들은 실현 가능성이 없는 값비싼 실패라 부른다. "ABM조약" 참조.

전력투입(power projection): 자국이 속한 지역이나 영향권을 벗어난 먼 지역에서의 군사력 사용.

전망이론(prospect theory): 정책결정과정에 관한 이론 가운데 하나로, 여러 대안을 평가할 때 그 평가는 준거점과의 비교를 통해 이루어지며, 준거점이란 현상유지, 과거 상황 혹은 미래의 기대상황일 수도 있다고 봄. 또한 이 이론은 정책결정자들이 이득을 중시하기보다 손실을 두려워한다고 주장한다.

전면전(total war): 적국을 정복하고 점령하기 위한 전쟁. 현대 전면전의 기원은 대규모 징병에 의존했던 나폴레옹전쟁이다.

전면핵실험금지조약(Comprehensive Test Ban Treaty, CTBT, 1996): 모든 핵실험을 금지하는 조약. 1963년의 대기권 핵실험 관련 합의를 확대한 것이다.

전자전(電子戰, electronic warfare): 전자기파(전파, 레이더, 적외선 등)를 사용하는 전투나 전쟁. 아군은 전자기파 신호를 활용하면서 적군은 활용하지 못하게 만드는 것도 전자전이다.

전쟁범죄(war crime): 포로 학대나 불가피하지 않은 민간인 공격 등의 전쟁 수행에 관한 법 위반. "정당한 전쟁" 참조.

전쟁포로(prisoners of war, POW): 항복한 군인. 항복을 하면 전쟁에 관한 국제법의 보호를 받는 특별한 지위를 얻는다.

전환기 경제(transitional economy): 공산주의에서 자본주의로 전환 중인 러시아와 동유럽의 경제. 성공의 정도는 서로 다르다.

정당한 전쟁(just war): 국제법 및 정치이론에서 말하는 동기가 정당하고, 정당한 방법으로 수행되는 전쟁. "전쟁범죄" 참조.

정보여과(information screen): 주변 세계에 관하여 들어오는 정보를 걸러내는 잠재의식적 혹은 무의식적 필터. "오인" 참조.

정부간기구(intergovernmental organization, IGO): (UN과 그 산하기구처럼) 각국 정부를 구성원으로 하는 기구.

정부흥정 모델(government bargaining model): 외교정책 결정과정에 관한 모델의 하나로서, 외교정책을 이해관계가 다소 엇갈리는 정부 내 부처들 간의 흥정 과정의 산물로 보는 모델. 소속 부처에 따라 입장이 달라진다고 본다. 관료정치 모델이라고도 한다.

정상회의(summit meeting): 국가원수들 간의 만남으로, 냉전 시기 미-소 초강대국 정상회의. 오늘날 G8 정상회의처럼 종종 강대국 정상들 간의 회의를 지칭함.

정체성(identity): 집합재 문제 해결의 한 원칙으로서, 공통의 공동체에 속한다는 생각을 참가자들이 공유하고 있다는 점에 기초하여 참가자들의 선호를 바꿈으로써 문제를 해결하려는 원칙.

제3세계 국가(third world country): "미개발국" 참조.

제국주의(imperialism): 정복 혹은 기타 방법으로 식민지를 획득하는 것. 레닌의 제국주의론에서는 유럽 자본가들이 식민지에 투자하여 막대한 이윤을 얻고 그 일부를 본국 노동자계급 일부를 매수하는 데 사용한다고 주장한다.

제로섬게임(zero-sum game): 한 행위자가 이득을 취하면 다른 행위자가 반드시 그만큼 손실을 입어 득실의 합이 0이 되는 게임. 쌍방이 다 이득을 취할 수 있는 넌-제로섬게임과 대비된다.

제한전(limited war): 적국을 항복시키거나 점령하기보다 낮은 수준의 목표를 위한 군사적 행동.

조직과정 모델(organizational process model): 정책결정과정에 관한 모델의 하나로서, 대개 정책결정자나 하위 관리들은 표준화된 대응책이나 표준업무수행절차에 의존한다고 봄.

종속이론(dependency theory): 제3세계의 자본축적 부족을 국내 계급관계와 외국자본의 힘이 상호작용한 결과로 설명하는 마르크스주의 이론. "영지경제" 참조.

종족중심주의(ethnocentrism): 자신이 속한 종족(내부집단)을 좋게 보고 외부집단을 나쁘게 보는 경향.

종족집단(ethnic group): 같은 조상, 언어, 문화, 종교적 유대와 공통의 정체성을 가진 사람들의 큰 집단

종족청소(ethnic cleansing): 특정 종족 집단을 영토에서 강제로 추방하는 것을 미화한 용어로서, 대량학살이나 기타 인권침해를 동반함. 대표적 사례로 구 유고슬라비아 같은 다민족 국가가 해체된 후 발생하였다.

죄수의 고민(prisoner's dilemma): 게임이론에서 하나의 모델로 사용되는 상황으로, 합리적 행위자들이 각자 개별 이익을 추구함으로써 서로 협력하면 얻을 수 있는 결과보다 못한 결과를 얻게 되는 상황.

주권(sovereignty): 적어도 원칙적으로 국가가 영토 안에서 무슨 일이든 할 수 있는 권리. 전통적으로 주권존중은 가장 중요한 국제규범이다.

주기이론(cycle theories): 국제체계의 전쟁 경향을 주기로 설명하는 이론. 예컨대 콘드라티에프 주기는 전쟁과 세계경제의 장주기를 결부시킨다.

중간강국(middle power): 세계문제에 대한 영향력 면에서 강대국에 약간 못 미치는 국가(예: 브라질, 인도). "강대국" 참조.

중상주의(mercantilism): 자유무역과 반대되는 경제이론 혹은 정치 이데올로기. 국가는 국제기구를 통한 상호이익을 추구할 것이 아니라 스스로 자기이익을 지켜야 한다고 믿는다는 점에서 현실주의와 통한다. "경제적 자유주의" 참조.

중-소분쟁(Sino-Soviet split): 1960년대 두 공산대국 중국과 소련 간의 분쟁. 소련이 미국과의 평화공존을 지향하자 중국이 이에 반대함으로써 심화되었다.

중앙계획경제(centrally planned economy): 중앙의 권력체가 장기 계획에 의해 모든 상품의 가격을 결정하고 각 상품의 생산량과 소비량을 할당하는 경제.

중앙은행(central bank): 자국 통화의 가치를 유지하고 인플레이션을 억제하는 것을 주 임무로 하는 은행. 모든 선진국에 중앙은행이 있다.

중재(mediation): 분쟁해결을 위한 제3자 활용.

지구온난화(global warming): 석유, 석탄, 천연가스 등 화석연료를 태워서 나오는 온실 가스로 인한 지구 평균온도의 완만하고 장기적인 상승. "온실 가스" 참조.

지뢰(land mine): 땅에 숨긴 폭발 장치. 게릴라 부대가 후퇴하면서 매설하는 경우가 많으며 전쟁이 끝난 후에 민간인들을 죽이거나 불구로 만든다. 주로 앙골라, 보스니아, 아프가니스탄, 캄보디아 등에 많은데, 전 세계에 아직 1억 개 이상의 지뢰가 남아있다. 지뢰 사용을 금지하는 운동이 진행 중이며 100여 개국이 이에 동의하였다.

지적 재산권(intellectual property right): 특허, 판권, 상표 등에 관한 법에 의해 보호받는 발명가, 작가, 창안자, 공연자 등의 권리. 이 재산권이 1990년대 무역협상에서 쟁점 분야가 되었다.

지정학(geopolitics): 지리를 힘의 도구로 사용하는 것, 혹은 정치지도자와 학자들의 그런 생각.

지휘계통(chain of command): 국가가 군대를 통제하기 위해 만든 공직자들(군 장교와 민간인을 포함한)의 계층구조.

진실위원회(truth commission): 내전을 겪은 몇몇 국가들의 정부가 설립한 기구로서, 관련자의 정직한 증언을 듣고, 내전 기간에 실제로 일어난 일들을 밝히고, 그 대가로 협력자 대다수에게 처벌 대신 망명을 허용하는 등의 일을 함.

집단사고(groupthink): 집단이 잘못된 결정을 정당화하는 사고. 지나친 자신감과 위험 과소평가가 그 원인이다.

집단안보(collective security): 어떤 국제체계의 대다수 주요 행위자들이 익명의 침략자에 대항할 목적으로 광범한 동맹을 결성하는 것. 간혹 침략자와 대항자 모두 소속된 세계 기구(UN 같은)의 존재를 전제로 하는 경우도 있다. "국제연맹" 참조.

집단학살(genocide): 특정 민족, 종족, 인종, 혹은 종교 집단의 전부 혹은 일부를 의도적이고 체계적으로 말살하는 것. 1948년의 UN집단학살협약에 의해 불법화되었다. "인류에 대한 범죄"와 "비인간화" 참조.

집합재 문제(collective goods problem): 집합재란 한 집단의 구성원들이 만드는 유형 혹은 무형의 재화로, 집단 구성원이면 그 재화를 만드는 데 기여했는지 여부와 무관하게 누구나 사용할 수 있는 재화. 집합재 문제란 이 재화를 만드는 것과 관련된 문제. 즉 각 구성원은 재화를 만드는 데 적게 기여하는 것이 이득이지만, 너무 많은 구성원들이 그렇게 하면 재화가 만들어질 수 없게 된다는 문제.

창업지원소액대출(microcredit): 경제발전을 자극하기 위해 소집단, 흔히 여성들에게 제공하는 매우 적은 금액의 대출.

채무불이행(default): 기한 내 부채상환을 못하는 것.

체르노빌(Chernobyl): 1986년에 소련 원자력발전소가 용해된, 우크라이나의 도시.

초국가적(supranational): 각국의 국가 권위나 정체성보다 우위에 있는, 국가보다 더 큰 기구 혹은 국가군 차원의 것을 가리킬 때 쓰는 용어.

최적화(optimizing): 최선의 방안을 선택하는 것. 최선의 문제 해결방법은 아니지만 "안도할만한 해결책"을 찾는 것과 대비된다. "제한된 합리성" 모델은 일반적으로 정책결정자가 최적화보다 안도할만한 해결책을 찾는다고 본다.

최혜국(most-favored nation, MFN): 한 국가가 특정 무역상대국을 우대한다면 다른 무역상대국들도 동일하게 우대해야 한다는 원칙을 담은, 가장 좋은 대우를 해주는 무역상대국이라는 의미. "일반특혜관세제도" 참조.

출산촉진(pronatalist): 임신을 권장 혹은 강요하고 피임을 불법화하거나 제한하는 정책.

카르텔(cartel): 특정 제품의 생산자 혹은 소비자 연합으로, 시장에서 제품 가격을 조작하기 위한 목적으로 결성됨.

케인즈 경제학(Keynesian economics): 영국 경제학자 존 메이너드 케인즈가 제시한 경제학 원칙으로, 1930년대 대공황 당시에 성공적으로 적용되었으며, 정부가 때로는 경제성장 자극을 위해 적자재정도 활용해야 한다는 내용을 담고 있음.

쿠데타(coup d'etat): 불어로 "국가를 친다"는 뜻. 군부가 정치권력을 장악하는 것. 다시 말해 헌정질서 밖에서 정권교체가 일어나는 것을 뜻한다.

쿠바 미사일 위기(Cuban Missile Crisis, 1962): 소련이 쿠바에 중거리 핵미사일을 배치함으로써 일어난 미-소간 위기. 미국과 소련이 핵전쟁 직전까지 간 사건이다.

탄도미사일(ballistic missile): 핵무기를 운반하는 주요 전략적 운반체로서, 탄두를 장착하고 궤도(대개 50마일 이상 고공)를 따라 비행하다가 목표물에 탄두를 떨어뜨리는 무기. "대륙간탄도미사일" 참조.

토지개혁(land reform): 대토지를 쪼개서 생계형 농업용으로 빈농들에게 재분배하는 정책.

통화정책(monetary policy): 화폐 발행과 유통에 관한 정부 정책으로, 재정정책과 함께 거시경제정책의 양대 정책을 이룸.

특별인출권(Special Drawing Right, SDR): IMF가 세계표준이었던 금을 대체하기 위해 만든 세계통화. 각국 통화 한 "바구니"의 가치를 지닌다고 하는 이 SDR은 "종이금"이라 불린다.

파리클럽(Paris Club): 제3세계 국가들에 차관을 공여한 국가들의 모임으로, 정기적으로 회합하여 부채재협상의 조건 문제를 협의한다. 민간 채권자들은 런던클럽에서 회합한다.

패권(hegemony): 국제체계에서 어느 한 국가가 국제 정치 및 경제 관계에 관한 규칙과 제도를 일방적으로 지배할 만큼 힘의 우위를 가진 상태. "패권안정이론" 참조.

패권안정이론(hegemonic stability theory): 국제체계에서 힘이 가장 집중되어 있을 때 기존 레짐이 가장 효율적으로 작동한다는 이론. "패권" 참조.

패권전쟁(hegemonic war): 전체 세계질서, 국제체계 전체의 규칙을 통제하기 위한 전쟁. 세계대전, 지구전쟁, 총전쟁, 체계재편 전쟁 등으로 불리기도 한다.

평가절하(devaluation): 고정 혹은 공식 환율을 바꿈으로써 일방적으로 통화 가치를 떨어뜨리는 것. "환율" 참조.

평화구축(peacebuilding): 내전을 겪은 국가에서 평화유지군, 민간인 행정관, 경찰 교관 등을 활용하여 평화협정 유지와 안정적 민주정부 수립을 지원하는 활동. 2005년 이후 UN평화구축위원회가 활동을 조정, 지원하고 있다.

평화봉사단(Peace Corps): 1961년에 케네디 대통령이 만든 단체로, 제3세계 국가들에 미국 자원봉사자들을 파견하여 기술적 개발 원조를 제공하는 단체.

평화운동(peace movement): 전쟁과 군사주의 일반, 또는 특정 전쟁에 대한 반대 운동으로, 대개 수많은 사람들을 동원하여 가두시위처럼 직접 행동하는 형태를 취함.

포스트모더니즘(postmodernism): 단 하나의 고정된 실재(實在)가 존재한다는 발상을 거부하는 접근방법. 문장과 담론, 즉 주제에 대하여 사람들이 어떻게 쓰고 말하는지에 특별한 관심을 기울인다.

포스트모던 페미니즘(postmodern feminism): 페미니즘의 한 갈래로, 국제관계에서 숨겨진 성을 겉으로 드러내고 성 역할이 얼마나 자의적으로 구성되었는지를 밝히기 위하여 페미니즘과 포스트모더니즘을 결합하려는 입장.

하이퍼인플레이션(hyperinflation): 극단적으로 빠른 속도의 물가 상승. 1920년대 독일과 최근 일부 제3세계 국가에서 그런 일이 있었다.

합리성 모델(rationality model): 정책결정과정에 관한 모델의 하나로서, 정책결정자들이 각 행동경로의 비용과 편익을 계산해서 최소비용으로 최대편익을 얻을 수 있는 경로를 선택한다는 이론.

합리적 행위자(rational actors): 자신의 행동에 대하여 일관되게 생각할 수 있고, 선택할 수 있고, 자신의 이익이 무엇인지를 식별할 수 있고, 그 이익에 우선순위를 매길 수 있는 행위자.

해외원조(foreign assistance): 제3세계 국가의 경제발전을 촉진하거나 단순히 인구의 기본욕구 충족을 지원하기 위한 목적으로 그 국가가 사용할 수 있게 조성한 돈이나 다른 형태의 도움. 정부가 대부분의 해외원조를 제공하며, 이를 공적개발원조 (ODA)라 한다. "개발원조위원회"(DAC) 참조.

핵확산금지조약(Non-Proliferation Treaty, NPT, 1968): 핵물질 및 전문기술의 확산을 막기 위한 장치를 마련한 조약. 그 장치에 포함된 국제원자력기구(IAEA)는 비엔나에 본부를 둔 UN 기구로서, 조약 가입국들이 핵물질을 군사용으로 전용하지 못하도록 가입국의 원자력 시설 사찰을 하고 있다.

현실주의(realism): 국제관계를 주로 힘의 견지에서 설명하는 광범한 지적 전통.

혼합경제(mixed economy): 정부 통제와 사적 소유가 공존하는 경제. 서방 선진국의 경제는 혼합경제이다.

화학무기금지협약(Chemical Weapons Convention, 1992): 화학무기 제조 및 보유를 금지하는 협약. 엄격한 검증 조항과 위반자 및 조약 불참자에 대한 제재 조항도 담고 있다.

확산(proliferation): 대량살상무기(핵무기, 화학무기, 생물학무기)가 더 많은 행위자들 손에 들어가는 것.

환금 작물(cash crop): 세계시장에 수출할 목적으로 재배하는 농산물.

환율(exchange rate): 한 국가의 통화가 다른 국가의 통화와 교환될 때의 비율. 1973년 이후 국제 통화체계는 고정환율이 아니라 변동환율에 의존한다. "교환가능 통화", "고정환율", "관리변동환율제" 참조.

힘(power): 어떤 구체적이거나 추상적인 특징을 보유함으로써 타인의 행동에 영향을 주는 능력이나 잠재력.

힘의 균형(balance of power): 한 국가 혹은 국가군의 힘을 다른 국가 혹은 국가군의 힘과 대비할 때 사용하는 일반적 개념. 이 개념은 (1) 국가 간 혹은 동맹 간 힘의 분포 상태 일반, (2) 비교적 대등한 상태, 혹은 (3) 어느 한 국가가 전 지역을 정복하는 일이 없도록 대항 세력이 수시로 동맹을 결성하는 과정이라는 뜻으로 사용된다.

힘의 전이 이론(power transition theory): 새로운 강국이 지위 서열에서 최상층을 차지하고 있는 기존 최강국을 능가하는(혹은 엇비슷한) 힘을 가지고서 최강국에게 도전할 때 대규모 전쟁이 발생한다는 이론.

ABM조약(Antiballistic Missile Treaty, ABM Treaty, 1972): 미국과 소련이 탄도미사일을 방어용으로 사용하지 않기로 한 조약. "상호확실파괴"와 "전략방위구상" 참조.

EU이사회(Council of the European Union): 회원국 관련 장관들(외무장관, 경제장관, 농업장관, 재무장관 등)로 구성된 EU 기구 중 하나로, 법령을 제정하고 각국 이해관계를 조정하는 기구. 과거에는 각료이사회라고 했다. 각국 지도자들이 회합할 때는 "유럽이사회"라 한다. "EU집행위원회" 참조.

EU집행위원회(European Commission): EU 집행기구로, 그 구성원은 각국에서 임명되지만 EU 전체의 이익을 대변함. 집행위는 브뤼셀에서 다국적 직원들의 도움을 받아 문제를 파악하고 그 해결책을 EU이사회에 제안하는 역할을 수행한다. "EU이사회" 참조.

IMF 융자조건(IMF conditionality): IMF가 어느 국가와 융자 협상을 하면서 그 국가가 특정 정책을 채택해야 한다는 조건을 붙일 때 이를 가리키는 용어. 지난 20년 동안 제3세계 수십 개 국가가 IMF와 융자조건 협상에 합의하였다. "국제통화기금"(IMF) 참조.

UN(United Nations, UN): 집단안보를 위해 제2차 세계대전 이후에 창설된 국제기구로, 현재 전 세계 거의 모든 국가가 회원국임.

UN개발계획(UN Development Program, UNDP): 다국적 개발 원조를 조정하고 세계 도처에서 진행 중인 (주로 기술적 개발원조에 주력하는) 5,000개의 프로젝트를 관리하는 UN 기구.

UN무역개발협의회(UN Conference on Trade and Development, UNCTAD): 무역을 통한 제3세계 발전을 촉진한다는 목적으로 1964년에 설립된 UN 기구.

UN사무국(UN Secretariat): UN의 집행기구로, 사무총장의 지휘를 받음.

UN안전보장이사회(UN Security Council): 거부권을 가진 5개 강대국과 10개 비상임이사국으로 구성된 UN의 기구로, UN 평화유지군 파견을 포함한 국제 평화 및 안보 문제에 관한 결정을 내림.

UN총회(UN General Assembly): 모든 회원국 대표가 참가하는 회의체 기구로, UN 기금을 배분하고 구속력 없는 결의안을 통과시키며, 경제사회이사회를 통하여 제3세계 개발 프로그램과 다양한 자율적 기구들을 조정함.

UN해양법협약(UN Convention on the Law of the Sea, UNCLOS, 1982): 해양 이용에 관한 세계 협약. 12마일 영해와 200마일 배타적 경제수역 규칙은 이 협약에서 비롯되었다. "영해" 참조.

UN헌장(UN Charter): UN 창설의 근거 문건으로서, 모든 국가가 평등하며, 국내문제에 대한 주권을 가지며, 독립과 영토보전을 향유하며, 국제적 의무를 다해야 한다는 원칙에 입각하고 있음. 또한 헌장에는 UN의 구조와 활동에 관한 내용도 있음.

UN환경계획(UN Environment Program, UNEP): 환경 상태를 감시하며 특히 세계기상기구와 함께 지구온난화 정도를 측정하고 있음.

국제관계의 이해 〈10판 증보판〉

발행일 1쇄 2015년 12월 30일
지은이 조슈아 골드스타인 · 존 피브하우스
옮긴이 김연각
펴낸이 여국동

펴낸곳 도서출판 인간사랑
출판등록 1983. 1. 26. 제일 - 3호
주소 경기도 고양시 일산동구 백석로 108번길 60-5 2층
물류센타 경기도 고양시 일산동구 문원길 13-34(문봉동)
전화 031)901 - 8144(대표) | 031)907 - 2003(영업부)
팩스 031)905 - 5815
전자우편 igsr@naver.com
페이스북 http://www.facebook.com/igsrpub
블로그 http://blog.naver.com/igsr
인쇄 인성인쇄 **출력** 현대미디어 **종이** 세원지업사

ISBN 978 - 89 - 7418 - 340 - 0 93340

이 도서의 국립중앙도서관 출판시도서목록(CIP)은 서지정보유통지원시스템 홈페이지(http://seoji.nl.go.kr)와
국가자료공동목록시스템(http://www.nl.go.kr/kolisnet)에서 이용하실 수 있습니다.(CIP제어번호: CIP2015031628)